Handbuch Gesamtbanksteuerung

Roland Eller/Walter Gruber/Markus Reif (Hrsg.)

Handbuch Gesamtbanksteuerung

Integration von Markt-, Kredit- und operationalen Risiken

2001
Schäffer-Poeschel Verlag Stuttgart

Die Deutsche Bibliothek – CIP-Einheitsaufnahme

Handbuch Gesamtbanksteuerung : Integration von Markt-, Kredit- und operationalen Risiken /
Roland Eller ... (Hrsg.). – Stuttgart : Schäffer-Poeschel, 2001
  ISBN 3-7910-1568-0

Gedruckt auf chlorfrei gebleichtem, säurefreiem und alterungsbeständigem Papier

ISBN 3-7910-1568-0

Dieses Werk einschließlich aller seiner Teile ist urheberrechtlich geschützt. Jede Verwertung außerhalb der engen Grenzen des Urheberrechtsgesetzes ist ohne Zustimmung des Verlages unzulässig und strafbar. Das gilt insbesondere für Vervielfältigungen, Übersetzungen, Mikroverfilmungen und die Einspeicherung und Verarbeitung in elektronischen Systemen.

© 2001 Schäffer-Poeschel Verlag für Wirtschaft · Steuern · Recht GmbH & Co. KG
www.schaeffer-poeschel.de
info@schaeffer-poeschel.de

Einbandgestaltung: Willy Löffelhardt
Druck und Bindung: Franz Spiegel Buch GmbH, Ulm
Satz: Typomedia Satztechnik GmbH, Ostfildern

Printed in Germany
Januar/2001

Schäffer-Poeschel Verlag Stuttgart
Ein Tochterunternehmen der Verlagsgruppe Handelsblatt

Geleitwort

Wer selbst noch in jüngster Zeit, wie der Verfasser dieser Zeilen, ein wissenschaftliches Symposium zu Fragen einer gesamtheitlichen Risikosteuerung besucht hat, kennt den beklemmenden Eindruck: Fast kein Problem ist wirklich gelöst! Die Modelle, bei denen Wissenschaftler sagen würden, sie ermöglichen eine integrative Steuerung der Gesamtbank, scheinen noch in weiter Ferne. Ja, selbst in einzelnen Risikobereichen, wie beispielsweise dem Adressenrisiko, ist trotz weitreichender Fortschritte die Diskussion über den richtigen Weg noch in vollem Gange.

Der Grund für die Schwierigkeiten liegt auf der Hand, wenn man sich an den anspruchsvollen Kernelementen einer Gesamtbanksteuerung orientiert; hierzu gehören:

- die integrierte Sicht auf Ertrag und Risiko,
- die streng quantitative wertorientierte Ausrichtung,
- die Reduktion der Komplexität durch selbststeuernde dezentrale Managementbereiche, die sich an effizienten Benchmarks und Limiten auszurichten haben,
- die konsequente Berücksichtigung der Portfolio-Theorie für das gesamte Institut sowie
- die Erstellung eines Modells, das die wesentlichen bankbetrieblichen Steuerungsbereiche analytisch beschreibt und ohne das die portfoliotheoretische Betrachtung auch unmöglich wäre.

Will man auf dieser Basis ein System zur Gesamtbanksteuerung aufbauen, steht man vor vielen komplexen Fragen:

- Welche Risikokategorien sind betroffen?
- Wie werden Risiken je Risikokategorie nach gleichwertigen Maßstäben gemessen und wie werden sie aggregiert?
- Welche Produkttypen wirken in welcher Weise auf Risiko und Ertrag?
- Wie werden die Risiken und Erträge der einzelnen Profit-Center aus Gesamtinstitutssicht gesteuert?
- Wie werden aufsichtliche Anforderungen und Anforderungen der Rechnungslegung im Kontext der Gesamtbanksteuerung berücksichtigt?
- Welche Daten bzw. Datenquellen werden für ein sachgerechtes Gesamtbankmanagement benötigt?

Bei der Suche nach Antworten auf diese grundsätzlichen Fragen wird man schnell feststellen, dass fachliches Neuland beschritten werden muss; dabei ist u.a. zu klären,

- wie strategische Entscheidungen mit Blick auf Ertrag und Risiko modelliert werden können,
- wie die z.T. sehr unterschiedlichen Risikoprofile der verschiedenen Risikokategorien bei typischerweise unterschiedlichen Haltedauern bzw. »Glattstellungsperioden« zu einem Gesamtrisikostatus »verheftet« werden können,

– wie die Wechselwirkung zwischen Risikokategorien und Produkten sowie zwischen Risikokategorien untereinander im Modell abgebildet werden können,
– wie sinnvolle Steuerungskennzahlen, die Ertrag und Risiko »ins Verhältnis« setzen, definiert werden können, die nicht nur das Maximalrisiko innerhalb eines Konfidenzniveaus berücksichtigen, sondern auch Ertragsverstetigung und die Risikodynamik außerhalb des Konfidenzniveaus erfassen,
– wie auch technisch leistungsfähige Management- und Informationssysteme sowie Datenbanken sinnvoll aufzubauen sind (auch in der IT-Hinsicht hat sich schon mancher überhoben).

Und dennoch: Es hilft nicht weiter, die vielen Probleme zu beklagen oder gar vor ihnen zu kapitulieren. Denn das Bankgeschäft geschieht im »Hier und Jetzt« und nicht erst, wenn alle Steuerungsinstrumente auf allgemein akzeptiertem wissenschaftlichen Niveau verfügbar sind. Man kann gleichermaßen die wertorientierte quantitative Ausrichtung nicht vermeiden, denn Bankgeschäft hat mit monetären Werten zu tun – diese sind der gemeinsame Nenner für alle Bankaktivitäten, den eine Gesamtbanksteuerung verlangt.

Man darf sich auch nicht – trotz aller Schwierigkeiten – vor einer sinnvollen Quantifizierung von Risiken »herumdrücken«. Denn die Risikoermittlung korrespondiert mit dem für die geschäftlichen Aktivitäten notwendigem Eigenkapital. Eigenkapital ist immer knapp! Wäre es über den Bedarf hinaus vorhanden, stünde es für risikoreichere Anlagen (Finanzgeschäfte) zur Verfügung, die auch eine entsprechend höhere Rendite erwarten lassen. Nur wer seine Prozesse effizient beherrscht, Geschäfte adäquat bewerten kann und diese Geschäfte mit minimalem Eigenkapitaleinsatz durchführen kann, ist in der Lage, im harten Wettbewerb konkurrenzfähig zu bleiben.

Es führt also kein Weg daran vorbei, dass die Banken trotz aller Unvollkommenheiten Lösungen brauchen, mit denen sie auch heute schon ihre Managemententscheidungen optimieren können. Nach mehreren Handbüchern zu einzelnen ausgewählten Fragen des Bankmanagements bietet das vorliegende Handbuch »Gesamtbanksteuerung« die konsequente Fortsetzung und Abrundung der in vorangegangenen Handbüchern dargestellten Konzepte.

Besonders bedeutsam ist, dass Gesamtbanksteuerung in den einzelnen Beiträgen nicht als eine Aneinanderreihung von Managementmethoden gesehen wird. Vielmehr nehmen die integrativen Ansätze – also beispielsweise zu Zins- und Bonitätsänderungen oder Zins- und Aktienpositionen – einen breiten Raum ein. Darüber hinaus werden spezielle Fragestellungen, wie z.B. die Bonitätsrisiken, die insbesondere im Zusammenhang mit Basel II relevant sind, auch gleichsam mit der Lupe schwerpunktartig untersucht.

Gesamtbanksteuerung darf nicht bei adäquaten Bewertungs- und Messverfahren stehen bleiben und damit ausschließlich als Controlling-Konzeption angesehen werden. Nur wenn Positionen auch gemanagt werden können, werden die Vorteile der Portfolio-Theorie im Rahmen der Gesamtbanksteuerung, nämlich die Diversifizierung des Risikos, für einen effizienten Eigenkapitaleinsatz genutzt. Die Managemententscheidungen sind letztlich nur mit entsprechenden derivativen Geschäften, mit denen Maßnahmen fokussiert auf einzelne Risikokategorien umgesetzt werden können, möglich. Zu Recht widmet das Handbuch daher auch dem Einsatz innovativer Produkte im Rahmen der Gesamtbanksteuerung ein eigenes Kapitel.

Es ist zu hoffen – aber auch zu erwarten – dass neben seinen erfolgreichen Vorgängern das Handbuch »Gesamtbanksteuerung« zur wichtigen Lektüre in den Controlling- und Managementbereichen der Institute wird und zur Umsetzung der Gesamtbanksteuerung in den Häusern anregt – auch wenn zwangsläufig heute noch viele Fragen offen bleiben müssen.

Oktober 2000

Dr. Ralf Goebel,
Direktor beim Deutschen
Sparkassen- und Giroverband

Vorwort der Herausgeber

Nicht zuletzt durch den Anspruch, das Shareholder Value Konzept auf alle Risikobereiche einer Bank zu übertragen, ist die Frage, wie die Risiken aus dem »traditionellen« Kreditgeschäft mit den Risiken aus Handelsgeschäften verglichen werden können, in das Zentrum der Diskussion sowohl der Institute selbst als auch der Bankenaufsicht getreten. So erscheint es in der Tat naheliegend, gleiche Risiken mit gleichen Risikoprämien zu vergüten, unabhängig davon, welchem Teil des Bankportfolios eine Bankforderung angehört. Gerade die Forderung, das vom Institut eingegangene Risiko fair zu entlohnen (RORAC-Ansatz) wirft die Frage nach einheitlichen Risikomessansätzen für Markt-, Kredit- und operationale Risiken auf, bei dem die Interdependenzen zwischen den verschiedenen Risikoarten berücksichtigt werden können.

Vor diesem Hintergrund sind auch die jüngeren Initiativen der internationalen Bankenaufsicht, insbesondere auf Basler Ebene durch die Überarbeitung des Basler Konsultationspapiers und die Definition von Anforderungen an das Kreditrisikomanagement zu sehen. Diese sind genauer betrachtet lediglich eine logische und damit zwingende Fortentwicklung der Anforderungen für den Marktrisikobereich, wie sie etwa durch die Überarbeitung der sechsten KWG-Novelle zur Eigenmittelunterlegung der Marktrisiken oder der Mindestanforderungen an das Betreiben von Handelsgeschäften zur Einhaltung qualitativer Mindeststandards gestellt wurden.

Das Handbuch Gesamtbanksteuerung befasst sich deswegen zunächst mit der Frage, wie sowohl Markt- als auch Kreditrisiken in integrierten Ansätzen geeignet quantifiziert werden können. In diesem Zusammenhang wird insbesondere auf verschiedene häufig diskutierte Probleme, wie z.B. Ausgestaltungsmöglichkeiten von Ratingverfahren, Einsatzmöglichkeiten von Derivaten im Rahmen der Gesamtbanksteuerung oder organisatorische Fragestellungen, die sich beim Aufbau einer wertorientierten Gesamtbanksteuerung ergeben, eingegangen. Neben der Betrachtung der Markt- und Bonitätsrisiken wird weiter, nicht zuletzt wiederum induziert durch die aktuelle aufsichtliche Diskussion, auch die Frage, wie operationale Risiken geeignet gehandhabt werden können, beantwortet.

Das vorliegende Handbuch wendet sich an Führungskräfte und Spezialisten aus den Bereichen Handel, Markt- und Kreditrisikomanagement und -controlling, Meldewesen als auch an Studierende der Betriebs- und Volkswirtschaftslehre sowie Mathematik mit finanzmathematischem Bezug.

Wir haben auf eine möglichst praxisnahe Darstellung der einzelnen Themenbereiche Wert gelegt, wofür insbesondere die Autoren, die fast ausschließlich erfahrene Praktiker in den entsprechenden Fachgebieten sind, garantieren.

Oktober 2000

Roland Eller
Dr. Walter Gruber
Markus Reif
www.rolandeller.de

Die Herausgeber

Roland Eller ist Trainer, Managementberater und freier Publizist. Er ist unabhängiger RiskConsultant bei Banken, Sparkassen, Fondsgesellschaften und Versicherungen im In- und Ausland sowie Seminartrainer zu Techniken und Methoden der Analyse, Bewertung und dem Risikomanagement von Zinsinstrumenten, Aktien und Derivaten. Darüber hinaus berät Roland Eller Banken und Sparkassen in Fragen des Risikomanagements bzw. Bilanzstrukturmanagements und der Ertragsoptimierung. Er ist Autor einer Vielzahl von Büchern, Artikeln und Herausgeber mehrerer Standardwerke.

Dr. Walter Gruber ist geschäftsführender Gesellschafter der Roland-Eller-Consulting GmbH. Hier ist er speziell für die Bereiche Bankenaufsicht, Risikomanagement und Produktbewertungsverfahren als Berater und Trainer verantwortlich. Zuvor arbeitete er für eine Investmentbank im Bereich Treasury und ALCO-Management. Anschließend war Herr Dr. Gruber für drei Jahre als Gruppenleiter im Bereich Bankenaufsicht im Direktorium der Deutschen Bundesbank tätig. Herr Dr. Gruber ist Verfasser zahlreicher Veröffentlichungen vor allem auf den Bereichen Markt- und Kreditrisikomodelle, derivative Finanzprodukte und Bankenaufsicht. Auf diesen Gebieten trat er auch als Herausgeber mehrerer Standardwerke in Erscheinung.

Markus Reif ist Geschäftsführer der Roland Eller Consulting und als Trainer und Berater für die Bereiche derivative Finanzinstrumente, Risiko- und Bilanzstrukturmanagement verantwortlich. Zuvor war er bei M.M. Warburg & CO in Hamburg als Leiter des Bereiches Fixed Income tätig. Davor war er bei Sal. Oppenheim jr. & Cie. in Frankfurt verantwortlich für die Konstruktion und das Risikomanagement von strukturierten Kapitalmarktprodukten.

Inhaltsverzeichnis

Geleitwort V

Vorwort der Herausgeber VIII

Die Herausgeber IX

Teil I:
Integrale Ansätze der Gesamtbanksteuerung 1

Hans-Ulrich Barthel
Ansätze zur integrierten Betrachtung von Zins- und Bonitätsänderungsrisiken 3

Walter S. A. Schwaiger
Integration von Markt- und Kreditrisiken in der Risikorechnung 25

Walter Gruber
Konzepte zur Messung von Markt- und Kreditrisiken 81

Christoph Burmester/Thomas Siegl
Strategieorientierte Simulation in der Gesamtbanksteuerung für Markt-
und Kreditrisiko 103

Stefan Zmarzly
Gesamtbanksteuerung aus makroökonomischer Sicht 121

Robert Mohr
Gesamtbanksteuerung in Hypothekenbanken 171

Teil II:
Steuerungsverfahren im Rahmen der Gesamtbanksteuerung 223

Holger Habitz/Holger Schröder
Kernelemente einer strategischen Vertriebsplanung und -steuerung in
Kreditinstituten 225

Thorsten Gendrisch
Die Komponentenanalyse der Gewinn-/Verlustrechnung bei Aktien und
Aktienderivaten 243

Thomas Hirschbeck
Steuerung variabler Positionen ohne festen Bewertungszins am Beispiel einer Primärbank 265

Paul Schäfer
Portfoliomanagementansätze und Equity Style Management 291

Teil III:
Identifizierung von Bonitätsrisiken 321

Thomas Gödel
Das Ausfallrisiko – eine kalkulierbare Größe? 323

Ingo Wiedemeier
Marktdeduzierte Verfahren zur Integration von Kreditrisiken in die Unternehmenssteuerung 335

Stefan Blochwitz/Judith Eigermann
Interne Credit-Ratingverfahren – ein wichtiger Baustein in der Gesamtbanksteuerung 363

Michael Schütz/Walter Kleine
Problemkreditorganisation im Firmenkundengeschäft als strategischer Erfolgsfaktor im Risikomanagement 387

Teil IV:
Einsatz innovativer Produkte im Rahmen der Gesamtbanksteuerung 421

Christian Eck
Einführung innovativer Finanzprodukte 423

Markus Reif/Björn Lorenz
Caps und Floors im Bilanzstrukturmanagement 449

Martin Wolf
Asset Backed Securities-Transaktionen als Instrument der Gesamtbanksteuerung 477

Bernd Engelmann/Peter Schwendner
Effizientes Pricing und Hedging von Multi-Asset-Optionen 491

Jürgen Topper
Eine Finite Elemente-Implementierung von Passport-Optionen 511

Stefan Reitz/Willi Schwarz
Perturbationen von Korrelationsmatrizen 535

Teil V:
Operationale und organisatorische Aspekte 545

Frank Brüggemann/Thomas Hüniken
Interne Geschäfte: Transparenz in der Gesamtbanksteuerung und Scharnier zwischen Handels- und Anlagebuch 547

Horst Küpker/Andrea Pudig
Organisatorischer Aufbau zur Einführung einer wertorientierten Gesamtbanksteuerung 571

Roland van Gisteren
Grundzüge eines Operational Risk Managements aus Sicht des Intellectual Capital Managements 591

Ernst Spateneder
Aspekte effizienter Personalentwicklung im Bereich Treasury 623

Teil VI:
Revisionstechnische und aufsichtliche Anforderungen 641

Hans Jürgen Behr/Martin Kuhnert/Thorsten Gendrisch/Markus Heinrich
Der Neue Produkte/Märkte-Prozess in der Praxis 643

Diana Heidenreich/Franz Weber
Definition eines MaH-Verlustobergrenzensystems als Vorstufe zur Risikotragfähigkeitsbestimmung 665

Axel Becker
Revision von Asset Backed Securities 683

Peter Spicka
Fortentwicklung internationaler Eigenkapitalregelungen: Die Reform der Basler Eigenkapitalvereinbarung 721

Stichwortverzeichnis 735

Teil I
Integrale Ansätze der Gesamtbanksteuerung

Ansätze zur integrierten Betrachtung von Zins- und Bonitätsänderungsrisiken

Hans-Ulrich Barthel*

Inhalt

1. Einleitung
2. Abgrenzung der Risikobegriffe
   2.1 Der allgemeine Risikobegriff
   2.2 Abgrenzung von Zins- und Bonitätsänderungsrisiken
       2.2.1 Zinsänderungsrisiko
       2.2.2 Bonitätsänderungsrisiko
3. Verfahren der Risikoanalyse von Zins- und Bonitätsänderungsrisiken
   3.1 Marktrisikofaktoren und Marktrisikofaktorenanalyse
   3.2 Identifikation und Quantifizierung von Zinsänderungsrisiken
   3.3 Identifikation und Quantifizierung von Bonitätsänderungsrisiken
       3.3.1 Allgemeiner Überblick von Messmethoden für Bonitäts- und Bonitätsänderungsrisiken
       3.3.2 Ansätze für Kreditportfoliomodelle
   3.4 Risikoverbundeffekte zwischen Zins- und Bonitätsänderungsrisiken
       3.4.1 Interdependenzen zwischen Zins- und Bonitätsänderungsrisiken
       3.4.2 Quantifizierung von Risikoverbundeffekten festverzinslicher Wertpapiere nach dem Modell von Schulte
       3.4.3 Quantifizierung von Risikoverbundeffekten mehrerer risikobehafteter Geschäfte
       3.4.4 Fazit zum wissenschaftlich-literarischen Stand der Analyse unter integrativer Betrachtung von Zins- und Bonitätsänderungsrisiken
   3.5 Kritische Würdigung der Modellansätze
       3.5.1 Kritische Betrachtungen der Einzel- und integrativen Modellansätze
       3.5.2 Lower-Partial-Moments als Alternative zum Value-at-Risk-Ansatz
4. Methoden integrativer Risikosteuerungsverfahren

Literaturverzeichnis

Anhang

---

* Dipl.-Ing./Dipl.Kfm. Hans-Ulrich Barthel ist Leiter des Controllings in der Kreissparkasse Riesa-Großenhain und insbesondere für die Gesamthausplanung sowie strategische Gesamtbanksteuerung zuständig.

1. Einleitung

Das rapide Wachstum und die ständig zunehmende Komplexität moderner Finanzinstrumente, der markant gestiegene Risikogehalt von Geschäften im Finanzsektor sowie zunehmende aufsichtsrechtliche Anforderungen haben den Anspruch an Bewertungskriterien für einen bewussten Umgang mit Risiken herausgebildet. Dabei stehen überwiegend die durch Zinsänderungen hervorgerufenen Kurseffekte und damit verbundenen Vermögensrisiken im Vordergrund praktischer Anwendungen. Die Notwendigkeit der expliziten Risikoberücksichtigung wird durch das gestiegene Risikobewusstsein der Unternehmenspraxis infolge großer Verluste oder Firmenpleiten zu Beginn der 90er Jahre (z.B. Metallgesellschaft, Barings Bank, Daiwa Bank und Sumitomo Corporation)[1] sowie der daraus resultierenden Forderung von Konzepten eines Risiko-Managements unterstrichen. Die im praktischen Einsatz verbreiteten Verfahren der Risikoanalyse von Portfolios festverzinslicher Anlagen decken typischerweise nur Zinsrisikoabschätzungen ab und vereinfachen damit sehr stark.[2]

Ausfallrisiken werden oft als Datum betrachtet. Rein statische Untersuchungen der mit diesem Aspekt im Zusammenhang stehenden Bonität des Schuldners und deren Beurteilung haben sich bereits mit hohem Verbreitungsgrad sowohl auf wissenschaftlichem als auch auf praktischem Gebiet etabliert. Deutlich seltener finden sich analytisch-theoretische Auseinandersetzungen in Bezug auf Bonitätsänderungen und deren Folgen, in noch geringerem Maße darüber hinaus gehende Ansätze der verflechteten Betrachtung von Zins- und Bonitätsänderungen.[3]

Der gleichzeitig wachsende Druck, trotzt strukturell gewachsener Risikovorsorgequoten angemessene Rendite-/Risikorelationen zu erwirtschaften, schärft zusätzlich das Managementbewusstsein für eine umfassendere integrierte Risikobetrachtung insbesondere im Finanzsektor, da diese Branche stärker als alle anderen von Veränderungen der Konditionen an Finanzmärkten betroffen ist.

Im Mittelpunkt der weiteren Betrachtungen stehen die Auswirkungen von Substanzwertveränderungen, welche aus einer Schwankung des relevanten Marktzinses und durch Modifikation der Bonitätseinschätzung des Schuldners bzw. des Emittenten resultieren, fokussiert aus der Sichtweise von Investoren. Deren Bonität wird ebenso vernachlässigt und annahmegemäß von einer jederzeitigen, aufschlagsfreien Refinanzierungsmöglichkeit ausgegangen, wie die Betrachtung von Auswirkungen auf die Bonitätseinschätzung des Schuldners, die keine Ursachen in der Person des Geldnehmers haben (z.B. Länderrisiken). Darüber hinausgehende Effekte, beispielsweise auf die Gläubiger-Schuldner-Beziehung, werden ebenso wie die in der Realität mit entsprechenden Geschäftsabschlüssen verbundenen Transaktions- und Bestandhaltungskosten oder steuerrechtliche Konsequenzen unbeachtet gelassen.

2. Abgrenzung der Risikobegriffe

2.1 Der allgemeine Risikobegriff

Eine allgemeine Ableitung der Begriffsdefinition für *Risiko* lässt sich aus der systematischen Einordnung von Handlungsvorgängen unter Entscheidungssituationen finden. Risiko wird demnach verstanden als Feinstverteilung einer Zielgröße um einen Referenzwert mit Zuordnungsmöglichkeit einer Eintrittswahrscheinlichkeit. Im entscheidungstheoretischen Ansatz wird die vollständige Erfassbarkeit der Komplexität der Umwelt vorausgesetzt.

In der einschlägigen Literatur sowie in der praktischen Anwendung werden mit dem konkreten Terminus Risiko allerdings weitergehende unterschiedliche und kontrovers diskutierte Auffassungen verbunden. Zum einen handelt es sich um als materiell zu titulierende Vorstellungsinhalte, zum anderen als formale Begriffsverständnisse, welche beide an die Wirkungen des Risikos anknüpfen. Der Risikobegriff im Umfeld betriebswirtschaftlichen Handelns weist sämtliche aufgezeigten Dimensionen auf.

Im Rahmen der hier erörterten Sachverhalte wird der Auffassung gefolgt, Risiko als die aus der Unsicherheit über zukünftige Entwicklungen resultierenden Gefahr zu verstehen, dass eine finanzwirtschaftliche Zielgröße von einem Referenzwert negativ abweicht. Beide sind deshalb geeignet zu definieren, um Alternativen entsprechend der Präferenz beurteilen zu können.

2.2 Abgrenzung von Zins- und Bonitätsänderungsrisiken

2.2.1 Zinsänderungsrisiko

Finanzprodukte, welche einem Investor für die Überlassung von Kapital an einen Schuldner eine vertraglich vereinbarte Verzinsung, entweder als laufende Zinszahlung (z.B. Straight Bond), als Abschlag vom Nennwert (z.B. Zerobond) oder als eine Mischform beider Formen, gewährt und durch die Art und Anzahl von Zahlungsströmen (Cash Flows) charakterisierbar sind, werden als Zinsinstrumente bezeichnet.[4]

Die risikobehafteten Zielgrößen sind deshalb Ertragskomponenten aus Zinszahlungen (als Kupon oder Abschlagszahlungen), deren Wiederanlage (in Form von Zinseszinsen) sowie Kurswertänderungen. Die Ertragskomponenten der Zinsinstrumente berücksichtigend wird das Zinsänderungsrisiko als die Gefahr aus der Abweichung von realisierbaren Ergebnissen (einschließlich zwischenzeitlicher Reinvestitionen) von dem zum Geschäftsabschluss erwarteten Erfolgen aufgrund von Marktzinsveränderungen verstanden. Dem Risiko von Marktzinsveränderungen sind alle Zinsinstrumente ausgesetzt, so dass Zinsänderungsrisiken als generelle, marktbezogene (produktübergreifende) Risiken einzuordnen sind.

2.2.2 Bonitätsänderungsrisiko

Die Bonität beschreibt die Fähigkeit und Bereitschaft, vertraglich fixierte Zahlungen vollständig termingerecht und betragsgenau zu leisten. Kennzeichnend für diesen Begriff ist sein qualitativer, unstrukturierter und subjektiver Charakter. Unter dem Bonitätsrisiko versteht man deshalb die Gefahr der Zahlungsunfähigkeit oder Illiquidität des Schuldners, d.h. eine Unmöglichkeit zur korrekten Erfüllung seiner Zins- und/oder Tilgungsverpflichtung.

Ordnet man Zahlungsverzögerungen den Liquiditätsrisiken zu und unterstellt eine beständige Zahlungswilligkeit, lässt sich *Bonitätsrisiko* als die durch gestörte Zahlungsfähigkeit des Schuldners induzierte negative Abweichung erwarteter gegenüber vertraglich vereinbarten zukünftigen Zahlungen abgrenzen.[5] Bonitätsrisiken umfassen den partiellen oder totalen Ausfall von Zins- und Tilgungsleistungen und werden deshalb in der Literatur auch synonym unter dem Begriff Ausfall- oder Kreditrisiko verwendet.

Anhand von Längsschnittuntersuchungen zur Bonität von Anleihen konnte nachgewiesen werden, dass eine Zeitstabilität der Bonitätseinschätzung nicht gegeben und die Bonität volatil ist.[6] Investitionen unterliegen somit zusätzlich zum Bonitätsrisiko einem *Bonitätsänderungsrisiko*, d.h. Bonitätsänderungsrisiken führen zu einer Veränderung der Zahlungsfähigkeit und damit zu Wert- bzw. Kursveränderungen des Investments. Bonitätsänderungsrisiko betitelt das Gläubigerrisiko aus der Gefahr einer plötzlichen Änderung der Schuldnerbonität und damit verbundener Kurseffekte.

3. Verfahren der Risikoanalyse von Zins- und Bonitätsänderungsrisiken

3.1 Marktrisikofaktoren und Marktrisikofaktorenanalyse

Ausgangspunkt eines Risikomanagementprozesses bildet die Identifizierung von Risiken, d.h., zum einen zu erkennen, welche Risikofaktoren im Einzelnen bestehen, des Weiteren zu analysieren, welche Auswirkungen diese hervorbringen, und letztendlich zu klassifizieren, welche Relevanz ihnen, auch unter dem Gesichtspunkt der Informationskosten, beizumessen ist.

Ursachen der Marktrisikofaktoren im Sinne des Zinsänderungsrisikos sind zum ersten die sich im Zeitverlauf in ihrer Höhe und Struktur verändernde Zinskurve. Diese Zinsinstabilität bewirkt zinsbedingte Kursänderungsrisiken, die umso ausgeprägter ausfallen, je stärker zum zweiten die Zinsvolatilität, d.h. Intensität der Zinsänderung, ist. Als dritte Quelle kann im Zusammenhang mit Markterwartungshaltungen der Zeitablauf, d.h. die Verkürzung der Restlaufzeit (z.B. bei Optionen) benannt werden.

Die Marktrisikofaktorenanalyse ermöglicht eine Klärung, in welcher Art und Weise ein Marktrisikofaktor den Wert des Zinsinstrumentes bzw. in Summe den Wert eines Portfolios beeinflusst. Gemeint sind beispielsweise hier das zinsinduzierte Kursrisiko, das Wiederanlagerisiko, das variable Zinsänderungsrisiko etc.

3.2 Identifikation und Quantifizierung von Zinsänderungsrisiken

Wert- bzw. Kursänderungsrisiken können sich nur entwickeln, wenn Sensitivitäten oder Volatilitäten existieren bzw. nicht auszuschließen sind. D.h., es muss ein gewisses Abhängigkeitsverhältnis hinsichtlich der Auswirkungen auf unbeeinflussbare Veränderungen einer Bezugsgröße bestehen. Um Reagibilität einer Funktion auf Veränderungen zu beschreiben, bietet sich an, anstelle von absoluten Größen relative Änderungen zu verwenden und somit Elastizitäten als Messkonzept für Sensitivitäten zu nutzen.

Im Rahmen der Risikoquantifizierung werden Sensitivitätskennzahlen verwendet, welche die Wertänderung bei Änderung des Marktrisikofaktors um eine Einheit beziffern. Es erfolgt eine statische Momentaufnahme ohne Berücksichtigung des Zeitablaufes (Zeitpunktbetrachtung). Für symmetrische Zinsinstrumente (z.B. Anleihen, Futures) kann vereinfacht ein linearer Zusammenhang zwischen der Veränderung des Marktrisikofaktors und der Wertveränderung des Zinsinstrumentes unterstellt werden, bei asymmetrischen Zinsinstrumenten (z.B. Optionen, Caps) nicht.[7]

Zur Quantifizierung eines möglichen Wertverlustes lassen sich daraus aus der Praxis zwei Arten von Messmethoden ableiten:

- die »Delta«-Methode sowie
- die Barwertvergleichs-Methode.

Hintergrund beider Methoden ist die Überlegung, das Risiko als Wertminderung aus der Differenz eines zukünftigen Preises gegenüber der heutigen Preisstellung abzubilden. Unterschiedlich ist die Verfahrensweise.

Die Barwertvergleichsmethode versucht ohne parametrische, statistische Ansätze über Szenarien bzw. Simulationen den potentiellen Verlust in Form der Differenz jeweils berechneter Barwerte, abgeleitet aus dem investitions-theoretischen Ansatz des Kapitalwertes einer Realgüterinvestition, darzustellen. Die Anwendung der Barwertvergleichsmethode erfolgt insbesondere bei asymmetrischen Instrumenten. Simulationsmodelle, welche auf dieser Messmethode basieren, sind die Historische Simulation und die Monte-Carlo-Simulation.

Das Prinzip der Risikomessung der »Delta«-Methode begründet sich auf der Aussage, dass der Wert des Risikos von Sensitivität und Volatilität abhängig ist. Der »Delta«-Methode liegt das Konzept zugrunde, aus berechneten statistischen Kennziffern (marginalen Sensitivitäten) historischer Datenreihen und erwarteten Umweltveränderungen direkt das Risiko in Form der Preisreagibilität abzuleiten. Bei einer genügend großen Datenmenge kann von einer repräsentativen Aussage hinsichtlich der Eintrittswahrscheinlichkeiten von Ereignissen ausgegangen werden. Neben der Häufigkeitsverteilung historischer Volatilitäten und Korrelationen lassen sich zukünftige Volatilitäten und Korrelationen als Annahmen ableiten, welche durchschnittliche Maßzahlen, sogenannte Benchmarks, aus der parametrischen Statistik repräsentieren.

Neben den oben genannten Methoden, welche Marktrisiken offener Positionen aufgrund von deterministischen Zusammenhängen beschreiben und berechnen, gibt es Verfahren, die eine in Zukunft wahrscheinlich negative Abweichung mit Hilfe statistischer Verfahren schätzen.

In den bisher benannten Konzepten werden Interdependenzen zwischen den einzelnen Risikogattungen vernachlässigt. Mit Value-at-Risk hat sich ein Verfahren etabliert, mit dem eine effiziente Lösung zur Quantifizierung der Gesamtrisikoposition eines Unternehmens angestrebt wird.[8] Die Ansätze ergeben sich aus dem zentralen Punkt der Kapitalmarkttheorie:

- der Volatilität als Risikomaß erwarteter Renditen
- der Korrelation zwischen Ertrag und Volatilität aus der Portfoliotheorie.

Im Value-at-Risk-Konzept wird eine Normalverteilung für Eintrittswahrscheinlichkeiten der Schwankungen marktabhängiger Kenngrößen zugrunde gelegt. Der *Value-at-Risk* marktzinsabhängiger Positionen ist der erwartete, in DM ausgedrückte maximale (durchschnittliche) Verlust:

- über einen definierten Zeitraum (Haltedauer der Position)
- für ein spezifiziertes Konfidenzniveau (Vertrauensniveau)
- bei angenommener Volatilität und Korrelation.

Mit dieser Risikomessmethode wird versucht, Entscheidungsempfehlungen durch mathematische Entscheidungsregeln zu geben. In Analogie zu entscheidungstheoretischen Ansätzen von Optimierungsstrategien, wo ein weiterer Verteilungsparameter »σ« als Schwankungswert um einen Durchschnittswert eingeführt wird, um Entscheidungen entsprechend den Risikopräferenzen nach dem μσ-Prinzip treffen zu können, finden auch bei der Messmethode des Value-at-Risk-Modells statistische Maßgrößen Anwendung.

Die Volatilität wird als Standardabweichung definiert. Die Standardabweichung als statistische Maßzahl der Streuung von Werten um einen Mittelwert dient dabei der Beschreibung der Verteilung einer variablen Größe. Value-at-Risk-Modelle lassen sich unterscheiden in:

– Sensitivitätsmodelle (z.B. Varianz-Kovarianz-Modell)
– Simulationsmodelle (z.B. Historische Simulation, Monte-Carlo-Simulation).

Für das Varianz-Kovarianz-Modell werden die Beziehungen der Marktparameter (Kovarianzen, Korrelationen) explizit berücksichtigt und aus einem historischen Betrachtungszeitraum (mehrere Jahre), welcher die sinnvolle Festlegung des Konfidenzniveaus und damit auch den Value-at-Risk-Betrag entscheidet, ermittelt.

Bei der Simulationsmethode wird der größte simulierte Verlust als Value-at-Risk-Betrag abgeleitet. Zum Beispiel wird zur Monte-Carlo-Simulation aus historischen Marktdaten eine statistisch analysierte Varianz-Kovarianz ermittelt. Dazu wird eine große Anzahl von Marktparameteränderungen konsistent mit der zuvor ermittelten Matrix unter der Annahme der Normalverteilung generiert. Danach erfolgt die Berechnung der simulierten Marktparameter je Szenario und Neubewertung der Position mit den Kursen des Szenarios. Aus den daraus ableitbaren Bewertungsergebnissen für eine definierte Haltedauer wird als Value-at-Risk-Betrag der größte simulierte Verlust abgeleitet.

3.3 Identifikation und Quantifizierung von Bonitätsänderungsrisiken

Bonitätsrisiken implementieren im Wesentlichen die Gefahr des Zahlungsausfalls. Aus diesem Grund lassen sich folgende Risikofaktoren selektieren:

- das risikotragende Obligo
- die Schuldnerbonität
- die Branchenbonität/Länderbonität
- die Restlaufzeit des Kredites
- die Sicherheit.

In Analogie zum Zinsänderungsrisiko sind diese Risikofaktoren danach zu analysieren, in welcher Art und Weise der Wert des Instrumentes beeinflusst wird. In allen Fällen ist, sofern von einem Ausfall abgesehen wird, ein Bonitäts- bzw. aus der Bonitätsänderung induziertes Kursrisiko zu verzeichnen. Die Sensitivitätskennzahlen lassen sich aus den Ausprägungen des Bonitätsänderungsrisikos

1.) Ausfall
2.) Bonitätsänderung ohne Ausfall

ableiten.

Die Entwicklung verschiedener Messkonzepte, um die qualitative Größe Bonität quantifizierbar zu machen, basierte auf ex post-Betrachtungen. Grundsätzlich werden zwei verschiedene Hypothesen in der Literatur diskutiert, die Risikoabgeltungsthese (ein höheres Risiko wird durch eine höhere Rendite abgegolten) und die Risikobegrenzungsthese (ab einem bestimmten Risikomaß kommt kein Geschäft mehr zustande). Risikobetrachtungen erfolgen deshalb unter dem Gesichtspunkt der Risikoprämie für ein übernommenes Ausfallrisiko. In Analogie zum Zinsänderungsrisiko ist deshalb die Bonitätsempfindlichkeit als Risikomaß zu bestimmen, welche Aussagen über die Substanzwertveränderung und des Ausfalls als spezielle Ausprägung beinhaltet.

3.3.1 Allgemeiner Überblick von Messmethoden für Bonitäts- und Bonitätsänderungsrisiken

Aus historischen Erfahrungswerten entwickelte sich die Ableitung der in der Praxis fast ausschließlich verbreiteten abgeschätzten Größe, des *Ratings*. Rating als alphanumerisches Urteil über ein Beurteilungsobjekt bedient sich einer Ordinalskala.[9] Ziel des Beurteilungsprozesses ist die Abschätzung der mit einem bestimmten Gläubigerengagement verbundenen Gefahr des Ausfalls oder Verzugs der Forderung oder Teilen davon.[10] Im Vordergrund steht somit auch die Prüfung ihrer Besicherung. Historisch kumulierte Ausfallraten sind umso höher, je schlechter das Rating ist.

Die aggregierte Darstellung historischer Daten in Form einer Ratingmatrix, welche Ratingeinschätzung und Ausfallwahrscheinlichkeit nach x Jahren gegenüberstellt, ermöglicht, eine durchschnittliche Ausfallquote einem gerateten Schuldner zuzuordnen. Daraus entwickelten sich letztendlich Modellansätze, in welchen zur Risikoquantifizierung die Ratingmatrix als Informationsträger der Ausfallwahrscheinlichkeit die Grundlage bildet. Die Wahrscheinlichkeitsverteilung, welche jedem Portfolioverlust die Wahrscheinlichkeit seines Auftretens zuordnet, wird durch ein simulationsgestütztes Verfahren (Simulation-based portfolio approach) erzeugt.[11]

Eine andere Vorgehensweise ist die Ermittlung des Ausfallrisikos auf rein betriebswirtschaftlicher Basis (Analytic-based portfolio approach). Es erfolgt keine Bewertung, bei der aufgrund eines aus statistischen Analysen gewonnenen Risikomusters eine Aussage über das Ausfallrisiko gemacht wird. Vielmehr wird eine Krisensituation zukunftsbezogen abgeschätzt, welche dann eintritt, wenn bei finanzierten Unternehmen der Ertragswert bzw. Marktwert der Aktiva unter den ökonomischen Wert des Fremdkapitals fällt.

Demnach ist der Kreditgeber dem Verkäufer einer Verkaufsoption auf das Unternehmen gleichgestellt, d.h., nach optionspreistheoretischen Grundzügen durch das sogenannte *Optionspreismodell* errechenbar. Die Höhe des Ausfallrisikos hängt letztendlich

- von der erwarteten Entwicklung der Ertragslage, aus der der Marktwert der Aktiva errechnet wird,
- von der erwarteten Ertragsstabilität (Volatilität) und
- von dem Marktwert des Fremdkapitals (Gesamtverschuldung des Unternehmens) der Risikobewertung ab.

Zur Messung des gesamten Bonitätsänderungsrisikos eines Portfolios sind Beziehungen zwischen den einzelnen risikobehafteten Positionen zu berücksichtigen. In der Realität spiegeln sich Diversifikationseffekte infolge der Verschlechterung der durchschnittlichen Bonität einer Branche mit einer systematischen Bonitätsverbesserung einer anderen Branche wider, welche in den Grundmodellen noch keine Beachtung finden. In diesem Sinne erfolgt eine vollständige Berücksichtigung von Interdependenzen in keinem Modell.

3.3.2 Ansätze für Kreditportfoliomodelle

CreditMetrics

CreditMetrics ist ein ratingbasierendes dreistufiges Verfahren, um die Wertveränderung eines Portfolios zu ermitteln. Es erfolgt keine Betrachtung des einzelnen Kredites, sondern lediglich eine Beurteilung der Auswirkungen auf das gesamte Portfolio. Es berücksichtigt eigeninduzierte Veränderungen der Bonität der Kreditengagements und Kreditausfälle. Dazu wird jede Bonitätsveränderung mit der Wahrscheinlichkeit ihres Auftretens gewichtet und ein möglicher Portfoliowert zugeordnet. Die Aggregation der Einzelverteilungen erfolgt über Volatilitäten und Korrelationen, so dass über die Darstellung einer Verteilung von möglichen zukünftigen Portfoliowerten, die sich durch Bonitätsveränderungen und Ausfälle der Kontrahenten ergeben können, eine Aussage über die Wertveränderung des Portfolios ableitbar wird.

Im ersten Schritt wird dazu das Risiko bzw. Risikoprofil jeder einzelnen Position anhand von Marktpreisen berechnet. Anschließend werden Wertschwankungen infolge von Ratingveränderungen resp. Ausfällen mit Hilfe von am Markt verfügbaren Übergangsmatrizen ermittelt. Im letzten Schritt werden Korrelationen der kreditbezogenen Ereignisse berücksichtigt. In CreditMetrics werden keine Ausfallwahrscheinlichkeiten geschätzt, sondern als Inputparameter angesehen.

Die Ausfallwahrscheinlichkeiten lassen sich direkt aus Ein-Perioden-Transitionsmatrizen, angeboten beispielsweise von J.P. Morgan für die Ratingklassen von Standard & Poor's, entnehmen. Des Weiteren werden als Inputdaten die Recovery-Rates bei Ausfall, die risikofreie Zinskurve des Portfoliomarktes und Credit-Spreads für jedes zu berechnende Rating für jede Laufzeit benötigt. Credit Spreads, ein Aufschlag, der als durch die Marktteilnehmer geforderter Risikozuschlag bei handelbaren Papieren für das Kreditrisiko unterhalb der höchsten Bonitätsstufe zu interpretieren ist, existieren nicht für jeden Kontrahenten und lassen sich beispielsweise nur aus den Zinsstrukturen vergleichbarer geraterter Anleihen ermitteln.

Die Anwendung von CreditMetrics zeigt, insbesondere beim Übergang von der Einzelrisikobetrachtung zum Portfoliorisiko, drei Hauptprobleme auf:

- Für die Einzelfallermittlung sind 8 Fälle zu betrachten, bei 10 Papieren im Portfolio sind schon rd. 1 Mrd. Fälle zu berechnen, d.h. aufgrund des enormen Rechenaufwandes absolut unrealistisch
- Zusammenhänge der Bonitätsveränderungen werden nicht berücksichtigt (Unabhängigkeit)
- durch Ansatz gemeinsamer Wahrscheinlichkeiten wird stark verallgemeinert.

Optionspreismodell von Longstaff/Schwarz[12]

Im Rahmen des optionspreistheoretischen Modells wird davon ausgegangen, dass der von einem Unternehmen aufgenommene Kredit immer dann endgültig nicht zurückgezahlt wird, wenn der Barwert der zukünftigen cash flows und damit der Barwert der zukünftigen Kapitaldienstfähigkeit unter den Barwert der Kapitaldienstverpflichtung fällt. In diesem Fall lohnt es sich für beschränkt haftende Eigentümer, das Unternehmen oder die Maßnahme aufzugeben und an die Kreditgeber zur weiteren Verwendung zu übertragen. Die Eigentümer haben dann zwar auch ihr eigenes Kapital verloren, ersparen sich aber durch die Übergabe einen darüber hinausgehenden Verlust in Höhe der Differenz zwischen dem eigentlich zurückzuzahlenden Fremdkapital und dem (niedrigeren) Barwert der zukünftigen cash flows.

Die Kapitalnehmer sind somit Inhaber einer Verkaufsoption, d.h. sie haben die Wahl, das eigene Unternehmen zum Preis des Fremdkapitals an die kreditgebende Bank zu verkaufen, was sie dann tun werden, wenn der »Kurswert« (Barwert der zukünftigen cash-flows) unter den Fremdkapitalwert als Basispreis fällt. Die Bewertungsmethode der Optionspreistheorie kann somit auf die Kreditbewertung angewendet werden.

Der Vorteil besteht darin, dass dieser Ansatz im Gegensatz zu den ratingbezogenen Credit-Spreads nicht nur für einen kleinen Kreis emissionsfähiger Kreditnehmer, sondern letztlich auf alle Kreditnehmer anwendbar ist. Im Vergleich zu den historischen Ausfallraten vermeidet dieser Ansatz dabei die über die Risikoklassenbildung vorgenommene Pauschalisierung sowie die Fortschreibung alter Daten in die Zukunft.

Der Unterschied zum bekannten Optionsgeschäft auf der Basis von Markttiteln besteht erstens darin, dass das Fremdkapital, das den Basispreis darstellt, schon zu Beginn der Optionslaufzeit von der Bank gezahlt wird. Zweitens kann der Brutto-

Marktwert eines Unternehmens (Marktwert aller Vermögensgegenstände) wegen fehlender Börsenkapitalisierung bei den meisten Kreditnehmern nicht über den Marktwert des Eigenkapitals abgeleitet werden.

CreditRisk+[13]

CreditRisk+ stellt ein Verfahren von stochastischen Methoden aus der Versicherungsmathematik zur Entwicklung eines analytischen Risiko-Modells im Portfoliobereich (versicherungsmathematischer Ansatz) dar. Die Modellierung erfolgt mit Hilfe der einparametrigen Poissonverteilung nach Poissons Gesetz der kleinen Zahl, wobei der Parameter als Intensität eines Punktprozesses aufzufassen ist.

Nach Einteilung des Portfolios in Sektoren, erhält jeder Sektor seinen eigenen Parameter, der gleich dem Mittelwert und der Varianz der jeweiligen Poissonverteilung ist. Eine zusätzliche Verfeinerung durch Modellierung zufälliger Ausfallintensitäten kompensiert eine starke Unterschätzung der Standardabweichung empirischer Ausfallraten. Aus einer Summe unabhängiger Zufallszahlen wird eine wahrscheinlichkeitserzeugende Funktion abgeleitet, welche aus den zufälligen Intensitäten zum einen Korrelationen zwischen den zufälligen Ausfallwahrscheinlichkeiten implizieren und zum zweiten zu schiefen Verlustverteilungen führen. Der Ansatz von CreditRisk+ ist somit in der Lage, eine eindeutige Wahrscheinlichkeitsverteilung der Portfolioverluste zuzuordnen, wenn die Ausgangsdaten exakt sind.

Jarrow/Lando/Turnbull (1997) – Modell[14]

Das Bewertungsverfahren für Derivate dient der Modellierung des Kursverlaufes zugrundeliegender bonitätsrisikobehafteter Anleihen auf Basis des Bonitätsspreads. Es setzt dabei die Vollständigkeit und Arbitragefreiheit des Rentenmarktes voraus. Die Berechnung des risikoneutralen Bonitätsspreads erfordert keine Marktpreise für bonitätsrisikobehaftete Anleihen. Es genügen kumulierte Übergangswahrscheinlichkeiten. Die stochastischen Ratingänderungen werden bei Jarrow/Lando/Turnbull (1997) durch Markov-Ketten abgebildet. Liegen Marktpreise für bonitätsrisikobehaftete Anleihen vor, kann im Jarrow/Lando/Turnbull (1997)-Modell der reale Bonitätsspread auf Grundlage der Risikoaversion der Marktteilnehmer berechnet werden.

3.4 Risikoverbundeffekte zwischen Zins- und Bonitätsänderungsrisiken

3.4.1 Interdependenzen zwischen Zins- und Bonitätsänderungsrisiken

Veränderungen von Geld- und Kapitalmarktzinssätzen wirken direkt auf Finanzierungskosten von Unternehmen und beeinflussen damit deren Ertragslage. Eine Verschlechterung der Ertragssituation lässt zumindest eine Beeinträchtigung der Unternehmensliquidität und damit der Zahlungsfähigkeit schlussfolgern, sofern höhere Finanzierungskosten nicht durch Einzahlungen aus dem leistungswirtschaftlichen Bereich kompensiert werden bzw. zeitliche Inkongruenzen bestehen. Somit entwickelt sich bei steigenden Finanzierungskosten auch eine Erhöhung des Bonitätsänderungsrisikos der Fremdfinanzierungstitel aus Sicht der Investoren oder Eigenfinanzierungstitel des Unternehmens.

Einen Einfluss von zukünftigen Zinsänderungen auf die Bonität und damit die Risikopositionen der Unternehmen selbst nehmen somit auch in erheblichem Maße die zur Außenfinanzierung eingeschalteten Finanzintermediäre durch die Konditionengestaltung zur Kreditvergabe (Zinsfestschreibung bzw. variable Verzinsung). Andererseits haben Finanzintermediäre bzw. Investoren bei Eintritt eines Verlustes und daraus abgeleiteter Notwendigkeit zum Schließen der entstandenen offenen Position zu aktuellen Marktkonditionen die Auswirkungen des Bonitätsänderungsrisikos auf das Zinsänderungsrisiko zu tragen. Eine Wiederanlage bei niedrigerem Marktzinsniveau gegenüber dem Investitionszeitpunkt impliziert neben dem Ausfall sinkende Ertragserwartungen. Bei gegenläufiger Entwicklung ließe sich allerdings ein Teil des Forderungsausfalles durch einen höheren Zins kompensieren.[15]

Zur Messung der *Risikoverbundeffekte* und Darstellung des Gesamtrisikos aus Zins- und Bonitätsänderungsrisiken ergibt sich daraus ableitend, dass neben den Korrelationen zwischen verschiedenen Zinssätzen unterschiedlicher Laufzeiten und differierender Bonitätsklassen analog der Einzelrisikomessungen auch Zusammenhänge zwischen Zins- und Bonitätsänderungsrisiken zu integrieren sind. Je nach Sichtweise sind demzufolge Zinsänderungsrisiken in ein dem Bonitätsänderungsrisiko von Kapitalbeträgen äquivalentes Volumen zu transformieren bzw. die Erfassung des Bonitätsänderungsrisikos in die Abbildung des Zinsänderungsrisikos überzuleiten.

Entsprechend der gewählten Abbildung unterscheiden sich ebenfalls die Möglichkeiten der Interpretation. Die Risikoabbildung unter dem Zinsänderungsrisiko erlaubt unmittelbar ohne weiteren Aufwand aufzuzeigen, ob und in welcher Art das dynamische Bonitätsrisiko geschlossene oder offene Positionen beeinflusst. Bei der Risikoabbildung unter dem Bonitätsänderungsrisiko wird dagegen die Verlustgefahr, die aus der Änderung der Zinspositionen erwächst, explizit ausgewiesen. Dabei ist zu berücksichtigen, dass durch den Ausfall eine geschlossene Zinsposition geöffnet oder auch eine offene Position geschlossen werden kann.[16]

Die Eignung von Ansätzen zur Quantifizierung von Risikoverbundeffekten lässt sich durch folgende Kriterien beurteilen:

- vollständige Berücksichtigung risikobehafteter Geschäfte
- Korrektheit der Einzelrisikoermittlung entsprechend ihrer Definition
- Berücksichtigung der Risikoverbundeffekte innerhalb und zwischen den Risikokategorien
- Fähigkeit einer Aussage über den zukünftig zu erwartenden Verlust.

Insbesondere das dritte Kriterium zeigt den qualitativ höheren Anspruch der integrierten Betrachtung gegenüber der in den vorangegangenen Ausführungen erläuterten Einzelrisikoquantifizierung auf, weshalb nachfolgend der wissenschaftliche Stand zur Betrachtung von Risikoverbundeffekten auf ein Anlageobjekt sowie die Gesamtheit eines Portfolios ausführlicher diskutiert werden sollen.

3.4.2 Quantifizierung von Risikoverbundeffekten festverzinslicher Wertpapiere nach dem Modell von Schulte

Der Ansatz von Schulte betrachtet die Auswirkungen von unsicheren zukünftigen Zahlungen, indem der Ausfall von Zinszahlungen und Tilgungsleistungen bei der Berechnung des Kurswertes eines festverzinslichen Wertpapiers berücksichtigt wird.

Ausgangspunkt ist die Prämisse, dass sich mit Hilfe der Duration nach Macaulay das Zinsänderungsrisiko für sicher unterstellte Zahlungen für ein festverzinsliches Wertpapier bzw. volumengewichtet für ein Portfolio festverzinslicher Anleihen bestimmen lässt.

Mit der Einführung eines konstanten Bonitätsindikators, welcher das Bonitätsrisiko einer Anleihe in Form einer vorerst über alle Perioden identischen Ausfallwahrscheinlichkeit w (mit $0 \leq w \leq 1$) repräsentiert, erweitert Schulte das Modell in seinem ersten Schritt (vgl. Anhang). Der Bonitätsindikator beziffert die Wahrscheinlichkeit des Ausfalls der Zahlungsverpflichtungen des jeweils nächsten und aller darauf folgenden Zahlungszeitpunkte, d.h., der Bonitätsindikator w risikofreier Wertpapiere ist Null, bei ausfallrisikobehafteten Papieren größer Null. Die Bonität wird somit als allgemein bekannte, objektivierbare und absolute Größe betrachtet.

Mit der Definition einer Rückzahlquote α (Quotient aus dem an den Gläubiger im Zeitpunkt T effektiv zufließenden Betrag und dem Nennwert des Wertpapiers) und dem Ansatz eines Partialausfalls dieser Zahlung zum geplanten Fälligkeitsdatum T erfolgt die zweite Erweiterung des Modells. Mit dem Nachweis eines linear positiven Zusammenhangs zwischen dem Kurswert des Wertpapiers und der Rückzahlungsquote durch Schulte ist schlussfolgernd die Ausfallwahrscheinlichkeit w substituierbar mit der Rückzahlungsquote in Bezug auf den Kurswert.[17] Aufgrund des angenommenen Partialausfalls wird in folgenden Überlegungen $\alpha = 0$ gesetzt.

Aus der Einführung eines Bonitätsindikators p, welcher das Ausfallrisiko und den erwarteten Verlustumfang ausfallrisikobehafteter Wertpapiere in Form einer Renditedifferenz zur risikolosen Anleihe repräsentiert, kann für das Bonitätsrisiko ein Elastizitätsmaß b_p vergleichbar der Duration und daraus ableitend die Kurssensitivität des festverzinslichen Wertpapiers bei Bonitätsänderung bestimmt werden. Der Verbundeffekt zwischen Zins- und Bonitätsänderungen lässt sich somit durch äquivalente Abhängigkeitsbeziehung der Duration von der Risikoprämie bzw. dem Marktzins erzielen, weil eine Auswirkung auf den Kurswert durch eine Änderung der Risikoprämie identisch der gleichgroßen Erhöhung des Marktzinses ist.

3.4.3 Quantifizierung von Risikoverbundeffekten mehrerer risikobehafteter Geschäfte

In fachspezifischen Erörterungen existieren verschiedene Bemühungen, einen Ansatz zur integrativen Quantifizierung von Zins- und Bonitätsänderungsrisiken zu entwickeln und quantitativ das Gesamtrisiko zu evaluieren, um daraus Erkenntnisse für ihre Begrenzung abzuleiten. Die Ausführungen von Schierenbeck beispielsweise führen zu einer weitgehend bilanzorientierten Betrachtung aus Sicht von Kreditinstituten.[18] Als Risikomaß wird die Veränderung der Zinsspanne herangezogen, wobei für die Quantifizierung des Risikoverbundes eine Korrektur der Zinselastizitätswerte um die Ausfallrate erfolgt und damit eine Zinsspannenwirkung durch voraussichtliche Zu- oder Abschreibungen auf den Wert von Bilanzpositionen abgebildet wird.

Bei diesem Ansatz handelt es sich um eine vergangenheitsorientierte Konzeption mit additiver Verknüpfung der aus Ausfallwahrscheinlichkeiten von Zinszahlungen resultierenden Zinsspanneneffekte. Das Bonitätsänderungsrisiko sowie Verbundwirkungen zwischen Zins- und Bonitätsänderungsrisiken finden keine Berücksichtigung, sondern letztendlich erfolgt nur eine Abschätzung wahrscheinlicher Ertragseinbußen.

Der Ansatz von Döhring (*Durationskonzept*) wählt die Reinvermögensminderung eines Kreditinstitutes als Erfolgsmaßstab und erweitert damit den Ansatz der Zinsbindungsbilanz und Ausfallrate. Im ersten Schritt erfolgt die isolierte Berechnung des formalen Zinsänderungsrisikos aus der Standardabweichung der Reinvermögensänderung mit Bezugnahme auf eine endfällige Bundesanleihe (hier definiert er das Bonitätsänderungsrisiko als eliminiert) als Zinsänderungsrisikoindex. Materielle Risikoanteile bleiben gänzlich unberücksichtigt.[19] Im zweiten Schritt errechnet Döhring das formale Ausfallrisiko als Standardabweichung zwischen erwartetem und realisiertem Ausfallrisiko mit Hilfe einer am Wachstum des Bruttoinlandproduktes als Marktindex orientierten Krisenquote.

Die Abbildung von Risikoverbundeffekten als letztem Schritt baut gleichermaßen auf seiner Grundaussage, materielle Risiken durch die Kalkulation der Risikomargen bei Kreditvergabe zu eliminieren, d.h., dass mit Hilfe materieller Risikomargen durchschnittlich keine Reinvermögensänderungen zu erwarten sind, auf. Bei einem unterstellten Ausfall nach einem Jahr und der Identität künftig eintretender Zinssätze entsprechend den forward rates lässt sich eine durchschnittliche Risikoprämie für eine Reinvermögensänderung von Null kalkulieren. Die formalen Risikoverbundeffekte werden dann letztendlich über den Korrelationseffizienten zwischen erwarteten und tatsächlich eingetretenen Werten des Zinsänderungs- und Ausfallrisikos der Vergangenheit errechnet.[20]

3.4.4 Fazit zum wissenschaftlich-literarischen Stand der Analyse unter integrativer Betrachtung von Zins- und Bonitätsänderungsrisiken

Keiner der skizzierten Ansätze bietet ein geschlossenes System zur Simultananalyse von Zins- *und* Bonitäts*änderungs*risiken. Eine explizite Berücksichtigung der Änderung von Bonitätsindikatoren für Portfolien erfolgt gar nicht, d.h., eine inhaltliche Abdeckung dieser Problematik ist nicht gegeben. Bis auf den hier dargestellten Ansatz von Döhring gehen die überwiegenden Betrachtungen in der Literatur von der Idee eines unveränderlichen Ausfallrisikos aus.[21]

Nach Schulte[22] lassen sich zumindest nachfolgende allgemeine Trendaussagen über Verbundeffekte von Bonitäts-, Zins- und Bonitätsänderungsrisiken ableiten:

– ist das Bonitätsrisiko hoch, bleibt das Zinsänderungsrisiko eher klein
– ist das Zinsänderungsrisiko klein, so ist auch das Bonitätsänderungsrisiko gering
– geringe Bonität impliziert auch geringes Bonitätsänderungsrisiko.

Deshalb existieren in Bezug auf integrative Ansätze überwiegend praxisorientierte Überlegungen, welche nicht den wissenschaftlichen Kriterien der Interpretation standhalten, da ein erwarteter Verlust und Veränderung dessen Eintrittswahrscheinlichkeit nicht modellmäßig abgebildet wird.

3.5 Kritische Würdigung der Modellansätze

3.5.1 Kritische Betrachtungen der Einzel- und integrativen Modellansätze

Kritikpunkte aller Modelle sind allgemeine Probleme von Standardverfahren, welche keine exakte Abbildung des spezifischen Risikoprofils komplexer Produktprofile ermöglichen. Im Value-at-Risk-Konzept beispielsweise kritisch zu bewerten sind Fehlermöglichkeiten aus den Festlegungen zum Zeithorizont, Stichprobenumfang, der Annualisierung von Volatilitäten, Korrelationen, Nichtlinearitäten bei der Produktbewertung (Convecity) sowie des Konfidenzniveaus. Ansatzpunkte für eine kritische Betrachtung der Ermittlung erwarteter Volatilitäten ergeben sich aus:

– der fehlenden Aussage über zeitliche Stabilität und Konstanz der Schätzgrößen
– der fehlenden Sicherheit aus der Modellbildung, alle relevanten Größen zu berücksichtigen.

Des Weiteren erfolgt bei den Bonitäts- und Bonitätsänderungsrisiko-Messmethoden keine Abbildung der aktuellen Marktvolatilitäten und Korrelationen, und unter diesem Gesichtspunkt auch keine kontrahentenspezifische Bestimmung von Ausfallwahrscheinlichkeiten. Es werden nur bedingt Korrelationseffekte zwischen verschiedenen Produkten und Kontrahenten berücksichtigt, so dass Parameterschätzungen fehlerbehaftet sind.

In den ratingbasierenden Modellen, insbesondere CreditMetrics, werden Inputparameter benötigt, für welche derzeit eine unzureichende statistische Datenbasis vorhanden ist. Der gleichzeitig hohe Rechenaufwand lässt einen Einsatz ohne Prämissensetzung unrealistisch erscheinen.

Rohmann kommt in seiner Bewertung der Einsatzmöglichkeit von Optionspreismodellen zum Schluss, dass wesentliche Prämissen in der Praxis als nicht erfüllt anzusehen sind.[23] Aus der Nichthandelbarkeit von Ausfallrisiken am Markt ist eine Ermittlung einer arbitragefreien, fairen Risikoprämie nicht möglich und es entstehen zwangsläufig subjektive Schätzfehler.

Beanstandungen des Modells von Schulte bestehen neben den idealisierten Prämissen und Kritikpunkten zur Eignung der Duration als genereller Maßstab für Zinsänderungen in der ausschließlichen Anwendbarkeit auf ein einzelnes festverzinsliches Wertpapier und damit der Nichtübertragbarkeit des Modells auf ein gesamtes Portfolio. Die Bonitätselastizität und daraus folgend die risikoangepasste Duration ist nur für festverzinsliche Wertpapiere modellierbar und für jede Anleihe unterschiedlich.[24]

Der Ansatz von Döhring stellt in gewissem Umfang Risikoverbundeffekte zwischen Zinsänderungs- und Ausfallrisiko dar, allerdings bleibt das Bonitätsänderungsrisiko gänzlich unberücksichtigt.

3.5.2 Lower-Partial-Moments als Alternative zum Value-at-Risk-Ansatz

Trotz des starken Verbreitungsgrades des Value-at-Risk-Ansatzes sind dessen Aussagehalt nicht unproblematisch. Das Risikokonzept des Value-at-Risk ermöglicht eine vollständige Ordnung von Investitionsalternativen, indem es definiert, dass ein Portfolio umso riskanter, je höher sein Value-at-Risk ist. Rationales Entscheidungsverhalten entsprechend der Erwartungsnutzenmaximierung impliziert, dass die Auswahlentscheidung dabei für alle unersättlichen, risikoaversen Investoren und im Ergebnis anderer Risikokonzepte zur Erwartungsnutzenmaximierung äquivalent sind.

Die Eignung als rationales Entscheidungskonzept beinhaltet, dass Dominanz- und Stetigkeitsprinzip erfüllt sind, degressive Höhenpräferenzen und zusätzlich eine im engeren Sinne risikoaverse Einstellung Anwendung finden.[25] Normative Risikokonzepte, welche diesen Anforderungen genügen, sind die Stochastische Dominanz zweiten Grades, das Konzept des Mean Preserving Spreads sowie das Konzept des Weißen Rauschens.[26] Diese ordinalen Konzepte liefern allerdings keinen absoluten Wert für das Risiko eines Portfolios, sondern nur eine Rangfolge und sind für Steuerungsentscheidungen unpraktikabel.

Das Konzept des *Value-at-Risk* errechnet ein sogenanntes Downside- bzw. Shortfall-Risikomaß, d.h. es liefert kardinale Risikowerte und ermöglicht eine Totalordnung. Der Value-at-Risk betrachtet nur einen einzigen Punkt der Verteilungsfunktion und berücksichtigt lediglich die Wahrscheinlichkeit, mit welcher ein tatsächlicher Verlust den Value-at-Risk überschreiten kann, nicht aber die Höhe einer möglichen Überschreitung. Für zwei Verteilungsfunktionen mit gleichem Value-at-Risk, aber unterschiedlichem Ausmaß bei Überschreitung, erkennt der Value-at-Risk den unterschiedlichen Risikogehalt nicht. Insbesondere bei schiefen Wahrscheinlichkeitsverteilungen ist die Gefahr einer Fehlinterpretation gegeben.

Guthoff/Pfingsten/Wolf[27] haben gezeigt, dass der Value-at-Risk-Ansatz der stochastischen Dominanz zweiten Grades bis auf Spezialfälle widerspricht. Diese sind die realitätsfremde Annahme der ausschließlichen Normalverteilung aller Ergebnissituationen bei einem Konfidenzniveau > 50%. Eine weitere Kompatibilität ist, allerdings um den Preis falscher Risikowerte, gegeben, wenn der Value-at-Risk mittels der Varianz-Kovarianz-Methode berechnet wird. Schlussfolgernd ist festzuhalten, dass:

– die Reihenfolge der Bewertung der Handlungsalternativen nach dem Value-at-Risk-Konzept vom gewählten Konfidenzintervall abhängig ist.
– die Reihenfolge der Bewertung nach dem Value-at-Risk-Konzept der Risikoanordnung nach dem Konzept der Stochastischen Dominanz zweiten Grades und damit der Äquivalenz der Rangordnung aller unersättlichen, risikoaversen Investoren widersprechen kann.
– Investitionsentscheidungen auf der Basis des erwarteten Gewinns mit dem Entscheidungskriterium Value-at-Risk nicht notwendigerweise den erwarteten Nutzen maximieren und deshalb nicht rational sind.[28]

Die Quantifizierung des Ausmaßes der Überschreitung eines kritischen Wertes erfordert eine Erweiterung des Value-at-Risk-Konzeptes gemäß den Lower Partial Moment-Prinzipien.[29] Lower Partial Moments sind Maße, die den unteren Teil einer

Dichte- bzw. Wahrscheinlichkeitsfunktion beschreiben. Die Maßzahl spiegelt die Misserfolgserwartung wider, d.h. es werden nur alle Ergebnisse, welche links des Zielwertes liegen (das Zielergebnis also verfehlen), mit ihrer jeweiligen Eintrittswahrscheinlichkeit gewichtet berücksichtigt. Dabei definiert der Grad des Lower Partial Moment die Gewichtung starker negativer Abweichungen der Zielverfehlung. Ergebnisse oberhalb des Zielergebnisses werden nicht kompensierend berücksichtigt. Die mathematische Definition des Lower Partial Moment vom Grade n mit dem Zielwert t lautet:

$$LPM_n(t) = \int_{-\infty}^{t} (t-x)^n f(x) dx \quad \text{mit } n \geq 0.$$

Der *Lower Partial Moment Zero* stellt die Umkehrfunktion des Value-at-Risk dar, d.h., Value-at-Risk kann in den Lower Partial Moment Zero transformiert werden.

Der Lower Partial Moment One misst die Fläche bis zu einem festzusetzenden Zielergebnis unter der Verteilungsfunktion und erfasst damit auch die Information des Ausmaßes der Überschreitungen. Zusammenfassend lässt sich nachweisen, dass Lower Partial Moments ab einem Grade größer Null das Kriterium der Stochastischen Dominanz zweiten Grades, bis auf einen Spezialfall, wenn Entscheidungsalternativen identische LPM_1-Werte haben und deshalb für gleich riskant gehalten werden, erfüllen.[30]

Die Verwendung des Lower Partial Moment One gibt den Erwartungswert der Unterschreitung eines vorzugebenden Zielwertes an und ist deshalb eine geeignete Maßzahl zur Risikosteuerung.

4. Methoden integrativer Risikosteuerungsverfahren

Versucht man die Wirkungsrichtungen von Zins- und Bonitätsänderungsrisiken grafisch darzustellen, bewegt man sich zumindest im zweidimensionalen Risikoraum. Unter Berücksichtigung von Interdependenzen können mit dem Einsatz existierender Steuerungsinstrumentarien nun verschiedene Wirkungseffekte erzielt werden. Zum einen besteht die Möglichkeit, dass sich risikopolitische Maßnahmen allein auf einen Risikotyp beschränkt auswirken. Zum anderen könnte aber auch ein intendierender Effekt derartig auftreten, dass beide Risiken verändert werden. Im Umkehrschluss lassen sich daraus Untergliederungen risikopolitischer Aktionen ableiten.

Exemplarisch für den letztgenannten Fall können Zinstermingeschäfte (Future, Forward, Option) benannt werden, da infolge von Abnahmeverpflichtungen bzw. Andienungsrechten eine Zins- und Bonitätsänderungsrisiko-Minderung entsteht. Voraussetzung allerdings ist, dass der Underlying dem Risikoaktivum entspricht.

Eine andere Überlegung ist, einen Risikotyp in den anderen zu transformieren. Wären beispielsweise Bonitätsänderungsrisiken in den Zinsänderungsrisiko-Raum übertragbar, müssten auch nur noch Zinsänderungsrisiken zu steuern sein. Diese Art von Immunisierungsstrategie ließe sich beispielsweise durch einen two-way Total Return Swap realisieren.

Ein weiteres Risikosteuerungsverfahren beruht auf der Annahme, zumindest unsystematische Risiken durch Diversifikation auszuschalten. Durch synthetische Veränderung der Risikoklassen lässt sich somit zumindestens erreichen, weitere Steuerungsmaßnahmen indexbezogen durchführen zu können. Ein Verfahren der Risikoüberwälzung des Bonitätsrisikos kann bei Abschluss eines Credit Spreads dargestellt werden.

Alle genannten Ansätze idealisieren sehr stark. Für eine klare Umsetzung derartiger Verfahren können in der Regel ausschließlich am Markt gehandelte und als Underlying angesetzte Referenzwerte in Betracht gezogen werden.

Ausgehend davon, dass in der Realität Risiken nicht einzeltitelbezogen, sondern für ein breit strukturiertes Portfolio zu steuern sind, ergibt sich die Notwendigkeit einer portfoliobezogenen Referenzgröße. Es ist ein Risikomaß heranzuziehen, welches eine Vergleichbarkeit der verschiedenen Risikotypen gewährleistet. Mit dem Value-at-Risk-Ansatz hat sich in den letzten Jahren ein Verfahren etabliert, mit dem eine effiziente Lösung der Probleme zur Quantifizierung und Steuerung der Gesamtrisikopositionen eines Unternehmens angestrebt wird. Die Grundidee ist, Risiken aller Finanzinstrumente in einen gemeinsamen Standard zu überführen und daraus den potentiellen Verlust, ausgedrückt in Geldeinheiten, zu formulieren.

Im Rahmen dieser Arbeit wurde der *Lower Partial Moment One* als transformierbare Alternative zum Value-at-Risk vorgestellt. Der Vorteil dieser Alternative besteht darin, aus der Simulation von verschiedenen Strategien und daraus errechenbaren Lower Partial Moment One-Werten die optimale Kombination von Absicherungsinstrumentarien zu wählen. Das Steuerungskriterium nach diesem Verfahren ist der Erwartungswert zur Unterschreitung einer gegebenen Verlustdeckungsgröße insgesamt, welcher zu minimieren ist, nicht nur eines Punktwertes.

Es sei darauf hingewiesen, dass das Risiko die Volatilität der Erfolgsgröße beschreibt und damit grundsätzlich nicht losgelöst von ihr beurteilt werden kann. Während es in der Vergangenheit das Ziel der Geschäftspolitik von Finanzunternehmen war, Risiken durch Hereinnahme von Sicherheiten oder Ablehnungen im Kreditgeschäft zu vermeiden, geht es heute immer mehr darum, Risiken als Chance im Geschäft zu definieren und aktives Management von Risiken als wesentliches Element der Geschäftsstrategie zu verstehen.

Die Steuerung unter Berücksichtigung des Risiko-Ertrags-Kalküls erscheint somit als notwendige Betrachtung für ein Risiko-Ertragsoptimum der entsprechenden Nutzenspräferenz des Investors. Erfolg und Risiko werden dafür zu einer risikoadjustierten Ergebnisgröße verdichtet.

Ausblickend sind mit der Zusammenführung von Risikomanagement und wertorientierter Unternehmenssteuerung durch Risk Adjusted Balanced Scorecarding (RABASCO), d.h. praktische Einordnung des Risikomanagements in die laufende Unternehmenssteuerung unter Berücksichtigung risikobehafteter Hard- und Softfacts, neue Tendenzen der Weiterentwicklung von Risikokennziffern gegeben, welche als Referenzwerte der nach ihnen ausgerichteten Steuerungsverfahren gelten können.

Eine systematische Risikoanalyse und -bewertung mittels moderner Verfahren als Grundlage für die Bepreisung und Steuerung von Bonitäts- und Marktpreisrisiken erscheint notwendig, da sie auch für den Unternehmenswert eine entscheidende Rolle spielt, an dessen Entwicklung sich das Management letztendlich immer stärker messen lassen muss.

Literaturverzeichnis

1 Vgl. Dowd, K. (1998), Beyond Value-at-Risk. The New Science of Risk Management, Chichester et al. 1998.
2 Vgl. Ramaswami, M. (1991), Hedging the Equity Risk of High-Yield Bonds, in: Financial Analysts Journal, Vol. 47, September – October (1991), S. 41–50.
3 Vgl. Spellmann, F./ Unser, M. (1998), Zinsänderungsrisiko und Bonitätsänderungsrisiko integriert betrachten – ein Überblick über den Stand der Literatur, in Oehler, A. (Hrsg.): Credit Risk und Value-at-Risk Alternativen, Stuttgart 1998, S. 259–280.
4 Vgl. Eller, R. (1994), Management von Zinsänderungsrisiken, in: Eller, R./ Spindler, C.: Zins- und Währungsrisiken optimal managen, Wiesbaden 1994.
5 Vgl. Spellmann, F./ Unser, M. (1998), Zinsänderungsrisiko und Bonitätsänderungsrisiko integriert betrachten – ein Überblick über den Stand der Literatur, in Oehler, A. (Hrsg.): Credit Risk und Value-at-Risk Alternativen, Stuttgart 1998, S. 259–280.
6 Vgl. Lucas, D./Lonski, J. (1992), Changes in Corporate Credit Quality 1970–1990, in: Journal of Fixed Income, Vol. 1, March 1992, S. 7 – 14.
7 Vgl. Eller, R. (1994), Management von Zinsänderungsrisiken, in: Eller, R./ Spindler, C.: Zins- und Währungsrisiken optimal managen, Wiesbaden 1994.
8 Vgl. Bitz, M. (1997), Kursunterlagen Finanzwirtschaft, Kapitalmarktorientierte Finanzierungstheorie, KE 2, Hagen 1997.
9 Vgl. Everling, O. (1989), Credit Rating, in: Das Wirtschaftsstudium, 18. Jg. 1998, S. 673–675.
10 Vgl. Steiner, M. (1992), Risikobeurteilung von Emittenten durch Rating-Agenturen, in: Wirtschaftswissenschaftliches Studium, 21. Jg. 1992, S. 509–515.
11 Vgl. Paul-Choudhury,S. (1997), Choosing the right Box of Credit Tricks, in: RISK, Vol. 10,/No 11, 1997, S. 28–35.
12 Vgl. Lehrbaß, F.B. (1997), Die modellmäßige Bewertung von Krediten mit Ausfallrisiko, in: Zeitschrift für das gesamte Kreditwesen, Heft 8/97, S. 365–370.
13 Vgl. Overbeck, L./ Stahl, G. (1998), Stochastische Modelle im Risikomanagement des Kreditportfolios, in Oehler, A. (Hrsg.): Credit Risk und Value-at-Risk Alternativen, Stuttgart 1998, S. 77–110.
14 Vgl. Jarrow, R.A./Lando, D./Turnbull, S.M. (1997), A Markov Model for the Term Structure of Credit Risk Spreads, in: Review of Financial Studies, Vol. 10, No. 2, S. 481–523.
15 Vgl. Spellmann, F./ Unser, M. (1998), Zinsänderungsrisiko und Bonitätsänderungsrisiko integriert betrachten – ein Überblick über den Stand der Literatur, in Oehler, A. (Hrsg.): Credit Risk und Value-at-Risk Alternativen, Stuttgart 1998, S. 259–280.
16 Vgl. Spellmann, F./ Unser, M. (1998), Zinsänderungsrisiko und Bonitätsänderungsrisiko integriert betrachten – ein Überblick über den Stand der Literatur, in Oehler, A. (Hrsg.): Credit Risk und Value-at-Risk Alternativen, Stuttgart 1998, S. 259–280.
17 Vgl. Schulte, R. (1996), Kursänderungsrisiken festverzinslicher Wertpapiere, Wiesbaden 1996.
18 Vgl. Schierenbeck, H. (1988), Ein Ansatz zur integrativen Quantifizierung bankbetrieblicher Ausfall- und Zinsänderungsrisiken; in: Gerke, W. (Hrsg.): Bankrisiken und Bankrecht, Festschrift für Fritz Philipp zum 60. Geburtstag, Wiesbaden 1988, S. 43–61.
19 Vgl. Döhring, J. (1996), Gesamtrisiko-Management von Banken, München 1996.
20 Vgl. Döhring, J. (1996), Gesamtrisiko-Management von Banken, München 1996.
21 Vgl. Bierwag, G.O. (1987), Duration Analysis. Managing Interest Raze Risk, Cambridge (Mass.) 1987, S. 329 – 331; Kürsten, W. (1991), Optimale fix-variable Kreditkontrakte, Zinsänderungsrisiko, Kreditausfallrisiko und Financial Futures Hedging, in: Zeitschrift für betriebswirtschaftliche Forschung (zfbf), 43.Jg. 1991, S. 867 – 891; Schulte, R. (1996),

Kursänderungsrisiken festverzinslicher Wertpapiere, Wiesbaden 1996; Spellmann, F./ Unser, M. (1998), Zinsänderungsrisiko und Bonitätsänderungsrisiko integriert betrachten – ein Überblick über den Stand der Literatur, in Oehler, A. (Hrsg.): Credit Risk und Value-at-Risk Alternativen, Stuttgart 1998, S. 259–280.

22 Vgl. Schulte, R. (1996), Kursänderungsrisiken festverzinslicher Wertpapiere, Wiesbaden 1996.

23 Vgl. Rohmann, M. (1998), Optionspreismodell zur Bewertung von Ausfallrisiken, in: Zeitschrift für das gesamte Kreditwesen, Heft 21/98, S. 1185–1190.

24 Vgl. Spellmann, F./ Unser, M. (1998), Zinsänderungsrisiko und Bonitätsänderungsrisiko integriert betrachten – ein Überblick über den Stand der Literatur, in Oehler, A. (Hrsg.): Credit Risk und Value-at-Risk Alternativen, Stuttgart 1998, S. 259–280.

25 Vgl. Bitz, M. (1998), Bernoulli-Prinzip und Risikoeinstellung, in : Zeitschrift für betriebswirtschaftliche Forschung (zfbf), 50.Jg. 10/1998, S. 916–931.

26 Vgl. Guthoff, A./Pfingsten, A./Wolf, J. (1998), Der Einfluss einer Begrenzung des Value-at-Risk oder des Lower Partial Moment One auf die Risikoübernahme, in: Oehler, A.(Hrsg.): Credit Risk und Value-at-Risk Alternativen, Stuttgart 1998, S. 111–153.

27 Vgl. Guthoff, A./Pfingsten, A./Wolf, J. (1998), Der Einfluss einer Begrenzung des Value-at-Risk oder des Lower Partial Moment One auf die Risikoübernahme, in: Oehler, A.(Hrsg.): Credit Risk und Value-at-Risk Alternativen, Stuttgart 1998, S. 111–153.

28 Vgl. Guthoff, A./Pfingsten, A./Wolf, J. (1997), On the Compatibility of Value-at-Risk, Other Risk Concepts, and Expected Utility Maximization, Diskussionsbeitrag 97–01, Institut für Kreditwesen der Universität Münster, Januar 1997.

29 Vgl. Schröder, M. (1996), The Value-at-Risk Approach, in: Albrecht, P. (Hrsg.): Aktuarielle Ansätze für Finanz-Risiken, Band 1, Karlsruhe 1996, S. 151–169.

30 Vgl. Guthoff, A./Pfingsten, A./Wolf, J. (1998), Der Einfluss einer Begrenzung des Value-at-Risk oder des Lower Partial Moment One auf die Risikoübernahme, in: Oehler, A.(Hrsg.): Credit Risk und Value-at-Risk Alternativen, Stuttgart 1998, S. 111–153.

31 Vgl. Spellmann, F./ Unser, M. (1998), Zinsänderungsrisiko und Bonitätsänderungsrisiko integriert betrachten – ein Überblick über den Stand der Literatur, in Oehler, A. (Hrsg.): Credit Risk und Value-at-Risk Alternativen, Stuttgart 1998, S. 259–280.

32 Vgl. Kruschwitz, L./Schöbel, R. (1986), Duration – Grundlagen und Anwendung eines einfachen Risikomaßes zur Beurteilung festverzinslicher Wertpapiere, in: Wirtschaftsstudium, Vol. 15/1986, S. 550 – 554.

Anhang

Quantifizierung von Risikoverbundeffekten festverzinslicher Wertpapiere nach dem Modell von Schulte[1]

1. Schritt

Kursberechnung K des festverzinslichen Wertpapiers

$$K = c \times N \times \frac{q^T - 1}{q^T \times r} + \frac{N}{q^T} \quad \text{mit } q = 1+r$$

c ... Coupon in % des Nominalbetrages
N ... Nominalbetrag
r ... risikoloser Marktzins

Duration d

$$d = \frac{\sum_{t=1}^{T} e_t \times t \times q^{-t}}{\sum_{t=1}^{T} e_t \times q^{-t}}$$

e_t ... Couponzahlung zum Zeitpunkt t

Kursänderung in Abhängigkeit einer Zinsänderung

$$\Delta K = d \times \frac{\Delta(1+r)}{1+r} \times K$$

Die Zinselastizität ε in Abhängigkeit von der Duration d und dem risikolosen Marktzins r für alle Anleihen mit gleicher Restlaufzeit errechnet sich somit:[2]

$$\varepsilon = d \times \frac{r}{1+r}$$

2. Schritt

Kursberechnung K unter Berücksichtigung des Partialausfalls

$$Q = \frac{1+r}{1-w} \quad R = Q - 1 = \text{risikoadjustierter Marktzins}$$

$$K = c \times N \times \frac{Q^T - 1}{Q^T \times R} + \frac{N}{Q^T}$$

3. Schritt

Berechnung des Bonitätsindikators p

$$p = R - r \quad \text{daraus folgt} \quad Q = \frac{1+r}{1-w} = R+1 = 1+r+p$$

$$p = \frac{w(1+r)}{1-w}$$

4. Schritt

Berechnung des Elastizitätsmaßes b_p für das Bonitätsrisiko

$$b_p = \frac{p}{Q} \times \frac{\sum_{t=1}^{T} e_t \times \frac{t}{Q^t}}{\sum_{t=1}^{T} e_t \times \frac{1}{Q^t}} \quad \text{mit} \quad Q = \frac{1+r}{1-w}$$

Kurssensitivität in Abhängigkeit einer Bonitätsänderung

$$\Delta K = -b_p \times \Delta p \times \frac{K}{p}$$

5. Schritt

Berechnung des Risikoverbundeffektes eines festverzinslichen Wertpapiers

$$K_p = c \times N \times \frac{Q^T - 1}{Q^T \times R} + \frac{N}{Q^T}$$

K_p ...risikoangepasster Kurs

$$d_p = -\frac{\delta K_p}{\delta Q} \times \frac{Q}{K_p} = -\frac{\delta K_p}{\delta 1(+r+p)} \times \frac{1+r+p}{K_p}$$

d_p ...risikoangepasste Duration

Integration von Markt- und Kreditrisiken in der Risikorechnung

Walter S. A. Schwaiger*

Inhalt

1. Die Risikorechnung – Das Konzept der 00er Jahre?
2. Kredit- und Marktrisiken in der Externen Risikorechnung
   2.1 Wie wird das Kreditrisiko in den Solvabilitäts-Richtlinien gesehen?
   2.2 Beschränken sich die Kapitaladäquanz-Richtlinien auf das Handelsbuch?
   2.3 Was ist die Externe Risikorechnung und wozu dient sie?
   2.4 Ein Bild sagt mehr als 1000 Worte...
3. Der Kritische Punkt: Rechnungswesen vs. Finanzwirtschaft
   3.1 Was verstehen Sie unter dem Cash Flow?
   3.2 Welche Risiken werden über den Barwert-Ansatz ersichtlich?
4. Marktrisiken aus finanzwirtschaftlicher Sicht
   4.1 Welche Zins-Risiken gibt es und wie werden sie gemessen?
   4.2 Was ist das Index-Risiko und wie wird es gemessen?
   4.3 Wie wird das Währungsrisiko gemessen?
   4.4 Wie lassen sich die verschiedenen Marktrisiken aggregieren?
5. Kreditrisiken aus finanzwirtschaftlicher Sicht
   5.1 Was versteht man unter Kreditrisiko-Modellen?
   5.2 Worin unterscheiden sich Ausfall- und Bonitätsrisiko und wie werden sie gemessen?
   5.3 Kann Creditreform bei der Ausfallrisikomessung Hilfestellung bieten?
   5.4 Wie lassen sich die Ausfallrisiken aggregieren?
   5.5 Wie werden Markt- und Ausfallsrisiken aggregiert?
6. Markt- und Kreditrisiken in der Internen Risikorechnung
   6.1 Welchen Rahmen liefert die interne Risikorechnung?
   6.2 Wie ist die Interne Risikorechnung der Alpenbach-Bank ausgestaltet?
   6.3 Wie sieht die Risikobilanz der Alpenbach-Bank aus?
   6.4 Was ist die Cash- und Carry-Strategie und wozu dient sie?
7. Zusammenfassender Ausblick

Anmerkungen

Literaturverzeichnis

* Prof. Dr. Walter S.A. Schwaiger, MBA lehrt am Institut für Betriebliche Finanzwirtschaft der Universität Innsbruck.

1. Die Risikorechnung – Das Konzept der 00er Jahre?

In diesem Beitrag geht es um die Entwicklungen, welche in den 90er Jahren auf die Bankenwirtschaft hereinbrachen und langgediente Konzepte und Denkweisen gewaltig ins Wanken bzw. zum Einstürzen brachten. Diese Entwicklungen dürften allerdings noch lange nicht abgeschlossen sein. In aufsehenerregenden Bankenpleiten treten Mängel offen zutage und in nicht weniger aufsehenerregenden Bankenzusammenschlüssen zeigt sich auch immer recht klar, wer den Ton angibt und den gleichberechtigten Partner *schluckt*.

Die am Jahresabschluss orientierten Erfolgskonzepte der 80er Jahre sind stark ins Hintertreffen geraten. An ihre Stelle sind marktwert- und risikoorientierte Konzepte getreten. Hinter diesen Konzepten steht allerdings eine zum bankbetrieblichen Rechnungswesen ziemlich konträre Sichtweise. Diese in die Zukunft gerichtete finanzwirtschaftliche Sichtweise stammt aus den USA und wurde Anfang der 50er Jahre von Harry Markowitz, dem Nobelpreisträger des Jahres 1990 begründet. Ihre strikte Zukunftsorientierung, welche erst die konsequente Einbeziehung von Risikoüberlegungen ermöglicht, stellt den zentralen Unterschied zum vergangenheitsbezogenen Rechnungswesen dar. Von Dogmatikern beider Sichtweisen wird die jeweils andere Seite heftig kritisiert, wenn nicht gar demagogisch bekämpft. Dieser Beitrag ist ganz klar von der finanzwirtschaftlichen Denkweise geprägt. Doch anstelle eines verzerrten einseitigen Plädoyers wird die Risikoproblematik anhand der in den letzten 10 Jahren eingetretenen Entwicklung aufgerollt. Die gesetzlichen Anforderungen werden dabei im Rahmen der *Risikorechnung* systematisiert, was das diesbezügliche finanzwirtschaftliche Verständnis erleichtern und die Notwendigkeit von internen Modellen für eine risikobasierte Bankensteuerung verdeutlichen soll. Um allerdings in den *Genuss dieser Einblicke* zu kommen, bedarf es aber auch ihrerseits eines Zugeständnisses, nämlich in der Form einer Offenheit bezüglich der mit der Modellierung von Zukunft verbundenen Unsicherheit. Möglicherweise kann auch der vergangene Jahrtausendwechsel ein wenig dazu beitragen, das in diesem Beitrag zentrale Konzept der Risikorechnung – im Sinne eines Zero-Base-Budgeting bei NULL beginnend – als ein wichtiges Konzept der 00er Jahre zu sehen.

Nachfolgend werden die wichtigsten gesetzlichen Anforderungen dargestellt und die dahinterstehenden finanzwirtschaftlichen Konzepte offengelegt, sodass auch mögliche Verallgemeinerungen erkannt werden können. Zur Systematisierung der teilweise recht zusammenhangslos wirkenden Bestimmungen bzw. Modelle werden diese im Rahmen der externen Risikorechnung dargestellt. Daran anschließend wird die interne Risikorechnung, welche die für die Bankensteuerung erforderlichen Erweiterungen enthält, mit einem konkreten Beispiel vorgestellt. Als zentrale Risikokennzahl wird dabei der *Wert-am-Risiko* präsentiert, welcher dem Value-at-Risk konzeptionell nahe steht, sich aber durch einige gewichtige Vorzüge auszeichnet. Im zusammenfassenden Ausblick wird die Grundkonzeption der risikobasierten Erfolgsrechnung als logische Fortführung der Risikorechnung sowie weitere Entwicklungsmöglichkeiten für die interne Risikorechnung vorgestellt.

2. Kredit- und Marktrisiken in der Externen Risikorechnung

Das Bankwesen ist wohl der Wirtschaftszweig, welcher derzeit risikomäßig durch den Gesetzgeber am stärksten kontrolliert wird. Die diesbezüglichen Reglementierungen entstammen den Solvabilitäts- sowie den Kapitaladäquanz-Richtlinien, welche im letzten Jahrzehnt vom Rat und dem Parlament der Europäischen Gemeinschaften erlassen wurden. Die sich aus den dabei vorgeschriebenen Quantifizierungen der Finanz- und operativen Risiken ergebenden Gesamtrisiken der Banken müssen mit Eigenmittel hinterlegt werden. Demnach wird den Banken ein Korsett angelegt, welches das Geschäftsvolumen in Abhängigkeit der eingegangenen Risiken sowie der verfügbaren Eigenmittel begrenzt. Neben der traditionellen aus der Mindestreservenhaltung resultierenden Beschränkung tritt folglich eine weitere hinzu, welche die Geschäftstätigkeit der Banken zusätzlich und in den meisten Fällen sogar noch nachhaltiger limitiert.

Die in den Richtlinien geforderten Messvorschriften basieren auf finanzwirtschaftlichen Überlegungen, sodass diese vom klassischen Rechnungswesen doch erheblich abweichende Denkweise *in Gesetzesrang erhoben* wurde und somit nicht mehr negiert werden kann. Das sich aus den Richtlinien ergebende Rechenwerk erscheint auf den ersten Blick sehr komplex. Aus diesen Gründen wird nachfolgend eine systematische Einordnung der finanzwirtschaftlich gefärbten Vorschriften zur Risikomessung in einem an die Kostenrechnung erinnernden Denkrahmen vorgestellt und mit *externer Risikorechnung* bezeichnet. Das Attribut *extern* soll deutlich machen, dass es sich bei dieser Art der Risikorechnung um ein gesetzliches, also von einer externen Stelle gefordertes Rechenwerk handelt. Diesem steht die *interne* Risikorechnung gegenüber, in welcher auf die jeweilige Situation zugeschnittene Steuerungskonzepte und -überlegungen zum Einsatz kommen. Das Verhältnis zwischen der externen und der internen Risikorechnung ist folglich synonym dem Verhältnis zwischen dem *externen Meldewesen* und dem *internen Risiko-Controlling*.

2.1 Wie wird das Kreditrisiko in den Solvabilitäts-Richtlinien gesehen?

Möglicherweise sind Sie durch den in der Fragestellung verwendeten Plural etwas verwundert. Der Grund dafür liegt in der zurzeit (März) gerade diskutierten *Überarbeitung der Eigenkapitalvorschriften für Kreditinstitute und Wertpapierfirmen in der EU*, welche von der Europäischen Kommission in Form eines Konsultationspapiers vorliegt. Nachfolgend wird dieses Papier plakativ und salopp als *Solvabilitäts-Richtlinie 2* bezeichnet, zumal es dabei vornehmlich um das Kreditrisiko und die diesbezüglichen Risikominderungstechniken geht. Die diesbezüglichen Sichtweisen und Vorschläge werden sehr ausführlich im weitaus umfangreichsten Kapitel dieser Richtlinie, und zwar im Kapitel III, in dem es um die Mindesteigenkapitalanforderungen geht, abgehandelt.

Einer der zentralen Aspekte dieses Papiers ist die Behandlung des Kreditrisikos im Bankbestand. Marktteilnehmer wie Aufsichtsbehörden haben auf die Notwendigkeit hingewiesen, die Risikogewichtung stärker an das wirtschaftliche Risiko zu knüpfen, die Differenzierung zwischen den einzelnen Kreditrisikoklassen zu verbessern und Kreditvergabe und -konditionen stärker aufeinander abzustimmen. Bedeutende Veränderungen im Risikomanagement der Banken (z.B. der Übergang von statischen zu dynamischen Kreditrisikomanagement-Techniken, neue Finanzinstrumente und innovative, strukturierte Finanzierungen) haben den Druck, die geltenden Eigenkapitalanforderungen zu ändern, erhöht. Hauptziel ist es, das mit Finanzgeschäften verbundene wirtschaftliche Risiko besser durch Eigenkapitalanforderungen abzusichern. Zu diesem Zweck könnten entweder die bankeigenen Bonitätsbeurteilungssysteme herangezogen oder die Standardmethode für die Risikogewichtung geändert werden. (Solvabilitäts-Richtlinie 2 (1999, S. 4 f))

In der aus dem Jahre 1989 stammenden Solvabilitäts-Richtlinie (1) wird der *Koeffizient, der die Aktiva und die außerbilanzmäßigen Geschäfte nach dem Grad des Kreditrisikos gewichtet, als ein besonders geeigneter Maßstab für die Solvabilität* gesehen. Bei der darauf zurückgreifenden Standardmethode werden die verschiedenen Positionen gewichtet, wobei die als Risikogewichte (Grad des Kreditrisikos) bezeichneten Gewichtungsfaktoren zwischen 0 und 100 % liegen. Die in der Solvabilitäts-Richtlinie (2) propagierte Änderung bezieht sich auf die Einbeziehung von zusätzlichen Rating-Informationen. Die für die drei verschiedenen Klassen von Schuldnern (öffentliche Schuldner, Kreditinstitute und Wertpapierhäuser, welche als Banken bezeichnet werden, und Unternehmen) vorgesehenen Gewichtungen sollen nunmehr von 0 bis 150 % reichen. Innerhalb jeder Schuldnerkategorie hängt der konkrete Gewichtungsfaktor vom Rating ab. Konkret werden in Abstimmung mit dem Basler Ausschuss für Bankenaufsicht (1999) folgende Faktoren vorgeschlagen:

Die drei letzten Zeilen der Matrix sind im Vorschlag nicht enthalten. Ich habe sie eingefügt, um die Rating-Diskussion in einem mir vertrauterem Bild erscheinen zu lassen. Durch die Hinzunahme der 9 Haupt-Rating-Klassen von Standard & Poors

Rating	AAA bis AA-	A+ bis A-	BBB+ bis BBB-	BB+ bis B-	Unter B-	Nicht eingestuft
Staatl. Schuldner	0%	20%	50%	100%	150%	100%
Ban-ken[i] Option 1	20%	50%	50%	100%	150%	50%
Option 2	20%	50%	100%	100%	150%	100%
Unternehmen	20%	100%	100%	100%	150%	100%
Standard & Poors	AAA	AA	A	BBB	BB	B	CCC	CC	C
Klassifizierung	Investment Grade			Spekulative Grade		
Note	1	2	3	4	4.5	

[i] Für die allgemein als Banken bezeichneten Kreditinstitute und Wertpapierfirmen sind zwei Optionen vorgegeben. Bei der ersten Option richtet sich das Risikogewicht für die Banken aufgrund der Einstufung einer externen Ratingstelle und bei der zweiten Option nach der Risikogewichtung des Staates, in dem die Bank ihren Sitz hat.

Tab. 1: Gewichtungsfaktoren in Abhängigkeit vom Rating

zeigt sich die voraussichtlich 9-stufige Minimalanforderung an die Dimensionalität von Rating-Systemen. Aus der zahlenmäßigen Abbildung der hinter den Ratings in eine 5-stufige Notenskala könnte sich wohl auch bei Ihnen die eine oder andere Assoziation an Ihre Schulzeit einstellen.

Die Verwendung des Standard & Poors-Ratings ist bei der Darstellung der neuen Standardmethode exemplarisch zu verstehen. Es sollen nämlich zukünftig durchaus auch bei dieser Methode (bank-)interne Rating-Systeme möglich sein.

Bei der Überarbeitung der Standardmethode könnten alternative Systeme herangezogen werden. Optiert wurde für eine Einbeziehung der Arbeit externer Ratingstellen, wie Ratingagenturen und Kreditregister. Im Basler Konsultationspapier wird das gleiche Konzept verfolgt. Auch wenn diese Option nicht unbedingt einfach ist und eine Reihe von Fragen aufwirft, sind die Kommissionsdienststellen der Auffassung, dass externe Bonitätsbeurteilungen neben internen Ratings der einzig gangbare Weg für eine baldige Weiterentwicklung der Standardmethode im Hinblick darauf sind, Eigenkapitalanforderungen enger an das wirtschaftliche Risiko zu knüpfen. Auch ist in diesem Zusammenhang zu bedenken, dass die Kommissionsdienststellen für die Überarbeitung der Eigenkapitalvorschriften einen auf bankinternen Ratingsystemen beruhenden Ansatz favorisieren. (Solvabilitäts-Richtlinie (2) (1999, S. 24))

Die derzeitige Situation bei den internen Ratings erinnert weitgehend an die Diskussionen, welche nach Inkrafttreten der Kapitaladäquanz-Richtlinie (1993) bezüglich der Zulassung von internen Modellen zur Bestimmung der Eigenmittelanforderungen im Bereich der Marktrisiken geführt wurden und schließlich im Erlass der Kapitaladäquanz-Richtlinie (2) (1998) mündeten.

Den zweiten Schwerpunkt der Solvabilitäts-Richtlinie (2) (1999, S. 40ff) bildet die Diskussion um eine angemessene Berücksichtigung von risikomindernden Verfahren. Dabei wird mit dem horizontalen Ansatz eine sich an allgemeinen Grundsätzen orientierende Vorgehensweise vorgeschlagen, welche für alle Verfahren Gültigkeit besitzen soll. Sie versteht sich folglich als konträr zum bisher gehandhabten inkrementalen Ansatz, wobei für jedes einzelne Verfahren (z.B. Netting) eigene Kriterien aufgestellt wurden. Mit dem neuen, weitblickenden Ansatz wird das Ziel verfolgt, künftige Innovationen besser integrieren und Instrumente mit vergleichbaren ökonomischen Wirkungen kohärent behandeln zu können.

Zur Implementierung des horizontalen Ansatzes wird eine 2-stufige Struktur vorgeschlagen: *An erster Stelle stände ein allgemeiner zentraler Grundsatz über die Berücksichtigung von Verfahren zur Begrenzung des Kreditrisikos; an zweiter Stelle würden dann horizontale Grundsätze folgen, die klären würden, ob und in welchem Umfang die Kreditrisikominderung angerechnet werden sollte. Der zentrale Grundsatz lautet: Wenn zur Minderung des mit Aktiva und bilanzunwirksamen Posten verbundenen Kreditrisikos bestimmte Verfahren eingesetzt werden, die den Ansprüchen der zuständigen Aufsichtsbehörden genügen, können die Risikogewichte für diese Posten aufgehoben, gesenkt oder ersetzt werden. Allerdings gilt die Aufhebung bzw. Änderung der Risikogewichtung nur für den Teil des betreffenden Postens, der durch die Kreditrisikominderungstechnik gedeckt ist, und nur in dem Umfang, den die zuständige Aufsichtsbehörde für angemessen hält. Ergeben sich trotz oder infolge des Einsatzes dieser Risikominderungstechniken erhebliche Restrisiken, ist für eine entsprechende Eigenkapitalunterlegung zu sorgen. Die untergeordneten horizontalen Grundsätze stellen sodann einen Rahmen dar, nach dem sich die zuständigen*

Aufsichtsbehörden richten *können*. Inhaltlich geht es dabei um die seitens der Banken zu erfüllende Nachweispflicht der Rechtssicherheit bezüglich der verwendeten Verfahren sowie um die von den national zuständigen Aufsichtsbehörden festzusetzenden Kreditrisikominderungen sowie deren Anrechnungen auf die Eigenmittelanforderungen. Um die verschiedenen kreditrisikomindernden Verfahren, zu denen u. a. die Hereinnahme von Sicherheiten, die Unterzeichnung von Netting-Vereinbarungen, die Annahme von Garantien, der Erwerb von Kreditderivaten, die Wertpapierpensionsgeschäfte, die Verbriefung von Forderungen und der Erwerb von Verkaufsoptionen gezählt werden, nicht kasuistisch zu betrachten, zielen die horizontalen Grundsätze auf grundsätzliche Probleme der Risikominderungen ab. Dazu zählen insbesondere die zwischen den abzusichernden Positionen in Form von Aktivaposten bzw. bilanzunwirksamen Posten und den Sicherungsinstrumenten möglichen Inkongruenzen bezüglich Laufzeit, Forderung, Marktsensitivität und (Doppel-)Ausfallrisiko. Bei den sich aus der mangelnden Übereinstimmung der zu sichernden und der sichernden Positionen ergebenden Unvollständigkeiten in der Risikominderung handelt es sich im Grunde genommen um *Basis-Risiken*, wobei die Basis als Differenz der Werte beider Positionen zu sehen ist. Die Problematik ist folglich nicht neu. Neu ist vielleicht, dass sie nicht mehr nur bei den Marktrisiken, sondern nunmehr auch bei den Kreditrisiken diskutiert wird.

2.2 Beschränken sich die Kapitaladäquanz-Richtlinien auf das Handelsbuch?

Die Kapitaladäquanz-Richtlinie (1) (1993, S. 2) wurde erlassen, um gemeinsame Regeln für die *Marktrisiken einschließlich der Positionsrisiken, der Abwicklungs- und Lieferrisiken und der Fremdwährungsrisiken* sowie einen einheitlichen Rahmen zu deren Beaufsichtigung zu schaffen. Sie wurde notwendig, da derartige Risiken in der Solvabilitäts-Richtlinie (1) (1989) nur unzureichend abgedeckt waren und die Wertpapierfirmen diesbezüglich deutlich höhere Risiken fahren als die Kreditinstitute. Um die beiden unterschiedlich organisierten Banktypen diesbezüglich vergleichbar zu machen, wurde der Begriff *Wertpapierhandel* eingeführt, *der Wertpapierpositionen und Positionen in anderen Finanzinstrumenten umfasst, die zum Zweck des Wiederverkaufs gehalten werden, und bei denen in erster Linie Marktrisiken und Risiken im Zusammenhang mit bestimmten Finanzdienstleistungen für Kunden bestehen*. Der Bestand an all diesen Positionen stellt den Handels(buch)bestand dar. Durch diese Definition des Handelsbestandes (*Handelsbuches*) ist auch der Bankbestand (*Bankbuch*) definiert: Er (es) besteht aus den gesamten Geschäften der Bank mit Ausnahme des Wertpapierhandels (Handelsbuches). Für die klare und verbindliche Zuordnung der einzelnen Positionen müssen die Banken durch einen von ihnen zu erstellenden Kriterienkatalog selbst Sorge tragen.

Die Anhänge I bis IV der Kapitaladäquanz-Richtlinie (1) (1993) sind den einzelnen Risiken gewidmet. Dabei zeigt sich eine stark finanzwirtschaftliche Prägung bei den einzelnen Vorschriften zur Messung und Aggregation der verschiedenen Risiken. Für das Verständnis von *Anhang I*, welcher den bei weitem größten Umfang aufweist, und in dem es um die (Handels-) Positionsrisiken geht, ist die finanzwirtschaftliche Denkweise unumgänglich. Es fängt bei der *Aufrechnung* an, geht weiter in die

Betrachtung der *spezifischen Instrumente* ein, zeichnet sich für die Unterscheidung der *spezifischen und allgemeinen Risiken* verantwortlich und bestimmt schließlich die konkrete Messung dieser Risiken. Aus finanzwirtschaftlicher Sicht ist auch der Aufbau des Anhanges klar nachvollziehbar:

Zuerst werden Kauf- und Verkaufspositionen in gleichen bzw. identischen Kontrakten aufgerechnet und somit *Nettopositionen* betrachtet. Dies entspricht der in der Finanzwirtschaft typischen simultanen Betrachtung von Vermögens- und Schuldpositionen. Betrachtet man diese Sichtweise vor dem Hintergrund einer Bilanz, so stellt sie ein *(horizontales) Querlesen* der Bilanz dar. Dies steht im krassen Gegensatz zu der in vielen Banken aufgrund arbeitsteiliger Aufgabenspezialisierungen vorherrschenden *lokalen*, entweder aktiv- oder passivseitigen Bilanzbetrachtung. Die *horizontale* Sichtweise ist auch für das Verständnis der zu den spezifischen Instrumenten gehörenden Terminkontrakte, Forward Rate Agreements, Optionen jeglicher Art, Swaps, Optionsscheine und sonstigen derivativen Instrumente entscheidend. Sie werden nämlich alle als Portfolios gesehen, welche dadurch gekennzeichnet sind, dass sie eine Vermögens- und eine Schuldposition beinhalten und folglich gehebelte Finanzpositionen darstellen. Nach der Aufrechnung bzw. Zerlegung der einzelnen Positionen wird das Risiko betrachtet. Dabei werden die Grundgedanken der auf die beiden Nobelpreisträger Harry Markowitz und seinen Schüler William Sharpe zurückgehenden Trennung der Risiken in die diversifizierbaren (unsystematischen) Risiken, welche in der Kaptialadäquanz-Richtlinie (1) (1993) als *spezifisch* bezeichnet werden, und in die nicht-diversifizierbaren (systematischen) *allgemeinen* Risiken übernommen. Die Quantifizierung der allgemeinen Risiken erfolgt schließlich über eine Analyse sich verändernder Marktgrößen, wobei *Durationen, Beta-* und *Delta*-Faktoren eine wichtige Rolle spielen.

Das im *Anhang II* abgehandelte *Abwicklungsrisiko und Risiko des Ausfalls der Gegenpartei* bezieht sich auf den Handelsbestand. Dabei geht es um die Risiken, welche den noch nicht abgewickelten Geschäften, den Vorleistungen, (umgekehrten) Pensionsgeschäften sowie den Wertpapierverleih- und -leihgeschäften anhaften. Im Gegensatz zu allen bisher erörterten Risiken bezieht sich das im *Anhang III* geregelte *Fremdwährungsrisiko* nicht nur auf Handelsbestände, sondern auf alle Devisenpositionen der Bank. Weiter betreffen die im *Anhang IV* geregelten *Sonstige Risiken*[1] die Bank als Ganzes. Die Kapitaladäquanz-Richtlinie (1) (1993) bezieht sich folglich nicht nur auf Handelsbestände, womit auch die eingangs gestellte Frage beantwortet ist.

Der Geschäftsschwerpunkt liegt bei den meisten *Kreditinstituten* sicherlich nach wie vor im *klassischen* Bankgeschäft, welches in der vornehmlich Spareinlagen-finanzierten Kreditvergabe besteht. Aus der Sicht eines derartigen Instituts ist die Diskussion um die Zulassung von internen Modellen zur Bestimmung der Eigenmittelerfordernisse kaum begreifbar. Häufig werden nämlich überhaupt keine eigenen Modelle verwendet. Vielfach agiert man sogar noch *gesetzesgetrieben*, was heißt, dass die gesetzlichen Vorschriften als eine lästige Auflage gesehen werden, welche es unbedingt und anstandslos zu erfüllen gilt. Bei den *Wertpapierhäusern* ändert sich diese Sichtweise aber diametral. Ihr Hauptgeschäft besteht in Handelstätigkeiten und folglich ist ihr Blick stets auf die sich sehr rasch ändernden Marktbedingungen gerichtet. Zur Einschätzung der unliebsamen Konsequenzen von ungünstigen Marktentwicklungen werden teilweise sehr unterschiedliche Modelle verwendet. Gemeinsam ist diesen aber eine strikt finanzwirtschaftliche Orientierung, derzufolge die Einflüsse von veränderten Marktgrößen auf die Werte der einzelnen Positionen analysiert werden.

Als Reaktion auf diese existierenden und bereits seit vielen Jahren eingesetzten Risikosteuerungsmodelle wurde die Kapitaladäquanz-Richtlinie (2) (1998) erlassen. Im neu hinzugekommen *Anhang VIII – Verwendung Interner Modelle* geht es vornehmlich um die grundsätzliche Zulassung sowie um konkretere Zulassungsbedingungen für die internen Modelle zur Quantifizierung der Risiken und folglich zur Bestimmung der Eigenmittelanforderungen. Die mit der Zulassung verbundenen Anforderungen und dabei insbesondere die zu bringenden Rückvergleiche (*backtests*), welche die empirische Validität der eingesetzten Modelle belegen müssen, wirken allerdings etwas abschreckend. In vielen Fällen erweist sich eine Bestimmung der Anforderungen anhand der gesetzlich vorgeschriebenen Methoden als der einfacher zu gehende Weg. Diese Methoden sind aber vielfach für eine effektive Risikosteuerung nicht geeignet. Man denke beispielsweise nur an die Berechnung des allgemeinen Zinsrisikos bei Schuldtitel, welche über eine gesetzlich geregelte Zinskurvenänderung zu erfolgen hat. Die daraus berechneten Risiken werden sich wohl nur in Ausnahmefällen mit den Risiken decken, welche aus der steuerungsrelevanten Zinsmeinung resultieren. Diese Aufforderung hat dazu geführt, dass bei der Bestimmung der Eigenmittelanforderungen die gesetzlichen Standardvorschriften verwendet werden, wohingegen bei beim internen Risiko-Controlling davon abweichende Konzepte zum Einsatz kommen. Es wird sich zeigen, inwiefern diese Doppelgleisigkeit durch die Umsetzung der Kapitaladäquanz-Richtlinie (2) (1998) in nationales Recht im praktischen Alltag abgemildert wird.

Neben den internen Modellen kommt durch die Kapitaladäquanz-Richtlinie (2) (1998) auch noch eine analog zu den Marktrisiken ausgelegte Eigenmittelanforderung für die mit dem Handel mit Waren verbundenen Risiken hinzu. Für die diesbezüglichen Regelungen wird insbesondere *Anhang VII – Warenpositionsrisiko* eingefügt. Der Vollständigkeit halber sei noch die Richtlinie 98/33/EG (1998) erwähnt, durch welche sowohl die Kapitaladäquanz- als auch die Solvabilitäts-Richtlinien um im Zusammenhang mit derivativen Instrumenten stehende Aspekte erweitert werden. Die augenfälligste Änderung bezieht sich dabei auf die Solvabilitäts-Richtlinie (1) (1989), wobei insbesondere der bereits sehr antiquierte *Anhang III*, welcher die Arten der außerbilanzmäßigen Geschäfte enthält, durch eine zeitgemäßere Aufstellung ersetzt wird.

2.3 Was ist die Externe Risikorechnung und wozu dient sie?

Bislang wurden die bankenspezifischen Risikovorschriften auf der Ebene von Richtlinien des Europäischen Parlamentes und des Rates betrachtet. Nach der Ratifizierung flossen diese Bestimmungen insbesondere über den Grundsatz I in bundesdeutsches sowie über das dem Kreditwesengesetz folgende Bankwesengesetz in österreichisches Recht ein. Nahezu zeitgleich mit dem Inkrafttreten dieses Grundsatzes erließ das Bundesaufsichtsamt für das Kreditwesen (1995) die *Verlautbarung über Mindestanforderungen an das Betreiben von Handelsgeschäften der Kreditinstitute*. Dabei geht es weniger um die Risikomessung als vielmehr um organisatorische Belange, welche in Form von Mindeststandards von den handelsgeschäftetreibenden Instituten gefordert werden. Aufgrund der verschiedenen Anforderungen gilt für die Banken nunmehr ein doch ziemlich komplexes Risiko-Rechenwerk, wobei der Überblick leicht verloren geht. Zu einem diesbezüglich klaren Durchblick soll die sich auf die rechtlichen Risikoanforderungen beziehende *externe Risikorechnung* (Schwaiger 1998) verhelfen. Sie beinhaltet in konzeptioneller Anlehnung an die Kostenrechnung die drei Teile: Risikoarten, Risikostellen und Risikoträger. Mit dieser bewusst analogiehaften Konstruktion habe ich versucht, das vielfach undurchsichtige und verworrene Komplex rund um den häufig auch vage erscheinenden Risiko-Begriff in einem vertrauten Umfeld zu präsentieren und somit zugänglicher zu machen. Inwiefern diese Konstruktion auch Ihnen hilfreich ist, das müssen Sie selbst erkennen und entscheiden.

Die gesetzlich geregelten Risiken lassen sich auf oberster Ebene in die operativen sowie die finanzwirtschaftlichen Risiken unterteilen. Die Messung der operativen Risiken erfolgt noch sehr rudimentär. Bei den Finanzrisiken kommen hingegen viel genauere und detaillierte Messungsansätze zum Einsatz. Zu den Finanzrisiken zählen die Kreditrisiken sowie die *Zins-, Aktienkurs-, Warenpreis- und Währungsrisiken*, welche die *Marktrisiken* ausmachen. Diese beiden Gruppen grenzen sich einigermaßen klar ab: Während die *Marktrisiken* aus den ungünstigen Veränderungen von Zinssätzen, Aktienkursen und Wechselkursen resultieren, bezieht sich das *Kreditrisiko* auf die möglichen Ausfälle von Krediten. Zumal aber nicht nur Kreditnehmer sondern jegliche Geschäftspartner ausfallen können, wird für den Begriff des Kreditrisikos nachfolgend auch die Bezeichnung *Ausfallrisiko* verwendet.

Nachfolgend werden die in den Solvabilitäts- (Solv.RL) und Kapitaladäquanz-Richtlinien (KA-RL) geregelten Finanzrisiken den fünf finanzwirtschaftlichen *Risikoarten* zugeordnet. Das Ergebnis ist in Tabelle 2 dargestellt, wobei die geregelten Risiken in der ersten Spalte stehen und ihre Zuordnung in den verbleibenden Spalten vorgenommen wird. Die Tabelleneinträge zeigen die Stellen in den Richtlinien an, an welchen die entsprechenden Risiken abgehandelt werden.

In dieser Darstellungsform zeigt sich, dass die Solvabilitäts-Richtlinie (1) (1989), welche vor der Kapitaladäquanz-Richtlinie in Kraft trat und ursprünglich die einzige Risikoregelung für alle Bankpositionen darstellte, in ihrer Bedeutung zurückgedrängt wurde. Sie bezieht sich inklusive der Solvabilitäts-Richtlinie (2) (1999) nur noch auf das Bankbuch. Für das Handels- und das Fremdwährungsbuch machte sie der Kapitaladäquanz-Richtlinie Platz. Die seit der Kapitaladäquanz-Richtlinie (2) (1998) geregelten Risiken in den zum Handelsbuch zählenden Warenpositionen werden wie die Fremdwährungsrisiken ausschließlich unter Marktrisikoaspekten gesehen. Dahingegen werden bei den im Anhang I geregelten Schuldtiteln und Aktien sowohl Ausfall- als auch Marktrisiken gesehen. Die Abwicklungs-, Liefer- und Ausfallrisiken stellen allesamt ein Ausfallrisko dar, zumal sie auf möglichen Zahlungsausfällen der jeweiligen Geschäftspartner basieren.

Die Berechnung des Kreditrisikos erfolgt in der Solvabilitäts-Richtlinie (1) (1989, Artikel 5) durch Zuordnung der Aktiva zu den verschiedenen *Kreditrisikograden, die als prozentuale Gewichte ausgedrückt sind. Der Bilanzwert der einzelnen Aktivpositionen wird dann mit dem jeweiligen Gewicht multipliziert, woraus sich ein risikogewichteter Wert ergibt. ... Die Summe der risikogewichteten Aktiva und außerbilanzmäßigen Geschäfte ... ergibt den Nenner für den Solvabilitätskoeffizienten. Der*

	Ausfallrisiko	Marktrisiko			
	(Kreditrisiko)	Zinsrisiko	Aktienkurs-Risiko	Warenpreis-risiko	Währungs-risiko
Kreditrisiko	Artikel 5 (bis 8) in der Solv.RL (1) und (2)				
Allgemeines Positionsrisiko		Anhang I in der KA-RL	Anhang I in der KA-RL	Anhang VII in der KA-RL	
Spezielles Positionsrisiko	Anhang I in der KA-RL				
Abwicklungs-/Liefer-/Ausfallrisiko	Anhang II in der KA-RL				
Fremdwährungsrisiko					Anhang III in der KA-RL

Tab. 2: Systematisierung der gesetzlich geregelten Finanzrisiken nach Risikoarten

Gültigkeitsbereich der Solvabilitäts-Richtlinie wurde seit Inkrafttreten der Kapitaladäquanzrichtlinie (1) (1993, Artikel 4) – wie sich unter Punkt iii) zeigt – auf das Bankbuch reduziert: (1) Die zuständigen Behörden schreiben den Instituten ständige Eigenmittel in einem Umfang vor, der mindestens die Summe der folgenden Elemente erreicht: i) die gemäß den Anhängen I, II und VI^2 (sowie gegebenenfalls gemäß Anhang VIII^3)^4 errechneten Kapitalanforderungen für ihren Wertpapierhandel, ii) die gemäß (den) Anhäng(en) III (und VII sowie gegebenenfalls gemäß Anhang VIII) errechneten Kapitalanforderungen für ihre gesamten Geschäfte, iii) die Kapitalanforderungen gemäß der Richtlinie 89/647/EWG einschließlich der Risikogewichtung für ihre gesamten Geschäfte mit Ausnahme des Wertpapierhandels sowie der gemäß Anhang V^5 Nummer 2 Buchstabe d) von den Eigenmitteln abgezogenen schwer realisierbaren Aktiva, iv) die Kapitalanforderung gemäß Absatz 2. Ungeachtet der sich nach den Ziffern i) bis iv) ergebenden Beträge dürften die von Wertpapierfirmen zu erfüllenden Eigenmittelanforderungen niemals niedriger sein als die Anforderungen gemäß Anhang IV^6. (2) Die zuständigen Behörden verlangen von den Instituten angemessene Eigenmittel für die Deckung solcher Risiken, die sich aus Geschäften ergeben, die außerhalb des Geltungsbereichs sowohl dieser Richtlinie als auch der Richtlinie 89/647/EWG liegen, und die als Risiken angesehen werden, welche den von den genannten Richtlinien erfassten Risiken vergleichbar sind.

Diese auf mich ziemlich trocken wirkende Materie hat mich eigentlich erst so richtig zu interessieren begonnen, als ich sie in andere Worte kleidete und somit in einer für mich viel bunteren und vertrauteren Welt betrachten konnte. Vielleicht geht es Ihnen genauso. Stellen Sie sich einfach folgendes vor: Die verschiedenen Risiken werden als Risikoarten bezeichnet, die verschiedenen Positionen – wie z.B. Schuldtitel, Aktien, etc. – als Risikostellen und das Handels-, Bank- und Fremdwährungsbuch als Risikoträger. Ergeben sich nicht auch bei Ihnen durch diesen einfachen Kunstgriff plötzlich vorher noch nicht dagewesene Analogien? Erinnern Sie diese neuen Begriffe nicht an die Kostenrechnung? Wenn ja, dann habe ich mein Ziel erreicht; wenn nein, dann... Das sich durch die Analogie abzeichnende Konstrukt habe ich als *Risikorechnung* bezeichnet. Die Namensgebung war für mich sehr wichtig, da ich mit diesem Schritt die Geburt dieses neuen Konstruktes als vollendet betrachten konnte. Dies verhalf mir wiederum dazu, meine Gedanken in prägnante Worte fassen zu können: Die Risikoträger in Form des Handels-, Bank- und Fremdwährungsbuches sind anfänglich möglicherweise etwas gewöhnungsbedürftig, da man sich unter den *Trägern* auch die einzelnen Positionen vorstellen kann, welche das Risiko beinhalten. Ich habe diese Bezeichnung gewählt, da es mir wichtig war, die Organisationsform der Bank samt aller Mitarbeiter in die Risikorechnung zu integrieren. Wenn ich von den Risikoträgern spreche, dann sehe ich eigentlich die hinter den Handels-, Bank- und Fremdwährungsbücher stehenden Verantwortlichen dieser Bücher. Dies sind die Personen, die das Risiko tragen. Den zentralen Inhalt der Risikorechnung sehe ich in der Zuordnung der verschiedenen Risiken auf die Risikoträger, was ich konzeptionell von der Kostenrechnung übernahm. Um die Analogie weiter zu fördern, habe ich die verschiedenen Risiken mit Risikoarten und die verschiedenen Positionen mit Risikostellen bezeichnet. Bei den Risikostellen führt ein zu starkes Analogiedenken allerdings zu Verständnisproblemen, da diese aus Finanzpositionen und nicht wie die Kostenstellen aus organisatorischen Einheiten gebildet werden.

2.4 Ein Bild sagt mehr als 1000 Worte...

Einen weiteren für mich sehr wichtigen Schritt habe ich gemacht, als es mir gelang die Risikorechnung zu visualisieren. Vielleicht hilft die Abbildung 1 auch Ihnen? Sie enthält die externe Risikorechnung, welche mit dem Attribut *extern* belegt wurde, um sie von der später erörterten *internen* Risikorechnung abzugrenzen. Diese Abbildung über die gesetzlichen Risikovorschriften hat mich die ursprünglich empfundene Trockenheit des Gesetzestextes vergessen lassen. Desweiteren war für mich die im Gesetzestext liegende Komplexität mit einem Schlag verschwunden, als ich die diversen Risikomessungsvorschriften einfach als Säulen im Bild der Risikorechnung sehen konnte. Einen besonderen Genuss empfand ich schließlich noch, als ich einen ganzheitlichen Blick durch die Darstellung der Säulenhöhe gewann. Die Säulenhöhe drückt nämlich die organisatorische Zugehörigkeit zum Handels-, Bank- und Fremdwährungsbuch der einzelnen Vorschriften bezüglich der bei den verschiedenen Finanzpositionen sich auf unterschiedliche Risiken beziehenden Risikomessungen aus. Vielleicht wird Ihnen der von mir empfundene Genuss verständlicher, wenn ich den gleichen Satz in der Terminologie der Risikorechnung formuliere: Die Säulenhöhe drückt die Zugehörigkeit der bei den Risikostellen gemessenen Risikoarten zu den Risikoträgern aus.

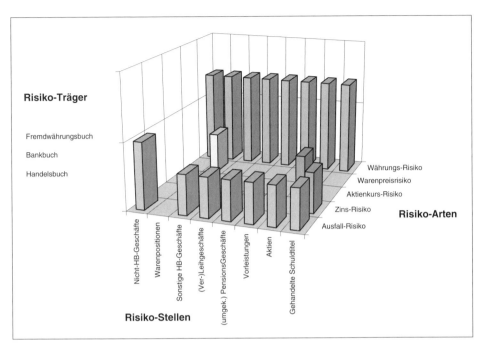

Abb. 1: Grundstruktur der externen Risikorechnung

Die gesetzlichen Vorschriften, welche die konkreten Berechnungen in der externen Risikorechnung darstellen, sind in Tabelle 3 enthalten.

Insbesondere bei den zum Handelsbuch zählenen Risikostellen gibt es diverse Aufrechungpositionen – wie z.B. das Netting – zwischen gleichartigen Vermögens- und Schuldpositionen. Auch im Fremdwährungsbuch ist die währungsbezogene

Externe Risikorechnung	Inhalte
Risikostellen-Rechnung	Aufrechnung gleichartiger Positionen bzw. von Risikogewichten
Risikoarten-Rechnung	Ermittlung der Risikoarten-spezifischen Risiken für das Handels-, Bank- und Fremdwährungsbuch
Risikoträger-Rechnung	Aggregation der Risiken zum Gesamtrisiko der Bank (Baukastenprinzip)

Tab. 3: Inhalte der externen Risikorechnung

Aufrechnung derartiger Positionen nicht nur rechtlich möglich, sondern auch einsichtig. Etwas unvertrauter sind vielleicht die durch die Einbeziehung der *derivativen* Finanzinstrumente entstehenden Aufrechnungsmöglichkeiten. Diese entstehen, wenn die jeweils charakteristischen Vermögens- und Schuldpositionen derartiger Instrumente den offenen (*originären*) Positionen entgegenstehen. Dieses *Querlesen der (Außer-)Bilanz* und die damit verbundenen Aufrechnungen sind für die Risikostellen-Rechnung kennzeichnend. Die externe Risikoarten-Rechnung besteht in den nach Risikoarten *getrennt* durchgeführten Risikomessungen. Die Detailliertheit der Berechnungen richtet sich dabei nach der Zuordnung der Risikostellen zu den drei Risikoträgern. Für das Fremdwährungsbuch erfolgt die Berechnung einfach über saldierte und summierte Fremdwährungsbeträge. Im Handelsbuch kommen dagegen erheblich diffizilere Konzepte – wie z.B. die Duration – zum Einsatz. Durch die Solvabilitäts-Richtlinie (2) (1999), welche auch für das Bankbuch über die Duration gemessene Zinsrisiken vorsieht, wird auch die Berechnung der Bankbuch-Risiken diffiziler. Schließlich trägt noch die Einbeziehung von Rating-Informationen ihren Teil dazu bei. Die externe Risikoträger-Rechnung gestaltet sich wiederum sehr einfach. Es werden nämlich nur die ermittelten Risiken zusammengezählt. Diese als *Baukastenprinzip* bezeichnete Vorgehensweise ist zwar einfach, doch bleiben dabei jegliche zwischen den Risikoarten möglichen Diversifikationsüberlegungen ausgespart. Es wird sozusagen von einer perfekt positiven Korrelation aller Risiken ausgegangen, was nicht nur wenig plausibel ist, sondern auch zu höheren Eigenmittelanforderungen führt.

3. Der Kritische Punkt: Rechnungswesen vs. Finanzwirtschaft

Nunmehr sind wir am kritischen Punkt dieses Beitrages angelangt. Es wird sich sehr bald zeigen, wer den restlichen Weg noch mitgehen kann bzw. wer es nicht mehr schafft und an dieser Stelle, d.h. im Bereich der externen Risikorechnung zurückbleiben muss. Seit meiner nun doch schon viele Jahre zurückliegenden Ausbildung in den USA, trenne ich die im Finanzbereich tätigen Personen in zwei Gruppen: jene, die dem rechnungswesen-orientierten Lager angehören und jene, die dem finanzwirtschaftlichen Lager zugehören. Wie bei jeder Grenzziehung tauchen diesbezüglich natürlich auch *unangenehme* Personen auf, die nicht eindeutig zuordenbar sind. In der Zwischenzeit habe ich aber auch erlebt, dass diese Personen wiederum in zwei Gruppen unterteilt werden können: jene, die sich der Unterscheidung zwischen Rechnungswesen und Finanzwirtschaft gar nicht bewusst sind und jene, die dieses Bewusstsein sehr wohl haben. Vertreter von der ersten Spezies habe ich mittlerweile recht viele angetroffen; doch von der zweiten kaum. Während ich Erstere nicht so spannend und teilweise sogar verwirrend finde, zumal sie ja eigentlich gar *nicht wissen was sie tun* (sagen), finden Letztere mein Gefallen. Ihnen fühle ich mich auch irgendwie zugehörig, da ein gegenseitiges Verständnis herrscht und Gefallen gefunden wird, wenn immer *höhere Höhen* erklommen werden. Nachdem Sie nun meine Grundposition kennen, schlage ich vor, dass Sie einmal über Ihre nachdenken, indem Sie die nachfolgende Frage für sich selbst beantworten, und zwar am besten bevor Sie im Text weitergehen.

Integration von Markt- und Kreditrisiken in der Risikorechnung ■ 39

3.1 Was verstehen Sie unter dem Cash Flow?

Zentraler Ansatzpunkt zur Bestimmung des Cash Flows ist der Gewinn. Dieser wird um nicht-zahlungswirksame Aufwendungen (wie z.B. Abschreibungen) erhöht und um nicht-zahlungswirksame Erträge (wie z.B. Dotierung von Rechnungsabgrenzungsposten) reduziert. Mit dem Cash Flow wird sozusagen ein *zahlungswirksamer Gewinn bestimmt,* bei dem Ein- und Auszahlungen anstelle der GuV-mäßigen Erträge und Aufwände treten. Wenn sich die bisherigen Ausführungen zum Cash Flow mit Ihren ersten diesbezüglichen Assoziationen decken, dann sind Sie möglicherweise ein Buchhalter oder haben eine ziemlich einseitige rechnungswesenorientierte Ausbildung erfahren. Das ist nicht gerade die optimale Voraussetzung für die nachfolgenden Ausführungen. Doch solange Sie für die finanzwirtschaftliche Definition des Cash Flows sowie die dahinterstehende Philosophie noch offen sind, sollten Sie den nachfolgenden Ausführungen zumindest einigermaßen folgen können. Wenn Sie dazu allerdings nicht mehr bereit sind, dann werde ich Sie wohl an dieser Stelle verlieren.

In der *(modernen)* Finanzwirtschaft interessiert vornehmlich der *zukünftige Cash Flow,* worunter die zukünftigen Ein- und Auszahlungen verstanden werden, welche mit den verschiedenen Positionen verbunden sind. Anhand des Cash Flows bzw. diesbezüglicher Besonderheiten lassen sich die Finanzpositionen[7] klassifizieren. Auf oberster Ebene werden die *fixierten* von den *unsicheren Finanzpositionen* unterschieden, wobei es sich um eine Übersetzung der aus dem Angelsächsischen stammenden Unterscheidung zwischen *fixed income* und *risky assets* handelt. Die fixierten Positionen sind dadurch gekennzeichnet, dass – wie die Bezeichnung bereits andeutet – der Cash Flow (vertraglich) fixiert ist. Dies trifft beispielsweise bei den Anleihen und Krediten zu. Bei den unsicheren Positionen ist dies nicht der Fall. Die Zahlungen der mit diesen Positionen verbunden Cash Flows sind nicht fixiert und darüber hinaus unsicher. Aktien gehören z.B. dieser Klasse an. Die *derivativen* sehen wie die *strukturierten Finanzinstrumente* auf den ersten Blick zumeist sehr komplex aus. Alle diese Instrumenten lassen sich aber in die beiden elementaren Bausteine in Form von fixierten und unsicheren Positionen zerlegen. Aus finanzwirtschaftlicher Sicht handelt es sich demnach einfach um Portfolios, welche im Rahmen des *Financial Engineering* produziert werden.

3.2 Welche Risiken werden über den Barwert-Ansatz ersichtlich?

Der Barwert-Ansatz ist eine ganz spezielle Sichtweise, welche im Grunde genommen zur konzeptionellen Erfassung von Risiko konstruiert wurde. Er ist vergleichbar mit einer Brille, der man sich bedient, um etwas Fernes bzw. Nahes besser zu sehen. Mit dem Hilfsmittel der Brille sieht man grundsätzlich besser als ohne. Doch für andere Gebrechen, welche sich nicht auf den Sehbereich beziehen, taugen Brillen wahrscheinlich wenig bzw. weniger als andere, dafür geeignetere Hilfsmittel. Mit dem Barwert-Ansatz lässt sich – analog zur Brille – mehr sehen als ohne, nämlich die mit den verschiedenen Finanzpositionen verbundenen Risiken.

Ausgangspunkt bei der Bestimmung des Barwertes einer Finanzposition ist dessen (finanzwirtschaftlicher) Cash Flow. Zur Bestimmung des Wertes werden die einzelnen Zahlungen abgezinst und summiert. Diese Berechnung kann zu jedem Zeitpunkt erfolgen. Dadurch wird es auch möglich, dass anstelle des gesamten Cash Flows vereinfachenderweise dessen für den zukünftigen Betrachtungszeitpunkt errechneter Barwert abdiskontiert wird. In diesem Fall ergibt sich folgende *autologische Barwert-Konstruktion*, welche in diesem Beitrag das zentrale gedankliche Vehikel[8] für die Risikoüberlegungen ausmacht:

(1) $BW_t = E(BW_T) \exp(-(r_{t,T} + rp_{t,T}) \cdot (T - t))$

wobei
BW_t Barwert im Betrachtungs-Zeitpunkt t
$E(.)$ Erwartungswert-Operator
BW_T Barwert im zukünftigen Zeitpunkt T
exp Euler'sche Zahl: 2,71828183...
$r_{t,T}$ Risikoloser Zinssatz p.a. (kontinuierlich) für T − t
$rp_{t,T}$ Risikoprämie p.a. (kontinuierlich) für T − t
T − t Zeitspanne vom Zeitpunkt t bis T (Betrachtungshorizont).

Der (Bar-)Wert zum jeweils aktuellen Betrachtungszeitpunkt, welcher mit t gekennzeichnet wird, ergibt sich durch Abzinsung des für den zukünftigen Zeitpunkt (T) erwarteten (Bar-) Wertes mit einem risikolosen Zins und einer Risikoprämie. Sowohl der Zinssatz als auch die Risikoprämie sind, wie durch den tiefgestellten Doppelindex angezeigt wird, laufzeitkongruent[9], d.h. sie beziehen sich auf die zwischen den beiden Zeitpunkten t und T liegende Zeitspanne. Wie durch den exp-Ausdruck ersichtlich ist, fließen sowohl die Zinssätze als auch die Risikoprämien in ihren kontinuierlichen[10] (zeitstetigen) Varianten ein.

Zur klaren systematischen Abgrenzung der verschiedenen Finanzrisiken wird der in der (heimischen) Abrechnungs- oder Basiswährung ausgedrückte (Bar-)Wert als Marktwert bezeichnet. Er errechnet sich durch Multiplikation des Barwertes mit dem Wechselkurs, welcher den Preis[11] für eine ausländische Währungseinheit in der Basiswährung angibt. Anhand dieser Marktwertdefinition lassen sich die vier als *Zins-, Index-, Währungs- und Ausfall-Risiko* bezeichneten Arten der Finanzrisiken – wie in der vorangehenden Grafik zu sehen ist – auch anschaulich darstellen.

Die vier *Risikoarten*[12] resultieren aus (ungünstigen) Veränderungen der sie jeweils

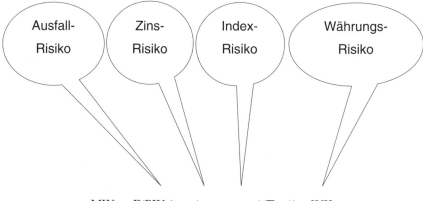

$MW_t = E(BW_T) \exp(-r_{t,T} + rp_{t,T})(T - t)) \times WK_t$

kennzeichnenden Größen: Beim Zinsrisiko sind das die Zinssätze, beim Indexrisiko die sich auf Indizes beziehenden Risikoprämien, beim Währungsrisiko die Wechselkurse und beim Ausfallsrisiko die Cash Flows. Die ersten drei Risikoarten stellen Marktrisiken dar, weil sie aus Veränderungen von Marktgrößen resultieren. Es ist natürlich durchaus möglich, dass diese Marktgrößen auch auf das Ausfallsrisiko Einfluss nehmen. Der Cash Flow hängt allerdings originär von unternehmensinternen Management-Entscheidungen ab, sodass das Ausfallrisiko (Kreditrisiko) nicht mehr zu den Marktrisiken zählt. In den folgenden Kapiteln werden die vier Risiken näher betrachtet und schließlich in der internen Risikorechnung einer integrativen Betrachtung zugeführt.

4. Marktrisiken aus finanzwirtschaftlicher Sicht

Der große Vorzug des Barwert-Ansatzes liegt in der Offenlegung der wertbestimmenden Faktoren. Mit dem Ansatz kann somit auch der Frage nach den wertmäßigen Einflüssen von Veränderungen der verschiedenen Größen nachgegangen werden. Dies stellt eine erhebliche Verallgemeinerung im Vergleich zur Modernen Portfolio-Theorie dar. In dieser wird nämlich nur die Wertveränderung per se in Form der Rendite betrachtet. Sie gibt keine Aufschlüsse über die hinter diesen Änderungen stehenden Faktoren. Auch das dort in Form der Standardabweichung der Rendite verwendete Risikomaß bezieht sich nur auf die Veränderungen als Ganzes und gibt keine Hinweise auf ihr Zustandekommen. Die mit dem Barwert-Ansatz mögliche Risikoanalyse kann – wie in der Praxis häufig anzutreffen ist – auch partiell erfolgen, derzufolge der Reihe nach untersucht wird, wie sich jeweilige Änderungen der einzelnen Risikofaktoren – unter Konstanthaltung der restlichen Faktoren – auf den Wert auswirken. Beispielsweise lässt sich demnach untersuchen, wie sich der Wert bei einer Zinserhöhung bzw. Zinssenkung verändert. Im Barwert-Ansatz stellt die Duration das Bindeglied zwischen Zinsen und Werten dar. Über sie lässt sich die Auswirkung der Zinsänderung quantifizieren. Analoge Überlegungen bilden den Ansatzpunkt, um die Auswirkungen von veränderten Risikoprämien, welche durch eine Veränderung der Risikoprämie des in Form eines Index abgebildeten Marktes oder der Bonität des Schuldners ausgelöst werden, zu bestimmen. Das Konstrukt des Barwert-Ansatzes bietet Ihnen demnach eine Sichtweise, mit der sie neben den Zins-, auch das Index- und Ausfalls- sowie das Währungsrisiko betrachten können, ohne dabei die Brille ständig wechseln zu müssen.

Ein Trend der 90er Jahre bestand darin, das Risiko nicht mehr wie in der Modernen Portfoliotheorie als Schwankungsbreite, sondern als Verlustpotential zu sehen. Anfänglich herrschte dabei Verwirrung, da das Verlustpotential unter der Federführung von JPMorgan über die Standardabweichung gemessen und als *Value-at-Risk* bezeichnet wurde. Dabei entstand der Eindruck, als sei das Verlustpotential nichts anderes als lediglich eine andere Darstellungsform der Standardabweichung. Im allgemeinen Fall werden aber die Verlustpotentiale über die Quantile definiert, was eine erhebliche Erweiterung gegenüber der auf die Standardabweichung bezugnehmenden Definition darstellt. Bei dieser statistischen Fundierung stellt sich allerdings die Frage, inwiefern der Value-at-Risk mit dem Barwert-Ansatz im Einklang steht. Die Antwort wird nachfolgend in Form des *Wert-am-Risiko (WaR)* präsentiert. Dabei werden die Verlustpotentiale nicht durch eine exogen vorgegebene Verteilung bestimmt, sondern über verschiedene Risikofaktoren mit Hilfe des Barwert-Ansatzes abgeleitet.

4.1 Welche Zins-Risiken gibt es und wie werden sie gemessen?

Das Zinsrisiko resultiert aus sich verändernden Zinsen. Das ist noch recht klar. Doch bei Betrachtung der daraus resultierenden Konsequenzen gibt es unterschiedliche Möglichkeiten. Im Lichte des Barwert-Ansatzes zeigt sich, dass sich die verändernden Zinsen auf den Abdiskontierungsfaktor auswirken. Es zeigt sich auch das reziproke Verhältnis zwischen Zins und (Bar-)Wert, d.h. steigt der zur Abdiskontierung verwendete Zins so fällt der Wert und umgekehrt. Bei dieser Betrachtung der Auswirkungen der Zinsänderungen wird davon ausgegangen, dass der Cash Flow von dieser Änderung nicht betroffen ist. Er wird demnach als eine feste Größe gesehen, und das Zinsrisiko wird folglich als *Fest-Zinsrisiko* bezeichnet. Aus dem Barwert-Ansatz ist aber darüber hinaus noch ersichtlich, dass sich die Zinsänderung auch auf die Cash Flow-Höhe auswirken kann. Dies ist z.B. bei den variabel verzinsten Positionen der Fall, wobei die vereinbarten Zinszahlungen an das Marktzinsniveau angepasst werden. Diese Art des Zinsrisikos stellt das *variable Zinsrisiko* dar. Bei einer kombinierten Betrachtung der Auswirkungen der Zinsänderung auf den Cash Flow sowie den Diskontierungsfaktor zeigt sich, dass beide Effekte gegensätzlich verlaufen und sich folglich (zumindest teilweise) kompensieren. Im Falle einer perfekten Kompensation hat die Zinsänderung somit keinerlei Konsequenz auf den Wert zum Betrachtungszeitpunkt. Dass aber auch bei dieser Konstellation ein Zinsrisiko vorliegt, ergibt sich durch die aus der Veränderung des Cash Flows resultierende erfolgswirksame[13] Veränderung des Zinsergebnisses der betrachteten Finanzposition.

Die *Duration* ist die wohl wichtigste Kennzahl im Zusammenhang mit dem Fest-Zinsrisiko. Im deutschsprachigen Raum wurde sie anfänglich – insbesondere aufgrund eines Unverständnisses für die finanzwirtschaftliche Denkweise – heftig kritisiert und mancherorts sogar belächelt. Dies hat sich in letzter Zeit allerdings geändert. Ausschlaggebend war dafür sicherlich auch die Akzeptanz dieser Kennzahl durch die Gesetzgebung[14], welche viele Rechnungswesen-Dogmatiker zum Einlenken und Umdenken brachte. Etwas verwirrend wirkt auf den ersten Blick, dass die Duration sozusagen *zwei Gesichter* hat. Auf der einen, durch Macaulay (1938) aufgezeigten Seite stellt sie in Form der *Immunisierungs-Duration* den Betrachtungshorizont dar, über den der Wert der Position von einer Zinsänderung unberührt[15] bleibt. Auf der anderen, durch Hicks im Jahre 1939 aufgezeigten Seite zeigt sie sich als *Elastizität*, derzufolge sie die durch eine prozentuelle Änderung des Zinssatzes hervorgerufene prozentuelle Änderung des Marktwertes angibt. Zwecks intuitiveren Interpretierbarkeit wird sie aber zumeist in Form der *modifizierten Duration* als *Semi-Elastizität* dargestellt. Als solche gibt sie die prozentuelle Marktwertänderung an, welche aus einer Veränderung des Zinssatzes um 100 Basispunkte resultiert. So schlägt sich beispielsweise bei einer Anleihe mit einer modifizierten Duration von 7 eine Zinsänderung von 1% in einer 7%-igen Wertänderung nieder[16].

Wird von einer flachen Zinskurve ausgegangen, dann errechnet sich die Duration als gewichtete Summe der zukünftigen Zeitpunkte, zu denen Zahlungen anfallen. Die Höhe der einzelnen Zahlungen gehen dabei ebenfalls in die Gewichtung ein, sodass die Duration alle Informationen eines mit Sicherheit feststehenden (festen) Cash Flows enthält. Gleichzeitig wird durch die Kennzahl der Duration aber auch das *wertmäßige Verhalten* der durch den Cash Flow charakterisierten Position ausgedrückt. Dieser Umstand ermöglicht wiederum den finanzwirtschaftlichen Vergleich zwischen verschiedenen Positionen. Zwei Finanzpositionen werden sodann als gleich betrachtet, wenn sie die gleiche Duration haben. Ein Wertpapier mit einer bestimmten Duration ist demnach zu einer Position äquivalent[17], welche nur eine einmalige Zahlung zu dem durch die Duration gekennzeichneten zukünftigen Zeitpunkt aufweist. Beide Wertpapiere haben nämlich die gleiche Duration. Als Konsequenz dieser Äquivalenz lässt sich jedes Wertpapier mit einem festen Cash Flow – z.B. in Form von Kuponanleihen – auch als (virtuelle) Nullkuponanleihe (Zero) sehen. Ich bezeichne diese Vorgehensweise als *Zero-Mapping*, zumal Wertpapiere mit mehreren zukünftigen Zahlungen in durationsäquivalente Wertpapiere mit nur einer zukünftigen Zahlung abgebildet werden.

Der große Vorteil des Zero-Mappings besteht in der dadurch sehr einfach gewordenen *Neubewertung* der fixierten Finanzpositionen mit festen Zahlungen. Anstelle der Abdiskontierung aller zukünftigen Zahlungen muss nur noch eine Zahlung[18] abgezinst werden. Diese Neubewertung erweist sich als besonders nützlich, wenn die wertmäßigen Auswirkungen von Zinsänderungen analysiert werden. Sie macht nämlich die Konvexitäts-Korrekturen überflüssig, welche im Rahmen der linearen durationsbasierten Approximation der Wertänderungen bei größeren Zinsänderungen erforderlich sind. Diese Überflüssigkeit ergibt sich durch den Umstand, dass der hinter der Neubewertung stehende Barwert-Ansatz die Konvexität durch die nichtlineare Abdiskontierung bereits beinhaltet.

Die Durationen von verschiedenen Anleihen können sich auf das gesamte Laufzeitspektrum einer Zinskurve beziehen. Zur Vereinfachung bedient man sich vielfach sogenannter *Stützstellen* (vgl. beispielsweise JPMorgan (1997)), wobei es sich um ausgewählte Zinssätze aus der Zinskurve handelt. Mit dem *Cash Flow-Mapping* werden die einzelnen (festen) Zahlungen des Cash Flows von fixierten Positionen den jeweiligen Stützstellen zugeordnet[19]. Die Verwendung des vorhin erörterten Zero-Mappings vereinfacht aber auch das Cash Flow-Mapping. Es muss nämlich nicht mehr ein kompletter Zahlungsstrom, sondern nur noch eine einzige Zahlung auf die Stützstellen zugeordnet werden. Zumal die Duration die für die Auswahl der Stützstelle(n) relevante Zeitgröße angibt, wird das diesbezügliche Verfahren als *Duration-Mapping*[20] bezeichnet.

Das Fest-Zinsrisiko lässt sich mit Hilfe des Zero- und Duration-Mappings elegant und einfach quantifizieren. Zur Durchführung der konkreten Berechnungen bedarf es der Spezifikation konkreter Zinsänderungen. Auch in diesem Bereich kristallisiert sich in letzter Zeit ein gewisser Marktstandard heraus. Dieser besteht in der Verwendung von Zinsänderungs-Quantilen[21], welche über die aus historischen Zinsänderungen empirisch geschätzten Zins-Volatilitäten für die verschiedenen Stützstellen bestimmt werden. Die für den EUR-Raum aus den täglichen Zinsänderungen des letzten Jahres geschätzte *Volatilitätskurve*[22] hat beispielsweise das aus Abbildung 2 ersichtliche Aussehen.

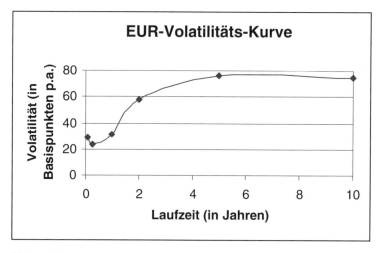

Abb. 2: Volatilitäts-Kurve für EUR-Zinssätze

Zumal tägliche Zinssatzänderungen annähernd normalverteilt sind, decken sich die über diese Volatilitäten berechneten Quantile[23] weitgehend mit den aus der kumulierten Häufigkeitsverteilung direkt ermittelten. Die Quantilsbestimmung über die Volatilitäts-Kurve weist demnach nur geringe Verzerrungen auf. Sie hat aber den Vorzug, dass sich damit die Zinsrisikodiskussion im vertrauten Umfeld der Volatilitätskurven führen lässt.

Die sich für die Messung des Fest-Zinsrisikos ergebende Beziehung[24] hat aufgrund der Einbeziehung des Zero-Mappings und der kontinuierlichen Verzinsung folgende einfache *Gestalt:*

$$\frac{BW^{neu}}{BW} = \frac{E(BW_D)\exp(-(r_D^{neu} + rp_D) \cdot D)}{E(BW_D)\exp(-(r_D + rp_D) \cdot D)} = \exp(-\Delta r_D \cdot D) \text{ bzw.}$$

$$1 + \frac{\Delta BW}{BW} = \exp(-\Delta r_D \cdot D) \text{ sodass}$$

(2) $\Delta\%BW = \exp(-\Delta r_D \cdot D) - 1$

wobei
BW^{neu} Barwert nach Zinsänderung
BW Barwert vor Zinsänderung
r_D^{neu} Neuer risikoloser Zinssatz p.a. (kontinuierlich) für den Zeitraum D
D Duration (als mittlere Restlaufzeit)
ΔBW Veränderung des Barwertes als Differenz zwischen neuem und altem Barwert
Δr_D Zinsänderung p.a. (kontinuierlich) für den Zeitraum D als Differenz zwischen altem und neuem Zinssatz
$\Delta\%BW$ Prozentuelle Veränderung des Barwertes.

Zur Bestimmung der in Prozent ausgedrückten Veränderung des Barwertes bedarf es nur der Zinsänderung und der Duration, wobei das Produkt[25] dieser beiden

Größen über die exp-Funktion abgezinst wird. Die inhaltliche Interpretation des Ergebnisses erfolgt analog zur modifizierten Duration. Da es sich aber nunmehr um keine lineare Approximation mehr handelt, ist die dort erforderliche Einbeziehung der Konvexität überflüssig.

Die Bestimmung der Zinsänderung über die Volatilität sei an einem Beispiel erläutert. Für den 5-jährigen Zinssatz errechnet sich beispielsweise das 99%-Quantil in Höhe von 177 Basispunkten durch Multiplikation der empirisch geschätzten Volatilität von 76 Basispunkten mit dem Faktor 2,33. Ein Wertpapier mit einer Duration von 5 Jahren erfährt bei dieser Zinssatzänderung gemäß Gleichung (2) eine prozentuelle Wertänderung von 8,47%. Das aus der Zinsänderung und der Duration gebildete Produkt beläuft sich hingegen auf 8,85%. Wird diese Größe als die sich aus der modifizierten Duration ergebende Wertänderung interpretiert, so ergibt sich die Differenz aufgrund der bei der durationsbasierten Approximation vernachlässigten Einbeziehung der Konvexität.

Die in der Berechnung unterstellte Veränderung des Zinssatzes bezieht sich auf den aktuellen Betrachtungszeitpunkt, womit es sich um eine *komparativ statische Analyse* handelt. Es ist natürlich aber auch durchaus möglich, die Auswirkung der Zinsänderung anstelle zum aktuellen zu einem zukünftigen Zeitpunkt zu betrachten. Für eine im Zeitablauf *alternde Position* muss die Duration um die zwischen den beiden Zeitpunkten liegende Zeitspanne reduziert werden. Wird z.B. die Wertänderung des Wertpapiers mit der derzeit 5-jährigen Duration in einem halben Jahr bestimmt, so sind in der Berechnung anstelle der 5 nur noch 4,5 Jahre[26] zu verwenden. Bezüglich der Alterung gibt es aber noch eine wichtige Feststellung: Es ist nämlich durchaus vorstellbar und sogar sinnvoll, dass die Wertänderungen zu einem zukünftigen Zeitpunkt betrachtet werden, ohne dass eine Reduktion der Duration vorgenommen wird. Die diesbezügliche Sinnhaftigkeit zeigt sich im Rahmen von Budgetierungsüberlegungen. Bei der Budgetierung ist es nämlich unzweckmäßig auf der Ebene einzelner Wertpapiere anzusetzen. Vielmehr empfiehlt es sich in diesem Falle auf der Portfolioebene anzusetzen, zumal es sich dabei um stabilere und somit besser planbare Einheiten handelt. Derartige als *Risikostellen* bezeichneten Portfolios zeichnen sich gerade durch im Zeitablauf unveränderte Durationen aus. Folglich handelt es sich dabei um Portfolios, welche im Zeitablauf umgeschichtet werden, um jederzeit die budgetierte Duration zu haben.

Um das Fest-Zinsrisiko einer fixierten Finanzposition im Sinne des Value-at-Risk wertmäßig zu erfassen, bedarf es lediglich der Multiplikation des Barwertes mit der prozentuellen Wertänderung. Das Ergebnis wird als *Wert-am-Risiko (WaR)* bezeichnet, um die im Vergleich zum Value-at-Risk (VaR) unterschiedliche Fundierung im Sinne des Barwert-Ansatzes zu verdeutlichen. Zumal in diesem Fall das Zinsrisiko gemessen wird, wird in diesem Zusammenhang vom *Zins-WaR (ZWaR)* gesprochen. Der sich auf das Fest-Zinsrisiko beziehende $ZWaR^{fest}$ ist definiert als:

(3) $ZWaR^{fest} = BW \cdot \Delta\%BW$

wobei
$ZWaR^{fest}$ Fest-Zins-Wert-am-Risiko (in Geldeinheiten ausgedrückt)
BW Aktueller Barwert der fixierten Finanzposition
$\Delta\%BW$ Prozentuelles Fest-Zinsrisiko.

Diese Berechnung des in Geldeinheiten gemessenen Verlustpotentials bezieht sich sowohl auf Vermögens- als auch auf Schuldpositionen[27]. Es gilt dabei allerdings zwei Besonderheiten zu beachten: Erstens ist der Barwert positiv für die Vermögens- und negativ für die Schuldpositionen. Das ergibt sich aus den unterschiedlichen Vorzeichen der jeweiligen Cash Flows, in Form der (positiven) Ein- vs. der (negativen) Auszahlungen. Zweitens ist die das Verlustpotential generierende Zinsänderung entgegengesetzt. Bei den Vermögenspositionen kennzeichnet ein Zinsanstieg das Verlustpotential, wohingegen es bei den Schuldpositionen ein Zinsverfall ist.

Bislang wurde das Fest-Zinsrisiko behandelt, welches Finanzpositionen mit einem vertraglich festgesetzten (festen) Cash Flow haben. Das variable Zinsrisiko betrifft hingegen die Positionen, deren Cash Flow an den Zins gekoppelt ist. Beim variablen Zins-WaR ($ZWaR^{var}$) wird ebenfalls ein Verlustpotential[28] gemessen; dieses bezieht sich aber nicht mehr auf eine Barwertänderung, sondern auf den Zinserfolg:

(4) $ZWaR^{var} = BW \cdot (\exp(\Delta r_P \cdot (P - v)) - 1) \cdot (-1)$

wobei

$ZWaR^{var}$ — Variables Zins-Wert-am-Risiko (in Geldeinheiten ausgedrückt)
Δr_P — Veränderung des Zinssatzes für die Zeitspanne von t bis P
P — Planungszeitraum (in Jahren)
v — Zeitspanne (in Jahren), nach der die Zinsanpassung wirksam wird
P-v — Zeitspanne auf die sich die Zinsänderung auswirkt (Wirkungsperiode).

Das variable Zinsrisiko wird dabei in Geldeinheiten gemessen, sodass es sich gemeinsam mit dem ebenfalls über den WaR gemessenen Fest-Zinsrisiko analysieren lässt. Es bezieht sich auf eine zukünftige Periode, welche im Zeitpunkt t+v beginnt und im Zeitpunkt t+P endet. Für den Fall, dass v gleich null ist, bezieht sich die Zinsänderung[29] auf den gesamten Planungshorizont. In den meisten Fällen wird aber v positiv sein, d.h. die Zinsänderung schlägt erst mit zeitlicher Verzögerung durch, was auch als *Elastizität der Zinsanpassung* bezeichnet wird. Auch das variable Zinsrisiko ist für Vermögens- und Schuldpositionen unterschiedlich zu berechnen. Während bei den Vermögenspositionen die mögliche Senkung des Zinssatzes in Form eines entgangenen Gewinns zu einem Verlustpotential führt, ist es bei den Schuldpositionen ein Zinsanstieg, welcher zu erhöhten Zinszahlungen führt.

4.2 Was ist das Index-Risiko und wie wird es gemessen?

Beim Index-Risiko handelt es sich um eine Konstruktion, welche Ihnen aller Voraussicht nach noch nicht untergekommen sein dürfte. Im Grunde genommen handelt es sich dabei einfach um eine Einbindung des über den Value-at-Risk gemessenen (Aktien-)Kursrisikos in den Barwert-Ansatz. Dieser Schritt ermöglicht, dass die risikomäßige Analyse der unsicheren Positionen, zu denen nicht nur Aktien, sondern auch Beteiligungen u.dgl. zählen, auch im – mittlerweile vielleicht schon vertrauteren – finanzwirtschaftlichen Denkrahmen erfolgen kann. Insbesondere gelingt es dadurch, das teilweise verwirrende Zusammenspiel von Zinssätzen, Risikoprämien, Beta-Faktoren und Wertänderungen anschaulich und kompatibel mit den anderen Risikoarten zu fassen.

Die Bezeichnung *Index-Risiko* ergibt aus dem *Index-Mapping*, welches bei den unsicheren Finanzpositionen zur Anwendung kommt. Dabei wird – analog zum Duration-Mapping bei den fixierten Positionen – die unsichere Position auf eine Stützstelle, d.h. einen Risikofaktor abgebildet. Bei dieser Stützstelle (Risikofaktor) handelt es sich aber nicht mehr um Zinssätze, sondern um (Aktien-/Markt-)Indizes. Durch diesen Schritt werden die auf William Sharpe (1964) zurückgehenden Erkenntnisse, welche als Capital Asset Pricing Model (CAPM) bekannt sind, in die Analyse einbezogen. Diese besagen, dass auf Märkten nur das nicht-diversifizierbare *systematische Risiko* abgegolten wird. Gemessen wird dieses Risiko in Form des sogenannten Beta-Faktors, welcher das Ausmaß des Gleichklanges zwischen den Wertveränderungen des Marktes (Index) und der unsicheren Finanzposition kennzeichnet. Über diesen Faktor wird im CAPM die Rendite der einzelnen Wertpapiere bestimmt, mit denen die Marktteilnehmer im Marktgleichgewicht rechnen. Im Lichte des Barwert-Ansatzes ergibt sich unter Einbeziehung diese Rendite folgender Barwert für die unsicheren Positionen:

(5) $BW = E(BW_P)\exp(-(r_P + \beta \cdot rp_P^{Index}) \cdot P)$

wobei

$E(BW_P)$ Erwartungswert des Barwertes aller nach t+P anstehenden Dividendenzahlungen (inklusive aller bis t+P angefallenen und aufgezinsten Zahlungen)

P Betrachtungszeitraum für die unsichere Position

β Beta-Faktor (Kennzahl für das systematische Risiko)

rp_P^{Index} Risikoprämie p.a. (kontinuierlich) des bewertungsrelevanten Index für P

r_P Risikoloser Zinssatz[30] p.a. (kontinuierlich) für den Zeitraum P

Diese Darstellungsform für den Wert der unsicheren Positionen scheint bei oberflächlicher Betrachtung vielleicht etwas weit hergeholt. Insbesondere der Erwartungswert bezüglich der konzeptionell möglicherweise schwierig zu fassenden zukünftigen Wertgröße könnte ein gewisses Unbehagen auslösen. Doch gerade in dieser Größe spiegelt sich die aus der *unbegrenzten Laufzeit* der unsicheren Positionen resultierende Problematik wider. Bei derartigen Positionen herrscht nämlich große Uneinigkeit eben bezüglich gerade dieses Wertes. Darüber scheiden sich die Geister. Es ist demnach nicht verwunderlich, dass es darüber verschiedene Ansätze gibt, welche sich – wie eigentlich bei allen dogmatisch geführten Diskussionen (z.B. Religionskriege) – auf's schärfste bekämpfen. Im vorliegenden Fall sind es insbesondere die Neoklassiker und die Keynesianer, die sich ein erbittertes Gefecht[31] liefern. Für die nachfolgenden Ausführungen ist diese Problematik aber sogar von untergeordneter Bedeutung. Es wird sich zeigen, dass gerade diese so konfliktgeladene Größe bei der Ermittlung des Risikos verschwindet. Dies spricht wiederum für den Barwert-Ansatz, da er den zentralen Streitpunkt zwischen den verschiedenen Schulen aufzeigt und gleichzeitig seine Irrelevanz im Hinblick auf Risikoüberlegungen begründet.

Mit Hilfe des Barwert-Ansatzes lässt sich die prozentuelle Änderung des Barwertes, welche sich aus einer Änderung der Risikoprämie ergibt, analog zum Fest-Zinsrisiko berechnen:

(6) $\Delta\%BW = \exp(-\beta \cdot \Delta rp_P^{Index} \cdot P) - 1$

wobei
Δ%BW Prozentuelles Fest-Zinsrisiko
Δrp_P^{Index} Risikoprämie p.a. (kontinuierlich) des bewertungsrelevanten Index über P.

Diese Kennzahl, welche konzeptionell der modifizierten Duration entspricht, stellt das Indexrisiko dar. Mit ihrer Hilfe lässt sich der Index-Wert-am-Risiko (IWaR) – wiederum analog zum ZWaR – durch Multiplikation mit dem Barwert der unsicheren Position bestimmen:

(7) IWaR = BW · Δ%BW
wobei
IWaR Index-Wert-am-Risiko (in Geldeinheiten ausgedrückt)
BW Aktueller Barwert der unsicheren Finanzposition
Δ%BW Prozentuelles Zinsrisiko.

Die zur Berechnung des IWaRs erforderliche Veränderung der Risikoprämie kann – wie beim ZWaR – über seine empirisch bestimmte Volatilität ermittelt werden. Dies scheint möglicherweise etwas befremdend, da die Risikoprämie im Vergleich zu den Zinssätzen in der finanzwirtschaftlichen Praxis kaum erwähnt wird. Der Barwert-Ansatz liefert aber auch dazu den Schlüssel. Zumal der Index aufgrund seiner Rückbezüglichkeit[32] ein Beta von 1 und folglich nur (reines) systematisches Risiko hat, fällt der Beta-Faktor aus der Betrachtung heraus. Aufgrund der anstehenden Bedeutung der 10-jährigen Zinssätze für die Aktienbewertung wird beim Index von einem 10-jährigen Betrachtungshorizont ausgegangen. Unter diesen Bedingungen ergibt sich folgendes (systematische) Index-Risiko:

$$1 + \Delta\%BW^{Index} = \exp(-\Delta rp_P^{Index} \cdot 10)$$

Durch Logarithmieren der Gleichung lässt sich die Veränderung der Risikoprämie aus der exponentiellen Beziehung lösen und explizt darstellen:

$$\ln(1 + \Delta\%BW^{Index}) = \Delta\ln BW^{Index} = -\Delta rp_P^{Index} \cdot 10$$

$$\Delta rp_P^{Index} = \frac{-\Delta\ln BW^{Index}}{10}$$

Die durch *ln* gekennzeichnete kontinuierliche Rendite des Index kann im Zeitablauf beobachtet und folglich auch statistisch ausgewertet werden. Ihre Volatilität kann über die Standardabweichung empirisch geschätzt werden. Aufgrund der funktionalen Beziehung zur Risikoprämie ist dadurch auch die gesuchte Volatilität der Risikoprämie eindeutig bestimmt:

(8) $StdAbw(\Delta rp_P^{Index}) = \dfrac{StdAbw(\Delta\ln BW^{Index})}{10}$

wobei
StdAbw() Standardabweichung
$\Delta\ln BW^{Index}$ Kontinuierliche Index-Rendite
10 Postulierter Betrachtungszeitraum für den Index.

Die Volatilität der Risikoprämie ergibt sich somit durch Division der Standardabweichung der kontinuierlichen Index-Rendite mit dem Faktor 10. Bewegt sich die

Index-Volatilität – wie häufig anzutreffen ist – in einem Bereich von 20 bis 30%, so entspricht dies einer Volatilität der Risikoprämie in Höhe von 200 bis 300 Basispunkten, was eine durchaus plausible Größenordnung darstellt. Mit Hilfe dieser Volatilität lassen sich bei einer unterstellten Normalverteilung der Index-Rendite und folglich auch der Risikoprämienänderungen – wie beim Zinsrisiko – die Quantile für die verschiedenen Konfidenzniveaus bestimmen.

4.3 Wie wird das Währungsrisiko gemessen?

Bezüglich der (finanzwirtschaftlichen) Wertfindung verhält es sich bei den Währungen sehr ähnlich wie bei den unsicheren Finanzpositionen: Aufgrund der grundsätzlichen Unbegrenztheit des Betrachtungshorizontes gibt es aus finanzwirtschaftlicher Sicht wiederum alternative und heftig konkurrierende Wertansätze. Das Gemeinsame dieser *Denkschulen* besteht darin, dass sie den aktuellen Wechselkurs einer Währung als Barwert eines zukünftigen Wechselkurses sehen, wobei das zwischen den beiden zugrunde liegenden Währungen bestehende Zinsdifferential zur Diskontierung verwendet wird. Der große Streitpunkt liegt in der Bestimmung des *vom Markt* angesetzten Zeitpunktes sowie in der von ihm erwarteten Höhe des zukünftigen Wechselkurses[33]. Neben den finanzwirtschaftlichen gibt es auch noch die fundamentalen Bewertungsansätze, welche auf volkswirtschaftlichen Größen zumeist in Form von (veränderten) Preisniveaus sowie Informationen aus den Leistungs- und Kapitalverkehrsbilanzen basieren.

Bei der nachfolgend vorgeschlagenen Bestimmung des Währungsrisikos ist es allerdings unerheblich, welcher Bewertungsansatz zugrunde gelegt wird. Das Risiko wird nämlich über empirisch ermittelte Veränderungen der Wechselkurse quantifiziert. Dabei steht das Ausmaß der Wechselkursveränderung im Vordergrund; ihre Begründung wird dabei[34] nicht benötigt. Die prozentuelle Wechselkursänderung ergibt sich aus dem Quotienten des Wechselkurses vor und nach der Änderung:

(9) $\Delta\%WK = \exp\left(\ln\frac{WK^{neu}}{WK}\right) - 1$

wobei
$\Delta\%WK$ Prozentuelles Währungsrisiko
WK^{neu} Wechselkurs nach Änderung.

Der *Währungs-Wert-am-Risiko (WWaR)* errechnet[35] sich wiederum durch Multiplikation des Barwertes der Finanzposition mit der prozentuellen Wechselkursänderung:

(10) $WWaR = BW \cdot \Delta\%WK$

wobei
WWaR   Währungs-Wert-am-Risiko (in Geldeinheiten ausgedrückt)
BW   Aktueller Barwert der (fixierten/unsicheren) Finanzposition
$\Delta\%BW$ Prozentuelles Währungsrisiko.

Auch bei den prozentuellen Wechselkursänderungen liefert der Weg über die Normalverteilung eine brauchbare Approximation[36] der (empirisch beobachteten) Häufigkeitsverteilungen. Dieser Vorgehensweise entsprechend lassen sich die Quantile der prozentuellen Änderungen ebenfalls wieder gut über die Volatilität approximieren. Die Berechnung des *WWaRs* erfolgt demnach konzeptionell wiederum gleich wie die des *ZWaRs* und des *IWaRs*.

4.4 Wie lassen sich die verschiedenen Marktrisiken aggregieren?

Die bislang beschriebene Vorgehensweise zur Bestimmung der aus Zins-, Index-, und Wechselkursänderungen resultierenden Risiken hat den großen Vorteil, dass sie in einem einheitlichen Rahmen erfolgte. Im dabei zugrunde gelegten Barwert-Ansatz werden diese Risiken über die drei Risikofaktoren – Zinsen, Risikoprämien und Wechselkurse – gemessen. Zumal all diese Faktoren beobachtbar sind, kann auch das zwischen ihnen herrschende Korrelationsgefüge empirisch geschätzt werden. Die Tabelle 4 enthält beispielsweise die Korrelationen[37] zwischen dem USD-Wechselkurs, dem Europe 15 MSCI-Index und den EUR-Zinssätzen für ein und 12 Monate sowie für 5 und 10 Jahre. Die Zinssätze der verschiedenen Stützstellen korrelieren alle positiv miteinander. Es zeigt sich auch, dass die Korrelation zwischen den Zinssätzen des Geldmarkt- und des Kapitalmarktes mit 0,61 und 0,89 erheblich höher ausfallen als die zwischen den Geld- und Kapitalmarktzinssätzen. Die negativen Korrelationen der Geldmarktsätze mit dem MSCI-Index entsprechen den Erwartungen, während die positiven Korrelationen mit den Kapitalmarktsätzen einigermaßen überraschen. Gleiches gilt auch für die positive Korrelation der EUR-Zinsen mit dem in EUR angegebenen USD-Wechselkurs.

Mit Hilfe dieses empirisch bestimmten[38] Korrelationsgefüges lassen sich nun die einzelnen in Form des *ZWaRs*, des *IWaRs* und des *WWaRs* gemessenen (individuellen) Risiken aggregieren. Die Aggregation erfolgt anhand der ursprünglich aus dem Aktienbereich stammenden Korrelationsmethode[39]. Durch die Einbeziehung der Zins- und Währungsrisiken bedarf es allerdings einer Verallgemeinerung, da nicht mehr nur die Korrelationen zwischen Aktienrenditen, sondern nunmehr auch die zwischen Zinssätzen und den Veränderungen von Aktienmarktindizes sowie Wechselkursen einbezogen werden. Zumal es sich bei den bislang vorgestellten Risikofaktoren sowohl um Zins- als auch um Wertgrößen handelt, müssen die Vorzeichen ihrer Korrelationen umgedreht werden. Dadurch wird sichergestellt, dass der Aggregation der über den *Wert-am-Risiko* gemessenen individuellen Risiken die für den Wertbereich korrekten Korrelationen verwendet werden.

Durch die Verwendung der Korrelationsmethode werden Diversifikationseffekte[40] einbezogen, derzufolge das (Gesamt-)Risiko des Portfolios kleiner (gleich) der

	Devisenmarkt	Aktienmarkt	Geldmarkt		Kapitalmarkt	
	USD in EUR	Europe 15 MSCI	EUR 1m Libor	EUR 12m Libor	EUR 5y Bond	EUR 10y Bond
USD in EUR	1,00					
Europe 15 MSCI	0,23	1,00				
EUR 1m Libor	0,02	-0,04	1,00			
EUR 12m Libor	0,02	-0,01	0,61	1,00		
EUR 5y Bond	0,26	0,15	0,08	0,21	1,00	
EUR 10y Bond	0,28	0,06	0,09	0,19	0,89	1,00

Tab. 4: Korrelationen zwischen Devisen-, Aktien-, Geld- & Kapitalmarkt

Summe der individuell gemessenen Risiken ist. Als großer Vorteil erweist sich auch die erhebliche Datenreduktion, welche sich durch das Mapping auf die verschiedenen Risikofaktoren ergibt. Mit diesem Ansatz lässt sich die Anzahl an Finanzpositionen nahezu beliebig erhöhen, ohne dass man es mit größeren rechentechnischen Problemen zu tun bekommt. Dieser Ansatz sagt mir auch persönlich sehr zu, weil ich ihn mir recht bildlich vorstellen kann, und zwar in Form einer *Marionette*, wobei die verschiedenen Finanztitel an den einzelnen Fäden der Risikofaktoren hängen, welche über das Korrelationsgefüge miteinander verbunden sind.

5. Kreditrisiken aus finanzwirtschaftlicher Sicht

Im Kreditbereich hat sich der Barwert-Ansatz (bislang noch) weit weniger stark durchgesetzt als im Marktbereich. Der Grund liegt in der in diesem Bereich vorherrschenden Tradition, welche sehr stark rechnungswesenorientiert ist. Diese langjährige Tradition, auf welcher sogar die Schulungssysteme vieler Banken (sogar noch heute!) aufsetzen, hat zu einem starken Widerstand gegen die Cash Flow-bezogene Betrachtungsweise geführt. Im Wertpapiergeschäft gab es hingegen keine kontinentaleuropäische Tradition, sodass es dort zu keinen Akzeptanzproblemen bezüglich des Barwert-Ansatzes kam. Das Bild wird sich aber demnächst auch im Kreditbereich drastisch ändern. Hauptverantwortlich ist die sich abzeichnende starke Zunahme der Verbriefung im Kreditbereich (*credit securitysation*) sowie die mittlerweile bereits mögliche Handelbarkeit von Kreditrisiken in Form von Kreditderivaten (*credit derivatives*). Zur Nachvollziehung und zum Verständnis dieser Entwicklungen ist die finanzwirtschaftliche Sicht unumgänglich. Man braucht wohl kein Prophet zu sein, um zu sehen, dass in nächster Zukunft auch im Kreditbereich die finanzwirtschaftliche Sichtweise ihren Einzug halten wird. Daran wird kein Weg vorbei führen, auch wenn das Verlassen tradierter Denkmuster für die eine oder den anderen – und vielleicht auch für Sie (?) – noch so schmerzhaft sein mag. In den nachfolgenden Ausführungen steht das Kreditrisiko (Ausfallrisiko) im Vordergrund. Die auf die verschiedenen Finanzpositionen des Bankbuches einwirkenden Marktrisiken lassen sich anhand der in den vorangegangenen Abschnitten dargestellten Ansätze bestimmen. Umgekehrt bilden die nachfolgenden Ausführungen aber nicht nur den Denkrahmen für die Kreditrisiken des Bankbuches, sondern auch für die Ausfallrisiken des Handelsbuches. Durch diese gegenseitige Verschachtelung offenbart sich der Umfang der finanzwirtschaftlichen Sichtweise, welcher aus der über den Barwert-Ansatz konsistent erfolgenden Messung von sowohl Markt- als auch Ausfallrisiken von sowohl Handelsbuch- als auch Bankbuchpositionen besteht.

5.1 Was versteht man unter Kreditrisiko-Modellen?

Das Risiko im Kreditbereich ist altbekannt; es besteht in einem möglichen Ausfall der vereinbarten Zahlungen seitens des Kreditnehmers. Vielfach neu ist hingegen, dieses Risiko mit Hilfe von Modellen gedanklich zu fassen und somit quantifizierbar zu machen. Die ersten diesbezüglichen Ansätze gehen auf den Nobelpreisträger

Robert Merton zurück, der sich bereits im Jahre 1974 dieser Problematik annahm. Er modellierte den Wert der Schuld eines Firmenkunden in Form einer Option auf den Unternehmenswert. Die Information über die jeweilige Güte des Schuldner wird dabei aus dem Unternehmenswert abgeleitet, weshalb dieses Modell auch als *Unternehmenswert-Modell (structural model)* bezeichnet wird. Einen alternativen Weg schlagen Jarrow/Lando/Turnbull (1997) ein, indem sie den Wert der Schuld über das Rating des Schuldners bestimmen. Dabei handelt es sich um ein *Rating-Modell*, welches zur zweiten Modellklasse – den sogenannten *reduced form models* – zählt. Die besondere Bedeutung dieses Ansatzes ergibt sich aus dem Umstand, dass es auch auf Schuldner anwendbar ist, für welche es keine beobachtbaren Börsenkurse gibt, und dass es einen Anknüpfungspunkt zu den – eingangs erörterten – gesetzlich diskutierten Rating-basierten Eigenmittelerfordernissen hat.

5.2 Worin unterscheiden sich Ausfall- und Bonitätsrisiko und wie werden sie gemessen?

Das in diesem Beitrag zur Messung des Kreditrisikos vorgestellte (interne) Kreditrisiko-Modell ist eine vereinfachte Variante des Rating-Modells von Jarrow/Lando/Turnbull. Die Vereinfachungen werden vorgenommen, um es konzeptionell verständlich und zugleich für den Kreditbereich praktikabel[41] zu machen. Das Kreditrisiko wird dabei über die Änderungen des (Bar-)Wertes des hinter der Schuld stehenden Cash Flows gemessen, welche sich aus den Veränderungen der Bonität des Schuldner ergeben. Dabei wird nicht nur der *Worst Case* in Form eines Konkurses betrachtet, sondern gleichzeitig auch alle ihm vorgelagerten Bonitätsab- bzw. -aufstufungen. Zumal es wenig sinnvoll bzw. teilweise unmöglich ist, sich ausschließlich auf die Historie einzelner Schuldner zu stützen, empfiehlt es sich, die Schuldner in charakteristische (homogene) Klassen zusammenzufassen. Die diesbezüglich wohl wichtigste Unterscheidung bezieht sich auf die Bonität. Die Zuordnung der Schuldner auf die jeweiligen Ratingklassen erfordert die Einrichtung eines Rating-Systems und wird als *Bonitätsklassen-Mapping* bezeichnet. Für die einzelnen Klassen lassen sich mit Hilfe von empirischen Untersuchungen die *Migrationsmatrizen* bestimmen, welche die Abwanderungs- oder Migrationswahrscheinlichkeiten für die bonitätsmäßigen Veränderungen der Schuldner verschiedener Bonitätsklassen beinhalten. Die von Moody's (1999a) beispielsweise für das Jahr 1998 bestimmte Matrix[42] ist in Tabelle 5 zu sehen. Die Tabelle sei anhand eines Baa-gerateten Unternehmens erläutert. Ein derartiges Unternehmen hat im Jahre 1998 zu 87,09% keine Rating-Änderung erfahren. In 8,36 bzw. 0,86% der Fälle kam es zu einer Degradierung in die Rating-Klasse Ba bzw. B. Rating-mäßige Verbesserungen gab es in die Klassen Aa mit 0,25% und nach A mit 3,32%. Schließlich ereilte auch noch 0,12% derartiger Unternehmen ein *Kreditereignis (credit event)* in Form einer Zahlungsunfähigkeit, eines Ausgleiches bzw. Konkurses. Mit Hilfe des Barwert-Ansatzes lässt sich nun untersuchen, welche wertmäßigen Konsequenzen sich aus den verschiedenen Bonitätsveränderungen ergeben. Um diese Quantifizierung vornehmen zu können, müssen allerdings auch noch die Rating-abhängigen Zuschlagssätze in Erfahrung gebracht werden. Die von Moodys (siehe Fons 1994) aus den Marktpreisen implizit

All-Corporate Bonds Migrationsmatrix (1998)

	Aaa	Aa	A	Baa	Ba	B	Caa-C	D
Aaa	80,99%	19,01%	0,00%	0,00%	0,00%	0,00%	0,00%	0,00%
Aa	0,96%	90,06%	8,99%	0,00%	0,00%	0,00%	0,00%	0,00%
A	0,09%	2,86%	86,92%	9,65%	0,47%	0,00%	0,00%	0,00%
Baa	0,00%	0,25%	3,32%	87,09%	8,36%	0,86%	0,00%	0,12%
Ba	0,00%	0,31%	0,62%	5,64%	80,44%	8,14%	4,23%	0,62%
B	0,00%	0,00%	0,14%	0,43%	6,74%	82,88%	5,41%	4,39%
Caa-C	0,00%	0,00%	0,00%	0,00%	0,95%	6,67%	77,14%	15,24%

Tab. 5: Migrationsmatrix von Moody's

All-Corporate Bonds Credit Spread-Kurve (1993)

	1y	3y	5y	10y	15y	20y
Aaa	0,00%	0,00%	0,01%	0,02%	0,03%	0,04%
Aa	0,01%	0,02%	0,02%	0,03%	0,03%	0,04%
A	0,01%	0,05%	0,06%	0,10%	0,12%	0,13%
Baa	0,10%	0,15%	0,20%	0,25%	0,30%	0,33%
Ba	0,80%	1,00%	1,10%	1,00%	0,90%	0,90%
B	4,50%	4,00%	3,80%	3,50%	3,30%	3,10%

Tab. 6: Risikoprämien-Kurve von Moody's

geschätzten *Risikoprämien-Kurven (credit spread curve)* für die verschiedenen Rating-Klassen sind in Tabelle 6 enthalten.

Für die Unternehmen mit Investment Grade, d.h. mit einem Rating von Aaa bis Baa, ist die Kurve mit Zunahme der Restlaufzeit ansteigend (*normale Kurve*), für Ba-geratete Unternehmen ist sie zuerst ansteigend und dann abfallend (*gekrümmte Kurve*) und für B-geratete Unternehmen ist sie abnehmend (*inverse Kurve*).

Mit den nunmehr vorliegenden Ingredienzen wird die Rating-bedingte Wertänderung analog zum Zinsrisiko wie folgt berechnet[43]:

(11) $\Delta\%BW^{i,j} = \exp(-\Delta rp_D^{i,j} \cdot D) - 1$

wobei

$\Delta\%BW^{i,j}$ Prozentuelle Wertänderung bei Veränderung des Ratings von i zu j

$\Delta rp_D^{i,j}$ Veränderung der Risikoprämie bei Rating-Änderung von i zu j

D Duration der ausfallgefährdeten Finanzposition.

Bei der Quantifizierung der wertmäßigen Auswirkungen von Bonitätsänderungen kommen die Vorzüge des Duration-Mappings voll zum Tragen. Der Grund liegt in den hohen Änderungen der Risikoprämien, welche sich bei einer bonitätsmäßigen Verschlechterung ergeben können. Rutscht beispielsweise der Ba-eingestufte Gläubiger einer 15-jährigen Schuld um eine Bonitätsklasse ab, so erhöht sich die Risikoprämie von 0,90 auf 3,30%. Bei einer linearen Approximation der Wertänderung über die Duration von 15 Jahren, würde sich demnach eine Wertänderung von 36% ergeben. Die Berücksichtigung der Konvexität wäre in diesem Fall gar noch verzerrender, da die dadurch bewirkte Korrektur aufgrund der hohen Konvexität viel zu hoch ausfällt. Unter Verwendung von Gleichung (11) werden diese Probleme vermieden. Für den Baa-gerateten Schuldner ergeben sich bei einer Schuld mit einer 15-jährigen Duration folgende Wertänderungen:

Moody's-Baa/15y

Rating	%Wertänd.	Wahrsch.
Aaa	4,13%	0,00%
Aa	4,13%	0,25%
A	2,74%	3,32%
Baa	**0,00%**	87,09%
Ba	-8,61%	8,36%
B	-36,24%	0,86%
Caa-C	-61,13%	0,00%
D	-100,00%	0,12%

Tab. 7: Wertänderungen in Abhängigkeit des Ratings von Moody's

Bei dieser Berechnung wird mangels Verfügbarkeit an Daten unterstellt, dass die Risikoprämie für das Caa-C-Rating das Doppelte der Prämie für das B-Rating beträgt. Desweitern wird beim Übergang in die Default-Klasse von einer unbesicherten Schuld und folglich von einem 100-%igen Ausfall ausgegangen. Sich über diesen Schritt Klarheit zu verschaffen, ist sehr wichtig. Denn nur allzu oft wird die Besicherungs- mit der Bonitätsproblematik unauflöslich verknüpft und folglich konzeptionell undurchsichtig[44]. Durch die Unterstellung der Unbesichertheit der Schuld, ist die wertmäßige Veränderung ausschließlich auf Bonitätsänderungen zurückzuführen. Sie stellt folglich das Bonitätsrisiko dar, welches von dem die Besicherung einbeziehenden Ausfallrisiko getrennt wird. Das Bonitätsrisiko lässt sich auf anschauliche Weise – wie in Abbildung 3 zu sehen ist – visualisieren. In dieser Darstellungsform zeigt sich die Asymmetrie der Rating-bedingten Wertänderungen sehr deutlich: Der aufgrund von Rating-Verbesserungen anfallende Gewinn fällt im Vergleich zu den auf Rating-Verschlechterungen folgenden Verlusten sehr bescheiden aus. Dem Verlustpotential steht somit fast kein Gewinnpotential gegenüber, sodass in diesem Fall eigentlich nur verloren werden kann. Diese Asymmetrie ist auch der Grund dafür, dass Schulden im Grunde genommen Optionen darstellen, wobei der Schuldner als Käufer dem Gläubiger als Stillhalter eine Optionsprämie in Form einer Risikoprämie bzw. eines Risikoabschlages zahlen muss. Wird dies unterlassen, so spricht das nicht gerade für die Rationalität des Gläubigers.

Die Berechnung des Ausfallrisikos, welches die Besicherung miteinbezieht, gestaltet sich wie folgt:

(12) $AWaR^i = \min[\text{Besicherung} - \text{ratingbedingte Wertminderung};0]$
$\min[\text{Besicherung} - BW \cdot \text{Quantil}(\Delta\%BW^{i,j});0]$

wobei
$AWaR^i$ Ausfall-Wert-am-Risiko (in Geldeinheiten) für Schuldner mit Rating i

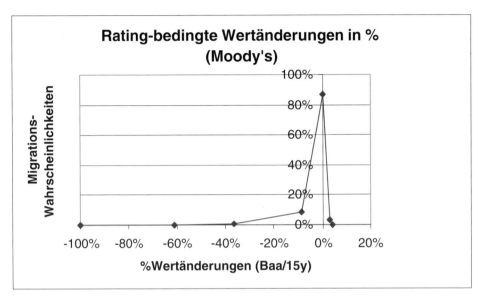

Abb. 3: Wertänderungen in Abhängigkeit des Ratings v. Moody's

    min   Minimum-Operator
    Quantil $\alpha\%$-Quantil der Rating-bedingten Wertverteilung
    BW   Aktueller Barwert der ausfallgefährdeten Finanzposition
    $\Delta\%BW^{i,j}$ Prozentuelle Wertänderung bei Veränderung des Ratings von i zu j
    Besicherung Höhe der wertmäßigen Besicherung.

Durch den Minimum-Operator wird angezeigt, dass ein Ausfallrisiko nur eintritt, wenn die Rating-bedingte Wertminderung die Besicherung übersteigt, und zwar in Höhe des nicht besicherten (Blanko-)Anteiles. Der Grund für die zusätzliche Komplexität liegt in der Asymmetrie der Rating-bedingten Wertverteilung. Diese macht es unzweckmäßig beim Ausfallrisiko von einer Normalverteilung bzw. von Volatilitäten auszugehen. Vielmehr ist es in dieser Konstellation angebracht, das Ausfallrisiko über die *Quantile* der Verteilung zu bestimmen. Der Vorteil des Rating-basierten Ansatzes ist es, dass die gesamte Verteilung Verwendung findet. Die in Abbildung 3 eingezeichneten Punkte stellen die mit Hilfe von Gleichung (11) ermittelten Wertänderungen dar. Die zwischen den Punkten gezogene Linie ergibt sich aus einer *linearen Interpolation*. Folglich ist die Verteilung über den gesamten Bereich definiert, sodass sich alle Quantile berechnen lassen. Das Quantil auf dem 1%-Konfidenzniveau beträgt beispielsweise –65,41% bzw. –65,41 GE[45], wenn der Marktwert 100 beträgt. Dieser in GE ausgedrückte Wert entspricht der Rating-bedingten Wertminderung, welche der Besicherung gegenübergestellt wird: Ist der Wertverfall höher als die wertmäßige Besicherung, so ergibt sich ein *Ausfall-Wert-am-Risiko (AWaR)* in Höhe der Differenz zwischen diesen beiden Größen; andernfalls ergibt sich ein *AWaR* von null.

Bei diesen beispielhaften Berechnungen habe ich die Moody's Daten vom US-amerikanischen Markt verwendet. Für eine konkrete Implementierung wird man allerdings nicht umhin kommen, auf heimische Besonderheiten Rücksicht zu nehmen. Des Weiteren ist es sinnvoll, nicht alle Kreditnehmer in einen Topf zu werfen, sondern feinere regionale bzw. branchenspezifische Unterteilungen vorzunehmen. Es fragt sich nur, wie das zu bewerkstelligen ist. Entsprechend den verwendeten Informationen gibt es dafür grundsätzlich zwei Möglichkeiten: Erstens die Verwendung bankinterner und zweitens externer (Rating-)Daten. Nach dem *Vier-Augen-Prinzip* empfiehlt sich sicherlich eine Kombination der beiden Informationsquellen. Dadurch wird nämlich die Analyse auf ein solides Fundament gestellt, was schließlich auch zu fundierteren Entscheidungen in der Risikosteuerung verhilft. Nachfolgend wird anhand eines externen Informationsanbieters exemplarisch gezeigt, wie sich die regionale Konkretisierung bewerkstelligen lässt. Die Konzentration auf externe Daten begründet sich auf den Umstand, dass das interne Rating-Material wohl zum Intimbereich einer jeden Bank gehört und folglich keine diesbezüglichen Informationen öffentlich verfügbar waren.

5.3 Kann Creditreform bei der Ausfallrisikomessung Hilfestellung bieten?

Wer ist Creditreform? Diese Frage stellt sich auch Creditreform (2000) selbst und beantwortet sie wie folgt:

Generell gesagt: Die in Europa führende Unternehmensgruppe im Bereich Wirtschaftsinformationen mit mehr als 160.000 Mitgliedern. In Österreich wurde Creditreform 1889 gegründet. 180 Büros – auch in Osteuropa – und seriöse Partner in allen Ländern der Welt garantieren ein optimales Service.

Im Speziellen: Neben Wirtschaftsauskünften und dem Inkasso-Dienst bietet Creditreform eine Reihe von Marketing-Dienstleistungen. 11 Datenbanken auf CD-ROM, Firmenprofile und Firmenadressen unterstützen Ihre Verkäufer bei der erfolgreichen Neukundengewinnung. Das macht sich rasch bezahlt.

Konkret: Ein modernes, dynamisches Dienstleistungsunternehmen, welches unbürokratisch und rasch auf Ihre Wünsche eingeht.

Und mit vielen Vorteilen: Die Zuverlässigkeit unserer Informationen; die hohe Erfolgsquote im Inkasso. Unsere Schnelligkeit, unsere günstigen Tarife, unsere Erfahrung – immerhin haben wir unsere Kompetenz in 110 Jahren aufgebaut!

Creditreform ist also eine Auskunftei. Eine für die Bestimmung des Ausfallrisikos sehr wichtige Information stellt sie in Form des *Bonitätsindex* bereit. Es handelt sich dabei um eine Kennzahl, welche zwischen 100 und 600 liegt und die Bonität des Schuldners zum Ausdruck bringt. Diese Kennzahl wird unter Einbeziehung von harten und weichen Kriterien (*hard and soft facts*) gewonnen. Große Bedeutung haben dabei die insbesondere aus dem Inkasso-Dienst von Creditreform verfügbaren Informationen über die Zahlungsweise, das sich aus den persönlichen Eindrücken der Creditreform-Mitarbeiter ergebende Krediturteil sowie die Umsatz- und Finanzdaten des (extern) analysierten Unternehmens. Schließlich fließen auch noch branchenspezifische Strukturdaten in den Index ein. Der Bonitätsindex besitzt viele

Integration von Markt- und Kreditrisiken in der Risikorechnung ■ 57

Vorzüge. So handelt es sich dabei um eine Kennzahl, welche bereits von vielen Banken im Kreditbereich genutzt wird. Sie ist somit eine zumeist vertraute Größe mit bekannter Qualität. Da diese Kennzahl einheitlich ermittelt wird, ergibt sich ein großer konsistenter Daten-Pool an Ratinginformationen. Diese Datenbasis kann nun unter regionalen und branchenspezifischen Gesichtspunkten analysiert werden, wobei aufgrund der einheitlichen Ermittlung die Vergleichbarkeit des Ergebnisses sichergestellt ist. Für die nachfolgenden Berechnungen werden beispielsweise mehr als 40.000 Datensätze von österreichischen Unternehmen verwendet. Die Veränderungen der in diesen Datensätzen enthaltenen Bonitätsindizes werden Cluster-analytisch untersucht, um die Intervallgrenzen für den Bonitätsindex zu bestimmen, welche sodann zur Bestimmung des *Creditreform-Ratings* verwendet werden.

In Anlehnung an Moody's sowie den gesetzlich anstehenden Anforderungen wird der Bonitätsindex in zehn Klassen unterteilt. Daraus ergibt sich folgende Entsprechung[46] zwischen dem Rating von Moody's und dem von Creditreform:

Moody's-Rating	Aaa	Aa	A	Baa	Ba	B	Caa	Ca	C	D
Creditreform-Rating	Kl. 1	Kl. 2	Kl. 3	Kl. 4	Kl. 5	Kl. 6	Kl. 7	Kl. 8	Kl. 9	Kl. 10

Tab. 8: Rating-Klassen von Moody's und von Creditreform

Das Creditreform-Rating ist im Grunde genommen nichts Neues. Es wird nämlich nur der Bonitätsindex zusätzlich[47] in Form eines Ratings verpackt. Dieser Schritt ermöglicht aber neue Möglichkeiten und macht das Rating international vergleichbar. So lassen sich nunmehr statistische Analysen auf der Basis dieser Klasseneinteilung vornehmen. Von besonderem Interesse ist die Migrationsmatrix, welche sich nach regionalen und branchenspezifischen Erfordernissen bestimmen lässt. Die sich aus den verwendeten Datensätzen ergebende Migrationsmatrix ist in Tabelle 9 zu sehen.

Migrationsmatrix für Alle Creditreform-Firmen (1998)

	Klasse1	Klasse2	Klasse3	Klasse4	Klasse5	Klasse6	Klasse7	Klasse8	Klasse9	Klasse10
Klasse1	**83,02%**	13,21%	3,77%							0,00%
Klasse2	4,20%	**73,43%**	15,38%	5,59%	1,40%					0,00%
Klasse3	0,70%	3,39%	**66,82%**	24,42%	3,27%	1,05%	0,00%	0,12%	0,23%	0,00%
Klasse4	0,01%	0,19%	3,28%	**84,61%**	6,43%	4,41%	0,82%	0,16%	0,01%	0,08%
Klasse5		0,04%	1,44%	27,39%	**57,63%**	11,29%	1,60%	0,32%	0,00%	0,29%
Klasse6			0,36%	12,84%	13,23%	**64,96%**	6,89%	1,03%	0,17%	0,52%
Klasse7				0,39%	2,26%	18,90%	**70,92%**	5,21%	0,93%	1,39%
Klasse8				0,23%	0,68%	6,38%	25,28%	**61,96%**	2,51%	2,96%
Klasse9				0,92%	2,75%	11,01%	8,26%	1,83%	**70,64%**	4,59%
Klasse10										**100,00%**

Tab. 9: Migrationsmatrix von Creditreform

Zur Quantifizierung des Ausfallrisikos werden neben dieser Matrix auch noch die (Rating-bezogenen) Risikoprämien-Kurven benötigt. Unter Verwendung des Kreditrisikomodells von Jarrow/Lando/Turnbull (1997) lassen sich auch diese aus der Migrationsmatrix bestimmen[48], sodass alle zur Quantifizierung des Ausfallrisikos benötigten Daten regional bzw. branchenspezifisch kalibriert werden können.

Abbildung 4 enthält die sich aus der geschätzten Migrationsmatrix ergebenen Risikoprämien-Kurven für die verschiedenen Creditreform-Rating-Klassen. Dabei zeigen sich auch die bei Moody's ausgewiesenen Kurvenverläufe: Im Investmentqualitätsbereich (*investment grade*) liegen steigende (normale) Risikoprämien-Kurven vor, während sie im spekulativen Bereich (*speculative grade*) einen fallenden (inversen) Verlauf nehmen. Erwähnenswert ist das im Vergleich zu Moody's niedrigere Niveau der Kurven. Dies liegt daran, dass bei der Berechnung der Creditreform-Risikoprämien-Kurven nur die Ausfall- bzw. die Überlebenswahrscheinlichkeiten verwendet werden. Diese Risikoprämien sind demnach nur ein Bestandteil, und zwar der mit den *Risikokosten* im Einklang stehende Anteil der im Kreditgeschäft verlangten Zuschlagssätze. Weitere Bestandteile sind die *Eigenkapital-* und die *Verwaltungskosten*. Im Rahmen der Kalkulation sind diese Bestandteile noch hinzuzurechnen. Bei den Risikoprämien-Kurven von Moody's handelt es sich hingegen um aus den Marktpreisen abgeleitete Zuschlagssätze, welche alle marktmäßig durchsetzbaren Bestandteile beinhalten.

Unter Heranziehung der aus den Creditreform-Daten geschätzten Migrationsmatrix und der daraus abgeleiteten Risikoprämien-Kurven lässt sich das auf regionale Gegebenheiten kalibrierte Ausfallrisiko bestimmen. Die Werteverteilung eines Klasse4-gerateten (Baa) Kredites mit 5-jähriger Duration hat beispielsweise das in Tabelle 10 dargelegte Aussehen[49].

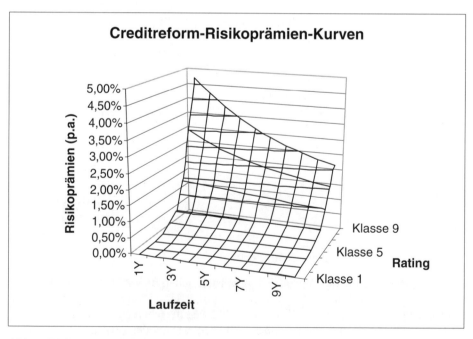

Abb. 4: Risikoprämien-Kurven von Creditreform

Creditreform-Klasse4/5y

Rating	%Wertänd.	Wahrsch.
Klasse1	0,76%	0,01%
Klasse2	0,64%	0,19%
Klasse3	0,37%	3,28%
Klasse4	**0,00%**	84,61%
Klasse5	-0,66%	6,43%
Klasse6	-1,75%	4,41%
Klasse7	-5,08%	0,82%
Klasse8	-9,28%	0,16%
Klasse9	-13,59%	0,01%
Klasse10	-100,00%	0,08%

Tab. 10: Wertänderung in Abhängigkeit des Ratings von Creditreform

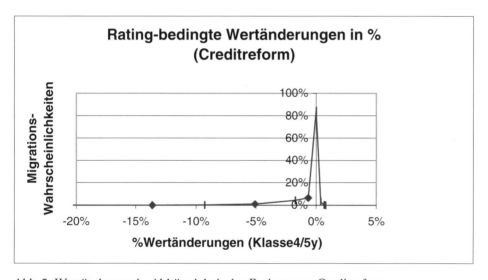

Abb. 5: Wertänderung in Abhängigkeit des Ratings von Creditreform

Im Vergleich zur 15-jährigen ausfallgefährdeten Anleihe, welche mit Moody's Daten bestimmt wurde, fällt die Wertänderung geringer aus. Dies liegt einerseits an den im Kredit- im Vergleich zum Anleihenbereich üblicherweise geringeren Veränderungen der Rating-bedingten Risikoprämien und andererseits in der um 10 Jahre geringeren (durchschnittlichen) Laufzeit des Kredites. Hinter der kürzeren Bindung des Kredites steht auch eine geringere Ausfall- und folglich höhere Überlebenswahrscheinlichkeit. Neben dieser wünschenswerten Eigenschaft ist auch die Außerachtlassung der Eigenkapital- und Verwaltungskosten bei der Creditreform-Risikoprämien-Kurve vorteilhaft. Dadurch ist nämlich der Fokus ausschließlich[50] auf das

Ausfallrisiko gerichtet, was ja der zentrale Inhalt dieses Kapitels ist. Der bereits angesprochene Unterschied im Niveau ist für die Berechnung des *AWaRs* unerheblich, solange hinter den Risikoprämien-Kurven von Moody's konstante, d.h. laufzeitunabhängige Eigenkapital- und Verwaltungskosten stehen. In diesem Fall beziehen sich die Änderungen der Risikoprämien lediglich auf die Risikokosten, zumal sich die konstanten Kostenteile exakt aufheben.

5.4 Wie lassen sich die Ausfallrisiken aggregieren?

Auch im Kreditbereich greifen wichtige Grundüberlegungen bezüglich der Streuung von Risiken im Portfolioverbund, wenngleich es dabei einige Besonderheiten zu berücksichtigen gilt. Wie bei den Marktrisiken wird das höchste Risiko genommen, wenn alles auf eine Karte gesetzt wird. So erweist es sich auch im Kreditbereich als sinnvoll, dem *Klumpenrisiko* durch Streuung entgegenzutreten. Aus der bereits angesprochenen Asymmetrie der aus Rating-Veränderungen resultierenden Änderungen der *Marktwerte* stehen sich aber Chancen und Risiken nicht mehr *gleichgewichtig* gegenüber: Erstreckt sich das Verlustpotential auf den gesamten Marktwert des Kredites, so ist das Gewinnpotential klarerweise nach oben begrenzt. Rationalerweise wird nämlich kein Schuldner mehr bezahlen als er muss, auch wenn es ihm wirtschaftlich ausgezeichnet geht und er es sich leisten könnte. Des Weiteren sind die durch Bonitätsverbesserungen seitens der Schuldner eingetretenen Erhöhungen der Werte von Krediten insbesondere mangels Handelbarkeit der Kredite auch nicht vorzeitig realisierbar. Trotz dieser Unterschiede greift auch im Kreditbereich ein *Diversifikations-, d.h. Streuungseffekt*. Die Begründung liegt allerdings nicht mehr im ausgewogenen Verhältnis von Chancen und Risiken, sondern vielmehr im Umstand, dass die Ausfälle der im Portfolio enthaltenen Schuldner nicht alle zugleich eintreten. Die Situation ist ähnlich wie im Versicherungsbereich, wo viele kleine Risiken gepoolt werden, in der Erwartung, dass nicht alle Versicherungsnehmer zugleich einen Schaden anmelden. Dass es sich dabei um *rationale Erwartungen* handelt, wird durch den Ausschluss der Versicherungsleistung bei Ereignissen sichergestellt, welche einen Großteil der Versicherungsnehmer gleichzeitig treffen. Zumal dem Verlustpotential nur beschränkte Gewinnchancen gegenüberstehen, müssen von den Versicherungsnehmern *(Versicherungs-)Prämien* verlangt werden. Diese Eigenart deckt sich folglich auch mit der Situation des Stillhalters einer Option, der bei Ausübung seitens der Vertragspartnerin auch nur verlieren kann und folglich für das Eingehen der Stillhalterposition eine *(Options-)Prämie* verlangen wird.

Im Kreditbereich ist die Situation aufgrund der begrenzten Gewinnmöglichkeiten ähnlich. Zur Abdeckung des Risikopotentials wird die *(Risiko-)Prämie* veranschlagt. Der Grund für den auch im Kreditbereich vorherrschenden Diversifikationseffekt liegt in der *unvollständigen Ausfallkorrelation* zwischen den einzelnen Schuldnern. Eine branchenspezifische Gruppierung der einzelnen Schuldner reduziert auch den Umfang der zu bestimmenden Korrelationen. Durch diese als *Branchen-Mapping* bezeichnete Vorgehensweise wird nämlich nur noch das zwischen den verschiedenen Branchen[51] herrschende Korrelationsgefüge für die Analyse des Kreditportfolios benötigt. Dieses Gefüge dient schließlich der Aggregation der mittels *AWaR* gemessenen individuellen Ausfallrisiken einzelner Schuldner bzw. Schuldnerklassen, woraus sich das gesamte Ausfallrisiko des Kreditportfolios ergibt. Die rechentechnische Vorgehensweise erfolgt wiederum analog zu den Marktrisiken. Ein Unterschied besteht allerdings in der Interpretation der Korrelationen. Während sie bei den Marktrisiken den Zusammenhang zwischen den Gewinn- und Verlustmöglichkeiten angeben, kennzeichnen sie bei den Kreditrisiken die gemeinsamen Ausfallmöglichkeiten. In beiden Fällen wird durch den portfoliotheoretischen Aggregationsmechanismus sichergestellt, dass das Gesamtrisiko des Portfolios im Falle unvollständiger Korrelationen kleiner als die Summe der individuellen Risiken ist. Bei der gemeinsamen Betrachtung der Markt- und Kreditrisiken stellt sich aber die Frage, inwiefern es auch zwischen ihnen Diversifikationseffekte gibt.

5.5 Wie werden Markt- und Ausfallsrisiken aggregiert?

Die im Vergleich zu den Marktrisiken stark beschränkten Gewinnmöglichkeiten im Kreditbereich kennzeichnen den großen Unterschied zwischen den Markt- und den Kredit- bzw. Ausfallrisiken. Dieser Unterschied wird mancherorts dazu verwandt, bei der Aggregation zwischen diesen Risiken von einem etwaigen Diversifikationseffekt abzusehen. Das sich auf Bankebene ergebende Gesamtrisiko berechnet sich sodann einfach aus der Summe der Markt- und Ausfallrisiken. Die durch die Summenbildung vorgenommene Aggregation ist möglich, weil beide Risiken unter Verwendung des Wert-am-Risiko in Geldeinheiten gemessen werden. Sie kommt auch bei JPMorgan zur Anwendung, wenn die beiden über RiskMetrics^{TM} und CreditMetrics^{TM} quantifizierten Risiken separat bestimmt und zur Berechnung des Gesamtrisikos addiert werden.

6. Markt- und Kreditrisiken in der Internen Risikorechnung

Das Bundesaufsichtsamt für das Kreditwesen (1995, S. 5) fordert von den Handelsgeschäfts-treibenden Kreditinstituten, dass *das Risiko-Controlling- und -Management-System entsprechend dem Umfang, der Komplexität und dem Risikogehalt der betriebenen oder beabsichtigten Handelsgeschäfte ausgestaltet sein muss. Bei seiner Konzeption sind auch die allgemeine geschäftspolitische Ausrichtung des Kreditinstituts, die allgemeinen Handelsusancen und die sonstigen Marktgegebenheiten zu berücksichtigen. Das System hat insbesondere die mit den Handelsgeschäften verbundenen Marktpreisrisiken zu erfassen und zu quantifizieren. Es soll in ein möglichst alle Geschäftsbereiche der Bank umfassendes Konzept zur Risikoüberwachung und -steuerung eingegliedert sein und dabei die Erfassung und Analyse von vergleichbaren Risiken aus Nichthandelsaktivitäten ermöglichen. Seine Konzeption muss gewährleisten, dass kurzfristig auf Veränderungen in den marktmäßigen und organisatorischen Rahmenbedingungen reagiert werden kann. ...Die Handelsgeschäfte und die zugehörigen Risikopositionen sind regelmäßig auf die mit ihnen verbundenen Verlustrisiken zu untersuchen. Hierbei sind nicht nur mehr oder minder wahrscheinliche Ereignisse, sondern auch auf den »schlimmsten Fall« bezogene Szenarien in Betracht zu ziehen. Unter Risiko-Controlling wird dabei ein System zur Messung und*

Überwachung der Risikopositionen und zur Analyse des mit ihnen verbundenen Verlustpotentials verstanden. Dieses System dient dem Risiko-Management zur diesbezüglichen Steuerung. *Die Aufgaben des Risiko-Controllings sind einer vom Handel weisungsunabhängigen Stelle zu übertragen. Die Limitierung der Risikopositionen ist durch die Geschäftsleitung vorzunehmen.*

Bei der nachfolgend detaillierter erörterten *internen Risikorechnung* (Schwaiger 1998) handelt es sich um ein derartiges Risiko-Controlling-System, welches alle diesbezüglichen Anforderungen erfüllt. Da mit ihr nicht nur die Risiken der Handels- sondern auch der Bankbestände gemessen werden, stellt sie das geforderte umfassende Konzept zur Risikoüberwachung und -steuerung dar. Wie am Ende dieses Beitrages skizziert wird, lässt sich darüber hinaus auch noch eine Erfolgsbetrachtung aufsetzen. Das Ergebnis ist dann eine risikobasierte Erfolgsrechnung, in welcher das Risiko nur noch im Verbund mit dem Erfolg gesehen, überwacht und gesteuert wird.

6.1 Welchen Rahmen liefert die interne Risikorechnung?

Die interne Risikorechnung erweitert die verschiedenen Vereinfachungen, welche hinter den gesetzlich geforderten Risikomessungen stehen. Sie stellt demzufolge eine Erweiterung der externen Risikorechnung dar: Die Risikostellen werden insofern erweitert, als dass nicht nur ausgewählte, sondern alle (aktiv- und passivseitigen) Finanzpositionen Berücksichtigung finden. Die Definition der Risikoträger richtet sich nach der konkreten Organisationsform der jeweiligen Bank und nicht nur in die gesetzlich geforderte 3-teilige Gliederung in Bank-, Handels- und Fremdwährungsbuch. Bei den Risikoarten wird das Zinsrisiko unterteilt, sodass neben dem Fest-Zins- auch noch das variable Zinsrisiko berücksichtigt wird. Schließlich wird auch noch die Risikomessung verfeinert, sodass anstelle der grob erfolgenden Risikoermittlung in der externen Risikorechnung die in den vorangegangen Kapiteln erläuterten Methoden für eine präzisere Abschätzung der Verlustpotentiale zum Einsatz kommen. Darüber hinaus kommt es durch die sich auf Zinsätze, Indizes, Wechselkurse und Ratings beziehenden Risikofaktoren auch zu einer vernetzten, alle Bankpositionen und alle Finanzpositionen umspannenden Globalbetrachtung.

Die Grundkonzeption sowie die Inhalte der drei Teilbereiche der internen Risikorechnung sind in Tabelle 11 zusammengefasst. Bei dieser skizzenhaften Darstellung wurde Wert darauf gelegt, die konzeptionellen und rechentechnischen Inhalte der internen Risikorechnung klar voneinander zu trennen: Konzeptionell bedarf es einer bankenspezifischen Festlegung der einzelnen Risikoarten/-faktoren, Risikostellen und Risikoträger, woraus sich der *konkrete Rahmen* für die interne Risikorechnung bestimmt. Innerhalb dieses Rahmens kann dann die rechentechnische *Implementierung* der Risikoermittlung und -verarbeitung erfolgen.

Sie müssen sich nämlich diese Trennung vergegenwärtigen, um die Grundkonzeption der internen Risikorechnung von ihrer rechentechnischen Umsetzung unterscheiden zu können. Die Grundkonzeption enthält die *Idee* der die gesamte Bank umfassenden Risikorechnung; und diese ist losgelöst von jedweder konkreten rechnerischen Ausgestaltung. Die über den *Wert-am-Risiko* erfolgende Quantifizierung des Risikos stellt einen konkreten unter vielen möglichen Implementierungsansätzen

Interne Risikorechnung	Inhalte
Risikoarten-Rechnung	Festlegung der Risikofaktoren hinter den (vier finanzwirtschaftlichen) Risikoarten sowie Berechnung ihrer Volatilitäten und Korrelationen
Risikostellen-Rechnung	Festlegung der Risikostellen durch Zusammenfassung von gleichartigen Positionen sowie Berechnung ihrer (Markt-)Werte, Risikosensitivitäten und Risiken
Risikoträger-Rechnung	Festlegung der Risikoträger unter Berücksichtigung der organisatorischen Zuständigkeiten sowie Berechnung ihrer individuellen und aggregierten Risiken

Tab. 11: Inhalte der internen Risikorechnung

dar. Die Beurteilung der Güte dieses Vorschlages kann nicht absolut erfolgen, d.h. er kann nicht generell gepriesen oder verworfen werden. Vielmehr muss – wie in den eingangs dargestellten Anforderungen des Bundesaufsichtsamt für Kreditwesen erwähnt – die Zweckmäßigkeit dieser *Ausgestaltung* bankenspezifisch abgeklärt werden. Die diesbezügliche Entscheidung können wiederum nur bzw. müssen Sie selbst treffen. In diesem Sinne ist auch das Rundschreiben des Bundesaufsichtsamtes für das Kreditwesen (1998, S. 2) zu verstehen: *Die Verlautbarung hebt hervor, dass die Umsetzung des Risiko-Controlling und -Management-Systems entsprechend dem Umfang, der Komplexität und dem Risikogehalt der betriebenen oder beabsichtigten Handelsgeschäfte zu erfolgen hat. Damit wird den Instituten nicht ein bestimmtes Verfahren oder ein bestimmtes Modell für das Risiko-Controlling- und -Management vorgegeben, sondern es obliegt ihnen, die Ausgestaltung eigenverantwortlich entsprechend den von ihnen betriebenen oder beabsichtigten Geschäften vorzunehmen. Die Verlautbarung gibt lediglich einen Rahmen vor, in dem sich die Institute bewegen können und der in erster Linie durch die Anforderungen an die Risikolimitierung konkretisiert wird.*

Der durch die interne Risikorechnung abgesteckte Rahmen lässt sich – wiederum frei nach dem Motto *Ein Bild sagt mehr als 1000 Worte* – in der Abbildung 6 veranschaulichen:

Bei den Risikoarten zeigt sich das im Vergleich zur externen Risikorechnung hinzugekommene variable Zinsrisiko. Bei Betrachtung der Risikostellen ist ersichtlich, dass dieses Risiko sowohl bei den aktiv- als auch bei den passivseitigen Positionen vorkommen kann. Etwas verwunderlich mag das bei den passivseitigen Positionen sowie bei den Barreserven ausgewiesene Ausfallrisiko sein. Die Not-

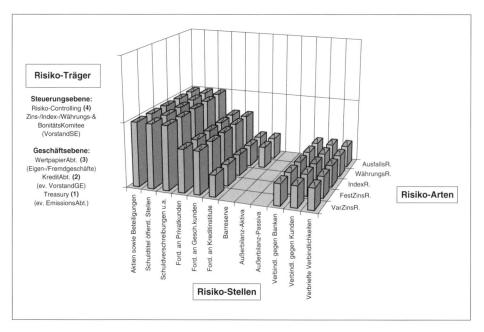

Abb. 6: Grundstruktur der internen Risikorechnung

wendigkeit ihrer Berücksichtigung ergibt sich durch den Umstand, dass das eigene Ausfallrisiko durchaus starke Auswirkungen auf die Refinanzierungskosten der Bank hat (*Passiva-Management*).

Die Risikostellen beziehen sich im Vergleich zur externen Risikorechnung nunmehr auf alle aktiv- und passivseitigen sowie auch auf die außerbilanziellen Positionen. Bei letzteren Positionen sind keine Säulen eingetragen. Der Grund liegt nicht darin, dass es dort kein Risiko gibt, sondern dass diese Positionen den verschiedensten Risikoträgern zugeordnet sein können, was sich aber in dieser Grafik nicht mehr darstellen lässt. Die Säulenhöhe kennzeichnet nämlich die organisatorische Zuordnung der einzelnen Risikostellen zu den verschiedenen Risikoträgern. Sie haben also nichts mit dem jeweiligen Risikoausmaß zu tun. Die niedrigsten, mit einer 1 gekennzeichneten Säulen zeigen beispielsweise an, dass sie dem Treasury-Bereich zugeordnet sind. Diese Zuordnung ist natürlich beispielhaft zu verstehen. In Ihrer Bank müssen Sie die Zuordnung der einzelnen Risikostellen und der mit diesen verbundenen Risikoarten situativ und selbst an die an ihre Organisationsform angepassten Risikoträger vornehmen.

Ein besonderes Kennzeichen der internen Risikorechnung ist die Trennung der Risikoträger in zwei Gruppen: Auf der *Geschäftsebene* finden sich die verschiedenen operativen Einheiten der Bank wieder. Beispielhaft und vereinfachenderweise werden hierfür nur drei Bereiche ausgewählt – das Treasury, die Kredit- und die Wertpapierabteilung. Auf der diesen Bereichen übergeordneten *Steuerungsebene* greifen die *verlängerten Arme* der Geschäftsleitung in Form der zumeist risikoartenspezifisch eingerichteten Steuerungskomitees. Dazu zählt das *Zinskomitee*, welches im Rahmen des *Asset/Liability-Managements* sowohl das aktiv- als auch das passivseitige Zinsrisiko simultan überwacht und steuert. Das Aufgabengebiet dieses Komitees ist in der Grafik gut ersichtlich: Es umfasst die ersten beiden Säulenreihen, welche das variable und das Fest-Zinsrisiko der Bank kennzeichnen. Der Fokus des *Index-, Währungs- und Bonitätskomitee* richtet sich jeweils auf die entsprechende Risikoart, welche bei der Steuerung analog zum Zinsrisiko bankübergreifend gesehen werden. Die Komitees werden als verlängerte Arme der Geschäftsleitung bezeichnet, da die Geschäftsleitung mit diesen organisatorischen Einheiten das Gesamtrisiko der Bank, wofür sie letztendlich auch verantwortlich ist, konzertiert steuert.

6.2 Wie ist die Interne Risikorechnung der Alpenbach-Bank ausgestaltet?

Nachfolgend wir die *Wert-am-Risiko*-basierte Ausgestaltung des Rahmens der internen Risikorechnung anhand eines konkreten Beispiels gezeigt. Als Pate fungiert dabei die *Alpenbach-Bank*. Wenn Sie die Bank nicht kennen, ist das nicht weiter verwunderlich. Sie existiert nämlich ausschließlich virtuell. Möglicherweise erinnert Sie aber ihre – natürlich ebenfalls virtuelle – Geschäftstätigkeit an Ihre eigene Bank. Obwohl zufällig – wäre dies gar nicht so schlecht, um Ihnen die beispielhafte Darstellung in einem vertrauten Umfeld erscheinen zu lassen.

Bei der Alpenbach-Bank handelt es sich mit einer Bilanzsumme von knapp 5 Mrd. EUR um eine mittelgroße Bank. Sie ist eine Universalbank, zumal Sie sowohl Bank- als auch Handelsgeschäfte betreibt. Ihre Bilanz ist in Tabelle 12 zu sehen.

Aktiva	Mio. Euro	in USD	Duration	Beta	Bonität	Besicherung
Aktien sowie Beteiligungen	820,33			1,10		
Schuldtitel & -verschreibungen	1.533,46		15,00		Baa	50,00%
Forderungen an Privatkunden	648,15		5,00		Kl.4	60,00%
Forderung. an Geschäftskunden	1.190,11		5,00		Kl.4	0,00%
Forderungen an Kreditinstitute	416,03		1		Baa	80,00%
Barreserve	37,02	37,02				
Sonstige Aktiva	276,94					
Aktive Rechnungsabgrenzung	47,12					
Aktiva-Summe	**4.969,16**					
Passiva	Mio. Euro					
Verbindlichkeiten gegen Banken	-125,94		1,00			
Verbindlichkeiten gegen Kunden	-3.767,01		1			
Sonstige Passiva	-146,28					
Passive Rechnungsabgrenzung	-39,02					
Rückstellungen	-64,71					
Passiva-Summe	**-4.142,96**					
'Shareholder Value'	826,21					

Tab. 12: Bilanz der Alpenbach-Bank

Etwas gewöhnungsbedürftig ist vielleicht der Ausweis der Passivapositionen mit einem negativen Vorzeichen sowie die isolierte Darstellung des *Eigenkapitals* und dessen Bezeichnung als *Shareholder Value*. Letzteres begründet sich aus dem Umstand, dass sowohl für die Aktiva- als auch für die Passivapositionen die jeweiligen Marktwerte ausgewiesen sind, sodass die aus ihnen resultierende Residualgröße als bilanzmäßig abgebildeter Marktwert des Eigenkapitals interpretiert werden kann.

Gedanklich werden die Marktwerte der einzelnen Positionen als wechselkursbereinigte Barwerte der hinter den Positionen stehenden Cash Flows gesehen. Die in der Bilanz angeführten Zusatzinformationen kennzeichnen den jeweiligen Cash Flow. So gibt der Beta-Faktor bei den Aktien sowie Beteiligungen Aufschluss über die relative Wertänderung dieser Positionen im Vergleich zum Marktindex. Bei den ausfallgefährdeten Aktivapositionen handelt es sich um fixierte Finanzpositionen, sodass die Duration die Information über die durchschnittliche Restlaufzeit enthält. Die Darstellung der Duration mit zwei Nachkommastellen bzw. ohne soll verdeutlichen, dass im ersten Fall ein Fest- und im zweiten Fall ein variables Zinsrisiko vorliegt. Das Ausmaß der Ausfallgefährdung wird durch das Bonitätsrating sowie den Besicherungsanteil gekennzeichnet. Bei der Angabe dieser Daten steht die Vergleichbarkeit mit den in den vorangegangenen Ausführungen vorgestellten Beispielen im Vordergrund, was wohl zu einer etwas eigenartigen Konstellation führt. Ebenfalls etwas eigenartig ist es, dass die Barreserve in USD gehalten wird. Dieser Schritt wird gemacht, um das Währungsrisiko integrieren zu können, ohne die Anzahl der Risikofaktoren in die Höhe zu treiben und somit die Darstellung prägnanter machen zu können. Es sei auch noch erwähnt, dass es sich bei den Risikokennzahlen um stark aggregierte Daten handelt. In praktischen Anwendungen wird natürlich eine viel detailliertere Einteilung insbesondere der Risikofaktoren und der auf diesen aufsetzenden Risikostellen zum Einsatz kommen. Dabei sind auch noch die Risikoträger bei den einzelnen Risikostellen zu berücksichtigen, sodass die Risikoträger-Rechnung nicht nur auf Gesamtbankebene, sondern auch auf Ebene der einzelnen organisatorischen Einheiten implementiert wird.

6.3 Wie sieht die Risikobilanz der Alpenbach-Bank aus?

Die Risikobilanz enthält alle finanzwirtschaftlichen Risiken, welche in den Aktiva- und Passivapositionen der Bank enthalten sind. Die Erstellung dieser für die Risikosteuerung zentralen Bilanz wird durch die durchgängige Verwendung von Verlustpotentialen ermöglicht. Die über den *Wert-am-Risiko* gemessenen Markt- und Kredit- bzw. Ausfallrisiken haben neben ihrer Vergleichbarkeit auch noch den großen Vorzug, dass sie auf bestehende Risikosysteme aufsetzen können. So werden im Zinsbereich die Durationen, im Aktienbereich die Beta-Faktoren und im Kredit- und Anleihenbereich die Bonitätsratings als zentrale Kennzahlen verwendet. Im Vergleich zu dem von JPMorgan propagierten Value-at-Risk handelt es sich beim *Wert-am-Risiko* nicht um ein möglicherweise völliges Neuland, sondern vielmehr um die konsequente Erweiterung[52] bestehender Risikosteuerungsansätze. Die vertrauten und bereits praktizierten Systeme sind demnach nicht durch neue zu ersetzen, sondern sie liefern den zentralen Input für die ganzheitliche Risikosteuerung.

Bevor die konkreten Zahlen der Risikobilanz präsentiert werden, sei – wiederum gemäß dem Motto *Ein Bild...* – das Ergebnis in Form des in Abbildung 7 enthaltenen

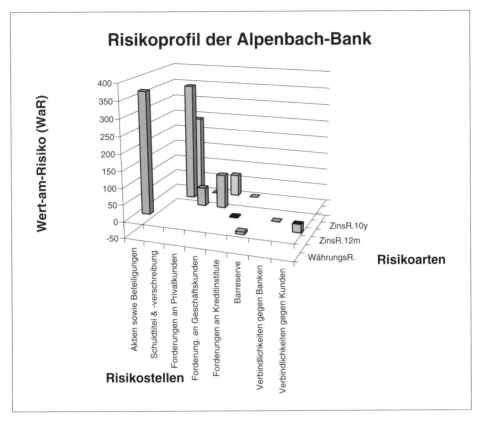

Abb. 7: Risikoprofil der Alpenbach-Bank

Risikoprofils gezeigt. Bei der Betrachtung des Bildes ist darauf zu achten, dass die Höhe der eingezeichneten Säulen nunmehr die Höhe der jeweiligen Risiken zum Ausdruck bringt. Dies stellt einen Unterschied zur grafischen Darstellung der Risikorechnung dar, wo die Säulen zur Kennzeichnung der Risikoträger verwendet werden. Desweiteren wird das Risiko der besseren Anschaulichkeit halber mit positiven Werten dargestellt.

Mit Hilfe des Risikoprofils lassen sich alle Risiken aller Aktiva- und Passivapositionen mit nur einem Blick simultan erfassen. Konkret zeigt sich für die Alpenbach-Bank ein aktivseitiger Schwerpunkt der Risiken. Die hohen Säulen fallen nämlich ausschließlich bei den Aktivapositionen an. Die beiden größten Risiken werden dabei im langfristigen Zinsbereich sowie im Aktienbereich – also bei den Marktrisiken – gefahren. Erst dann folgen die Kreditrisiken.

Für den Fall, dass Sie nicht sosehr zum bildhaft veranlagten Leserkreis gehören, möchte ich Sie nicht länger auf die Folter spannen. Für Sie dürfte dann wohl die in Tabelle 13 enthaltene Risikobilanz das Interessantere sein. Sie enthält die Marktrisiken in Form des Währungs-, Index- und Zinsrisikos[53] sowie das Kreditrisiko in Form des Ausfallrisikos. Die zur Berechnung der einzelnen Marktrisiko-WaRs er-

Aktiva	9,68% WährungsR.	2,30% IndexR.	0,32% ZinsR.12m	0,76% ZinsR.5y	0,74% ZinsR.10y	AusfallsR.
Aktien sowie Beteiligungen		-365,69				
Schuldtitel & -verschreibungen					-351,16	-236,31
Forderungen an Privatkunden				-54,89		0,00
Forderung. an Geschäftskunden				-100,79		-64,74
Forderungen an Kreditinstitute			2,79			0,00
Barreserve	-7,47					
Sonstige Aktiva						
Aktive Rechnungsabgrenzung						
Aktiva-Summe	**-7,47**	**-365,69**	**2,79**	**-155,68**	**-351,16**	**-301,05**
Passiva						
Verbindlichkeiten gegen Banken			-0,93			
Verbindlichkeiten gegen Kunden			25,46			
Sonstige Passiva						
Passive Rechnungsabgrenzung						
Rückstellungen						
Passiva-Summe	**0,00**	**0,00**	**24,53**	**0,00**	**0,00**	**0,00**
Markt-Risiken	-7,47	-365,69	21,74	-155,68	-351,16	
Kredit-Risiken						-301,05
Markt-WaR	-582,94					
Ausfall-WaR	-301,05					
Bank-WaR	**-883,99**					
Shareholder Value	**826,21**					

Tab. 13: Risikobilanz

forderlichen Volatilitäten (p.a.) der entsprechenden Risikofaktoren sind in der ersten Zeile angegeben. Die einzelnen Risiken werden aktiv- und passivseitig getrennt und jeweils nach den entsprechenden Formeln berechnet. Durch Zusammenfassung[54] der Aktiva- und der Passiva-Summen werden die Markt- und Kreditrisiken für die verschiedenen Risikofaktoren ermittelt. Zum gesamten Marktrisiko der Bank gelangt man durch Aggregation[55] der einzelnen Marktrisiken. Dabei ergibt sich ein Risiko in Höhe des *Markt-WaRs* von –582,94 Mio. EUR. Neben diesem Marktrisiko ergibt sich für die Alpenbach-Bank auch noch ein *Ausfall-WaR* in Höhe von –301,05 Mio. EUR. Das Gesamtrisiko der Bank, welches als *Bank-WaR* bezeichnet wird, ergibt sich durch Addition der Markt- und Ausfallrisiken in Höhe von –883,99. Der Vorteil dieser Kennzahl liegt nun in der direkten Vergleichbarkeit mit dem Shareholder Value der Bank, welcher bei der Alpenbach-Bank 826,21 Mio. EUR beträgt. Im konkreten Fall zeigt der *über* dem Shareholder Value liegende Bank-WaR an, dass die Bank auf dem 1%-Konfidenzniveau existenzgefährdet ist. Es steht nämlich mehr Wert auf dem Spiel als in der Bank von Seiten der Eigentümer zur Verfügung steht.

Die Aggregation des Marktrisikos erfolgt nach der bereits angesprochenen Korrelationsmethode. Im Grunde handelt es sich dabei um die gleiche Vorgehensweise wie sie in der Modernen Portfoliotheorie bei der Ermittlung des Risikos von Portfolios zur Anwendung kommt. Der hauptsächliche Unterschied liegt im verwendeten Risikomaß: Anstelle der Standardabweichungen der Renditen treten die über den

Integration von Markt- und Kreditrisiken in der Risikorechnung 69

	Risikoart	WährungsR.	IndexR.	ZinsR.12m	ZinsR.5y	ZinsR.10y
Wert-am-Risiko		-7,47	-365,69	21,74	-155,68	-351,16
	Risikofaktor	USD in EUR	Europe 15 MSCI	EUR 12m Libor	EUR 5y Bond	EUR 10y Bond
-7,47	USD in EUR	1,00	0,23	-0,02	-0,26	-0,28
-365,69	Europe 15 MSCI	0,23	1,00	0,01	-0,15	-0,06
21,74	EUR 12m Libor	-0,02	0,01	1,00	0,21	0,19
-155,68	EUR 5y Bond	-0,26	-0,15	0,21	1,00	0,89
-351,16	EUR 10y Bond	-0,28	-0,06	0,19	0,89	1,00

Tab. 14: Korrelationen zwischen den Risikofaktoren und faktorspezifische WaRs

Wert-am-Risiko gemessenen Verlustpotentiale. Der *Markt-WaR* der Alpenbach-Bank in Höhe von −582,94 Mio. EUR errechnet sich gemäß dieser Methode aus den risikofaktorspezifisch gemessenen Marktrisiken und den zwischen den Risikofaktoren herrschenden Korrelationen[56]. In Tabelle 14 werden die einzelnen WaRs für den USD, den Europe 15 MSCI sowie den 12-monatigen, den 5- und 10-jährigen Zinssatz in Form einer Hilfszeile und einer Hilfsspalte der Korrelationenmatrix hinzugefügt. Die Berechnung des *Markt-WaRs* lässt sich damit plastisch veranschaulichen. Er errechnet sich in drei Schritten: Erstens wird jedes Element der Hilfszeile und der Hilfsspalte mit dem entsprechenden Element der 5×5-Korrelationsmatrix multipliziert; zweitens werden alle Element der sich daraus ergebenden 5×5-Matrix zusammengezählt und drittens wird daraus die Wurzel gezogen.

6.4 Was ist die Cash- und Carry-Strategie und wozu dient sie?

In den bisherigen Ausführungen wurden derivative und strukturierte Wertpapiere jeweils nur am Rande erwähnt. Der Grund liegt in der finanzwirtschaftlichen Duplizierbarkeit der Termingeschäfte (Derivate) mit Hilfe sogenannter *Cash- und Carry*-Portfoliostrategien[57]. Mit dieser Strategie lassen sich sowohl Fest- als auch Optionsgeschäfte durch ein entsprechend zu wählendes Portfolio sowie den erforderlichen Anpassungen nachbilden. Die Termingeschäfte sind dann redundante, d.h. *überflüssige* Wertpapiere. Ihr Wert bestimmt sich aus den Kosten, welche zu ihrer Nachbildung anfallen. Bei den Festgeschäften lassen sich die (Finanzierungs-)Kosten in den Terminpreis integrieren, sodass für sie bei Vertragsabschluss nichts zu bezahlen ist. Diese Wertpapiere sind in diesem Sinne *wertlos*, was aber nicht bedeutet, dass sie auch risikolos sind. Es ist sogar das Gegenteil der Fall. Die Papiere beziehen gerade aus ihrer jeweils charakteristischen Risikostruktur ihre große Bedeutung für die Risikosteuerung. Bei den Optionsgeschäften verhält es sich sehr ähnlich, nur dass sie nicht wertlos sind. Will sich nämlich die Stillhalterin einer Option mit Hilfe einer Duplikationsstrategie absichern, so entstehen ihr dabei neben den Finanzierungskosten auch noch Kosten aus der diese Strategie kennzeichnenden *buy high* und *sell low*-Eigenschaft[58]. Diese duplikations- und kostenbezogene Art der Betrachtung von (Options-/Termin-)Prämien hat im Vergleich zu der an früherer Stelle erwähnten Betrachtung in Form von Gewinn- und Verlustmöglichkeiten den großen Vorteil, dass die Bestandteile der Options- und Festgeschäfte offengelegt werden.

Die Duplikationsportfolios von Fest- und Optionsgeschäften bestehen immer aus einer Aktiva- und einer Passivaposition. Es handelt sich demnach stets um eine (teilweise) fremdfinanzierte Investition in das dem Termingeschäft zugrunde liegende Basisobjekt. Folglich lassen sich alle Fest- und Optionsgeschäfte in den in dieser Arbeit dargelegten Betrachtungsrahmen integrieren. Die Integration ist bei den Festgeschäften problemlos möglich, da sich die aktiv- und passivseitigen Anteile im Duplikationsportfolio im Zeitablauf nicht ändern. Durch ihre *Wertlosigkeit* erscheint diese Art der Integration wie eine *Bilanzverlängerung,* deren Bedeutung insbesondere von Vertretern des Rechnungswesens mangels Betrachtung der hinter ihr stehenden Risiken aber häufig verkannt wird. Bei den Optionsgeschäften gestaltet sich die Integration aufgrund der sich ständig ändernden Zusammensetzung des Duplikationsportfolios allerdings aufwendiger. Beim kombinatorischen Einsatz von verschiedenen Optionen können sich durchaus die Grenzen für die Messung des Verlustpotentials in Form des *Wert-am-Risiko* zeigen. Folglich wird bei komplexen Optionsportfolios wohl kein Weg an Simulationen vorbeiführen, um das Risikoprofil zuverlässig zu bestimmen. Werden aber nur einige Optionen zur Risikosteuerung eingesetzt, so lassen sich diese mit den am Duplikationsportfolio ansetzenden und in diesem Beitrag vorgestellten Risikomessungen gut integrieren.

Die neuerdings en vogue gewordenen *strukturierten Produkte* lassen sich bei finanzwirtschaftlicher Betrachtung ebenfalls in ihre charakteristischen Bestandteile zerlegen. In aller Regel handelt es sich dabei um fixierte bzw. unsichere Finanzpositionen, denen verschiedene Options- sowie Festgeschäftskomponenten hinzugefügt werden. Diese Bestandteile zu erkennen, das macht die *Kunst im Financial Engineering* aus. Werden die unsicheren und fixierten Finanzkomponenten herausgefunden, lassen sich auch diese Produkte über ihr jeweils charakteristisches Duplikationsportfolio in die Risikorechnung integrieren.

7. Zusammenfassender Ausblick

In diesem Beitrag wurden die in den letzten Jahren im Bankenbereich in Kraft getretenen gesetzlichen Anforderungen im Rahmen der externen Risikorechnung systematisiert. Desweiteren wurden die für eine adäquate Risikosteuerung erforderlichen Erweiterungen im Lichte der internen Risikorechnung präsentiert und beispielhaft vorgeführt. Die dabei zum Einsatz gekommene partielle Risikobetrachtung ermöglichte die Erfassung von sowohl Markt- als auch Kredit- bzw. Ausfallrisiken. Durch die durchgängige Verwendung des *Wert-am-Risiko* konnte auch das für die gesamte Bank insgesamt anfallende Risiko in einer Kennzahl – dem Bankrisiko – abgebildet werden. Dem *WaR-Ansatz* zufolge konnten aber nicht nur die Markt- und Ausfallrisiken integriert werden; darüber hinaus konnte die Betrachtung aller Risiken auch einheitlich im Rahmen des finanzwirtschaftlichen Barwert-Ansatzes erfolgen. Schließlich ließ sich durch die partielle Risikomessung auch noch die Organisationsstruktur der Bank integrieren.

Die vorgestellte (interne) Risikorechnung ist aber neben diesen Vorzügen auch noch sehr entwicklungsfähig. Erstens kann der ihr zugrunde liegende Denkrahmen auch im Rahmen eines *Simulationsansatzes* Verwendung finden, sodass sich auch komplexe derivative Finanzpositionen zuverlässig integrieren lassen. Diese Erweite-

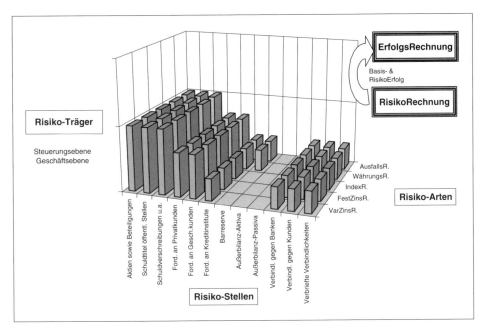

Abb. 8: Grundstruktur der risikodatierten Erfolgsrechnung

rung würde sich insbesondere auf die Bestimmung der Veränderungen der Risikofaktoren beziehen. Diese würden dann nicht mehr aus der empirisch ermittelten Volatilität, sondern aus den sich aus den Simulationsstudien ergebenden Verteilungen direkt bestimmt. Das der Risikorechnung zugrunde liegende Korrelationsgefüge bezüglich der verschiedenen Risikofaktoren blieb davon allerdings unberührt. Die zweite Erweiterungsmöglichkeit der internen Risikorechnung besteht in der dadurch möglich gewordenen Ausgestaltung eines alle Risiken umfassenden *Limitsystems*. Mit Hilfe eines derartigen Systems ließen sich somit neben den Markt- auch die Kreditrisiken begrenzen und folglich extreme Schieflagen von Banken, wie sie in den vergangenen Jahren mancherorts aufgetreten sind, vermeiden. Als dritte Erweiterungsmöglichkeit kann die Risikorechnung auch als Unterbau für die *(risikobasierte) Erfolgsrechnung* verwendet werden. Die Risikorechnung würde in diesem Fall – bildlich gesprochen – das Fundament darstellen, auf welches das Gedanken-Gebäude der Risikorechnung aufgesetzt wird.

Das sich daraus ergebende Rechenwerk ließe sich dabei beispielsweise in Form eines RORAC- oder eines RAROC-Systems ausgestalten, sodass der Erfolg stets im Zusammenhang mit dem Risiko gesehen wird und beide Größen zu einer Einheit verschmelzen. Abschließend sei noch eine vierte Erweiterungsmöglichkeit der internen Risikorechnung erwähnt, welche in der Einbeziehung der (operativen) Betriebsrisiken besteht. In diesem Falle würden nicht nur die Finanzrisiken, sondern auch die aus dem Geschäftsbetrieb resultierenden Verlustpotentiale erfasst. Wenn Ihnen noch weitere Entwicklungsmöglichkeiten einfallen, so lassen Sie es mich bitte wissen. Genauso interessiert mich aber ihre Meinung zu diesem Beitrag. Zögern Sie also bitte nicht, mir diese mitzuteilen.

Anmerkungen

1 Die *sonstigen Risiken* werden derzeit neben den Kreditrisiken ebenfalls in der Solvabilitäts-Richtlinie (2) (1999, S. 59 ff) diskutiert. Für das in diesem Zusammenhang erwähnte *Zinsänderungsrisiko im Bankbestand* wird eine durationsbezogene Eigenmittelanforderung als Standardmethode vorgeschlagen. Für die weiteren unter sonstige Risiken fallende Subkategorien – wie z.B. Betriebs-, Rechts-, Reputations- und Geschäftsstrategierisiko – werden *risikogerechte Eigenmittelanforderungen* gesucht. Dabei werden neben der propagierten *Standardmethode*, derzufolge die Eigenmittel anhand einer linearen Funktion aus der Bankengröße und dem Bankenertrag bestimmt werden sollen, auch *alternative* (interne) *Methoden* zur Bewertung der sonstigen Risiken skizziert. Zu diesen zählen die zu den *Bottom-up-Konzepten* zählenden *Eigenbewertungsansätzen* in Form von *(kausalen sowie stochastischen) internen Modellierungen* sowie von *modulären Konzepten*, welche am von der Geschäftsleitung vorgegebenen Klassifizierungssystem für die sonstigen Risiken ansetzen. Neben den Bottom-up-Ansätzen wird auch ein *Top-down-Verfahren* in Form der *Beobachtung der Marktwerte* vorgestellt. Dabei könnte beispielsweise der Unterschied im Risikopotential (*Value-at-Risk Differential*) zwischen den Bankerlösen und den Erlösen eines einschlägigen Marktindex zur Ermittlung der durch die sonstigen Risiken bedingten übermäßigen Volatilität herangezogen werden.
2 Im Anhang VI der Kapitaladäquanz-Richtlinie (1) (1993) geht es um die Großrisiken.
3 Im Anhang VIII der Kapitaladäquanz-Richtlinie (2) (1998) wird die Verwendung der internen Modelle geregelt.
4 Die in Klammern stehenden Texte wurden durch die Kapitaladäquanz-Richtlinie (2) (1998) hinzugefügt.
5 Im Anhang V der Kapitaladäquanz-Richtlinie (1) (1993) geht es um die Eigenmittel.
6 Der Anhang IV der Kapitaladäquanz-Richtlinie (1) (1993) regelt die sonstigen Risiken: *Wertpapierfirmen müssen eine Eigenkapitalunterlegung aufweisen, die einem Viertel ihrer fixen Gemeinkosten während des Vorjahres entspricht.*
7 Die Klassifikation der Finanzpositionen erfolgt also ohne jeglichen Bezug auf eine Bilanz oder eine Gewinn- und Verlustrechnung. Dies zeigt auch klar, warum die (moderne) Finanzwirtschaft eine eigenständige Disziplin und nicht ein Anhängsel des Rechnungswesens darstellt. Letztere Sichtweise ist im deutschsprachen Raum allerdings (noch) weiter verbreitet. Sie begründet sich aus der dortigen Tradition, derzufolge die *Finanzwirtschaft* vielfach von *Rechnungswesen-Leuten* betrieben wird. Zur Verdeutlichung des im Vergleich zur modernen Finanzwirtschaft herrschenden Unterschiedes wird diese Denkschule üblicherweise als *traditionell* bezeichnet.
8 Es handelt sich dabei um eine Vereinfachung, welche bei Bedarf natürlich aufgehoben werden kann. Bei einer Aufhebung geht aber die nachfolgend dargelegte Einfachheit der Risikoüberlegungen zugunsten einer ausgefeilteren und somit wohl auch *realitätsnäheren* Konstruktion verloren. Anstelle der vielerorts vertrauten Konzepte – wie beispielsweise Duration und Konvexität – treten dann allerdings rechentechnisch aufwendigere Konstrukte in Form von *stochastischen Prozessen* sowie *stochastischen Integralen*, welche mangels analytischer Lösungen zumeist numerisch in Form von Simulationsstudien bestimmt werden müssen.
9 Die fristenkonformen Zinssätze und Risikoprämien werden der zum Zeitpunkt t vorherrschenden Zins- und Risikoprämienkurve entnommen.
10 Die kontinuierlichen (zeitstetigen) Sätze und Prämien errechnen sich, indem man die

dazugehörigen Werte in diskreter Form um 1 erhöht und davon den natürlichen Logarithmus nimmt.

11 Dient der Euro (EUR) als Basiswährung, so handelt es sich bei diesem Wechselkurs um den Kehrwert der seit 1.1.1999 eingeführten »Mengennotierung zu 1 Euro«.

12 Wie aus den im Rahmen der externen Risikorechnung vorgestellten Systematisierung der gesetzlich vorgeschriebenen Risikomessungen hervorgeht, beziehen sich diese ebenfalls auf diese vier Risikoarten, wobei die Kreditrisiken zu den (Cash Flow-bezogenen) Ausfallrisiken und das Aktienkursrisiko als Indexrisiko zu sehen ist. Das in der externen Risikomessung zusätzlich behandelte Warenpreisrisiko kann – wie das Aktienkursrisiko – als Indexrisiko gesehen werden, zumal sich auch diese Risiken im Rahmen einer finanzwirtschaftlichen Betrachtung auf Veränderungen der in den Warenpreisen enthaltenen Risikoprämien interpretieren lassen. Als die hinter den Warenpreisen stehenden Indizes kämen beispielsweise Rohstoffpreise in Frage. Das Warenpreisrisiko wird nachfolgend allerdings nicht weiter betrachtet, zumal ihm bei den meisten Banken eine nur untergeordnete Bedeutung zukommt.

13 Im Rahmen der Doppelten Buchführung wird eine Erfolgsveränderung stets in Verbindung mit einer bilanziell ausgewiesenen Wertänderung gesehen. Eine durch die Zinsänderung bewirkte Cash Flow-Änderung beinhaltet demnach auch eine Wertänderung. Im Rechnungswesen wird sie erst nach Zahlung im Rahmen des (vergangenheitsbezogenen) Jahresabschlusses ausgewiesen. In der Finanzwirtschaft wird sie hingegen bereits vor der Zahlung als sich im Zeitablauf sukzessiv enthüllend betrachtet. Hinter dieser Enthüllung steht der Gedanke einer (sukzessiv fortschreitenden) *antizipativen Realisation*, welche sich aus der im Zeitablauf immer geringer werdenden Abdiskondierung zukünftiger Zahlungen ergibt.

14 In diesem Zusammenhang erinnere ich mich gerne an die Zeit zurück, als die Duration nach Ratifizierung der Kapitaladäquanz-Richtlinie (1) *in Gesetzesrang* erhoben wurde.

15 Diese Immunisierung ergibt sich aus der gegensätzlichen Wirkung des durch eine Zinsänderung hervorgerufenen Fest-Zinsrisikos sowie der sich ebenfalls ändernden Wiederanalge- bzw. Refinanzierungsmöglichkeiten.

16 Dieser Zusammenhang ist allerdings approximativ zu verstehen, da es sich bei der Duration aus mathematischer Betrachtung um eine lineare Annäherung handelt. Die Approximation lässt sich durch die Einbeziehung der *Konvexität* verfeinern. Nichts desto Trotz handelt es sich bei der Duration und all seiner Verfeinerungen immer nur um *modellhafte Konstrukte*, welche nicht mit der *Realität* verwechselt werden dürfen. Eine derartige Verwechslung würde im kulinarischen Bereich der Situation entsprechen, in der ein Restaurant-Besucher die Speisekarte anstelle der Speisen isst, da er das Modell der Karte (irrtümlicher- oder blöderweise) für die Speise hält.

17 Solange den beiden Wertpapieren die gleiche Zinskurve zugrunde liegt, ist es egal, ob man für die Äquivalenz die Duration oder die modifizierte Duration verwendet. Letztere ist aber empfehlenswert, da sie auch den Vergleich von Wertpapieren aus verschiedenen Märkten mit unterschiedlichen Zinskurven vergleichbar macht. Die modifizierte Duration ergibt sich durch Division der Duration mit dem Bruttozins, d.h. mit dem Zinssatz plus 1.

18 Dabei handelt es sich um die Zahlung der virtuellen Nullkuponanleihe. Der Zahlungszeitpunkt bestimmt sich dabei aus der Duration und die Höhe der Zahlung ist mit dem Endwert des auf diesen Zeitpunkt aufgezinsten Barwertes anzusetzen. In diesem Falle ist nämlich nicht nur die Durations- sondern auch die Wertgleichheit bezüglich der Ausgangszinskurve der beiden Positionen sichergestellt.

19 Bei diesen Zuordnungen ist es allerdings eher selten, dass die Zahlungszeitpunkte exakt mit den Stützstellenzeitpunkten übereinstimmen. In der Mehrzahl der Fälle müssen die Zahlungen auf zwei benachbarte Stützstellen aufgeteilt werden. Der diesbezügliche

Vorschlag von JPMorgan (1996, S. 117ff) beruht neben der wert- auch auf einer durationsäquivalenten Zuordnung.

20 Konzeptionell deckt sich diese Vorgehensweise mit der hinter der *Key Rate-Duration* stehenden Idee, da die Key Rates ebenfalls als Stützstellen gesehen werden können.

21 Anstelle der Zinsänderungen können aber auch die aus ihnen resultierenen Preisänderungen betrachtet werden. In diesem Fall bezieht sich die Volatilitätskurve nicht mehr auf die Zinssätze, sondern auf die Diskontierungsfaktoren.

22 Diese Volatiltätskurve wird anhand von sechs Stützstellen, welche in der Grafik als Punkte eingezeichnet sind, empirisch geschätzt. Der sich daraus ergebende Verlauf steht allerdings einigermaßen im Kontrast zur zumeist invers verlaufenden *impliziten* Volatilitäskurve, welche sich aus den Preisen von Zinsoptionen und unter Verwenung des Black-Modells (Black 1976) ergibt und insbesondere im Handelsbereich Verwendung findet.

23 Basierend auf der Normalverteilung mit einem Erwartungswert von Null bestimmt sich beispielsweise das 1%- bzw. das 5%-Quantil, indem man die Volatilität mit dem Faktor 2,33 bzw. 1,64 multipliziert.

24 Aus Vereinfachungsgründen wird nachfolgend bei den einzelnen Formeln der aktuelle Betrachtungszeitpunkt t nicht mehr explizit angegeben. Bei den (annualisierten) Zinssätzen führt dies dazu, dass zur Kennzeichnung ihrer Bezugsperiode anstelle der zwei Zeitpunkte nur noch die (skalare) Periodenlänge angegeben werden muss.

25 Das aus einer Zinssatzänderung und der Duration gebildete Produkt geht auch in der linearen durationsbasierten Approximation von zinssatzbedingten Wertänderungen ein. Der Unterschied besteht nur in der Verwendung von kontinuierlichen anstelle von diskreten Zinssätzen sowie der zusätzlichen Einbeziehung der exp-Funktion, welche zugleich die Konvexität der Barwertfunktion beinhaltet.

26 Eine im Einklang mit der abgeschrittenen Kalenderzeit stehende Verkürzung der Duration ist gerechtfertigt, wenn keine zwischenzeitlichen Zahlungen anfallen. Im Falle von Zahlungen sind allerdings entsprechende Korrekturen vorzunehmen.

27 Die Unterscheidung der Vermögens- und Schuldpositionen begründet die Bezeichnung *Asset/Liability-Management*. Sie ist aber nicht nur für das Zinsrisiko, sondern – wie später noch gezeigt wird – auch für die restlichen Marktrisiken von großer Bedeutung.

28 Das für das variable Zinsrisiko gemessene Verlustpotential resultiert aus der genau entgegengesetzten Änderung der Zinssätze wie beim Fest-Zinsrisiko. Bei statistischer Sicht entspricht dies einer perfekt negativen Korrelation der beiden Arten des Zinsrisikos. Zur Erleichterung der Risikoaggregation wird der variable ZWaR mit minus 1 multipliziert und folglich positiv ausgewiesen. Fallen nun bei einem Risikofaktor sowohl feste als auch variable ZWaRs an, so heben sie sich gegenseitig auf, sodass nur noch die Differenz der beiden Risiken bestehen bleibt.

29 Bei dem hinter der Zinsänderung stehenden Zinssatz handelt es sich um den zum Betrachtungszeitpunkt t für den Planungshorizont P herrschenden. Dies stellt eine Vereinfachung dar. Die exakte Festlegung der zukünftigen Zinsperiode und des sich darauf beziehenden Zinssatzes ist nämlich ein äußerst komplexes und situatives Unterfangen.

30 Haben Sie sich schon einmal gefragt, warum in den letzten Jahren vorzugsweise der 30-jährige Zinssatz betrachtet wird, wenn es um den Zusammenhang zwischen Zinsen und Aktienkursen ging. Die Begründung ist u.a. in der in den USA zumeist ebensolangen Verschuldungspolitik des öffentlichen Sektors zu suchen, welcher zu einem liquiden Markt in diesem Laufzeitband führte. Zur Untermauerung der in letzter Zeit eingetretenen Haushaltsüberschüsse wird bei den Neuemissionen allerdings die Fristigkeit auf zumeist 10 Jahre verkürzt. Die am Markt feststellbare Zinsenkung am langen Ende der Zinskurve ist insbesondere auf die starke Nachfrage nach derartigen Wertpapieren zurückzuführen. Da der Staat darüber hinaus die freien Mittel zur Schuldentilgung im

langfristen Bereich einsetzt, wird es bald zu einer Austrocknung dieses Marktsegmentes kommen. Dies dürfte sich auch bei der Bewertung der unsicheren Positionen auswirken, sodass sich zukünftig der Blick von den 30- zu den 10-jährigen Zinssätzen verlagern wird.

31 Die Neoklassiker stellen gewissermaßen den Mainstream innerhalb der modernen Finanzwirtschaft dar. Ihr Credo besteht in der eindeutigen Spezifikation des zukünftigen Wertes, sodass sie eine in sich konsistente Bewertungstheorie liefern können. Die Keynesianer haben hingegen die Reflexivität der Wertbestimmung zu ihrem Dogma erhoben. Leider fehlt den Vertretern beider Schulen aufgrund der jeweiligen wissenschaftlichen Blindheit zumeist die notwendige Reflexion und Einsicht, um zu erkennen, dass es sich bei ihren Ansätzen lediglich um *Modelle* handelt, welche in der Praxis durchaus beide und sogar simultan Platz haben.

32 Die Rückbezüglichkeit besteht darin, dass bei der Berechnung des Beta-Faktors die Kovarianz der Indexrendite relativ zu sich selbst eingeht, was wiederum die Varianz der Indexrendite ist. Diese Größe wird bei der Bestimmung des Beta-Faktor definitionsgemäß durch sich selbst dividiert, sodass sie sich aufhebt und ein Wert von 1 resultiert.

33 Einen ersten Anhaltspunkt liefert der Terminwechselkurs, welcher sich aus dem aktuellen Wechselkurs und dem Zinsdifferential für alle zukünftigen Zeitpunkte berechnen lässt. Wird die *Erwartungs-Hypothese* unterstellt, so wird dieser Kurs mit dem zukünftig erwarteten Wechselkurs gleichgesetzt. Weicht der vom Markt erwartete Wechselkurs allerdings nachhaltig vom Terminwechselkurs ab, so eröffnen sich bei *korrekter Ausfindigmachung* der Markterwartungen *spekulative* Arbitragemöglichkeiten.

34 Hinter dieser Aussage steht ein starkes Vertrauen in die empirischen Daten. Es wird nämlich davon ausgegangen, dass sich die historisch gemessenen Veränderungen auch in der Zukunft wieder einstellen. Diese Extrapolation mag in ökonomisch stabilen Zeiten plausibel sein. Bei Auftreten von Strukturbrüchen ist allerdings Vorsicht geboten. In diesem Falle bedarf es der Erkennung der nach dem Strukturbruch herrschenden *ökonomischen Gesetze*. Die vergangenheitsbezogene Empirie besitzt diesbezüglich keinen Informationsgehalt. Vielmehr ist ein *offener Geist* gefragt, mit dem aus der Vielzahl an möglichen Bewertungsmodellen der am Markt nach dem Strukturbruch vorherrschende ausfindig gemacht wird. In diesem Sinne bedarf es zur Bestimmung der Wechselkursveränderung natürlich einer *passenden* Begründung.

35 Bei dieser Berechnung wird davon ausgegangen, dass der Barwert von der Wechselkursänderung unverändert bleibt. Das derart gemessene Währungsrisiko stellt ein *Transaktionsrisiko* dar, zumal davon ausgegangen wird, dass der Cash Flow der Finanzposition von der Wechselkursänderung unberührt bleibt; es ändert sich nur der in der Basiswährung ausgewiesene Marktwert der Position.

36 Das ist auch der Grund für die Verwendung von logarithmierten Wechselkursänderungen. Auch wird dadurch die statistische Integrierbarkeit des Risikofaktors Wechselkurs mit den restlichen Risikofaktoren sichergestellt. In diesem Falle lässt sich die Gesamtheit aller Risikofaktoren in Form einer gemeinsamen Normalverteilung charakterisieren. Über die hinter dem Barwert-Ansatz stehende exp-Funktion wird diese Verteilung in eine den Wertbereich der Finanzpositionen gut charakterisierende gemeinsame log-Normalverteilung transformiert.

37 Die Korrelationen werden – wie die beim Zinsrisiko vorgestellte Volatilitätskurve – aus 250 täglichen Beobachtungen des letzten Jahres geschätzt. Aufgrund der Symmetrie der Korrelationsmatrix wird nur der unter der Diagonale liegende Teil ausgewiesen. Die Diagonalwerte sind jeweils 1; es handelt sich dabei um die Autokorrelationen der jeweiligen Risikofaktoren.

38 Die Möglichkeit der empirischen Schätzung hat aber auch noch einen großen technischen Vorteil. So wird dabei automatisch sichergestellt, dass die Korrelationsmatrix

die Eigenschaft der positiven Definitheit besitzt. Diese ist u.a. erforderlich, um bei der Risikoaggregation das aus der Portfoliotheorie vertraute Bild nicht-negativer Risiken von Portfolios zu erhalten.

39 Für nähere diesbezügliche Ausführungen siehe beispielsweise Jorion (1997), S. 149 ff.

40 Dieser Ansatz beinhaltet demnach die Grundidee der Markowitz'schen Portfoliotheorie. Desweiteren deckt er sich konzeptionell mit dem von JPMorgan (1996) propagierten RiskMetrics^{TM}-Ansatz. Im Unterschied dazu zeichnet er sich allerdings durch eine stringentere finanzwirtschaftliche Fundierung anhand des Barwert-Ansatzes aus.

41 Die Vereinfachung bezieht sich insbesondere auf die Einbeziehung einer 1-periodigen Migrationsmatrix anstelle der bei Jarrow/Lando/Turnbull vorgesehenen mehrperiodigen, sowie auf die Unterlassung der Maßtransformation bezüglich der empirisch ermittelten Migrationsmatrix. Der Grund liegt in der mangelnden Beobachtbarkeit von Marktpreisen im Kreditbereich, derzufolge die benötigen Modellparameter nicht mehr implizit geschätzt werden können. Es sei aber bemerkt, dass alle Vereinfachungen rückgängig gemacht werden können, wenn es opportun erscheint.

42 Die Matrix wurde aus den von Moody's gerateten Anleihen bestimmt. Es handelt sich folglich um ein Engagement-Rating, welches grundsätzlich von einem Schuldner-Rating unterschieden wird. Nachfolgend wird mangels öffentlich verfügbarer Statistiken über Schuldner-Ratings diese Unterscheidung nicht thematisiert.

43 Dieser Ansatz deckt sich mit der von Bankers Trust entwickelten Vorgehensweise zur Messung des Ausfallrisikos in der Berechnung des von ihnen propagierten RAROC (*Risk Adjusted Return on Capital*) für den Kreditbereich (siehe Saunders 1999, Chapter 12).

44 Einen guten Überblick über verschiedene derzeit im Einsatz befindliche Rating-/Besicherungs-Systeme enthalten die verschiedenen Beiträge in Schmoll (Hrsg.) 1999.

45 Dabei handelt es sich um den in Geldeinheiten (GE) ausgewiesenen Wert, welcher in nur 1 % der Fälle unterboten wird. Dieser Wert liegt etwas über dem Verlust, welcher sich im Falle einer Verschlechterung auf das B-Rating aus dem dort ausgewiesenen Abschlag von 36,24 % ergeben würde. Der Grund liegt darin, dass hinter dem B-Rating nicht das 1 %-, sondern das 0,98 %-Quantil steht. Beachtenswert ist auch noch, dass hinter dem 1 %-Quantil eine Verschlechtung vom Baa-Ausgangs-Rating (i) um annähernd zwei Stufen auf das B-Rating (j=i+2) steht. Der hinter dem Quantil stehende Index j ist folglich nicht nur als eine 1-stufige Verschlechterung, d.h. j=i+1 zu sehen.

46 Die 10-klassige Bezeichnung des Creditreform-Ratings wurde zu Demonstrationszwecken gewählt. Sie soll das im Kreditbereich möglicherweise noch nicht so vertraute angelsächsische Rating in Form von Buchstaben in einem vertrauteren Umfeld erscheinen lassen. Zukünftig ist aber damit zu rechnen, dass auch das Creditreform-Rating anhand der Buchstaben kommuniziert werden wird.

47 Das Herzstück der Bonitätsauskunft ist nach wie vor der Bonitätsindex. Ein beispielsweise mit einem Index von 120 bewertetes Unternehmen wird in die beste Klasse (Klasse 1) eingereiht, was bei Moody's einem Aaa-Rating entsprechen würde.

48 Zur Bestimmung der Risikoprämien-Kurven werden zuerst die einjährigen Migrationsmatrizen nach den Regeln der Matrizenmultiplikation mit sich selbst multipliziert. Hinter dieser Vorgehensweise steckt die Markov-Eigenschaft, derzufolge die einjährige Migrationsmatrix als im Zeitablauf stationär angesehen wird. Aus den durch die Multiplikation gewonnenen mehrperiodigen Migrationsmatrizen wird die *Überlebenswahrscheinlichkeit* aus der Differenz zwischen und der *Ausfallwahrscheinlichkeit* bestimmt. Bei der unterstellten Ausfallzahlung von null ergibt sich die Risikoprämie als negativer, durch die Laufzeit dividierter Logarithmus der Überlebenswahrscheinlichkeit.

49 In diesem Fall ergibt sich das 1 %-Quantil in Höhe von –5,44 % durch lineare Interpolation der prozentuellen Wertänderungen zwischen den Klassen 7 und 8.

50 Im Rahmen der Kreditkalkulation sind die beiden restlichen Bestandteile aber natürlich ebenfalls wieder zu berücksichtigen.

51 Das diesbezügliche Korrelationsgefüge lässt sich empirisch schätzen, wenn auf beobachtete Branchenkennzahlen (z.B. in Form von auf Aktienmärkten gebildeten Brancheindizes) zurückgegriffen wird.
52 Die Erweiterung ist notwendig, um die Markt- und Kreditrisiken im Sinne einer gesamtbankbezogenen Risikosteuerung vergleichbar zu machen.
53 Bei dieser Risikoart zeigt ein negatives Vorzeichen ein Fest- und ein positives ein variables Zinsrisiko an. Bei der Aggregation kommt es folglich zur gegenseitigen Aufhebung, was sich in der perfekt negativen Korrelation bezüglich des betrachteten Risikofaktors begründet. Desweiteren wird das Fest-Zinsrisiko der Schuldtitel und Schuldverschreibungen mit einer Duration von 15 Jahren zur Reduktion der Risikofaktoren durch eine Abbildung auf den 10-jährigen Zinssatz bestimmt.
54 Hinter der getrennten Ermittlung der aktiv- und passivseitigen Risiken stehen unterschiedliche Änderungen der Risikofaktoren. Ihre Zusammenfassung erfolgt über die Differenz der beiden Seiten, wobei immer die größere von der kleineren Seite abgezogen wird. Diese Vorgehensweise unterscheidet sich von der *Szenario-Analyse*, derzufolge aktiva- und passivaseitig die gleichen Veränderungen der Risikofaktoren zum Einsatz kommen.
55 Hinter der diesbezüglichen Vorgehensweise steht die Korrelationsmethode. Sie wird anschließend noch eingehender dargestellt.
56 Zur Bereinigung der sich aus der Vermischung von Wert- und Zinsgrößen ergebenden Verzerrungen werden die Korrelationen zwischen den Zinssätzen und den restlichen Risikofaktoren im Vorzeichen umgedreht. Dadurch wird sichergestellt, dass bei der im Wertbereich erfolgenden Aggregation der individuellen WaRs zur korrekten Aufrechnung kommt.
57 Für eine ausführliche Darstellung dieses Konzeptes sowie des Unterschiedes in der Duplikation von Fest- und Optionsgeschäften möchte ich auf mich selbst verweisen (Schwaiger 1994). In diesem Buch ging es mir darum, zu zeigen, dass die *Cash- und Carry-Strategie* nicht nur für die Bewertung von Forwards, Futures und Swaps von zentraler Bedeutung ist, sondern dass sie auch hinter der arbitragefreien Optionsbewertung steht. In kurzen Worten bedeutet diese Strategie, dass das dem Termingeschäft zugrunde liegende Basisobjekt *gekauft* (cash) und in die Zukunft *getragen* (carry) wird. Der Unterschied zwischen den Fest- und Optionsgeschäften liegt in den zu kaufenden Anteilen, der Höhe der Fremdfinanzierung und der Häufigkeit der Anpassung des aus diesen beiden Teilen bestehenden Portfolios.
58 Diese buy high und sell low-Eigenschaft ergibt sich aus der Duplikationsstrategie, welche beispielsweise bei Kaufoptionen fordert, dass bei steigenden Preisen des Underlyings Anteile gekauft und bei fallenden Preisen verkauft werden.

Literaturverzeichnis

Basler Ausschuss für Bankenaufsicht (1999): A New Capital Adequacy Framework – Consultative Paper issued by the Basel Committee on Banking Supervision, Nr. 50, Juni 1999, 1–62.

Black, F. (1976): The Pricing of Commodity Options, Journal of Financial Economics, Vol. 3, 167–179.

Bundesaufsichtsamt für das Kreditwesen (1998): Erläuterungen zu einzelnen Regelungen der Mindestanforderungen an das Betreiben von Handelsgeschäften der Kreditinstitute, Rundschreiben 4/98, Geschäftsnummer I4–42–15/87, Berlin, 8. April 1998.

Bundesaufsichtsamt für das Kreditwesen (1995): Verlautbarung über Mindestanforderungen an das Betreiben von Handelsgeschäften der Kreditinstitute, Geschäftsnummer I4-42-3/86, Berlin, 23. Oktober 1995.

Creditreform (2000): Wir über uns http://www.creditreform.at.

Eller, R./Deutsch, H.P. (1998): Derivate und Interne Modelle – Modernes Risikomanagement, Schäffer-Poeschel Verlag, Stuttgart, 1998.

Fons, J. (1994): Using Default Rates to Model the Term Structure of Credit Risk, Financial Analysts Journal, Sept.-Oct. 1994, 25–32.

Hicks, J. (1939): Value and Capital, 2nd edition, Oxford University Press, 1946.

Jorion, Ph. (1997): Value-at-Risk – The New Benchmark for Controlling Derivatives Risk, McGraw-Hill, New York et al., 1997.

Jarrow, R./Lando D./Turnbull St. (1997): A Markov Model for the Term Structure of Credit Risk Spreads, The Review of Financial Studies, Vol. 10, 481–523.

JPMorgan/Reuters (1996): RiskMetrics^{TM} – Technical Document, New York, December 18, 1996, http://www. riskmetrics.com/.

JPMorgan (1997): CreditMetrics^{TM} – Technical Document, New York, April 2, 1997 http://www. riskmetrics.com/.

Kapitaladäquanz-Richtlinie (1) (1993): Richtlinie 93/6/EWG des Rates vom 15. März 1993 über angemessene Eigenkapitalausstattung von Wertpapierfirmen und Kreditinstituten, Amtsblatt der Europäischen Gemeinschaften vom 11.6. 1993, Nr. L 141, 1–26.

Kapitaladäquanz-Richtlinie (2) (1998): Richtlinie 98/31/EG des Europäischen Parlaments und des Rates vom 22. Juni 1998 zur Änderung der Richtlinie 93/6/EWG des Rates über die angemessene Eigenkapitalausstattung von Wertpapierfirmen und Kreditinstituten, Amtsblatt der Europäischen Gemeinschaften vom 21.7. 1998, Nr. L 204, 13–25.

Macaulay, F. (1938): Some Theoretical Problem Suggested by the Movement of Interest Rates, Bond Yields and Stock Prices in the United States since 1856, National Bureau of Economic Research, New York, 1938.

Markowitz, H. (1952): Portfolio Selection, Journal of Finance, Vol. 7, 77–91.

Merton, R. (1974): On the Pricing of Corporate Debt: The Risk Structure of Interest Rates, Journal of Finance, Vol. 29, 449–470.

Moody's Investor Service (1999a): Historical Default Rates of Corporate Bond Issuers, 1920–1998, Jänner 1999, 1–41 http://www.moodys.com/research.nsf/index/.

Moody's Investor Service (1999b): Measuring Private Firm Default Risk, Juni 1999, 1–20 http://www.moodys.com/research.nsf/index/.

Richtlinie 98/33/EG (1998) des Europäischen Parlaments und des Rates vom 22. Juni 1998 zur Änderung des Artikels 12 der Richtlinie 77/780/EWG des Rates über die Aufnahme und Ausübung der Tätigkeit der Kreditinstitute, der Artikel 2, 5, 6, 7 und 8 sowie der Anhänge II und III der Richtlinie 89/647/EWG des Rates über einen Solvabilitätskoeffizienten für Kreditinstitute und des Artikels 2 sowie des Anhanges der Richtlinie 93/6/EWG des Rates über die angemessene Eigenkapitalausstattung von Wertpapierfirmen und Kreditinstituten, Amtsblatt der Europäischen Gemeinschaften vom 21.7. 1998, Nr. L 204, 29–36.

Saunders, A. (1999): Credit Risk Measurement – Value-at-Risk and Other New Paradigms, John Wiley & Sons, New York et al., 1999.

Schmoll, A. (Hrsg.) (1999): Kreditrisiken erfolgreich managen – Risikokontrolle und Risikosteuerung im Firmenkundengeschäft, Manzsche Verlags- und Universitätsbuchhandlung, Wien, 1999.

Schwaiger W. (2000): Ausfallsrisiko und Erfolg von Kredit-Portfolios, Zeitschrift für das Gesamte Bank- und Börsewesen, Jg. 48, Mai 2000, 183–207.

Schwaiger W. (1998): Externe BWG- versus Bank-Interne RisikoRechnung zum Bank-Management, Zeitschrift für das Gesamte Bank- und Börsewesen, Jg. 46, März 1998, 179–186.

Schwaiger W. (1994): Cash- und Carry-Strategien – Dynamische Betrachtung von Fest- und Optionsgeschäften, Gabler Verlag, Wiesbaden, 1994.

Sharpe, W. (1964): Capital Asset Prices: A Theory of Market Equilibrium under Conditions of Risk, Journal of Finance, Vol. 19, 425–442.

Solvabilitäts-Richtlinie (1) (1989): Richtlinie 89/647/EWG des Rates vom 18. Dezember 1989 über einen Solvabilitätskoeffizienten für Kreditinstitute, Amtsblatt der Europäischen Gemeinschaften vom 30. 12. 1989, Nr. L 386, 15–22.

Solvabiltitäts-Richtlinie (2) (1999): Überarbeitung der Eigenkapitalvorschrifften für Kreditinstitute und Wertpapierfirmen in der EU, Europäische Kommission – Generaldirektion Binnenhandel (Hrsg.), Konsultationspapier, Brüssel.

Konzepte zur Messung von Markt- und Kreditrisiken

Walter Gruber[*]

Inhalt

1. Motivation

2. Messung von Marktrisiken
   2.1 Financial Engineering als Grundlage der Risikoquantifizierung
   2.2 Durationsmethode im Grundsatz I
   2.3 Value-at-Risk
      2.3.1 Mapping-Techniken
      2.3.2 Varianz-Kovarianz-Ansatz

3. Messung von Adressenausfallrisiken
   3.1 Bilaterale Kreditrisikomessung
      3.1.1 Marktbewertungsmethode im Grundsatz I
      3.1.2 Weiterentwicklung der bankaufsichtlichen Methodik zu einem bilateralen Kreditrisikomodell
   3.2 CreditMetrics als Beispiel für ein Portfoliomodell

4. Schlussbemerkung

Anmerkungen

Literaturverzeichnis

---

[*] Dr. Walter Gruber ist geschäftsführender Gesellschafter der Roland-Eller-Consulting GmbH. Seine Schwerpunkte liegen im Bereich Bankenaufsichtsfragen, Markt- und Kreditrisikomessverfahren sowie Bewertungsverfahren von innovativen Finanzprodukten.

1. Motivation

Die Diskussion um geeignete Möglichkeiten der Messung von Risikoanrechnungsbeträgen im Markt- und Kreditbereich war und ist zentraler Gegenstand sowohl seitens der Bankenaufsicht als auch seitens der Bankpraxis.[1] Ziel des vorliegenden Artikels ist es deshalb, einen umfassenden Überblick über den aktuellen Stand der Messverfahren zu geben.

2. Messung von Marktrisiken

Sollen Marktrisiken quantifiziert werden, so stehen prinzipiell zwei verschiedene Wege zur Disposition. Eine Möglichkeit besteht – vor allem für kleinere Institute – darin, auf die bankaufsichtlich vorgegebenen Standardverfahren des Grundsatz I zurückzugreifen. Die andere Möglichkeit besteht in der Quantifizierung der Marktrisiken über den sich als Standard herausgebildeten Value-at-Risk (VaR), der mit verschiedenen Methoden berechnet werden kann. Die Methoden werden im Folgenden für die Messung der Marktrisiken im Zinsbereich illustriert.

Beiden Quantifizierungsansätzen gemein ist jedoch, dass die einzelnen Finanzprodukte zunächst in Basisbausteine zerlegt werden müssen. Dieses, Financial Engineering genannte, Procedere wird im Folgenden kurz dargestellt.

2.1 Financial Engineering als Grundlage der Risikoquantifizierung

Bei der Zurückführung von komplexeren Zinsinstrumenten auf Basisbestandteile ist jedoch zu beachten, dass

- bei der Standardmethodik im Grundsatz I (es können alternativ die Jahresband- oder die später beschriebene *Durationsmethode* verwendet werden) die Basisbausteine Straight Bonds sind (d.h. fester über die Laufzeit konstanter Kupon und Rückzahlungsbetrag 100).
- bei VaR-Verfahren die Disaggregation noch einen Schritt weiterführt, sodass die Basisbausteine deterministische Cash-Flows sind.[2]
- Im Folgenden wird exemplarisch die notwendige Zerlegung anhand verschiedener Zinsinstrumente beschrieben.[3]
- Ein Floater besitzt nur ein Zinsrisiko bis zum nächsten Fixing, da er zu diesem Zeitpunkt, bei unveränderter Bonität des Emittenten, bei 100 notieren wird. Er kann deshalb bei der Zinsrisikomessung wie ein Zero-Bond, dessen Laufzeit dem nächsten Fixingzeitpunkt entspricht, angesehen werden.
- Ein Payer-Swap, bei dem der Inhaber des Swaps seinem Kontrahenten während der Laufzeit einen konstant bleibenden Kupon zahlt und zum Ausgleich einen periodisch angepassten Geldmarktsatz erhält, lässt sich als Kombination eines emittierten Straight Bonds und eines gekauften Floaters darstellen. Deshalb ist im Grundsatz I eine Short Position im Straight Bond entsprechend der Swaplaufzeit und eine Long Position im Floater entsprechend des nächsten Zinsfestsetzungs-

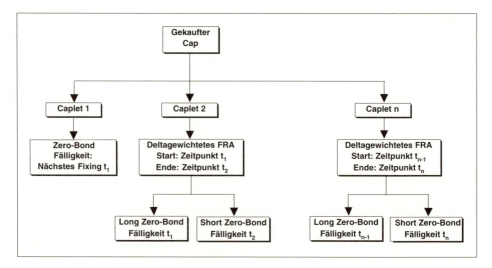

Abb. 1: Stripping des Caps

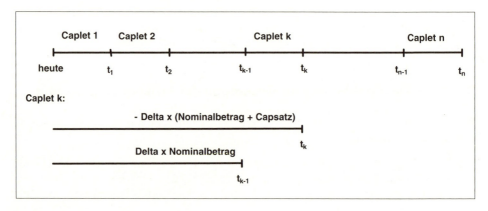

Abb. 2: Aufteilung eines Caplets in ein deltagewichtetes FRA

termins einzustellen. Hieraus ergibt sich dann sofort die für ein VaR-Modell zugrunde zu legende Cash-Flow-Struktur.
- Ein Forward-Rate-Agreement (FRA) ist eine Vereinbarung, in der dem Käufer das Recht (und die Pflicht) zugestanden wird, zu einem festen Zinssatz zu einem späteren Zeitpunkt ein Darlehen aufzunehmen. Hier lässt sich ein gekauftes FRA aufteilen in eine Long Position in einem Zero Bond (Nominalbetrag 100) bis zum Start des FRA's und in eine Short Position in einem Zero Bond (Nominalbetrag 100 zzgl. vereinbarter Forward-Rate) bis zur Fälligkeit des zugrunde liegenden Kredits.
- Ein Cap ist eine Zinsbegrenzungsvereinbarung zwischen dem Käufer und dem Verkäufer des Caps. Der Verkäufer des Caps verpflichtet sich, bei Ansteigen des

variablen Referenzzinssatzes (z.B. 6-Monats-Euribor) über die vereinbarte Zinsbegrenzung (= Cap) dem Käufer des Caps die Differenz bezogen auf einen festgelegten Nominalbetrag auszuzahlen. Der Cap ist somit eine Abfolge von einzelnen Zinsoptionselementen (= Caplets), die jeweils »im Geld« sind, wenn der jeweilige Referenzzinssatz über dem Capstrike liegt. Jedes einzelne Caplet muss dabei wie eine gekaufte Kaufoption (»Long Call«) auf ein FRA behandelt werden und wird deshalb wie ein deltagewichtetes FRA angesetzt. Weiter ist zu beachten, dass ein bereits gefixtes Caplet, bei dem die Zahlung zum nächsten Zinsfestsetzungstermin bereits feststeht, wie ein Zero Bond zu diesem Zeitpunkt behandelt werden kann.

2.2 Durationsmethode im Grundsatz I

Zur Messung der Zinsrisiken des Handelsbuches sieht der Grundsatz I zwei alternativ verwendbare Methoden vor: Die *Jahresbandmethode* und die genauere Durationsmethode, die im Folgenden skizziert wird.

Dabei soll die Durationsmethode folgende Zinsänderungsrisiken erfassen:

- Veränderung des Zinsniveaus: Der mögliche Wertverlust eines Zinsinstruments, der durch die parallele Verschiebung der Zinskurve ausgelöst wird, lässt sich mittels der Modified Duration ermitteln:
Barwert × Modified Duration × angenommene Zinsänderung

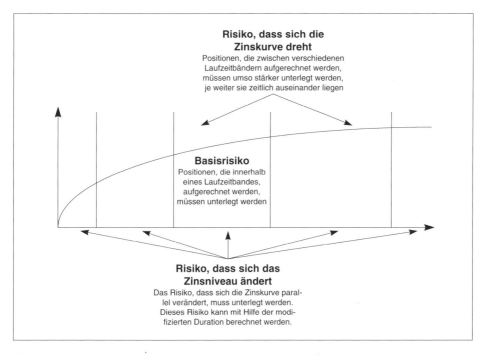

Abb. 3: Berücksichtigung der Zinsänderungsrisiken im Grundsatz I

- Nichtparallele Änderungen der Zinskurve durch Twist und Butterfly:
  Dieses Risiko wird sehr grob dadurch erfasst, dass das Zinsrisiko gegenläufiger Positionen (sog. horizontales Hedging) als umso stärker angesehen wird, je unterschiedlicher die Fristigkeit dieser gegenläufigen Positionen ist.
- Basis- bzw. Spreadrisiko: Auch bei gegenläufigen Positionen, die eine ähnliche Fristigkeit aufweisen, existiert ein Zinsrisiko, wenn diese Positionen auf der Basis verschiedener Zinskurven bepreist werden:
  Dieses Risiko wird erfasst, indem ein vorgegebener Gewichtungssatz auf die ausgeglichenen Positionen (sog. vertikales Hedging) angesetzt wird.

Das Procedere in der Durationsmethode stellt sich dann schrittweise wie folgt dar:

Schritt 1:
Multiplikation der Barwerte oder Börsenkurse jedes (tatsächlichen oder fiktiven) Zinsinstruments mit seiner modifizierten Duration und der zugehörigen angenommenen Zinsänderung; Einstellung dieser Größe in das Laufzeitschema entsprechend der Duration.

Schritt 2:
Vertikales Hedging: Aufrechnung gegenläufiger Positionen innerhalb eines Laufzeitbandes. Anrechnung des Basis- bzw. Spreadrisikos indem eine Eigenmittelanforderung von 5% auf alle aufgerechneten Positionen in allen Laufzeitbändern angesetzt wird. Die noch verbliebenen offenen Positionen gehen in das horizontale Hedging ein.

Schritt 3:
Horizontales Hedging 1: Aufrechnung gegenläufiger Positionen zwischen verschiedenen Laufzeitbändern derselben Laufzeitzone. Es wird eine Eigenmittelanforderung bzgl. aller innerhalb der Zonen aufgerechneten Positionen von:

Zone 1: 40%, Zone 2: 30%, Zone 3: 30%

angesetzt. Die noch verbliebenen offenen Positionen gehen in das horizontale Hedging 2 ein.

Schritt 4:
Horizontales Hedging 2: Aufrechnung gegenläufiger Positionen zwischen verschiedenen Laufzeitzonen. Es wird eine Eigenmittelanforderung bzgl. aller zwischen verschiedenen Zonen aufgerechneten Positionen von:

Zone 1/2: 40%, Zone 2/3: 40%, Zone 1/3: 150%

angesetzt.

Schritt 5:
Weiter wird der nach allen Aufrechnungen verbliebene Betrag (Risiko bzgl. parallelen Veränderungen der Zinskurve) zu 100% angesetzt.

Bei genauerer Betrachtung der Standardmethodik lassen sich im Einzelnen folgende Kritikpunkte anführen, die durch die Verwendung eines VaR-Verfahrens zur Quantifizierung der Zinsänderungsrisiken behoben werden sollten:

Zone	Band	Zeitspanne	Angenommene Renditeänderung (in%)
I	1	Bis 1 Monat	1,00
	2	über 1 bis 3 Monate	1,00
	3	über 3 bis 6 Monate	1,00
	4	über 6 bis 12 Monate	1,00
II	1	über 1 bis 1,9 Jahre	0,90
	2	über 1,9 bis 2,8 Jahre	0,80
	3	über 2,8 bis 3,6 Jahre	0,75
III	1	über 3,6 bis 4,3 Jahre	0,75
	2	über 4,3 bis 5,7 Jahre	0,70
	3	über 5,7 bis 7,3 Jahre	0,65
	4	über 7,3 bis 9,3 Jahre	0,60
	5	über 9,3 bis 10,6 Jahre	0,60
	6	über 10,6 bis 12 Jahre	0,60
	7	über 12 bis 20 Jahre	0,60
	8	über 20 Jahre	0,60

Abb. 4: Laufzeitbänder und -zonen in der Durationsmethode

- Anstatt starr vorgegebener Laufzeitbänder sollten frei, in Abhängigkeit der Portfoliostruktur, wählbare Time Buckets spezifiziert werden.
- Anstatt Einstellen der Straight Bonds in die Laufzeitbänder sollten die Bonds weiter in deterministische Cash-Flows gestrippt werden. Diese sollten dann den entsprechenden Time Buckets zugewiesen werden.
- Anstatt vorgegebener starrer Zinsshifts sollte auf die aktuellen empirisch ermittelten Volatilitäten zurückgegriffen werden.
- Anstatt der Verwendung starrer Unterlegungsfaktoren bei der Verrechnung gegenläufiger Positionen sollten die aktuellen empirischen Korrelationen zugrunde gelegt werden.

Im Folgenden soll deshalb das Procedere zur Berechnung des VaR sukzessive erläutert werden.

2.3 Value-at-Risk

In der Praxis haben sich drei »Standardansätze« zur Ermittlung des VaR herausgebildet, die sich jeweils wieder in verschiedene weitere Unterklassen aufteilen lassen:

- Varianz-Kovarianz-Ansatz,
- Historische Simulation,
- Monte-Carlo-Simulation.

Hier wird speziell auf den am häufigsten verwendeten Varianz-Kovarianz-Ansatz eingegangen; bzgl. der beiden anderen Ansätze wird auf die Literatur verwiesen.[4] Zunächst wird jedoch noch auf die verschiedenen Mapping-Verfahren eingegangen, wovon eines, unabhängig von der dann gewählten VaR-Methodik, verwendet werden muss.

2.3.1 Mapping-Techniken[5]

In der Praxis fallen bei einem größeren Zinsportfolio tatsächliche oder durch das Financial Engineering fiktiv angesetzte Cash-Flows zu beliebigen Zeitpunkten an. Würde jedoch jeder Handelstag als eigener Risikofaktor interpretiert werden, so wären eine inpraktikable Anzahl von Volatilitäten und Korrelationen zu schätzen.[6] Das Mapping dient dann dazu, einen ursprünglichen Zahlungsstrom mit zu beliebigen Zahlungszeitpunkten anfallenden Cash Flows auf wenige vordefinierte Time Buckets anzupassen.[7]

Ein zwischen zwei vordefinierten Time Buckets anfallender Cash-Flow soll dabei so auf benachbarte Time Buckets verteilt werden, dass sinnvollerweise zwei Anforderungen möglichst gut erfüllt sind:

- Der Barwert der beiden Teil-Cash-Flows muss gleich dem Barwert des ursprünglichen Cash-Flows sein.
- Das Zinsrisiko der beiden Teil-Cash-Flows sollte »ungefähr« dem Zinsrisiko des ursprünglichen Cash-Flows entsprechen.

Dabei ist in diesem Zusammenhang zu beachten, dass der verwendeten Mapping-Methodik umso größere Bedeutung zukommt, je weiter die einzelnen Time Buckets auseinander liegen.

In der Praxis werden folgende Mapping-Techniken verwendet, die kurz verbal in der Reihenfolge steigender Genauigkeit und entsprechend zunehmender Komplexität beschrieben werden. Die erste Forderung, nämlich die erwähnte Konstanz des Barwertes, ist bei allen Ansätzen gleich. Zusätzlich werden bei den verschiedenen Methoden folgende Restriktionen erhoben:

- *Lineares Mapping:* Die Barwerte der beiden Teil-Cash-Flows werden linear zu ihrem zeitlichen Anfall angesetzt.
- *Durations-invariantes Mapping* (genauer: Modified-Durations-invariantes Mapping): Die Gesamt-Modified-Duration der beiden Teil-Cash-Flows muss gleich der Modified Duration des Ursprungs-Cash-Flows sein.
- *Durations-Konvexitäts-invariantes Mapping:* Sowohl die Gesamtduration als auch

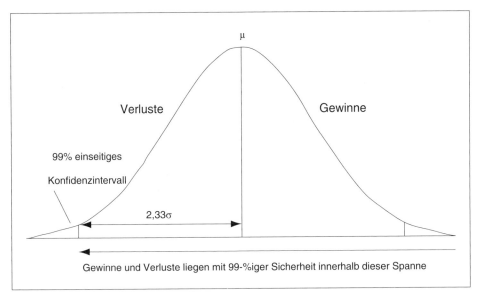

Abb. 5: Dichtefunktion der Normalverteilung mit einseitigem Konfidenzniveau

die Gesamtkonvexität der beiden Teil-Cash-Flows muss gleich der Duration und der Konvexität des Ursprungs-Cash-Flows sein.
- *Varianz-Kovarianz-invariantes Mapping:* Der VaR, berechnet nach dem Varianz-Kovarianz-Ansatz, der beiden Teil-Cash-Flows muss gleich dem VaR des Ursprungs-Cash-Flows sein.

2.3.2 Varianz-Kovarianz-Ansatz

Der VaR nach dem Varianz-Kovarianz-Ansatz basiert auf der Annahme der multivariaten Normalverteilung der Veränderungen der Risikofaktoren. Aus dieser Normalverteilung lässt sich für jedes Konfidenzniveau α (z.B. 95%, 99%) ein Parameter λ_α ableiten, der durch das Konfidenzniveau und die Standardabweichung festgelegt wird.[8]

Betrachtet man die Berechnung des VaR nur für einen einzelnen Risikofaktor, so gibt es zwei Möglichkeiten der Berechnung:

1. Berechnung über die *Zinsvolatilität:*[9]

$$VaR_i = \lambda_\alpha \times \sigma_i^z \times PVBP_i$$

VaR$_i$:   VaR des Time Buckets t$_i$
PVBP$_i$:   PVBP des Time Buckets t$_i$
λ_α: Quantil zum Konfidenzniveau α
σ_i^z: Volatilität der Zero-Rate z$_i$

2. Berechnung über die *Preisvolatilität*:[10/11]

$$VaR_i = \lambda_\alpha \times \sigma_i^P \times B_i$$

VaR_i: VaR des Time Buckets t_i
λ_α: Quantil zum Konfidenzniveau α
σ_i^P: Volatilität des Diskontfaktors d_i
B_i: Barwert des Time Buckets t_i

Der über alle Laufzeitbänder aggregierte VaR nach dem Varianz-Kovarianz-Ansatz ergibt sich dann wie folgt:

$$VaR = \sqrt{\vec{x}^T \cdot C \cdot \vec{x}}$$

mit:

$$\vec{x} = \begin{bmatrix} VaR_1 \\ \vdots \\ VaR_n \end{bmatrix}$$

und

$$C = \begin{bmatrix} 1 & \cdots & \rho_{1,n} \\ \vdots & \ddots & \vdots \\ \rho_{n,1} & \cdots & 1 \end{bmatrix}$$

C: Korrelationsmatrix
$\rho_{i,j}$: Korrelation Time Bucket t_i mit Time Bucket t_j

Oft werden die einzelnen Teil-VaR-Beträge auch unter stark simplifizierenden Annahmen zu einem aggregierten VaR zusammengefasst:

- »Simple Sum«:

Bei diesem Verfahren werden die Absolutbeträge der laufzeitspezifischen VaR's addiert. Dargestellt wird ein »worst case« in dem Sinne, dass eine Veränderung der Risikofaktoren in die jeweils »schlechte« Richtung unterstellt wird.

$$VaR = \sum_{i=1}^{n} |VaR_i|$$

- »Root Sum of Squares«:

Es wird unterstellt, dass die Risikofaktoren unkorreliert sind.

$$VaR = \sqrt{(VaR_1)^2 + (VaR_2)^2 + \ldots + (VaR_n)^2}$$

- »Greater-of-« bzw. »Short-Hand-Methode«

Diese Methode wird z.B. im Grundsatz I (Abschnitt 3, Messung der Fremdwährungsrisiken) angewendet.

$$VaR = \max\left\{\sum \text{positive } VaR_i; \left|\sum \text{negative } VaR_i\right|\right\}$$

3. Messung von Adressenausfallrisiken

Durch die geplante Neufassung des Basler Eigenkapitalakkords ist die Diskussion bzgl. geeigneter Verfahren der Kreditrisikomessung neu entflammt. Nachdem die Quantifizierung und Limitierung der Marktrisiken, auch wiederum bedingt durch die gesetzlichen Anforderungen (MaH, Verwendung interner Marktrisikomodelle im Grundsatz I), inzwischen in den meisten Instituten als fundamentaler Baustein des Risikomanagements akzeptiert ist, wendet sich die Diskussion nun dem Kerngeschäft der meisten Institute, dem Kreditgeschäft, zu. Die Notwendigkeit hierfür wird nicht zuletzt durch die zunehmende Inanspruchnahme der Sicherungsfonds und der oft krisenbedingten Bankfusionen der jüngeren Vergangenheit, die meistens aus Problemen im Kreditgeschäft resultierten, gesetzt. Einen weiteren Schub hat das rasante Wachstum von Kreditderivaten wie Total Return Swaps, Credit Default Swaps, Credit Linked Notes oder Credit Spread Optionen bewirkt. Durch diese Instrumente ist es erstmals möglich, bewusst Ausfall- oder Spreadrisiken abzusichern oder gegen den Erhalt einer Versicherungsprämie einzugehen.

Während sich im Marktrisikobereich der VaR als Standard etabliert hat, der mit den üblicherweise verwendeten Verfahren Varianz-Kovarianz, Historische oder Monte-Carlo-Simulation quantifiziert wird, ist ein solcher Standard im Kreditrisikobereich noch nicht erreicht; es werden aktuell eine Fülle verschiedener Methoden diskutiert, die im Folgenden kurz skizziert werden.[12] Sehr grob lassen sich diese Verfahren zunächst in:

- Bilaterale Kreditrisikomodelle
- Portfoliomodelle

unterteilen.

3.1 Bilaterale Kreditrisikomessung[13]

Das Kreditrisiko eines bilateralen Portfolios ist abhängig von:

- Der Bonität des Kontrahenten/Emittenten repräsentiert über eine zugrunde gelegte Ausfallwahrscheinlichkeit.
- Struktur des Geschäfts: Während bei einem bilanziellen Geschäft das Kreditexposure i.d.R. hinreichend gut durch seinen aktuellen Marktwert gegeben ist, wird das Exposure von Derivaten in das sog. Current Exposure (= Marktwert falls positiv) und das sog. Potential Future Exposure (= unterstellte Wertsteigerung während eines zugrunde gelegten Ausfallhorizontes, der i.d.R. ein Jahr beträgt) aufgeteilt.
- Marktrisikofaktoren,
- Restlaufzeit,
- Eventuelle Nettingvereinbarungen.

Im Folgenden wird die bekannteste Methode der bilateralen Kreditrisikomessung, die Marktbewertungsmethode im Grundsatz I vorgestellt. Sie wird vor allem von kleineren Instituten zur Messung des Adressenausfallrisikos von Derivaten verwendet. Aus der hieraus erwachsenden Kritik wird gezeigt, in welche Richtung ein bilaterales Kreditrisikomodell weiterentwickelt werden müsste.

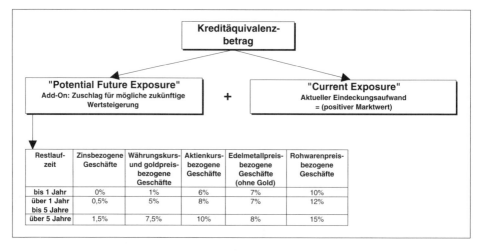

Abb. 6: Berechnung des Kreditäquivalenzbetrages in der Marktbewertungsmethode

3.1.1 Marktbewertungsmethode im Grundsatz I

Zur Ermittlung der Eigenkapitalunterlegung des Adressenausfallrisikos von Derivaten müssen Handelsbuchinstitute die Marktbewertungsmethode verwenden. Die Eigenkapitalunterlegung ergibt sich danach als Produkt von drei Größen:

- Solvabilitätskoeffizient (8%),
- Kontrahentenspezifisches Bonitätsgewicht (zwischen 0% und 50%)[14],
- Kreditäquivalenzbetrag.

3.1.2 Weiterentwicklung der bankaufsichtlichen Methodik zu einem bilateralen Kreditrisikomodell

Insgesamt weist die bankaufsichtliche Methodik folgende offensichtlichen Schwächen auf. Aus der Kritik an diesen Schwächen wird direkt deutlich, wie ein bilaterales Kreditrisikomodell entwickelt werden kann.

1. Keine Berücksichtigung der kundenspezifischen Bonität
Eine Alternative zu den starren Bonitätsgewichten wäre die Verwendung ratingspezifischer Ein-Jahres-Ausfallwahrscheinlichkeiten, die z.B. aus historischen Ausfallquoten abgeleitet werden können. Da diese Ausfallquoten z.B. sehr stark von der aktuellen konjunkturellen Situation abhängen und naturgemäß von Jahr zu Jahr stark schwanken, könnte hier auf ein konservativ gewähltes Quantil der Verteilung der Ausfallwahrscheinlichkeiten zurückgegriffen werden.[15]

Eine andere Möglichkeit besteht darin, auf sog. implizite Ausfallwahrscheinlichkeiten, die sich aus den Renditeaufschlägen zu einer risikolosen Referenzzinskurve von börsengehandelten Papieren ermitteln lassen, zurückzugreifen.[16]

2. Keine Verrechnung von negativem Marktwert und Potential Future Exposure

Der aktuelle Marktwert kommt nur zum Tragen falls er positiv ist. Es findet jedoch keine Verrechnung zwischen einem evtl. negativen Marktwert und dem Potential Future Exposure statt. Die Konsequenz, am Beispiel eines Swaps illustriert, ist, dass einem out-of-the-money-Swap (Marktwert negativ) fälschlicherweise das gleiche Kreditrisiko zugewiesen wird wie einem at-the-money-Swap (Marktwert Null). Nach der Marktbewertungsmethode ist der Kreditäquivalenzbetrag gegeben durch:

Max{Marktwert; 0} + Potential Future Exposure
Sinnvoller wäre jedoch den Kreditäquivalenzbetrag zu definieren über:
Max{Marktwert + Potential Future Exposure; 0}

Für den Fall eines positiven Marktwertes führen beide Vorgehensweisen (sinnvollerweise) zum selben Ergebnis. Ist der Marktwert jedoch negativ, so wird dieser erst mit dem Potential Future Exposure verrechnet. Erst wenn der resultierende Betrag immer noch positiv ist, wird dieser als Kreditäquivalenzbetrag angesetzt.

3. Keine Berücksichtigung des *Amortisationseffektes*

Im Gegensatz zur Marktrisikoquantifizierung, wo immer relativ kurze Haltedauern (i.d.R. 1 bis 10 Tage) zugrunde gelegt werden, macht bei der Quantifizierung von Kreditrisiken offensichtlich nur ein längerer Ausfallhorizont[17] Sinn. Dann wird jedoch nicht berücksichtigt, dass das Finanzprodukt zum unterstellten Ausfallzeitpunkt eine andere Zahlungsstruktur aufweist, da zwischenzeitlich bereits Zahlungen geflossen sind. Deswegen sollte nicht auf aktuelle Marktwerte sondern sinnvollerweise auf Forward-Werte abgestellt werden.

4. Inadäquate Berücksichtigung des Diffusionseffektes

Je weiter der zugrunde gelegte Ausfallhorizont gewählt wird, desto stärker kann das zukünftige Credit Exposure durch sich verändernde Marktrisikofaktoren anwachsen. Dieser sog. Diffusionseffekt ist jedoch hauptsächlich bei derivativen Kontrakten relevant, die einen großen »Marktrisikohebel« aufweisen. Bei bilanziellen Instrumenten ist er vergleichsweise irrelevant. Eben aus diesem Grund wird das Potential Future Exposure im Grundsatz I auch nur im Rahmen der Marktbewertungsmethode für derivative Instrumente angesetzt. Hier ist jedoch zu bemängeln, dass die in Abhängigkeit von Risikoklasse und Restlaufzeit gewählten Gewichtungsfaktoren sehr grob unabhängig vom spezifischen Finanzinstrument angesetzt werden.

Eine Möglichkeit diese Schwächen zu beheben ist der Rückgriff auf leicht zu modifizierende VaR-Verfahren, die bereits aus dem Marktrisikobereich bekannt sind. So lassen sich folgende Arten von Future Credit Exposures bestimmen:[18]

- Durchschnittliches Exposure: Welches Exposure wird »im Schnitt« zum Ausfallhorizont erwartet.
- Maximales Exposure: Welches Exposure ist im Rahmen der Simulation maximal aufgetreten.
- Exposure zum Konfidenzniveau α: Welches Exposure wird mit Wahrscheinlichkeit α zum Ausfallhorizont maximal erwartet.

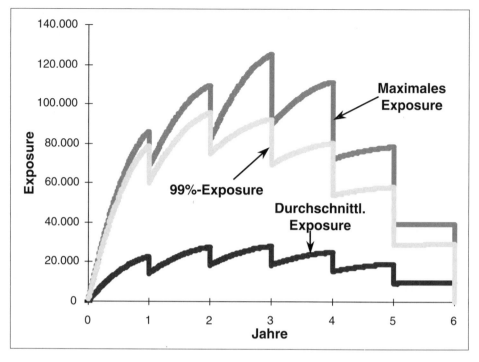

Abb. 7: Zeitliche Entwicklung verschiedener Future Exposures für einen Receiver Swap nach der Monte-Carlo-Simulation

Abbildung 7 zeigt eine durch eine multivariate *Monte-Carlo-Simulation* erzeugte Darstellung der verschiedenen Exposure-Arten unter Berücksichtigung von Diffusions- und Amortisationseffekt.

3.2 CreditMetrics als Beispiel für ein Portfoliomodell

Kreditportfoliomodelle haben, in Analogie zur Messung der Marktrisiken eines Portfolios, zum Ziel, den sog. Credit-Value-at-Risk (CVaR) eines Kreditportfolios zu messen. Der CVaR eines Portfolios gibt an, welcher Betrag innerhalb eines bestimmten Ausfallhorizonts (z.B. 1 Jahr) mit vorgegebener Wahrscheinlichkeit (z.B. 99%) bedingt durch Bonitätseffekte verloren werden. Je nach Feinheit des Verfahrens werden dabei unterschiedliche Teile des Kreditrisikos abgegriffen:

- *Default Risk:* Nur das reine Ausfallrisiko wird berücksichtigt.
- *Event Risk:* Zusätzlich wird das Risiko sich verändernder Bonitäten berücksichtigt.
- *Idiosyncratic Risk:* Zusätzlich geht das Risiko sich verändernder Credit Spreads über einer risikolosen Referenzkurve (z.B. Bundkurve) in die Modellierung ein.

Aktuell werden im Rahmen der Portfoliomodelle hauptsächlich folgende vier Ansätze diskutiert:

- *CreditMetrics* von JPMorgan,
- Der ausfallbezogene Ansatz *CreditRisk*$^+$ von Credit Suisse Financial Products[19],
- Der optionspreistheoretische Ansatz von *KMV*[20],
- Der makroökonomische Ansatz *CreditPortfolioView* von McKinsey.

Im Folgenden wird nun kurz das Procedere des wohl bekanntesten Ansatzes, nämlich CreditMetrics beschrieben.[21]

CreditMetrics ist ein Verfahren, das sowohl das reine Ausfall- als auch das Bonitätsveränderungsrisiko erfasst.[22] Die grundlegende Idee hinter CreditMetrics lässt sich zunächst am besten erläutern, wenn man ein Kreditportfolio bestehend aus nur einem einzigen Kredit zugrunde legt: Zunächst wird angesetzt, mit welcher Wahrscheinlichkeit der Kontrahent/Kreditnehmer/Kunde, der aktuell ein bestimmtes Rating aufweist, in einem Jahr in welchen Ratingzustand migriert. Bei Kenntnis des Ratingzustandes, kann dann, in Abhängigkeit der ratingspezifischen Zinskurve, errechnet werden, welchen Wert der Kredit dann aufweisen müsste. Ist schließlich bekannt, mit welcher Wahrscheinlichkeit der Kredit welchen Wert aufweist, kann hieraus einfach der Credit-Value-at-Risk errechnet werden.

Als Input werden in CreditMetrics folgende Komponenten benötigt:

- Transitionsmatrix: Sie gibt an, mit welcher Wahrscheinlichkeit ein Kontrahent mit einem bestimmten aktuellen Rating in einem Jahr ein anderes Rating aufweist bzw. ausgefallen ist.
- Recovery Rate: Sie gibt an, welcher prozentuale Anteil des Nominalbetrages bei einem unterstellten Ausfall nicht verloren geht.
- Risikolose Zinskurve und ratingspezifische Credit Spreads: Sie sind notwendig, um den Wert eines Kredits/Bonds für jeden Ratingzustand ermitteln zu können.

Aus der risikolosen Zinskurve und den Credit Spreads können dann direkt ratingspezifische einjährige Forward-Kurven errechnet werden:

Die Berechnung des CVaR funktioniert nun in folgenden Schritten:
Für jeden Ratingzustand wird der Wert berechnet, den der Kredit zum Ausfallhorizont »aus heutiger Sicht« aufweist. Dabei werden die Cash Flows des Kredits auf der Basis der arbitragefreien Forward-Rates auf den Ausfallhorizont abgezinst. Weiter ist der vorher bereits angesprochene Amortisationseffekt zu berücksichtigen: Alle Cash Flows, die vor dem Ausfallhorizont anfallen, gehen nicht in die Berechnung dieser ratingspezifischen Forward Werte ein. Beispielhaft wird hier für einen aktuell

		Rating am Jahresende							
		AAA	AA	A	BBB	BB	B	CCC	Default
anfängl. Rating	AAA	90,82%	8,26%	0,74%	0,06%	0,11%	0,00%	0,00%	0,00%
	AA	0,65%	90,88%	7,69%	0,58%	0,05%	0,13%	0,02%	0,00%
	A	0,08%	2,42%	91,30%	5,23%	0,68%	0,23%	0,01%	0,05%
	BBB	0,03%	0,31%	5,87%	87,46%	4,96%	1,08%	0,12%	0,17%
	BB	0,02%	0,12%	0,64%	7,71%	81,16%	8,40%	0,98%	0,98%
	B	0,00%	0,10%	0,24%	0,45%	6,86%	83,50%	3,92%	4,92%
	CCC	0,21%	0,00%	0,41%	1,24%	2,67%	11,70%	64,48%	19,29%
	Default	0,00%	0,00%	0,00%	0,00%	0,00%	0,00%	0,00%	100,00%

Abb. 8: Übergangsmatrix

Jahr	1	2	3	5	7	10	30
Bund-Kurve	3,80%	3,95%	4,10%	4,30%	4,44%	4,57%	4,88%

	Credit Spreads						
Jahr	1	2	3	5	7	10	30
AAA	0,40%	0,43%	0,50%	0,61%	0,70%	0,80%	0,96%
AA	0,44%	0,52%	0,55%	0,70%	0,80%	0,90%	1,10%
A	0,50%	0,60%	0,70%	0,80%	0,90%	1,00%	1,20%
BBB	0,62%	0,70%	0,80%	0,90%	1,02%	1,15%	1,35%
BB	1,40%	1,55%	1,65%	1,75%	2,05%	2,35%	2,50%
B	2,40%	2,60%	2,85%	3,15%	3,70%	4,25%	4,45%
CCC	3,70%	4,50%	4,75%	5,25%	6,25%	7,25%	7,50%

Abb. 9: Risikolose Zinskurve und Credit Spreads

Jahr Forward-	1	2	3	5	7	10	30
Bund-Kurve	4,10%	4,25%	4,33%	4,48%	4,58%	4,66%	4,93%

	Ein-Jahres-Forward-Rates für verschiedene Ratings						
Jahr	1	2	3	5	7	10	30
AAA	4,50%	4,68%	4,83%	5,09%	5,28%	5,46%	5,89%
AA	4,54%	4,77%	4,88%	5,18%	5,38%	5,56%	6,03%
A	4,60%	4,85%	5,03%	5,28%	5,48%	5,66%	6,13%
BBB	4,72%	4,95%	5,13%	5,38%	5,60%	5,81%	6,28%
BB	5,50%	5,80%	5,98%	6,23%	6,63%	7,01%	7,43%
B	6,50%	6,85%	7,18%	7,63%	8,28%	8,91%	9,38%
CCC	7,80%	8,75%	9,08%	9,73%	10,83%	11,91%	12,43%

Abb. 10: Ratingspezifische Forward-Kurven

vierjährigen Kredit (Nominalbetrag 100, aktuelles Rating BBB, Kupon 6%, Recovery-Rate 60%) eine Wahrscheinlichkeitsverteilung der Forward Werte generiert.

Hieraus ergibt sich sofort ein erwarteter Forward Wert von 102,17 und der CVaR ist gegeben als 1%-Quantil der Verteilung der Abweichungen vom Erwartungswert.

Bislang wurde nur ein einzelner Kredit einbezogen. Die Erweiterung auf den Fall mehrerer Kreditnehmer gestaltet sich nun leider bei weitem nicht mehr so trivial, da z.B. im Fall von acht Ratingzuständen und zehn Kreditnehmern $8^{10} = 1.073.741.824$ Ratingkombinationen mit entsprechenden Eintrittswahrscheinlichkeiten zu berücksichtigen wären. CreditMetrics löst diese Schwierigkeiten mit Hilfe des sog. Asset Value Modells, das im Rahmen einer Monte-Carlo-Simulation verwendet wird. Die Idee hierbei ist grob ausgedrückt folgende: Wird unterstellt, dass die Renditeänderungen jedes Kreditnehmers normalverteilt sind und sich starke Renditeänderungen in Ratingänderungen niederschlagen, so können bei Kenntnis der historischen Übergangswahrscheinlichkeiten für einen Kreditnehmer die »Renditeschwellen« berechnet werden, die eine Veränderungen des Ratings bis hin zum Ausfall bewirken. Für

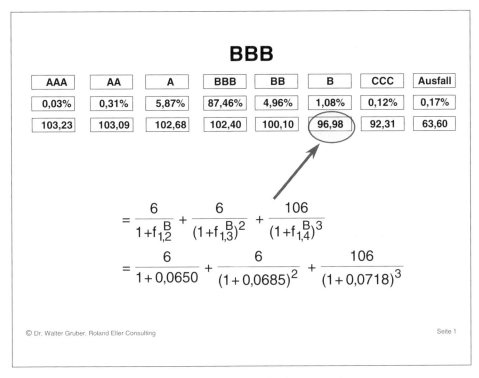

Abb. 11: Neubewertung eines Kredits für jedes Ratingszenario

einen Kreditnehmer mit aktuellem Rating BBB und einer unterstellten Volatilität von 25 % würden die folgenden Renditeschwellen resultieren:

Die Anwendung des *Asset Value Modells* in der Monte-Carlo-Simulation zur Errechnung des CVaR für ein Kreditportfolio geschieht dann folgendermaßen:

Zunächst werden mittels einer multivariaten Monte-Carlo-Simulation zufällige Renditen für jeden Kreditnehmer generiert. Aus Kenntnis der Renditeschwellen aus dem Asset Value Modell entsprechen diese simulierten Renditen einer bestimmten Ratingkombination. Für dieses Ratingsszenario kann dann der zugehörige Forward Wert des Portfolios ermittelt werden. Wird dieses Zufallsexperiment »hinreichend oft« wiederholt, so erhält man schließlich eine Häufigkeitsverteilung von Portfoliowertveränderungen und abgeleitet hieraus den gewünschten CVaR.

4. Schlussbemerkung

Wie ersichtlich wurde, werden bei der Modellierung des Kreditrisikos weitaus »härtere« Annahmen getroffen als bei der Berechnung der Marktrisikobeträge. Insbesondere stellen beim Einsatz eines Kreditrisikomodells die benötigten Daten die hauptsächliche Schwierigkeit dar. Im Gegensatz zum angloamerikanischen Markt

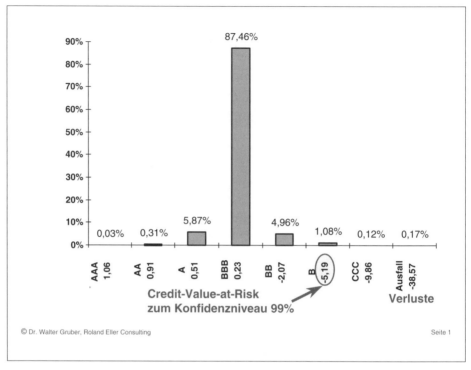

Abb. 12: Verteilung der Forward-Kredit-Werte

sind für Deutschland die benötigten Daten wie Transitionsmatrizen, Credit Spreads, Recovery Rates, etc. i.d.R. nicht oder nur teilweise verfügbar. Vor diesem Hintergrund und unter Beachtung der rigiden mathematisch/statistischen Annahmen, die in diese Verfahren eingehen, ist es nicht verwunderlich, dass der Basler Ausschuss den Einsatz von Kreditportfoliomodellen für die Eigenkapitalunterlegung zunächst nicht vorsieht. Es ist jedoch klar, dass in absehbarer Zeit der CVaR als Maß für das Kreditrisiko sowohl auf bilateraler als auch auf multilateraler Basis ebenso als »Marktstandard« angesehen werden wird, wie der VaR dies auf der Ebene des Marktrisikos längst ist. Inwiefern es jedoch Sinn macht, weitere Risikoarten, wie z.B. operationale Risiken quantifizieren zu wollen, ist m.E. sehr fraglich.

Anmerkungen

1 Im Rahmen dieses Artikels ist es nur möglich, das prinzipielle Procedere der verschiedenen Verfahren zu skizzieren. Bezüglich der exakten mathematisch/statistischen Vorgehensweise wird jeweils auf die weiterführende spezifische Literatur verwiesen.
2 Ist die Zerlegung eines Produkts in Straight Bonds bekannt, so folgt hieraus natürlich sofort die für die VaR-Verfahren benötigte Cash-Flow-Struktur.
3 Eine ausführliche Beschreibung ist z.B. in Gruber/Raskopf 1996 oder Schlüter/Stratenwerth, 1999 zu ersehen.

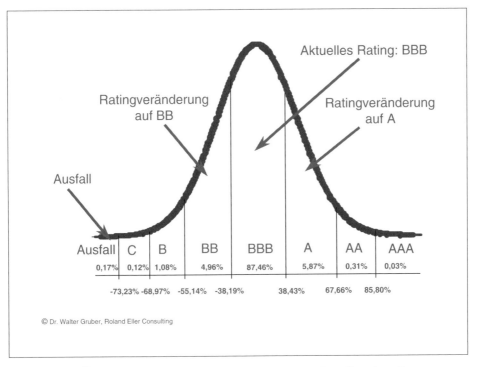

Abb. 13: Aus Übergangswahrscheinlichkeiten abgeleitete Renditeschwellen

4 Bzgl. einer ausführlichen Beschreibung aller Verfahren siehe z.B. bei Beinker/Deutsch, 1999 oder Reitz, 1999.
5 Eine ausführliche Darstellung der einzelnen Ansätze ist z.B. bei Sievi, 1998 zu ersehen.
6 So wären z.B. bei der Zugrundelegung eines Zeitraums von 10 Jahren ca. 3600 Volatilitäten und $\frac{3600 \times 3599}{2} = 6.478.200$ Korrelationen zu ermitteln.
7 Eine übliche Aufteilung der Time Buckets ist z.B. O/N, 1, 3, 6, 9 Monate sowie 1, 2, 3, 5, 7, 10, 15 und 30 Jahre.
8 Z.B. ist $\lambda_{95\%} = 1{,}65$, $\lambda_{99\%} = 2{,}33$.
9 Unter der Zinsvolatilität versteht man die Volatilität der absoluten Zinssatzänderungen.
10 Unter der Preisvolatilität versteht man die Volatilität der logarithmierten Diskontfaktoränderungen.
11 Zins- und Preisvolatilität können bei Kenntnis der Zinskonvention leicht ineinander umgerechnet werden, vgl. z.B. Eller/Deutsch, 1998.
12 Bzgl. einer exakteren Darstellung wird wieder jeweils auf die spezifische Literatur verwiesen.
13 Eine ausführliche Darstellung der Methodik wird z.B. in Gruber (1), 1999 gegeben.
14 Das neue Basler Konsultationspapier sieht ratingspezifische Bonitätsgewichte zwischen 0% und 150% vor. Bei bestimmten »sehr schlechten« Tranchen von ABS kann sogar ein Kapitalabzug (entspricht Bonitätsgewicht 1250%) verlangt werden.
15 Z.B. 95%-Quantil = 3% würde bedeuten: In 95% der Fälle fallen im nächsten Jahr maximal 3% der entsprechenden Kontrahentengruppe aus.

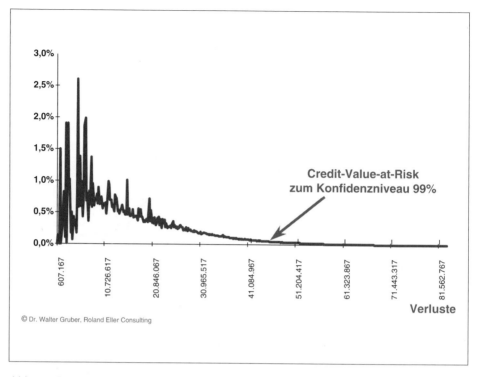

Abb. 14: Ermittlung des CVaR für ein großes Portfolio

16 Siehe z.B. Gruber (2), 1999.
17 Als »Standardausfallhorizont« wird oft ein Jahr zugrunde gelegt.
18 Bzgl. der genauen Methodik siehe z.B. Seelhof, 1999.
19 Vgl. z.B. Kretschmer, 1999.
20 Vgl. z.B. KMV, 1999.
21 Bzgl. einer ausführlicheren Beschreibung siehe z.B. Wohlert, 1999.
22 Der Zustand des Ausfalls wird als ein spezieller Ratingzustand verstanden.

Literaturverzeichnis

Beinker, M.W., Deutsch, H.-P.: Die drei Hauptmethoden zur VaR-Berechnung im Praxisvergleich, in: Eller, Gruber, Reif (ed.): Handbuch Bankenaufsicht und Interne Risikosteuerungsmodelle, Schäffer-Poeschel Verlag, 1999.
Eller, R., Deutsch, H.P.: Derivate und Interne Modelle, Schäffer-Poeschel Verlag, 1999.
Gruber, W., Raskopf, R.: Die Behandlung von derivaten Zinsinstrumenten in der Kapitaladäquanzrichtlinie, in: Eller (ed.): Handbuch Derivater Instrumente, Schäffer-Poeschel Verlag, 1996.
Gruber, W. (a): Modifizierung der Standardverfahren des Grundsatz I zur Messung von Kreditrisiken, in: Eller, Gruber, Reif (ed.): Handbuch Kreditrisikomodelle und Kreditderivate, Schäffer-Poeschel Verlag, 1999.
Gruber, W. (b): Generierung von Zins-, Volatilitäts- und Ausfallstrukturkurven, in: Eller,

Gruber, Reif (ed.): Handbuch Bankenaufsicht und Interne Risikosteuerungsmodelle, Schäffer-Poeschel Verlag, 1999.

KMV, 1999: Modeling Default Risk, www.kmv.com.

Kretschmer, J.: CreditRisk$^+$ – Ein portfolioorientiertes Kreditrisikomodell, in: Eller, Gruber, Reif (ed.): Handbuch Kreditrisikomodelle und Kreditderivate, Schäffer-Poeschel Verlag, 1999.

McKinsey & Company, 1999: CreditPortfolioView: A Credit Portfolio Risk Measurement & Management Approach.

Reitz, S.: Vergleich verschiedener Value-at-Risk-Ansätze, in: Eller, Gruber, Reif (ed.): Handbuch Bankenaufsicht und Interne Risikosteuerungsmodelle, Schäffer-Poeschel Verlag, 1999.

Schlüter, P., Stratenwerth, C.: Berechnung der Grundsatz I – Eigenmittelunterlegung am Beispiel eines Musterportfolios, in: Eller, Gruber, Reif (ed.): Handbuch Bankenaufsicht und Interne Risikosteuerungsmodelle, Schäffer-Poeschel Verlag, 1999.

Seelhof, M.: Messung von Ausfallrisiken aus derivativen Instrumenten mit dynamischen Simulationstechniken, in: Eller, Gruber, Reif (ed.): Handbuch Kreditrisikomodelle und Kreditderivate, Schäffer-Poeschel Verlag, 1999.

Sievi, C.: Convex3-Mapping: Ein neues Mapping im Vergleich zu herkömmlichen Mapping-Methoden, 1998.

Wohlert, D.: Die Benchmark zur Messung von Kreditrisiken: JPMorgans CreditMetrics, in: Eller, Gruber, Reif (ed.): Handbuch Kreditrisikomodelle und Kreditderivate, Schäffer-Poeschel Verlag, 1999.

Strategieorientierte Simulation in der Gesamtbanksteuerung für Markt- und Kreditrisiko

Christoph Burmester*/Thomas Siegl**

Inhalt

Abstract

1. Einleitung

2. Bedingte Simulation
   2.1 Brown'sche Brücken in der Zinsmodellierung
   2.2 Poisson Brücken in der Modellierung von Kreditrisiko oder Neugeschäft
   2.3 Beispiele für Brown'sche Brücken

3. Simulationsbeispiel

4. Risikoadjustierte Kennziffern

5. Zusammenfassung

Anmerkungen

Literaturverzeichnis

---

[*] Dr. Christoph Burmester ist Manager bei der Financial & Commodity Risk Consulting Gruppe von Arthur Andersen, Frankfurt. Dr. Burmester beschäftigt sich hier mit der Konzeption und Implementation von ALM Konzepten sowohl für Banken als auch Versicherungen und Corporates.

[**] Dr. Thomas Siegl ist Gruppenleiter in der Abteilung Performance & Risiko Controlling Handelsgeschäfte bei der BHF-BANK AG, Frankfurt. Dort ist er für Risikoanalysen und Policies & Procedures zuständig.

Abstract

Im Gegensatz zu einer Risikominimierung müssen in einer ergebnisorientierten Banksteuerung gezielt Risiko-Positionen aufgebaut und strategisch gesteuert werden. Hierfür wird eine Prognose für die zukünftige Marktentwicklung benötigt. Wichtig ist, dass diese Prognose sich nicht auf eine rein statistische Betrachtung der zukünftigen Entwicklung – z.B. auf Basis impliziter Volatilitäten – beschränken darf. Vielmehr wird es notwendig, explizite Pfade für die antizipierte Marktentwicklung zu berücksichtigen.

In der vorliegenden Arbeit wird eine Methode vorgeschlagen, die einen Brückenschlag zwischen fest vorgegebenen und statistischen Szenarien erlaubt und *Pfadabhängigkeiten* berücksichtigt. Damit können z.B. Stop-Loss Strategien oder auch der Einsatz von derivativen Instrumenten einheitlich analysiert und verglichen werden. Die Methode ermöglicht nicht nur die Analyse des eingegangenen Risikos, sondern auch der prognostizierten Risikorendite.

Mit dieser Methode ist es zudem möglich, sowohl das *Marktpreisrisiko* als auch das *Kreditrisiko* der Gesamtbank zu modellieren. Dadurch, dass diese beiden Risikoklassen innerhalb der gleichen Methode behandelt werden, ist ein direkter Vergleich und das simultane Steuern der Risiken möglich.

1. Einleitung

Mit der allgemeinen Verbreitung der Finanzinnovationen hat sich auch das Absicherungsinstrumentarium in den letzten Jahren explosiv verändert. Viele ältere Konzepte können die hieraus entstandenen Risikoprofile – und damit auch die Wirkung von Steuerungsmaßnahmen – nicht mehr zufriedenstellend erfassen.

Die Gefahr besteht darin, dass die Ertrag/Risiko Beziehung unter dem Einsatz von unzureichenden Analysemethoden optimiert wird. Dies kann dazu führen, dass die Bank ihren Ertrag durch die Übernahme oder das Halten genau jener Risiken optimieren will, die mit den Risiko Management Konzepten unzureichend quantifiziert – d.h. in der Regel unterschätzt – werden.

Risiko Management Systeme, die das Risiko mit modernen Methoden quantifizieren, verwenden meist nur statistische (historische) Informationen. Sie liefern häufig nicht die Basis für eine strategieorientierte Entscheidungsfindung, die aber für die Gesamtbanksteuerung wiederum wichtig ist. Klassische Strategiefragen sind dabei

- die Ausgestaltung von Stop-Loss Limiten,
- die Ausrichtung von Neugeschäften,
- die Abwicklungsmodalitäten von notleidenden Krediten etc.

Für die Analyse solcher Abhängigkeiten müsste die zeitliche Entwicklung der Risikofaktoren über eine Vielzahl von Szenarien erfasst werden. Dies kann nur von dynamischen Simulationstechniken geleistet werden (Brammertz, 1997).

Die Pfadabhängigkeiten können nach direkten und indirekten Ursachen und bezüglich der Einflussmöglichkeit der Bank nach aktiv und passiv unterschieden werden (Tabelle 1). Abhängigkeiten zwischen Kredit und Marktzinsen, Kreditausfall-

Typ	Direkt	Indirekt
Passiv	Prepayment Optionen: Selbst bei Festzinsdarlehen sind die Cash-Flows über das Prepayment Modell an die Marktzinsen gekoppelt.	Neugeschäft: Je nach Marktzinsen gibt es z.B. Verlagerungen zwischen den langlaufenden und kurzen Krediten.
Aktiv	Optionsstrategie als Globalmaßnahme z.B. Swaptions, Caps/Floors	Stop–Loss Strategie, z.B. bezüglich Fristeninkongruenzen

Tab. 1: Beispiele, in denen Pfadabhängigkeiten im Bankgeschäft auftreten.

raten untereinander etc. werden dabei durch entsprechende Modelle abgebildet, auf die in diesem Artikel aber nicht näher eingegangen werden kann.

Ziel dieser Arbeit ist es, eine Methode zur vollständigen Berücksichtigung aller Pfadabhängigkeiten vorzustellen. Es wird die Frage gestellt, welche Werte eine Zielgröße (z.B. der Barwert) in der Zukunft, bspw. per Ultimo des nächsten Jahres, annehmen kann. Selbst wenn ein bestimmter Wert des Risikofaktors (Zins, Kreditqualität, etc.) unterstellt wird, kann die Zielgröße sehr unterschiedliche Werte einnehmen. Sie hängt davon ab, wie sich der Risikofaktor von seinem heutigen Wert zu seinem zukünftigen Wert entwickelt hat, d.h. entlang welches Pfades er sich bewegt hat.

Ausgehend von aktuellen Marktdaten liefert die hier vorgeschlagene Methode daher die Verteilung der Zielgröße bezogen auf den zukünftigen Auswertungszeitpunkt an dem eine bestimmte Marktsituation (= Szenario) eintritt. Wichtig ist, dass der Pfad für die Entwicklung des Risikofaktors dabei der oben genannten Randbedingung – er muss in dem vorgegebenen Szenario enden – unterliegt (vgl. hierzu »In Pfadabhängigkeiten sind Risiken versteckt«).

Dieser Ansatz steht im Gegensatz zu den klassischen Konzepten im Risiko Management, z.B. für die Berechnung eines Value-at-Risk. Dort werden die Pfade für die Risikofaktoren ohne Randbedingungen entwickelt. Die Simulation ohne Randbedingung ist für Gesamtbanksteuerungssysteme jedoch aus folgenden Gründen problematisch:

Prämissenrisiken: Der Trend-Parameter hat bei langfristigen Monte-Carlo-VaR-Simulationen einen großen Einfluss auf das Ergebnis. Der Schätzfehler bei der Bestimmung des Trend-Parameters müsste daher gerade bei den (langfristigen) Analysen sehr klein sein. Da dies nicht erreichbar ist, können die Simulationen instabil werden (vgl. auch Exkurs 1).

Strategische Fragestellungen: Monte-Carlo-VaR-Simulationen entwickeln gerade dort wenige Szenarien, wo die größte Gefahr droht (nämlich bei den seltenen, extremen Marktentwicklungen). Andererseits ist es eine Aufgabe der Gesamtbanksteuerung, die Bank insbesondere für diese Situationen abzusichern. Monte-Carlo-VaR-Simulationen liefern hierfür unzureichende Informationen.

Exkurs 1: In Pfadabhängigkeiten sind Risiken versteckt
Im Gegensatz zu Positionen im Handelsbuch werden die Positionen der Gesamtbank im Wesentlichen mit einer Buy-and-hold-Strategie eingegangen. Hieraus folgt unmittelbar, dass in der Gesamtbanksteuerung wesentlich längere Zeithorizonte als etwa im Risiko Management des Handelsbestandes antizipiert werden müssen. Es folgt, dass langfristige Analysen angewendet werden müssen (vgl. auch Einschub 2 zu diesem Thema).

Zusätzlich werden Optionen oftmals so eingesetzt, dass sie mit der Absicht der Ausübung eingegangen werden, um hierüber die *Bilanzstruktur* zu managen. Ein typisches Beispiel hierfür ist der Einsatz von Swaptions, um hierüber die Fristentransformation der Bilanz zu einem zukünftigen Zeitpunkt entweder kongruent schließen oder weiter offen lassen zu können. Dies steht im Gegensatz zu einem Handelsbuch, in dem Optionen i.d.R. mit Cash Settlement ausgestattet sind oder vorzeitig wieder verkauft werden.

Diese Unterschiede haben ausgesprochen starke Auswirkungen auf die anzuwendenden Methodiken, da durch das physical delivery und die langfristige Orientierung gravierende Pfadabhängigkeiten in das Risikoprofil getragen werden. Je nachdem, ob bspw. die Swaption geliefert hat oder nicht, befindet sich zu einem zukünftigen Zeitpunkt ein Swap im Portfolio der Makrosteuerung oder eben nicht. Der Asset & Liability Manager hat es somit aus heutiger Sicht mit zwei grundverschiedenen (möglichen) Strukturen in der Zukunft zu tun, nämlich einmal mit einer fristenkongruenten und einmal mit einer inkongruenten Refinanzierung.

Weitere Pfadabhängigkeiten werden z.B. durch *Embedded Options* eingeführt. Auch die sog. »administered rates«, die insbesondere im Retailbanking anzutreffen sind, führen zu Pfadabhängigkeiten. Bei den »administered rates« (Sparkonten, variabel finanzierte Baudarlehen, ...) legt die Bank in ihrem Ermessensspielraum fest, wann die Zinssätze wie einem Markttrend angepasst werden. Je nachdem, ob die Zinsen schnell oder langsam steigen, werden die Zinsen z.B. mehr oder weniger stark angepasst (Brouwer, 1998). Dies führt dazu, dass die Höhe der Marge z.B. von dem Pfad der Zinsentwicklung und nicht nur von dem Niveau des Marktzinses abhängig wird (Schwanitz, 1996).

Diese Pfadabhängigkeiten wirken sich auch auf das Ergebnis der Bank aus, und zwar sowohl auf eine barwertige P&L Rechnung als auch auf die Zinsüberschüsse. Da beide Größen aber im Fokus eines Asset & Liability Managements stehen, sollten diese Effekte im Rahmen einer dynamischen Simulation erfasst werden. Dies ist aber nur möglich, indem die Simulation neben dem zukünftigen Zinsniveau auch verschiedenste Wege zu diesem Niveau untersucht und simuliert.

Die in diesem Artikel vorgestellte Methode der *Brown'schen Brücken* ist hierzu in der Lage, da sie ein Ausgangsniveau mit einem Zielniveau des Risikofaktors (Zinssatz) verbindet. Die Verbindung geschieht dabei entlang einer statistischen Zinsentwicklung, d.h. verschiedenste Pfade werden berücksichtigt. Hierüber ist es möglich, die Abhängigkeit des Ergebnisses (Barwert in der Zukunft, Zinsüberschuss, P&L, ...) von dem Zinspfad (d.h. auf welchem Weg ist der Zins von dem heutigen Niveau auf das Zielniveau gekommen) darzustellen. Der Einfluss der Höhe des Zinsniveaus kann separat erfasst werden.

2. Bedingte Simulation

Die Standardsimulationsmethoden gehen von einem gegebenen *stochastischen Prozess* aus, den sie iterativ simulieren. Das heißt, dass ein Pfad ausgehend von einem Startwert zur Zeit 0 – der Dynamik des Prozesses folgend – durch einen Simulationswert nach dem anderen erzeugt wird. Jeder Wert baut auf dem Vorgängerwert auf.

Die bedingte Simulation geht von dem Grundprinzip aus, dass die Simulation zu einer Zeit T>0 einen Endwert X erreicht, die Werte in der Zeit 0,..., T werden so aufgefüllt, dass sie konsistent zum Endwert passen. Während die Simulation in der Standardmethode rein statistisch getrieben ist, kann die bedingte Simulation dazu verwendet werden, z.B. Zinsmeinungen oder endogene Einflüsse im Kreditrisiko zu modellieren.

Exkurs 2: *Langfristprognosen* irren in der Regel
In der Gesamtbanksteuerung werden Zeithorizonte betrachtet, die im Bereich von mehreren Monaten bis wenigen Jahren liegen. Dies sind Zeitspannen, die mit den gängigen statistischen Methoden nicht mehr erfasst werden können, da der Effekt des Trends des Risikofaktors nicht mehr ohne weiteres vernachlässigt werden kann.

Bei einer kurzfristigen Sichtweise ist die Verteilung für den Risikofaktor durch die Höhe der Volatilität dominiert. Der Trend verschiebt die Verteilung dagegen nur kaum, sodass er ohne weiteres vernachlässigt werden kann. Dies ist genau der Ansatz, der beim klassischen Value-at-Risk angewendet wird.

Bei einer langfristigen Betrachtung wird dagegen die Drift dominant. Wird diese falsch geschätzt, liegt die angegebene Verteilung quasi beliebig weit neben der tatsächlichen. Berücksichtigt man die Unsicherheit beim Schätzen der Drift, erhält man dagegen eine sehr breite Verteilung. Diese Verteilung wiederum ist kaum noch von der Volatilität abhängig sondern vom Fehler beim Schätzen des Trend Parameters.

In diesem Artikel wird daher folgender Ansatz gewählt:
Zunächst wird der Standpunkt eingenommen, dass man den Trend nicht genau schätzen kann. Es ist lediglich möglich, ein Intervall für den Trend Parameter anzugeben, in der die Drift liegen wird. Dieses Intervall wird im Rahmen einer Simulation nun systematisch abgetastet. Man erhält somit die Abhängigkeit des Ergebnisses von der Höhe des Trend Parameters, ohne an dieser Stelle eine Wahrscheinlichkeitsaussage über die Höhe des Parameters zu treffen.

Die Höhe der Volatilität wird in der Entwicklung der Pfade berücksichtigt. Je volatiler die Situation ist, um so stärker weichen die einzelnen Pfade voneinander ab, auch wenn sie in dem gleichen Zielwert enden (Technik der Brown'schen Brücken). Für jeden Pfad wird die Zielgröße, z.B. der Barwert der Bank, bestimmt. Obwohl alle Pfade in dem gleichen Niveau des Risikofakotrs enden, weist die Zielgröße eine bestimmte Breite durch die verschiedenen Pfade auf.

In einem letzten Schritt kann eine Gewichtungsfunktion verwendet werden, um die Ergebnisse für die unterschiedlichen Werte des Trend Parameters einzuordnen. Diese Gewichtungsfunktion spiegelt z.B. die subjektive, unsichere Erwartung bzgl. des Drift Parameters wieder. Es können hier, wie in dem Artikel ausgeführt, verschiedene Gewichtungsfunktionen verwendet werden.

2.1 Brown'sche Brücken in der Zinsmodellierung

Ohne auf die Details der Parameterwahl einzugehen[1], nehmen wir an, dass der Zinsprozess bereits mit allen Parametern spezifiziert ist. Um die Darstellung im Folgenden einfach zu halten, betrachten wir Einfaktormodelle und spezialisieren uns dabei auf das *Rendleman-Bartter-Modell*. Es ist ein Vorläufer des bekannteren Black-Derman-Toy-Modells, wobei der einzige Unterschied in der Restriktion auf konstante Parameter liegt (Hull, 1997). Die Dynamik der Zinsänderung[2] ist dann durch die stochastische Differentialgleichung

(1) $\quad dR_t / R_t = \mu \, dt + \sigma \, dW_t$

definiert, deren Lösung wie folgt gegeben ist:

(2) $\quad R_t = r_0 \exp((\mu - \sigma^2 / 2) t + \sigma W_t) \Rightarrow R_t$ ist lognormalverteilt.

Hier beschreibt W_t den *Wienerprozess* (Karatzas-Shreve, 1996). Hauptidee ist es nun, den Simulations-Zins (das Zinsszenario) r_T zu einer definierten Zeit T als Ergebnis eines solchen Zinsmodells anzusetzen. Wir schränken daher die Pfade des Wienerprozesses W_t durch die Randbedingung $R_T = r_T$ zum Zeitpunkt T ein. Setzt man an dieser Stelle den Wert r_T auf unwahrscheinliche, extreme Werte, erhält man gezielt eine Schar von Zinspfaden, die zu diesem »Stress Szenario« führen. Nun kann r_T systematisch innerhalb eines vorgegebenen Intervalls – inklusive extremer Situationen – variiert werden.

Die Forderung $R_T = r_T$ führt zu einer Bedingung an den Wienerprozess zur Zeit T derart, dass W_T gleich einem gegebenen w_T sein muss, welches aus der Modellgleichung (2) bestimmt werden kann:

(3) $\quad r_T = r_0 \exp\left((\mu - \sigma^2 / 2)T + \sigma W_T\right) \Rightarrow W_T = \underbrace{\frac{1}{\sigma}\left[\log\left(\frac{r_T}{r_0}\right) - (\mu - \sigma^2 / 2)T\right]}_{w_T}.$

Mathematisch sind diese Pfade für den Wienerprozess W_t, die an einer bestimmten Stelle enden, durch eine sogenannte (eindimensionale) Brown'sche Brücke[3] B_t ($t \in [0,T]$) definiert

$$B_t = w_0 + (w_T - w_0)\frac{t}{T} + W_t^* - \frac{t}{T}W_T^* \Rightarrow B_{t=0} = w_0, \; B_{t=T} = w_T$$

wobei $w_0 = 0$. Hierbei ist W_t^* ein von W_t unabhängiger Wienerprozess. Zur Simulation der Brown'schen Brücke müssen wir daher einen Wienerprozess auf einer dem Problem angepassten Unterteilung der Zeitachse $\{0 = t_0 < t_1 < \ldots, t_n = T\}$ konstruieren durch

- $W_0^* = 0$
- $W_{t_i}^* = W_{t_{i-1}}^* + \varepsilon \sqrt{t_i - t_{i-1}}$, $i = 1,\ldots,n$, wobei $\varepsilon \sim N(0,1)$ standard normalverteilt ist.

Die Brown'sche Brücke B_t wird nun anstatt des Wienerprozesses W_t auf $0<t<T$ verwendet.

$$r_t = r_0 \exp\left(\left(\mu - \frac{\sigma^2}{2}\right)t + \sigma B_t\right)$$

(4)
$$= r_0 \exp\left(\left(\mu - \frac{\sigma^2}{2}\right)t + \left[\log\left(\frac{r_T}{r_0}\right) - (\mu - \sigma^2/2)T\right]\frac{t}{T} + \sigma\left(W_t^* - \frac{t}{T}W_T^*\right)\right)$$

$$= r_0 \exp\left(\log\left(\frac{r_T}{r_0}\right)\frac{t}{T} + \sigma\left(W_t^* - \frac{t}{T}W_T^*\right)\right)$$

Ein wesentlicher Punkt hierbei ist aus Gleichung (4) zu sehen: die Drift µ kürzt sich durch den vorgegebenen Endpunkt heraus und kann das Ergebnis somit nicht mehr beeinflussen. Daher löst sich das grundsätzliche Problem des Schätzens instabiler Trends durch diese Methode von selbst. Durch das Generieren ausreichend vieler Pfade in einer Monte-Carlo-Simulation erhält man eine repräsentative Stichprobe der bedingten Zinsentwicklung bis zur Zeit T unter der Bedingung $R_T = r_T$, die zur Analyse von Strategien und derivativen Instrumenten herangezogen werden kann. Bei der Implementation einer solchen Methode ist zusätzlich darauf zu achten, ob innerhalb des Simulationszeitraumes kritische Situationen auftreten, wie z.B. die Liquiditätsengpässe im Fall der Metallgesellschaft (Hull, 1997).

2.2 Poisson Brücken in der Modellierung von Kreditrisiko oder Neugeschäft

Während die Brown'sche Bewegung für viele stetige Prozesse als treibende Kraft gesehen werden kann (Karatzas-Shreve, 1996), wird der *Poisson Prozess* auf einer Zeitskala t_i

- $N_0 = 0$
- $N_{t_i} = N_{t_{i-1}} + \text{Poisson}(\lambda(t_i - t_{i-1}))$, $i = 1,\ldots,n$, wobei Poisson die Poissonverteilung ist.

häufig für unstetige Anteile von stochastischen Prozessen verwendet. In seiner einfachsten Form zählt er Ereignisse. Damit eignet er sich auch für die Schadensereignisse in der Versicherungsmathematik oder Kreditausfälle bzw. den Zugang von Neugeschäft im Bankgeschäft. Die Einsatzmöglichkeiten des Poissonprozesses sind dabei sehr weitreichend. So lassen sich z.B. die Übergange zwischen Bonitätsklassen (Credit-Migration-Matrix) im zeitstetigen Fall durch mehrdimensionale Poissonprozesse darstellen (Jarrow-Lando-Turnbull, 1997).

Die wesentlichen mathematischen Eigenschaften des Prozesses:

- Die Zukunft des Prozesses hängt nicht von der Vergangenheit ab, sondern nur von der Gegenwart. Unabhängig davon wie lange kein neues Ereignis mehr auftrat, sieht die Verteilung der zukünftigen Ereignisse immer gleich aus.
- Der Poissonprozess verfügt nur über einen Parameter, die Intensität(λ)=1/Frequenz(f).
- Die Zwischenereigniszeiten sind exponentialverteilt mit Parameter λ. Unter der Bedingung $N_T=n$ sind die Ereigniszeiten für die Ereignisse $i = 1,\ldots, n$ unabhängig

gleichverteilt mit U(0,T), wobei das i-te Ereignis gleich dem i. kleinsten von den n Ziehungen aus U(0,T) ist.

Beobachtet man z.B. in der Historie eine durchschnittliche Kredit Ausfallrate von $\lambda_{AA} = 0{,}05\%$ pro Jahr für Ratingstufe AA, so entspricht dies einer Frequenz von $f = 1/2000$ Jahren. Eine Anzahl von N unabhängigen Kontrakten dieser Ratingstufe hat dann die Ausfallintensität $N\,\lambda_{AA}$.

Die Abhängigkeit zwischen Kreditausfällen verschiedener Adressen kann über verschiedene Techniken modelliert werden. Die aus der Literatur bekannte Technik der Kreditausfallkorrelationen hat in einer Ereignisorientierten Simulation keine direkte Entsprechung. Andere Techniken sind jedoch verfügbar und werden teilweise erfolgreich in der Versicherungsmathematik eingesetzt. Im Folgenden soll eine einfache Form dargestellt werden, die z.B. im Retailgeschäft sinnvoll sein kann.

Seien im Folgenden B unabhängige Blöcke von Krediten identifiziert. Jeder der Blöcke enthält voneinander symmetrisch abhängige Kredite, d.h. unter der Bedingung, dass ein Kreditereignis (z.B. Firmenschließung für die Arbeitnehmer, Gesetzesänderungen für bestimmte Berufsgruppen etc.) auftritt, benötigen wir für Block $b = 1,\ldots,B$ die Wahrscheinlichkeit $p_k(b)$, dass k Kredite gleichzeitig ausfallen, und die Intensität λ_b von Ausfallereignissen eines Poissonprozesses für diesen Block. Dann folgen die Ausfallereignisse auf Gesamtbankebene über alle B Blöcke wieder einem Poissonprozess mit Intensität $\lambda = \lambda_1 + \ldots + \lambda_B$.

Damit können Kreditausfälle auf Gesamtbankebene simuliert werden. Die ursprünglichen Prozesse können dann pro Ereignis auf Bankebene auch wieder zurückgewonnen werden, indem der Block b, zu dem ein Ereignis gehört, aus einer diskreten Verteilung mit Wahrscheinlichkeit λ_b/λ gezogen wird. Mit der Information über das Ereignis in einem Block kann dann die Anzahl k der Ausfälle aufgrund dieses Ereignisses mit der diskreten Verteilung $p_k(b)$ gezogen werden. Der Vorteil dieser Zerlegung besteht darin, dass Strategien oder Szenarien auf Gesamtbankebene für die Gesamtanzahl oder auch für einzelne Komponenten analysiert werden können.

Da Kreditausfälle im Gegensatz zu den exogen definierten Marktzinsen zumindest teilweise endogen sind, können Unternehmensstrategien durchaus zu verschiedenen Verteilungen der Kreditausfälle führen. Außerdem ist auch die Akquisition von Neugeschäften aktiv steuerbar.

2.3 Beispiele für Brown'sche Brücken

Die folgenden Abbildungen zeigen die Entwicklungen von Zinspfaden für die Zinsszenarien (oder je nach Interpretation Zinsmeinungen) 3% und 10% für das Jahr 2003 aus Sicht Anfang 2000 für ein angenommenes aktuelles Zinsniveau von 3% und einer Volatilität von 25% bzw. 10% p.a. Die stochastische Entwicklung sowie die Schwankungsbreite der Zinspfade sind deutlich zu sehen. Jeder Pfad endet im vorgegebenen Zinsszenario, entwickelt sich aber bis dahin gemäß einem Zinsstrukturmodell. Intuitiv ausgedrückt, stellt die Brown'sche Brücke eine stochastische Interpolation der Zinsszenarien in der Zeit dar.

In der folgenden Abbildung 2 wird die Entwicklung der Anzahl der Kreditausfälle für die Kreditszenarien 30 und 100 Ausfälle bis zum Jahr 2003 aus Sicht Anfang 2000

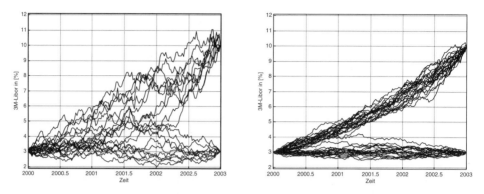

Abb. 1: Zinsszenarien aus Gleichung (4) für Volatilität [p.a.] σ = 25% (links) und 10% (rechts): Start $r_0 = 3\%$ in 2000, Ende $r_T = 3\%$ bzw. 10% in T=2003.

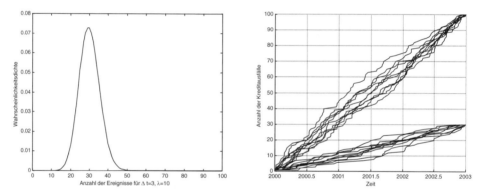

Abb. 2: Kreditausfälle mit Poissonprozess für Start $n_0 = 0$ in 2000, Ende in T = 2003. Bedingte Simulation mit $n_T = 30$ bzw. 100 rechts, die Dichteverteilung für $\lambda = 10$ links.

dargestellt. In einem zweiten Simulationsschritt können konkrete Kontrakte aus den offenen Krediten gewählt werden, um die Portfolioveränderungen zu zeigen. Die stochastische Entwicklung sowie die Schwankungsbreite der Pfade sind wieder deutlich zu sehen. Jeder Pfad endet im vorgegebenen Szenario, entwickelt sich aber bis dahin gemäß einem Poissonprozess.

3. Simulationsbeispiel

Als Beispiel betrachten wir eine *Asset-Liability Simulation* für einen fixen Kredit zu 5% p.a. mit quartalsweiser Zinszahlung, Laufzeit bis 2004, der mit 3M-Libor refinanziert wurde. Als einziger Risikofaktor wird ein Parallelshift (Einfaktormodell) der Zinskurve angenommen. Alle Cash-Flows werden zunächst als sicher angenommen.

Um die Zinsentwicklung bis zum Simulationszeitpunkt zu beschreiben, verwenden wir das Modell der Brown'schen Brücke mit einer Volatilität von 25% und generieren 1000 Pfade für 50 äquidistante Zinsszenarien für einen Parallelshift von −1% bis +4%. Die Simulation wird am 1.1.2000 für das 1. Quartal 2003 (Auswertungszeitpunkt) durchgeführt. Wir betrachten sowohl den Zinsüberschuss in dem 1. Quartal 2003 als auch die barwertige P&L per 1.1.2003.

Gesucht wird eine Hedge-Strategie, die die Bank vor Verlusten aus der fristeninkongruenten Refinanzierung schützt. Folgende Strategien sollen beispielhaft diskutiert werden:

a) **Optionales Schließen:** Swaption mit Fälligkeit 2002 auf Pay-fixed-Swap mit 2 Jahren Laufzeit und Strikerate 4% zum Preis von ca. 2%. Bei dieser Strategie wird das Portfolio nur dann fristenkongruent geschlossen, wenn die Swaption bei Ausübung im Geld ist und den Underlying Swap ins Portfolio liefert. Ansonsten bleibt die fristeninkongruente Struktur bestehen. Der Preis wird auf die Laufzeit abgegrenzt.

b) **Stop-Loss-Strategie:** Das Geschäft wird geschlossen, sobald die Swaprate über der fixen Rate des Darlehens abzüglich 50 bp liegt (d.h. in unserem Beispiel bei 4,5%).

Die für alle Strategien benötigte Swaprate sollte aus einem Mehrfaktormodell generiert werden, was allerdings den Rahmen dieses Artikels sprengen würde. Wir betrachten daher ein vereinfachtes Modell, in dem sich die Simulations-Parswaprate $Y_t(\tau)$ für die Restlaufzeit τ aus der Zero-Kurve $y_t(\tau)$ zur Zeit t ergibt. Die Zero-Kurve zur Zeit t wird durch einen konstanten Spread auf der Basis der Entwicklung des 3M-Libor

$$y_t(\tau) - y_0(\tau) = R_t - r_0 \Rightarrow y_t(\tau) = R_t + y_0(\tau) - r_0$$

aus der Ursprungskurve gewonnen. Wir verwenden in unserem Beispiel eine normale Zinsstrukturkurve mit 3% im kurzen Ende bis 4% im langen Ende.

Das Simulationsergebnis für die Strategie a) ist in Abbildung 3 gezeigt. In der Grauskala sind häufige Ereignisse dunkel, seltenere heller hinterlegt. Die Swaption führt offensichtlich zu einer Aufspaltung des Risikoprofils (Abbildung 3 links). Der horizontale Ast des Profils resultiert aus den Fällen, in denen die Swaption ausgeübt wurde und die Position somit geschlossen wurde. Der diagonale Ast resultiert aus den Fällen, in denen die Swaption wertlos verfiel. Je extremer die Simulationsrate r_T von dem Strike der Swaption abweicht, desto unwahrscheinlicher wird eine ex-post suboptimale Ausübung.

In Abbildung 3 rechts ist als Zielgröße die barwertige P&L per 2002 gezeigt. Barwert und Zinsüberschüsse -verluste in den Vorperioden werden durch einen verzinsten Cash-Account berücksichtigt. Dies zeigt sich durch Ausschmieren der Verteilung bis hin zu Verlusten bei hohem Zinsniveau. Für die Verluste sind »unglückliche« Zinspfade verantwortlich: Zum Zeitpunkt der Ausübung der Swaption waren die Zinsen niedrig, woraufhin die Swaption wertlos verfallen ist. In der Folgezeit sind die Zinsen aber deutlich gestiegen, wodurch die (nicht geschlossene) Fristeninkongruenz zu Verlusten führt. Die Swaption ist also kein idealer Hedge.

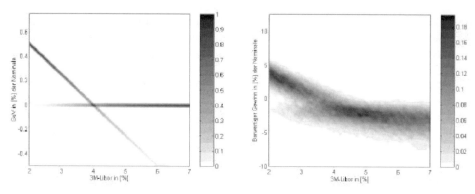

Abb 3: Hedge-Strategie a) mit Swaption

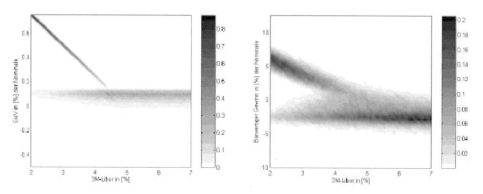

Abb. 4: Stop-Loss-Strategie b) Position schließen, wenn die Swaprate > 4.5%

Allerdings wird der Barwert und damit auch die P & L durch die Maßnahme »Swaption« im Mittel offensichtlich stabilisiert.

In der Stop-Loss Strategie b) bleibt ein Rest des Gewinnprofils der *Fristeninkongruenz* erhalten, da die Position nicht immer geschlossen wird. Sie wird vielmehr nur geschlossen, wenn die Swaprate am Monatsende über der fixen Rate des Darlehens weniger der Mindestmarge von 50bp liegt. Da aber auf Zinsänderungen nicht kontinuierlich reagiert werden kann, wird die Mindestmarge von 50bp nicht immer realisiert. Dies führt zu der Ausschmierung der P&L Situation (Abbildung 4).

Kreditrisikosimulationen können entweder getrennt oder kombiniert mit der Zinssimulation durchgeführt werden. Bei der Kombination können wir entweder eine Kombination bedingter Simulationen durchführen, oder eine Dimension bedingt und die anderen Dimensionen durch Standard Methoden simulieren. Da wir nun auch das Kreditrisiko simulieren, sind Kredit Cash-Flows somit risikobehaftet. Daher müssen wir auch die erwartete Ausfallrate und die Risikoprämie in Form eines Spreads über dem Referenzzins modellieren. Hiermit wird im Vergleich ein positiver erwarteter Ertrag erzeugt, und die Gewinnkurven somit in den positiven Bereich verschoben.

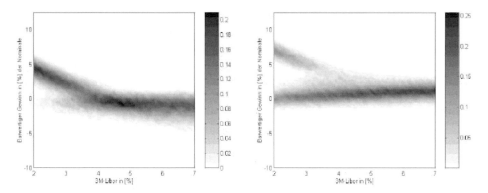

Abb. 5: Strategien a) und b) mit Simulation von Kreditausfällen und Neugeschäft

Wir verzichten zum Zweck einer ökonomischeren Darstellung auf eine komplette Modellierung eines Kreditportfolios sowie der Abhängigkeiten. Eine vollständige Kreditsimulation würde aber durchaus ähnlich zum hier vorgezeigten Ablauf funktionieren. Im vorliegenden Beispiel nehmen wir an, dass ein Portfolio von 1000 identischen Krediten (Bedingungen wie im vorangegangenen Beispiel) existiert. Die Ausfälle verhalten sich dann gemäß einem Poissonprozess mit einer Intensität von 100/Jahr und haben eine Recovery Rate von 90%. Außerdem werden auch Neugeschäfte mit einem Poissonprozess der Intensität 100/Jahr generiert. Um die Interpretation zu vereinfachen ist die Fälligkeit der Neukredite identisch mit den anderen Kontrakten, der Kreditzins ist gleich dem Simulationszins zum Aquisitionszeitpunkt plus einem konstanten Spread. Die Refinanzierung der Kreditausfälle endet mit dem Ausfall, neue Kredite werden bei Aquisition neu refinanziert. Auch hier geschieht die Refinanzierung wieder mit 3M-Libor. Bei der Interpretation der Ergebnisse fällt der hohe Grad der Diversifikation des Beispiel Portfolios auf, die Kurven sind kaum breiter gestreut als zuvor. Allerdings fällt der geringere Spielraum in der Zinsdifferenz (sie enthält nun auch den Spread) bei der Stop-Loss-Strategie auf, während die Swaption-Strategie a) davon kaum berührt wird.

Die Simulationsmethode kann Ereignisse und langfristige Strategien objektiv durch eine bedingte Wahrscheinlichkeitsverteilung beurteilen. Die Verteilung gibt dabei zunächst keine Aussage über die Wahrscheinlichkeit, mit der ein Endszenario erreicht wird, sondern eine Verteilung der Barwerte resultierend aus den verschiedenen Pfaden mit denen das Endszenario erreicht wird. Die Beispiele zeigen, dass verschiedene Strategien zu unterschiedlichen Verteilungen führen. Wie können diese untereinander verglichen werden? Ein sehr interessanter Ansatz bietet sich durch die im Folgenden diskutierten risikoadjustierte Ertragswertkonzepte.

Exkurs 3: Gesamtbanksteuerung der Zins- und Ausfallrisiken
Die Motivation für eine simultane Simulation der Zins- und der Ausfallrisiken soll hier an zwei Beispielen gezeigt werden:
a) Im Massengeschäft soll das Portfolio aus mehreren Tausend Adressen bestehen, die alle dem gleichen Rating zugeordnet werden und insofern der gleichen Ausfallstatistik unterliegen.

In diesem Fall können die Refinanzierungskosten gesenkt werden, indem die Fristenstruktur unter Berücksichtigung des Ausfallprozesses aufgebaut wird. Hierzu wird der Ausfallprozess auf der Aktivseite simuliert. Da es sich gem. Annahme um sehr viele Geschäfte auf der Asset Seite handelt, kann das Gesetz der großen Zahl angewendet werden. Dies hat zur Folge, dass tatsächlich x_1% der Assets nach 1 Jahr, x_2% des Assets nach 2 Jahren usw. ausfallen werden. Der Effekt lässt sich z.B. über das Delta bzw. die Duration der Aktivseite bestimmen, wenn man bei der Bewertung der Modelle unter Berücksichtigung des Ausfallrisikos einsetzt (Deventer-Jarrow, 1998). Die Duration verkürzt sich dabei, wenn das Ausfallrisiko berücksichtigt wird.

Dies kann direkt auf die Passivseite übertragen werden, indem die Assets, die schon in einem Jahr ausfallen werden, auch nur über dieses 1 Jahr refinanziert werden usw. Dadurch wird ein bestimmter Anteil der langlaufenden Assets nur kurzfristig refinanziert. Die Höhe des Anteils der kurz refinanzierten Assets spiegelt dabei deren Ausfallwahrscheinlichkeit wieder.

Es wird somit eine Situation aufgebaut, die unter Berücksichtigung des Ausfallrisikos kongruent ist, während sie ohne das Ausfallrisiko inkongruent wäre. Da die Passivseite effektiv verkürzt wird, sinken die Refinanzierungskosten (normale Zinskurve unterstellt).

b) Das haftende Eigenkapital der Bank ist vollständig alloziert. Für die Geschäftsplanung steht nun zur Diskussion, ob das Ausfallrisiko zu Lasten des Zinsrisikos erhöht werden soll. Um diese Frage beantworten zu können, muss das Zins- und das Ausfallrisiko auf einer vergleichbaren Skala simuliert werden. Dies ist z.B. mit der hier vorgestellten Methodik möglich. Über *Risk-Adjusted-Performance-Measures* können die Risikopositionen und die antizipierten Gewinne klassifiziert werden. Der Vergleich der Risk-Adjusted-Performancekennziffern erlaubt es dann, die Alternativen für die Eigenkapitalallokation in eine Reihenfolge zu bringen.

Dies schafft die Basis für eine optimierte Eigenkapital Allokation zwischen den verschiedenen Risikoklassen.

4. Risikoadjustierte Kennziffern

Um die Methode als Basis einer Entscheidungsfindung zu nutzen, müssen aus den Simulationsergebnissen Kennziffern abgeleitet werden, die einen Vergleich der verschiedenen Strategien auf einer einheitlichen Skala erlauben. Hierzu werden in einem ersten Schritt die verschiedenen Szenarien gewichtet. Solch eine Gewichtung ist immer zu einem Teil subjektiv und sollte daher z.B. im ALCO abgestimmt werden.

Eine solche Gewichtungsfunktion könnte z.B. eine (unscharfe) Prognose widerspiegeln, die als Basis für die Positionierung der Bank dient. Eine andere Gewichtung könnte einem ökonometrischen Modell entsprechen. Eine weitere Gewichtung könnte einem Stresstest dienen. Die k-te Gewichtung wird durch die normierten Gewichte $w_i^{(k)}$ formuliert, wobei $\sum_i w_i^{(k)} = 1/n$ über alle Einzelszenarien i und deren n Pfade. Siehe die Darstellung von Zinsszenarien in Abbildung 6.

Daraus ergibt sich für jedes konsolidierte Szenarioergebnis eine Verteilung der P&L, die als Wahrscheinlichkeitsverteilung interpretiert werden kann. Gewisse Klas-

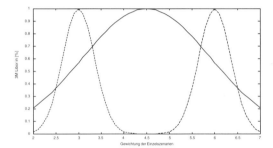

Abb. 6: Zinsgewichtungen auf den definierten Zinsszenarien

sen solcher Verteilungen sind dabei automatisch zum verwendeten Modell konsistent. Die entsprechenden Verteilungen resultieren dann aus dem Modell durch die Berücksichtigung von zusätzlicher Information z.B. in Bezug auf die *Trendschätzung* oder den Endwert. In diesem Sinne entspricht jede Gewichtungsfunktion einer Prognose bzw. einer Sicht der Zinsentwicklung. Durch die Berücksichtigung mehrerer auch komplementärer Sichten kann die *Modellabhängigkeit* von Entscheidungen reduziert werden.

Der konsolidierte prognostizierte Gewinn sowie das prognostizierte Risiko (interpretiert als Quantil analog zum VaR) ergeben sich dann durch die gewichteten Einzelergebnisse pro Pfad:

$$\text{Gewinn}^{(k)} = \sum_{i,n} (PV(i,n) - PV(heute))\, w_i^{(k)}$$

$$\text{Risiko}^{(k)} = \min \left\{ x : \left(\sum_{i,n} w_i^{(k)} \right) < \alpha \wedge PV(i,n) - PV(heute) < x \right\}$$

Mit diesen beiden konsolidierten Größen lassen sich jetzt risikoadjustierte Kennzahlen einführen mit denen die Ergebnisse für verschiedene Strategien verglichen werden können. Im Gegensatz zur üblichen Definition arbeiten wir hier mit prognostizierten Gewinnen, die bekannten Konzepte für risikoadjustierte Kennziffern (RORAC, Sharpe Ratio, ...) können allerdings eingesetzt werden. Um die Idee zu konkretisieren definieren wir eine einfache Kennzahl:

$$\text{RAPM}^{(k)} = (\text{Gewinn}^{(k)} - \text{Risiko}^{(k)}) / \text{Nominale}.$$

Exemplarisch zeigt Tabelle 2, dass je nach Sicht verschiedene Strategien optimal sind. Dabei fällt ein wesentlicher Punkt auf: Gewinn und Risiko werden unter den selben *Gewichtungsfunktionen* gerechnet. Das hat allerdings weitreichende Konsequenzen. Insbesondere das ausgewiesene Risiko ist eine Funktion der Gewichtungsfunktion und somit keine objektive Größe mehr. Zweck dieser Arbeit ist jedoch, gerade auch diese Abhängigkeit explizit zu machen. Im Folgenden wollen wir dann auch darstellen, wie man verschiedene Prognosen in eine Entscheidung einfließen lassen kann.

Wenn man sich daher bei einer Entscheidung nicht nur auf eine Sicht verlassen will, sondern eine optimale Kombination aller Sichten finden möchte, muss man aus

RAPM für das Beispiel (Abbildung 6)	Strategie a)	Strategie b)
Positionierung (gepunktete Linie)	0,2134	0,3906
Ökonometrisches Modell (durchgezogene Linie)	–0,5261	–0,1733
Worst Case (gestrichelte Linie)	–1,3069	–1,1190

Tab. 2: RAPM der Strategien für unterschiedliche Gewichtungsfunktionen

diesen Kenngrößen nochmals eine aggregierte Größe ableiten. Dazu können verschiedene Methoden eingesetzt werden:

- Eine Gewichtung der RAPM-Größen nach Zinssicht. Zu optimieren ist der RAPM-(Gesamt) = $G^{(1)}$ RAPM$^{(1)}$ + $G^{(2)}$ RAPM$^{(2)}$ + $G^{(3)}$ RAPM$^{(3)}$.
- Verwendung einer RAPM-Größe bei Limitierung der anderen, z.B.: Zu optimieren ist RAPM$^{(1)}$ unter der Bedingung RAPM$^{(2)}$ > MIN$^{(2)}$, RAPM$^{(3)}$ > MIN$^{(3)}$.
- Optimierung einer einzelnen RAPM-Größe unter Limitierung des Risikos in den anderen Sichten.

Auf diese Weise wird der Gesamtbanksteuerung ein robustes und konsistentes Entscheidungskriterium für die Wahl von Anlage- und Hedge-Strategien gegeben. Hierbei wird z.B. auf die problematische Trend-Prognose von Risikofaktoren Rücksicht genommen. Dies ist ein wesentlicher Vorteil gegenüber klassischen Value-at-Risk-Ansätzen, die implizite Annahmen zur Wahl des Trendparameters machen. Der RiskMetrics-Ansatz (J.P. Morgan, 1996) kann sich aufgrund der geringen Haltedauern des Problems entledigen, indem der Trend gleich Null gesetzt wird. LongRun (RiskMetrics-Group, 1999) verwendet *ökonometrische Prognosen*. Andere Methoden setzen den Trend unrealistisch als risikoneutralen Drift an oder verlangen die instabile statistische Schätzung. Langzeitprognosen sind aber wesentlich von der Wahl des Trends beeinflusst, während kurzfristig orientierte Ansätze im ALM zu vergleichsweise suboptimalen Ergebnissen führen (Bielecki, Pliska, 1998). Die in dieser Arbeit vorgeschlagene Simulation unter komplementären Sichten erlaubt dabei den transparenten Umgang mit verschiedenen Prognosen/Sichten und erschließt damit die Simulation auch als Hilfsmittel zur bewussten Positionierung gegenüber Zinsänderungen.

5. Zusammenfassung

Die hier vorgestellte Methode bedeutet einen Brückenschlag zwischen bisher getrennten Konzepten mit Hilfe von konsistenten Modellannahmen. Die Vorteile der stochastischen Methode (Stichwort Value-at-Risk und Interne Modelle) auf der einen Seite und die Vorteile der ALM und *Stress/Szenariomethoden* auf der anderen Seite werden miteinander verbunden. Die Monte-Carlo-Methode als klassischer Value-at-Risk-Ansatz wird auch hier verwendet, allerdings unter der Maßgabe, dass die erzeugten Pfade konsistent zu festen Szenarien passen. Damit werden die Vorteile beider Methoden kombiniert. In den Szenarien sind keine starren Annahmen über die zeitliche Entwicklung der Risikofaktoren mehr nötig. Außerdem werden auch extreme, unwahrscheinliche Szenarien abgebildet.

Neben den Informationen aus den daraus resultierenden Risikoprofilen können die Pfade – verschieden gewichtet – aggregiert werden. Die Simulation zielt dann darauf ab, aus den verfügbaren aktiven Strategien diejenigen zu wählen, die risikoadjustierte Ertragsmaße optimieren. Hierbei entsteht eine Abhängigkeit der Ergebnisse von der Wahl der Gewichtung (Prognose). Als Lösungsansatz sehen wir die Wahl komplementärer Gewichtungen, die in der Optimierung berücksichtigt werden.

Da die Methode von simulierten Cash-Flows ausgeht, kann neben dem Marktpreisrisiko auch das Ausfallrisiko berücksichtigt werden. Damit können diese zwei Risikoklassen, die völlig unterschiedlichen statistischen Prozessen unterliegen, auf einer einheitlichen Basis untersucht werden. Die Ergebnisse sind direkt miteinander vergleichbar.

Dies führt dazu, dass die so gewonnenen Analysen z.B. für die Optimierung der Eigenkapital Allokation verwendet werden können. Zusätzlich kann die *Fristenstruktur* der Bank unter Berücksichtigung des Ausfallrisikos optimiert werden, was bei einer normalen Zinsstruktur zu einer Reduzierung der Refinanzierungskosten führt.

Anmerkungen

1 Für die hier relevanten Zwecke können die Parameter z.B. aus der Historie geschätzt werden (Chan et al., 1992), sie werden dann in geeigneter Weise in die Zukunft extrapoliert. Durch die Verwendung von Brown'schen Brücken müssen allerdings nicht alle Parameter geschätzt werden.
2 Hiermit ist die Short-Rate gemeint (also die Overnight-Rate). Das Modell kann jedoch durchaus für längerfristige Zinsen (z.B. 3M-LIBOR) verwendet werden. Die restliche Zinskurve kann im einfachsten Fall durch einen Parallelshift aus der heutigen Kurve entwickelt werden.
3 Eine exzellente Abhandlung zur Theorie der Brown'schen Bewegung und der Brown'schen Brücke findet sich in Karatzas-Shreve (1996) S. 358 ff.

Literaturverzeichnis

Bielecki, T.R.; Pliska, S.R. (1998). Risk-Sensitive Dynamic Asset Allocation, in Asset & Liability Management, Risk Books, London.
Brammertz, W. (1997). Simulationstechniken für Finanzinstitute (I), Die Bank, 1/97.
Brouwer, T. (1998). Bewertung und Steuerung variabler Gelder, Die Bank, 1/98.
Chan, K. C.; Karolyi, A.; Longstaff, F. A.; Sanders, A. B. (1992) An Empirical Comparison of Alternative Models of the Short-Term Interest Rate, Journal of Finance, 47, 3, 1209–1227.
Hull, J.C. (1997). Options, Futures, and other Derivatives, Prentice Hall, New Jersey.
Jarrow, R.; van Deventer, D. (1998). Integrating interest rate risk and credit risk in ALM, in Asset & Liability Management, Risk Books, London.

Jarrow R.A.; Lando, D.; Turnbull S.M. (1997). A Markov Model for the Term Structure of Credit Spreads, The Review of Financial Studies, 10, 2, 481–523.

J.P. Morgan (1996), RiskMetrics, Technical Document, 4th Edition.

Karatzas, I.; Shreve, S.E. (1996). Brownian Motion and Stochastic Calculus, Springer, NY.

RiskMetrics Group (1999). LongRun, Technical Document, 1st Edition.

Schwanitz, J. (1996). Elastizitätsorientierte Zinsrisikosteuerung in Kreditinstituten, Fritz Knapp Verlag, Frankfurt a.M.

Gesamtbanksteuerung aus makroökonomischer Sicht
Stefan Zmarzly*

Inhalt

1. Einführung

2. Binnenwirtschaftliche Wachstumseffekte
    2.1 Güter- und finanzwirtschaftliche Wechselwirkungen
    2.2 Bankenproduktivität und endogenes Wirtschaftswachstum
    2.3 Realwirtschaftliche Übertragung von Bankinnovationen

3. Außenwirtschaftliche Integrationseffekte
    3.1 Grenzüberschreitender Technologietransfer
    3.2 Internationale Arbeits- und Risikoteilung
    3.3 Bankentechnologie und Kapitalmobilität

4. Erfolgsbedingungen wirksamer Gesamtbanksteuerung
    4.1 Komparative Wettbewerbsvorteile
    4.2 Organisatorische Anpassungsflexibilität

5. Schlussbemerkungen

Anmerkungen

Literaturverzeichnis

---

* Dr. Stefan Zmarzly ist verantwortlich für das Risikocontrolling bei einem Spezialkreditinstitut in Frankfurt/M. und war zuvor Projektleiter zur Umsetzung der Mindestanforderungen an das Betreiben von Handelsgeschäften bei den Mitgliedsinstituten eines Regionalverbandes der Sparkassenorganisation.

1. Einführung

Innovative Gesamtbanksteuerung zeichnet sich derzeit durch drei Merkmale aus: einen verbreiteten Derivateeinsatz, den Übergang von handelsrechtlich orientierten zu zahlungsstrombasierten Steuerungstechnologien und eine hohe Kapitalintensität der Risikomanagement- und Risikocontrolling-Systeme. Diese Entwicklung ist im Grundsatz nicht ungewöhnlich. Derivative Finanzgeschäfte waren bereits in den Finanzzentren früherer Jahrhunderte verbreitet, die betriebswirtschaftliche Investitionsrechnung beruht traditionell auf Zahlungsströmen[1], und eine hohe Kapitalintensität ist Kennzeichen jeder industriellen Massenproduktion in entwickelten Volkswirtschaften. Ungewöhnlich ist hingegen das gegenwärtig hohe Entwicklungstempo, der damit einhergehende rasche Strukturwandel an den Märkten und die hohen Umstellungsanforderungen, die hieraus für die Praxis resultieren. Aus makroökonomischer Sicht ist von Interesse: Welche Auswirkungen hat die hohe Innovationsdynamik im Bankensektor auf die zentralen und in verschiedenen Gesetzen verankerten gesamtwirtschaftlichen Ziele Preisniveaustabilität, angemessenes Wirtschaftswachstum und hoher Beschäftigungsstand? Die gesamtwirtschaftliche Perspektive kann auch auf Institutsebene von Interesse sein. Erhebliche Investitionen in Fachwissen und DV-Technologie sind notwendig, um mit den aktuellen Entwicklungen Schritt zu halten und die Risiken aus neuartigen Derivategeschäften zu kalkulieren. Die Unsicherheiten für Investitionsvorhaben verringern sich, wenn mit den gegenwärtigen Innovationen auch makroökonomische Vorteile verbunden sind. Sie werden sich dann mit höherer Wahrscheinlichkeit schneller als überlegene Lösungen am Markt durchsetzen. So entstünden *Geschäftsrisiken*, wenn im Innovationsprozess der Anschluss verloren wird und dadurch der Konkurrenz wachstumsträchtige Geschäftsfelder überlassen werden.

In diesem Beitrag bleiben aufsichtsrechtliche Fragen der Bankensicherheit und Systemrisiken ausgeklammert. Ausgegangen wird quasi vom einem Normalszenario unter der Prämisse, dass die notwendige Infrastruktur für mögliche Krisensituationen vorgehalten wird. Der Schwerpunkt liegt analog zur betriebswirtschaftlichen Sicht nicht auf einer einseitigen Risikoorientierung, die bei konsequenter Anwendung Risikominimierung und folglich Minimierung der wirtschaftlichen Leistungsfähigkeit bedeuten würde.[2] Im Vordergrund steht mit den Innovationsauswirkungen auf die Funktions- und Leistungsfähigkeit der Kreditwirtschaft eine Zielsetzung, die neben Gläubigerschutz und Bankensicherheit auch dem deutschen Kreditwesengesetz zugrunde liegt. Von den verbleibenden Fragestellungen hat die erste, die hier nur kurz behandelt werden soll, geldpolitischen Charakter und betrifft das Ziel der *Preisniveaustabilität*. Als Ergebnis der hierüber schon länger geführten Diskussion kann man festhalten, dass Zentralbanken trotz des Strukturwandels an den Finanzmärkten in der Lage sind, destabilisierende Inflationsprozesse zu vermeiden.[3] Nach einer bei der Schweizerischen Nationalbank entstandenen Untersuchung sind Finanzinnovationen normalerweise sogar geeignet, die Widerstandskraft der Finanzmärkte gegen Schockeinflüsse zu stärken. Dadurch verringern sich die Kosten der Inflationsbekämpfung und Zentralbanken können eine stabilitätsorientierte Geldpolitik mit größerer Entschiedenheit durchsetzen.[4] Diese Resultate haben realwirtschaftliche Bedeutung, denn es besteht ein weitreichender empirischer Befund und wissenschaftlicher Konsens darüber, dass sich Inflationsprozesse negativ auf die bedeutsamsten wirtschaftlichen Erfolgsindikatoren eines Landes, Wachstum und Beschäftigung, auswirken. Ursachen für Wirtschaftswachstum im Sinne einer dauerhaften Ausweitung des Produktionspotentials sind nicht geldpolitische Impulse, sondern technologische und institutionelle Produktivitätsfortschritte, die höhere Ertragserwartungen induzieren und Einkommensunsicherheiten abzubauen helfen. Hierdurch wird die Investitionstätigkeit angeregt, die Kapitalbildung gefördert und die Grundlage für hohes Wirtschaftswachstum bei geringer Arbeitslosigkeit gelegt. Der Zusammenhang zwischen Erwartungsbildung, Einkommensrisiken und Wirtschaftswachstum ist zugleich die Begründung dafür, dass sich Zentralbanken auf eine stabilitätsgerechte Geldpolitik festlegen oder weiterreichende institutionelle Lösungen zur Gewährleistung von Geldwertsicherheit angeregt und diskutiert werden.[5]

Welche Wachstums- und Wohlstandseffekte dezentral tätige Kreditinstitute durch Produktivitätsfortschritte im Wege von Produkt- und Verfahrensinnovationen bewirken können, steht im Mittelpunkt der nachfolgenden Abschnitte. Dazu werden im 2. Abschnitt zunächst auf Basis makroökonomischer Portfolio- und jüngerer (endogener) Wachstumsmodelle Argumente zusammengetragen, die bei rein binnenwirtschaftlicher Betrachtung eine wachstumsfördernde Wirkung innovativer Gesamtbanksteuerungstechnologien nahelegen. Angesichts der zunehmenden Bedeutung internationaler Einflüsse auf die Produktpalette, Technologien und rechtlichen Rahmenbedingungen der deutschen Kreditwirtschaft wird im 3. Abschnitt die Perspektive um außenwirtschaftliche Aspekte erweitert. Die derzeit lebhaft geführte Diskussion über das Basler Konsultationspapier zur Standardisierung der Kreditrisikomessung, deren Ausgang nicht ohne Folgen für Banken mit nur lokalem oder regionalem Geschäftsgebiet bleiben wird, vermittelt nur einen oberflächlichen Eindruck vom internationalen Einfluss auf das inländische Bankgeschäft. Die Risiken und Wachtumsperspektiven, die mit der fortschreitenden Integration der Güter- und Finanzmärkte verbunden sind, bilden nicht nur den Hintergrund für die hohe Innovationsdynamik und den forcierten Strukturwandel, sondern auch für wachsende Chancen und Risiken im Kreditgeschäft und entsprechend höhere Anforderungen an die Risikosteuerungstechnologie. Im 4. Abschnitt wird anschließend der Frage nachgegangen, welche Nebenbedingungen erfüllt sein müssen, um mit modernen Risikobewirtschaftungsverfahren die Wettbewerbsposition dauerhaft festigen zu können. Hier werden insbesondere organisatorische Voraussetzungen diskutiert, ohne die sich neue Technologien bei intensiver Standortkonkurrenz und einem möglicherweise zunehmenden Systemwettbewerb im einheitlichen europäischen Währungsraum nicht wirksam implementieren lassen. Dabei ergeben sich aufschlussreiche Parallelen zu makroökonomischen Ansätzen, die Wachstum aus der Fähigkeit zu institutionellen Veränderungen und zur Innovation durch Wissenskapitalbildung erklären. Die Schlussbemerkungen im 5. Abschnitt enthalten eine Zusammenfassung der wichtigsten Ergebnisse.

2. Binnenwirtschaftliche Wachstumseffekte

2.1 Güter- und finanzwirtschaftliche Wechselwirkungen

Einen geeigneten Analyserahmen, um die gesamtwirtschaftlichen Effekte von Bankinnovationen zu erklären, bieten makroökonomische Portfoliomodelle, die für die Analyse der Wirkungen der staatlichen Geld- und Finanzpolitik verwendet werden.[6] Diese Modelle arbeiten durchgängig mit einem sektoralen Vermögensstatus (Staatssektoren, Bankensektor und Nichtbankensektor mit privaten Haushalten und Wirtschaftsunternehmen), der für internationale Analysezwecke um Außenwirtschaftsbeziehungen ergänzt wird. Überdies werden neben dem Investitions- und Konsumgütermarkt für neu produzierte Güter und Dienstleistungen mindestens drei Vermögensmärkte unterschieden. Erst durch die separate Berücksichtigung des Geld- und Kreditmarktes sowie eines Marktes für physisches Realkapital (Kapitalgütermarkt) kann den in der Realität verfügbaren unterschiedlichen Risiko- und Ertragsprofilen von Vermögenswerten hinreichend Rechnung getragen werden. In einer groben Klassifizierung weisen die *Vermögensmärkte* folgende Merkmale auf:

- Kennzeichnend für das Risiko/Ertrags-Profil der Geldhaltung ist die fehlende oder geringe explizite Verzinsung. Dafür weist die Kassenhaltung den höchsten Liquiditätsgrad und bei moderater Inflation die geringsten Verlustgefahren auf. Geld ist unverzichtbarer Bestandteil der Portfolios aller Wirtschaftsteilnehmer und bei Preisniveaustabilität das einzige risikolose Vermögensgut. Mit Geld sind allgemein akzeptierte Tauschmittel zur endgültigen Begleichung von Zahlungsverbindlichkeiten gemeint (Bargeld, Zentralbankgutbaben der Banken, Sichteinlagen von Haushalten und Firmen bei Kreditinstituten).
- Die Kreditmärkte umfassen das Angebot und die Nachfrage nach verzinslichen Forderungen und Verbindlichkeiten (Schuldtiteln), die im Unterschied zu Beteiligungstiteln mit festem Nominalwertbezug ausgestattet sind. Aus Gläubigersicht enstehen hier für definierte Zeiträume Festbetragseinkommen, während bei Anteilsrechten Residualeinkommen erwirtschaftet werden. In die Risikobewertung von Schuldtiteln fließen primär Inflations-, Zinsänderungs- sowie spezielle Adressenrisiken ein. Wie Black und Scholes deutlich gemacht haben, sind mit Schuldtiteln für den Insolvenzfall auch bedingte Verfügungsrechte über Kapitalgüter verbunden. Die Schuldner besitzen das Optionsrecht zur Andienung von Realkapital, die Gläubiger befinden sich in einer Stillhalterposition und sind bei Ausübung zur Verwertung der Kapitalgüter berechtigt.[7]
- Am Kapitalgütermarkt werden Eigentums- und Nutzungsrechte an physischem Sachkapital gehandelt und bewertet. Hier wird über die Preisbildung und Risikobewertung entschieden, in welchen Produktionsprozessen die realen Produktivressourcen einsetzt werden. Kapitalgüter sind in reichhaltigeren Ausprägungen vorhanden und unterliegen in starkem Maß realwirtschaftlichen Beschaffungs-, Produktions- und Absatzrisiken. Veränderte Beschaffungspreise für Vorleistungen der Güterproduktion, die Entwicklung neuer Produktionstechnologien, Nachfrageverschiebungen durch sich wandelnde Verbraucherpräferenzen und veränderliche Lohnkosten nehmen Einfluss auf die Zahlungsströme, die sich mit vorhandenen Kapitalgütern generieren lassen und aus denen sich ihr Preis ableitet. Deutlich

sichtbar ist das Preisbildungsverfahren an Aktienbörsen, wo Anteilsrechte am Produktivkapital börsennotierter Unternehmen gehandelt werden. Hier fließen mit der Reputation der Gesellschaften allerdings auch immaterielle Vermögenswerte (Human- und *Organisationskapital* wie Mitarbeiter-Know How und die Managementqualität) in die Bewertung ein.

In der makroökonomischen Analyse wird ähnlich wie in kapitalmarkttheoretischen Portfoliomodellen davon ausgegegangen, dass die Vermögenshaltung der Privatsektoren heterogen zusammengesetzt ist, weil sich die Risiko/Ertrags-Profile der einzelnen Vermögenswerte unterscheiden. In der Terminologie der Kapitalmarkttheorie liegen unterschiedliche Betawerte vor, die eine vorteilhafte Risikodiversifizierung durch die komplementäre Bestandshaltung unterschiedlicher Vermögensarten ermöglichen. Ferner finden ständig Anpassungen in den Portfoliostrukturen statt, weil die Risiko/Ertrags-Profile und Betawerte veränderlich sind. Der Aufteilung der Vermögenshaltung zwischen den verfügbaren Anlageformen kommt eine zentrale Bedeutung für die gesamtwirtschaftliche Entwicklung zu. Als entscheidende finanzwirtschaftliche Variable, die eine Belebung der Wirtschaftsaktivität und zusätzliche Kapitalbildung bewirken kann, hat James Tobin Anfang der 60er Jahre den Angebotspreis für Realkapital (*supply price of capital*) herausgestellt.[8] Gemeint sind damit jene Renditeansprüche, zu denen die Vermögensbesitzer bzw. Finanzinvestoren bereit sind, den vorhandenen Kapitalbestand zur aktuellen Marktbewertung in ihren Portfolios zu halten. Sind diese Renditeforderungen bzw. *Kapitalkosten* geringer als die Renditerwartungen der Unternehmen aus einem erweiterten Kapitaleinsatz, wird die Nachfrage der Wirtschaftsunternehmen nach Kapitalgütern stimuliert mit der Folge steigender Kapitalgüterpreise. Steigende Preise für existierendes Realkapital veranlassen die Hersteller von Kapitalgütern, die Kapitalgüterproduktion auszuweiten. So werden Erweiterungsinvestitionen zur Aufstockung des Kapitalbestandes induziert, da bei hohen Marktpreisen für vorhandenes Sachkapital die zusätzliche Kapitalbildung durch Neuinvestitionen einen Rentabilitätsvorteil aufweist, um die Gewinnpotentiale aus der produktiven Kapitalgüternutzung zu realisieren. Wachstumsimpulse werden immer dann ausgelöst, wenn ein positiver Renditeabstand zwischen den Renditeerwartungen der Unternehmen und den Kapitalkosten besteht, also folgende Beziehung gilt:

$R > r_{RK}$
mit
R: Renditeerwartungen der Unternehmen
r_{RK}: Kapitalkosten (Renditeansprüche an den Vermögensmärkten)

Seit Ende der 60er Jahre wird häufig auch mit einer alternativen Vermögenspreisrelation, der Grösse q, gearbeitet, nachdem William Brainard und James Tobin hiermit der Funktion differenzierter Finanzmärkte für die Realkapitalbewertung Rechnung getragen haben.[9] Dieser modifizierten Darstellung liegt die Überlegung zugrunde, dass an den Märkten für Beteiligungs- und Schuldtitel fortlaufend eine Unternehmensbewertung stattfindet und damit indirekt auch eine Marktbewertung des vorhandenen Produktivvermögens. Danach entspricht die Summe der Marktwerte von Schuld- und Beteiligungstiteln der Marktbewertung des Realkapitals. Die *Preisrelation q* ermittelt sich als Quotient mit der Marktbewertung des Produktivvermögens im Zähler und den Anschaffungsausgaben für neue Kapitalgüter, den Reproduktions- oder Ersatzkosten des Realkapitals zu aktuellen Gütermarktpreisen, im Nenner. Die Wachstumsbedingung

Marktbewertung des Produktivvermögens/Ersatzkosten = q > 1

erklärt sich ähnlich wie im Fall der obigen Renditerelation. Ist q > 1, dann sind vorhandene Kapitalgüter relativ teuer und es ist für Wirtschaftsunternehmen rentabel, am Investitionsgütermarkt neue Kapitalgüter zu erwerben, um sie produktiv zu nutzen.[10] Die Investitionsnachfrage wird angeregt und der Kapitalbestand ausgebaut. Ist q < 1, dann ist es günstiger, vorhandene Kapitalgüter zu nutzen statt neu produzierte Investitionsgüter. Die Investitionsnachfrage wird gedämpft und die Kapitalbildung verringert sich. Alle Einflüsse, die den Marktwert der Schuld- und Eigenkapitaltitel im Verhältnis zu den Reproduktionskosten des Realkapitals steigern, regen die Kapitalbildung temporär oder dauerhaft an. Ursache können einerseits realwirtschaftliche Faktoren sein, die zu einem Anstieg der Renditeerwartungen führen (Erschließung zusätzlicher Absatz- oder vorteilhafterer Beschaffungsmärkte, Einsatz ergiebigerer Produktionsverfahren etc.), andererseits aber auch monetäre und finanzwirtschaftliche Faktoren, wodurch die erwarteten Kapitalgüterrenditen, Gütermarktpreise und Renditeansprüche an den Finanzmärkten beeinflusst werden. Diese Art der Erklärung der Wechselwirkungen zwischen den Finanz- und Gütermärkten über relative Preiseffekte ist nach wie vor aktuell und wird in der dargestellten oder vergleichbarer Form generell akzeptiert. Sie liegt regelmäßig Analysen zum Transmissionsmechanismus der Geldpolitik zugrunde und kann auch verwendet werden, um Wachstumseffekte von Bankinnovationen zu analysieren.

2.2 Bankenproduktivität und endogenes Wirtschaftswachstum

Einen frühen Beitrag zur Erklärung der wachstumsfördernden Wirkungen von Bankprodukten enthält die wirtschaftliche Entwicklungstheorie von *Schumpeter*. Hierauf stellen heute noch viele empirische Arbeiten ab, in denen eine hohe Korrelation zwischen dem Entwicklungsstand ganzer Volkswirtschaften und ihrer Bankensektoren nachgewiesen wird.[11] Als wichtigste Funktion der Banken wird bei Schumpeter die Kaufkraftbereitstellung für Pionierunternehmer herausgestellt. Diese Sichtweise ist umstritten. Wegen der besonders hohen Risiken innovativer Projekte, die zu beurteilen Banken in der Frühphase zumeist überfordert sind, gelten selbst erwirtschaftete oder aufgenommene Eigenmittel als wesentliche Quelle der Innovationsfinanzierung. Gleichwohl ist es naheliegend, dass die Option, Bankkredite zu erhalten, nachdem die Forschungs- und Entwicklungsarbeiten abgeschlossen sind und erste Markttests einen Projekterfolg erwarten lassen, die Innovationsbereitschaft durch die Aussicht auf eine breitere kreditfinanzierte Vermarktung steigert.[12] Zieht man als Kriterium den Angebotspreis für Realkapital heran, werden die *Wachstumswirkungen* von Kreditinstituten besonders deutlich durch einen Vergleich mit Volkswirtschaften, die noch nicht über entwickelte Finanzsysteme verfügen. In rudimentären Volkswirtschaften existieren als Vermögenswerte nur risikobehaftetes Sachkapital und risikolose Tauschmittel in Form von Warengeld. Bei divergierenden Ertragserwartungen und Risikoneigungen werden risikofreudigere Investoren bereit sein, den Sachkapitalbestand zu halten, um den erwarteten Renditevorteil zu realisieren. Reichen die eigenen Mittel jedoch nicht aus, um sämtliche Kapitalgüter erwerben zu können, muss die erwartete Kapitalgüterrendite außergewöhnliche Größenordnungen annehmen, um den hohen Renditeansprüchen der übrigen Vermögensbesitzer zu entsprechen und sie zu veranlassen, sich am Produktivvermögen zu beteiligen. Wenn nun durch Kreditinstitute die Möglichkeit zur Finanzintermediation geschaffen wird und sich risikofreudigere Investoren bei den übrigen Geldvermögensbesitzern indirekt verschulden können, um durch die erhaltenen Fremdmittel den Kapitalgütererwerb finanzieren zu können, verringern sich mit der veränderten *Risikoallokation* die gesamtwirtschaftlichen Renditeansprüche an den vorhandenen Realkapitalbestand. Im Ergebnis ist der Privatsektor insgesamt bereit und in der Lage, einen größeren Anteil seines Vermögens in Realkapital zu halten und produktiv zu nutzen. Die Kapitalintensität der Produktion nimmt zu, die Volkswirtschaft erhält einen Wachstumsimpuls und erreicht ein dauerhaft höheres Einkommensniveau.

Der einfache Vergleich macht die grundlegende Wirkungsweise von Finanzinnovationen deutlich, die wesentlich auf einer Neuverteilung realwirtschaftlicher Risiken beruht, die mit der Güterproduktion in arbeitsteiligen Wirtschaftsordnungen verbunden sind. Die wachstumsfördernden Effekte originärer Bankaktivitäten lassen sich im Kern auf komparative Vorteile und produktive Verfahren zur Bewirtschaftung von Kredit- und Liquiditätsrisiken zurückführen, wobei die Kreditrisiken teilweise verhaltensbedingt und davon abhängig sind, wie die Verfügungsrechte über das Produktivvermögen konkret ausgeübt werden (Verhaltensrisiken).[13] *Kundennähe*, Größen- und Verbundeffekte bieten komparative Vorteile für die Kreditwürdigkeitsbeurteilung vor Geschäftsabschluss, die Überwachung von Bonitätsänderungen nach Geschäftsabschluss, die vorausschauende Einschätzung und Diversifizierung von Bonitätsänderungsrisiken während der Geschäftslaufzeit sowie die Beherrschung möglicher Liquiditätsstörungen durch Einlagenabzüge im Passivgeschäft. Liquiditätsrisiken werden verringert durch eine hohe Passivkundenbindung, bereits in den Anfängen der Bankwirtschaft erzeugt durch Losgrössentransformation und attraktive Produkte mit eingebetteten Optionsrechten (möglicher Bargeldeintausch von Sicht- und Spargutguthaben), die wegen der Risikostreuung im Aktivgeschäft für den einzelnen Anleger zudem mit geringeren Kreditausfallrisiken verbunden sind als Direktanlagen. *Verhaltensrisiken* werden begrenzt durch die (Short Put-)Optionsposition im Kreditgeschäft, womit für die Bank ein hoher Anreiz geschaffen wird, die Volatilität der Unternehmensergebnisse fortlaufend zu beobachten, sich über Investitions- und Finanzpläne genauer zu informieren und auf die Risiken des Investitions- und Finanzierungsverhaltens im Rahmen ihrer gegenüber Einzelanlegern erweiterten Möglichkeiten Einfluss zu nehmen. Ursache der Verhaltensrisiken sind divergierende Interessenlagen und Informationsstände, wodurch die Bereitschaft zur direkten Fremdfinanzierung über den Markt begrenzt wird. Bei einer Direktfinanzierung ist für die Gläubiger die Gefahr größer, dass ein negativer Vermögenstransfer zugunsten der Inhaber von Beteiligungswerten stattfindet, die mit ihren Rest- statt Festbetragsansprüchen eine umgekehrte Optionsposition auf gute Unternehmensergebnisse besitzen.[14] Wegen der *asymmetrischen Information* und Beteiligung am Geschäftserfolg sind Gläubiger stärker als Eigenkapitalgeber auf eine Verlustvermeidung fokussiert, da der Marktwert ihrer Forderungen sensibel auf schlechte Wirtschaftslagen reagiert, wenn die Rückzahlung bedroht ist, ohne an höheren Gewinnchancen wie Beteiligungsrechte zu partizipieren. In dieser Situation werden Markt- und Wachstumsprozesse blockiert, so dass institutionelle Arrangements vorteilhaft sind, durch die gläubigerschädliche Verhaltensänderungen frühzeitig erkannt und mit Sanktionen belegt werden. Darlehensverträge in Verbindung mit einer Rechtsordnung, durch die sich Gläubigeransprüche wirksam durchsetzen lassen, sind hierfür geeignet.[15] Je besser Banken informiert und in der Lage sind, die Bonitätsentwicklung zu bewerten und bei drohenden Verlusten Einfluss auf die Kreditnehmer zu nehmen, um so wirksamer ist der Absicherungseffekt durch die Optionsposition gegen unerwünschte Vermögensübertragungen. Von dieser erwartungsstabilisierenden Überbrückungsleistung durch die Eingrenzung verhaltensbedingter Unsicherheiten gehen kapitalkostenmindernde Effekte aus.

Mit der Entwicklung endogener Wachstumsmodelle sind seit Mitte der 80er Jahre die Qualitätsmerkmale des Produktionsfaktors *Humankapital* und die Einflussgrössen, wodurch die Erzeugung neuen technologischen Wissens begünstigt wird, zu Schlüsselfaktoren für die Erklärung von Wachstumsprozessen geworden.[16] Nur eine ständige Fortentwicklung der Humanressourcen und des technologischen Wissenskapitals durch Aus- und Fortbildungsmaßnahmen, eigene Forschungs- und Entwicklungsinvestitionen oder die Aneignung extern produzierten Wissens ermöglichen technologische Fortschritte und dauerhaftes Wirtschaftswachstum. Ohne hochwertiges Humankapital können physische Kapitalgüter modernster Technologie zwar angeschafft, aber nicht produktiv genutzt werden. Voraussetzung für wachsendes technologisches Wissen sind Unternehmertum und institutionelle Rahmenbedingungen, die Anreize zur Wissensproduktion oder Wissensaneignung bilden und die Umsetzung von neuem Wissen in Produkt- und Verfahrensinnovationen durch realisierbare Vorsprungsgewinne im Wettbewerb honorieren. In dieser Sicht stellen Darlehensverträge und wettbewerbsorientierte Bankensysteme wachstumsfördernde Institutionen dar, die durch ihre Fähigkeit zur Bildung von Informationskapital die gesamtwirtschaftliche Realkapitalakkumulation unterstützen. Auf das Kreditgeschäft spezialisierte Banken sind durch enge und langfristige Kundenverbindung in der Lage, wertvolles Wissenskapital über die wirtschaftliche Lage von Kreditnehmern zu bilden (economies of time). Auch wenn die Erfahrungen immer wieder deutlich machen, dass den Möglichkeiten der Banken hier Grenzen gesetzt sind, bestätigen empirische Untersuchungen der Leistungsmerkmale deutscher Banken diese Sichtweise. So kennzeichnet die Bank-Kunde-Beziehung eine besondere Lebendigkeit, die sich gegenüber der Risikoeinstufung von Unternehmensanleihen durch externe Rating-Agenturen in einer höheren Reagibilität bankinterner Ratingeinstufungen äussert. Merkmal der typischen Hausbankbeziehung ist ferner nicht allein ein höherer Finanzierungsanteil an der gesamten Fremdverschuldung der Kreditnehmer; bei weniger drastischen Bonitätsverschlechterungen unterscheiden sich Hausbanken zudem signifikant vom Normalbankverhalten durch eine Ausweitung der bereitgestellten Finanzierungsmittel. Diese Art der Liquiditätsversicherung hat durch die bessere Überwindung von Liquiditätsengpässen und Krisensituationen besondere Bedeutung für den wirtschaftlichen Erfolg der Unternehmen und letztlich auch für die Erhaltung des gesamtwirtschaftlichen Produktivvermögens.[17] Ferner können Wissensvorsprünge der Banken in anderen Marktsegmenten genutzt werden, wenn eine Wissensdiffusion möglich ist. Für solche externen Effekte sprechen Untersuchungen, wonach Kreditprolongationen Signalwirkungen auslösen und zu besseren externen Ratingeinstufungen führen. Bei gemischten verbrieften und unverbrieften Finanzierungen erhalten auch Wertpapieremittenten günstigere Konditionen.[18]

Aus der endogenen Perspektive ist es naheliegend, dass vom Aufbau neuer Kenntnisse zur Anwendung effizienterer Risikobewirtschaftungsverfahren und Entwicklung neuer Produkte wachstumsfördernde Wirkungen ausgehen. In den 90er Jahren sind zahlreiche Arbeiten entstanden, die eine Systematisierung und Erklärung der Ursachen gestatten, weshalb Produktivitätsfortschritte im Bankensektor nicht nur vorübergehende Wachstumsimpulse mit der Folge eines Niveauanstiegs beim Volkseinkommen auslösen, sondern zu einem dauerhaft höheren Einkommenswachstum führen können.[19] Ausgangspunkt ist folgendes Grundmodell, das häufig verwendet wird und auf einer linearen Beziehung zwischen der Güterproduktion bzw. dem Volkseinkommen und dem Kapitaleinsatz basiert:[20]

$Y_t = A\,K_t$

mit

Y_t: Volkseinkommen zur Zeit t
A: Technologieparameter
K_t: gesamtwirtschaftlicher Kapitalbestand zur Zeit t

Das gesamtwirtschaftliche Produktionsergebnis (Y) wird durch den Einsatz von Kapital und einem Technologieparameter (A > 0) erklärt. Der Produktionsfaktor Arbeit wird nicht explizit, sondern indirekt durch die Größe K berücksichtigt. Der Kapitaleinsatz ist breit definiert und umfasst neben dem Sachkapital auch das Humankapital. Dahinter steht die Überlegung, dass in entwickelten Volkswirtschaften produktive Leistungen weniger durch ungelernte Arbeitskräfte, sondern primär durch die Kombination von Realkapital und qualifizierten Arbeistkräften erbracht werden können. Der Kapitalbestand umfasst damit menschliche Fähigkeiten, die den Ausbildungsstand und das unternehmerische Vermögen einschließen. Diese Produktionsfunktion zeichnet sich durch eine konstante Durchschnitts- und Grenzproduktivität des Kapitals (Y/K = A) aus, so dass ein zunehmender Kapitaleinsatz nicht zwangsläufig zu abnehmenden Produktionszuwächsen führt und dauerhaft höhere Wachstumsraten erzeugen kann. Der weite Kapitalbegriff bedingt zugleich ein erweitertes Verständnis von Investitionen und Abschreibungen. Verschiedene Ausgabekategorien, die beispielsweise während einer Lernphase anfallen, stellen Investitionen in den Kapitalbestand dar. Verschärfte Konkurrenzbedingungen aufgrund von Lern- und Aufholprozessen in anderen weltwirtschaftlichen Regionen, die ohne geeignete Anpassungsreaktionen eine Verschlechterung der internationalen Wettbewerbsposition mit Einkommenseinbussen nach sich ziehen können, sind gleichbedeutend mit einer Entwertung des Wissenskapitals bzw. Abschreibung des vorhandenen Kapitalbestandes. Unter der vereinfachenden Annahme einer konstanten Bevölkerung lassen sich Kreditinstitute in die Produktionsfunktion unter Berücksichtigung folgender Zusammenhänge einbeziehen:[21]

Kapitalabschreibung:	δ
Bruttoinvestitionen:	$I_t = K_{t+1} - (1-\delta)K_t$
Wachstumsrate:	$g_{t+1} = (Y_{t+1}/Y_t) - 1 = (K_{t+1}/K_t) - 1$
Ersparnis:	S_t

Nettoersparnis: $\varphi S_t = I_t$
Ressourcenverbrauch: $(1-\varphi)S_t$
Sparquote: $s = S/Y$

Der Anteil $(1-\varphi)$ an den Ersparnissen repräsentiert den Ressourcenverzehr, den die Finanzintermediation beansprucht. Für Investitionszwecke im Nichtbankensektor verfügbar ist die verbleibende Nettoersparnis φS_t. Unter Vernachlässigung der Zeitindices lässt sich die Rate des Wirtschaftswachstums g in folgende Form bringen:

$$g = A\, I/Y - \delta = A\varphi s - \delta$$

Diese Gleichung zeigt grundsätzlich drei Kanäle, über die der Bankensektor auf die gesamtwirtschaftliche Wachstumsrate Einfluss nehmen kann. Als Ursache für eine höhere Wachstumsrate kommt in Betracht

(1) die Anhebung der Nettosparquote φs,
(2) die Verminderung der Abschreibungsrate δ auf den Kapitalbestand,
(3) die Steigerung der technologieabhängigen Kapitalproduktivität A.

Der *Ressourcenverbrauch* $(1-\varphi)$ im Finanzsektor, der die Nettosparquote mindert und Realkapitalinvestitionen vorenthalten bleibt, stellt zunächst den Gegenwert für die Erbringung von Intermediationsleistungen dar. Hier wird aber auch auf mögliche Ineffizienzen verwiesen, die in den Produktionsstrukturen, den Wettbewerbsverhältnissen, im Steuerrecht oder in restriktiven Regulierungsbestimmungen begründet sein können. Organisatorisch-technischer Fortschritt und effizienzsteigernde Rahmenbedingungen können so die Nettosparquote (φs) anheben und zu einem höheren Wirtschaftswachstum (g) führen. Die Effizienz des Bankensektors lässt sich allerdings nicht ohne weiteres an Erfolgsgrößen wie der Marge zwischen dem Aktiv- und Passivgeschäft messen. Zur Beurteilung der Leistungsfähigkeit von Banken ist es zweckmäßig, einen statischen von einem dynamischen Effizienzbegriff zu unterscheiden. Während eine Margengröße als Kriterium für statische Effizienz herangezogen und dahingehend interpretiert werden kann, welche Kosten Intermediationsleistungen verursachen, äussert sich *dynamische Effizienz* auch im Innovationsverhalten. Sie kennzeichnet die Fähigkeit der Banken, neue Technologien und Finanzinstrumente hervorzubringen, die den sich wandelnden Risiken und Präferenzen von Kreditnehmern und Anlegern besser entsprechen.[22] Akzeptiert man diese Innovationsfunktion, dann sind geringe Margen im Unterschied zur statischen Betrachtungsweise eher Indikator für vorhandene Effizienzdefizite. Ein wachstumsfördernder Einfluss auf die *Abschreibungsrate* (δ) ergibt sich dadurch, dass bei entwickelten Kreditmärkten die höhere Verschuldungsquote der Unternehmen eine Art Sicherheitsnetz gegen volkswirtschaftliche Kapitalvernichtung bildet. Ein Überschuldungskonkurs kann bei einer gemischten Fremd- und Eigenkapitalfinanzierung bereits bei geringeren Marktwertverlusten im Sachvermögen auftreten, ohne dass hierdurch eine Liquidierung der Unternehmung notwendig sein muss. Gut informierte Banken werden, um die Verluste aus ihrer Optionsposition gering zu halten, frühzeitig versuchen, kapitalerhaltende Maßnahmen einzuleiten. Bei einer geringeren Entwertung der realen Ressourcen sind die Chancen höher, durch Reorganisations- oder Sanierungsmaßnahmen den Geschäftsbetrieb fortzuführen. Liegt der (Going Concern-)Wert des Unternehmens über dem Liquidationserlös, ergibt sich über die geringere Abschreibungsrate ein höheres Wachstum. Dem *Technologieparameter* A, der durch das gesamtwirtschaftliche Institutionengefüge beeinflusst wird, kommt besondere Bedeutung zu.[23] Banken nehmen auf die Höhe von A nach Massgabe ihrer Fähigkeit Einfluss, verfügbare Mittel jenen Verwendungszwecken mit der höchsten Kapitalproduktivität zuzuführen. Dieser Ansatzpunkt entspricht den Auswirkungen, die sich durch den Einsatz innovativer Verfahren zur Gesamtbanksteuerung einstellen. Die technologischen Wachstumseffekte durch verbesserte Steuerungsverfahren im Bankensektor lassen sich auf die produktivitätswirksamen *Basisfunktionen der Kreditwirtschaft* zurückführen:

(1) Die Erbringung von *Zahlungsverkehrsdienstleistungen* zählt zu den originären Bankenfunktionen und setzt eine interne Liquiditäts- und Risikosteuerung zur Aufrechterhaltung der Zahlungsfähigkeit voraus. Neben technischen Verbesserungen haben auch Produktinnovationen Auswirkungen auf die Zahlungsverkehrstechnologie. So beanspruchen Steuerungsmaßnahmen durch Derivate das Zahlungsverkehrssystem in geringerem Ausmaß als entsprechende Transaktionen in den zugrundeliegenden Kassainstrumenten. Typischerweise führt der Einsatz von Derivaten zu einer Substitution weniger grosser Zahlungsvorgänge durch eine zeitlich verteilte höhere Anzahl kleinerer Zahlungsvorgänge. Ohne Technologien zur Beherrschung der Risiken von Derivativgeschäften würde das notwendige Zahlungsverkehrsvolumen, um die beabsichtigten Zwecke mit Kassainstrumenten zu erreichen, sehr viel höher ausfallen.[24] Der geringere Liquiditätsbedarf hat neben der Entlastung des Zahlungsverkehrssystems für die Vermögensallokation der Marktteilnehmer zur Konsequenz, dass nur eine geringere Kassenhaltung erforderlich ist und höhere Anteile der gesamten Vermögenshaltung für rentablere Anlageformen verfügbar sind. Dieser Produktivitätseffekt ist vergleichbar mit der Ressourcenersparnis, die in den Anfängen des Bankwesens durch die Substitution von Edelmetallen durch Geldderivate in Form von Papiergeld und Bankdepositen erzielt werden konnte. Die zuvor im Geldkreislauf gebundenen Edelmetallressourcen waren der weiterverarbeitenden Produktion entzogen und wurden daher als »totes Kapital« (Adam Smith) bezeichnet.

(2) Neuere Verfahren zur gesamtbankbezogenen Kreditrisikosteuerung basieren auf Fortschritten in der Bonitätsbeurteilung auf Einzelgeschäftsebene, mit denen die Banken ihrer *Informations- und Ressourcentransferfunktion*, Ersparnisse für Verwendungen mit den höchsten Ertragsaussichten bereitzustellen, wirksamer gerecht werden.[25] Der Übergang von qualitativen und pauschalen Bonitätseinschätzungen durch die Kundenbetreuer zu genaueren quantitativen Verfahren der Bonitätsbewertung zielt auf eine präzisere und verursachungsgerechte Margenkalkulation ab. Damit verringert sich die Gefahr einer Negativselektion, die bei einfacheren Verfahren der Durchschnittskalkulation daraus entsteht, dass gute Kreditnehmerqualitäten konditionsbedingt verloren gehen können (Disintermediation), während in der Bank vermehrt risikoträchtige Adressen verbleiben. Bei einer genaueren Risikokalkulation muss nur eine geringere Angebotskürzung zur Risikobegrenzung (Kreditrationierung) wirksam werden und ergibt sich eine stärkere Marktdurchdringung mit Bankkrediten für kapitalbildende Realinvestitionen. Verfeinerte Verfahren der bankinternen Eigenkapitalzuweisung, die mittels risikoadjustierter Ertragserwartungen eine rentabilitätsfördernde Selektion von Einzeladressen und Geschäftsfeldern bezwecken, wirken ebenfalls effizienzsteigernd auf die gesamtwirtschaftliche Vermögensallokation und Kapitalproduktivität.

(3) Lassen sich Einzelkredite durch verbesserte Vor- und Nachkalkulationsverfahren genauer und zeitnäher bewerten, können die Institute zugleich das gesamte Kreditportfolio effizienter strukturieren und vor Eintritt von Leistungsstörungen mit einer höheren Reagibilität bei sich ändernden Kreditnehmerqualitäten risikokompensierende Gegensteuerungsmassnahmen ergreifen. Sie steigern damit ihr Risikotransformationspotenzial und können ihre gesamtwirtschaftliche *Diversifikations- und Poolingfunktion* besser erfüllen.[26] Auch neue Technologien, die auf überlegen Konzepten zur Messung von Zinsänderungsrisiken basieren und es zulassen, die Risikopositionen genauer zu quantifizieren oder durch eine ausgewogenere Risikodiversifizierung die Risikoexponierung zu verringern, steigern die Risikotragfähigkeit und bewirken, dass dem Unternehmenssektor ein höherer Anteil an Ersparnissen für ertragreiche Realinvestitionen zugeführt werden kann. Gleichermassen erlauben es neue Finanzinstrumente, die für interne Steuerungszwecke eingesetzt werden, um vorhandene Verlustpotentiale besser zu begrenzen, zusätzliche Risikoaktiva zu übernehmen. Dies betrifft Finanzderivate, mit denen sich unerwünschte Risikoprofile einfacher korrigieren lassen, wenn der Zugang neuer Informationen und Erwartungsänderungen dies verlangen.[27]

(4) Gesamtwirtschaftlich bedeutsam sind derivative Produktinnovationen besonders dann, wenn ihre Risiken durch adäquate Technologien kalkulierbar sind, ein breiter Einsatz im gesamten Banken- und Nichtbankensektor möglich wird und diese Produkte dadurch die makroökonomische *Risikoallokationsfunktion* des Bankensystems verbessern.[28] Die *Risikoallokation* erfolgt dabei zunächst über den Interbankenmarkt und kann bei entsprechender Produktgestaltung auch von weiteren Kreditmarktsegmenten übernommen werden. So kann die Risikoübernahme bei jenen Marktteilnehmern stattfinden, bei denen sie abhängig von der Risikoexponierung, Risikoneigung und Risikotragfähigkeit die höchsten risikoadjustierten Erträge verspricht. Dadurch werden vorhandene Risiken nicht einfach in unveränderter Form eines Nullsummenspiels verlagert. Entscheidend für den einzel- und gesamtwirtschaftlichen Produktivitätseffekt ist, dass aufgrund unterschiedlicher Risikotragfähigkeiten und Möglichkeiten zur Risikomischung ein besserer Risikoausgleich und für alle Beteiligten eine Risikominderung erreicht werden kann. Diversifizierbare (unsystematische) Risiken lassen sich in größerem Umfang neutralisieren, allgemeine (systematische) Marktrisiken, die nicht diversifiziert werden können, effizienter im Bankensystem und der gesamten Volkswirtschaft verteilen. Empirische Untersuchungen, die für die Vereinigten Staaten vorliegen, bestätigen diesen risikoausgleichenden Zusammenhang. Danach weisen Banken ebenso wie Spar- und Darlehensinstitute mit hohem Nutzungsgrad im Derivategeschäft eine geringere Insolvenzhäufigkeit, günstigere Refinanzierungskonditionen durch reduzierte Risikoprämien im Passivgeschäft und höhere Zuwachsraten im Kreditgeschäft auf.[29]

Unter dem Gesichtspunkt der Risikoallokation wirken Finanzderivate über den Technologieparameter in vielfältiger Weise wachstumsfördernd. Mit dem expandierenden Markt für *Kreditderivate* können dieselben Effekte für die Kreditrisikoallokation erzielt werden, wie sie durch die Verbreitung von Zins- und Währungsderivaten bereits erreicht werden konnten. Ein umfassender Interbankenhandel mit Kreditrisiken steigert das *Risikotransformationspotenzial* und verbessert die Kreditangebotsbedingungen im Bankensektor, indem sich nicht nur Kreditkonzentrationen bezüglich Einzeladressen, Branchen oder Regionen besser vermeiden lassen, sondern auch während der Bestandsführung flexiblere Gegensteuerungsmöglichkeiten bei sich abzeichnenden Ungleichgewichten im Kreditportfolio bestehen. Ähnlich wachstumsfördernde Effekte lassen sich unter dem allgemeinen Gesichtspunkt der *Innovations- und Wissensdiffusionsfunktion*, die Banken mit allen Unternehmen in dezentral organisierten Wettbewerbswirtschaften teilen, aus bilanzwirksamen Kreditinnovationen (ABS- oder CLO-Transaktionen) ableiten. Die Entwicklung liquider Sekundärmärkte für Tranchen von Swap- oder Darlehensforderungen, die den unverbrieften Derivate- und Kreditmarkt in erweiterter Arbeits- und Risikoteilung mit institutionellen Investoren ergänzen, ermöglichen die gezieltere und flexiblere Übernahme einzelner Risikoarten und steigern die Fähigkeit des Finanzsystems, Wirtschaftsunternehmen mit Finanzierungsmitteln zur Realkapitalbildung zu versorgen.[30]

2.3 Realwirtschaftliche Übertragung von Bankinnovationen

Offen bleibt in den hochaggregierten Wachstumsmodellen die Frage, wie und über welche Märkte die Wachstumseffekte leistungsfähiger Kreditinstitute übertragen werden.[31] Diese Frage lässt sich mit der Vermögenspreisrelation q näher beantworten. Dazu ist genauer zu zeigen, dass innovative Banktechnologien und neuartige Finanzprodukte den Marktwert der Unternehmen steigern können. Ein solcher Nachweis widerspricht scheinbar der *Irrelevanz-Hypothese* von Modigliani und Miller, die einen positiven Einfluss der Finanzierungsart auf den Firmenwert verneint.[32] Das Irrelevanz-Theorem unterstellt, dass sich der finanzwirtschaftliche gegenüber dem leistungswirtschaftlichen Bereich neutral verhält, bei bilanzieller Betrachtung also nur das aktivische Sachvermögen wertgenerierende Bedeutung hat (Dichotomie von Real- und Finanzwirtschaft). Ausgehend von den restriktiven Modellannahmen wird das Modigliani//Miller-Modell daher häufig als Referenzmodell herangezogen, um die Produktivitätseffekte von Finanzverträgen abzuleiten. Löst man sich von den wirklichkeitsfremden Prämissen vollkommener Märkte, gleicher Informationsstände der Marktteilnehmer, der Einflusslosigkeit von Finanzierungsentscheidungen auf die Ertragserwartungen aus dem leistungswirtschaftlichen Bereich sowie risikoloser Schuldtitel und bezieht Marktunvollkommenheiten in die Betrachtung mit ein, treten die finanzwirtschaftlichen Produktivitätseffekte hervor. Dann gewinnt nicht nur die Frage der Kapitalstruktur an Bedeutung, sondern auch die Wahlentscheidung zwischen klassischen und innovativen Fremdfinanzierungsformen, die nicht mehr als homogene Schuldtitel ohne Relevanz für den *Firmenwert* und das Unternehmenswachstum behandelt werden können.[33] Heute steht außer Frage, dass die Firmenwerte und gesamtwirtschaftlichen Entwicklungsmöglichkeiten nicht nur abhängig sind von der Verfügbarkeit eines breiten Spektrums an Finanzinstrumenten und dem institutionellen Aufbau des Finanzsystems, sondern auch von *Finanzinnovationen*, mit denen die in der Realität nur unvollständigen und unvollkommenen Finanzmärkte nutzbringend ergänzt werden.[34] Hiervon zeugt die in den 90er Jahren ungebrochene Innovationsdynamik an den US-Wertpapiermärkten. So erfolgte die Wertpapierfinanzierung von US-Unternehmen im Jahr 1997 zu über 30 Prozent mittels innovativer Strukturen, wobei folgende Zielsetzungen im Vordergrund standen: (1) das Management von Zins- und anderen Marktpreisrisiken, (2) die bessere

Überbrückung von Informationsasymmetrien zwischen Gläubigern und Schuldnern, und (3) die Steigerung der Handelbarkeit der Finanzierungsinstrumente.[35] Um die Übertragungswege darzustellen, über die sich Bankinnovationen auf den Marktwert der Unternehmen, dadurch auf die Vermögenspreisrelation q und die Rate des Wirtschaftswachstums auswirken, sind zwei Einflusskanäle zu unterscheiden:

(1) Höhere Firmenwerte resultieren einerseits aus geringeren *Transaktionskosten* und Risikoprämien an den Märkten für Finanzierungstitel. Nach dem Kapitalkostenkonzept ermäßigen sich hierdurch die für die Unternehmensbewertung relevanten Renditeforderungen und Diskontfaktoren. Dabei kann man sich die zur Bewertung des Produktivvermögens verwendeten Abzinsungssätze vorstellen als Durchschnitt der Renditeforderungen für die betreffenden Fremd- und Eigenmittel, gewichtet mit dem jeweiligen Finanzierungsanteil.[36] Die Höhe der Transaktionskosten und Risikoprämien hängt ab von der Liquidität der Finanzierungsinstrumente und vom unternehmensspezifischen Verbund der leistungs- und finanzwirtschaftlichen Risiken, die aus der Innen- und Aussensicht der Unternehmen aufgrund divergierender Informationsstände unterschiedlich eingeschätzt werden. Ferner wirken sich makroökonomische Einflüsse, darunter das Ausmaß der Inflations- und Zinsänderungsrisiken, auf die am Markt geforderten Risikoprämien aus.[37]

(2) Positiv auf die Firmenwerte wirken andererseits neue Gestaltungsmöglichkeiten, mit denen sich eine günstigere Wahrscheinlichkeitsverteilung der ausstehenden Zahlungsströme erzeugen lässt. Hier sind die erweiterten Steuerungsmöglichkeiten hervorzuheben, die neue Finanzprodukte für Zwecke des Liquiditäts-, Schulden- und Risikomanagements auch im Unternehmenssektor bieten und die eine bessere Koordination von Investitions- und Finanzierungsvorhaben erlauben. Indem sich die leistungs- und finanzwirtschaftlichen Liquiditätseffekte in den Finanzplänen der Unternehmen besser aufeinander abstimmen lassen, verringern sich die (Opportunitäts-)Kosten finanzieller Anspannungen. Die vielfältigen und zu vergleichsweise geringen Transaktionskosten einsetzbaren deterministischen und optionalen Finanzinnovationen erleichtern es, die für das Unternehmenswachstum bedeutsamen *Innenfinanzierungsmittel* zeitgerecht sicherzustellen, um wertsteigernde Investitionen in Forschung und Entwicklung, Sachanlagen, Humankapital oder Marktanteile wie geplant realisieren zu können, und bewirken damit eine Steigerung der realen *Ertragserwartungen* der Wirtschaftsunternehmen.[38]

Für Punkt (1) ist zunächst von Bedeutung, dass Unternehmen ein Interesse an liquiden Finanzierungsformen haben, weil Anleger einen Renditeausgleich für hohe Transaktionskosten, die sich an den Geld/Brief-Spannen messen lassen, fordern. Umgekehrt werden höhere Preise für Vermögensanlagen gezahlt, die einen hohen Liquiditätsgrad wegen geringer Transaktionskosten aufweisen.[39] Geringere Transaktionskosten und Risikoprämien wirken sich nicht nur vorteilhaft auf die Preise von Vermögenswerten aus, die an Wertpapiermärkten gehandelt werden. Auch für das unverbriefte Bankgeschäft gilt, dass geringere Transaktionskosten zur Liquiditätsdisposition und Anpassung der Risikopositionen höhere Marktwerte bzw. geringere Renditeansprüche nach sich ziehen. In diese Richtung wirken bilanzneutrale OTC-Instrumente für kurzfristige Geldmarktderivate (Swaps, FRAs, Repo-Geschäfte etc.)

und längerlaufende Zins- und Kreditderivate, die für Zwecke der bankinternen Liquiditäts-, Zins- und Kreditrisikosteuerung schneller einsetzbar sind und geringere Anpassungskosten verursachen als entsprechende Steuerungsmassnahmen im bilanzwirksamen Geschäft. Der Zeitgewinn wird in einfachen Portfoliomodellen oft vernachlässigt, bringt aber Rentabilitätszuwächse mit sich, die positive Nachfrageeffekte bzw. sinkende Renditeansprüche bewirken. Ferner profitieren Kreditnehmer von innovativen Bankprodukten wie den erfolgreichen Zinsswapgeschäften, mit denen sich durch eine bessere Überbrückung von Informationsasymmetrien zwischen Gläubigern und Schuldnern geringere unternehmensspezifische Risikozuschläge in den Konditionen erreichen lassen. Firmen, die ihre künftige Bonität besser als Außenstehende einschätzen können und eine Bonitätsverbesserung erwarten, präferieren eine kurzfristige Verschuldung, um künftig von geringeren Risikozuschlägen zu profitieren.[40] Ist die allgemeine Marktzinsentwicklung unsicher, befinden sie sich jedoch in der Dilemmasituation, dass steigende Zinsen den Vorteil einer kreditrisikoadäquaten Finanzierung nehmen und zu Liquiditätsanspannungen führen können. Mit Zinsswaps kann dieser Konflikt entschärft werden, indem mit der Kombination aus kurzfristiger Kreditzinsbindung und einer langfristigen Festsatzzahlung in den Swap einerseits das Risiko steigender Zinsen abgesichert, andererseits zugleich die Chance auf sinkende Renditeansprüche realisiert werden kann, sobald der kurzfristige Risikozuschlag mit der für die Gläubigerbanken erkennbaren Verbesserung der Kreditnehmerqualität nach unten angepasst wird.[41]

Weitere Einflussgrößen der geforderten Risikoprämien sind die heterogenen Risikoneigungen der Gläubiger und das mögliche Ausmaß zur Risikodiversifizierung, über das sie verfügen. Generell wird Finanzierungsinstrumenten mit Zahlungsprofilen, die den unterschiedlichen Präferenzen und Erwartungen der Gläubiger besser entgegenkommen und/oder eine ausgewogenere Risikodiversifikation ihrer Portfolios ermöglichen, ein Potenzial zur Verminderung der Renditeansprüche beigemessen. Kapitalkostenmindernd wirkt daher der Einsatz von Zins- und Kreditderivaten im Aktivgeschäft von Kreditinstituten, der über den Interbankenmarkt eine Risikooptimierung der institutsindividuellen Portfoliostrukturen zulässt. Den risikomindernden Strategien der Banken im Aktivgeschäft entspricht auf der Schuldnerseite der Wunsch nach einer breiteren Diversifizierung der Finanzierungsarten. Beispielhaft lassen sich hier Passivastrukturen mit optionalen Tilgungs- und Zinszahlungswahlrechten oder in der Gestalt von Nullkuponanleihen, Reverse Floatern und Constant Maturity-Produkten anführen.[42]

So wird der Innovationsprozess in Gang gehalten durch Finanzingenieure, die gängige Finanzinstrumente in ihre Basiskomponenten zerlegen, um sie separat oder neuartig rekombiniert bei jenen Gläubigern zu vermarkten, die den Neukreationen die höchste Wertschätzung beimessen. Die erreichte Wertsteigerung durch Rekombinationen und neue Formen der gesamtwirtschaftlichen Risikoteilung beruht damit auf einer Forschungs- und Eintwicklungsaktivität nach dem Prinzip Versuch und Irrtum, die Nachfragepräferenzen sondiert, Marktlücken aufspürt und gefragte Instrumente produziert. Infolge der hohen Wettbewerbsintensität an den internationalen Märkten wird dieses Entdeckungs- und Entwicklungsverfahren besonders forciert durch weltweit agierende Investmenthäuser betrieben.[43] Ähnlich wirkt der zunehmende Standortwettbewerb zwischen den Börseneinrichtungen stimulierend auf die Einführung neuer Kontraktformen, Order- und Abwicklungstechniken. Hierdurch erhält auch das typische Bankgeschäft *Innovationsimpulse*. Einerseits stehen die verschiedenen Marktsegmente untereinander zwar in einer Konkurrenzbeziehung. Andererseits ergänzen und verstärken sich jeweiligen Innovationsaktivitäten von Börsen, Handelshäusern und Kreditinstituten gegenseitig. Investmentbanken nutzen Börsenkontrakte, um ihre Handelsbestände abzusichern, Kreditinstitute die von Handelshäusern angebotenen erweiterten Absicherungsmöglichkeiten, um Innovationen im Kundengeschäft anbieten zu können. Bei zunehmendem Nutzungsgrad und Marktvolumen der Handelsprodukte sinken mit zunehmender Marktliquidität die Handelsspannen und Transaktionskosten. Reduzierte Spreads stimulieren neue Handelsstrategien und die Entwicklung weiterer Handelsprodukte, die ihrerseits die Entstehung und Verbreitung kundenindividueller Produktinnovationen durch Kreditinstitute begünstigen. Diese wechselseitige Entwicklung wurde als spiralförmiger Innovationsprozess beschrieben, der fortgesetzt zu sinkenden Transaktionskosten führt und die Finanzmärkte laufend um neue Produkte ergänzt. Notwendige Bedingung dafür ist, dass die beteiligten Börseneinrichtungen, Investmentbanken und Kreditinstitute über adäquate Technologien verfügen, um die Risiken der neuen Geschäfte kalkulieren und steuern zu können.[44]

Wenn Banken die auf diesem Wege entstehenden innovativen Strukturen für eigene Refinanzierungszwecke nutzen, können sie Kostenvorteile realisieren, die eine stärkere Kreditexpansion erlauben und an den Vermögensmärkten zu höheren Preisen und geringeren Kapitalkosten beitragen. Von neuartigen Finanzinstrumenten und Gesamtbanksteuerungsverfahren, die eine flexiblere Risikopositionierung ermöglichen, damit Transaktionskostenersparnisse zur Folge haben und eine bedarfsgerechtere Allokation, präzisere Bewertung und ausgewogenere Diversifizierung von Marktpreis- und Ausfallrisiken zulassen, kann man daher reduzierte Renditeforderungen sowie eine höhere Marktbewertung der Unternehmen und des vorhandenen Produktivvermögens erwarten.

Für den Wirkungskanal (2) ist von ausschlaggebender Bedeutung, dass heute nicht nur bei Banken, sondern auch im Unternehmenssektor eine breite Diffusion innovativer Finanzinstrumente feststellbar ist. Wie Untersuchungen zur Derivatenutzung bei größeren Wirtschaftsunternehmen zeigen, sind Finanzderivate zum festen Bestandteil der Unternehmensfinanzierung geworden.[45] In Deutschland lag der Nutzungsgrad 1997 in den von der Erhebung abgedeckten größeren Wirtschaftsunternehmen bei 89% bzw. 96% für Zins- und Währungsderivate (Tabelle 1). Dabei hat die Risikoallokation über den Interbankenmarkt und die Arbeitsteilung zwischen den Zentral- und Primärinstituten in den Finanzverbünden die Derivatediffusion auch zugunsten kleinerer und mittlerer Unternehmen stark begünstigt.

Den wertgenerierenden Effekt durch innovative Finanzinstrumente erklärt die betriebswirtschaftliche Teildisziplin des Risikomanagements, die den *Risikoverbund* zwischen der betrieblichen Investitions- und Finanzierungspolitik stärker in den Vordergrund rückt, insbesondere durch Transaktionskosten und Informationsasymmetrien.[46] Während bei unterschiedslosen Transaktionskosten alternativer Risikosteuerungsstrategien und identischen Informationsständen zwischen Unternehmen und Finanzinvestoren die erweiterten Risikosteuerungsmöglichkeiten durch Finanzderivate keine bedeutenden Produktivitätseffekte hervorrufen könnten (Irrelevanz des Risikomanagements im Unternehmen), bieten die in der Realität gegebenen genaueren unternehmensinternen Kenntnisse über die Zahlungsströme aus lau-

	Nutzungsgrad nach Risikoarten				Nutzungsgrad nach Zielsetzung			
	Zins	Währung	Warenpreise	Zins und Währung	Cash Flow	Firmenwert	Bilanzsteuerung	GuV-Rechnung
Deutschland	89%	96%	40%	85%	34%	12%	7%	56%
USA	76%	79%	40%	58%	49%	8%	1%	44%
Quelle: Bodnar/Gebhardt (1998).								

Tab. 1: Derivatenutzung bei Wirtschaftsunternehmen

fenden und bevorstehenden leistungs- und finanzwirtschaftlichen Transaktionen vielfältige Ansatzpunkte, um die Firmenwerte durch gezielte Maßnahmen der Risikoabsicherung oder -versicherung zu steigern. Preis- und Zinsvariationen an den Finanzmärkten gehen im leistungs- und finanzwirtschaftlichen Bereich einher mit schwankenden Zahlungsströmen, wodurch Liquiditätsverknappungen und –überschüsse mit nichtlinearen Auswirkungen für den Unternehmenswert entstehen.[47] *Liquiditätsanspannungen* durch verringerte Summenzahlungsströme mindern die Verschuldungskapazität und unternehmerischen Entscheidungsfreiheiten, führen zu Einschnitten bei geplanten Investitionsvorhaben und binden Management-Ressourcen zur Abwendung existenzbedrohender Schieflagen. Die Wachstumspotenziale des Unternehmens werden weiter eingeschränkt, wenn höhere Liquiditätsrisiken Produktions-, Umsatz- und Gewinneinbußen verursachen, weil Lieferanten, Kunden und Mitarbeiter verloren gehen, oder wenn diese »Stakeholder« durch erfolgsbeeinträchtigende Konditionen an das Unternehmen gebunden werden müssen. Finanzwirtschaftliches Risikomanagement ist in vielen Fällen ein vorteilhaftes Substitut für ertragsärmere, weniger flexibel umsetzbare oder aufwendigere Alternativstrategien, die von der Unterlassung riskanter Investitionsprojekte zugunsten risikoärmerer Realinvestitionen über eine stärkere Diversifizierung im operativen Geschäft bis zur externen Aufnahme zusätzlichen Risikokapitals reichen. So entfällt bei erfolgreicher Risikoabsicherung durch Finanzderivate teilweise die Notwendigkeit zur Vorhaltung von vergleichsweise teurem Eigenkapital, das quasi als grobe Pauschallösung dient, um nicht näher quantifizierbare Verlustgefahren abfedern zu können. Risikokapital kann somit teilweise durch Risiko-Hedging freigesetzt und zur Generierung zusätzlicher Unternehmenswerte genutzt werden. Dabei setzen erfolgreiche Hedging-Strategien neben einer Dekomposition der Risikofaktoren voraus, dass die wirtschaftlichen Erfolgsbeiträge aufgespalten werden in jene, die auf überlegenen Fähigkeiten und komparativen Wettbewerbsvorteilen des Unternehmens beruhen, und solche, die durch die Übernahme von Risiken entstehen, die weniger gut beherrscht und daher besser abgewälzt und abgesichert werden.[48] Beschränken sich Risikoanalyse und Absicherungsmaßnahmen nur auf die ausstehenden Zahlungsströme aus bereits getätigten Realinvestitionen und Finanzierungsgeschäften (Transaktionsrisiken), bleiben zu erwartende Zahlungsströme aus noch bevorstehenden Projekten (ökonomische Risiken) ungesichert. Werden die ökonomischen Risiken mit in die Betrachtung einbezogen, ergibt sich ein zusätzliches Anwendungsfeld für Absicherungsgeschäfte durch Zins- und andere Finanzoptionen, die besonders im Umfeld hoher

Preisvolatilitäten wertgenerierenden Charakter besitzen. So resultieren *ökonomische Risiken* aus Zinsniveauvariationen, die systematisch mit Produktions- und Umsatzschwankungen verbunden sind. Reine Hedging-Maßnahmen ohne Optionscharakter sind für die Steuerung ökonomischer Risiken ungeeignet, da hierdurch übermäßige Absicherungpositionen mit zusätzlichen Verlustgefahren entstehen können. Auch Sachinvestitionen enthalten zumeist eingebettete Realoptionen, darunter Wachstumsoptionen zur Erweiterung des Geschäftstätigkeit, die unternehmerische Entscheidungsspielräume zur Anpassung an veränderte Umweltbedingungen einräumen. Neuere Verfahren der Investitionsrechnung und Unternehmensbewertung nutzen deshalb die Optionspreistheorie, um die höheren realen Ertragserwartungen und wertbildenden Wirkungen derartiger Handlungsflexibilitäten zu erfassen.[49] Als komplementäre Finanzierungsinstrumente können hier Finanzoptionen dienen, mit denen sich Gewinnpotenziale erhalten und gleichzeitig ökonomische Verluste vermeiden lassen, die bei einer Projektunterlassung oder linearen Absicherungsstrategien in Kauf genommen werden müssten.[50] Der Produktivitätseffekt von Absicherungsgeschäften beruht schließlich darauf, dass Wirtschaftsunternehmen einer Vielzahl von leistungs- und finanzwirtschaftlichen Risiken unterliegen, realistischerweise aber nur über begrenzte Ressourcen zur Risikobewältigung verfügen. Neue Finanzinstrumente, die es erlauben, bestimmte Risiken abzusichern oder an Marktteilnehmer weiterzugeben, die über Informationsvorsprünge verfügen oder auf den Umgang mit diesen Risiken spezialisiert sind, setzen Ressourcen frei, die in Geschäftsfeldern mit komparativen Wettbewerbsvorteilen eingesetzt werden können. Dadurch wird ein höherer Grad an produktivitätschaffender Arbeitsteilung erreichbar. Während Finanzunternehmen komparative Vorteile beim Management von Finanzmarktrisiken besitzen, können sich Industrie- und Handelsunternehmen auf ihre Kerngeschäfte konzentrieren, die in der Bewirtschaftung leistungswirtschaftlicher Risiken liegen. So lassen sich die naturgemäß begrenzten Kreativitätspotentiale besser in dauerhaft höhere Unternehmenswerte und erweiterte Produktionsmöglichkeiten transformieren.[51] Diese Argumentation deckt sich mit den grundlegenden Einsichten in die Produktivität der *Institution des Geldes*. Der Produktivitätsfortschritt, den die Innovation eines allgemein akzeptierten Tauschmittels und damit die Geldwirtschaft gegenüber einer Naturaltauschwirtschaft ermöglichte, beruht im Wesentlichen auf der Risikoabsicherung der Marktteilnehmer und die dadurch erzielte Ressourcenersparnis.[52]

Positive Wachstumseffekte durch den Einsatz innovativer Bankgeschäfte und Risikosteuerungstechnologien werden also über beide Einflusskanäle – sinkende Kapitalkosten und höhere Ertragserwartungen – an den Kredit- und Kapitalgütermärkten wirksam. Wie an den US-Wertpapiermärkten liegen die Ursachen in Fortschritten beim Management von Preisrisiken, effizienteren Konfliktregelungen zur Überbrückung asymmetrischer Informationsstände bei Interessenpluralismus an den Märkten und einer Steigerung der Marktgängigkeit von Schuldtiteln. Die gegenwärtige Risikomanagementpraxis macht allerdings die noch beträchtlichen Entwicklungspotenziale und auch die Grenzen einer systematischen Risikosteuerung bei Wirtschaftsunternehmen deutlich. So hat sich der *Realoptionsansatz* in der Praxis noch nicht durchgesetzt und liegen anwendungsreife Risikosteuerungsverfahren, die den leistungs- und finanzwirtschaftlichen Risikoverbund angemessen berücksichtigen, bislang noch nicht vor. Ferner lassen sich die derzeit praktizierten Strategien vorwiegend nur als Partiallösungen zur Absicherung einzelner Risikokomponenten charakterisieren, wobei offene Währungspositionen und häufiger noch Zinsänderungsrisiken auch im Vertrauen darauf unbesichert bleiben, systematisch gewinnbringende Prognosen erstellen zu können. Eine Steuerung von ökonomischen Risiken mit Hilfe von Finanzderivaten erfolgt gegenwärtig nur ansatz- und näherungsweise.[53] Im Hinblick auf die Vermarktung ihrer Derivateprodukte und -kenntnisse ist für Banken interessant, dass viele Unternehmen neben den geltenden Rechnungslegungsvorschriften auch Wissensdefizite als Problem für den Umgang mit Derivaten angeben. Eine systematische Steuerung ökonomischer Risiken setzt überdies anspruchsvolle Kenntnisse und umfassende Datengrundlagen voraus über die wechselseitigen Zusammenhänge zwischen den Risikofaktoren einerseits und den Preis- und Mengenreaktionen an den Beschaffungs- und Absatzmärkten andererseits. Außerdem müssen die ursächlichen Risikofaktoren in reale und nominale (inflationsbedingte) Komponenten zerlegt werden, da die adäquaten Risikoausgleichsstrategien in beiden Fällen sehr unterschiedlich ausfallen können. Die isolierte Absicherung des Zinsänderungsrisikos aus einer variabel verzinslichen Verschuldung kann für das Gesamtunternehmen risikoausgleichend oder risikoverstärkend wirken, weil sich das Zahlungsaufkommen im operativen Geschäft bei einer Zinsentwicklung, die dem allgemeinen Preisniveau folgt, anders verhält als im Fall inflationsunabhängiger Zinsniveauvariationen. Bei ausgeprägter *Inflationsunsicherheit* ist die Unterscheidung realer und nominaler Preisbewegungen, die zu unterschiedlichen Mengenreaktionen an den Märkten führen, problematisch, so dass eine erfolgreiche Steuerung ökonomischer Risiken unmöglich werden kann. Im außenwirtschaftlichen Zusammenhang stellt sich diese Problematik in Form realer oder nominaler Wechselkursänderungen, wobei letztere lediglich Inflationsdifferenziale zum Ausdruck bringen, die für die Export- und Importwirtschaft andere leistungswirtschaftliche Konsequenzen als Realkursänderungen haben und dementsprechend ein anderes finanzwirtschaftliches Risikomanagementverhalten verlangen.

3. Außenwirtschaftliche Integrationseffekte

3.1 Grenzüberschreitender Technologietransfer

Integrationsfortschritte durch eine Vertiefung der internationalen Arbeitsteilung erhöhen die Produktvielfalt und Produktivität in den Branchen, die bei offenen Märkten um die fortschrittlichsten Produkte und Technologien konkurrieren. Für weltoffene Volkswirtschaften hängt Wirtschaftswachstum entscheidend davon ab, wie durch internationale Wirtschaftsbeziehungen der Wissensaustausch gefördert und neues technologisches Wissen akkumuliert werden kann, um technischen Fortschritt realisieren und weiteres Produktivvermögen bilden zu können. Der Know How- und Technologietransfer wird besonders durch den internationalen Handel von Investitionsgütern begünstigt. Deutschland wie die meisten Handelsnationen, die sich auf unterschiedliche Produktionstechnologien spezialisiert haben und hier über Know How-Vorsprünge und komparative Wettbewerbsvorteile verfügen, können Wachstumsgewinne und Einkommenszuwächse durch eine internationale Diversifizierung des Kapitalgütereinsatzes realisieren.[54] Dabei profitieren die Handelspartner nicht nur von Technologieimporten. Im exportierenden Land erzeugt die Exportnachfrage Anreize, neue Technologien zu entwickeln und damit die Basis für weitere Produktivitätsfortschritte zu legen. Hohe Bedeutung kommt ferner Kapitalübertragungen in Form von Direktinvestitionen zu. Wissenskapital ist zum Großteil untrennbar mit dem Produktionsprozess verbunden und lässt sich nicht allein durch den Erwerb von Gütern, Patenten oder Lizenzen aneignen. Durch Direktinvestitionen kann das Empfängerland von den Auslandsfirmen Management-, Vermarktungs-, Finanzierungs- und Entwicklungstechniken erlernen und in der Folge für andere Produktionen nutzen. Über derartige externe Effekte kann sich die Rendite auf Realkapital auch in anderen Wirtschaftszweigen erhöhen.[55]

Kreditinstitute leisten einerseits durch eigene Direktinvestitionen und andererseits im Bilanz- und Derivategeschäft wirksame Beiträge zur Förderung des Integrationsprozesses, die an den Inlandsmärkten wachstumsstimulierend wirken. Auf zwei Ursachen, die Unterstützung der internationalen Arbeits- und Risikoteilung und die Förderung der internationalen Kapitalmobilität, wird nachfolgend unter besonderer Berücksichtigung der Transformationsstaaten in Mittel- und Osteuropa näher eingegangen. Die weitere Integration dieser Länder, eine der größten Herausforderungen seit Gründung der Europäischen Union, wird die Finanzmärkte im Euro-Währungsraum nicht unberührt lassen. Neben den asiatischen Schwellenländern zählt dieser Wirtschaftsraum speziell für die exportorientierte deutsche Investitionsgüterindustrie zu den bedeutensten Wachstumsmärkten.[56] Die Erfahrungen der vergangenen Jahrzehnte legen es nahe, dass ein wachsender Bedarf an produktivitätsschaffenden Finanzinstrumenten und Risikosteuerungstechnologien entsteht, um die Integration der neuen Wirtschaftsregionen in den Welthandel erfolgreich bewältigen zu können.

3.2 Internationale Arbeits- und Risikoteilung

Treibende Kraft für die Entwicklung produktivitätsschaffender Finanzinnovationen ist der Wandel und die Dynamik im wirtschaftlichen Umfeld der Marktakteure.[57] Hierunter fallen verschiedene Einflussfaktoren: Deregulierung oder Re-Regulierung, institutioneller, wissenschaftlicher oder technischer Fortschritt, beschleunigte Veränderungen realer Nachfragepräferenzen oder Angebotsstrukturen, neue Entwicklungsmuster makroökonomischer, binnen- oder außenwirtschaftlicher Variablen, die stark auf die Wirtschaftsentwicklung einwirken. Steuerrecht, Regulierungsvorschriften und auch die übrigen Faktoren unterlagen und werden weiterhin deutlich beeinflusst von der zunehmenden Standortkonkurrenz, die mit der fortschreitenden Verflechtung der Märkte einhergeht. Mit Blick auf die zurückliegenden drei Jahrzehnte ist außerdem erkennbar, dass mit den engeren Außenwirtschaftsbeziehungen einerseits beträchtliche Chancen für weiteres Wirtschaftswachstum entstanden sind, andererseits aber auch die Risiken an den Güter- und Finanzmärkten erheblich zugenommen haben. In der historischen Perspektive deutet vieles darauf hin, dass es gerade die einschneidenden Veränderungen im weltwirtschaftlichen Umfeld gewesen sind, die den Anreiz und die Notwendigkeit für neue Produkte und Risikosteuerungstechnologien an den Finanzmärkten geschaffen haben.[58] Die zu verzeichnende Zunahme von Währungs-, Zins- und *Bonitätsänderungsrisiken* lässt sich kaum besser als mit der Dynamik der außenwirtschaftlichen Verflechtung erklären.

- Die Abschaffung des Bretton-Woods-Systems fester Wechselkurse Anfang der 70er Jahre war Voraussetzung für die nachfolgende schrittweise Beseitigung von Kapitalverkehrskontrollen, wodurch sich das heute hochgradig arbeitsteilige internationale Finanzsystem erst voll entwickeln konnte. Für den damit gleichzeitig entstehenden Bedarf der in die internationale Arbeitsteilung eng eingebundenen deutschen Wirtschaft, Währungsrisiken effizient zu steuern, markiert die Zweite Novelle des Kreditwesengesetzes (»Herstatt-Sofort-Novelle«) im Jahr 1976 ein herausragendes Datum. Ohne die institutionelle Zäsur im Weltwährungssystem mit der anschließend rasch fortschreitenden Finanzmarktintegration hätte es die beträchtliche Expansion und Entwicklung der unüberschaubaren Vielfalt von Währungsderivaten nicht gegeben. Die hohe Bedeutung dieser Geschäftsart für die deutsche Wirtschaft kann an ihren stark überproportionalen Zuwachsraten im Verhältnis zum Geschäftsvolumen deutscher Banken in den 90er Jahren abgelesen werden. Die betreffenden Zuwächse betragen in der Zeit von Ende 1990 bis Ende September 1998 für das Geschäftsvolumen 84% und für das Volumen bei Währungsderivaten 473%. Bleiben die klassischen Devisentermingeschäfte außen vor, fällt der Abstand bei den Zuwachsraten als Näherungsindikator für die Innovationsdynamik in diesem Marktsegment noch deutlicher aus, wobei Währungsoptionsgeschäfte mit einem Zuwachs von über 2.200% besonders hervorstechen.[59]
- Zur gleichen Zeit hat auch das Zinsänderungsrisiko in Deutschland erheblich an Bedeutung gewonnen und erste aufsichtsrechtliche Reaktionen zur Eingrenzung dieser Risikoart in der Kreditwirtschaft ausgelöst. Analysen zur Schwankungsintensität von Finanzmarktpreisen kommen zu dem Ergebnis, dass ein ursächlicher Einfluss derivativer Instrumente nicht eindeutig feststellbar ist, kurzfristige Zinsausschläge durch internationale Portfolioumschichtungen ausgelöst werden können und länger anhaltende Zinsvariationen primär durch Fundamentalfaktoren bestimmt werden. Als wesentlicher Fundamentalfaktor für die Zinsentwicklung gilt insbesondere die Stabilität der Geldpolitik. Es waren gerade außenwirtschaftliche Erwägungen, welche die Geldpolitik in Deutschland häufig zu einer wechselkursorientierten Zinspolitik veranlasst und sie mit ihrem Preisniveaustabilitätsziel in Konflikt gebracht haben.[60] Inwieweit die Geldpolitik im Zuge der wachsenden Bedeutung neuer Regionen für den europäischen Außenhandel künftig mit einer stärkeren Wechselkursorientierung reagieren wird, bleibt abzuwarten. Für die europäische Geldpolitik könnte eine wachsende Herausforderung entstehen, wenn sich mit der zunehmenden außenwirtschaftlichen Einbindung neuer Wirtschaftsräume der Trend einer stärkeren internationalen Konjunkturübertragung fortsetzt, der seit Mitte des 19. Jahrhunderts beobachtet wird.[61]
- Ebenfalls synchron zeigen Insolvenzanalysen seit den 70er Jahren einen drastischen Anstieg des Insolvenzbodensatzes.[62] Entsprechend haben die Ausfallraten im Kreditgeschäft eine derartige Größenordnung erreicht, dass sich immer drängender die Frage stellt, auf welche Weise wieder hinreichende Margen realisiert werden können, und mitunter sogar ein Rückzug aus diesem Geschäftsfeld erwogen und teilweise auch vollzogen wird. Mit dem *Integrationsfortschritt*, dem Abbau von Handelshemmnissen und der Beseitigung von Marktzutrittsbarrieren

erweiterte sich das Teilnehmerfeld auf den Märkten, haben sich die Produktlebenszyklen verkürzt und nahm für deutsche Wirtschaftsunternehmen der Verdrängungswettbewerb zu. Die größeren Unsicherheiten durch den rascheren Wandel und der höhere Innovationsbedarf zur Erlangung von Wettbewerbsvorteilen hat die Existenzsicherung in der Wirtschaft deutlich erschwert und höhere Anforderungen an das Management von Beschaffung, Produktion, Absatz und Finanzierung gestellt, um an den komplexer gewordenen Märkten zu bestehen.[63] Diese weltweit zu beobachtende Entwicklung, die auch den Bankensektor getroffen und gleichzeitig die Bruttomargen unter Druck gesetzt hat, lieferte wesentliche Impulse, verbesserte Verfahren und Instrumente zur Messung und Steuerung von Kreditrisiken zu entwickeln und einzusetzen.[64]

Internationale Arbeitsteilung ist gleichbedeutend mit internationaler Risikoteilung, da durch den Integrationsprozess auf die Inlandsmärkte neue Risikofaktoren einwirken, denen sie sich nicht entziehen können, die sich aber mehr oder weniger effizient verteilen und bewirtschaften lassen. Nur wenn mit Hilfe der Finanzmärkte eine effizientere Risikoallokation gelingt, sind die möglichen Produktivitätsgewinne aus einer vertieften internationalen Arbeitsteilung voll realisierbar. So wirken Währungsrisiken marktsegmentierend und stellen ein internationales Handels- und Wachstumshemmnis dar. Ihre Beseitigung war die ökonomische Zielsetzung, die mit der Errichtung der Europäischen Währungsunion verfolgt wurde, um eine Vertiefung der Integration und Wachstums- und Wohlstandsgewinne für Unternehmen und Privathaushalte zu erreichen. In der kontroversen Diskussion über die Einführung der Eurowährung wurde diese Erwartung damit relativiert, dass die Entwicklung eines breiten Spektrums von Währungsderivaten bereits vor der Währungsunion umfangreiche Absicherungs- und Finanzierungsmöglichkeiten geschaffen hat, die in der Wirkung mit den wachstumsfördernden Effekten eines Festkurssystems vergleichbar sind. Feste Währungsrelationen schaffen zwar zusätzliche Sicherheit, indem sie Währungsrisiken auch für längere Zeiträume und noch unbestimmte Dispositionen auschließen, die den nur begrenzten Zeithorizont konkreter Finanz- und Investitionspläne überschreiten. Dies schmälert jedoch nicht die integrations- und wachstumsfördernden Wirkungen, die sich Währungsderivaten beimessen lassen, die speziell im OTC-Geschäft für einen breiten Anwenderkreis passend auf unterschiedliche Real- und Finanzinvestitionen, Risikoneigungen und Risikotypen (Transaktionsrisiken, ökonomische Risiken, handelsrechtliche Translationsrisiken) zugeschnitten werden können. Unter der Fragestellung, welche Wachstumspotenziale sich durch eine Intensivierung der internationalen Wirtschaftsbeziehungen realisieren lassen, dürften die ökonomischen Risiken vorrangige Bedeutung besitzen. Dieser Risikotyp bietet für Wirtschaftsunternehmen gleichzeitig sinnvolle Anwendungsmöglichkeiten für Währungsoptionsgeschäfte, denen sonst ein eher spekulativer Charakter anhaftet.[65] Die asymmetrischen Optionsstrukturen bieten den Unternehmen die Möglichkeit, Währungsverluste zu neutralisieren, ohne auf das Chancenpotenzial veränderlicher Währungsrelationen verzichten zu müssen. Voraussetzung eines produktiven Optionseinsatzes ist eine Abhängigkeit zwischen der künftigen Wechselkursentwicklung und der Möglichkeit, dass vermehrt oder vermindert Fremdwährungszahlungen im operativen Geschäft begründet werden. Aufgrund der Bedeutung realer Wechselkursschwankungen für die internationale Wettbewerbsposition der Unternehmen kann von einem solchen Zusammenhang ausgegangen werden.[66] Der in dieser Weise bedingte Umfang an Außenhandelsaktivitäten besitzt damit Realoptionscharakter, weshalb für die Bewertung der Entscheidungssituation, in Abhängigkeit von der Wechselkursentwicklung und neuer Informationsstände künftig neue oder erweiterte Aussenhandelsbeziehungen aufzunehmen, ebenfalls vermehrt der *Realoptionsansatz* herangezogen wird.[67] Vorhandene längerfristige Wahlmöglichkeiten, Außenwirtschaftsaktivitäten zeitlich zu verlagern oder in der Intensität zu variieren, können danach die Ertragsaussichten verbessern. Langfristige Devisen- und Währungsoptionen auf Kassabeträge bzw. in Fremdwährung denominierte Schuldtitel, für die Laufzeiten von zehn Jahren nicht ungewöhnlich sind, stellen adäquate komplementäre Finanzierungslösungen dar, um die realen Ertragspotenziale im Außenhandel besser realisieren zu können. Der durch wechselkursabhängige Mengenreaktionen begründete nichtlineare Zusammenhang zwischen dem Zahlungsaufkommen und den Währungsrelationen rechtfertigt bei Nichtbanken auch den risikomindernden und chancenmehrenden Einsatz von komplexen Optionen mit exotischem Charakter (Digital-, Bermuda-, Barrier-, Durchschnitts-, Rainbow-Opionen etc.). Mit Hilfe derartiger Optionsgeschäfte, die gegenüber Standardoptionen auch Preisvorteile bieten, lassen sich nutzlose Zahlungsprofile vermeiden und gezielt solche Zahlungsströme erzeugen, die genauer auf die individuellen Risikopositionen und realen Handlungsoptionen im leistungswirtschaftlichen Bereich abgestimmt sind.[68]

Rückblickend kann festgestellt werden, dass es mit Hilfe innovativer Produkte und Risikosteuerungsverfahren gelungen ist, Einkommensunsicherheiten im Außenhandel abzubauen, die Marktintegration zu vertiefen und die Wachstumspotenziale einer erweiterten internationalen Arbeitsteilung umfassender auszuschöpfen. Wie im Fall der Zinsderivate wurden die Risiken einerseits neu verteilt und stärker auf den Bankensektor übertragen, der auf das professionelle Währungsmanagement spezialisiert ist und über einen besseren Zugang zu den Märkten verfügt, um bei Erwartungsänderungen rasch reagieren und notwendige Anpassungsmaßnahmen ergreifen zu können. Andererseits konnte durch die hohe Akzeptanz und Marktgängigkeit der neuen Instrumente über die Interbankenmärkte eine bessere Risikoteilung und -diversifizierung erzielt werden. Mit Blick auf die künftige Entwicklung und unter dem Gesichtspunkt der Kreditrisiken ist anzunehmen, dass der Bedarf an neuen Finanzprodukten und Risikosteuerungsverfahren wachsen wird, wenn über Nordamerika, Westeuropa und Asien hinaus durch die Öffnung Mittel- und Osteuropas in zunehmendem Maß neue Regionen für den Welthandel erschlossen werden. Mit der wachsenden Interdependenz entstehen neue realwirtschaftliche Risiken und das realisierbare Wachtumspotenzial wird davon abhängen, wie gut diese Risiken bewältigt werden und welchen Beitrag Kreditinstitute dazu leisten können. Für Westeuropa bedeutet die im eigenen Interesse liegende Unterstützung des wirtschaftlichen Transformationsprozesses in den Reformländern, ihnen einen erweiterten Zugang zu den EU-Märkten zu eröffnen, damit sie in die Lage versetzt werden, den wirtschaftlichen Anpassungs- und Aufholprozess aus eigener Kraft zu bewältigen. Dies setzt eine *Handelsliberalisierung* voraus, um den Reformländern die Chance zu bieten, komparative Vorteile in der arbeitsintensiven Güterproduktion wohlstandsfördernd durch Exporte in die westlichen Staaten zu nutzen.[69] Hiervon sind in Westeuropa sensible Branchen betroffen, in denen mit erheblichen

Produktionseinbußen gerechnet wird: Agrarprodukte und Nahrungsmittel, Textil, Bekleidung, Eisen, Stahl, Chemie und möglicherweise auch die Automobilindustrie.[70] Die Produktionsstrukturen in Westeuropa werden damit erhöhten Anpassungszwängen und einem stärkeren Druck zum Strukturwandel unterliegen, von dem nicht allein Großunternehmen und Kreditgeschäfte mit Firmenkunden betroffen sind. Dem Insolvenzsymptom bei den Unternehmen entspricht die seit den 70er Jahren sprunghaft angestiegene Arbeitslosigkeit. Mit der Intensität des Strukturwandels ist normalerweise ein Anstieg der friktionalen Arbeitslosigkeit verbunden, die sich abhängig von den etablierten Arbeitsmarktinstitutionen zu einer Dauerarbeitslosigkeit verfestigen kann. Die Lohnkostenvorteile in den Aufholländern stellen besonders für weniger qualifizierte Tätigkeiten in der inländischen Produktion zusätzliche Beschäftigungsrisiken dar, die sich auf das Kreditgeschäft mit Privatkunden übertragen können. Es muss daher weiterhin mit hohen, wenn nicht steigenden Ausfallraten im Kreditgeschäft gerechnet werden. Seit dem politischen Regimewechsel in Osteuropa steht die Kreditwirtschaft gemeinsam mit den übrigen Wirtschaftssektoren vor der neuen Dauerherausforderung, sich durch eine technologische Modernisierung der Produktionsprozesse und höhere strukturelle Wandlungsfähigkeit in die sich abzeichnende neue internationale Arbeitsteilung einzuordnen.[71] Vor diesem Hintergrund dürften aktive Steuerungstechnologien für Bonitätsänderungsrisiken und handelbare *Kreditderivate* spürbar an Bedeutung gewinnen. Mit diesem Instrumentarium werden die Institute durch eine leistungsfähigere Kreditrisikotransformation in der Lage sein, in größerem Umfang die integrationsbedingten Unternehmensrisiken zu übernehmen und damit einen wirkungsvollen Beitrag zur Bewältigung des forcierten Strukturwandels zu leisten. Dieser wachstumsfördernde Effekt wird sich bei einem zunehmenden Eigeneinsatz durch Wirtschaftsunternehmen noch verstärken. Für Nichtbanken ist der Umsatzprozess mit schwer diversifizierbaren und wachstumshemmenden Risiken aus Handelskrediten verknüpft, die sich durch Kreditderivate ohne Beeinträchtigung der Lieferbeziehungen einfacher reduzieren lassen. Der wachsende Einsatz von Zins- und Währungsderivaten impliziert überdies zunehmende Kontrahentenrisiken, die ebenfalls für eine stärkere Verbreitung von Kreditderivaten im Nichtbankensektor sprechen. Steigende externe Anforderungen an die Risikoüberwachungssysteme der Unternehmen, wie sie für Aktiengesellschaften bereits in Kraft getreten sind und sich in Zukunft vermutlich in allgemeinverbindlichen »Grundsätzen ordungsmäßigen Risikomanagements« niederschlagen werden, unterstützen diesen Trend.[72]

3.3 Bankentechnologie und Kapitalmobilität

Zahlreiche Faktoren sind für die realisierbaren Produktivitätsgewinne verantwortlich, wenn Länder grenzüberschreitende Kreditbeziehungen und Beteiligungen unterhalten und einen unbeschränkten internationalen Handel mit Vermögenswerten betreiben können.[73] Ohne freizügige Anlagemöglichkeiten im Ausland besteht nur ein beschränktes Potenzial zur grenzüberschreitenden Risikoteilung und -diversifizierung; inländische Ersparnisse erhalten nur eine geringere risikoadjustierte Verzinsung. Ohne Verschuldungsmöglichkeiten im Ausland sind weniger Mittel für Realinvestitionen verfügbar mit entsprechend eingeschränkten Wachstumsperspektiven. Als bedeutende Teilnehmer im grenzüberschreitenden Kredit- und Kapitalverkehr wirken Kreditinstitute daran mit, dass nationale Ersparnisse über die Landesgrenzen hinweg in solche Volkswirtschaften gelangen, die über attraktive Investitionsmöglichkeiten verfügen. Bei hoher Kapitalmobilität führen geringe Veränderungen der Risiko- und Renditedifferenzen zu internationalen Kapitalbewegungen, so dass für Investitionen im Inland (Ausland) auch externe (interne) Ersparnisse zur Verfügung stehen. Im Idealfall führt die fortschreitende Integration der Märkte bei hoher Kapitalmobilität zu einer internationalen Angleichung der Kapitalgüterrenditen und Konvergenz der Wachstumsraten, die sich allerdings nur über langwierige Kapitalbildungsprozesse vollziehen und viele Jahrzehnte beanspruchen kann. Eine vollständige Konvergenz ist in der Realität nicht feststellbar und wegen verschiedener Integrations- und Entwicklungsbarrieren auch nicht zu erwarten.[74] Unter der Beteiligung von Kreditinstituten können jedoch zumindest einige Hemmnisse durch Lernprozesse, Marktkräfte und institutionelle Anpassungen allmählich eingeebnet werden. So belegen langfristig angelegte empirische Untersuchungen anhand verschiedener Indikatoren, dass die entwickelten Industrie- und Handelsnationen deutliche Integrationsfortschritte erreichen konnten. Gemessen an der internationalen Dispersion der relativen Kapitalgüterpreise, die sich in der Zeit seit 1870 etwa halbiert hat, gilt dies insbesondere für die Kapitalgütermärkte.[75] Kreditinstitute können den außenwirtschaftlichen Integrationsprozess insbesondere dann fördern, wenn sie über komparative Produktivitätsvorteile gegenüber den Bankensektoren im Ausland verfügen. Mit Blick auf den Transformationsprozess in Mittel- und Osteuropa lassen sich vier Wirkungskanäle unterscheiden, die zunächst primär international agierende Institute betreffen, letztlich aber die gesamte Branche.

Erstens können Inlandsinstitute, wenn sie Zutritt zu den Auslandsmärkten erhalten, im Wege des Technologietransfers und einer Wettbewerbsintensivierung dazu beitragen, die Funktionsfähigkeit der ausländischen Bankensysteme zu erhöhen. Solche Effizienzsteigerungen bewirken Preiseffekte an den Vermögensmärkten, die steigende Unternehmenswerte induzieren, das Investitionsverhalten anregen und Wachstumsimpulse zugunsten des In- und Auslandes auslösen.[76] So haben einige US- und vorwiegend westeuropäische Banken, darunter sehr frühzeitig auch deutsche Institute, mit ihrem Engagement in den Reformländern zur Restrukturierung der Bankensektoren und Unterstützung des Transformationsprozesses in *Mittel- und Osteuropa* beitragen können.[77] Wachstum in den ehemaligen Staatshandelsländern setzt eine durchgreifende Modernisierung des Kapitalbestandes voraus, der aufgrund zumeist veralteter Technologien und unzureichender Ersatzinvestitionen zu großen Teilen obsolet geworden ist. Da die landeseigenen Ersparnisse wegen verhältnismäßig niedriger Einkommen hierzu nicht ausreichen, benötigen die Transformationsländer externe Ersparnisse durch Kapitalimporte. Den einheimischen Banken kommt hierbei die wichtige Intermediationsfunktion zu, die Verbindung zu den Auslandsmärkten herzustellen und für die landesinterne Allokation externer Ersparnisse zu sorgen.[78] Technologielücken und rechtliche Reformdefizite zählen zu den Ursachen, weshalb die mittel- und osteuropäischen Bankensysteme diese für eine stabile wirtschaftliche Aufwärtsentwicklung bedeutende Aufgabe auf effiziente Weise nur mit Unterstützung leistungsfähiger Auslandsbanken erfüllen können und internationale Organisationen die Beteiligung ausländischer Institute bei der Reorganisation der Bankensysteme in aufstrebenden Ländern befürworten.[79] Das Zinsergebnis der deutschen Bankengruppen aus ihrer positiven Netto-Vermögensposition gegenüber den Reformstaaten, das für 1995 auf reichlich 2 Mrd DM beziffert wurde[80], ist daher nur ein unzureichender Erfolgsindikator für die Auslandsaktivitäten der Institute. Je besser es durch die gemeinsamen Anstrengungen der beteiligten europäischen Banken gelingt, internationale Kapitaltransfers über den Kreditweg zu mobilisieren, umso stärkere Wachstumsimpulse sind hiervon für die jungen Marktwirtschaften und die deutsche Wirtschaft zu erwarten. Auf diesem Weg, der sich während der Asienkrise im Vergleich zu Portfolioinvestitionen zugleich als die stabilere Form der Vermögensübertragung erwiesen hat, kann über die effizientere Mittelaufbringung und –verwendung gleichermaßen der Kapitalimport in den Reformländern unterstützt und eine Stärkung der heimischen Exportindustrie erzielt werden.

Hintergrund eines zweiten Wirkungskanals ist, dass sich mit dem Technologietransfer aus dem Ausland auch ein umfassenderes Spektrum an Finanzierungsinstrumenten in den Transformationsstaaten etablieren konnte. So hat sich in einigen Ländern das Derivategeschäft stärker verbreiten können, das ebenfalls geeignet ist, den Integrationsfortschritt durch eine höhere Kapitalmobilität zu fördern.[81] Die Begründung liegt darin, dass die Bereitschaft, Vermögensanlagen im Ausland aufzubauen, graduell mit sinkenden Transaktionskosten und der Möglichkeit zunimmt, Marktpreis-, Kredit- und Länderrisiken durch Derivate abzusichern sowie Marktzutritts- oder Marktaustrittsbarrieren mit ihrer Hilfe zu überwinden. Auch Ökonomen, die mit empirischem Material klar belegen konnten, dass der Großteil der Ersparnisse eines Landes vorzugsweise an den heimischen Märkten investiert wird (*home bias*), schließen den Effekt nicht aus, dass sich durch Produktivitätsfortschritte in der Finanzintermediation und verfeinerte Risikosteuerungsverfahren höhere Ersparnisanteile für internationale Kapitaltransfers aufbringen lassen.[82] So werden Hemmnisse bei der grenzüberschreitenden Zusammenführung von Gläubigern und Schuldnern überwunden durch arbeits- und risikoteilige Arrangements, die bei der Auflegung internationaler Finanzierungsprogramme üblich sind und die weltumspannenden Distributionskanäle und komparativen Standort- und Informationsvorteile der beteiligten global agierenden Banken nutzen.[83] Die derart vermittelten Finanzierungen enthalten regelmäßig derivative Komponenten, um die Gäubigerrisiken besser abzusichern. In diesem Zusammenhang ist bemerkenswert, dass die Entwicklung von Kreditderivaten neben der Eingrenzung von Ausfallrisiken auch und ähnlich wie die Entstehung von Währungsswapgeschäften wegen vorhandener bzw. drohender Marktbeschränkungen an den neuen Märkten in Osteuropa, Lateinamerika und Asien stimuliert wurde.[84]

Ein dritter Effekt kann stärker wirksam werden, wenn mit zunehmender Präsenz deutscher Institute in den Reformländern das bislang noch relativ schwach ausgeprägte Passivgeschäft an Bedeutung gewinnt. So ist im Fall einer aus Verbrauchersicht vorteilhaften weiteren Marktöffnung längerfristig damit zu rechnen, dass Auslandsbanken die Möglichkeiten wahrnehmen werden, um vor Ort neue Kundengruppen zu erschließen.[85] Das deutsche Bankensystem könnte dann ähnlich wie die Schweiz und die Vereinigten Staaten verstärkt in die Rolle eines internationalen Bankiers hineinwachsen und eine internationale Vermögenstransformation herbeiführen, die wie im Inlandsgeschäft durch kurzfristige Verbindlichkeiten bei langfristigen Forderungen gekennzeichnet ist. Eine solche Vermögensposition ruft eine international breiter diversifizierte Portfoliozusammensetzung hervor und löst Kapitalexporte aus, deren Verwendung durch die Empfängerländer die inländischen Exportmärkte begünstigt. Ursache sind die Produktivitätsunterschiede der Bankensektoren, die an den Vermögensmärkten eine Verschiebung der komparativen Renditerelationen zugunsten inländischer Bankenpassiva und ausländischer Kapitalgüter induzieren. Damit wird die Kapitalbildung in den Reformländern angeregt, an der sich inländische Nichtbanken durch Kapitalexporte beteiligen. Gleichzeitig entsteht für die heimischen Produzenten ein neues Absatzpotenzial für Erzeugnisse und Technologien, die für die Modernisierung des Kapitalbestandes in den Aufholländern notwendig sind.[86] Erstes Anzeichen einer solchen Entwicklung könnte die Passivierungstendenz sein, die sich in der zweiten Hälfte der 90er Jahre bei den Inlandsinstituten im Geschäft mit Banken im Ausland abgezeichnet hat.[87] Inwieweit sich eine solche Entwicklungstendenz künftig verstärken kann, hängt davon ab, ob die mit der Expansion im Ausland wachsenden Kredit- und Länderrisiken über die relativ geringe Anzahl international agierender Institute hinaus auf breitere Schultern verteilt werden können.

Einen vierten Einflussfaktor, der die internationale Kapitalmobilität fördern kann, bilden damit Anlage- und Finanzierungsinstrumente, die eine effizientere internationale Risikoteilung und -diversifizierung ermöglichen. Voraussetzung dafür sind attraktive Produktinnovationen und die Mitwirkung von Orts- und Regionalbanken, um ein breiteres Anlegerpublikum für die Risikoübernahme zu gewinnen. Auf diese Weise wäre eine wachstumsfördernde Umschichtung in der internationalen Vermögenszusammensetzung zugunsten einer höheren *Kapitalproduktivität* erreichbar.[88] Ansatzpunkte hierfür liefert der expandierende Markt für *Kreditderivate*, wobei Lösungen besonders interessant erscheinen, die sich auf ein Portfolio von Referenzaktiva (Pool, Basket) oder einen Index beziehen. Mit solchen Instrumenten können in anreizkompatibler Weise systematische Risiken getrennt von unsystematischen (idiosynkratischen) Risikokomponenten aus Krediten an kleine und mittelständische Unternehmen übertragen werden, ohne dass für den Risikokäufer durch den Informationsvorsprung der verkaufenden Bank die Gefahr besteht, sich vorwiegend schlechte Risiken einzuhandeln.[89] Etabliert sich diese Lösung, könnten inländische Banken die Verzinsung ausgewählter Passiva an einen Kreditindex koppeln, dem repräsentative Auslandsadressen zugrunde liegen, und damit der heimischen Kundschaft zugleich wettbewerbsfähige Alternativen zur umfangreichen Emerging Market-Fondspalette anbieten. Die Wirkung auf die internationale Risikoallokation wird an der Gestaltungsform von Total Return Swaps besonders deutlich, bei denen die indexgekoppelte Performance repräsentativer Kreditpools zwischen west- und osteuropäischen Banken ausgetauscht und an inländische institutionelle und Privatanleger weitergereicht werden kann.[90] Die Vorzüge derartiger Produkte liegen darin, dass an den Inlandsmärkten der Reformstaaten nur relativ wenig attraktive Anlagemöglichkeiten verfügbar sind und Kapitalverkehrskontrollen zur Vermeidung von Kapitalflucht die Möglichkeiten der Anleger begrenzen, von international diversifizierten Vermögensanlagen zu profitieren. Umgekehrt wirken sich Rechtsunsicherheiten an den Emerging Markets hemmend auf die Investitionsbereitschaft heimischer Anleger aus. Hiermit sind Wohlfahrtseinbußen für alle Beteiligten verbunden. Da beim Einsatz von Kreditderivaten kein Austausch der zugrunde liegenden Kreditbeträge erforderlich ist, sondern nur ein Differenzausgleich der gegenseitigen Zahlungsansprüche stattfindet, sind die ausfallgefährdeten Beträge sehr viel geringer und können die Verluste im Risikofall abhängig von der relativen Bonitätsentwicklung auch gegen Null tendieren. Eine Kollision mit bestehenden Kapitalverkehrskontrollen besteht nicht, da für die zugrunde liegenden Finanzbeträge keine grenzüberschreitenden Transaktionen stattfinden und die Zielsetzung, Kapitalflucht oder Kapitalexporte zu verhindern, gewahrt bleibt. Total Return Swaps auf Basis indizierter Kreditpools aus Mittel- und Osteuropa (MOE), in die westeuropäische Anleger investieren, könnten folgende Effekte bewirken:

- Bei hohen MOE-Ausfallraten und relativ guter West-Performance erhalten die Anleger in den MOE-Ländern eine Nettozahlung, die ausgleichend auf die Vermögens- und Einkommenssituation wirkt. Diese Verlustausgleichsfunktion reduziert die Variabilität der Vermögenswerte, trägt zur Stabilisierung des Konsumniveaus bei und hebt damit das MOE-Wohlstandsniveau. Mit der Teilhabe am internationalen Diversifikationspotenzial wirken sich Störungen im eigenen Land weniger stark auf die wirtschaftliche Lage der MOE-Anleger aus mit der Folge einer stärkeren Abfederung von Leistungsstörungen, die gesamtwirtschaftliche Ursachen haben oder einzelne Branchen und Regionen treffen können.
- Die Allokation der höheren Risiken aus dem MOE-Kreditgeschäft erfolgt bei solchen Anlegern, die über eine breitere Risikomischung und eine höhere Risikotragfähigkeit verfügen. Bei besserer MOE-Performance erhalten West-Investoren Netto-Ausgleichszahlungen, die wegen der relativ guten Wirtschaftslage auch einfacher geleistet werden können, und damit die erwünschten höheren Renditen aus der stärker diversifizierten Vermögensstruktur.
- Bei den MOE-Banken verbleibt nur das kundenindividuelle Ausfallrisiko, da die allgemeinen Kreditrisiken durchgereicht werden. Ihre Fähigkeit, Kredite an die heimische Wirtschaft zu vergeben, wird dadurch verbessert. Auf diesem Weg stärkt die internationale Risikoteilung die notwendige Kapitalbildung und das Wirtschaftswachstum in den Transformationsländern. Die risikoübernehmenden Länder können dabei an den Gütermärkten von wachsenden Exporten profitieren.
- Für inländische Wirtschaftsunternehmen ergibt sich durch den internationalen Einsatz von Kreditderivaten ein weiterer Effekt, der nicht auf Geschäfte mit MOE-Kontrahenten beschränkt ist. So können kleine und mittelständische Firmen ähnlich wie börsennotierte Unternehmen von sinkenden *Kapitalkosten* profitieren, wenn mit der erweiterten internationalen Risikoteilung die Marktaufnahmefähigkeit für Kreditrisiken deutscher Unternehmen steigt.[91]

Legt man die Erfindungskraft der vergangenen Jahrzehnte zugrunde, düften derartige Instrumente in einem überschaubaren Zeitraum ebenso üblich sein wie das heute gängige Zinsswapgeschäft. Dafür sprechen die bereits erzielten Erfahrungen und Lernfortschritte der Marktteilnehmer, die den Zyklus aus Invention, Innovation und Diffusion durch Imitation weiter beschleunigen. Die Zufallskonstellation Anfang der 70er Jahre: sprunghaft angestiegene Volatilitäten in Verbindung mit der gleichzeitigen Verfügbarkeit brauchbarer Optionspreismodelle und einer Taschenrechnertechnologie, durch die jeder Börsenhändler in der Lage war, die finanzmathematischen Rechenalgorithmen in die Praxis umzusetzen, ist heute einer zweckgerichteten Verfahrensweise auf Großrechnerbasis gewichen. Dies drückt sich darin aus, dass Financial Engineering als wachstumsträchtiges Geschäftsfeld zur systematischen Entwicklung neuer Finanzierungstechniken, Cash Flow-Strukturen und kundengerechter Problemlösungen nunmehr zur festen Einrichtung in allen Bankengruppen geworden ist. Die enge Verbindung von Forschung und Praxis in diesen Bereichen begünstigt die Bildung neuen Humankapitals und eine raschere Überführung von grundlegenden Forschungs- und Entwicklungarbeiten in marktfähige Produkte.

Der internationale Performancetausch durch Kreditderivate wäre ein Schritt in Richtung zur Schließung von *Marktlücken*, die trotz der Fülle vorhandener Instrumente immer wieder konstatiert werden.[92] Gemeint sind Finanzinstrumente, deren Performance an die Entwicklung makroökonomischer Erfolgs- und Risikofaktoren gekoppelt ist. Einerseits wird für Zwecke einer wertgenerierenden Risikopositionierung im Unternehmenssektor der größte Innovationsbedarf bei Produkten lokalisiert, die erweiterte Möglichkeiten zur Reallokation von branchenspezifischen und gesamtwirtschaftlichen Geschäftsrisiken bieten.[93] Andererseits wird das Fehlen finanzieller Ansprüche auf die Performance von Makromärkten als Mangel gewertet, weil bedeutende Positionen in der Vermögensbilanz privater Haushalte, darunter das Immobilienvermögen und Humankapital und damit die Einkommens- und Vermögensrisiken breiter Bevölkerungskreise, vermutlich nicht hinreichend diversifiziert sind, sondern stark konzentriert und eng mit geografischen, sektoralen und demografischen Makrovariablen korrelieren. Daher wurde die Entwicklung von Finanzwerten angeregt, die eine breitere internationale Risikostreuung erlauben, als dies bislang möglich ist.[94] International verfügbare Anlageformen konzentrieren sich vorwiegend auf Markt- und Unternehmenssegmente, die bereits auf eine erfolgreiche Historie zurückblicken können. Bei Direkt- oder Fondsanlagen in Aktien- und Rentenwerten verschiedener Volkswirtschaften bleiben systematisch wichtige Performancekomponenten ausgeklammert, so dass nur eine beschränkte Teilhabe am internationalen Produktivitätswachstum möglich ist, das mindestens gleichermaßen von kleineren Firmen und Neugründungen wie von emissionsfähigen Unternehmen beeinflusst wird.

4. Erfolgsbedingungen wirksamer Gesamtbanksteuerung

4.1 Komparative Wettbewerbsvorteile

Die vielfältigen Wachtumspotenziale durch neue Bankdienstleistungen und verbesserte Steuerungstechnologien können nicht darüber hinwegtäuschen, dass Kreditinstitute mit anderen Finanzintermediären und Markteinrichtungen zur Direktfinanzierung konkurrieren. Durch sinkende Transaktionskosten zur Raumüberwindung verlieren auch ortsgebundene Kreditinstitute zunehmend den Schutz vor räumlich entfernten Konkurrenten und geraten verstärkt in den Wettbewerb mit Anbietern aus anderen Regionen, im Extremfall der ganzen Welt (Globalisierung). Lokale Anbieter, die keine Standortverlagerungen vornehmen wollen oder können, stehen generell unter einem erhöhten Anpassungsdruck, um sich an ihrem angestammten Standort zu halten.[95] Nach verbreiteter Auffassung wird sich durch die Euro-Einführung überdies eine zunehmende Konzentration im Bankensektor sowie

Emittenten	Deutschland	Frankreich	Japan	USA	Großbritannien
Unternehmen*)	3%	14%	20%	34%	20%
Banken**)	33%	17%	6%	5%	–
Öffentliche Hand***)	65%	88%	77%	58%	50%

Anteile bezogen auf: *) Bruttoinlandsprodukt **) Kreditvolumen ***) Gesamtverschuldung
Quelle: Deutsche Bundesbank (2000b), S. 35.

Tab. 2: Verbriefte Verschuldung Mitte 1999 im internationalen Vergleich

eine verstärkte Tendenz zur *Disintermediation* und *Sekuritisierung* an den Finanzmärkten durchsetzen. Teilweise werden dramatische Szenarien entwickelt, wonach die europäischen Märkte die Struktur angelsächsischer Finanzsysteme (Tab. 2) annehmen und in großem Umfang Wertpapierfinanzierungen an die Stelle des Bankkredits treten werden.[96] In Erwartung wachsender Marktpotenziale haben sich einige Institute bereits neu ausgerichtet und stark in den Ausbau ihrer Investmentaktivitäten investiert. Sind die Zeiten, in denen Unternehmen ortsansässige Banken mit Finanzierungen beauftragt haben, tatsächlich weitgehend vorbei?[97] Das würde für die meisten Institute heißen, dass Investitionen zur Implementierung neuer Risikosteuerungstechnologien für das traditionell dominierende Anlagebuchgeschäft auf Dauer keinen Erfolg brächten. Dass ein Aufholwettlauf im wettbewerbsintensiven Investmentbanking wenig aussichtsreich ist und die Stärken und primären Erfolgsquellen deutscher Institute nicht im Handelsbuchgeschäft liegen, ist an der überragenden Bedeutung des Zinsüberschusses ersichtlich, der bei Sparkassen und Genossenschaftsbanken (ohne Zentralinstitute) etwa das Vier- bis Fünffache der Summe des Nettoergebnisses aus Finanzgeschäften und des Provisionsergebnisses ausmacht.[98] Lohnend sind langfristig angelegte Investitionen in effizientere Gesamtbanksteuerungstechnologien nur, wenn das Anlagebuchgeschäft nicht den Charakter einer Residualgröße annimmt, sondern wenn hier komparative Wettbewerbsvorteile liegen, die abgeschirmt werden können.

Zwar stehen die europäischen Banken unter einem hohen Anpassungsdruck, der sich durch verschiedene kapitalmarktbegünstigende Einflüsse verstärken und in Deutschland zu einer ausgeprägteren marktorientierten Akzentuierung führen kann. Doch erscheinen angelsächsische Szenarien ungerechtfertigt und kaum geeignet, für den Großteil der Institute eine strategische Neuorientierung zu begründen. Realistischer ist demgegenüber die Einschätzung, dass die Euro-Einführung die Existenzberechtigung regionaler Institute nicht grundsätzlich in Frage stellt und keine systemtransformierenden Prozesse auslösen wird, sondern dass sie gegebene Problemlagen verschärfen und dazu führen wird, ohnehin erforderliche Strategieentscheidungen voranzubringen und den Ausbau von Kerngeschäftsfeldern zu beschleunigen.[99] Zunächst sprechen die mit dem Integrationsfortschritt zunehmenden realwirtschaftlichen Unternehmensrisiken für eine stabile Nachfrage nach Dienstleistungen zur Risikoallokation und -transformation, wie sie im unverbrieften Anlagebuch geboten werden können. Hinzu kommt, dass die relative Bedeutung der einzelnen Marktsegmente im Finanzsystem mit dem komparativen Produktivitätsfortschritt und der Produktqualität auch von Angebotsbedingungen abhängig ist, die von den Instituten selbst beeinflusst werden können. Außerdem wäre es verfehlt, das

Anlage- und Finanzierungsverhalten auf der Nachfrageseite losgelöst von den übrigen historisch gewachsenen Präferenzen, wirtschaftlichen und kulturellen Gegebenheiten eines Landes zu betrachten und anzunehmen, dass marktorientierte Finanzsysteme in jedem Fall bankorientierten Systemen überlegen sind.

- Kreditinstitute sind Teil eines umfassenderen Institutionengefüges, das die Eigenheiten eines Landes ausmacht und in das sie hineinpassen müssen, um mit Erfolg Finanzdienstleistungen erbringen zu können. Nicht nur die jeweiligen Rechtsordnungen, auch informelle Normen, Konventionen und Verhaltensweisen, die sich über lange Zeiträume herausgebildet haben, sind Bestandteil landestypischer Institutionen. Veränderungen in institutionellen Teilbereichen sind nur dann erfolgreich, wenn sie von den Einstellungen der Marktakteure und ihrem kulturellen Normensystem getragen und legitimiert sind. Institutionelle Anpassungen, die keine kontraproduktiven Abwehrreaktionen hervorrufen, sondern durch entsprechende Verhaltensmuster begleitet und unterstützt sein sollen, vollziehen sich üblicherweise nur in Form langwieriger Prozesse.[100] Dabei ist es angesichts unterschiedlicher Ausgangsbedingungen, Verhaltensweisen und Innovationsaktivitäten unwahrscheinlich, dass solche Veränderungsprozesse, die auch in Ländern mit marktorientierten Finanzsystemen stattfinden, unabhängig vom historischen Entwicklungspfad künftig zu identischen Ergebnissen führen werden.[101]
- Entsprechend führen ländervergleichende Studien zur Marktanteilsentwicklung der Aktiv- und Passivgeschäfte von Banken, um mögliche Sekuritisierungs- oder Disintermediationstendenzen zu prüfen, zu keinem eindeutigen empirischen Befund. Für Europa wurde festgestellt, dass in Frankreich ein eindeutiger Bedeutungsverlust der Banken erkennbar ist, wobei als Ursache mangelnde Wettbewerbsfähigkeit durch einen starken Staatseinfluss vermutet wird. Für Deutschland wird ein stabiles Aktivgeschäft und eine Vertiefung der Finanzintermediation ohne ausgeprägte Verbriefungstendenzen konstatiert. Hier partizipieren Kapitalsammelstellen stärker an der privaten Vermögensbildung und gewinnen ihrerseits an Bedeutung für das Passivgeschäft der Banken.[102] Auch in den Vereinigten Staaten ist das Gegenteil einer Disintermediation zu beobachten. In den vergangenen Jahrzehnten hat sich in der Vermögensstruktur des Publikums der Anteil der Direktanlagen stark zurückgebildet, während Anlagen bei Finanzintermediären deutlich höhere Marktanteile erringen konnten.[103]
- Trotz des für deutsche Institute vergleichsweise positiven Befundes müssen langfristig angelegte Untersuchungen zur Marktanteilsentwicklung bei bestimmten Produkten generell mit Vorsicht interpretiert werden. Sie beschränken sich meist auf bilanzwirksame Geschäfte und leiden unter einer statischen Perspektive, wenn Produktinnovationen nicht erfasst werden, die zu Beginn des Beobachtungszeitraumes noch keine Bedeutung hatten. Kreditinstitute haben gerade durch Finanzinnovationen die Chance, in einer differenzierteren Form der Abteitsteilung an den Finanzmärkten als Vermittler zwischen Terminbörsen und Investmentbanken auf der einen Seite sowie Firmen- und Privatkunden andererseits aufzutreten. Die produktiven Intermediationsleistungen im bilanzneutralen Geschäft bilden gewissermaßen einen Gegenpol zur befürchteten Sekuritisierung und Disintermediation im Bilanzgeschäft, so dass selbst im marktdominierten US-Finanzsystem von einer »Re-Intermediation« im Geschäftsbankensektor gesprochen wird.[104]

- An der zunehmenden Verbreitung von Aktien- und Aktienindexswapgeschäften ist erkennbar, dass bilanzunwirksame Innovationen auch in Europa einen gegenläufigen Prozess auslösen können. Diese Geschäfte haben zusammen mit anderen OTC-Aktienderivaten (Optionen und Forwardgeschäfte) am europäischen Markt gegenüber den übrigen internationalen Finanzplätzen die größte Bedeutung erlangt.[105] Waren es zunächst nur Aktienbörsen und später zusätzlich Fondsgesellschaften als Institutionen zur Risikoteilung und -diversifizierung, denen die Mittel für Beteiligungsfinanzierungen bereitgestellt wurden, so partizipieren an diesem Geschäft nunmehr immer stärker auch Kreditinstitute durch den Einsatz dieser Swapvarianten in Verbindung mit Passivgeschäften, die über eingebettete Aktienstrukturen verfügen. Es drängt sich der Schluss auf, dass die künftige Marktanteilsentwicklung zwischen Banken, Börsen und anderen Intermediären nicht eindeutig determiniert ist, sondern vom Ergebnis her grundsätzlich offen und abhängig vom Produktivitätsfortschritt, der Innovationsfähigkeit und der Wettbewerbsintensität in und zwischen den verschiedenen Marktsegmenten. Zwar sind temporär wachsende Marktanteile des Investmentbankings möglich und plausibel. Auf Dauer dürfte jedoch entscheidend sein, inwieweit bei einem Vordringen marktgängiger Finanzinstrumente durch diese Art des *Systemwettbewerbs* die Entwicklungs- und Innovationsaktivitäten im Anlagebuchgeschäft stimuliert werden.[106]

Die international unterschiedlichen Finanzsysteme korrespondieren außerdem mit den verschiedenartigen Industrie- und Produktionsstrukturen in den jeweiligen Ländern. Internationale Unterschiede im Institutionengefüge können Spezialisierungsmuster im Innovationsverhalten und Produktionsschwerpunkte erklären und liefern Gründe, warum sich in Deutschland im Vergleich zu den Vereinigten Staaten als Stärke die Herstellung hochwertiger Produkte in etablierten Industriezweigen herausgebildet hat.[107] Zu den deutschen mit Stärken und Schwächen behafteten Schlüsselinstitutionen zählt neben der Verfügbarkeit langfristiger Unternehmensfinanzierungen das Bildungssystem, die Arbeitsmarktregulierung und ein ausgeprägteres Konsensprinzip. Der Schwäche einer größeren Inflexibilität bei höheren Anpassungszwängen steht als Stärke die Möglichkeit zu einer stabileren Langfriststrategie gegenüber. Begünstigt werden hierdurch kumulative Produkt- und Prozessinnovationen in etablierten Technologien zur Produktion von hochwertigen Produkten, deren Herstellung komplexe Produktionsprozesse und enge Kundenbeziehungen erfordern. Die Vorzüge der stärker deregulierten und marktorientierten angelsächsischen Institutionen liegen demgegenüber in radikaleren technologischen Spitzenleistungen und schnelleren ersten Schritten zur Kommerzialisierung. »Die Diffusion und Adaption neuer Technologien und deren ökonomische Verwertung in der ganzen Breite der industriellen Basis ist dagegen nicht so stark ausgeprägt wie in Deutschland.«[108] Auf absehbare Zeit, so die weitere Einschätzung sieben deutscher Forschungsinstitute im Gemeinschaftsgutachten zur technologischen Wettbewerbsfähigkeit Deutschlands, scheinen die nationalen Besonderheiten ihre Bedeutung nicht zu verlieren; vielmehr können lokale und regionale Akteure oftmals an Bedeutung gewinnen. Allerdings wird zugleich hervorgehoben, dass nur bei einer gegen Nachahmung relativ resistenten Produktion eine erreichte Wettbewerbsposition robust und dauerhaft ist. Da bei Standardpodukten die Imitation relativ rasch und ein Verdrängungswettbewerb über den Preis erfolgen kann, werden technologisch differenzierte und individuell auf die Kundenwünsche abgestimmte Finanzierungs- und Anlageformen immer wichtiger. Hier haben andere Wettbewerbsparameter wie Qualität und *Kundenbindung*, deren Nachahmung schwerer ist, ein höheres Gewicht. Die deutschen Institute verfügen über eine Fülle von Handlungsmöglichkeiten, um die Produktpalette qualitativ aufzuwerten und möglichen Substanzverlusten entgegenzuwirken. Die engen und längjährigen Kundenverbindungen im Aktiv- und Passivgeschäft stellen Informationskapital und den entscheidenden Wettbewerbsvorteil dar, der bei entsprechender Risikosteuerungstechnologie zur Erhaltung der Ertragskraft im klassischen Anlagebuchgeschäft genutzt werden kann. Dabei bilden die Betriebsgrößen- und Rechtsformenstrukturen der traditionell mittelständisch geprägten Unternehmen in Deutschland Rahmenbedingungen, die im Aktivgeschäft auf absehbare Zeit für eine stabile Geschäftsbasis sorgen und vor dem Hintergrund des wachsenden Bedarfs an Produkten und Dienstleistungen für Zwecke des Risikomanagements hinreichend Ansatzpunkte für den Ausbau der Kerngeschäftsfelder liefern.[109] Da speziell die wertgenerierende Steuerung ökonomischer Risiken bei Wirtschaftsunternehmen genaue Kenntnisse der Absatz- und Beschaffungsmärkte voraussetzt, bietet *Kundennähe* bleibende Vorteile für die Vermarktung anspruchsvoller und beratungsintensiver Bankprodukte. Im Privatkundengeschäft beruht der Wettbewerbsvorsprung wesentlich auf dem gewachsenen Vertrauensverhältnis und der umfassenden Versorgung mit Finanzdienstleistungen nach dem Universalbankprinzip, das sich nicht auf die Verwaltung einzelner Vermögensbestandteile beschränkt. Zudem haben Privatkunden an den Märkten für Direktanlagen die größten Informations- und Wettbewerbsnachteile, wenn sie in zeitintensiver Eigenregie eine fortlaufende Adjustierung zur Optimierung ihrer Vermögensposition wahrnehmen wollten. Gegenüber Alternativanlagen können Bankenpassiva die Funktion preiswerter Substitute übernehmen, mit denen sich Unsicherheiten abbauen, Aufwärtspotenziale erhalten sowie Informations- und Transaktionskosten einsparen lassen.[110]

Ähnlich wie in der deutschen Industrie erscheint für die meisten Kreditinstitute die realistische und dem deutschen Spezialisierungsmuster angemessene Perspektive darin zu liegen, spitzentechnologische Entwicklungen aufzugreifen und geeignet zu modifizieren, um sie besser an die Bedürfnisse der eigenen Kundschaft anzupassen. Werden in dieser Weise die von führenden Investmentbanken stammenden Produktideen geschickt in das typische Anlagebuchgeschäft eingebettet, kann Schritt gehalten werden mit dem Produktivitätszuwachs im Segment marktorientierter Finanzdienstleistungen, um einen stärkereren Verdrängungsprozess zu vermeiden und eine rentable Vermarktung hochwertiger Produkte mit grosser Breitenwirksamkeit zu erzielen.

4.2 Organisatorische Anpassungsflexibilität

Eine zentrale Frage ist, ob in der Situation sich verkürzender Produktlebenszyklen auch künftig noch genügend Anpassungszeit zur Aufnahme und Umsetzung von Innovationen in gewinnbringende Finanzdienstleistungen verbleibt. Die Entwicklung produktivitätsschaffender Lösungen, die überwiegend auf Umsetzungs- und Nachholprozesse setzt, wird unter den Bedingungen des forcierten Strukturwandels zu einer risikoreicheren Strategie. Von der seit den 70er Jahren erhöhten Dynamik an den Güter- und Finanzmärkten sind alle Wirtschaftssektoren betroffen. Um nicht selbst zum negativen Standortfaktor zu werden und den Herausforderungen des intensiveren Standortwettbewerbs erfolgreich zu begegnen, werden von den wirtschaftspolitischen Entscheidungsträgern aktive statt passive Anpassungsstrategien und grundlegende Änderungen eingefahrener Verhaltensweisen eingefordert, einschließlich institutioneller Innovationen (Neuausrichtung des staatlichen Organisationskonzeptes, Dezentralisierung von Verantwortlichkeiten, Einführung netzwerkartiger Administrationsstrukturen anstelle herkömmlicher Hierarchieformen u.a.m.).[111] Der Banken- wie Nichtbankensektor ist zur Vermeidung von Substanz- und Marktanteilsverlusten gezwungen, seine organisatorische Anpassungsflexibilität zu steigern, um Bedrohungen von Marktpositionen rascher zu erkennen und mit einer höheren Problemlösungskapazität frühzeitig durch innovative Technologien und bedarfsgerechte Produkte reagieren zu können. Neben organisatorischen Konsequenzen resultieren hieraus tiefgreifende personalwirtschaftliche Anpassungserfordernisse.[112] Die Erfahrungen im Zuge der Umsetzung der aufsichtsrechtlichen Mindestanforderungen haben gezeigt, dass die Implementierung neuer Risikosteuerungstechnologien mehr ist als ein rein technischer Akt. Gesamtbanksteuerung ist ein Veränderungsprozess mit vielen Beteiligten aus nahezu allen Funktionsbereichen. Neue Risikosteuerungstechnologien implizieren Anpassungen, die mit erheblichem organisatorischem und Lernaufwand für alle Beteiligten verbunden sind, gerade wenn mit der neuen Technik anspruchsvollere Konzeptionen eingeführt werden sollen. Ferner ist die Bankorganisation in Form erhöhter Informations-, Kommunikations- und Kooperationsfähigkeiten zwischen den Funktionsbereichen gefordert, wenn zur Risikobegrenzung eine Funktionstrennung im operativen Geschäft geboten ist, gleichzeitig aber eine funktionsübergreifende Lösung zur Risikosteuerung und -überwachung entwickelt und das Wachstumshemmnis fragmentierter DV-Anwendungen überwunden werden soll. Dabei sind Organisationsänderungen zu berücksichtigen, wenn der technologische Fortschritt zusätzliche Möglichkeiten zur Risikoaggregation unterschiedlicher Geschäfts- und Risikoarten bietet, mit denen sich Diversifikationspotentiale nutzen und verbesserte Angebotsbedingungen erreichen lassen.[113] Empirische Studien zeigen, dass organisatorische Veränderungsprozesse zur Einführung neuer Problemlösungen und Stärkung der Wettbewerbsfähigkeit häufig daran scheitern, dass Beharrungskräfte die Umsetzung verhindern. Meist greifen die Umsetzungsmaßnahmen zu kurz, um die erforderlichen Verhaltensänderungen der Organisationsteilnehmer zu bewirken.[114] Erfahrungsgemäß dominieren im Tagesgeschäft selbst nach gelungener technischer Implementierung häufig die gewohnten Verhaltensmuster. Institutionelle Wachtumsmodelle zur Erklärung der volkswirtschaftlichen Wandlungsfähigkeit und Wachstumsdynamik führen einige Beharrungsgründe an, die erforderliche Anpassungen behindern können:[115]

- Institutionell bedeutsame Veränderungen rentieren sich erst langfristig und sind zunächst nur mit Zusatzaufwendungen für die Betroffenen verbunden. Möglich ist, dass die Erträge erst jenseits des Zeithorizontes wichtiger Entscheidungsträger realisiert werden können und somit die notwendige Unterstützung ausbleibt. Die Präferenz für die Ist-Situation nimmt zu, je kürzer der Planungshorizont und je geringer die Durchsetzungskraft und das Durchhaltevermögen bei den politischen Entscheidungsträgern ausgeprägt ist.

- Die Bevorzugung traditioneller Lösungen steigt ferner mit den Umstellungsbelastungen und der Unsicherheit über die Nutzeffekte neuer Lösungen. Treten in einem solchen Beharrungszustand akute Engpässe auf, werden Ist-Systeme verstärkt unterstützt und damit möglicherweise falsche Strukturen durch den Einsatz zusätzlicher Ressourcen erhalten, die für den Ausbau zukunftsfähiger Systeme fehlen (Strukturkonservatismus). Solche Entwicklungen können bedeuten, dass die betreffenden Volkswirtschaften zunehmend von der Substanz leben und sich das aktuell noch relativ gute Leistungsbild allmählich verschlechtert, da eine unterlassene Zukunftsvorsorge sich erst mit großer Verzögerung bemerkbar macht.
- Den Nettovorteilen bei gesamthafter Betrachtung können hohe individuelle Kosten der Veränderung gegenüberstehen, die neue Lösungen blockieren. Organisatorische Systemveränderungen induzieren Abwehrhaltungen, wenn mit ihnen möglicherweise Kompetenzverlagerungen, Prestigeverluste, veränderte Karriereperspektiven oder auch Ängste, ob man den neuen Verhaltensanforderungen gerecht werden kann, verbunden sind. Der Verhinderungsdruck der Betroffenen meldet sich meist früher und stärker zu Wort, so dass ihm Entscheidungsträger auf der Befürworterseite nur schwer widerstehen können.

Wenn ein derart opportunistisches Verhalten auch nicht immer vorliegen muss, so lassen sich bei einer Übertragung der makroökonomischen Sicht auf die betriebwirtschaftliche Ebene doch Rückschlüsse auf die Wandlungsfähigkeit von Kreditinstituten ziehen. Zudem wird deutlich, dass der institutionelle Ansatz, der sich auch in der Betriebswirtschafts- und Organisationslehre findet, einen erfolgversprechenden Weg zur Beschleunigung von Reorganisationsprozessen weist.[116] Bei ungleich verteiltem Wissen, Wollen und Können der Organisationsteilnehmer beschleunigen geeignete Anreiz-, Informations- und Koordinationsmechanismen die Bildung und Diffusion von Humankapital. Sie tragen dazu bei, dass individuell erworbene Kenntnisse für die gesamte Organisation als technologisches Know How schneller verfügbar werden, sich eher im physischen Produktivvermögen niederschlagen können und früher in wettbewerbsfähige Leistungen umsetzen lassen. Hieraus ergibt sich die breite Thematisierung der Personal- und *Organisationsentwicklung* mit verschiedenen Schwerpunkten und Bezeichnungen (lernende Organisation, Change-, Wissens- oder Komplexitätsmanagement).[117] So gewinnt insbesondere eine systematische *Personalentwicklung* zur Ausbildung der Fach-, Sozial-, Gestaltungs- und Handlungskompetenz der Mitarbeiter zunehmend an Wert, wenn bedingt durch den raschen Strukturwandel die Volatilität an den Arbeitsmärkten steigt und auch Kreditinstitute immer weniger eine lebenslange Arbeitsplatzgarantie übernehmen können. Optionen für betriebliche Humankapitalinvestitionen wirken motivierend, erhöhen das Kooperations- und Organisationsvermögen und steigern mit den Kompetenzen auch die Beschäftigungsfähigkeit der Mitarbeiter, die trotz unvermeidbarer Arbeitsplatzrisiken eine bessere Absicherung gegen persönliche Beschäftigungs- und Einkommensrisiken erhalten. Insgesamt zeigt sich, dass es mit der Schaffung von Rahmenbedingungen für eine effizientere Erzeugung, einen wirksameren Austausch und eine raschere Umsetzung neuen Wissens in wettbewerbsfähige Produkte weitgehend dieselben Merkmale sind, die für eine erfolgreiche Entwicklung von Unternehmen und Volkswirtschaften verantwortlich sind. So beinhalten die angeregten organisatorischen und personalwirtschaftlichen Veränderungen regelmäßig:

- eine Aktivierung des Unternehmertums und die Stärkung dispositiver Fähigkeiten durch motivierende Entwicklungschancen sowie leistungs- und erfolgsorientierte Vergütungs- und Beurteilungsformen, die nicht durch persönliche Zu- oder Abneigungen verzerrt sind;
- ein transparentes Informationsverhalten und offenes Diskussionsklima über Prioritäten und Fehlentwicklungen auf Basis respektabler Umgangsformen und Fehlertoleranz, um reibungsfreie Kommunikationsprozesse gewährleisten und das Wissen der Mitarbeiter nutzbringend in die Entscheidungsfindung einbringen zu können;
- eine Verbesserung des Wissenstransfers durch Förderung der freiwilligen Informationsbereitschaft und Vermeidung von Expertentum, wodurch sich persönliche Wissensvorsprünge zulasten der Organisation ausnutzen lassen;
- eine erleichterte Wissenserzeugung und Risikovorsorge gegen Wissensverluste durch Teamlösungen, um einen kostspieligen Neuerwerb von Kenntnissen, die bereits anderswo im Unternehmen vorhanden sein können oder bei Kündigung einzelzuständiger Wissenträger erneut aufgebaut werden müssen, zu vermeiden und für komplexere Anforderungen überlegene Problemlösungskapazitäten einzurichten.

Heute ist es fast selbstverständlich, dass die Implementierung neuer Gesamtbanksteuerungsverfahren durch organisatorische und personalwirtschaftliche Begleitmaßnahmen flankiert sein muss, die institutionell abgesichert die Human- und Realkapitalbildung am besten fördern können. Um die Verhaltensmuster der Organisationsteilnehmer nachhaltig zu verändern, bleiben die Erfolgsaussichten von Reorganisationsprozessen fragwürdig, solange sie das unternehmenseigene Wertesystem nicht mit einbeziehen und zumindest einer kritischen Überprüfung unterziehen.[118] Die Gestaltung der *Unternehmenskultur* wird daher zunehmend als zentrale Managementaufgabe verstanden, um den Wettbewerbsfaktor Risikosteuerungstechnologie wirksam einsetzen zu können.[119]

5. Schlussbemerkungen

Innovative Technologien zur Gesamtbanksteuerung gestatten produktivitätsschaffende Produktinnovationen und steigern die Funktions- und Wettbewerbsfähigkeit des Bankensystems. Sie wirken wachstums- und beschäftigungsfördernd, weil technologische Verfahrens- und Produktinnovationen geringere Kapitalkosten und höhere reale Ertragserwartungen im Nichtbankensektor verursachen und damit die gesamtwirtschaftliche Kapitalbildung anregen. Derartige Bankinnovationen führen ebenso wie effizientere Handels- und Vermarktungstechniken zu Produktivitätsfortschritten, die überlegene Lösungen für die Übertragung und Bestandshaltung von Finanzinstrumenten schaffen, die Risikoallokation verbessern und eine rentabilitätssteigernde Bewirtschaftung leistungs- und finanzwirtschaftlicher Liquiditätsrisiken erlauben. Im internationalen Kontext wird deutlich, dass der Innovationsprozess in engem Zusammenhang mit dem weltwirtschaftlichen Integrationsfortschritt steht. Wie sich die Produktivitätsgewinne der arbeitsteiligen Wirtschaftsweise überhaupt erst mit dem Übergang zur Geldwirtschaft durch die »innovative« Verbreitung marktgängiger Tauschmittel zur Verminderung von Informations- und Transaktionskosten realisieren liessen, so ensteht durch die Vertiefung der internationalen Arbeitsteilung zusätzlicher Bedarf an neuen finanzwirtschaftlichen Lösungen, um die wachsenden Integrationsrisiken effizient bewirtschaften und die Chancen der fortschreitenden weltwirtschaftlichen Arbeitsteilung besser wahrnehmen zu können. Nach der erfolgreichen Einführung von Zins- und Währungsderivaten versprechen gegenwärtig insbesondere Risikosteuerungstechnologien, die einen breiteren Einsatz von Kreditderivaten ermöglichen, Wachstumsgewinne durch eine höhere Kapitalmobilität und Vertiefung der internationalen Arbeits- und Risikoteilung. Wachstumsfördernde Innovationen werden nicht nur an bankdominierten Kreditmärkten hervorgebracht, sondern betreffen auch die Märkte für börsengehandelte Produkte und die Geschäftsfelder von Investmenhäusern und anderen Finanzintermediären. Zur Erhaltung der Wettbewerbsposition im vorwiegend anlagebuchorientierten Geschäft sind Investitionen in bessere Risikosteuerungstechnologien geeignet, um mit den Produktivitätszuwächsen in konkurrierenden Marktsegmenten Schritt zu halten, die Produktpalette um höherwertige Finanzdienstleistungen anzureichern und die Bindung abwanderungsgefährdeter Kundengruppen zu festigen. Voraussetzung für eine auf Dauer erfolgreiche Beteiligung am kapitalintensiven Innovationsprozess sind organisatorische und personalwirtschaftliche Bedingungen, die eine beschleunigte Akkumulation von Human- und Organisationsvermögen zur rascheren Erzeugung und Umsetzung neuen Wissens in anwendbare Technologien zulassen. Das Tempo der Bildung und Bindung von Informationskapital ist im intensiven Zeit- und Standortwettbewerb der entscheidende Erfolgsfaktor, der sich nicht ohne bedeutende Anpassungskosten realisieren lässt. Das bedeutet auch, dass es einen für alle Institute erfolgreichen Entwicklungspfad nicht geben kann. Maßnahmen zur Personalqualifizierung, Organisationsentwicklung und Implementierung dv-gestützter Risikosteuerungssysteme steigern zunächst den Verwaltungsaufwand. Sie rivalisieren mit Investitionen in neue Vertriebswege oder einem Kosten- und Produktivitätsmanagement, das für eine Straffung und Standardisierung der Produktpalette sprechen kann. Zur Lösung solcher Koordinationsprobleme gibt es keine allgemeingültigen Konzepte, aber allgemein gehaltene Formulierungen, die nicht umstritten sein dürften: »Der Ertrag jedes Betriebes schwindet nach einiger Zeit hin, ein jeder Betrieb sinkt, wenn er unverändert bleibt, sehr bald zur Bedeutungslosigkeit herab. (…) Die Tätigkeit des Bankiers (…) ist eine Berufsarbeit von bekannter Schwierigkeit. Sie würde nicht unternommen werden, wenn ihr keine ökonomische Entlohnung winken würde.«[120]

Anmerkungen

1 Aus makroökonomischer Sicht hatte Samuelson (1945) die Problematik irreführender Ergebnisinformationen hervorgehoben, wenn die Risikoanalyse an Erfolgsgrössen der externen Rechnungslegung ansetzt.
2 Vgl. Haubenstock/Aggarwal (1997).
3 Für die Deutsche Bundesbank (1994, S. 55) liegt das größte Störpotenzial in einer stärkeren Verbreitung innovativer Geldmarktinstrumente, die den Informationsgehalt von Geldmengenzielen beeinträchtigen kann. Bei erheblichen Verzerrungen auch engerer Geldmengenaggregate könnte notfalls auf die Zentralbankgeldmenge (Geldbasis)

zurückgegriffen werden, die gegen innovative Effekte besonders resistent ist und sich in der Vergangenheit in Deutschland und anderen Industrienationen durch eine hinreichend stabile Beziehung zum Volkseinkommen als taugliche Zielgrösse für die Geldpolitik qualifiziert hat. Vgl. hierzu Niehans (1983), Meltzer (1998) und Laidler (1999).

4 Vgl. Birchler/Hermann/Rime (1994), S. 346.
5 Vgl. Europäische Zentralbank (1999); Neumann (1997); McCallum (1999).
6 Zur Struktur dieser Modelle vgl. Thieme/Vollmer (1987); Kath (1990).
7 Vgl. Black/Scholes (1973, S. 649 ff), die von Eigentumsrechten der Kreditgeber ausgehen und entsprechend mit Call-Optionen argumentieren.
8 Vgl. Tobin (1961).
9 Vgl. Brainard/Tobin (1968) sowie die ausführlichere Darstellung bei Tobin/Brainard (1977).
10 Ausschlaggebend ist die Marktbewertung der zusätzlichen Kapitalbildung im Verhältnis zu ihren Reproduktionskosten. Vgl. Tobin/Brainard (1977), S. 242 ff.
11 Vgl. King/Levine (1993a); Levine/Zervos (1998).
12 Vgl. King/Levine (1993b), S. 517.
13 Vgl. Krahnen (1985); Borner (1999).
14 So können die bereitgestellten Mittel für riskantere Zwecke verwendet werden, die wegen der Erfolgsbeteiligung im Emittenteninteresse, durch das steigende Ausfallrisiko nicht aber im Interesse der Gläubiger liegen. Ähnliche Interessenkonflikte bestehen hinsichtlich des unsicheren Verschuldungs- und Gewinnverwendungsverhaltens über die Laufzeit der Direktfinanzierung. In der Geschäftsführung europäischer Unternehmen unzureichend ausbalancierte Anteilseigner- und Gläubigerinteressen waren für die US-Agentur Standard & Poor's 1999 in vielen Fällen der Grund für Bonitätsherabstufungen, wobei M&A-Transaktionen eine wichtige Rolle spielten. Utzig (1999) liefert einige Beispiele für Vermögensumschichtungen zwischen Bond- und Shareholdern an den Wertpapiermärkten.
15 Levine (1999).
16 Vgl. Frenkel/Hemmer (1999), S. 173 ff.
17 Vgl. Elsas u. a. (1999).
18 Vgl. Culp/Neves (1998), S. 83 f; Neuberger (1998), S. 22.
19 Vgl. Bencivenga/Smith (1991); Vollmer (1999). Einen Überblick über weitere Beiträge geben Pagano (1993) und Baltensperger (1996), S. 288 ff.
20 Frenkel/Hemmer (1999), S. 181 ff.
21 Pagano (1993), S. 614.
22 Saunders/Walter (1994), S. 17 ff.
23 Vgl. Frenkel/Hemmer (1999), S. 307 ff.
24 Vgl. Perold (1995).
25 Vgl. Crane (1995a); Gerdsmeier (1998).
26 Vgl. Sirri/Tufano (1995).
27 Bereits heute zeichnet sich eine weitere Entwicklungsstufe ab, die im endogenen Modell über den Technologieparameter wachstumsfördernd wirkt und darauf abzielt, die unvollkommene Korrelation von Zins- und Bonitätsänderungsrisiken zur Steigerung der Risikotransformationskapazität zu nutzen.
28 Vgl. Mason (1995).
29 Moser (1997), S. 223 f.; Brewer III/Minton/Moser (2000).
30 Vgl. Santomero/Trester (1998), Crossman (1999) und Chen/Mazumdar (1999).
31 Vgl. Baltensperger (1996), S. 291.
32 Modigliani/Miller (1958).
33 Vgl. Allen (1989); Harris/Raviv (1992); Brennan (1995).
34 Vgl. Sharpe (1991), S. 505 ff.; Duffie (1992); Merton (1992); Allen/Gale (1995), S. 57 ff.; Scholes (1998), S. 365 ff; Myers (1999); Damodaran (1999); Barclay/Smith (1999).

35 Carow/Erwin/McConnel (1999).
36 Vgl. Tobin (1980/81), S. 97f.
37 Vgl. Süchting (1995), S. 423 ff.
38 Vgl. Froot/Scharfstein/Stein (1993); Grinblatt/Titman (1998), S. 711 ff; Mello/Parsons (2000).
39 Vgl. Amihud/Mendelson (1988).
40 Dies gilt speziell für Unternehmen, deren Wert hauptsächlich auf Wachstumsoptionen beruht und die sich bei kurzfristiger Verschuldung ein höheres Maß an finanzieller und leistungswirtschaftlicher Handlungsflexibilität bewahren können. Erweisen sich die Investitionsprojekte wachstumsträchtiger Unternehmen als erfolgreich, können sie sich zu vorteilhafteren Konditionen refinanzieren, sobald die Cash Flows aus den Investitionen zurückfließen. Vgl. hierzu Diamond (1991) sowie Barclay/Smith (1999), S. 15.
41 Vgl. Titman (1992) sowie den empirischen Beleg bei Saunders (1999).
42 Auch der Bund hat sich diesen Effekt durch Verschuldungsformen mit Kündigungsrechten und die Zerlegung von Bundesanleihen zunutze gemacht. So wurden mit der Einführung des Kupon Strippings günstigere Finanzierungskonditionen und eine Stärkung der Marktposition im europäischen Währungsraum bezweckt. Vgl. Deutsche Bundesbank (1997).
43 Vgl. Ackermann (2000).
44 Vgl. Merton (1995), S. 26f, S. 32ff.
45 Vgl. Bodnar/Gebhardt (1998); Glaum (2000).
46 Vgl. Franke/Hax (1999), S. 556 ff und Stulz (2000), Ch. 3.
47 Einen empirischen Nachweis signifikanter nichtlinearer Zins-, Wechselkurs- und Rohstoffpreisrisiken bei deutschen Industrie- und Handelsunternehmen hat Bartram (1999) liefern können.
48 Eine Möglichkeit zur Erfolgsspaltung präsentiert Wiedemann (2000).
49 Vgl. Koch (1999).
50 Vgl. Trigeorgis (1993). Zur realwirtschaftlichen Bedeutung innovativer Finanzoptionen existiert eine klassische Quelle, in der die kapitalbildende Wirkung der Einführung von Kreditoptionen dargestellt wird: In Ermangelung hinreichender Handelsaktivitäten konnten sich im 18. Jh. die Banken in Schottland nicht auf Handelsgeschäfte (Ankauf von Handelswechseln) beschränken. Zur Erschließung neuer Ertragsquellen räumte man den Kaufleuten Buchkredite und als innovatives Produkt auch Kreditrahmenvereinbarungen ein, die bei Bedarf flexibel in Anpruch genommen werden konnten. Die hierduch hervorgerufene zusätzliche (Umlauf-)Kapitalbildung in Form höherer Warenlager führte in Schottland zu Einkommens- und Beschäftigungssteigerungen, die Adam Smith (1789, S. 246 f) eindrucksvoll beschrieben hat.
51 Vgl. Bartram (1999), S. 20 ff.
52 Erst hierdurch konnten mit Überwindung des ineffizienten Autarkiezustandes kleiner Selbstversorgungsgruppen die beträchtlichen Wachtumseffekte der arbeitsteiligen Wirtschaftsweise realisiert werden. Vgl. Thornton (2000).
53 Vgl. Glaum (2000), S. 39 ff.
54 Vgl. Maurer (1998).
55 Vgl. Grubel (1977), S. 105 ff., 521 ff. Westeuropa profitierte schon frühzeitig von Direktinvestionen durch Auslandsbanken in Form zusätzlicher Finanzdienstleistungen, und in jüngerer Zeit war es das Derivategeschäft, das durch die Präsenz international ausgerichteter Institute über die Euromärkte in die europäischen Bankensektoren gelangte und anschließend in voller Breite zu Wirtschaftsunternehmen der unterschiedlichsten Branchenzugehörigkeit. Vgl. Levich (1988).
56 Als Exportmarkt hatten die Transformationsländer bereits Mitte der 90er Jahre ein stärkeres Gewicht als die Vereinigten Staaten. Auch für die Transformationsländer ist

der wichtigste Handelspartner Deutschland, das mit seiner Angebotsstruktur gerade im Investitionsgüterbereich den Nachfragebedürfnissen der Reformländer besonders gut entspricht. Vgl. Deutsche Bundesbank (1996a, 1999a).
57 Van Horne (1986); Scholes (1998).
58 Vgl. Deutsche Bundesbank (1986).
59 Die genannten Zuwachsraten basieren auf den Bestandsdaten der Deutschen Bundesbank (1998a).
60 Vgl. Hagen (1998) und Baltensperger (1998).
61 Vgl. Bergman/Bordo/Jonung (1998).
62 Vgl. Weiss (1998).
63 Vgl. Adam (1998), Kapitel 1.
64 Vgl. Altman/Saunders (1998).
65 Vgl. Rudolph (1996) und Dufey/Hommel (1999).
66 Nach Schätzrechnungen der Deutschen Bundesbank (1998b, S. 52ff) für den Zeitraum 1975 bis 1997 führte eine dauerhafte reale DM-Aufwertung um 1% zu einem Rückgang der realen (preisbereinigten) deutschen Exporte um etwa 0,7% und bewirkte einen Anstieg der realen Importe um 0,25%.
67 Vgl. Franke/Hax (1999), S. 592ff.
68 Vgl. die Kapitel »Options and Nonlinear Exposures« und »Using Exotic Options« bei Stulz (2000).
69 Vgl. OECD (1997) und Faucompret/Konings/Vandenbussche (1999).
70 Hartwig/Welfens (1998), S. 436.
71 Vgl. Welfens (1998); Faucompret/Konings/Vandenbussche (1999), S. 134ff.
72 Vgl. Glaum (2000), S. 9f., S. 27ff. Die Bedeutung von Kreditderivaten für interne Risikosteuerungszwecke im Unternehmenssektor wird bei Buy/Kaminski/Pinnamaneni/Shanbhogue (1998) behandelt.
73 Dazu zählen unterschiedliche Investitionsmöglichkeiten, Altersstrukturen, Sparquoten und Risikopräferenzen sowie komparative Vorteile beim Anbebot bestimmter Vermögensanlagen und Verschuldungsformen mit speziellen Zahlungs- und Risikoprofilen. Vgl. Niehans (1984), S. 133; Neely (1999).
74 Ihr stehen nicht nur Sprachbarrieren, unterschiedliche Ausstattungen mit Humankapital und technologischem Know How entgegen, sondern auch unterschiedliche Rechtsordnungen, verschiedenartige Geschäftspraktiken, kulturelle und politische Eigenheiten, besondere Länder- und Währungsrisiken sowie standortabhängige Informationsunterschiede der Marktteilnehmer.
75 Die Integration der Finanzmärkte, gemessen an internationalen Zinsdifferentialen, konnte jenen Grad wiedererlangen, der zur Wende des 20. Jahrhunderts bereits vorlag und in der Folgezeit – kriegsbedingt und aufgrund politischer Interventionen in der Zwischenkriegszeit – beeinträchtigt wurde. Vgl. Collins/Williamson (1999).
76 Vgl. Baldwin/Forslid (1996), S. 11ff.
77 Vgl. Konopielko (1999).
78 Die Struktur der Kapitalimporte und Bedeutung der Banken in ausgewählten Reformländern wird bei Buch/Heinrich/Pierdzioch (1999, S. 29ff) näher dargestellt.
79 Vgl. Buch (1996), S. 152, 174ff, 235f.
80 Deutsche Bundesbank (1996a), S. 39.
81 Vgl. Payne (1998); Pock/Schiendl (1998); Buch/Heinrich/Pierdzioch (1999), S. 201ff.
82 Feldstein (1995), S. 416.
83 Vgl. Schäfer (1999a).
84 Vgl. Das (1998b), S. 533ff.
85 Vgl. Konopielko (1999), S. 471ff.
86 Der Anpassungsprozess wird genauer bei Niehans (1984, Ch. 6, 7 und 10) analysiert.

87 In der Analyse der Deutschen Bundesbank (2000a, S. 65 f) kommt hierin der Kapitalexport durch Nichtbanken im Wertpapierverkehr und durch Direktinvestitionen zum Ausdruck.
88 Vgl. Obstfeld (1994) und Okina/Shirakawa/Shiratsuka (1999).
89 Durch den Verbleib der unsystematischen Risiken bei der risikoverkaufenden Bank hat diese auch keine verminderten Anreize (moral hazard), die zugrundeliegenden Kredite nur noch weniger intensiv zu überwachen und damit die Ausfallwahrscheinlichkeit zu erhöhen. Vgl. hierzu Henke/Burghof/Rudolph (1998).
90 Eine vergleichbare Gestaltungsform (Total Return Aktienindex-Swap) wird bei Merton (1992, S. 14 ff) diskutiert.
91 Vgl. hierzu Stulz (1999).
92 Vgl. Brainard/Dolbaer (1971); Petzel/Fabozzi (1986); Cole (1993); Allen/Gale (1995); S. 4, S. 120 f, S. 136 f ; Athanasoulis/Shiller/Wincoop (1999).
93 Vgl. Damodaran (1999), S. 31 f.
94 So korrelieren die individuellen Einkommensrisiken eng mit der Entwicklung des inländischen Volkseinkommens. In den USA lassen sich individuelle Einkommensänderungen nach Schätzrechnungen zu 50 bis 75 Prozent durch makroökonomische Faktoren erklären, während nur für den verbleibenden Anteil der Einkommensschwankungen spezifisch-persönliche Ursachen verantwortlich sind. Vgl. Athanasoulis/Shiller/Wincoop (1999), S. 29.
95 Vgl. Lammers (1999), S. 15.
96 Vgl. McCauley/White (1997), S. 17; Dornbusch/Favero/Giavazzi (1998), S. 50.
97 So die Einschätzung bei Baas (1998), S. 720.
98 Vgl. Deutsche Bundesbank (1999b), S. 30.
99 Vgl. Büschgen (1999), S. 337 ff; Thieme (1999); Walter (1999).
100 Vgl. North (1994).
101 Vgl. Das/Nanda (1999); Neuberger (1999).
102 Vgl. Schmidt/Hackethal/Tyrell (1999).
103 Vgl. Allen/Santomero (1998), S. 1166 ff.
104 Vgl. Brown/Smith (1988) und Rajan (1996).
105 Vgl. Bank für Internationalen Zahlungsausgleich (1999), S. 83.
106 Vgl. Merton/Bodie (1995), S. 25 f; Boot/Thakor (1997).
107 Vgl. Zentrum für Europäische Wirtschaftsforschung (1999), Teil III, S. 34 ff.
108 Ebd., S. 43 f.
109 Vgl. Allen/Santomero (1998). Ob und wie lange die typisch deutschen Unternehmensstrukturen erhalten bleiben, ist eine offene und kaum eindeutig zu beantwortende Frage. Interessanterweise wird es aber für möglich gehalten, dass verbesserte interne Risikosteuerungstechnologien in den Vereinigten Staaten einen rückläufigen Bedarf an gesellschaftsrechtlichen Unternehmensformen zur externen Risikoteilung und -begrenzung über den Markt verursachen werden. Vgl. Merton/Bodie (1995), S. 23 ff.; Scholes (1998), S. 367.
110 Durch die traditionelle Versorgung mit Aktiv- und Passivgeschäften liegen die Voraussetzungen vor, statt weniger nutzbringende Partiallösungen stärker ganzheitliche Portfoliolösungen anzubieten, die auf die individuellen Beschäftigungs-, Vermögens- und Verschuldungsverhältnisse abgestimmt sind und die über den Lebenszyklus wechselnden Dispositionshorizonte, Risikolagen, Finanzierungs- und Anlagebedürfnisse berücksichtigen. Auch hier sind es anspruchsvollere Risikosteuerungstechnologien, mit denen sich durch höhere Qualitätsstandards für derart integrierte und beratungsintensive Produkte die Kundenbindung festigen lässt. Vgl. Spremann/Winhart (1998); Merton (1999); Schäfer (1999b); Betsch (2000).
111 Vgl. Sachverständigenrat (1995), Tz 255; Caspari (1999), S. 66 ff.

112 Vgl. Krüger (1999); Rosenstiel/Regnet/Domsch (1999) und Siebertz/Stein (1999).
113 Vgl. Gibson (1998).
114 Vgl. Freiling (1997).
115 Vgl. Erlei/Leschke/Sauerland (1999), S. 521 ff.; Frenkel/Hemmer (1999), S. 313 ff.
116 Schneider (1997); Picot/Dietl/Franck (1997).
117 Vgl. Probst/Büchel (1994); Probst/Knaese (1998); Büschgen (1999), S. 127 ff.; Wunderer (1999).
118 Vgl. Erlei/Leschke/Sauerland (1999), S. 517 ff.; Brand-Noé (1999).
119 Vgl. Marshall (1997); Flesch/Gerdsmeier (1998), S. 298 ff.
120 Schumpeter (1934), S. 296, S. 312.

Literaturverzeichnis

Ackermann, J. (2000), Kapitalmarktprodukte: Erzwingt der Wettbewerb einen kürzeren Innovationszyklus?, Zeitschrift für das gesamte Kreditwesen, 1/2000, S. 27–29.

Adam, D. (1998), Produktions-Management, 9. Aufl., Wiesbaden 1998.

Allen, F. (1989), The Changing Nature of Debt and Equity: A Financial Perspective, in: R. Kopcke, E. Rosengren (Hrsg.), Federal Reserve Bank of Boston Conference Series No. 33, Are the Distinctions Between Debt and Equity Disappearing?, Boston 1989, S. 12–38.

Allen, F., D. Gale (1995), Financial Innovation and Risk Sharing, 2. Aufl., Cambridge/Mass. 1995.

Allen, F., A. Santomero (1998), The Theory of Financial Intermediation, Journal of Banking and Finance, Vol. 21/1998, S. 1461–1485.

Altman, E., A. Saunders (1998), Credit Risk Measurement: Developments Over the Last 20 Years, Journal of Banking and Finance, Vol. 21/1998, S. 1721–1742.

Amihud, Y., H. Mendelson (1988), Liquidity and Asset Prices: Financial Management Implications, Financial Management, Vol. 17/1988, S. 5–15.

Apolte, T., R. Caspers, P. Welfens (1999), Hg., Standortwettbewerb, wirtschaftspolitische Rationalität und internationale Ordnungspolitik, Baden-Baden 1999.

Athanasoulis, S., R. Shiller, E. v. Wincoop (1999), Macro Markets and Financial Security, FRBNY Economic Policy Review, April 1999, S. 21–39.

Baas, V. (1998), Strategische Optionen für europäische Investmentbanken, Die Bank 12/1998, S. 720–723.

Baldwin, R., R. Forslid (1996), Trade Liberation and Endogenous Growth: A q-Theory Approach, NBER Working Paper 5549/1996.

Baltensperger, E. (1996), Banken und Finanzintermediäre, in: J. v. Hagen, A. Börsch-Supran, P. Welfens (Hrsg.), Springers Handbuch der Volkswirtschaftslehre 1 – Grundlagen, Berlin u.a. 1996, S. 269–304.

Baltensperger, E. (1998), Geldpolitik bei wachsender Integration (1979–1996), in: Deutsche Bundesbank (1998c), S. 475–559.

Bank für Internationalen Zahlungsausgleich (1999), Entwicklung des internationalen Bankgeschäfts und der internationalen Finanzmärkte, Basel 11/1999.

Barclay, M., C. Smith (1999), The Capital Structure Puzzle: Another Look at the Evidence, Journal of Applied Corporate Finance, Vol. 12/Spring 1999, S. 8–20.

Bartram, S. (1999), Corporate Risk Management – Eine empirische Analyse der finanzwirtschaftlichen Exposures deutscher Industrie- und Handelsunternehmen, Bad Soden/Ts. 1999.

Bencivenga, V., B. Smith (1991), Financial Intermediation and Endogenous Growth, Review of Economic Studies, Vol. 58/1991, S. 195–209.

Bergmann, U.M., M. Bordo, L. Jonung (1998), Historical Evidence on Business Cycles: The International Experience, in: J. Fuhrer, S. Schuh (Hrsg.), Federal Reserve Bank of Boston Conference Series No. 42, Beyond Shocks: What Causes Business Cycles?, Boston 1998, S. 65–113.

Betsch, O. (2000), Privatkundengeschäft – Achillesverse der Banken?, Österreichisches Bank Archiv, 1/2000, S. 5–14.

Birchler, U., W. Hermann, B. Rime (1994), Finanzderivate – volkswirtschaftliche Bedeutung und Auswirkungen auf das Finanzsystem, Quartalsheft der Schweizerischen Nationalbank 4/1994, S. 336–348.

Black, F., M. Scholes (1973), The Pricing of Options and Corporate Liabilities, Journal of Political Economy, Vol. 81/1973, S. 637–654.

Bodnar, G., G. Gebhardt (1998), Derivatives Usage in Risk Management by U.S. and German Non-Financial Firms: A Comparative Survey, CFS Working Paper Nr. 98/17, Frankfurt/M. 1998.

Boot, A., A. Thakor (1997), Banking Scope and Financial Innovation, Review of Financial Studies, Vol. 10/1997, S. 1099–1131.

Borner, H. (1999), Die Kreditbeziehung als Mittel zur Verhaltensbeeinflussung, Kredit und Kapital 3/1999, S. 461–480.

Brainard, W., F. Dolbear (1971), Social Risk and Financial Markets, American Economic Review, Vol. 61/1971, S. 360–370.

Brainard, W., J. Tobin (1968), Pitfalls in Financial Model Building, American Economic Review, Vol 58/1968, S. 99–122.

Brand-Noé, C. (1999), Zur Prüfung von Prozessen zur Veränderung der Unternehmenskultur, Zeitschrift Interne Revision, 3/1999, S. 113–132.

Brennan, M. (1995), Corporate Finance Over the Past 25 Years, Financial Management, Vol. 24/1995, S. 9–22.

Brewer III, E., B. Minton, J. Moser (2000), Interest-rate Derivatives and Bank Lending, Journal of Banking and Finance, Vol. 24/2000, S. 353–379.

Brown, K., D. Smith (1988), Recent Innovations in Interest Rate Risk Management and the Reintermediation of Commercial Banking, Financial Management, Vol. 17/1988, S. 45–58.

Buch, C., R. Heinrich, C. Pierdzioch (1999), Foreign Capital and Economic Transformation: Risks and Benefits of Free Capital Flows, Tübingen 1999.

Büschgen, H. (1999), Grundlagen des Bankmanagements, 2. Aufl., Frankfurt/M. 1999.

Buy, R, V. Kaminski, K. Pinnamaneni, V. Shanbhogue (1998), Actively Managing Corporate Credit Risk, in: Credit Derivatives: Applications for Risk Management, Investment and Portfolio Optimisation, London (Risk Publications) 1998.

Carow, K., G. Erwin, J. McConnell (1999), A Survey of U.S. Corporate Financing Innovations: 1970–1997, Journal of Applied Corporate Finance, Vol. 12/Spring1999, S. 55–69.

Caspers, R. (1999), Globalisierung und Anpassungsdruck in Deutschland, in: Apolte/Caspers/Welfens (1999), S. 45–84.

Chen, A., S. Mazumdar (1999), Loan Sales and Bank Liquidity Management, International Journal of Theoretical and Applied Finance, Vol. 2/1999, S. 113–129.

Cole, H. (1993), The Macroeconomic Effects of World Trade in Financial Assets, Federal Reserve Bank of Minneapolis Quarterly Review, No. 3, Vol. 17/1993.

Collins, W., J. Williamson (1999), Capital Goods Prices, Global Capital Markets and Accumulation: 1870–1950, NBER Historical Paper 116/1999.

Crane, D. (1995a), The Transfer of Economic Resources, in: Crane (1995b), S. 81–127.

Crane, D. et al. (1995b), The Global Financial System: A Functional Perspective, Boston/Mass. 1995.

Crossman, A. (1999), Derivatives Houses Plan Swap-Based CLOs, International Financing Review, Issue 1312/1999, S. 77.

Culp, C., A. Neves (1998), Financial Innovations in Leveraged Commercial Loan Markets, Journal of Applied Corporate Finance, Vol. 11/Summer 1998, S. 79–94.

Damodaran, A. (1999), Financing Innovations and Capital Structure Choices, Journal of Applied Corporate Finance, Vol. 12/Spring 1999, S. 28–39.

Das, S. (1998a), Hg., Credit Derivatives: Trading and Management of Credit and Default Risk, Singapore u. a. 1998.

Das, S. (1998b), Developments in the Markets for Credit Derivatives, in: Das (1998a), S. 523–559.

Das, S., A. Nanda (1999), A Theory of Banking Structure, Journal of Banking and Finance, Vol. 23/1999, S. 863–895.

Deutsche Bundesbank (1986), Innovationen im internationalen Bankgeschäft, Monatsbericht 4/1986, S. 25–35.

Deutsche Bundesbank (1994), Geldpolitische Implikationen der zunehmenden Verwendung derivativer Finanzinstrumente, Monatsbericht 11/1994, S. 41–57.

Deutsche Bundesbank (1996a), Neuere Tendenzen in den wirtschaftlichen Beziehungen zwischen Deutschland und den mittel- und osteuropäischen Reformländern, Monatsbericht 7/1996, S. 31–47.

Deutsche Bundesbank (1996b), Finanzmarktvolatilität und ihre Auswirkungen auf die Geldpolitik, Monatsbericht 4/1996, S. 53–70.

Deutsche Bundesbank (1997), Stripping von Bundesanleihen, Monatsbericht 7/1997, S. 17–22.

Deutsche Bundesbank (1998a), Bilanzunwirksame Geschäfte deutscher Banken, Statistische Sonderveröffentlichung, Dezember 1998.

Deutsche Bundesbank (1998b), Wechselkursabhängigkeit des deutschen Außenhandels, Monatsbericht 1/1998, S. 49–59.

Deutsche Bundesbank (1998c), Hg., Fünfzig Jahre Deutsche Mark, München 1998.

Deutsche Bundesbank (1999a), Die relative Stellung der deutschen Wirtschaft in den mittel- und osteuropäischen Reformländern, Monatsbericht 10/1999, S. 15–28.

Deutsche Bundesbank (1999b), Die Ertragslage der deutschen Kreditinstitute im Jahr 1998, Monatsbericht 7/1999, S. 27–57.

Deutsche Bundesbank (2000a), Längerfristige Entwicklung der Interbankbeziehungen der deutschen Kreditinstitute, Monatsbericht 1/2000, S. 49–69.

Deutsche Bundesbank (2000b), Die Beziehung zwischen Bankkrediten und Anleihemarkt in Deutschland, Monatsbericht 1/2000, S. 33–48.

Diamond, D. (1991), Debt Maturity Structure and Liquidity Risk, Quarterly Journal of Economics, Vol. 106/1991, S. 709–737.

Dornbusch, R., C. Favero, F. Giavazzi (1998), Immediate Challenges for the European Central Bank, Economic Policy, April 1998, S. 17–64.

Dufey, G., U. Hommel (1999), Der Einsatz von Optionskontrakten im Währungsrisikomanagement von Industrie- und Handelsunternehmen, in: Giesel/Glaum (1999), S. 381–404.

Duffie, D. (1992), The Nature of Incomplete Security Markets, in: J.-J. Laffont (Hrsg.), Advances in Economic Theory: Sixth World Congress, Cambridge 1992, S. 214–262.

Elsas, R. u.a. (1999), Risikoorientiertes Kreditmanagement deutscher Banken, Die Bank 3/1999, S. 190–199.

Erlei, M., M. Leschke, D. Sauerland (1999), Neue Institutionenökonomik, Stuttgart 1999.

Europäische Zentralbank (1999), Die stabilitätsorientierte geldpolitische Strategie des Eurosystems, Monatsbericht 1/1999, S. 43–56.

Faucompret, E., J. Konings, H. Vandenbussche (1999), The Integration of Central and

Eastern Europe in the European Union – Trade and Labour Market Adjustment, Journal of World Trade, Vol. 33/1999, S. 121–145.

Feldstein, M. (1995), Fiscal Policies, Capital Formation, and Capitalism, European Economic Review, Vol. 39/1995, S. 399–420.

Flesch, J., S. Gerdsmeier (1998), Entwicklungslinien im Bank-Controlling, Die Bank, 5/1998, S. 294–301.

Franke, G., H. Hax (1999), Finanzwirtschaft des Unternehmens und Kapitalmarkt, 4. Aufl., Berlin 1999.

Freiling, J. (1997), Das Scheitern von Veränderungsprozessen in Unternehmungen – Probleme und Lösungsansätze aus betriebswirtschaftstheoretischer Sicht, Institut für Unternehmungsführung und Unternehmensforschung, Arbeitsbericht Nr. 65, Bochum 1997.

Frenkel, M., H.-R. Hemmer (1999), Grundlagen der Wachstumstheorie, München 1999.

Froot, K., D. Scharfstein, J. Stein (1993), Risk Management: Coordinating Corporate Investment and Financing Policies, Journal of Finance, Vol. 48/1993, S. 1629–1658.

Gardner, C. (1997), Hg., Risk Management for Financial Institutions, London 1997.

Gerdsmeier, S. (1998), Die kundenindividuelle Risikobewertung – »Conditio sine qua non« einer systematischen Steuerung des Ausfallrisikos, in: Hanker (1998), S. 257–269.

Gibson, M. (1998), The Implications of Risk Management Information Systems for the Organization of Financial Firms, Board of Governors of the Federal Reserve System International Finance Discussion Papers, No. 632/1998.

Giesel, F., M. Glaum (1999), Hg., Globalisierung – Herausforderung an die Unternehmensführung zu Beginn des 21. Jahrhunderts, München 1999.

Glaum, M. (2000), Industriestudie – Finanzwirtschaftliches Risikomanagement deutscher Industrie- und Handelsunternehmen, hrsg. von: PwC Deutsche Revision AG, Frankfurt/M./Giessen 2000.

Grinblatt, M., S. Titman (1998), Financial Markets and Corporate Strategy, Boston/Mass. 1998.

Grubel, H., (1977), International Economics, Homewood/Ill. 1977.

Hagen, J. v. (1998), Geldpolitik auf neuen Wegen (1971–1978), in: Deutsche Bundesbank (1998c), S. 439–473.

Hanker, P. (1998), Management von Marktpreis- und Ausfallrisiken, Wiesbaden 1998.

Harris, M., A. Raviv (1992), Financial Contracting Theory, in: J.-J. Laffont (Hg.), Advances in Economic Theory: Sixth World Congress, Cambridge 1992, S. 64–150.

Haubenstock, M., A. Aggarwal (1997), Risk Optimisation – Applying Risk-Adjusted Performance Measurement to Increase Shareholder Value, in: Gardner (1997), S. 175–189.

Hartwig, K.-H., P. Welfens (1998), EU und Osteuropa, in: P. Klemmer (Hg.), Handbuch Europäische Wirtschaftspolitik, München 1998, S. 375–455.

Henke, S., H.-P. Burghof, B. Rudolph (1998), Credit Securitization and Credit Derivatives – Financial Instruments and the Credit Risk Management of Middle Market Commercial Loan Portfolios, CFS Working Paper Nr. 98/07, Frankfurt/M. 1998.

Hüttemann, P. (1999), Kreditderivate im europäischen Kapitalmarkt, Wiesbaden 1997, Nachdruck 1999.

Kath, D. (1990), Geld und Kredit, in: D. Bender u.a. (Hrsg.), Vahlens Kompendium der Wirtschaftstheorie und Wirtschaftspolitik, Bd.1, 4. Aufl., München 1990, S. 175–218.

King, R., R. Levine (1993a), Finance and Growth: Schumpeter Might Be Right, Quarterly Journal of Economics, Vol. 108/1993, S. 717–737.

King, R., R. Levine (1993b), Finance, Entrepreneurship, and Growth, Journal of Monetary Economics, Vol. 32/1993, S. 513–542.

Koch, C. (1999), Optionsbasierte Unternehmensbewertung, Wiesbaden 1999.

Konopielko, L. (1999), Foreign Banks' Entry into Central and East European Markets: Motives and Activities, Post-Communist Economies, Vol. 11/1999, S. 463–485.

Krahnen, J. P. (1985), Kapitalmarkt und Kreditbank, Berlin 1985.
Krüger, W. (1999), Konsequenzen der Globalisierung für Strategien, Fähigkeiten und Strukturen der Unternehmung, in: Giesel/Glaum (1999), S. 17–48.
Lammers, K. (1999), Räumliche Wirkungen der Globalisierung in Deutschland, HWWA-Diskussionspapier Nr. 74, Hamburg 1999.
Laidler, D. (1999), Passive Money, Active Money, and Monetary Policy, Bank of Canada Review, Summer 1999, S. 15–25.
Levich, R. (1988), Financial Innovations in International Financial Markets, in: M. Feldstein (Hrsg.), The United States in the World Economy, Chicago/London 1988, S. 215–257.
Levine, R. (1999), Law, Finance, and Economic Growth, Journal of Financial Intermediation, Vol. 8/1999, S. 8–35.
Levine, R., S. Zervos (1998), Stock Markets, Banks, and Economic Growth, American Economic Review, Vol. 88/1998, S. 537–558.
Mason, S. (1995), The Allocation of Risk, in: Crane (1995b), S. 153–197.
Marshall, C. (1997), Manage Your Knowledge of Risk, in: Gardner (1997), S. 207–218.
Maurer, R., (1998), Economic Growth and International Trade With Capital Goods, Tübingen 1998.
McCallum, B. (1999), Recent Developments in the Analysis of Monetary Policy Rules, Federal Reserve Bank of St. Louis Review, Vol. 81/1999, S. 3–11.
McCauley, R., W. White (1997), The Euro and the European Financial Markets, Bank for International Settlements Working Paper No. 41/1997.
Mello, A., J. Parsons (2000), Hedging and Liquidity, Review of Financial Studies, Vol. 13/2000, S. 127–153.
Meltzer, A. (1998), Monetary Policy and the Quality of Information, Bank of Japan Monetary and Economic Studies, Dezember 1998.
Merton, R. (1992), Financial Innovation and Economic Performance, Journal of Applied Corporate Finance, Winter 1992, S. 12–22.
Merton, R. (1995), A Functional Perpective of Financial Intermediation, Financial Management, Vol. 24/1995, S. 23–41.
Merton, R. (1998), Applications of Option-Pricing Theory: Twenty-Five Years Later, American Economic Review, Vol. 88/1998, S. 323–349.
Merton, R. (1999), Finance Theory and Future Trends: The Shift to Integration, Risk, July 1999, S. 48–51.
Merton, R., Z. Bodie (1995), A Conceptual Framework for Analyzing the Financial Environment, in: Crane (1995b), S. 3–31.
Modigliani, F., M. Miller (1958), The Cost of Capital, Corporate Finance, and the Theory of Investment, American Economic Review, Vol. 48/1958, S. 261–297.
Moser, J. (1997), Why Do Financial Intermediaries Use Derivatives? A Review of the Evidence, in: Gardner (1997), S. 219–224.
Myers, S. (1999), Financial Architecture, European Financial Management, Vol. 5/1999, S. 133–141.
Neely, C. (1999), An Introduction to Capital Controls, Federal Reserve Bank of St. Louis Review, Vol.81/1999, S. 13–30.
Neuberger, D. (1998), Mikroökonomik der Bank, München 1998.
Neuberger, D. (1999), Finanzsysteme in Europa: Harmonisieren? Anglifizieren?, Zeitschrift für Wirtschaftspolitik, Jg. 48/1999, S. 11–26.
Neumann, M.J. M. (1997), Geldpolitik und Stabilisierung, in: J. v. Hagen, P. Welfens, A. Börsch-Supran (Hrsg.), Springers Handbuch der Volkswirtschaftslehre 2, Wirtschaftspolitik und Weltwirtschaft, Berlin u.a. 1997, S. 81–121.
Niehans, J. (1983), Financial Innovation, Multinational Banking, and Monetary Policy, Journal of Banking and Finance, Vol. 7/1983, S. 537–551.

Niehans, J. (1984), International Monetary Economics, Oxford 1984.
North, D. (1994), Economic Performance Through Time, American Economic Review, Vol. 84/1994, S. 359-368.
Obstfeld, M. (1994), Risk Taking, Global Diversification, and Growth, American Economic Review, Vol. 84/1994, S. 1310-1329.
OECD (1997), Designing New Trade Policies in the Transition Economies, Paris 1997.
Okina, K., M. Shirakawa, S. Shiratsuka (1999), Financial Market Globalization: Present and Future, Bank of Japan Monetary and Economic Studies, December 1999.
Pagano, M. (1993), Financial Markets and Growth – An Overview, European Economic Review, Vol. 37/1993, S. 613-622.
Payne, B. (1998), Evolution in the East, Risk, June 1998, S. 56-63.
Perold, A. (1995), The Payment System and Derivative Instruments, in: Crane (1995b), S. 33-79.
Petzel, T., F. Fabozzi (1986), Real Interest Rates and CPI-W Futures, Advances in Futures and Options Research, Vol. 1/1986, Part B, S. 255 – 270.
Picot, A., H. Dietl, E. Franck (1998), Organisation – Eine ökonomische Perspektive, Stuttgart 1997, Nachdruck 1998.
Pock, U., G. Schiendl (1998), Wachsende Bedeutung derivativer Instrumente für die Finanzmärkte Osteuropas, Die Bank 8/1998, S. 485-489.
Probst, G., B. Büchel (1994), Organisationales Lernen, Wiesbaden 1994.
Probst, G., B. Knaese (1998), Risikofaktor Wissen – Wie Banken sich vor Wissensverlusten schützen, Wiesbaden 1998.
Rajan, R. (1996), Why Banks Have a Future: Towards a New Theory of Commercial Banking, Journal of Applied Corporate Finance, Vol. 9/Summer 1996, S. 114-128.
Rosenstiel, L. v., E. Regnet, M. Domsch (1999), Hg., Führung von Mitarbeitern, 4. Aufl., Stuttgart 1999.
Rudolph, B. (1996), Möglichkeiten des Einsatzes derivativer Sicherungsinstrumente bei Währungsrisiken, in: Schmalenbach-Gesellschaft (Hrsg.), Globale Finanzmärkte: Konsequenzen für Finanzierung und Unternehmensrechnung, Stuttgart 1996, S. 49-74.
Sachverständigenrat zur Begutachtung der gesamtwirtschaftlichen Entwicklung (1995), Im Standortwettbewerb, Jahresgutachten 1995/96, Bonn 1995.
Samuelson, P. (1945), The Effects of Interest Rate Increases on the Banking System, American Economic Review, Vol. 35/1945, S. 16-27.
Santomero, A., J. Trester (1998), Financial Innovation and Bank Risk Taking, Journal of Economic Behavior and Organization, Vol. 35/1998, S. 25-37.
Saunders, A., I. Walter (1994), Universal Banking in the United States, Oxford 1994.
Saunders, K. (1999), The Interest Rate Swap: Theory and Evidence, Journal of Corporate Finance, Vol. 5/1999, S. 55-78.
Schäfer, H. (1999a), Flexibilisierung des Finanzmanagements durch Medium Term Notes, Die Betriebswirtschaft, 13/1999, S. 652-657.
Schäfer, H. (1999b), Dauerhafte Geschäftsbeziehungen, Finanzdienstleistungen und Kundenbindungsstrategien, Österreichisches Bank Archiv, 1/1999, S. 15-25.
Schmidt, R., A. Hackethal, M. Tyrell (1999), Disintermediation and the Role of Banks in Europe: An International Comparison, Journal of Financial Intermediation, Vol. 8/1999, S. 36-67.
Schneider, D. (1997), Betriebswirtschaftslehre, Bd. 3, Theorie der Unternehmung, München/Wien 1997.
Scholes, M., (1998), Derivatives in a Dynamic Environment, American Economic Review, Vol. 88/1998, S. 350-370.
Schumpeter, J. (1934), Theorie der wirtschaftlichen Entwicklung, 4. Aufl., Berlin 1934, Nachdruck 1997.

Sharpe, W. (1991), Capital Asset Prices With and Without Negative Holdings, Journal of Finance, Vol. 46/1991, S. 489–509.
Siebertz, P., J. H. v. Stein (1999), Hg., Handbuch Banken und Personal, Frankfurt/Main 1999.
Sirri, E., P. Tufano (1995), The Economics of Pooling, in: Crane (1995b), S. 81–127.
Smith, A. (1789), An Inquiry into the Nature and Causes of the Wealth of Nations, 5. Aufl., London 1789, dt. Übers.: Der Wohlstand der Nationen, 3. Aufl., München (DTB) 1983.
Spremann, K., S. Winhart (1998), Anlageberatung und Lebenszyklus, Finanzmarkt und Portfoliomanagement, Nr. 2, 12. Jg./1998, S. 150–167.
Stulz, R. (1999), Globalization, Corporate Finance, and the Cost of Capital, Journal of Applied Corporate Finance, Vol.12/Fall 1999, S. 8–25.
Stulz, R. (2000), Derivatives, Risk Management, and Financial Engineering, Cincinnati/Ohio 2000.
Süchting, J., (1995), Finanzmanagement – Theorie und Politik der Unternehmensfinanzierung, 6. Aufl., Wiesbaden 1995.
Thieme, H. J. (1999), Finanzbinnenmarkt und europäische Geldpolitik: Banken, Unternehmen und Gewerkschaften unter EURO-Anpassungsdruck?, in: Apolte/Caspers/Welfens (1999), S. 113–151.
Thieme, H. J., U. Vollmer (1987), Theorien des Geldwirkungsprozesses, in: H. J. Thieme (Hg.), Geldtheorie, 2. Aufl., Baden-Baden 1987, S. 73–109.
Thornton, D. (2000), Money in a Theory of Exchange, Federal Reserve Bank of St. Louis Review, Vol. 82/2000, S. 35–62.
Titman, S. (1992), Interest Rate Swaps and Corporate Financing Choices, Journal of Finance, Vol. 47/1992, S. 1503–1516.
Tobin, J. (1961), Money, Capital, and Other Stores of Value, American Economic Review, Vol. 51/1961, S. 26–37.
Tobin, J., W. Brainard (1977), Asset Markets and the Cost of Capital, in: B. Balassa, R. Nelson (Hrsg.), Economic Progress, Private Values, and Public Policy, Amsterdam u. a. 1977, S. 235–262.
Tobin, J. (1980/81), Asset Accumulation and Economic Activity, Oxford 1980, dt. Übers.: Vermögensakkumulation und wirtschaftliche Aktivität, München/Wien 1981.
Trigeorgis, L. (1993), Real Options and Interactions with Financial Flexibility, Financial Management, Autumn 1993, S. 202–224.
Utzig, S., (1999), Shareholder versus Bondholder – Partner oder Konkurrenten?, Die Bank, 7/1999; S. 468–471.
Van Horne, J. (1986), An Inquiry Into Recent Financial Innovation, Kredit und Kapital, Jg. 19/1986, S. 453–471.
Vollmer, U. (1999), Geschäftsbanken und endogenes Wirtschaftswachstum, Wirtschaftswissenschaftliches Studium (WiSt), 1/1999, S. 17–21.
Walter, I. (1999), Financial Services Strategies in the Eurozone, European Management Journal, Vol. 17/1999, S. 447–465.
Weiss, B. (1998), Analyse der Unternehmensinsolvenzen und der Implikationen für das Risiko-Management im Kreditgeschäft, in: Hanker (1998), S. 197–212.
Welfens, P. (1998), Probleme einer EU-Osterweiterung: Struktureller, integrationsseitiger und wirtschaftspolitischer Anpassungsdruck, Aussenwirtschaft 1/1998, S. 7–28;
Wiedemann, A. (2000), Modernes Zinsmanagement in Unternehmen, Finanz-Betrieb, 2. Jg./ 2000, S. 24–29.
Wunderer, R. (1999), Mitarbeiter als Mitunternehmer – ein Transformationskonzept, Die Betriebswirtschaft, Bd. 59/1999, S. 105–130.
Zentrum für Europäische Wirtschaftsforschung u. a. (1999), Zur technologischen Leistungsfähigkeit Deutschlands, Gutachten im Auftrag des Bundesministeriums für Bildung und Forschung – Zusammenfassender Endbericht 1998, Mannheim u. a. 1999.

Gesamtbanksteuerung in Hypothekenbanken
Robert Mohr[*]

Inhalt

1. Einleitung
2. Institutionelle Rahmenbedingungen
3. Markt- und Wettbewerbsumfeld
4. Problemstellung und inhaltliche Abgrenzung
5. Statische Risiko-/Renditesteuerung
    5.1 Identifikation der Risikoarten
    5.2 Relevante Erfolgskomponenten
    5.3 Ökonomischer Kapitalbedarf und Risikotragfähigkeit
        5.3.1 Market Value-at-Risk
        5.3.2 Credit Value-at-Risk
    5.4 Materielle Kritik
6. Dynamische Risiko-/Renditesteuerung
    6.1 Theoretischer Ansatz
    6.2 Dynamische Simulation
        6.2.1 Datenbasis
        6.2.2 Modellierung der Märkte
        6.2.3 Modellierung der Kundengeschäfte
        6.2.4 Modellierung der Bankstrategien
    6.3 Ausbau zum RoRaC-Ansatz und zur Portfoliooptimierung
7. Zusammenfassung

---

[*] Dipl.-Kfm. Robert Mohr ist Abteilungsdirektor Controlling bei der Allgemeinen Hypotheken Bank AG Frankfurt/Main.

1. Einleitung

Stellen Sie sich vor, Sie zahlen jeden Monat einen bestimmten Betrag in den Investmentfonds »Securitas« (der Name ist Programm!) für Ihre Altersvorsorge ein und erfahren, dass die Bundesanleihen aus dem Bestand gegen ungesicherte Calls auf russische Aktien getauscht wurden. Aufgebracht rufen Sie den Fondsmanager an, der Ihnen erklärt, dass die Calls, wenn alles gut läuft, doch einen viel höheren Gewinn versprechen als die langweiligen Bunds. Das ist richtig, allerdings ahnen Sie, dass dies ein Vabanquespiel mit sehr ungewissem und für Ihre Anlageziele viel zu unsicherem Ausgang ist. Sie pfeifen Ihren Vermögensverwalter zurück.

Was ist passiert?

In dem einminütigen Telefonat hat der Investor einen Entscheidungsprozess vollzogen, der Wissenschaft und Praxis seit Jahrzehnten bewegt, den sie versuchen zu rationalisieren, messbar zu machen und in einem *Entscheidungskalkül* zu standardisieren:

Der Anleger hat für beide Alternativen die zukünftigen Ertragspotenziale geschätzt, die mit der jeweiligen Anlage verbundenen Risiken berücksichtigt und die erzielbaren Gewinne im Verhältnis zu den Risiken beider Alternativen gegenübergestellt. Diese Analyseergebnisse hat er mit seinen Anlagezielen verglichen und sich aus der Menge der möglichen Handlungsalternativen für eine entschieden.

Im Rahmen von Investitionsentscheidungen sind Risiko und Rendite simultan zu berücksichtigen, um eine Vergleichbarkeit zwischen Handlungsalternativen zu gewährleisten. Dies gilt sowohl ex ante für die Entscheidungsfindung als auch ex post zur Evaluierung der Entscheidungsgüte. Auf den internationalen Kapitalmärkten und im Portfoliomanagement scheint sich diese Sichtweise bereits durchgesetzt zu haben, während bei Realinvestitionen, vornehmlich aufgrund eines diffizileren Datenhaushaltes, größere Probleme bei der Umsetzung des Verfahrens bestehen.

Für das Management einer *Hypothekenbank* stellt sich die skizzierte Aufgabe aus zwei Perspektiven.

Einerseits sind die operativen und strategischen Entscheidungen z.B. im Rahmen der Geschäftsfeldpositionierung, der Profit Center – Steuerung und Einzelgeschäftsvotierung sowie im Bilanzstrukturmanagement und der Gesamtbanksteuerung auf der Basis von *Risiko-/Rendite-Kalkülen* zu treffen und ex post zu bewerten; andererseits gilt es, die Geschäftsstrategie bzw. die mit dieser verbundene Risiko-/Renditestruktur mit den Interessen der Kapitalgeber abzugleichen und Änderungen der Geschäftspolitik frühzeitig zu kommunizieren, damit die Anteilseigner hierauf reagieren können.

Ein wesentlicher Fokus liegt in diesem Zusammenhang darauf, die kurzfristige Ergebnisgenerierung mit der strategischen langfristigen Erfolgssicherung vor dem Hintergrund der jeweils bestehenden Risiken in Einklang zu bringen. Dies beinhaltet aber nichts anderes, als eine Integration der Steuerung der kurzfristigen handelsrechtlichen Erfolge und der langfristig ausgerichteten Sicherung des Unternehmens- oder Marktwertes. Beide Komponenten sollten sich im Unternehmenswert und somit in den Anteilspreisen für die Inhaber niederschlagen.

Im Folgenden wird ein möglicher Ansatz eines internen Steuerungssystems für eine Hypothekenbank im Hinblick auf die skizzierten Anforderungen aufgezeigt. Aufgrund der bestehenden und zu thematisierenden Schwierigkeiten, die mit diesem Ansatz verbunden sind, wird pragmatischen Überlegungen folgend ebenfalls ein strategisches *Steuerungskonzept* aufgezeigt.

Hierzu ist es erforderlich, sich in einem ersten Schritt mit den ordnungspolitischen Rahmenbedingungen sowie dem Markt- und Wettbewerbsumfeld auseinander zu setzen, in dem sich die deutschen Hypothekenbanken bewegen. Danach wird der konzeptionelle Ansatz einer statischen Risiko-/Renditesteuerung dargestellt und die methodische Problematik dieser ganzheitlichen Konzeption thematisiert. Im Anschluss werden die Hauptaspekte eines dynamischen Steuerungsinstrumentariums aufgezeigt, das in theoretischer Hinsicht eine geringere Objektivierbarkeit zulässt, andererseits aber den realen Gegebenheiten stärker angepasst ist.

2. Institutionelle Rahmenbedingungen

Neben den für alle Kreditinstitute geltenden Regelungen des Kreditwesengesetzes (KWG) bilden speziell die im *Hypothekenbankgesetz* (HBG) aus dem Jahre 1899 kodifizierten Vorschriften den ordnungspolitischen Rahmen für die deutschen Hypothekenbanken.

Insbesondere § 1 i.V.m. § 5 HBG manifestiert das für die Institute maßgebliche Spezialitätenprinzip, indem der Geschäftsbetrieb von Hypothekenbanken auf das Hauptgeschäft, die Gewährung von Hypothekarkrediten und die Vergabe von Kommunaldarlehen sowie deren Refinanzierung durch die Ausgabe von Hypotheken- und öffentlichen Pfandbriefen eingegrenzt wird. Daneben enthält § 5 HBG eine Aufzählung von Neben- und Hilfsgeschäften, die unter der Maßgabe, dass sie der Durchführung des Hauptgeschäftes dienlich sind, als zulässig erachtet werden.

Aus dem angeführten Katalog erlaubter Geschäfte sowie den sich anschließenden Vorschriften ergeben sich Geschäftskreisbeschränkungen in vielfacher Hinsicht, die besonders strenge Anforderungen an die Risikobegrenzung der Spezialinstitute stellen.

So bestehen für die Vergabe von Hypothekendarlehen äußerst strenge Regulierungen bezüglich der Beleihungswertermittlung sowie der *Beleihungsgrenzen*. Dabei ist eine Beleihung generell höchstens bis zu 100 % des durch sorgfältige Ermittlung festgestellten Verkaufswertes möglich (vgl. § 12 HBG). Letzterer stellt keineswegs den aktuell erzielbaren Marktpreis dar, sondern den auf Basis einer langfristigen Prognose mit hinreichender Sicherheit zu erwartenden Sicherungswert der Immobilie. Dabei beruht die Wertermittlung auf den dauerhaften Eigenschaften des Objektes sowie dem daraus nachhaltig erzielbaren Ertrag. Der auf diesen Überlegungen ermittelte Beleihungswert liegt also in aller Regel deutlich unterhalb des aktuellen Marktpreises.

Eine wesentliche Restriktion für das Immobilienkreditgeschäft stellt die »20%-Grenze« dar. Diese besagt, dass der Anteil der Kredite mit einem *Beleihungsauslauf* über 60 % (Nachrangteil) maximal 20 % aller hypothekarisch besicherten Ausleihungen umfassen darf. Im Gegensatz zu den gängigen Begrenzungen aus dem KWG, die sich hauptsächlich an den vorhandenen Eigenmitteln orientieren, hebt diese Limitierung auf die Geschäftsstruktur respektive die Geschäftsausrichtung innerhalb des Hypothekengeschäftes selbst ab. Daneben bestehen Restriktionen für die Beleihung bestimmter Objektarten, wie z.B. unbebaute Grundstücke.

Insbesondere die strengen Anforderungen bezüglich der Wertermittlung in Verbindung mit den Beleihungsgrenzen sowie der 20%-Grenze begründen die im Verhältnis zu anderen Kreditgeschäften historisch niedrigen Ausfallraten im Immobilienkreditgeschäft. Daher hat der Gesetzgeber im Rahmen der Solvabilitätsregelungen des KWG bzw. des Grundsatz I sowohl für Wohnungsbaudarlehen wie auch für gewerbliche Realkredite eine auf 50% verminderte Bonitätsgewichtung zugelassen. Nach derzeitigem Stand der Diskussion über die Neuregelung der angemessenen Eigenkapitalausstattung auf internationaler Ebene (Basel II) wird diese Anrechnung wohl auch weiterhin Bestand haben.

Eine *Geschäftskreisbeschränkung* besteht in der regionalen Eingrenzung der Tätigkeit für Hypothekenbanken. So ist die regionale Ausdehnung der Hauptgeschäfte auf die Staaten des Europäischen Wirtschaftsraumes sowie die Schweiz begrenzt. Zudem gelten diverse Höchstgrenzen für den Anteil des Auslandsgeschäftes insgesamt:

- Im Hypothekargeschäft darf der Anteil ausländischer Beleihungen höchstens 10% des Gesamtbetrages aller hypothekarisch gesicherten Beleihungen betragen.
- Im internationalen Kommunalgeschäft dürfen die Kontrahenten höchstens eine 20%-Gewichtung nach der Solvabilitätsrichtlinie aufweisen. Dies führt im Ergebnis dazu, dass nur die Zentralstaaten, Regionalregierungen und örtliche Gebietskörperschaften als Schuldner in Frage kommen, während im Inland Kredite an alle Körperschaften und Anstalten des öffentlichen Rechtes vergeben werden dürfen. Zudem darf eine Indeckungnahme der Darlehen nur bis zu 10% des Gesamtbetrages der Forderungen im *Kommunaldarlehensgeschäft* erfolgen, sofern das Insolvenzvorrecht der Pfandbriefgläubiger aus den ausländischen Darlehen nicht entsprechend den Vorschriften des HBG gewährleistet ist. Faktisch führt dies derzeit zu einer Beschränkung des Geschäftes auf die Staaten Frankreich, Luxemburg und Österreich. Allerdings ist die Rechtslage in Bezug auf dieses Geschäftsfeld in den übrigen EU-Mitgliedssaaten noch nicht abschließend geklärt.

Auch dieser letztgenannten Einschränkung liegt der Gedanke der Risikobegrenzung aus dem für die Institute relativ neuen internationalen Geschäft zugrunde. In der Diskussion um die weitere Internationalisierung des Geschäftskreises der Branche wird unter anderem die Einbeziehung supranationaler Finanzorganisationen wie der Weltbank in den Kreis kommunalkreditfähiger Partner und die Zulässigkeit des Hauptgeschäftes auch in den außereuropäischen G7-Staaten vermehrt gefordert. Unter den Aspekten des Emittenten- und Länderrisikos ist z.B. dem Kauf von US-Staatsanleihen, der aufgrund der derzeitigen Vorschriften untersagt ist, schwerlich etwas entgegenzuhalten.

Für die Vergabe von Darlehen und die Aufnahme von Refinanzierungsmitteln in fremder Währung gilt das Gebot, das *Währungsrisiko* durch geeignete Maßnahmen auszuschließen. Entweder die in Fremdwährung vergebenen Darlehen werden währungskongruent refinanziert oder es erfolgt ein entsprechendes Hedging der offenen Währungspositionen durch den Einsatz derivativer Instrumente. Diese Vorschrift ist natürlich im internationalen Geschäft besonders relevant.

Eine im Verhältnis zu anderen Bankengruppen erhebliche Einschränkung des Geschäftsfeldes folgt aus § 5 HBG, wonach das Betreiben von Eigenhandelsgeschäften den Hypothekenbanken untersagt ist. Dies bedeutet, dass keinerlei mit der Absicht der Spekulation – der Erzielung von Gewinnen bei Wiederverkauf durch kurzfristige Ausnutzung bestehender oder erwarteter Unterschiede zwischen Kauf- und Verkaufspreisen oder Preis- und Zinsschwankungen – verbundene Handel insbesondere in Wertpapieren und Derivaten stattfinden darf. Im Ergebnis führt dies dazu, dass Hypothekenbanken bilanziell neben dem Anlagevermögen und der Liquiditätsreserve kein Umlaufvermögen ausweisen.

Die Vorschriften zur Zuordnung von Positionen in Finanzinstrumenten zum Handels- respektive Anlagebuch sind in § 1 Abs. 12 KWG niedergelegt. Da es sich hierbei um eine weiche Formulierung mit entsprechendem Ermessensspielraum handelt, hat sich das Maßgeblichkeitsprinzip entsprechend dem bilanziellen Ausweis der Positionen durchgesetzt: Anlagevermögen und Bestände der Liquiditätsreserve sind als Anlagebuch-, Umlaufvermögen als Handelsbuchpositionen zu qualifizieren. Bis Mitte 1999 hatte das Bundesaufsichtsamt für das Kreditwesen daher allen Hypothekenbanken per se den Status von Nichthandelsbuchinstituten zugebilligt. Inwiefern das Führen eines *Handelsbuches* durch eine Hypothekenbank unter diesen Umständen zu entsprechenden Reaktionen der Aufsichtsbehörde führt, lässt sich nicht beantworten. Es ist eher zu vermuten, dass bisher alle Häuser Deklarationen als Nichthandelsbuchinstitute abgegeben haben.

In engem Zusammenhang hiermit ist die Verwendung von derivativen Finanzinstrumenten in Hypothekenbanken zu sehen. Diese dürfen im Sinne des HBG lediglich als *Hilfsgeschäfte* zur Unterstützung des Hauptgeschäftes eingesetzt werden, nur mit geeigneten Kreditinstituten abgeschlossen werden und keinerlei neue Risiken begründen. Damit ist der Einsatz auf das reine Hedging beschränkt. Eine abschließende Aufzählung der erlaubten derivativen Konstruktionen liegt nicht vor, wäre allerdings aufgrund der Innovationsfreudigkeit in diesem Finanzmarktsegment eher mühselig. Im Rahmen der aktuellen Diskussion des 4. Finanzmarktförderungsgesetzes gehen die Bestrebungen dahin, den Einsatz der Instrumente neu zu regeln und möglicherweise auch die Erzielung von Margenverbesserungen zuzulassen.

Neben der in § 10 KWG kodifizierten generellen Geschäftsbegrenzung für Kreditinstitute nach der Angemessenheit des haftenden Eigenkapitals (Solvabilitätsgrenze), stellt die *Umlaufgrenze* für deutsche Hypothekenbanken die relevante Restriktion für die Geschäftsausweitung dar. Diese ist in § 7 HBG geregelt und begrenzt das Volumen der Refinanzierung der Banken durch Pfandbriefe, Einlagen, aufgenommene Gelder und Darlehen sowie ungesicherte Schuldverschreibungen auf das 60-fache des haftenden Eigenkapitals (für gemischte Hypothekenbanken ist diese Grenze auf das 48-fache des haftenden Eigenkapitals festgelegt).

Diese hier nur in aller Kürze skizzierten restriktiven Vorschriften haben das gemeinsame Ziel der Minimierung der Risiken, die mit dem Hypothekenbankgeschäft verbunden sind. Dies ist insbesondere vor dem Hintergrund des Pfandbriefprivilegs zu sehen, dass die Institute (neben den öffentlich-rechtlichen Banken) in Deutschland innehaben.

Die Ausgabe von *Pfandbriefen* zur Refinanzierung der Hypothekarkredite sowie des Staatskreditgeschäftes ist bereits in § 1 HBG als Bestandteil des Hauptgeschäftes geregelt. Wesensmerkmal dieser als Inhaber- oder Namenstitel ausgestaltbaren

Schuldverschreibungen ist der vorrangige Anspruch der Gläubiger im Falle eines Forderungsausfalls aus den als Sicherheit registrierten Werten des jeweiligen Deckungstocks. Im Falle der Insolvenz einer Hypothekenbank – den es seit Bestehen des HBG nicht gegeben hat – dient das in den Deckungsmassen befindliche Vermögen erst ausschließlich der Befriedigung der Ansprüche der untereinander gleichrangigen Pfandbriefgläubiger. Ansprüche, die nicht durch die Deckungsvermögen befriedigt werden können, werden gleichrangig mit den ungedeckten Forderungen aus dem sonstigen Vermögen der Bank behandelt.

Für beide Arten von Pfandbriefen, Hypotheken- und öffentliche Pfandbriefe, besteht jeweils ein *Deckungsstock*. Innerhalb der beiden Pools stehen sich jeweils der Gesamtbetrag der darin registrierten und durch einen unabhängigen Treuhänder überwachten Vermögenswerte sowie der entsprechenden Pfandbriefe gegenüber. Dabei dürfen in den Hypotheken-Deckungsstock nur die erstrangigen Forderungen, also Beleihungen bis zu 60% des Beleihungswertes mit einem entsprechend niedrigen Risikogehalt eingestellt werden.

Die beiden Deckungsmassen stellen gegenüber den fixierten Sicherungspools angloamerikanisch geprägter Transaktionen wie Asset- oder Mortgage-Backed-Securities dynamische Gebilde dar. Die jeweilige Struktur verändert sich laufend durch planmäßige und außerordentliche Tilgungen einerseits und neu vergebene Darlehen, die den Poolbestand erhöhen andererseits. Für beide Deckungsmassen getrennt muss jederzeit der Nominalwert der Aktiva mindestens gleich dem der Pfandbriefe sein und die im Umlauf befindlichen Pfandbriefe müssen jederzeit mit mindestens gleichem Zinsertrag gedeckt sein. Außerdem müssen die Laufzeiten der Kredite und der Pfandbriefe weitgehend aufeinander abgestimmt sein.

Die vorrangige Stellung der Pfandbriefgläubiger, der Status der Deckungsmassen als *Sondervermögen*, die strengen gesetzlichen Auflagen (für hypothekarische Deckungswerte in Form der Wertermittlung und der einzuhaltenden Begrenzungen und für den öffentlichen Deckungsstock durch die hohe Bonität der Schuldner) und deren Überwachung durch einen unabhängigen Treuhänder begründen den äußerst hohen Sicherheitsstandard von Pfandbriefen als privilegiertes Anlagepapier im Verhältnis zu anderen verzinslichen Wertpapieren. Dies spiegelt sich in der gesetzlichen Mündelsicherheit von Pfandbriefen, den Anlagevorschriften institutioneller Investoren sowie der Stellung und Verwendung der Papiere im EU-Bankrecht. So dürfen deutsche Pfandbriefe ohne Einschränkung für die Anlage von Mündelgeldern verwendet werden; für Kapitalanlagegesellschaften werden Pfandbriefe nur mit 50% angerechnet, so dass der Anteil in den einzelnen Fondssondervermögen doppelt so hoch sein darf wie der anderer Emittenten. Auch für Bausparkassen und das im Deckungsstock von Versicherungen gebundene Vermögen gelten privilegierte Regelungen für die Anlage in Pfandbriefen.

Ebenso bieten Pfandbriefe für das Depot-A-Management von Kreditinstituten und Sparkassen den Vorzug, dass die Papiere respektive Emittenten im Grundsatz I nur eine Gewichtung in Höhe von 10% erfahren und somit die Eigenkapitalunterlegung von Pfandbriefen gesetzlich privilegiert ist. Im Rahmen der Lombard- und Offenmarktpolitik des Europäischen Zentralbankensystems sind börsennotierte Inhaberpfandbriefe im Gegensatz zu ungedeckten Bankschuldverschreibungen a priori als lombard- und pensionsfähig qualifiziert.

Die aufgezeigten Anforderungen führen einerseits zu einer erheblichen Beschränkung der Geschäftstätigkeit der Institute, die aber alle vor dem Hintergrund der Risikominimierung und einer möglichst hohen Sicherheit für die Pfandbriefgläubiger zu sehen sind und somit der einzigartigen Stellung des Pfandbriefs der deutschen Hypothekenbanken dienen.

3. Markt- und Wettbewerbsumfeld

Die Entwicklung im deutschen Hypothekenbanksektor ist insbesondere seit Mitte der 90er Jahre geprägt von drei übergreifenden Tendenzen:

- Internationalisierung,
- Deregulierung,
- Konzentration.

In Abb. 1 sind die im Verband deutscher Hypothekenbanken organisierten Institute sowie die Entwicklung der Bilanzsumme dargestellt.

Bereits seit Abebben des durch die Wiedervereinigung verursachten Baubooms, ist die Baukonjunktur seit Jahren von einer heftigen Rezession geprägt, die sich in ersten Ansätzen zu einer Stagnation zurückbildet. Damit einhergehend hat die Zahl der Insolvenzen in der Branche deutlich zugenommen, wobei hiervon in besonderem Maße Bauträger und Development-Gesellschaften betroffen waren. Ebenfalls Folge

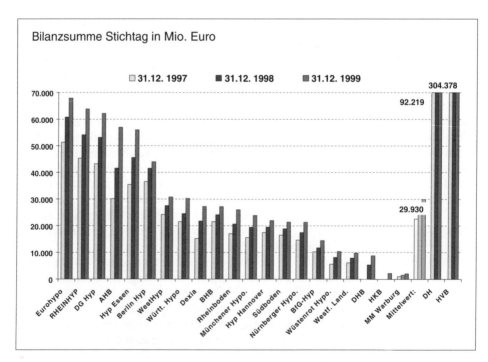

Abb. 1: Hypothekenbanken nach Bilanzsumme

dieser Entwicklung ist, dass das Finanzierungsvolumen im Immobiliensektor nicht mehr die Dynamik der Vorjahre aufweist. Hierbei ist der durch die Hypothekenbanken geleistete Anteil seit Jahren leicht abnehmend. Diese Entwicklung eines für die Institute weitgehend verteilten und tendenziell rückläufigen Marktes hat in der Branche zu einem verstärkten Margendruck und der gezielten Suche nach profitablen Märkten und weiteren Geschäftsfeldern geführt.

Zum einen führte dies zu einer Neuentdeckung des benachbarten Auslands. Da auch die inländische professionelle Kundschaft der Institute aufgrund der stabileren konjunkturellen Situation in Teilen der EWU diesen Weg verfolgt, ist die Europäisierung des Hypothekengeschäftes mit der Begleitung bestehender Kundenverbindungen und dem vor Ort bestehenden Akquisitionspotenzial auf eine breite und solide Basis gestellt. Die Neuzusagen aus dem internationalen Geschäft haben mittlerweile bei einzelnen Instituten einen Anteil von mehr als der Hälfte aller Neuzusagen, allerdings ist die strukturelle Entwicklung der Branche in Bezug auf die Internationalisierung sehr differenziert zu sehen. Der Großteil des Auslandsgeschäftes spielt sich im Bereich gewerblicher Realkredite ab, wobei die zu erzielenden Margen hier zum Teil deutlich über denen des Heimatmarktes liegen.

Zum anderen gehen Bestrebungen in die Richtung ein neues Geschäftsfeld zu erschließen, das unter dem Kürzel »RUDI« alle Aktivitäten zusammenfasst, die »Rund Um Die Immobilie« nachgefragt werden und insoweit zur Generierung von Erfolgsbeiträgen und einer stärkeren Kundenbindung führen können. Dies beinhaltet grosso modo alle Dienstleistungen, die mit der *Immobilienfinanzierung* und -bewirtschaftung in Zusammenhang stehen. Inwiefern eine derartige Geschäftsfeldarrondierung zu grundsätzlichen Konflikten mit dem Spezialbankprinzip, dem sich die Institute verschrieben haben, führen könnte, dürfte noch Diskussionsbedarf beinhalten. Ob eine erste Öffnung in diese Richtung bereits im 4. Finanzmarktförderungsgesetz enthalten sein wird, bleibt daher abzuwarten.

Insbesondere in Deutschland, aber ebenso in den anderen europäischen Staaten, ist der Finanzierungsbedarf der öffentlichen Stellen trotz der Konsolidierungsbestrebungen in Zusammenhang mit der Teilnahme am Europäischen Währungssystem weiterhin auf einem hohen Niveau. Die Entwicklung der Bilanzen der deutschen Hypothekenbanken zeigt eine verstärkte Hinwendung zum *Staatskreditgeschäft* durch den kontinuierlich steigenden Anteil am gesamten Bilanzvolumen. Teilweise wurde die Ausrichtung weitestgehend oder sogar ausschließlich auf dieses Geschäftsfeld fokussiert, und auch die neugegründeten Institute haben sich anfänglich fast ausschließlich auf die Staatsfinanzierung konzentriert.

Auch in diesem Bereich wurde das Finanzierungsverhalten verstärkt international ausgerichtet und auf den Ankauf verbriefter Schuldtitel ausgeweitet, da diese seit 1998 als ordentliche Deckung verwendet werden können, soweit es sich um Papiere öffentlich-rechtlicher Schuldner handelt. Diese Umorientierung im Neugeschäft ist allerdings vor dem Hintergrund der Zinsentwicklung, insbesondere seit 1994 in Deutschland sowie der Konvergenz der nationalen Zinslandschaften im Vorgriff auf die Einführung des EURO zu sehen. Während das deutsche Zinsniveau bis Anfang 1999 einen kontinuierlichen Rückgang auf historische Tiefststände vollzog, wurde diese Bewegung in den übrigen Euroland-Staaten noch intensiver vollzogen. Dies resultierte aus dem zum Teil deutlich höheren Ausgangsniveau in einzelnen Staaten zu Beginn der Konvergenzbewegung, hin zu einem Endniveau in Höhe der Hartwährungsländer. Insofern scheint der verstärkte Aufbau des Staatskreditgeschäftes zumindest von diesem positiven Zinsumfeld erheblich gefördert zu sein. Inwiefern ein schwierigerer Kapitalmarkt in der EU und wesentlich geringere Konvergenztendenzen in den Staaten, die als Euro-Aspiranten zu sehen sind, sich in einem Rückgang des Neugeschäftes in Staatsfinanzierungen niederschlagen werden, bleibt abzuwarten.

Die Beschränkungen im Kommunalgeschäft wurden zwar schon in regionaler Richtung und bezüglich der zugelassenen Kreditnehmer entsprechend ihrer Grundsatz I-Gewichtung gelockert. Der Bedarf nach weiterer Deregulierung bleibt aber weiter bestehen. Der Schutzgedanke für die Pfandbriefgläubiger sollte hierbei durch die Ausdehnung auf die bereits angesprochenen Schuldnergruppen keinerlei Schaden nehmen.

In engem Zusammenhang mit der Ausweitung dieses Geschäftsfeldes stehen die Veränderungen im Funding der Institute. Bahnbrechend und mit weitreichenden Konsequenzen verbunden war die Einführung des Jumbo-Pfandbriefs in 1995 und der seitdem stetige Siegeszug dieser Finanzinnovation auf den internationalen Kapitalmärkten. Im Verband deutscher Hypothekenbanken gelten für *Jumbo-Pfandbriefe* folgende Mindestanforderungen:

- Emissionsvolumen mindestens € 500 Mio.,
- Straight-Bond-Format,
- Verbot der nachträglichen Liquiditätsbeschränkung,
- Mindestens drei Market-Maker, die Zwei-Wege-Kurse für Abschlüsse bis zu € 15 Mio. stellen,
- Unverzügliche Börseneinführung in Deutschland.

Daneben bestehen weitere Empfehlungen:

- Kupons maximal auf 0,25% gebrochen,
- Verpflichtung der Market-Maker auf laufzeitabhängige maximale Spreads,
- Emissionshaus soll internationale Platzierung erleichtern.

Bis dato war der Pfandbriefmarkt fast vollständig national geprägt. Es wurden kleinvolumige Inhaber- und auch in hohem Maße Namenspapiere begeben, die auf direktem Wege vor allem bei inländischen Kapitalsammelstellen und institutionellen Investoren, teilweise auf deren spezielle Anlagewünsche zugeschnitten, untergebracht wurden. Diese wie auch die private Kundschaft verfolgten dabei weitestgehend eine Buy-and-Hold-Strategie, so dass der Sekundärmarkt in eine ungeheure Vielzahl von Emissionen zerstückelt war und trotz der auch damals schon insgesamt bestehenden Größe dieses Marktsegmentes ein liquider Handel nicht stattfinden konnte.

Mit der Einführung des Jumbos und mittlerweile des Global-Pfandbriefs hat die Branche hierauf reagiert. Ausschlaggebend dafür waren unterschiedliche Tendenzen im internationalen Kapitalverkehr. Einer der Hauptfaktoren ist in dem immer größeren verfügbaren Kapital zu sehen, das nach globalen Anlagemöglichkeiten sucht. Dabei hat sich das Investorenverhalten hin zu einer wesentlich höheren Renditeorientierung gewandelt, so dass auch der Performancedruck auf die professionellen Kapitalverwalter zugenommen hat. Dies hat sich noch potenziert durch den verstärkten Auftritt ausländischer Kapitalsammelstellen mit erhöhtem Rendite-

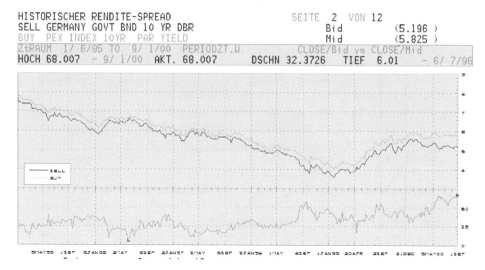

Abb. 2: Entwicklung der Renditen 10-jähriger Bundesanleihen und Pfandbriefe

und Risikobewusstsein in den deutschen Markt, die den Wettbewerb in der Investmentindustrie nachhaltig erhöhen. In diesem Zusammenhang stellt die Einführung der einheitlichen Eurowährung einen entscheidenden Faktor da. Damit wurde das Währungsrisiko für EU-Anleger und Anlagerestriktionen institutioneller Investoren, die die Anlage in Fremdwährungstiteln begrenzen, hinfällig. Der Absatzmarkt für deutsche Pfandbriefe hat sich somit auf natürlichem Wege vervielfacht. Gleichzeitig hat die Bedeutung von Euroanlagen auch für Investoren aus Übersee entsprechend der ökonomischen Bedeutung des Wirtschafts- und Währungsraumes zugenommen, wobei in diesem Kreis die Liquidität der Investments einen ebenso hohen Stellenwert genießt wie der Sicherheitsgedanke.

Mit dem Jumbo-Pfandbrief haben die deutschen Hypothekenbanken auf diese Entwicklung reagiert. Aufgrund des äußerst hohen Sicherheitsstandards – nahezu alle öffentlichen Jumbo-Pfandbriefe sind mit einem AAA-Rating mindestens einer der führenden Ratingagenturen ausgestattet – und der gewonnen Liquidität der Papiere verbinden Jumbos die Ansprüche der Investoren in idealer Weise. Hinzu kommt ein gegenüber Bundesanleihen bestehender Renditevorsprung, der sich je nach Marktverhältnissen in den letzten Jahren zwischen Aufschlägen von 10 bis 60 Basispunkten für Pfandbriefe bewegt hat (vgl. Abb. 2).

Der Erfolg dieses Marktsegmentes schlägt sich in Zahlen nieder. Der deutsche Pfandbriefmarkt insgesamt ist weltweit das größte Kapitalmarktsegment im Non-Government-Sektor. Der Anteil des Jumbomarktes hieran beläuft sich knapp 5 Jahre nach Entstehung mit 277 Emissionen auf über 25% oder ca. € 305,75 Mrd. (Stand 08.02.2000). Im Verhältnis zu den von Seiten des Verbandes erarbeiteten Mindeststandards für die Papiere hat sich der Markt bereits fortentwickelt. Das Durchschnittsvolumen der ausstehenden Jumbos und der Neuemissionen seit Beginn der Eurozone liegt wesentlich über DM 1 Mrd. Zwischenzeitlich hat die Allgemeine

HypothekenBank AG den ersten Jumbo in Staatsanleihenformat mit einem Volumen von € 5 Mrd. international erfolgreich platziert. Dieser Trend zur Größe wird sich fortsetzen. Die Liquidität des Jumbomarktes konnte durch ein freiwilliges Repo-Market-Making der führenden Konsortialhäuser zudem weiter vertieft werden. Die Primärplatzierung erfolgt mittlerweile in größerem Umfang in den europäischen Nachbarstaaten, Asien und den USA als auf dem heimischen Markt.

Die mit dem ersten Jumbo entfachte Promoting-Initiative hat die angestrebten Ziele somit klar erreicht: Es wurde eine neue globale Asset-Klasse eingeführt, die höchsten Sicherheits- und Qualitätsstandards genügt, eine tiefe und breite Marktliquidität sicherstellt, den Wettbewerb mit anderen Anlagemedien erfolgreich besteht und zudem die Refinanzierungskosten der Emissionshäuser senkt. Der Liquiditätsvorteil der Großemissionen schlägt sich in einem Renditevorteil für die Emittenten gegenüber traditionellen Pfandbriefen nieder.

Die einzigartige Erfolgsstory des Jumbomarktes und des Pfandbriefs »Made in Germany«, aber ebenso das erfolgreiche Agieren der Institute auf den Immobilienmärkten der Nachbarstaaten haben zu einem gewissen Nachahmungseffekt geführt. Dies beinhaltet die Einführung in großen Teilen an das deutsche Recht angelehnter Hypotheken- und *Pfandbriefgesetze*. Zu nennen sind hier insbesondere Luxemburg und die osteuropäischen EU-Anrainerstaaten Polen, Tschechien, die Slowakei, Ungarn und sogar Lettland, die für die deutschen Institute ein erfolgversprechendes Marktpotenzial für die Immobilienfinanzierung darstellen. In Frankreich und Spanien haben die neuen Pfandbriefgesetze zu europäischer Konkurrenz geführt, die im Begriff ist einen Markt pfandbriefähnlicher Fazilitäten (die spanischen Cedulas Hipotecarias und Obligations Foncieres in Frankreich) aufzubauen. Damit stehen die deutschen Hypothekenbanken international in einem Wettbewerbsumfeld neuer Qualität, dem möglicherweise ein Wettbewerb der speziellen aufsichtsrechtlichen Systems folgen könnte.

Die geschilderten Entwicklungen im Aktiv- wie auch im Passivgeschäft haben in der Branche erhebliche Konsequenzen nach sich gezogen. Der stagnierende bis rückläufige heimische Markt für Immobilienkredite hat den Margendruck erhöht und so den Wettbewerb verschärft, dem die Institute in vielfältiger Weise zu begegnen suchen.

Einerseits werden neue Marktpotenziale gehoben und neue, innovative Produkte kreiert, andererseits werden die Investitionen in IT und qualifiziertes Personal drastisch erhöht, um so Service und Qualität der Dienstleistungen zu steigern. Dahinter steht die Intention über Economies-of-Scale-and-Scope Ertragspotenziale zumindest zu halten und dem Wettbewerbsdruck auch von dieser Seite zu begegnen.

Die verstärkte Hinwendung zum Staatskreditgeschäft, das zudem den Charme eines minimalen Ausfallrisikos mit sich bringt, hat sich ebenfalls in diesem Marktsegment in einem Rückgang zu geringen bis hin zu negativen Margen niedergeschlagen. Auch in diesem Bereich besteht das Erfordernis zu ständiger Marktpräsenz und die intensive Nutzung des Jumbomarktes bringt gleichfalls einen Zwang zur Größe mit sich, da nur so dem ständig steigenden Liquiditätsanspruch auf Investorenseite Rechnung getragen werden kann. Zusammengenommen handelt es sich um einen Verdrängungswettbewerb, der die Teilnehmer zur Hebung von Synergiepotenzialen durch Zusammenschluss oder zumindest Kooperation zwingt. Andererseits wird diese Tendenz zu einer oligopolistischen Konkurrenz auf einem verteilten Heimatmarkt unweigerlich zum Marktaustritt der Grenzanbieter führen.

Die Entwicklung der Branche in den letzten Jahren bestätigt diesen Trend. Insbesondere die Zusammenschlüsse und Fusionen der Institute unter dem Dach von Universalbankkonzernen hat die Zahl der Marktteilnehmer bereits um sieben vermindert. Abb. 3 bildet die bedeutendsten Institutsgruppen nach dieser Entwicklung ab, zeigt aber ebenso deutlich, dass der Prozess keineswegs als abgeschlossen gelten kann. So hat die Allgemeine HypothekenBank AG bereits ihr Ziel, nach der Übernahme die Fusion mit der Rheinboden AG herbeizuführen, bekannt gegeben. Ob die bestehenden Konzernstrukturen mit mehreren Hypothekenbank-Töchtern in dieser Form Bestand haben werden, bleibt abzuwarten. Auch für die Neugründungen der letzten Jahre stellt sich die Frage, inwiefern sie sich in einem derart wettbewerbsintensiven Umfeld langfristig etablieren können.

Neben den angeführten Strategien, die sich hauptsächlich im Vertrieb und Marketing sowie im innerbetrieblichen Organisationsprozess abspielen, kristallisiert sich das interne Steuerungssystem der Banken als wesentlicher Differenzierungs- und Erfolgsfaktor heraus. Die Fähigkeit mit Hilfe eines hierauf basierenden Managementvorsprungs eine entsprechende risikoadjustierte Verzinsung zu generieren und die Effizienz der Kapitalallokation zu steigern kann sich als entscheidender Faktor für die einzelnen Häuser entpuppen.

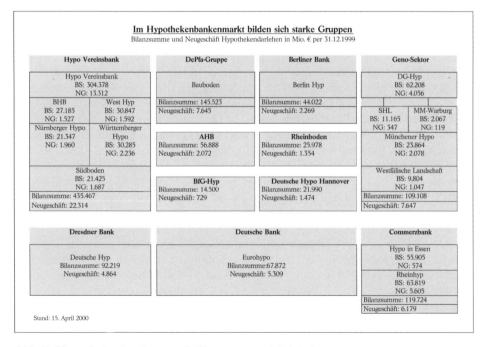

Abb. 3: Hypothekenbanken nach Konzernzugehörigkeit

4. Problemstellung und inhaltliche Abgrenzung

Unter den skizzierten Rahmenbedingungen ist die Ausgestaltung des internen Steuerungssystems eng verbunden mit dem hiermit verfolgten Anspruchsniveau, das von der Geschäftsführung zusammen mit den Kapitaleignern definiert wird. Dies gilt in Bezug auf die qualitativen Erfordernisse, in besonderem Maße aber für die quantitativen Renditeziele. Die Formulierung dieser Ziele ist untrennbar mit dem Verständnis von Hypothekenbanken, dem gegebenen Freiheitsgrad der Risiko-/Rendite-Steuerung und natürlich dem Risiko-/Rendite-Profil der agierenden Personen verbunden. Bei der Ausgestaltung der Ziele ist in jedem Fall dem Postulat der modernen *Kapitalmarkttheorie* Rechnung zu tragen, nach dem Risiko und Rendite einer Investition langfristig positiv korrelieren. Dieses Bewusstsein sollte auch für Margenanforderungen im klassischen Immobilienkreditgeschäft und dem traditionellen Bild von den »Margenbanken« bestehen. Demgegenüber ist eine undifferenzierte Übernahme der erhöhten Renditeansprüche, wie sie an Geschäftsbanken gestellt werden, unbedingt zu objektivieren. Dahinter stehen einerseits die aufgezeigten engeren geschäftspolitischen Rahmenbedingungen, andererseits der eingeschränkte Freiheitsgrad der Gesamtbanksteuerung, ausgehend von dem Institut des Pfandbriefs und dem damit gegebenen äußerst hohen Sicherheitsniveau für die beiden Deckungsstöcke der einzelnen Institute.

Möglicherweise besteht für die Banken das Erfordernis zur Erwirtschaftung von »Überrenditen« innerhalb des vorgegebenen institutionellen Rahmens, um die Renditeanforderungen der Kapitalgeber zu befriedigen. Dabei ist eine Ausweitung der Tätigkeit auf neue ertragreiche Geschäftsfelder nur bedingt möglich. Aus Investorensicht spielt dann zunehmend die *risikoadäquate Verzinsung* des eingesetzten Kapitals die maßgebliche Rolle, so dass die Institute gezwungen sein könnten diese Forderung intern an die Geschäftsverantwortlichen weiterzuleiten und die Allokation des Kapitals in die ertragstarken Sparten zu forcieren. Die Frage nach den mit den Erträgen verbundenen Risiken rückt dann immer stärker in den Vordergrund, da mit einem höheren Risiko auch entsprechend erhöhte Renditeansprüche einhergehen. In Verbindung mit dem vorliegenden Marktumfeld führt dies automatisch zu erhöhten Anforderungen an die Qualität des Management-Informations-Systems, um die Vergleichbarkeit der Resultate herzustellen und die Qualität der Ergebnisse als einen entscheidenden Faktor der zukünftigen *Kapitalallokation* abzubilden.

An dieser Stelle ist es notwendig, die im Folgenden darzulegende Problemstellung einzugrenzen und sich mit den Begrifflichkeiten auseinander zu setzen. Oft zitiert wird Risiko definiert als die Gefahr, dass die tatsächlichen Ergebnisse von den geplanten, respektive erwarteten Ergebnissen abweichen. Allerdings sollte Investoren wie Unternehmern bewusst sein, dass Risiko immer notwendige Begleiterscheinung der Nutzung von Chancen und insofern jeder unternehmerischen Tätigkeit immanente Begleiterscheinung ist. Ist diese Voraussetzung nicht erfüllt, sollte sich langfristig auch nur die Rendite einer am Markt erhältlichen risikofreien Anlage realisieren lassen. Bei der Bestimmung dieser Renditeanforderungen werden im Allgemeinen zwei Ansätze unterschieden:

1) Zum einen ist ein individuelles Anspruchsniveau der Kapitalgeber an die Unternehmensleitung und von dieser weitergeleitet an die Profit-Center durch eine normativ formulierte Zielrendite denkbar, die sich an den Ergebnissen der Branche

orientiert. Die Ermittlung einer risikoadäquaten Benchmark dürfte allerdings ausschließlich auf Basis der öffentlichen Informationen schwer fallen. Gängige Praxis ist die Vorgabe eines Ziel-ROE *(Return on Equity)*. Dabei besteht einerseits keine Einheitlichkeit bei der Bezugsgröße, sprich den relevanten Komponenten des Eigenkapitals, andererseits fehlt der Risikobezug. Ob die einem Geschäft zugrunde gelegten Eigenkapitalbestandteile einem spezifischen Risiko ausgesetzt sind und in welchem Ausmaß, wird nicht eruiert. Es erfolgt demnach eine Verzinsung des bilanziellen Eigenkapitals und nicht des »Risikokapitals«. Im Gegenteil werden gegebenenfalls Risiken in Kauf genommen, die eine wesentlich höhere Verzinsung erbringen sollten und in einem Missverhältnis zu den tatsächlich erzielbaren oder erzielten Renditen stehen.

2) Dem steht der Marktansatz des CAPM (Capital Asset Pricing Model) gegenüber, das modellimmanent einen Zusammenhang zwischen Rendite und Risiko herstellt. Die erforderliche Rendite einer Investition ergibt sich danach aus dem risikofreien Zins zuzüglich der mit dem Risiko der Investition gewichteten Risikoprämie.

Letztere stellt den Verzinsungsanspruch je Risikoeinheit dar. Aus diesem einfachen Gedanken lässt sich das gesamte Zielsystem der Risikosteuerung ableiten.

Jeder Investor fordert mithin für das bereitgestellte Risikokapital eine entsprechende Prämie. Die Geschäftsleitung teilt diesen Anspruch auf die operativen Markteinheiten auf und leitet die Anforderung an die Profit-Center-Verantwortlichen weiter. Diese ex ante durchzuführende Allokation des Risikokapitals auf die unterschiedlichen Geschäftsparten und Markteinheiten wird auf Gesamtbankebene durch die Risikotragfähigkeit des Instituts begrenzt, deren Einhaltung laufend zu überwachen ist. Dies setzt gleichzeitig die ständige Messung der eingegangenen Risiken auf allen Ebenen voraus. Wie bisher erfolgt die Ermittlung der Erfolgsbeiträge auf Basis des Konzepts der *Marktzinsmethode*, die für den Bereich der Marktrisiken schon im Grundkonzept dem Gedanken der Risikoverantwortlichkeit folgt und diesen konsequent auf innerbetriebliche Organisationseinheiten anwendet.

Die ständige Überwachung der Risiken sowie die laufende Messung der Erfolgsbeiträge, die nach Risikoarten und Risikogehalt organisatorisch aufgeteilt werden, stellt die erforderliche Nachkalkulation sicher. Indem der Bezug zwischen den erzielten Beiträgen und den eingegangenen Risiken hergestellt wird, lässt sich einerseits die Güte oder Qualität der Ergebnisse unterschiedlicher Markt- und Produktbereiche einheitlich messen und gegenüber stellen, auf der anderen Seite ist ein Abgleich mit den gestellten Anforderungen nach einem einheitlichen Maßstab möglich, so dass eine Validierung der ex ante getroffenen Allokationsentscheidung erfolgen und Grundlage der zukünftigen Planungsprozesse sein kann.

Die Umsetzung des skizzierten Steuerungskonzeptes erfolgt in mehreren Stufen. Als erster Schritt ist hierzu die Erfassung der relevanten Risiken nach Risikoarten und deren Quellen erforderlich. Diese sind für den Normalbelastungsfall und den Worst Case als erforderliches Risikokapital zu quantifizieren. Im zweiten Schritt erfolgt die Ermittlung der Erfolgsbeiträge sowie der zur Verfügung stehenden Deckungsmasse. Erfolg in dem hier diskutierten Konzept heißt »Total Return« und beinhaltet demgemäß sowohl die laufenden Überschüsse als auch die Veränderung des Substanzwertes. Letzterer stellt in barwertiger Perspektive den realisierbaren Saldo einer Bewertung des Vermögens und des Fremdkapitals der Bank zu Marktpreisen dar. Hierbei ist zwischen der ex ante-Analyse und der Nachkalkulation zu differenzieren. Dies insbesondere hinsichtlich des Schutzgedankens für die Gesamtbank. Die Risiken sind naturgemäß in der Zukunftsbetrachtung den Deckungspotenzialen gegenüber zu stellen und maximal auf deren Höhe zu begrenzen. Diese Forderung ist in jedem Fall für den »Real Case«, unter Vorsichtsaspekten aber ebenso für den Worst Case einzuhalten. Bezogen auf obige Grundüberlegung stellt die *Risikotragfähigkeit* somit die Restriktion für die einzugehenden Risikoeinheiten und mithin auch für die absolute Verzinsung der Investition über die risikofreie Verzinsung dar.

Die dritte Stufe führt dann zu einer Risiko-/Rendite-Steuerung, wobei die Ertragspotenziale (je Risikoeinheit) ex ante und ex post auf die Erreichung der Zielrendite hin überprüft werden. Dies geschieht, indem die Erfolgsbeiträge auf das Risikokapital bezogen und in einer einzigen Kennziffer, dem RoRaC (Return-on-Risk adjusted Capital) integriert werden. Die Ergebnisse dieser Schätzrechnung bzw. Performance-Analyse bilden die Grundlage für die Allokation des zur Verfügung stehenden Risikokapitals auf Geschäftsfelder und Profit-Center bis hin zu Einzelgeschäften. Gleichzeitig stellt das Verfahren die jederzeitige Limitierung der Risiken bezogen auf die bereitgestellte Deckungsmasse sicher.

Bereits an dieser Stelle muss der Hinweis erfolgen, dass es sich hierbei um ein statisches Konzept der strategischen Steuerung handelt, das stark modellhaften Charakter besitzt. Bezogen auf die institutionellen und marktdeterminierten Umweltrestriktionen einer Hypothekenbank und die daraus ableitbaren Anforderungen an eine Gesamtbanksteuerung werden wesentliche Faktoren simplifiziert oder völlig außer Acht gelassen. Auf die Probleme, teilweise auch Gefahren, die eine Steuerung rein nach diesem Ansatz mit sich bringen kann, ist später im Rahmen einer materiellen Kritik einzugehen. Darauf basierend wird ein dynamischer Ansatz dargestellt, der auf der *Szenariotechnik* fußt. Auch hierbei handelt es sich um einen RoRaC-Ansatz, der zwar aufgrund der erhöhten modellgegebenen Freiheitsgrade eine geringere Objektivierbarkeit als die »reine Lehre« aufweist, dafür ist der Realitätsbetzug aber in erhöhtem Maße gegeben. Aufgrund der Kritik, die an beiden Ansätzen geübt werden kann, erfolgt hier keine Präferierung im Sinne eines Ausschließlichkeitsanspruchs, vielmehr kann ein Nebeneinander von statischer und dynamischer Steuerung je nach der speziellen Entscheidungssituation zur Verbesserung der Managementprozesse führen.

5. Statische Risiko-/Renditesteuerung

Der aufgezeigten Problemstellung folgend werden zunächst die für die Institute relevanten Risiken aufgezeigt und eingegrenzt.

5.1 Identifikation der Risikoarten

Zu unterscheiden sind dabei die Anlässe oder Aktionen, die in Zusammenhang mit den jeweiligen Umweltbedingungen Risiken beinhalten. Dies beginnt mit der Überlegung oder Entscheidung der Erstinvestition zur Geschäftsgründung, betrifft aber prinzipiell jede Investitions- oder klassische »Make-or-Buy«-Entscheidungssituation. Im Gegensatz zu diesen Risikosituationen aus der Betriebssphäre sollen in diesem Beitrag die Entscheidungen aus dem *Wertebereich* der Hypothekenbanken im Fokus stehen. Hierbei treten unterschiedliche Arten von Risiken, ausgehend von verschiedenen Risikoquellen auf. Eine Systematisierung lässt sich anhand des Schemas in Abb. 4 veranschaulichen.

Bei den für den laufenden Geschäftserfolg wesentlichen Risikoarten ist zwischen solchen zu unterscheiden, die aus sich verändernden Marktbedingungen in Form schwankender Zinssätze, Wechsel- oder Aktienkurse resultieren, und solchen, die auf Gefahren bezüglich der Erfüllung der Geschäfte durch die jeweilige Gegenseite rekurrieren. Natürlich sind auch die Liquiditäts-, operationalen und sonstigen Risiken in keinem Fall zu vernachlässigen. Aufgrund der Geschäftskreisbeschränkungen bezogen auf die Märkte, an denen die Hypothekenbanken agieren, dürften sich selbst in Worst Case-Szenarien die Probleme aus unvorhergesehenen Kreditinanspruchnahmen, Terminrisiken und der Beschaffung von Liquidität jederzeit lösen lassen. Zudem bietet der neue, ab Mitte 2000 geltende *Grundsatz II* als Liquiditätsadäquanzregel gegenüber den bisherigen Grundsätzen II und III – diese mussten von den Hypothekenbanken nicht erfüllt werden – auch für Hypothekenbanken ein relativ modernes und zukunftsorientiertes Instrument der Liquiditätssicherung.

Besondere Beachtung dürfte den *Betriebsrisiken* zukommen, wenn man beispielsweise an den Fall eines Ausfalls des DV-Netzwerkes, des Großrechners oder des

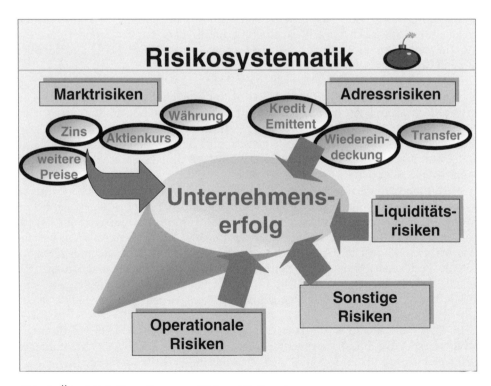

Abb. 4: Überblick über die wesentlichen Risikoarten

Ausfalls von Betriebsstätten durch Umweltkatastrophen denkt. Allerdings handelt es sich hierbei ebenfalls um Worst Case Betrachtungen, die sicherlich nicht Entscheidungsgrundlage für das laufenden Geschäft sein können. Ähnliche Szenarien lassen sich für den Fall juristischer Auseinandersetzungen konstruieren. Dagegen stellen Risiken aus der Aufstellung innerbetrieblicher Prozesse, Organisationsabläufe und Kompetenzgestaltungen ein immenses Gefahrenpotenzial dar. Dies ist zumeist in Verbindung mit *Adressrisiken* zu sehen, wobei insbesondere eine eindeutige Zuordnung virulent gewordener Kreditrisiken zu einer Risikoquelle die Praxis vor entsprechende Probleme stellt. Außerdem besteht das Problem, eine entsprechende Datenbasis inklusive Historie aufzubauen, die die Messung dieser Risikoart nach gleichen oder zumindest ähnlichen Verfahren, wie sie für Adress- und Marktrisiken verfolgt werden, zulässt.

Von dem generellen Anspruch, alle potenziellen Risiken oder Gefahren in einem simultanen Modell abzubilden, sollte also vorerst Abschied genommen werden. Dies nicht nur wegen der Unterschiedlichkeit der einzelnen Risikoarten, den Problemen der Mess- und Quantifizierbarkeit, sondern vor allem der Relevanz der zugrunde liegenden Entscheidungssituationen für ein Going Concern des Hauses. Einer pragmatischen Vorgehensweise folgend stehen in erster Linie die Risiken im Brennpunkt der Überlegungen, die den laufenden Unternehmenserfolg unter »normalen Umweltbedingungen« determinieren und sich demgemäss nicht nur auf Einmalentscheidungen oder »Weltuntergangsszenarien« kaprizieren lassen. Dies führt zur Eingrenzung der in die laufende Steuerung zu integrierenden Risiken, nämlich den Markt- und Adressrisiken. Generell gilt in diesem Zusammenhang, dass eine Position in einem Produkt noch keine Risikosituation für die Bank darstellt, sondern erst ein Zusammenwirken mit Veränderungen in dem relevanten Marktumfeld und/oder der Bonität des Kontrahenten zu Risiken führen können.

Bezogen auf die Marktpreisrisiken muss bereits an dieser Stelle auf die unterschiedlichen Quellen, die zu potenziellen Abweichungen der tatsächlichen von den erwarteten Ergebnissen führen können hingewiesen werden. Als Besonderheit ist festzustellen, dass diese sich nicht aus der Betrachtung eines einzelnen Produkts an sich ableiten lassen, sondern erst die gleichzeitige Betrachtung mehrerer Geschäfte im Zusammenhang, abgegrenzter Portefeuilles bis hin zur Gesamtbankposition Aussagekraft über den Risikogehalt erhalten.

Auch innerhalb der Marktrisiken stellt sich aus Sicht einer Hypothekenbank die Frage der Relevanz einzelner Risikoarten. Aufgrund der nahezu ausschließlichen Wertbeiträge aus dem Zinsgeschäft, stehen die *Zinsänderungsrisiken* für Hypothekenbanken im Vordergrund jeglicher Überlegung. Für Währungsrisiken besteht wie bereits erläutert die Anforderung einer möglichst weitgehenden Schließung offener Positionen. Aktien sind, wenn überhaupt vorhanden, als Beteiligungen zu sehen, deren Geschäftszweck nicht in der Erzielung von Erfolgsbeiträgen liegt. Insofern werden die beiden letztgenannten Risikoarten lediglich am Rande in die Überlegungen einbezogen.

Im Gegensatz hierzu ist die Betrachtung des Adressrisikos sowohl auf Einzelgeschäfts- respektive Einzelkontrahentenbasis als auch einer *Portfolioanalyse* durchaus sinnvoll und angebracht. Wie groß die Bedeutung dieser Risikoart für die Branche ist, zeigt ein Blick in die Jahresabschlüsse der letzten Jahre. Allerdings ist dabei eine sehr differenzierte Betrachtung angebracht. Aufgrund der äußerst hohen Bonität der

Schuldner im Staatskreditgeschäft sind die mit diesem Geschäftsfeld verbundenen Ausfallrisiken als eher gering anzusehen.

Die an den internationalen Kreditmärkten zu verfolgende Spreizung der Bonitätsspreads zwischen Emittenten unterschiedlicher Bonität wird sich möglicherweise auch auf die Bewertung der Titel niederschlagen, die für Hypothekenbanken deckungsfähig sind. Damit könnte gleichzeitig ein differenziertes Rating der entsprechenden Pfandbriefe in Verbindung mit hieraus resultierenden differenzierteren Bonitätsaufschlägen im Pfandbriefsegment einhergehen.

Für die Wertpapieranlagen können demgegenüber höhere Risiken bestehen, die sich als *Abschreibungsrisiken* manifestieren, sofern die Titel als Liquiditätsreserve gehalten werden. Die hauptsächliche Quelle des Ausfallrisikos besteht für Hypothekenbanken aber traditionell im Immobilienkreditgeschäft.

Die systematische Einteilung führt zu vier Risikoquellen in diesem Bereich. Mit dem Kauf eines Wertpapiers respektive der Vergabe und Auszahlung eines Darlehens ist die Gefahr der Nichterfüllung des Vertrages durch die Gegenpartei verbunden. Bei vereinbartem Rückzahlungskurs zu 100 % besteht somit während der Vertragslaufzeit ein Emittenten- bzw. *Kreditrisiko* in Höhe des Nominalwertes der Forderung. Dabei besteht zudem die Möglichkeit, dass der Kurs oder allgemein ausgedrückt der Wert der Forderung bis zu einem Ausfallereignis gestiegen ist und eine Ersatzinvestition nur zu schlechteren Konditionen am Markt erhältlich ist. Diese Komponente wird als *Wiedereindeckungsrisiko* bezeichnet. Werden Aktiv- oder Passivgeschäfte nicht Zug-um-Zug abgewickelt oder keine Clearingstelle eingeschaltet und das eigene Haus tritt in Vorleistung, besteht die Gefahr, dass die eigene Leistung bereits erbracht wurde, der Kontrahent aber seiner Verpflichtung nicht nachkommt. In diesem Fall besteht für diese relativ kurze Zeitspanne zusätzlich ein *Vorleistungsrisiko*. Im internationalen Geschäft relevant ist das Länderrisiko, das als *Transferrisiko* dann eintritt, wenn das Land in dem der Kontrahent seinen Sitz hat Kapitalverkehrsrestriktionen erlässt. Für Hypothekenbanken dürfte dieser Fall allerdings nur geringe Relevanz haben, da hier die regionalen Eingrenzungen der Geschäftstätigkeit greifen.

Abschließend lässt sich festhalten, dass insbesondere Zinsänderungsrisiken auf der einen Seite und Kreditrisiken aus dem Immobiliengeschäft andererseits die wesentlichen Risikoarten im Wertebereich der Hypothekenbanken darstellen. Im Rahmen des oben skizzierten Zielsystems gilt es folglich an erster Stelle, diese Risiken zu berücksichtigen.

5.2 Relevante Erfolgskomponenten

Die vorgenommene Identifikation der relevanten Risikoarten führt automatisch zur Bestimmung der Erfolgskomponenten. Letztere stellen die Risikoprämie dar, die die Verzinsung der eingegangenen Risiken ausmacht. Im Sinne eines Total Return Managements sind hierbei die barwertige *Substanzwertperspektive* und die handelsrechtliche *Ertragswertperspektive* zu integrieren, da sich beide Risikoarten auf beiden Erfolgsebenen niederschlagen.

Bezogen auf den Substanzwert stellt sich die Rendite als Veränderung des Marktwertes aller bereits kontrahierten Geschäfte dar. Ob der Ausweis als absolute täg-

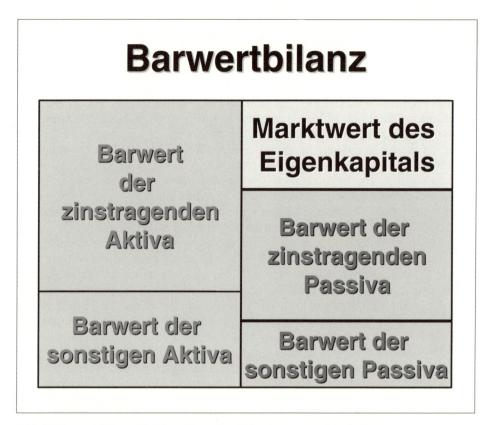

Abb. 5: Barwertbilanz als Grundlage der Substanzwertperspektive

liche Wertschwankung aufgrund von Marktpreis- und/oder Bonitätsveränderungen der Kontrahenten oder als relative Performance bezogen auf den Ausgangswert des Vortages oder den Jahresanfangswert erfolgt, ist unerheblich. Im Sinne einer *Barwertbilanz* ergibt sich der *Reinvermögenswert* der Bank aus dem Saldo der Barwerte der zinstragenden Geschäfte zuzüglich dem Wert der sonstigen Aktiva und abzüglich dem Wert der sonstigen Passiva (vgl. Abb. 5). Der Barwert der zinstragenden Geschäfte ergibt sich aus der Diskontierung der Cash-Flows aller originären Bestandsgeschäfte auf den Bewertungsstichtag mittels strukturkongruenter Zerobond-Abzinsungsfaktoren; auch die weiteren Vermögensbestandteile, wie z.B. der Immobilienbesitz sind möglichst in gleicher Weise mit den aktuellen Wertansätzen zu bilanzieren genauso wie sonstige Verbindlichkeiten, etwa Rückstellungen. Da in dieser Abbildung alle Positionen zu aktuellen Preisen bewertet werden, stellt der Saldo den Barwert des Eigenkapitals oder das *ökonomische Kapital* dar. Eine Veränderung der Marktwerte der Aktiva respektive Passiva bewirkt somit direkt eine Erhöhung oder Verminderung des ökonomischen Kapitals der Bank.

Daneben ist der handelsrechtliche Erfolg auf einer Year-to-Date-Basis zu berücksichtigen. Für die Ermittlung der Erfolgsgrößen im RoRaC-Konzept sind allerdings nur die Komponenten zu berücksichtigen, die der jeweiligen Risikoart ausgesetzt sind. An erster Stelle ist der Zinsüberschuss zu nennen, der trotz aller Diversifikationsbemühungen auch weiterhin die mit Abstand wichtigste Ertragsquelle nahezu aller Häuser ist. Des weiteren ist das Provisionsergebnis zu berücksichtigen, da sowohl im Kundengeschäft wie auch im Emissionsgeschäft Ertrags- bzw. Kostenbestandteile nicht als Zinsergebnis über die Laufzeit des Geschäftes verteilt werden, sondern als Provision deklariert sofort erfolgswirksam werden. Ebenso sind realisierte Kursergebnisse aus dem Wertpapier- und Derivategeschäft zu berücksichtigen, da es sich hierbei nur um eine Realisierung zukünftiger Zinserträge oder -aufwendungen handelt, die aus der laufenden Marktwertbetrachtung herausgezogen werden. Gleiches gilt für das Währungsergebnis, auch wenn dies aufgrund der Hedgingerfordernisse nur von untergeordneter Bedeutung ist.

Dagegen stellen die Ergebnisse der *Risikovorsorge* aus dem Kreditbereich keine maßgebliche Größe dar, sofern im Cash-Flow der betroffenen Geschäfte bereits eine Netto-Darstellung erfolgt. In der Rechnungslegung handelt es sich lediglich um eine Nettogröße aus Zuführungen und Auflösungen von Einzel- und Pauschalwertberichtigungen, die weder das Risikopotenzial bei Kreditvergabe noch das schlagend gewordene Risiko einer Inanspruchnahme von Wertberichtigungen zu quantifizieren vermögen. Vielmehr können diese Istergebnisse im Rahmen der Nachkalkulation für das Backtesting des projizierten Risikopotenzials sowie der Adjustierung der zukünftigen Prognosewerte für Adressrisiken dienen.

Die Notwendigkeit zur Berücksichtigung und Integration der barwertigen und handelsrechtlichen Erfolgsebene ergibt sich aus der zeitlichen Dimension der Performancemessung. Während die handelsrechtlichen Erträge und Aufwendungen im Zeitablauf realisierte Ergebnisse darstellen, spiegelt die Schwankung des Marktwertes zukünftige Erfolge wieder. Die Realisierung kann durch Gegengeschäfte, die bestehende Positionen gegen Marktwertschwankungen absichern, erfolgen oder mittels Verkauf respektive Auflösung von Beständen, so dass hiermit in der Gesamtwirkung eine Positionsverbesserung verbunden ist. Ob die Ergebnisse barwertig auf den Bewertungszeitpunkt vorgezogen oder in andere Perioden verschoben werden, ist eine Frage der Gestaltung der Periodenrechnung, die für den Substanzwert an sich unerheblich ist. Dies gilt auch aus Sicht eines Kapitalgebers, für den eine Gewinnausschüttung eine Veränderung in der Kasse bedeutet, während sich eine Thesaurierung und Reinvestition bzw. eine Substanzwertsteigerung mit entsprechend höheren Erfolgen in zukünftigen Perioden auf seiner Vermögensebene niederschlagen sollte. Allerdings wird an dieser Stelle schon deutlich, dass das statische Modell von real existierenden Zwängen und Chancen sowie Umweltbedingungen weitgehend abstrahiert.

Für die innerbetriebliche Erfolgsmessung und Kapitalallokation spielt die Aufteilung der Erfolgskomponenten ebenfalls eine wesentliche Rolle. Dies schlägt sich in der Zuordnung einzelner Komponenten zu den Marktbereichen nieder, die diese gestalten können und somit zu verantworten haben. Im Rahmen des *Barwertkonzepts* der Marktzinsmethode werden Kundengeschäfte mit der strukturkongruenten Kapitalmarktopportunität bewertet, um den *Konditionenbeitrag* vor bzw. nach Provisionen zu ermitteln. Durch dieses Messkonzept werden die dezentralen Einheiten von den potenziellen Auswirkungen des Marktrisikos auf die Werthaltigkeit und Wertbeständigkeit der »eingeworbenen Marge« freigestellt. Diese Risikoart wird zentral durch die Treasury gemanagt, die in dem vorgegebenen Rahmen die Entscheidung trifft, ob und in welchem Maße Risiken bewusst eingegangen werden, um eigene Transformationserfolge zu erzielen. Damit ist die Treasury verantwortlich für die Renditeerzielung bezogen auf die Marktrisiken.

Dementsprechend sind aber der Zins- und Provisionsüberschuss sowie die Substanzwertänderung nicht vollumfänglich als Prämie für das Eingehen von Marktrisiken zu werten, da ein Teil dieser Größen eben marktrisikofrei erzielt wird. Dem steht die Disposition dieser realisierten bzw. barwertigen Erträge durch die Treasury nicht entgegen, es wird lediglich die Null-Linie oder Ausgangsbasis der Performancemessung um die realisierten Konditionenbeiträge aus dem Bestand sowie die barwertigen Beiträge aus dem akquirierten Neugeschäft heraufgesetzt; die erzielte Risikoprämie ist somit um die Ergebnisse aus dem Kundengeschäft bereinigt und auf die Erzielung von Strukturerfolgen eingegrenzt.

Im Rahmen der weiterführenden *Deckungsbeitragsrechnung* werden sowohl Betriebskosten als auch Risikokosten für Adressrisiken in Abzug gebracht, um den Erfolg im Kundengeschäft zu bestimmen. Bei diesen Risikokosten handelt es sich um erwartete Kreditausfälle, die z.B. als Standardkostensatz aus den historischen Ausfallraten des einzelnen Hauses oder der im Verband organisierten Institute angesetzt werden. Da diese in der Deckungsbeitragsrechnung berücksichtigt werden, liegt es an den Marktbereichen, diese Kostenbestandteile durch ein entsprechendes Kredit-Pricing zu decken. Nicht durch dieses Kalkül berücksichtigt werden unerwartete Ausfälle, also Abweichungen von den erwarteten Risikokosten. Hieraus lässt sich die Notwendigkeit einer institutionalisierten Portfoliosteuerung des Kreditbestandes ableiten, die organisatorisch zentralisiert die Verantwortlichkeit für das unerwartete Kreditrisiko bzw. für die hierauf zu erwirtschaftende Risikoprämie übernimmt.

Damit ergibt sich als Erfolg aus der Nutzung von Adressrisiken folgende Systematik: Durch die Bewertung von Kundengeschäften mit der risikofreien Opportunität erhält man die gesamte Risikoprämie barwertig bzw. als GuV-Beitrag. Hiervon abzuziehen sind die Kosten für das erwartete Risiko, da diese bereits beim Pricing des Kredits berücksichtigt werden. Der verbleibende Teil stellt die Prämie für unerwartete Ausfälle dar und geht als Zins- und Provisionsüberschuss respektive Substanzwertsteigerung in die Erfolgsrechnung ein. Ob auch die Betriebskosten der Marktbereiche in Abzug gebracht werden, ist eine Frage der Zielsetzung der Analyse – während diese mit dem eingegangenen Risiko in keinem originären Zusammenhang stehen, sind sie im Rahmen der Profit-Center-Rechnung unbedingt in Abzug zu bringen.

Für Kapitalmarktgeschäfte ist alternativ zu diesem Vorgehen der Spread z.B. gegenüber laufzeitgleichen Staatsanleihen als Risikoergebnis auszuweisen. Aber auch für Bestandsgeschäfte schlagen sich Bonitätsänderungen in einer Substanzwertschwankung nieder, die separiert werden muss, um im Rahmen der *Erfolgsquellenanalyse* zu korrekten Ergebnissen zu gelangen und richtige Steuerungsimpulse zu setzen. Wird beispielsweise eine Anleihe eines EU-Staates mit einem Spread in Höhe von 25 Basispunkten über Bunds in den Bestand genommen, und kann diese später mit einem Spread von nur noch 15 Basispunkten wieder veräußert werden, schlägt sich das vom Markt in verminderter Höhe eingepreiste Adressrisiko real im Kursergebnis nieder. Die relative Performance in Höhe von 10 Stellen ist mithin Risikoergebnis aus dem Adressenmanagement. Gleiches gilt aber im Falle veränderter Bonitätseinschätzungen durch internes oder externes Rating für Geschäfte, die im Bestand verbleiben, deren Barwert aber aufgrund des Ratingübergangs von einer Klasse in eine höhere oder niedrigere Klasse variiert.

Dieses Splitting der Ergebnisbeiträge nach den Erfolgsquellen, wie es z.B. auch durch CreditMetrics von J.P. Morgan als eine Variante zur Verfügung gestellt wird, ist allerdings nicht unproblematisch. Der »Bonitätsspread« ist nämlich keineswegs rein auf Bonitätsunterschiede, sondern ebenfalls auf die abweichende Liquidität einzelner Emissionen und sicherlich auch auf weitere qualitative Merkmale wie z.B. das Standing oder Marketingerfolge einzelner Emittenten zurück zu führen. In diesem Punkt besteht mithin eine im Detail noch unscharfe Trennung der Ergebnisbestandteile bezogen auf die darunter liegende Risikoart.

Für den statischen Steuerungsansatz sind damit alle relevanten Risiken, die dazugehörigen Erfolgskomponenten sowie die notwendige organisatorische Ausgestaltung für ein effizientes Management aufgezeigt. Weitere, zum Teil abgeleitete Risiken sowie Erfolgsgrößen, die im Rahmen des dynamischen Ansatzes zu berücksichtigen sind, werden später eingeführt.

5.3 Ökonomischer Kapitalbedarf und Risikotragfähigkeit

Nach dem im vorangegangenen Abschnitt die Erfolgsbestandteile aufgezeigt und systematisiert wurden, stellt sich schließlich die Frage nach dem investierten Kapital bzw. den zur Durchführung der Investition bereit zu stellenden Mitteln. Dabei handelt es sich um das Risikokapital oder das mit der Investition verbundene *unerwartete Risiko*, das als Bezugsgröße für die erwirtschafteten Erträge im RoRaC-Konzept dient und zu verzinsen ist.

Zur Ermittlung des Einflusses von Risikofaktoren allgemein kommen unterschiedliche Methoden in Frage, insbesondere im Marktrisikobereich hat sich aber der Value-at-Risk-Ansatz als Marktstandard etabliert. Damit lässt sich im RoRaC-Konzept mit dem jeweiligen *Value-at-Risk* als zu verzinsendem Risikokapital folgendes Gleichungssystem formulieren:

Für das Marktrisiko gilt: $\dfrac{\text{Marktwertänderung} + \text{Strukturbeitrag}}{\text{Market-VaR}}$

und für Adressrisiken: $\dfrac{\text{Marktwertänderung} + \text{Deckungsbeitrag}}{\text{Credit-VaR}}$

Mit der Nebenbedingung: $\text{VaR}_{\text{Gesamt}} = \text{VaR}_{\text{Markt}} + \text{VaR}_{\text{Adressen}} <= \text{Risikotragfähigkeit}$

Der Value-at-Risk ist definiert als die mit einer bestimmten Wahrscheinlichkeit geschätzte, maximale negative Änderung des aktuellen Wertes einer Position innerhalb eines bestimmten Zeitraumes. Damit gibt er den unter bestimmten Annahmen maximalen Wertverlust und mithin den ökonomischen Kapitalbedarf an.

Die Risikotragfähigkeit ergibt sich aus der bereits erläuterten Barwertbilanz. Neben den bisher erwirtschafteten laufenden Überschüssen enthält diese auch alle in der Vergangenheit eingeworbenen Substanzwerte sowie stillen Reserven aus dem zinstragenden Geschäft. In welchem Umfang diese Werte »in's Feuer« gestellt werden, bleibt strategische Entscheidung der Unternehmensleitung. Allerdings greift an dieser Stelle für Hypothekenbanken das Institut des Pfandbriefs in die operative

Steuerung ein: Die Sicherung der Ansprüche der Pfandbriefgläubiger setzt für beide Deckungsstöcke eine jederzeitige Deckung voraus. Zwar ist dies in barwertiger Hinsicht derzeit noch keine aufsichtsrechtliche Anforderung, die aktuelle Diskussion lässt aber darauf schließen, dass gesetzliche Änderungen anstehen könnten, die hierauf abzielen. Damit besteht für einen Großteil der Bilanzsumme der Institute eine Anforderung, die einer »Renditeoptimierung« der Steuerung diametral entgegen stehen kann. Bei der Fixierung risikoadjustierter Renditeanforderungen ist mithin der Freiheitsgrad der Gesamtbanksteuerung hinreichend zu berücksichtigen.

5.3.1 Market Value-at-Risk

Da eine Unmenge von Literatur zum Thema VaR, speziell im Marktrisikobereich veröffentlicht wurde, soll an dieser Stelle lediglich auf spezielle methodische Aspekte eingegangen werden, die spezifische Problemstellungen aus dem Kontext der Gesamtbanksteuerung von Hypothekenbanken darstellen. Zuerst wird auf die Messung der Marktrisiken, danach der Adressrisiken eingegangen.

In der Praxis werden drei verschiedene Verfahren zur Quantifizierung des VaR verwendet. Dabei handelt es sich einerseits um ein analytisches Vorgehen, den Varianz-/Kovarianz-Ansatz, andererseits um zwei Simulationsansätze, die historische und die Monte Carlo-Simulation.

Der analytische Ansatz unterstellt eine *Normalverteilung* der Risikofaktoren, die durch die Momente erster Ordnung, also den Erwartungswert und die Standardabweichung beschrieben werden kann. Der VaR ist als vorgegebenes Quantil der Profit-/Loss-Verteilung definiert. Bei der historischen Simulation werden die in der Vergangenheit aufgetretenen Veränderungen der Risikofaktoren auf die aktuelle Positionierung angewendet. Es ergibt sich eine Häufigkeitsverteilung, die nicht der Normalverteilung entsprechen muss. Der VaR wird durch den Marktwertverlust beschrieben, der entsprechend der Zinsentwicklung in der Vergangenheit bei einem vorgegebenen Konfidenzniveau und vorgegebener Haltedauer nicht überschritten wird. Dagegen basiert die Monte Carlo-Simulation nicht auf den historischen Veränderungen der Risikofaktoren, sondern es werden mittels eines modellierten stochastischen Prozesses Zufallspfade der Risikofaktoren generiert. Für diese werden die Wertänderungen der Position ermittelt und aus dem resultierenden *Histogramm* kann der VaR für ein bestimmtes Konfidenzniveau wiederum abgezählt werden.

In der Praxis der Hypothekenbanken dürfte größtenteils das analytische Verfahren umgesetzt sein. Einerseits, weil die Verteilungsannahme die Implementierung des Verfahrens stark vereinfacht, andererseits ist die Abbildung der Cash-Flows den Instituten aufgrund des traditionellen Instrumentariums der *Zinsbindungsbilanz* bekannt und bereits in den Häusern vorhanden. Die einfache Umsetzbarkeit beinhaltet allerdings gleichzeitig die Einschränkung Momente höherer Ordnung nicht abbilden zu können. Zudem bestehen Ungenauigkeiten, da Schiefe und Kurtosis der realen Verteilungen der Risikofaktoren teilweise von der unterstellten Normalverteilung abweichen. Außerdem geht das Verfahren von konstanten Volatilitäten und Korrelationen aus, die in der Realität so nicht gegeben sind.

Die Ergebnisse dieser Vorgehensweise werden daher oftmals mithilfe der historischen Simulation im Rahmen des Backtesting verifiziert. Die Monte-Carlo-Simulation ist demgegenüber die anspruchsvollere Methodik. Die Schwierigkeit besteht vor allem in der Spezifizierung der stochastischen Prozesse – die Ermittlung einer Gewinn- und Verlustverteilung erfordert in der Regel mehrere tausend Simulationen. Festzuhalten bleibt, dass je nach VaR-Verfahren unterschiedliche Ergebnisse resultieren. Dieses Problem kann allerdings mithilfe intensiven Backtestings vermindert werden, indem die Modellergebnisse auf einen bestmöglichen Fit mit den real eingetretenen Marktwertänderungen überprüft und ausgerichtet werden.

Wesentliche Voraussetzung für die Ermittlung des Value-at-Risk ist eine leistungsfähige »Risk-Engine«, die die Cash-Flows generiert. Aufgrund des Anspruchs einer Gesamtbanksteuerung sind hierbei alle zinstragenden Geschäfte zu erfassen und auf Einzelkontraktbasis die Cash-Flows zu generieren. Diese sind dann zu aggregierten Größen für Portefeuilles, Produktklassen bis hin zum Super-Cash-Flow zusammenfassbar. Die besondere Schwierigkeit stellen in diesem Kontext die Immobilienfinanzierungen dar, da hier teilweise Strukturen bestehen, die weit über den Komplexitätsgrad von Kapitalmarktgeschäften hinausgehen und daher von den wenigsten Standardsoftwarepaketen richtig verarbeitet werden können. Generell kommen alle Varianten von Kapital- und Zinsbindung vor, wie sie aus der Systematisierung von Produkten bezüglich des *Neufestsetzungsrisikos* bekannt sind (vgl. Abb. 6). Dies reicht von der klassischen Festzinshypothek (Fall I.) bis zu (kontokorrent-geführten) Darlehen mit Rahmenkreditvereinbarung (Fall IV.). Im Gegensatz zu den gängigen Floating Rate Notes besteht im Falle indexgebundener Zwischenfinanzierungen im Immobilienkreditgeschäft zu jedem Zinsanpassungstermin ein außerordentliches *Kündigungsrecht* des Schuldners; zudem besteht keinerlei Zwang den einmal gewählten Index auch zukünftig als Referenzzins beizubehalten. Im Falle von *Gesamtdarlehen* kann die Cash-Flow-Ermittlung nur für mehrere Darlehen simultan erfolgen, da es hier zur Tilgungsverteilung bzw. Tilgungsverschiebung zwischen einzelnen Unterkonten für bestimmte vorab fixierte Tilgungszeiträume kommt. Handelt es sich dabei zudem um ein Verbunddarlehen, fließt ein Teil der Tilgungsleistung sofort wieder ab an den vom Verbundpartner geführten Darlehens-

Neufestsetzungsrisiko:

Kapitalbindung

Zinsbindung		bekannt	unbekannt
	fest	**I.**	**III.**
	variabel	**II.**	**IV.**

Abb. 6: Typisierung von Bankgeschäften

teil. Ebenso sind die unterschiedlichsten Arten von Tilgungsaussetzung durchaus gängige Praxis. Im Geschäft mit Kooperationspartnern wie Bausparkassen oder Finanzvermittlern werden unterjährige Zins- und/oder Tilgungsleistungen des Kreditnehmers teilweise beim Kooperationspartner einbehalten und in einem davon vollkommen verschiedenen Zahlungsrhythmus an das Darlehenskonto zur Verrechnung weitergereicht. Im gewerblichen Bauträgergeschäft werden Darlehensteile zeitweise als *Avale* abgespalten und zu einem späteren Termin die Darlehenssumme erhöhend wieder dem Kreditbetrag zugeschlagen. Alle diese Spezialitäten sind korrekt als Cash-Flows zu modellieren, da es sonst bereits von der Datengrundlage her zu falschen Ergebnissen sowohl für die Rendite- wie auch für die Risikomessung kommt.

Ein auch in diesem Zusammenhang kritischer Punkt ist die Behandlung von Optionspositionen bzw. optionsähnlichen Bestandteilen von Bilanzgeschäften. Während die Simulationsverfahren Optionspositionen direkt mit dem Optionswert berücksichtigen können, sind diese nicht-deterministischen Instrumente im Varianz-/Kovarianz-Ansatz mittels Stripping and Mapping zu modellieren. Unter *Stripping* wird hierbei das Zurückführen beliebiger verzinslicher Instrumente auf preis- und risikoäquivalente deterministische Cash-Flows verstanden. Letztendlich werden Optionspositionen als deltaäquivalente deterministische Cash-Flows in den Super-Cash-Flow eingebunden. Für Hypothekenbanken ist dieses Vorgehen zum einen im Zusammenhang mit strukturierten Geschäften von Relevanz. Dabei vergeben die Institute Schuldscheindarlehen an öffentliche Stellen, die mit Kündigungs- oder Wandlungsrechten ausgestattet sind. Das Risiko einer Ausübung im Falle von Stillhalterpositionen wird in aller Regel durch den gleichzeitigen Verkauf von Swap-Optionen oder das Eingehen von kündbaren Zinsswaps glattgestellt. Auch auf der Refinanzierungsseite werden derartige Konstruktionen, wie z.B. Callable Step-Ups genutzt, wobei auch hier im Rahmen von Mikro-Hedges die Optionsrisiken weitestgehend herausgenommen werden.

Darüber hinaus spielen die aus §609a BGB resultierenden *Optionsrechte* für Hypothekenbanken eine nicht unerhebliche Rolle. Nach dieser Vorschrift haben Darlehenskunden das Recht, Festzinsdarlehen nach Ablauf von 10 Jahren ab Vollauszahlung jederzeit unter Wahrung einer sechsmonatigen Frist zu kündigen. Für die Cash-Flow-Generierung teilen sich die Darlehen auf in eine Festzinshypothek mit 6-monatiger Zinsbindung sowie eine Option auf ein jederzeit kündbares Festsatzdarlehen mit identischen Konditionen und Fristigkeit bis zum Ende der Ursprungsfälligkeit.

Ein weiterer Punkt betrifft die Frage nach den adäquaten Bewertungskurven für die unterschiedlichen Produktarten. Der Maxime folgend jedes Produkt an dem eigenen Markt zu bepreisen, gilt es bonitätsspezifische Bewertungskurven für jeden Kontrahenten zu verwenden.

In Bezug auf die VaR-Ermittlung ist dies weniger kritisch zu sehen als für den ermittelten Barwert bzw. dessen Performance. Für Kapitalmarktprodukte ist dies zumindest für unterschiedliche Ratingklassen möglich – eine entsprechende Umsetzung für den weitgehend intransparenten Hypothekenbereich ist fast nicht darstellbar. Es ist davon auszugehen, dass für diese Produktklasse generell die Pfandbriefkurve zugrunde gelegt wird. Soweit ein qualitativ entsprechend gesichertes internes *Ratingverfahren* mit der dazu erforderlichen Historie besteht, kann allerdings eine Kalibrierung dieser Ergebnisse auf kapitalmarktadäquate Credit-Spreads erfolgen und somit auch für den Hypothekenbestand eine risikoadjustierte Bepreisung stattfinden.

Erheblichen Einfluss auf den auszuweisenden VaR haben naturgemäß das gewählte Konfidenzniveau, die zugrunde gelegte Volatilität der Risikofaktoren sowie die unterstellte Haltedauer. Generell gilt, dass das Risiko einer Wertminderung aufgrund von Marktpreisschwankungen mit steigendem Konfidenzintervall, zunehmender Volatilität sowie der Länge der Haltedauer ansteigt. Damit ist aber auch der ökonomische Kapitalbedarf je nach Sicherheitsanspruch (definiert durch das Konfidenzniveau) und dem angenommenen Zeitbedarf für die Liquidation der Positionen manipulierbar. Dies gilt unabhängig von dem verwendeten Verfahren.

5.3.2 Credit Value-at-Risk

Nachdem das VaR-Konzept für Marktrisiken als Standardverfahren etabliert werden konnte, bestehen intensive Bemühungen, wiederum ausgehend aus dem angloamerikanischen Raum, dies auch für den Bereich der Adressrisiken durchzusetzen. Allerdings zeigt sich, dass es sich hier um eine sehr viel komplexere Problemstellung handelt, so dass eine einfache Übertragung der Vorgehensweisen zum Scheitern verurteilt ist. Ausgerichtet auf die Geschäftsschwerpunkte der internationalen Finanzinstitute wurden mittlerweile sehr verschiedene Herangehensweisen propagiert, um einen *Credit-Value-at-Risk* zu ermitteln, die alle darauf abzielen, den erhöhten Komplexitätsgrad der Problemstellung sowie insbesondere die bestehende Datenproblematik modelltheoretisch zu lösen. In einer Studie aus dem April 1999 gibt das Basle Committee for Banking Supervision einen Überblick über die unterschiedlichen methodischen Ansätze und die bestehenden Probleme hinsichtlich der Datenlage sowie der Modellannahmen.

Bei den in der Diskussion befindlichen Modellen ist zwischen unkonditionalen und konditionalen Modellen zu differenzieren. Während erstere sich auf Kreditnehmer- und Instrument-spezifische Inputinformationen konzentrieren, versuchen letztere einen kausalen Zusammenhang zwischen makroökonomischen Umweltbedingungen und dem Credit-Event herzustellen. Eine weitere wesentliche Unterscheidung besteht in der Risikozielgröße, die man abzubilden versucht. Dabei wird unterschieden zwischen Modellen, die bereits eine Marktwertänderung von Instrumenten aufgrund von Bonitätsänderungen des Kontrahenten als *Kreditrisiko* abbilden (barwertorientierter Ansatz) und solchen, die sich lediglich auf den Grenzfall eines derartigen Credit-Events, nämlich den Kreditnehmerausfall kaprizieren (ausfallorientierte Sichtweise: Verlust an Nominalwert von Forderungen bei Kundenausfall). Im *Default-Mode* wird somit lediglich das Ausfallrisiko gemessen, während mit einem Mark-to-Market- bzw. Mark-to-Model-Ansatz bereits das Bonitätsrisiko des Kontrahenten ermittelt wird.

Auch für Hypothekenbanken stellt sich die Frage, welcher Ansatz verfolgt werden sollte.

Von den Einzel- und Pauschalwertberichtigungen, ob Zuführungen oder Inanspruchnahmen ist in diesem Moment nicht entscheidend, entfällt mit Sicherheit das Gros auf gefährdete bzw. bereits ausgefallene Immobilienkredite. Auch wenn die historischen Ausfallraten, bezogen auf das gesamte Finanzierungsvolumen in diesem Bereich, bei weitem nicht an diejenigen im Firmenkundenkreditgeschäft heranreichen, sind die Beträge nicht zu vernachlässigen und können zu erheblichen Auswirkungen auf die Ertragskraft einzelner Häuser führen. Sicherlich prominentestes Beispiel hierfür waren die Folgen, die der Fall Schneider in den Jahresabschlüssen der involvierten Banken hinterließ. Insofern erscheint die Eingrenzung der Problemstellung auf tatsächliche Kreditausfälle im ersten Moment hinreichend. Die Kreditrisikovorsorge als Ausfluss von Kreditausfällen führt direkt zu Ertragsminderungen in der Gewinn- und Verlustrechnung, wohingegen sich Bonitätsverschlechterungen von Forderungen des Anlagevermögens nur in einem erhöhten zukünftigem Ausfallrisiko niederschlagen, da keine Bewertung der Forderungen erfolgt.

Andererseits haben die Wertpapierbestände z.B. im Gefolge der Asienkrise 1998 sicherlich ebenfalls zu erhöhten Abschreibungen oder Kursverlusten geführt. Damit wird deutlich, dass nicht nur der akute Ausfall eines Kreditnehmers zu den Kreditrisiken zählt, sondern bereits im Vorfeld dieses schlimmsten Falls eines Downgradings eine Verschlechterung der Bonitätseinschätzung als Kreditrisiko gewertet werden muss. Inwiefern sich dies tatsächlich auf die Ertragskraft auswirkt, ist abhängig von der Bilanzierungspraxis. Aktiva des Anlagevermögens unterliegen nur dem gemilderten *Niederstwertprinzip* und führen somit nicht zu sofortigen Ertragsminderungen. Mithin könnte von der Vermutung ausgegangen werden, dass sich das Kreditrisiko lediglich auf den Worst Case, sprich den tatsächlichen Ausfall eingrenzen lässt. Aus betriebswirtschaftlicher oder kapitalmarkttheoretischer Sicht kann dem nicht gefolgt werden, da die Werthaltigkeit einer Forderung mit einer Bonitätsverschlechterung einhergehend in jedem Fall abnimmt. Dies ist unabhängig von den Rechnungslegungsvorschriften. Im Falle eines verbrieften Verkaufs der Forderung bemisst sich der Preis maßgeblich an der Sicherheit einer planmäßigen Zins- und Tilgungsleistung, die durch das Rating des Darlehensnehmers determiniert wird. Risikoadäquate Spreads, wie sie im Wertpapiermarkt längst obligatorisch sind, werden mit der zunehmenden Verbriefung von Krediten, dem Entstehen eines Marktes für Kreditderivate sowie der neuen Ausrichtung des Grundsatz I an externen und internen Ratings quasi automatisch verstärkt Einzug in das Kreditgeschäft finden. Letztlich handelt es sich hierbei um nichts anderes als die Zielsetzung dieses Beitrags oder ein Plädoyer für eine risikoadäquate Verzinsung von Investments. Damit sind bereits Bonitätsrisiken, ob aus dem Kapitalmarkt- oder Immobilienkreditgeschäft für die Hypothekenbanken von Relevanz.

Unter diesem Fokus stellt das *Staatskreditgeschäft* der Institute einen Spezialfall dar. Dabei wird in großen Teilen auf äußerst hohe Bonitäten, also mindestens AA-geratete Adressen zurückgegriffen. Wie aus der Beobachtung der Renditen am Kapitalmarkt deutlich ersichtlich ist, liegen die Sätze für Anleihen und Schuldscheindarlehen dieser ersten Adressen erheblich unter den Einstandssätzen laufzeitkongruenter *öffentlicher Pfandbriefe*, die für die Hypothekenbanken die spezifische Refinanzierungsquelle in diesem Bereich darstellen. Dies hat unterschiedliche Konsequenzen. Nahezu durchgängig sind öffentliche Pfandbriefe deutscher Hypothekenbanken von den internationalen Ratingagenturen mit einer Triple-A-Bewertung versehen. Dahinter steht wie eingangs erörtert die äußerst hohe Qualität der Deckungswerte sowie die gesetzlich verbriefte besonders bevorrechtigte Stellung der Pfandbriefgläubiger im Insolvenzfall eines Institutes. Trotz dieser höchstmöglichen

Bonitätseinschätzung, die teilweise über dem Rating einzelner Deckungswerte rangiert, wird vom Markt eine Prämie verlangt, die eine davon abweichende Einschätzung widerspiegelt – als *Liquiditätsprämie* lässt sich der Aufschlag seit dem Entstehen des Jumbomarktes jedenfalls nicht mehr erklären. Für die Banken hat dies im Ergebnis eine natürliche negative *Risikotransformation* zur Folge, die zur ausgleichenden Übernahme anderer Risiken zwingt, um eine adäquate Renditeerzielung überhaupt erst zu ermöglichen. Ob diese Konstellation als Marktineffizienz gewertet werden kann, ist nicht Gegenstand dieses Beitrages.

Ein wesentlicher Unterschied beim Kreditrisiko gegenüber dem Marktrisiko besteht in den verschiedenen und interdependenten Risikoquellen, die durch die Modelle verarbeitet werden müssen. Einerseits besteht von der Kontrahentenseite das Ausfall- oder Bonitätsrisiko. Zur Messung dieser Risikokomponente wird aus der *Insolvenzwahrscheinlichkeit* des Kreditnehmers die Wahrscheinlichkeit eines Kreditausfalls abgeleitet. Letztere wird abgebildet durch die Wahrscheinlichkeit, dass die Kapitaldienstfähigkeit unter die Kapitaldienstverpflichtung absinkt (Ausfallereignis) oder zumindest, dass sich diese Wahrscheinlichkeit erhöht und insofern der Wert einer Position abnimmt (Bonitätsverschlechterung). Gleichzeitig besteht ein *Sicherheitenrisiko*, das die Wahrscheinlichkeit ausdrückt, dass eine Verwertung der Sicherheiten nicht zur Deckung des Ausfallbetrages ausreicht. Dingliche Besicherungen führen insofern zu einer Verminderung des ausfallbedrohten (Blanko-)Teils des Kreditvolumens; persönliche Sicherheiten vermindern statt dessen die Ausfallwahrscheinlichkeit, da das Bonitätsrisiko selbst reduziert wird. Für Hypothekenbanken ist die Sicherheitenfrage respektive das Objektrisiko von besonderer Bedeutung, da die Verwertungserlöse aus den Grundschulden respektive den als Sicherheit dienenden Objekten im Verhältnis zu anderen dinglichen Besicherungen einen historisch hohen Verwertungserlös *(recovery rate)* gewährleisten. Aber auch im Kapitalmarktgeschäft werden Sicherheiten zunehmend an Bedeutung gewinnen. Zu denken ist hier an die Teilnahme am Repo-Markt sowie die Stellung von collaterals im Derivategeschäft.

Aufgrund der Struktur des Geschäftes sollte für Hypothekenbanken ein simulationsgestütztes konditionales Modell präferiert werden. Dafür spricht insbesondere die Kundenstruktur im Hypothekengeschäft. Eine hohe Anzahl der Kunden in diesem Segment mit relativ geringen Portfolioanteilen besteht aus der Privatkundschaft, für die keinerlei kapitalmarktbezogene Aussagen vorliegen. Eine Modellierung von Barwertänderungen aufgrund veränderter Bonitätseinschätzungen ist in diesem Bereich ausschließlich durch Rückgriff auf interne Rating- oder Scoringsysteme möglich. Deren Konsistenz mit externen Bewertungsmechanismen ist für den privatwirtschaftlichen Bereich nur sehr schwierig herzustellen und noch schwieriger zu validieren. Aber auch im Geschäft mit gewerblichen Kunden liegen nahezu keine externen Ratingergebnisse vor. Für dieses Kundensegment bestehen aber besonders starke Interdependenzen zwischen der Ausfallwahrscheinlichkeit und der Bewertung der Objektsicherheiten. Konkret wirkt sich die volkswirtschaftliche Situation in der Immobilienwirtschaft einerseits in einem entsprechenden Insolvenzgrad der in diesen Sektoren tätigen Bauträgergesellschaften, gewerblichen Investoren, Wohnungsbaugesellschaften etc. aus; gleichzeitig wird dies forciert durch die damit bedingten Immobilienwerte aufgrund der Mieten- und Grundstückspreisentwicklung. Insofern spielt das *Immobilienmarktrisiko* als spezielles Preisrisiko in das Kreditrisiko hinein und erlangt eine maßgebliche Bedeutung für die Prognose zu-

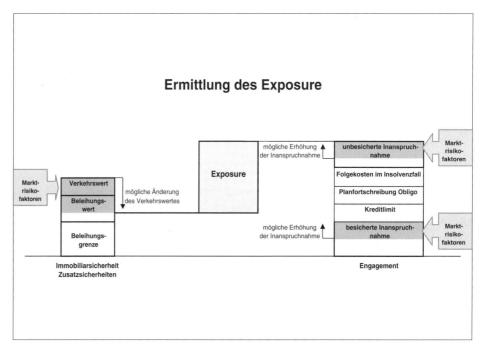

Abb. 7: Einfluss des Immobilienmarktrisikos und Exposure im Hypothekengeschäft

künftiger Kreditausfälle. Die Immobilienmarktentwicklung wirkt direkt auf die Sicherheitenwerte und damit die Wahrscheinlichkeit hinreichender Collaterals und Recorvery-Rates, gleichzeitig wird die Insolvenz- und mithin die Ausfallwahrscheinlichkeit der in diesen Branchen tätigen gewerblichen Kreditnehmer hauptsächlich von der Entwicklung in diesem volkswirtschaftlichen Sektor geprägt (vgl. Abb. 7).

Zur Beschreibung dieser Zusammenhänge, der Identifikation der den Immobiliensektor determinierenden gesamtwirtschaftlichen Faktoren und deren Quantifizierung bieten sich unterschiedliche Verfahren an, wie z.B. Regressionsanalysen, Faktorenmodelle oder Logit-Analysen. Dabei ist es keineswegs ausreichend die Zusammenhänge zu modellieren, die die Insolvenzquote in den relevanten Branchen beschreiben. Diese sind in einem weiteren Schritt auf das individuelle, in entsprechende Cluster zerlegte Portefeuille des jeweiligen Instituts anzuwenden. Eine der zu lösenden Schwierigkeiten liegt z.B. in der erforderlichen Regionalisierung der Insolvenzquoten und der ebenfalls notwendigen Zuordnung der Auswirkungen der Markttendenzen in unterschiedlichen Regionen und verschiedenen Immobilienteilmärkten auf die Sicherheitenwerte wie auch die Insolvenzwahrscheinlichkeit der Kunden.

Ziel der Modelle ist es also, die Unsicherheit des zukünftigen Portfoliowertes am Risikohorizont, hervorgerufen durch Veränderungen in der Qualität der Kontrahentenbonität zu messen. Während für das Marktrisiko zumeist ein kurzfristiger Risikohorizont von einem bis zu 10 Tagen herangezogen wird, wird das Kreditrisiko eher auf Jahresbasis gemessen. Die Methodik zur Ermittlung der potenziellen Ver-

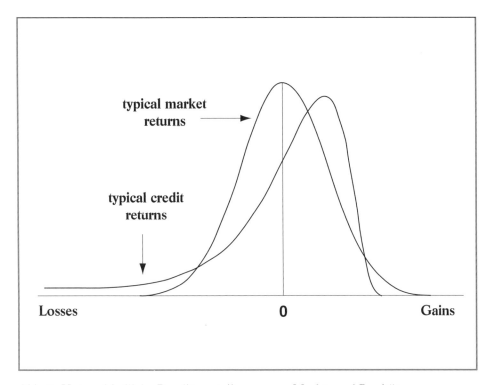

Abb. 8: Unterschiedliche Renditeverteilungen aus Markt- und Bonitätsveränderungen

lusthöhe lässt sich grob in drei Schritte aufteilen: Zuerst ist das betragsmäßige Risikoprofil, sprich das *Exposure* jedes Instrumentes zu ermitteln. Als nächstes sind die möglichen Wertänderungen aufgrund von Credit-Events zu berechnen und schließlich sind die hieraus resultierenden Volatilitäten in den Wertigkeiten als Maß für die potenzielle Streuung der Positionswerte unter Berücksichtigung der bestehenden Korrelationen zu kalkulieren.

Eine grundlegende Unterscheidung zum Marktrisiko besteht in der Verteilung der Risikofaktoren, sprich den Credit-Events. Diese sind auch nicht näherungsweise normalverteilt, so dass auf keinen Fall auf einen analytischen Ansatz zurück gegriffen werden kann (vgl. Abb. 8).

Aber auch das Verfahren der historischen Simulation bietet keine Alternative, da Ausfallereignisse relativ selten und eben für jeden Kontrahenten höchstens einmal vorkommen. Somit bleibt nur die *Monte-Carlo-Simulation*, um die mögliche Verteilung zu erhalten. Die aus der multivariaten Analyse gewonnenen Zusammenhänge werden für unterschiedliche Szenarien gesamtwirtschaftlicher Konstellationen ausgewertet. Dabei ergeben sich bei einer hinreichenden Anzahl von Simulationsläufen Verteilungen für die Ausfälle respektive Bonitätsveränderungen einerseits und die Werthaltigkeit der Objektsicherheiten bzw. die damit erzielbaren Verwertungserlöse andererseits. Dies mündet in einer Häufigkeitsverteilung der zukünftigen Verluste.

Hieraus lässt sich wie gehabt der erwartete und unerwartete Verlust für ein vorgegebenes Konfidenzintervall abzählen.

Wie aus der Verteilung der Credit Returns sofort ersichtlich, ist der erwartete Verlust ungleich null. Es gilt:

Erwarteter Verlust = $\sum$ EDF * (LEE − COL) * LGD

mit   LGD = Loss Given Default
        EDF = Expected Default Frequency
        LEE = Loan Equivalent Exposure
        COL = Collateral

Die Standardabweichung oder der unerwartete Verlust des Portfolios ergibt sich durch einen funktionalen Zusammenhang in der Form:

Unerwarteter Verlust = f (σ_{EDF}, ρ, LEE, COL, LGD)

mit σ_{EDF} = Volatilität der Ausfallwahrscheinlichkeiten
        ρ = Korrelationen der Ausfallwahrscheinlichkeiten

Eine besonders problematische Komponente der Ermittlung der unerwarteten Verluste stellen die Korrelationen der Ausfallwahrscheinlichkeiten dar. Auch zur Ermittlung dieser zentralen Größen gibt es verschiedene Vorgehensweisen. Im Kapitalmarktbereich wird üblicherweise versucht die Korrelationen anhand von Ratingklassen oder branchenorientiert abzubilden, da eine idealtypische paarweise Ermittlung aufgrund der Datenvielfalt von vorne herein nicht in Frage kommt.

Für das Hypothekengeschäft bestehen hierbei mehrere Probleme, die mit der Adaption der Branchen auf das individuelle Portefeuille beginnen. Aufgrund der fehlenden externen Ratings können Risikoklassen lediglich auf Basis interner Verfahren gebildet werden. Damit verbunden ist die Aufstellung von Transitionsmatrizen, die die Übergangswahrscheinlichkeiten zwischen Ratingklassen abbilden sollen. Allerdings ist davon auszugehen, dass nur die wenigsten Häuser eine statistisch signifikante Historie von Ergebnissen auf einem zeitstabilen Scoringsystem vorliegen haben – aufgrund der Intransparenz in diesem Geschäftsfeld sind daraus ableitbare Credit-Spreads wenn überhaupt, dann lediglich als Inhouse-Werte verfügbar. Wie für das Kapitalmarktgeschäft ist auch an dieser Stelle von der Annahme pro Risikoklasse einheitlicher Credit-Spreads auszugehen. Generell besteht für die Institute das Problem der Geschäftskreisbeschränkung, das a priori zu sehr hohen Korrelationen und mithin geringen Diversifikationseffekten führt – auch zwischen Wohn- und Gewerbeimmobilienmarkt sind historisch hohe Korrelationen nachweisbar. Portfolioeffekte dürften somit insbesondere aus dem privatwirtschaftlichen kleinteiligen Geschäft herrühren. Aber nicht nur die Korrelationen der Kreditausfälle sind in dem Modell zu integrieren, auch die Volatilitäten der Exposures, der Collaterals und damit der Verlustquoten sowie die zwischen diesen Größen bestehenden Korrelationen sind in die Berechnungen einzubeziehen. Je früher in dieser Kette Annahmen einfließen, desto höher sind die am Ende der Kalkulationen zu erwartenden Ungenauigkeiten.

5.4 Materielle Kritik

Damit ist der statische Ansatz beschrieben. Es handelt sich um ein geschlossenes, auf Basis der modernen Kapitalmarkttheorie fundiertes System, mit dem die Steuerung vollkommen unterschiedlicher Ergebnisträger anhand der Qualität der erzielten Ergebnisse ermöglicht wird. Dabei ist es unmaßgeblich, ob es sich um Profit Center innerhalb einer Unternehmensorganisation oder ein Beteiligungsportefeuille handelt. Allerdings beinhaltet die Konzeption Modellannahmen und Vereinfachungen die den realen Anforderungen eben nicht vollumfänglich gerecht werden. Dies gilt insbesondere, wenn man wie hier den Versuch unternimmt, das Konzept auf die Fragestellung der Gesamtbanksteuerung zu übertragen.

Um die Qualität der Modellergebnisse einordnen zu können, ist es hilfreich, sich die Herkunft des Steuerungsansatzes vor Augen zu führen. Entwickelt wurde das statische RoRaC-Konzept zur Steuerung und Limitierung von Handelsportefeuilles innerhalb der Kapitalmarktaktivitäten international ausgerichteter Universalbanken und Investmenthäuser. Charakteristika dieser organisatorischen Einheiten ist der äußerst kurzfristige Steuerungshorizont und die dazu erforderliche und gegebene sehr hohe Marktliquidität der gehandelten Assets: Jeder Händler stellt »seine kleine Bank« am Ende des Tages glatt, indem die Positionen weitestgehend gehedgt werden oder die Bestände werden tatsächlich liquidiert. Die Performancemessung erfolgt fast ausschließlich auf Grundlage der Marktwertänderungen auf täglicher Basis. Damit sind die Voraussetzungen für eine reine Marktwertsteuerung und -messung im Sinne des Zerschlagungs- oder Liquidationswertes der Portefeuilles gegeben.

Bei der Adaption des Ansatzes auf die Gesamtbanksteuerung ist an erster Stelle die abweichende Zielsetzung des *Going Concern* von entscheidender Bedeutung. Damit verbunden ist einerseits ein wesentlich längerer Planungs- und Entscheidungshorizont, der daher rührt, dass im Wesentlichen der Zinsüberschuss als zeitraumbezogener Ergebnisträger im Vordergrund des Steuerungsprozesses steht. Hinzu kommt, dass die Voraussetzung einer möglichst hohen Liquidität der Positionen insbesondere im Commercial- und Immobilienbanking noch keineswegs erfüllt ist. Dagegen spricht auch nicht die Möglichkeit, bestehende illiquide Positionen durch Gegengeschäfte in hochliquiden Instrumenten glattzustellen. Aufgrund der strategischen Bedeutung derartiger Entscheidungen hat die Treasury hierzu in aller Regel nicht die Kompetenz und für die Größe der Positionen besteht auch keineswegs die Möglichkeit, diese täglich am Markt zu disponieren. Gleiches gilt in noch stärkerem Maße für die Disposition der Kreditrisikopositionen. Damit sind aber die Voraussetzungen für eine tägliche Performancesteuerung nicht mehr gegeben.

Hinzu kommen die Auswirkungen, die eine derartige Steuerung der Gesamtbankposition auf die bestehenden Kontrahenten-Linien, die aufsichtsrechtlichen Anforderungen, wie z.B. den Grundsatz I und den neuen Liquiditätsgrundsatz, aber auch die Bewertung des öffentlichen und des Hypothekendeckungsstocks hätte. Die Integration dieser Komponenten ist auf täglicher Basis nur schwer vorstellbar. Ebenfalls außer Acht gelassen werden die Auswirkungen auf das Standing, die Reputation, eventuell das Rating und somit die Geschäftsmöglichkeiten, die eine tägliche Disposition der Gesamtbankpositionierung nach sich ziehen könnte. Ein derart kurzfristiges Agieren, sprich Öffnen und Schließen von Positionen, beinhaltet des Weiteren die Gefahr der Interpretation als Handelsbuchtätigkeit – mögliche Konsequenzen aus hypothekenbankrechtlicher Sicht könnten die Folge sein.

Insbesondere die Vernachlässigung des handelsrechtlichen Erfolgsausweises und der Bewertungsvorschriften unter einer derart marktwert-fokussierten Steuerung sind aus Gesamtbanksicht nicht akzeptabel. Während eine kurzfristige Schließung markt- und/oder kreditrisikobehafteter Bestände aus Marktwertsicht eine »richtige« Entscheidung darstellen könnte, führt dies unweigerlich zu einer Minderung der handelsrechtlichen Ergebnisse, insbesondere des Zinsüberschusses. Gleichzeitig ist damit nicht sichergestellt, dass handelsrechtlich Abschreibungen erfolgen oder Kursverluste realisiert werden müssen, da die Bewertungsvorschriften für die Liquiditätsreserve sowie das Umlauf- und Anlagevermögen nicht mit der einheitlichen Bewertung von Positionen im Marktwertmodell übereinstimmt. Obwohl in der Marktwertsteuerung aufgrund der Bewertung aller Bestände eine gehedgte Position bestehen kann, ist es möglich, dass z.B. Wertpapiere der Liquiditätsreserve zu Abschreibungen führen, wohingegen die Gegenposition handelsrechtlich nicht bewertet wird. Dies kann zu Ergebnisminderungen führen, die in Verbindung mit der entsprechenden Außenwirkung weitere Folgen nach sich ziehen können.

An dieser Stelle setzen aber bereits die Modelle der Kapitalmarkttheorie Annahmen, die in dieser Weise die Realität nicht abbilden. Es ist keineswegs davon auszugehen, dass Substanzwertsteigerungen sich immer in entsprechenden Erhöhungen der Anteilswerte der Unternehmung widerspiegeln. Ebenso dürfte keine Indifferenz zwischen Erhöhungen des Marktwertes durch Substanzwerterhöhungen oder Gewinnthesaurierung gegenüber einer Ausschüttung bestehen. Dagegen spricht die *Liquiditätspräferenz* bzw. Liquiditätserfordernisse der Anleger. Die theoretische Annahme und Alternative unendlich teilbarer Anteilsrechte, die zur Liquiditätsbeschaffung handelbar sind, ist nicht erfüllt; ebenso werden Stimmrechtsüberlegungen nicht berücksichtigt, die einem Anteilsverkauf entgegenstehen können. Zudem ist aufgrund des gespaltenen Steuersatzes auf ausgeschüttete und thesaurierte Gewinne eine Steuergestaltung möglich, deren Vernachlässigung zu einer suboptimalen Steuerbelastung führen kann.

Schließlich sind die Probleme zur Quantifizierung des Credit-VaR (noch) erheblich. Je nach Ausgestaltung der erforderlichen Annahmen sind größere Unterschiede für die Ergebnisse zu erwarten. Damit besteht aber keine Eindeutigkeit bezüglich des zugrunde zu legenden Risikokapitals und mithin des formulierten Renditeanspruchs an die Ergebnisverantwortlichen.

Die aufgezeigten modelltheoretischen Mängel führen zu einer eingeschränkten Aussagekraft der Ergebnisse im Rahmen der Gesamtbanksteuerung. Zudem sind die organisatorischen Voraussetzungen für die operative Umsetzung des Ansatzes wie oben dargelegt keineswegs durchgängig erfüllt. Für die operative Steuerung, insbesondere im Marktrisikobereich, wird daher im Folgenden ein pragmatischer Ansatz skizziert. Damit soll der statische Ansatz keineswegs verworfen werden. Vielmehr führt das RoRaC-Konzept in der beschriebenen Form dazu, sich verstärkt der Qualität der Erfolge zuzuwenden. Die kritische und bewusste Auseinandersetzung mit den Modellprämissen sollte Ansatzpunkt entsprechender Weiterentwicklungen sein, um den Realitätsbezug zu erhöhen und die Verwendbarkeit des Konzeptes auch in Fragen der Gesamtbanksteuerung zu verbessern.

6. Dynamische Risiko-/Renditesteuerung

Es wurde aufgezeigt, dass eine auf der statischen Analyse basierende Risiko-/Renditesteuerung im Rahmen der Gesamtbanksteuerung nur zu eingeschränkt verwendbaren Aussagen führt. Mit dem zu diskutierenden dynamischen Ansatz wird versucht, diese Unzulänglichkeiten auszuräumen und die modellhafte Abbildung der institutsinternen Prozesse und der Umweltbedingungen, die bei der Steuerung zu beachten sind, simultan zu modellieren. Diese Annäherung an die realen Entscheidungssituationen führt zwangsläufig zu einem wissenschaftlich weniger stringenten Ansatz, da beispielsweise Verhaltensweisen integriert werden, die auf vielfältigeren Annahmen beruhen und mithin eine geringere Objektivierbarkeit des Modells nach sich ziehen. Dem steht eine realistischere Abbildung der Gesamtbanksteuerung im Modell gegenüber.

Natürlich besteht auch für diesen Ansatz das grundsätzliche Problem wissenschaftlicher oder theoretischer Modelle, nur Annäherungen der Realität darstellen zu können. Dies gilt insbesondere für Spezialfälle, die Abbildung von Erwartungen und emotionalen Komponenten sowie Extremsituationen. Ausgerechnet die Risikomessung im statischen Ansatz verdeutlicht diese Problematik auf sehr plastische Weise, da ja gerade die Extremsituationen der Marktwertschwankungen, also die »tails« der Renditeverteilung von der Betrachtung ausgeschlossen werden. Derartige Schranken der Realitätsmodellierung treten ebenso in der dynamischen Analyse auf. Entscheidend für die Anwendbarkeit und Interpretation der Ergebnisse ist es daher, diese Restriktionen und Schwächen wie auch die im Modell implizierten Annahmen zu kennen und sich laufend bewusst zu machen.

Im Folgenden wird der theoretische Ansatz in Abgrenzung zu der statischen Analyse dargestellt. Anschließend wird das zentrale Element, die Modellierung einer dynamischen Simulation beschrieben, bevor abschließend die Möglichkeiten aufgezeigt werden, den Ansatz zu einem RoRaC-Konzept sowie als Modell zur Portfoliooptimierung auszubauen.

6.1 Theoretischer Ansatz

Im Gegensatz zu dem in Abschnitt 5 dargestellten Konzept geht der dynamische Ansatz nicht vom Liquidationsprinzip aus, sondern unterstellt als Grundprämisse ein Going Concern der Unternehmung. Dies beinhaltet, dass anstelle einer statischen Betrachtung der zum Bewertungsstichtag bestehenden Positionen eine dynamische *Unternehmensentwicklung* über einen bestimmten Zeitraum angenommen bzw. zugelassen wird, wovon auch in der Realität gewöhnlich auszugehen ist. Damit einhergehend wird auch die Risikomessung nicht wie im VaR-Konzept auf die potenziellen Wertschwankungen innerhalb des folgenden oder der nächsten 10 Handelstage beschränkt – dies ist eine äußerst operativ ausgerichtete Betrachtungsweise, wohingegen die Gesamtbanksteuerung größtenteils auf strategische Ziele ausgerichtet ist.

Der dynamische Ansatz basiert auf einer *Zeitraumanalyse* bis zu einem oder mehreren kurz- bis langfristigen Planungshorizonten. Abgeleitet wird diese strategische Perspektive aus dem Zielsystem der Gesamtbanksteuerung. Dieses orientiert sich eben in aller Regel nicht oder zumindest nicht ausschließlich an der Marktwert-Performance der nächsten Tage – es ist vielmehr von einer mittelfristigen Betrachtung geprägt, in der sowohl handelsrechtliche Erfolge und Entwicklungen über unterschiedlich lange Zeiträume sowie Bewertungen zu bestimmten zukünftigen Stichtagen eine ebenso große Rolle spielen wie die Steigerung der inneren Substanz über einen längeren Planungshorizont. Der Hauptfokus liegt nicht, wie die Annahmen der statischen Steuerung implizieren, auf der kurzfristigen Ausnutzung von Zins- und Barwertschwankungen, sondern in der Steigerung des Reinvermögenwertes im Rahmen der laufenden Unternehmensentwicklung. Über einen bestimmten Zeithorizont betrachtet ergibt sich der Endwert des Reinvermögens aus den im Zeitablauf realisierten Ertragswerten in handelsrechtlicher Sicht sowie aus der Veränderung des strategischen Substanzwertes – strategisch in Abgrenzung zu der im statischen Ansatz verfolgten kurzfristig ausgerichteten operativen Barwertschwankung.

Innerhalb dessen gilt es unterschiedliche Zielgrößen, nämlich den *Ertragswert* als Ausdruck der laufenden handelsrechtlichen Überschüsse sowie den *Substanzwert* in barwertiger Sicht simultan und mehr oder minder gleichwertig so zu steuern, dass bestimmte Teilziele während des Steuerungszeitraumes erreicht und Restriktionen eingehalten werden. Als Teilziele in diesem Kontext gelten z.B. die laufende Generierung von Neugeschäft, eine stabile und stetige Ertragsentwicklung im Rahmen der Rechnungslegung – auch unterjährig –, der Ausweis bestimmter angestrebter Bilanzstrukturen und Bewertungskennziffern, die ständige Erfüllung der gesetzlichen Eigenkapital-, Liquiditäts- und Deckungsvorschriften sowie die Stärkung der Eigenmittelbasis durch internes Wachstum als Voraussetzung für die Geschäftsausweitung und Hebung von Erfolgspotenzialen. Dabei handelt es sich keineswegs nur um einzuhaltende Nebenbedingungen zu einem Hauptziel, sondern zumindest teilweise um echte Teil- oder Nebenzielsetzungen, deren (Nicht-)Erfüllung erhebliche Konsequenzen nach sich ziehen kann. In diesem Zusammenhang sind die Außenwirkung und Reputationsrisiken von hoher Bedeutung, aber insbesondere die laufende Stärkung der Eigenkapitalbasis in Bezug auf Grundsatz I, die Einhaltung des neuen Liquiditäts-Grundsatzes und speziell für Hypothekenbanken die Umlaufgrenze sind echte Steuerungsgrößen: Ohne entsprechende Freiräume z.B. in der Emissionsreserve oder im Grundsatz II ist die zur operativen Steuerung erforderliche Generierung von Neugeschäften nicht oder nur eingeschränkt möglich. Ebenso schlagen sich die bilanziellen und GuV-orientierten Kennziffern und Relationen direkt auf die Bewertungen durch die Ratingagenturen nieder, die wiederum entsprechende positive oder negative Konsequenzen für die gesamte Geschäftstätigkeit, insbesondere die Refinanzierungsseite haben.

Hierbei ist die für die Refinanzierung dominierende Stellung der Pfandbriefe hervorzuheben. Da die Deckungswerte wie die öffentlichen und *Hypothekenpfandbriefe* Subportfolios im Rahmen der globalen Steuerung der Gesamtbankpositionierung darstellen, können diese nur durch eine integrierte Steuerung adäquat berücksichtigt werden. Auf die damit verbundene Problematik im Rahmen der operativen Steuerung und die ableitbaren Konsequenzen in Bezug auf die Renditeansprüche wurde bereits in Abschnitt 5.3 verweisen. Neben der gesetzlich geforderten jederzeitigen nominellen Deckung sowie der Zinsdeckungsrechnung ist ebenfalls eine barwertige Überdeckung, auch für Worst-Case-Szenarien sicherzustellen; in einer langfristigen Cash-Flow-Analyse sollten unter Berücksichtigung zwischenzeitlicher Wiederanlagen und Zwischenfinanzierungen der Liquiditätsüberschüsse und -fehlbeträge am Ende des Analysehorizontes auch unter ungünstigen Marktbedingungen immer entsprechende Überschüsse realisierbar sein. Dies stellt auch im Insolvenzfall der Bank die Befriedigung der Ansprüche der Pfandbriefgläubiger aus einer Abwicklung der Bestände sicher. Die Vernachlässigung dieser Steuerungsparameter schlägt sich im schlechtesten Fall in einem Downgrading der Emissionen nieder, was nicht nur höhere Refinanzierungskosten bedeutet, sondern auch den Absatz der Titel erschwert. Hierdurch wäre gleichzeitig das Aktivgeschäft nicht mehr frei gestaltbar und letztendlich würde die erforderliche Aktionsfähigkeit der Gesamtbanksteuerung eingeschränkt. Es handelt sich insofern um eine derivative Risikoart, die sich einerseits aus Marktrisiken, speziell den Zinsänderungsrisiken, und andererseits der Qualität der Deckungswerte, also dem Kreditrisiko, ableiten lässt.

Die Steigerung des Reinvermögenswertes gilt zwar als Hauptziel. Dieses ist aber nur realisierbar durch die Erreichung der Teilziele, sowohl aus Ertragswert- als auch aus Substanzwertperspektive und zwar nicht mit Blick auf die nächsten Handelstage, sondern im Rahmen einer vorausschauenden Betrachtung und eingebettet in den gesamten Planungsprozess der Bank. Hierzu ist ein die Teilziele simultan und integriert abbildendes Steuerungsinstrument erforderlich, das die Entwicklung der Zielgrößen über einen entsprechenden Zeithorizont zu modellieren vermag. Ein statischer Ansatz, der auf die nächste Zukunft ausgerichtet ist und lediglich den aktuellen Geschäftsbestand bzw. dessen Marktwertveränderung berücksichtigt, greift hier zu kurz. Ein szenariogetriebenes Modell über einen variablen Simulationszeitraum, das neben der Dynamik der Märkte auch die dynamische Entwicklung der Geschäftspositionen abbildet, kommt auch den organisatorischen, prozessualen und marktgegebenen Voraussetzungen bzw. Bedingungen näher. Auf die aus mehreren Gründen operativ nicht darstellbare Behandlung einer Gesamtbankpositionierung, wie sie für täglich disponierbare und zumeist auch liquidierbare Handelsportefeuilles gegeben ist, wurde bereits in Kapitel 5.4 eingegangen. Die Steuerung der dynamischen Geschäftsbestände über einen längeren Zeithorizont unter der Zielsetzung der Ertrags- und Substanzwertsteigerung ist demgegenüber sowohl an den Märkten realisierbar als auch organisatorisch von der Treasury darstellbar. Das *Endreinvermögen* entspricht somit der gegebenen Profit Center-Organisation und dem Anspruch, dass die Verantwortlichen die Zielgröße gestalten können in viel höherem Maße als eine tägliche Barwertschwankung respektive die Steuerung eines kurzfristigen statischen Value-at-Risk.

Der dynamische Ansatz bietet zudem den Vorteil, auch die Betriebssphäre integrieren zu können, wie im Folgenden skizziert wird. Neben der Möglichkeit, das Modell zu einer RoRaC-Steuerung auszubauen, kann es ebenfalls zur Unterstützung der operativen Disposition und als Instrument zur Portfolio-Optimierung eingesetzt werden.

Die zentrale Komponente der *dynamischen Risiko-/Renditesteuerung* stellt ein *Simulationsmodell* dar, das in zeitlicher Perspektive mehrere Gruppen von Parametern simuliert. Aufgrund der im Zeitablauf fälligen Geschäfte sowie der anfallenden Zins- und Tilgungsleistungen werden zwangsläufig Aktionen provoziert, die im Rahmen der bankeigenen Strategien zu modellieren sind. Im Verhältnis zu einer zeitstabilen Betrachtung ausschließlich der bereits kontrahierten Positionen liegt somit ein wesentlich höherer Modellanspruch vor. Neben diesen automatischen Abschlüssen ist das Neugeschäft abzubilden. Hierbei ist zu unterscheiden zwischen Kapitalmarktaktivitäten, die rein bankgetrieben sind und Transaktionen im Kundengeschäft. Letztere basieren im Wesentlichen auf den Kundenstrategien, die sich neben den unterschiedlichen Bereichen des Neugeschäftes in weiteren Aktionen, wie z.B. außerordentlichen Tilgungen, Kündigungen und Kreditinanspruchnahmen niederschlagen. Während das Bankverhalten hauptsächlich durch Antizipation von und Reaktion auf Marktentwicklungen unter den verschiedenen Zielgrößen gekennzeichnet ist, wird das Kundenverhalten nur zum Teil hierdurch determiniert; hier spielen zusätzliche Beweggründe bis hin zu irrationalem Verhalten hinein, die in der einfachen Variante durch Störterme bis hin zu wissenschaftlichen Verhaltensmodellen in unterschiedlich starkem Maße integriert werden können. Marktparameter in dem hier diskutierten Kontext beinhalten vor allem die Entwicklung der verschiedenen Zinslandschaften, die Volatilitäten- und Wechselkursentwicklung. Bei Integration des Kreditrisikos ist insbesondere die Immobilienmarktentwicklung als spezielles Preisrisiko mit einzubeziehen. Hierzu kann auf die bereits angestellten Überlegungen zurückgegriffen werden. Den Schwerpunkt der im Folgenden darzulegenden dynamischen Simulation bildet insofern die Steuerung der Marktrisiken.

6.2 Dynamische Simulation

Wie das statische Steuerungskonzept orientiert sich auch die dynamische Simulation in weiten Teilen am Cash-Flow. Die mit der Cash-Flow-Generierung verbundenen hohen Anforderungen an die »Risk Engine« wurden in Kapital 5.3.1 bereits diskutiert. Die Anforderungen bestehen vor allem in der möglichst exakten Ermittlung der planmäßigen Zins- und Tilgungsleistungen auf Einzelgeschäftsebene. Da das weitere Vorgehen im Rahmen der statischen Analyse auf einem hoch aggregierten Niveau stattfindet, ist es hinreichend einen Super-Cash-Flow über alle Geschäfts- und Cash-Flow-Arten hinweg zur Verfügung zu haben. Die dynamische Simulation stellt demgegenüber sehr viel höhere Ansprüche an die Datengrundlage: einerseits ist die Cash-Flow-Basis sehr viel differenzierter aufzustellen, andererseits sind weitere Datengrundlagen für die Parametrisierung des Modells sowie zur Generierung der Ergebnisgrößen notwendig.

6.2.1 Datenbasis

Die Ermittlung der Cash-Flows erfolgt auch hier auf Einzelgeschäftsbasis (bzw. bei verbundenen Geschäften im Zusammenhang) mittels des Cash-In-/Cash-Out-Prinzips. D.h. die Geschäfte werden bereits ab Abschlussdatum in die Betrachtung einbezogen, allerdings wird die Ergebniswirksamkeit durch Berücksichtigung des Valutazeitpunktes sowie der zu zahlenden Beträge, also der Kurswerte gegebenenfalls zuzüglich Stückzinsen, Provisionen und Boni als Cash-In (aktivisch) bzw. Cash-Out (passivisch) abgebildet. Für die später zu ermittelnden Zielgrößen ist es von entscheidender Bedeutung, diese Cash-Flow-Arten zu differenzieren. Es wird also z.B. unterschieden zwischen Kapital, Zinsen, Provisionen, Upfront- und Close-Out-

Payments etc. Des Weiteren ist es zum Teil erforderlich einen Cash-Flow mehrfach darzustellen. Dies resultiert aus den unterschiedlichen Sichtweisen der Zinsbindung, des Risikogehalts und der Liquiditätswirkung. Hierzu kann wieder auf die Kategorisierung von Geschäftstypen in Abb. 6 abgestellt werden. Die unterschiedliche Wirkungsweise ist anhand eines Floaters leicht nachvollziehbar. Während die Zinsbindung für das Nominalvolumen am nächsten Rollover-Termin endet, erfolgt die Rückzahlung, also der Liquiditätsfluss, erst bei Fälligkeit, z. B. in einigen Jahren. Da für die dynamische Simulation die Cash-Flow-Generierung keinesfalls durch Fixing der zukünftigen Perioden auf Basis der heutigen Forward Rates erfolgen darf, sind die unterschiedlichen Effekte aus der von der Kapitalbindung abweichenden Zinsbindung durch mehrfache Abbildung des Kapitals in der Cash-Flow-Ermittlung zu berücksichtigen. Werden Cash-Flows mehrfach abgebildet, ist es erforderlich die jeweilige Wirkungsweise kenntlich zu machen. Gleiches gilt für die verschiedenen erwähnten Arten von Cash-Flows sowie weitere Merkmale, die für die späteren Auswertungen und die Simulation relevant sind. Hierzu zählen z. B. die Differenzierung nach der Bilanzseite, die Produktart, die Einordnung zum Anlagevermögen oder zur Liquiditätsreserve, ob der Cash-Flow liquiditätswirksam ist oder es sich um das Ende einer Zinsbindung ohne Liquiditätsfluss handelt, im Falle von Kapitalien die dem Geschäft zugrunde liegende Zinsmethode; für die spätere Barwertrechnung ist jedem Cash-Flow die entsprechende Zinskurve zuzuordnen und natürlich ist die Währung entscheidend. Die integrierte Steuerung der Deckungsstöcke erfordert eine Spezifikation, ob der jeweilige Cash-Flow die Deckungswerte verändert bzw. ob es sich um einen Pfandbrief oder einen durch Pfandbriefe gesicherten Schuldschein handelt; für Wertpapierbestände ist deren Repo-Fähigkeit sowie die aktuelle Verwendung im Rahmen laufender Repo-Transaktionen ein bedeutsames Kriterium.

Die Realisierung einer derart differenzierten Datenbasis erfolgt am leichtesten, indem jedem Cash-Flow eine entsprechende Vielzahl von Informationen in Form von Kennungen mitgegeben wird. Zusätzlich erhalten die Kapital-Cash-Flows die Nominalverzinsung sowie die Rendite des Geschäftes zugeordnet. Dies ist für die Ermittlung von Ertragswirkungen notwendig, aber auch für die Aufstellung einer Fälligkeitenübersicht und Zinsbindungsbilanz. Die hier aufgeführten Differenzierungen sind nur beispielhaft zu verstehen, eine abschließende Aufzählung ist nicht möglich, da die Geschäftsschwerpunkte, die relevanten Märkte und auch die Teilziele die maßgeblichen Bestimmungsfaktoren für die Differenzierung der Datenbasis darstellen. Diese sind aber institutsindividuell festzulegen.

Optimal ist die Vorhaltung von einzelgeschäftsbasierten Cash-Flow-Daten. Aufgrund der Datenmenge führt dies aber normalerweise zu einer schlechten Performanz sowohl der Risk-Engine bei der Generierung der Cash-Flows als auch der anschließenden Simulation. Daher bietet es sich an, anhand der Kennungen Teilaggregate zu bilden, die die Ermittlung der unterschiedlichen Zielgrößen nicht maßgeblich einschränken, aber dafür hinnehmbare Durchlaufzeiten ermöglichen. Insofern ist die Aufstellung eines *Datenmodells* notwendige Voraussetzung, dass die erforderlichen Kennungen bestimmt und eine hierarchische Struktur vorgibt, nach der die Geschäfte respektive die einzelnen Cash-Flows in die verschiedenen Teilaggregationen sortiert werden, sodass immer noch zieladäquate Abbildungen und Auswertungen sowie die Ermittlung der Zielgrößen möglich bleiben.

In jedem Fall eindeutig identifizierbar und somit auf Einzelgeschäftsbasis vorzuhalten, sind alle Positionen, die eine indexbezogene variable Verzinsung haben. Hierunter fallen Darlehen und Wertpapiere, sowie derivative Instrumente, wie Zins- und Zins-/Währungsswaps oder Forward Rate Agreements, deren Verzinsung im Zeitablauf variiert und die in der Regel an einen EURIBOR- oder LIBOR-Satz als Referenzzins gekoppelt sind. Dies ist erforderlich, da für die zukünftigen noch nicht gefixten Zinsperioden im Rahmen der Simulation die Verzinsung für die jeweiligen Zeiträume anhand der zum Fixingtermin modellierten Märkte bestimmt wird. Des Weiteren gilt dies für Optionen, Swaptions und Zinsbegrenzungsvereinbarungen sowie alle bilanziellen Geschäfte, die optionale Bestandteile enthalten. Hierzu zählen Kündigungs- und Wandlungsrechte, die im Schuldscheingeschäft und bei kündbaren Emissionen gängig sind; ebenso Hypothekendarlehen, die §609a BGB unterliegen oder bis zum Ende des Simulationshorizontes unterliegen werden. Während diese Positionen in der statischen Analyse durch ihre *Deltaäquivalente* hinreichend beschrieben werden, resultieren im Zeitablauf je nach Marktentwicklung vollkommen unterschiedliche Konsequenzen: Optionen werden ausgeübt und es fallen Grundgeschäfte liquiditäts- und risikowirksam heraus oder entstehen neu oder die Verzinsung der Geschäfte wird z.B. von fest in variabel gedreht. Da es sich bei derartigen Konstruktionen zumeist um strukturierte Produkte handelt, denen entsprechende Absicherungen gegenüber stehen und diese möglicherweise als Bewertungseinheiten geführt werden, müssen diese Kontrakte eine weitere Kennung erhalten, damit die Auswirkungen einer Bewertung zu simulierten Bilanzstichtagen ausreichend realitätsnah abgebildet werden können.

Auch für Bauzwischenfinanzierungen, die ähnlich Kontokorrent-Konten geführt werden, ist die Forderung der Einzelgeschäfts-Abbildung zu erheben, da sich deren Verzinsung theoretisch am aktuellen Tagesgeldsatz der entsprechenden Währung orientiert und somit im Zeitablauf Schwankungen unterliegt. Da für diese Produktart die Inanspruchnahme des Kreditrahmens das eigentliche zu modellierende Problem darstellt, kann in einem vereinfachenden Vorgehen darauf verzichtet werden und für diese Bestände durch entsprechende Kennung ein Teilportefeuille gebildet werden. Auf die Modellierung dieser Darlehen wird an anderer Stelle detailliert eingegangen.

Neben diesem differenzierten, auf dem Cash-Flow basierten Datenhaushalt sind für das Simulationsverfahren weitere Inputgrößen bereitzuhalten. Für die oben beschriebene Simulation der indexgebundenen Positionen sind zusätzlich die Stammdaten erforderlich. Diese enthalten den jeweiligen Referenzzinssatz, gegebenenfalls Auf- oder Abschläge und weitere Informationen, die für die Durchführung der zukünftigen Fixings gebraucht werden. Für die Bestände der Liquiditätsreserve enthalten die Stammdaten die Buchkurse, die für die Ermittlung von Kursergebnissen und potentiellen Abschreibungen an Bilanzstichtagen die Grundlage bilden. Für die *Liquiditätssteuerung* ist ein Kalender der EZB-Offenmarktgeschäfte zu integrieren. Dies ermöglicht die simulierte Teilnahme am Tenderverfahren. Bestandteil der laufenden handelsrechtlichen Ergebnisse ist neben der Nominalverzinsung der valutarischen Bestände die zeitanteilige Auflösung des Damnums, Agios und Disagios bereits kontrahierter Geschäfte. Somit ist eine Vorausschau der planmäßigen Auflösungen vorzuhalten. Je nach Behandlung innerhalb der Rechnungslegung trifft dies ebenfalls auf die Ergebnisse bereits gefixter FRAs sowie geleisteter und erhaltener Upfront- und Close-Out-Payments aus derivativen Kontrakten zu.

Im Verhältnis zur operativen statischen Steuerung ist die Grunddatenbasis bereits sehr viel umfangreicher und differenzierter. Im Folgenden werden die Simulation der Märkte und der Kundengeschäfte beschrieben, bevor auf die Modellierung der Bankstrategien im Rahmen der Durchführung der zeitlichen Simulation und die Auswertungsergebnisse eingegangen wird.

6.2.2 Modellierung der Märkte

In diesem Teil des Modells geht es darum, über den Zeithorizont der Simulation die Entwicklung der Zins- und Währungsentwicklungen festzulegen; Volatilitäten sind im Rahmen der Substanzwertermittlung von Interesse. Möglicherweise handelt es sich aber im Großen und Ganzen um gehedgte Positionen, sodass sich Long- und Shortpositionen ausgleichen und der Nettoeffekt vernachlässigbar ist.

Neben den aktuellen Renditekurven der relevanten Teilmärkte als Ausgangsbasis und zur Bewertung der Bestände zum Auswertungszeitpunkt, sind die Historien ebenfalls zu verwalten. Dies ermöglicht die Integration des aktuellen Value-at-Risk und somit der statischen Marktrisikoevaluierung und -steuerung.

Für die frei definierbaren Zeitpunkte t_i während des Simulationszeitraumes sowie für den Planungshorizont T_n ist eine individuelle Anzahl von Zinskurven zu bauen. Hierzu werden die Sätze für einige Stützstellen einer Kurve zu einem Zeitpunkt vorgegeben. Die Interpolation erfolgt mithilfe von Cubic Splines. Da nicht zu jedem Tag Vorgaben erfolgen, muss die Entwicklung jeder Kurve zwischen t_i und t_{i+1} ebenfalls interpoliert werden. Damit ergibt sich für jede Zinsstruktur eine Zinslandschaft über den Simulationszeitraum.

Insbesondere für die zu ermittelnden zukünftigen Substanzwerte sind alle relevanten Zinsstrukturen zu integrieren. Um nicht für alle Kurven einer Währung die Eingabe vornehmen zu müssen, sollte es auch möglich sein, statt dessen Mutter-Tochter-Beziehungen zwischen verschiedenen Kurven zu definieren. Für den einfachsten Fall zeitstabiler Spreads beschränkt sich dadurch die Eingabe auf die Entwicklung der Mutterkurve. Da es sich aber um einen Szenarioansatz handelt, sollte unbedingt vorgesehen werden, die Spreadentwicklung für unterschiedliche Fristigkeiten im Zeitablauf zu verändern. Damit werden die Auswirkungen von *Spreadrisiken* in das Modell integriert, die im statischen Konzept aufgrund des kurzen Zeithorizontes weitgehend vernachlässigt werden.

Zusätzlich zur Entwicklung der Zinslandschaften in allen vorhandenen Währungen ist die Entwicklung des Währungsgefüges zu modellieren. Theoretisch sind hierbei die Wechselkursverhältnisse kongruent zu den modellierten Zinsverhältnissen zu entwickeln. Allerdings können auch spezielle Szenarien für Fälle durchgespielt werden, in denen dies zumindest für kurze Teilzeiträume nicht gegeben ist.

6.2.3 Modellierung der Kundengeschäfte

Die Modellierung der Kundengeschäfte erfordert demgegenüber einen viel höheren Aufwand. Dabei ist auf eine enge Verzahnung mit der kurz- und mittelfristigen Profit-Center-Planung zu achten. Dieser Teil der Simulation bezieht sich einerseits auf die verschiedenen Aspekte des Neugeschäfts, zum anderen auf Leistungsstörungen wie außerordentliche Tilgungen und Kündigungen sowie schließlich auf die Inanspruchnahme im Bereich der Endfinanzierungen. *Leistungsstörungen* sind insbesondere dann relevant, wenn sie nicht mit entsprechenden Vorfälligkeitsentschädigungen verbunden sind. Aber auch diese sind in einem stringenten Ansatz nicht zu vernachlässigen, da sie nichts anderes als die barwertige Realisierung zukünftiger Erträge bedeuten und insofern zu Verschiebungen zwischen Ertrags- und Substanzwert führen. Zu den Leistungsstörungen zählen auch echte Kreditrisiken, die sich in der Ertragswertperspektive in Form von Zinslosstellungen, sowie Einzel- und Pauschalwertberichtigungen und Zinsabschreibungen niederschlagen. Allerdings werden die Überlegungen zu diesem Teilbereich nicht weiter vertieft. Schließlich können die Werte der Gesamtbankplanung in das Modell eingestellt werden.

Der Modellierung liegt an dieser Stelle eine Typisierung der Kundengeschäfte sowie deren Behandlung im Rahmen der Neugeschäftsstatistik, der Deckungsbeitragsrechnung und Geschäftsplanung zugrunde, die institutsindividuell anhand der vorhandenen Controllinginstrumentarien erfolgen muss. Dies gewährleistet eine konsistente Behandlung und Darstellung im Reporting – intern wie extern. Beispielhaft wird differenziert zwischen End- und Zwischenfinanzierungen, wobei sich letztere unterteilen in Finanzierungen mit täglicher Zinsfestschreibung (insbesondere im Bauträgergeschäft) und EURIBOR-Darlehen. Unter Neugeschäft werden Neuakquisitionen und Prolongationen summiert, sofern es sich um Endfinanzierungen handelt. Bei Zwischenfinanzierungen ist dagegen die Inanspruchnahme von Tranchen innerhalb des gewährten Kreditrahmens bereits als Neugeschäft anzusehen.

Im Endfinanzierungsgeschäft liegt den Neuakquisitionen die aggregierte Geschäftsplanung der Profit Center zugrunde. Aufgrund der saisonalen Schwankungen während des Jahres ist eine lineare Verteilung für den Fall, dass nur Jahreswerte vorliegen höchstens als Hilfsverfahren zu betrachten. Die Abschlüsse erfolgen mit der geplanten durchschnittlichen Marge auf Basis der jeweils zum Konditionierungszeitpunkt vorherrschenden Pfandbriefkurve; im Fremdwährungsgeschäft wird die Marge auf die zum Pricing verwendete Kurve aufgeschlagen. Für die Simulation von Relevanz sind zudem die Fristigkeiten der Darlehen, die Zins- und Tilgungsvereinbarungen sowie die anzuwendende Zinsmethode. Im Regelfall kann nicht davon ausgegangen werden, dass derartige Details aus der Neugeschäftsplanung entnommen werden können. Eventuell sind Tilgungsabläufe auf aggregierter Ebene planerisch unterstellt. Auch für das Simulationsmodell kann hier mit relativ einfachen Annahmen gearbeitet werden: Modellierungsaufwand und Erhöhung der Ergebnisqualität sollten im Einklang miteinander stehen. Die Aufteilung des »Kreditpreises« auf Zins- und Provisionsanteile ist ebenfalls unter diesem Aspekt zu sehen.

Als relativ schwierig stellt sich die Modellierung der Inanspruchnahme sowohl bestehender Auszahlungsverpflichtungen als auch der neu zugesagten Kredite heraus. Für das Neugeschäft kann eine historische Analyse Grundlage der Modellierung sein. Bis zu den Auszahlungen wird dann auf ein mittleres Kreditvolumen Bereitstellungszins gerechnet, damit hier nicht die einzelnen Vereinbarungen als Auswertungsbasis vorliegen müssen. Da die Informationen des Zusagedatums und der bisherigen Inanspruchnahme aus Bestandsgeschäften durch die Cash-Flow-Datenbasis auf aggregierter Ebene nicht mehr vorliegen, muss an dieser Stelle mit reinen Annahmen operiert werden. Als einfachste Variante kommt eine lineare Verteilung der Auszahlungen mit der mittleren Verzinsung dieses Blocks über einen vorgegebenen Zeitraum in Betracht. Eine Validierung kann z.B. über Abstimmungen mit den Monatsabschlüssen aus dem Rechnungswesen erfolgen.

Für das Prolongationsverhalten kann auf historische Analyseergebnisse zurückgegriffen werden, die durch entsprechende Parametrisierung als Prozentwert auf die mit entsprechender Kennung versehenen Anpassungsbeträge angewendet werden. Die Restgröße wird als Ablösung liquiditätswirksam. Eine möglicherweise bedeutsame Differenzierung könnte sich für das mit Bausparverträgen und Lebensversicherungen unterlegte Geschäft anbieten, da hier das Prolongationsverhalten von den sonstigen Finanzierungen stark abweichen kann. In jedem Fall erfolgt auch hier die Neukonditionierung anhand der »aktuellen« Zinskurve zuzüglich einer Marge (die in der Regel von derjenigen des Erstgeschäftes abweichen dürfte). Bei der Festlegung der Fristigkeiten ist im einfachsten Fall eine statische Aufteilung auf 5- und 10-jährige Zinsbindungen vorstellbar. Etwas weiterführend könnte für diese Aufsplittung ein Zusammenhang mit dem aktuellen Zinsniveau hergestellt werden. Eine fortgeschrittene Modellierung beinhaltet zusätzlich eine Verteilungsannahme mit funktionalem Zusammenhang zwischen Restbeträgen, Zinsniveau und Steilheit der Kurve.

Einem wesentlich höheren Schwierigkeitsgrad unterliegt die Modellierung der Zwischenfinanzierungen. Sowohl für Bestands- wie auch für Neugeschäfte im Sinne von Erstakquisitionen. EURIBOR-Kredite stellen entweder echte Zwischenfinanzierungen für kurze Zeiträume dar oder sind als Tranchen im Rahmen der Ausnutzung von Rahmenvereinbarungen zu sehen. In jedem Fall besteht bei Zinsbindungsende ein Kündigungsrecht für den Kunden; bei Prolongation steht es ihm zudem frei, die Zinsbindungsdauer und damit den Referenzzins völlig losgelöst von den bisherigen Vereinbarungen neu zu verhandeln. Bauzwischenfinanzierungen mit täglich variablen Konditionen sind dagegen insbesondere im Bauträgergeschäft üblich, sodass sich die Inanspruchnahme mit Baufortschritt entwickelt. Ein Zusammenhang zur Zinsentwicklung ist kaum gegeben. Häufig stehen gegen das Darlehen Erwerberkonten, wobei dann eine *Zinskompensation* erfolgt. Auch hier gehen die Zahlungen mit Baufortschritt ein.

Für beide Geschäftsarten bietet sich eine Modellierung an, die in enger Abstimmung mit der Neugeschäftsplanung auf einer historischen Analyse bestehender und bereits abgewickelter Geschäfte basiert. Abb. 9 stellt mögliche Ergebnisse einer derartigen Auswertung dar.

Für jede Zwischenfinanzierung wird der taggenaue Verlauf der Inanspruchnahme (und des Margenverlaufs, der hier nicht aufbereitet ist) auf dem Zeitstrahl abgebildet. Durch Indexierung und Aggregation wird der Verlauf einer durchschnittlichen Finanzierung ermittelt, wobei sich zwischen Brutto- und Nettoverlauf, also mit Erwerberkonten kompensiert, differenzieren lässt. Dieses durchschnittliche Darlehen ist sowohl auf die aktuellen Bestände wie auch für neu akquirierte Maßnahmen anwendbar. Eine alternative Vorgehensweise besteht darin, die geplanten Verläufe des Baufortschritts, der Kosten- und Erlös- oder Verkaufsplanung auf Einzelgeschäftsbasis als Grundlage zu nehmen. Dies setzt allerdings einen erhöhten dv-technischen und Bearbeitungsaufwand voraus und erzwingt ebenfalls ein intensives Backtesting in Form von Soll bzw. Plan/Ist-Abweichungsanalysen, um die Simulationsergebnisse an die realen Abläufe anzupassen.

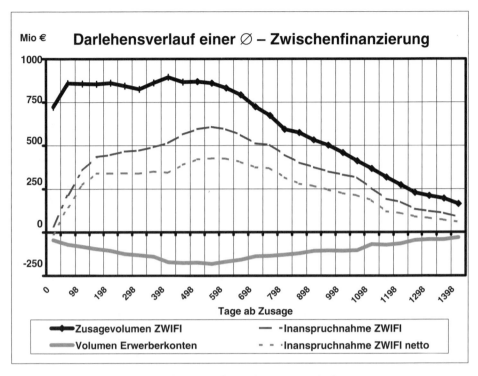

Abb. 9: Kundenverhalten im Zwischenfinanzierungsgeschäft

Zusätzlich zum Neugeschäft sind Leistungsstörungen, insbesondere in der Ertragswertperspektive abzubilden. Während die Ergebniswirkungen z.B. in Form von Vorfälligkeitsentschädigungen auf Basis von Erfahrungswerten und/oder im Zusammenhang mit der Zinsentwicklung vorgegeben und über Abstimmungen mit den Ergebnissen des Rechnungswesens validiert werden können, sind die Auswirkungen auf die Cash-Flow-Basis kaum darstellbar. Die resultierenden Veränderungen in der Struktur des Super-Cash-Flows setzen die Kenntnis der den Ergebnissen zugrunde liegenden Restkapitalbeträge und deren Kontraktspezifikationen voraus. Eine historische Überprüfung bringt aber für die zu simulierenden Ablösungen und insbesondere deren Struktur keinerlei Fortschritte, sodass an dieser Stelle Ungenauigkeiten in Kauf genommen werden müssen. Anders stellt sich die Situation bezüglich der Ablösungen dar, die aus Altfällen herrühren, die unter § 609a BGB fallen. Hier bieten Erfahrungswerte sehr wohl verwendungsfähige Hinweise. Zudem sollte eine vorsichtige, also relativ hohe Kündigungsquote in Verbindung mit der aktuellen Zinslandschaft simuliert werden. Die Effekte dürften sich allerdings in Grenzen halten, wenn man davon ausgeht, dass die Kredite im Haus bleiben und lediglich neu konditioniert werden. Insofern ist eine Behandlung dieser Komponente ähnlich der für Prolongationen zu empfehlen, wobei die Anpassungsquote als eigenständiger Parameter zu setzen ist. Wie bereits beschrieben, erfahren diese Darlehen im dynamischen Ansatz keine Abbildung in Form von Deltaäquivalenten, sondern werden bis zum ursprünglichen Zinsanpassungstermin mit dem entsprechenden Verlauf dargestellt. Bei Ausübung der Option (mit 6-monatiger Kündigungsfrist) entfällt der ursprüngliche Cash-Flow; es wird ein neuer auf Basis der neuen Konditionen generiert und in die Cash-Flow-Basis integriert.

6.2.4 Modellierung der Bankstrategien

Die Modellierung der Bankstrategien – wiederum unter der aufgeworfenen Problematik des Pfandbriefinstitutes – ist das eigentliche Kernproblem der dynamischen Simulation, denn insbesondere mithilfe der Kapitalmarktaktivitäten erfolgt die Steuerung der Gesamtbankpositionierung sowie der Ergebnisse in Ertrags- und Substanzwertperspektive. Zwar unterliegt auch das Staatskreditgeschäft einer entsprechenden Neugeschäftsplanung, die zeitliche Gestaltung dieser Aktivitäten wie auch Transaktionen in Finanzderivaten erfolgen aber in hohem Maße ergebnisorientiert und auf die aktuelle sowie erwartete Marktentwicklung fokussiert. Der Übergang von der Grob- zur Feinsteuerung ist in dieser Geschäftssparte absolut fließend.

Für das Simulationsmodell bieten sich zwei grundsätzlich unterschiedliche Herangehensweisen an, die allerdings teilweise auch auf unterschiedliche Zielsetzungen abzielen. Zum einen lassen sich für die Kapitalmarktaktivitäten Restriktionen in Bezug auf die Gesamtbankpositionierung einbauen, die eine im Rahmen der Simulation zu starke Spreizung der Überhänge in einzelnen Laufzeitbereichen unterbinden. Dies lässt sich beispielsweise mithilfe des *Durationsansatzes* oder durch maximale laufzeitspezifische Present Values of a Basis Point (PVBP) umsetzen. Diese Restriktionen führen dazu, dass automatisch »überhöhte« *Fristentransformationen* zurückgefahren bzw. erst gar nicht zugelassen werden. Das Verfahren ist insbesondere für den Batchbetrieb und das tägliche standardisierte Reporting zu empfehlen. In dem zweiten Verfahren werden in höherem Maße Zielvorgaben sowie Präferenzen zwischen den verschiedenen Einzelzielen für mehrere Teilzeiträume bzw. -zeitpunkte dem Modell vorgegeben. Die Simulation beinhaltet dann iterative Prozesse, d.h. bestimmte Zeiträume werden solange in Variationen durchsimuliert, bis die Zielvorgaben in der Präferenzrangfolge erreicht sind oder zumindest Annäherungen hieran als Ergebnis vorliegen – im letzten Fall sind zusätzlich Grenzwerte einzurichten, die die Beendigung der Iterationsschleife provozieren. Dann erst erfolgt der zeitliche Fortschritt der Simulation. Mit diesem Verfahren werden die gesetzten Ziele in jedem Fall, zumindest annäherungsweise erreicht – es besteht kein quantifizierbares Risiko. Diese besteht vielmehr in den notwendigen Aktivitäten während der Teilzeiträume und der resultierenden Positionierung in Bezug auf die zur Zielerreichung eingegangenen Marktrisiken. Insofern stellt das zweite Verfahren eher die Unterstützung der Disposition in den Vordergrund, indem mögliche Maßnahmen und deren Konsequenzen aufgezeigt werden, die zur Zielerreichung führen können – vorausgesetzt das Marktszenario tritt auch tatsächlich ein. In den folgenden Ausführungen wird auf die Alternativen eingegangen.

Die Umsetzung der Geschäftsstrategien der Institute lässt sich grob unterteilen in die ergebnisorientierte Liquiditätssteuerung im Rahmen der täglichen Gelddisposition sowie die Steuerung der mittel- bis langfristigen strategischen Positionierung über den Kapitalmarkt. Allerdings treten neben die Problematik der Abhängigkeit der Aktionen von den Zielerreichungsvorgaben und der Planbarkeit der Transaktionen zusätzlich Interdependenzen zwischen den Einzelzielen sowie den beiden Aktionsradien. Hieraus und aus den realen Umweltbedingungen ergibt sich die Notwendigkeit zur Setzung von Zielvorgaben und Restriktionen. Dies bedingt während der Simulation nicht nur an den vorab definierten Stichtagen, sondern für jeden Simulationstag die laufende Ermittlung der Zielerreichungsgrade und der Ausprägungen struktureller Kennziffern. Teilweise sind die bestehenden Zusammenhänge und Verflechtungen nur durch komplexe funktionale Abhängigkeiten oder eben iterative Prozesse darstellbar.

Wie anfänglich bereits ausgeführt, gründet der Simulationsansatz in erster Linie darauf, neben der Dynamik der Märkte – über einen längeren Zeitraum – auch die automatische Dynamik der Geschäftsbestände in die Steuerung zu integrieren. Die Notwendigkeit dazu ergibt sich aus dem Wertebereich in Form von liquiditätswirksamen Zins- und Tilgungs-Cash-Flows, Zahlungen von Stückzinsen, Darlehensinanspruchnahmen und ähnlichem; aber auch aus der Betriebssphäre resultieren Zahlungsvorgänge die im Going-Concern unvermeidlich sind. Hier tritt wiederum die enge Verbindung zum weiteren Controllinginstrumentarium, in diesem Fall der *Plankostenrechnung* zu Tage. Die geplanten Größen sind über den Simulationshorizont in Ein- und Auszahlungen zu bestimmten Terminen umzuformen und als weitere Cash-Flow-Daten in das Modell zu integrieren. Neben Zahlungsvorgängen, die Aktionen erzwingen, führen auch Zinsneufestsetzungen zu Veränderungen der Gesamtbankpositionierung, auf die mit geeigneten Maßnahmen reagiert wird. Neben den aktuellen Geschäftsbeständen spielen in diesem Stadium bereits am ersten Simulationstag die vorgenommenen Modellierungen der Märkte und des Kundenverhaltens in der gesamten Vielfalt der Ausprägungen hinein. Diese Automatismen erfordern in erster Linie Aktionen, die durch Geldmarkttransaktionen den täglichen Netto-Cash-Flow herauslegen oder diesen refinanzieren. Hierzu sind die Parameter dieser Aktivitäten festzulegen. Z.B. werden notwendige Mittelaufnahmen parametergesteuert generell durch Aufnahme von 3-Monatsgeld in der jeweiligen Währung eingedeckt. An dieser Stelle wird erneut auf die Modellierung der Märkte, speziell des Szenarios für den 3-Monatssatz zurückgegriffen. Transaktionen dieser Art sind natürlich jeden Handelstag vorzunehmen, sodass eine taggenaue Simulation erforderlich ist. Vereinfachungen in der Form, dass zeitliche Aggregate gebildet werden, um die Simulationsschritte zu minimieren, führen zu erheblichen Ungenauigkeiten, nicht nur aus dem Liquiditätsausgleich, sondern auch bezüglich der anstehenden Fixings zinsvariabler Positionen. Aufgrund der hinter diesen Aktivitäten stehenden hohen Nominalvolumina können sich durch Zusammenfassungen in zeitlicher Hinsicht äußerst starke Ungenauigkeiten in Bezug auf die Einzelergebnisse, insbesondere in der Ertragswertperspektive ergeben.

Der Liquiditätsausgleich des ersten Tages wie auch die Kundengeschäfte führen zu zukünftigen Cash-Flows, die kalkuliert werden müssen, mit derselben Systematik an Kennungen zu versehen sind wie der Altbestand und in den Gesamt-Cash-Flow integriert werden. Gleiches gilt für vorgenommene Fixings, die Zins-Cash-Flows generieren und gleichzeitig das Kontraktvolumen unter Risikoaspekten auf das Ende der neu gefixten Zinsperiode verschieben. Diese Änderungen in der Cash-Flow-Basis ziehen gegenüber den Startwerten veränderte Ergebnisse und Bewertungskennziffern nach sich, sodass täglich z.B. der Zinssaldo zu ermitteln ist. Des Weiteren ist zu überprüfen, ob alle Restriktionen – sowohl die modellierten gesetzlichen Bestimmungen als auch intern vorgegebene Strukturkennziffern – eingehalten werden.

Da unter realistischen Bedingungen die Geldaufnahmen am Interbankenmarkt nicht unendlich ausdehnungsfähig sind, ist eine Maximalgrenze hierfür vorzusehen. Genauso ist mit Geldausleihungen zu verfahren; eventuell ist in diesem Bereich zusätzlich eine Untergrenze einzuziehen, um eine jederzeitige Liquidität zu dokumentieren. Die gewählten statischen Parameter für den Liquiditätsausgleich können verfeinert werden. In Zeiten einer inversen Hochzinsphase werden Mittel wahrscheinlich vorzugsweise in anderen Fristigkeiten besorgt als bei Vorliegen eines normalen niedrigen Zinsniveaus. Die Parameter sind dann funktional an die Lage und Krümmung der Geldmarktkurve zu koppeln. Ebenso kann täglich eine Liquiditätsvorausschau über einen vorgegebenen Horizont durchgeführt werden, sodass bereits vorausschauend und optimierte Verhaltensweisen modellierbar werden. Dies ist z.B. durch Teilnahme am EZB-Tender, dessen Zuteilung ebenfalls zu parametrisieren ist, integrierbar. Aber auch Repo-Geschäfte können hierzu durchgeführt werden, falls entsprechende Repo-fähige Bestände verfügbar sind, die noch nicht verpensioniert sind; dies ist genauso wie der aktuelle Kurswert dieser potentiellen Sicherheitenwerte zu überprüfen, da nur dieser Grundlage der Transaktionen sein kann. Eine in diesem Strategiebereich einzuhaltende Restriktion besteht in dem neuen Liquiditätsgrundsatz; aber natürlich ist auch die Einhaltung der Umlaufgrenze für die Institute maßgebliches Kriterium der Geschäftsmöglichkeiten.

Bestehen aufgrund der Restriktionen keine oder nur suboptimale Möglichkeiten der kurzfristigen Mittelbeschaffung oder -anlage – auch nicht durch Ziehung von Tranchen aus einem CP-Programm –, muss dies längerfristig erfolgen, z.B. durch Auflegung einer Emission. Damit ist der Übergang in den Kapitalmarktbereich fließend vollzogen. Sofort stellt sich die Frage, ob gedeckte oder ungedeckte Ware begeben wird. Daher sind die Freiräume in den Deckungsstöcken zu ermitteln. Für jede Emission sind ebenfalls die von der Marktseite her gegebenen Restriktionen, wie Mindestvolumina in dem Modell zu formulieren. Diese Art der interdependenten Mittelbeschaffung und -anlage setzt aber zwingend eine integrierte Liquiditätsvorausschau voraus, da bei Emissionen normalerweise mindestens zwei Tage bis zur Valuta einzuplanen sind. Die Substitution zwischen den Bereichen benötigt einen planerischen Vorlauf, der systemseitig unterstützt sein muss.

Bei Auflegung von Emissionen oder langfristigen Anlagen von Überschüssen sind die Märkte, sprich Währungen, Produktarten und Zinskurven zu bestimmen. Vereinfachend kann von Straight Bond-Formaten ausgegangen werden, wobei die Transaktionen zu pari erfolgen. Allerdings sind die Fälligkeiten für eine Vielzahl der Auswertungsgrößen entscheidend. Die einfache statische Gestaltung, die vielleicht in der Liquiditätssteuerung noch hinreichend sein kann, kommt im langfristigen Geschäft nicht in Frage. Als Steuerungsparameter bietet sich wiederum der Rückgriff auf durationsbasierte Regeln oder eine risikominimale Fristigkeit nach dem PVBP-Konzept an. Für beide Restriktionen oder Nebenbedingungen sind gleichfalls umfangreiche Berechnungen erforderlich und entsprechende Grenzwerte oder Zielzonen festzulegen.

Bei der Begebung von Emissionen sollte das Modell anhand der Vorgaben einen Automatismus beinhalten, anhand dessen gegen die Emission ein Zinsswap gestellt wird, z.B. um entstehende Überhänge zu vermeiden; gleiches gilt in entgegengesetzter Richtung für den Kauf von Schuldscheindarlehen oder Wertpapieren. Dies läuft auf die generelle Problematik der Neugeschäftsgestaltung im Staatskreditgeschäft in Verbindung mit dem Einsatz von Derivaten hinaus. Während für das Kommunalgeschäft noch Vorgaben aus der Geschäftsplanung bestehen, ist dies für den Einsatz von Derivaten sicherlich nicht der Fall. Speziell in diesem Punkt wird die unterschiedliche Vorgehensweise oben erwähnter Simulationsverfahren von Bedeutung. In dem einen Fall werden Zielvorgaben für bestimmte Ergebnisgrößen gemacht, die durch entsprechende Gestaltung der Fristentransformation mithilfe von Staatskrediten und Finanzderivaten angestrebt werden. Als Ergebnis dieser Art der Simulation sind die erforderlichen Geschäfte sowie die zwischenzeitliche und endgültige Gestaltung der Gesamtbankpositionierung zu betrachten. In dem anderen Modus werden Restriktionen in Form maximaler Durationslücken oder laufzeitspezifischer PVBP's gesetzt innerhalb derer entsprechende Geschäfte getätigt werden können.

Zu der Verwendung des Modells als Unterstützungs-Tool für Dispositionsentscheidungen ist anzumerken, dass für die Iterationsprozesse nahezu unendlich viele Lösungsalternativen bestehen: Es lassen sich Transaktionen in verschiedener Höhe in unterschiedlichen Produkten und Märkten durchspielen für die alle möglichen Fristigkeiten zur Verfügung stehen. Die Kombinationsmöglichkeiten führen dazu, dass für dieses Modul weitere Restriktionen anzulegen sind. Dies können Abbruchbedingungen sein für den Fall des Erreichens bestimmter Grenzwerte, die eine Annäherung an die Zielvorgaben darstellen oder auch eine maximale Anzahl Durchläufe. Eine Präferenz-Rangfolge für Produkte, Währungen und Einzelziele erleichtert die Iteration erheblich. Je kürzer die zu optimierende Teilperiode gewählt wird, umso weniger Einbußen in der Performanz müssen eingeplant werden.

Output der Simulation sind eine ganze Reihe von Ergebnissen, die zu bestimmten vorab definierten Stichtagen ausgewiesen werden und die Entwicklung der Bank in mehreren Dimensionen über den gesamten Simulationszeitraum aufzeigen. Wesentliches Charakteristikum der Ergebnisse der dynamischen Simulation im Vergleich zur statischen Analyse ist hierbei die simultane und integrierte Steuerung von GuV, Bilanz und Barwert, die zu jedem Zeitpunkt der Simulation ermittelt werden. Darauf basierend lassen sich weitere Kennziffern bilden und auswerten, die das Zielsystem der Bank nach den verschiedenen Dimensionen repräsentieren.

Die obigen Ausführungen sind bezüglich der zu modellierenden Parameter, Einstellungen, Restriktionen und Auswertungsgrößen keineswegs abschließend zu verstehen. Zudem dürfte klar sein, dass die Simulation simultan für alle Portfoliowährungen zu erfolgen hat und erst die Aggregation über alle Währungen als Gesamtergebnis-Set zu einem Stichtag zu interpretieren ist. Generell ist festzuhalten, dass die Modellschwerpunkte institutsindividuell geprägt sein müssen, der Modellierungsaufwand und die Verknüpfung mit den weiteren Controllinginstrumentarien in einem vernünftigen Verhältnis zu quantitativen und qualitativen Verbesserungen der Ergebnisse stehen sollten und schließlich nicht der Anspruch auf »Treffgenauigkeit« hinsichtlich der tatsächlichen Ergebnisse bestehen darf. Probleme bestehen insbesondere in der Integration strukturierter Produkte, der Abbildung von Aktionen, die auf Erwartungen über die Entwicklung der Märkte basieren und der Feinsteuerung, wie sie in der Realität der Institute erfolgt.

Die bisherigen Ausführungen setzen auf den Vorstellungen eines Batchbetriebes auf. Allerdings ist der Schritt zu einem interaktiven Modus nicht mehr groß. Hierzu sind lediglich noch explizite Neugeschäfte zuzulassen. D.h., das GUI-unterstützt die Durchführung von unterschiedlichen Einzelgeschäften durch Eingabe der Spezifikationen ermöglicht wird. Zu denken ist insbesondere an das Staatskredit- und Derivategeschäft sowie die Begebung von Emissionen. Die weiteren Anforderungen, die sich für die Software hieraus ergeben sind, minimal. Lediglich die Möglichkeit von Haltepunkten während der Simulation ist vorzusehen, zu denen eine entsprechende Ergebnisvisualisierung als Entscheidungsgrundlage für die Durchführung expliziter Maßnahmen erfolgt. Dies lässt den Einsatz »vor Ort« im Rahmen von Ausschusssitzungen des Asset-/Liability-Committees zu, sodass entsprechend fundierte Entscheidungen direkt dokumentiert werden können.

6.3 Ausbau zum RoRaC-Ansatz und zur Portfoliooptimierung

Bisher wurde stillschweigend davon ausgegangen, dass für die Marktentwicklungen ein Szenario-Set oder -Bündel definiert und mit dem parametrisierten Kundenverhalten und den Bankstrategien durchsimuliert wird. Den Output stellt eine Ergebnismatrix dar, d.h. für verschiedene Zeitpunkte bis zum Simulationshorizont werden jeweils diverse Ergebnisgrößen generiert. Das Risiko besteht darin, dass insbesondere das Hauptziel, die Maximierung des Reinvermögenwertes nicht die geforderte Entwicklung zeigt. Dies stellt aber nur einen Teilaspekt der Risiken dar. Ein weiteres Risiko kann daraus begründet werden, dass sich die Märkte anders als im Szenario unterstellt entwickeln. Es ist daher angebracht, mehrere Marktszenario-Sets zu definieren und zu simulieren. Dies entspricht auch den realen Vorgängen. Kein Vorstand oder Treasurer wird sich auf eine Zinsmeinung versteifen und hierauf basierende Geschäfte eingehen, also die Positionierung der Bank ausrichten, ohne die Konsequenzen zu überdenken, die bei einem anderen Zinstrend eintreten. In gleicher Weise ist die Simulation auszurichten. Das Kundenverhalten und die strategischen Parameter des Bankverhaltens sind hierfür nicht neu zu modellieren. Sie sind bereits an die Marktentwicklung gekoppelt – auch in der Realität wird man nicht zusehen, wie der Markt gegen einen läuft, sondern in einem dynamischen Steuerungsprozess Gegenmaßnahmen einleiten.

Es sind also eine ganze Reihe von Szenarien im Batchbetrieb durchzuspielen. Für jede Zielgröße erhält man zu jedem definierten Zeitpunkt die gleiche Anzahl Ausprägungen. Bei einer hinreichenden Anzahl von Simulationsläufen kann man für jede Zielgröße zu jedem Bewertungsstichtag eine Häufigkeitsverteilung ermitteln aus der sich der Erwartungswert sowie die Streuung ablesen lassen (vgl. Abb. 10).

Erinnern wir uns an die Definition des Begriffs Risiko als die Gefahr, dass die tatsächlichen Ergebnisse von den erwarteten oder geplanten abweichen. Genau dieser Risikobegriff lässt sich in mehrdimensionaler Hinsicht mithilfe des statischen Ansatzes messen. Einerseits wird das Risiko nicht nur statisch am Auswertungsstichtag kalkuliert, sondern in einer zeitlichen Entwicklung oder Dimension aufgezeigt; andererseits werden Risiken für die der Gesamtbanksteuerung zugrunde liegenden Zielsetzungen gemessen. Natürlich ist der RoRaC-Ansatz als Verzinsungsanspruch bezüglich der Marktwertänderung und der laufenden Überschüsse auf das Hauptziel der Reinvermögensmaximierung beschränkt und lässt sich nicht einfach

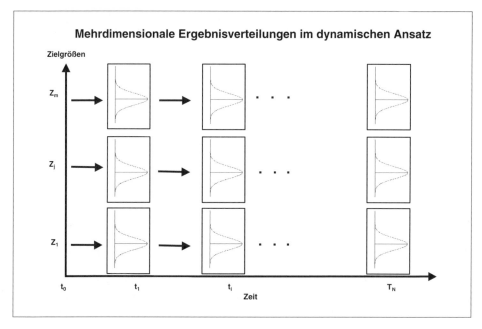

Abb. 10: Mehrdimensionales Ergebnis-Set im dynamischen Ansatz

auf die Nebenziele und Kennziffern übertragen. Für diese ist aber ebenfalls eine Risikoevaluierung möglich, die in der statischen Sicht überhaupt keine Berücksichtigung findet.

Bezogen auf das Hauptziel wird durch den dynamischen Ansatz eine RoRaC-Messung in operativer und strategischer Weise ermöglicht. Die Verzinsung des ökonomischen Kapitals ergibt sich in der Nachkalkulation aus den tatsächlich realisierten Ergebnissen bezogen auf das durch die Streuung der Renditeverteilungen am Auswertungsstichtag projizierte Risiko. Der verwendete Risikobegriff ist identisch mit dem der statischen Analyse, wird aber in zeitlicher Perspektive verwendet. Welches Konfidenzintervall hierzu als Messlatte angelegt wird, ist wiederum von der Risikobereitschaft des Managements bzw. der Kapitalgeber abhängig.

Bezüglich der dv-technischen Realisierbarkeit dürfen keine falschen Vorstellungen aufkommen. Ein erheblicher Teil der skizzierten Modellierungsarbeiten ist bereits im Vorfeld zur eigentlichen Simulation zu leisten – nur dann ist eine Abbildung im Modell über die entsprechenden Parametereinstellungen überhaupt möglich. Dies gilt auch für die Aufstellung der Marktszenarien, ob sie manuell, mittels Zufallsgeneratoren oder im Rahmen eines Monte-Carlo-Verfahrens generiert werden. Die eigentliche Durchlaufzeit der Simulation dürfte sich innerhalb eines Zeitrahmens von maximal ein bis zwei Minuten bewegen. Wie viele Läufe notwendig sind, um statistisch signifikante Ergebnisverteilungen zu erhalten, lässt sich im Vorfeld nicht bestimmen, allerdings dürften wesentlich weniger Simulationen erforderlich sein, als aus den statischen Monte-Carlo-Verfahren bekannt ist.

Für den RoRaC-Ansatz müssen die Verhaltensannahmen nicht verändert werden.

Allerdings lassen sich diese trotz der z.T. analytischen, historischen oder verhaltenstheoretischen Begründungen ebenfalls in verschiedenen Ausprägungen modellieren. Somit kann jedes Marktszenario mit unterschiedlichen strategischen Verhaltensweisen simuliert werden und als Resultat erhält man ein Ergebnis-Set für jedes Marktszenario. Im Risiko-/Rendite-Raum gibt es für jede Konstellation ein »optimales« Verhalten – in kapitalmarkttheoretischer Sicht lässt sich eine Effizienzlinie für die strategischen Verhaltensweisen ableiten und die jeweils optimale Strategie herausfiltern.

Im Verhältnis zur RoRaC-Messung führt dies allerdings zu einem nochmals deutlich erhöhten Aufwand, sowohl auf der Modellierungsebene als auch bezüglich der erforderlichen Simulationsläufe. Die Interpretation der Ergebnisse macht aufgrund der in dem Modell verschlüsselten Annahmen zudem ein äußerst intensives Backtesting notwendig, bevor die Ergebnisse zur Unterstützung der Steuerung eingesetzt werden können.

7. Zusammenfassung

Bewusst oder unbewusst, Investmentprozesse sind durch Entscheidungen geprägt, in denen Rendite und Risiko der Alternativen gleichzeitig berücksichtigt werden. Dies wurde anhand der anfänglichen Beispielsituation demonstriert, besitzt aber natürlich ebenso Gültigkeit für die Strukturierung einer Gesamtbankpositionierung oder Entscheidungen über Beteiligungsportefeuilles im Bereich von Realinvestitionen. In jedem Fall bilden die individuellen Zielsetzungen die Entscheidungsgrundlage, nach denen die Steuerung zu erfolgen hat. Da in jedem der genannten Bereiche sowohl in der kurzen Sicht operative Ziele als auch längerfristige strategische Zielsetzungen bestehen, gilt es diese simultan den Entscheidungsprozessen zugrunde zu legen bzw. in den Instrumentarien zur Entscheidungsunterstützung zu integrieren.

Der Anspruch, ein geeignetes Instrumentarium zum Management von Hypothekenbanken zur Verfügung zu stellen, leitet sich hieraus ab. Die Notwendigkeiten hierzu ergeben sich in immer stärkerem Maße vor dem Hintergrund des beschriebenen äußerst dynamischen Markt- und Wettbewerbsumfeldes.

Es wurden zwei Ansätze zur Risiko-/Renditesteuerung aufgezeigt und diskutiert, die sich in wesentlichen Aspekten unterscheiden.

Der statische Ansatz basiert auf einem sehr stringenten theoretischen Konzept, dass in hohem Maße auf die operativen Entscheidungsprozesse ausgerichtet ist, indem die Steuerung der kurzfristigen Barwertschwankungen des zinstragenden Geschäfts in den Vordergrund gestellt wird. Der Ansatz ist nicht nur für das Management der Marktrisiken einsetzbar, sondern in fast identischer Weise auf die Messung und Steuerung der Kreditrisiken übertragbar. Auch wenn hierbei wesentlich größere Probleme auftreten – theoretischer wie praktischer Natur – ermöglicht dieses gleiche Verfahren, die Erfolge der Markt- und Kreditrisikosteuerung qualitativ zu beurteilen und auf Gesamtbankebene integriert zu managen.

Der dynamische Ansatz hat demgegenüber eine längerfristige Ausrichtung, die auf das mehrdimensionale strategische Zielsystem der Gesamtbanksteuerung ausgerichtet ist. Damit ist die simultane Steuerung aus Ertrags- und Substanzwertperspektive in diesem Ansatz in höherem Maße integriert. Auch der langfristige Zeithorizont entspricht den realen Entscheidungsgrößen bzw. der Steuerung deren Entwicklung in zeitlicher Hinsicht stärker als ein ausschließlich auf die Risiken und Ergebnisse der nächsten Tage ausgerichtetes Instrumentarium. Da es sich um ein *szenariobasiertes Konzept* handelt, in das zur Abbildung der Dynamik Annahmen, insbesondere über das projizierte Kundenverhalten und die zukünftigen Bankstrategien einfließen, wird die theoretische Objektivierbarkeit geschmälert. Zudem sind in dv-technischer wie auch fachlicher Hinsicht höhere Anforderungen als mit der statischen Analyse verbunden. Das beschriebene Simulationsmodell bietet die Möglichkeit, beide Ansätze und somit die operative und strategische Steuerung integriert zu unterstützen.

Auch aufgrund dieser Integrationsfähigkeit soll an dieser Stelle keine gegenüberstellende Bewertung der Konzepte erfolgen. Für unterschiedliche Fragestellungen und Zielsetzungen können durchaus verschiedene Instrumentarien nebeneinander bestehen. Der Einsatz ist maßgeblich nach den internen Strukturen und den Managementprozessen auszurichten, die in den einzelnen Instituten unterschiedlich organisiert sind. Ebenso ist die durch Marktgegebenheiten determinierte Umsetzbarkeit mit den in den Konzepten implizierten Annahmen abzugleichen und die Verwendbarkeit der Ansätze hierauf zu überprüfen. In jedem Fall bietet die mit einem RoRaC-Konzept implementierbare simultane Risiko-/Renditesteuerung die Möglichkeit, die Qualität der Erfolge zu messen und stellt insofern einen erheblichen Fortschritt für die Gesamtbanksteuerung in Hypothekenbanken dar.

Teil II
Steuerungsverfahren im Rahmen der Gesamtbanksteuerung

Kernelemente einer strategischen Vertriebsplanung und -steuerung in Kreditinstituten

Holger Habitz*/Holger Schröder**

Inhalt

1. Einführung
2. Elemente der strategischen Vertriebsplanung
   2.1 Grundfragestellungen
   2.2 Vorgehensweise in der strategischen Vertriebsplanung
      2.2.1 Bestimmung der Ausgangssituation
      2.2.2 Festlegung strategischer Ziele
      2.2.3 Entwicklung und Umsetzung der Vertriebsstrategie
3. Elemente der Vertriebssteuerung
   3.1 Methodische Grundlagen
      3.1.1 Deckungsbeitrag und Deckungsbeitragsstufen, Standardstück- und Risikokosten
      3.1.2 Profit-Center-Steuerung der Vertriebseinheiten
      3.1.3 Barwertige Betrachtung der Steuerungsgrößen
   3.2 Inhalte der Vertriebssteuerung
      3.2.1 Steuerung des Vertriebs nach Produkten
      3.2.2 Steuerung des Vertriebs nach Regionen
      3.2.3 Steuerung des Vertriebs nach Kundengruppen
   3.3 Instrumente der Vertriebssteuerung
      3.3.1 Durchschnittlicher Kunde je Kundensegment
      3.3.2 Zielvereinbarungssystem und Berichtswesen für Vertriebseinheiten
      3.3.3 Erfolgsabhängige Vergütungssysteme für Vertriebsmitarbeiter
4. Schlussbemerkung

---

* Holger Habitz, Diplomierter Bankbetriebswirt arbeitet als Unternehmensberater bei der GSC-Gesellschaft für Sparkassen-Consulting. Schwerpunkte der Projektarbeit mit Sparkassen liegen u.a. in den Bereichen Unternehmenssteuerung/Controlling sowie in der Implementierung von Managementverfahren für Marktpreis- und Adressrisiken.

** Holger Schröder, Diplom-Kaufmann, ist als Unternehmensberater bei der GSC-Gesellschaft für Sparkassen-Consulting tätig. Zu seinen Schwerpunktaufgaben zählen u.a. die Betreuung von Projekten zu verschiedenen strategischen Fragestellungen sowie die Entwicklung und Umsetzung individueller Vertriebskonzepte für Sparkassen.

1. Einführung

Für Banken und Sparkassen beinhaltete die Entwicklung der Finanzdienstleistungsmärkte in der Vergangenheit einen tiefgreifenden Wandel von kaum differenzierten Universalfinanzdienstleistern hin zu nach Kundensegmenten ausgerichteten und spezialisierten Anbietern heutiger Prägung. Die Notwendigkeit fokussierter Vertriebsstrategien mit klar definierten strategischen Geschäftsfeldern hat dabei durch die folgenden Entwicklungen noch an Bedeutung gewonnen:

- Zunehmende *Differenzierung* der Kundenbedürfnisse und des Nachfrageverhaltens. Der bereits in der Vergangenheit zu beobachtende Trend zu spezialisierter, bedürfnisgerechter Beratung wird sich in Zukunft u.a. durch eine zunehmende Bedeutung der elektronischen Vertriebswege, dem Trend zur Geldanlage in Investmentfonds und Aktien sowie dem Ausbau der privaten Vorsorge fortsetzen und eine erhebliche Weiterentwicklung der Vertriebswegedifferenzierung erfordern und erhöhte Anforderungen an die Qualifikation der Mitarbeiter und die technische Abwicklung der Kundenwünsche stellen.
- Das Vordringen spezialisierter Wettbewerber führt in Produkt-Markt-Segmenten, deren Erfolgspotential bisher nur unzureichend ausgeschöpft wurde, zu einem erheblichen Wettbewerbsdruck. Diese Anbieter sind durch ihr spezialisiertes, nur eng begrenzte Bereiche der Finanzdienstleistungspalette umfassendes Angebot häufig in der Lage, erhebliche Kostenvorteile gegenüber Universalkreditinstituten zu nutzen. Beispiele: Direktbanken, aber auch spezialisierte Vermögensverwalter, Online-Broker usw.
- Neue Technologien, insbesondere die fortschreitende Nutzung des Internets führen zu einer Absenkung der Markteintrittsbarrieren und in Verbindung mit den erstgenannten Trends zu einem Eindringen neuer Wettbewerber in den Finanzdienstleistungsmarkt, welche die exponentiell gestiegenen Möglichkeiten der Technisierung nutzen und unter Verzicht auf ein kostenintensives Filialnetz gezielt ausgewählte Segmente bearbeiten.
- Parallel zu diesen Entwicklungen nimmt der Kostendruck weiter zu. Der Versuch, den oben dargestellten Marktentwicklungen Rechnung zu tragen, führt im Regelfall zu einem erheblichen Investitionsbedarf, wohingegen sich mögliche Ertragssteigerungen nur mittel- bis langfristig realisieren lassen.

Vor dem Hintergrund dieser Trends ist eine den Anforderungen des Marktes Rechnung tragende und von allen Mitarbeitern gelebte *Unternehmensstrategie* mit fokussierter Ausrichtung auf die Kernkompetenzen des Unternehmens von existentieller Bedeutung für eine langfristige Unternehmenssicherung. Die Vertriebsstrategie als Teilbereich der Unternehmensstrategie definiert dabei den Marktauftritt des Kreditinstitutes und bestimmt somit als Identifikationsgröße für Kunden und Öffentlichkeit das Bild der Bank oder Sparkasse nach außen. Weitere Teilstrategien stehen in enger Wechselwirkung zur *Vertriebsstrategie* und können somit nur in enger Abstimmung untereinander geplant und umgesetzt werden. Die folgende Betrachtung orientiert sich an der Vertriebsstrategie als ausschlaggebende Teilstrategie für die strategische Gesamtplanung eines Kreditinstitutes.

2. Elemente der strategischen Vertriebsplanung

2.1 Grundfragestellungen

Eine Grundlage für ein Vorgehen im Rahmen einer (vertriebs-)strategischen Planung ergibt sich aus den folgenden Fragestellungen, die jedes Kreditinstitut für sich beantworten muss:

1. Wo steht das Unternehmen heute, d.h. welche *Wettbewerbsposition* nimmt es heute ein und wo liegen die unternehmensspezifischen Stärken und Schwächen?
2. Wo sieht sich das Unternehmen in der Zukunft, d.h. welche Wettbewerbsposition möchte das Unternehmen in der Zukunft einnehmen und welche Schwerpunkte sollen die Geschäftstätigkeit in der Zukunft prägen?
3. Wie erreicht das Unternehmen diese Position, d.h. welche Strategien sind erforderlich, um den Weg von der heutigen Wettbewerbsposition zur Wettbewerbsposition der Zukunft beschreiten zu können?

Anhand dieser Fragestellungen lässt sich ein Handlungsrahmen für die Vorgehensweise im Zuge einer strategischen Neuausrichtung der Vertriebswege abstecken.

Im Sinne der Frage 1 bedeutet dies zunächst das detaillierte Verständnis der derzeitigen Situation des Unternehmens und zwar nicht nur bezogen auf die vorhandene Vertriebsstrategie sondern ausdrücklich auch auf nicht primär im Zusammenhang mit dem Kundengeschäft stehende Größen. Eine detaillierte Gesamtbeschreibung des Unternehmens ist ausschlaggebend für jeden strategischen Planungsansatz. Frage 2 verlangt eine intensive Auseinandersetzung mit den Zielen, die das Unternehmen in der Zukunft erreichen möchte. Hierbei gilt es, wie im Folgenden noch beschrieben, Zielvorstellungen als Grundlage für die weitere Vorgehensweise in einem *Leitbild* oder einer *Vision* zu formulieren und diese – und darin liegt die Herausforderung – für die Mitarbeiter greifbar und nachvollziehbar auszugestalten. In Frage 3 geht es schließlich darum, einzelne Strategien (d.h. Maßnahmenbündel) zu definieren, die das Unternehmen in Richtung der strategischen Leitvorstellungen voranbringen.

2.2 Vorgehensweise in der strategischen Vertriebsplanung

2.2.1 Bestimmung der Ausgangssituation

Gemäß den oben bereits angeschnittenen Fragestellungen bildet eine eindeutige Positionierung des Unternehmens die Grundlage für jede strategische Planung. Bezogen auf die Entwicklung der Vertriebsstrategie bedeutet dies zunächst die Feststellung der derzeitigen Wettbewerbsposition der strategischen Geschäftsfelder. Darüber hinaus sollte jedoch stets die Gesamtsituation des Unternehmens betrachtet werden, um mögliche Wechselwirkungen aufzuzeigen und suboptimale Lösungen ausschließen zu können. Diese Vorgehensweise beinhaltet zunächst eine umfassende Analyse des Unternehmens, die sinnvollerweise differenziert nach inhaltlich abgrenzbaren Handlungsfeldern erfolgen sollte, wie sie im Folgenden beispielhaft skizziert werden.

Handlungsfeld Markt/Wettbewerb
Ein Handlungsbedarf für die Planung der Vertriebsstrategie eines Kreditinstitutes kann sich aus zwei grundsätzlichen Ursachen ergeben:

a) Durch eine Veränderung der Attraktivität der vom Unternehmen bearbeiteten Geschäftsfelder und
b) durch interne Ursachen oder Entwicklungen der Wettbewerber, die in einer Veränderung der Position des Unternehmens in den strategischen Geschäftsfeldern, d. h. durch eine geänderte relative Wettbewerbsposition zu Tage treten.

Die Attraktivität des vom Kreditinstitut bearbeiteten Marktes als Summe der Attraktivität der einzelnen strategischen Geschäftsfelder bestimmt in hohem Maße die Wachstumsmöglichkeiten, die Ertragskraft und die *Wettbewerbsfähigkeit* der Bank oder Sparkasse. Demnach kennzeichnet die *Wettbewerbsposition* die Leistungsfähigkeit und das Leistungspotential im Verhältnis zu den Mitbewerbern.

Dabei können insbesondere folgende Informationen von Bedeutung für die zukünftige Vertriebsstrategie sein:

- Die Marktentwicklung im Geschäftsgebiet, insbesondere die Alters- und Kaufkraftstruktur sowie die Entwicklung des Nachfrageverhaltens in Bezug auf Finanzdienstleistungen.
- Die Kundenstruktur gibt durch einen Vergleich mit der Bevölkerungsstruktur Auskunft über die Marktabdeckung der Bank oder Sparkasse in den verschiedenen Bevölkerungsgruppen.
- Die Analyse der Produktstruktur bietet Aussagen über die Produktnutzung durch die Kunden sowie zukünftige Entwicklungspotentiale und den Differenzierungsgrad der Produktpalette in Bezug auf die angesprochenen Kundengruppen.
- Die Betrachtung der Wettbewerbsstruktur liefert Informationen über die eigene Wettbewerbsposition in einzelnen Geschäftsfeldern und zeigt die Schwerpunkte für das zukünftige Handeln auf.

Handlungsfeld Unternehmensmanagement
Das Unternehmensmanagement umfasst die derzeitige strategische Ausrichtung des Kreditinstitutes, die vorhandene Vertriebskonzeption sowie die internen Kommunikations-, Informations-, Führungs- und Steuerungsprozesse.

Unter dem Gesichtspunkt der strategischen Ausrichtung wird dabei das Vorhandensein einer Unternehmens- und Vertriebsstrategie und deren Umsetzungsgrad erfasst. Die Betrachtung der Vertriebskonzeption liefert Informationen über die derzeitige vertriebliche Ausrichtung und die daran geknüpften Steuerungs-, Organisations- und Personalmanagementverfahren. Wichtiges Element des Unternehmensmanagements ist die Unternehmenssteuerung und im hier betrachteten Zusammenhang die Steuerung der Vertriebseinheiten. Die internen Kommunikations- und Informationsprozesse bilden schließlich die Grundlage für eine effiziente Kommunikation zwischen Unternehmensführung und Mitarbeitern und eine bedarfsgerechte Bereitstellung von Informationen für die Steuerung und Marktbearbeitung.

Handlungsfeld Finanzierung
Schwerpunkt der Analyse bildet hier die Untersuchung der Ertragssituation als wichtiges Indiz für die zukünftigen Entwicklungsperspektiven des Kreditinstituts. Von Bedeutung ist dabei neben der reinen Ertragsentwicklung auch die Struktur der Erträge, insbesondere das Verhältnis zwischen Erträgen aus dem Kundengeschäft, gegliedert nach den strategischen Geschäftsfeldern und den Erträgen aus dem Eigengeschäft. Daneben erfolgt eine Betrachtung der Bilanzstruktur und des Investitionspotentials, welches vor dem Hintergrund einer möglichen vetrieblichen Neuausrichtung und den damit verbundenen Investitionen eine hohe Bedeutung für die Entwicklung einer Vertriebsstrategie innehat.

Handlungsfeld Wertschöpfung
Die Wertschöpfung umfasst eine Betrachtung der Organisationsstrukturen und Prozesse, den Technologieeinsatz und die Kostensituation des Kreditinstituts:

- Die Markt- und Zielorientierung der Organisation wird in Zukunft weiter an Bedeutung gewinnen, da nur durch den Aufbau differenzierter Geschäftssysteme und damit einer weitgehenden Anpassung der Organisation an die differenzierte Marktbearbeitung den zukünftig zu erwartenden Marktherausforderungen zu begegnen sein wird. Gleichzeitig muss die Organisation einen gezielten und zugleich flexiblen Ressourceneinsatz ermöglichen. Mit anderen Worten: Unternehmensziele und Organisationsziele müssen in Einklang gebracht werden.
- Die *Produktivität* eines Kreditinstitutes spielt vor dem Hintergrund des zunehmenden Kosten- und Margendrucks eine entscheidende Rolle beim Erhalt der Wettbewerbsfähigkeit. Umso bedeutender ist die Betrachtung der in der Bank ablaufenden Prozesse und der hier gegebenenfalls bestehenden Optimierungspotentiale durch effizienten Technologieeinsatz und konsequente make-or-buy-Entscheidungen.
- Ebenfalls unter den Oberbegriff »Wertschöpfung« fällt die Kostensituation der Bank. Sie gibt Aufschluss über den mit der Leistungserstellung verbundenen Ressourceneinsatz und damit über die Effzienz der Leistungserbringung unter wirtschaftlichen Gesichtspunkten.

Eine detaillierte Aufnahme der Ist-Situation bildet die Grundlage für die weitergehende Unternehmensanalyse, die z.B. in der Ermittlung der strategischen Lücke oder der Gegenüberstellung unternehmensinterner Stärken und Schwächen mit den Chancen und Risiken des Umfelds und der daraus resultierenden Erarbeitung strategischer Lösungsmöglichkeiten bestehen kann. Insbesondere eine *Stärken-/Schwächenanalyse* bietet die Möglichkeit, sehr differenziert den Handlungsbedarf im Unternehmen anhand eines Stärken/-Schwächenprofils aufzuzeigen und damit inhaltliche Schwerpunkte für das weitere Vorgehen festzulegen.

2.2.2 Festlegung strategischer Ziele

Im Anschluss an die Situationsbestimmung erfolgt die Beantwortung der Frage nach der zukünftigen Position des Kreditinstitutes, d.h. die Entwicklung einer unternehmerischen Vision, an welcher sich die Unternehmensentwicklung in der Zukunft und damit auch die Planung für die künftige Vertriebsausrichtung zu orientieren hat. Diese Vision beinhaltet lediglich eine Grobbeschreibung der für die Zukunft gewünschten Position des Unternehmens, ohne jedoch auf konkrete Einzelziele einzugehen. Sie ist vergleichbar mit einem »unscharfen Foto« dessen Inhalt zwar erkennbar, jedoch nicht in allen Einzelheiten zu identifizieren ist. Unterhalb der Vision finden sich strategische Ziele, die mit der Vision des Unternehmens korrespondieren und Zwischenschritte auf dem Weg von der Ist-Situation zur Vision abbilden, d.h. das Erreichen dieser strategischen Ziele bringt das Unternehmen seiner Vision näher, das Bild gewinnt an Schärfe.

Strategische Ziele lassen sich inhaltlich nach unterschiedlichen Kategorien differenzieren, dabei umfassen strategische Ziele neben rein wirtschaftlichen Vorgaben immer auch qualitative Ziele, wie z.B. eine Verbesserung der Servicequalität oder eine Optimierung der Prozesse, die jedoch letztlich in einer langfristigen Steigerung des Unternehmenswertes und damit in quantitativen Größen zum Ausdruck kommen. Beispiele für strategische Ziele im Vertrieb können sein:

- Ausbau der *Wettbewerbsposition* im gehobenen Kundensegment gegenüber den Wettbewerbern,
- Steigerung der Produktivität im Filialgeschäft um einen bestimmten Prozentsatz,
- Erreichen eines Mindestertrages in allen Geschäftsfeldern,
- Senkung der Kosten und Optimierung der Kostenstruktur,
- Flächendeckender Einsatz neuer Technologien zur Automatisierung von Serviceprozessen,
- Erhöhung der Kundenzufriedenheit und der Beratungsqualität durch eine bedürfnisgerechte Produktauswahl und Beratung,
- Erhöhung der Mitarbeiterqualifikation.

Alle Ziele müssen letztlich dazu beitragen können, die Bank oder Sparkasse ihrer Vision, z.B. der eines regionalen Marktführers mit breiter Marktabdeckung und hoher *Kundenzufriedenheit* näherzubringen, der Beitrag der einzelnen strategischen (Teil-)ziele dürfte jedoch unterschiedlich ausfallen. Die hier vorgenommene Detaillierung der unternehmerischen Vision ist eine unabdingbare Voraussetzung für den Erfolg der Umsetzung im Unternehmen. Nur für die Mitarbeiter transparente und messbare Ziele tragen zu einer Weiterentwicklung des Unternehmens im Sinne der Vision bei. Die Steuerung der Mitarbeiter über visionäre und damit im Regelfall wenig greifbare Vorgaben hat sich in der Praxis dagegen nicht bewährt. Die Schaffung und das Nachhalten strategiekonformer Ziele und Anreize ist dabei eine Kernaufgabe der Vertriebssteuerung, womit an dieser Stelle bereits die enge Verknüpfung zwischen Strategie und Steuerung deutlich wird.

2.2.3 Entwicklung und Umsetzung der Vertriebsstrategie

Die Vertriebsstrategie schließlich lässt sich als »Mittel zum Zweck« beschreiben, sie enthält die konkrete Vorgehensweise zur Erreichung der strategischen Ziele des Vertriebs und dient damit letztendlich neben anderen Strategien dazu, der formulierten Vision näher zu kommen. Neben der Vertriebsstrategie sind, wie bereits beschrieben, weitere Teilstrategien erforderlich, z.B. eine Personalstrategie, oder IT-

Strategie, um nur einige zu nennen. Alle Teilstrategien beinhalten wechselseitige Abhängigkeiten, sodass eine strategische Planung für ein Gesamtunternehmen letztlich nur unter gleichzeitiger Berücksichtigung aller Teilstrategien möglich ist. Auf diese ganzheitliche Betrachtung soll jedoch an dieser Stelle verzichtet werden.

Bildung strategischer Geschäftsfelder
Grundlage für die Definition einer Vertriebsstrategie bildet die Definition *strategischer Geschäftsfelder* (SGF) auf deren Basis die detaillierte Ausgestaltung von Teilstrategien im Vertrieb erfolgt. Strategische Geschäftsfelder werden im Kundengeschäft mit Hilfe von *soziodemographischen Faktoren* wie Alter, Einkommen oder Vermögen der Kunden, Risiko- oder Nachfrageverhalten gebildet, wobei alternativ die Ist-Situation oder die Erwartungen Grundlage für die Eingruppierung sein können. (Beispiel: Sogenannte Aufsteigerkunden, deren aktuelles Einkommen noch keine individuelle Betreuung rechtfertigt, wogegen jedoch in Zukunft durch einen zu erwartenden Einkommensanstieg Potentiale für eine individuelle Betreuung gesehen werden.) Ungeeignet sind dagegen Kriterien wie der Umfang der Geschäftsverbindung eines Kunden, da dadurch der Ist-Zustand quasi zementiert würde und eventuell vorhandene Potentiale nicht ausgeschöpft werden könnten. Dies gilt insbesondere für das in der Praxis häufig verwendete Aktivvolumen eines Kunden als Segmentierungskriterium.

Bei der Abgrenzung der strategischen Geschäftsfelder ist weiterhin auf eine ausreichende *Trennschärfe* der gewählten Kriterien zu achten, d.h. die einzelnen SGF's müssen sich in ihren Bedürfnissen und ihrem Nachfrageverhalten so deutlich voneinander abgrenzen lassen, dass eine differenzierte Marktbearbeitung sinnvoll und möglich ist und Überschneidungen zwischen den SGF's ausgeschlossen werden können. Gleichzeitig müssen die SGF's eine ausreichende Größe aufweisen, um homogene Kundengruppen bilden zu können.

Schaffung individueller Vertriebskonzepte
Das unterschiedliche Nachfrageverhalten der den einzelnen SGF's zugeordneten Kunden erfordert SGF-spezifische Vertriebskonzepte, die einerseits den Bedürfnissen der Kunden gerecht werden und andererseits einen optimalen Ressourceneinsatz des Kreditinstituts ermöglichen. Diese Differenzierung bezieht sich auf die angebotenen Produkte und Leistungen, die Vertriebswege, das Vertriebsmanagement, die Geschäftsprozesse und die eingesetzten Technologien, sowie die Inhalte und Verfahren der Vertriebssteuerung.

Bedarfsgerechte Produkte und Leistungen
Die in der Einführung dargestellte zunehmend differenzierte Nachfrageentwicklung erfordert eine weit ausgeprägtere Differenzierung der Produkt- und Leistungspalette als dies vielfach heute der Fall ist. Dies bedeutet neben einem anspruchsvollen Angebot für die gehobene Vermögensanlageberatung im Regelfall auch eine straffe Produktpalette für das Mengengeschäft, durch die sich mit wenigen standardisierten Produkten nahezu alle Bedürfnisse aus dem Mengengeschäft abdecken lassen.

Kundengruppengerechte Vertriebswege
Die weitgehende Differenzierung der Vertriebswege findet sich bereits heute in den Vertriebsstrategien vieler Kreditinstitute, die zwischen einem flächendeckenden Standardangebot und einer gehobenen Beratung konzentriert auf wenige ausgewählte Standorte unterscheiden. Wegen der zunehmenden Bedeutung elektronischer Vertriebswege als Alternative zur Filiale und des zu erwartenden Anstiegs des Geldvermögens der privaten Haushalte wird sich diese bereits begonnene Differenzierung in Zukunft weiter fortsetzen und der Wettbewerb durch in den Markt drängende Spezialanbieter, z.B. im Wertpapiergeschäft weiter verschärft werden. Im Zuge der Entwicklung einer Vertriebsstrategie gilt es, diese Entwicklungen zu kennen und ihre Auswirkungen auf das eigene Institut einschätzen zu können, um daraus die individuelle Gestaltung der Vertriebswege abzuleiten. Dies gilt sowohl für die Ausgestaltung der vorhandenen Vertriebswege wie auch für die Planung innovativer Ansätze zur Kundenbetreuung, wie sie sich z.B. durch die Nutzung neuer Medien ergeben können. Ein Angebot medialer Vertriebswege ist heutzutage schon allein aus Wettbewerbsgründen unabdingbar, wenngleich die langfristigen Erfolgsaussichten solcher Ansätze heute kaum sicher zu prognostizieren sind. Gerade hier ist eine eindeutige strategische Positionierung mit klaren Zielvorstellungen zwingend notwendig.

Flexibles Vertriebsmanagement
Das Vertriebsmanagement umfasst die Bereitstellung der für die ständige Gewährleistung der Kundenbetreuung in allen Vertriebswegen notwendigen technischen und personellen Ressourcen. Dies beinhaltet zum einen die Bereitstellung der notwendigen Technologien für die Durchführung der Kundenberatung und der erforderlichen Geräte zur Kundenselbstbedienung, zum anderen die Bereitstellung der notwendigen Mitarbeiterkapazitäten. Letztere sollte sich an der Kundenfrequenz orientieren und macht damit einen flexiblen Personaleinsatz – auch filialübergreifend – sowie die Forcierung flexibler Arbeitszeitregelungen erforderlich.

Schlanke Geschäftsprozesse
Ein entscheidender Hebel zur Senkung der Betriebskosten ergibt sich aus der Optimierung der Geschäftsprozesse. In der Praxis entfallen heute oftmals nur ca. 25% der Arbeitszeit eines Kundenberaters auf die eigentliche Vertriebstätigkeit, während administrative Aufgaben und Servicetätigkeiten den weitaus größten Zeitanteil beanspruchen. Ein konsequenter Technologieeinsatz ermöglicht die Konzentration der Vertriebsmitarbeiter auf die eigentliche Beratungstätigkeit und entlastet diese von administrativen Aufgaben. Eine erheblich verbesserte Potentialnutzung wird dadurch möglich. Gleichzeitig können Serviceprozesse im Mengengeschäft weitgehend automatisiert werden. Insbesondere im Rahmen umfangreicherer vertrieblicher Neuausrichtungen kommt einer Reorganisation der Prozesse eine entscheidende Bedeutung zu, da andernfalls lediglich kosmetische Anpassungen der Vertriebswege ohne wirkliche Verbesserungen der Produktivität und damit der Kostensituation möglich sind.

Ertragsorientierte Steuerung
Eine erfolgreiche Bearbeitung der einzelnen Vertriebswege erfordert eine durchgängige Steuerung der Vertriebseinheiten, die Ertrags- und Risikoaspekte in einem ganzheitlichen Steuerungsansatz integriert und Informationen entscheidungsgerecht aufbereitet. Eine solche Vertriebssteuerung erfordert neben den entsprechenden Steuerungsinstrumenten eine durchgängige Profit-Center-Organisation, die eine nach Vertriebseinheiten, Kundengruppen und Produkten differenzierte Steuerung bei möglichst hoher Eigenverantwortung der Profit-Center-Verantwortlichen ermöglicht.

Von entscheidender Bedeutung ist dabei auch das Vorhandensein eines Zielvereinbarungs- und Anreizsystems zur Motivation und Steuerung der Mitarbeiter im Sinne der strategischen Ziele. Inhalte und Methoden der Vertriebssteuerung werden im folgenden Abschnitt näher beschrieben.

Nach der Planung und der im Regelfall sukzessiv erfolgenden Umsetzung der grundlegenden strategischen Ausrichtung der Vertriebssysteme erfolgt durch regelmäßige Soll-/Ist-Vergleiche eine Überprüfung, inwieweit die gesetzten strategischen Ziele durch die gewählten Strategien erreicht wurden. Zur Erreichung aller strategischen Ziele sind Steuerungsverfahren erforderlich, die neben der rein finanzwirtschaftlichen, also ertrags- und risikoorientierten Steuerung, wie sie in den folgenden Abschnitten noch näher beschrieben wird, eine Steuerung auch im Hinblick auf die gegebenenfalls festgelegten qualitativen Ziele ermöglicht. Die Herausforderung liegt hierbei darin, solche Ziele für das tägliche Handeln der Vertriebsmitarbeiter und Führungskräfte greifbar zu machen. Eine Möglichkeit hierzu bietet die Steuerung auf der Grundlage einer *Balanced Scorecard*, die neben den finanziellen Zielen eines Unternehmens auch qualitative Ziele in Form von untereinander in Ursache-Wirkungs-Beziehung stehenden Kennzahlen abbildet und damit für die Mitarbeiter eindeutige Orientierungsgrößen liefert.

Grundlagen der Steuerung der Vertriebseinheiten werden bereits in der strategischen Planung festgelegt. Die eigentliche Durchführung der Steuerung ist jedoch als separater Bestandteil des Planungs- und Steuerungsprozesses zu sehen. Sie dient dabei neben der Überwachung der Einhaltung der strategischen Vorgaben auch zur operativen Ergebnissteuerung und nimmt somit eine Doppelrolle im Unternehmen ein.

3. Elemente der Vertriebssteuerung

Unter Vertriebssteuerung in diesem Sinne wird der Managementprozess um die Steuerung aller Vertriebsaktivitäten verstanden. Grundlagen für die (operative) Steuerung des Vertriebes sind die Unternehmensstrategie und die Vertriebsstrategie/-konzeption sowie die strategischen Planungen dieser Bereiche.

Der operativen Zielplanung und Zieldefinition folgt die Zielvereinbarung, die ihrerseits in den Vertriebseinheiten am Markt umgesetzt wird. In regelmäßigen, unterjährigen Zeitabständen ist eine Abweichungsanalyse durchzuführen, die ggf. in eine operative Maßnahmenplanung mündet. Neben der operativen Anpassung und Umsetzung wird auch eine Rückkoppelung zur strategischen/mittelfristigen Planung

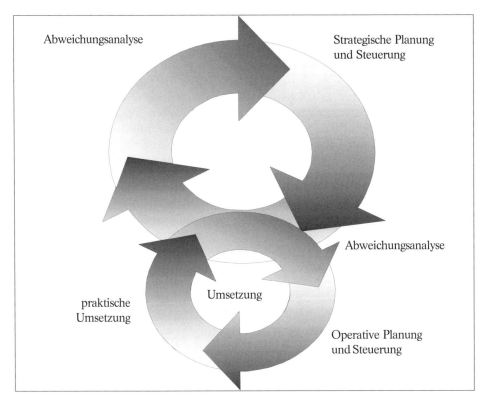

Abb. 1: Verknüpfung von strategischem und operativem Management

durchgeführt, um den Planungs- und Umsetzungsprozess entprechend zu unterstützen bzw. anzupassen.

3.1 Methodische Grundlagen

3.1.1 Deckungsbeitrag und Deckungsbeitragsstufen, Standardstück- und Risikokosten

Grundlage für die Steuerung des Vertriebs von Banken und Sparkassen ist der *Deckungsbeitrag*, der sich durch die einzelnen Geschäfte im Rahmen einer jeden Kundenbeziehung ergibt. Dieser Deckungsbeitrag wird in unterschiedlichen Stufen gemessen. Für eine Steuerung der Vertriebsaktivitäten sind alle Ertrags-, Kosten- und Risikobestandteile in den Deckungsbeitrag einzubeziehen, die durch den Abschluss des jeweiligen (weiteren) Geschäftes verursacht werden.

Im Rahmen der bilanziellen Geschäfte ist der Zinskonditionsbeitrag der Hauptbestandteil des Ertrages; durch diese Aufspaltung des Zinsbetrages nach Zinskonditionsbeitrag und Strukturbeitrag nach der Marktzinsmethode wird das Zinsänderungsrisiko an eine zentrale Einheit in der Bank »verkauft«. Das Treasury der Bank führt diese Bestandsbewirtschaftung zentral durch, um Synergieeffekte aus der Vielzahl von Kundengeschäften zu nutzen und in großen Abschnitten am Bankenmarkt oder durch Abschluss von derivativen Zinsprodukten eine aktive Zinsrisikosteuerung durchzuführen.

Im Aktivgeschäft sind die Zinskonditionsbeiträge zusätzlich durch Risikokosten als Aufwandsbestandteil für die Kreditrisiken zu reduzieren. Neben der Abdeckung der erwarteten Verluste ist auch ein Beitrag für unerwartete Verluste zu kalkulieren, um eine vollständige Steuerung der Ausfallrisiken durchführen zu können. An zentraler Stelle in der Bank sind diese Ausfallrisiken zusammenzuführen und zu steuern. Durch eine kreditportfolioabhängige Konditionengestaltung wird die Steuerung von Klumpenrisiken (Branchen, Regionen, Abhängigkeiten untereinander) durchgeführt.

Das Provisionsgeschäft wird mit den der Bank zufließenden Erträgen, gekürzt um die mit dem einzelnen Geschäft verbunden Provisionsaufwendungen im Deckungsbeitrag berücksichtigt.

Der Saldo der oben beschriebenen Einflussgrößen ist um die Standardbearbeitungskosten zu reduzieren, die in erster Linie durch die Beratungs- und Sachbearbeitungszeiten in der Geschäftsabwicklung bestimmt werden. Um eine steuerungsfähige Grundlage für diese Kosten zu schaffen, ist eine Kalkulation von geschäftsprozessorientierten Standardbearbeitungskosten durchzuführen. Die Bereiche des Instituts, die diese Leistungen erbringen, werden ihrerseits durch ein *Produktivitätsergebnis* gemessen, um dort eine Ressourcensteuerung durchzuführen.

3.1.2 Profit-Center-Steuerung der Vertriebseinheiten

Die Vertriebseinheiten einer Bank oder Sparkasse (Regionalzentren, übergeordnete kundensegmentspezifische Teilbereiche der Bank) sind als Profit-Center zu steuern. Diese Steuerung beinhaltet neben der Kundengeschäftsverantwortung eine nahezu vollständige Eigenständigkeit des Profit-Centers. Es ist eine volle Verantwortlichkeit innerhalb des Profit-Centers zu implementieren, um eine erfolgreiche Steuerung durchführen zu können. Der Profit-Center-Verantwortliche handelt unternehmerisch und trägt eine umfassende Verantwortung für seinen Bereich. Neben der Kundenverantwortung ist auch eine Personal-, Kosten und ggf. Risikoverantwortung dezentral auszugestalten.

Erfolge dieses »Unternehmens im Unternehmen« sind die Deckungsbeiträge aller einzelnen abgeschlossenen Geschäfte, das Produktivitätsergebnis für den Bereich der vor Ort erbrachten Dienstleistungen (z.B. die Kundenberatung) und die Kosten für weitere in Anspruch genommene Zentraldienstleistungen, die nicht in direktem Zusammenhang mit einzelnen Kundengeschäften stehen.

3.1.3 Barwertige Betrachtung der Steuerungsgrößen

Neben der verbreiteten, periodisierten Kalkulation von Zinskonditionsbeiträgen für die Steuerung des Vertriebs von bilanziellen Finanzdienstleistungen setzt sich zunehmend eine barwertige Betrachtung der Erträge und Aufwendungen durch. Die mit Kunden vereinbarten Geschäfte werden in die planmäßigen Zahlungsströme zerlegt und auf den Tag des Geschäftsabschlusses abgezinst. Bei der Gegenüberstellung der kalkulatorischen Refinanzierungskosten nach der gleichen Vorgehensweise ergibt sich zunächst ein auf den Geschäftsabschlusstag abgezinster Zinskonditionsbeitrag, der wiederum um die bereits beschriebenen Größen Risikokosten und Standardbearbeitungskosten reduziert wird.

Alle erwarteten Aufwendungen, die sich auf die Laufzeit eines Geschäftes erstrecken, werden äquivalent zu den Zahlungsströmen aus dem Kundengeschäft bewertet und abgezinst, es wird eine barwertige innerbetriebliche Leistungsverrechnung durchgeführt. Für unerwartete Ereignisse im Rahmen der Abwicklung der Kundengeschäfte werden produkt- und laufzeitspezifische Aufschläge im Rahmen der barwertigen innerbetrieblichen Leitungsverrechnung kalkuliert.

Vorteile der barwertigen Vertriebssteuerung sind die direkte zeitliche Zuordnung aller mit einem Geschäft verbundenen Erträge und Kosten auf den Tag des Geschäftsabschlusses. Eine fallabschließende Bearbeitung durch die Vertriebsmitarbeiter wird insofern unterstützt, als das in späteren Perioden keine weiteren Erfolge oder Misserfolge aus abgeschlossenen Geschäften der Vergangenheit anfallen. Der einmalige barwertige Deckungsbeitrag eines jeden Kundengeschäftes wird nach den Dimensionen Vertrieb/Vertriebsweg, Kunden/Kundengruppe und Produkt auswertbar.

Als Nachteil der barwertigen Erfolgsbetrachtung von Kundengeschäften ist in erster Linie die mangelnde Konformität zum externen Rechnungswesen zu nennen; eine einfache Aggregation der Ergebnisse einzelner Vertriebseinheiten, ergänzt um die Ergebnisse der zentralen Cost-Center und Risk-Center zum Ergebnis der externen Rechnungslegung/GuV ist nicht möglich.

3.2 Inhalte der Vertriebssteuerung

3.2.1 Steuerung des Vertriebs nach Produkten

Die klassische, produktabhängige Steuerung des Vertriebs verliert zunehmend an Bedeutung; eine produkt-/volumensabhängige Steuerung der Vertriebsaktivitäten führt zu einem angebotsabhängigen Absatz von Produkten, die zur Platzierung am Markt Konditionszugeständnisse erfordert.

Es ist vielmehr eine Produktauswahl zu treffen, die genau auf die Bedürfnisse des einzelnen Kunden (des typischen Kunden einer Kundengruppe) zugeschnitten ist. Die Bereitschaft zur Zahlung eines hohen Kaufpreises (Zinssatz/Marge) für ein Produkt (Finanzdienstleistung) ist dann am höchsten, wenn das Produkt genau den Anforderungen des Kunden entspricht. Um diese maximal zu erreichenden Margen im Kundengeschäft zu erzielen, kann nur eine ertragsorientierte, produktunabhängige Steuerung zielführend sein.

Die Erfüllung gesamtbankspezifischer Anforderungen (Grundsätze, Fristentransformation) gilt als zentrale Aufgabe und ist nicht Bestandteil der Vertriebssteuerung. Geschäfte zur aktiven Steuerung der Bilanzstruktur werden am Bankenmarkt bzw. durch den Einsatz von derivativen Instrumenten abgedeckt.

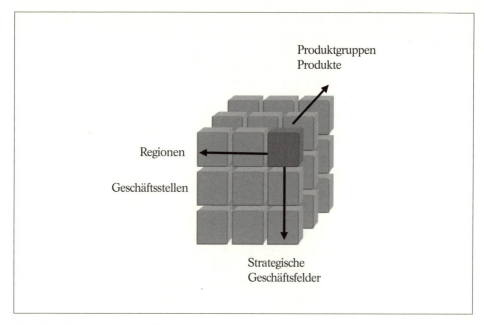

Abb. 2: Dimensionen der Vertriebssteuerung

3.2.2 Steuerung des Vertriebs nach Regionen

Die regionale *Aufbauorganisation* des Vertriebsnetzes, die in deutschen Kreditinstituten stark verbreitet war, hat größtenteils ausgedient. Eine Steuerung von geschäftlichen Aktivitäten sollte mit der strategischen und organisatorischen Ausrichtung des entsprechenden Unternehmensbereichs übereinstimmen, wenn neben der reinen Berichtstätigkeit auch Handlungsalternativen aus den Informationen umgesetzt werden sollen bzw., um geschäftspolitische oder personelle Konsequenzen aus Erfolg und Misserfolg zu ziehen. Bei der Implementierung einer divisionalen Struktur nach Kundensegmenten kann demnach eine regionale Steuerung nur ergänzenden Charakter haben. Die Steuerung der Aktivitäten eines einzelnen Vertriebsstandortes (Filiale, Geschäftsstelle) hat weiterhin Bedeutung, um die Erfolge eines solchen Teil-Profit-Centers zu messen und zu steuern.

3.2.3 Steuerung des Vertriebs nach Kundengruppen

Aufbauend auf der strategischen Ausrichtung des Vertriebs und der Bildung von strategischen Geschäftsfeldern folgt die Steuerung des Vertriebs diesen Strukturen. Die Zuordnung von Kunden mit unterschiedlichen *Potenzialen* zu den Vertriebseinheiten des Instituts ist der Schlüssel für die kundengruppenorientierte Steuerung der Vertriebsaktivitäten.

3.3 Instrumente der Vertriebssteuerung

3.3.1 Durchschnittlicher Kunde je Kundensegment

Bei einer Bildung von Kundensegmenten mit ausreichend großen Gruppen von Kunden und entsprechender *Trennschärfe* ergibt sich ein sehr detailliertes Bild der Kundenverbindung für den durchschnittlichem Kunden innerhalb der einzelnen Kundensegmente. Konsequentes Aufgreifen dieser Steuerung nach Kundengruppen führt zur Definition des durchschnittlichen Kunden in folgenden Dimensionen:

- Häufigkeit der Nutzung einzelner Produkte,
- Produktspezifische, durchschnittliche Losgröße je Geschäftsabschluss,
- Konditionsgestaltung/erzielbare Marge,
- Risikoeinstufung Rating/Scoring.

Auf dieser Basis erfolgt auch die Produktauswahl, um ein differenziertes Produktangebot für die Vertriebseinheiten mit segmentspezifischer Kundenzuordnung bereitzustellen.

Eine Standardkonditionengestaltung, die auf der Produktnutzungshäufigkeit und den durchschnittlichen Losgrößen sowie auf der Risikoklasse des typischen Kunden der Kundengruppe aufbaut, rundet der differenzierte Marktausrichtung ab. Eine Mindestgröße/Mindestkondition je Geschäftsabschluss wird über die Deckungsbeitrags-Vorkalkulation ermittelt; jeder einzelne Kontrakt muss mindestens einen neutralen Deckungsbeitrag erzielen. Insbesondere im Standard-/Mengenkundenbereich des Privatkundengeschäfts von Sparkassen und Genossenschaftsbanken ist diese Mindestmarge anzustreben, um nicht den Erfolg anderer Kundensegmente des Gesamthauses aufzuzehren.

Im Zusammenhang mit einer *Kapazitätenplanung* für die Mitarbeiter im Vertrieb, die sich an der Anzahl zugeordneter Kunden je Kundensegment orientiert (internes Potential), schließt sich der Kreis zur Ertragserwartung, die an die Vertriebsteams bzw. Vertriebsmitarbeiter gestellt wird. Auch bei unterschiedlichen Kundenqualitäten (Zuordnung von Kunden verschiedener Kundensegmente) muss die Ertragssituation in Relation zum Personalaufwand betrachtet werden.

Neben der Zuordnung von Bestandskunden des Institutes ergeben sich auf diese Weise auch rechnerisch freie Zeitpotentiale der Mitarbeiter, die zur Neukundenakquisition eingeplant werden können, um die Ausnutzung externer Potentiale effizient zu steuern. Im Umkehrschluss kann die personelle Besetzung, und damit die Ertragserwartung, an den zu erwartenden externen Potentialen ausgerichtet werden.

3.3.2 Zielvereinbarungssystem und Berichtswesen für Vertriebseinheiten

Die unternehmerischen, strategischen Ziele werden operationalisiert und auf die Vertriebseinheiten heruntergebrochen. Diese Verteilung der Ziele aus den Ertragspotentialen der zugeordneten, differenzierten Kunden dient der Ausschöpfung des internen Potentials, während auf der Grundlage der Marktausschöpfung und der zeitlichen Ressourcen auch Ziele für die Neukundenakquisition vereinbart werden. Diese rechnerischen Zielgrößen dienen im Rahmen des Zielvereinbarungsprozesses als Datengrundlage für die Gespräche, die über alle Hierarchieebenen zu führen sind.

Die Rolle der Führungskräfte in den Marktbereichen der Banken/Sparkassen wandelt sich daher zunehmend vom Top-Verkäufer zum Coach, der sein Team bei den verkäuferischen Akivitäten unterstützt und in erster Linie eine Führungs-/Managementrolle einnimmt.

Neben der Vereinbarung von Zielen mit den Vertriebseinheiten ist auch ein unterjähriges Berichtswesen für eine zielorientierte Arbeit unabdingbar. Diese Berichte sollten neben den Dimensionen, die Gegenstand der Zielvereinbarung sind auch weitere Größen wie z.B. Volumina, Kundenzahlen, Anzahl von Geschäftsabschlüssen in den einzelnen Produktbereichen usw. enthalten; sie dienen der kurzfristigen Aktivitätenanpassung und -planung, die erforderlich werden kann, um die operativen Jahresziele zu erreichen.

3.3.3 Erfolgsabhängige Vergütungssysteme für Vertriebsmitarbeiter

Die in Kreditinstituten seit vielen Jahren geübte Praxis der *Provisionierung* einzelner Produktbereiche wie zum Beispiel im Bauspar- oder Versicherungs-Vermittlungsgeschäft führt im Zusammenhang mit einer zielorientierten Steuerung zu einem möglichen Zielkonflikt bei den Mitarbeitern. Dieser Konflikt wird mittels eines umfassenden leistungsorientierten *Vergütungssystems* bei Wegfall der Direktprovisionen gelöst.

Die Bezahlung der Vertriebsmitarbeiter von Banken und Sparkassen teilt sich demnach in einen Festgehaltsbestandteil und einen variablen, erfolgsabhängigen Teil. Der Festgehaltsbestandteil ist in diesem Sinne als Vergütung für eine planmäßige Leistung des Mitarbeiters zu verstehen, während die erfolgsabhängigen Bestandteile des Gehaltes sich optimalerweise aus verschiedenen Komponenten zusammensetzen: Basis sind Gesamt-Unternehmenserfolg und der Erfolg des Profit-Centers, ergänzt um Verteilungsschlüssel wie eine persönliche, qualitative Beurteilung des Vertriebsmitarbeiters und die Zielerreichungsgrade auf der Basis der vereinbarten Ziele des zu verantwortenden Bereiches.

Bei dieser Art der Mitarbeitervergütung wird ein unternehmerisches Handeln der Mitarbeiter nachhaltig gefördert.

4. Schlussbemerkung

Das optimale Zusammenspiel zwischen Vertriebsstrategie und Vertriebssteuerung setzt eine gemeinsame Planung beider Elemente voraus. Die im Rahmen der strategischen Planung festgelegten Eckpfeiler bestimmen die Ausrichtung der Vertriebssteuerung. Eine nach Kundengruppen differenzierte Vertriebsstrategie erfordert analog die Ausrichtung der Steuerungselemente auf Kundengruppen, um einen stringenten Planungs- und Steuerungsprozess im Unternehmen umsetzen zu können. Die

Festlegung strategischer Ziele im Rahmen der strategischen Planung erfordert Steuerungselemente, die diese strategischen Ziele für das operative Geschäft greifbar abbilden und eine Steuerung anhand dieser Ziele ermöglichen. Strategie und Steuerung sollten daher in einem gemeinsamen Ansatz geplant und umgesetzt werden.

Die Komponentenanalyse der Gewinn-/Verlustrechnung bei Aktien und Aktienderivaten

Thorsten Gendrisch[*]

Inhalt

1. Einleitung
2. Determinaten der Gewinn-/Verlustrechnung
   2.1 Aktien
      2.1.1 Aktienkurs
   2.2 Optionen
      2.2.1 Aktienkurs
      2.2.2 Volatilität
      2.2.3 Zinsen
      2.2.4 Restlaufzeit
3. Zusammenfassung der Methoden und Darstellung der Einzelkomponenten
4. Weiterentwicklung zur Bewertung kompletter Portfolios und Analyseansätze
5. Schlussbemerkung

---

[*] Thorsten Gendrisch ist für die Firma Roland Eller Consulting GmbH im Bereich Neuer Produkte Prozess tätig.

1. Einleitung

Mit der Einführung des neuen Grundsatz I für die Eigenmittelausstattung von Banken hat die Bundesbank bei der Verwendung interner Modelle ein sogenanntes »Backtesting« gefordert. Darunter versteht man den Vergleich zwischen den aufgrund des verwendeten Modells unter einem vorgegebenen Konfidenzniveau ermittelten maximalen Verlustes und den in der Realität aufgetretenen Ergebnissen. Der Hauptgrund für die Aufforderung zum Backtesting liegt in der Überprüfung der Validität des verwendeten Modells. Abhängig vom Resultat dieses Vergleiches wird zudem die Höhe des Anrechenfaktors und damit des »gesperrten Eigenkapitals« bestimmt.

Dass das Backtesting darüber hinaus sinnvoll ist, haben verschiedene Fälle in der Vergangenheit gezeigt. So wurde aufgrund des Vergleiches der theoretischen Ergebnisse von internen Modellen mit den Gewinnen/Verlusten aus *Frontofficesystemen* Unregelmäßigkeiten im Handelsbereich aufgedeckt. Zur Durchführung dieses Abgleichs sind jedoch nicht immer zwingend komplexe Value-at-Risk-Verfahren erforderlich. Mit mehr oder weniger einfachen Mitteln (z.B. einem Tabellenkalkulationsprogramm) ist es möglich, eine Aufschlüsselung der Ergebnisrechnung herbeizuführen und damit die Ergebnisse in eine erklärbare und nicht erklärbare Komponente aufzuteilen. Die erklärbaren Gewinne/Verluste kann man wiederum, je nach Ursache der Veränderung, in unterschiedliche Bestandteile aufspalten. Die einzelnen Determinanten werden in der Fachsprache mit griechischen Buchstaben belegt (z.B. Delta für den Einfluss des Aktienkurses) und daher auch zusammengefasst als »die Griechen« bezeichnet. Da sie die Empfindlichkeit eines Derivates aufgrund verschiedener Faktoren und deren Wirkungsweise angeben, spricht man auch von *Sensitivitäten*.

Bevor jedoch mit der zerlegten Ergebnisrechnung ein sehr wertvolles Werkzeug für weitgehende Analysen zur Verfügung steht, sollte man sich erst einmal über die grundlegenden Einflussfaktoren der Gewinne/Verluste beim Einsatz von Aktien und Aktienderivaten im Klaren werden. Im Nachfolgenden werden diese dargestellt und deren Verhalten erläutert. Für jede dieser Größen wird eine Gleichung zur Verfügung gestellt, mit der der Einfluss auf das Ergebnis ermittelt werden kann. Den Abschluss bildet ein Beispiel für den Einsatz der gewonnenen Erkenntnisse in der Praxis mit entsprechender Analyse und Ideen zur Weiterentwicklung dieses Konzeptes.

2. Determinanten der Gewinn-/Verlustrechnung

2.1 Aktien

2.1.1 Aktienkurs

Der einfachste Fall für die Zerlegung eines Ergebnisses in seine Bestandteile tritt dann auf, wenn nur eine offene Aktienposition besteht. Für die Bewertung der Position müssen jeweils die aktuellen (Schluss-) Kurse herangezogen werden, um dem Mark-to-Market-Ansatz (also die Bewertung zum momentanen Marktwert) zu genügen. Der Unterschied vom Vortageskurs zum aktuellen Kurs multipliziert mit der Anzahl der Aktien ergibt den Gewinn/Verlust. Etwas schwieriger wird es hingegen, wenn sich die Position während des zu erklärenden Zeitraumes verändert. Als zusätzliche Information ist dann der durchschnittliche Kauf-/Verkaufskurs erforderlich. Kann dieser nicht direkt aus den Wertpapierumsätzen gewonnen werden, so bietet sich die Einbeziehung der Geldbuchungen (Cash Flows) an. Die Veränderung des (Geld-) Gegenwertes wird dann einfach durch die Veränderung der Position geteilt. Der Weg über Cashbewegungen hat zudem den Vorteil, dass andere Einflussfaktoren der Gewinn-/Verlustrechnung wie beispielsweise Dividenden oder Bezugsrechte auffallen und in der Analyse berücksichtigt werden können. Beim einseitigen Auf-/Abbau von Positionen muss der so ermittelte Durchschnittskurs innerhalb der Handelsspanne des Beobachtungsraumes liegen. Wird das Instrument dagegen während dieser Zeitspanne mehrmals hintereinander ge-/verkauft, müssen die Bestandsveränderungen genauer untersucht werden. Dies kann z.B. dadurch erfolgen, dass die Käufe und Verkäufe getrennt werden und der jeweilige durchschnittliche Handelspreis ermittelt wird. Die dadurch erhaltenen Einzelkomponenten können wiederum entsprechend der bereits beschriebenen Vorgehensweise analysiert werden.

2.2 Optionen

Optionen sind Rechte zum Bezug bzw. zur Veräußerung von Underlyings (z.B. Aktien) zu einem vorher festgelegten Preis (Basispreis/Strike) zu einem vorher determinierten Termin. Für exotische Optionen müsste die eben genannte Beschreibung um die jeweiligen Besonderheiten (z.B. Festlegung des Basispreises erst in der Zukunft, sog. Forwardoptionen) erweitert bzw. geändert werden. Da sie Instrumente sind, die vom eigentlichen Basisinstrument abgeleitet werden, zählen sie zu den Derivaten. Der Käufer dieses Rechtes wird im Allgemeinen dem Verkäufer eine Prämie zahlen, da er eine Entscheidungsfreiheit erwirbt. Letzterer dagegen geht eine Verbindlichkeit zum Zeitpunkt des Abschlusses ein, für die er entschädigt wird. Der faire Wert dieser Prämie kann inzwischen aufgrund finanzmathematischer Modelle (z.B. Black-Scholes) geschätzt werden. Da der Besitzer des Derivates eine Wahlmöglichkeit, nicht jedoch die Verpflichtung auf Ausübung des Rechtes inne hat, spricht man auch von einem asymmetrischen Produkt. Typischerweise weist der Wert einer Option den in Abb. 1 dargestellten Verlauf auf (für die nachfolgenden Darstellungen wurden jeweils *Kaufoptionen* als Beispiele herangezogen).

Der Kurvenverlauf ähnelt einer sehr flachen einseitigen Parabel, die einen Grenzwert bei fallendem Underlyingkurs (nämlich 0) aufweist. Auch daraus lässt sich wiederum die Asymmetrie von Optionen erkennen.

2.2.1 Aktienkurs

Wie man unschwer aus Abbildung 1 erkennen kann, wird der Optionspreis sehr stark von der Veränderung des der Option zugrunde liegenden Basiswertes beeinflusst. Diese Abhängigkeit wird im Allgemeinen durch das sogenannte Delta einer

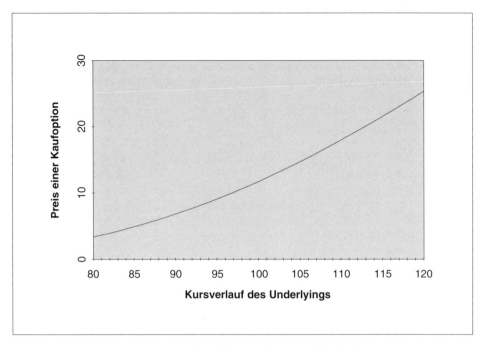

Abb. 1: Preisverlauf einer Option in Abhängigkeit vom Underlying

Option angegeben. Üblicherweise wird das *Delta* als eine Zahl zwischen 0 und 1 (bei Verkaufsoptionen –1 und 0) bzw. als Prozentzahl angegeben und spiegelt dabei den Anteil am Volumen des Optionskontraktes an. Unter Volumen würde man bei einer Aktienkaufoption die Anzahl der zu liefernden Basiswerte verstehen. Ein Delta von 1 oder 100% besagt dann beispielsweise, dass sich die Option, genauso wie das Underlying verhält, während sich eine Optionsposition über nominal 1.000 Aktien mit einem Delta von 0,25 (oder 25%) im Hinblick auf sein theoretisches Ergebnis punktuell wie 250 Aktien verhalten würde. Daraus lässt sich wiederum der *Ergebnisbeitrag* aus der Deltakomponente ableiten, indem man das Delta mit der Underlyingveränderung multipliziert (wie im Nachfolgenden zu sehen sein wird, gilt dies jedoch nur für relativ kleine Veränderungen). Im letzteren Beispiel beträgt daher der theoretische Gewinn bei einem Anstieg des Aktienkurses um 2 EURO ca. 500 EURO (2 EURO * 250 Delta).

Es sind jedoch auch andere Darstellungsarten des Deltas denkbar. Als Beispiel sei hierbei das *Deltaäquivalent* angeführt, das einen Äquivalenzbetrag zu einer Investition in das Underlying darstellt. Dahinter steckt die Absicht die gesamte Position in einem Basisinstrument zu einer Zahl zusammenzufassen und damit unterschiedliche Portfolios ansatzweise vergleichbar zu machen. Da dieser Wert einem investierten Betrag gleichkommt, bezeichnet man ihn auch als *Cashdelta*. Zur Berechnung wird die Gesamtdeltaposition (inklusive Optionen) mit dem aktuellen Kurs des Underlying multipliziert, also:

Deltaäquivalent(Cashdelta) = Delta $_{\text{je 1 EUR Veränderung des Underlying}}$ * Kurs

Das (absolute) Delta einer Option könnte man auch grob als Wahrscheinlichkeit für den Fall der Ausübung interpretieren. Ein Delta von 0,5 würde dann eine Schätzung für die Eintrittswahrscheinlichkeit dieses Ereignisses am Ende der Laufzeit in Höhe von 50% darstellen. Das nachfolgende Schaubild zeigt auf, wie sich das Delta einer Option, in Abhängigkeit vom Kurs des zugrundeliegenden Titels verhält:

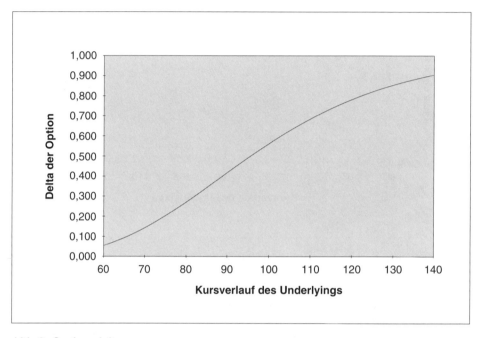

Abb. 2: Optionsdelta

Der Mathematiker würde im aufgezeigten Funktionsverlauf die erste Ableitung der Optionspreisgleichung nach dem Aktienkurs erkennen. Auch diese Kurve hat wiederum Grenzwerte, nämlich 0 und 1 (respektive 0% und 100%). Dies erscheint auch ableitbar, da als Extremfälle zwei Situationen auftreten können. Wenn das Derivat keinen Wert mehr hat (also der Basispreis vom aktuellen Kurs zu weit entfernt ist), sollte der Preis nicht vom Kurs des Basiswertes abhängig sein. Andererseits sollte eine Option, die weit im Geld ist (also der Basispreis bei einer Kaufoption weit unter dem aktuellen Aktienkurs liegt), sich genauso wie das Underlying verhalten. Man sieht aber ebenso, dass sich das Delta mit zunehmendem Aktienkurs nicht stetig ändert, denn dann müsste die Linie eine Gerade bilden. Diese Veränderung des Deltas in Abhängigkeit vom Underlyingpreis wird als Gamma einer Option bezeichnet. Mathematisch gesehen handelt es sich dabei um die zweite Ableitung der Optionspreisformel nach dem Aktienkurs und ist mit der *Konvexität* bei Zinsinstrumenten vergleichbar. Das *Gamma* einer Option hat typischerweise folgenden Verlauf:

Beim Chart in Abbildung 3 wurde das Gamma als Betrag, um den sich das Delta je ein EUR Aktienkurs verändert, ermittelt. Es sind jedoch auch andere Darstellungs-

Die Komponentenanalyse der Gewinn-/Verlustrechnung bei Aktien und Aktienderivaten 249

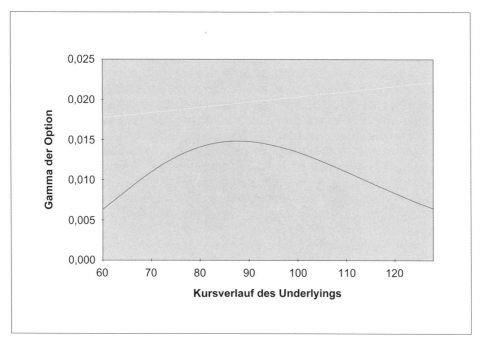

Abb. 3: Optionsgamma

arten denkbar. So wird das Gamma zum besseren Vergleich verschiedener Underlyings oftmals als Gamma bei einer einprozentigen Kursbewegung ausgedrückt:

Gamma $_{\text{EUR je 1\% Bewegung des Underlying}}$ = Gamma $_{\text{EUR je 1 EUR Veränderung}}$ * Kurs/100

Wird als Delta das Deltaäquivalent verwendet, bietet sich an, das Gamma als Veränderung des Deltaäquivalent bei einer einprozentigen Kursbewegung darzustellen:

Gamma$_{\text{Deltaäquivalentveränderung je 1\% Bewegung des Underlying}}$ =
Gamma $_{\text{EUR je 1 EUR Veränderung}}$ * Kurs^2/100

Die Abbildung 4 zeigt die Entwicklung des Gamma (in Veränderung des Delta je EUR Aktienkursbewegung) in Abhängigkeit von Preis und *Restlaufzeit* der Option.

Es lässt sich erkennen, dass bei langer Restlaufzeit einer Option (vorderer Teil der Abbildung) das Gamma sich kontinuierlich ändert und einen nahezu geradlinigen Verlauf aufweist. Dagegen erscheint die Struktur des Gamma bei kurzer Restlaufzeit (hinterer Teil der Abbildung) nicht mehr so beständig, sondern ist vielmehr von einem Maximum und davon ausgehend beidseitig abfallenden Werten geprägt. Dieses Verhalten hat eine beträchtliche Bedeutung beim Absichern des Gammarisikos von Optionen. Kurz vor Verfall einer Option kann die Höhe, aber auch die Veränderung des Gamma so groß sein, dass diesem Tatbestand die meiste Aufmerksamkeit des Händlers gewidmet werden muss. Unter Umständen ist der *Gammaeffekt* gar nicht mehr abzusichern. Als Beispiel sei hier eine Kaufoption genannt, die noch eine Stunde Restlaufzeit hat und bei der der Kurs des Underlying um den

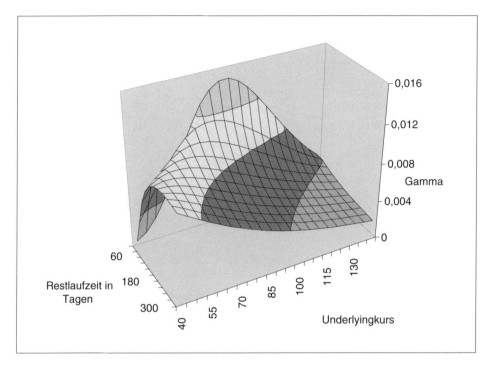

Abb. 4: Entwicklung des Gamma in Abhängigkeit von Underlyingkurs und Restlaufzeit

Basispreis schwankt. Das Delta wechselt dabei ständig zwischen 0 und 1, d.h. wenn der Aktienkurs unter der Basis steht, ist die Position wertlos, bei einem Kurs über dem Basispreis hat man eine Aktienposition in Höhe des Nominalbetrages. Diese beiden Extremsituationen können sich innerhalb weniger Minuten mehrmals abwechseln. Für das Gamma bedeutet dies, dass es einen sehr hohen Wert, ausgehend vom aktuellen Aktienkurs, in die Richtung des Basispreises annimmt, während auf der anderen Seite das Gamma Null beträgt. Der Verlauf hat daher das in Abbildung 5 dargestellte Aussehen.

Wie bereits festgestellt wurde, kann bei entsprechend langer Restlaufzeit für den Verlauf des Gamma Geradlinigkeit vorausgesetzt werden. Um dann den Ergebniseffekt aus dem Gamma zu erhalten, könnte man also ähnlich wie beim Delta vorgehen. Dies würde jedoch nicht mehr für Optionen mit einer Frist von unter 6 Monaten bis zum Verfall gelten, so dass man sich einer anderen Näherung bedienen muss. Üblicherweise verwendet man dabei die sog. *Taylorapproximation*, sodass man die Auswirkungen auf Gewinn/Verlust mit folgender Gleichung beschreiben kann:

Ergebniseffekt $_{Gamma}$ = 0,5 * (Absolutveränderung des Kurses)^2 *

Gamma $_{\text{Änderung des Deltas bei 1 EUR Veränderung}}$

Beim Einsatz dieser Formel muss man sich darüber im Klaren sein, dass es sich hierbei nur um eine Assimilation des wahren Wertes handelt. Insbesondere schlüs-

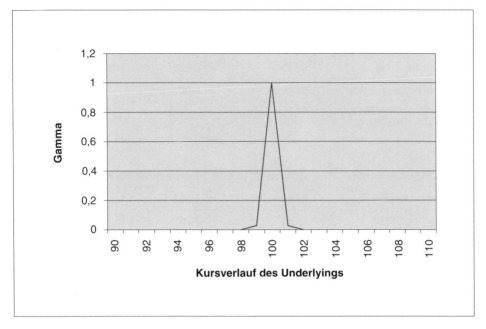

Abb. 5: Verlauf des Gamma einer Option mit einer Restlaufzeit von wenigen Stunden

sige Erklärungen von Ergebnissen, die aufgrund von Einflüssen wie im obigen Beispiel (siehe Abb. 5) entstehen, sind natürlich mit dieser Approximation nicht möglich. In diesen Fällen könnte man versuchen, eine weitere Aufschlüsselung über die Veränderung des Gamma nach dem Preis zu ermitteln. Dazu müsste man die dritte Ableitung der Optionsgleichung nach dem Aktienkurs (was der ersten Ableitung der Gammafunktion entspricht) herleiten und über eine entsprechende Näherungsformel den Einfluss auf Gewinn/Verlust schätzen.

Wie groß sind nun die beiden Effekte aus dem Delta und Gamma? Und kann man mit diesen beiden Komponenten bereits hinreichend ein Ergebnis aufgrund einer Kursbewegung des Underlying erklären?

Um darüber eine genauere Vorstellung zu bekommen, werden im Nachfolgenden drei Rechenbeispiele durchgeführt. Der Deltaanteil wird durch Multiplikation der Aktienkursveränderung mit dem Delta ermittelt (damit wird Linearität unterstellt), während der Einfluss des Gammas anhand der Taylorapproximation geschätzt wird. Diese Werte werden mit der über eine *Optionspreisformel* (hier Black Scholes) ermittelten Ergebnisveränderung verglichen, womit ein Restanteil als durch die beiden Bestandteile nicht erklärt, übrig bleibt.

Bei den anschließenden Tabellen werden die Daten einer Kaufoption mit einem Monat Restlaufzeit (Zins 3%, implizite Volatilität 30%) zugrunde gelegt, wobei verschiedene Kursgewinne bei einer Aktie unterstellt wurden.

Strike in % des Kurses	Deltaanteil in EUR	Gammaanteil in EUR	Restanteil
75% (= im Geld)	1,000	0,000	0,000
100% (= am Geld)	0,529	0,023	0,000
125% (= aus dem Geld)	0,007	0,001	0,000

Tab. 1: 1% Kursbewegung der Aktie

Strike in % des Kurses	Deltaanteil in EUR	Gammaanteil in EUR	Restanteil
75% (= im Geld)	2,999	0,001	0,000
100% (= am Geld)	1,587	0,203	0,004
125% (= aus dem Geld)	0,020	0,009	0,003

Tab. 2: 3% Kursbewegung der Aktie

Strike in % des Kurses	Deltaanteil in EUR	Gammaanteil in EUR	Restanteil
75% (= im Geld)	4,998	0,002	0,001
100% (= am Geld)	2,645	0,565	0,027
125% (= aus dem Geld)	0,033	0,026	0,016

Tab. 3: 5% Kursbewegung der Aktie

Man erkennt, dass die beschriebene Vorgehensweise die theoretischen Wertveränderungen der Option sehr gut erklärt. Einzig bei größeren Kursausschlägen bleibt ein *Residuum* bestehen, das jedoch nur bei den weit aus dem Geld liegenden Optionen einen bedeutenden prozentualen Anteil am Gesamtbetrag hat. Der immer positive Wert des Restanteils bei Kurssteigerungen ist gleichzusetzen mit einer tendenziellen Überschätzung des wahren Optionsergebnisses durch die verwendeten Approximationen. Um diesen Effekt zu visualisieren, wurden im folgenden Diagramm die beiden *Erklärungskomponenten* Delta und Gamma und die Differenz zum theoretischen Optionspreis abgetragen. Als Instrument wurde wieder eine Kaufoption mit einem Monat Restlaufzeit (Zinssatz 3%; implizite Volatilität 30%) und einem Basispreis, der am Geld liegt, verwendet. Die untere der beiden Flächen stellt die Schätzung für den Deltaanteil am Ergebnis dar, während der obere Teil den Gammaanteil (über die Taylorapproximation genähert) widerspiegeln soll. Die Summe aus beiden ergibt somit den erklärten Gewinn/Verlust unter der Bedingung, dass außer dem Aktienkurs alle anderen Einflussfaktoren unverändert geblieben sind. Im Gegensatz dazu stehen die mittels des Optionspreismodells errechneten Preisveränderungen. Die Differenz dieser Beträge wurde als Linie im unteren Teil abgetragen.

Die Komponentenanalyse der Gewinn-/Verlustrechnung bei Aktien und Aktienderivaten 253

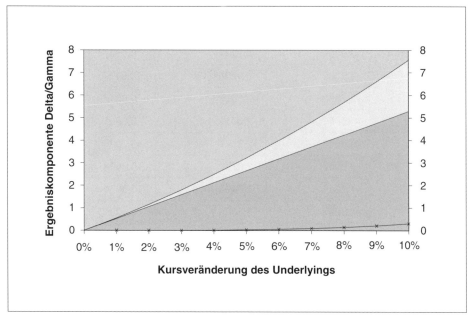

Abb. 6: Ergebnisaufschlüsselung in Delta- und Gammakomponente und Abweichung vom theoretischen Optionspreis

Die Tabelle 4 stellt nochmals die im obigem Chart verwendeten Werte dar. Zusätzlich wurde auch ein Kursverfall simuliert, sowie in der letzten Spalte die prozentuale Abweichung zwischen erklärter und theoretischer Optionspreisdifferenz aufgeführt.

Sowohl Abbildung 6 als auch Tabelle 4 unterstützen die These, dass bis zu einer Aktienkursschwankung von ca. 6% (sogar 8% bei Kursverlusten) das Resultat im Ergebnis des Derivates mit den oben erläuterten Mitteln bereits recht gut geschätzt werden kann. Erst bei größeren Veränderungen wird die Ungenauigkeit bedeutsam und steigt überproportional an. Für die Praxis bedeutet dies, dass man bei der vorgestellten Verwendung von Ergebnisbeiträgen aus Delta und Gamma im Falle hoher Kursbewegungen eine größere unerklärbare Komponente in Kauf nehmen muss. Der Fehler dieser Vorgehensweise führt bei einem Kursanstieg zu einer Überschätzung des Ergebnisbeitrages, dagegen bei einem Kursrutsch zu einer Unterschätzung. Alternativ dazu besteht natürlich die Möglichkeit, einen weiteren Parameter einzuführen, nämlich die Änderung des Gamma in Abhängigkeit vom Underlyingkurs. Die dann zu verwendende Methode wurde bereits oben geschildert. Für den Großteil der zu erklärenden Ergebnisveränderungen dürfte jedoch eine Aufspaltung in Delta- und Gammakomponente ausreichend sein.

Kursveränderung des Basiswertes	Erklärte Preisveränderung	Theoretische Preisveränderung	Absolute Differenz	Prozentuale Differenz
−10%	−3,0306	−3,1233	0,0927	3,0%
−9%	−2,9309	−2,9806	0,0497	1,7%
−8%	−2,7860	−2,8076	0,0216	0,8%
−7%	−2,5960	−2,6011	0,0051	0,2%
−6%	−2,3607	−2,3577	−0,0030	−0,1%
−5%	−2,0802	−2,0747	−0,0056	−0,3%
−4%	−1,7546	−1,7496	−0,0050	−0,3%
−3%	−1,3837	−1,3806	−0,0031	−0,2%
−2%	−0,9677	−0,9664	−0,0013	−0,1%
−1%	−0,5064	−0,5062	−0,0003	−0,1%
1%	0,5516	0,5516	0,0000	0,0%
2%	1,1485	1,1476	0,0009	0,1%
3%	1,7905	1,7863	0,0042	0,2%
4%	2,4777	2,4658	0,0120	0,5%
5%	3,2102	3,1834	0,0267	0,8%
6%	3,9878	3,9367	0,0511	1,3%
7%	4,8106	4,7228	0,0878	1,9%
8%	5,6786	5,5386	0,1400	2,5%
9%	6,5918	6,3812	0,2106	3,3%
10%	7,5502	7,2478	0,3024	4,2%

Tab. 4: Erklärte und Theoretische Optionspreisdifferenz

2.2.2 Volatilität

Ein weiterer wichtiger Einflussfaktor auf den Optionspreis ist die Schwankung der Aktie, auch als Volatilität bezeichnet. Man kann grundsätzlich zwei Arten von Volatilitäten unterscheiden. Einerseits die in der Vergangenheit beobachtete Volatilität. Sie lässt sich sehr leicht aus der Kurshistorie errechnen und wird deshalb auch als *historische Volatilität* bezeichnet. Mathematisch gesehen handelt es sich hierbei um die Standardabweichung der Kursreihe. Andererseits kennt man die in Derivaten eingepreiste *implizite Volatilität*. Diese wird aus den gehandelten Kursen von Derivaten ermittelt, indem man die Gleichung numerisch nach diesem Parameter auflöst.

Dazu müssen natürlich alle anderen Determinanten (wie z.B. risikoloser Zins, Dividende) bekannt sein. Als Resultat erhält man demnach die von den Marktteilnehmern für die Restlaufzeit des Instrumentes vermutete Preisschwankung des Underlying. Die Schätzung des richtigen Wertes für die zukünftigen Schwingung hat eine sehr große Bedeutung, da der Einfluss auf die Optionsprämie beachtlich ist.

Je höher die vermutete Schwankung eines Basisinstrumentes, desto höher ist auch die Wahrscheinlichkeit, dass die Option nicht wertlos verfällt. Dies wiederum wirkt sich auf den Preis dieser Rechte aus, d.h. die Optionen werden umso teurer je größer die Schwankung in der Zukunft erwartet wird. Im Allgemeinen wird diese Komponente des Optionspreises in EUR je 1% absolute Veränderung der impliziten Volatilität (z.B. eine Änderung von 29% auf 30%) angegeben und als *Vega* einer Option bezeichnet. Folgende Darstellung soll den Zusammenhang zwischen der impliziten Volatilität und dem Vega einer Option aufzeigen:

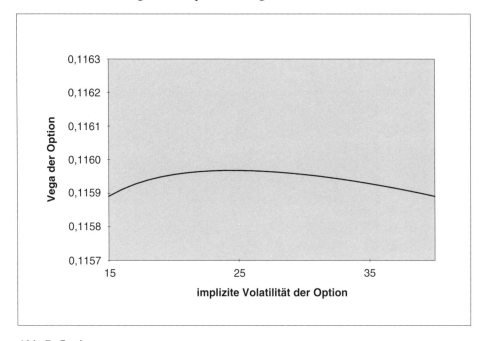

Abb. 7: Optionsvega

Wiederum kann man erkennen, dass das Zusammenspiel einer Veränderung der impliziten Volatilität mit dem Ergebnisbeitrag linear angenähert werden kann (man beachte die Skalierung des Charts). Insbesondere für kleinere Bewegungen gilt daher:

Ergebnisbeitrag $_{Vega}$ = Vega der Option * Änderung der impliziten Volatilität

Natürlich ist auch hier eine Verfeinerung des Ansatzes möglich, so dass eine Gewinn-/Verlustkomponente aufgrund des nicht exakt linearen Vegas ermittelt werden kann. Dazu muss zuerst die zweite Ableitung der Optionsgleichung nach der Volatilität berechnet und danach eine zum Gamma analoge Taylorapproximation durchgeführt werden. Meist lohnt sich jedoch der zusätzliche Aufwand nicht, da die am Markt beobachtbare implizite Volatilität meist nur mittleren Änderungen ausgesetzt ist. Unter der Voraussetzung, dass die in den Instrumenten verwendeten Volatilitäten regelmäßig überprüft werden, sollte die Unterstellung der Linearität insbesondere bei kleineren Portfolios genügen.

2.2.3 Zinsen

Da mit dem Erwerb einer Option eine Ersparnis des Kapitaleinsatzes (man kauft das Recht zum Bezug einer Aktie in der Zukunft und nicht die Aktie sofort) einhergeht, spielt auch der Zinssatz bei Optionen eine Rolle. Dieser Einflussfaktor wird als *Rho* der Option bezeichnet und üblicherweise in EUR je 1 Basispunkt Veränderung des zugrunde liegenden Zinses dargestellt. Das nachfolgende Diagramm zeigt das typische Verhalten von Rho bei unterschiedlichen Zinsen auf.

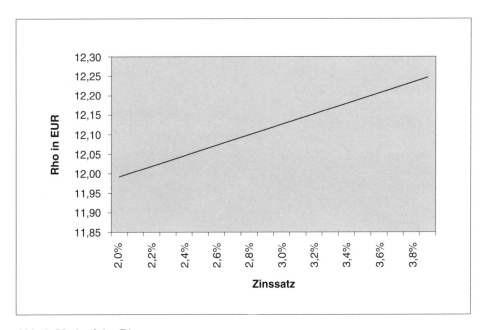

Abb. 8: Verlauf des Rho

Wie man erkennen kann, deutet die Geradlinigkeit des Graphen auf ein lineares Abhängigkeitsverhältnis zwischen Einfluss auf den Ertrag und Veränderung des Zinssatzes hin. Da zudem die Zinsen im Allgemeinen eher geringen Tagesschwankungen unterliegen, kann man den Anteil am Gewinn/Verlust durch folgende Formel angeben:

Ergebnisbeitrag$_{Rho}$ =
Rho der Option * Änderung des Zinssatzes der Restlaufzeit der Option

2.2.4 Restlaufzeit

Entsprechend der Definition von Optionen weisen diese – im Gegensatz zu Aktien – eine Restlaufzeit auf. Diese Eigenschaft ist der Grund dafür, dass Optionen mit zunehmender Annäherung an den Verfallzeitpunkt bei unveränderten restlichen Einflussfaktoren einen Wertverzehr aufweisen. Der Betrag, um den sich der Preis einer Option vermindert, wird als *Theta* bezeichnet und üblicherweise in EUR je Kalendertag gemessen. Mathematisch gesehen handelt es sich um die erste Ableitung der Optionspreisformel nach der Restlaufzeit. Die nachfolgende Grafik zeigt die Höhe des Theta in Abhängigkeit von der Restlaufzeit der Option auf:

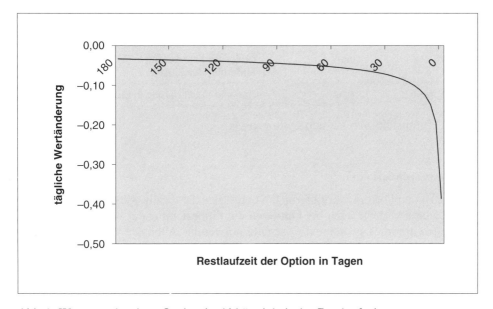

Abb. 9: Wertverzehr einer Option in Abhängigkeit der Restlaufzeit

Die Grafik könnte man grob in zwei Hälften unterteilen, wobei die Trennung etwa bei einer Restlaufzeit von 30 Tagen durchgeführt wird. Die linke Hälfte mit Verfallterminen, die mehr als einen Monat in der Zukunft liegen, bildet nahezu eine Gerade, so dass der Ergebniseffekt wiederum linear genähert werden kann. Die rechte Hälfte dagegen ähnelt wieder einer höheren Funktion, so dass mit komplexeren Approximationen gearbeitet werden muss. Dies ist auch theoretisch möglich; jedoch würde das einen hohen zusätzlichen Rechenaufwand bedeuten, da die meisten Systeme die Veränderung des Theta nicht mitliefern. Zudem ist der *Zeitwertverfall* der Option als Veränderung über einen Tag errechnet. Wird als Beobachtungszeitraum nur ein Tag herangezogen, ist der Ergebnisbeitrag gleich dem Theta. Ist die betrachtete Zeitspanne größer (z.B. ein Wochenende), so kann das Mittel aus dem Theta am Anfang und am Ende als Schätzung verwendet werden.

Unter Berücksichtigung dieses Sachverhaltes kann daher der Beitrag aufgrund der abnehmenden Restlaufzeit der Option folgendermaßen angenähert werden:

Ergebnisbeitrag$_{\text{Theta}}$ = Theta der Option * Anzahl der Kalendertage

Die folgende Tabelle fasst nochmals die verschiedenen Einflussfaktoren zusammen:

Einflussfaktor	Bezeichnung der Sensitivität	Übliche Notierungseinheit
Underlyingkurs	Delta	Optionspreisänderung in EUR je 1 EUR Änderung des Aktienkurses
	Gamma	Änderung des Delta je 1 EUR Aktienkursveränderung
Implizite Volatilität	Vega	Optionspreisänderung in EUR je 1% (absolut) Änderung der impliziten Volatilität
Zinsen	Rho	Optionspreisänderung in EUR je 1 Basispunkt-Änderung des Zinses
Restlaufzeit	Theta	Optionspreisänderung in EUR je Kalendertag

Tab. 5: Einflussfaktoren auf den Optionspreis

Positionsveränderungen

Analog zu den Positionsveränderungen bei Aktien, ist für die vollständige Erklärung der Gewinne/Verluste auch bei Optionen die Einbeziehung der während des Beobachtungszeitraumes gelaufenen Geschäfte notwendig. Abhängig von der Häufigkeit der Veränderung von Positionen ist der Aufwand zum Ermitteln des Ergebnisses unterschiedlich groß. In diesem Zusammenhang sei auf die Aussagen bezüglich der Aktienbestände verwiesen, die für Optionen natürlich entsprechend gelten.

3. Zusammenfassung der Methoden und Darstellung der Einzelkomponenten

Wie im Vorausgegangenen festgestellt werden konnte, gibt es Bestandteile im Ergebnis eines Optionsportfolios, die recht einfach – nämlich linear – angenähert werden können. Andere dagegen sind von höherer Komplexität. Entweder man missachtet diesen Sachverhalt und schätzt den Einfluss grob oder es werden kompliziertere Approximationen verwendet. Entscheidend hierbei ist das Verhältnis zwischen Zusatznutzen und Zusatzaufwand der exakteren Näherungsmethode. Man sollte sich jedoch bewusst sein, dass immer eine »unerklärbare Komponente« übrig bleibt. Einzig deren Höhe kann man minimieren.

Ausgehend von dieser Feststellung sind nachfolgende Verfahren wohl für die meisten Portfolios bestehend aus Aktien und Aktienderivaten verwendbar. Je nachdem, welches Produkt analysiert werden soll, kann man nun folgende zusammenfassende Aussagen über die *Ergebniskomponenten* der Einzelposition eines Depots machen:

Ergebnis in Aktien =
Deltabeitrag +
Intradayergebnis +
Erträge aus Buchungen =
Anzahl der Aktien * Kursveränderung +
Gewinn/Verlust aus Positionsveränderungen +
Cash Flow's (z.B. Dividenden)

Ergebnis in Optionen =
Deltabeitrag +
Vegabeitrag +
Rhobeitrag +
Thetabeitrag +
Intradayergebnis =
Delta * Kursveränderung +
0,5 * Gamma (in Veränderung des Deltas) * (absolute Kursveränderung)² +
Vega * Veränderung der impliziten Volatilität +
Rho * Änderung des Zinses +
Theta * Anzahl der Tage +
Gewinn/Verlust aus Positionsveränderungen

Bei dieser Aufstellung muss natürlich das Vorzeichen für die jeweilige Komponente berücksichtigt werden. So haben beispielsweise gekaufte Optionspositionen immer einen negativen Thetabeitrag, während sich die Deltabeiträge von ge- und verkauften Kaufoptionen auf das gleiche Underlying zumindest teilweise aufheben sollten.

Weiterhin sollte nicht unerwähnt bleiben, dass es bei der Erklärung des Ergebnisses dann zu Schwierigkeiten kommen kann, wenn mehrere Einflussfaktoren (z.B. Aktienkurs und implizite Volatilität) gleichzeitig im größeren Maße geändert werden. Der Grund dafür ist, dass die Werte der Determinanten teilweise wiederum von den anderen Determinanten abhängig sind. Als Beispiel soll folgende Tabelle dienen, bei der die *Griechen* für die gleiche Kaufoption mittels des Eller Derivate Pricer® errechnet wurden. Es handelt sich dabei um eine Kaufoption über 100 Kontrakte mit 3 Monaten Restlaufzeit und einem Basispreis, der am aktuellen Underlyingkurs liegt. Um die Unterschiede besser zu erkennen, wurde die Darstellung der Griechen bereits in EURO umgerechnet (so zeigt beispielsweise das Delta bereits die Ergebnisveränderung der Position bei einem EURO Kursveränderung an).

Während beim Delta, Gamma, Vega und Rho die Unterschiede relativ klein sind, erscheint die Differenz beim Theta verhältnismäßig groß. Berücksichtigt werden sollte auch, dass sich bei einer umfangreicheren Position oder starken Änderungen der Einflussfaktoren (z.B. Veränderung des Aktienkurses) die Zahlen vervielfachen können. Wie kann man nun auf diesen Sachverhalt reagieren?

Implizite Volatilität	20%	40%	60%
Delta je 1 EUR Aktienkurs	55,26	55,61	57,03
Gamma je 1 EUR Aktienkurs	0,08	0,04	0,03
Theta pro Tag	−136,75	−247,62	−357,20
Vega je 1% Volaveränderung	1.026,80	1.025,57	1.019,68
Rho je 1 Bp Zinsänderung	6,60	6,13	5,80

Tab. 6: Veränderung der Griechen bei unterschiedlichen impliziten Volatilitäten

Zum einen wird im Regelfall der tägliche Änderungsbedarf bei der impliziten Volatilität nicht so groß wie im hier angeführten Beispiel ausfallen. Andererseits besteht auch die Möglichkeit der Verwendung von interpolierten Werten, beispielsweise der Durchschnitt aus dem Betrag vor und nach Änderung der Determinante. Letztendlich wird durch die Verwendung nicht exakt errechneter Einflussfaktoren wiederum nur die »nicht erklärbare« Ergebniskomponente erhöht, so dass der zusätzliche Aufwand für die genaueren Kennzahlen mit dem Nutzen verglichen werden sollte.

4. Weiterentwicklung zur Bewertung kompletter Portfolios und Analyseansätze

Wie im vorangegangenen Kapitel dargestellt ist es möglich, ein Ergebnis aufgrund des Einflusses von verschiedenen Komponenten zu ermitteln, das mit dem Gewinn/Verlust aus dem Frontofficesystem verglichen werden kann. Größere Abweichungen dieser Werte sollten genauer analysiert werden, um Verständnis für die »unerklärbaren« Bestandteile zu gewinnen. Andererseits besteht natürlich die Möglichkeit, diese theoretischen Ergebnisse auf ein Gesamtportfolio (innerhalb eines Basiswertes oder bestimmter abgegrenzter Handelsbereiche) auszudehnen. Durch Bildung von Summen über die einzelnen Ergebnisbeiträge erhält man einen genaueren und umfassenderen Einblick in die Bestandteile der Gewinne/Verluste einzelner Bereiche.

Die Auswertung könnte daher beispielweise folgendes Aussehen haben:

Underlying	Tagesergebnis FO[1]	Deltabeitrag[2]	Gammabeitrag[2]	Vegabeitrag[2]	Thetabeitrag[2]	Rhobeitrag[2]	Intradayergebnis[3]	nicht erklärbar[4]
Adidas	−20.054	−10.894	+ 5.432	0	−1.354	−543	−12.331	−364
BASF	+ 35.475	+ 25.374	+ 8.627	+ 8.486	− 3.648	−1.184	−5.073	+2.893
Bayer	+2.104	+187	−89	0	+ 2.842	+ 113	− 918	−31
...								
Summe	+ 25.835	+ 10.374	+ 20.308	+ 8.486	− 950	− 378	− 14.185	+ 2.180

Tab. 7: Die Tagesergebnisse werden in einzelne Ergebnisbeiträge zerlegt

1) Die jeweiligen Einzelergebnisse werden aus dem Frontoffice- oder dem offiziellen System für die Ermittlung der Gewinne/Verluste entnommen.
2) Die jeweiligen Ergebnisbeiträge wurden entsprechend der vorgestellten Methoden ermittelt.
3) Das Intradayergebnis besteht in dieser Aufstellung aus den Erträgen von:
   − Positionsveränderungen verglichen mit dem Schlusskurs und
   − »echten« Intradaygeschäften, also Kauf und Verkauf derselben Position innerhalb des Beobachtungszeitraumes.
4) Das »nicht erklärbare« Ergebnis ist die Differenz aus allen Ergebniskomponenten (inkl. Intradayergebnis) und dem Wert, der im Frontofficesystem ermittelt wurde.

Eine Analyse der Tabelle 7 könnte beispielsweise zu nachstehenden Feststellungen und Ansätzen bezüglich tiefergehender Untersuchungen führen:
- Bei Adidas kommt das negative Ergebnis hauptsächlich aufgrund des Delta- und Intradayanteiles zustande. Insbesondere letzteres sollte den Anstoß für eine Untersuchung der Aktivitäten während des Tages bilden. Gründe hierfür kann die Aufnahme einer Positionen zu ungünstigen Preisen oder einfach ein unglückliches Vorgehen beim *Daytrading* sein. Der negative Deltabeitrag wurde teilweise durch das positive Gamma aufgehoben, ohne jedoch eine Umkehrung des Vorzeichens zu ermöglichen. Im Idealfall hätte dies durch das Handelsergebnis im Intradaybereich geschehen können, wenn während des Tages Bestände entgegengesetzt zur Position über Nacht aufgenommen oder durch Ausnutzen kurzfristiger *Tagesschwankungen* Gewinnbeiträge erzielt werden.
- Größtenteils verantwortlich für das Gesamtergebnis ist das Portfolio in BASF. Hier scheint auch eine erhebliche Kursbewegung stattgefunden zu haben (was sich leicht aufzeigen lässt) oder eine große Position zu bestehen. Aufgrund dieses Sachverhaltes wurde vermutlich die implizite Volatilität angepasst, was sich im Vegabeitrag zeigt. Ebenfalls typisch ist das umgekehrte Vorzeichen von Gamma und Theta. Die Partizipation an größeren Kursveränderungen wurde mit einem *Zeitwertverlust* erkauft. Das negative *Tageshandelsergebnis* lässt sich auf zum Portfolio entgegengesetzte Positionsaufnahmen oder aber Gewinnmitnahmen zurückführen. Der relativ hohe Betrag an unerklärbarem Gewinn ist zwar bei größeren Kursbewegungen nicht ungewöhnlich (man muss sich bewusst sein, dass man mit Annäherungen arbeitet), sollte aber trotzdem untersucht werden.
- Die Position in Bayer erscheint klein, ist jedoch an diesem Tag profitabel. Ursache könnte eine Seitwärtsbewegung im Aktienkurs sein, der beim vorliegenden Theta zu einem positiven Beitrag führt.
- Wie bereits erwähnt, hat die Aktie von BASF den größten Einfluss auf den Gesamtgewinn. Auffällig ist, dass nur in einem Titel die implizite Volatilität geändert wurde, so dass eine Überprüfung der restlichen Volatilitäten ratsam erscheint. Das Intradayergebnis ist zwar unschön, jedoch hat das Gesamtresultat immer noch ein positives Vorzeichen.

Die in der Tabelle 7 dargestellten Ergebnisse können aber ebenso historisch gesammelt und ausgewertet werden. Dies ermöglicht die Beantwortung einiger für das *Riskmanagement/-controlling* interessanter Fragen. Stellvertretend hierfür sei die Abbildung 10.

Um die Abbildung nicht mit zu vielen Kurven zu überladen, wurden nur die Komponenten Intraday-, Delta- und Gammaergebnis aufgenommen. Die Linien stellen die über einen Zeitraum kumulierten Erträge dar. Dies bedeutet, dass der Intradayhandel über den Beobachtungszeitraum den größten Beitrag zum Gewinn geleistet hat. Daraus abgeleitet könnte man das exakte Zustandekommen dieses Gewinnes untersuchen und die dabei in Kauf genommenen Risiken analysieren. Dabei sollte man den offenen Positionen während des Tages besonderes Augenmerk widmen. Während der Deltabeitrag immer noch positiv ist, wurde mit dem Gamma ein – wenn auch kleiner – Verlust erwirtschaftet. Dieses Verhalten (die umgekehrten Vorzeichen) lässt sich oft in der Praxis beobachten, insbesondere bei Portfolios mit überwiegend verkauften Optionen.

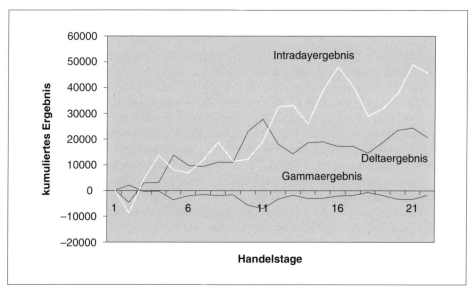

Abb. 10: Kumulierte Ergebnisbeiträge über 1 Monat

Neben der Höhe der kumulierten Erträge kann auch eine Untersuchung der *Schwankungsintensität* der einzelnen Einflussfaktoren neue Einsichten in das Innenleben des Handels mit sich bringen. Als Beispiel soll nochmals Abbildung 10 dienen. Während beim Gammaergebnis keine größeren Schwingungen auftreten, kann man das beim Intradayergebnis nicht behaupten. Auffällig ist auch, dass das Ausmaß der Veränderungen zunimmt. Dies könnte daher ein zusätzlicher Anlass sein, sich die Aktivitäten während des Tages genauer anzusehen.

Ebenso ist ein Vergleich zwischen verschiedenen Portfolios/Zeithorizonten denkbar, um im Rahmen der risikoadjustierten *Performancemessung* neue Erkenntnisse zu erlangen. Darauf aufbauend kann eine Gegenüberstellung der Auslastung einzelner Risikofaktoren mit den jeweils dazugehörenden Ergebnisbeiträgen die Grundlage für weitere Aussagen über das Verhältnis zwischen Risiko und Ertrag darstellen.

5. Schlussbemerkung

Man sieht sehr schnell, dass die beschriebenen Auswertungen einen Grundstock für weitergehende Untersuchungen bilden können. Die dargelegten Methoden und Beschreibungen sollen daher eine Anregung zur Weiterentwicklung von Lösungen für institutsindividuelle Fragestellungen geben. Außerdem kann man unter Berücksichtigung der jeweiligen Besonderheiten die vorgestellte Vorgehensweise leicht auf Währungs- und Zinspositionen inklusive dazugehöriger Derivate ausdehnen. Der große Vorteil dieser Analyse liegt jedoch darin, dass mit vergleichsweise einfachen Hilfsmitteln die unterschiedlichsten Ansätze weiterverfolgt werden können, um den umfassenden Aufgaben des Risikomanagements/-controllings nachzukommen.

Steuerung variabler Positionen ohne festen Bewertungszins am Beispiel einer Primärbank
Thomas Hirschbeck[*]

Inhalt

1. Positionen ohne festen Bewertungszins im Rahmen der Marktzinsmethode
   1.1 Systematisierung von Positionen ohne Bewertungszins
   1.2 Implikationen für Vertriebscontrolling und Steuerung der Zinspositionen der Gesamtbank
2. Controlling des Zinsanpassungsverhaltens variabler Positionen
   2.1 Fristenablaufbilanz
   2.2 Zinselastizitäten
   2.3 Cash-Flow orientierter Ansatz
      2.3.1 Gleitende Durchschnitte
      2.3.2 Wahl der Mischungsverhältnisse
      2.3.3 Integrationsmöglichkeiten im Rahmen der Gesamtbanksteuerung
3. Implementierung der Steuerung variabler Zinspositionen in der Praxis
   3.1 Schnittstellen zur Geschäftskalkulation
   3.2 Planung variabler Zinsgeschäfte in der GuV
   3.3 Steuerung des Reinvermögens im Barwertkonzept
   3.4 Einführungskonzept
      3.4.1 Strategische Beschlussfassung durch den Vorstand
      3.4.2 Entscheidung für Modell und Software
      3.4.3 Aufbereitung historischer Daten
      3.4.4 Definition der Parameter
      3.4.5 Weitere Beobachtung und endgültiger Einsatz
      3.4.6 Periodische Überprüfung der Annahmen
4. Ausblick

Literaturverzeichnis

---

[*] Dr. Thomas Hirschbeck ist Abteilungsleiter im Controlling der GZ Bank Frankfurt/Stuttgart. Davor war er verantwortlich für den Aufbau der Gesamtbanksteuerung bei einer Primärbank.

1. Positionen ohne festen Bewertungszins im Rahmen der Marktzinsmethode

Seit Beginn der achtziger Jahre hat sich die Marktzinsmethode als Steuerungsinstrument für das zinstragende Geschäft von Kreditinstituten durchgesetzt. Im Mittelpunkt steht dabei die Annahme, dass jedem Kundengeschäft eine jederzeit durchführbare *Opportunität* am Geld- und Kapitalmarkt mit identischer Zinsbindung gegenübergestellt werden kann. Dies bedeutet, dass es möglich ist, durch Kundengeschäfte induzierte Veränderungen in den Zinspositionen am Interbankenmarkt sofort wieder auszugleichen, so dass lediglich der sog. Konditionsbeitrag als Differenz zur Opportunität den Erfolgsbeitrag des einzelnen Geschäfts darstellt. Umgekehrt können Erträge aus unterschiedlichen Zinsbindungen unabhängig von der Fristigkeit des Kundengeschäfts durch Kapitalmarkttransaktionen dargestellt werden. Dieser Strukturbeitrag ist also nicht dem einzelnen Kundengeschäft zuzuordnen, sondern wird durch die für die Steuerung des Zinsbuches verantwortlichen Stellen verursacht.

Die Vertriebsleistung des Kundenbereiches wird in der Marktzinsmethode ausschließlich am Konditionsbeitrag gemessen. Werden sämtliche Positionen durch die entsprechenden Gegengeschäfte am Geld- und Kapitalmarkt geschlossen, existiert für die Gesamtbank kein Zinsänderungsrisiko mehr.

1.1 Systematisierung von Positionen ohne Bewertungszins

Das Grundmodell der Marktzinsmethode geht immer von einem eindeutigen Opportunitätszinssatz am Geld- und Kapitalmarkt aus. Dies ist aber nur für Produkte möglich, bei denen Zinsbindung und Fälligkeit zusammenfallen (z.B. Festzinsdarlehen, Termingelder, Sparbriefe). Bei einem großen Teil der Geschäfte einer Bank ist diese Voraussetzung aber nicht erfüllt. In diesem Zusammenhang lassen sich drei Gruppen von Bilanzpositionen unterscheiden.

Gruppe 1: Kundengeschäfte ohne festen Bewertungszins

- KK-Kredite
- variable Darlehen
- Spareinlagen ohne festen Zinssatz
- Sichteinlagen

Bei diesen Geschäften kann der Zinssatz von Seiten des Kreditinstituts jederzeit angepasst werden. Auch ist bei diesen Geschäften eine jederzeitige Kündigung von Seiten des Kunden möglich. Im Grundmodell der Marktzinsmethode ist als Bewertungszins deshalb der Zinssatz für Tagesgeld unter Banken vorstellbar. Bei diesen Produkten ist aber zu beobachten, dass weder die Bank die Konditionen täglich an den Zinssatz für Tagesgeld anpasst noch die Kunden von ihrem jederzeitigen Kündigungsrecht Gebrauch machen. Typisch für diese Bilanzpositionen ist vielmehr eine Trägheit sowohl im Zinsanpassungsverhalten durch die Bank als auch in den von den Kunden gehaltenen Volumina. Werden diese Geschäfte wie Tagesgeld disponiert

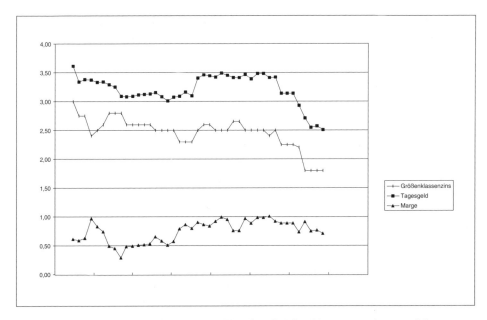

Abb. 1: Gegenüberstellung Tagesgeld, Zins für Größenklassenverzinsung, Marge

besteht ein *Zinsänderungsrisiko* verursacht durch die schwankende Differenz zwischen Bewertungszins und Kundenzins.

Als Beispiel dafür dient die in Abbildung 1 dargestellte Größenklassenverzinsung. Der Zinssatz für diese Sparform wird in unregelmäßigen Abständen angepasst. Mit dem Satz für Tagesgeld als Bewertungzins schwankt das Zinsergebnis für das Kreditinstitut aber zwischen 0,3 und 1,0 Prozentpunkten im betrachteten Zeitraum. Die Vorgabe, dass die Bank durch das Gegengeschäft frei von Zinsänderungsrisiken gehalten wird, ist durch diese Opportunität nicht gewährleistet.

Gruppe 2: Nichtzinstragende Anlagen

- Investmentfondsanteile
- Aktien
- Beteiligungen
- Immobilien
- Betriebs- und Geschäftsausstattung

Im Grundkonzept der Marktzinsmethode sind diese Aktiva nicht vorgesehen. Da sie keine Kundengeschäfte darstellen, ist es im Rahmen der Einzelgeschäftssteuerung nicht notwendig, eine Opportunität für die Vorteilhaftigkeit dieser Anlagen zu ermitteln. Auf Gesamtbankebene ist es aber sinnvoll zu bestimmen, inwieweit diese Positionen zum Zinsänderungsrisiko beitragen.

Im Bereich der Investmentfonds ist es bei vielen Bank üblich, dass eigene Spezialfonds aufgelegt bzw. Publikumsfonds gekauft werden, die eine Investmentgesellschaft nach bestimmten Anlagerichtlinien verwaltet. Darin sind u.a. *Benchmarks* festgelegt, an denen das Fondsmanagement gemessen wird (z.B. 60% REX; 40% DAX). Möglich ist es dabei, die Positionierung der Fonds im Bereich der Rentenpapiere aus dem Reporting der Fondsgesellschaft zu ermitteln und das Zinsänderungsrisiko der Gesamtbank zu integrieren. Da in der Regel aber keine EDV-Schnittstellen zwischen dem Reporting der Fondsgesellschaft und den in Kreditinstituten eingesetzten Modellen zur Steuerung des Zinsänderungsrisikos existieren, bedeutet diese Erfassung einen hohen manuellen Aufwand. Zudem stellt sich die Frage, warum Vermögenspositionen, deren Management bewusst nach außen gegeben wurde, wieder in den Steuerungskreis der Bank integriert werden sollen und eventuell sogar Gegengeschäfte zur Reduzierung des Zinsänderungsrisikos abgeschlossen werden.

Alternativ kann die Benchmark des Rentenanteils als Opportunität zur Steuerung des Zinsänderungsrisikos als Näherungslösung verwendet werden. Dabei ist aber zu berücksichtigen, dass die Fondsgesellschaft in ihren Anlageentscheidungen vollständig frei ist und somit in der tatsächlichen *Disposition* deutlich von der Benchmark abweichen kann. Es existieren zwei Stufen des Zinsänderungsrisikos: Das Risiko der Benchmark und das aktive Risiko aus der Abweichung gegenüber der Benchmark. Während die Bank verantwortlich für die Wahl der Benchmark und das hieraus resultierende Zinsänderungsrisiko ist, ist der Portfoliomanager verantwortlich für den Ertrag und das Risiko aus der aktiven Abweichung. Im Rahmen der Steuerung des Zinsänderungsrisikos verantwortet und steuert die Bank also nur die Investition in die Benchmark.

Während beim Rentenanteil von Investmentfonds noch ein Bezug zu Zinsgeschäften am Geld- und Kapitalmarkt existiert, ist diese Verbindung für alle anderen nichtzinstragenden Anlagen nicht möglich. Abhängig davon, nach welchem Ansatz das Zinsänderungsrisiko definiert und gesteuert wird, ergeben sich hier gegensätzliche Betrachtungsweisen. Zu klären ist in diesem Zusammenhang auch grundsätzlich die Frage, ob diese Positionen in der Steuerung des Zinsänderungsrisikos berücksichtigt werden, oder eigene Portfolios für diese Asset-Klassen gebildet werden. Bei einer Einbindung in die Steuerung des Zinsänderungsrisikos ist zudem zu klären, ob die Bemessung auf Basis von Buchwert oder Marktwert erfolgt.

Gruppe 3: Kompensationsgrößen

- Eigenkapital
- Wertberichtigungen
- Rückstellungen

Bei der Steuerung des Strukturbeitrags wird im Allgemeinen die Annahme unterstellt, dass sich Anlagen und Verbindlichkeiten eines Kreditinstitutes ausgleichen. Unverzinsliches Eigenkapital bleibt dadurch unberücksichtigt. Bei Betrachtung einer vollkommen eigenfinanzierten Bank wie z.B. vielen Genossenschaftsbanken und Sparkassen wird aber deutlich, dass auch aus der (Opportunitäts-) Anlage von Eigenkapital Zinsänderungsrisiken entstehen können. Erfolgt die Gegenanlage in echt variabel verzinslichen Geschäften (z.B. Tagesgeld, Floater) entstehen der voll eigenfinanzierten Bank Zinsspannenrisiken in Abhängigkeit von der Höhe des Geldmarktzinssatzes. Ein Investment in festverzinslichen Titeln garantiert zwar bis zum Ende der Zinsbindungsfrist ein konstantes Zinsergebnis, führt allerdings zu Barwertschwankungen unabhängig davon wie diese Anlagen im Jahresabschluss abgebildet werden. Zudem besteht am Ende der Zinsbindungsfrist ein sehr hohes Wiederanlagerisiko, da der gesamte Betrag zum dann gültigen Marktzinssatz wieder angelegt werden muss.

Wertberichtigungen auf Kredite sind zu unterscheiden in Bestände, für die tatsächlich ein Ausfall erwartet wird und stille Reserven. Tatsächlich erwartete Ausfälle sind von den Bruttobeständen der Aktivpositionen abzuziehen. In der Vergangenheit gebildete und beibehaltene Einzelwertberichtigungen, für die kein Ausfall mehr in voller Höhe erwartet wird, sowie Vorsorgereserven nach § 340 f HGB sind bei der Steuerung des Zinsänderungsrisikos grundsätzlich zu berücksichtigen. Für diese Positionen wird einfach der Bruttobestand angesetzt. Die damit verbundene Verlängerung der Aktivseite der Bilanz wird durch Einführung einer eigenen Position Wertberichtigungen ausgeglichen werden, die wie Eigenkapital zu behandeln ist.

Auch bei Rückstellungen ist grundsätzlich zu differenzieren, wann diese anfallen. Rückstellungen, die kurzfristig anfallen bzw. deren Kassenwirksamkeit genau bekannt ist, können mit der entsprechenden Opportunität am Geld- und Kapitalmarkt angesetzt werden. Bei längerfristigen Rückstellungen (insbesondere Pensionsrückstellungen) ist sowohl die genaue Inanspruchnahme sowie die tatsächliche Höhe unbekannt. Aufgrund der langfristigen Verfügbarkeit und der Tatsache, dass bei diesen Positionen eine Bodensatzbildung existiert, können diese Mittel aus finanzierungstheoretischer Sicht wie Eigenkapital behandelt werden. Zur Steuerung des Zinsänderungsrisikos bietet sich also die gleiche Opportunität wie für das Eigenkapital an.

1.2 Implikationen für Vertriebscontrolling und Steuerung der Zinspositionen der Gesamtbank

Im Rahmen einer Geschäftsfeldsteuerung für die Bereiche Kundengeschäft und *Treasury* ist der Kundenbereich verantwortlich für den *Konditionsbeitrag* von Geschäften, während die Struktursteuerung für das Zinsbuch im Rahmen des Treasury erfolgt. Der Erfolg eines Kreditinstitutes aus dem zinstragenden Geschäft wird auf diese zwei Bereiche aufgeteilt. Der Opportunitätszinssatz entscheidet über die Verteilung des Gesamterfolges. Während im Beispiel für den Festzinskredit ein eindeutiger Opportunitätszinssatz am Geld- und Kapitalzinssatz existiert, muss für die Spareinlage ein Bewertungszins gefunden werden, der nachhaltig eine für die Steuerung sinnvolle Aufteilung des Gesamtergebnisses ermöglicht. Der verwendete Opportunitätszinssatz von 4,5% führt zu einer Strukturbeitragsmarge von 0,5% und einer Konditionsbeitragsmarge von 1,5%. Bei einem Opportunitätszinssatz von 4% liegen Strukturbeitrag der Gesamtposition und der Konditionsbeitrag der Spareinlage bei 1%.

Aus der Aufgabenaufteilung für die Geschäftsfelder Treasury und Kundengeschäft ergibt sich, dass der Kundenbereich verantwortlich ist für den Konditionsbeitrag und das Treasury für den *Strukturbeitrag*. Das Zinsänderungsrisiko wird also durch das Treasury gesteuert. Um das Kundengeschäft frei von Zinsänderungsrisiken zu stellen, muss sich der Bewertungszins so verhalten, dass die *Marge* für den Kundenbereich ohne Neugeschäft bei allen möglichen Zinsänderungen am Geld- und Kapitalmarkt konstant bleibt. D.h. der Opportunitätszins von variablen Geschäften muss sich

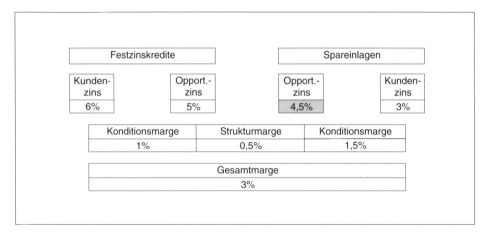

Abb. 2: Aufteilung des Zinsergebnisses in der Marktzinsmethode

parallel zum Kundenzinssatz entwickeln. Um Gegengeschäfte am Geld- und Kapitalmarkt durch das Treasury disponieren zu können, ist es notwendig, dass die Opportunität auch tatsächlich nachzubilden ist. Durch den Abschluss des tatsächlichen Gegengeschäfts ist es auch für das Treasury möglich, das Zinsbuch frei von Zinsänderungsrisiken zu halten. Durch die Absicherungsgeschäfte verändert sich aber der periodische Strukturbeitrag des Treasury-Portfolios.

Die Wahl des Opportunitätszinssatzes für variable Geschäfte hat entscheidenden Einfluss auf die Erfolgsdarstellung der einzelnen Profit-Center.

2. Controlling des Zinsanpassungsverhaltens variabler Positionen

2.1 Fristenablaufbilanz

Basis der Fristenablaufbilanz sind ausschließlich die Festzinspositionen eines Kreditinstituts. Dabei werden die Festzinspositionen von Aktiv- und Passivseite aggregiert und gegenübergestellt. Hat ein Kreditinstitut zu einem bestimmten Zeitpunkt mehr aktivische Bestände als passive, so spricht man von einer Deckungslücke passiv. Umgekehrt wird eine *Deckungslücke* aktiv definiert. Nach dem Konzept der *Fristenablaufbilanz* ist eine Bank frei von Zinsänderungsrisiken, wenn keine Deckungslücken existieren.

Eine aktuelle Fristenablaufbilanz sagt jedoch noch nichts aus über das Zinsänderungsrisiko in künftigen Perioden. So geht aus der obigen Stichtagsbetrachtung nicht hervor, welche Laufzeit Passivmittel zur Verringerung der Deckungslücke haben sollen. Aus diesem Grund werden die Deckungslücken für mehrere Stichtage bestimmt, um einen Überblick über die Entwicklung im Zeitablauf zu erhalten.

Auf Basis der aktuellen Bestände kann das Zinsänderungsrisiko in den einzelnen Perioden ermittelt werden. Folgende Annahmen werden dabei getroffen:

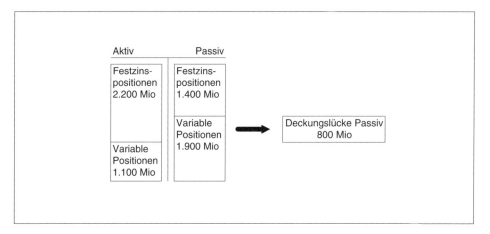

Abb. 3: Stichtagsbezogene Fristenablaufbilanz

	Festzins Aktiv	Zinssatz	Festzins Passiv	Zinssatz	Deckungs-lücke Passiv	Deckungs-lücke Aktiv
Aktuell	2.200	6,10%	1.400	4,70%	800	
31.12.99	2.000	6,05%	1.200	4,85%	800	
31.12.00	1.600	5,90%	1.000	4,80%	600	
31.12.01	1.100	5,70%	700	4,75%	400	
31.12.02	800	5,60%	500	4,70%	300	
31.12.03	550	5,55%	330	4,90%	220	
31.12.04	400	5,60%	300	5,00%	100	
31.12.05	330	5,60%	250	4,80%	80	
31.12.06	230	5,55%	200	5,00%	30	
31.12.07	170	5,40%	120	4,40%	50	
31.12.08	40	5,00%	60	4,25%		20
31.12.09	0		0			

Abb. 4: Entwicklung der Deckungslücken aus dem Bestand

- die Deckungslücke wird im entsprechenden Jahr durch variables Geschäft geschlossen
- die variablen Positionen passen sich Zinsänderungen am Geldmarkt sofort an
- aus dem Festzinsneugeschäft entsteht kein Zinsänderungsrisiko

Unter der zweiten Annahme existiert aus der variablen Schicht kein Zinsänderungsrisiko. Das Zinsergebnis in dieser Periode wird lediglich durch den geänderten Zinssatz für das variable Geschäft und der durchschnittlichen Deckungslücke beeinflusst. Zur Vereinfachung kann die durchschnittliche Deckungslücke als arithmetisches Mittel aus Anfang- und Endbestand einer Periode ermittelt werden. Unter der Annahme einer Zinserhöhung von 2 Prozentpunkten ergibt sich so z.B. aus der durchschnittlichen Deckungslücke von 90 Mio DM für das Jahr 2005 ein Risiko von 1,8 Mio DM. Diesem erwarteten Verlust aus dem Festzinsgeschäft steht aber immer auch eine Chance gegenüber, wenn die Zinsentwicklung für das Kreditinstitut läuft.

Die Zinsbindungsbilanz bietet mit ihrer Vorgehensweise einen ersten einfachen Ansatz zur Erfassung von Zinsänderungsrisiken, bei dem aber einige gewichtige Kritikpunkte zu berücksichtigen sind. So hängt der Zinssatz der Gegenanlage/ Refinanzierung von Deckungslücken immer von der unterstellten Fristigkeit ab, mit der dieser Überhang geschlossen wird. Für unterschiedliche Laufzeiten ergeben sich in Abhängigkeit von der Zinsstrukturkurve verschiedene Zinssätze zur Schließung offener Positionen am Ende des Planungshorizontes. Daher spielt die Wahl der Laufzeit eine immer bedeutenderer Rolle, je stärker die Zinsstrukturkurve geneigt ist. Bei Unterstellung der dargestellten Zinsstrukturkurve beträgt der Unterschied zwischen den Renditen für ein und zehn Jahre 2 Prozentpunkte. Dies bleibt bei der einfachen Schichtenbilanz unberücksichtigt.

Die Fristenablaufbilanz betrachtet nur das Zinsergebnis für künftige Perioden auf Basis der aktuellen Bestände. Bei dieser an der Gewinn- und Verlustrechnung orientierten Betrachtung werden aber Abschreibungen von Rentenwerten bei steigenden Zinsen nicht berücksichtigt, die das Periodenergebnis zusätzlich belasten

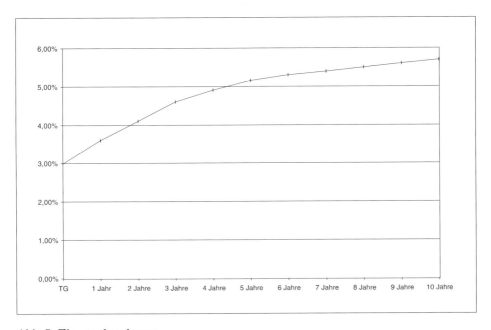

Abb. 5: Zinsstrukturkurve

können. Größtes Problem der Fristenablaufbilanz ist aber die fehlende Berücksichtigung des Einflusses der Zinsänderungen von Positionen ohne festen Bewertungszins. Bei einem stark im Retail-Geschäft orientierten Kreditinstitut können diese Positionen ca. 50% des gesamten Geschäftsvolumens ausmachen. Eine Steuerung des Zinsänderungsrisikos ist durch die ausschließliche Betrachtung des Festzinsgeschäftes nicht möglich.

2.2 Zinselastizitäten

Im Gegensatz zur Schichtenbilanz sieht das Konzept der Zinselastizitäten die Zinsänderungsrisiken eines Kreditinstitutes bei den variabel verzinslichen Geschäften. Grundidee ist dabei, dass variable Positionen mit unterschiedlicher Intensität auf Marktzinsänderungen reagieren. So ist der durchschnittliche Zinssatz für die in Abbildung 1 dargestellte Größenklassenverzinsung im Zeitraum von Januar bis August 1999 von 2,25% auf 1,80% (–0,45 Prozentpunkte) gefallen, der Tagesgeldzins hat sich dagegen von 3,14% auf 2,51% (–0,63 Prozentpunkte) bewegt. Für den Positionszins errechnet sich aus den beiden Zeitpunkten folgende Elastizität:

$$E = \frac{\Delta \text{Positionszins}}{\Delta \text{Marktzins}} = \frac{-0{,}45}{-0{,}63} = 0{,}71$$

Je niedriger die Elastizität einer Position, desto größer ist die Trägheit bei Zinsänderungen. Positionen mit einer Elastizität von 0 werden dabei als Quasi-Festzinspositionen gesehen, bei einer Elastizität von 1 reagiert der Kundenzinssatz in gleicher absoluter Höhe wie der Bewertungszins.

Mit der oben beschriebenen Vorgehensweise werden aber nur zwei Werte aus der Zeitreihe der Zinssätze genutzt. Ein Verbesserung der historischen Elastizität kann durch eine lineare Regressionsanalyse nach der Methode der kleinsten Quadrate ermittelt werden. Dabei werden Produktzins als abhängige Variable und Opportunitätszins als unabhängige Variable für jeden Zeitpunkt gegenübergestellt. Der Regressionsansatz lautet:

Produktzins = Elastizität × Opportunitätszins + Konstante

Aus der Zeitreihe, die den gesamten Beobachtungszeitraum umfasst, ergibt sich nun eine höhere Elastizität von 0,78. Reagiert der Produktzins verspätet auf den Bewertungszins kann in der Elastizitätsanalyse im Rahmen einer Mehrfaktorenanalyse zusätzlich noch ein Time-Lag berücksichtigt werden. In Erweiterungen ist es möglich, weitere Komponenten wie Zinsänderungsrichtung und Höhe der Zinsänderung mit einzubauen. Um keine Scheingenauigkeit zu erhalten, ist es aber insbesondere bei kurzen Analysezeiträumen notwendig, auf den zusätzlichen Erklärungsgehalt der Faktoren zu achten.

Zur Steuerung des Zinsänderungsrisikos können Regressionen aus der Vergangenheit aber nicht kritiklos auf die Zukunft übertragen werden. Zu berücksichtigen ist dabei immer, wie gut die historischen Zeitreihen das künftige Zinsanpassungsverhalten wiederspiegeln. So können Änderungen in der Wettbewerbssituation andere *Konditionsanpassungen* im Kundengeschäft notwendig machen. Hat eine Bank in der Vergangenheit z.B. bei der Konditionierung von variablen Passivprodukten nur

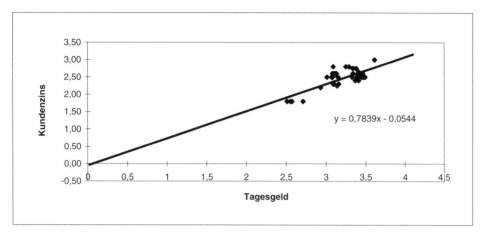

Abb. 6: Regressionsanalyse

in geringem Maße auf Zinserhöhungen am Geld- und Kapitalmarkt reagiert und damit die Zinsspanne verbessert, ist es denkbar, dass Kunden künftig schneller auf Konkurrenzprodukte innerhalb des Hauses (z.B. Termingelder) oder anderer Wettbewerber ausweichen. Um massive Kapitalabflüsse zu verhindern sind die Zinssätze dann entsprechend schnell anzupassen, was einer höheren künftigen Elastizität entspricht.

Zu achten ist auf die genaue Abgrenzung von variablen und festverzinslichen Positionen für das Zinsänderungsrisiko einer Periode. So beeinflussen Zinsänderungen von Festzinspositionen, die zu Beginn einer Berichtsperiode auslaufen, das Zinsergebnis stärker als Positionen, deren Zinsbindung erst am Ende der Periode ausläuft. Für die Gesamtperiode ergeben sich daraus unterschiedliche Elastizitäten. Unterstellt man allerdings eine diversifizierte Fälligkeitsstruktur in den Positionen kann die durchschnittliche Fälligkeit der in der Periode auslaufenden Zinsbindungen berücksichtigt werden. Bei einem Portfolio von 100 Mio DM endfälligen Krediten mit fünfjähriger Zinsbindungsdauer ist davon auszugehen, dass ca. 20% des Volumens aus Altgeschäften im Berichtsjahr fällig werden. Dieser Bestand weist also im laufenden Jahr eine Zinselastizität größer 0 aus. Wird zudem noch unterstellt, dass sich die auslaufenden Zinsbindungen linear über das ganze Jahr verteilen, so ergibt sich eine durchschnittliche Restlaufzeit von 6 Monaten. Bis zum Fälligkeitszeitpunkt ist die Zinsanpassungselastizität gleich 0, anschließend schlagen Zinsänderungen – bei unterstellter konstanter Marge für die Bank – voll durch, d.h. die Elastizität beträgt dann für den Rest des Jahres 1. Der Bestand an auslaufenden Zinsbindungen i.H.v. 20 Mio DM weist also eine Elastizität von 0,5 auf. Der Gesamtbestand an Darlehen mit fünfjähriger Zinsbindungsfrist hat im Beispiel folglich eine Elastizität von 0,1. Nach diesem Prinzip ist das Zinsanpassungsverhalten aller Geschäftsarten mit Zinsbindungsfrist zu untersuchen und die Elastizität sollte gegebenenfalls angepasst werden.

Aus den Elastizitäten der einzelnen Positionen lassen sich die Elastizitäten für die gesamte Aktiv- bzw. Passivseite der Bilanz errechnen. Dazu sind die Elastizitäten der

Aktiva			Passiva		
	Volumen	Elastizität		Volumen	Elastizität
Festzins	2.200	0	Festzins	1.400	0
Variabel	1.100	0,60	Variabel	1.900	0,52
Summe	3.300	0,20	Summe	3.300	0,30

Abb. 7: Elastizitätsbilanz

einzelnen Positionen gemäß ihrem Volumensanteil an der jeweiligen Bilanzseite zu gewichten. Das Zinsänderungsrisiko für die Gesamtbank ergibt sich dann aus der Differenz der Zinselastizitäten der beiden Bilanzseiten.

Steigen die Zinsen am Geld- und Kapitalmarkt im Beispiel um einen Prozentpunkt, so steigt der Durchschnittszins der gesamten Aktiva um 0,2 Prozentpunkte, d.h. um 6,6 Mio DM. Der Durchschnittszinssatz der Passiva erhöht sich dagegen um 0,3 Prozentpunkte, der Zinsaufwand steigt absolut um 9,9 Mio DM. Im Falle einer Zinssteigerung um einen Prozentpunkt ergibt sich also ein Zinsänderungsrisiko von 3,3 Mio DM. Umgekehrt verbessert sich bei einer Zinssenkung am Markt die Zinsspanne für die Bank.

Das Grundmodell der Elastizitätsbilanz geht von folgenden Prämissen aus:

- Einperiodigkeit
- Schocks in der Zinsentwicklung
- Abhängigkeit der variablen Positionen von einem Bewertungszins
- Elastizität Upside gleich Elastizität Downside
- Kein Time-Lag bei der Konditionsanpassung

Die einperiodige Betrachtung reicht nicht aus, um die Auswirkungen von Zinsänderungen auch für das künftige Ergebnis eines Kreditinstituts deutlich zu machen. Hierfür ist eine dynamische Elastizitätsbilanz zu erstellen. Im einfachsten Fall geht man davon aus, dass die Bilanzstruktur unverändert bleibt. Die Zinsspanne wird dann nur durch Zinsänderungen beeinflusst. Zu berücksichtigen ist, dass bei zunehmendem Planungshorizont auslaufende Zinsbindungen zu einer höheren Elastizität von Festzinspositionen führen. In einer mehrperiodigen Elastizitätsbilanz können zusätzlich noch Verschiebungen in den Bilanzpositionen (z.B. von variablen Krediten hin zu Festzinsbindungen) und Änderungen im Konditionsbeitrag (z.B. abnehmende Margen) berücksichtigt werden. Da viele Parameter der zukünftigen Geschäftsentwicklung nicht exakt prognostiziert werden können, bietet es sich an alternative Szenarien zu entwerfen und darauf Simulationen aufzubauen. Die Positionierung des Gesamtinstituts kann dann anhand des Szenarios erfolgen, das am wahrscheinlichsten eintritt, wobei berücksichtigt werden muss, dass auch bei Eintritt alternativer Szenarien die Sicherung des notwendigen Mindestertrages gewährleistet ist.

Bisher wurde bei der Analyse der Elastizitäten davon ausgegangen, dass sich die

Zinsen am Geld- und Kapitalmarkt sprunghaft verändern. Zwar erfolgen Zinsschritte durch die Zentralbank in der Regel tatsächlich in Sprüngen von 0,25 oder 0,5 Prozentpunkten, größere Zinsänderungen treten aber nur über einen längeren Zeitraum hinweg auf. Das Zinsergebnis einer Periode verändert sich deshalb nicht sprunghaft, sondern ist das Ergebnis sehr vieler Zinsanpassungen. Bei der Planung der Zinsspanne ist dies zu berücksichtigen.

Im Grundmodell der Zinselastizitätsbilanz wird als *Referenzzinssatz* für die Risikoanalyse der Zinssatz für Tagesgeld vorgeschlagen. Die Konditionierung insbesondere längerlaufender variabler Produkte orientiert sich oft aber nicht am Geldmarkt, sondern an einer längerfristigen Kapitalmarktopportunität. Beispiele hierfür sind variable Darlehen im Aktivbereich oder Prämiensparer auf der Passivseite. Zur Quantifzierung des Zinsänderungsrisikos auf Basis der Zinselastizitäten kann deshalb auf unterschiedliche Referenzzinssätze abgestellt werden. Die Risikoanalyse wird dadurch aber erschwert, da mehrere Szenarien für die Entwicklung am Geld- und Kapitalmarkt zu erstellen und auszuwerten sind. So sind durchaus Fälle vorstellbar, bei denen der Zinssatz am Geldmarkt sinkt, während die Kapitalmarktzinsen ansteigen und vice versa. Zusätzlich erschwert wird die Steuerung über stichtagsbezogene Kapitalmarktzinsen dadurch, dass eine mehrperiodige Disposition zur Absicherung nur eingeschränkt möglich ist. Konditioniert man z.B. variable Darlehen nach dem stichtagsbezogenen Zinssatz für 5 Jahresgeld, gibt es kein gängiges Kapitalmarktprodukt, mit dem eine sichere Marge disponiert werden kann. Durch eine Refinanzierung über eine fünfjährige Festzinsbindung wird das Zinsänderungsrisiko nicht ausgeschlossen, da sich der Kundenzins im Zeitablauf ändert, der Refinanzierungssatz aber gleich bleibt. Aus Gründen der Übersichtlichkeit und der *Disponierbarkeit* ist eine Verwendung von langfristigen Kapitalmarktzinsen als Referenzsätze zur Steuerung der Zinspositionen auf Basis der Elastizitätsbilanz wenig sinnvoll.

Die Elastizitäten von Positionen können je nach Richtung der Zinsentwicklung unterschiedlich stark ausgeprägt sein. Je nach Höhe des Zinsniveaus und Preiselastizität der Kundennachfrage ist es möglich, den Umfang von Zinsänderungen am Geld- und Kapitalmarkt mehr oder weniger stark im Kundengeschäft weiterzugeben. Liegt z.B. bei einem Marktzinssatz von nur 3 Prozent der Spareckzins bei 1 Prozent, ist ein weiteres Absenken der Kundenkondition kaum mehr möglich. Zinserhöhungen können in diesem Fall teilweise an Kunden weitergegeben werden. Bei variablen Aktivprodukten wie dem Darlehensaltblock, bei dem das Kundenverhalten relativ träge ist, werden Zinserhöhungen oft voll weitergegeben, während Zinssenkungen nur in begrenztem Umfang erfolgen. Bei den jeweiligen Simulationen zur Ermittlung des Zinsänderungsrisikos auf Basis der Elastizitätsbilanz sind die unterschiedlichen Reagibilitäten zu berücksichtigen.

Eine andere Möglichkeit für Banken von Zinsänderungen zu profitieren ist die verzögerte Weitergabe von Zinsänderungen am Markt. Über einen bestimmten Zeitraum können Zusatzerträge generiert werden, wenn Zinserhöhungen im Aktivgeschäft sofort und im Passivbereich erst nach einigen Wochen oder Monaten weitergegeben werden. Bei Zinssenkungen erfolgt die umgekehrte Reaktion. Auch dieses Verhalten kann in der Elastizitätsanalyse mit abgebildet werden. Die Effekte aus einer verzögerten bzw. unvollständigen Anpassung je nach Richtung der Zinsänderung sind aber nicht sauber auseinanderzuhalten. Vom Versuch einer zu umfang-

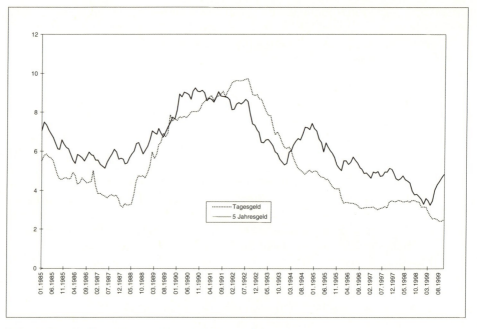

Abb. 8: Entwicklung Tagesgeld und 5 Jahresgeld

reichen Prognose der einzelnen Effekte sollte in der Praxis deshalb aus Gründen der Übersichtlichkeit für das Ergebnis der Simulationen abgesehen werden.

Das Konzept der Zinselastizitäten bietet eine gute Möglichkeit das Zinsergebnis einer Bank unter Berücksichtigung des variablen Bereiches zu prognostizieren und daraus Zinsänderungsrisiken zu erkennen. Mit zunehmendem Prognosehorizont nimmt die Qualität der Aussagen aber deutlich ab, da nur eine überschaubare Anzahl von Szenarien durchgespielt werden kann. Zu berücksichtigen ist ferner, dass das Zinsergebnis der Zukunft auch vom Volumen und den Margen im Neugeschäft beeinflusst wird. In diesem Zusammenhang ist zu entscheiden, ob Margenrisiken aus dem prognostiziertem Neugeschäft bereits heute abgebildet werden sollen oder ob auf Basis des Zinselastizitätskonzept nur das bereits bestehende Geschäft erfasst wird. Eine saubere Trennung zwischen der Steuerung des Strukturbeitrages und des Konditionsbeitrages ist im ersten Fall nicht mehr möglich. Das gleiche gilt für unterschiedliche Bewertungszinsen, richtungsabhängige Elastizitäten sowie Time-Lags. Diese Effekte können ebenfalls nicht eindeutig dem Marktbereich einer Bank oder der zentralen Disposition zugerechnet werden. Dies verhindert eine saubere Nachkalkulation der Geschäfte insbesondere wenn zusätzlich noch Absicherungsgeschäfte erfolgen. Eine Trennung der Geschäftsfelder Treasury und Kundenbereich wird damit im Rahmen der Gesamtbanksteuerung aufgegeben.

2.3 Cash-Flow orientierter Ansatz

2.3.1 Gleitende Durchschnitte

Beim Konzept der *gleitenden Durchschnitte* wird versucht, den Opportunitätszinssatz durch ein rollierendes Portfolio nachzubilden. Dies lässt sich beispielhaft an einem konstanten Bestand von Sichteinlagen i. H. v. 120 Mio DM demonstrieren, bei dem der Zinssatz im Zeitablauf konstant bei 0,5 Prozent liegt. Zur Minimierung des Zinsänderungsrisikos ist es notwendig, eine Gegenanlage zu finden, deren Verzinsung im Zeitablauf möglichst konstant ist, da auch der Kundenzins unverändert bleibt. Eine Möglichkeit wäre, die Mittel in festverzinsliche Wertpapiere mit möglichst langer Laufzeit anzulegen. Am Kapitalmarkt bieten sich dazu zehnjährige Anleihen an. Werden die gesamten Kundengelder aber auf einmal in die gleiche Laufzeit investiert, ergibt sich am Ende des Planungshorizontes ein hohes Wiederanlagerisiko in Abhängigkeit vom dann aktuellen Zinsniveau. So konnte mit der Gegenanlage im Jahr 1990 ein Zinssatz von 9% erzielt werden. Bei Auslaufen der Zinsbindung im Jahr 2000 ergibt sich dann ein deutlicher Rückgang der Erträge aus der Gegenanlage im Falle sinkender Zinsen (z.B. 5,5%).

Um das Wiederanlagerisiko zu reduzieren bietet es sich an die Fälligkeitsstruktur so aufzubauen, dass jedes Monat oder Jahr ein Teil der Gegenanlage fällig wird, der dann wieder in zehnjährige Titel investiert wird. Die Verzinsung des Portfolios ändert sich zwar in jeder Periode durch den neu angelegten Teilbetrag. Große Sprünge in der Verzinsung treten aber nicht auf, da die Zusammensetzung weitgehend gleich bleibt. In der Startphase wird die Verzinsung des Portfolios von der gesamten Zinsstrukturkurve determiniert, da der Aufbau der anteiligen jährlichen Fälligkeiten nur mit der Rendite der jeweiligen Restlaufzeit erfolgen kann. Fälligkeiten werden später aber immer durch die zehnjährige Anlage substituiert, so dass nach Ablauf der Startphase die Verzinsung des Portfolios dem gleitenden historischen Durchschnitt des 10 jährigen Zinssatzes für die letzten 10 Jahre entspricht.

In der Tabelle wurden im Jahr 1999 die 120 Mio DM in 10 gleichen Tranchen in die Laufzeiten 2000 bis 2009 investiert. Im Jahr 2000 wird die erste Tranche fällig und für 10 Jahre zum dann gültigen Zinssatz angelegt. Die durchschnittliche Laufzeit des Gesamtportfolios bleibt im Zeitablauf konstant, da sich die Restlaufzeit des »Altbestandes« jedes Jahr verringert. Anstelle einer jährlichen Betrachtung wäre es auch möglich, das Portfolio in Monatsbeträge aufzuteilen, um eine weitere Glättung des Referenzzinssatzes zu erreichen. In diesem Fall werden dann 120 Tranchen mit je einer Million DM investiert. Aus Abbildung 10 wird deutlich, dass durch die Anlage in das rollierende Portfolio im Zeitablauf ein relativ konstantes Zinsergebnis realisiert werden kann, während der Stichtagszins mitunter sehr stark schwankt.

2.3.2 Wahl der Mischungsverhältnisse

Gleitende Durchschnitte sind auch einsetzbar als Opportunität von Produkten, deren Zinssatz im Zeitablauf schwankt. Ziel der Optimierung ist hier, dass die *Marge* zwischen Kunden- und Bewertungszins im Zeitablauf möglichst konstant bleibt. Zu

	2000	2001	2002	2003	2004	2005	2006	2007	2008	2009	2010
Fälligkeiten des Portfolio 1999	12	12	12	12	12	12	12	12	12	12	
Zinssatz (%)	3,60	4,00	4,30	4,50	4,70	4,90	5,10	5,20	5,30	5,40	
Fälligkeiten des Portfolio 2000		12	12	12	12	12	12	12	12	12	12
Zinssatz (%)		4,00	4,30	4,50	4,70	4,90	5,10	5,20	5,30	5,40	?

Abb. 9: Aufbau eines rollierenden Portfolios

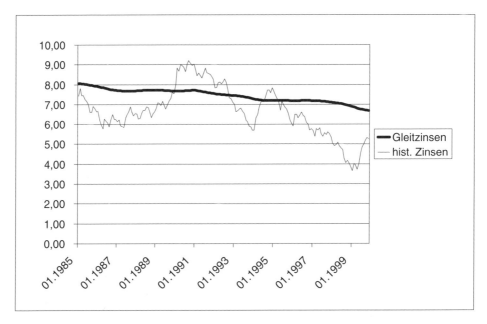

Abb. 10: Entwicklung 10jähriger Zinssatz und gleitender Durchschnitt

berücksichtigen ist dabei, dass sich die Opportunität eines variablen Geschäfts nicht allein an einem gleitenden Durchschnitt orientieren muss, sondern eine Mischung möglich ist. So kann sich der Referenzzinssatz für KK-Kredite an Geschäftskunden aus folgenden gleitenden Durchschnitten zusammensetzen:

40% gltd. 3-Monats-EURIBOR
30% gltd. 1-Jahres-Pfandbriefrenditen
30% gltd. 5-Jahres-Pfandbriefrenditen

Als Ausgangspunkt für die Bestimmung der gleitenden Durchschnitte dienen im Allgemeinen wie beim Konzept der Zinselastizitäten Analysen der Konditionsgestaltung aus der Vergangenheit. Über eine Auswertung der Zeitreihen können die *Mischungsverhältnisse* für den Bewertungszins bestimmt werden, bei denen die Marge im Zeitablauf möglichst konstant war. Zu beachten ist dabei aber, dass für die Steuerung in künftigen Perioden auch das voraussichtliche Zinsanpassungsverhalten in diesem Zeitraum berücksichtigt wird, da es ansonsten zu falschen Steuerungsimpulsen kommen kann.

So war das Zinsanpassungsverhalten von variablen Darlehen sowie von Spareinlagen in den 90er Jahren relativ träge. Für Aktivgeschäfte lag dies daran, dass Zinssenkungen am Geld- und Kapitalmarkt insbesondere bei Altgeschäften nur sehr zögerlich an Kunden weitergegeben wurden, um das Zinsergebnis für die Bank zu verbessern. Möglich war dies aufgrund der niedrigen Preiselastizität der Kundennachfrage. Im Bereich der Spareinlagen lag der Spareckzins bereits zu Beginn der Dekade relativ niedrig, was dazu führte, dass keine großen Anpassungen nach unten mehr erfolgen konnten. Aus der trägen *Zinsanpassung* ergibt sich regelmäßig ein langfristiger gleitender Durchschnitt als Opportunitätszinssatz, der relativ hoch liegt. Im Rahmen einer *Profit Center-Rechnung* heißt dies aber auch, dass die Marktbereiche Festzinsbindungen im Aktivbereich gegenüber variablen Positionen bevorzugen, umgekehrt verhält es sich auf der Passivseite. Für den Fall, dass die Zinsen am Geld- und Kapitalmarkt wieder steigen, ist bei Krediten aber davon auszugehen, dass die Konditionen rasch nach oben angepasst werden. Dann wäre im Rahmen der Gesamtbanksteuerung aber ein kurzer Bewertungszins angebracht. Aufgrund des stark gestiegenen Wettbewerbs insbesondere im Bereich der Kundeneinlagen ist es aber auch bei variablen Passiva wahrscheinlich, dass Zinserhöhungen am Geld- und Kapitalmarkt an Kunden umgehend weitergegeben werden müssen, um starke Volu-

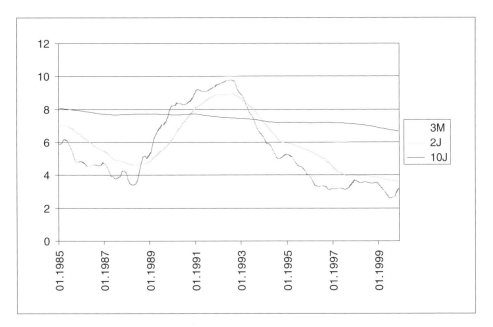

Abb. 11: glt. 3-M-Geld, 2-J-Geld, 10-J-Geld

mensabflüsse zu verhindern. Auch hier wäre somit ein kurzer Bewertungszins sinnvoll.

Für die Steuerung auf Basis gleitender Durchschnitte ist neben dem Zinsanpassungsverhalten auch die Volumensentwicklung der jeweiligen variablen Zinspositionen zu berücksichtigen. Weisen die Bestände stark schwankende oder stetig abnehmende Volumina auf, ist eine langfristige Disposition trotz geringer Zinsanpassungsreagibilität nicht möglich. Das (fiktive) Opportunitätsportfolio müsste in diesem Fall immer wieder aufgelöst werden, um die Liquiditätsschwankungen aufzufangen. Dadurch entsteht ein Kursrisiko für die Bank. Soll bei Zunahme der Volumina das Opportunitätsportfolio wieder aufgebaut werden, kann dies zudem i.d.R. aufgrund der geänderten Kapitalmarktsituation nicht mehr zu den ursprünglichen Konditionen erfolgen, so dass erneut ein Zinsänderungsrisiko entsteht.

Als Alternative zum Auflösen des Gegenportfolios bietet sich bei schwankenden Beständen der Ausgleich der Liquiditätsspitzen über kurzfristige Geschäfte am Geldmarkt an. Aber auch hier existiert, wie folgendes Beispiel zeigt, ein Zinsänderungsrisiko. Der Zinssatz für KK-Kredite betrage 8% p.a. bei einem Volumen von 100 Mio DM. Der gleitende Durchschnitt als Bewertungszins ist 5% p.a. Daraus ergibt sich ein Zinskonditionsbeitrag i.H.v. 3 Mio DM p.a. Sinkt der Bestand an KK-Krediten auf 50 Mio DM und kann dieser Betrag nur zu 3% am Geldmarkt angelegt werden, ergibt sich ein jährlicher Zinsertrag von (8% × 50 + 3% × 50) Mio DM = 5,5 Mio DM. Die Kosten für die Refinanzierung belaufen sich weiterhin auf jährlich 5% × 100 Mio DM = 5 Mio DM. Das Zinsergebnis sinkt auf 0,5 Mio DM p.a., obwohl die Marge für die verbleibenden 50 Mio DM KK-Kredite weiterhin bei 3% oder 1,5 Mio DM p.a. liegt.

Ist vorab bekannt, dass die Volumina abnehmen, sollte von Beginn an nur der Bestand langfristig disponiert werden, der im Hause verbleibt. Der Differenzbetrag wird dann kurzfristig disponiert. Im Falle wieder zunehmender Bestände bei saisonalen Schwankungen ergeben sich aus der kurzfristigen Disposition bei trägem Zinsanpassungsverhalten aber immer Zinsänderungsrisiken. Bei schwankenden Beständen kann die Bank das Zinsänderungsrisiko nur dadurch ausgleichen, dass sich die Kundenkondition mit dem Anteil, der kurzfristig zu disponieren ist, auch nach einem kurzfristigen Opportunitätszinssatz richtet.

2.3.3 Integrationsmöglichkeiten im Rahmen der Gesamtbanksteuerung

Durch die Orientierung des Konzepts der gleitenden Durchschnitte an Zahlungsströmen kann die Fristenablaufbilanz der Festzinspositionen um die fiktiven Fälligkeiten der variablen Geschäfte erweitert werden, so dass alle zinstragenden Geschäfte einer Bank abgebildet sind. Berücksichtigt man neben den Fälligkeiten noch die Zinszahlungen, erhält man den *Summenzahlungsstrom (Super-Cash-Flow)* des Zinsbuches. Auf Basis des Summenzahlungsstromes können dann unterschiedliche Analysen und Maßnahmen erfolgen.

So ist es durch Abdiskontierung der Zahlungsströme möglich, den Barwert des Zinsbuches zu ermitteln und dessen Entwicklung zu beobachten. Zur Ertrags- und Risikoprognose lassen sich Szenario- und Value-at-Risk-Analysen durchführen. Ana-

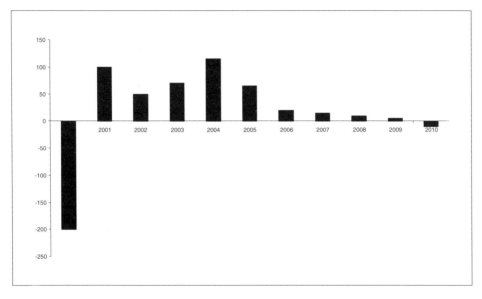

Abb. 12: Summenzahlungsstrom jährlich aggregiert

log zum Fondsmanagement können im Rahmen einer Treasury-Organisation auch Benchmark-orientierte Strategien unter Einbeziehung der variablen Zinspositionen umgesetzt werden.

3. Implementierung der Steuerung variabler Zinspositionen in der Praxis

3.1 Schnittstellen zur Geschäftskalkulation

Die Notwendigkeit zur Abbildung variabler Positionen wird bei den meisten Banken im Rahmen der Stabilisierung des Zinsergebnisses der Gesamtbank gesehen. Die Konzepte werden daher zunächst als Instrument der Gesamtbanksteuerung mit Hilfe einer Planung auf Basis der Gewinn- und Verlustrechnung wahrgenommen. Das Management des Zinsergebnisses kann aber nicht nur auf Gesamtbankebene erfolgen, vielmehr ist im Sinne der Marktzinsmethode das Zinsergebnis in Konditions- und Strukturbeiträge aufzuspalten und zu steuern. Die Aufteilung erfolgt durch die Wahl des Opportunitätszinssatzes, wobei das Kundenergebnis ceteris paribus von Zinsschwankungen am Geld- und Kapitalmarkt nicht betroffen sein soll (konstante Marge). Bei variablen Zinspositionen drückt sich das Zinsanpassungsverhalten der Kundenkondition durch die Wahl der Elastizität bzw. des gleitenden Durchschnittes aus, auf dessen Basis dann die Disposition erfolgt. Im Rahmen der Ergebnisaufspaltung ist das Treasury für Abweichungen vom Bewertungszins bei der Disposition verantwortlich. In der Praxis wird die Kundenkondition von variablen und festen Zinspositionen nicht vollständig parallel zur Opportunität am Geld- und Kapitalmarkt angepasst. Dies drückt sich dann in einer Schwankung des Konditionsbeitrages aus. Die Wahl der *Opportunität* ist also nicht nur ein Mittel zur Steuerung des Zinsänderungsrisikos auf Gesamtbankebene, sondern sie hat immer auch Implikationen für das Vertriebscontrolling im Rahmen einer ertragsorientierten Kalkulation *(Profit-Center-Rechnung)*. Da bei zu großen Schwankungen im Konditionsbeitrag eine Steuerung des Zinsergebnisses auf Gesamtbankebene nicht möglich ist, ist die Wahl der Opportunität bei Eintritt großer Abweichungen erneut zu überprüfen.

Das Konditionsanpassungsverhalten bei Zinsänderungen am Geld- und Kapitalmarkt determiniert kurzfristig den Konditionsbeitrag, langfristig ist dagegen das Ziel zur Stabilisierung der Zinsspanne den Opportunitätszinssatz so zu wählen, dass ein konstantes Ergebnis erzielt wird. Ändert sich also das Zinsanpassungsverhalten strukturell, hat dies Implikationen für den Bewertungszins. Im Falle einer Anpassung der Opportunität ändert sich somit wieder der Konditionsbeitrag für das einzelne Produkt. Disponiert das Treasury ebenfalls nach der neuen Opportunität, ändert sich auch die Zinsspanne der Gesamtbank. Deutlich wird dies insbesondere, wenn zur Ausschaltung der Effekte künftiger Marktzinsänderungen keine Fristeninkongruenz eingegangen wird. Das Zinsergebnis besteht in diesem Fall nur aus dem (ex definitione möglichst konstanten) Konditionsbeitrag.

Zur Optimierung des nachhaltigen risikolosen Zinsergebnisses von variablen Produkten ist also langfristig ein Zinsanpassungsverhalten zu wählen, das sich nicht ausschließlich an der Maximierung (Minimierung) der Kundenkondition bei Aktiv- (Passiv-) Produkten orientiert. Vielmehr ist das Zinsanpassungsverhalten so zu wählen, dass sich im Zeitablauf ein maximaler Konditionsbeitrag ergibt. Dies schließt nicht aus, dass im Rahmen des *Treasury* von den Kundengeschäften unabhängig auch Fristentransformation betrieben wird.

Zur Abbildung des Konditionsbeitrages von Einzelgeschäften werden laufende Margen bzw. Barwerte verwendet. Die Bestimmung von Barwerten setzt voraus, dass das Kundengeschäft als Zahlungsstrom dargestellt werden kann. Durch die Ablauffiktionen ist dies im Konzept der gleitenden Durchschnitte problemlos möglich. Die fiktiven Cash-Flows aus dem Kundengeschäft werden dazu entweder mit den laufzeitadäquaten Zerobondabzinsungsfaktoren aus dem Geld- und Kapitalmarkt abgezinst oder der Zahlungsstrom wird durch die strukturkongruente Gegenanlage geschlossen, so dass der Barwert in der Kasse verbleibt. Eine Integration von Zinselastizitäten und Barwertkonzept ist wegen der fehlenden Ablauffiktionen dagegen problematisch. So kann bei einem langfristigen Opportunitätszinssatz das Kundengeschäft aufgrund der fehlenden Dispositionsmöglichkeiten nicht fristenkongruent geschlossen werden. Im Falle der Verwendung eines kurzfristigen Referenzzinses ist nur eine Barwertberechnung bis zur nächsten Zinsanpassung bzw. der Laufzeit der Opportunität sinnvoll. Bei Geschäftsabschluss ist der Barwert aufgrund der kurzen Zinsbindung dann relativ gering. Läuft das Geschäft weiter, fällt erneut ein Barwert für die nächste Periode an, obwohl vom Kundenbereich keine neue Verkaufsleistung erbracht wurde.

Variable Bankprodukte von Retail-Banken zeichnen sich häufig durch ihre hohen Zinskonditionsbeiträge aus. Zu nennen sind in diesem Zusammenhang insbesondere KK-Kredit, variable Darlehen sowie Sicht- und Spareinlagen ohne besondere Verzinsung. Ein bedeutender Teil der Konditionsbeiträge wird somit in diesen Produkten erzielt. Bei der Steuerung der Marktbereiche auf Basis einer Profit-Center-Rechnung besteht somit der Anreiz für die Mitarbeiter, ihre Kunden verstärkt in diese Produkte zu lenken. Allerdings besteht dann die Gefahr, dass eine Interessenkollision zwischen Kundenbedürfnis und Steuerungsimpuls für den Verkäufer entsteht. So ist es für den Kunden bei langfristigen Kreditaufnahmen sicherer, eine Festzinsbindung zu wählen, um auch im Fall von Zinssteigerungen am Geld- und Kapitalmarkt eine sichere Kalkulationsgrundlage zu haben. Auch auf der Passivseite hat der Kundenverantwortliche einen Anreiz Sicht- oder Spareinlagen zu halten und auszubauen, Produkte mit einem besseren Ertrags-/Risikoprofil aber gar nicht erst anzubieten. Langfristig verringert sich dadurch aber die Kundenzufriedenheit und es besteht die Gefahr der Abwanderung von Kunden zu Wettbewerbern.

3.2 Planung variabler Zinsgeschäfte in der GuV

Die Gewinn- und Verlustrechnung nach Handelsrecht bildet bei vielen Banken und Sparkassen nach wie vor die Grundlage für die Planung der Steuerung des Zinsänderungsrisikos. Um das Zinsergebnis über mehrere Perioden hinweg zu planen, sind Annahmen über die Bestandsentwicklungen und deren Zinssätze zu treffen. Modelle zur Steuerung des Zinsänderungsrisikos vereinfachen dabei die Prognose der Zinssätze für Produkte ohne festen Bewertungszins. Mit der Bestimmung des Zinsanpassungsverhaltens gegenüber der Opportunität braucht nur mehr deren Entwicklung prognostiziert zu werden, der Zinsaufwand bzw. -ertrag ergibt sich dann direkt aus dem Modell. Zinssätze für einzelne Bilanzpositionen brauchen so nicht mehr eingepflegt werden. Insbesondere für das Durchspielen mehrerer Szenarien wird das Handling dadurch wesentlich erleichtert. Darüber hinaus hat diese Vorgehensweise Vorteile für das Zusammenspiel zwischen Controlling und Entscheidungsträger (i.d.R. der Vorstand). Anhand einer Zinsprognose können die Zinssätze für einzelne variable Produkte im Controlling direkt abgeleitet werden. Voraussetzung dafür ist aber die Akzeptanz der den Modellen zugrunde liegenden Annahmen durch den Vorstand.

Mit in die Modelle eingebaut werden können Annahmen über veränderte Margen und Bestände. Dabei ist aber darauf zu achten, dass nicht zu viele Szenarien durchgespielt werden, da ansonsten die Übersichtlichkeit der Ergebnisse darunter leidet.

3.2 Steuerung des Reinvermögens im Barwertkonzept

Im Gegensatz zur GuV-orientierten Steuerung des Zinsänderungsrisikos wird im *Barwertkonzept* versucht, das Reinvermögen einer Bank unter Performancegesichtspunkten optimal zu steuern. Je nach Anlageintention lassen sich dabei Anlagebuch und Handelsbuch unterscheiden. Bestände des Handelsbuches haben i.d.R. kurzfristigen Charakter und werden auf liquiden Märkten gehandelt. Die Steuerung erfolgt im Rahmen von Limitsystemen weitgehend autonom durch die selbstdisponierenden Handelseinheiten. Die Risikopotentiale aus diesen Beständen ändern sich sehr rasch, je nachdem wie sich die Markteinschätzung und Handelsmöglichkeiten darstellen. Aus Sicht einer mittel- und langfristig orientierten Gesamtbanksteuerung können diese Risiken zwar begrenzt aber aufgrund der sich ständig ändernden Ausrichtung nicht integriert gesteuert werden. Sie stellen also eigene Vermögenspositionen dar. Der Planungshorizont für das Anlagebuch ist dagegen länger und die meisten Banken haben darin den weit überwiegenden Teil ihrer Vermögenspositionen. Zur strategischen Steuerung werden die Bestände im Allgemeinen aufgeteilt in Zinspositionen, Aktien, Währungen und sonstige Positionen (z.B. Immobilien, Investmentfonds). Im Rahmen einer strategischen Asset-Allokation werden unter Ertrags- und Risikogesichtspunkten Soll-Strukturen definiert, welche die gewünschte Ausrichtung der Teilportfolios vorgeben. Zinspositionen ohne festen Bewertungszins sind in diesem Zusammenhang in das Zinsbuch integriert.

Voraussetzung für die barwertorientierte Steuerung des Zinsbuches ist die Existenz von Cash-Flows der einzelnen Geschäfte, die sich zum Summenzahlungsstrom aggregieren lassen (s.o.). Die Voraussetzungen dafür sind aber nur im Konzept der gleitenden Durchschnitte gegeben. Wie auch bei der barwertigen Abbildung der Konditionsbeiträge ist auch zur Steuerung der Gesamtbank das Elastizitätskonzept nur bedingt geeignet.

Der Zusammenhang zwischen dem Barwertkonzept und Ablauffiktionen von variablen Geschäften wird anhand eines einfachen Beispiels deutlich. So entstehen einer Bank aus Spareinlagen mit trägem Zinsanpassungsverhalten und einem daraus resultierendem langfristigen gleitenden Durchschnitt (fiktive) Auszahlungen über 10 Jahre. Sinken die Zinssätze am Geld- und Kapitalmarkt, werden die künftigen Auszahlungen weniger stark abdiskontiert, der Barwert der Auszahlungen steigt, die Bank verliert somit an Vermögen. In der Gewinn- und Verlustrechnung des laufenden Jahres werden diese Effekte nur zum Teil sofort sichtbar, die Barwertverringerung zeigt sich erst in einer nachhaltigen Verringerung des Zinsüberschusses in den nächsten Jahren. Diese Zusammenhänge wurden insbesondere in der Zinssenkungsphase während der neunziger Jahre von vielen Retail-Banken für die Produkte Sicht- und Spareinlagen nicht erkannt. Neben dem gestiegenen Wettbewerbsdruck war dies mit ein Grund für den nachhaltigen Rückgang der Betriebsergebnisse in dieser Periode. Um das Zinsänderungsrisiko für die Gesamtbank herauszunehmen wäre es sinnvoll gewesen, die Aktivseite länger zu disponieren, z.B. durch den Kauf langlaufender Rentenpapiere. In der Praxis wurden aufgrund der starken GuV-Orientierung in der Steuerung diese Positionen aber nicht aufgebaut, da nur die Abschreibungsrisiken aus diesen Geschäften betrachtet wurden. Für den Barwert des Gesamtinstituts hätte sich dagegen auch für den Fall steigender Zinsen kein Risiko ergeben.

3.4 Einführungskonzept

Die Dauer für den Einführungsprozess kann mit ca. 6 Monaten veranschlagt werden. Dabei ist zu berücksichtigen, dass der Personaleinsatz nicht zu 100% über die Gesamtdauer erforderlich ist. Vielmehr benötigt das Sammeln von Erfahrung über mehrere Auswertungsperioden hinweg und der sichere Umgang mit den Modellergebnissen durch alle Beteiligte den entsprechenden Zeitraum.

Zentrale Thesen für den Einführungsprozess sind:

- Eine Einführungsstrategie ist sinnvoll
- Das Controlling kann die Modellparameter nicht alleine festsetzen, vielmehr ist eine breite Akzeptanz notwendig
- Die Modellparameter haben im Rahmen der Marktzinsmethode Auswirkungen auf die Steuerung von Konditions- und Strukturbeitrag, d.h. auch die Marktbereiche sind davon betroffen.

3.4.1 Strategische Beschlussfassung durch den Vorstand

Der Aufbau eines Modells zur integrierten Steuerung variabler Positionen erfordert einerseits einen hohen Ressourceneinsatz von Know-How und Mitarbeiterkapazitäten, zum anderen stellt es einen Eingriff in die bisherige Steuerungsphilosophie einer Bank dar. Die Entscheidung über die Einführung sollte aufgrund dieser Tragweite deshalb vom Gesamtvorstand getroffen werden, um eine verbindliche Akzeptanz im Hause zu schaffen.

In diesem Zusammenhang sind auch die Verantwortlichkeiten zu klären. Als zentrale Stelle bietet sich hierfür das *Controlling* an. I.d.R. sind hier die notwendigen Daten über die Bestandsentwicklungen und Zinssätze in einzelnen Bilanzpositionen vorhanden, welche die Basis für die historische Analyse bilden. Von dieser Abteilung können später auch die aktuellen Auswertungen zur Steuerung erstellt werden. Zu berücksichtigen ist auch, dass entsprechendes Know-How dort aufgebaut wird. Im Rahmen der notwendigen MaH-Risikoüberwachung und der Gesamtbanksteuerung bietet sich hierfür eine Personalunion an. Dazu notwendig ist ein breites finanzierungstheoretisches Fundament der beauftragten Mitarbeiter, weshalb unter Umständen externe Neueinstellungen notwendig werden.

Neben dem Controlling sollten in den Einführungsprozess noch weitere für die Unternehmenssteuerung wichtige Stellen eingebunden werden. Zu nennen ist hier insbesondere die Abteilung *Depot-A-Management*, da auch hier bereits das für das Verständnis der Modelle notwendige Wissen vorhanden sein dürfte. Ferner ist insbesondere die Akzeptanz durch das Depot-A-Management für den sinnvollen Einsatz der Modelle Voraussetzung, da Dispositionsentscheidungen letztlich hier durchgeführt werden. Die Steuerung variabler Zinspositionen hat auch immer Auswirkungen auf die Konditionsbeiträge der Geschäfte, deshalb sollten auch die Marktbereiche frühzeitig in die Diskussion mit eingebunden werden. Ansonsten besteht die Gefahr, dass am Markt das für den Einsatz einer Profit-Center-Rechnung notwendige Basiswissen fehlt, die Modellergebnisse werden in diesem Fall möglicherweise nicht akzeptiert. Die Einbindung der Revision hat den Zweck, die Hintergründe über das Steuerungsinstrumentarium auch hier zu verbreiten und Akzeptanz dafür zu wecken, da auch aus bankenaufsichtsrechtlicher Sicht *Risikocontrolling* außerhalb der MaH-relevanten Geschäfte zunehmend an Bedeutung gewinnt.

3.4.2 Entscheidung für Modell und Software

Nach den Grundsatzentscheidungen für die Einführung und den beteiligten Personenkreis müssen die theoretischen Ansätze und die zur praktischen Umsetzung zur Verfügung stehende Software geprüft werden. Die Bank befindet sich dabei im Spannungsfeld zwischen theoretischem Anspruch, angebotener Software und Grad der Umsetzungsmöglichkeiten. Insbesondere ist zu beachten, dass die Software auf einer bestehenden Datenbasis aufbaut und erweiterungsfähig in Hinblick auf eine integrierte Gesamtbanksteuerung ist. In diesem Stadium sollte auch entschieden werden, welche Modelle nicht eingesetzt, bzw. weiter gepflegt werden, da sich ansonsten konträre Steuerungsimpulse ergeben und möglicherweise die Übersichtlichkeit darunter leidet. Vorbereitet werden sollten diese Entscheidungen vom projektverantwortlichem Controlling, die endgültige Richtung sollte zusammen mit dem Vorstand und den anderen Beteiligten vorgegeben werden.

Für viele Genossenschaftsbanken und Sparkassen ergibt sich die Wahl des Modells aus den von der jeweiligen Rechenzentrale bzw. vom Verband unterstützten Softwarepaketen. Eine kritiklose Übernahme dieser Modelle sollte jedoch vermieden werden, da die Auseinandersetzungen über die zugrundeliegenden Annahmen im Hause im Hinblick auf eine Gesamtbanksteuerung auf jeden Fall zu führen sind. Auf dieser Stufe bieten sich auch Workshops für die mit dem Projekt betrauten Entscheidungsträger an, auf denen die theoretischen Hintergründe der Ansätze und evtl. auch die Software und ihre Auswertungsmöglichkeiten vorgestellt werden.

3.4.3 Aufbereitung historischer Daten

Nach der Entscheidung für ein Modell ist die Datenbasis für die historische Analyse zur Bestimmung der Elastizitäten bzw. gleitenden Durchschnitte aufzubauen. Die dazu notwendigen Bestandsentwicklungen und Zinssätze liegen im Allgemeinen in aggregierter Form für einzelne Bilanzpositionen vor. Bereits bei der Datenaufbereitung ist kritisch zu hinterfragen, welche Bilanzpositionen zusammengefasst werden sollten bzw. ob Bilanzpositionen noch aufzuspalten sind, da vom Zinsanpassungsverhalten unterschiedliche Produkte unter einer Position verbucht werden. So umfasst die Bilanzposition Sichteinlagen möglicherweise die Produkte Sichteinlagen mit niedrigem Basiszins und Sichteinlagen mit geldmarktnaher Verzinsung. Eine Betrachtung des Zinsanpassungsverhalten auf der Ebene der Gesamtposition kann zu falschen Ergebnissen führen, wenn sich die Gewichte der einzelnen Positionen verschieben. Zum Beispiel gab es in der Vergangenheit einen Trend in geldmarktnahe Verzinsung (Geldmarktkonten, Direktkonten). Eine historische Analyse suggeriert dabei dann ein träges Zinsanpassungsverhalten aufgrund der Dominanz der klassischen Sichteinlagen, obwohl sich die Gesamtstruktur immer weiter in Richtung geldmarktnahe Verzinsung bewegt. Andererseits können variable Darlehen mit ähnlichem Zinsanpassungsverhalten aber unterschiedlichen Bilanzpositionen als eine Position analysiert werden um beispielsweise Volumensschwankungen auszugleichen.

Bei der Länge der Zeitreihe sind zwei Effekte zu beachten. Zum einen ist eine hinreichend große Anzahl von Beobachtungen notwendig, um sinnvolle Optimierungsergebnisse zu erhalten. Zum anderen spiegeln aber Zeitreihen, die sehr weit in die Vergangenheit reichen, das aktuelle Zinsanpassungsverhalten nicht mehr genau wieder. Für eine qualitativ aussagekräftige Regression werden allgemein 30 Beobachtungen gefordert. Bei einer Analyse auf Basis von Monatswerten erfordert dies eine Zeitreihe von 2,5 Jahren. Wünschenswert wäre auch die Ergebnisse über einen kompletten Zinszyklus, d.h. steigende und fallende Zinsen mit abzubilden. Falls die dazu notwendigen Zeitreihen nicht als Dateien zur Verfügung stehen, können Zinssätze auch manuell aus den Zinshandbüchern der Vergangenheit gezogen werden.

Auf Basis der historischen Zeitreihen können dann erste Analysen des Zinsanpassungsverhaltens der Produkte und darauf aufbauend das Zinsänderungsrisiko für das gesamte Zinsbuch ermittelt werden. Wenn diese Daten auf Plausibilität geprüft sind, ist es u.U. bereits sinnvoll, diese an weitere Stellen im Hause zu kommunizieren, damit erste Erfahrungen im Umgang mit dem Modell gemacht werden können.

3.4.4 Definition der Parameter

Die historische Analyse betrachtet immer nur das Zinsanpassungsverhalten der Vergangenheit. Aus geschäftspolitischen Überlegungen und der Konkurrenzsituation kann in Zukunft aber ein anderes Verhalten notwendig werden. So ist es z.B. vorstellbar, dass ein Produkt bisher als bonifizierte Spareinlage (höherer Zinssatz, aber immer noch Orientierung am Spareckzins) vertrieben wurde, es dann aber den Charakter einer geldmarktnahen Einlage annimmt. Ebenso können sich Bestandsentwicklungen ergeben, die sich aus dem bisherigen Trend nicht erkennen lassen. Aus diesem Grund ist eine Definition der Modellparameter durch das Controlling allein nicht sinnvoll. Vielmehr ist es wichtig, diesen Bereich in Abstimmung mit den anderen Prozessbeteiligten (insbes. Vorstand und Marktbereiche) gemeinsam verbindlich festzusetzen.

Ansonsten besteht die Gefahr, dass einzelne Annahmen und somit das gesamte Modell in Frage gestellt werden.

3.4.5 Weitere Beobachtung und endgültiger Einsatz

Bevor auf die Modellergebnisse endgültige Dispositionsentscheidungen gebaut werden, sollten die Datengrundlage und die Annahmen noch über einen Beobachtungszeitraum verifiziert werden. Dispositionen werden in diesem Zeitraum noch nach altem Muster durchgeführt, die Handlungsimplikationen aus dem neuen Modell werden aber auch schon betrachtet. Nach Ablauf dieser Testphase erfolgt ein Einsatz in der tatsächlichen Maßnahmenplanung.

3.4.6 Periodische Überprüfung der Annahmen

Die zugrunde liegenden Annahmen über das Zinsanpassungsverhalten sollten regelmäßig (z.B. einmal jährlich) überprüft werden. Im Mittelpunkt steht ein Soll-Ist-Vergleich zwischen vorab definiertem Zinsanpassungsverhalten und tatsächlicher

Konditionierung. Bei zu großen Abweichungen sind die Ursachen dafür festzustellen und kritisch zu hinterfragen. Schließlich werden die Modellparameter für die nächste Periode definiert.

4. Ausblick

Die Abbildung von Positionen ohne festen Bewertungszins ist für Kreditinstitute ein wichtiger Baustein hin zu einer integrierten Gesamtbanksteuerung. Die Einführung von Modellen zur Abbildung dieser Positionen sollte deshalb als ein Meilenstein im Kontext des Ausbaus des Controlling unter Ertrags- und Risikogesichtspunkten stehen. Als benachbarte Bereiche sind dabei der Aufbau einer Treasury-Organisation, die Einführung einer Profit-Center-Rechnung im Rahmen des Vertriebscontrolling und der Ausbau des Risikocontrollings zu nennen. Ziel ist dabei die Bank als Summe von Portfolios zu definieren, die auf spezielle Risikostrukturen fokussiert sind. Der zunehmende Druck im zinstragenden Geschäft und die Hinwendung auf die Intermediation von Kapitalmarkttransaktionen erfordert eine bewusste Ausrichtung der Strategie auf die Aggregation von Risikoprämien und dem Ausnutzen von Marktunvollkommenheiten. In diesem Umfeld ist zu entscheiden, in welchem Maße bestimmte Risiken durch Kapitalmarkttransaktionen übernommen, diversifiziert oder gehedgt werden. Ziel ist es dabei das Risikotragfähigkeitspotential der Bank bewusst in die Bereiche zu lenken, wo es am meisten zur Wertsteigerung beiträgt.

Literaturverzeichnis

Droste, Klaus D./Faßbender, Heino/Pauluhn, Burkhardt/Schlenzka, Peter F./Löhneyse, Eberhard von (1983), Falsche Ergebnisinformation – Häufige Ursachen für Fehlsteuerungen in Banken, in: Die Bank, o.Jg., S. 313–323.
Flechsig, Rolf/Flesch, Hans-Rudolf (1982), Die Wertsteuerung – Ein Ansatz des operativen Controlling im Wertbereich, in: Die Bank, o.Jg., S. 454–465.
Flesch, Hans-Rudolf/Piaskowski, Friedrich/Seegers, Jürgen (1987), Marktzinsmethode bzw. Wertsteuerung – Neue Thesen und Erkenntnisse aus der Realisierung, in: Die Bank, o.Jg., S. 485–493.
Kutscher, Reinhard (1994), Das Aktiv- und das Passivmanagement, in: Bankinformation, 21. Jg., S. 38–41.
Rolfes, Bernd (1985), Die Steuerung von Zinsänderungsrisiken in Kreditinstituten, Frankfurt am Main 1985.
Rolfes, Bernd/Schierenbeck, Henner (1992), Der Marktwert variabel verzinslicher Bankgeschäfte, in: Die Bank, o.Jg., S. 403–412.
Schierenbeck, Henner (1999), Ertragsorientiertes Bankmanagement, Bd. 1 und 2, 6. Auflage, Wiesbaden 1999.
Scholz, Walter (1979), Möglichkeiten der Ermittlung, der Beurteilung und der Bilanzierung von Zinsänderungsrisiken, in: Kredit und Kapital, 12. Jg., S. 517–544.

Portfoliomanagementansätze und Equity Style Management

Paul Schäfer*

Inhalt

Vorwort

1. Überblick Portfoliomanagementansätze im Aktienbereich
2. Formulierung empirischer Tests zur Bestimmung der Preiseffizienz von Aktienmärkten
3. Technische Analyse bzw. Chartanalyse
    3.1 DOW-Theorie (analog für andere Indizes verwendet)
    3.2 Gleitende Durchschnitte
    3.3 Advance-Decline-Linie
    3.4 Relative Stärke (Relative Strength)
    3.5 Preis-Volumen-Systeme
    3.6 Short Interest Ratio
    3.7 Filter-Systeme (»Simple and Multirule Filters«)
    3.8 Markt-Überreaktionshypothese: Richtungs-, Magnituden- und Intensitätseffekt
    3.9 Nichtlineare dynamische Strategiemodelle
    3.10 Weitere Analyse-Ansätze
    3.11 Schlussfolgerungen zur Technischen Analyse
4. Fundamentalbasierte Strategieansätze
    4.1 EVA und SVA: Economic Value Added oder Shareholder Value Added
    4.2 Niedriges Kurs-Gewinn-Verhältnis
    4.3 Marktneutrale Long-Short-Strategie
5. Marktanomalie-basierte Strategien
    5.1 Small Cap Effect oder Small Firm Effect
    5.2 Niedriges KGV
    5.3 Kalendereffekte und Timingstrategien
    5.4 Indexaufnahme- und Indexentnahme-Effekt
6. Überlegungen bei Strategieauswahl und Strategieentwicklung

---

* Diplom-Betriebswirt (FH) Paul Schäfer arbeitete im Controlling eines industrienahen Finanzdienstleisters und leitete das Controlling einer Holding-Tochter im Ausland. Er ist seit 1995 Leiter des Steuerungsbereichs der Sparkasse Uckermark. Die Aufgabe umfasst die Gesamtbanksteuerung und das Financial Engineering neuer Produkte.

7. Von der Strategiefindung zum Aktienmanagement-Stil
8. Klassifizierungssysteme für Growth-, Value- oder Hybrid-Aktien
9. Empirische Erkenntnisse relativer Performance von »Wachstum« und »Ertrag«
10. Erklärungsansätze
11. Fazit und Lösungsansätze

Literaturverzeichnis

Vorwort

> »Gestandene Männer, die von sich annehmen, großteils immun gegen jegliche indoktrinäre Denkrichtung zu sein, sind für gewöhnlich die Sklaven irgend eines zwischenzeitlich verstorbenen Wirtschaftswissenschaftlers. Diese Autoritätsvernarrten, die Stimmen aus dem Nichts hören, destillieren ihren Wahnsinn und ihre Verzückung aus der Hinterlassenschaft irgend eines akademischen Geschreibsels, das Jahre alt ist.«
>
> John Maynard Keynes, Allgemeine Beschäftigungstheorie; Zins und Geld. Harcourt, 1936

In Zeiten schrumpfender Zinsmargen bei gleichzeitig zunehmendem Wettbewerb im Produkt-, Kosten- und Vertriebskanalbereich überdenken viele Banken und Sparkassen, in welche Investitionsbereiche sie ihre Assets lenken. Diese nur multifaktoriell lösbare Aufgabe rückt mehr und mehr ins Zentrum der Banksteuerung.

Entscheidenden Einfluss sowohl auf Renditeerwartung wie auf Risikolage wird die Fähigkeit der Banken und Sparkassen ausüben, welchen nachhaltigen Erfolg sie bei gegebenen Marktparametern mit Hilfe kombinierter Kredit-, Bond- und Aktienstrategien, sowie deren Derivaten bzw. Surrogaten erzielen.

Doch obwohl die Einordnung in die beiden großen Assetklassen außerhalb des klassischen Kreditgeschäfts, festverzinsliche Wertpapiere sowie Aktien und die Zuweisungshöhen noch relativ klar entschieden wird, fehlen insbesondere im Aktienbereich oft durchgängige bzw. umfassende Vorstellungen, welche Managementansätze möglich und für das jeweilige Institut sowohl praktikabel als auch verträglich sind. Dieser Beitrag soll eine Unterstützung hierzu leisten.

Dabei sollen zunächst die Themengebiete im Überblick, dann deren Inhalte und Instrumente dargestellt werden, mit denen moderne Portfoliomanager arbeiten. Damit verknüpft sollen Erkenntnisse der *empirischen Kapitalmarktforschung* aufzeigen, welche Zweckmäßigkeit und Performance die unterschiedlichen Ansätze erwarten lassen. Dabei verzichtet der Beitrag bewusst auf die Darstellung beeindruckender Formeln und/oder mathematischen Herleitungen, soweit sie für die Ergebnisdarstellung nicht erforderlich sind. Der Fokus der empirischen Erkenntnisse soll bei begrenztem Umfang des Beitrags im Vordergrund gehalten werden.

Jahresrenditen und Standardabweichung der US-Finanzmärkte 1926–1998* Durchschnittsrenditen BRD von 1980–2000*				
	Geo-Mittel	Arithm. Mittel	Standard-abweichung	BRD – arithm Mittel
Große Aktienwerte	11,00 %	13,00 %	20,30 %	n.v.
Kleine Aktienwerte	12,70 %	17,70 %	33,90 %	n.v.
Langfristige Unternehmensanleihen	5,70 %	6,10 %	8,70 %	n.v.
Langfristige Staatsanleihen	5,20 %	5,60 %	9,20 %	7,31 %
Mittelfristige Staatsanleihen	5,30 %	5,40 %	5,70 %	6,89 %
Geldmarkttitel	3,80 %	3,80 %	3,20 %	6,33 %

* Achtung: Unterschiedliche Länge der verfügbaren Zeitreihen

Quelle: Stocks, Bonds, Bills and Inflation: 1997 Yearbook, Ibbotson Associates, Chicago

Tab. 1: Geld- und Kapitalmarktrenditen versus Aktienrenditen im Langzeitvergleich

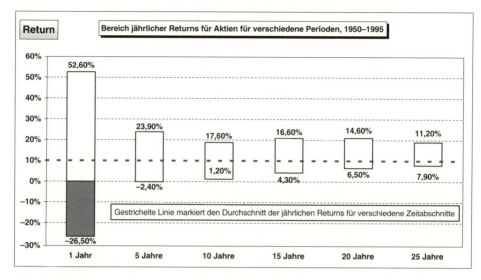

Abb. 1: Bereich jährlicher Returns für Aktieninvestments zur Bestimmung der Standardabweichung der Renditeerwartung

Sie können bei Interesse in den einzelnen angegebenen Quellen oder in anderen Fachpublikationen nachgelesen werden.

Betrachtet man den Grundparameter Ertrag im Bereich festverzinslicher Anlagen bzw. im Aktienbereich, ist die höhere Langfristrendite von Aktienengagements gegenüber Rentenanlagen zwar weithin bekannt. Ihre Quantifizierung und insbesondere die Standardabweichung (Risiko) um langjährige Erwartungswerte für verschiedene Anlagehorizonte im Aktienbereich jedoch bereitet Schwierigkeiten. Dazu sollen die vorstehenden Darstellungen eine Planungsorientierung liefern.

1. Überblick Portfoliomanagementansätze im Aktienbereich

Grundsätzlich können Portfoliomanagementansätze in zwei Typen unterteilt werden: Aktive und so genannte Passive Strategien. Diese Unterteilung kann auch für Teilmärkte, z.B. Aktien genutzt werden. Die Auswahl einer Strategie hängt von mehreren Faktoren ab: Ein entscheidender ist der individuell beantwortbare Komplex der Risikotoleranz bzw. Risikotragfähigkeit sowie der Risikoneigung (Risk Capacity & Risk Aversion).

Der zweite ist die so genannte Effizienz der Aktienmärkte. Dabei wird im Allgemeinen unter einem effizienten Markt dreierlei verstanden: Ein so genannter operational effizienter Markt stellt dem Investor den Service von Wertpapiertransaktionen zu nur damit verbundenen (echten), nicht überhöhten Kosten zur Verfügung. *Preiseffizienz* bezieht sich auf einen idealtypischen Markt, in dem die Preise jederzeit alle verfügbaren Informationen reflektieren (beinhalten), die eine Bewertungsrelevanz für diese Wertpapiere aufweisen.

Schon diese – sehr weit gehenden – Annahmen bedürfen der Definition, um sie und insbesondere ihre Implikation bezüglich der Entscheidung für einen der beiden Managementansätze, aktiv oder passiv, richtig zu bewerten.

Die vollständige Reflektion von Informationen in Aktienpreisen ist nach herrschender Meinung dann gegeben, wenn der erwartete Return aus der Halteperiode des Assets mit dem tatsächlichen Return übereinstimmt. Dabei setzt sich der Return aus Dividenden und der Preisänderung des Assets zu Beginn und zum Ende der Haltedauer zusammen. Um die Bewertungsrelevanz dieser Informationen zu bestimmen, unterteilt beispielsweise Fama die Preiseffizienz des Aktienmarkts in drei Formen:

Formen der Preis- bzw. Markteffizienz	
Form	Im Aktienpreis enthaltene Information
Schwache Markteffizienz	Historische Daten (Kurse und Trading- Historie)
Mittelstarke Markteffizienz	Historische Daten + alle öffentlichen Informationen
Starke Markteffizienz	wie mittelstarke M., zusätzl: alle privaten Informationen

Tab. 2: Formen der Preis- bzw. Markteffizienz

Zur Verdeutlichung sei gesagt: Wenn technische Analyse den Markt unter den nachfolgenden Prämissen schlagen kann, dann ist der Markt preis-<u>in</u>effizient in schwacher Form. Oder anders betrachtet: Geht ein Investor davon aus, dass der betrachtete Aktienmarkt nicht schwach preiseffizient ist, bedeutet dies, dass eine Aktienstrategie auf Basis der technischen Analyse, kurz der Charttechnik, den Markt unter Berücksichtigung von Transaktionskosten und einzugehendem Risiko nicht konsistent schlagen kann.

2. Formulierung empirischer Tests zur Bestimmung der Preiseffizienz von Aktienmärkten

Die Formulierung von Tests zur Bestimmung der Preiseffizienz ist nicht eine bloße akademische Diskussion: Wie zu sehen sein wird, ist Preiseffizienz ein ausschlaggebendes Kriterium dafür, ob einer aktiven oder einer passiven Strategie der Vorzug gegeben werden soll. Darüber hinaus gilt: Ist der Markt nicht effizient, entscheidet die Art oder der Grund der Ineffizienz über die aktive Strategie, die eingesetzt werden sollte.

Derartige Tests vorhandener Aktienstrategien verfolgen daher vergleichbare Zwecke wie *Backtestingverfahren* für Risikomessmodelle. Denn es reicht zur Beurteilung der Qualität einer Strategie nicht aus festzustellen, dass die Strategie Erträge erwirtschaftet hat: In aufwärtsstrebenden *(Bull-) Märkten* wird auch ein zufällig ausgewähltes Portfolio Erträge generieren. Mehrere empirische Tests, die den buchstäblichen Schimpansen Wurfpfeile auf den aufgehängten Kursteil einer Börsenzeitung werfen ließen, haben dies bewiesen.

Die Tests sollen demnach den Beweis erbringen, dass eine Strategie überproporionale (»abnormal returns« oder excessive returns«) zeitigt. Dabei misst man den überproportionalen Ertrag als Differenz zwischen erwartetem und tatsächlichem Return. Die Berechnung des tatsächlichen Returns bezieht Transaktionskosten und Managementgebühren in die Berechnung mit ein.

Für den Erwartungswert des Returns werden hierzu die Ergebnisse aus Pricing-Modellen wie dem APM, Faktorenmodellen oder dem Marktmodell eingesetzt. Damit berücksichtigt der Erwartungswert das mit dem Investment verbundene Risiko, genauer ausgedrückt, das systematische Marktrisiko.

Im Ergebnis müssen überproportionale Returns sich als statistisch signifikant erweisen. Sollte dies der Fall sein, bedeutet dies jedoch nicht, dass dies auch in der Zukunft gilt; dass also die getestete Strategie den Markt auch künftig dauerhaft schlägt. Denn zum einen kann das gewählte Pricing-Modell nicht geeignet sein (z.B. CAPM statt APM), zum anderen kann der Marktrisikoparameter Beta ungenau geschätzt worden sein.

Ein Aktieninvestor hingegen, der davon überzeugt ist, dass die Aktienmärkte effizient bzw. nahezu effizient sind, tendiert zu einer passiven Strategie. Er tut dies insbesondere dann, wenn er diese Marktverfassung als langfristig konsistent und die nachfolgend beschriebenen aktiven Strategien als dazu nicht durchgängig geeignet erachtet, aus Marktinkonsistenzen stabile (»dauerhafte«), überproportionale Returns zu generieren.

Bei Vergleich der beiden Strategien wird die jeweils andere als Benchmark herangezogen. Da meistens die passiven Strategien aus grundsätzlichen Erwägungen keine Instrumente einsetzen, wird eine Buy-and-Hold-Strategie in Anlehnung an medizinische Tests auch »Placebo-Strategie« genannt.

Auf beide, aktive wie passive, wird in der statistisch-empirischen Bewertung einzugehen sein.

Wenden wir uns also vor dem aufgezeigten Hintergrund der Preiseffizienz von Märkten den einzelnen Strategien zu. Auf eine umfassende Diskussion aller, sowie aller Tests und Ergebnisse derselben wird hier aus Platzgründen verzichtet. Einige der wichtigsten sollen kurz behandelt werden, ohne allerdings die aus der Erarbeitung zu ziehenden Schlüsse im Kern zu beeinträchtigen.

3. Technische Analyse bzw. Chartanalyse

3.1 DOW-Theorie (analog für andere Indizes verwendet)

Die erste der beiden zugrunde liegenden Annahmen der Dow-Theorie ähnelt der »Effiziente-Märkte-Theorie«. Nach dem Wall Street Journal-Herausgeber Charles Dow benannt, folgt sie zwei Grundsätzen:

Zum einen beinhalten (»diskontieren«) hiernach die tagtäglichen Kursschwankungen jede bekannte und vorhersehbare Information, sowie jeden Marktzustand, der Einfluss auf die Kurse haben kann. Zum anderen wird angenommen, dass der Aktienmarkt sich langfristig in Trendzyklen bewegt, dass diese identifizierbar sind und somit vorhergesagt werden können. Ein Trend wird in primäre 4-Jahres-Trendlinie, daraus abzuleitende Marktrichtung als Sekundärtrend, sowie kurzfristige Schwankungen hierum als Tertiärtrend unterteilt. Umkehrpunkte werden erreicht, wenn die letzte Bewegung nach oben oder unten nicht größer als die vorherige war. Zur Verifizierung wurde die Untersuchung eines Subindizes vorgeschlagen, dem die Bestätigungsfunktion zugedacht ist.

Empirische Tests sind deshalb schwierig, da ihr Dreh- und Angelpunkt von der Identifikation der Umkehrpunkte abhängt. Unterschiedliche Studien weisen auf die Verwendungsmöglichkeit für generelle Marktforecasts hin. Gleiches gilt für die hier nicht näher dargestellte *Elliot-Wellen-Theorie*, die bei ähnlichem Erklärungsansatz für die Märkte aber von acht statt drei Phasen ausgehen.

Die durch den *DOW-Ansatz* erzielten Returns bei aktivem Management waren in verschiedenen gemessenen Zeiträumen, gemessen an der Benchmark, sowohl über- als auch unterproportional. Daraus gelegentlich abgeleitete Aussagen, dass »Markttiming auf keinen Fall unmöglich« sei, sind zwar in der solcherart formulierten These nicht falsifizierbar, jedoch beantworten sie auch nicht die Frage nach dauerhaften überproportionalen Returns.

3.2 Gleitende Durchschnitte

Die Regel für aktives Management lautet hier, dass Aktien gekauft werden sollten, deren Kurs einen bestimmten Prozentsatz eines gewählten Durchschnitts (z.B. 200 Tage) überschreiten et vice versa. Neben einfachen gleitenden Durchschnitten existieren auch Verfahren, welche die jüngere Vergangenheit stärker gewichten. Tests über unterschiedliche Zeiträume (5–25 Jahre) kamen zu dem Schluss, dass dieses Vorgehen über längere Zeiträume insgesamt niedrigere Returns als eine einfache Buy-and-Hold-Strategie generiert, obwohl in den Frühzeiten der Charttechnik Perioden lokalisierbar waren, in denen die Buy and Hold-Strategie als Benchmark übertroffen wurde.

Erklärungsmodelle führen das Abschneiden auf die *Opportunitätskosten* zurück, die durch das immanente Verzögerungsverhalten eines Durchschnitts unvermeidlich sind: Bis der Chartist nach seinem Modell die vermeintliche Marktdrehung nach oben oder unten erkennt, kann er an mitunter großen Teilen der Bewegung nicht mehr partizipieren. Andere Untersuchungen weisen auf gestiegene Risiken dieses Managementansatzes bei volatileren Märkten hin, falls lediglich längere Seitwärtsbewegungen stattfinden.

3.3 Advance-Decline-Linie

Eine Anzahl Marktbeobachter bzw. Teilnehmer handelt nach dem Grundsatz, dass die kumulierte Anzahl der Kursgewinner eines Tages abzüglich derselben Anzahl an Kursverlierern durch Fortschreibungsverfahren als Kurzfrist-Indikator im Aktienmarkt genutzt werden kann. Denn Aktienindizes können auch dann noch steigen, wenn die Mehrzahl der durch sie abgebildeten Aktien bereits Kursverluste verzeichnen – so geschehen nach dem vorläufigen Ende der 99er Jahresend-Rally, Ende des ersten Quartals 2000, als einige wenige schwergewichtige Telekommunikationswerte als Vertreter der »New Economy« auch den deutschen DAX noch nach oben drückten, als die Mehrzahl der »Old Economy«-Werte schon gefallen war bzw. noch fiel.

Ihr Vorteil liegt demnach darin, dass neben dem Marktindex als Wertmesser eine davon unabhängige Messzahl existiert. Obwohl für den DOW-Test benutzt und von einigen Broker-Unternehmen untersucht, geben einige Autoren (Fabozzi) an, dass keine ernst zu nehmende, abschließende wissenschaftliche Studie bezüglich ihrer Vorhersagekraft bekannt sei. Andere (Malkiel) beispielsweise widersprechen dem vehement mit eigenen Studien. Es sei keine verläßliche Korrelation gegeben zwischen Kursen der Vergangenheit, Gegenwart und zukünftigen Kursen; sie liege in Langfriststudien, die bis an den Beginn dieses Jahrhunderts reichen, nahe bei Null.

3.4 Relative Stärke (Relative Strength)

Mit dieser Strategie kauft ein Investor Aktien, die zum Betrachtungszeitpunkt besser als der Gesamtmarkt performen und verkauft bzw. meidet oder geht mit ihnen short, sobald sie schlechter als der Markt und seine zukünftig angenommene Entwicklung abschneiden. Ein berechneter *Reaktionsmarkenindex (RSI)* zwischen 0 und 1, gleich 0 und 100%, gibt definierte Reaktionspunkte vor:

$$RSI = \frac{\text{Summe Kursgewinne der letzten n Tage} \times 100}{\text{Summe (Kursgewinne - Kursverluste) der letzten n Tage}}$$

Ergebnisse unter 30% bzw. über 70% deutet diese Charttechnik als Kauf- bzw. Verkaufssignal.

Auch hier haben empirische Tests gezeigt, dass dieser Ansatz zeitweise zwar bessere Ergebnisse als ein ungemanagter Marktindex erbrachte, seine Ergebnisse aber nicht über längere Zeiträume stabil waren. Die vielleicht kritischsten Merkmale sind die subjektiven Annahmen über die Reaktionspunkte und die Länge der gewählten Zeitreihe, die Einfluss auf die Stärke der Ausschläge hat.

Im Mittelfristbereich durchgeführte Untersuchungen legen den Schluss nahe, dass dieser Ansatz in gewissen Zeiträumen sogar transaktionskostenadjustiert noch überproportionale Ergebnisse zeigte, die risikoadjustiert, also bezüglich ihrer Volatilität, unterproportional abschnitten.

Langfriststudien untermauern die Mittelfrist-Untersuchungsergebnisse noch weit stärker.

3.5 Preis-Volumen-Systeme

Diese Managementansätze unterstellen ausnutzbare Zusammenhänge zwischen Kursbewegungen und den damit verbundenen Tradingvolumen. Steigende Volumen signalisieren demnach steigendes und anhaltendes Interesse und umgekehrt. Untersuchungen ergaben, dass solche Zusammenhänge unabweisbar existieren, jedoch nicht im statistischen *Signifikanzbereich* lagen, um durchgängig verläßlich nutzbar zu sein.

Um den Informationseffekt beispielsweise der Veröffentlichung von Unternehmensergebnissen zu isolieren, wurden die Tests in Zeiträume mit und ohne Veröffentlichungszeitpunkt unterteilt. Um die respektiven Veröffentlichungszeitpunkte herum ließ sich zwar ein erhöhtes Tradingvolumen feststellen. Dies wird jedoch auf die veröffentliche Information zurückgeführt, denn in den übrigen betrachteten Perioden ließ sich kein positiver Zusammenhang feststellen.

Im Ergebnis liegt damit kein ökonomisch verwertbarer Ansatz vor, zukünftige Kursbewegungen vorherzusagen, deren Vorwegnahme, zumal nach Transaktionskosten, überlegene Returns produziert.

3.6 Short Interest Ratio

Eine weitere Fraktion der Chartanalysten stützt ihr aktives Aktienmanagement auf das Verhältnis der short verkauften Aktien zum durchschnittlichen täglichen Handelsvolumen.

Dieses so genannte short ratio ist bei genauer Betrachtung jedoch in beide Richtungen interpretierbar. Bei hoch ausfallender Kennziffer kann sie zum einen als Signal für eine Aufwärtsbewegung gedeutet werden. Man geht davon aus, dass die Short-Seller ihre Positionen durch den Kauf der Positionen, in denen sie short sind, abdecken müssen. Im Ergebnis »geht der Markt nach oben«. Andererseits ist die Deutung auf einen nachlassenden Markt ebenso möglich, in Erwartung dessen die Marktteilnehmer Aktien »geshortet« haben.

Unabhängig von der Interpretationsrichtung ist sich die empirische Aktienmarktforschung einig, dass nach Berücksichtigung von Transaktionskosten keine Anhaltspunkte existieren, dies als überlegene Strategie zu klassifizieren.

3.7 Filter-Systeme (»Simple and Multirule Filters«)

Hierbei geht der Investor nach im vorhinein festgelegten Entscheidungsregeln vor. Als Beispiel einer einfachen Filterregel kann der Kauf einer Aktie bzw. einer Aktienposition oder eines Index genannt werden, wenn eine Kurssteigerung um einen bestimmten Prozentsatz, z.B. 5%, eintritt – eine Analogie zur Start-Buy-Regel. Zur Limitierung potentieller Verluste gilt Vergleichbares nach unten – ähnlich einem Stopp-Loss-Ansatz.

Multifilter-Systeme berücksichtigen mehrere der vorhandenen, mechanistischen Entscheidungsregeln.

Erste, in den sechziger Jahren durchgeführte Untersuchungen hinsichtlich deren Profitabilität ergaben, dass Kurse (d.h. Preisänderungen) langfristigen Trends folgen, und kurzfristig orientierte Tradingstrategien auf Basis von Preisänderungen der Vergangenheit durchaus auch als statistisch signifikant anzusehende risiko- und transaktionsadjustiert überproportionale Ergebnisse generieren können. Langfriststudien ergaben hingegen, dass diese keine genügende Größe aufweisen, um nach Abzug aller damit verbundenen Kosten als überlegen zu gelten.

Selbst die Variation mancher Regeln, z.B. der Signalbreiten zwischen 1% und 50%, verbunden mit Untersuchungen, die in einigen Studien bis 1897 zurückgingen, versetzte die gewählten Strategien nicht in die Lage, eine Placebo-Strategie während der Testzeiträume zu schlagen.

3.8 Markt-Überreaktionshypothese: Richtungs-, Magnituden- und Intensitätseffekt

Erkenntnisse der kognitiven Psychologie sind das Hauptmerkmal dieses Managementansatzes: Menschen tendieren zu stärkeren Reaktionen bei zeitlich jüngerer Information; und sie tendieren zur Unterbewertung weiter zurückliegender Informationen.

Empirisch gesichert ist, dass Märkte Überreaktionen aufweisen. Schwachstelle dieser Aussage ist jedoch, dass derartige Marktbewegungen erst mit einigem zeitlichen Abstand klassifizierbar sind. Die Überreaktionshypothese überträgt dies zunächst auf das Investorverhalten. Demnach folgt auf unerwartete, beispielsweise positive Unternehmensergebnisse ein größerer Preisanstieg des/r Aktienwerte/s als gerechtfertigt ist. Dieser kommt über die Nachfrage- und Preisbildungsmechanismen des Marktes zustande und wirkt kurzfristig. Er wird auch als Richtungseffekt *(directional effect)* bezeichnet. Durch dieselben Mechanismen sinkt der Preis nach dem Initialanstieg wieder auf ein »faires« Niveau. Für schlechte, den Aktienpreis negativ beeinflussende Informationen der Märkte gilt dies analog in umgekehrter Richtung.

Die daraus abgeleitete Handlungsregel ist: Wenn Investoren 1. solcherlei extreme Marktsituationen identifizieren und 2. determinieren können, wann der Initialeffekt sich in den Marktpreisen niedergeschlagen hat, bevor das Pendel zurückschwingt, können sie mit dem notwendigen Timing diese Marktanomalien nutzen.

DeBondt und Thaler, die Urheber der Hypothese, formulierten weiter, dass die Reaktion auf den ersten Kursanstieg bzw. Verfall umso größer ist, je größer die Erstreaktion ausfiel. Dies wird als Größenordnungs- oder Umfangseffekt bezeichnet *(magnitude effect* bzw. amplitude effect). Beides könnte jedoch lediglich bedeuten, dass Investoren nach den eingangs genannten Erkenntnissen neuere Information übergewichten. Zur Bereinigung solcher möglicher Verzerrungen wurde daher eine weitere Prämisse, der Intensitätseffekt, eingeführt. Er unterstellt, dass die Märkte umso extremer reagieren, je kürzer die Duration der anfänglichen Preisbewegung ausfällt.

Unterschiedliche Studien kamen zu folgenden wichtigen Differenzierungen: Kurzfristige Reaktionen der Märkte bei negativen Nachrichten wurden bei allen drei Effekten mit starker Konsistenz, also signifikanter Stetigkeit, nachgewiesen. Hingegen wurden für Mittel- und Langfristbewegungen auf positive Nachrichten nur schwache Anzeichen gefunden, die auf preis-ineffiziente Märkte schließen lassen.

3.9 Nichtlineare dynamische Strategiemodelle

Die Ansicht, dass einfache, lineare charttechnische Erklärungsmodelle nicht (mehr) ausreichen, die Marktzusammenhänge genügend darzustellen, um daraus risiko- und kosteneffiziente und vor allem nicht nur zeitweise Überperformancestrategien abzuleiten, teilt eine wachsende Anzahl von Marktteilnehmern und Forschern. Während hiernach die Aktienpreise einem so genannten *Random Walk*, einem Zufallspfad, zu folgen scheinen, mögen ihnen durchaus Verhaltensmuster zu Grunde liegen, die jedoch mit den vorhandenen Werkzeugen nicht ausreichend beschrieben werden können. Als spezielle Form nichtlinearer dynamischer Modelle wird die *Chaostheorie* angesehen, innerhalb deren Lehrsätze dem Random Walk zugestimmt wird, gleichzeitig aber am Konstrukt einer verwertbaren Struktur festgehalten wird. Diese sei als mathematisches Erklärungsmodell jedoch »konzeptionell zu komplex, um heute im Finanzbereich (nennenswerte) Anwendung zu finden.

Implizit ist dies eine generelle Defiziterklärung der klassischen Analyseansätze.

3.10 Weitere Analyse-Ansätze

Weitere Beschreibungen würden den hier verfügbaren Rahmen sprengen, sollen jedoch zumindest erwähnt werden, beispielsweise der Hemline-Indicator (Rocksaum-Indikator), der (in den USA verwendete) Super Bowl-Indicator, die Odd-Lot-Theorie (»Tue das Gegenteil dessen, was der unbedarfte Investor tut), das »Goldene Hand-Phänomen« sowie Chartformationen-Ansätze

3.11 Schlussfolgerungen zur Technischen Analyse

Für ihre Expertise weithin anerkannte Institute bzw. Marktteilnehmer ziehen die nachfolgenden Schlüsse, die unterschiedlich vorsichtig bzw. deutlich formuliert sind:

Für Harrington, Fabozzi und Fogler hat sich die technische Analyse nach schweren Angriffen der Effiziente-Märkte-Hypothese« zwar zurückgemeldet. Versehen ist diese Aussage mit weitgehenden Einschränkungen, nämlich dass die dadurch erzielbaren Überrenditen allesamt zwar möglich, aber gering sind und stark anfällig für Transaktions- und andere mit diesen Managementansätzen verbundenen Kosten sind. Vor Anwendung wird dem Investor unmissverständlich empfohlen, Wunschdenken vom Realen zu trennen, ehrliche Kostenrechnung zu betreiben und die Adäquanz von Risikoadjustierungen zu examinieren.

Steiner/Bruns stellen fest: »Wissenschaftlich ist nicht nachzuweisen, dass die Anwendung der technischen Analyse zu dauerhaften Überrenditen führt« und daher erheblicher Kritik ausgesetzt sei. Er und andere führen die marktpsychologisch gegebene Möglichkeit so genannter »self-fulfilling prophecies«, von Herdentrieb, positivem Feedback und anderen Unwägbarkeiten außerhalb der Modelle an.

Malkiel weist auf weitere Risiken technischer Ansätze hin, die eine mehr oder minder grosse Cash-Reserve bedingen. Markt-Timing habe sich bewiesenermaßen als schwierig herausgestellt. Die Gefahr, dass ein Investor gerade in den Phasen im Geldmarkt investiert ist, in denen regelrechte Rallys verzeichnet werden, sei immens. Als Beispiel sei der S&P 500-Index angeführt. Während er vom 1.1.1980 bis 31.12. 1989 durchschnittlich 17,6% Return p.a. aufwies, sank dieser auf 12,6% p.a., wenn die besten zehn Handelstage aus der Gesamtperiode von 2528 Handelstagen eliminiert wurden.

Er führt außerdem die 32 am häufigsten benutzten technischen Chartformationen an, die in extensiven Untersuchungen an 548 an der NYSE notierten Aktienwerten über 5 Jahre getestet wurden. Wann immer eine Chartformation z.B. nach einer Dreifach-Bodenbildung die Widerstandslinie nach oben durchbrach oder einer Kopf-Schulter-Formation eine Abwärtsbewegung der Kurse durch die Unterstützungslinie (hier: »Nackenlinie«) folgte, wurde ein entsprechendes Kauf- oder Verkaufssignal aufgezeichnet. Die Performance der solchermaßen ge- oder verkauften Aktien wurde dann mit dem Gesamtmarkt verglichen. Es konnten keine Beweise für eine Beziehung zwischen technischem Signal und der darauffolgenden Performance erbracht d.h. der Markt »outperformed« werden. Im Gegenteil: Die vor Transaktionskostenbereinigung noch am ehesten Überperformance erzielende Strategie war diejenige, sofort nach einem »Bär«-Signal zu kaufen.

Es wird auch hier festgestellt: Es gibt einen langfristigen Aufwärtstrend in den meisten Märkten, der dem langfristigen Trend von Gewinnwachstum und Dividenden entspricht. Adjustiert um diese Einflüsse, gleiche der Aktienmarkt einem Zufallspfad. Dies solle nicht heißen, dass die aktiven Strategien kein Geld verdienten. Der entscheidende Punkt sei aber, dass eine einfache Buy-and-Hold-Strategie über längere Zeiträume typischerweise den gleichen oder einen höheren Return generiert.

4. Fundamentalbasierte Strategieansätze

4.1 EVA und SVA: Economic Value Added oder Shareholder Value Added

Nicht erst mit breiter Anwendung der Charttechnik gibt es Marktteilnehmer, die durch der technischen Analyse entgegengesetzte Ansätze eine höhere Performance als der Markt erreichen wollen, in dem sie sich bewegen. Der Schwerpunkt fundamentaler Strategien liegt in der Betrachtung des gegenwärtigen und zukünftigen Unternehmensgewinns. Zwei der wichtigsten Maßzahlen der so genannten Fundamentalanalysten sind Kurz- und Langfristveränderungen der Unternehmensgewinne. Mitte der 80er wurden hierzu in kurzer Folge der SVA, und als Variation, der EVA entwickelt und eingesetzt.

Einer der zentralen Punkte des Begründers des *Shareholder-Value-Ansatzes* Alfred Rappaport ist der »Zeitwert des Geldes«, also der Barwert jeglicher ökonomischer Aktivität. Der Gedanke stellt eine Weiterentwicklung der so genannten »discounted cash flow models«, der verbarwerteten Geldflussmodelle dar, die insbesondere zur genaueren Wertbestimmung bei Unternehmenskäufen bzw. -verkäufen oder Fusionen etwa Anfang/Mitte der 80er Jahre eingesetzt wurden.

Insbesondere bei in die Zukunft reichenden Investitionen und projizierten Erträgen erfolgt eine Diskontierung der Zahlungsströme auf die Gegenwart. Vorteilhaft und damit einhergehend die Erhöhung des Firmen- und damit Anteilswerts (Value) der Anteilseigner (Shareholder) steht für diejenige Unternehmensstrategie, welche den höchsten Zuwachs an Unternehmensbarwert von einer Periode zur nächsten generiert.

Das vom Investmentunternehmen Steward Stern entwickelte EVA® bezieht – eine

Variation des SVA – die Eigenkapitalkosten mit ein. Erst der nach Abzug derselben verbleibende Betrag wird als zusätzliche Wertschöpfung angesehen.

4.2 Niedriges Kurs-Gewinn-Verhältnis

Benjamin Graham propagierte zuerst 1949 ein klassisches Investitionsmodell für den »defensiven Investor«, das in seinem vorläufig endgültigen Entwicklungsstadium bzw. einigen Variationen weite Verbreitung unter den Managern aktiver Strategien gefunden hat. Warren Buffet ebenso wie G. Moebius (Templeton Funds) sind nur einige der bekanntesten Vertreter. Die laut Graham wichtigsten Investmentkriterien lauten kurz skizziert:

1. Ein Unternehmen muss in jedem der letzten 20 Jahre Dividende ausgeschüttet haben.
2. Der Mindestumsatz p.a. beträgt 200 Mio DM, für öffentliche Unternehmen die Hälfte.
3. In jedem der letzten zehn Jahre müssen schwarze Zahlen geschrieben worden sein.
4. Der aktuelle Kurswert soll das Eineinhalbfache des jüngsten Buchwerts nicht übersteigen.
5. Der aktuelle Kurswert soll das 15-fache der durchschnittlichen Gewinne der letzten drei Jahre nicht überschreiten.

Dieser Ansatz bewertet das Kurs-Gewinn-Verhältnis als Maßstab für den bezahlten Preis und den erhaltenen Gegenwert. Höhere KGVs als das 15-fache werden aufgrund der schwierig zu berechnenden zukünftigen Unternehmenserträge mit Skepsis betrachtet, niedrigere Relationen halten – schon rein rechnerisch – geringeres relatives und absolutes Potential der negativen Abweichung vom Erwartungswert. Verschiedene zeitlich und bezüglich des »Marktuniversums« (Markowitz) breit angelegte Studien zeigten, dass in verschieden langen Zeiträumen von 10–30 Jahren konsistent überproportionale Returns generiert werden konnten.

4.3 Marktneutrale Long-Short-Strategie

Der Grundgedanke dieser Strategie ist, die Gewinnerwartung einzelner Aktien eines Marktes bzw. mehrerer Märkte mit Instrumenten der Fundamentalanalyse zu identifizieren und sie in Aktien mit hoher bzw. niedriger Gewinnerwartung einzuteilen.

Dadurch eröffnen sich folgende Möglichkeiten:
1. Kauf des Segments mit hoher Gewinnerwartung (Gewinner)
2. Leerverkauf/Shorten des Segments mit niedriger Gewinnerwartung (Verlierer)
3. Hedge durch gleichzeitigen Kauf und Verkauf von 1) und 2)

Problem der Möglichkeit 1 und 2 kann sein, dass allgemeine Marktbewegungen trotz richtiger Aktienselektion *(Stock-Picking)* einen gegenteiligen Effekt auf das so gebildete Portfolio bewirken können: Aufgrund der positiven Korrelation des Portfolios mit dem Markt generiert der Kursrutsch im Markt einen negativen Return,

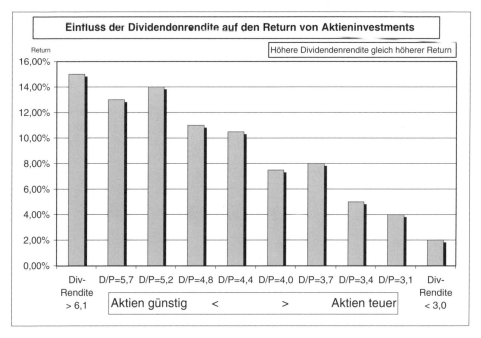

Abb. 2: Einfluss der Dividendenrendite auf den Return von Aktieninvestments

obwohl die getroffene Auswahl sich im Nachhinein als richtig erwies. Umgekehrt generiert auch ein *Short-Portfolio* bei einer Marktrally negative Returns, da die Eindeckung der Short-Position nun nur zu höheren Kursen im Vergleich zum vorherigen Verkauf möglich ist.

Bei Möglichkeit 3 sinkt der Wert der im Portfolio befindlichen Aktien, während der geshortete Teil des Portfolios vom Kursrutsch profitiert. Steigende Kurse wirken sich umgekehrt aus. Auf diese Weise sichern sich die beiden Positionen gegenseitig bezüglich des allgemeinen Marktrisikos ab.

Das Ausmaß, mit dem die beiden Positionen sich relativ zueinander bewegen, wird hierdurch jedoch in der Weise nicht gesteuert, als dass sich die beiden Positionen neutralisieren. Dies kann über die Ausgestaltung des Marktrisikos so konstruiert werden, dass speziell die Long- und Short-Positionen jeweils identische Betas aufweisen. Im Ergebnis beträgt das Beta der Gesamtposition Null.

Bei der Short-Position muss der Investor zusätzlich den Investitionsgrad des Portfolios ex ante festlegen, um mit der beispielsweise im Geldmarkt investierten Reserve Margin Calls abdecken zu können. Als typische Werte gelten 10%.

Die inhaltliche Definition der Gewinner- und Verlierer-Aktienselektion hängt davon ab, welcher Managementstil dem aktiven Managementansatz zugrunde liegt. Die empirischen Erkenntnisse der Performance sollen daher in diesem anschließend dargestellten Teilaspekt dargestellt werden. An dieser Stelle sei lediglich darauf verwiesen, dass die *Immunisierung* sowie der resultierende Return als abhängige Variable entscheidend von der Schätzung des zukünftigen Betas abhängt.

5. Marktanomalie-basierte Strategien

Portfoliomanager, die weder den unterschiedlichen aktiven noch den passiven Strategien zuordenbar sind, gehen in der Regel von zeitlich-räumlichen Ungleichgewichtszuständen der Märkte aus, deren Marktpreisineffizienzen sie mit verschiedenen Methoden auszunutzen suchen. Einige davon sollen hier dargestellt werden, da sie historisch gesehen statistisch signifikante Überrenditen über längere Zeiträume erzielen konnten.

5.1 Small Cap Effect oder Small Firm Effect

Hierzu sind verschiedene Studien erschienen, die folgendes Phänomen untersuchten: Bezüglich ihrer Marktkapitalisierung kleine Unternehmen (engl.: small market capitalization) wiesen Returns auf, die den Aktienmarkt als Ganzes über lange Zeiträume schlagen konnten. Aufgrund dieser Erkenntnisse wies der Anteil der Portfoliomanager, die sich diesem Marktsegment widmen, starke Zuwächse ab Mitte der 80er Jahre auf, nachdem dieser Managementstil ein halbes Jahrzehnt vorher noch nicht als solcher existierte. Dasselbe Marktsegment unterperformte jedoch während der deutlichen Kursanstiege in den USA ab Mitte der 80er.

Während manche Untersuchungen den Effekt auf die Kombination mit niedrigen KGVs zurückführten, die später nicht persistierten (Marc R. Reinganum, Rolf W. Banz), weisen andere (Malkiel, S. 204) auf die mittlerweile empirisch belegten Unzulänglichkeiten, wenn nicht sogar grober Unzulänglichkeiten, einzelner Risikomessgrößen, bezüglich der Art der Risikomessung und/oder der Qualität als Indikator zukünftiger Returns hin, insbesondere der über das Beta.

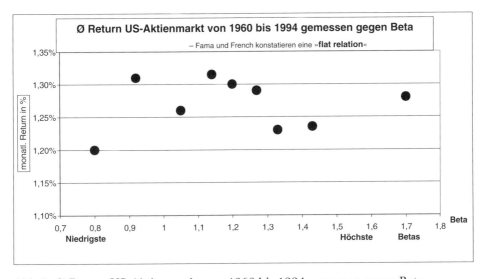

Abb. 3: ∅ Return US-Aktienmarkt von 1960 bis 1994 gemessen gegen Beta

Zusätzlich ist eine Verzerrung der Ergebnisse durch den so genannten Überlebenseffekt zu beachten (»Survivorship Bias«): Inwieweit der heutige Small-Cap-Index die gute Performance der Tatsache verdankt, dass nur die noch lebenden Firmen, nicht aber die in Konkurs gegangenen gelistet werden, ist genauere Untersuchungen wert; insbesondere da kleinere Firmen tendenziell weniger Kapitalkraft gegen größere, langanhaltende Widrigkeiten aufwiesen. Wissenschaftlich nicht immer unterlegte Vorgehensweisen des Data-Mining, bei dem auch Nonsense-Korrelationen als Beweis interpretiert werden könnten, runden das Bild zum aktuellen Stand dieser Diskussion ab (»beating the data set in every conceivable way until it finally confesses...«).

Der als »Inkubationseffekt« wenig bekannte Vorgang ist in seinen Konsequenzen ähnlich zu bewerten. Hier werden beispielsweise zehn Fonds für ein definiertes Investmentfeld aufgelegt; die Ergebnisse unterliegen laufendem Monitoring. Wenn – in diesem Beispiel – nach zwei Jahren die besten zwei oder drei Fonds für den beobachteten Zeitraum günstiger als breite Marktindexe abschneiden, erfolgt deren aggressive Vermarktung, wobei die schlechter abschneidenden aufgelöst oder in andere überführt werden. Die volle Datenhistorie nur der erfolgreichen, aus anderen erbrüteten (inkubierten) Fonds ist gewöhnlich Gegenstand üblicher, marketingträchtiger Veröffentlichungen über die Fondsperformance. Daten über die anderweitig abgewickelten Fonds sind nicht oder schwer erhältlich.

5.2 Niedriges KGV

Während der unten illustrierte Zusammenhang in der Tendenz auch bei sich sonst widersprechenden Forscherzirkeln einhellig konstatiert wird, besteht über sein Zustandekommen keine Einigkeit.

Einerseits weisen die höheren Returns bei niedrigerem Kurs-Gewinnverhältnis teilweise auf temporäre Anomalien wie niedrige KGVs bei von der Börse vernachlässigten Unternehmen auf (Favoritenwechsel), was auf eine zumindest teilweise fehlende, ausnutzbare Preiseffizienz schließen lässt. Folgt man nur teilweise Fundamentalanalyse-Ansätzen, sind niedrige KGVs jedoch durchaus berechtigte Gradmesser für Unternehmen, deren Gewinne sich unterproportional zum Markt entwickeln und/oder deren Marktrisiken, welche die Kurse reflektieren.

Grundaussage bleibt, dass Aktien (Portfolios) mit niedrigem KGV langfristig Vorteile gegenüber höheren KGVs aufweisen. Falls nämlich das projizierte Wachstum eintritt, steigen mit hoher Wahrscheinlichkeit Kurs und KGV, was gleichsam einem doppeltem Vorteil für den Investor gleichkommt. Ein in hohen KGVs engagierter Investor hingegen sieht sich im umgekehrten Fall einem doppelten Nachteil gegenüber.

Die Identifikation wahrer niedriger KGVs bleibt somit als ergebniskritische Variable bestehen. Das gleiche gilt für eine Variation des Ansatzes mit dem Kurs-Buchwert-Verhältnis, für den im Grundsatz dieselben empirischen Ergebnisse zutreffen. Dodd in 1934, später Graham und ab ca. 1970 auch Buffet haben diesen Ansatz als Variante und/oder Ergänzung zur Dividendenrendite hinzugezogen. Aber auch er gilt nicht als über jede beliebige Investitionsperiode verlässlich, insbesondere da durch Umschichtungen bedingte Transaktionskosten Performanceeinbußen unumgänglich machen.

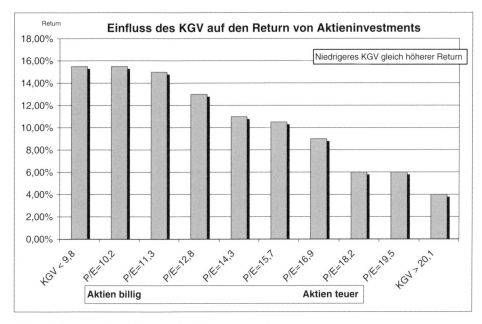

Abb. 4: Einfluss des KGV auf den Return von Aktieninvestments

5.3 Kalendereffekte und Timingstrategien

Hierunter werden u.a. der Januar-Effekt, Monat-des-Jahres-Effekt, Tag-der-Woche-Effekt, oder auch der Feiertagseffekt gezählt. Ihre Stetigkeit über längere Zeiträume konnte jedoch nicht nach der Art eines vorhersagbaren Musters bewiesen werden. Dies allerdings bedeutet, dass es sich dann nicht mehr um eine Marktanomalie handelt, die über entsprechende Strategien durchgängig nutzbar wäre. Weiterer Kritikpunkt hierbei ist, dass die Schwankungen erst ex post auf ihre Größe hin untersucht werden können, und dass erst dann feststeht, ob nach Transaktionskosten und Risikoadjustierung (k)ein nennenswerter Gewinnvorsprung bleibt.

In diesem Zusammenhang wird auch an Timing-Strategien als Möglichkeit aktiven Managements gedacht. Der Grundgedanke ist, durch geeignete Wahl des Zeitpunkts eines Ein- bzw. Ausstiegs eine Überperformance gemessen an einem jeweils voll im Markt befindlichen Portfolio zu erzielen. Dies setzt allerdings voraus, dass die Gesamtmarktentwicklung anhand der Marktdeterminanten und ihre Sensitivität auf das Portfolio zeitlich und optimalerweise in ihrem Ausmaß richtig eingeschätzt werden kann. Da die zukünftigen Änderungen und ihre vielfältigen Auswirkungen eines gegenwärtigen Aggregatzustandes jedoch sehr schwer oder nicht beständig mit genügender Genauigkeit prognostizierbar sind, führt man Überperformance unter der Annahme effizienter Märkte auf Glück oder Zufall zurück.

5.4 Indexaufnahme- und Indexentnahme-Effekt

»Wer zutreffend die Aufnahme eines Unternehmens in einen Aktienindex prognostiziert, kann damit nachhaltig Gewinne erzielen.« Zu diesem Ergebnis kommt eine jüngst (7/99) an der Universität Erlangen abgeschlossene Studie, welche nach Vorliegen ausreichender Fallzahlen für den seit 4/94 bestehenden DAX 100 durchgeführt wurde. Die Studie nennt erstaunlich hohe kumulierte Überrenditen von 9%; der Effekt habe sich seit Einführung des eigenständigen MDAX als Midcap-Index noch verstärkt.

Der MDAX setzt sich mit Einführung in 1/96 aus den 70 Werten zusammen, die zwar im DAX 100, nicht aber im DAX (30) vertreten sind. Seit April 94 bis 1998 wurden im DAX 30 lediglich 6, im DAX 100 jedoch 26 Veränderungen vorgenommen, was eine ausreichende statistische Masse als Untersuchungsgegenstand darstellt.

Auch in den USA ist dieser Effekt seit Mitte der achtziger Jahre am Standard & Poors Stock Index 500 (S&P 500) untersucht und bestätigt worden.

Während bei ersten Untersuchungen, ob es sich um temporäre, also kurzfristige, und/oder langfristige Renditeerhöhungen handelt, bezüglich der Nachhaltigkeit noch deutlich divergierende Resultate auftraten, lassen die neuesten Untersuchungen in beiden Ländern den Schluss zu, dass die solchermaßen zustande gekommenen abnormalen Renditen bestehen bleiben. Die durchschnittlichen kurzfristigen Steigerungen (Eventday-Renditen) werden mit zwischen 2,25%, die langfristigen mit um 9% errechnet, wobei nach dem Umsetzungstag ca. 3% Kursrückgänge feststellbar waren.

Gleiches gilt für die Entnahme eines Wertes aus einem Index, wobei die Renditen eine hohe Korrelation aufweisen. Beides lässt die Feststellung zu, dass die Kapital-

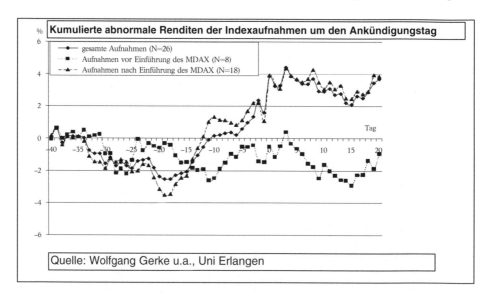

Abb. 5: Kumulierte abnormale Renditen der Indexaufnahmen um den Ankündigungstag

märkte nicht vollkommen effizient sind. Als Ursachen der Störung dieser Gleichgewichtskurse wird im temporären Bereich die Price-Pressure-Hypothese angeführt, nach der die kurzfristige Nachfrage nach Aktien eines Unternehmens nicht vollkommen elastisch ist.

Im Langfristbereich führt dies die »Imperfect Subsitutes-Hypothese« auf das vor allem in den USA verstärkte Auftreten von Indexfonds zurück. Diese bilden den als Benchmark gewählten Index jeweils nach, wodurch diese Aktien dem Markt in nennenswertem Umfang und auf Dauer entzogen werden. Daraus resultieren dauerhafte Erhöhungen des Gleichgewichtspreises für die Aufgenommenen, während die Beobachtungen für Indexentnahmen als fast spiegelbildlich bezeichnet wurden.

Weitere Erklärungsansätze bestehen im gestiegenen Interesse an einem in einen Index aufgenommenen Wert, bzw. darin, dass manche Marktsegmente zu gewissen Zeiten en vogue sind oder nicht.

6. Überlegungen bei Strategieauswahl und Strategieentwicklung

Letztendlich muss der Investor nach reiflicher Überlegung entscheiden, welche Strategie Anwendung finden soll. Bei seiner Ansicht nach (zu) preiseffizienten Märkten, welche die Generierung abnormaler Returns nicht zulassen, stellt eine Indexierungsstrategie das Mittel der Wahl dar. Dabei gilt für die Fundamental- bzw. quantitative Analyse, dass ihre Messlatte die mittelstarke Markt- bzw. Preiseffizienz darstellt.

Unabhängig davon aber, welche Strategie eingesetzt werden soll, sind bei diesem nach Hagin (Fabozzi, 192) »Investment Strategy Engineering« genannten Prozess drei Charakteristika zu prüfen:

1. Die Strategie sollte auf einer brauchbaren Theorie basieren und Grund zu der Annahme liefern, warum sie nicht nur in der Vergangenheit funktioniert hat, sondern auch in Zukunft die gewünschten Ergebnisse zu liefern vermag.

2. Die Strategie sollte quantifizierbar sein und quantifiziert werden.

3. Der Erfolg der ins Kalkül gefassten Strategie soll über ein Backtesting Aufschluss geben, wie ihre historische Performance gewesen wäre.

Beim Design und beim Backtesting sollte sich der Tester jedoch der nachfolgenden Probleme und ihre möglichen Implikationen auf das Ergebnis bewusst sein:

Datenqualität: Datenbasen leiden oft unter Ungenauigkeiten, Auslassungen oder Verfälschungen, z.B. durch den beschriebenen Überlebenseffekt (Survivor Bias) oder den Inkubationseffekt. Damit würde jede Ergebnisaussage zum Strategieerfolg zugunsten dieser Effekte verzerrt.

Ungezielte Datenerhebungen großen Stils (Data-Mining) liegen vor, wenn so viele Strategien getestet werden, dass nach den Gesetzen des Zufalls eine gefundene Strategie geeignet scheint. Es besteht eine Verbindung zu den beiden nächst genannten Problempunkten. Die Vermutung hierfür wird dadurch erhärtet, wenn bislang unbekannte statistische Korrelationen ohne Verbindung zu einer Investmenttheorie oder einem Managementmodell »entdeckt« werden. Datencharakteristika oder Eigenschaften zugrunde liegender Statistikmodelle können ein weiterer Grund sein.

Ungeprüfte Übernahme absoluter Wertungen (»Blind Assumptions«) liegt vor, wenn bestimmte Faktoren immer als »gut« oder »schlecht« bzw. »negativ« sind.

Unzureichende Begründung (»Insufficient Rationale«): Bei gegebener Informationseffizienz der Märkte gibt es keine Begründung, weshalb eine in der Vergangenheit als überlegen identifizierte Strategie zukünftig ebenso erfolgreich sein kann. Hier gilt die Überlegung, dass überlegene Strategien sich ab dem Zeitpunkt ihrer Identifizierung im Markt selbst terminieren, da eine zunehmende Anzahl von Marktteilnehmern diese Strategie aufgreift und die so genannten Pioniergewinne auf Normalmaß abschmelzen bzw. die Strategie beginnt, unterproportionale Erträge zu liefern. Dies wird insbesondere bei zwar länger erfolgreichen, jedoch nicht zu allen Beobachtungsperioden durchgängig vorhandenen Strategieeffekten unterstellt, beispielsweise beim Small Cap-Effekt.

Multiple Faktoren: Viele der untersuchten Marktanomalien weisen hohe Korrelationen untereinander auf. Die Hinzunahme derselben verbessert weder den Renditeerwartungswert, noch verringert sie das Risiko. Zudem kann die aus der Vergangenheit bekannte Wirkung von Faktorkombinationen ex ante nicht mit befriedigendem Aussageerfolg bestimmt werden.

Statistische Techniken und Prämissen: Tests verwenden zwangsweise Annahmen über die Wahrscheinlichkeitsverteilung gemessener Returns, unabhängig von ihrer Höhe, um sie als statistisch signifikant verifizieren oder falsifizieren zu können. Die häufig benutzte Standardnormalverteilung wird jedoch von empirischen Erkenntnissen nicht als geeignet gestützt. Die Welt ist nicht normalverteilt.

Lineare Modelle: Die Mehrzahl verwendeter Faktorenmodelle beschreiben einen linearen Zusammenhang bezüglich des Erwartungswerts. Mehr- oder Multifaktorenmodelle wiederum weisen eigene Probleme bezüglich der Variabilität ihrer Einzelterme auf. Ein lineares Modell kann wiederum statistisch nicht signifikante Ergebnisse aufweisen, während tatsächlich ein Multifaktorenmodell das geeignete darstellen würde.

Geeignetes Referenzportfolio als Benchmark: Die kritischen Merkmale sollen hier aufgrund ihres großen Umfangs nur schlagwortartig skizziert werden. Solche Merkmale sind die unterschiedlichen Arten einer Benchmark, wie z.B. Marktindexe, generische Investmentstil-Indexe, *Sharpe-Benchmarks* und normale, investmentstilorientierte Portfolios. Daraus folgt weiter, dass die unterschiedliche Art der Kreation auch unterschiedliche Arten von Attributionsmodellen zur äußerst komplexen Performancemessung erfordert.

7. Von der Strategiefindung zum Aktienmanagement-Stil

Als erste US-Studien Anfang der 70er Jahre den Schluss nahelegten, dass sich Aktien in bestimmte Kategorien einteilen ließen (Farrell), welche in sich ähnliche Verhaltensweisen und Performance zeigten als andere Kategorien. Dabei erwies und erweist sich noch heute, dass die Returns innerhalb einer Kategorie hoch korreliert, zwischen den Kategorien jedoch relativ unkorreliert sind.

Die damals vorgenommene Einteilung in Wachstumswerte, Zykliker, »Stabile« und Energiewerte wurde durch weitere Untersuchungen nach Größenordnungen erweitert, welche ebenfalls unterschiedliche Performancemuster aufwiesen.

Die Praxis begann diese Kategorien als einen daraus ableitbaren Aktienmanagement-Stil aufzugreifen. Fondsmanager, Analysten bzw. Investoren benennen heute Ihren Managementstil meist nach der jeweils bearbeiteten Kategorie.

Aus einem »Aktienuniversum« als Ausgangspunkt werden zunächst breit angelegte Marktindexe, dann die Wachstums- bzw. Wertindexe und die Branchenindexe nach den jeweils zugrunde liegenden Messkriterien zusammengestellt.

Selbst relative neu eingeführte, wie die EuroStoXX-Familie für den europäischen Raum, bieten diese an.

Die gegenwärtig in den Märkten verbreitetste Form der Klassifizierung ist die in Wachstum und Ertrag (Growth and Value), was auch mit Werthaltigkeit übersetzt werden kann (eine Unterform, Chance, stellt den Teil der Wachstumsaktien dar, die deutlich erhöhte Rendite-Risikoprofile aufweisen). Daneben hat sich der Begriff *Hybrid-Management* etabliert. Es ist nicht einer der beiden Kategorien ganz zuordenbar, sondern verwendet vielmehr Elemente der beiden erstgenannten Investment-Stile.

Wachstumsansatz (Growth)

Auswahlkriterium des Growth-Fondsmanagers ist v.a. der zukünftige, erwartete Ertrag (discounted Cash flows), dessen diskontierter Wert den Aktienkurs mitentscheidet.

Finanzanalysten versuchen, die ihren Analysen nach wachstumsstärksten Unternehmen herauszufiltern und deren Aktien zu kaufen.

Hier haben sich zwei Unterkategorien gebildet. Die erste konzentriert sich auf High-Quality-Unternehmen mit konsistenten Wachstumsaussichten *(Consistent Growth Management)*, letztere setzt auf die erwartete Beschleunigung von Unternehmensgewinnen von weniger etablierten, volatileren Werten mit ebenfalls überdurchschnittlichen Wachstumsaussichten *(Earnings Momentum Growth Management)*.

Wertansatz (Value)

Auswahlkriterium des Value-Investmentstils ist der Preis des Unternehmensanteils (der Aktie) im Verhältnis zu ihrem »inneren Wert«.

Aktien, welche die Finanzanalysten im Verhältnis zu ihrem übrigen, repräsentativen Aktienumfeld als in diesem Sinn günstig einstufen, sind vorrangige Kaufobjekte.

Auch hier haben sich, drei Sub-Stile herausgebildet. Der erste konzentriert sich auf Unternehmenswerte, die sich durch ein niedriges Kurs-Gewinn-Verhältnis im Vergleich zum jeweils repräsentativen Markt auszeichnen. Eine weitere Gruppe konzentriert sich bei Verwendung der Kennzahl »Kurs-Buchwert-Verhältnis« auf Werte, die dann typischerweise unter Zyklikern oder solchen mit niedrigem oder keinem Unternehmensgewinn und/oder gegenwärtigem Dividendenniveau herausgefiltert werden. Beides geschieht in der Erwartung, dass der Wert entweder vor einem

Veränderung der Mangementstile von U.S. Aktienfonds-Managern				
Stil-, Substil-Orientierung	1980	1988	1990	1997
Wachstum	45	61	48	54
Wachstum + Gewinn	13	16	15	17
Wachstum + Preis	58	50	51	43
Preis	5	17	17	18
Wertorientierung	18	58	70	68
Small Caps	n. verfügbar	48	70	99
Wachstum + Ertrag	58	77	63	71
Wert + Preis	23	75	87	85

Tab. 3: Anteile an Aktienmanagement-Stilen (Style-Verteilung)

zyklischen Aufschwung steht oder dass sich die Gewinne signifikant verbessern. Von beiden Komponenten werden substantielle Kursanstiege erwartet.

Die dritte Gruppe der konservativsten, so genannte *Yield-Manager*, wählen Aktienwerte mit überdurchschnittlicher Dividendenrendite, deren Fundamentalanalyse auf weiter steigende Dividenden (Yields), zumindest aber auf deren Beibehaltung hinweist.

Hybrid-Manager verfolgen sowohl Wachstums- als auch Wertorientierungsstrategien. Je nach Trendergebnis neigen sie einer stärkeren Gewichtung des einen oder anderen Investmentstils zu. Zumeist eine Domäne der Wachstumswerte-Manager, verfolgen diese eine »Sowohl-als-auch-Strategie«: Wachstumswerte werden durchaus in den Focus genommen, doch muss sich der Preis innerhalb definierter, »vernünftiger« Grenzen halten.

Während in den USA in den Siebziger/Anfang der Achtziger die »Wachstums«-Fondsmanager (jedoch mit Neigung zum Wertansatz) überwogen, haben die wertorientierten Konzepte seit Anfang der Neunziger weitgehend aufgeholt.

Ihre Zahl hat sich seitdem ca. vervierfacht. Die Nutzung relativierter Einstufungen (Einschränkungen oder Verstärkung eines Stils) hat hier ebenfalls beim wertansatzorientierten Portfolio-Management am stärksten zugenommen.

1997 gestalteten sich die Verhältnisse dort wie in Abbildung 6 dargestellt.

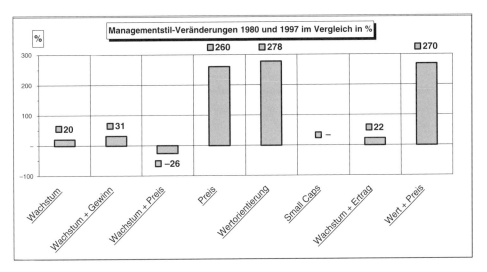

Abb. 6: Veränderung der Anteile an Aktienmanagement-Stilen

8. Klassifizierungssysteme für Growth-, Value- oder Hybrid-Aktien

Am Beispiel des Kurs-Buchwert-Ansatzes soll im Folgenden der klassische Klassifierungsprozess dargestellt werden. Das Zuordnungskriterium hierfür lautet: Je niedriger das Kurs-Buchwert-Verhältnis ist, desto mehr spricht für eine »Wert«-Aktie und umgekehrt.

Ein Klassifizierungssystem sieht für den Auswahlprozess folgende Schritte vor:

1. Auswahl des Zielmarktes (»Universe of Stocks«),
2. Berechnung der gesamten Marktkapitalisierung aller Aktien des Zielmarktes,
3. Berechnung des Kurs-Buchwert-Verhältnisses für jede einzelne Aktie,
4. Sortieren der Aktien vom niedrigsten bis zum höchsten Kurs-Buchwert-Verhältnis,
5. Berechnung der kumulierten Marktkapitalisierung, angefangen bei den Aktien mit niedrigstem Kurs-Buchwert-Verhältnis,
6. Auswahl der Aktienwerte mit niedrigstem Kurs-Buchwert-Verhältnis bis zu dem Punkt, bei dem die Hälfte der in Schritt 2 berechneten Marktkapitalisierung erreicht ist,
7. Klassifizierung der in Schritt 6 identifizierten Aktien als Value-Aktien,
8. Klassifizierung der restlichen in Schritt 7 verbliebenen Aktien als Growth-Aktien.

Diese – einfache – Aufteilung birgt jedoch theoretische und praktische Probleme. Theoretisch lässt sich darüber diskutieren, dass die letzte Aktie in Schritt 7 noch eher für den Wertorientierungs-Ansatz geeignet ist als die nächste, welche der Wachstumskategorie zugeordnet wurde. Vom praktischen Standpunkt aus sind hier die Transaktionskosten höher. Der Grund ist, dass eine zu einem bestimmten Zeitpunkt vorgenommene Klassifizierung auf den zu eben diesem Zeitpunkt herrschenden

Kurs-Buchwert-Relationen sowie Marktkapitalisierung vorgenommen wurde, diese beiden aber Veränderungen im Zeitablauf aufweisen. Das dadurch notwendige Ausbalancieren des Portfolios verursacht Transaktionskosten.

Verfeinerungsansätze bei Klassifizierungssystemen

Die beschriebenen Nachteile einfacher Klassifizierungssysteme haben zwei Verfeinerungen hervorgebracht. Zunächst wurde mehr als eine Klassifizierungsvariable eingesetzt. Die beiden hierfür genutzten sind entweder deterministischer Natur oder weisen einen Erwartungswert auf *(expectational variables)*.

Deterministische Variablen sind dabei aus historischen Daten abgeleitete Informationen, etwa zu KGV, Dividendenrendite, Cash-Flow-zu-Kurs-Relationen, etc. Erwartungswert-Variablen setzen auf verbarwerteten Gewinn-Forecasts auf oder verwenden andere Ansätze zur Aktienbewertung, beispielsweise Faktorenmodelle oder Dividendenbarwert-Modelle.

Ein Beispiel für hieraus entwickelte Stil-Indizes ist der »Frank Russell Style Index«. Das im Russell 1000 oder Russell 2000 enthaltene Aktienuniversum wurde mittels zweier Variablen klassifiziert: Als deterministische Variable findet das Kurs-Buchwert-Verhältnis, als Erwartungsvariable ein Wachstums-Forecast Anwendung.

Die zweite Verbesserung stellt eine bessere Prozedur für das Abschneiden einer Kategorie von der anderen dar (»cut off«). Hierfür wird die Einteilung des Basismodells von zwei auf drei Kategorien erweitert. Jede der Kategorien enthält jeweils ein Drittel der Marktkapitalisierung. Der mittleren Kategorie wird durch eine Diskriminantenanalyse eine Wahrscheinlichkeit zugeordnet. Der so ermittelte Wert (Score) diskriminiert die Aktien in Growth- und Value-Aktien. Das Modell wird z. B. von Salomon Brothers verwendet.

9. Empirische Erkenntnisse relativer Performance von »Wachstum« und »Ertrag«

Wie steht es um die Performance der beiden unterschiedlichen Ansätze? Wenn schon der Blick in die Zukunft ein zugegebenermaßen schwieriger ist, sollen empirische Analysen zumindest Aufschluss über den Erfolg, die Konsistenz und Beständigkeit geben. Und weiter: Sind Aktienmanagement-Stile ihr Geld, respektive, der Kosten und Mühe wert?

Zur Beantwortung soll das Ergebnis eines relativen Performancevergleichs der beiden Investment-Stile von Leinweber, Arnott und Luck herangezogen werden, der sich über den Zeitraum von 20 Jahren und mehrere Länder erstreckt und den einfachen Parameter »Kurs-Buchwert-Verhältnis« benutzt.

Im gesamten untersuchten Zeitraum zeigten sich in jedem Land wertorientierte Managementansätze gegenüber Wachstumsstrategien überlegen.

Aus dieser – aufschlussreichen – Information geht noch nicht hervor, mit welchem Risiko die Performance erzielt wurde. Zudem waren die zeitgewichteten Returns nicht stabil, was auf unbekannte Gründe für temporäre Einbrüche schließen lässt.

Wachstum von Investitionen in Wachstums- bzw. Wertorientierung bei jeweils 1 Investierten Einheit; von Januar 1975–Juli 1995 (Growth bzw. Value)		
Land	Wert	Wachstum
USA	23	14
Deutschland	14	9
Großbritannien	42	24
Japan	37	10
Kanada	12	5

Quelle: Leinweber, Arnott, Luck: The Many Sides of Equity Stile: Quantitative Management of Core, Value and Growth Portfolios, Handbook of Equity Style Management 1997

Tab. 4: Wachstum von Investitionen in Wachstums- bzw. Wertorientierung (Growth bzw. Value)

Eine umfassende Analyse hierzu wurde zuerst von R. Roll durchgeführt und sollte folgende Fragen beantworten:

- Sind statistische Unschärfen vorhanden, welche nicht Grundlage einer zukünftig erfolgreichen Managementstrategie sein können?
- Reflektieren die Performanceunterschiede die unterschiedlichen Risikolevel?
- Beruhen die Ergebnisse auf einem markteffizienten Portfolio, bei dem es bei gegebenem Risiko keines mit einem höheren Return gibt?

Die von R. Roll dazu vorliegenden Untersuchungen basieren auf folgenden Klassifizierungsvariablen: Große oder kleine Marktkapitalisierung, hohe oder niedrige Unternehmensgewinne pro Aktie (KGV), und hohes oder niedriges Kurs-Buchwertverhältnis (KBV). Die nach diesen Kriterien untersuchten Aktien wurden sodann kor-

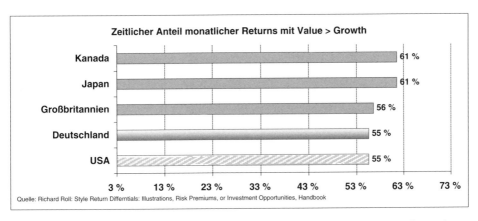

Abb. 7: Performancevergleiche und zeitliche Verteilung der Returns von Growth und Value

Rangplatz	Wachstum einer Einheit	Marktkapitalisierung	Stil	
			Gewinn zu Kurs	Buchwert zu Kurs
1	6,85	klein	hoch	hoch
2	5,34	groß	hoch	hoch
3	5,15	klein	hoch	niedrig
S&P	3,96	Marktindex	–	–
4	3,49	groß	hoch	niedrig
5	3,05	groß	niedrig	niedrig
6	2,76	groß	niedrig	hoch
7	2,02	klein	niedrig	hoch
8	1,64	klein	niedrig	niedrig

Quelle: Richard Roll, Anmerkung: Gewinn zu Kurs hoch = KGV niedrig; Gewinn zu Buchwert hoch = KBV niedrig!

Tab. 5: Performance-Ranking Style-Portfolios anhand der Analyse von R. Roll

respondierenden Managementstil-Portfolios zugewiesen, deren monatlicher gewichteter Gesamtzuwachs berechnet wurde. Kurszuwächse, Dividenden und die Reinvestition der Dividenden stellten dabei den Gesamtzuwachs dar.

Aufgrund der Datenmenge wurde hier nur der Zeitraum von 3/1985 bis 3/1994 untersucht.

Wie zu ersehen, schnitt das Small Cap-Portfolio mit hoher Gewinn- bzw. Buchwert-Relation zum Kurs am besten ab, was einer eindeutigen Wertorientierung in diesem Größensegment entspricht. Große Unternehmen schnitten im selben Zeitraum deutlich schlechter ab (–22%), lagen jedoch an zweiter Stelle. Noch interessanter ist vielleicht die Erkenntnis, dass der Unterschied im *Total Return* zwischen dem besten und dem schlechtesten Portfolio bei 15 % p.a. lag.

Zur Risikoadjustierung wurde sowohl das *Capital Asset Pricing Model* (CAPM) als auch ein Faktorenmodell benutzt. Die nach Adjustierung entstandenen Ergebnisse erklärten ebenfalls nicht die Performanceunterschiede der einzelnen Portfolios.

Dies lässt den Schluss zu, dass Aktienstilmanagement zusätzlichen Nutzen ohne Risikoerhöhung generieren kann.

Gleichwohl bleibt anzufügen, dass der Kleine-Firmen-Effekt nicht durchgängig nachgewiesen werden konnte, d.h. dass eine Small Cap-Orientierung nicht zu jedem beliebigen Zeitpunkt überlegene Returns produzieren muss. Selbst lediglich als unvollständig effizient zu bezeichnende Kapitalmärkte streben nach erkannten Gelegenheiten zur Performancesteigerung, sodass u.a. die Angebots- und Nachfragemechanismen im Zeitablauf wieder relative Gleichgewichtszustände herstellen.

Die Beobachtung aber, dass relativ niedrige(re) KGV bzw. KBV eher für die besten Portfolios zutrafen, lässt die Aussage zu, dass diese, unterlegt durch weitere Untersuchungen in anderen Zeiträumen und Märkten, periodenunabhängigere Erfolgsfaktoren darstellen als die Firmengröße.

Einige amerikanische Veröffentlichungen (beispielsweise »Morningstar«) klassifizieren beispielsweise Offene Publikumsfonds mit dem von Roll verwendeten Analyseansatz. Die so gestaltete Matrix lässt erkennen, welchem *Managementstil* die Vermögenswerte unterworfen sind.

	Value	Hybrid	Growth
Large			
Medium	X (Bsp)		
Small			

Tab. 6: »Style-Matrix«

10. Erklärungsansätze

Warum war die Wertorientierung im beobachteten Zeitraum, immerhin 20 Jahre, erfolgreicher als die Growth-Strategie?

Hierfür werden mehrere Erklärungsansätze genannt. Nicht identifizierte Risiken können ein Grund sein. Falls sie trotz der angewendeten, ausgefeiltesten statistischen Verfahren existierten, aber nicht entdeckt wurden, kann die Überperformance die Risikoprämie für höher übernommene Risiken darstellen, wie im CAPM formuliert.

Systematische Fehler in den Forecasts der Unternehmensgewinne drängen sich als weitere Erklärung auf. Studien hierzu untermauern die Aussage, dass Analysten für Unternehmen mit hohem KGV/KBV systematisch zu hohe zukünftige Gewinne berechneten, während sie für Firmen mit niedrigem KGV/KBV wiederum systematisch zu niedrige Gewinnprognosen anstellten.

Dieser »Tunnelblick« ist als »Don't-confuse-me-with-the-facts-Effect« bekannt: Entwicklungen, positiv oder negativ, unterliegen nicht völlig objektivierten, also verzerrten Wertzumessungen (Bias). Breit angelegte Untersuchungen der Analysten-Ergebnisse mehrerer Investmentbanken wiesen zeitgewichtete Irrtumsraten von ca. 30% bereits für das erste Forecastjahr auf, die sich für größere Zeiträume ausweiteten. Hinzu kommt, dass heutige, verbesserte Technik (Hardware und Software) keinen bedeutenden Einfluss auf die Ergebnisse auszuüben scheint. Dies wird mit dem Argument der komplexer gewordenen Märkte zurückgeführt.

Insbesondere für die letzten Jahre scheinen im Zuge der Veränderungen durch Globalisierung, Internet- und Intranet-Lösungen diese Aussagen hinterfragenswert. Busines-to-Business-Lösungen (B2B) mit noch nicht absehbaren Umwälzungen und Auswirkungen auf alle Aktiensegmente kommen hinzu. Ob die Wertaktien der »Old Economy« die momentan als Verlierer im Vergleich den Werten zur »New Economy« klassifiziert werden, in zehn oder zwanzig Jahren ebenso durchgängig bewertet werden können, steht derzeit aus und kann heute empirisch weder in diesem Rahmen, noch abschließend beurteilt werden.

11. Fazit und Lösungsansätze

Die Abwandlung des Portolio Selection Models von Markowitz in Anwendung auf Teilmarktstrategien impliziert eine Aufteilung eines Portfolios in wert- und wachstumsorientierte Anteile. Dieses Vorgehen wird auch als aktives bzw. taktisches Style-

Management bezeichnet. Aus den Performancevergleichen ergibt sich, dass sich – perfekte Voraussicht für den Zeitpunkt eines Portfolio-Shifts unterstellt – beträchtlich höhere Returns erzielen lassen, die sogar diejenigen passiver Strategien (Indexorientierung) übertreffen.

Der kritischste Punkt hierbei stellt neben dem empirisch nicht als erfolgreich zu bezeichnenden Timing die Transaktionskosten dar. Ist ein Portfolio beispielsweise zu 100% in Wachstumswerte und damit zu 0% in Wertorientierung investiert, fallen beträchtliche Umschichtungskosten an. Diese kumulieren sich bei häufigeren, also kurzfristigen Schwenks und kompensieren nach allen bisherigen Untersuchungen mit größter Wahrscheinlichkeit die zusätzlichen Erträge.

Einen Ausweg hieraus stellt die Möglichkeit dar, Managementstil-Änderungen auf Basis lediglich langfristiger Erwartungswerte vorzunehmen.

Ein weiterer Ansatz sind die bereits genannten Verfahren, Aktienzuordnungen mit Hilfe der Wahrscheinlichkeitstheorie vorzunehmen, und gleichzeitig nur auf die am stärksten ausgeprägten Wertpapiere jeder Kategorie ins Portfolio aufzunehmen. Hierdurch erhöht sich die Wahrscheinlichkeit, dass das Portfolio auf der *Risikozielkurve* liegt und gleichzeitig geringere Transaktionskosten verursacht.

Futures-Kontrakte können im Vergleich zu tatsächlichen Gewichtsveränderungen günstiger sein. Die verfügbaren Index- bzw. Subindex-Futures reduzieren so die mit aktivem Management verbundenen Transaktionskosten.

Weitere Überlegungen im Rahmen der Gesamtbanksteuerung, etwa
- die Quantifizierung des Gesamtportfolios,
- die Bestimmung einer Portfolioeffizienzkurve über die Definition der durch die Risikoaversion zu filternden Risiko- und Ertragserwartungswerte,
- die Einbindung in operationalisierte Verfahren zur Gewinnbedarfsberechnung oder Verlustobergrenzensteuerung

sollen hier ausgeklammert bleiben. Sie sind erst nach der Strategiefindung und ihrer Quantifizierung auf ihren zu erwartenden Erfolg hin umsetzbar.

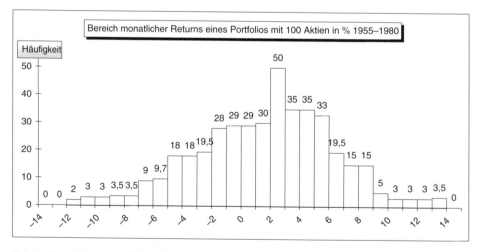

Tab. 7: Bereich monatlicher Returns eines Portfolios mit 100 Aktien in% 1955–1980

Optimierungsverfahren helfen daran anschließend mittels Kombinationsansätzen, Entscheidungen zur der Gewichtung der Assets sowohl zu professionalisieren wie zu versachlichen.

Auch die empirische Kapitalmarktforschung unterliegt Modifizierungen hinsichtlich einiger ihrer Aussagen im Zeitablauf; vor allem dann, wenn noch nicht genügend Erkenntnisse gewinnbar waren.

Wie sich gezeigt hat, besteht Portfoliomanagement im Aktienbereich nicht aus linearen, schlichten und singulären Lehrsätzen. Es ist ebenso komplex und teils unvollständig erklär- und damit vorhersagbar wie die Individuen, die als Marktteilnehmer agieren. Die sprichwörtliche Spreu vom Weizen zu trennen vermag sie allerdings eindrucksvoll.

Natürlich steht außer Frage, dass die Welt nicht »normalverteilt« ist. Die Darstellung der monatlich variierenden Returns eines beispielhaften Aktienportfolios in Tabelle 7 soll dies noch einmal veranschaulichen.

Empirische Erkenntnisse jedoch liefern einerseits wertvolle Rahmenbedingungen, in die konkrete Strategien, sowie ihr Chancen-Risikoprofil mit größtmöglicher Erfolgssicherheit integrierbar werden.

Aktuelle Marktverfassungen bzw. als Trends erkannte Situationen andererseits wollen ebenso mittels überlegter Einschätzung in ein lebendiges, zu steuerndes Gesamtunternehmen einbezogen werden. Glück oder Pech, nie zu 100% auszuschließen, werden so zu vernachlässigbaren Größen, die wirklich professionellem Management ohnehin keine Rückzugsgebiete zu offerieren brauchen, denn:

»Obwohl viele Männer sich mir gegenüber ob ihrer großen Taten rühmen«, schrieb und erkannte bereits La Rochefoucaud, »sind diese nicht so häufig das Ergebnis großer Entwürfe, sondern schlicht Zufall«.

Literaturverzeichnis

DeBond, W. and Thaler, R. (a), Does the Market overreact?, Journal of Finance, Juli 1985.
DeBond, W. and Thaler, R. (b), Further Evidence on Investor Overreaction and Stock Market Seasonality, Journal of Finance, Juli 1987
Dremann, D., The New Contrarian Investment Strategy, New York 1982.
Fabozzi, F. J., Active Equity Portfolio Management, 3. Aufl. Yale University, 1998.
Fama, E. F., Efficient Capital Markets: A second Review of Theory and Empirical Work, Journal of Finance, Mai 1970, des weiteren zusammen mit Kenneth R. French, Common Risk Factors on Stocks and Bonds, Journal of Financial Economics, Februar 1993.
Fama, E. and Blume, M., Filter Rules and Stock-Market-Trading, Journal of Business, Oktober 1976.
Focardi, S., Jonas, C., Modeling the Market: New Theories and Techniques, New Hope 1997.
Gerke, W., Arneth, S. und Fleischer, J., Kursgewinne bei Aufnahmen in den DAX 100, Verluste bei Entnahmen: Indexeffekt am deutschen Kapitalmarkt, Universität Erlangen, Version Juli 1999.
Glickstein, D. und Wubbels, R., Dow Theory is Alive and Well, Journal of Portfolio Management, Frühjahr 1983.
Graham, B., The Intelligent Investor, 4. überarbeitete Auflage, New York 1973.
Hagin, Robert L., Engineered Investment Strategies: Problems and Solutions, Institute of Chartered Financial Analysts, 1988.

Haugen, R. A., The New Finance: The Case against Efficient Markets, Prentice Hall, 1995.
Leinweber, D., Arnott, R. D., Luck, C. G., The Many Sides of Equity Stile: Quantitative Management of Core, Value and Growth Portfolios, Handbook of Equity Style Management, 1997.
Leinweber, D. J., Krider, D., Swank, P. (First Quadrant, L.P.), Quantitative Tools for Equity Stile Management, 2. Aufl. NY 1998.
Markowitz, H., Portfolio Selection: Efficient Diversification, Wiley, 1959.
Malkiel, B. G., A Random Walk down Wall Street, Princeton University, 6. Aufl. 1995.
Malkiel, B. G. and Cragg, J. G., Expectations and the Structure of Share Prices, American Economic Review, 1970, und »Expetations and the Valuation of Shares, Ntl. Bureau of Economic Research, Working Paper No. 471, April 1980.
Malkiel, B. G. and Mei, J.P. – Global Bargain Hunting, Simon & Schuster, NY 1998.
Reinganum, M. C., Misspecification of Capital Asset Pricing: Empirical Anomalies Based on Earnings Yields and Market Values, Journal of Financial Economics, März 1981.
Röder, Die Informationswirkung von ad-hoc-Meldungen, Universität Augsburg, Heft 162, Juni 1997.
Roll, R.: Style Return Differntials: Illustrations, Risk Premiums, or Investment Opportunities, Handbook Coggan, Fabozzi, et al 1997.
Scott, W., Miller, R., Handbook of Investment Styles, Stock Market Cycles, Investor Expectations, and Portfolio Performance.
Steiner, M., Bruns, C., Wertpapiermanagement, 5. Auflage, Stuttgart 1996.

Teil III
Identifizierung von Bonitätsrisiken

Das Ausfallrisiko – eine kalkulierbare Größe?
Thomas Gödel*

Inhalt

1. Das Ausfallrisiko – eine kalkulierbare Größe?
2. Modelle zur quantitativen Beurteilung des Ausfallrisikos
   2.1 Erweiterung um die qualitative Ausfallwahrscheinlichkeit
   2.2 Einbeziehung von Sicherheiten
   2.3 Länderrisiken
   2.4 Notwendige organisatorische Maßnahmen

Literaturverzeichnis

---

*Dipl. Kfm. Thomas Gödel ist in der Handelsrevision der Landesbank Rheinland-Pfalz tätig.

1. Das Ausfallrisiko – eine kalkulierbare Größe?

Die Kalkulation der Marktpreisrisiken war das beherrschende Thema der Kreditinstitute in den vergangenen Jahren. Aufsichtsrechtliche Vorgaben (z.B. MaH, Grundsatz I) trieben die Institute voran. Zumindest aus theoretischer Sicht können die Probleme, wenn auch nicht als gelöst, so doch als weitgehend aufgearbeitet gelten, so dass umfassende Lösungsansätze für die Praxis aufgezeigt wurden.

Weitaus schwieriger erscheinen dagegen die Quantifizierung und Steuerung von Kreditrisiken, die ungleich schwerer auf die Ertragsrechnungen vieler Banken einwirken. Während sich erst allmählich die Theorie diesem sicherlich schwierigeren Thema intensiver widmet und noch keine wirklich zufriedenstellende Lösungen unterbreiten konnte, sind in vielen Kreditinstituten unzureichende Modelle entstanden. Dabei gilt es nur als eine Frage von wenigen Jahren, bis umfassende Mindestanforderungen an das Betreiben von Kreditgeschäften (MaK) durch die Aufsichtsbehörden vorgegeben werden. Es ist abzuschätzen, dass mit deren Einführung die Vergabe von Ratings für Kreditnehmer entweder verbindlich wird oder zumindest zu Vorteilen bei der Eigenmittelunterlegung führt. Für ein solches Ratingverfahren sind jedoch historische Daten unabdingbar. Somit kann es nicht im Interesse der Kreditinstitute sein, ständig auf aufsichtsrechtliche Vorgaben zu warten und scheinbar hohe Kosten für Systeme zur Risikoquantifizierung zu scheuen. Vielmehr geht es um echte Wettbewerbsvorteile, die den Instituten entstehen, die ihre Risiken quantifizieren und steuern können.

Die nachfolgenden Ausführungen haben daher das Ziel, durch die Verknüpfung gleich mehrerer anerkannter Ansätze der Einzelkreditkalkulation die Ausfallrisiken für einen einzelnen Kreditnehmer zu quantifizieren und aus den erzielten Erkenntnissen unter Einbezug des Portfoliogedankens Steuerungsimpulse für ein gesamtes Kreditportfolio zu erhalten.

2. Modelle zur quantitativen Beurteilung des Ausfallrisikos

Zur Beurteilung des quantitativen Ausfallrisikos ist es unvermeidlich, die Bilanzen der (potentiellen) Kreditnehmer auszuwerten. Dabei haben sich neben der traditionellen Bilanzanalyse besonders zwei Verfahren als zuverlässig erwiesen: Die multivariate Diskriminanzanalyse und der Einsatz neuronaler Netze.

Das Verfahren der *Diskriminanzanalyse* kann eingesetzt werden, um anhand von mehreren Merkmalen eines Kreditnehmers – in diesem Fall sind es die Bilanzkennzahlen – eine Diskriminanzfunktion zu ermitteln, die es erlaubt, die Kreditnehmer in zwei Gruppen zu unterteilen.

Dazu müssen zunächst die Bilanzkennziffern eindeutig insolventer Unternehmen aus der Vergangenheit gebildet werden. Dieser stellt man eine Vergleichsgruppe von Unternehmen gegenüber, die in Branche und Größenordnung den insolventen Unternehmen möglichst ähnlich sind und deren Geschäftsentwicklung im gleichen Zeitraum keinen Grund zur Beanstandung ergab. Anhand einer Reihe theoretisch fundierter Bilanzkennziffern versucht man nun herauszufinden, welche Bilanzkennziffern die beiden Gruppen möglichst frühzeitig und eindeutig zu trennen vermögen.

Meist beschränkt man sich auf vier bis sechs Kennziffern, deren Gewichtung sich aus deren Zuverlässigkeit als Indikator ergibt. Eine solche Funktion könnte etwa wie folgt aussehen:

$$DF = a * BKZ_1 + b * BKZ_2 + c * BKZ_3 + d * BKZ_4 + e * BKZ_5$$

wobei a, b, c, d, e = Gewichtungsfaktoren
DF = Diskriminanzfunktion und
BKZ = Bilanzkennziffer

Das Ergebnis einer solchen Funktion ist nichts anderes als ein kritischer Wert der aussagt, ob ein Unternehmen, das dieser Diskriminanzfunktion unterworfen wird, als ausfallgefährdet erscheint. Mit dieser Aussage ist jedoch noch keine Ausfallwahrscheinlichkeit verbunden. Es wird lediglich eine Klassifizierung der betrachteten Unternehmen in eine kreditwürdige und eine nicht kreditwürdige Gruppe vorgenommen, ein Rating ist mit der Klassifizierung nicht verbunden. Schnell werden weitere Grenzen dieser Methode deutlich: Wenn die Klassifizierung in ein Raster aus Ratingstufen nicht möglich ist, so fehlen verwendbare Aussagen über historische Ausfallquoten. Es nützt nämlich wenig, wenn man bei einem Kredit mit 10 Jahren Laufzeit nach 4 Jahren erkennt, dass die Ausfallwahrscheinlichkeit plötzlich gestiegen ist. Weder wird man die Konditionen neu verhandeln, noch wird man den Kredit kündigen können. Ziel sollte es vielmehr sein, ein Unternehmen in eine Ratingstufe einzuordnen und die Konditionen für die Unternehmen dieser Kategorie so zu gestalten, dass das Ausfallrisiko über die gesamte Kreditlaufzeit abgegolten ist.

Die Erstellung von Diskriminanzfunktionen ist zudem mit nicht geringem Aufwand verbunden, denn im Zeitablauf sind die Bilanzen einem Wandel unterworfen, man denke nur an veränderte Bilanzierungsvorschriften, Konjunkturschwankungen und Strukturwandel. Dies bedeutet, dass die ermittelte Diskriminanzfunktion in regelmäßigen Abständen (mindestens jährlich) neu zu ermitteln ist.

Daher soll hier für eine ähnliche Vorgehensweise plädiert werden, nämlich die seit einigen Jahren erprobten und teils im Einsatz befindlichen *neuronalen Netze*. Diese verursachen i.d.R. bei Praktikern zwar Bedenken, da sie als black-box gelten, doch bieten sie den Vorteil, dass sie ständig lernen und auch nicht-lineare Verknüpfungen innerhalb der Diskriminanzfunktion vornehmen können.

Beide Methoden, Diskriminanzanalyse und neuronale Netze, haben einige Kritikpunkte gemeinsam, etwa die branchenübergreifende Betrachtung aller Unternehmen. Somit wird branchenbedingten Besonderheiten keine Rechnung getragen, man denke nur an die Eigenkapitalquoten und die Kapitalumschlagshäufigkeit von Energieversorgern einerseits und Handelsunternehmen andererseits. Erforderlich wäre daher eigentlich die Entwicklung branchenbezogener Modelle, die allerdings teilweise daran scheitern, dass in vielen Branchen die Grundgesamtheit der Unternehmen zu gering ist, um auf dieser Grundlage statistische Aussagekraft zu erzielen. Dies und der damit verbundene Aufwand sprechen eher für eine möglichst geringe Zahl an branchenbezogenen Diskriminanzanalysen. Insbesondere für kleinere und regional ausgerichtete Kreditinstitute besteht aufgrund der mangelnden Anzahl an

Kreditengagements die Notwendigkeit, auf die Daten externer Anbieter zurückzugreifen. Des weiteren besteht durch die ausschließliche Betrachtung der Bilanzen eine Vergangenheitsbezogenheit und bei beiden Methoden eine Abhängigkeit von Bilanzierungsvorschriften und deren Veränderung im Zeitablauf.

Trotz der Akzeptanzprobleme durch die Praktiker, die in dem black-box-Charakter der neuronalen Netze begründet sind, soll letzteren hier der Vorzug gegeben werden. Der Grund hierfür ist, dass es dem neuronalen Netz möglich ist, allerdings unter gewissen Einschränkungen, Ausfallwahrscheinlichkeiten für die betrachteten Unternehmen zu ermitteln.

So berichten beispielsweise Baetge/Jerschensky von einem neuronalen Netz, das in der Lage ist, anhand von 14 Bilanzkennziffern mit einer Wahrscheinlichkeit von 91,25 % ausfallgefährdete und mit 66,5 % gesunde Unternehmen drei Jahre zuvor identifizieren zu können. Dieses Netz, in das 12.000 Unternehmen einbezogen wurden, arbeitet ferner mit sechs Güte- und vier Risikoklassen sowie der Prämisse einer a-priori-Ausfallwahrscheinlichkeit von 1 % (vgl. Baetge/Jerschensk, 1996, S. 1581 f.).

Betrachtet man Abbildung 1, so fällt auf, dass zwischen den Risiko- bzw. Güteklassen teilweise erhebliche Sprungstellen auftreten. Dieses Problem ist allen internen und externen Ratingmodellen gemein. In der Realität ist natürlich von einem fließenden Übergang der Bonität der betrachteten Unternehmen auszugehen, weshalb an späterer Stelle Ansätze zur Schaffung eines fließenden Übergangs zwischen den Ratingklassen aufgezeigt werden.

Die Eingruppierung der Unternehmen aufgrund ihrer Jahresabschlüsse erfolgt hierbei unter Nichtberücksichtigung von Branchen und Größenklassen. Tatsächlich

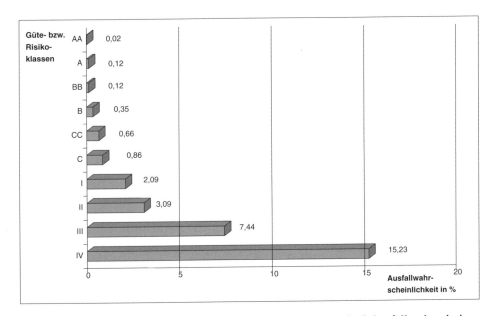

Abb. 1: A-posteriori Ausfallwahrscheinlichkeiten in % (a-priori Ausfallwahrscheinlichkeit von 1%), Quelle: Baetge/Jerschensky

	Insolvenzen	Anteil in %	registriert	Insolvenz-quote in %
alle Unternehmen	9360	100,00	2.689.504	0,35
nach Branchen				
Chemische Industrie	26	0,28	5.591	0,47
Maschinenbau	203	2,17	25.425	0,80
Energieversorgung	1	0,01	1.786	0,06
Baugewerbe	2263	24,18	295.421	0,77
Gastgewerbe	526	5,62	164.080	0,32

Abb. 2: Insolvenzentwicklung in Westdeutschland, Quelle: Creditreform, nicht veröffentlicht

ist jedoch gerade die Art der Geschäftstätigkeit ein erheblicher Risikofaktor für ein Unternehmen. Es ist sofort einleuchtend, dass sich für einen Kreditgeber bspw. die Risiken eines Chemieunternehmens von denen eines Maschinenbauunternehmens – trotz evtl. gleicher Bilanzkennziffern – unterscheiden. Um diesem Rechnung zu tragen, wird hier mit den statistischen Erhebungen von Auskunfteien gearbeitet. Mit deren Hilfe lässt sich die Ausfallwahrscheinlichkeit in verschiedenen Branchen für das vergangene Halbjahr in Erfahrung bringen. Bei längerfristigen Krediten ist selbstverständlich auch ein längerer Zeitraum denkbar, allerdings sollte er aufgrund des ständigen Strukturwandels nicht mehr als einen Konjunkturzyklus umfassen.

Zur Ermittlung der Ausfallwahrscheinlichkeit der Unternehmen erfolgt die zusätzliche Gewichtung der Ausfallwahrscheinlichkeit in den Güte-/Risikoklassen mit der Ausfallwahrscheinlichkeit einer Branche der betrachteten Unternehmen im Verhältnis zur Gesamtheit aller Unternehmen.

Allerdings liegen diesem Vorgehen die Annahmen der Invarianz der Bonitätsklassen bezüglich der betrachteten Branche zugrunde, ebenso, dass die Bonität und somit auch die sie darstellenden Bilanzkennziffern, die Verwendung finden, innerhalb einer Branche gleichverteilt sind. Die erste Annahme kann in der Realität natürlich verletzt werden, man betrachte bspw. die ausgeprägte Krise in der Bauindustrie; doch geht damit auch eine Verschlechterung der Bilanzkennziffern einher, so dass eine Kompensation stattfindet. Die angenommene Gleichverteilung der Bonität innerhalb einer Branche ist als typisches Bonitätsrisiko in Wirklichkeit eine linksschiefe Verteilung, dieser Effekt wird im vorgestellten Modell vernachlässigt.

Für ein westdeutsches Bauunternehmen der Güteklasse CC würde das auf Sicht eines Jahres eine Insolvenzquote von

$$0{,}66\% * \frac{0{,}77\%}{0{,}35\%} = 1{,}45\% \text{ bedeuten.}$$

Für ein westdeutsches Chemieunternehmen der Güteklasse A dagegen

$$0{,}12\% * \frac{0{,}47\%}{0{,}35\%} = 0{,}16\%.$$

Bei Mischkonzernen müssten die Geschäftsfelder entsprechend ihrer Bedeutung gewichtet werden.

Häufig erfolgt die Kalkulation einer Ausfallwahrscheinlichkeit unter Verwendung der Insolvenzzahlen, die bereits am Markt zu beobachten waren. Ziel muss es jedoch sein, eine Ausfallwahrscheinlichkeit für künftige Perioden zu ermitteln. Eine einfache Trendfortschreibung würde dieser Aufgabenstellung nicht gerecht werden, da Konjunkturumschwünge erst zu spät erkannt würden. Stattdessen bietet es sich an, einerseits den statistischen Zusammenhang zu nutzen, der mit einer gewissen zeitlichen Verzögerung zwischen der Zahl der Insolvenzen in einer Branche und der jeweiligen Branchenkonjunktur besteht. Andererseits verwendet man den Zusammenhang zwischen der Entwicklung des Bruttosozialproduktes und einer Vielzahl von Branchenentwicklungen.

Die prognostizierte Entwicklung des Bruttosozialproduktes gibt aufgrund vergangener Beobachtungen eine Aussage über die künftige gesamtwirtschaftliche Konkursquote. Diese Konkursquote gibt man einem quantitativ arbeitenden Modell als a-priori-Ausfallwahrscheinlichkeit vor. Zumindest für kurzfristige Kredite erhält man auf diesem Weg Aussagen hoher Güte.

Für Kredite deren Laufzeit größer als ein Jahr ist, kommt man nicht umhin, in einer mehrperiodigen Betrachtung mit kumulierten Ausfallquoten zu arbeiten. Entsprechende Modelle, wie etwa *CreditMetrics* oder *CreditRisk+* finden zwar in größeren Kreditinstituten bereits Verwendung, i.d.R. fehlen allerdings die Daten, um diese Modelle in ihrem vollen Umfang einsetzen zu können.

Auch zur Steuerung des gesamten Kreditportfolios lassen sich weitere Kenntnisse gewinnen: Aufgrund der Korrelationen der einzelnen Branchenkonjunkturen zur Veränderung des BSP wird man feststellen, dass gewisse Branchen typische Frühzykliker, andere wiederum typische Spätzykliker sind und die Ausfallquoten in diesen Branchen der gesamtwirtschaftlichen Entwicklung vorlaufen bzw. folgen. Dies schließt natürlich nicht aus, dass trotz der errechneten Ausfallwahrscheinlichkeiten aufgrund besonderer Umstände (z.B. geplante steuerliche Änderungen) für einzelne Branchen abweichende Ausfallwahrscheinlichkeiten angesetzt werden.

Verwendet man außerdem Daten über den Anteil einzelner Branchen an der Gesamtwirtschaft, so hilft dies, einerseits *Klumpenrisiken* zu vermeiden, andererseits helfen diese Informationen, das Kreditportfolio konjunkturneutraler zu gestalten, etwa durch gezielte Hereinnahme/Veräußerung des Kreditrisikos von Früh- oder Spätzyklikern.

Die oben ermittelten Ausfallquoten für ein Jahr sind marktdeduziert. Für die Verwendung dieser für den gesamten Markt prognostizierten Ausfallquoten spricht, dass das eigene Kreditportfolio letztlich ein Teil des Gesamtmarktes darstellt. In der Praxis findet man oft Institute, die zwar Kredite im Hinblick auf ein externes Rating vergeben, für die Kalkulation des Ausfallrisikos aber auf die – teilweise erheblich abweichenden – institutsinternen Ausfallraten zurückgreifen. Es ist einfach ersichtlich, was passiert, wenn ausschließlich mit institutseigenen Ausfallquoten gearbeitet wird: Ist die kalkulierte Ausfallquote und somit auch die Marge zu gering, so werden überproportional viele Neukredite an Kreditnehmer zu Konditionen vergeben, die das tatsächliche Risiko nicht entgelten. Ist die Marge zu hoch, wird vermutlich wenig Neugeschäft mit hohem Bonitätsrisiko akquiriert.

Unabhängig davon ist in fast allen Kreditinstituten die Grundgesamtheit der Kreditnehmer zu gering, so dass die beobachteten Ausfallquoten starken zufallsbedingten Schwankungen unterworfen sind.

Es muss daher, vor allem für kleine und mittelgroße Kreditinstitute, als ziemlich vermessen betrachtet werden, wenn man ausschließlich mit den institutsinternen Ausfallquoten arbeitet. Um so dringlicher besteht die Notwendigkeit, die externen Ratings der Ratingagenturen mit dem der jeweiligen Kreditinstitute vergleichbar zu machen. Da aber die Ratingagenturen das Zustandekommen von Ratings als ihr wertvollstes know-how geheimhalten, kann ein Vergleich letztlich nur über die a-posteri Ausfallquoten erfolgen. Genau dies dürfte sich als Schwachstelle auf seiten der Kreditinstitute erweisen. Da sich bei diesen konkrete Ratingmodelle, die einer zukünftigen aufsichtsrechtlichen Betrachtung auch standhalten, erst in der Entwicklung befinden, dürften i.d.R. die historischen Daten fehlen, die benötigt werden um festzustellen, ob ein Vergleich über die Ausfallquoten in den Ratingstufen auch längerfristig stabil ist.

Weitere bedeutende Faktoren, die in der Umsetzung eines solchen Modells in die Praxis für die quantitative Risikobeurteilung unbedingt erforderlich wären, werden hier nicht weiter ausgeführt, da sie den Rahmen dieses Beitrages sprengen würden.

2.1 Erweiterung um die qualitative Ausfallwahrscheinlichkeit

Genauso bedeutsam wie die quantitative ist die qualitative Betrachtung (z.B. Qualität des Managements, Produkte, Innovationsfähigkeit, Marktstellung, Rechnungswesen usw.). Die Beurteilung dieser Aspekte wird man nur dem zuständigen Kundenbetreuer überlassen können. Dieser neigt bekanntermaßen dazu, dass er besonders bei Neukunden die Qualität besser einschätzt oder darstellt, als sie tatsächlich ist. Angetrieben von Erfolgsdruck und Bonifikation strebt er u.U. nach vielen Neuakquisitionen und kurzfristigen Erfolgszahlen. Da die meisten Kreditinstitute nicht über die erforderlichen Controlling- und Steuerungsinstrumente verfügen, lassen sie es zu, dass Neugeschäft zu Konditionen abgeschlossenen wird, das nicht die angestrebte Eigenkapitalrentabilität einbringt oder noch schlimmer, sogar die tatsächlichen Ausfallrisikokosten nicht deckt. Häufig findet man auch, dass innerhalb einer Ratingstufe viele schlechte und weitaus weniger gute Risiken vertreten sind. Solches ist oft ein Indiz dafür, dass Kundenbetreuer bei Vorliegen der quantitativen Risikobetrachtung ihre qualitative Beurteilung entsprechend gestalten, damit ihr potentieller Neukunde in den Genuss günstiger Konditionen kommt.

Die in der Praxis häufig verwendeten Mindestmargen, die den Kundenbetreuern vorgegeben werden, stellen kein ausreichendes Instrument zum Schutz vor zu geringen Margen dar, da in Mindestmargen als standardisierte Größe nicht die individuellen Ausfallrisikokosten zum Ausdruck kommen. Es muss vielmehr ein Verfahren implementiert werden, dass sicherstellt, dass die Ausfallrisikokosten vor der Akquisition des Neukunden individuell kalkuliert werden.

Zur Sicherstellung eines einheitlichen Vorgehens und der vollständigen Beurteilung aller relevanten Aspekte des qualitativen Risikos sollten Checklisten verwendet werden. Bei der Erstellung der Checklisten ist anzustreben, dass auf die Insolvenzursachen aus der Vergangenheit abgestellt wird. Das Ergebnis der Beurteilung des Kundenbetreuers wird in einer Punktzahl zum Ausdruck gebracht, in der die Insolvenzursachen nach ihrer Bedeutung gewichtet werden (z.B. 100 Punkte als beste und 0 Punkte als schlechteste Bewertung).

Des weiteren benötigt man den Durchschnitts- bzw. Normalwert dieser Bewertung (dieser wird nachfolgend mit 70 Punkten angenommen) und auch einen Ausschlusswert (z.B. soll ein Unternehmen keinen unbesicherten Kredit erhalten, wenn der Wert unter 40 Punkten liegt). Eine qualitative Bewertung mit 70 Punkten würde also zu keiner Änderung der Ausfallrisikomarge aus der quantitativen Betrachtung führen. Die an dieser Stelle angenommene Gleichgewichtung der quantitativen und der qualitativen Aspekte führt dazu, dass sich die Ausfallrisikomarge aus der quantitativen Ermittlung bestenfalls halbieren, schlechtestenfalls verdoppeln kann. Über die Gewichtung von quantitativen und qualitativen Kriterien sowie evtl. Ausschlussgrenzen, muss allerdings ein Institut selbst befinden.

Es wird ferner angenommen, dass die Beurteilungen der Unternehmen, die als qualitativ kreditwürdig befunden wurden, gleichmäßig um den Mittelwert von 70 Punkten liegen. Eine Bewertung mit 50 Punkten hätte folglich einen prozentualen Aufschlag von 66,67%, eine Bewertung mit 85 Punkten dagegen einen prozentualen Abschlag von 50% auf den in der quantitativen Beurteilung ermittelten Wert zur Folge. Für die Marge der in Abschnitt 2.1. behandelten Unternehmen hätte dies folgende Auswirkungen:

Das westdeutsche Bauunternehmen der Güteklasse CC und einer qualitativen Beurteilung von 50 Punkten weist dann eine Ausfallrisikomarge von

$$1{,}45\% * 1{,}6667 = 2{,}42\%,$$

das westdeutsche Chemieunternehmen mit einer qualitativen Beurteilung von 85 Punkten dagegen

$$0{,}16\% * 0{,}50 = 0{,}08\% \text{ auf.}$$

Um für die Gesamtheit der Beurteilungen der Kundenbetreuer die Einhaltung einer gleichmäßigen Verteilung um den Mittelwert zu gewährleisten, muss die Verteilung der tatsächlich abgegeben Beurteilungen in regelmäßigen Abständen untersucht werden. Sollten sich Tendenzen ergeben, die eine deutlich schiefe Verteilung aufweisen, so kommt man nicht umhin, pauschale Abschläge/Aufschläge auf die qualitativen Beurteilungen vorzunehmen.

Erforderlich sind ferner organisatorische Maßnahmen, die in Abs. 2.4 angedacht sind.

2.2 Einbeziehung von Sicherheiten

Es versteht sich, dass das bis hierhin geschilderte Vorgehen nur für unbesicherte Kredite angewendet werden kann. Dies erscheint sinnvoll, da eine schlechte quantitative oder qualitative Bonität durch die Stellung guter Sicherheiten kompensiert werden kann. In Abhängigkeit von den institutsinternen Vorgaben bzw. Risikobereitschaft bestehen in den einzelnen Kreditinstituten teils erhebliche Unterschiede in der Besicherungspraxis. Im Gegensatz zur Forderung, dass historische institutsinterne Ausfallquoten keine Verwendung finden dürfen, müssen deshalb bei der Berücksichtigung der Sicherheiten institutsinterne Erfahrungswerte herangezogen werden. Für jede Art von Sicherheit müssen folglich »recovery-rates« ermittelt werden.

Im Beispiel sollen für hypothekarisch besicherte Kredite 70% des Kreditvolumens einzubringen sein. Betrachtet man dazu wieder die beiden o.a. Unternehmen, so bedeutet dies bei einem Kreditvolumen von 10.000.000,- € und 100%iger Besicherung durch Hypotheken bei dem Bauunternehmen, dass trotz der scheinbar vorhandenen Besicherung letztlich 30% des Nominalvolumens de facto blanko vergeben wurden. Nur auf diesen Teil darf sich die errechnete Ausfallrisikomarge beziehen. Für die Ausfallrisikomarge des betrachteten Bauunternehmens auf Sicht eines Jahres bedeutet das:

7.000.000,- € * 0% + 3.000.000,- € * 2,42% = 72.600,- € oder 0,726%.

Analog ist mit dem Chemieunternehmen zu verfahren.

Es sei hier nochmals darauf hingewiesen, dass die bis hier kalkulierten Margen einzig der Ermittlung des Zinses dienen, der notwendig ist, um das Kreditinstitut vor Vermögensverlusten durch notleidende Kredite zu schützen. Nicht berücksichtigt wurden dagegen Bearbeitungskosten und Eigenkapitalverzinsung.

2.3 Länderrisiken

Als Länderrisiko bezeichnet man »die Möglichkeit, dass souveräne Kreditnehmer eines bestimmten Landes nicht in der Lage oder bereit sind, und dass sonstige Kreditnehmer nicht in der Lage sind, aus anderen Gründen als den üblichen Risiken, die sich im Zusammenhang mit jeder Kreditgewährung ergeben, ihre Auslandsverpflichtungen zu erfüllen (Ausschuss für Bankenbestimmung und -überwachung, 1982, S. 3).«

Aus der Formulierung kann zurecht abgeleitet werden, dass es sich beim Länderrisiko um ein zusätzliches Risiko handelt, was i.d.R. für alle Kreditnehmer in einem Staat gleichermaßen gilt. Wenn nun das Länderrisiko per se für alle Kreditnehmer eines Staates als gleich angesehen wird, so kann das ermittelte Länderrisiko als add-on in der Ausfallrisikomarge berücksichtigt werden. Dabei bietet es sich für ein Kreditinstitut mit Sitz in einem Staat höchster Bonität, was für Deutschland sicher zutrifft, an, dass das Länderrisiko »Deutschland« als Multiplikator 1 für die gesamte Ausfallrisikomarge in die Kalkulation eingeht. Für Staaten mit entsprechend schlechterer Bonität beträgt der Multiplikator >1.

Alternativ – oder ergänzend – können allerdings auch die spreads zwischen den Renditen der Staatsanleihen der betreffenden Staaten herangezogen werden.

Bei dem hier aufgezeigten Modell wird ferner unterstellt, dass der Staat selbst für unbesicherte Kredite stets eine höhere Bonität besitzt als alle Unternehmen, die in diesem Staat ihren Sitz haben. Durch die Berücksichtigung von Sicherheiten kann auch der Fall eintreten, dass ein Unternehmen eine höhere Bonität aufweist, als der Staat, in dem es seinen Sitz hat. Allerdings ist hier Vorsicht angezeigt: Es wäre nicht angebracht, die Sicherheiten nicht dem Länderrisiko zu unterwerfen, die sich in dem betroffenen Staat selbst befinden. Die Verwertung der Sicherheiten und der Transfer der daraus erzielten Mittel unterliegen demselben politischen Risiko und wirken sich somit nicht risikomindernd auf das Länderrisiko aus.

Dagegen kann die Besicherung in Drittstaaten zu der beschriebenen Konstellation führen, dass z.B. ein Kredit an ein brasilianisches Unternehmen ein geringeres Risiko als ein Kredit an den Staat Brasilien aufweist, etwa wenn das Unternehmen als Sicherheiten Immobilien in den USA vorweisen kann.

Die Thematik Länderrisiko, die nicht primärer Betrachtungsgegenstand dieses Beitrags ist, kann hier lediglich tangiert werden. Es soll allerdings zum Ausdruck gebracht werden, dass das vorgestellte Modell offen für solche Ergänzungen ist.

2.4 Notwendige organisatorische Maßnahmen

Um das beschriebene Verfahren zur Kalkulation der Ausfallrisiken durchführen zu können, sind sicherlich auch neue Organisationsstrukturen und Controllinginstrumente für die Kreditbereiche erforderlich. Zum einen ist zu fordern, dass eine einzige zentrale Stelle, nachfolgend Kreditsteuerung genannt, für die Ermittlung der quantitativen Ausfallrisiken verantwortlich ist. Dieser Stelle ist vom Kundenbetreuer die qualitative Beurteilung gemeinsam mit dem Auftrag zur Kalkulation der gesamten Ausfallrisikomarge einzureichen. Erst nach der Kalkulation dieser ist dem Kundenbetreuer die für diesen Kunden individuell ermittelte Größe rückzumelden.

Zentrale Forderung dieses Beitrages ist es, dass die Abteilung *Kreditsteuerung* auf Basis ihrer Kalkulation die Risiken von den Kreditbereichen ankauft und diesen den Barwert der verbleibenden risikolosen Marge vergütet. Die Kreditbereiche werden damit risikoneutral gestellt, eine höhere Marge kommt ihnen unmittelbar im Jahr des Kreditabschlusses zugute und ermöglicht eine profit-center-Kalkulation für die einzelnen Kreditbereiche. Diese Kalkulationen können wiederum ein zeitnahes und geeignetes Steuerungsinstrument für die Zurverfügungstellung von Eigenkapital für die einzelnen Kreditbereiche sein.

Dazu bedarf es zeitnaher Informationen, in welcher Höhe Eigenkapital gebunden wird und wie groß die Eigenkapitalrentabilität der Kreditbereiche ist. Ein Kreditbereich, der nicht die angestrebte Rendite erreicht, erhält weniger Eigenkapital und ist zur Erhöhung der Rentabilität gezwungen, sich auf die rentabelsten Geschäfte zurückzuziehen. Ein anderer Bereich, der dagegen die Zielgrößen überschreitet, wird zusätzliche Eigenmittel erhalten. Die Kreditbereiche selbst werden also vor Geschäftsabschluss gezwungen, eine einzelgeschäftsbezogene Rentabilitätsberechnung vorzunehmen. Es kann somit sichergestellt werden, dass Eigenkapital gezielt in die rentabelsten Bereiche fließt.

Für den Bereich der Kreditsteuerung muss gewährleistet werden, dass sich in einem mittelfristigen Zeitraum die tatsächlichen Kreditausfälle und die kalkulierten Ausfallrisikomargen ausgleichen. Würde man hier ein reines profit-center einrichten, so bestünden sicherlich Bestrebungen, die Margen zu großzügig zu kalkulieren.

Aufgabe der Kreditsteuerung muss es aber auch sein, ein aktives Kreditportfoliomanagement zu betreiben. Letztlich stellt die Vergabe von Kredit nämlich nichts anderes dar, als den Ankauf von verzinslichen Wertpapieren, nämlich die zeitlich befristete Überlassung von Kapital. Ziel des Portfoliomagements muss es sein, eine optimale Ausrichtung des Portfolios nach den Kriterien Rendite und Risiko zu erlangen. Die dazu benötigten Instrumente wurden in den letzten Jahren geschaffen, genannt seien nur Asset Backed Securities, Mortgaged Backed Securities, Total Return Swaps, Credit Default Swaps oder Credit Options.

Die größten Hürden solcher innovativen Ansätze sind sicherlich nicht in der Umsetzbarkeit zu suchen. Der damit verbundene Aufwand ist für mittelgroße Kreditinstitute durchaus zu tragen, zumal bei konsequenter Umsetzung letztendlich eine Verbesserung des Ertrages eintritt. Was allerdings die Umsetzung erschwert, sind die Barrieren in den Köpfen der Betroffenen und liebgewonnene Gewohnheiten.

Literaturverzeichnis

Ausschuss für Bankenbestimmung und –überwachung (Hrsg.), Steuerung des internationalen Kreditgeschäfts der Banken, Basel 1982.

Baetge, Jörg und Andreas Jerschensky, Beurteilung der wirtschaftlichen Lage von Unternehmen mit Hilfe von modernen Verfahren der Jahresabschlussanalyse, in: Der Betrieb 32/1996.

Marktdeduzierte Verfahren zur Integration von Kreditrisiken in die Unternehmenssteuerung

Ingo Wiedemeier[*]

Inhalt

1. Grundlagen des Risikomanagements
   1.1 Risikoidentifikation
   1.2 Risikoquantifizierung
   1.3 Risikoanalyse
   1.4 Risikosteuerung
   1.5 Risikocontrolling
2. Erfordernis eines Adressenrisikomanagements
   2.1 Bankenaufsichtsrechtliche Aspekte
   2.2 Interne Anforderungen an ein Adressenrisikomanagement und -controlling
3. Messung des Ausfallrisikos im Firmenkundenkreditgeschäft
   3.1 Einzelgeschäftsbezogene Kreditrisikoanalyse unter Anwendung des DSGV-Kredit-Ratings
      3.1.1 Qualitatives Firmenrisiko
         3.1.1.1 Unternehmer-/Unternehmensbeurteilung
         3.1.1.2 Kontodaten-Analyse
         3.1.1.3 Geschäftsverbindung/Zahlungsweise
         3.1.1.4 Statistische Bilanzanalyse
         3.1.1.5 Branchenanalyse
         3.1.1.6 Wettbewerbsanalyse
      3.1.2 Kreditsicherstellung
      3.1.3 Bonitätsklasse
   3.2 Gesamtgeschäftsbezogene Kreditrisikoanalyse
      3.2.1 Kredit-Risiko-Analyse
      3.2.2 Risiko-Struktur-Analyse
4. Ansätze zur Steuerung des Kreditausfallrisikos
   4.1 Portfoliooptimierung
   4.2 Kalkulation von Risikoprämien
5. Risikocontrolling der Gesamtbank
6. Ausblick

Anmerkungen

Literaturverzeichnis

[*] Dr. Ingo Wiedemeier ist Vorstands- und Kreditreferent der Sparkasse Hanau.

1. Grundlagen des Risikomanagements

Die Frage nach dem Risikogehalt einzelner Kontrakte respektive des gesamten Portfolios ist so alt wie das Bankwesen selbst. Ex definitione resultiert das Risiko aus der Unsicherheit zukünftiger Ereignisse und äußert sich in der Abweichung von einer Zielgröße. Dieser Ursache-Wirkung-Zusammenhang schließt sowohl die Chance einer günstigen als auch die Gefahr einer ungünstigen zukünftigen Entwicklung ein. Letztere wird als Risiko bezeichnet.

Da die Aussicht auf Erfolg die Übernahme von Risiken voraussetzt, besteht das Ziel eines Kreditinstitutes nicht in der vollständigen Vermeidung des Risikos. Vielmehr fokussieren Institute[1] auf die Abstimmung des gesamten bestehenden Risikopotentials mit dem vorhandenen Risikodeckungskapital, wobei schlagend werdende Risikopositionen frühzeitig erkannt und zeitnah entsprechende Maßnahmen ergriffen werden.

Vor diesem Hintergrund erfassen Kreditinstitute das Risiko im Rahmen eines institutionalisierten Risikomanagement-Prozesses. Nur auf diese Weise lassen sich Risiken identifizieren, messen und adjustieren. Formal untergliedert sich der funktionale Risikomanagement-Prozess in fünf aufeinanderfolgende Phasen.

1.1 Risikoidentifikation

Die Ermittlung der Gesamtrisikosituation eines Institutes erweist sich aufgrund der vielschichtigen Risikofaktoren eines Institutes als äußerst umfangreich. Neben der Identifizierung sämtlicher bilanzieller und außerbilanzieller Positionen finden auch die strategischen Risiken Berücksichtigung, etwa aus der aufbauorganisatorischen Ausrichtung eines Institutes zur Sicherung der Wettbewerbsfähigkeit, der Bearbeitung neuer Geschäftsfelder in Verbindung mit der Nutzung neuer Techniken oder der Übernahme von Beteiligungen. Die Risiken des Betriebsbereiches beinhalten die mittlerweile überaus bedeutsam gewordenen technologischen Risiken, welche in einem engen Zusammenhang mit der Einrichtung und Wartung der Informations- und Datensysteme zu nennen sind, die Personalrisiken, welche die durch Fahr-

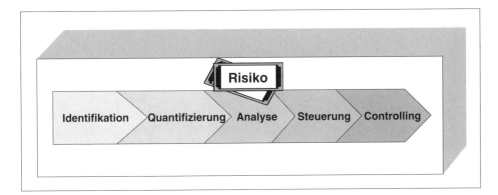

Abb. 1: Risikomanagement-Prozess

lässigkeit auftretenden Mängel bei der Erledigung der Aufgaben umfassen, sowie die sachlich-technischen Risiken, z.B. die Funktionsfähigkeit der Sicherungs- und Alarmsysteme, ohne die eine Bearbeitung der Tätigkeiten nicht durchgeführt werden könnte. Hier zeigt sich bereits die Schwierigkeit, die bestehenden und potentiellen Risikofaktoren adäquat zu quantifizieren.

Die Risiken des liquiditätsmäßig-finanziellen Bereichs beschreiben die originären Risiken, die aus der Geschäftstätigkeit eines Institutes resultieren. Hierbei handelt es sich zum einen um die aus Marktveränderungen resultierenden Preisrisiken, wie das Zinsänderungs-, das Aktienkurs- oder das Wechselkursrisiko, und zum anderen um das Adressenausfallrisiko, welches auch als Bonitätsrisiko bezeichnet wird und den Ausfall der Zins- und Tilgungszahlungen von Emittenten des Wertpapiergeschäftes sowie der Kontrahenten des Kreditgeschäftes umfasst. Da einzelne Geschäfte auch mehr als eine Risikokategorie beinhalten können, gelten diese Geschäfte als besonders virulent. Etwa birgt ein auf Fremdwährung denominierter Zinskontrakt neben dem Fremdwährungsrisiko sowohl das Zinsänderungs- als auch das Adressen- bzw. das Bonitätsrisiko.

Der ursachenbezogenen Risikobetrachtung folgt die Beschreibung der Wirkung einzelner Risikoarten: Die Übernahme von Marktpreis- und Adressenausfallrisiken ist mit der Erwartung eines bestimmten Ertrages aus diesen Geschäften verknüpft. Demzufolge werden diese Risiken häufig auch unter dem Begriff Erfolgsrisiken subsumiert. Obgleich der Ausfall eines Kreditengagements auch Auswirkungen auf die Liquidität eines Institutes hat, überwiegt der Verlust und mithin die erfolgswirtschaftliche Komponente, sodass dies die Bezeichnung rechtfertigt. Ein erfolgsinduziertes *Liquiditätsrisiko* lässt sich allerdings ableiten, wenn ausgehend von der schwächeren Ertragslage eines Institutes ein schlechteres Standing am Markt hervorgerufen wird, sodass die Refinanzierung auf dem Geldmarkt nicht oder nur zu höheren Preisen vorgenommen werden kann.[2]

Als weitere Liquiditätsrisiken lassen sich z.B. das Terminrisiko, die Gefahr, dass sich die Fristigkeiten der Passivgeschäfte unplanmäßig verkürzen, das Abrufrisiko, etwa die Gefahr, dass Kreditzusagen unerwartet in Anspruch genommen werden, oder das Transferrisiko, die Gefahr, dass der Zahlungsempfänger das Geld nicht erhält, anführen.

1.2 Risikoquantifizierung

In Anlehnung an den Grundsatz I besteht für sämtliche Institute die Verpflichtung, im Verhältnis zu den vorhandenen Risikopositionen ein hinreichendes Eigenkapital auszuweisen.[3] Die hohen Wertpapiervolumina der Institute haben den Gesetzgeber veranlasst, mit der Änderung des Eigenkapitalgrundsatzes vom 15. Mai 1990 die Erfassung der Kreditrisiken des Ausleihgeschäftes, etwa Gelddarlehen, Bürgschaften und Garantien, um die Emittentenrisiken, welche auf die Bonität des Herausgebers von Wertpapieren abstellen, zu erweitern. Trotz des – aufgrund der vorgegebenen Anrechnungssätze – pauschalen Verfahrens zur Ermittlung der gewichteten Risikoaktiva, vermitteln die Risikoklassen einen ersten Eindruck von der tendenziellen Bewertung der Emittenten und Kontrahenten.

Der Bestimmung des ökonomischen Risikos genügt diese Vorgehensweise allerdings nicht. Vielmehr ist es notwendig, realitätsnahe Kriterien für die Risikobewertung zu Grunde zu legen. Der Grundsatz I in Verbindung mit den Mindestanforderungen an das Betreiben von Handelsgeschäften der Kreditinstitute[4] ermöglicht es, historische Daten einzelner Positionen oder Portfolios heranzuziehen und in die Zukunft zu transformieren. Beispielsweise dienen die Wertänderungen eines Finanzinstrumentes der letzten 250 Tage – gemäß der Anwendung interner Modelle – zur Bestimmung des Marktpreisrisikos.

Bei der Ermittlung des ökonomischen Adressenausfallrisikos im Kreditgeschäft lassen sich ebenfalls historische Ausfallquoten berechnen und auf das bestehende Kreditengagement übertragen, um eine Quote für das zukünftige Adressenausfallrisiko in die Unternehmensplanung zu integrieren.

1.3 Risikoanalyse

Die eingehende Risikoanalyse schließt sich unmittelbar an die Identifikation sowie an die Quantifizierung des Risikos an. Hier werden sowohl einzelne bilanzielle und außerbilanzielle Positionen als auch das Gesamtrisiko eines Institutes untersucht. Im Rahmen der Betrachtung der Einzelengagements werden neben der Einhaltung der aufsichtsrechtlichen Vorschriften für Großkredite gemäß § 13 KWG die Überprüfung der internen Limitregelungen vorgenommen, um das aus der Konzentration auf einzelne Kreditnehmer resultierende Risiko auszuschließen.

Mit der Aggregation der Einzelrisiken wird die vorhandene Risikoübernahme auf Gesamtbankebene untersucht. An dieser Stelle fließen neben den Erfolgsrisiken die Betriebs- und die sonstigen Risiken in die Betrachtung ein. Erst jetzt wird die Gesamtrisikosituation eines Institutes evident, gleichwohl im Entscheidungsprozess die geschäftspolitisch motivierten Ertragskomponenten einen wesentlichen Einflussfaktor darstellen.

Die grundsätzliche Höhe des Risikos wird einerseits von dem wirtschaftlichen Eigenkapital und mithin von der Risikotragfähigkeit eines Institutes und andererseits von der Risikoneigung der Geschäftsführung determiniert. So zieht eine risikofreudige Geschäftsführung den Kauf eines Finanzinstrumentes mit hohem Risiko und hoher Renditeerwartung dem Erwerb eines Alternativgeschäftes mit sicherer, allerdings geringer Rendite ohne Risiko vor et vice versa.

1.4 Risikosteuerung

Die Ausübung einer wirksamen Risikosteuerung baut auf einer umfassenden Risikoanalyse sowie einer korrekten Quantifizierung der bestehenden Risiken auf. Wenngleich die derzeitigen Ansätze des Bundesaufsichtsamtes für das Kreditwesen ein eher konservatives Maß besitzen, um den Schutz der Einlagen und der Solidität des Bankensektors Rechnung zu tragen, kann eine Steuerung nur dann effektiv durchgeführt werden, falls eine sachgerechte Risikomessung in das Risikomanagementsystem Eingang findet.

Die Risikosteuerung differenziert aktive und die passive Maßnahmen: Zu der aktiven Risikosteuerung zählen konkrete Handlungen, welche die Begrenzung, die

Reduzierung oder die Eliminierung des Risikos zum Ziel haben. Gemeinhin sind diese Maßnahmen auch unter den Begriffen Risikomangement i.e.S. oder Risk-Management anzutreffen.

Die in diesem Zusammenhang durchgeführten Aktivitäten lassen sich sowohl auf kontraktbezogener Ebene, etwa durch einen Mikro-Hedge, als auch auf geschäftsfeld- oder gesamtbankbezogener Ebene, etwa durch einen Makro-Hedge, realisieren.

Die passive Risikosteuerung fokussiert auf die Einhaltung der gesetzlichen und ökonomischen Rahmenbedingungen, um die Tragfähigkeit bestehender bzw. die Übernahme potentieller Risikopositionen zu gewährleisten. Dabei erfolgt eine permanente Abstimmung zwischen dem Risikodeckungskapital und des durch die laufende Geschäftstätigkeit variierenden Risikos. Unter Umständen resultieren hieraus Maßnahmen zur Reduzierung des Risikos respektive zur Erhöhung der Eigenmittel.

1.5 Risikocontrolling

Die Überprüfung der Steuerungsmaßnahmen in Bezug auf den Eintritt der angestrebten Änderung stellt den letzten Baustein im Risikomanagement-Prozess dar. Hierbei werden sowohl die Methoden der Risikoquantifizierung einer Überprüfung hinsichtlich der Abweichung zwischen dem prognostizierten und dem tatsächlich eingetretenen Risiko unterzogen als auch die aus der Risikoanalyse heraus getroffenen Entscheidungen hinsichtlich ihrer Wirksamkeit untersucht.

Da zunehmend dynamische Modelle zur Quantifizierung des Risiko herangezogen werden, unterliegen die in diesem Zusammenhang festgelegten Prämissen einer ständigen Kontrolle. Neben der Verifikation bestehender Modelle durch das Risikocontrolling ermöglicht der Einsatz technischer Hilfsmittel die Berechnung von Al-

Aktive Risikosteuerung	Passive Risikosteuerung
Risikoausschluss ↘ Verbot risikobehafteter Geschäfte **Risikoreduktion** ↘ Begrenzung der Verlustwahrscheinlichkeit **Risikoübertragung** ↘ Einschaltung weiterer Gläubiger **Risikodiversifikation** ↘ Risikostreuung durch Ausnutzen von Korrelationen	**Sicherung der Risikotragfähigkeit bestehender und potentieller Geschäfte** **Maßnahmen zur Risikovorsorge**

Abb. 2: Risikosteuerung

ternativszenarien, sodass Worst-Case-Betrachtungen simuliert und entsprechende Limitsysteme überwacht werden können.

2. Erfordernis eines Adressenrisikomanagements

Das Adressenausfallrisiko im Firmenkundenkreditgeschäft bildet neben dem Marktpreisrisiko den wesentlichen Bestandteil des Erfolgsrisikos. Im Gegensatz zum Marktpreisrisiko haben die schlagend werdenden Risiken aus dem Kreditgeschäft direkte Auswirkungen auf die Gewinn- und Verlust-Rechnung eines Kreditinstitutes. Als wesentliche Ursache für Unternehmenskrisen und -insolvenzen lassen sich vielseitige Faktoren anführen; allerdings haben Untersuchungen zu dem Ergebnis geführt, dass in erster Linie Managementfehler für die Illiquidität und für die Aufgabe der Geschäftstätigkeit verantwortlich sind.

Ein Blick auf die Statistik insolventer Unternehmen in Deutschland zeigt, dass ab dem Jahr 2000 die Anzahl der *Insolvenzen* stetig abnehmen wird. Gleichwohl geben die absoluten Zahlen der jährlichen Insolvenzen keinen Grund, dem Ausfallrisiko bestehender Kreditengagements weniger Bedeutung beizumessen. Vielmehr sind mit der notwendigen Anpassung der Unternehmen an neue Technologien und Märkte sowie mit der Lösung des Nachfolgeproblems weitere bedeutsame strategische Entscheidungen zu treffen.

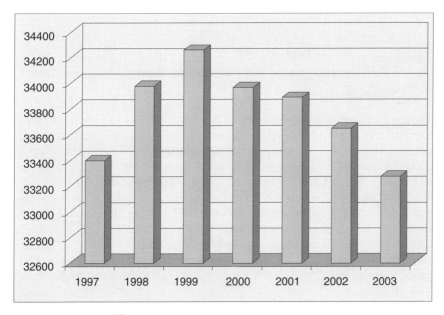

Abb. 3: Insolvenzen[5]

2.1 Bankenaufsichtsrechtliche Aspekte

Ein Blick in den 3. Abschnitt des Kreditwesengesetzes (Vorschriften über die Beaufsichtigung der Institute) bringt die Notwendigkeit für sämtliche Kreditinstitute zum Ausdruck, das Management des Adressenausfallrisikos zu institutionalisieren. Konkret heißt es im § 35 Abs. 2 Nr. 4 a und b KWG:

Das Bundesaufsichtsamt kann die Erlaubnis außer nach den Vorschriften des Verwaltungsverfahrensgesetzes aufheben, wenn Gefahr für die Erfüllung der Verpflichtungen eines Institutes gegenüber seinen Gläubigern, insbesondere für die Sicherheit der dem Institut anvertrauten Vermögenswerte, besteht und die Gefahr nicht durch andere Maßnahmen nach diesem Gesetz abgewendet werden kann; eine Gefahr für die Sicherheit der dem Institut anvertrauten Vermögenswerte besteht auch
a) bei einem Verlust in Höhe der Hälfte des nach § 10 maßgebenden haftenden Eigenkapitals oder
b) bei einem Verlust in Höhe von jeweils mehr als 10 vom Hundert des nach § 10 maßgebenden haftenden Eigenkapitals in mindestens drei aufeinander folgenden Geschäftsjahren.

Die Verknüpfung des Verlusteintritts mit der Aufhebung der Zulassung zum Geschäftsbetrieb zwingt die Geschäftsleitung eines jeden Institutes geradezu, dem vollständigen oder teilweisen Verlust aus den Wertpapier- oder Kreditverträgen mit einzelnen Emittenten und Kontrahenten auf adäquate Weise vorzubeugen. Bei einer Summe der gewichteten Risikoaktiva in Höhe von 1 Mrd. DM, würde ein Verlust von 40 Mio. DM in einem Jahr bzw. 8 Mio. DM in drei aufeinanderfolgenden Jahren das BaKred in die Lage versetzen, die Erlaubnis zum Betreiben von Bankgeschäften zu entziehen.

2.2 Interne Anforderungen an ein Adressenrisikomanagement und -controlling

Die Erfassung von Risiken im Kreditgeschäft beginnt nicht erst mit der Bildung von Einzelwertberichtigungen oder Abschreibungen auf bestimmte Kreditpositionen; der Anspruch an eine adäquate Messung des Adressenausfallrisikos umfasst bereits die wertmäßige Minderung von Engagements, ohne dass ein vollständiger oder teilweiser Ausfall vorliegt. Während das Emittentenrisiko durch den Abschluss von Kontrakten, die im Rahmen der Vorschriften des Grundsatzes I von einer Anrechnung befreit sind, weitgehend ausgeschlossen werden kann, gestaltet sich die Quantifizierung eines Kreditengagements als weitaus schwieriger. Aufgrund der vielfältigen individuellen Unternehmensfaktoren, ausgehend von den organisatorisch-technischen Komponenten bis hin zu den betriebswirtschaftlichen Kennzahlen eines Unternehmens, erweist sich die Beurteilung des Firmenkundenkreditgeschäftes als äußerst vielschichtig.

Vor diesem Hintergrund wird das Ausfallrisiko nach unterschiedlichen Kriterien differenziert:

- Das Kredit-Risiko beschreibt den Zustand, in dem der Kreditnehmer nicht in der Lage ist, die vereinbarten Zins- und Tilgungsleistungen vertragsgemäß zu erbringen.
- Das Kreditausfallrisiko i.e.S. beziffert den Unterschiedsbetrag zwischen der zu einem bestimmten Zeitpunkt bestehenden Kreditsumme und der für das Kreditengagement bestellten Sicherheiten.
- Das Sicherheitenrisiko fokussiert auf die Werthaltigkeit sowie auf die mangelnde Verwertbarkeit der vorliegenden Sicherheiten.
- Das Unternehmerrisiko subsumiert die Vielzahl der Risiken, die das »Going-Concern-Prinzip« des kreditnehmenden Unternehmens nachhaltig gefährden. Hierzu zählen sowohl endogene Faktoren, wie die Produktionsplanung oder die strategische Geschäftsausrichtung, als auch exogene Faktoren, etwa die Abhängigkeiten von Lieferanten und Abnehmern, welche bei einer Auflösung der Geschäftsverbindung erheblichen Einfluss auf den Fortbestand des Unternehmens ausüben können.

Um die Vielzahl der einzelnen Informationen zu aggregieren und neben den quantitativen Kennzahlen auch qualitative Kriterien zu betrachten, müssen neben der Beurteilung der »hard und soft facts« die Höhe etwaiger Sicherheiten Berücksichtigung finden. Dabei kann die Nachhaltigkeit der Sicherheiten nur gewährleistet werden, wenn diese ständig aktualisiert werden und neue Informationen über Unternehmensveränderungen zeitnah in die Einzel- bzw. Gesamtengagementbewertung einfließen.

Die Bewertung des Unternehmens bedarf der Vorlage der Geschäftsentwicklung. Erst die Veränderungswerte geben Aufschluss über die Tendenz eines Unternehmens in die positive oder negative Richtung. Die Unternehmensbeurteilung in Relation zum Kreditausfallrisiko der Gesamtbank erfordert eine umfangreiche Einbindung sämtlicher laufender Engagements eines Kreditinstitutes. Falls der Anspruch formuliert wird, auf Branchenebene bestimmte Kreditvolumina oder einen fixierten Blankoanteil nicht zu überschreiten, müssen entsprechende Branchenschlüssel sowie die Höhe einzelner Sicherungsinstrumente in die Auswertung aufgenommen werden, um ein Controlling wirksam werden zu lassen. Ferner sollte die Unternehmensbeurteilung ein fester Bestandteil eines zu betreuenden Engagements sein und die Ausübung in einem angemessenen Verhältnis zum zeitlichen Aufwand stehen. Zuletzt sollten die Ergebnisse einfach nachzuvollziehen und mit der Kundenverbindung transparent gemacht werden.

3. Messung des Ausfallrisikos im Firmenkundenkreditgeschäft

Kredite sollten nicht aus der Verwertung von Sicherheiten sondern aus den Erlösen eines am Markt wettbewerbsfähigen Unternehmens zurückgeführt werden. Demzufolge müssen kritische Unternehmensentwicklungen frühzeitig erkannt und gegenläufige, unternehmenserhaltende Maßnahmen eingeleitet werden.

Die Schwierigkeit der wertmäßigen Erfassung des Risikos einzelner Firmen- und Gewerbekunden, einzelner Branchen oder des gesamten Firmenkundenportfolios liegt in der Unkenntnis zukünftiger Ereignisse. Demzufolge kann grundsätzlich nur

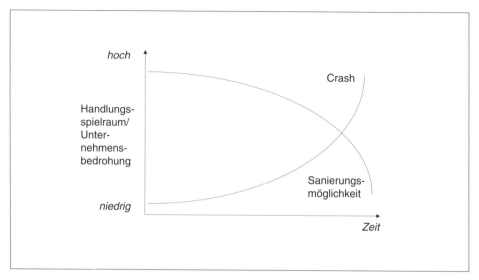

Abb. 4: Unternehmensbedrohung vs. Handlungsspielraum

auf das vorhandene Datenmaterial zurückgegriffen werden. Dabei muss konstatiert werden, dass es sich zum Zeitpunkt der Datenerfassung vielfach bereits um historische Daten des Unternehmens handelt. Die zeitnahe Datenaktualisierung erweist sich somit als überaus wichtig.

Die Beurteilung eines bestehenden bzw. potentiellen Kreditnehmers erfolgt einerseits durch die individuelle Bewertung eines Kreditnehmers (einzelgeschäftsbezogene Kreditrisikoanalyse) mit Hilfe des Kredit-Ratings und andererseits durch die Beobachtung der Risikostruktur des gesamten Kreditportfolios (gesamtgeschäftsbezogene Kreditrisikoanalyse) eines Institutes.

3.1 Einzelgeschäftsbezogene Kreditrisikoanalyse unter Anwendung des DSGV-Kredit-Ratings

Das *Kredit-Rating* des Deutschen Sparkassen- und Giroverbandes stellt ein ganzheitliches Steuerungssystem dar, welches diverse Kennzahlen verdichtet, die aus der Geschäftsverbindung resultieren. Als wesentliche Bestandteile werden die qualitativen Kriterien – die sog. soft facts – eines Unternehmens und die quantitativen Kriterien – in Form der Kreditsicherheiten – für die Klassifizierung eines Unternehmens herangezogen. Die Zusammenführung beider Bewertungsfaktoren ergibt letztlich die Bonitätsklasse.

Die zweidimensionale Sichtweise trägt zu einer Verbesserung der Kreditüberwachung und Kreditentscheidung bei und bietet Handlungsspielräume für rechtzeitige Maßnahmen zur Gegensteuerung. Die qualitativen und die quantitativen Aspekte werden im folgenden zunächst voneinander unabhängig beurteilt.

Bei der Bewertung einer Unternehmensgruppe wird für jedes Unternehmen ein

	Risikoklasse
Unternehmer-/Unternehmensbeurteilung (UUB)	☐
Kontodatenanalyse (KONDAN)	☐
Geschäftsverbindung/Zahlungsweise	☐
Statistische Bilanzanalyse	☐
Branchen-Rating	☐
Wettbewerbssituation	☐
Qualitatives Firmenrisiko/Kreditsicherstellung	☐ ☐
Bonitätsklasse	☐

Abb. 5: Beurteilungskriterien des Kredit-Ratings

separates Rating durchgeführt, falls sich die Unternehmen in wesentlichen Faktoren unterscheiden, etwa hinsichtlich der Branchenzugehörigkeit oder der Geschäftsführung. Hierbei ist es entscheidend, dass die Sicherheitenstellung durch das jeweilige Unternehmen korrekt erfasst wird.

3.1.1 Qualitatives Firmenrisiko

Die umfangreiche Berücksichtigung des qualitativen Firmenrisikos basiert auf der Erkenntnis, dass die Tilgung und Rückführung der Darlehen nicht aus den Sicherheiten sondern aus dem Ergebnis der laufenden Geschäftstätigkeit resultieren sollte. Folglich werden unter dem qualitativen Unternehmensrisiko die relevanten Daten zusammengefasst, die einen unmittelbaren Einfluss auf die Qualität und damit auf den Erfolg eines Unternehmens ausüben. Dabei ist zum einen die aktuelle Beurteilung des Firmenkunden und zum anderen die Abweichung des Beurteilungsergebnisses im Vergleich zu Vorperioden von Bedeutung.

3.1.1.1 Unternehmer-/Unternehmensbeurteilung

Erheblichen Einfluss auf das Ergebnis des Kredit-Ratings besitzt die Unternehmer-/Unternehmensbeurteilung. Diese gliedert sich in die Management-Beurteilung, in die betriebs- und finanzwirtschaftliche Beurteilung und in die Anzeichen für Gefährdung auf. Während zu der unternehmensgefährdenden Entwicklung bestimmte objektive Kriterien zählen, wie mangelnde Kapazitätsauslastung, Unterlassung von Rationalisierungsmaßnahmen oder Zins- und Tilgungsrückstände, unterliegt das Management des Unternehmens oder die betriebliche Situation einer eher subjektiven, allerdings tiefgehenden Beurteilung.

Management-Beurteilung

In nahezu 80% aller Insolvenzen wird die mangelnde Managementerfahrung als Ursache für einen Unternehmenszusammenbruch angeführt. Allein diese Zahl verdeutlicht die Wichtigkeit einer eingehenden Beurteilung des Managements, nicht nur im Rahmen der Neubewilligung bzw. Engagementausweitung sondern auch bei geschäftspolitischen Entscheidungen der Geschäftsleitung sowie bei Veränderungen in der Geschäftsführung eines Unternehmens.

Als Hilfe zur Durchführung der persönlichen Kreditwürdigkeit dient das »Polaritäts-Profil«, welches zahlreiche Eigenschaften des Unternehmers bis zu den Extremwerten klassifiziert. Die Kreditwürdigkeit des Unternehmers entspricht dem arithmetischen Mittelwert. Dieser Wert errechnet sich aus der Summe der Einzelfaktoren, welche durch deren Anzahl dividiert wird. Das Ergebnis geht neben der Beurteilung der fachlichen Qualifikation sowie zahlreicher weiterer Determinanten, etwa die Lösung des Nachfolgeproblems, in die Management-Beurteilung ein.

Betriebs- und finanzwirtschaftliche Beurteilung

Die Beurteilung der betrieblichen Situation stellt auf die Aufbau- und Ablauforganisation sowie auf die technischen Rahmenbedingungen zur Durchführung der Geschäftsaktivitäten ab. Besondere Beachtung finden in diesem Zusammenhang Abhängigkeiten von Lieferanten und Abnehmern, um die »Klumpenrisiken« in geeigneter Weise in die Risikobetrachtung einzubeziehen.

3.1.1.2 Kontodaten-Analyse

Die Kontodatenanalyse (KONDAN) bildet das Kreditlimit, die jeweiligen Soll- und Haben-Umsätze, den durchschnittlichen valutarischen Saldo sowie den Ultimosaldo des Kontokorrentkontos eines Firmenkunden ab. Die graphische Darstellungsweise ermöglicht es, frühzeitig negative Trends in der Kontoentwicklung zu erkennen und somit Informationen zur Steuerung des gesamten Engagements zu liefern.

3.1.1.3 Geschäftsverbindung/Zahlungsweise

Die Geschäftsverbindung und die Zahlungsweise beschreiben das Gesamtbild des Kunden hinsichtlich Auffälligkeiten im Rahmen der Betreuung als auch der Zahlungsfähigkeit. Mit der Berücksichtigung der Zahlungsweise werden Zahlungsgewohnheiten, wie die Wahrnehmung von Skonti oder der Bestand an rückständigen Zahlungen und mithin Liquiditätsschwierigkeiten, dokumentiert.

Beurteilung der persönlichen Kreditwürdigkeit/Unternehmerbeurteilung							
Nr.	positiv	1	2	3	4	5	negativ
1	risikobereit	x					risikoscheu
2	fortschrittlich		x				rückständig
3	delegationsbereit			x			nicht delegationsbereit
4	ideenreich, eigeninitiativ		x				ideenarm
5	entscheidungsfähig			x			entscheidungsscheu
6	anpassungsfähig				x		schwerfällig
7	verantwortungsbewusst	x					verantwortungslos
8	zuverlässig	x					unzuverlässig
9	überzeugend			x			unsicher
10	fähig zur Teamarbeit			x			unfähig zur Teamarbeit
11	Unternehmensinteresse	x					kein Unternehmensinteresse
	Summe =	4	6	9	4	–	$\Sigma = 23$

Gesamtbeurteilung = $\frac{23}{11} = 2{,}09 \approx \underline{\underline{2{,}0}}$

Beurteilung der persönlichen Kreditwürdigkeit

1 ☐   2 X   3 ☐   4 ☐   5 ☐

Abb. 6: Polaritäts-Profil zur Beurteilung der persönlichen Kreditwürdigkeit

3.1.1.4 Statistische Bilanzanalyse

Trotz des vielfach fehlenden aktuellen Bezugs – der Jahresabschluss wird erst Monate nach dem Bilanzstichtag eingereicht – dient die statistische Bilanzanalyse dazu, Erkenntnisse über die finanz- und betriebswirtschaftliche Entwicklung eines Unternehmens zu gewinnen. Die wesentlichen Schwerpunkte der statistischen Bilanzanalyse bilden die Bilanz, die GuV-Rechnung, die Bewegungsbilanz und die betriebswirtschaftlichen Kennzahlen.

Analysegegenstand	Kennzahl	Formel
Erfolg	Umsatzrentabilität	$\frac{Betriebsergebnis}{Gesamtleistung} \times 100$
Finanzierung	Dynamischer Verschuldungsgrad	$\frac{Fremdkapital}{Cash\text{-}flow} \times 100$
Liquidität	Eigenkapitalquote	$\frac{Eigenkapital}{Bilanzsumme} \times 100$
Bilanzstruktur	Investitionsquote	$\frac{Bruttoinvestitionen}{Gesamtleistung} \times 100$

Abb. 7: Bewertungskennzahlen

Bilanz

Die Entwicklung der Bilanzstruktur in absoluten und relativen Zahlen gibt Aufschluss über die Veränderung im zeit- und überbetrieblichen Vergleich. Auf der Aktivseite bilden das Anlage- und Umlaufvermögen die zentralen Analyseeinheiten, auf der Passivseite sind dies das Eigenkapital und die Verbindlichkeiten.

Gewinn- und Verlust-Rechnung

Die Bewertung der Erfolgsrechnung wird alternativ nach dem Umsatzkosten- oder dem Gesamtkostenverfahren durchgeführt. Während letztgenanntes Verfahren sämtliche Positionen, wie Material-, Personalkosten und Abschreibungen, separat ausweist, verrechnet das Umsatzkostenverfahren diese primären Kosten über sogenannte Kostenstellen oder Kostenträger in Form von Herstellungs-, Vertriebs- oder Verwaltungskosten.

Unabhängig von sonstigen Aufwendungen und Erträgen gibt das Teilbetriebsergebnis die betriebswirtschaftliche Situation des Unternehmens wieder. Das daraus resultierende Betriebsergebnis enthält hingegen sämtliche Zahlen aus der Geschäftstätigkeit, somit auch die Zinsaufwendungen und -erträge. In dem Jahresergebnis sind außerdem das neutrale Ergebnis, die Leistungen an Gesellschafter sowie die Steuerzahlungen enthalten. Letztlich verbleibt mit dem Bilanzergebnis der Betrag, der zur Ausschüttung bzw. zur Dotierung des Eigenkapitals zur Verfügung steht.

Bewegungsbilanz

Die Bewegungsbilanz zeigt auf, woher das Kapital zur Finanzierung des Unternehmens stammt und wie es verwendet wurde. Mit anderen Worten wird der Vermögenszuwachs und der weitere Kapitalbedarf der Außen- bzw. der Innenfinanzierung gegenübergestellt.

Kennzahlen

Aus der Bilanz und der GuV-Rechnung werden zahlreiche Erfolgs-, Finanzierungs-, Liquiditäts- und Bilanzstrukturkennzahlen berechnet und mit den Ergebnissen der Vorjahre sowie anderer Unternehmen der Branche verglichen. Vertretend wird an dieser Stelle für jeden Bereich jeweils eine Kennzahl vorgestellt:

3.1.1.5 Branchenanalyse

Mit Blick auf die Risikostreuung kommt der Branchenanalyse im Firmenkundenkreditgeschäft eine hohe Bedeutung zu. Das aus der kommunalen Verbundenheit der Sparkassen zu ihrem Gewährträger bestehende Regionalitätsprinzip bedeutet für die öffentlich-rechtlichen Institute, dass die Konzentration auf ein Geschäftsgebiet mit einem Strukturrisiko einhergeht. Zudem besteht insbesondere in rezessiven Phasen eine hohe positive Korrelation zwischen Branchen und Regionen. Aufgrund dieser Erkenntnis ist die Installation von Risikolimiten für spezifische Branchen in manchen Instituten anzutreffen.

Die Bewertung der Branchen nimmt u. a. die Financial & Economic Research International (FERI) vor, die eine mittelfristige Prognose über die Entwicklung einzelner Branchen liefert. Aus den zukunftsorientierten Messzahlen der Marktentwicklung, der Wettbewerbsfähigkeit, der Kosten und Erlöse sowie des Nachfrageverlaufs einer Branche wird ein Gesamtwert für jede Branche ermittelt, wobei das FERI-Rating-Ergebnis zwei historische und fünf Prognosejahre umfasst. Das Branchen-Rating nimmt Werte zwischen 0 und 100 an und klassifiziert erfolgreiche über gefährdete bis hin zu erheblich gefährdete Branchen.

3.1.1.6 Wettbewerbsanalyse

Geringe Marktzutrittsbeschränkungen führen dazu, dass neue Anbieter und innovative Produkte auf den Markt drängen. Dies sorgt naturgemäß für einen erhöhten Wettbewerb in den jeweiligen Branchen, unter Umständen in bestimmten Regionen. Vor allem der Absatzmarkt, der das i.d.R. regionale Geschäftsgebiet beschreibt, in dem ein Unternehmen tätig ist, wird bei der Frage der Absatzchance eines Produktes betrachtet. Allerdings sagt ein vorhandenes Käuferpotential nichts über die Güte eines Produktes aus. Die Chance auf einen Absatzerfolg liegt erst vor, wenn die Marktfähigkeit des Gutes bzw. der Dienstleistung im Vergleich zu denen der Wettbewerber gesichert ist.

In praxi finden unterschiedliche Konzepte zur Analyse des Wettbewerbs mit differenzierten Bewertungskriterien Anwendung. Die Betrachtung des Marktanteils, der Quotient aus dem Marktanteil des Unternehmens und jenem des stärksten Konkurrenten, sowie des Maktwachstums, die Attraktivität der gesamten Branche anhand des kumulierten Umsatzes, stellt einen Ansatz dar, das Unternehmen respektive einzelne strategische Geschäftsfelder separat zu beurteilen.

	Fragezeichen (Question Marks) ?	Stars
Marktwachstum hoch	• kleiner Gewinn oder Verlust • Halten des Marktanteils erfordert hohe finanzielle Mittel • Gefahr einer Liquiditätsfalle, falls der Marktanteil nicht gesteigert werden kann	• hoher Gewinn • Halten/Ausbau des Marktanteils erfordert hohe finanzielle Mittel • Gefahr einer Liquiditätsfalle, falls der Marktanteil nicht gesteigert werden kann
Strategie	• Investitions- oder Desinvestitionsstrategie	• Marktanteil ausbauen • Finanzmittel investieren
	Arme Hunde (Dogs)	Melkkühe (Cash Cows)
Marktwachstum niedrig	• niedriger Gewinn oder Verlust • Ausbau des Marktanteils ist schwierig und langfristig wenig rentabel	• hoher Gewinn • Halten des Marktanteils erfordert geringe finanzielle Mittel • Hohe gegenwärtige Einnahmeüberschüsse
Strategie	• Marktanteil abbauen • Finanzmittel desinvestieren	• Marktanteil halten • Finanzmittel abschöpfen
	Relativer Marktanteil niedrig	Relativer Marktanteil hoch

Abb. 8: Portfoliokonzept der Boston Consulting Group[6]

Die Wettbewerbssituation bringt die Stärke des am Markt agierenden Unternehmens gegenüber den Mitbewerbern zum Ausdruck. Eine Vielzahl von Konkurrenten mit homogenen Produkten, geringe Marktzutritts- und hohe Marktaustrittsbedingungen sind Indizien für eine eher schwache Wettbewerbssituation. Folglich sollte die Strategie, etwa Spezialisierung oder Kostenführerschaft, des Unternehmens klar zu erkennen sein.

Der Markterfolg spiegelt sich letztlich in der Erzielung des Deckungsbeitrages eines Produktes wider. Dabei stellt ein Institut bei der Beurteilung der Deckungsrechnung auf den Hauptumsatzträger ab.

3.1.2 Kreditsicherstellung

Neben dem qualitativen Firmenrisiko tritt die Kreditsicherstellung als weitere Größe für die Engagementbewertung. Die Erfassung der Sicherheiten erfolgt zunächst nach der Höhe des jeweiligen Nominalwertes. Falls jedoch das aus der Aggregation der

Einzelkriterien erzeugte qualitative Firmenrisiko ein Ergebnis ausweist, das schlechter als 3 ist, muss das »Going-Concern-Prinzip« des Unternehmens offensichtlich in Frage gestellt werden. In diesem Fall wird eine Relativierung der Sicherheitenstellung vorgenommen, indem die vorhandenen Sicherheiten zu Liquidationspreisen bewertet werden. Auf diese Weise lässt sich das maximale Kreditausfallrisiko berechnen.

3.1.3 Bonitätsklasse

Die Aggregation des qualitativen Firmenrisikos und der Kreditsicherstellung führt zu einer Bonitätsklasse, in die der Kreditnehmer klassifiziert wird:

In Anlehnung an das von dem DSGV entworfene Beurteilungsschema werden fünf Bonitätsklassen differenziert: Ausgehend von der Bonitätsklasse 1 – »Engagement von unzweifelhafter Bonität« – bis zur Bonitätsklasse 5 – »Akut gefährdetes Engagement« – findet eine individuelle Zuordnung eines Firmenkunden statt.

3.2 Gesamtgeschäftsbezogene Kreditrisikoanalyse

Die gesamtbankbezogene Betrachtung des Risikos aus dem Firmenkundenkreditgeschäft unterscheidet einerseits die Analyse von Konzentrations- bzw. Klumpenrisiken und andererseits die Verteilung des Risikos auf der Basis der mit Hilfe des Kredit-Ratings erzeugten Bewertungsergebnisse. Während die stichtagsbezogene, statische Sichtweise des Kreditportfolios die Aufteilung der Engagement veranschaulicht, erlaubt die dynamische Beobachtung die Beurteilung der Migrationen (Wanderungsbewegungen) zwischen den Risikoklassen. Erst letztgenannte Analyse lässt Entwicklungen des Kreditportfolios evident werden und zeigt kritische Pfade auf.

3.2.1 Kredit-Risiko-Analyse

Mit der Kredit-Risiko-Analyse wird die Beurteilung von Konzentrationsprozessen innerhalb des Kreditportfolios vorgenommen. Das aus der kommunalen Verbundenheit resultierende Regionalprinzip legt den Sparkassen ein regionales Konzentrationsrisiko auf. Folglich lässt sich die aktive Risikodiversifikation nur im Geschäftsgebiet einer Sparkasse durchführen, sodass der Vermeidung von Konzentrationsrisiken durch das Ausnutzen von Korrelationseffekten enge Grenzen gesetzt sind.

Die Untersuchung der Branchenkonzentration verfolgt weniger das Ziel, vollständig gegenläufige Branchenkonjunkturen zusammenzuführen, um eine idealtypische Diversifikation zu betreiben; vielmehr werden risikotragende Branchen hinsichtlich ihrer Entwicklung kritisch beleuchtet und Limite für bestimmte Wirtschaftszweige festgelegt.

Angesichts der Erfahrungen zurückliegender Jahre wurde die Größe der im Bestand enthaltenen Einzelengagements immer weiter reduziert. Die Insolvenz des Bankhauses Schröder, Münchmeyer, Hengst & Co (SMH-Bank) im Jahr 1983 lag darin begründet, dass die Geschäftstätigkeit zu stark auf einen Kunden konzentriert war, sodass die bankenaufsichtsrechtliche Einzelkredithöchstgrenze von 75% auf

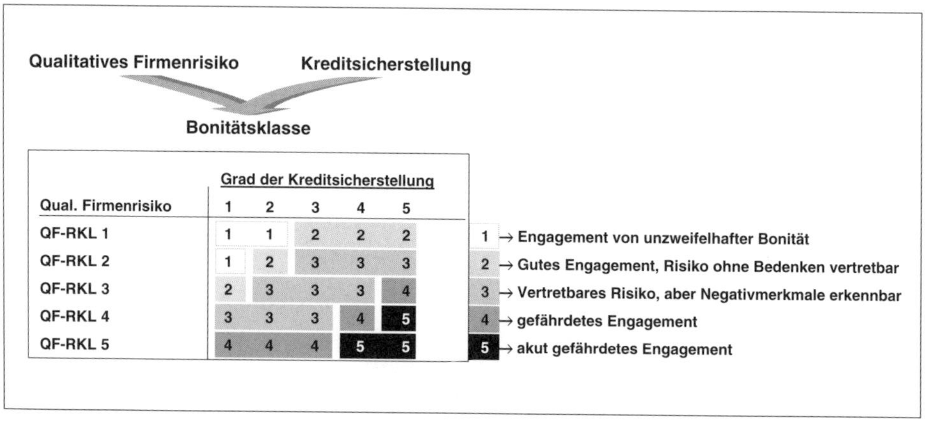
Qualitatives Firmenrisiko
Kreditsicherstellung
Bonitätsklasse
Grad der Kreditsicherstellung
Qual. Firmenrisiko 1 2 3 4 5
QF-RKL 1 1 1 2 2 2
QF-RKL 2 1 2 3 3 3
QF-RKL 3 2 3 3 3 4
QF-RKL 4 3 3 3 4 5
QF-RKL 5 4 4 4 5 5
1 → Engagement von unzweifelhafter Bonität
2 → Gutes Engagement, Risiko ohne Bedenken vertretbar
3 → Vertretbares Risiko, aber Negativmerkmale erkennbar
4 → gefährdetes Engagement
5 → akut gefährdetes Engagement

Abb. 9: Bonitätsklasse

50% des haftenden Eigenkapitals reduziert wurde.[7] Mittlerweile setzt der § 13 KWG das Ausmaß der Risikozerfällung auf 25% des haftenden Eigenkapitals fest. Demnach darf ein Großkredit ¼ des haftenden Eigenkapitals nicht überschreiten. Ferner führt die Verringerung der Großkreditdefinitionsgrenze auf 10% des haftenden Eigenkapitals dazu, dass mehr Kredite bei der Einhaltung der Großkreditgesamtobergrenze, welche sich auf das Achtfache des haftenden Eigenkapitals beläuft, Eingang finden. Faktisch hat die Größenklassengliederung eine hohe Bedeutung erlangt.

3.2.2 Risiko-Struktur-Analyse

Rekurrierend auf die Ergebnisse des Kredit-Ratings lassen sich aus der Analyse der Risikostruktur des Gesamtinstitutes Informationen für die Überwachung, Steuerung und Revision des Firmenkundenkreditgeschäfts ableiten. In diesem Zusammenhang bilden das qualitative Firmenrisiko – als Aggregationsgröße für die zahlreichen Kriterien zur Unternehmensbewertung – und der Grad der Kreditsicherstellung die elementaren Bewertungskriterien. Eine Verdichtung der Kennzahlen zur Bonitätsklasse findet an dieser Stelle nicht statt, um die Qualität des Unternehmens auf der einen Seite und den Blankoanteil und damit das nominale Kreditausfall-Risiko auf der anderen Seite ausweisen zu können.

In Abhängigkeit der relativen Sicherheitenklassifizierung wird neben der Stückzahl das Volumen des Kreditgeschäftes dokumentiert. Die zweidimensionale Darstellung eignet sich besonders zur dynamischen Risiko-Struktur-Analyse, da Änderungen in der Qualität des Kreditportfolios sowie in der Höhe der Sicherheiten erfasst werden. Darüber hinaus liefert diese Vorgehensweise Ansatzpunkte zum Aufbau eines Risikoklassenmodells im Rahmen der Risikosteuerung.

Größenklassen in Mio. DM und Wirtschaftszweige

Größen-klassen	Engagement	k.A.	A	B	C	D	E	F	G	H	I	J	K	L	M	N	O	P	Q	Summen Spalten
<=0,25	gesamt	0,3				0,9			0,3	0,3							0,1			1,9
	gesichert*	0,2				0,4			0,2	0,2							0,1			1,1
	blanko	0,1				0,5			0,1	0,1							0,0			0,8
	Stück	2				5			3	2							1			13
<=0,50	gesamt	1,3				3,1		1,6	2,2	0,7	0,9		0,7			0,4				10,9
	gesichert*	0,8				2,0		0,6	0,8	0,1	0,1		0,4			0,4				5,1
	blanko	0,6				1,2		1,0	1,4	0,6	0,8		0,3			0,0				5,8
	Stück	3				7		5	6	2	2		2			1				28
<=1,00	gesamt	5,0				9,8		5,7	11,3	1,7	0,7		2,5			1,5				38,1
	gesichert*	2,8				4,1		3,4	8,0	0,9	0,3		1,8			1,2				22,5
	blanko	2,2				5,7		2,3	3,3	0,7	0,4		0,7			0,3				15,6
	Stück	6				14		8	14	2	1		3			2				50
<=2,50	gesamt	18,6			1,7	46,3		20,0	33,0	5,2	1,8		2,0							128,4
	gesichert*	11,7			1,7	26,9		11,7	19,9	4,0	1,1		1,0							77,9
	blanko	6,9			0,0	19,4		8,3	13,1	1,2	0,7		1,0							50,6
	Stück	12			1	27		12	20	3	1		1							77
<=5,00	gesamt	6,5				54,1		7,0	51,8		3,8		24,3				7,4			154,8
	gesichert*	4,0				33,1		5,7	36,6		3,8		12,8				3,0			99,0
	blanko	2,5				20,9		1,4	15,1				11,5				4,4			55,8
	Stück	2				14		2	14		1		8				2			43
<=10,00	gesamt	16,6				144,2		38,5	17,6		10,0		27,4				14,9			269,2
	gesichert*	12,3				75,1		19,9	13,9				21,5				11,6			154,3
	blanko	4,3				69,1		18,5	3,7		10,0		5,9				3,3			114,9
	Stück	3				19		5	3		1		4				2			37
>=10,00	gesamt	75,4				521,2		28,9	147,8	22,2			27,0							822,5
	gesichert*	48,7				223,4		8,9	75,6	12,1			14,3							382,9
	blanko	26,7				297,8		20,0	72,2	10,1			12,7							439,5
	Stück	5				23		2	8	1			1				2			40
über die Zeilen	gesamt	123,7			1,7	779,5		101,6	264,0	30,0	17,2		83,9			1,9	22,4			1.425,8
	gesichert*	80,3			1,7	364,9		50,3	154,9	17,3	5,3		51,8			1,6	14,6			742,7
	blanko	43,3			0,0	414,5		51,4	109,1	12,7	11,9		32,1			0,3	7,8			683,2
	Stück	33			1	109		34	68	10	6		19			3	5			288

* = nur nominale, d.h. nicht relativierte VO- und satzungsgemäße Kreditsicherheiten

Abb. 10: Größenklassengliederung und Wirtschaftszweige[8]

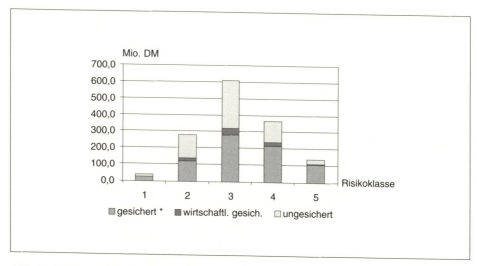

Abb. 11: Risiko und satzungsgemäße Risikodeckung[9]

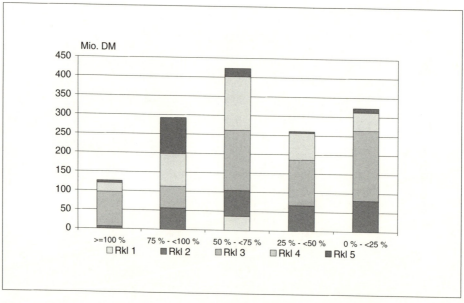

Abb. 12: Risiko und Grad der satzungsgemäßen Kreditsicherstellung[10]

4. Ansätze zur Steuerung des Kreditausfallrisikos

Die Beurteilung der Kundenbonität und die Abbildung der Risikostruktur reproduzieren die Risikosituation des Institutes. Zugleich stellen die hieraus gewonnen Erkenntnisse die Voraussetzungen für den Aufbau eines Systems zur Optimierung des Kreditportfolios dar. Anders formuliert lassen sich aus den marktdeduzierten Ergebnissen der Risikomessung Steuerungsmaßnahmen für das Firmenkundenkreditgeschäft generieren.[11] Dabei werden im Weiteren auf Basis der gesamtgeschäftsbezogenen Betrachtung Maßnahmen der Portfoliooptimierung sowie Ansätze zur Kalkulation von Risikoprämien im Rahmen der Konditionierung skizziert.

4.1 Portfoliooptimierung

Die Maßnahmen der Risikodiversifizierung zur aktiven Steuerung der Kreditrisiken sind aufgrund des eingangs erwähnten Regionalitätsprinzips der Sparkassen begrenzt. Gleichwohl lassen sich durch die Einrichtung von Limitsystemen Höchstgrenzen bei Kreditnehmern und Branchen festlegen und entsprechende Eigenkapitalbeträge kalkulieren. Weiterhin findet eine Diversifizierung auf der Grundlage einzelner Branchen durch Korrelationsrechnungen Berücksichtigung; allerdings wird das Ausfallrisiko bestimmter Engagements auf diese Weise nicht gemindert.

Die Gefahr des potentiellen Kreditausfalls, welcher aus der Herabstufung des Ratings eines Unternehmens resultiert, kann durch die Diversifikation oder durch die Hereinnahme zusätzlicher Sicherheiten nicht beseitigt werden. Der Einsatz von *Kreditderivaten* ermöglicht es hingegen, Bonitätsrisiken zu kaufen oder zu verkaufen und mithin unsystematische Risiken aus dem Kreditgeschäft auf andere risk-taker zu übertragen.

Der Handel von Kreditderivaten benötigt einerseits einen Marktteilnehmer, welcher das einzelne Kreditrisiko zu minimieren versucht, und andererseits einen Counterpart, der das Risiko gegen Zahlung einer Prämie annimmt. Die am OTC-Markt gehandelten Produkte lassen sich hinsichtlich der Laufzeit oder der Volumina individuell ausgestalten und entsprechend an die Bedürfnisse der Marktteilnehmer anpassen. Dabei bleibt das Grundgeschäft und somit die bilanzielle Änderung des zugrunde liegenden Kreditgeschäftes durch den Abschluss des Kreditderivate-Vertrages unberührt.[12]

Am häufigsten treten Kreditderivate in Form des Credit Default Swaps, des Total Rate of Return Swap oder der Credit Spread Option auf. Allen Finanzkontrakten gemein ist, dass eine bestimmte oder eine potentielle auf die Performance einer Anleihe oder eines Kredites ausgerichtete Ausgleichszahlung zu leisten ist.[13] Etwa sieht der Credit Default Swap eine Ausgleichszahlung durch den Risikonehmer, welcher dafür einer Prämie erhält, bei einem definierten Schadensereignis (credit event) oder einer bestimmten Bonitätsveränderung des Kreditnehmers vor. Bei dem Total Rate of Return Swap werden neben dem Tausch fixer und variabler Zahlungen auch etwaige Kapitalgewinne oder -verluste aus der Anlage ausgeglichen. Im Rahmen der Credit Spread Option ist eine Ausgleichszahlung durch den Stillhalter der Put Option dann zu leisten, falls das Bonitätsrisiko zugenommen hat und der Inhaber die Put-Option aufgrund des Bewertungsverlustes des Kreditnehmers ausübt.[14]

Mit dem Einsatz von Kreditderivaten wird die Handlungsfähigkeit der Institute hinsichtlich der Portfoliosteuerung und -optimierung erheblich erweitert. Gleichwohl erfordert der Handel mit diesen Instrumenten eine Klassifizierung der Kreditnehmer, die z.B. auf Basis der Kredit-Rating-Ergebnisse erfolgt.

4.2 Kalkulation von Risikoprämien

Ausgehend von der Erkenntnis, dass ein bestimmter Anteil der Ausfallrisiken schlagend wird, lässt sich das Adressenausfallrisiko aus dem Kreditgeschäft in ein erwartetes Risiko und in ein unerwartetes Risiko differenzieren. Als unerwartet eintretendes Risiko wird der Anteil bezeichnet, der über das erwartete Risiko hinaus geht. Die unerwartet auftretenden Ausfallkosten werden durch das laufende Betriebsergebnis bzw. durch die Realisierung stiller Reserven eliminiert. Hingegen stellt das erwartete Risiko die durchschnittliche Ausfallquote im Kreditgeschäft dar. Dieser Wert lässt sich aus den effektiven Risikokosten eines Geschäftsjahres ermitteln. Konkret werden unter den *Risikokosten* die direkten Abschreibungsbeträge sowie die tatsächlich in Anspruch genommenen Einzel- und Pauschalwertberichtigungen unter Berücksichtigung der Korrekturposten subsumiert:

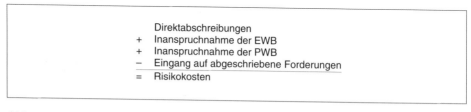

Abb. 13: Risikokosten

Die Kreditausfallquote einer Rechnungsperiode liefert eine Kalkulationsbasis, um die Kosten für die bereits im Vorfeld prognostizierbaren Kreditausfälle dem Verursacher und somit dem Kunden in Rechnung zu stellen. Da die Qualität der Kreditnehmer sehr heterogen ist, wie die Ergebnisse der Risiko-Struktur-Analyse beweisen, wird

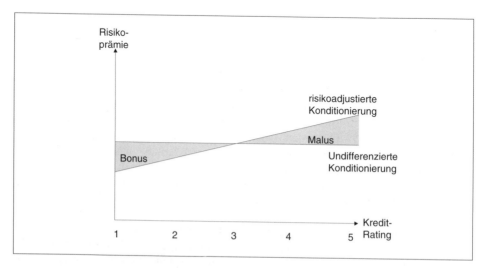

Abb. 14: Risikoadjustierte Konditionierung

nicht eine einzige Ausfallquote für das Gesamthaus ermittelt sondern durch die Anwendung der Bonitätsklassen die qualitative Segmentierung der Kreditnehmer ausgenutzt. Dieses Vorgehen trägt dem Ziel Rechnung, verursachungsgerecht den weniger risikotragenden Engagements eine geringere Prämie zuzuweisen als den risikoreicheren Kreditengagements.

Zugleich wird mit diesem Bonus-Malus-System das Ziel verfolgt, die Qualität des Kreditnehmerportfolios systematisch zu verbessern, da bonitätsmäßig schlechte Kunden mit einer hohen Risikoprämie ausgestattet werden und tendenziell abwandern, sodass die Gefahr der »adversen Selektion« – der Verbleib der schlechten Kunden und der Verlust guter Kunden aufgrund undifferenzierter Risikokostensätze – ausgeschlossen wird.

Rekurrierend auf das Bonitätsklassenkonzept des Kredit-Ratings lassen sich fünf Kreditnehmersegmente unterscheiden. Für jedes dieser Segmente wird sowohl die Krisenquote als auch das durchschnittliche potentielle Ausfallvolumen sowie das maximale Ausfallvolumen unter Berücksichtigung der vorhandenen Sicherheiten eines Segmentes ermittelt. Auf der Grundlage dieser Ergebnisse bemisst sich die Höhe der *Risikoprämie*.

		Berechnung	Bonitätsklasse 3	Bonitätsklasse 4
1	Zahl der Kreditnehmer		4520	1000
2	Insolvenzen		86	40
3	Krisenquote	3 = 2 / 1	1,9%	4%
4	Kreditvolumen in Mio. DM		470.000.000,–	80.000.000,–
5	Potentielles Ausfallvolumen in Mio. DM (ohne Sicherheiten)	5 = 3 × 4	8.930.000,–	3.200.000,–
6	Sicherheiten in Mio. DM		225.300.000,–	56.240.000,–
7	Maximales Ausfallvolumen in Mio. DM (inklusive Sicherheiten)	7 = 4 – 6	244.700.000,–	23.760.000,–
8	Blankokreditquote	8 = 7 / 4	52,1%	29,7%
9	**Risikoprämie**	9 = 3 × 8	**0,99%**	**1,188%**

Abb. 15: Berechnung bonitätsklassenbezogener Risikoprämien

Für einen Kreditnehmer, welcher in die Bonitätsklasse 3 eingestuft wird, beläuft sich die Risikoprämie auf 0,99% des Kreditbetrages. Die im Vergleich zur Bonitätsklasse 4 bessere Krisenquote sorgt dafür, dass die Risikoprämie geringer ausfällt, obwohl der Anteil der Sicherheiten innerhalb der Bonitätsklasse 4 erheblich höher ist. Hier zeigt sich die Wirkung des qualitativen Firmenrisikos, welches aufgrund der positiven Ergebnisse einzelner Kriterien, etwa die Unternehmens- und Unternehmerbewertung oder die statistische Bilanzanalyse, einen teilweisen Verzicht auf eine Sicherstellung rechtfertigt.

Die Berechnung von Risikoprämien auf der Ebene der Bonitätsklassen stellt einen ersten Ansatz zur ökonomischen Konditionierung im Firmenkundenkreditgeschäft dar. Eine Verbesserung der Ergebnisse lässt sich zweifelsohne durch eine weitere Segmentierung der Kreditnehmer erreichen. In diesem Zusammenhang zeigt sich die Notwendigkeit eines korrekten Datenbestandes respektive eines in der Beurteilung hochwertigen Kredit-Ratings. Es bleibt die bisweilen unbefriedigende Prämisse bestehen, dass historische Krisenquoten auf die Zukunft übertragen werden.

Da sich dieses Verfahren – in Anlehnung an das Versicherungsprinzip – an allen Kunden einer Risikogruppe orientiert, wird die von dem einzelnen Kreditnehmer geforderte Risikoprämie nicht nur durch ein spezifisches, sondern auch durch das Risiko anderer Schuldner des jeweiligen Segmentes determiniert.[15] Mit dem Optionspreismodell von Fisher Black und Myron Scholes wird seit geraumer Zeit ein methodischer Ansatz in der Kreditwirtschaft diskutiert, der eine kundenindividuelle Bepreisung des Adressenausfallrisikos ermöglicht. Nach der ursprünglichen Black-Scholes-Formel entspricht der aktuelle Optionspreis dem erwarteten inneren Wert – der Differenz aus dem Basispreis und dem Marktwert des zugrundeliegenden Basisgutes (Underlyings) – am Verfalltag, welcher auf den Betrachtungszeitpunkt abgezinst wird.[16]

Die Erkenntnis, dass der Inhaber eines Puts die Option dann ausübt, wenn der Wert des Underlyings unter den Basispreis sinkt, lässt sich auf das Verhalten eines Kreditnehmers übertragen: Im Rahmen der Kalkulation von *Ausfallrisikoprämien* wird unterstellt, dass der Kreditnehmer eine Put-Option auf sein Unternehmen kauft, welche er dann ausübt, falls der Marktwert der Aktiva – der Barwert aller künftigen Cash-flows als Synonym für den Unternehmenswert – unter den Wert des Fremdkapitals sinkt. Für diese Option zahlt der Optionskäufer (Kreditnehmer) eine Prämie, die sich unter Berücksichtigung der Kreditrestlaufzeit aus der abgezinsten Differenz des Kreditbetrages und dem Barwert des Unternehmens bestimmt.[17]

Die Vielzahl der restriktiven Prämissen, etwa die Ausübung des Puts am Verfalltag (europäische Ausstattung), sowie die überaus schwierige Ermittlung des Unternehmenswertes liefern die Begründung, dass sich dieses Verfahren bislang nicht am Markt durchsetzen konnte.

5. Risikocontrolling der Gesamtbank

Die zentrale Aufgabe, die das *Risikocontrolling* zu übernehmen hat, ist die Planung, Realisierung und Kontrolle des gesamten Entscheidungsprozesses im Hinblick auf die Validität der Methodik. Darüber hinaus kommt dem Risikocontrolling die Aufgabe zu, die Ergebnisse aus dem Firmenkundenkreditgeschäft unter dem Gesichtspunkt der Gesamtbanksteuerung mit den Zahlen anderer strategischer Geschäftsfelder zusammenzuführen. Auf diese Weise können Wertminderungspotentiale aus verschiedenen Teilbereichen erkannt und Entscheidungen hinsichtlich einer effizienteren Erfolgswirkung getroffen werden. Besonders das Risikocontrolling erweist sich als geeignetes Instrument, um Wertänderungsdeterminanten zu identifizieren und deren Wirkungszusammenhänge zu steuern.[18]

6. Ausblick

Die rasante Evolution auf den nationalen und internationalen Finanzmärkten hat dazu beigetragen, dass die bankenaufsichtsrechtlichen Anforderungen einer ähnlich schnellen Anpassung unterliegen, um die Stabilität und Solidität des Finanzsystems weiterhin zu gewährleisten.[19] Die anhaltenden Konzentrationsprozesse und die Harmonisierungsbestrebungen der Aufsichtsbehörden sorgen für eine zunehmende Komplexität der Nomenklatur, welche in vielen Bereichen als Überregulierung empfunden wird.

Die Veröffentlichung des neuen Basler Konsultationspapiers im Juni 1999,[20] das auf die Reform der Eigenkapitalübereinkunft von 1988 abstellt, hat heftige Diskussionen innerhalb des deutschen Kreditgewerbes hervorgerufen. Die Empfehlung des Ausschusses, die Eigenkapitalanforderungen nach den tatsächlich bestehenden Risiken auszurichten und die Bewertung nach den Ergebnissen der Ratingagenturen vorzunehmen, stößt besonders bei den deutschen Vertretern auf Unverständnis. Die Anzahl der externen Ratings, die sich in den USA auf ca. 8.000 beläuft,[21] begründet die deutsche Haltung, da in der EU bislang nur rund 600, in Deutschland nur 25 Unternehmen ein Rating besitzen.[22]

Vor diesem Hintergrund ist die Forderung, interne Ratings der Institute anzuerkennen, nur verständlich. Darüber hinaus bleibt die Frage zu klären, ob die Prognosefähigkeit der Ratingagenturen de facto höher zu bewerten ist als die Bewertungsergebnisse der Kreditinstitute vor Ort, da diese aufgrund der langjährigen Beziehungen eher in der Lage sind, die Managementqualität oder die wirtschaftlichen Aussichten eines Unternehmens einzuschätzen.[23] Ratingagenturen beurteilen die Bonität von Unternehmen unter Berücksichtigung des Konjunktur-, Angebotsoder Nachfragezyklusses, während die aktuelle Verfassung des Kreditnehmers lediglich als Vergleichsgröße zur Anwendung gelangt, um das Ausmaß des »downside risks« bestimmen zu können.[24]

Mit dem Hinweis auf die Bewertung zahlreicher mittelständischer Unternehmen, für die sich ein externes Rating i.d.R. aufgrund des damit in Verbindung stehenden materiellen Aufwandes nicht darstellen lässt, könnte eine Benachteiligung der internen Ratings gegenüber dem Agenturrating eine höhere Eigenkapitalunterlegung dieser Kredite durch die Institute und mithin höhere Kreditzinsen für die Unternehmen zur Folge haben.

Die tragenden Säulen der Basler Neuregelungen bestehen aus den
- Mindestanforderungen für das aufsichtsrechtliche Eigenkapital,
- aufsichtsbehördlichen Überprüfungsverfahren und
- Marktdisziplin.

Mindestanforderungen für das aufsichtsrechtliche Eigenkapital

Mit dem Ziel einen einheitlichen Ansatz zur Festlegung des Eigenkapitalbedarfs der Institute zu generieren, umfasst das Konsultationspapier Vorschläge hinsichtlich der Erfassung von Kreditrisiken unter Anwendung externer Kreditbeurteilungen. Die Anerkennung interner Rating-Systeme, die besonders für regional tätige Institute eine geeignete Grundlage zur Festlegung der Risikogewichtung bilden, steht allerdings zu diesem Zeitpunkt noch aus.

Ferner strebt der Ausschuss eine umfassende Anerkennung anrechnungsfähiger Sicherheiten und Garantien sowie der Aufrechnungsvereinbarungen gegenläufiger Zahlungs- und Lieferverpflichtungen an. Im Ergebnis wird prognostiziert, dass sich die Risikogewichte erstklassiger Unternehmen auf weniger als 100% belaufen und mithin verringern werden, während das Gewicht der Engagements mit niedriger Bonität bis zu 150% betragen wird.

Aufsichtsbehördliches Überprüfungsverfahren

Als zweiten wesentlichen Punkt sieht der Akkord die Prüfung der Eigenkapitalausstattung vor, um Risiken frühzeitig zu erkennen und entsprechende Maßnahmen der Aufsichtsbehörde zeitnah zu ergreifen. Die Prüfung schließt die Anwendung entsprechender Modelle zur Eigenkapitalbeurteilung ein, die auf das individuelle Risikoprofil eines Institutes abzustimmen und durch die Geschäftsleitung festzulegen sind. An dieser Stelle wird der Wandel von der quantitativen zur *qualitativen Bankenaufsicht* evident, die mit der Anerkennung interner Modelle zur Erfassung des Marktpreisrisikos in diesem Bereich bereits teilweise realisiert wurde.

Marktdisziplin

Die wirksame Marktdisziplin setzt den Einsatz zuverlässiger Informationen im Rahmen der Risikoeinschätzung voraus. Zugleich werden Standards an die Offenlegung der Risikostruktur sowie an die Angemessenheit der Eigenkapitalausstattung der Institute erforderlich, um die Vergleichbarkeit zwischen den Instituten und die Risikoeinschätzung durch die Aufsichtsbehörde zu ermöglichen.

Das Management von Adressenrisiken erweist sich nicht erst seit der Veröffentlichung des Basler Akkords als wesentliche Aufgabe der Kreditinstitute, gleich ob es sich bei den Kreditnehmern um börsennotierte Gesellschaften oder um mittelständische Unternehmen handelt. Sicherlich trägt der Basler Ausschuss dazu bei, das Bewusstsein für diese Risikokategorie zu erhöhen und die Implementierung geeigneter Systeme zur Risikosteuerung zu beschleunigen. Angesichts der zum Teil erheblich voneinander abweichenden Methoden bleibt jedoch abzuwarten, welche Verfahren letztlich eingesetzt werden, die den aufsichtsrechtlichen Anforderungen auf der einen Seite und den internen Ansprüchen der Institute auf der anderen Seite in gleichem Maße Rechnung tragen.

Die Anforderungen, die mit der Einführung der 6. KWG-Novelle und des neuen Grundsatzes I von den Instituten bewältigt wurden, haben den Weg hin zu einer qualitativen Aufsicht aufgezeigt. Die Umsetzung weiterer Reglementierungen sind mit der Hoffnung verbunden, auch die Wirksamkeit des internen Risikomanagements und -controllings nachhaltig zu erhöhen.

Anmerkungen

1. Unter dem Begriff Institute werden gemäß § 1b KWG Kreditinstitute und Finanzdienstleistungsinstitute subsumiert.
2. Vgl. Schulte, M., Risikopolitik in Kreditinstituten, 3. Aufl., Frankfurt am Main, 1998, S. 26.
3. Siehe Bundesaufsichtsamt für das Kreditwesen – I 7 – A 223 – 2/93 – vom 29. 10. 1997; Bekanntmachung über die Änderung und Ergänzung der Grundsätze über das Eigenkapital und die Liquidität der Kreditinstitute.
4. Bundesaufsichtsamt für das Kreditwesen, Schreiben – I 4 – 42 – 3/86 – vom 23. 10. 1995; Verlautbarungen über die Mindestanforderungen an das Betreiben von Handelsgeschäften in Kreditinstituten.
5. Vgl. FERI GmbH, Bad Homburg, 4/1998.
6. Vgl. Wöhe, G., Einführung in die Allgemeine Betriebswirtschaftslehre, 17. Aufl., München, 1990, S. 145.
7. Vgl. dazu Spremann, K., Wirtschaft, Investition und Finanzierung, 5. Aufl., München, 1996, S. 71, sowie Kuntze, W. 1986, S. 13–17.
8. Vgl. Reuter, A., Kredit-Rating/Kredit-Risiko-Analyse – Bedienerhandbuch, in: Deutscher Sparkassen- und Giroverband (Hrsg.), Bonn, 1997.
9. Vgl. Reuter, A., Kredit-Rating/Kredit-Risiko-Analyse – Bedienerhandbuch, in: Deutscher Sparkassen- und Giroverband (Hrsg.), Bonn, 1997.
10. Vgl. Reuter, A., Kredit-Rating/Kredit-Risiko-Analyse – Bedienerhandbuch, in: Deutscher Sparkassen- und Giroverband (Hrsg.), Bonn, 1997.
11. Während dieser Ansatz ausschließlich die institutsrelevanten Daten umfasst, schließt Brakensiek in seinem marktdeduzierten Ansatz alle zur Kalkulation wichtigen Faktoren in einem Marktgebiet ein und bezieht den Ansatz nicht nur auf ein in dieser Region tätiges Institut. Vgl. Brakensiek, T., Die Kalkulation und Steuerung von Ausfallrisiken im Kreditgeschäft der Banken, Frankfurt am Main, 1991, S. 166–170.
12. Die Verlagerung der Geschäftsaktivitäten in den Off-Balance-Sheet Bereich wird auch als »Defeasance« bezeichnet. Vgl. hierzu Savelberg, A. H., Risikomanagement mit Kreditderivaten, in: Die Bank, 6/1996, S. 329.
13. Vgl. Whittaker, J. G./Li, W., An introduction to Credit Derivatives, in: Risk, 7/1997, S. 26.
14. Zu der vertraglichen Ausgestaltung der Kreditderivate siehe auch Heil, M., Kreditderivate – ein Markt mit Zukunft?, in: Sparkasse 7/1997, S. 429–431.
15. Vgl. Süchting, J./Paul, S., Bankmanagement, 4. Aufl., Stuttgart, 1998, S. 432.
16. Zur Bewertung von Optionen unter Anwendung der Black/Scholes-Formel siehe ausführlich Black, F./Scholes, M., The Pricing of Options and Corporate Liabilities, in: Journal of Political Economy, Vol. 81, 1973, S. 637–653
17. Zur ausführlichen Darstellung der Konzeption siehe Wiedemeier, I./Beike, R., Optionspreis als Ausfallprämie im Kreditgeschäft, in: Betriebswirtschaftliche Blätter, 10/1998, S. 492–494.
18. Vgl. Rolfes, B., Das Konzept des Gesamtbankmanagements, in: Rolfes, B./Schierenbeck, H./ Schüller, S. (Hrsg.), Gesamtbanksteuerung, Bd. 18, Frankfurt am Main, 1998, S. 7.
19. Zu der Entwicklung der Bankenaufsicht siehe Schiller, B./Wiedemeier, I., Chronologie der Bankenaufsicht, in: Zeitschrift für das gesamte Kreditwesen, 13/1998, S. 757–758.
20. Basler Ausschuss für Bankenaufsicht, A new capital adequacy framework, consultative paper, Basel, Juni 1999.
21. Vgl. Gröschel, U., Bankenmärkte in Euroland, in: Landesbank Hessen-Thüringen Girozentrale (Hrsg.), Frankfurt am Main, 1999, S. 7.
22. Vgl. o. V., Kommission spricht sich für interne Ratings bei Kreditbewertung aus, in: Handelsblatt vom 22. 11. 1999.

23 Vgl. Krahnen, J. P., Interne Ratingsysteme reif für Basel, in: Börsenzeitung vom 11.12. 1999.
24 Vgl. Treacy, W. F./Carey, M. S., Interne Ratings – die Erfahrungen amerikanischer Großbanken, in: ZfgK, 3/1999, S. 152–154.

Literaturverzeichnis

Basler Ausschuss für Bankenaufsicht, A new capital adequacy framework, consultative paper, Basel, Juni 1999

Black, F./Scholes, M., The Pricing of Options and Corporate Liabilities, in: Journal of Political Economy, Vol. 81, 1973, S. 637–653

Brakensiek, T., Die Kalkulation und Steuerung von Ausfallrisiken im Kreditgeschäft der Banken, Frankfurt am Main, 1991

Bundesaufsichtsamt für das Kreditwesen – I 7 – A 223 – 2/93 – vom 29. 10. 1997; Bekanntmachung über die Änderung und Ergänzung der Grundsätze über das Eigenkapital und die Liquidität der Kreditinstitute.

Bundesaufsichtsamt für das Kreditwesen, Schreiben – I 4 – 42 – 3/86 – vom 23. 10. 1995; Verlautbarungen über die Mindestanforderungen an das Betreiben von Handelsgeschäften in Kreditinstituten

FERI GmbH, Bad Homburg, 4/1998

Gröschel, U., Bankenmärkte in Euroland, in: Landesbank Hessen-Thüringen Girozentrale (Hrsg.), Frankfurt am Main, 1999

Heil, M., Kreditderivate – ein Markt mit Zukunft?, in: Sparkasse 7/1997, S. 429–431

Krahnen, J. P., Interne Ratingsysteme reif für Basel, in: Börsenzeitung vom 11.12. 1999

o. V., Kommission spricht sich für interne Ratings bei Kreditbewertung aus, in: Handelsblatt vom 22.11.1999

Reuter, A., Kredit-Rating/Kredit-Risiko-Analyse – Bedienerhandbuch, in: Deutscher Sparkassen- und Giroverband (Hrsg.), Bonn, 1997

Rolfes, B., Das Konzept des Gesamtbankmanagements, in: Rolfes, B./Schierenbeck, H./Schüller, S. (Hrsg.), Gesamtbanksteuerung, Bd. 18, Frankfurt am Main, 1998

Savelberg, A. H., Risikomanagement mit Kreditderivaten, in: Die Bank, 6/1996, S. 328–332

Schiller, B./Wiedemeier; I., Chronologie der Bankenaufsicht, in: Zeitschrift für das gesamte Kreditwesen, 13/1998, S. 757–758

Schulte, M., Risikopolitik in Kreditinstituten, 3. Aufl., Frankfurt am Main, 1998

Spremann, K., Wirtschaft, Investition und Finanzierung, 5. Aufl., München, 1996

Süchting, J./Paul, S., Bankmanagement, 4. Aufl., Stuttgart, 1998

Treacy, W. F./Carey, M. S., Interne Ratings – die Erfahrungen amerikanischer Großbanken, in: ZfgK, 3/1999, S. 152–154

Whittaker, J. G./Li, W., An introduction to Credit Derivatives, in: Risk, 7/1997, S. 26–28

Wiedemeier, I./Beike, R., Optionspreis als Ausfallprämie im Kreditgeschäft, in: Betriebswirtschaftliche Blätter, 10/1998, S. 492–494

Wöhe, G., Einführung in die Allgemeine Betriebswirtschaftslehre, 17. Aufl., München, 1990

Interne Credit-Ratingverfahren – ein wichtiger Baustein in der Gesamtbanksteuerung

Stefan Blochwitz*/Judith Eigermann**

Inhalt

1. Ziel und Anforderungen an interne Verfahren
   1.1 Messung des Kreditrisikos
   1.2 Verlustkonzepte
   1.3 Anforderungen an interne Ratingverfahren

2. Prinzipieller Aufbau interner Verfahren

3. Datenbasis

4. Quantitative Verfahren zur Bonitätsprüfung

5. Festlegung von Risikoklassen und Überwachung des gesamten Systems
   5.1 Festlegung von Risikoklassen
   5.2 Überwachung des internen Ratingverfahrens

Anmerkungen

Literaturverzeichnis

---

* Dr. Stefan Blochwitz arbeitet seit 1996 bei der Deutschen Bundesbank in der Hauptabteilung Kredit, Devisen und Finanzmärkte. Er befaßt sich mit der methodischen Weiterentwicklung der Unternehmensbilanzanalyse und ist für die mathematische Modellierung und dv-technische Implementierung des Bonitätsanalysemodells der Bundesbank verantwortlich.

** Dr. Judith Eigermann arbeitet seit 1995 bei der Deutschen Bundesbank in der Hauptabteilung Kredit, Devisen und Finanzmärkte. Neben methodischen Aspekten befaßt sie sich vor allem mit inhaltlichen Fragen der Unternehmensbeurteilung und ist verantwortlich für die betriebswirtschaftliche Weiterentwicklung der Unternehmensbonitätsanalyse bei der Deutschen Bundesbank. Darüber hinaus bearbeitet sie Fragen der internationalen Rechnungslegung.
Die in diesem Artikel dargestellten Meinungen der Autoren geben ausschließlich ihre persönliche Auffassung wieder.

1. Ziel und Anforderungen an interne Verfahren

1.1 Messung des Kreditrisikos

Allgemein wird als Risiko die Wahrscheinlichkeit der Abweichung zwischen einem tatsächlich realisierten Wert und einem vorgegebenen Zielwert angesehen. Um eine Aussage über das Risiko treffen zu können, müssen Informationen über die Größenordnung und die Wahrscheinlichkeit der zu erwartenden Veränderungen der Einflussgrößen während eines bestimmten Zeitraums vorliegen. Ziel der Risikomessung ist es, Risiken in Form einer Zahl abzubilden. Zunächst ist es jedoch wichtig, das zu messende Risiko genau zu definieren.

Grundsätzlich bezeichnet das *Kreditrisiko* die Gefahr, dass ein Schuldner seinen vereinbarten Zahlungsverpflichtungen nicht nachkommt. Diese Eigenschaft kann jedoch ex ante nicht unmittelbar beobachtet werden. Um sie in Zahlen abzubilden und damit zu messen, muss sie zunächst auf bestimmte, beobachtbare Sachverhalte übertragen werden. Für diese Übertragung ist ein als *internes Ratingverfahren* bezeichnetes Modell notwendig, das Aussagen darüber enthält, welche Merkmale von Unternehmen und deren Umwelt auf welche Weise mit der Zahlungsfähigkeit dieser Unternehmen in Beziehung stehen.

Das Kreditrisiko kann auf zwei Ebenen gemessen werden, nämlich auf der zuvor dargestellten einzelgeschäftsbezogenen Ebene und auf der Gesamtbankebene, bei der das Kreditrisiko auf Basis einer portfolioorientierten Betrachtung ermittelt wird. Für die Bestimmung des Gesamtbankrisikos ist die Kenntnis des mit einem internen Ratingverfahren gemessenen einzelnen Kundenkreditrisikos unabdingbare Voraussetzung. Vom einzelnen Kundenkreditrisiko zum Gesamtkreditrisiko einer Bank gelangt man nicht durch einfache Addition aller Einzelkreditrisiken, da diese Vorgehensweise Abhängigkeiten im Gesamtkreditbestand unberücksichtigt lässt. Um von der Einzelgeschäftsbetrachtung zu einer Betrachtung auf Gesamtbankebene zu gelangen, müssen Abhängigkeiten, die angeben, wie hoch der Risikozusammenhang zwischen Schuldnern ist, explizit berücksichtigt werden. Die Einbeziehung von Korrelationen ist damit der entscheidende Schritt, um von den Bonitätsrisikomodellen zu den auf das Gesamtkreditrisiko ausgerichteten Kreditrisikomodellen zu kommen.

1.2 Verlustkonzepte

Da ein internes Ratingverfahren der Klassifizierung von Krediten oder Kreditnehmern hinsichtlich ihres Risikogehaltes dienen soll, ist es bedeutsam, mit welchem Konzept man diesen unterlegt. Grundsätzlich bieten sich dazu zwei Konzepte an: Ein anzahlbezogenes und ein volumenbezogenes *Ausfallkonzept*.

Beim anzahlbezogenen Ausfallkonzept bestimmt sich der Risikogehalt aus der Einzelausfallwahrscheinlichkeit des Kunden oder Engagements, d.h. es wird festgestellt, wie viele dieser Kunden oder Engagements innerhalb einer bestimmten Ratingklasse in einer bestimmten Zeiteinheit – üblicherweise ein Jahr – ausfallen. Hier ist die Ausfalldefinition entscheidend; diese kann von Zahlungsverzug über Einzelwertberichtigungsbedarf bis hin zur Insolvenz des Kunden reichen und so die relevanten Ereignisse erfassen. Beim *volumenbezogenen Ausfallkonzept* wird der Risikogehalt durch das ausgefallene Kreditvolumen bestimmt, d.h. es wird festgestellt, welches Kreditvolumen innerhalb einer bestimmten Ratingklasse in einer bestimmten Zeiteinheit – wiederum üblicherweise ein Jahr – verloren geht. Das interne Ratingverfahren muss nun sicherstellen, dass die entsprechend ausgewählte Größe einen bestimmten, vorgegebenen Wert nicht überschreitet. Dazu ist es erforderlich, die erst ex post bestimmbaren Größen zu prognostizieren. Bei Ausfallwahrscheinlichkeiten bieten sich dafür – unter der Voraussetzung, dass das Ratingverfahren im Zeitablauf stabil ist – historische Ausfallraten in den einzelnen Ratingklassen an; volumenbezogene Größen können beispielsweise der erwartete oder der unerwartete Verlust sein.

Das volumenbezogene Ausfallkonzept erweitert das anzahlbezogene, wie man leicht zeigen kann. Betrachtet man beispielsweise den *erwarteten Verlust* für einen Kreditnehmer, so gilt: $EL = E(p_{Ausfall} \cdot LGD)$ mit EL als dem erwarteten Verlust, E dem Erwartungswertoperator, $p_{Ausfall}$ als der Ausfallwahrscheinlichkeit des Kreditnehmers und LGD als Loss Given Default, dem Verlust bei eingetretenem Ausfall. Das heißt, dass ein volumenbezogenes Ausfallkonzept das anzahlbezogene voraussetzt.

Ein anzahlbezogenes Ausfallkonzept ist leichter zu implementieren, wird aber dem abzubildenden Sachverhalt nicht hinreichend genug gerecht, weil bei ihm die Schwere der möglichen Ausfallfolgen unberücksichtigt bleiben. Deshalb ist, obwohl es aufwendiger zu realisieren ist, weil es mehr – und schwieriger zu beschaffende – Informationen benötigt, für den Einsatz zur Gesamtbanksteuerung das volumensbezogene Konzept angemessener. In Abbildung 1 sind beispielhaft die Unterschiede zwischen beiden Risikokonzepten dargestellt

1.3 Anforderungen an interne Ratingverfahren

Nachdem nun klar ist, welches Ziel in Bezug auf die Gesamtbanksteuerung mit internen Ratingverfahren erreicht werden soll, bleibt noch, den Weg, zu diesem Ziel zu bestimmen, mit anderen Worten: Welche Anforderungen muss ein internes Ratingverfahren – neben der korrekten Umsetzung eines Verlustkonzeptes – noch erfüllen? Diese Anforderungen haben, wie wir weiter unten zeigen werden, Auswirkung auf Entwurf und Implementierung eines internen Ratingverfahrens.

Letztlich werden die Mindestanforderungen an interne Ratingverfahren in der derzeit laufenden Diskussion über die anstehende Revision der Eigenkapitalanforderungen im Rahmen der Neufassung des Basler Akkords bestimmt. Dennoch wird natürlich schon jetzt diskutiert, welche Anforderungen an interne Ratingverfahren denkbar sind[1]. Unserer Meinung nach sind es, unter besonderer Berücksichtigung bankinterner Abläufe, vor allem vier Mindestanforderungen, die ein ordnungsgemäßes Ratingverfahren erfüllen muss:

1. *Objektivität* ist sichergestellt, wenn mögliche freie Parameter[2] des Ratingmodells nicht durch subjektive Meinungen – etwa durch Expertenbefragung – sondern objektiver, beispielsweise durch mathematisch-statistische Prozeduren, bestimmt werden.

2. *Transparenz* bedeutet, dass auch Außenstehenden, die das System nicht ent-

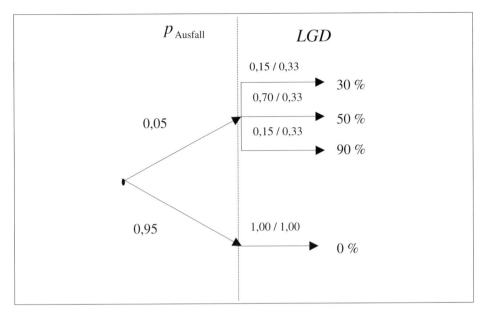

Abb. 1: Zwei Kreditnehmer mit gleicher Ausfallwahrscheinlichkeit (jeweils 5%), und verschiedenen Ausfallszenarien (Verlust von 30%, 50% oder 90% des Exposures). Für die Kreditnehmer hat jedes Szenario eine andere Eintrittswahrscheinlichkeit: Für den ersten sollen die beiden extremen Szenarien mit jeweils 15% und das verbleibende mit 70% eintreten; für den zweiten soll jedes Szenario mit der gleichen Wahrscheinlichkeit von 33% eintreten. Dann lässt sich für den ersten Kreditnehmer ein erwarteter Verlust von 2,65% und für den zweiten von 2,83% des Exposures errechnen.

wickelt haben, klargemacht werden kann, welche Informationen wie und in welchem sachlichen Zusammenhang im Ratingverfahren verarbeitet werden.

3. *Nachvollziehbarkeit* ist gewährleistet, wenn angegeben werden kann, welche Auswirkungen eine bestimmte Information auf das Ratingergebnis hat. Dieses Kriterium muss besonders für das im nächsten Abschnitt beschriebene zweistufige Ratingverfahren eingehalten werden, denn die Interaktion von maschineller Komponente und (menschlichem) Kreditanalysten ist nur möglich, wenn der Kreditanalyst versteht, welchen quantitativen Einfluss bestimmte Faktoren haben. Erst damit wird es dem Kreditanalysten möglich, die Entscheidung des Ratingverfahrens mitzutragen oder gegebenenfalls in Ausnahmefällen dagegen zu argumentieren.

4. *Einheitlichkeit* soll sicherstellen, dass gleiche Informationen auch immer zu einem gleichen Ratingurteil führen. Dieses Kriterium ist besonders dann bedeutsam, wenn mehrere Stellen ein Ratingverfahren betreiben, wie es beispielsweise für überregional operierende Banken der Fall ist, weil damit garantiert ist, dass gleiche Risiken gleich beurteilt werden. Einheitlichkeit erfordert eine möglichst weitgehende Standardisierung des Ratingprozesses.

Die ersten drei Kriterien sind besonders für die Entwicklung des internen Ratingverfahrens bedeutsam, das letzte betrifft vor allem seine Implementierung und Einbettung in die Gesamtbankprozesse.

2. Prinzipieller Aufbau interner Verfahren

Die Kreditvergabe im Firmenkundengeschäft ist ein mehrstufiger Prozess. Er dient dazu, Informationen zu sammeln und diese zu einem Bonitätsurteil über das Unternehmen zu verdichten. Institutsinterne Verfahren zur Kreditvergabe sind oft eine Mischung aus quantitativen und qualitativen Ratingverfahren. Charakteristisch für qualitative Ratingverfahren ist, dass die Verknüpfung der als relevant erachteten Bonitäts- oder Ratingkriterien auf dem individuellen Urteil des Kreditexperten basiert. Beim *quantitativen Rating* hängt die Verknüpfung und Bewertung der als relevant erachteten Beurteilungskriterien nicht von der Intuition des Kreditexperten ab, sondern vollzieht sich objektiviert auf der Basis mathematisch-statistischer Modelle.

Interne Ratingverfahren gehen üblicherweise in folgenden Schritten vor (vgl. auch Abbildung 2):

1) Sammeln von Daten, die für die Kreditprüfung als relevant angesehen werden
2) Informationsbewertung und -verdichtung durch quantitatives Ratingverfahren
3) Festlegung des endgültigen Ratingurteils, das auf dem Ratingvorschlag als Ergebnis der Stufe 2 basiert.

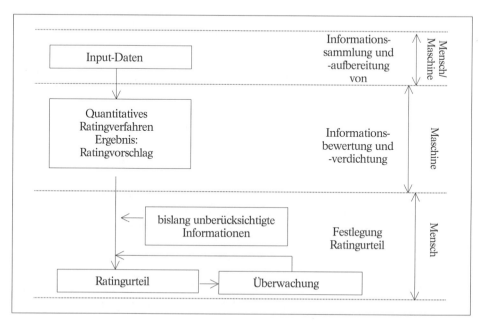

Abb. 2: Prinzipieller Aufbau interner Ratingverfahren

Zu 1: Sammlung von Daten, die für die Kreditprüfung als relevant angesehen werden
In einer ersten Stufe müssen die Input-Daten, auf deren Grundlage die Bonitätsbeurteilung erfolgen soll, zunächst gesammelt und entscheidungsorientiert aufbereitet werden. Dieser Prozess ist ein Zusammenspiel von Mensch und Maschine. Zur Vereinheitlichung müssen die Daten zunächst von den eingereichten Unterlagen in bankinterne Formblätter übertragen werden. Diese Übertragung, bei der die Daten unter kreditgeschäftlichen Gesichtspunkten neu gegliedert werden, geschieht durch den Kreditexperten. Die weitere Datenaufbereitung erfolgt dann dv-gestützt.

Der Kreditgeber muss die künftige Bonität eines Unternehmens im Zustand unvollkommener Informationen beurteilen. Die Unvollkommenheit des Informationsstandes ergibt sich im Wesentlichen aus folgenden drei Komponenten unzureichenden Wissens, nämlich

- der Unvollständigkeit (Fehlen wichtiger Teilinformationen),
- der Unbestimmtheit (unpräzise Informationen mit geringem Informationsgehalt) und
- der Unsicherheit (Gefahr, dass sich eine Information als falsch erweist).[3]

Trotz der Fülle potentiell wichtiger Informationen stellt sich in der Praxis oftmals heraus, dass zu wenig aussagekräftige Informationen vorhanden sind. Es gilt daher, aus den vielen Informationen möglichst schnell die für die Bonitätsprüfung des betreffenden Unternehmens relevanten zu erkennen. Relevant ist eine Information dann, wenn sich durch ihre Einbeziehung in den Kreditvergabeprozess das Krediturteil verbessert. Gerade im Hinblick auf die geschilderte Unvollkommenheit des Informationsstandes ist es entscheidend, solche Informationen zu beschaffen, die ein möglichst abgerundetes und fundiertes Bild von der aktuellen Situation des Kreditnehmers vermitteln.

Neben der Relevanz müssen bei der Informationssammlung auch Kostengesichtspunkte berücksichtigt werden. Theoretisch lohnt sich die Informationsbeschaffung, solange der durch die Information erlangte Grenznutzen größer ist als die aufzuwendenden Grenzkosten für deren Beschaffung. Wirtschaftlichkeitsüberlegungen können also dazu führen, an sich relevante Informationen nicht zu sammeln, schlichtweg weil ihre Erhebung zu teuer ist.

Zu 2: Informationsbewertung und -verdichtung durch quantitatives Ratingverfahren
Quantitative Ratingverfahren gehen über die computergestützte Erfassung und Aufbereitung von Daten hinaus, denn sie führen zusätzlich eine auf Algorithmen[4] basierte, mathematisch-statistische Informationsbewertung durch. Beim quantitativen Rating erfolgt die Bonitätseinstufung anhand eines errechneten Punktwertes Z (auch score genannt). Er bildet den maschinell ermittelten Ratingvorschlag und dient dem Kreditexperten als Entscheidungsunterstützung. Der maschinell ermittelte Ratingvorschlag kann mit einem oder mehreren quantitativen Verfahren generiert werden. Im Rahmen des quantitativen Blocks bietet sich, wie in Abschnitt 4 noch detaillierter dargelegt, der kombinierte Einsatz mehrerer Verfahren an, so z.B. ein Verfahren für eine (gröbere) Vorsortierung und ein differenzierter arbeitendes Verfahren zur Nachbearbeitung.[5]

Zu 3: Festlegung des endgültigen Ratingurteils durch den Kreditexperten
Auf Basis des Ratingvorschlags aus Stufe 2 wird durch den Kreditexperten das endgültige Ratingurteil festgelegt. In das abschließende Ratingurteil fließen noch Informationen ein, die im bisherigen Auswertungsverfahren überhaupt nicht oder unzutreffend berücksichtigt wurden. Unberücksichtigte Informationen sind solche, die erst gar nicht für eine standardisierte Beurteilung zur Verfügung stehen. Unzutreffend berücksichtigte Informationen sind solche, die zwar für den »typischen« Kreditnehmer eine bonitätsadäquate Aussage liefern, die aber bei durch Sondereinflüsse gekennzeichneten »untypischen« Fällen zu falschen Schlussfolgerungen führen. Dann sollte der Kreditexperte korrigierend eingreifen. Es reicht jedoch nicht aus, Kreditrisiken nur einmalig bei der Kreditvergabe zu beurteilen, vielmehr müssen diese während der gesamten Kreditlaufzeit beobachtet werden. Im Rahmen der Kreditüberwachung wird geprüft, ob die bei der erstmaligen Kreditprüfung analysierten Rahmenbedingungen weiterhin bestehen und erstellte Prognosen und wirtschaftliche Erwartungen auch tatsächlich eingetreten sind. Die aus der Kreditüberwachung gewonnenen Erkenntnisse dienen der Aktualisierung und – wenn nötig – auch der Modifizierung des Ratingurteils.

3. Datenbasis

Nachdem zuvor der grundsätzliche Aufbau eines internen Ratingverfahrens als Zusammenspiel zwischen Mensch und Maschine näher dargestellt wurde, soll nun die Datenbasis erläutert werden, auf deren Grundlage das Rating vollzogen wird. Zunächst kann diese in quantitative und qualitative Informationen systematisiert werden. Quantitative Informationen sind solche, die Objekteigenschaften nach ihrer Größe unterscheiden. Die Merkmalsausprägung quantitativer Informationen ist numerisch, sie wird in Form einer Zahl ausgedrückt. Qualitative Merkmale sind hingegen solche, bei denen die Merkmalsausprägungen verbal formuliert sind. Merkmalsausprägungen qualitativer Merkmale beschreiben die Art oder Eigenschaft eines Objektes.

Quantitative und qualitative Informationen können ihrerseits wiederum danach unterteilt werden, ob sie für jedes Unternehmen verfügbar und aussagekräftig sind oder nicht. Vor diesem Hintergrund lässt sich folgende Datenmatrix aufstellen (siehe Abbildung 3).

Für jedes Unternehmen verfügbare und aussagekräftige quantitative Informationen sind zentrale betriebswirtschaftliche Daten, die wirtschaftlich aktive Unternehmen notwendigerweise aufweisen müssen. Solche numerischen Eckdaten sind beispielsweise Angaben zur Kapitalbasis oder Erfolgsgrößen, wie Umsatz bzw. Jahresüberschuss. Aus diesen Informationen werden aussagefähige Kennzahlen ermittelt. In der folgenden Tabelle sind wichtige Kennzahlen aufgelistet. Um einen möglichst umfassenden Einblick in die wirtschaftliche Lage des Unternehmens vermitteln zu können, sollten die Kennzahlen die drei gesetzlich vorgegebenen Informationsbereiche des Jahresabschlusses, d.h. die Vermögens-, Finanz- und Ertragslage abbilden.

Nicht für jedes Unternehmen verfügbare Kennzahlen sind naturgemäß solche, die

Quantitative Informationen	Qualitative Informationen
• für jedes Unternehmen verfügbar und aussagekräftig (z.B. Bilanzkennzahlen)	• nach Aufbereitung für jedes Unternehmen verfügbar und aussagekräftig (z.B. Bilanzierungsverhalten)
• nicht für jedes Unternehmen verfügbar oder aussagekräftig (z.B. Berichtigungsposten in der Bilanzübersicht)	• nicht für jedes Unternehmen verfügbar oder aussagekräftig (z.B. Alter)

Abb. 3: Systematisierung der in einem Ratingprozess verarbeitbaren Informationen

unternehmerische Besonderheiten widerspiegeln. Für die Bonitätsbeurteilung bedeutsame, nicht für alle Unternehmen vorhandene Bilanzpositionen sind z.B. eigene Aktien des Unternehmens, Forderungen, Ausleihungen und Darlehen an Gesellschafter.

Zu den qualitativen Merkmalen, d.h. solchen mit verbal formulierten Merkmalsausprägungen, gehört beispielsweise das *Bilanzierungsverhalten*. Es wird aus der Ausnutzung des bilanzpolitischen Instrumentariums abgeleitet und gibt die konkret von dem betreffenden Unternehmen angewendete Bilanzpolitik in den drei Grundausprägungen »konservativ«, »neutral« und »progressiv« wieder. Konservatives Bilanzierungsverhalten beschreibt dabei einen tendenziell ergebnismindernden Einsatz bilanzpolitischer Instrumente, »progressiv« einen tendenziell ergebniserhöhenden Einsatz, bei »neutralem« Bilanzierungsverhalten bringt die bilanzpolitische Analyse keinen besonderen Erkenntniswert für die Bonitätsbeurteilung.[6]

Ein Beispiel für das vierte Feld der Matrix – Angaben, die nicht für jedes Unternehmen verfügbar oder aussagekräftig (in Bezug auf das Bonitätsurteil) sind – ist das Alter des Unternehmens. Das Alter kann ein qualitatives Merkmal sein, weil es sich

Bereiche	Kennzahlen
Vermögenslage	Eigenkapitalquote Eigenkapital-/Pensionsrückstellungsquote Fremdkapitalquote Kapitalbindung
Finanzlage	Kapitalrückflussquote Nettozinsquote Anlagendeckung
Ertragslage	Gesamtkapitalrendite Eigenkapitalrendite Umsatzrendite Betriebsrendite

Tab. 1: Jahresabschlusskennzahlen, gegliedert nach Informationsbereichen

unter Kreditgesichtspunkten anbietet, dieses Merkmal nicht als harte Zahl, sondern in verbaler Form zu verarbeiten: Unter Bonitätsgesichtspunkten zeigt sich beim Merkmal Alter, dass junge Unternehmen (bis ca. 7 Jahre) grundsätzlich insolvenzanfälliger sind. Hat ein Unternehmen diese kritische Schwelle erst einmal überschritten, bringt nach unserer Erfahrung das Alter keinen besonderen Erkenntniswert mehr für die Bestandsfestigkeit des Unternehmens.

Neben den aufgeführten qualitativen Merkmalen gibt es noch eine Vielzahl weiterer aussagekräftiger qualitativer Merkmale, als erstes sei hier die Managementqualität genannt, die entsprechend verarbeitet werden können.

Während quantitative Merkmale vergleichsweise einfach ermittelt und direkt in ein mathematisch-statistisches Verfahren einbezogen werden können, müssen qualitative Merkmale zunächst entsprechend aufbereitet und dann in Zahlen »übersetzt« werden. Im Vergleich zu den quantitativen Angaben ist die Verwendung qualitativer Informationen insgesamt aufwendiger. Dies ist ein Grund, weshalb qualitative Merkmale bislang kaum in quantitativen Ratingverfahren verarbeitet werden.

4. Quantitative Verfahren zur Bonitätsprüfung

Da in der Regel das interne Ratingverfahren um so erfolgreicher sein wird, je mehr Aspekte des zu bewertenden Objektes in ihm berücksichtigt werden – je mehr relevante Daten also verarbeitet werden – sollte von vornherein keine der vier vorgestellten Datengruppen ausgeschlossen werden. Aus der Systematisierung der Daten ergeben sich damit also noch folgende Anforderungen für die maschinelle Komponente des Ratingprozesses:

- Es müssen quantitative und qualitative Daten verarbeitet werden können und
- es muss auch dann ein Ratingurteil erzeugt werden können, wenn Teildaten fehlen.

Somit ergeben sich neben den oben dargestellten vier Prinzipien an das gesamte Verfahren noch zwei zusätzliche technische Anforderungen. Wir wollen nun Vor- und Nachteile einiger, auch in der Praxis angewandten Verfahren zur Bonitätsprüfung darstellen.

Traditionelle Verfahren zur Bonitätsbeurteilung
Bei der traditionellen Kreditwürdigkeitsprüfung hat der Kreditsachbearbeiter die Aufgabe zunächst eine Auswahl und dann eine zielorientierte Wertung der als relevant erachteten Informationen vorzunehmen. Er orientiert sich dabei an allgemeinen Richtlinien. Traditionelle Verfahren zeichnen sich durch eine logisch-deduktive Vorgehensweise aus. Aus allgemeinen Kriterien, die erfüllt sein müssen, damit ein Engagement als »gut« eingestuft werden kann, wird auf den zu beurteilenden Einzelfall geschlossen. Abgesehen von den Kreditvergaberichtlinien, die der Kreditanalyst zu beachten hat, erfolgt die Auswahl und Beurteilung der Informationen ohne eine weitere Entscheidungsunterstützung. Damit hat der Kreditsachbearbeiter einen breiten Entscheidungsspielraum, den er gemäß seinen individuellen Erfahrungen und Sachkenntnissen nutzen wird.

Ausgangspunkt für seine Bonitätsanalyse wird der Jahresabschluss des betreffenden Unternehmens sein. Die klassische Jahresabschlussanalyse vollzieht sich in drei Stufen. Zunächst wird der Kreditanalyst die vorliegenden Jahresabschlussdaten sammeln, sichten und aufbereiten. In der zweiten Stufe werden aus den einzelnen Abschlusspositionen möglichst aussagekräftige Kennzahlen für das Ratingurteil gebildet. Im dritten Schritt werden diese Kennzahlen vom Kreditexperten analysiert. Hierzu dienen auch Zeit-, Betriebs- und Branchenvergleiche. Auf dieser Basis fällt der Kreditexperte – wenn möglich noch unter Berücksichtigung weiterer Informationen – das abschließende Krediturteil.

Charakteristisch für traditionelle Verfahren zur Bonitätsanalyse ist, dass der geschilderte Kreditanalyseprozess ohne den Einsatz ergebniswertender Verfahren erfolgt, sondern ausschließlich durch das Urteilsverhalten des Kreditexperten bestimmt wird. Zwar hat der Kreditexperte so ein Höchstmaß an Entscheidungsfreiheit, jedoch besteht die Gefahr, dass er – insbesondere bei sehr komplexen Situationen – überfordert sein könnte. Zur Entscheidungsunterstützung und damit Entlastung des Kreditexperten ist der Einsatz quantitativer Ratingmethoden in einem internen Ratingverfahren daher grundsätzlich erstrebenswert. Nicht zuletzt sprechen aber auch Effizienzgesichtspunkte für den Einsatz quantitativer Ratingmethoden.

Mathematisch-statistische Verfahren zur Bonitätsbeurteilung
Das Charakteristische mathematisch-statistischer Verfahren ist es, Einzelbeobachtungen früherer Kreditnehmer und Kreditengagements heranzuziehen, um die Bonität eines aktuellen Kreditnehmers zu bestimmen. Mathematisch-statistische Verfahren arbeiten damit empirisch-induktiv. Sie benötigen historische Daten, mit denen versucht wird, bestimmte, für die Kreditverläufe typische Merkmale zu finden, um dann zu prüfen, inwieweit das zu analysierende Unternehmen diese typischen Merkmale erfüllt. Bei den Merkmalen handelt es sich zumeist um wenige Schlüsselindikatoren, die durch das Verfahren zu Handlungsempfehlungen (z.B. in Form von Klassifikationsregeln) verdichtet werden. Zu den bekanntesten mathematisch-statistischen Verfahren, die für interne Ratingverfahren eingesetzt werden, zählen die Diskriminanzanalyse und die logistische Regression.

Die *Diskriminanzanalyse* ist ein mathematisch-statistisches Verfahren, mit dem Objekte mit Hilfe beobachtbarer Merkmale genau einer von mindestens zwei überschneidungsfreien Teilmengen zugeordnet werden. Im Kreditgeschäft wird die Diskriminanzanalyse zur Unternehmensbeurteilung eingesetzt, mit dem Ziel kreditsuchende Unternehmen den Gruppen bestandsfeste »gute« oder insolvenzgefährdete »schlechte« Unternehmen zuzuordnen. Diese Zuordnung erfolgt auf Basis eines errechneten Diskriminanzwertes Z. Bei der linearen Diskriminanzanalyse errechnet sich Z sehr einfach als $Z = a_1 \cdot x_1 + \ldots + a_n \cdot x_n - a_0$.

Da die Parameter der Diskriminanzfunktion a_i auf Basis eines Datenbestandes errechnet werden, handelt es sich um eine objektiv ermittelte Klassifikationsfunktion. Die Ergebnisse der Diskriminanzfunktion sind nachvollziehbar, denn aus der Funktion sind direkt die Merkmale x_i ablesbar, die in den Z-Wert einfließen. Zudem kann anhand der Diskriminanzkoeffizienten a_i der Trenneinfluss jedes einzelnen Merkmals bestimmt werden[7]. Um als ein internes Ratingverfahren eingesetzt werden zu können, sollte die ermittelte Diskriminanzfunktion betriebswirtschaftlich widerspruchsfrei sein. Betriebswirtschaftliche Widerspruchsfreiheit bedeutet, dass Koeffizienten von Kennzahlen, die als positiv[8] für die Bestandsfestigkeit eines Unternehmens zu werten sind (z.B. Rentabilitätskennzahlen) mit einem anderen Vorzeichen in die Funktion eingehen sollten als bei Kennzahlen, die unter Bonitätsaspekten eher negativ zu werten sind (z.B. Verschuldungskennzahlen)[9]. In Abhängigkeit der errechneten Z-Werte können auch leicht Ratingklassen gebildet werden. Die durch die jeweiligen Z-Werte definierten Klassengrenzen werden mit Blick auf eine extern vorgegebene Ausfallrate festgelegt. Qualitative Merkmale können nicht unmittelbar in eine Diskriminanzfunktion aufgenommen werden, sie müssen zuvor in Zahlen übersetzt, d.h. skaliert werden. Im Zusammenhang mit der Diskriminanzanalyse bietet als Skalierungsmethode die Lancaster-Skalierung an.[10]

Wie bei der Diskriminanzanalyse dient auch die *logistische Regression* dazu, die Abhängigkeit einer dichotomen abhängigen Variablen, dem Regressanten, von anderen unabhängigen Variablen, den Regressoren, die beliebiges Skalenniveau aufweisen können, zu modellieren. Als dichotom werden Variablen bezeichnet, die nur zwei Ausprägungen (Vorhandensein oder Nichtvorhandensein einer Eigenschaft) annehmen können. Dies ist bei der Bonitätsbeurteilung gegeben, da dort die abhängige Variable Y üblicherweise in den Ausprägungen »Leistungsstörung vorhanden« oder »nicht vorhanden«, im Extremfall »solvent« oder »insolvent« vorliegt. Wird nun angenommen, dass der Wert der Variable Y den Wert 0 für Gruppe Π_1 = solvent und den Wert 1 für Gruppe Π_2 = insolvent annimmt und dass Y von n unabhängigen Variablen X_i mit i= 1,..., n (üblicherweise Jahresabschlusskennzahlen) abhängt, so lässt sich eine bedingte Wahrscheinlichkeit mit der Y den Wert 0 annimmt, gemäß folgendem Ausdruck bestimmen: $P = P(Y = 0 | X_1 ... X_n)$. Damit man nun die Funktionswerte als Wahrscheinlichkeiten interpretieren kann, müssen diese im Intervall von 0 und 1 liegen. Möglich wird dies, indem man keinen linearen Funktionsverlauf, sondern einen s-förmigen, logistischen Funktionsverlauf der Form $P(Y = 0 | X_1 ... X_n) = \frac{e^Z}{1 + e^Z} = \frac{1}{1 + e^{-Z}}$ wählt, mit $Z = b_0 + b_1 X_1 + b_2 X_2 + \ldots + b_n X_n$ als linearer Prädiktor des logistischen Modells. Gegenüber der bekannten linearen Regression weist dieses Verfahren aufgrund des asymptotischen Funktionsverlaufs den Vorteil auf, dass für Werte des linearen Prädiktors von $\pm\infty$ nur Werte von P im Intervalls $]0;1[$ entstehen und damit als Wahrscheinlichkeiten interpretiert werden können.[11]

Auch bei dieser Klassifikationsregel ist zu beachten, dass die in Z eingehenden Kennzahlen das Kriterium der betriebswirtschaftlichen Widerspruchsfreiheit erfüllen müssen, die Koeffizienten $b_0, b_1, b_2, \ldots, b_n$ sollten ein betriebswirtschaftlich sinnvolles Vorzeichen aufweisen. Was den Trenneinfluss der einzelnen Merkmale betrifft, so sind die Parameter einer logistischen Regression schwieriger zu interpretieren als in einem linearen Klassifikationsverfahren. Denn im Gegensatz zur linearen Diskriminanzanalyse ist der Einfluss der einzelnen Variablen nicht konstant. Der nichtlineare Funktionsverlauf der logistischen Regression bewirkt, dass sich je nach Höhe der X-Variable der Einfluss auf die Wahrscheinlichkeit ändert. Nur über einen mathematischen Umweg ist es möglich, bei der logistischen Regression zu einer globalen Interpretation zu gelangen.[12] Die logistische Regressionsfunktion kann unmittelbar als Werkzeug zum Rating eingesetzt werden, denn ihr Ergebnis (eine Wahrscheinlichkeitsaussage) kann sofort einer Ratingklasse zugeordnet wer-

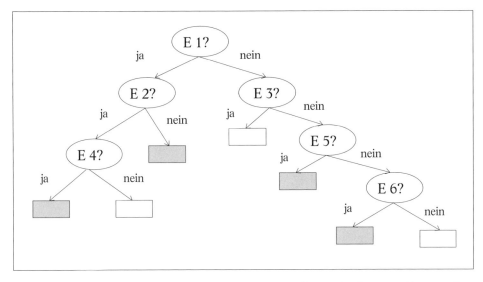

Abb. 4: Schema eines Entscheidungsbaumes. In den Ästen des Baumes (dargestellt als Ellipsen) werden einzelne Merkmale in Form einer Ja-Nein-Antwort abgefragt. Je nach Beantwortung der Frage wird der Baum in Richtung eines Astes (dargestellt als Pfeile) weiterverfolgt und, wenn eine neue Verzweigung erreicht wird, ein neues Merkmal erfragt oder, wenn ein Blatt erreicht wird (dargestellt als Rechtecke) das Unternehmen einer Gruppe zugeordnet (schraffiert: »gute«, nicht schraffiert: »schlechte«).

den. In die logistische Regressionsfunktion können sowohl quantitative als auch qualitative Merkmale über sogenannte Dummy-Variablen einbezogen werden. Im Gegensatz zur Diskriminanzanalyse ist eine spezielle Aufbereitung oder Skalierung dieser Merkmale nicht erforderlich.

Entscheidungsbaum- oder auch *CART-Verfahren*[13] sind Klassifikationsverfahren, bei denen die Gesamtstichprobe sukzessive bezüglich der Zugehörigkeit zur Klasse der guten und schlechten Unternehmen zerlegt wird. Mit diesen statistischen Verfahren werden die Unternehmen quasi »gesiebt«, indem in den Ästen des Baumes eine Alternative abgefragt wird[14]. Graphisch können diese Verfahren durch die in Abbildung 4 dargestellten Baumstruktur veranschaulicht werden. An jedem Ast des Entscheidungsbaumes wird die Menge der noch zu klassifizierenden Objekte in zwei homogenere Teilmengen unterteilt. Dieser Prozess wird solange fortgeführt, bis ein »Blatt« des Baumes erreicht wird, d.h. alle bis hierhin gelangten Objekte werden einer der beiden Gruppen zugeordnet.

Ein Entscheidungsbaum entsteht schrittweise, und es kann bei dieser schrittweisen Entstehung sichergestellt werden, dass das Kriterium der betriebswirtschaftlichen Widerspruchsfreiheit für die einbezogenen Kennzahlen und Merkmale, das sinngemäß auch für diese Verfahren gilt, erfüllt wird. Qualitative Merkmale können jederzeit und unskaliert in diese Verfahren einbezogen werden, denn durch die Art der Entscheidung in den Knoten (Auswertung binärer Variablen) spielen Skalierungsgesichtspunkte keine Rolle.

Entscheidungsbäume haben im Wesentlichen zwei entscheidende **Vorteile:**

1. Qualitative Merkmale können ohne weitere Aufbereitung in sie einbezogen werden.
2. Numerisch sind diese Verfahren relativ einfach zu handhaben[15].

Diesen Vorteilen stehen aber auch **Nachteile** gegenüber:

1. Entscheidungsbäume führen zu reinen Klassifikationsentscheidungen. Ihre Interpretation als Rating ist schwierig.
2. Die Entscheidung in Entscheidungsbäumen ist nichtlokal. Während beispielsweise bei der Diskriminanzanalyse oder der logistischen Regression ähnliche Unternehmen – ausgedrückt durch ähnliche Kennzahlen – auch wieder eine ungefähr gleiche Gesamtkennzahl bzw. einen ungefähr gleichen Regressionswert haben, ist dies bei den Entscheidungsbaumverfahren nicht der Fall. In jedem Knoten können sich die Wege der ähnlichen Unternehmen wegen eines an und für sich geringen Unterschiedes trennen und schließlich zu einer völlig unterschiedlichen Gruppenzuordnung führen.

Verfahren der künstlichen Intelligenz

Verfahren der künstlichen Intelligenz können als Weiterentwicklung der statistischen Verfahren aufgefasst werden. Die wichtigsten Vertreter dieser Verfahren sind neuronale Netze und regelbasierte Systeme.

Neuronale Netze[16] sind Modelle der Informatik für die Signal- und Informationsverarbeitung in biologischen Systemen. Insbesondere versucht man damit die Signalverarbeitung im Nervensystem höherentwickelter Organismen zu beschreiben. Erste Ansätze gehen auf die frühen vierziger Jahre[17] zurück, aber erst mit der Entwicklung leistungsfähiger Computer in den achtziger Jahren nahmen die Forschungen zu diesem Gebiet einen beträchtlichen Aufschwung und führten zu anwendungsreifen Entwicklungen[18].

Neuronale Netze haben eine Reihe von Eigenschaften, die sie auch für die Bonitätsprüfung interessant machen:

- Neuronale Netze können Klassifikationsaufgaben lösen.
- Sie sind lernfähig. Das heißt, wenn man neuronale Netze richtig einsetzt, können sie vorhandene Strukturen in Daten »entdecken« und verallgemeinern.
- Sie sind nichtlinear. Gegenüber den im vorangegangenen Abschnitt beschriebenen statistischen Verfahren, die sich i.d.R. durch ein lineares Modell beschreiben lassen, verfügen neuronale Netze über die Fähigkeit, Nichtlinearitäten des Datenmaterials zu erkennen und auszunutzen. Damit nutzen neuronale Netze mehr Informationen aus, als dies i.d.R. bei statistischen Verfahren der Fall ist. Dies führt im Allgemeinen zu besseren Klassifikationsleistungen.

Neuronale Netze lassen sich als Verallgemeinerung statistischer Regressionsverfahren[19] auffassen, weil aus mathematischer Sicht mit Hilfe neuronaler Netze eine beliebige Funktion an vorhandene Daten angepasst wird. Insbesondere können in diese Funktion auch beliebige Daten, also auch qualitative[20] einbezogen werden. Bei einer genügend komplexen Struktur kommen neuronale Netze auch mit fehlenden[21] Daten zurecht.

In der Komplexität der neuronalen Netze liegt auch eine Schwierigkeit bei ihrer

Anwendung, denn unter der Komplexität leiden Transparenz und Nachvollziehbarkeit des Ergebnisses. Zwar sind in der letzten Zeit verstärkt Anstrengungen[22] unternommen worden, diesem Mangel abzuhelfen, doch sind unserer Meinung nach neuronale Netze ein zwar leistungsfähiges, aber immer noch wenig transparentes und nachvollziehbares Werkzeug zur Klassifikation. Deshalb sind sie nur von geringem Nutzen bei Prozessen, in denen gerade diese Eigenschaften gefordert werden.

Die andere große Gruppe von Verfahren der künstlichen Intelligenz sind auch als regelbasierte Systeme bezeichnete *Expertensysteme*. Diese Systeme sind entwickelt worden, um den Entscheidungsfindungsprozess menschlicher Experten abzubilden und verarbeiten daher Informationen in der Form verbal formulierter Kausalketten. Diese Kausalketten sind meist als Wenn-Dann-Beziehungen formuliert, also z.B. »Wenn Bedingung 1 erfüllt ist und wenn Bedingung 2 erfüllt ist... und wenn Bedingung N erfüllt ist, dann tritt eine bestimmte Folge ein oder dann ist eine bestimmte (übergeordnete) Bedingung erfüllt. Die Dann-Teile einer Regel können wieder als Wenn-Teile in eine andere Regel eingehen. Dieser Prozess wird solange fortgesetzt, bis das Objekt in eine bestimmte Ratingklasse eingeordnet ist.

Expertensysteme können als Verallgemeinerungen der CART-Verfahren angesehen werden, weil

- durch Expertensysteme mehr als ein Baum[23] aufgespannt werden kann und
- in jedem Ast mehr als zwei Verzweigungen möglich sein können.

Die Äste der CART-Bäume sind die Wenn-Teile der Expertensysteme. Werden durch ein Expertensystem mehrere Bäume aufgespannt, muss in sie eine Abwägungskomponente »eingebaut« werden, denn es kann durchaus sein, dass die verschiedenen Teilbäume zu verschiedenen Ergebnissen führen[24].

Bei klassischen Expertensystemen sind die Kausalketten und ihr Gewicht im Abwägungsprozess vorgegeben, beispielsweise aus Befragungen menschlicher Experten[25]. Neuere Entwicklungen bei Expertensystemen gehen zu selbstlernenden und *Fuzzy-Systemen*. Bei selbstlernenden Expertensystemen besteht die Möglichkeit, die verwendeten Kausalketten und den notwendigen Abwägungsprozess im System zu optimieren. Durch die Optimierung der Kausalketten kann dafür Sorge getragen werden, dass in die Entscheidung möglichst nur relevante Regeln einfließen und die Kausalketten kurz gehalten werden. Bei Fuzzy-Expertensystemen besteht die Möglichkeit, in einem Regelbaum mehrere Zweige gleichzeitig und verschieden gewichtet zu durchlaufen[26].

Wie neuronale Netze können auch Expertensysteme mit fehlenden Werten zurechtkommen: Kausalketten, deren Voraussetzung nicht bekannt sind oder nicht ermittelt werden können werden nicht durchlaufen und fließen so auch nicht in das Endurteil ein. Durch die Verarbeitung von verbalen Regeln in Expertensystemen sind diese sehr gut nachvollziehbar und transparent. Selbstlernende Systeme sind darüber hinaus noch objektiv.

Die Gegenüberstellung der Verfahren zeigt, dass kein Verfahren für sich allein genommen alle Anforderungen erfüllt, die an ein umfassendes Ratingverfahren gestellt werden. Die logische Konsequenz ist daher, dass für ein umfassendes internes Ratingmodell mindestens zwei der hier vorgestellten Verfahren kombiniert werden sollten.

Solche kombinierten Verfahren können grundsätzlich zwei verschiedene Grund-

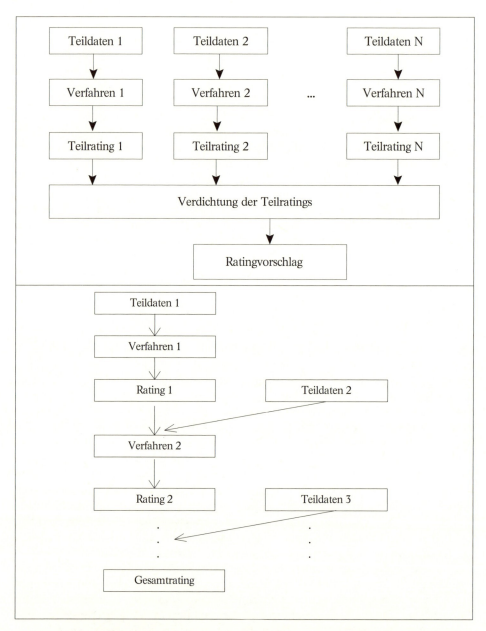

Abb. 5: Struktureller Aufbau horizontal (oben) und vertikal (unten) kombinierter Systeme. Die Teilratings in den einzelnen Verfahren werden durch verschiedene, den zu verarbeitenden Daten am besten angemessene traditionelle, mathematisch-statistische Verfahren oder Verfahren der künstlichen Intelligenz erzeugt.

strukturen, die in Abbildung 5 dargestellt sind, aufweisen und als horizontal oder vertikal kombinierte Systeme angetroffen werden. Beiden Kombinationsmöglichkeiten ist gemeinsam, dass verschiedene Teildaten mit verschiedenen, für die Verarbeitung dieser Teildaten am besten geeigneten Ratingverfahren zu einem Teilrating aggregiert werden, und diese Teilratings dann zu einem Gesamtrating verknüpft werden. Das erlaubt einen optimalen Einsatz der vorgestellten Verfahren in einem Gesamtsystem, in dem die Stärken der einzelnen Verfahren am besten zur Geltung kommen.

Horizontal kombinierte Systeme verarbeiten die Teildaten auf einer gleichen Stufe, das heißt das Gesamtrating entsteht dann aus der Verdichtung aller Teilratings. Solche Systeme können mit einer Expertenrunde verglichen werden, in der verschiedene Experten, die jeweils sehr gut auf die Beurteilung eines Teilbereiches spezialisiert sind, zu einem gemeinsamen Urteil kommen. Dagegen sind vertikal kombinierte Systeme hierarchisch konstruiert, d.h. jedes Teilrating baut auf dem Teilrating der vorherigen Stufe auf. Solche Systeme verbessern sukzessive die Ratingvorschläge und können insofern am ehesten mit einer Folge von immer feineren Sieben verglichen werden.[27]

Selbstverständlich lassen sich auch horizontal und vertikal kombinierte Systeme wieder miteinander kombinieren und so ein komplex kombiniertes System bilden.

5. Festlegung von Risikoklassen und Überwachung des gesamten Systems

5.1 Festlegung von Risikoklassen

Die letzte Stufe des von uns in Abschnitt 2 skizzierten mehrstufigen Ratingprozesses ist die Festlegung des Ratingurteils auf der Basis des Ratingvorschlages – als »Nachbearbeitung« des Ratingvorschlages beschreibbar – durch den Kreditsachbearbeiter. Ist das quantitative Verfahren transparent und nachvollziehbar, dann ist diese Nachbearbeitung grundsätzlich möglich. Darüber hinaus kann sie, was für interne Zwecke auch sehr wichtig ist, dokumentiert werden, weil der Kreditsachbearbeiter die durch ihn vorgenommene Modifikation des Ratingvorschlages begründen kann.

Um in einem konkreten Fall einen Klassifikationsvorschlag präsentieren zu können, muss das quantitative Ratingverfahren den entsprechenden Kreditnehmer in die zugehörige Ratingklasse »einsortieren«. Die Ratingklasse ist dadurch gekennzeichnet, dass alle ihre Elemente den gleichen Risikocharakter aufweisen, d.h. die Ausfallwahrscheinlichkeit oder der erwartete Verlust aller Kreditnehmer in dieser Ratingklasse liegt in einem vorgegebenen Intervall. Bei quantitativen Verfahren, beispielsweise diskriminanzanalytischen Verfahren im Zwei-Klassen-Fall, Regressionsverfahren oder neuronalen Netzen mit einem Output-Neuron, die einen kontinuierlichen Risikowert Z liefern, müssen Intervalle von Z so festgelegt werden, dass diese Bereiche der entsprechenden Ratingklasse zugeordnet werden können.

Die Festlegung entsprechender Ratingklassen ist nun ein wesentliches Problem beim Design quantitativer Ratingverfahren. In der Regel bestehen konkrete Vorstellungen über die *Granularität* des internen Ratingverfahrens, d.h. zwischen wie vielen Ratingklassen differenziert werden soll und dem Risikogehalt jeder Ratingklasse.

Glücklicherweise lässt sich für sehr viele dieser quantitativen Verfahren zeigen[28], dass zwischen Z und dem Risiko ein monotoner Zusammenhang besteht, d.h. beispielsweise je größer Z ist, um so kleiner ist das Risiko und umgekehrt. Damit lässt sich folgende Aufgabenstellung für die Bildung von Y Ratingklassen formulieren:

Die Y Risikoklassen 1, 2, ...,Y werden so aus Y-1 Scorewerten $Z_1 > Z_2 > ... > Z_{Y-1}$ bestimmt, dass Elemente mit einem Scorewert größer als Z_1 der Risikoklasse 1, Elemente mit einem Scorewert zwischen Z_1 (einschließlich) und Z_2 (ausschließlich) der Risikoklasse 2 usw. und schließlich Elemente mit einem Scorewert kleiner oder gleich Z_{Y-1} der Risikoklasse Y zugeordnet werden.

Die Scorewerte $Z_1, Z_2, ..., Z_{Y-1}$ können nun sukzessive bei Z_1 beginnend aus historischen Daten bestimmt werden. Dazu legt man zuerst Z_1 so fest, dass das Risiko in Ratingklasse 1 so wie vorgegeben ist, dann bestimmt man Z_2 usw. Im Ergebnis erhält man dann ein System, das die gewünschten Vorgaben erfüllt.

5.2 Überwachung des internen Ratingverfahrens

Ein ganz wesentlicher Aspekt beim Einsatz interner Ratingverfahren ist ihre *Überwachung*. Diese Überwachung ist notwendig, um zu erkennen, ob

- das interne Ratingverfahren wie gewünscht operiert,
- eventuell Fehlentwicklungen des Systems auftreten oder ob möglicherweise Fehler beim Design begangen wurden, gegen die rechtzeitig gegengesteuert werden muss und
- eine Neukalibrierung des Systems erforderlich wird.

Besonders dieser letzte Punkt ist sehr wichtig, da interne Ratingverfahren zu einem großen Teil auf empirisch beobachteten Zusammenhängen, beispielsweise zwischen den betriebswirtschaftlichen Kennzahlen, basieren. Diese Zusammenhänge ändern sich selbstverständlich im Zeitablauf, beispielsweise, weil

- auch die Bilanzierung – und damit die aus dem Bilanzmaterial abgeleiteten Kennzahlen – gewissen, sich ändernden Verhaltensmustern unterworfen ist und
- wichtige Kennzahlen durch andere äußere Faktoren, beispielsweise den Konjunkturzyklus oder Änderungen in den Rechnungslegungsvorschriften, beeinflusst werden.

Die Überwachung eines internen Ratingverfahrens, wie wir es in Abbildung 2 vorgestellt haben, muss die folgenden vier Aspekte berücksichtigen:

(a) Wird das Ziel des Systems erreicht, d.h. ist das Risiko in den verschiedenen Ratingklassen so wie vorgegeben?
(b) Funktioniert das Zusammenspiel zwischen (maschinellem) quantitativen Ratingverfahren und (menschlichem) Kreditexperten, d.h. ist das Ratingverfahren im praktischen Einsatz akzeptiert?
(c) Wie ist die Stabilität des Systems?
(d) Operiert das System so, wie es vom Entwurf her erwartet werden kann?

Voraussetzung für die Überwachung ist, dass die zeitliche Entwicklung von Ratingvorschlag und -urteil für jeden Kreditnehmer und eventuelle Ausfälle von Kreditnehmern archiviert werden.

Backtesting mittels historischer Ausfallraten liefert die Möglichkeit, festzustellen, wie das angestrebte Ziel des Systems erreicht wird. Dazu wird für die verschiedenen Risikoklassen der Ratingvorschläge und -urteile ermittelt, wie viele Unternehmen in dieser Ratingklasse in einem bestimmten Zeitraum ausgefallen sind oder, wenn ein volumensbezogenes Verlustkonzept gewählt wurde, welches Kreditvolumen in dieser Ratingklasse innerhalb eines bestimmten Zeitraumes ausgefallen ist. Unterstellt man, dass das interne Ratingverfahren eine Granularität von Y Klassen hat und seien die Quote der im Zeitraum T in der Risikoklasse i (i = 1, 2, ..., Y) ausgefallenen Unternehmen an allen Unternehmen dieser Klasse (oder der Anteil des ausgefallenen Kreditvolumens am gesamten Volumen dieser Klasse) für die Ratingvorschläge und Ratingurteile mit $F_i^V(T)$ bzw. $F_i^U(T)$ bezeichnet, dann sollte ein funktionierendes internes Ratingverfahren folgende Kriterien erfüllen:

- und $F_i^V(T)$ und $F_i^U(T)$ erfüllen die Risikovorgaben, d.h. für jede Ratingklasse i gilt, dass das Risiko in dieser Klasse höchstens genauso groß ist, wie es bei der Entwicklung vorgegeben wurde.
- Wenn die Nachbearbeitung der Ratingvorschläge durch den Kreditexperten erfolgreich ist, dann muss für die besseren Ratingklassen gelten, daß $F_i^V(T) > F_i^U(T)$ ist, die menschliche Komponente ein rein maschinelles System verbessert, weil es das Risiko in den besseren Ratingklassen vermindert. Analog muss dann für die schlechteren Ratingklassen $F_i^V(T) \leq F_i^U(T)$ gelten.

Die *Akzeptanz des Systems* bei den Kreditexperten lässt sich daran ablesen, wie oft Ratingvorschläge (maschinelle Komponente) durch Ratingurteile (menschliche Komponente) modifiziert werden. Grundlage für die Bestimmung ist Tabelle 2, in der dargestellt ist, wie sich die Risikoklassen des Ratingvorschlages auf die Risikoklassen des Ratingurteils verteilen.

		Risikoklasse des Ratingurteils				
		1	2	...	Y	Gesamt
Risikoklasse des Ratingvorschlages	1	$\frac{N_{11}}{N_1}$	$\frac{N_{12}}{N_1}$	...	$\frac{N_{1Y}}{N_1}$	1,0
	2	$\frac{N_{21}}{N_2}$	$\frac{N_{22}}{N_2}$	...	$\frac{N_{2Y}}{N_2}$	1,0
	...	...	...	...	...	...
	Y	$\frac{N_{Y1}}{N_Y}$	$\frac{N_{Y2}}{N_Y}$	...	$\frac{N_{YY}}{N_Y}$	1,0

Tab. 2: Modifikation des Ratingvorschlages durch das Ratingurteil. Unterstellt wird wiederum, dass das interne Ratingverfahren eine Granularität von Y Klassen hat. Es ist N_{ij} die Zahl der Unternehmen, deren Ratingvorschlag die Klasse i und deren Ratingurteil die Klasse j (i, j = 1,2, ..., Y) ist und N_i die Zahl aller Unternehmen, deren Ratingvorschlag auf die Klasse i lautet.

Das interne Ratingverfahren kann dann als akzeptiert angesehen werden, wenn Ratingurteil und -vorschlag möglichst oft übereinstimmen, d.h. die Felder der Tabellen-Hauptdiagonale[29] sollten möglichst mit Zahlen nahe 1 besetzt sein. Alle anderen Felder der gleichen Zeile sollen mit um so kleineren Zahlen besetzt sein, je weiter sie von der Tabellen-Hauptdiagonale entfernt sind. Die Daten von Tabelle 2 können fortlaufend ermittelt werden, deshalb lässt sich auch die Akzeptanz des internen Ratingverfahrens fortlaufend ermitteln.

Aus Tabelle 2 lässt sich überdies noch ein simpler Test ableiten, ob das System so wie erwartet operiert: Da – wenn die Entwicklung des Systems korrekt erfolgt ist – die Ergebnisse des Ratingverfahrens analog wie in der Stichprobe, die zu seiner Entwicklung benutzt wurde, verhalten müssen, kann die Verteilung der Ratingvorschläge auf die einzelnen Ratingklassen – das ist $\frac{N_i}{N_1 + N_2 + ... + N_Y}$ für $i = 1, 2, ..., Y$ – dazu herangezogen werden, um zu beurteilen, ob die Voraussetzungen, die beim Design galten, immer noch erfüllt sind. Ist die Verteilung der Ratingvorschläge nämlich signifikant anders als beim Design des Ratingverfahrens, dann sind die Voraussetzungen, die bei der Entwicklung galten, mit Sicherheit nicht mehr erfüllt. Auch dieses Kriterium lässt sich fortlaufend überwachen und bietet deshalb die Möglichkeit, bereits frühzeitig festzustellen, ob etwa das interne Ratingverfahren aus dem Ruder läuft.

Die *Stabilität* des Ratingverfahrens ist aus sogenannten *Übergangsmatrizen* ablesbar. Diese Matrizen geben an, wie sich ein Ratingvorschlag (oder -urteil) in zwei aufeinander folgenden Jahren entwickelt und haben die in Tabelle 3 gezeigte Gestalt.

Das System gilt als stabil, wenn wieder in der Hauptdiagonale Zahlen, die nahe bei eins sind, stehen. Es ist aber eine offene Frage, ob große Stabilität eine erwünschte Eigenschaft von internen Ratingverfahren ist. Für hohe Stabilität kann einerseits argumentiert werden, dass das System offensichtlich in der Lage ist, recht gut in die

		Risikoklasse von Ratingvorschlag oder -urteil im Jahr X + 1				Gesamt
		1	2	...	Y	
Risikoklasse von Ratingvorschlag oder -urteil im Jahr X	1	$\frac{N_{11}}{N_1}$	$\frac{N_{12}}{N_1}$	...	$\frac{N_{1Y}}{N_1}$	1,0
	2	$\frac{N_{21}}{N_2}$	$\frac{N_{22}}{N_2}$	...	$\frac{N_{2Y}}{N_2}$	1,0
	...	...	...	...	...	...
	Y	$\frac{N_{Y1}}{N_Y}$	$\frac{N_{Y2}}{N_Y}$	...	$\frac{N_{YY}}{N_Y}$	1,0

Tab. 3: 1-Jahres Übergangsmatrizen für Ratingvorschläge und urteile. Unterstellt wird wiederum, dass das interne Ratingverfahren eine Granularität von Y Klassen hat. Es ist N_{ij} die Zahl der Unternehmen, deren Ratingvorschlag (oder -urteil) im Jahr X die Klasse i und deren Ratingvorschlag (oder -urteil) im Folgejahr die Klasse j (i, j = 1,2, ..., Y) ist und N_i die Zahl aller Unternehmen, die deren Ratingvorschlag (oder -urteil) im Jahr X auf die Klasse i lautet.

Zukunft zu »sehen«, andererseits kann man dieses Verhalten aber auch als eine Art Ignoranz des Systems ansehen. Für eine hohe Volatilität der Ratings lässt sich anführen, dass das System offensichtlich in der Lage ist, sehr schnell neue Informationen zu verarbeiten.

Sicher ist nur, dass Stabilität im Zusammenhang mit der gesamten Performance gesehen werden muss und somit nur ein Kriterium ist, das zur Beurteilung des internen Ratingverfahrens herangezogen werden soll. Wahrscheinlich ist es aber vernünftig, zu fordern, dass die Übergangsmatrizen stabil sind. Diese Eigenschaft ist besonders im Hinblick auf Kreditrisikomodelle, in die ja u.a. auch Bonitätsveränderungen eingehen, wichtig.

Anmerkungen

1 Vgl. dazu Krahnen (1999).
2 Solche freien Parameter bestimmen beispielsweise, wie bestimmte Teilinformationen aggregiert werden, oder mit welchen Gewicht bestimmte Informationen zum Ratingurteil verdichtet werden. Detaillierter wird auf diese Verfahren im 2. Abschnitt eingegangen.
3 Vgl. Denk (Diagnosemethoden 1979), S. 15.
4 Unter einem Algorithmus versteht man eine systematische Verarbeitungsvorschrift aus endlich vielen Schritten, die angibt, wie eine bestimmte Aufgabe zu lösen ist.
5 Vgl. die Ausführungen bei Blochwitz/Eigermann (2000a), S. 240–267.
6 Zur systematischen Erfassung und Ermittlung des Bilanzierungsverhaltens auf Basis des bilanzpolitischen Instrumentariums vgl. das Konzept bei Blochwitz/Eigermann (1999), S. 14–17.
7 Vgl. hierzu Blochwitz/Eigermann (1999).
8 Dies bedeutet, dass bei guten Unternehmen tendenziell größere Werte dieser Kennzahl zu beobachten sind, als bei schlechten Unternehmen.
9 Nähere Ausführungen zu einem nachvollziehbaren, betriebswirtschaftlich widerspruchsfreies Ratingverfahren finden sich bei Blochwitz/Eigermann (1999), S. 9 f..
10 Für nähere Ausführungen zur Lancaster-Skalierung im Zusammenhang mit der Diskriminanzanalyse vgl. Blochwitz/Eigermann (2000), S. 60 f..
11 Weitergehende Erläuterungen zur logistischen Regression finden sich bei Hartung/Elpelt (1995), S. 132–134 und Krafft (1997), S. 625–641.
12 Hierzu wird die ursprüngliche Gleichung $P(Y=0|X_1...X_n = \frac{e^Z}{1+e^Z} = \frac{1}{1+e^{-Z}}$ durch geschicktem Umformen und Logarithmieren in die neue Gleichung $\ln \frac{P(Y=0)}{1-PY=0)} = Z = b_1X_1 + b_2X_2 + ... + b_NX_N$ überführt. Der Term $\ln \frac{P(Y=0)}{1-PY=0)}$ wird als Logit (Logistic Probability Unit). bezeichnet. Seine Parameter $\sum_{i=1}^{N} b_i$ repräsentieren die Änderung des Logit der abhängigen Variablen bei einer Änderung der unabhängigen Variablen um eine Einheit.
13 CART steht für **C**lassification **a**nd **R**egression **T**ree. Zur Konstruktion und Optimierung von Entscheidungsbäumen vgl. Fahrmeir et al. (1996).
14 Dies bedeutet, dass eine Eigenschaft mit einer Ja-Nein-Frage beantwortet werden muss. Beispiele dafür sind »Ist die Eigenkapitalquote größer als 25 %?« oder »Ist das Bilanzierungsverhalten konservativ?«. Mathematisch bedeutet das, dass die entsprechende Variable dichotomisiert wird, d.h. auf ein binäres Niveau skaliert wird. Je nach der

gegebenen Antwort wird ein anderer Teilbaum durchlaufen, bis schließlich eine Zuordnung zur Gruppe der »guten« oder »schlechten« Unternehmen erreicht wird. Die Folge der durchlaufenen Knoten die zu einem Blatt führen, wird Pfad genannt. Der Pfad, der zu einem bestimmten Blatt führt, ist eindeutig bestimmt. Bei CART-Verfahren kann dann jedes Blatt – oder ggfs. auch eine Kombination aus mehreren Blättern – als separate Ratingklasse interpretiert werden.

15 Vgl. Frydman / Altman und Kao (1985).
16 Zu einer Einführung in die Thematik vgl. z.B. Ripley (1996), Brause (1995) und Rehkugler/Zimmermann (1994).
17 Vgl. McCulloch / Pitts (1943).
18 Vgl. Ripley (1996) und die dort angegebene Literatur.
19 Vgl. Anders und Szczesny (1998)
20 Zur Einbeziehung qualitativer Daten in neuronale Netze vgl. Uthoff (1997) und Ripley (1996)
21 Dies kann mit dem Ausgangspunkt für die Entwicklung neuronaler Netze plausibel gemacht werden: Der Modellierung biologischer Systeme. Solche Systeme sind selbst dann noch leistungsfähig, wenn sie partiell zerstört sind. Das gleiche gilt auch für neuronale Netze: Die durch sie realisierte Funktion ist u.U. komplex genug, um approximiert werden zu können, selbst wenn Variablen fehlen.
22 Vgl dazu Baetge et al. (2000)
23 Aus mathematischer Sicht spannen CART-Verfahren Bäume mit einer Wurzel auf, d.h. alle Pfade durch den Baum beginnen an der gleichen Stelle, der Wurzel des Baumes. Expertsysteme können mehrere solcher »einwurzeligen« Bäume aufspannen, die zum Schluß sinnvollerweise wieder zu einem Ergebnis miteinander verknüpft werden.
24 Dies lässt sich folgendermaßen plausibel machen: Stellt man sich ein Komitee aus menschlichen – spezialisierten – Experten vor, dann kann es sein, dass jeder dieser Spezialisten (im Expertensystemmodell wären das die verschiedenen »einwurzeligen« Regelbäume) zu einer anderen Schlussfolgerung gelangt. Das gesamte System muss dann diese verschiedenen Meinungen gewichten und gegeneinander abwägen und so zu einem eindeutigen Urteil kommen.
25 Vgl. hierzu Hauschildt (1990).
26 Zu Fuzzy-Expertensystemen für die Bonitätsanalyse vgl Blochwitz / Eigermann (2000a).
27 Die Deutsche Bundesbank arbeitet mit einem vertikal aufgebauten Ratingverfahren, vgl. Deutsche Bundesbank (1999). Ein horizontal aufgebautes Ratingverfahren wird beispielsweise von der Dresdner Bank, der Commerzbank und der HypoVereinsbank genutzt, vgl. Zugenbühler (2000), Commerzbank (2000), HypoVereinsbank (2000).
28 Für die Zwei-Klassen-Diskriminanzanalyse vgl. dazu Blochwitz / Eigermann (1999) und Albrecht et al (1999), für Regressionsverfahren Fahrmeir et al (1996b).
29 Das sind die Tabellenfelder, in denen die Werte $\frac{N_ü}{N_i}$ stehen.

Literaturverzeichnis

Albrecht, Jörg, Baetge, Jörg, Jerschensky, Andreas und Roeder, Klaus – Hendrik (1999): Risikomanagement auf der Basis von Insolvenzwahrscheinlichkeiten, in Die Bank, S. 494–499.

Anders, Ulrich und Szczesny, Andrea (1998): Prognose von Insolvenzwahrscheinlichkeiten mit Hilfe logistische neuronaler Netzwerke, in ZfbF 10 (50), S. 892–915.

Baetge, Jörg, Dossman Christiane und Kruse, Ariane (2000): Krisendiagnose mit Künstlichen

Neuronalen Netzen in Krisendiagnose durch Bilanzanalyse, hrsg. v. Hauschildt, Jürgen und Leker, Jens; Verlag Dr. Otto Schmidt Köln, S. 240–267.

Baetge, Jörg 'Beuter, Hubert B. und Feidecker, Markus (1992): Kreditwürdigkeitsprüfung mit Diskriminanzanalyse in Die Wirtschaftsprüfung«, (45), S. 749–761.

Bause, Rüdiger (1995): Neuronale Netze. Eine Einführung in die Neuroinformatik. B. G. Teubner Stuttgart.

Blochwitz, Stefan und Eigermann, Judith (1999): Effiziente Kreditrisikobeurteilung durch Diskriminanzanalyse mit qualitativen Merkmalen in Handbuch Kreditrisikomodelle und -derivate«, hrsg. v. Eller, Roland, Gruber, Walter und Reif, Markus, Schäffer-Poeschel Verlag Stuttgart, S. 3–22.

Blochwitz, Stefan und Eigermann, Judith (2000): Unternehmensbeurteilung durch Diskriminanzanalyse mit qualitativen Merkmalen, in ZfbF,2 (52), S. 58–73.

Blochwitz, Stefan und Eigermann, Judith (2000a): Krisendiagnose durch quantitatives Credit-Rating mit Fuzzy-Regeln in Krisendiagnose durch Bilanzanalyse, hrsg. v. Hauschildt, Jürgen und Leker, Jens; Verlag Dr. Otto Schmidt Köln, S. 240–267.

Burger, Anton (1994): Zur Klassifikation von Unternehmen mit neuronalen Netzen und Diskriminanzanalysen, in ZfB 9 (64) S. 1165–1179.

Commerzbank (Hrsg.) (2000): Unternehmensanalyse mit CODEX, Tagungsdokumentation zum Bundesbanksymposium »Neuere Verfahren zur kreditgeschäftlichen Bonitätsbeurteilung von Nichtbanken«.

Deutsche Bundesbank (1999): Zur Bonitätsbeurteilung von Wirtschaftsunternehmen durch die Deutsche Bundesbank, Monatsbericht, Januar, S. 34–36.

Fahrmeir, Ludwig, Frank, Martin und Hornsteiner, Ulrich (1994): Bonitäsanalyse mit alternativen Methoden der Diskriminanzanalyse in Die Bank, S. 368–373.

Fahrmeir, Ludwig, Häußler, Walter und Tutz, Gerhard (1996): Diskriminanzanalyse in Multivariate statistische Verfahren, hrsg. v. Fahrmeir, Ludwig, Hamerle, Alfred und Tutz, Gerhard«,Walter de Gruyter Berlin New York S. 357–436.

Fahrmeir, Ludwig, Kaufmann, Heinz und Kredler, Christian (1996a), Regressionsanalyse, in Multivariate statistische Verfahren, hrsg. v. Fahrmeir, Ludwig, Hamerle, Alfred und Tutz, Gerhard«,Walter de Gruyter Berlin New York S. 93–168.

Fahrmeir, Ludwig, Hamerle, Alfred und Tutz, Gerhard (1996b): Kategoriale und generalisierte lineare Regression, in Multivariate statistische Verfahren, hrsg. v. Fahrmeir, Ludwig, Hamerle, Alfred und Tutz, Gerhard«,Walter de Gruyter Berlin New York S. 239–300.

Hartung, Joachim, Epelt, Bärbel (1995): Multivariate Statistik, Lehr- und Handbuch der angewandten Statistik, 5. Aufl., München 1995.

Hauschildt, Jürgen (1990): Methodische Anforderungen an die Ermittlung der Wissensbasis von Expertensystemen, in Die Betriebswirtschaft 4 (50), S. 525–537.

HypoVereinsbank (Hrsg.) (2000): Bonitätsbeurteilungsverfahren im Firmenkundengeschäft der HypoVereinsbank, Tagungsdokumentation zum Bundesbanksymposium »Neuere Verfahren zur kreditgeschäftlichen Bonitätsbeurteilung von Nichtbanken«.

Krafft, Manfred (1997): Der Ansatz der logistischen Regression und seine Interpretation, in ZfB (67), S. 625–641.

Kühnenberger, Manfred, Eckstein, Peter und Woithe, Martina (1996): Die Diskriminanzanalyse als ein Instrument zur Früherkennung negativer Unternehmensentwicklungen, in ZfB, (66) S. 1449–1464.

Krahnen, Jan Pieter und Weber, Martin (1999): Generally Accepted Rating Principles: A Primer. Version v. 10. Dezember, verfügbar unter http://www.ifk-cfs.de/pages/veroef/cfswor/pdf/00-02.pdf.

McCulloch, W. S. und Pitts, W. (1943): A logical calculus of ideas immanent in neural activity in Bulletin of Mathematical Biophysics (5), 115–133.

Ripley, Brian D. (1996): Pattern Recognition and Neural Networks, Cambridge University Press.
Rehkugler, Heinz, Zimmermann Hans Georg (1994). Neuronale Netze in der Ökonomie, Verlag Franz Vahlen München.
Uthoff, Carsten (1997): Erfolgsoptimale Kreditwürdigkeitsprüfung auf der Basis von Jahresabschlüssen und Wirtschaftsauskünften mit Künstlichen Neuronalen Netzen, M & P Verlag für Wissenschaft und Forschung, Münster«.
Zugenbühler, Bernd (2000): Bonitätsbeurteilungsverfahren in der Dresdner Bank, Tagungsdokumentation zum Bundesbanksymposium »Neuere Verfahren zur kreditgeschäftlichen Bonitätsbeurteilung von Nichtbanken«.

Problemkreditorganisation im Firmenkundengeschäft als strategischer Erfolgsfaktor im Risikomanagement

Michael Schütz*/Walter Kleine**

Inhalt

1. Trends im traditionellen Firmenkundengeschäft
   1.1 Marktentwicklung
   1.2 Regulierungstrends
2. Anpassungsstrategien zur Optimierung von Ertrag und Risiko
3. Modellorganisation
   3.1 Theoretische Grundlagen
   3.2 Überblick
   3.3 Merkmale und Erfolgsfaktoren
   3.4 Instrumente zur Früherkennung und Auswahl der Engagements
4. Begleitende Firmenkundenbetreuung
5. Intensive Betreuung
6. Planung, Steuerung und Kontrolle
7. Zusammenfassung und Ausblick

Anmerkungen

Literaturverzeichnis

* Dr. Michael Schütz ist Vorstandsreferent der Sparkasse Gießen.
** Walter Kleine ist Mitglied des Vorstandes der Sparkasse Gießen.

Die Übernahme von Risiken im Kreditgeschäft wird durch die originäre volkswirtschaftliche Funktion der Kreditinstitute zur Finanzintermediation begründet. Latent vorhandene Ausfallrisiken müssen trotz *Risikotransformation*[1] und -diversifizierung (Risikoselektion, -kompensation und -streuung) in Kauf genommen werden. Zeichnet sich jedoch eine Verschlechterung der wirtschaftlichen Verhältnisse ab, sodass für das bestehende Obligo ein teilweiser oder vollständiger Verlust zu befürchten ist, entstehen allerdings Risiken über das normale Maß hinaus, denen besondere Aufmerksamkeit gewidmet werden muss. Dabei ist Risikovermeidung allein keine erfolgreiche Strategie, vielmehr besteht die Zielsetzung darin, Risiken bewusst und zielorientiert einzugehen sowie im Rahmen vertretbarer Kalkulationen systematisch zu steuern und zu überwachen. Die Beherrschung der Kreditrisiken wird angesichts des beträchtlichen Kreditvolumens und der Tragweite der zu treffenden Entscheidungen im Sanierungsfall zu einem bedeutenden Erfolgsfaktor.

Das Kreditgeschäft und die Steuerung der Risiken ist erst spät zum Gegenstand systematischer bankwissenschaftlicher Forschung avanciert.[2] Das zunehmende Interesse an diesem Forschungsgegenstand generiert sich einerseits aus den sich rasch ändernden Marktbedingungen auf der Anbieter- und Nachfragerseite und andererseits aus den teilweise daraus resultierenden höheren regulativen Anforderungen.

Neben der aus betriebswirtschaftlichen Gründen gebotenen Erfordernis einer risikoadäquaten Betreuung sieht das neue Insolvenzrecht eine stärkere Beteiligung von Kreditinstituten an der Sanierung von Unternehmen vor, um die Chancen zur Erhaltung von Unternehmen durch Restrukturierungsmaßnahmen zu verbessern.

Als Transmissionsriemen wirken hier gleichsam neben den insolvenzrechtlichen Gegebenheiten die Arbeiten des Ausschusses für Bankenaufsicht bei der *Bank für Internationalen Zahlungsausgleich (BIZ)* in Basel, der jüngst in verschiedenen sogenannten Konsultationspapieren das Adressenausfallrisiko im Kreditgeschäft zum Gegenstand der Diskussion gemacht hat und bei hinreichendem Risikobestand organisatorische Erfordernisse zur Behandlung von *Problemkrediten* explizit fordert.

Durch die beobachteten Trends im Bankgeschäft werden sich die betrieblichen und die aufsichtsrechtlichen Anforderungen an das Risikomanagement sprunghaft erhöhen.

1. Trends im traditionellen Firmenkundengeschäft

1.1 Marktentwicklung

Die Inanspruchnahme von Buchkrediten bei Kreditinstituten stellt für die gewerbliche Wirtschaft in Deutschland immer noch die bedeutsamste Fremdfinanzierungsform dar. Das von den ca. 2,7 Mill. gewerblichen Unternehmen und Selbständigen in Anspruch genommene Kreditvolumen betrug zuletzt fast 2,4 Billionen DM.[3] Die Bedeutung der Bankkredite in den Bilanzen der Unternehmen nimmt allerdings mit steigender Unternehmensgröße zu Gunsten alternativer Finanzierungsformen auf den Kapitalmärkten ab (Disintermediation). Während bei Unternehmen von unter 5 Mill. DM Umsatz der Anteil der Bankkredite ca. 40% der Bilanzsumme ausmacht, beträgt dieser bei Unternehmen mit einer Größenordnung von über 100 Mrd. Umsatz knapp 10% der Bilanzsumme.[4]

Die Fachpresse kommentiert die Entwicklung im Firmenkreditgeschäft kritisch und vermutet Rückzugsstrategien und eine Bereinigung der Kreditportefeuilles als Konsequenz zu der von den Kreditinstituten als unbefriedigend empfundenen Rentabilität dieses Geschäftsfelds. Es wird demzufolge ein Abschmelzen von Kundenbeziehungen (shake out oder adverse selection), eine Rücknahme von Obligen bzw. Kreditlinien (credit squeezing) und eine restriktive Kreditvergabepolitik (credit crunch) im Neugeschäft wie bei Prolongationen beobachtet.[5] Spektakuläre Unternehmenszusammenbrüche (z.B. Schneider, Holzmann, FlowTex u.a.) einerseits als auch die in der Fläche wirkenden strukturell und konjunkturell bedingten Bonitätsverschlechterungen andererseits haben dazu beigetragen, dass überdurchschnittlich hohe Einzelwertberichtigungen die Bilanzergebnisse in den letzten Jahren beeinträchtigten.

Durch den internen (betriebswirtschaftlichen) und externen (wettbewerblichen und aufsichtlichen) Druck zur konsequenten risiko- und rentabilitätsorientierten Steuerung wird der Eindruck vermittelt, ein Paradigmenwechsel stünde im Firmenkundengeschäft bevor.

Die Gründe für die unerfüllten Rentabilitätserwartungen in diesem Geschäftsfeld sind jedoch multikausal und lassen sich unter die drei folgenden Bereiche subsumieren:

(1) Der überwiegende Teil der Erträge der Universalbanken entstammt dem Zinsüberschuss aus den traditionellen Geschäftsbereichen. Die tendenziell sinkende Zinsmarge ist Ausdruck eines kompetitiven Bankenmarktes als auch eines veränderten Kundenverhaltens. Wobei erfahrungsgemäß niedrige Zinsen und geringe Inflationsraten in die gleiche Richtung wirken, hier jedoch lediglich den Sprung geringfügig verstärkt haben. – Das Produkt des kurz- wie langfristigen Firmenkredits ist weiter auf dem Weg zu einem homogenen Gut (commodity). Vielfach ist bereits ein »preisopportunistisches Smart-Shopping« zu beobachten, das das Prinzip der Hausbankverbindung (customer-/bank loyalty) immer mehr aufweicht. Dies hat weitreichende Konsequenzen für die Preispolitik und den durchschnittlichen Spread und führt schließlich zu einer konsequenten Neuordnung des Einsatzes der absatzpolitischen Instrumente.

(2) Die betrieblichen Aufwendungen zur Kreditbetreuung, -verwaltung, -abwicklung und -überwachung konnten bisher nicht entscheidend reduziert werden. Notwendige Investitionen im IT-Bereich und gestiegene administrative Anforderungen verursachen zusätzliche Kosten, die durch den Vorteil von Reorganisationsmaßnahmen nicht in gleichem Maße kompensiert werden konnten.

(3) Schließlich mussten ausfallgefährdete Kreditengagements durch Risikovorsorgemaßnahmen abgeschirmt werden, wobei die entstandenen *Risikokosten* (Einzelwertberichtigungen und Direktabschreibungen) in der Vergangenheit mitunter nicht vollständig über den Kreditpreis vereinnahmt werden konnten. Zu berücksichtigen sind hier auch die Opportunitäten für entstandene Ertragsausfälle (Zinsstundungen, -senkungen oder -freistellungen etc.) im Rahmen eines Sanierungsplanes. Die Ertragsbelastung resultierte insbesondere aus dem Geschäftsfeld der Firmenkunden, wenngleich die exakten Zahlen der Risikovorsorge im Kreditgewerbe auf Grund bilanzpolitischer Maßnahmen mitunter für den externen Bilanzleser nicht ohne Weiteres transparent gewesen sein mochten.

Die Zahl der *Gesamtinsolvenzen* wird in Deutschland für das Jahr 1999 auf 33.500 beziffert, wovon mehr als 27.400 Unternehmen betroffen waren.[6] Die Forderungsverluste privater Gläubiger beliefen sich in 1999 auf 25 Mrd. DM in West- und weiteren 10 Mrd. DM in Ostdeutschland. Auf den einzelnen Insolvenzfall bezogen, betrug der Schaden in Westdeutschland im gleichen Zeitraum im Durchschnitt etwa DM 1.050.000; im Jahre 1990 waren es noch ca. DM 600.000 gewesen.[7] Die Insolvenzzahlen vermitteln zwar einen Eindruck über die möglichen Größenordnungen der zu erwartenden Ausfälle, sie bilden jedoch weder die ertragswirksamen Nettozuführungen zur Risikovorsorge noch die tatsächlichen Verluste ab.

Die Kumulierung von Kreditrisiken im operativen Firmenkundengeschäft bietet für die Aufsichtsbehörden einen hinreichenden Anlass, das Risikomanagement der Kreditinstitute weiterhin aufmerksam zu beobachten, um sicherzustellen, dass adäquate Methoden angewendet und eine professionelle Betreuung von risikobehafteten Engagements gewährleistet ist.

1.2 Regulierungstrends

(1) Die Regulierungsaktivitäten haben in den letzten Jahren ein beträchtliches Ausmaß angenommen. Augenfällig sind die immer kürzer werdenden Abstände zwischen den einzelnen KWG-Novellen, die zunehmende Häufigkeit von Änderungen, der im Ermächtigungsverfahren erlassenen bankaufsichtlichen Grundsätze I und II nach den §§ 10 und 11 des Kreditwesengesetzes sowie der Veröffentlichung zahlreicher quasigesetzlicher Vorschriften (Verlautbarungen, Rundschreiben etc.) von Seiten der Aufsichtsbehörden.

Durch die fortwährende Verfeinerung des aufsichtlichen Instrumentariums soll schließlich der Forderung Nachdruck verliehen werden, dass die Institute des Finanzsystems ihre Risiken messen, transparent machen und durch adäquate Konzepte steuern bzw. abschirmen. In der Vergangenheit wurden die Risiken vor allem durch Geschäftsbegrenzungsnormen (Grundsätze, Großkreditgrenzen etc.) und durch Risikopuffer, wie die Bildung von stillen Reserven (§ 26 KWG a.F., §§ 340f und 340g HGB etc.) abgeschirmt. Dies kam eher einer (passiven) Verwaltung gleich. Erst mit der Einführung der »Mindestanforderungen an das Betreiben von Handelsgeschäften« (MaH) wurden Konzepte zur Risikomessung und -überwachung vorgelegt, mit denen in modifizierter Form auch die Integration des Kreditgeschäfts in eine umfassende Gesamthaussteuerung gelingen sollte.

(2) Weitere regulatorische Maßnahmen zur Behandlung von *Adressenausfallrisiken* im Kreditgeschäft sind zu erwarten. Die in Vorbereitung befindlichen neuen bankaufsichtlichen Standards zur Bewertung von Kreditrisiken werden das Kreditvergabeverhalten nachhaltig beeinflussen.[8]

Der Präsident des Bundesaufsichtsamtes für das Kreditwesen bemerkte dazu, dass es immer noch erstaunlich anmutet, »wie oft Banken die gebotene regelmäßige, kritische Überprüfung ihrer mit Ausfallrisiken behafteten Engagements vernachlässigen und deshalb ernste Risikoverschlechterungen, d.h. steigende Ausfallgefahren bei ihren Vertragspartnern nicht rechtzeitig genug erkennen, um sich dagegen mit risikomindernden oder risikoausgleichenden Maßnahmen zu wappnen«.[9]

Abb. 1: Publikationen der BIZ zur ordnungsgemäßen Durchführung von Kreditgeschäften

Die Aufsichtsbehörden werden sich aus den Prüfungsberichten zum Jahresabschluss und darüber hinaus vergewissern, ob die Banken über angemessene Methoden zur Risikoidentifizierung, -messung-, steuerung und -kontrolle verfügen, um die Struktur und den Umfang bestehender Kreditrisiken abzubilden.[10]

Der Basler Ausschuss für Bankenaufsicht bei der Bank für Internationalen Zahlungsausgleich (BIZ) hat sich mittlerweile nahezu allen Risikobereichen im Bankgeschäft gewidmet. Auch zum Adressenrisiko und zur Steuerung des Kreditgeschäfts sind bereits zahlreiche direkt oder indirekt das Kreditrisiko betreffende Empfehlungen und Richtlinien an die Adresse der europäischen sowie der nationalen Gesetzgeber und Aufsichtsbehörden gerichtet. Zwar werden diese Vorlagen vielfach nur allgemein formuliert und haben keine verbindliche Rechtskraft, sie gelten jedoch als richtungsweisend und haben Leitbildcharakter für die weiteren Arbeiten auf dem Weg zu verbindlichen Vorschriften für die Kreditwirtschaft (vgl. Abb. 1).

- Für die Bankenaufsichtsbehörden bilden die »Core Principles for Effective Banking Supervision« (Basler Grundsätze) das Selbstverständnis und die Rahmenbedingungen für eine wirksame Bankenaufsicht.[11] – Dieses Kompendium von Richtlinien und Empfehlungen wird durch themenbezogene Standards zu den Eigenkapitalanforderungen, der Messung und Bewertung von Kreditrisiken und zum Kreditrisikomanagement ergänzt.[12]

- Das am 03. Juni 1999 vom Bankenausschuss vorgelegte Konsultationspapier über die Neuformulierung des Basler Capital Accords[13] (»Basel II«) und dem darin zum Ausdruck gebrachten Ziel einer risikosensitiveren Eigenkapitalunterlegung fand ein reges publizistisches Interesse.[14] Ziel ist die Verfeinerung und Flexibilisierung der Bewertung und Eigenkapitalunterlegung von Kreditrisiken. Die Empfehlungen dienen dem europäischen Gesetzgeber als Vorlage für eine Richtlinie, die sodann in nationales Recht umzusetzen wäre. Dies wird schrittweise erfolgen:

  – Zunächst soll eine Anpassung des bestehenden Modells (Grundsatz I) zur Unterlegung von Adressenausfallrisiken mit Eigenkapital in Abhängigkeit von der ermittelten Risikogewichtung (Matrix) erfolgen, denn bisher unterliegen Kreditrisiken nur einem sehr groben Raster.
  – Zur Beurteilung von Kreditrisiken werden in einem zweiten Schritt Verfahrensweisen und Voraussetzungen der Bonitätsbeurteilung durch externe Ratings (Standardansatz) und die Anerkennung von internen Verfahren diskutiert. Das Ratingergebnis kann später, gekoppelt mit einem zugelassenen Adressenrisikomodell, zur Ermittlung des bankaufsichtlichen Eigenkapitals herangezogen werden.
  Es bedarf nunmehr der notwendigen Arbeiten zur Festlegung der Standards für die einzelnen Gewichtungsfaktoren, Ratingklassen sowie der Aufbereitung des Datenmaterials zur Berechnung der Ausfallwahrscheinlichkeiten in den jeweiligen Klassen.[15]
  – Schließlich wird in einer dritten Stufe, die vermutlich im Jahre 2005 abgeschlossen sein wird, analog der derzeitigen Möglichkeiten zur Berechnung des Marktpreisrisikos im Handelsbuch, die Zulassung von internen Kreditrisikomodellen erfolgen. Dazu sind finanzmathematische Risikomess- und -steuerungsmodelle auf der Grundlage von portfoliotheoretischen Erkenntnissen als Basis zur Risikoevaluierung von Kreditrisiken bereitgestellt worden.

Im Unterschied zu Marktpreisrisiken im Handelsbereich sind Kreditrisiken teilweise endogen und werden durch die Qualität der Kreditüberwachung, durch vertragliche Vereinbarungen und der Informationsassymmetrie zwischen Kreditgeber und -nehmer beeinflusst (moral hazard problem). Die praktische Umsetzung führt daher im Kreditbereich bisher noch zu Schwierigkeiten bei der Datenbeschaffung (historische Reihen) und den Inputvariablen zur unterjährigen Bewertung.

Die interne Steuerung und Bewertung der Positionen im Handels- und Kreditbereich erfolgt gegenwärtig noch auf unterschiedliche Weise. Während im Handelsbereich die Ermittlung von marktnahen (fairen) Wertansätzen im Mittelpunkt steht, erfolgt die Bewertung im Kreditgeschäft bisher lediglich stichtagsbezogen auf der Basis der (fortgeschriebenen) Anschaffungskosten unter Ansatz von Wertberichtigungen nach den handelsrechtlichen Bestimmungen im HGB.

Das Ziel bei der Messung von Adressenausfallrisiken besteht darin, die Konzepte und Standards des Handels- und des Kreditbereichs in eine effiziente Gesamtbanksteuerung zu integrieren. Bevor eine aufsichtliche Anerkennung zur Berechnung der Eigenkapitalunterlegung erfolgen kann, muss jedoch erst die empirische Validierung der Risikomodelle durch ein erfolgreiches Back-Testing unter Beweis gestellt werden.[16]

- In zwei weiteren Papieren des Ausschusses wurden Empfehlungen zu den Anforderungen der Messung, Bewertung, Verbuchung und Offenlegung von Kreditrisiken[17] veröffentlicht, die allerdings bisher im Schrifttum noch wenig Beachtung fanden. Im Ergebnis führt dies in Anlehnung an bestehende internationale Bilanzierungsvorschriften (IAS bzw. US-GAAP)[18] im Sinne eines »True-and-fair-views« zu einer transparenten Rechnungslegung der Kreditinstitute.
- Zum Zweck der Beurteilung eines soliden Kreditrisikomanagements hat der Ausschuss weiterhin 17 grundsätzliche Qualitätsprinzipien veröffentlicht. Mit den sog. Grundsätzen für das Kreditrisikomanagement (»Principles for the Management of Credit Risk«),[19] dessen Anhörungsfrist im November 1999 ablief, werden die nationalen Aufsichtsbehörden angehalten, angemessene organisatorische Regelungen zur Erfassung, Überwachung und Prüfung von Kreditausfallrisiken von den zu beaufsichtigten Instituten zu verlangen (vgl. Abb. 2).

(3) Von besonderer Bedeutung für das Risikomangement ist der Grundsatz 16 der »Principles for the Management of Credit Risk«, in dem klare organisatorische Regelungen und der Aufbau von *Workout-Groups* bei einem hinreichend großen Problemkreditbestand gefordert werden (vgl. Abb. 3).

Nach einer Umfrage der KPMG, die in 1998 bei 750 Bankniederlassungen durchgeführt wurde, erfolgt eine spezialisierte Betreuung von Krisenengagements bei 40% der befragten Institute lediglich erst in der Insolvenz.[20] Dies dürfte dann jedoch

Anforderungen der BIZ an das Kreditrisikomanagement

1. Regelmäßige Überprüfung der Risikostrategie und -politik durch den Vorstand.
2. Umsetzungsmaßnahmen. Regeln zur Erfassung, Steuerung und Überwachung festlegen.
3. Implementierung eines ganzheitlichen Risikoerfassungs- und überwachungssystems.
4. Katalog von Risikovergabekriterien muss erstellt werden.
5. Festlegung von Kreditlimiten für den Einzelkreditnehmer und die Kreditnehmereinheit (einschl. Handels- und Anlagebuch).
6. Klar strukturierter Kreditvergabeprozess muss vorliegen.
7. Vergabe der Kredite zu Marktkonditionen. Besondere Prüfung von Organkrediten.
8. Ein effizientes System der Kreditverwaltung muss gelebt werden.
9. Einrichtung eines Systems zur lfd. Überwachung von Kreditrisiken.
10. Risikoanalyse muss auf Basis eines internen Ratingverfahrens erfolgen.
11. Erfassung des Adressenausfallrisikos durch ein Informationssystem und analytischen Instrumentariums.
12. Regelmäßige Überwachung der Zusammensetzung des Kreditportfolios.
13. Berücksichtigung der ökonomischen Rahmenbedingungen in der Einzel- u. Portfolioanalyse.
14. Kreditrevision muss permanent und prozessunabhängig prüfen.
15. Überprüfung der Risikostrategie, -limite und Richtlinien durch die Kreditrevision.
16. **Klare organisatorische Regelungen zur Behandlung von Problemkrediten werden benötigt.**
17. Überwachung des Instrumentariums der Banken durch die Aufsichtsbehörden.

© 2000 Dr. Schütz / Kleine

Abb. 2: Anforderungen der BIZ an das Kreditrisikomanagement

> **Principles For The Management Of Credit Risk (BIZ)**
>
> | Principle 16: | Banks must have a system in place for managing problem credits and various other workout situations. |
> |---|---|
>
> (78) One reason for establishing a systematic credit review process is to identify weakened or problem credits. A reduction in credit quality should be recognised at an early stage when there may be more options available for improving the credit.
>
> (79) A bank's credit risk policies should clearly set out how the bank will manage problem credits. Banks differ on the methods and organisation they use to manage business function, a specialised workout section, or a combination of the two, depending upon the size and nature of the credit and the reason for its problems.
>
> (80) Effective workout programs are critical to managing risk in the portfolio. When a bank has significant credit-related problems, it is important to segregate the workout function from the area that originated the credit. The additional resources, expertise and more concentrated focus of a specialised workout section normally improve collection results. A workout section can help develop an effective strategy to rehabilitate a troubled credit or to increase the amount of repayment ultimately collected. An experienced workout section can also provide valuable input into any credit restructurings organised by the business function.
>
> (lfd. Textziffer)
>
> Quelle: Bank für Internationalen Zahlungsausgleich (Hrsg.): Principles for the Management of Credit Risk. Basel 1999.

Abb. 3: Anforderungen der BIZ an eine Problemkreditorganisation

überwiegend in der Rechtsabteilung zu Abwicklungszwecken geschehen. Unter Einschluss der nicht befragten Institute, dürfte der Anteil derjenigen, die adäquate organisatorische Voraussetzungen für eine Revitalisierung von Kreditengagements *(Kreditsanierung)* geschaffen haben, noch beträchtlich niedriger sein.

Mit der Veröffentlichung der Papiere zur ordnungsgemäßen Durchführung von Kreditgeschäften dürfte – analog der bestehenden Mindestanforderungen an das Betreiben von Handelsgeschäften (MaH) – auch formal der Weg zu den »MaKred« (»Mindestanforderungen an das Betreiben von Kreditgeschäften«) geebnet sein.[21] Umfangreiche Anpassungsmaßnahmen bei den internen Systemen von der Kreditgewährung bis zum Risikomanagement werden notwendig werden.

2. Anpassungsstrategien zur Optimierung von Ertrag und Risiko

Die marktlichen, betrieblichen und aufsichtlichen Anforderungen verlangen die Überprüfung der strategischen Positionen und der Instrumente des Risikomanagements zur Optimierung von Ertrag und Risiko (vgl. Abb. 4).

(1) Unter Kosten- und Ertragsgesichtspunkten ist zunächst eine Optimierung des segmentspezifischen Betreuungsangebotes (Änderung von Beratungskonzeptionen)

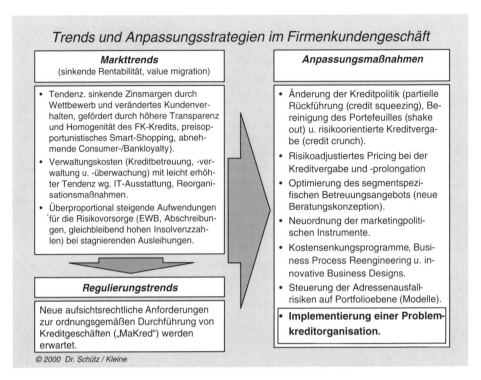

Abb. 4: Trends und Anpassungsmaßnahmen im Firmenkundengeschäft

notwendig. Der Betreuungsbedarf ist auf die von homogen bis fachspezifisch ausgerichtete Bedürfnis- und Kundenstruktur abzustimmen. Dies wird mit der Tatsache begründet, dass das klassische Firmenkundenkreditgeschäft mit dem mittelständischen Kunden zu einem sehr hohen Anteil Merkmale eines Massenproduktes erfüllt.

Im Wettbewerb um die guten Risiken wird die Durchsetzung einer auskömmlichen Marge zunehmend schwieriger. Dies mag dazu veranlassen, im Rahmen der kalkulatorischen Betrachtung des Kunden eine positive Kreditentscheidung u.a. auch davon abhängig zu machen, welchen Deckungsbeitrag eine Kundenverbindung insgesamt und unter Einbeziehung des Absatzes von provisionsgebundenen Produkten im Cross-Selling tatsächlich erbringt.[22] Dies schließt nicht aus, dass im Einzelfall Kunden nicht mehr in das vorgegebene Zielportfolio hineinpassen und dem Mitbewerber überlassen werden.

(2) Die Geschäftsprozesse von der Akquisition, über die Produktion bis hin zur Distribution von Finanzdienstleistungen gestalten sich noch vielfach suboptimal. Im Hinblick auf die Ausnutzung möglicher Produktivitätssteigerungspotenziale zur Realisierung von Kostensenkungen nehmen sich im Kreditbereich *Business Process Re-Engineering-Projekte* (BPR) dieser Problemstellung an. Bei der Bewertung von Chancen und Risiken zeigt sich die Notwendigkeit der Analyse eines jeden einzelnen Bausteins der Wertschöpfungskette. Der forcierte Einsatz von IT-Anwendungen ist dabei weiter zur positiven Gestaltung des Cost-Income-Ratios zielführend.

(3) Die betriebswirtschaftlichen Erfordernisse und die aufsichtliche Dynamik werden dafür sorgen, dass sich im Kreditgeschäft ein neues Verständnis für das Risikomanagement durchsetzt. Das bisher primär nach einzelgeschäftsbezogenen Aspekten gesteuerte *Risikomanagement* (Ratingnote, Sicherheitenanteil) wird ergänzt mit Modellen zur Messung und Steuerung von Adressenausfallrisiken auf Portfolioebene.[23] Das Ziel eines effektiven Kreditportfolio-Managements besteht darin, durch die Senkung des Portfoliorisikos eine optimale Allokation der zur Unterlegung von Krediten benötigten Kapitalressourcen sicherzustellen. Durch eine gute Diversifikation bei nicht perfekt miteinander korrelierten Investments können Kreditportfolios konstruiert werden, bei denen die erwartete Rendite durch selektive Erhöhung des Risikos gesteigert werden kann. Dies wird unter den Aspekten Ertrag und Risiko zu beträchtlichen Anpassungsreaktionen hinsichtlich der Zusammensetzung der Kreditportfolios führen. Die Kreditwirtschaft testet bereits aufgrund der Basler Empfehlungen zur Unterlegung von Eigenkapital hochkomplexe und auf die individuellen Erfordernisse zugeschnittenen Systeme zur Gesamtbanksteuerung.[24]

Voraussetzung einer effizienten *Kreditportfoliosteuerung* ist idealerweise eine tägliche Bewertung von Kreditabschnitten in transparenten Märkten, wie dies im Wertpapiergeschäft geschieht. Eine gezielte Kreditrisikosteuerung auf Portfoliobasis setzt ebenso geeignete Sekundärmarktinstrumente, wie Kreditderivate (Credit Default Swaps, Credit Spread Swaps, Credit Options)[25] und Asset Backed Securities voraus. Dies hat zur Konsequenz, dass die traditionell vorherrschende »Buy-and-hold-Strategie« aufgebrochen wird. Dieser Anspruch zur Bestandsoptimierung kann zur Zeit in Deutschland aufgrund der noch eingeschränkten Dispositionsfähigkeit auf den Märkten nicht vollends erfüllt werden, wenngleich ein Trend dorthin unübersehbar ist. Ein aktives Trading von Kreditpositionen mit der Möglichkeit der Optimierung von Ertrags-und Risikopositionen durch Veräußerung auf transparenten Märkten wird sich erst langsam entwickeln. Dies würde auch die Weiterentwicklung von Kreditrisikomodellen begünstigen.

(4) Es wird künftig unabdingbar sein, risikoadjustierte Margen in die Kreditpreise unter Zuhilfenahme validierter Pricing-Modelle einzurechnen.[26] Dies ist eine wesentliche Steuerungsgröße des modernen Kreditrisikomanagements. Die erwarteten Risikokosten für EWB, Forderungsabschreibungen und Ertragsausfälle sollen auf der Basis des Versicherungsprinzips vereinnahmt werden. In Abhängigkeit von der ermittelten Bonität (Rating, Besicherung und Laufzeit) werden nach dem Pricing-Modell risikoadjustierte Kalkulationssätze in den Kreditpreis einzurechnen sein. Dies verhindert eine Durchschnittsbepreisung (sog. »Quersubventionierung«) mit der Folge einer überdurchschnittlichen Anziehung von schlechten Risiken (adverse selection). Die Ermittlung und Verrechnung von risikoadjustierten Prämien erscheint auch unter Portfoliogesichtspunkten wichtig, denn auf diese Weise kann der Beitrag einer Transaktion zu der Verlustvolatilität eines Portfolios in die Berechnung mit eingehen.[27]

Dies stellt eine wesentliche Verbesserung gegenüber dem oftmals beobachteten traditionellen Verfahren der produktbezogenen Zurechnung dar, da dabei nicht auszuschließen war, dass gute Kunden bonitätsmäßig schlechte Risiken subventionieren. Ergebnis der Berechnung einer fairen *Risikoprämie* ist eine Preisdifferenzierung, die sich im Wettbewerb um die guten Risiken als erfolgreich erweisen sollte, weil durch die Steuerungsfunktion des Kreditpreises die schlechten Risiken aus dem

Portfolio gedrängt werden oder einen höheren Beitrag zur Deckung der Risikokosten leisten.

(5) Erfahrungen haben gezeigt, dass fast immer zu spät mit der Implementierung einer leistungsfähigen *Problemkreditorganisation* begonnen wird. Eine frühzeitige und professionelle Betreuung wird zum Erfolgsfaktor, wenn dadurch mögliche Vermögensverluste vermieden werden können.

Die Veränderung der bankwirtschaftlichen Umweltbedingungen setzen ständig neue Herausforderungsgrade und ziehen in immer kürzeren Abständen Anpassungsreaktionen in der Kreditpolitik und im Kreditrisikomanagement nach sich. Es gibt wohl kaum Institute, die sich nicht gegenwärtig in den Strategieabteilungen mit der Steuerung von Kreditrisiken beschäftigen oder die eingeführten Verfahren verfeinern.

3. Modellorganisation

3.1 Theoretische Grundlagen

(1) Risikomanagement im Kreditgeschäft hat letztlich die Aufgabe, Verluste durch frühzeitige Identifikation von Bonitätsrisiken und durch eine zielgerichtete Ausschöpfung der Handlungsspielräume zu vermindern. Zwei Steuerungsansätze können unterschieden werden: Sowohl die Ursache als auch die Wirkung des Kreditrisikos können Anlass risikopolitischen Handelns sein. Während das Ziel einer ursachenbezogenen Risikopolitik und seiner Instrumente darin besteht, die Eintrittswahrscheinlichkeiten der Risiken zu reduzieren, die bereits vor ihrem Eintritt bestanden, orientiert sich die wirkungsbezogene *Risikopolitik* daran, bei gegebener Ausfallwahrscheinlichkeit der Kreditrisiken, die erfolgswirksamen Konsequenzen nach ihrem Eintritt (z.B. Forderungs- u. Zinsausfälle) zu reduzieren oder zu begrenzen.[28]

Im Vordergrund stehen Instrumente einer aktiven, primär wirkungsbezogenen Risikopolitik, die die Gestaltung des definierten Risikopotenzials zum Inhalt haben. Zur Umsetzung sind entsprechende organisatorische und personelle Rahmenbedingungen nötig, damit einerseits die Adressenausfallrisiken im Kreditportefeuille identifiziert und herausgefiltert werden können und diesen andererseits mit risikoabsorbierenden Maßnahmen adäquat begegnet werden kann.

(2) Aufgrund der differenzierbaren Datenbasis über den Kreditnehmer kann bezüglich der Merkmale weiter zwischen quantitativen und qualitativen Ansätzen im Kreditrisikomanagement unterschieden werden.[29] Im Mittelpunkt quantitativer Risikosteuerungsverfahren steht die Bemessung von Einzelrisiken, beispielsweise durch konsistente Ratingverfahren und durch mathematisch-statistische Ansätze zur Bilanzauswertung etc., um daraus das weitere risikopolitische Handeln (Berechnung von Risikoprämien, Betreuungsansätze etc.) ableiten zu können. Sie offenbaren jedoch Schwächen, die durch den ergänzenden Einsatz von – allerdings bisher in einem geringerem Maß entwickelten – qualitativen Ansätzen ausgeglichen werden können. Qualitative Ansätze haben ihren Ausgang in der Insolvenzursachenforschung, in dem Unternehmensdaten so aufbereitet werden, dass frühzeitig mit Hilfe

von definierten Gefährdungskriterien Rückschlüsse auf die Risikosituation einzelner Kreditengagements getroffen werden können.[30] Die Veränderung der Bonität soll im Rahmen eines Früherkennungssystems (möglichst bereits in der Strategiekrise) erfasst werden. Dies erfordert – unter Vorarbeit von quantitativen Verfahren – eine regelmäßige Validierung und Beurteilung der Untersuchungsergebnisse durch den Kreditspezialisten.

Des Weiteren sollen die Strukturen und Prozesse im Kreditgeschäft optimiert werden, indem einheitliche Qualitätsstandards für die Bearbeitung, Steuerung und Überwachung installiert werden. Es ist zu zeigen, dass in dem darzustellenden Ansatz einer Betreuungsorganisation (begleitende und intensive Betreuung, Credit Risk Committee) bereits wesentliche Merkmale eines qualitativen Ansatzes enthalten sind. Die Implementierung einer Problemkreditorganisation ist neben weiteren Instrumenten und Methoden Bestandteil einer ganzheitlich ausgerichteten Risikomanagementkonzeption (vgl. Abb. 5).

3.2 Überblick

Oftmals werden Problemkreditengagements vom Firmenkundenbetreuer in eigener Verantwortung bearbeitet und erst dann der Rechtsabteilung übergeben, wenn keine Möglichkeit einer Sanierung mehr gegeben ist und eine Abwicklung unausweichlich

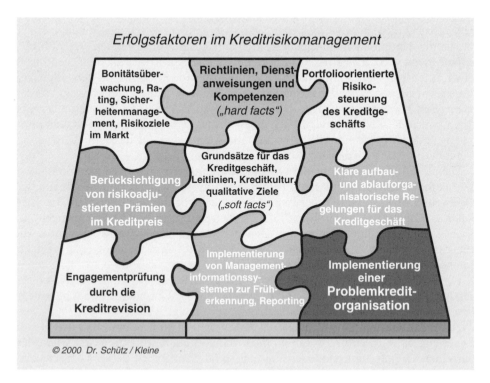

Abb. 5: Erfolgsfaktoren im Kreditrisikomanagement

erscheint. Dabei herrscht mitunter große Unsicherheit, wann ein Kreditverhältnis als »Problemkreditengagement« einzustufen und ihm besondere Aufmerksamkeit zu widmen sei. Diese unbefriedigende Situation sollte als Anlass für eine Überprüfung der bestehenden Strukturen und ablauforganisatorischen Prozesse im gewerblichen Kreditgeschäft genommen werden. Um später eine bloße Abwicklung eines ausfallbedrohten Engagements zu vermeiden, sind zeitnahe Anpassungsreaktionen sowohl auf der aufbau- als auch auf der ablauforganisatorischen Ebene notwendig. Mit einer leistungsfähigen *Problemkreditorganisation* können Gegensteuerungsmaßnahmen in der Regel früher und wirksamer durchgeführt werden.

Die Frage der organisatorischen Behandlung von Problemkreditengagements wurde im Schrifttum bereits verschiedentlich thematisiert.[31] Im Kern geht es um die Frage, ob die aktuellen und potentiellen Sanierungsfälle weiter von den operativen Einheiten in der Firmenkundenbetreuung (dezentrale Lösung) oder besser von einer (eventuell noch zu implementierenden) speziellen Sanierungseinheit (zentrale Lösung) betreut werden sollten.

(1) Vieles spricht für eine aktive und risikobewusste Betreuung und Überwachung innerhalb einer zentralen Lösung. Im Vordergrund steht dabei ein Betreuungskonzept, das sich an den praktischen Erfordernissen orientiert und bei dem nicht nur die Risiken transparent gemacht werden, sondern auch sofort geeignete Maßnahmen in Form einer systematischen und wirkungsvollen Betreuung ergriffen werden.

Im Modell zur Optimierung des Betreuungsverhältnisses lassen sich ausgehend von der Firmenkundenbetreuung als akquirierende Stelle bis hin zur Rechtsabteilung im Abwicklungsfall vier Organisationseinheiten unterscheiden. Durch Einschaltung von intensiv oder lediglich begleitend tätig werdenden Betreuungseinheiten sollen präventive Maßnahmen eingeleitet werden, um Ausfälle abzuwenden (vgl. Abb. 6).[32]

Begleitend wird ein Betreuer im Vorfeld einer akuten Krise tätig oder wenn nach einer intensiven Betreuung das Kreditverhältnis (noch) nicht in den alleinigen Verantwortungsbereich der Firmenkundenbetreuung zurück übertragen werden kann. Erst bei einer intensiven Betreuung erfolgt ein Wechsel des Betreuers. Die Verzahnung der Betreuungseinheiten durch ein enges Kommunikationssystem minimiert die *Schnittstellenproblematik* und ermöglicht einen gleitenden Übergang bei Veränderung der Risikolage.

Die personelle Ausstattung der Organisationseinheiten (begleitende und intensive Betreuung) und ihre Einbindung in die Struktur ist abhängig von der definierten »kritischen Masse«, der vorgesehenen Betreuungsspanne sowie von der im Zielkatalog festgelegten Arbeitsintensität der Betreuungsstrategien. Bei geringen Betriebsgrößen oder nur einzeln auftretenden Problemfällen wäre als Alternative die Einschaltung eines externen Sanierungsberaters bzw. Anwaltsbüros eine effiziente Methode (»make or buy«-Entscheidung).

(2) Der Weg eines Kreditengagements in der Krise lässt sich von der akquirierenden Stelle über die besondere Betreuung bis hin zur Gesundung und Rückgabe in den Firmenkundenbereich idealtypisch beschreiben (vgl. Abb. 7).

Dabei übt eine aus mehreren leitenden Mitarbeitern im Kreditgeschäft bestehende Expertengruppe *(Credit Risk Committee)*[33] eine »Klammerfunktion« zwischen den einzelnen Organisationseinheiten aus und trägt damit auch unter Kompetenzgesichtspunkten zu einem gleitenden Übergang bei. Die Aufgabe besteht darin, für die als auffällig erkannten und vorgetragenen Engagements einschließlich der emp-

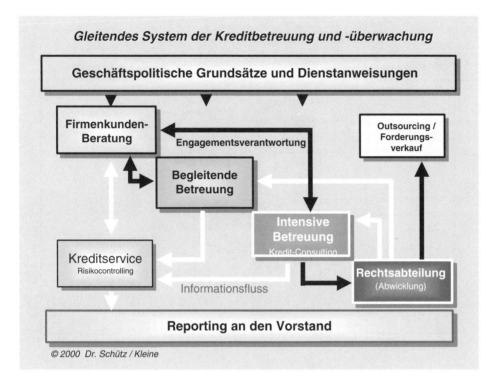

Abb. 6: Gleitendes System der Kreditbetreuung und -überwachung

fohlenen Restrukturierungs- und Maßnahmenpläne möglichst einvernehmlich eine Entscheidung zu treffen. Die Mitglieder dieser Expertengruppe erhalten ein ausführliches *Übergabeprotokoll* mit ersten Empfehlungen vorab, um sich mit dem Inhalt auseinanderzusetzen. Das *Credit Risk Committee* (CRC) tritt im akuten Bedarfsfall und ansonsten turnusgemäß, mindestens jedoch 4 bis 6 mal unterjährig, zur Strategiebesprechung der gefährdeten Engagements zusammen.

(3) Das Modell bildet die Basis einer *lernenden Organisation*,[34] in der permanent neues Wissen aufgenommen und verarbeitet wird, um eine höhere Qualität von Strukturen und Ablaufprozessen zu erzielen. Die individuellen Lernerfolge bei der Betreuung von Sanierungsengagements werden Teil des Teams, das als Wissenspool fungiert. Die Teammitglieder nutzen das dort vorhandene Problemlösungsvermögen, die bestehende soziale Kompetenz und das relevante Fachwissen als Lernkontext. Dieser Prozess des organisationalen Lernens führt zu einer fortwährenden Erhöhung dieses Wissensniveaus und hilft, den wachsenden Herausforderungsgrad auch in der Zukunft gerecht zu werden.

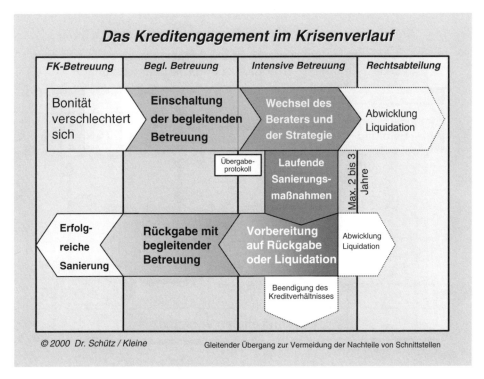

Abb. 7: Das Kreditengagement im Krisenverlauf

3.3 Merkmale und Erfolgsfaktoren

Mit einer implementierten Problemkreditorganisation lassen sich durch adäquate Restrukturierungsmaßnahmen sowohl für den Kreditgeber als auch für den Sanierungskunden Vorteile erzielen. Wir können zwischen der unterschiedlichen Wirkung der nachstehenden Erfolgsfaktoren unterscheiden (vgl. Abb. 8).

Aufgaben- und Akquisitionsorientierung
Eine notwendigerweise zu erfolgende zeitintensive Bearbeitung der als krisenbehaftet erkannten Kreditverhältnisse kann durch den Firmenkundenbetreuer nicht adäquat wahrgenommen werden. Er muss vor Überforderung und demotivierenden Misserfolgserlebnissen bewahrt werden. Durch die Co-Betreuung und/oder Verlagerung von Problemfällen auf Sanierungseinheiten wird dieser zudem entlastet und behält den notwendigen Freiraum für seine originäre Aufgabe, aquisitionsorientiert am Markt zu agieren.

Sanierungsorientierung
Die latente Gefahr, dass infolge von Betriebsblindheit Signale einer wirtschaftlichen Verschlechterung des Kreditnehmers zu spät oder überhaupt nicht erkannt werden, ist vielfach groß. Mit der Übertragung der Verantwortung auf einen Sanierungs-

Abb. 8: Merkmale und Erfolgsfaktoren einer Problemkreditorganisation

betreuer wird gleichzeitig ein Zeichen gesetzt und die Ernsthaftigkeit der Situation gegenüber dem Kreditnehmer nachhaltig verdeutlicht. – Befindet sich das Unternehmen bereits in einer kritischen Phase, ist es ratsam, die gewachsenen persönlichen Bindungen des Firmenkundenberaters zum Kreditnehmer zu lösen und einen personellen Neubeginn zu wagen; da es dem Betreuer in der Regel schwerfallen wird, gegen den von ihm akquirierten und bisher in den Kreditanträgen positiv beschriebenen Kunden nunmehr unangenehme Maßnahmen zu vertreten und durchzusetzen. Der Firmenkundenbetreuer wird eine unangenehme Neubewertung des Problemschuldners im Vertrauen auf eine Verbesserung der Bonität eher hinauszögern. Dem Sanierungsberater wird hingegen eine höhere Objektivität und eine kritische Distanz gegenüber dem Problemkreditverhältnis zugetraut. Optimistische Darstellungen (z.B. der Auftragslage) werden nach den Kriterien eines Sanierungsberaters beurteilt. Nicht zuletzt sind auf Grund der Bündelung von Sanierungs-Know how und den gesammelten Erfahrungen konzeptionelle Fragen im Vorgehen und taktische Vorteile bei der Sicherheitenverwertung oder im Insolvenzverfahren (z.B. Zusammenarbeit mit dem Insolvenzverwalter) zu konstatieren. Die Qualität der getroffenen Entscheidungen und die Arbeitseffizienz wird steigen. Durch den erhöhten Mittelrückfluss und den zu erwartenden Produktivitätsvorteil werden sich die durch die Sanierungsabteilung generierten zusätzlichen Kosten sehr bald amortisieren.

Entscheidungsorientierung
Die Verwendung eines Früherkennungsinstrumentariums soll krisenbehaftete Kreditverhältnisse rechtzeitig aufdecken, um deren Bonität regelmäßig mit Unterstützung eines Controlling-Systems in einem erweiterten Gremium von Kreditspezialisten (Credit Risk Committee) erörtern und dabei über die notwendig werdenden Maßnahmen zeitnah entscheiden zu können. Sanierungsfälle erfahren dadurch eine schnelle und professionelle Bearbeitung. Ansonsten wäre nicht auszuschließen, dass Entscheidungen über risikobegrenzende Maßnahmen verspätet oder suboptimal im Hinblick auf die möglichen Handlungsalternativen von den Firmenkundenbetreuern getroffen werden.

Persönlichkeitsorientierung
Mitarbeiter sind der entscheidende Erfolgsfaktor im Kreditgeschäft. Sie tragen mit ihrer Kompetenz, Motivation und Einstellung wesentlich zum Gelingen der Aufgaben bei. Besondere persönliche Voraussetzungen, wie zum Beispiel psychologische Kenntnisse, Konfliktfähigkeit und Konfliktbereitschaft des Betreuers im Umgang mit dem Sanierungskunden sind erforderlich, da in Sanierungsfällen die Kundenbeziehung auf eine harte Probe gestellt wird. Konsequentes Auftreten und Androhung unangenehmer Rechtsfolgen sind unvermeidlich und erfordern gutes Durchsetzungsvermögen. Kritische Gesprächspunkte müssen nicht nur gegenüber dem Kunden, sondern auch gegenüber den Entscheidungsträgern im Hause vertreten werden, um das erarbeitete Sanierungskonzept durchzusetzen. Der Mitarbeiter muss in der Lage sein, spontane Entscheidungen mit weitreichenden Konsequenzen treffen zu können.

Know-how-Orientierung
Neben den persönlichen Voraussetzungen zur Betreuung von Problemkrediten werden vor allem juristische und sanierungsspezifische betriebswirtschaftliche Branchen- und steuerrechtliche Kenntnisse sowie fundiertes finanzanalytisches Wissen vorausgesetzt. Das Betreuungsmodell nutzt das von qualifizierten Mitarbeitern etwa durch eine langjährige Tätigkeit im Firmenkundenkreditgeschäft aufgebaute Spezialwissen, wenngleich das Anforderungsprofil im Regelfall über das eines Firmenkundenbetreuers hinausgehen dürfte. Gerade durch die Insolvenzrechtsreform wird der Raum zur Begleitung und Förderung von Sanierungsvorhaben von Schuldnerunternehmen erheblich erweitert, woraus sich zusätzliche quantitative und qualitative Anforderungen an die Personalbemessung zur Begleitung der Sanierung ergeben dürften.[35] Bei der Personalauswahl gilt es, diese Anforderungen zu berücksichtigen, damit der Mitarbeiter intern und extern ein Standing als kompetenter Partner erhält. Der Verbleib der Engagements in der »Intensivstation« ist, wie noch auszuführen sein wird, lediglich temporär. Gleichsam ist – in Abhängigkeit von der »kritischen Masse« an definierten Problemkreditengagements – eine Auflösung der Einheiten in späteren Perioden vorgesehen. Bei der Akquisition der Mitarbeiter sollten daher auch über die Reintegration konkrete Vorstellungen bestehen.

Kundenorientierung
Soweit das Engagement nicht mehr allein in der Verantwortung des Firmenkundenbetreuers liegt oder bereits auf die Sanierungseinheit übertragen wurde, profitiert

auch der Kunde von dem Know-how der Sanierungsspezialisten. Dem Sanierer kann auf Grund seiner Fachkompetenz und seiner Erfahrung Vertrauen entgegengebracht werden, weil er synonym für einen leistungsbereiten und unterstützenden Partner steht (»helfende Hand«) und außerdem eine koordinierende Funktion bei der Lösung der Probleme im beiderseitigem Interesse übernimmt.

Leistungsorientierung
Die Sanierungseinheit nimmt im betrieblichen Organisationsgefüge insoweit eine Sonderstellung ein, da diese Einheit definitionsgemäß nicht akquisitionsorientiert ausgerichtet ist, sondern komplementär das Risikoziel mit dem Rentabilitätsziel (d.h. Vermeidung tatsächlicher Risikokosten) im Vordergrund stehen. Dies ist bei den *Zielvereinbarungsgesprächen* adäquat zu berücksichtigen. Bei der Bedeutung der zur Disposition stehenden Finanzierungsabschnitten ist eine überdurchschnittliche Motivation der Mitarbeiter erforderlich, die mit einem dem Leistungsprinzip verbundenen Entlohnungssystem (evtl. mit zusätzlichen Incentives) einhergehen sollte.

3.4 Instrumente zur Früherkennung und Auswahl der Engagements

Zeigt der Kreditkunde nach Jahren der positiven Entwicklung nunmehr Anzeichen wirtschaftlicher Schwäche, so können diese entweder vorübergehender Natur oder aber der Beginn einer existenzgefährdenden Krise sein. Problematisch ist die zu späte Erkennung und Anerkennung der Krisensituation seitens des Unternehmers selbst. Geschieht dies erst im insolvenznahen Stadium, ist die Chance für eine erfolgreiche Sanierung oft relativ aussichtslos. Ohne auf die vielfältigen und in der Literatur bereits ausführlich dargestellten Ursachen einer Unternehmensgefährdung einzugehen,[36] soll hier die Frage beantwortet werden, wie auftretende Kreditrisiken praxisnah transparent und beherrschbar gemacht werden können.

(1) Ein funktionierendes Risikomanagement setzt einen Bonitätsindikator voraus, mit dem auffällige Engagements aus dem Gesamtportefeuille nach objektiven Kriterien möglichst frühzeitig erkannt und herausgefiltert werden können. Ein wirksames *Risikofrüherkennungsinstrument* ist daher eine Conditio sine qua non, um geeignete Risikobewältigungsmaßnahmen noch vor Schadenseintritt treffen zu können.

Problematisch wirkt bei der objektiven Risikoquantifizierung die offenkundige Informationsasymmetrie zwischen Kreditnehmer und Kreditgeber (z.B. aufgrund fehlender oder nicht ausreichend verfügbarer Daten über die internen Erfolgszahlen, Auftragslage oder die strategische Ausrichtung). Die Entwicklung eines Krisenverlaufs wird bei der Strategiekrise seinen Anfang nehmen und über die Struktur- und Ergebniskrise, jedoch meist erst bei virulenten Liquiditätsproblemen sichtbar (Ausschöpfung der Kreditlinien, Kontoüberziehungen etc.).

Die bisher verbreiteten Instrumente zur Diagnose konnten die Kreditausfälle der Banken und Sparkassen in den letzten Jahren nicht verhindern. Problematisch gestaltet sich immer noch der Dateninput. Zukunftsweisend ist die Unterstützung durch Insolvenzprognosemodelle und *neuronale Netze*, die bereits schwache Signale einer Krise interpretieren können.[37] Für unsere Aufgabe der organisierten Bearbeitung von Problemkrediten kann ein an praktischen Erfordernissen ausgerichtetes Verfahren zur Auswahl von Kreditverhältnissen gute Dienste leisten.

(2) Die Optimierung der Betreuungsauswahl kann durch ein turnusgemäß eingesetztes heuristisches Verfahren gewährleistet werden. Ausgangspunkt dieses auf mathematisch-statistischer Grundlage entstandenen Modells bildet die Generierung der notwendigen risikorelevanten Daten auf dem Host-Rechner und eine entsprechend formulierte EDV-Abfrage (SQL). In einem zweiten Schritt folgt die Aufbereitung mit Standardsoftware in Form von Datenbank- und Tabellenkalkulationsprogrammen. Dabei werden nach einem vorgegebenen Algorithmus für die einzelnen Risikoindikatoren (beispielsweise Ratingnote, Entwicklung der Kontodaten, Überziehungen, Darlehensverzüge, Forderungsbewertung, EWB-Vormerkung, Klumpenrisiken, Wechselproteste, Mahnstand, Blankoanteil, Offenlegung der wirtschaftlichen Verhältnisse nach §18 des Kreditwesengesetzes, usw.) entsprechend dem eingeschätzten Risikograd Punkte vergeben. Diese Kriterien werden durch weitere qualitative interne und externe Datenquellen (Revisionsberichte, Erfolgschancen der Restrukturierung, Hinweise des Beraters bei Gefahr in Verzug oder drohende Insolvenz, Nichteinhaltung von Zusagen, Sicherheitsverschlechterung) komplettiert. Im nächsten Schritt erfolgt eine Gewichtung und Verknüpfung der einzelnen Teilwertungen und die Ermittlung einer Risikopunktzahl. Alle als »auffällig« klassifizierten Engagements werden in einer ordinal skalierten Liste (Rankingliste oder *Watchliste*) erfasst. Bei der Validierung dieser Auswertung muss eine hohe Trefferquote erreicht werden. Es zeigte sich in der Praxis, dass die Ergebnisse mitunter auch für den Firmenkundenbetreuer überraschend waren, da dort die Kreditverhältnisse tendenziell unkritischer gesehen werden.

Entsprechend ihrem gemäß Rankingliste errechneten Gefährdungspotenzial wird das Engagement einer Expertengruppe *(Credit Risk Committee)* vorgetragen und über die Einleitung präventiver Maßnahmen in Form einer wirksamen und effizienten Betreuung entschieden. Die Auslösemomente für eine Übertragung auf eine andere Betreuungsebene können aber vielfältig sein.

Notwendigkeit und Reihenfolge der Übernahmen durch die Betreuungseinheit (Priorisierung) ergeben sich aus der Bedeutung der Engagements unter Abwägung von Kosten- und Nutzenkriterien sowie unter Berücksichtigung der bestehenden Kapazitäten. Es kommt dann im Zeitablauf vor, dass auf hinteren Positionen der Rankingliste Kreditverhältnisse zur Disposition stehen, die bisher intensiv betreut wurden und nun wieder aufgrund der geänderten Risikolage an den Firmenkundenbetreuer zurückgeführt werden könnten.

Je öfter diese an operativen Kriterien orientierte Auswertung unterjährig durchgeführt wird, desto höher ist auch deren Bedeutung als Früherkennungsinstrument.

4. Begleitende Firmenkundenbetreuung

Eine begleitende Betreuung (oder Co-Betreuung) kommt in der Vorstufe einer akuten Gefährdung (Vorsanierungsphase) oder bei besonders komplexen Engagements mit entsprechender Risikolage in Frage. Zur Steuerung und Begrenzung des Kreditrisikos wird der Entscheidungsprozess von einem weiteren Mitarbeiter begleitet, der im Gegensatz zur intensiven Betreuung aber nach außen hin nicht in Erscheinung tritt. Die Betreuungsverantwortung verbleibt solange beim Firmenkundenbetreuer (und dem begleitend tätig werdenden Mitarbeiter), wie es unter Risikogesichtspunkten vertretbar erscheint.

Die Aufgaben der begleitenden Betreuung sind vielfältig und bestehen vor allem in der Bereitstellung einer Beratungs- und Servicedienstleistung sowohl für den Firmenkundenbetreuer als auch für den Sanierungsbetreuer (Kredit-Consulting) in allen mit dem Engagement zusammenhängenden Fragen (Analyse der finanziellen und wirtschaftlichen Lage des Kreditnehmers, der Erforschung der Ursachen der Unternehmenskrise, der Branchenperspektive und der Sicherheiten sowie der Überwachung von Absprachen). Der Sachbearbeiter erarbeitet Vorschläge zur Sanierung und kann darüber hinaus bei der Umsetzung der beschlossenen Maßnahmen und der Durchführung von Überwachungsaufgaben mitwirken. Als Begleiter ist er bei einer unter Umständen später notwendig werdenden Überleitung zur intensiven Betreuung bereits über die Besonderheiten des Krisenengagements im Bilde. Auf diese Weise wird die Qualität der Kreditbearbeitung nachhaltig erhöht. Die effiziente Gestaltung der Informationswege und straffe Kreditüberwachung hilft zudem, Synergieeffekte zu realisieren.

Die Ausgestaltung und die Art und Weise des Eingriffs richten sich nach den betriebsindividuellen *ablauforganisatorischen* Erfordernissen. Der Firmenkundenberater kann jederzeit Problemfälle selbst einbringen. Daneben ist der Gefährdungsgrad regelmäßig nachvollziehbar zu begründen, beispielsweise durch die Position in der Rankingliste, die Rating-Note, die EWB-Höhe, die Branchenentwicklung oder die Entwicklung der Überziehungen.

Der Firmenkundenbetreuer erfährt Unterstützung, indem er gemeinsam mit dem begleitend tätig werdenden Betreuer zur Gegensteuerung ansetzt. Die frühzeitige Begleitung wird zum Erfolgsfaktor und kann bereits eine sonst unter Umständen später notwendige Engagementübergabe zur intensiven Betreuung verhindern. Durch Entschlossenheit und zügige Einschaltung von internen und externen Sanierungsexperten vergrößern sich die Chancen einer erfolgreichen Kreditsanierung.

Dabei ist besonders wichtig, im Haus eine positive Beschreibung der begleitenden Betreuung zu vermitteln. Ein Firmenkundenbetreuer darf nicht das Gefühl erhalten, ihm werde ein Aufpasser an die Seite gesetzt. Im Gegenteil, der Berater soll wissen, dass er mit seinem Problemengagement nicht allein gelassen wird. Die Verantwortung wird geteilt und gebündeltes Know-how nutzbar gemacht.

Ausschlaggebend für die Akzeptanz dieser Einrichtung ist, ob der Zeitraum zwischen Erkennen der Krise und Wirksamwerden von Steuerungsmaßnahmen groß genug ist, um eine Bonitätsverbesserung zu bewirken.

Die *aufbauorganisatorische* Ausgestaltung der Co-Betreuung ist auf die betriebsindividuellen Gegebenheiten abzustimmen, wobei verschiedene Modelle denkbar sind. Beispielsweise können die Mitarbeiter der begleitenden Betreuung als Abteilung eine selbständige Organisationseinheit bilden. Denkbar ist daneben die *Ansiedlung* als Gruppe im Bereich der Firmenkundenbetreuung, des Kredit-Consultings oder innerhalb der Kredit-Marktfolgesachbearbeitung.

Für das letztgenannte Modell spricht, dass das dort vorhandene Know-how bei der Erarbeitung von Sanierungsstrategien und zur Vorbereitung auf Kundengespräche sehr schnell abgerufen werden kann, weil der Sachbearbeiter die Engagements kennt. Die Co-Betreuung könnte funktional schließlich auch *gemeinsam* mit einem weiteren Firmenkundenbetreuer oder mit einem Mitarbeiter aus dem Marktfolgebereich erfolgen. Wichtig ist aber vor allem, dass jederzeit ein unabhängiges, fachlich fundiertes Urteil gewährleistet wird.

Ein Mitarbeiter der begleitenden Betreuung kann je nach Komplexität, erforderlicher Betreuungsintensität und dem gewählten Modell gleichzeitig für bis zu 50 Kreditverhältnisse zuständig sein (optimale Betreuungsspanne). Dabei fungiert er als Bindeglied zwischen Firmenkundenbetreuung und der Abteilung Kredit-Consulting (vgl. Abb. 6) und gewährleistet einen *gleitenden* Übergang zwischen der Firmenkundenbetreuung bis hin zur Rechtsabteilung. Die sonst oftmals beobachteten Nachteile starr definierter Schnittstellen werden vermieden.

Je nach gewähltem aufbau- und ablauforganisatorischen Modell benötigt der Co-Betreuer auch Kreditkompetenzen. Unabdingbar sind sie, wenn er bei Beschlüssen, beispielsweise bei Neuvalutierungen, Prolongationen, Überziehungen, Sicherheitenaustausch, verantwortlich gegenzeichnen muss. Weitere Maßnahmen sind fortan im *Vier-Augen-Prinzip* abzustimmen, was einer faktischen Einschränkung der Kompetenz des Firmenkundenbetreuers gleichkommt. Denkbar wäre außerhalb dieses Modells, eine Kompetenzbeschneidung erst bei Eintritt der genannten Risiko-Merkmale einzuführen, mit der Folge, dass Beschlüsse beim nächsthöheren Kompetenzträger *auflaufen* würden. Entscheidungen im Rahmen der begleitenden Betreuung erfordern dabei Einvernehmlichkeit. Im Dissenzfall ist ein effizienter Entscheidungsweg zu finden.

Soweit sich die Risikoposition verbessert hat, kann eine Rückübertragung in den ausschließlichen Verantwortungsbereich des Firmenkundenbetreuers veranlasst werden. Der Nachweis muss, wie erwähnt, im Rahmen der Engagementbesprechungen im *Credit Risk Committee* geführt werden und sich durch die turnusgemäß erstellte Rankingliste bestätigen. Hat sich die Bonität dagegen weiter verschlechtert, muss die Sanierungsstrategie überdacht werden und eine Überleitung zur intensiven Betreuung in Betracht gezogen werden.

5. Intensive Betreuung

Die konsequente Verwirklichung der Idee zur besonderen Behandlung von Problemkreditengagements erfordert die Einrichtung einer Sanierungsstelle, in der Kreditverhältnisse bereits im Vorfeld einer sich abzeichnenden Unternehmensgefährdung zur Vermeidung von Ausfällen intensiv betreut werden können. Eingesetzt wird dafür ein – je nach betrieblichen Erfordernissen ausgerichtetes – kleines Team aus drei bis vier Mitarbeitern *(Workout-Einheit)*, welches sehr eng miteinander zusammenarbeitet und in der Hierarchie (lean) unmittelbar einem Vorstandsmitglied unterstellt werden sollte. Je nach Sanierungsstufe werden interne oder externe Spezialisten für Rechtsfragen, Unternehmensberatung und -sanierung hinzugezogen. Die Mitarbeiter dieser Sanierungsstelle, die wir *Kredit-Consulting* nennen wollen, stehen ihrerseits als Kompetenzcenter für erbetene Hilfestellungen aus dem Betrieb zur Verfügung.

Die Einschaltung der Sanierungsstelle ist jedoch nur dann sinnvoll, wenn vorab bei einer ersten kursorischen Risikoeinschätzung ausreichende Chancen für eine Revitalisierung des Kreditverhältnisses gesehen werden. Zur Prüfung gehört zunächst eine Bestandsaufnahme mit der Zusammenführung aller zur Entscheidung notwendigen Daten (Status). Dem folgt eine Bewertung der Sicherheiten und der vertraglichen Grundlagen. Eine externe Kontrolle ist bei fiduziarischen Sicherheiten (Globalzession, Sicherungsübereignung etc.) mit wechselnden Beständen »vor Ort« empfehlenswert, um das Kontrollbewusstsein zu erhöhen und einen realistischen Wertansatz zu erhalten. Priorität hat nunmehr die Entwicklung eines Kataloges risikominimierender Sofortmaßnahmen, die grundsätzlich mit einer engen Engagementführung einhergehen muss. – Sollte jedoch bei der ersten Prüfung eine Stillhaltestrategie als erfolgversprechend prognostiziert werden, bleibt das Engagement zur weiteren Beobachtung der Risikolage beim Firmenkundenbetreuer. Soweit sich bei der Prüfung herausstellt, dass auch eine intensive Betreuung nicht mehr erfolgreich sein wird, sollte das Engagement gleich an die Rechtsabteilung übertragen werden.

Hat ein Firmenkundenbetreuer die Verantwortung für das ausgewählte Kreditverhältnis durch förmliche Übergabe der Kreditakten an einen Mitarbeiter der intensiven Betreuung übertragen, ist dem ein detailliertes *Übergabeprotokoll* beizufügen, das alle relevanten Informationen von der Ursache der Krise bis zum aktuellen Sachstand dokumentiert. Ebenso werden seitens des Firmenkundenberaters Besonderheiten festgehalten, die für die weitere Entwicklung und den Sanierungserfolg von Bedeutung sein können und die ein Mitarbeiter des Kredit-Consultings aus der Aktenlage nicht ohne Weiteres ersehen kann. Auf dieser Grundlage können bereits im Übergabegespräch erste Ansätze einer Sanierungsstrategie erörtert werden, wodurch die Einarbeitungszeit in der Sanierungsstelle minimiert wird.

Die Verweildauer zur intensiven Betreuung sollte auf zwei Jahre, in Ausnahmefällen auf drei Jahre befristet bleiben. Zwischenzeitlich wird turnusgemäß über Änderungen der Strategie, bzw. über die Rückgabe an die Firmenkundenberatung oder Weitergabe des pathologischen Teils an die Rechtsabteilung nachgedacht. Denn eine intensive Betreuung über diesen Zeitraum hinaus erscheint aus Kostengründen nicht gerechtfertigt. Es muss sichergestellt sein, dass Kapazitäten für unerwartet und plötzlich auftretende Risiko- und Sanierungsfälle freigemacht werden können. Ein Mitarbeiter der Sanierungsstelle (Kredit-Consulting) wird – je nach Engagementsgröße und Komplexität in der Regel – mit 15 bis 20 Engagements ausgelastet sein. Auf dieser Grundlage ist die benötigte Mitarbeiterkapazität für den von der Expertengruppe (Credit Risk Committee) festgelegten Problemkreditbestand bereitzustellen.

Orientierung erhalten die Mitarbeiter durch Leitlinien und die risikopolitischen Grundsätze zur Kreditsanierung. Sie verkörpern die Philosophie und geben die generelle Zielrichtung vor, nach denen die Kunden auch in schwierigen Zeiten unterstützt werden, jedoch eine Trennung notwendig ist, wenn es die besonderen Umstände (Nichteinhaltung von Absprachen etc.) und/oder die Risikosituation es erfordern. Die geschäftspolitischen Grundsätze für das Kredit-Consulting sind in ihrer Wirkung primär nach innen gerichtet. Sie enthalten schriftlich fixierte Aussagen u. a. zur

- Analyse des Krisenunternehmens und des Unternehmers (Strategie, Kunden, Produkte etc.)
- Übernahme, Rückübertragung und Abwicklung von Kreditverhältnissen
- Risikofrüherkennung, -abschirmung und zum Sicherheitenmanagement
- Sanierungsstrategie und zum Sanierungsziel

- Kundenbetreuung in der Krise
- Mitwirkung externer Berater
- Zusammenarbeit mit den operativen Organisationseinheiten im Betrieb (Firmenkundenbetreuung, begleitende Betreuung und Rechtsabteilung).

Die strategische Grundhaltung zum Kreditgeschäft, die Kreditpolitik und das Risikoverhalten der Entscheidungsträger werden geprägt durch die im Haus gelebte *Kreditkultur*.[38] Mit anderen Worten existieren Denk-, Wert- und Verhaltensmuster, die zielorientiert gefördert werden müssen. Auch im Umgang mit dem Sanierungskunden entwickelt sich in der *Workout-Einheit* eine von den Mitarbeitern allgemein akzeptierte Philosophie, d.h. ein Selbstverständnis und ein »Wir-Gefühl«.

Während bei einer internen (Kredit-)Sanierung vor allem eine Neuordnung der finanziellen Sphäre mit dem Ziel der »Sanierung« der Kundenbeziehung angestrebt wird, greift eine ganzheitliche Sanierung (Turnaround) in nahezu alle Funktionsbereiche des Unternehmens ein und ist auf dessen Fortbestand ausgerichtet.[39] Die ganzheitliche Sanierung ist jedoch nicht originäre Aufgabe eines Kreditinstituts. Dieses ist lediglich Vermittler mit Überzeugungsfunktion, Prüfstelle für Plausibilität und Erfolgswirksamkeit des Sanierungskonzepts, »Schrittmacher« bei der Umsetzung und Wegbegleiter mit Kontrollfunktionen.[40] Kreditinstituten kommt dabei eine Schlüsselstellung zu (vgl. Abb. 9). Sie dürfen jedoch keinesfalls unternehmerische Verantwortung übernehmen, da damit haftungsrechtliche Risiken im Falle eines Scheiterns der Sanierung verbunden sind.[41] Zur Analyse der Krisenursachen und der Aufstellung eines Sanierungskonzeptes ist deshalb ein neutraler externer Berater, etwa ein Unternehmensberater oder ein Wirtschaftsprüfer zu gewinnen, der das Vertrauen aller Beteiligten genießt.

Die Analyse der Krisenursachen, die Neupositionierung des Unternehmens am Markt und die Erarbeitung von Vorschlägen zur Sanierung unter Einbeziehung aller unternehmensinternen Einheiten (Finanzierungs-, Liquiditäts-, Absatz- und Kostenplanung etc.) sollten einem externen Berater übertragen werden. Nach der Plausibilitätsprüfung muss die Implementierung und die Koordination der beschlossenen Maßnahmen sichergestellt werden. Die Einflussgrößen und das Zusammenwirken der Faktoren bei der Kreditsanierung werden in Abb. 10 dargestellt.[42]

Unter Einbeziehung des externen Gutachtens zur Sanierungsfähigkeit und -würdigkeit ist anschließend ein Sanierungskonzept mit konkreten Handlungsalternativen und Erfolgswahrscheinlichkeiten zu präsentieren.

Den nachfolgend genannten strategischen Ansatzpunkten ist gemeinsam, dass sie die Verbesserung der Risikoposition und damit verbunden die ertragswirksame Auflösung oder Vermeidung der Bildung von Einzelwertberichtigungen zum Ziel haben. Wir unterscheiden im Einzelnen zwischen den folgenden Alternativen:

- Verbesserung der Sicherheiten- und Gläubigerposition mit dem Ziel der vollständigen Rückgabe des Engagements an den Firmenkundenbetreuer. Als aktive Form der Kreditsanierung wird auch die Bereitstellung neuer Mittel als Sanierungsbeitrag bei hinreichenden Erfolgsaussichten nicht ausgeschlossen,
- kontrollierte Rückführung des Obligos und Konsolidierung des Engagements, einschließlich einer Stillhaltestrategie, wobei mitunter zur Revitalisierung auch ein Teilverzicht der Forderung in Kauf genommen wird,

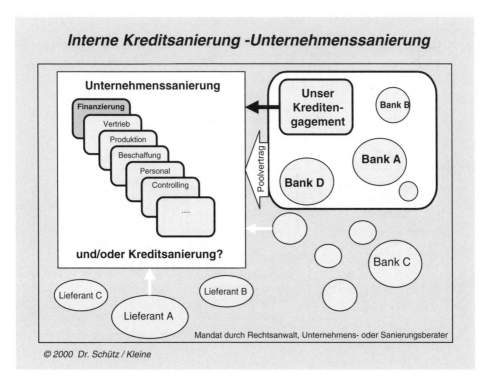

Abb. 9: Interne Kreditsanierung und gesamtheitliche Unternehmenssanierung

- Beendigung der Kundenverbindung, Kündigung und Abwicklung des Engagements, unterstützende Maßnahmen zur Ablösung des Forderungsbetrages.

Das Sanierungskonzept beinhaltet die Festlegung des *Sanierungsbeitrages*,[43] der vom erreichten Stadium der Unternehmenskrise abhängig ist. Unter Krise verstehen wir dabei einen Prozess, in dessen Verlauf sich die Erfolgspotenziale, das Reinvermögen oder die Liquidität so ungünstig entwickeln, dass die Existenz durch Überschuldung oder Zahlungsunfähigkeit akut bedroht ist.

Die Aufgabe von *Kredit-Consulting* besteht nun darin, die zur Abwendung der Krise notwendigen Arbeiten zu begleiten. Die strategischen Ziele mit ihren operativen Maßnahmen sollen hier nur beispielhaft skizziert werden (vgl. Abb. 11).

Eine Beteiligung an der Sanierung ist nach den prognostizierten Erfolgswahrscheinlichkeiten zu entscheiden. Beispielsweise impliziert eine hohe Besicherungsquote ein geringeres Ausfallrisiko und damit keine hohe Motivation, sich an einer Sanierung aktiv (zum Beispiel mit neuen Krediten) zu beteiligen. Der geringe Grenznutzen eines Sanierungserfolgs veranlasst tendenziell eher dazu, nur geringe Grenzkosten zu akzeptieren und stattdessen lieber eine Sicherheitenverwertung zu betreiben. Die Handlungsalternativen und die Verhandlungsposition eines Kreditinstituts werden zudem durch die Höhe des Engagements determiniert (Öffentlichkeitswirkung etc.).

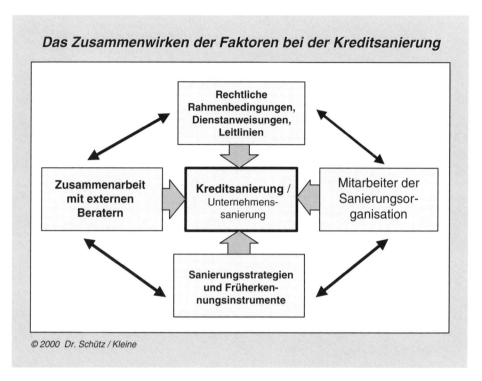

Abb. 10: Das Zusammenwirken der Faktoren bei der Kreditsanierung

Die Einleitung von Zwangsmaßnahmen im Vorfeld einer Insolvenz kann in Absprache mit den beteiligten Abteilungen grundsätzlich sowohl von der Rechtsabteilung als auch von der Sanierungsbetreuung aus betrieben werden. Der ständige Informationsfluss zwischen den Abteilungen und die geübte Praxis eines gleitenden Übergangs – unter Einschaltung des Credit Risk Committees – machen dies möglich. Dabei ist nicht auszuschließen, dass einzelne Engagements während des Insolvenzverfahrens aus Zweckmäßigkeitsgründen weiter in der Sanierungsstelle (intensiv) betreut werden.

Schließlich wäre auch denkbar, dass im Einzelfall ein Rechtsanwaltsbüro oder ein externer Sanierungsberater die Bearbeitung übernimmt. Eine weitere Möglichkeit stellt der Forderungsverkauf auf bestehenden Sekundärmärkten oder der Einzug durch ein Inkassounternehmen dar. Zudem könnte sich künftig auch die Gründung einer Abwicklungs-GmbH (»bad bank«) als alternative Lösung herausstellen. Alle diese Wege setzen jedoch eine exakte Wirtschaftlichkeitsrechnung (Business Plan) voraus, in der jeweils die anfallenden Transaktionskosten und die zu erwartenden Erlöse bei der Inanspruchnahme fremder Dienstleistungen mit jenen einer internen Leistungserstellung verglichen werden.

Sowohl bei der Beurteilung der Sanierungsfähigkeit und -würdigkeit als auch bei der Ausarbeitung von Strategien zeigen sich in der dabei notwendigen zukunftsbezogenen Engagementsbeurteilung Parallelen zum Umgang mit Existenzgründun-

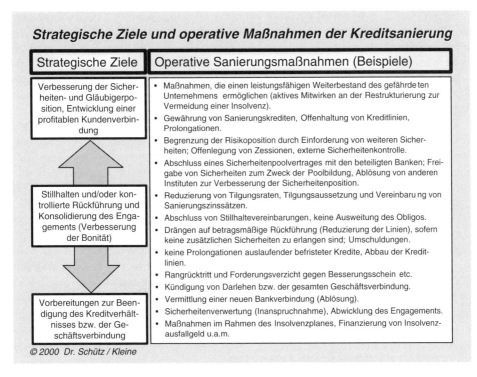

Abb. 11: Strategische Ziele und operative Maßnahmen der Kreditsanierung

gen, die synergetisch genutzt werden können. Durch Vermittlung oder Kooperation zwischen Krisenunternehmen und Existenzgründern ergeben sich neue Möglichkeiten. Kooperationen mit der regionalen Wirtschaftsförderung (Landkreis und Stadt), der IHK sowie der Unternehmensbörse können in die Überlegungen bei der Kreditsanierung mit einfließen. Diese Leistungen können auch dort koordiniert werden und wirken auf diese Weise intern und extern imagefördernd für das Institut und ihre Mitarbeiter.

6. Planung, Steuerung und Kontrolle

Risikomanagement als dynamischer Controllingprozess verstanden, macht eine ständige Beobachtung des Sanierungsfortschritts notwendig. Die gemeinsame Erarbeitung von Sanierungszielen und eine regelmäßige Kontrolle der Umsetzung der Maßnahmen (Einhaltung von Zusagen etc.) sichern den Erfolg. Abweichungsanalysen lösen notwendige Gegensteuerungsmaßnahmen aus. Dieser Prozess muss mit einem funktionierenden Controlling im Sanierungsunternehmen einhergehen. Voraussetzung dafür ist ein Risikoinformationssystem, das die notwendigen Daten aus dem Sanierungsunternehmen (extern) und bezüglich des Kreditengagements (intern) zur Verfügung stellt und zusammenführt.

Neben dem *Day-to-day-Monitoring* kann der Sanierungserfolg auf der Basis laufender Unternehmensanalysen in einem PC-gestützten Reporting, einer sog. *unterjährigen Risikofortschreibung*, ständig aktualisiert und turnusgemäß dem Vorstand präsentiert werden.[44] Diese Datenblätter sind gleichsam die Basis für die wöchentliche Strategiebesprechung im Team. Durch das Sanierungscontrolling wird das Erreichen von Sanierungszielen zeitnah bestätigt, sowie nachteilige Abweichungen frühzeitig erkannt.

Zusätzlich ist das gesamte Kreditportefeuille nach den Kriterien der Rankingliste auszuwerten, um einen Abgleich der risikorelevanten Engagements für eine potenzielle Sonderbehandlung vorzunehmen (Priorisierung). Die Betreuung dieses Managementinformationssystems kann von der mit dem Kreditrisikomanagement beauftragten Organisationseinheit in Zusammenarbeit mit der begleitenden Betreuung wahrgenommen werden.

Die Durchführung eines Kredit-Consultings auf der Basis einer Profit-Center-Organisation wäre anzustreben. Dabei ist es erforderlich, dass die Problemkredite von der Firmenkreditorganisation mit einem Transferpreis übergeben und später bei Rückführung gegen den tatsächlich erreichten Wert aufgerechnet werden. Soweit ein solcher Preis noch nicht auf einem funktionierenden Sekundärmarkt abgebildet werden kann, wäre dieser mit der Firmenkreditorganisation auszuhandeln. Derartige Modelle können vielseitig ausgestaltet sein. Anhaltspunkte dazu bilden beispielsweise die handelsrechtlichen Bewertungsvorschriften zur Ermittlung von Einzelwertberichtigungen. Dazu ist es naheliegend, die Mitarbeiter am Erfolg der Einheit durch ein Anreiz- bzw. Prämiensystem zu beteiligen.

7. Zusammenfassung und Ausblick

Ziel des hier vorgestellten Modells ist die qualitative Verbesserung des gesamten Kreditportefeuilles, indem Engagements, entsprechend ihrer beobachteten latenten oder akuten Risikolage eine begleitende oder intensive Betreuung zuteil wird.

Es zeigt sich, dass professionelles und schnelles Handeln nicht nur zum Erfolgsfaktor der Bank wird, sondern auch dem Kunden wirksame Hilfe zur Bewältigung seiner Krisensituation bietet. Die organisatorische Verzahnung und enge Zusammenarbeit der beteiligten Organisationseinheiten (etwa durch die gemeinsamen Strategiegespräche) ermöglicht einen gleitenden Übergang in der Betreuung und verringert die bei Schnittstellen mitunter auftretenden Friktionen und Ineffizienzen. Die Notwendigkeit, die Arbeitsabläufe in der Kreditorganisation zu verbessern, das erreichte Ausmaß der Risikovorsorge bei tendenziell sinkenden Zinsmargen und eher stagnierenden Provisionserträgen rechtfertigen eine intensive Auseinandersetzung mit dieser Thematik, um die bestehenden Optimierungsspielräume durch ein straffes Risikomanagement nutzen zu können. Das Konzept zur Betreuung von Problemkreditengagements muss jedoch jeweils sorgsam auf die individuellen Voraussetzungen und Erfordernisse des Instituts abgestimmt werden.

Es ist aus den dargelegten Gründen zu erwarten, dass die vom Ausschuss für Bankenaufsicht bei der Bank für Internationalen Zahlungsausgleich in Basel erarbeiteten Diskussionspapiere zur ordnungsgemäßen Durchführung von Kreditgeschäften – analog den Erfordernissen im Wertpapierhandelsbuch – zu »Mindestanforderungen an das Betreiben von Kreditgeschäften« entwickelt werden.

Nicht nur im Vorfeld, sondern auch während der Durchführung einer Insolvenzmaßnahme werden die Vorteile dieses Betreuungsmodells sichtbar. Im alten Insolvenzrecht stand die Sanierung mitunter vor unüberwindlichen rechtlichen Problemen, obwohl eine derartige Maßnahme auch unter Zielaspekten einer optimalen Befriedigung der Gläubiger als durchaus sinnvoll erschien. Die neue *Insolvenzordnung (InsO)* bietet dagegen eine Vielzahl von Chancen und Gestaltungsmöglichkeiten. Die Aufstellung eines Planes zur Stärkung des Unternehmens unter Einbeziehung aller Beteiligten könnte die Sanierungschance unter dem Schutzschirm der InsO beträchtlich erhöhen, wenn dieser frühzeitig, also mit dem Insolvenzantrag dem Gericht vorgelegt würde. Durch die permanente Prüfung der Sanierungsfähigkeit und -würdigkeit im Rahmen des implementierten Betreuungsmodells sind bereits im Vorfeld einer unter Umständen notwendigen Antragstellung die entsprechenden Voraussetzungen für Präventivmaßnahmen auch mit dem Ziel geschaffen worden, mehr mittelständische Unternehmen mit hinreichend großem Erfolgspotential als Kunden der Bank oder Sparkasse zu erhalten.

Anmerkungen

1 Vgl. zur Risikotransformation Priewasser, E. (1998), S. 13–14.
2 Beispielsweise bemängeln Elsas u.a., dass es im Kreditgeschäft »bis heute so gut wie keine empirischen Untersuchungen zur Preis-, Risiko- und Sicherheitenpolitik deutscher Kreditinstitute« gebe (Elsas, R. / Ewert, R. / Krahnen, J. P. / Rudolph, B. / Weber, M. (1999), S. 190). Dies wird dadurch belegt, dass im bankwirtschaftlichen Schrifttum der 70er und 80er Jahre betriebswirtschaftliche Probleme des Kreditgeschäfts in nur wenigen Beiträgen abgehandelt werden.
3 Vgl. Deutsche Bundesbank (Hrsg.) (2000), S. 32*.
4 Vgl. Deutsche Bundesbank (Hrsg.) (2000a), S. 38.
5 Vgl. u.a. ohne Verfasser (2000), S. 12.; Giersberg, G. (2000), S. W1.; ohne Verfasser (2000a), S. 79; Kloepfer, I. (1999), S. 9; Rometsch, S. (1999), S. 810 u. Stehmann, A. (1999), S. 23.
6 Vgl. Creditreform (Hrsg.) (1999), S. 1.
7 Vgl. Creditreform (Hrsg.) (1999), S. 11–12.
8 Vgl. Deutsche Bundesbank (2000), S. 47.
9 Artopoeus, W. (1998), o.S.
10 Vgl. Artopoeus, W. (1999), S. 12.
11 Vgl. Bank für Internationalen Zahlungsausgleich (Hrsg.) (1997). Eine Aktualisierung erfolgte in 1999 (vgl. Bank für Internationalen Zahlungsausgleich (Hrsg.) (1999).
12 Die Forderung nach einem Risikomanagementsystem ist in § 25a KWG (»... Regelungen zur Steuerung, Überwachung und Kontrolle der Risiken ...«) kodifiziert und wird auch im Kreditbereich zu den Grundsätzen ordnungsgemäßer Geschäftsführung zu zählen sein.
13 Vgl. Bank für Internationalen Zahlungsausgleich (Hrsg.) (1999a) sowie Bank für Internationalen Zahlungsausgleich (Hrsg.) (1999b).
14 Vgl. u.a. Rode M. / Moser, C. (1999), S. 720–724. und Schulte-Mattler, H. (1999), S. 530–535.
15 Vgl. u.a. Roche, C. (2000), S. 9 und u. Hellmann, N. (2000), S. 8
16 Vgl. Guthoff, A. / Pfingsten, A. / Schuermann, T. (1999), S. 1184.

17 Vgl. Bank für Internationalen Zahlungsausgleich (Hrsg.) (1999c) und Bank für Internationalen Zahlungsausgleich (Hrsg.) (1999d).
18 Vgl. zu den internationalen Rechnungslegungsstandards u. a. Auer, K. V. (1999), S. 373–379. Einige international tätige Großbanken haben von den Befreiungsmöglichkeiten Gebrauch gemacht und bilanzieren bereits heute nach den International Accounting Standards (IAS), mit der Folge, dass stille Reserven offengelegt werden. Der Trend zur weiteren Transparenz und der verbesserten Risikomessung wird durch das »Gesetz zur Kontrolle und Transparenz im Unternehmensbereich« (KonTraG) für Aktiengesellschaften geebnet. Nach überwiegender Auffassung ist davon auszugehen, dass auch andere Rechtsformen über geeignete Risikomanagementsysteme verfügen müssen und die Einrichtung sich immer stärker zu einem »Grundsatz ordnungsmäßiger Geschäftsführung« etabliert (vgl. Eggemann, G. / Konradt, T. (2000), S. 504 m.w.N.).
19 Vgl. Bank für Internationalen Zahlungsausgleich (Hrsg.) (1999e).
20 Vgl. Büchner, F. (1999), S. 42.
21 Es existieren derartige Mindestanforderungen verstreut bereits jetzt im KWG (z.B. die Vorschriften für die Offenlegung der wirtschaftlichen Verhältnisse nach § 18 KWG). Sie werden durch Literatur und kaufmännische Übung geprägt. Der Abschlussprüfer verschafft sich davon regelmäßig in der Kreditprüfung einen Einblick.
22 Vgl. Dambmann, W. (1999), S. 303.
23 Einen Überblick zur Portfoliosteuerung im Kreditgeschäft vermitteln u. a. Heinrich, M. (1999), S. 42–45; Horn, C. / Müller, C. (2000), S. 32; Hügle, F. (1999), S. 34 und Oelrich, F. / Stocker, G (1998), S. 37–43 m.w.N.
24 Vgl. Rode M. / Moser, C. (1999), S. 723. Der Aufbau eines internen Modells zur Adressenrisikobewertung und Risikomessung erfolgt gegenwärtig in der Sparkassenorganisation (vgl. Klein, W. / Göbel, R. (1999), S. 443–444).
25 Vgl. dazu ausführlich Eller, R. / Gruber, W. (1999).
26 Ein Überblick wird vermittelt in Villiez, C. v. (1990), S. 225 und Gerdsmeier, S. / Kutscher, R. (1996), S. 40–44 sowie in Schröder, G. A. (1999), S. 275–288.
27 Vgl. Hügle, F. (1999), S. 34.
28 Vgl. Schierenbeck, H. (1997), S. 221 und Brakensiek, T. (1994), S. 8.
29 Vgl. Fritz, M. G. / Wandel, T. (1991), S. 621 und Rolfes, B. / Kirmße, S. (1999), S. 30.
30 Zur Befriedigung des Informationsbedarfs eignen sich in engen Intervallen durchgeführte Kundenbesuche und eine sog. externe Sicherheitenkontrolle (vor Ort).
31 Vgl. Schmoll, A. (1993), S. 8–12; Pauluhn, B. (1980), S. 130–134; Schmoll, A. (1985), S. 3–11 sowie Droste, K. / Mattern, F. / Sautter, M. (1994), S. 207–214.
32 Vgl. Kleine, W. / Schütz, M. (1999), S. 566.
33 Diese Expertengruppe, die wir »Credit Risk Committee« bezeichnen wollen, sollte sich aus dem jeweiligen Dezernenten (der abgebenden sowie der aufnehmenden Organisationseinheit), dem Leiter der Rechtsabteilung, den Abteilungsleitern der Firmenkundenbetreuung und der Sanierungseinheit (Kredit-Consulting) sowie einem Vertreter der Kreditrevision rekrutieren.
34 Ein Überblick zu dem Themenbereich einer lernenden Organisation vermittelt Böhm, I. (1999), S. 232–238 m.w.N.
35 Vgl. Finsterer, H. (1999), S. 18 und Büchner, F. (1999), S. 40. Dies wird einerseits mit dem neuen Instrumentarium der Insolvenzordnung (Sanierungsplan etc.) begründet und ist andererseits auf den neuen Auslösetatbestand der »drohenden Zahlungsunfähigkeit« (§ 18 InsO) als zusätzliche Möglichkeit zur Eröffnung des Insolvenzverfahrens auf Initiative des Schuldners zurückzuführen.
36 Vgl. dazu stellvertretend für die Vielzahl der in der Literatur beschriebenen Insolvenzursachen Lauer, J. (1998), S. 25–39.
37 Vgl. u. a. Dietz, J. / Füser, K. / Schmidtmeier, S. (1998), S. 523–527.
38 Vgl. zur »Kreditkultur« die Ausführungen von Schmoll, A. (1999), S. 103 m.w.N.

39 Dies schließt mitunter auch die Veräußerung von nicht betriebsnotwendigen Betriebsteilen wie Immobilien oder Vermögensgegenständen sowie eine strategische und operative Neuausrichtung von Produktpalette und Vertrieb oder den Austausch des Managements ein.
40 Vgl. Hennings, D. / Czaplinsky, E. (1998), S. 9.
41 Gefahren liegen in der Konkursverschleppung und der Haftung wegen fehlgeschlagener Sanierung (vgl. dazu Wittig, A. (1998), Rz. 312–315 und Lauer, J. (1998) sowie Engelke, F. (1998), S. 431–433).
42 Vgl. Kleine, W. / Schütz, M. (1999), S. 570.
43 Vgl. zum »Sanierungsbeitrag« u. a. Hennings, D. / Behrens, J. / Szaplinsky, E. (1998), S. 21–24 sowie Wittig, A. (1998), Rz. 302.
44 Die unterjährige Risikofortschreibung dient der ständigen Information über das nach aktueller Bewertung der Engagements bestehende Exposure, d. h. der Höhe des möglichen Vermögensverlustes durch Ausfall der Kreditnehmer nach subjektiv geschätzten Wahrscheinlichkeiten. Zudem werden Sanierungsziele festgelegt und das Ergebnis daran gemessen. Dabei sind auch »Zugeständnisse« u. a. (Stundung oder Forderungserlasse etc.) auf dem Datenblatt zu vermerken.

Literaturverzeichnis

Auer, K. V. (1999): Internationale Rechnungslegungsstandards – ein Plädoyer für Transparenz und Vergleichbarkeit, in: ZfgK, Heft 08/1999, S. 373–379.
Artopoeus, W. (1998): Kreditrisiko – Erfahrungen und Ansichten eines Aufsehers, Vortrag gehalten beim Symposium »Kreditrisiko« der Deutschen Bundesbank am 24. 11. 1998 (Internet: http://www.bakred.de/texte).
Artopoeus, W. (1999): Am »Supervisory Review Process« führt kein Weg vorbei, in: Deutsche Bundesbank (Hrsg.): Auszüge aus Presseartikeln, Nr. 75 v. 10. 10. 1999, S. 12.
Bank für Internationalen Zahlungsausgleich (Hrsg.) (1997): Core Principles for Effective Banking Supervision. Publ. No. 30. Basel (September) 1997.
Bank für Internationalen Zahlungsausgleich (Hrsg.) (1999): The Core Principles Methodology, No. 61. Basel (Oktober) 1999 (jeweils im Internet abrufbar unter: http://www.bis.org).
Bank für Internationalen Zahlungsausgleich (Hrsg.) (1999a): A New Capital Adequacy Framework. Publ. No. 50, Basel (Juni) 1999.
Bank für Internationalen Zahlungsausgleich (Hrsg.) (1999b). Update On Work On A New Capital Adequacy Framework. Newsletter No. 1. Basel (November) 1999.
Bank für Internationalen Zahlungsausgleich (Hrsg.) (1999c): Sound Practices For Loan Accounting and Disclosure. Publ. No. 55. Basel (Juli) 1999.
Bank für Internationalen Zahlungsausgleich (Hrsg.) (1999d): Best Practices For Credit Risk Disclosure. Publ. No. 53. Basel (Juli) 1999.
Bank für Internationalen Zahlungsausgleich (Hrsg.) (1999e): Principles For The Management of Credit Risk. Consultative Paper Issued by the Basel Committee on Banking Supervision. Basel 1999.
Böhm, I. (1999): Reengineering und Kompetenzentwicklung auf dem Weg zur Lernenden Organisation, in: Sparkasse, Heft 05/1999, S. 232–238.
Brakensiek, T. (1994): Risiko: Halten Sie Balance. In: Bank-Magazin, Heft 01/1994, S. 8.
Büchner, F. (1999): Banken stehen schlechter da, in: Bank-Magazin, Heft 10/1999, S. 40–42.
Creditreform (Hrsg) (1999): Insolvenzen, Neugründungen, Löschungen 1999/2000. Neuss 1999.

Dambmann, W. (1999): Strukturwandel der Märkte erfordert Strukturwandel in der Kundenbetreuung, in: Die Bank, Heft 05/1999, S. 300–304.
Deutsche Bundesbank (Hrsg.): Monatsberichte. Frankfurt 2000.
Deutsche Bundesbank (Hrsg.): Die Beziehung zwischen Bankkrediten und Anleihemarkt in Deutschland, in: Monatsberichte, Heft 01/2000, S. 33–48.
Dietz, J. / Füser, K. / Schmidtmeier, S. (1998): Kreditwürdigkeitsprüfung durch Neuronale Netzwerke, in: Sparkasse, Heft 11/1998, S. 523–527.
Droste, K. / Mattern, F. / Sautter, M. (1994): Problemkreditorganisation für das Firmengeschäft, in: Die Bank, Heft 05/1994, S. 207–214.
Eggemann, G. / Konradt, T. (2000): Risikomanagement nach KonTraG aus dem Blickwinkel des Wirtschaftsprüfers, in: Betriebs-Berater, Heft 10/2000, S. 503–509.
Eggemann, Gerd / Konradt, Thomas: Risikomanagement nach KonTraG aus dem Blickwinkel des Wirtschaftsprüfers, in: Betriebs-Berater 2000, Heft 10, S. 503–509.
Eller, R. / Gruber, W. (1999): Handbuch Kreditrisikomodelle und Kreditderivate. Stuttgart 1999.
Elsas, R. / Ewert, R. / Krahnen, J. P. / Rudolph, B. / Weber, M. (1999): Risikoorientiertes Kreditmanagement deutscher Banken, in: Die Bank, Nr. 03/1999, S. 190–199.
Engelke, F. (1998): Faktische Geschäftsführung durch Kreditinstitute? In: Die Bank, Heft 10/1998, S. 431–433.
Finsterer, H. (1999): Die Insolvenzordnung und der Zwang zur Sanierung, in: Kreditpraxis, Heft 05/1999, S. 14–19.
Fritz, M. G. / Wandel, T. (1991): Qualitatives Kreditrisikomanagement, in: Die Bank, Heft 11/1991, S. 620–625.
Gerdsmeier, S. / Kutscher, R (1996): Verfahren der Risikokosten-Ermittlung im Kreditgeschäft, in: Bankinformation/GF, Heft 09/1996, S. 40–44.
Giersberg, G. (2000): Die Kredite für den Mittelstand werden immer teurer, in: Handelsblatt v. 08. 03. 2000, S. W1.
Guthoff, A. / Pfingsten, A. / Schuermann, T. (1999): Die Zukunft des Kreditgeschäfts, in: ZfgK, Heft 21/1999, S. 1182–1186.
Heinrich, M. (1999): Management des Portfolios von Adreßrisiken, in: Bankinformation/GF 1999, Heft 12/1999, S. 42–45.
Hellmann, N. (2000): Eigenkapital in der Ratingfalle, in: Börsenzeitung v. 10. 02. 2000, S. 8.
Hennings, D. / Czaplinsky, E. (1998): Die Firmensanierung: Banken als Schrittmacher und Wegbegleiter, in: Kreditpraxis, Heft 01/1998, S. 9–12.
Hennings, D. / Behrens, J. / Szaplinsky, E. (1998): Die Firmensanierung: Die Sanierungsbeiträge des Kreditinstituts, in: Kreditpraxis, Heft 03/1998, S. 21–24.
Horn, C. / Müller, C. (2000): Neue Entwicklungen bei der Kreditrisikosteuerung, in: FAZ v. 14. 02. 2000, S. 32.
Hügle, F. (1999): Klumpenrisiken vermeiden, in: Bank-Magazin, Heft 05/1999, S. 34–37.
Klein, W. / Göbel, R. (1999): Reform und Einheitlichkeit von internem Rating und Adressenrisikomangement und -controlling, in: Sparkasse Heft 10/1999, S. 443–444.
Kleine, W. / Schütz, M. (1999): Kreditinformation und -überwachung, in: Sparkasse, Heft 12/1999, S. 564–570.
Kloepfer, I. (1999): Der Rückzug der Banken aus dem Kreditgeschäft, in: FAZ v. 02. 12. 1999, S. 9.
Lauer, J. (1998): Das Kreditengagement zwischen Sanierung und Liquidation. 3. Aufl. Stuttgart 1998.
Oelrich, F. / Stocker, G (1998): Die Kreditportfoliosteuerung – mehr als eine Risikoanalyse von Einzelgeschäften, in: Betriebs-Berater, Heft 01/1998, S. 37–43.
ohne Verfasser (2000): Mittelständler befürchten Rückzug der Banken aus der Kreditfinanzierung, in: Handelsblatt v. 28. 02. 2000, S. 12.

ohne Verfasser (2000a): Vernachlässigen die Banken den Mittelstand? (Diskussion), in: Die Bank 2000 (Heft 2), S. 79.

Pauluhn, B. (1980): Anstatt Problemkredite abwickeln – Strategie entwickeln, in: ZfgK, Heft 04/1980, S. 130–134.

Priewasser, E. (1998): Bankbetriebslehre. 6. Aufl. München 1998.

Roche, C. (2000): Europäische Kreditwirtschaft für interne Ratings, in: Börsen-Zeitung v. 29.01. 2000, S. 9.

Rode M. / Moser, C. (1999): Die neuen Basler Eigenkapitalanforderungen, in: ZfgK, Heft 14/1999, S. 720–724.

Rolfes, B. / Kirmße, S. (1999): Management-Informationssystem zum Risikocontrolling, in: Bankinformation/GF, Heft 12/1999, S 26–32.

Rometsch, S. (1999): Firmenkundengeschäft – Wertvernichter der Banken? In: Die Bank, Heft 12/1999, S. 810–817.

Schierenbeck, H. (1997): Ertragsorientiertes Bankmanagement. Bd. 2. Risiko-Controlling und Bilanzstruktur-Management. 5. Aufl. Wiesbaden 1997.

Schmidt, K. / Uhlenbruck, W. (Hrsg.) (1998): Die GmbH in Krise, Sanierung und Insolvenz. Köln 1998.

Schmoll, A. (1985): Betreuungsorganisation bei gefährdeten Engagements, in: Österreichisches Bankarchiv, Heft 01/1985, S. 3–11.

Schmoll, A. (1993): Risiko-Kredite betreuen. In: Bank-Magazin, Heft 08/1993, S. 8–12.

Schmoll, A. (1999): Effizientes Kredit-Risikomanagement in Kleinbanken, in: Ders. (Hrsg.): Kreditrisiken erfolgreich managen. Wiesbaden 1999, S. 69–111.

Schmoll, A. (Hrsg.) (1999a): Kreditrisiken erfolgreich managen. Wiesbaden 1999.

Schröder, G. A. (1999): Kalkulation der Risikokosten, in: Schmoll, A. (Hrsg.): Kreditrisiken erfolgreich managen. Wiesbaden 1999, S. 275–288.

Schulte-Mattler, H. (1999): Basler Vorschlag zur Erfassung und Begrenzung von Kreditrisiken, in: Die Bank, Heft 08/1999, S. 530–535.

Stehmann, A. (1999): Das Firmenkundenkreditgeschäft als Wertfalle deutscher Banken, in: FAZ v. 09.08. 1999, S. 23.

Villiez, C. v. (1990): Ausfallrisiko-Kosten in der Bankkalkulation, in: ZfgK, Heft 15/1990, S. 225–226.

Wittig, A. (1998): Sanierungsbeiträge der Kreditinstitute, in: Schmidt, K. / Uhlenbruck, W. (Hrsg.) (1998): Die GmbH in Krise, Sanierung und Insolvenz. Köln 1998, Rz. 302ff.

Teil IV
Einsatz innovativer Produkte im Rahmen der Gesamtbanksteuerung

Einführung innovativer Finanzprodukte
Christian Eck*

Inhalt

1. Einleitung
2. Mindestanforderungen an das Betreiben von Handelsgeschäften der Kreditinstitute
   2.1 Zielsetzung der MaH
   2.2 Der Neue-Produkte-Prozess
3. Die Einführung einer Indexanleihe
   3.1 Indexanleihen als attraktive Anlageform
   3.2 Indexanleihe als neuartiges Produkt
   3.3 Detailkonzept
      3.3.1 Produktausstattung
      3.3.2 Untersuchung der Optionskomponente
         3.3.2.1 Bewertungsalternativen
         3.3.2.2 Bewertung nach dem Black & Scholes Modell
      3.3.3 Analyse des Call Spreads
   3.4 Hegdingansätze
      3.4.1 Micro- und Macro-Hedge
      3.4.2 Absicherung der Indexanleihe
4. Risiken und Risikolimitierung
   4.1 Marktpreisrisiken
      4.1.1 Sensitivitätsanalysen
      4.1.2 Value-at-Risk
      4.1.3 Stresssimulationen
   4.2 Adressenausfallrisiken
   4.3 Liquiditätsrisiken
   4.4 Rechtsrisiken
   4.5 Betriebsrisiken
5. Schlussbetrachtung

Anmerkungen

Literaturverzeichnis

---

* Christian Eck (Dipl. Betriebswirt/BA-EBP Münster) arbeitet als Consultant und Trainer u. a. für Roland Eller Consulting. Zuvor war er für die Dresdner Bank und Dresdner Kleinwort Benson Sydney in den Bereichen Derivative Instrumente sowie Credit/Structured Finance tätig.

1. Einleitung

Die Finanzmärkte befinden sich in einer Zeit der Innovationseuphorie. Fortlaufend emittieren Kreditinstitute neuartige Produkte mit phantasievoll klingenden Namen wie »Stock-Plus Anleihen«, »YES-Anleihen« oder »PEARL-Zertifikate«. Um derartige Produkte zu strukturieren, stehen verschiedene Bausteine zur Verfügung, die klassische Anleihekomponenten ebenso umfassen wie moderne derivative Instrumente. In nahezu beliebigen Kombinationen lassen sich diese zu strukturierten Produkten zusammenfügen. Die starke Nachfrage seitens der Investoren und die hohen erzielbaren Margen scheinen oftmals über die komplexen Risikostrukturen innovativer Finanzprodukte hinwegzutäuschen. Besonders die Einbindung von Derivaten, deren Risiken in Verbindung mit anderen Finanzinstrumenten nur noch schwer durchschaubar sind, birgt ein nicht zu unterschätzendes Risikopotential.

Um die steigenden Risiken in einem immer komplexer werdenden Derivatgeschäft begrenzen zu können, besteht ein kontinuierlicher Handlungsbedarf, der sich in zweifacher Hinsicht äußert: einerseits im Rahmen eines institutsspezifischen Risikomanagements durch die Marktteilnehmer selbst; andererseits auf ordnungspolitischer Ebene durch die Festlegung von Mindeststandards und Risikonormen. Da, wie die spektakulären Verlustfälle der Vergangenheit zeigen, der Finanzmarkt der Risikobegrenzung nur unzureichend nachkommt bzw. nachkommen kann, sind die Bankaufsichtsbehörden zum Handeln aufgefordert. Vom Bundesaufsichtsamt für das Kreditwesen (BaKred) wurde 1995 mit den »Mindestanforderungen an das Betreiben von Handelsgeschäften der Kreditinstitute« (MaH, Verlautbarung) ein dichtes Netz qualitativer Regelungen in das deutsche Aufsichtsrecht eingefügt, welches die mit Handelsgeschäften der Kreditinstitute verbundenen Risiken begrenzen soll. Zu diesen zählen u.a. Geschäfte in Derivaten, mit deren Funktionsweise sich Kreditinstitute intensiv im Rahmen eines Einführungsprozesses, des sog. »Neue-Produkte-Prozesses« auseinanderzusetzen haben und deren Risiken zu erfassen, zu quantifizieren und zu limitieren sind.

In diesem Beitrag wird die nach den MaH vorgeschriebene Einführung innovativer Finanzprodukte unter besonderer Berücksichtigung des Detailkonzeptes anhand eines Produktbeispieles dargestellt. Ferner werden die Risiken aus Handelsgeschäften sowie mögliche Absicherungsstrategien aufgezeigt. Als Beispiel dient eine Indexanleihe, die sich als strukturiertes Produkt aus einer Anleihe- und einer Optionskomponente zusammensetzt.

2. Mindestanforderungen an das Betreiben von Handelsgeschäften der Kreditinstitute

2.1 Zielsetzung der MaH

Die Mindestanforderungen stellen ein Instrument der Bankenaufsicht dar, welches die ordnungsgemäße Organisation des Geschäftsbetriebes in Teilbereichen der Kreditinstitute gewährleisten soll. Das BaKred hat von diesem Instrument erstmals durch die Herausgabe der »Mindestanforderungen für bankinterne Kontrollmaßnahmen bei Devisengeschäften – Kassa und Termin« im Jahre 1974 Gebrauch gemacht. Anlass war der aufgrund von Verlusten aus Devisentermingeschäften hervorgerufene Zusammenbruch der damals zweitgrößten deutschen Privatbank Herstatt. Eine inhaltliche Ausweitung erfuhren die Mindestanforderungen 1980 durch die Verlautbarung weiterführender Bestimmungen für das Wertpapiergeschäft. Aufgrund der zunehmenden Bedeutung von Handelsgeschäften der Kreditinstitute insbesondere im Derivatbereich wurde eine Überarbeitung der bestehenden Anforderungen notwendig, die in den 1995 herausgegebenen MaH Niederschlag fand. Diese beinhalten die für das Wertpapier- und Devisengeschäft bestehenden Mindestanforderungen und setzen gleichzeitig die Basler Richtlinien für das Derivatgeschäft um. Damit wurden für den gesamten Handelsbereich einer Bank einheitliche organisatorische Mindeststandards geschaffen.

Während die Richtlinien des Basler Ausschusses für Bankenaufsicht (bspw. die »Richtlinien für das Risikomanagement im Derivatgeschäft« von 1994) lediglich Empfehlungscharakter besitzen, kommt den MaH Verpflichtungscharakter zu, wobei Verstöße gegen die Mindestanforderungen sanktionsbewährt sind. Die Einhaltung der MaH durch die Kreditinstitute wird im Rahmen der Jahresabschlussprüfungen und durch Sonderprüfungen nach §44 Abs. 1 KWG regelmäßig überprüft.

2.2 Der Neue-Produkte-Prozess

Gemäß den Mindestanforderungen ist vor Aufnahme des laufenden Handels in neuartigen Produkten grundsätzlich ein Einführungsprozess, der sog. »Neue-Produkte-Prozess« (NPP), erforderlich. Für dessen Erarbeitung, Genehmigung und Durchführung trägt der Vorstand die Verantwortung. Um zu entscheiden, ob ein Einführungsprozess eingeleitet werden soll, ist vorab zu definieren, in welchen Fällen ein neuartiges Produkt vorliegt. Von besonderer Relevanz ist dabei, ob die vorhandenen personellen und systemseitigen Ressourcen der mit dem Produkt betrauten Abteilungen eine adäquate Abwicklung und Überwachung der Geschäfte zulassen.

Der NPP ermöglicht den erforderlichen Kompetenzaufbau der involvierten Produktverantwortlichen sowie die Erfassung und Beseitigung von Handhabungsproblemen. Wie die in Abbildung 1 dargestellte »Kompetenz-Pyramide« verdeutlicht, erhöht sich bei der Durchführung des NPP sukzessive die notwendige Fachkompetenz aufgrund der intensiven Auseinandersetzung mit dem neuen Produkt.

Der NPP lässt sich in verschiedene Phasen unterteilen. Am Beginn steht die Erstellung eines Detailkonzepts. Dieses umfasst detaillierte Angaben zur Strukturierung, Bewertung und Absicherung eines neuartigen Produktes. Es dient als Grundlage für die Genehmigung einer Testphase, die dem laufenden Handel in neuartigen Produkten vorzuschalten und vorab vom zuständigen Geschäftsleiter zu genehmigen ist. Im Rahmen der Testphase können wahlweise Handelssimulationen erfolgen oder Echtgeschäfte vorgenommen werden. Durch eine Begrenzung der Geschäfte auf einen überschaubaren Umfang soll das Eingehen nicht handhabbarer Risikopositionen vermieden werden. Der laufende Handel in den neuen Produkten darf erst aufgenommen werden, sobald der erfolgreiche Abschluss der Testphase durch einen Vorstandsbeschluss bestätigt wird und notwendige interne Arbeitsan-

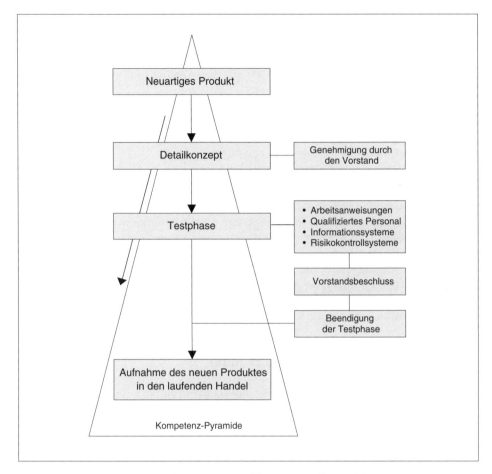

Abb. 1: Der Neue-Produkte-Prozess in der Kompetenz-Pyramide

weisungen, entsprechend qualifiziertes Personal, eine angemessene technische Ausstattung sowie angemessene Risikokontrollsysteme bereitstehen.

3. Die Einführung einer Indexanleihe

3.1 Indexanleihen als attraktive Anlageform

Indexanleihen, deren Verzinsung an einen Index gekoppelt ist, gehören aufgrund ihres unkomplizierten Produktdesigns und ihres attraktiven Chance-Risikoprofils zu den erfolgreichen modernen Finanzinnovationen. Bei den der Anleihe zugrunde liegenden Indizes handelt es sich zumeist um Aktienindizes. Gegenüber dem Einzelerwerb aller im Index erfassten Aktien weisen die Produkte folgende Vorteile für Investoren auf:

- Durch Partizipation an dem der Anleihe zugrunde gelegten Index wird im Vergleich zu einem Investment in einen einzelnen Aktienwert eine Streuung des Anlagerisikos erreicht.
- Kleine Stückelungen des Nominalwertes ermöglichen ein Investment bei geringerem Kapitaleinsatz.
- Das Risiko eines Totalverlusts wird durch die garantierte Rückzahlung wenigstens des Nennwerts zum Laufzeitende ausgeschaltet.
- Gegenüber dem vergleichbaren Erwerb von Anteilen an einem Investmentfond entstehen keine Kosten in Form von Ausgabeaufschlägen oder Gebühren.

Die zu untersuchende Indexanleihe basiert auf dem Deutschen Aktienindex DAX®. Sie ist im Gegensatz zu der Mehrzahl am Markt gehandelter indexbezogenen Produkte zusätzlich mit einer Mindestverzinsung ausgestattet. Somit wird dem Anleger im Falle stagnierender oder sinkender Indexstände, bei denen keine Bonuszahlung zum Tilgungszeitpunkt erfolgt, eine bei Emission festgelegte Verzinsung garantiert. Ferner profitiert der Anleger bei dieser Konstruktion nicht »unbegrenzt« bis zum Laufzeitende von steigenden Aktienkursen, sondern lediglich innerhalb einer bei Emission festgelegten Kursspanne.

3.2 Indexanleihe als neuartiges Produkt

Indexanleihen zählen zu den strukturierten Finanzprodukten, da sie sich aus einer Anleihe- und einer Optionskomponente zusammensetzen. Vor der Aufnahme des Produktes in den Handel ist vorab vom Finanzinstitut zu prüfen, ob es als neuartig im Sinne der MaH zu klassifizieren ist, woraufhin ein Produkteinführungsprozess einzuleiten wäre.

Zu dem Begriff »neuartig« finden sich in der Verlautbarung keine näheren Angaben. Da eine Klassifizierung von Produkten in »neuartige« auf der einen und »traditionelle« auf der anderen Seite pauschal nicht möglich ist, werden die MaH diesbezüglich institutsspezifisch ausgelegt. Durch eine strenge Auslegung würde der Anwendungsbereich der MaH eine bedeutende Ausweitung erfahren. Sogar originäre Finanzprodukte, die sich zum Standard jeder Produktpalette zählen lassen, wären in vollem Umfang den MaH zu unterwerfen, sobald sie als derivative Finanzinstrumente ausgestaltete Vertragsbestandteile oder Nebenrechte aufweisen. Demnach müsste jedes Aktiv- oder Passivprodukt mit anhängendem Kündigungsrecht als »neuartig« klassifiziert werden. Weitergedacht wären Kredite mit Abrufmöglichkeit oder das klassische Sparbuch aufgrund des als derivative Komponente zu verstehenden gesetzlichen Kündigungsrechts als MaH-relevante Produkte aufzufassen.

Bei großzügiger Auslegung der MaH bestünde hingegen die Gefahr unnötiger Risiken durch Aufnahme eines Finanzproduktes in die Produktpalette ohne vorgeschalteten Einführungsprozess. Treten Handhabungsprobleme wie im Bereich der Marktwertermittlung oder bei der Absicherung bzw. Glattstellung von Positionen auf, wird eine oftmals aufwendige und kostspielige Schadensbegrenzung erforderlich. Ein Umstand, der bei strengerer Auslegung der Verlautbarung hätte vermieden werden können.

Innerhalb der Bandbreite von Auslegungsmöglichkeiten ist ein Mittelweg zu beschreiben, der einerseits kostspielige und ressourcenbindende Neue-Produkte-Prozesse vermeidet, falls diese nicht notwendig sind, andererseits den Ansprüchen der MaH gerecht wird.

Für den Bereich der Derivate lässt sich die Initiierung eines NPP an folgende Bedingungen knüpfen:

- Es handelt sich um eine Derivatart, die bisher noch nicht gehandelt wurde.
- Das neue Derivat unterscheidet sich durch seine besonderen Ausstattungsmerkmale und seine spezifische Risikostruktur von den bisher gehandelten Derivaten und führt zu abweichenden Prozessen in MaH-relevanten Geschäftsbereichen.

Ausgehend von der Relevanz der MaH für Geschäfte in einzelnen derivativen Instrumenten ist der Anwendungsbereich der Verlautbarung auf strukturierte Produkte auszuweiten. Demnach können neue Produkte auch durch das Zusammenfassen mehrerer bereits im Handel befindlicher Basisinstrumente entstehen. Daraufhin ist eine Indexanleihe als neuartig einzustufen, wenn sie nicht (oder nicht mehr adäquat) mit den vorhandenen organisatorischen Regelungen, technischen Ausstattungen und Mitarbeitern erfasst, abgewickelt, kontrolliert, bilanziert und bewertet sowie in ihrem Risiko quantifiziert und limitiert werden kann.

3.3 Detailkonzept

Das Erstellen eines Detailkonzeptes stellt die elementare Phase des NPP dar und bedingt eine detaillierte theoretische Auseinandersetzung mit der neu einzuführenden Indexanleihe. Das Konzept gibt Aufschluss über die Ausstattungsmerkmale, die Strukturierung und die Funktionsweise des Produktes. Damit bildet es die Grundlage für das Aufstellen von Risikoanalysen sowie möglicher Absicherungsgeschäfte.

3.3.1 Produktausstattung

Der Emittent begibt eine Anleihe mit fixer Laufzeit und garantierter Kapitalrückzahlung, die mit einer unter dem Marktzinsniveau liegenden garantierten Zinszahlung ausgestattet ist. Als Ausgleich für die niedrige Verzinsung erhält der Anleger eine von einem Aktienindexstand (an einem festgelegten Stichtag) abhängige Bonuszahlung. Diese wird zum Laufzeitende im Falle gestiegener Kurse gezahlt und errechnet sich aus der Differenz zwischen einem vereinbarten Indexstand, der i.d.R. in etwa dem aktuellen Marktniveau bei Emission entspricht, und dem am Rückzahlungstermin gültigen Indexstand. Die Rendite der Indexanleihe ist damit abhängig von der geleisteten Bonuszahlung.

Die zu untersuchende Indexanleihe weist folgende Konditionierung auf:
Die Indexanleihe garantiert dem Anleger eine Mindestverzinsung von 2,3% p.a., die unabhängig von der Entwicklung des DAX® am Laufzeitende in einer Summe gezahlt wird. Sollte der Index zum Laufzeitende gegenüber dem Stand vom 8.2.00

Indexanleihe 2/2003	
Laufzeit	3 Jahre, vom 08.02.2000 bis 08.02.2003
Verzinsung	Garantieverzinsung von 2,30% p.a., zzgl. Zinseszinsen, fällig am 08.02.2003; dies entspricht einer garantierten Rückzahlung von 107,11% des Anlagebetrages.
Rückzahlung	Der Emittent zahlt für je € 10.000 des Anlagebetrages einmalig am Laufzeitende entweder – einen Betrag von € 11.710,91 (= 117,11%) – oder einen Betrag von mindestens € 10.710,91 (= 107,11) zzgl. eines DAX®-abhängigen Bonus aus der positiven Differenz zwischen dem DAX®-Stand am 08.02.2003 und 7500 Punkten zu zahlen.
Bonusberechnung	Der DAX®-abhängige Bonus berechnet sich wie folgt: (DAX®-7500)* € 1,00. Der Bonus wird aus einer Bandbreite von 1000 gewährt. Maßgeblich ist der zum Stichtag am 01.02.2003 offizielle Schlussstand des DAX an der Frankfurter Wertpapierbörse.
Emissionsvolumen	€ 10 Millionen
Zeichnungsfrist	Die Zeichnungsfrist läuft vom 24.01.2000 bis 31.01.2000. Das maximale Zeichnungsvolumen pro Anleger beträgt € 100.000. Der Emittent behält sich vor, das Zeichnungsangebot nicht oder nur zu einem Teil anzunehmen.
Anlagebetrag	Die Mindestanlage beträgt € 10.000.

Abb. 2: Emissionsbedingungen einer Indexanleihe

gestiegen sein, erhält der Anleger je 10.000 € Nominalbetrag zusätzlich einen Bonus von 1,00 € je DAX®-Punkt aus einer Spanne von 7500 bis 8500, d.h. maximal 1000 € oder 10% des Nominalbetrages. Somit ist eine maximale Rendite von 5,40 p.a. erzielbar, die sich wie folgt berechnet:

$$R_{max} = \left[\left(\frac{Endkapital}{Anfangskapital}\right)^{\frac{1}{Laufzeit}} - 1\right] \times 100 = \left[\left(\frac{11.710,90}{10.000}\right)^{\frac{1}{3}} - 1\right] \times 100 = 5,40\%$$

Die mögliche Performance der Indexanleihe wird anhand der Verläufe von Kupon, Bonus und Rendite p.a. über verschiedene Indexstände hinweg in Abbildung 3 dargestellt. Bei Indexständen unter 7500 Punkten erhält der Investor lediglich die garantierte Mindestverzinsung. Notiert der DAX® am Stichtag oberhalb von 7500 Punkten, erhöht sich die Rendite der Indexanleihe durch den zusätzlich gezahlten Bonus. Die maximale Rendite von 5,40% p.a. ist durch den bei 8500 Punkten

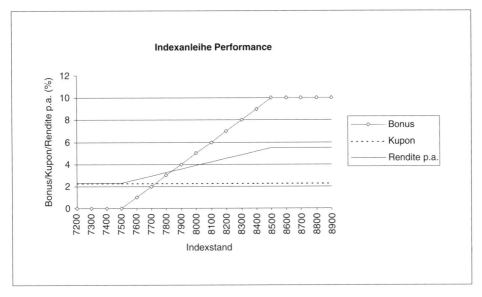

Abb. 3: Performance-Analyse der Indexanleihe

gezahlten Bonus von 10% erreicht. Ab diesem Niveau partizipiert der Anleger nicht weiter von steigenden Aktienkursen.

3.3.2 Untersuchung der Optionskomponente

Die Indexanleihe setzt sich aus einer Anleihe- und einer Optionskomponente zusammen. Aus der zinsabhängigen Anleihe wird der garantierte Kupon gezahlt, während aus einer positiven Entwicklung der DAX®-abhängigen Optionen der Bonus gezahlt wird.

Die für eine Indexanleihe verwendeten Optionen sind die am außerbörslichen Markt gehandelten Indexoptionen, welche im Gegensatz zu den standardisierten, börsengehandelten Indexoptionen der EUREX (bspw. ODAX, OSTX oder OSMI) variabler in ihren Ausgestaltungsmöglichkeiten sind. Laufzeiten, Kontraktvolumen und die Festlegung sowie Staffelung der Basispreise können individuell zwischen den Kontraktpartnern vereinbart werden. Für die Strukturierung einer Indexanleihe kommen europäische Optionen zum Einsatz, die anders als die jederzeit ausübbaren amerikanischen Optionen ausschließlich zum Fälligkeitstermin ausgeübt werden können. Der Fälligkeitstermin der Optionen liegt i.d.R. eine Woche vor dem Rückzahlungstermin der Indexanleihe, um genügend Zeit für die Ermittlung und die Verbuchung der eventuellen Bonuszahlungen an die Anleger zu gewährleisten. Da der DAX® als Basiswert lediglich eine fiktive Größe darstellt, erfolgt die Ausübung der Option in Form eines Barausgleichs.

3.3.2.1 Bewertungsalternativen

Die Ermittlung des angemessenen Marktwertes eines derivativen Instrumentes kann grundsätzlich anhand externer sowie interner Quellen erfolgen. Weist das zu bewertende Instrument eine ausreichende Marktliquidität auf, kann auf externe Quellen zurückgegriffen werden. Zu diesen zählen Börsen (z.B. EUREX, CBOE, LIFFE) und Informationsanbieter bzw. Quotation Services (z.B. Reuters, Bloomberg, Telerate). Bei hoch komplexen und weniger liquiden Instrumenten, insbesondere bei neu entwickelten derivativen Konstruktionen und strukturierten Produkten, für die keine öffentlich zugänglichen Marktpreise vorliegen, sind demgegenüber Pricingmodelle erforderlich. Diese unterscheiden sich in ihrem Sophistikationsgrad je nach Stellenwert und Bedeutung des Derivateinsatzes für den jeweiligen Marktteilnehmer. Die Modelle leiten den theoretischen Preis des Derivates aus den entsprechenden Marktfaktoren, Zinsstrukturkurven und der Volatilität ab. Dabei ist ihnen die Berechnung der Volatilität des Underlyings sowie des Wertes bezogen auf die Restlaufzeit und die Ermittlung des künftigen Wertes bezogen auf die Gegenwart gemein. In der Praxis existieren zahlreiche Ansätze zu Bestimmung des theoretisch fairen Preises von Optionen (siehe Abb. 4), die ständig weiterentwickelt und den Bedürfnissen von Händlern und Märkten angepasst werden.

Mittels dieser Ansätze lässt sich durch mathematische Verfahren und vorgegebene Parameter der theoretische Preis eines Kontrakts errechnen. Dieser kann von dem tatsächlich am Markt gehandelten Preis mitunter aufgrund differierender Marktparameter und Marktkonventionen oder durch unterschiedliche Modellannahmen erheblich abweichen.

3.3.2.2 Bewertung nach dem Black & Scholes Modell

Da die für die Konstruktion der Indexanleihe verwendeten Optionskontrakte im OTC Geschäft abgeschlossen werden, muss für die Bestimmung des Marktwertes auf institutsspezifische Verfahren zurückgegriffen werden. Die Optionspreisberechnung wird nachfolgend exemplarisch anhand des 1973 von Fischer Black und Myron Scholes entwickelten Optionspeismodells dargestellt, welches heute als das aner-

Basisinstrument	Entwickler des Bewertungsmodells	
Aktien	Black & Scholes, 1973 Geske, 1979	Cox/Ross/Rubinstein, 1979 Cox/Rubinstein, 1985
Festverzinsliche Wertpapiere	Curtadon, 1982 Cox/Ingersoll/Ross, 1985	Ho/Lee, 1986 Hull/White, 1990
Indizes[1]	Brenner/Curtadon, 1987	
Devisen	Garman/Kohlhagen, 1983	Grabbe, 1983

Abb. 4: Optionspreismodelle

kannteste analytische Bewertungsverfahren in einer Vielzahl von Varianten Anwendung findet[2]. Das Modell wurde ursprünglich für das Pricing von europäischen Aktienoptionen ohne Dividendenzahlung entwickelt; analog kann es für die Preisbestimmung von europäischen Indexoptionen verwendet werden.

Folgende Variablen determinieren das Optionspreismodell: der aktuelle Kurs des Basiswerts, der vereinbarte Ausübungspreis, die Restlaufzeit der Option, der kurzfristige, während der Laufzeit gültige risikofreie Zinssatz sowie die historische Volatilität des Aktienkurses.

Es liegen folgende Prämissen zugrunde:

Prämissen des Black & Scholes Modells

1. Der kurzfristige Zinssatz für risikofreie Anlagen ist bekannt und bleibt während der Restlaufzeit der Option konstant.
2. Die Aktienkurse folgen einem kontinuierlichen Random-Walk, d.h. die Kurse entwickeln sich stetig (ohne Kurssprünge) und rein zufällig (ohne jegliche Regelmäßigkeit). Die logarithmierten Kurse sind normal verteilt.
3. Während der Laufzeit der Option werden weder Dividenden noch sonstige Zahlungen auf die Aktie geleistet.
4. Der Kapitalmarkt ist vollkommen, d.h. es fallen weder beim Aktien- noch beim Optionshandel Transaktionskosten an.
5. Leerverkäufe von Aktien und Optionen sind unbeschränkt möglich; dies beinhaltet auch ihre beliebige Teilbarkeit.

Abb. 5: Prämissen des Black & Scholes Modells

Aus diesen Prämissen lässt sich eine *Optionspreisbewertungsformel* ableiten, die sich für europäische Kaufoptionen wie folgt darstellt:

$$C = K \times N(d_1) - B \times R_f^{-t} \times N(d_2)$$

Während C den Optionspreis, K den Kurs des Basiswertes, B den festgelegten Basiskurs zum Bezug der Aktie, t die Laufzeit der Option in Jahren und R_f den risikolosen Zinssatz p.a. ($R_f = 1+i$) angeben, gilt für die übrigen Variablen:

- δ = Standardabweichung des Aktienkurses p.a.,
- $N(\ )$ = kumulierte Standardnormalverteilung,
- $d_1 = \dfrac{\ln \dfrac{K}{B} + (\ln R_f + 0{,}5 \times d^2) \times t}{d\sqrt{t}}$ und $d_2 = d_1 - d\sqrt{t}$.

Die Verwendung der Black & Scholes Formel wird anhand der Preisbestimmung für eine in der Indexanleihe enthaltene Option verdeutlicht. Ein OTC gehandelter Call auf den Deutschen Aktienindex DAX® mit einer Laufzeit von drei Jahren und einem Basiskurs von 7500 soll am 8.2.00 bewertet werden. Der aktuelle DAX®-Stand beträgt 7400, der risikolose Zinssatz liegt bei 3,7%; die DAX®-Volatilität beträgt 30%.

Die Parameterwerte zur Bestimmung des Optionspreises ergeben sich zusammenfassend als $K = 7400$, $B = 7500$, $Rf = 1{,}037$, $t = 3$ Jahre und $\delta = 0{,}30$, woraus

$$d_1 = \frac{\ln\frac{7400}{7500} + \left(\ln 1{,}037 + 0{,}5 \times 0{,}30^2\right) \times 3}{0{,}30\sqrt{3}} = \frac{\ln 0{,}98667 + 0{,}243996}{0{,}519615} = 0{,}443737$$

und $d_2 = 0{,}443737 - 0{,}30\sqrt{3} = -0{,}075878$ folgen. Die Funktionswerte für die Standardnormalverteilung lassen sich mit Hilfe statistischer Tabellen bestimmen. Dadurch ergibt sich für $N(d_1)$ ein Wert von 0,6700 und für $N(d_1)$ ein Wert von 0,4681. Mit der Black & Scholes Formel errechnet sich demnach für die DAX® Call-Option eine Prämie von

$$C = 7400 \times 0{,}6700 - 7500 \times 1{,}037^{-3} \times 0{,}4681 = 1809{,}79.$$

3.3.3 Analyse des Call Spreads

Bei der in einer Indexanleihe enthaltenen Optionskomponente handelt es sich um eine zusammengesetzte Optionsposition, die – aus Sicht des Investors – aus einem gekauften Call mit niedrigerem Basispreis und einem verkauften Call mit höherem Basispreis besteht. Sie wird als »Bull-Call-Price-Spread« oder kurz »Call Spread« bezeichnet.[3]

Bei einem *Call Spread* rechnet der Optionskäufer mit steigenden Kursen des Underlyings und möchte gleichzeitig den gekauften Call »subventionieren«. Dies wird durch den Verkauf eines Calls mit gleicher Ausstattung aber höherem Basispreis erreicht. Die Bonuszahlung der Indexanleihe wird aus einer Spanne von 7500 bis 8500 DAX® Punkten gewährt. Dafür wird ein Call mit einem Basispreis bei 7500 gekauft und gleichzeitig ein Call mit einem Basispreis von 8500 verkauft. Bei einem aktuellen Indexstand von 7400, einem risikolosen Zins von 3,8% und einer Volatilität von 30% bzw. 31% beläuft sich die nach der Black & Scholes Formel errechnete Prämie für die Calls auf 1809 € bzw. 1480 €. Damit belaufen sich die Kosten des Call Spreads auf 328 €. Die Optionskombination limitiert den maximalen Verlust auf genau diese Prämie. Der maximale Gewinn, der erzielt wird, sobald der höhere Basispreis erreicht bzw. überschritten wird, beträgt 671 € (errechnet aus der Differenz von 1000 Punkten abzüglich der Prämie).

Mittels einer Positionssimulation über verschiedene Indexstände (siehe Abbildung 6) lässt sich das Chance-/Risikoprofil des Call Spreads folgendermaßen quantifizieren.

Die Höhe der Prämie, die für den Call Spread zu zahlen ist, wird entscheidend von der impliziten Volatilität der Call Optionen beeinflusst. Dabei hat ein Effekt, der als »Volatility Smile« bezeichnet wird, positiven Einfluss auf die Prämie des Call Spreads. Demnach liegt die Volatilität von In-the-money- und Out-of-the-money-Optionen i.d.R über der von At-the-money-Optionen. Je ausgeprägter der Volatility Smile, d.h. je höher die Volatilität der Out-of-the-money-Calls, desto teurer können diese Optionen verkauft werden. Die gekauften Calls können dadurch stärker subventioniert werden, wodurch sich die Gesamtprämie des Call Spreads verbilligt.

Marktpreise am 08.02.2000			Positionssimulation per 01.02.2003			
DAX®		7400	DAX®	Long Call	Short Call	Call Spread
+ Call Basispreis (7500)		€ 1809	7100	−1809	1480	−329
− Call Basispreis (8500)		€ 1480	7300	−1809	1480	−329
			7500	−1809	1480	−329
Marktdaten			7700	−1609	1480	−129
Volatilität			7900	−1409	1480	71
+ Call Basispreis (7500)		30%	8100	−1209	1480	271
− Call Basispreis (8500)		31%	8300	−1009	1480	471
			8500	−809	1480	671
Risikofreier Zins		3,7%	8700	−609	1280	671
			8900	−409	1080	671

Abb. 6: Positionssimulation des Call Spreads

3.4 Hegdingansätze

Definiert wird *Hedging* als eine Form der Risikobegrenzung, bei der zu einer vorhandenen (Cash Hedge) oder antizipierten Position (Anticipatory Hedge) temporär eine entgegengesetzte Position mit Substitutionscharakter so eingegangen wird, dass sich die absoluten Verluste durch Gewinne aus beiden bei Marktveränderungen annähernd kompensieren. Diese Vorgehensweise erlaubt es, durch die inverse Kombination von Produkten mit hoher Korrelation die Unsicherheit in den künftigen Marktpreisen und die daraus resultierenden Risiken zu reduzieren. Bezogen auf die Anpassungsfrequenz von Grund- und Absicherungsgeschäft sind fixe und dynamische Strategien zu unterscheiden. Bei fixen Strategien wird die absichernde Position einmalig aufgebaut und bleibt bis zur Endfälligkeit des Grundgeschäfts unverändert bestehen. Dynamische Strategien zeichnen sich durch die permanente Anpassung der Position an sich ändernde Preise aus.

3.4.1 Micro- und Macro-Hedge

Hedginggeschäfte werden ihrem Umfang und Ablauf nach in Micro- und Macro-Hedges unterteilt.
Die gleichzeitige Absicherung mehrerer offener Positionen, bei denen einzelne Geschäfte nicht eindeutig zugeordnet werden können, wird als *Macro-Hedge* bezeichnet. Derartige Absicherungen werden üblicherweise im Rahmen eines allgemeinen Aktiv/Passiv-Managements vorgenommen und dienen somit der Gesamtausrichtung eines Unternehmens. Ein *Micro-Hedge* zeichnet sich dadurch aus, dass die eindeutige Zuordnung einzelner (oder mehrerer) Grund- und Sicherungsgeschäfte möglich und beabsichtigt ist. Bedingt durch eine hohe negative Korrelation zwischen beiden Positionen führen sie im Regelfall zu einer nahezu vollständigen Risiko- und Wertkompensation. Daher ist für solche Hedges normalerweise nur begrenztes Risikomanagement notwendig.

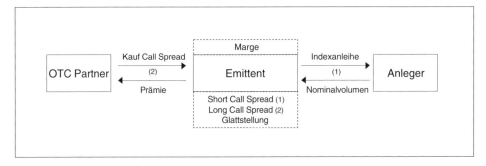

Abb. 7: Absicherung der Optionsposition bei Emission

3.4.2 Absicherung der Indexanleihe[4]

Durch den Verkauf der Indexanleihe an den Anleger wird diesem das Recht gewährt, an steigenden Indexständen zu partizipieren. Folglich ist der Emittent den Call Spread short (siehe Abbildung 7 (1)) und steht dem Risiko ansteigender Indexstände gegenüber, die eine Bonuszahlung bedingen. Aus diesem Grund wird die Optionsposition i.d.R. direkt bei Emission der Anleihe durch den Kauf eines Call Spreads am OTC Markt glattgestellt (2).

Die Absicherung der Indexanleihe erfolgt durch einen Micro-Hedge. Dabei können zwei alternative Strategien verfolgt werden: soll eine vollständige Absicherung durch den Abschluss eines einzelnen Geschäftes erfolgen, ist das gesamte am Markt plazierte Nominalvolumen der Indexanleihe zugrunde zu legen. Eine Absicherung kann daher erst nach Ende der Zeichnungsfrist vorgenommen werden. Bei einem Hedginggeschäft, welches bereits während der Zeichnungsfrist vorgenommen wird, werden bereits abgesetzte Emissionsvolumina stückweise abgesichert. Durch eine solche Vorgehensweise wird sich das Sicherungsgeschäft aufgrund geringerer Kontraktgrößen i.d.R. allerdings verteuern. Unabhängig von der verfolgten Strategie empfiehlt sich der Abschluss einer Gegenposition zeitnah zur Strukturierung der Indexanleihe, um im Idealfall vollständige Kongruenz zwischen den Preiseinflussfaktoren der Optionen zu erreichen. Entsprechen sich Nominalbetrag, Basiswert, Fälligkeit, risikoloser Zins und die implizite Volatilität des Grund- und Sicherungsgeschäftes, werden Gewinne und Verluste bei Marktänderungen exakt ausgeglichen. Hierbei handelt es sich um einen »Perfect Hedge«.

Abbildung 8 zeigt die Absicherung der Indexanleihe durch den Emittenten in einem Gewinn- und Verlustdiagramm. Der aufgrund steigender Indexstände mögliche Verlust aus dem verkauften Call Spread (bedingt durch die Zahlungsverpflichtung des Bonus) wird durch den Gewinn aus dem gegenläufigen, absichernden (gekauften) Call Spread vollständig kompensiert. Die Position ist damit glattgestellt.

Bei hohen Emissionsvolumina können neben dem Hedging über Optionen alternative Absicherungen über Index-Futures oder Korrelationsbaskets sinnvoll sein. Bei letzteren wird ein Index mit einer bestimmten Anzahl möglichst stark mit den Indexoptionen korrelierender Aktienwerte nachgebildet. Die Bonusverpflichtung bei

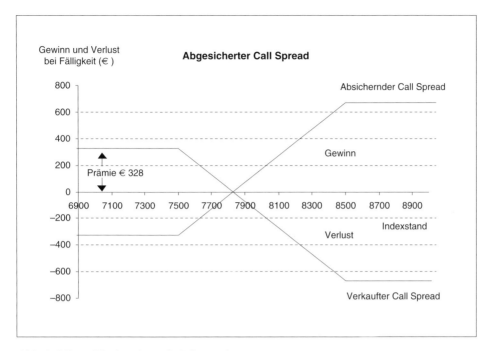

Abb. 8: Micro-Hedge eines Call Spreads

gestiegenen Indexständen wird am Laufzeitende durch die positive Performance aus dem Basket finanziert.

Während der Zeichnungsfrist besteht ein DAX®-Risiko, welches sich in Form steigender Indexstände äußert. Diese führen durch die sich verteuernden Index-Calls zu steigenden Kosten bei der Strukturierung des Produktes. Hierbei bietet sich eine weitere Vorgehensweise an, die ohne den Einsatz von Derivaten auskommt: während der Kupon und die Bonuszahlung im Emissionsprospekt festgelegt werden, wird die (der Bonuszahlung zugrundeliegende) Kursspanne bis zum Ende der Zeichnungsfrist offengehalten. Damit entgeht der Emittent dem Risiko, die Produktkonditionen aufgrund sich verteuernder Optionen nur zu Lasten der Marge oder in Form eines Zuschussgeschäftes aufrecht erhalten zu können.

4. Risiken und Risikolimitierung

Mit der Emission einer Indexanleihe sind eine Reihe potentieller Risiken verbunden, die in den MaH unter den »Risiken aus Handelsgeschäften« Berücksichtigung finden. Diese umfassen Marktpreis-, Adressenausfall-, Liquiditäts-, Rechts- und Betriebsrisiken, welche mittels entsprechender Verfahren zu quantifizieren und zu limitieren sind. Für eine Analyse der Risiken wird die zeitliche Abfolge bis zur Emission der Anleihe in die drei Stufen »Strukturierung«, »Absicherung« und »Emission« unter-

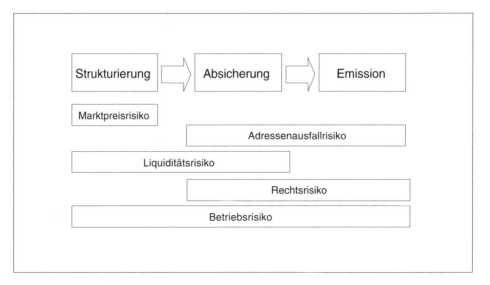

Abb. 9: Mögliche Risiken aus der Emission einer Indexanleihe

teilt. Obwohl die Produkte von den meisten Emittenten (fast) zeitgleich mit ihrer Strukturierung durch einen Micro-Hedge abgesichert werden, erscheint eine Unterscheidung sinnvoll, da jeder dieser Stufen spezifische Risiken zugeordnet werden können (siehe Abbildung 9). Die Risikoarten betreffen diejenigen Stufen, in denen sie die stärkste Ausprägung erfahren.

Das Marktpreisrisiko tritt in der Phase der Strukturierung auf, sofern die Call Spread-Position der Indexanleihe noch nicht glattgestellt wurde. Der Emittent ist dabei dem Risiko sich (negativ) verändernder Marktpreise ausgesetzt. Dieses Risiko wird durch die Absicherung der Anleihe begrenzt. Da ein Gegengeschäft im OTC Bereich vorgenommen wird, entsteht ab dem Zeitpunkt der Absicherung ein Ausfallrisiko des Kontraktpartners. Sollte dieser ausfallen und nicht mehr in der Lage sein, eventuellen Ausgleichszahlungen nachzukommen, entsteht ein Verlust sobald offene Optionspositionen (zu schlechteren Konditionen) geschlossen werden müssen. Das Liquiditätsrisiko umfasst sowohl die Strukturierungsphase als auch die Absicherung des Produktes. Durch das Eingehen von Vertragsverhältnissen im OTC Geschäft entsteht ferner ein Rechtsrisiko, sobald Verträge nicht korrekt dokumentiert werden. Diese Risikoart bezieht sich ebenfalls auf die Vermarktung der Anleihe und betrifft dabei eine eventuell notwendige Termingeschäftsfähigkeit für das Kundensegment der privaten Anleger. Das Betriebsrisiko, welches sich auf die betriebliche Organisation und die Kompetenz der Fachabteilungen des Kreditinstituts bezieht, tangiert als einzige Risikoart sämtliche Stufen des Emissionsprozesses.

4.1 Marktpreisrisiken

Das *Marktpreisrisiko* kann definiert werden als Gefahr der negativen Abweichung einer Position bzw. mehrerer Positionen (Portfolio) von einem Referenzwert, welche sich durch Änderungen der Marktrisikofaktoren ergibt. Als Referenzwert können der derzeitige Marktwert (Barwert) eines Finanzinstruments, das ursprünglich eingesetzte Kapital (Einstandskurs) oder der sich aufgrund bilanzieller Vorschriften ergebende Buchwert angesetzt werden. Die Marktrisikofaktoren umfassen mögliche Veränderungen der Marktpreise bzw. preisbildenden Parameter der Finanzinstrumente wie bspw. Zinssätze, Aktienkurse, Volatilitäten und Laufzeiten sowie bei Finanzderivaten die Veränderungen der preisbildenden Parameter der zugrunde liegenden Basiswerte. Neben diesen primären Preisrisiken treten bei der Kombination von verschiedenen Finanzprodukten im Rahmen einer portfoliobezogenen Steuerung auch sogenannte Spreadrisiken auf. Hiermit werden Risiken bezeichnet, die aus Wertänderungen von Instrumenten verschiedener Marktsegmente resultieren. Im Zinsbereich besteht bspw. die Gefahr, dass sich marktspezifische Zinssätze wie Bond- und Swapzinssätze unterschiedlich entwickeln. Wertverluste aus Zinsswaps werden dann nicht vollständig durch entsprechende Wertsteigerungen aus Absicherungspositionen in Bonds ausgeglichen. Bezogen auf die Messung des potentiellen Marktpreisrisikos wird grundsätzlich zwischen drei verschiedenen Methoden unterschieden.

4.1.1 Sensitivitätsanalysen

Anhand von Sensitivitätsanalysen wird untersucht, inwieweit sich Änderungen bestimmter Faktoren wie bspw. Kassakurse, Zinssätze oder Volatilitäten auf den Wert einer einzelnen Transaktion oder eines gesamten Portfolios auswirken. Die Analyse wird anhand der Sensitivitätskennziffern für jeden preisbestimmenden Faktor getrennt durchgeführt, wobei alle anderen Marktfaktoren als konstante Größen unterstellt werden. Da sich die Indexanleihe aus einer Anleihe- und einer Optionskomponente zusammensetzt, können Sensitivitätsanalysen anhand von Kennziffern für Zinsinstrumente und für Derivate vorgenommen werden. Um die Kursreagibilität der Indexanleihe auf Marktzinsänderungen zu untersuchen, werden die Kennziffern Duration, Modified Duration, PVBP, BPV oder Convexity herangezogen.

Nachfolgend wird die Analyse der Optionskomponente verdeutlicht, für welche die »Greeks« Delta, Gamma, Vega, Theta und Rho Anwendung finden. Bei einer angenommenen Call Spread Position, die aus je 1000 Optionen besteht, errechnet sich für die gekauften (verkauften) Calls mit einem Strikepreis von 7500 (8500) ein Positionswert von 1,809 Mio. € (−1,480 Mio. €). Damit ergibt sich ein Gesamtpositionswert in Höhe von 328.713 €. Das kumulierte Risiko der Optionsposition wird – wie in Abbildung 10 veranschaulicht – durch das Aufsummieren der einzelnen Sensitivitätskennzahlen ermittelt.

Das Delta von 87,13 sagt aus, dass sich die Prämie des Call Spreads um 87,13 € erhöht, wenn der Index um einen Punkt ansteigt. Ein Gamma von −0,01 bei einem Delta-Wert von 87,13 bedeutet, dass ein Anstieg des Basiswertkurses um eine Einheit zu einem Anstieg des Delta-Werts auf (Delta 87,13 + Gamma 0,01 =) 87,14 € führt.

	Long Call	Short Call	**Call Spread**
FairValue (€)	1.809,48	1.480,77	**328,71**
PositionValue (€)	1.809.481,67	−1.480.768,45	**328.713,11**
Basispreis	7.500,00	8.500,00	
Volatilität (%)	30,00	31,00	
Optionssensitivitäten (€)			
Delta	672,28	−585,15	**87,13**
Gamma	0,10	−0,09	**0,01**
Theta	−956,70	998,03	**41,33**
Vega	46.160,63	−49.826,97	**−3.666,33**
Rho	94.441,92	85.011,06	**9.430,86**

Abb. 10: Sensitivitätskennzahlen des Call Spreads

Wie durch das positive Theta ausgedrückt wird, verbilligen sich die theoretischen Glattstellungskosten der Optionsposition von einem Tag auf den anderen um 41,33 €. Das Theta der Long Call Spread Position weist ein positives Vorzeichen auf, da das Theta des verkauften Calls (988,03 €) dasjenige des gekauften Calls (956,70 €) überkompensiert. Bei einem Anstieg der Volatilität um einen Prozentpunkt verliert die Position 3.666,33 € an Wert, wohingegen sich bei einer Zinserhöhung von 100 bp auf 4,7% der Call Spread um insgesamt 9.430,86 € verteuert.

Anhand der o.g. Sensitivitätsanalysen lässt sich das Risiko der Optionsposition in beliebigen Marktszenarien jederzeit quantifizieren. Diese Vorgehensweise ermöglicht das Risikocontrolling sowohl einzelner Optionsgeschäfte als auch des gesamten Derivatbestandes eines Kreditinstitutes.

4.1.2 Value-at-Risk

Um das Risiko eines Portfolios adäquat abzubilden, wird eine Simulationsrechnung der Position durchgeführt, wobei die Reagibilität des Portfolios auf veränderte Marktbedingungen analysiert wird. Dieses als Value-at-Risk Ansatz bezeichnete Verfahren stellt ein auf statistischer Wahrscheinlichkeitstheorie beruhendes Konzept zur Schätzung von Verlusten oder Gewinnen eines Portfolios dar.

Der Berechnung des VaR liegen folgende statistische Parameter zugrunde:

- die Halteperiode oder Liquidationsperiode, welche den Zeitraum bis zur Absicherung oder Liquidation eines Portfolios angibt und somit die Zeitperiode bestimmt, über die die Schwankungen um den Erwartungswert in die Zukunft projiziert wird,
- das Konfidenzniveau, mit dem die Sicherheitswahrscheinlichkeit angegeben wird, mit der der ermittelte Risikowert in der Realität nicht überschritten wird,
- und der Beobachtungszeitraum oder die Referenzperiode, die für die Ermittlung von Marktparametern wie bspw. der Marktvolatilität und den Korrelationen relevant ist.

Unter Festlegung dieser Parameter gibt der VaR eine Verlustobergrenze an, die mit einer bestimmten Wahrscheinlichkeit innerhalb der festgelegten Halteperiode nicht überschritten werden soll. Bei einer angenommenen Halteperiode von 10 Handelstagen, einem auf 99% festgelegten Konfidenzniveau und einem Beobachtungszeitraum von 250 Tagen bedeutet der ermittelte VaR einer Derivatposition von bspw. 10 Mio DM, dass sich dessen Marktwert unter normalen Marktverhältnissen mit 99%iger Wahrscheinlichkeit innerhalb von 10 Handelstagen maximal um diesen Betrag verringert.

4.1.3 Stresssimulationen

Mit Hilfe von Stresssimulationen oder Worst Case Szenarien werden in der Betrachtung eines schlimmsten anzunehmenden Falles außergewöhnliche Veränderungen der Marktpreise, Volatilitäten, Illiquiditäten des Marktes oder der Ausfall wichtiger Marktteilnehmer simuliert. Als ungewöhnliche Marktsituationen sind solche zu bezeichnen, in denen die Marktbewegungen über den in Standardszenarien simulierten Veränderungen liegen. Neben besonders ausgeprägten historischen Marktbewegungen (wie z.B. dem Börsencrash vom Oktober 1987) werden weitere denkbare, besonders problematische Marktgegebenheiten wie plötzlich auftretende Volatilitätssprünge oder ein Zusammenbruch der Korrelation zwischen einzelnen Risikofaktoren in die Szenariobildung einbezogen. Der für den Emittenten einer Indexanleihe anzunehmende »Worst Case« liegt in dem Risiko stark ansteigender Indexstände, welches die Verpflichtung zur Zahlung des maximalen Bonus an die Anleger nach sich zieht. Aus der bei Emission festgelegten Kursspanne, innerhalb welcher die Anleger von steigenden Aktienkursen profitieren können, lässt sich direkt das maximale Verlustpotential ermitteln. Notiert der DAX® am Laufzeitende (8.2.03) bei bspw. 10.000 Punkten, ergibt sich für die Indexanleihe pro nominal 10.000 € Anlagebetrag ein zu zahlender Bonus von 10% (1 € pro Indexpunkt), der aus einer Kursspanne von 7500 bis 8500 zu zahlen ist. Wird die Emission durch einen Micro-Hedge abgesichert, kann auf die Betrachtung des Worst Case verzichtet werden. In diesem Falle werden die durch ansteigende Aktienkurse entstehenden Verluste (aufgrund der Bonusverpflichtungen) durch die entsprechende Gegenposition vollständig kompensiert.

4.2 Adressenausfallrisiken

Adressenausfallrisiken, welche auch als Kreditrisiken oder Erfüllungsrisiken bezeichnet werden, bestehen darin, dass durch vollständigen oder teilweisen Ausfall einer Gegenpartei oder durch die Verschlechterung der Bonität einer Gegenpartei ein Wertverlust aus einem Finanzgeschäft eintritt. Das Adressenausfallrisiko kann unmittelbar in der Bonität des Geschäftspartners (Bonitätsrisiko) oder mittelbar durch den Sitz des Geschäftspartners (Länderrisiko) begründet sein. Es bezieht sich bei Finanzderivaten nicht auf den Nominalbetrag des zugrunde liegenden Geschäfts, sondern auf die Ersatz- oder Opportunitätskosten. Diese würden sich ergeben, wenn eine durch den Ausfall des Geschäftspartners offene Position durch den Abschluss eines für die Restlaufzeit äquivalenten Eindeckungsgeschäfts zu schlechteren Konditionen erfolgt. Die Höhe der potentiellen Ersatzkosten wird von den zwischenzeitlich eingetretenen Veränderungen der Zinssätze, Aktien- oder Wechselkurse, auf die sich das Derivat bezieht, bestimmt. Neben diesem sog. Wiedereindeckungsrisiko (Substitutionsrisiko) besteht ein Vorleistungsrisiko, welches sich dadurch ergeben kann, dass eine Partei Zahlungen zeitlich vor der Gegenpartei zu erbringen hat.

Bezogen auf die Indexanleihe besteht das Risiko, dass der Kontraktpartner, mit dem im OTC-Geschäft ein Sicherungsgeschäft abgeschlossen wird, seinen Zahlungsverpflichtungen innerhalb der dreijährigen Laufzeit des Produkts nicht mehr nachkommen kann. Daher sollten lediglich Geschäfte mit Kontrahenten erstklassiger Bonität abgeschlossen werden. Um Bonitäten zu bestimmen, wird auf interne Kreditwürdigkeitsprüfungen oder Ratings von Moody's oder Standard & Poor's zurückgegriffen. Letztere veröffentlichen die den einzelnen Ratings zuzurechnenden historischen Ausfallwahrscheinlichkeiten, die für eine Quantifizierung des Ausfallrisikos herangezogen werden können.

Die MaH fordern zum Zwecke der Risikoreduzierung das Einrichten von Kontrahentenlimiten (Kreditlinien). Die Anrechnung von Geschäften kann bspw. in Höhe der im Grundsatz I KWG definierten Kreditäquivalenzbeträge erfolgen. Diese werden nach der Marktbewertungsmethode ermittelt, wobei die Geschäfte zu Marktpreisen bewertet und mit ihren potentiellen Wiederbeschaffungskosten, die bei einem Ausfall des Vertragspartners entstehen, angerechnet werden.

4.3 Liquiditätsrisiken

Liquiditätsrisiken bestehen bei Finanzderivaten in zweifacher Hinsicht, zum einen in einem allgemeinen Finanzierungsrisiko und zum anderen in einer unzureichenden Marktliquidität.

Das allgemeine Finanzierungsrisiko besteht darin, dass ein Kontraktpartner seinen Zahlungsverpflichtungen am Abwicklungs- oder Zahlungstermin aufgrund liquiditätsbedingter Engpässe nicht nachkommen kann. Hierbei beschränkt sich das Liquiditätsrisiko nicht nur auf das Derivatgeschäft, sondern zieht auch die allgemeine Liquiditätsposition eines Unternehmens in Betracht. Insbesondere im Zusammenhang mit erforderlichen Marginleistungen bei börsengehandelten Derivaten können Liquiditätsrisiken schlagend werden, wenn tägliche Einschusszahlungen zu leisten sind, während sich Zahlungen aus einem Gegengeschäft erst zu einem späteren Zeitpunkt ergeben.[5]

Das Risiko unzureichender Marktliquidität äußert sich in nicht ausreichender Markttiefe oder durch Marktstörungen, die das Auflösen und Glattstellen einer bestehenden Position zu marktgerechten Preisen verhindern. Eine eingeschränkte Marktliquidität führt zu einer deutlich höheren Volatilität der Preise bzw. größeren Spannen zwischen Kauf- und Verkaufskursen und kann durch die Einflussfaktoren Marktvolumen, Marktverfassung sowie die relevante Größe der gehandelten Position bestimmt werden. Je größer der Geld-Brief Spread, desto geringer ist tendenziell die Liquidität des betrachteten Marktes. Diese Risikoart ist speziell im OTC Markt aufgrund der an die Bedürfnisse der Kontraktpartner angepasste Produktausgestaltung relevant. Durch die laufende Modifikation und Spezifikation bestehender

Produkte werden neue Segmente geschaffen, die nicht immer über die nötige Markttiefe verfügen. Dies ist insbesondere bei exotischen Optionen und bei innovativen strukturierten Produkten der Fall.

Nach den MaH sind Geschäfte zu nicht marktgerechten Bedingungen unzulässig. Die Strukturierung eines Produkts im OTC Geschäft kann bei dem Handel illiquider Optionskontrakte leicht mit dem Aufsichtsrecht kollidieren. Speziell bei Out-of-the-money-Optionen längerer Laufzeit sind erhebliche Preisunterschiede zwischen verschiedenen Marktteilnehmern keine Seltenheit. Daher sollten Rahmenverträge über den Handel von OTC Derivaten mit mehreren Kontrahenten abgeschlossen werden, um nach einer Marktgerechtigkeitsprüfung ein Geschäft eingehen zu können, welches den MaH genügt.

Bei Börsengeschäften, die von Handelsüberwachungsstellen (HüSt) überwacht werden, wird die Marktgerechtigkeit der Börsenpreise unterstellt, weshalb auf eine weitere Überprüfung der Marktpreise verzichtet werden kann. An der EUREX obliegt die unmittelbare Marktaufsicht der 1995 eingerichteten HüSt. Diese erfasst und überwacht sämtliche Handelsdaten und Daten der Geschäftsabwicklung, um so die ordnungsgemäße Kursfeststellung und Preisbildung in den Handelssegmenten zu überprüfen.

4.4 Rechtsrisiken

Das *Rechtsrisiko* besteht darin, dass Finanzgeschäfte rechtlich nicht durchsetzbar oder vertraglich nicht korrekt dokumentiert sind. Dieses im operativen Bereich liegende Risiko hat in der Vergangenheit zu großen Verlusten insbesondere im Swapgeschäft geführt. So wurden bspw. Verträge zwischen Finanzinstituten und lokalen Behörden für unrechtmäßig erklärt, nachdem letztere sich verspekuliert hatten. Daher sind Geschäfte auf Grundlage rechtlich geprüfter Verträge vorzunehmen, bei denen Kontraktspezifikationen und -konditionen zwischen den Geschäftspartnern klar und vollständig vereinbart sind. Mit zunehmenden Vorliegen individuell ausgehandelter Finanztransaktionen haben sich Standardverträge, die sog. Master Agreements oder Rahmenverträge entwickelt, die eine Basiskonformität der Dokumentation ermöglichen. Eine Vielzahl international maßgeblicher Rahmenverträge wurde von der ISDA entwickelt, die je nach Wahl der Kontraktpartner auf englischem oder US-amerikanischen Recht basieren. Zwischen in Deutschland ansässigen Kontraktpartnern findet oftmals der deutsche Rahmenvertrag für Finanztermingeschäfte Anwendung, welcher die Basis von Geschäften im Bereich von OTC Optionen auf Renten, Aktien und Börsenindizes bildet. Die Vorteilhaftigkeit gegenüber der Verträge ausländischen Rechts sehen inländische Finanzinstitute in geringeren Auslegungsunsicherheiten im Falle eines Rechtsstreits.

Bei Derivatgeschäften werden grundlegende Kontraktbedingungen im Voraus zwischen den Kontrahenten in Rahmenverträgen festgelegt und müssen demzufolge nicht bei jeder weiteren Transaktion ausgehandelt werden. Für den Handel einer OTC-Indexoption wird der »Rahmenvertrag für Finanztermingeschäfte« in Verbindung mit dem »Anhang für Optionsgeschäfte auf Börsenindizes oder Wertpapiere« zugrunde gelegt. Während Spezifikationen wie Laufzeiten, Basiswerte oder Ausübungsmodalitäten der Optionen bei jedem Kontrakt neu zu vereinbaren sind, werden im Rahmenvertrag eine Reihe grundlegender Vereinbarungen getroffen. Sollte der DAX® bspw. während der Optionslaufzeit nicht länger von der Deutschen Börse AG gelistet und veröffentlicht werden, ist der Index-Schlussstand bei Ausübung der Option auf Grundlage der zuvor geltenden Zusammensetzung zu ermitteln. Darüber hinaus können Vereinbarungen eher praktischer Natur getroffen werden, wie die automatische Ausübung europäischer Optionen zum Laufzeitende.

Eine weitere Ausprägung des Rechtsrisikos bezieht sich auf das rechtliche Verhältnis zwischen dem Emittenten der Indexanleihe und den Investoren. Die professionellen Anbieter von Derivaten tragen gegenüber Nichtkaufleuten im Sinne des Anleger- und Gläubigerschutzes eine besondere Verantwortung. Das Wertpapierhandelsgesetz schreibt vor, dass ein Anlageberater (wozu sich auch Kreditinstiute zählen lassen) von seinen Kunden Angaben über die Erfahrung oder die Kenntnisse im Derivatgeschäft und eine Offenlegung über die mit den Geschäften verfolgten Ziele sowie über die finanziellen Verhältnisse verlangen muss. Damit verbunden ist das Einholen der Termingeschäftsfähigkeit gemäß § 53 Abs. 2 Börsengesetz, die bei Privatanlegern Voraussetzung für den Abschluss von Termingeschäften ist. Zu diesen lassen sich die in der Indexanleihe enthaltenen Optionen zählen. Die typischen Merkmale eines Börsentermingeschäfts beinhalten nach ständiger Rechtsprechung die Erfüllung zu einem in der Zukunft liegenden Zeitpunkt, die Hebelwirkung des Geschäftes sowie die Verbindung zu einem Terminmarkt, der die Möglichkeit zum Abschluss eines Gegengeschäftes erlaubt.

Bezogen auf die Indexanleihe ist festzuhalten, dass dem Anleger neben der Mindestverzinsung die Rückzahlung des Nennbetrages garantiert wird. Daher ist lediglich der DAX®-abhängige Bonus als risikobehaftete Komponente einzustufen. Hierbei handelt es sich allerdings nicht um ein typisches Termingeschäft, da der Kunde keinen Hebeleffekt erzielen kann und sein Risiko somit kalkulierbar bleibt. Demnach könnte auf die Termingeschäftsfähigkeit des Kunden verzichtet werden.

Aufgrund der Tatsache, dass sich der Emittent als Anlageberater bei Vernachlässigung der o. g. Pflichten schadenersatzpflichtig macht und Klarheit schaffende Rechtsprechung speziell für Indexanleihen bisher nicht existiert, ist eine sorgsame Entscheidung zu treffen. Das Einholen der unter Vermarktungsaspekten eher hinderlichen Termingeschäftsfähigkeit kann eine nicht zu unterschätzende rechtliche Absicherung bieten.

4.5 Betriebsrisiken

Das *Betriebs-* bzw. *Organisationsrisiko* umfasst das Risiko, dass Störungen oder Ausfälle in den für die Handelsaktivitäten eingesetzten Informationssystemen auftreten. Ferner können aufgrund von Fehlern in internen Kontrollen oder aufgrund fahrlässiger oder deliktischer Handlungen verantwortlicher Mitarbeiter unerwartete Verluste eintreten. Abbildung 11 konkretisiert die Ursachen des Betriebsrisikos, die in menschlichem Versagen, Systemversagen sowie inadäquaten internen Verfahren zu begründen sind.

Der Einfluss der mit dem Derivatgeschäft betrauten Personen und ihre Kompetenz in der Handhabung der Produkte wirkt sich entscheidend auf den Risikograd der involvierten Geschäftsbereiche und damit auf das gesamte Finanzinstitut aus. Krum-

Ursachen des Betriebsrisikos		
Menschliches Versagen	**Systemversagen**	**Interne Verfahren**
Mangelnde Qualifikation Deliktische Handlungen	Datensicherung Notfallplanung Systemausstattung	Aufbau- und Ablauforganisation Funktionale Trennung Dokumentation und Reporting Interne Revision

Abb. 11: Ursachen des Betriebsrisikos

now weist auf sog. »Financial Engineering Risiken« hin, die sich auf die Gefahr beziehen, dass aufgrund unzureichender Bewertungsmodelle und Hedgingansätze bei der Konstruktion und dem Einsatz moderner strukturierter Finanzprodukte Verluste entstehen können.[6] Erfolgt aufgrund eines »Mispricings« die Strukturierung eines neuen Produktes zu nicht marktgerechten Konditionen, könnte sich die Emission im schlimmsten Fall als Verlustgeschäft herausstellen. Diesem Risiko kann der Emittent entgegenwirken, indem er sich das Recht offen hält, das Produkt nicht oder nur zum Teil zu emittieren. Um bei unbeabsichtigt unter Marktwert emittierten Produkten die Möglichkeit zur Arbitrage für institutionelle Investoren zu begrenzen, besteht darüber hinaus die Möglichkeit, eine Höchstgrenze für Zeichnungsaufträge festzulegen.

Um eine adäquate Risikoerfassung im Sinne eines umfassenden Verstehens des Derivatgeschäfts, seiner Auswirkungen und der damit verbundenen impliziten Risiken gewährleisten zu können, ist ein umfangreiches Investment in die Qualifikation der Mitarbeiter erforderlich. Dies umfasst neben der Entwicklung eines ausgeprägten Risikobewusstseins insbesondere Fachwissen und die Fähigkeit, dieses im Umgang mit Derivaten gewinnbringend einzusetzen. Dabei ist der unternehmensinterne Aufbau von Fachwissen aufgrund der im Finanzbereich kürzer werdenden Innovationszyklen und der zunehmenden Komplexität sehr aufwendig. Hierbei stellt sich für das Finanzinstitut die Alternative, bereits vorhandenes qualifiziertes Personal durch Schulungsmaßnahmen extern oder intern ausbilden zu lassen, durch einen praktischen »learning-by-doing« Ansatz selbst Erfahrungen sammeln zu lassen oder erfahrene Spezialisten vom Markt einzukaufen oder von Wettbewerbern abzuwerben. Die Wahl der geeigneten Maßnahme hängt dabei neben dem Qualifikationslevel der eigenen Mitarbeiter auch vom Umfang des Derivatgeschäfts und nicht zuletzt mit den damit verbundenen Investitionskosten ab. Ferner ist ein Gehaltsgefüge zu schaffen, das die Gewinnung bzw. das Halten von Mitarbeitern nachhaltig gewährleistet. Unter Berücksichtigung der natürlichen Fluktuation muss gewährleistet sein, dass ein Institut jederzeit in der Lage bleibt, seine Handelsgeschäfte adäquat zu managen.

Aufbauend auf den Vorleistungen der internen Abteilungen ist der Erfolg einer Produkteinführung in hohem Maße abhängig von den Mitarbeitern der Marktbereiche. Da die für eine umfassende Kundenbetreuung unabdingbare Kenntnis über strukturierte Produkte die zuständigen Kundenbetreuer oftmals überfordert, sind Schulungsmaßnahmen ebenso unerlässlich wie eine aktive Auseinandersetzung mit dem Produkt in einer frühen Phase des Neue-Produkte-Prozesses.

5. Schlussbetrachtung

Entscheidet sich ein Kreditinstitut, seine Angebotspalette durch eine Indexanleihe zu bereichern, hat es vor deren Aufnahme in den Handel zu prüfen, ob es sich dabei um ein neuartiges Produkt im Sinne der MaH handelt. Die Entscheidungsfindung in diesem grundlegenden Punkt wird aufgrund des weiten Interpretationsspielraumes, den die Formulierung »neuartig« zulässt, erschwert. Hierbei ist eine kritische Überprüfung vorhandener systemseitiger wie personeller Ressourcen vorzunehmen, woraufhin schon bei geringen Zweifeln an der Handhabbarkeit des Produktes ein Einführungsprozess vorgenommen werden sollte.

Wird eine Indexanleihe als »neuartig« klassifiziert, verlangt der Neue-Produkte-Prozess eine umfassende Auseinandersetzung mit der Funktionsweise und der Risikostruktur des Produktes. Insbesondere die derivative Komponente der kombinierten Indexoptionen birgt ein nicht zu unterschätzendes Risikopotential. Um diese bewerten zu können, stehen eine Reihe von Optionspreismodellen zur Verfügung, von denen sich der Black & Scholes Ansatz als praktikabel erweist. Die Absicherung des Call Spreads wird über einen Micro Hedge vorgenommen, wodurch sich die Optionsrisiken der Indexanleihe zeitnah zu ihrer Strukturierung begrenzen lassen.

Durch die Emission einer Indexanleihe wird ein Kreditinstitut einer Reihe von Risiken ausgesetzt, die sich bereits während der Strukturierung und der Absicherung ergeben. Dabei schafft die Absicherung des Marktpreisrisikos durch das Glattstellen der Optionsposition im OTC Geschäft ein weiteres Risiko, das Adressenausfallrisiko. Dieses ist allerdings – eine Analyse der Bonität von Kontraktpartnern und das Einrichten von Kontrahentenlimiten vorausgesetzt – im Vergleich zu einer offenen Derivatposition als weniger gravierend anzusehen. Neben dem Liquiditätsrisiko und dem Rechtsrisiko besteht weiterhin ein Betriebsrisiko, welches, die Kompetenz verantwortlicher Mitarbeiter betreffend, als kritischer Faktor für eine erfolgreiche Produkteinführung einzuschätzen ist.

Wie die jüngsten Produktentwicklungen der Emissionshäuser zeigen, steigt die Komplexität strukturierter Finanzprodukte weiter an. Daher sollte der Neue-Produkte-Prozess nicht als Hindernis auf dem Weg einer schnellen Produkteinführung in einem konkurrenzgetriebenen Finanzgeschäft angesehen werden, sondern vielmehr als strategischer Erfolgsfaktor zum kontinuierlichen Aufbau notwendiger Fachkompetenz beitragen.

Anmerkungen

1 Das Brenner/Custadon-Modell für Indexoptionen bezieht sich auf exotische Indexoptionen.
2 Analytische Verfahren reduzieren – im Gegensatz zu Simulationsmodellen – die Optionspreisberechnung auf eine mathematische Formel und sind dadurch leicht zu handhaben.

3 Eine Bull Spread Position kann ebenfalls über den Verkauf eines Puts mit höherem und dem Kauf eines Puts mit niedrigerem Basispreis aufgebaut werden.
4 Auf eine Betrachtung der Absicherung von Zinsrisiken wird verzichtet.
5 Im Fall der Metallgesellschaft wurden durch zu leistende Marginzahlungen und daraus resultierenden Transaktionskosten die Liquiditätsreserven erschöpft und ein mit hohen Verlusten begleiteter Abbau der Derivatbestände erzwungen.
6 Als Beispiel sei die Emission exotischer Anleihen im Volumen von $1 Mrd. durch Salomon Smith Barney genannt, die im Februar 2000 aufgrund mangelhafter Strukturierung von den Investoren zurückgekauft wurde.

Literaturverzeichnis

Bundesaufsichtsamt für das Kreditwesen, Verlautbarung über Mindestanforderungen an das Betreiben von Handelsgeschäften der Kreditinstitute, Berlin, 1995.

Basler Ausschuss für Bankenaufsicht, Richtlinien für das Risikomanagement im Derivatgeschäft, Basel, 1994.

Black, Fischer/Scholes, Myron, The Pricing of Options and Corporate Liabilities, in: Journal of Political Economy, Vol. 81, 1973, S. 637–654.

Das, Satyajit, Pricing Options, in: Das, Satyajit (Hrsg.): Risk Management and Financial Derivatives: A guide to the Mathematics, Sydney, LBC Information Services, 1997, S. 221–274.

Eck, Christian/Riechert, Matthias, Zinssicherung per Termin, in: Bank Magazin, Ausgabe 6, 1998, S. 56–57.

Eller, Roland, Strukturierte Produkte im (innovativen) Aktiv- und Passivgeschäft, in: Eller, Roland/Gruber, Walter/Reif, Markus (Hrsg.): Handbuch Strukturierte Kapitalmarktprodukte, Stuttgart, Schäffer-Poeschel Verlag, 1999, S. 294–312.

Hanenberg, Ludger, Zur Verlautbarung über Mindestanforderungen an das Betreiben von Handelsgeschäften der Kreditinstitute des Bundesaufsichtsamtes für das Kreditwesen, in: Die Wirtschaftsprüfung, Heft 18/1996, S. 637–648.

Heuser-Greipl, Ulrike, Risikomanagement-Beratung für Derivate – Ein Modellansatz zur Quantifizierung des Bonitätsrisikos, Wiesbaden, Deutscher Universitätsverlag, 1999.

Jarrow, Robert, Turnbull, Stuart, Derivative Securities, Cincinnati, South Western College Publishing, 1996.

Scharpf, Paul/Luz, Günther, Risikomanagement, Bilanzierung und Aufsicht von Finanzderivaten, Stuttgart, Schäffer Poeschel Verlag, 1996.

Walther, Wolfgang, Risiko-Management im derivativen Geschäft, in: Rudolph, Bernd (Hrsg.): Derivative Finanzinstrumente, Stuttgart, 1995, S. 287–300.

Caps und Floors im Bilanzstrukturmanagement

Markus Reif*/Björn Lorenz**

Inhalt

1. Einleitung

2. Bewertung von Caps und Floors
   2.1 Theoretische Grundlagen
   2.2 Beispielrechnung

3. In der Praxis beobachtete Kurven

4. Strategien bei den dargestellten Zinssituationen

5. Historische Beispiele

6. Schlussbetrachtung

Anmerkung

Literaturverzeichnis

Anhang

Abkürzungsverzeichnis

---

* Markus Reif ist Geschäftsführer der Roland Eller Consulting und als Trainer sowie Berater für die Bereiche derivative Finanzinstrumente, Risiko- und Bilanzstrukturmanagement verantwortlich.

** Björn Lorenz arbeitet als Berater bei Roland Eller Consulting GmbH mit Schwerpunkt Aufsichtsrecht und Risikomanagement. Er war zuvor als Händler bei einer Sparkasse tätig.

1. Einleitung

Caps und Floors sind optionsähnliche Instrumente, um sich gegen Schwankungen der Geldmarktsätze zu schützen. Während Caps als *Sicherungsinstrument* für variable Kredite gegen steigende Zinsen dienen, sind Floors für Anleger interessant, die sich gegen fallende Geldmarktsätze absichern wollen. Caps und Floors werden auch als Zinsbegrenzungsverträge bezeichnet, da sie die Schwankung eines variablen Zinssatzes (z.B. 6-Monats-EURIBOR) bei einem Cap nach oben *(Zinsobergrenze)* und bei einem Floor nach unten *(Zinsuntergrenze)* begrenzen.

Ein Cap ist eine Vereinbarung zwischen dem Verkäufer des Caps (short Cap) und dem Käufer (long Cap), dass bei Steigen eines festgelegten Marktzinssatzes (z.B. 6-Monats-EURIBOR) über eine vereinbarte Zinsobergrenze der Verkäufer den Differenzbetrag bezogen auf einen vereinbarten Nominalbetrag erstattet. Caps werden unter anderem zur Absicherung steigender variabler Refinanzierungskosten bei der Fristentransformation eingesetzt. Die Zinsobergrenze wird auch als Strike Price oder Basispreis bezeichnet. Die Cap-Prämie wird in der Regel einmalig zu Beginn der Vertragslaufzeit bezahlt und ist als einmalige Versicherungsprämie gegen steigende Geldmarktsätze zu interpretieren.

Floors sind das Gegenstück zu Caps. Während Caps variable Zinsen nach oben begrenzen, limitiert ein Floor das variable Zinsrisiko nach unten (Zinsuntergrenze). Ein Floor ist eine Vereinbarung zwischen dem Verkäufer des Floors (short Floor) und dem Käufer (long Floor), dass bei Fallen eines festgelegten Marktzinses (z.B. 6-Monats-EURIBOR) unter eine vereinbarte Zinsuntergrenze der Verkäufer dem Käufer den Differenzbetrag bezogen auf einen vereinbarten Nominalbetrag erstattet. Floors werden vor allem zur Absicherung von Zinsänderungsrisiken eingesetzt, die sich aus variablen Anlagen (z.B. Floating Rate Notes) oder variablen Kreditforderungen ergeben. Die Zinsuntergrenze wird entsprechend der Analogie bei Caps ebenfalls als Strike Price oder Basispreis bezeichnet.

Im Bilanzstrukturmanagement werden gegenwärtig Caps und Floors fast ausschließlich auf Basis von GuV-Überlegungen eingesetzt. Wenn mit steigenden Geldmarktzinsen gerechnet wird, erwirbt man einen Cap und wenn Bilanzpositionen gegen fallende Geldmarktzinsen abgesichert werden sollen, kauft man einen Floor. Die Wertentwicklung der Option stand bei dieser Betrachtungsweise im Hintergrund. Mit Einführung der Mindestanforderungen an das Betreiben von Handelsgeschäften *(MaH)* musste die Optionsposition regelmäßig bewertet werden. Dabei konnte man mitunter feststellen, daß sich der Wert eines Caps, trotz steigender Geldmarktsätze, verringert hat. Im folgenden Beitrag wird dieser Zusammenhang genauer betrachtet und konkrete Ansätze für das Bilanzstrukturmanagement unter Berücksichtigung der barwertigen Sichtweise erläutert.

2. Bewertung von Caps und Floors

Im Folgenden wird die generelle Vorgehensweise bei der Bewertung von Caps und Floors erläutert. Dabei werden im ersten Schritt die theoretischen Grundlagen bei der Berechnung fokussiert. In der daran anschließenden Beispielrechnung wird die Vorgehensweise bei einem konkreten Caplet behandelt (2.2).

2.1 Theoretische Grundlagen

Die Bewertung von Caps und Floors basiert auf dem *Black 76 Modell*. Dieses Modell geht auf eine Publikation von Fischer Black (1976) zurück, deren Gegenstand die Bewertung von Future-Optionen ist. Da sich die Herleitung der *Optionspreisformel* von Black in vielen Lehrbüchern findet, wird an dieser Stelle darauf verzichtet. Der Preis eines Caps oder Floors stellt die Summe der einzelnen Caplets bzw. Floorlets dar. Nachfolgend wird die Berechnung eines Caplets genauer vorgestellt.

Black 76-Formel für Caplets

(1) $C = N(T'-T) B_R(t,T') [R(T,T'/t) N(d_1) - X N(d_2)]$

Black 76-Formel für Floorlets

(2) $F = N(T'-T) B_R(t,T') [X N(-d_2) - R(T,T'/t) N(-d_1)]$

(3) $d_1 = \dfrac{\ln(R(T,T'/t)/X) + \dfrac{1}{2}\sigma^2 (T-t)}{\sigma \sqrt{(T-t)}}$

(4) $d_2 = d_1 - \sigma \sqrt{(T-t)}$

Barwert eines Cap

(5) $Cap = \sum_{i=1}^{n} C$

Barwert des Floor

(6) $Floor = \sum_{i=1}^{n} F$

Basiswert der einzelnen Caplets und Floorlets ist der jeweilige Forwardsatz (R(T,T'/t)). Dementsprechend hängt die Wertentwicklung von der Veränderung der Forwardsätze und damit von der Bewegung der Zinsstrukturkurve ab. Bei der Berechnung der Forwards ist es sinnvoll, so lange wie möglich mit Diskontfaktoren zu arbeiten. Diskontfaktoren haben den Vorteil, dass keine Konventionsvorgaben (z.B. act/act) notwendig sind. Nachfolgend sind die Formeln zur Ermittlung der Diskontfaktoren dargestellt. Dabei unterscheidet man zwischen *linearer Verzinsung* (i.d.R. Geldmarkt) und *exponentieller Verzinsung* (i.d.R. Kapitalmarkt).

Lineare Verzinsung

(7) $B_r(t,T) = \dfrac{1}{1 + R(t-T)}$

Exponentielle Verzinsung

(8) $B_r(t,T) = \dfrac{1}{(1+R)^{(T-t)}}$

Nachdem eine hinreichende Anzahl Diskontfaktoren ermittelt wurde, wird daraus eine Kurve definiert. Aus dieser Kurve können dann alle notwendigen Diskontfaktoren interpoliert werden. Die erforderlichen *Forward-Diskontfaktoren* werden über folgende Formel berechnet:

$$(9) \quad B_R(T,T'/t) = \frac{B_R(t,T')}{B_R(t,T)} \qquad \forall \ t \leq T \leq T'$$

Die Zinssätze, die für die weiteren Berechnungen notwendig sind, können wie folgt unter Verwendung der am Markt üblichen Konventionen ermittelt werden. Nachfolgend werden die Formeln für die am deutschen Geld- bzw. Kapitalmarkt übliche lineare und exponentielle Verzinsung dargestellt.

$$(10) \quad R_{Linear}(T,T'/t) = \frac{\left(\frac{1}{B_R(T,T'/t)}\right) - 1}{(T'-T)}$$

$$(11) \quad R_{Exponentiell}(T,T'/t) = \left(\frac{1}{B_R(T,T'/t)}\right)^{\frac{1}{(T'-T)}} - 1$$

In Kapitel 2.2 wird nun beispielhaft der Wert eines Caplets auf Basis obiger Formeln ermittelt.

2.2 Beispielrechnung

Anhand der nachfolgenden Berechnungen werden die unter Punkt 2.1 dargestellten theoretischen Grundlagen, genauer erläutert. Dafür wird die *Renditestrukturkurve* vom Januar 1999 (Tabelle 1) verwendet. Die Spezifikationen des Caps stellen sich wie folgt dar:

Laufzeit Cap:	10 Jahre
Strike Cap:	6,5 %
Referenzzins:	6-Monats EURIBOR
Nominalbetrag:	10.000.000,– DEM
Laufzeitbeginn:	15.1.99

Der Fair Value und die Sensitivitätskennzahlen für den Cap sind in Abbildung 1 ersichtlich.

Anhand des letzten Caplets wird die Berechnung ausführlich erläutert.

Im ersten Schritt wird der Forwardsatz ermittelt. Dazu werden aus der Kurve die Diskontfaktoren für den 15.7.08 und den 15.1.09 interpoliert und dann in Formel 9 eingesetzt.

	Jan. 99
6 m	3,011
1 y	3,050
2 y	3,250
3 y	3,380
4 y	3,490
5 y	3,580
6 y	3,670
7 y	3,740
8 y	3,820
9 y	3,890
10 y	3,950

Tab. 1: Renditestrukturkurve vom Januar 1999

$B_R(t,T) = 0,6909405213$
$B_R(t,T') = 0,6753183316$

$$B_R(T,T'/t) = \frac{0,6753183316}{0,6909405213}$$
$B_R(T,T'/t) = 0,9773899645$

Aus den so ermittelten Forward-Diskontfaktoren wird dann der *Forwardsatz* berechnet. Dazu wird Formel 10 verwendet.

$B_R(T,T'/t) = 0,9773899645$
$T = 15.07.2008$
$T' = 15.01.2009$

$$R_{Linear}(T,T'/t) = \frac{\left(\frac{1}{0,97738996\ 45}\right) - 1}{\frac{(15.01.2009 - 15.07.2008)}{360}}$$

$$R_{Linear}(T,T'/t) = \frac{\left(\frac{1}{0,97738996\ 45}\right) - 1}{\frac{184}{360}}$$

$R_{Linear}(T,T'/t) = 4,526\ \%$

Caps — Analyse und Sensitivitäten
Eller Derivate Pricer - © 1996-2000 RiskTrak

Ausübungspreis%	6,500%
Libor-Spread	0,000%
Settlementtyp (E/S)	Standard
Laufzeitbeginn	15.01.99
Rollover Tag	
Fälligkeitstag	10y
Konv. Var.	Act/360;FIX;TAR
Dauer Zinsperiode (Monate)	6
Überlange Erste	
Gebr. Letzte	
Währung Nominalbetrag	DEM
Nominalbetrag in DEM	10.000.000
Optionsposition (L/S)	Long
Meldung	_ANCAP

Zinsstrukturkurve	SWAPGELD
Renditevolatilität	15,00%
Bewertungsdatum	15.01.99
Ausgabe in Währungseinheit	DEM
Fair Value in DEM	69.065,18
Delta/ bp in DEM	849,11
Gamma /bp/% in DEM	765,83
Vega /% in DEM	13.599,68
Theta /day in DEM	-41,67
PVBP in DEM	767,75
Volatilität	15,00%
Marktpreis des Caps in DEM	69.065
Quotiert in Währungseinheit	DEM
Impl. Volatilität aus Marktpreis	15,00%

Cap Übersicht

Laufzeitbeginn	Fälligkeitstag	Ausübungspreis	Nominalbetrag in DEM	ForwardSatz	Barwert in DEM
15.01.99	15.07.99	6,50%	10.000.000	3,07%	0,00
15.07.99	15.01.00	6,50%	10.000.000	2,90%	0,00
15.01.00	15.07.00	6,50%	10.000.000	3,27%	0,02
15.07.00	15.01.01	6,50%	10.000.000	3,47%	3,31
15.01.01	15.07.01	6,50%	10.000.000	3,51%	24,54
15.07.01	15.01.02	6,50%	10.000.000	3,64%	124,34
15.01.02	15.07.02	6,50%	10.000.000	3,70%	302,76
15.07.02	15.01.03	6,50%	10.000.000	3,81%	679,63
15.01.03	15.07.03	6,50%	10.000.000	3,84%	1.014,67
15.07.03	15.01.04	6,50%	10.000.000	3,93%	1.653,74
15.01.04	15.07.04	6,50%	10.000.000	4,02%	2.402,41
15.07.04	15.01.05	6,50%	10.000.000	4,11%	3.356,35
15.01.05	15.07.05	6,50%	10.000.000	4,08%	3.646,68
15.07.05	15.01.06	6,50%	10.000.000	4,16%	4.647,18
15.01.06	15.07.06	6,50%	10.000.000	4,33%	6.270,03
15.07.06	15.01.07	6,50%	10.000.000	4,41%	7.620,54
15.01.07	15.07.07	6,50%	10.000.000	4,42%	8.019,03
15.07.07	15.01.08	6,50%	10.000.000	4,49%	9.347,28
15.01.08	15.07.08	6,50%	10.000.000	4,46%	9.391,70
15.07.08	15.01.09	6,50%	10.000.000	4,53%	10.560,98

Abb. 1: Kennzahlen der einzelnen Caplets

Jetzt stehen alle erforderlichen Daten für die Berechnung des *Fair Value* der Option zur Verfügung. Nun können mit Formel 3 und 4 die Werte für d_1 und d_2 bestimmt werden.

$R(T, T'/t)$ = 4,526 %
X = 6,500 %
σ = 15,00 %
T = 15.07.2008
t = 15.01.1999

$(T - t) = (15.07.2008 - 15.01.2009) / 365$
$(T - t) = 9{,}504$

$$d_1 = \frac{\left(\ln(4{,}526\% / 6{,}500\%) + \frac{1}{2} * 15{,}00\%^2 * 9{,}504\right)}{\left(15{,}00\% * \sqrt{(9{,}504)}\right)}$$

$d_1 = -0{,}55153$

$d_1 = -0{,}55153$
$\sigma = 15{,}00\%$
$(T - t) = 9{,}504$

$d_2 = -0{,}55153 - 15{,}00\% * \sqrt{9{,}504}$
$d_2 = -1{,}01395$

Nachdem d_1 und d_2 ermittelt wurden, müssen nun die Funktionswerte der Standardnormalverteilung errechnet werden. Die entsprechenden Werte können aus der in Anlage 1 beigefügten Tabelle ermittelt werden. Darin findet man jedoch nur die Funktionswerte für 0,55 (0,7088) und 0,56 (0,7123). Zwischen diesen beiden Werten befindet sich die gesuchte Wahrscheinlichkeit. Der exakte Wert wird dann durch *lineare Interpolation* bestimmt.

$N(d_1) = 0{,}7088 + (0{,}7123 - 0{,}7088) * 0{,}00150784284328400000 * 100$
$N(d_1) = 0{,}709327745$

Da d1 negativ ist, ergibt sich folgender Zusammenhang:

$N(-x) = 1 - N(x)$
$N(-d_1) = 1 - 0{,}709327745$
$N(-d_1) = 0{,}290672255$

Die Ermittlung von N(d2) erfolgt analog:

$N(d_2) = 0{,}8438 + (0{,}8461 - 0{,}8438) * 0{,}00393888175982000000 * 100$
$N(d_2) = 0{,}844705943$
$N(-d_2) = 1 - 0{,}844705943$
$N(-d_2) = 0{,}155294057$

Alternativ zu der hier vorgestellten Variante bieten Tabellenkalkulationsprogramme i.d.R. eine entsprechende Formel zur Ermittlung der Funktionswerte der Standardnormalverteilung. Bei Verwendung dieser Funktion ergeben sich folgende Werte:

$N(d_1) = 0{,}2906427634$

$N(d_2) = 0{,}1553059696$

Nachdem nun alle Zwischenergebnisse zur Verfügung stehen, kann mittels Formel 1 der faire Wert des Caplets[1] ermittelt werden.

N = 10.000.000,00 DM
T = 15.07.2008
T' = 15.01.2009
$B_R(t,T')$ = 0,6753183316
$R(T,T'/t)$ = 4,526 %
$N(d_1)$ = 0,2906427634
X = 6,500 %
$N(d_2)$ = 0,1553059696

$(T'-T)$ = (15.01.2009 - 15.07.2008) / 360
$(T'-T)$ = 0,511
C = 10.000.000,00 DM * 0,511 * 0,6753183316 [4,526 % * 0,2906427634 - 6,500 % * 0,1553059696]
C = 10.558,31

Die Berechnungen müssen nun analog für alle weiteren Caplets erfolgen. Um den Fair Value des Caps zu erhalten, werden im letzten Schritt (Formel 5 und 6) die Werte der einzelnen Caplets addiert.

3. In der Praxis beobachtete Kurven

In dem nun folgenden Abschnitt werden historische Zinsstrukturkurvenverläufe genauer analysiert und versucht, eine Routine bei deren Veränderung festzulegen. In Abbildung 2 wird die historische Entwicklung einjähriger und zehnjähriger Renditen dargestellt. Entsprechend ist in Abbildung 3 die Differenz bzw. der Spread zwischen diesen beiden Zinssätzen über die vergangenen vierzehn Jahre grafisch dargestellt.

Es ist erkennbar, dass sehr steile Kurven in der Regel bei einem relativ niedrigen Zinsniveau vorkommen. Dies ist in den Jahren 1988, 1995 und 1997 deutlich nachvollziehbar. Hier weiteten sich die Spreads zwischen ein- und zehnjährigen Renditen auf über 300 Basispunkte aus. Was auf niedrigerem Niveau hingegen sehr selten zu finden ist, sind inverse Zinskurven. Eine ähnliche Aussage kann auch für Hochzinsphasen getroffen werden. Wie in den Jahren 1991 und 1992 deutlich wird, sind steile Kurven auf hohem Niveau ebenfalls sehr selten. Hier finden sich eher flache Kurven (1990 und 1991) bzw. inverse Kurven (1992). Zusammenfassend können, anhand der obigen Erläuterungen, folgende Aussagen getroffen werden:

- In einer Hochzinsphase findet man i.d.R. *inverse Zinskurven.*
- Invertierungen sind mit äußerst großer Wahrscheinlichkeit nur bei einem sehr hohen Zinsniveau zu beobachten.
- Sehr steile Kurven existieren i.d.R. nur bei relativ niedrigen Geldmarktzinsen.
- Extrem flache Kurven sind bei sehr niedrigen Renditen eher unwahrscheinlich.

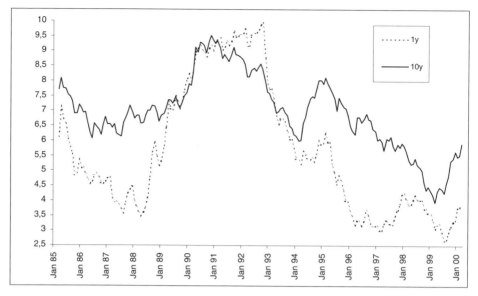

Abb. 2: Historische Entwicklung ein- und zehnjähriger Renditen

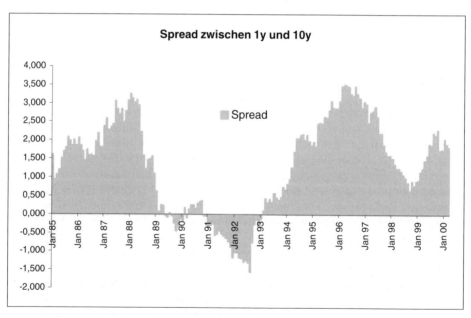

Abb. 3: Historische Entwicklung des *Spreads* zwischen ein- und zehnjährigen Renditen

Zusammenfassend werden in Abbildung 5 die beobachteten Veränderungen der Zinskurve stark vereinfacht dargestellt.

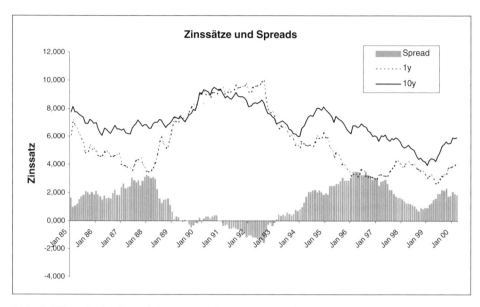

Abb. 4: Historische Entwicklung von Renditen und Spreads

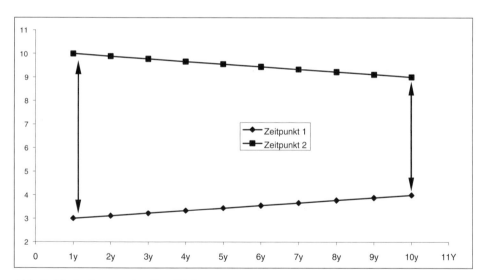

Abb. 5: Veränderung der Renditekurve

4. Strategien bei den dargestellten Zinssituationen

Im folgenden Abschnitt wird die strategische Vorgehensweise beim Kauf von Caps und Floors im Bilanzstrukturmanagement genauer erläutert. Dabei werden sowohl GuV- als auch die *Barwert-Sichtweise* gleichermaßen berücksichtigt. Ziel ist es, im ersten Schritt die Zinskurven zu finden, bei denen sowohl aus GuV- als auch aus Barwert-Überlegungen der Einsatz von Zinsbegrenzungsverträgen gleichermaßen sinnvoll ist.

Wie bereits in Kapitel zwei erläutert, hängt die Preisbildung und damit auch die Wertveränderung von Caps und Floors nicht allein von den kurzfristigen Zinssätzen (EURIBOR) sondern auch von der Entwicklung der gesamten Zinsstrukturkurve ab. Daher muss vor dem Einsatz von Caps und Floors nicht nur eine Meinung über die Veränderung der kurzfristigen Sätze gebildet werden, vielmehr ist eine Zinsmeinung für die gesamte Renditestrukturkurve zu definieren. Außerdem sind die aus Kapitel drei festgestellten, typischen Veränderungen der Renditestrukturkurve mit in die Überlegungen einzubeziehen.

Zunächst werden in Abbildung 6 verschiedene Renditestrukturkurven dargestellt. Anschließend werden anhand dieser Kurven die möglichen Strategien beschrieben. Es wird angenommen, dass sich der Strike der Option an den aktuellen Geldmarktsätzen orientiert.

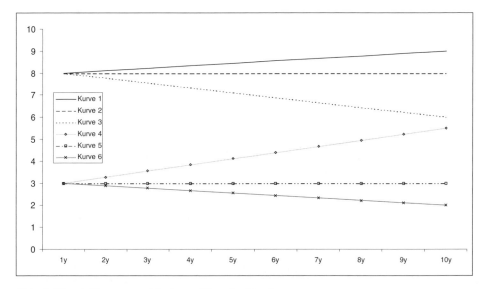

Abb. 6: Darstellung verschiedener Zinsstrukturkurven

Kurve 4
Eine steile Kurve auf einem relativ niedrigem Zinsniveau findet man in der Historie verhältnismäßig häufig.

Aus GuV-Überlegungen ist in dieser Situation der Einsatz eines Caps durchaus sinnvoll. Dabei stützt sich die Entscheidung ausschließlich auf das kurzfristige Zinsniveau. Da dieses relativ niedrig ist, ist auch der Kauf eines Caps, um das Risiko steigender kurzfristiger Zinssätze zu reduzieren, empfehlenswert.

Aus Barwert-Überlegungen ist der Kauf eines Caps eher uninteressant. Diese Entscheidung ist allein von der Zinsstrukturkurve geprägt. Aufgrund ihrer Steilheit sind die Forwardsätze sehr hoch und damit ist auch der Cap außergewöhnlich teuer.

Bei einer steilen Kurve auf einem relativ niedrigem Zinsniveau lassen sich GuV- und Barwert-Sichtweise nicht in Einklang bringen, daher ist auch der Kauf von Caps in dieser Zinssituation als problematisch einzuordnen.

Kurve 3
Inverse Kurven bei vergleichsweise hohen Renditen sind in der Vergangenheit ebenfalls relativ häufig zu beobachten gewesen.

Auch in dieser Situation ist aus GuV-Überlegungen der Kauf eines Floors durchaus sinnvoll. Dabei stützt sich die Entscheidung wiederum auf das kurzfristige Zinsniveau. Da dieses relativ hoch ist, ist auch der Einsatz eines Floors, um das Risiko sinkender kurzfristiger Zinssätze zu reduzieren, zu empfehlen.

Aus Barwert-Überlegungen ist der Kauf eines Floors eher uninteressant. Aufgrund der inversen Struktur der Zinskurve sind die Forwardsätze relativ niedrig und damit der Preis eines Floors verhältnismäßig hoch.

Somit lassen sich auch bei einer inversen Kurve auf relativ hohem Niveau GuV- und Barwert-Sichtweise nicht in Einklang bringen, daher ist der Kauf eines Floors in dieser Zinssituation eher problematisch.

Kurve 5
Eine flache Zinsstrukturkurve auf niedrigem Niveau findet man in der Historie eher selten.

Da das kurzfristige Zinsniveau relativ niedrig ist, ist auch der Kauf eines Caps, um das Risiko steigender Geldmarktsätze zu reduzieren, durchaus interessant.

Aus Barwert-Überlegungen ist der Kauf eines Caps ebenfalls interessant. Aufgrund der flachen Kurve auf niedrigem Niveau sind auch die Forwardsätze relativ niedrig und damit ist der Preis eines Caps vergleichsweise günstig.

Bei einer flachen Kurve auf niedrigem Niveau lassen sich GuV- und Barwert-Sichtweise erstmals in Einklang bringen, daher ist der Kauf eines Caps in dieser Zinssituation als empfehlenswert einzuordnen.

Kurve 2
Eine flache Kurve bei relativ hohen Renditen ist auch eher selten.

Aus GuV-Überlegungen ist in dieser Situation der Kauf eines Floors durchaus sinnvoll. Da das Zinsniveau relativ hoch ist, ist auch ein Floor, um das Risiko sinkender kurzfristiger Zinssätze zu reduzieren, zu empfehlen.

Aus Barwert-Überlegungen ist der Kauf eines Floors ebenfalls sehr interessant. Da bei einer flachen Kurve auf hohem Niveau die Forwardsätze relativ hoch sind, ist auch der Preis des Floors relativ niedrig.

Bei einer flachen Kurve auf einem hohen Niveau lassen sich GuV- und Barwert-Sichtweise gleichermaßen in Einklang bringen, folglich ist auch in dieser Zinssituation der Kauf von Floors als empfehlenswert einzuordnen.

Kurve 6
Eine inverse Kurve auf niedrigem Niveau kommt in der Praxis sehr selten vor.

Aus GuV-Überlegungen ist in dieser Situation der Kauf eines Caps durchaus sinnvoll. Dabei stützt sich die Entscheidung wiederum ausschließlich auf das kurzfristige Zinsniveau. Da dieses relativ niedrig ist, ist auch der Einsatz eines Caps, um das Risiko steigender kurzfristiger Zinssätze zu reduzieren, zu empfehlen.

Aus Barwert-Überlegungen ist der Kauf eines Caps noch wesentlich interessanter. Aufgrund der inversen Kurve auf niedrigem Niveau sind die Forwardsätze sehr niedrig und damit ist auch der Preis eines Caps sehr niedrig.

Bei einer inversen Kurve auf niedrigem Niveau lassen sich GuV- und Barwert-Sichtweise ebenfalls in Einklang bringen, daher ist der Einsatz von Caps in dieser Zinssituation als sehr empfehlenswert einzuordnen.

Kurve 1
Eine steile Kurve bei verhältnismäßig hohen Zinsen ist in der Historie auch sehr selten zu finden.

Aus GuV-Überlegungen ist in dieser Situation der Kauf von Floors durchaus sinnvoll. Da EURIBOR relativ hoch ist, ist auch der Einsatz eines Floors, um das Risiko zu reduzieren, zu empfehlen.

Aus Barwert-Überlegungen ist der Floor sehr interessant. Die Entscheidung ist wiederum von der Zinsstrukturkurve geprägt. Aufgrund ihrer Steilheit auf hohem Niveau sind die Forwardsätze sehr hoch und damit ist der Preis eines Floors sehr niedrig.

Bei einer flachen Kurve auf einem hohen Niveau lassen sich GuV- und Barwert-Sichtweise in Einklang bringen, daher ist der Einsatz von Floors in dieser Zinssituation als sehr empfehlenswert einzuordnen.

In Tabelle 2 sind die Ergebnisse der obigen Ausführungen nochmals zusammengefasst.

	Steile Zinsstrukturkurve auf niedrigem Niveau Kurve 4	Inverse Zinsstrukturkurve auf hohem Niveau Kurve 3	Flache Zinsstrukturkurve auf niedrigem Niveau Kurve 5
Geldmarktsätze	niedrig	Hoch	niedrig
Forward-Sätze	relativ hoch	relativ niedrig	relativ niedrig
Instrument	Kauf Cap	Kauf Floor	Kauf Cap
GUV-Sicht	Sinnvoll, da kurzfristige Zinsen niedrig	Sinnvoll, da kurzfristige Zinsen hoch	Sinnvoll, da kurzfristige Zinsen niedrig
BW-Sicht	Weniger sinnvoll, da FW-Sätze relativ hoch und damit Cap sehr teuer	Weniger sinnvoll, da FW-Sätze relativ niedrig und damit Floor sehr teuer	Sinnvoll, da FW-Sätze relativ niedrig und damit Cap günstig
Fazit	Kauf eines Cap ist eher problematisch	Kauf eines Floor ist eher problematisch	Kauf eines Cap ist empfehlenswert

Tab. 2: Einsatz von Caps und Floors aus GuV und Barwertsicht

	Flache Zinsstrukturkurve auf hohem Niveau Kurve 2	**Inverse Zinsstrukturkurve auf niedrigem Niveau Kurve 6**	**Steile Zinsstrukturkurve auf hohem Niveau Kurve 1**
Geldmarktsätze	hoch	Niedrig	hoch
Forward-Sätze	relativ hoch	Niedrig	hoch
Instrument	Kauf Floor	Kauf Cap	Kauf Floor
GUV-Sicht	Sinnvoll, da kurzfristige Zinsen hoch	Sinnvoll, da kurzfristige Zinsen niedrig	Sinnvoll, da kurzfristige Zinsen hoch
BW-Sicht	Sinnvoll, da FW-Sätze relativ hoch und damit Floor günstig	Sinnvoll, da FW-Sätze sehr niedrig und damit Cap sehr billig	Sinnvoll, da FW-Sätze sehr hoch und damit Floor sehr billig
Fazit	Kauf eines Floor ist empfehlenswert	Kauf eines Cap ist sehr empfehlenswert	Kauf eines Floor ist sehr empfehlenswert

Tab. 3: Einsatz von Caps und Floors aus GuV und Barwertsicht

Um nun die gewonnen Erkenntnisse in eine Strategie umzusetzen, ist die nachfolgend beschriebene Vorgehensweise anzuwenden.

Zunächst wird eine Prognose über den zukünftig erwarteten Zinskorridor getroffen. Dabei ist das Niveau zu berücksichtigen, in dem sich die für den entsprechenden Betrachtungszeitraum maßgeblichen Zinssätze bewegen werden. Soll beispielsweise eine Strategie mit einem zehnjährigen Cap durchgeführt werden, so ist der Korridor zu definieren, in welchem sich die Kurve zwischen Tagesgeld und zehnjährigen Renditen in Zukunft bewegen kann. Auf Basis dieses prognostizierten *Zinskorridors* und der gegenwärtig am Markt beobachteten Kurve können nach der in Tabelle 2 erläuterten Vorgehensweise Strategien mit Caps und Floors abgeleitet werden, die sowohl aus GuV- als auch aus Barwert-Sichtweise vorteilhaft sind. Das nachfolgende Beispiel soll dies genauer erläutern.

1. Schritt
Um den Zeitwertverlust der Option möglichst gering zu halten, wird eine Strategie mit einem zehnjährigen Planungshorizont aufgebaut. Bei der Schätzung des Zinskorridors ist das Niveau zu prognostizieren, in dem sich die Kurve zwischen Tagesgeld und zehnjährigen Renditen zukünftig bewegen wird.

Zinsuntergrenze => 3%
Zinsobergrenze => 7%

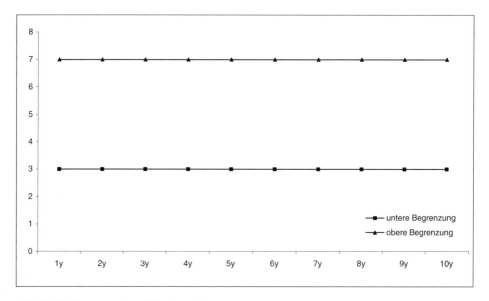

Abb. 7: Schätzung eines Zinskorridors

2. Schritt
Danach wird in den prognostizierten Korridor die gegenwärtig am Markt beobachtete Zinskurve eingetragen.

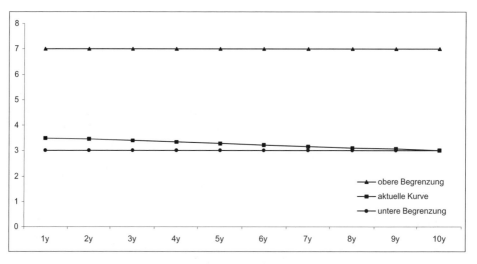

Abb. 8: Abbildung der aktuellen Zinskurve im Zinskorridor

3. Schritt
Wie aus Abbildung 8 ersichtlich, ist eine inverse Zinsstrukturkurve auf einem sehr niedrigem Niveau zu beobachten. Daraus kann nun eine strategische Vorgehensweise abgeleitet werden, bei der sowohl die GuV- als auch die Barwert-Sichtweise berücksichtigt werden.

Aus GuV-Überlegungen ist in dieser Situation der Kauf eines Caps sehr sinnvoll. Dabei stützt sich die Entscheidung ausschließlich auf das kurzfristige Zinsniveau. Da dieses relativ niedrig ist, ist auch der Einsatz eines Caps, um das Risiko steigender kurzfristiger Zinssätze zu reduzieren, zu empfehlen.

Aus Barwert-Überlegungen ist der Kauf eines Caps gleichermaßen interessant. Aufgrund der inversen Kurve auf niedrigem Niveau sind auch die Forwardsätze sehr niedrig und damit ist auch der Preis eines Caps außergewöhnlich günstig.

Da GuV- als auch Barwert-Betrachtung in unserem Beispiel deckungsgleich sind, ist der Kauf eines Caps sehr zu empfehlen.

5. Historische Beispiele

Im folgenden Abschnitt wird die praktische Umsetzung der in Kapitel vier beschriebenen Strategien an zwei historischen Beispielen genauer erläutert.

Zinskurve – Januar 1996

1. Schritt
Am Anfang ist der künftig zu erwartende Zinskorridor festzulegen. Da aufgrund der damaligen volkswirtschaftlichen Rahmenbedingungen ein Absenken des allgemeinen Zinsniveaus erwartet wurde, wäre ein prognostizierter Korridor zwischen 2% und 6,5% denkbar gewesen.

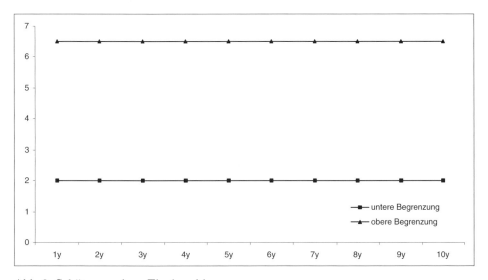

Abb. 9: Schätzung eines Zinskorridors

2. Schritt

Nach der Definition des Korridors ist die aktuelle Renditestrukturkurve einzutragen.

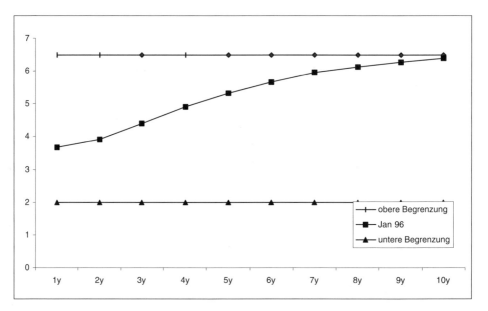

Abb. 10: Abbildung der Zinskurve im Zinskorridor

3. Schritt

Wie aus Abbildung 10 ersichtlich, findet man eine steile Renditestrukturkurve auf relativ hohen Niveau vor.

In dieser Situation ist aus GuV-Überlegungen der Kauf eines Floors durchaus attraktiv. Dabei stützt sich die Entscheidung rein auf das kurzfristige Zinsniveau. Da dieses relativ hoch ist, ist auch der Kauf des Floors, um das Risiko sinkender kurzfristiger Zinssätze zu reduzieren, zu empfehlen.

Aus Barwert-Überlegungen ist der Erwerb eines Floors ebenfalls sehr interessant. Aufgrund der steilen Renditestrukturkurve auf hohem Niveau sind die Forwardsätze sehr hoch und damit ist auch der Preis eines Floors sehr günstig.

Da bei der in Abbildung 10 dargestellten Kurve GuV- als auch Barwert-Sichtweise in Einklang zu bringen sind, ist auch der Erwerb des Floors zu empfehlen.

Die Wertentwicklung dieser Strategie wird anhand des folgenden Beispiels simuliert:

Laufzeit Floor: 10 Jahre
Stike Floor: 3,5%
Referenzzins: 6-Monats LIBOR / EURIBOR
Nominalbetrag: 10.000.000,– DEM
Bewertungsdatum: 15.1.96

Am 15. Januar 1996 stellte sich das Pricing des Floors wie folgt dar:

Floors — Analyse und Sensitivitäten
Eller Derivate Pricer - © 1996-2000 RiskTrak

Ausübungspreis%	3,500%	Zinsstrukturkurve	JANUAR1996
Libor-Spread	0,000%	Renditevolatilität	15,00%
Settlementtyp (E/S)	Standard	Bewertungsdatum	15.01.96
Laufzeitbeginn	15.01.96		
Rollover Tag		Ausgabe in Währungseinheit	DEM
Fälligkeitstag	10y		
Konv. Var.	Act/360;mf;w;TAR	Fair Value in DEM	41.627,17
Dauer Zinsperiode (Monate)	6	Delta/ bp in DEM	-604,43
Überlange Erste		Gamma /bp/% in DEM	341,95
Gebr. Letzte		Vega /% in DEM	4.582,15
Währung Nominalbetrag	DEM	Theta /day in DEM	-24,62
Nominalbetrag in DEM	10.000.000	PVBP in DEM	-592,76
Optionsposition (L/S)	Long	Volatilität	15,00%
		Marktpreis des Floors in DEM	41.627,17
		Quotiert in Währungseinheit	DEM
Meldung	_ANFLOOR	Impl. Volatilität aus Marktpreis	15,00%

Floor Übersicht

Laufzeitbeginn	Fälligkeitstag	Ausübungspreis	Nominalbetrag in [	ForwardSatz	Barwert in DEM
15.01.96	15.07.96	3,50%	10.000.000	3,29%	0,00
15.07.96	15.01.97	3,50%	10.000.000	2,90%	29.886,75
15.01.97	15.07.97	3,50%	10.000.000	4,46%	629,52
15.07.97	15.01.98	3,50%	10.000.000	5,38%	120,50
15.01.98	15.07.98	3,50%	10.000.000	5,37%	339,66
15.07.98	15.01.99	3,50%	10.000.000	5,91%	225,81
15.01.99	15.07.99	3,50%	10.000.000	5,90%	411,63
15.07.99	17.01.00	3,50%	10.000.000	6,30%	364,79
17.01.00	17.07.00	3,50%	10.000.000	6,34%	503,92
17.07.00	15.01.01	3,50%	10.000.000	6,66%	477,40
15.01.01	16.07.01	3,50%	10.000.000	6,66%	636,06
16.07.01	15.01.02	3,50%	10.000.000	6,92%	627,11
15.01.02	15.07.02	3,50%	10.000.000	6,93%	769,85
15.07.02	15.01.03	3,50%	10.000.000	7,15%	776,54
15.01.03	15.07.03	3,50%	10.000.000	7,25%	841,19
15.07.03	15.01.04	3,50%	10.000.000	7,45%	848,94
15.01.04	15.07.04	3,50%	10.000.000	7,37%	1.030,58
15.07.04	17.01.05	3,50%	10.000.000	7,54%	1.052,33
17.01.05	15.07.05	3,50%	10.000.000	7,69%	1.029,95
15.07.05	16.01.06	3,50%	10.000.000	7,86%	1.054,66

Abb. 11: Pricing des Floors am 15. Januar 1996

Die erwartete Verflachung der Zinsstrukturkurve konnte bis Anfang 1999 beobachtet werden. Welchen Barwert der Floor am 15. Januar 1999 hatte, ist in Abbildung 12 ersichtlich.

Floors — Analyse und Sensitivitäten
Eller Derivate Pricer - © 1996-2000 RiskTrak

Ausübungspreis%	3,500%	Zinsstrukturkurve	JANUAR1999
Libor-Spread	0,000%	Renditevolatilität	15,00%
Settlementtyp (E/S)	Standard	Bewertungsdatum	15.01.99
Laufzeitbeginn	15.01.96		
Rollover Tag		Ausgabe in Währungseinheit	DEM
Fälligkeitstag	10y		
Konv. Var.	Act/360;mf;w;TAR	Fair Value in DEM	182.053,33
Dauer Zinsperiode (Monate)	6	Delta/ bp in DEM	-2.422,27
Überlange Erste		Gamma /bp/% in DEM	2.211,64
Gebr. Letzte		Vega /% in DEM	13.314,77
Währung Nominalbetrag	DEM	Theta /day in DEM	-89,54
Nominalbetrag in DEM	10.000.000	PVBP in DEM	-2.397,51
Optionsposition (L/S)	Long	Volatilität	15,00%
		Marktpreis des Floors in DEM	182.053,33
		Quotiert in Währungseinheit	DEM
Meldung	_ANFLOOR	Impl. Volatilität aus Marktpreis	15,00%

Floor Übersicht

Laufzeitbeginn	Fälligkeitstag	Ausübungspreis	Nominalbetrag in DEM	ForwardSatz	Barwert in DEM
15.01.96	15.07.96	3,50%	10.000.000	0,00%	0,00
15.07.96	15.01.97	3,50%	10.000.000	0,00%	0,00
15.01.97	15.07.97	3,50%	10.000.000	0,00%	0,00
15.07.97	15.01.98	3,50%	10.000.000	0,00%	0,00
15.01.98	15.07.98	3,50%	10.000.000	0,00%	0,00
15.07.98	15.01.99	3,50%	10.000.000	0,00%	0,00
15.01.99	15.07.99	3,50%	10.000.000	3,07%	0,00
15.07.99	17.01.00	3,50%	10.000.000	2,91%	29.941,31
17.01.00	17.07.00	3,50%	10.000.000	3,28%	16.110,99
17.07.00	15.01.01	3,50%	10.000.000	3,47%	12.833,83
15.01.01	16.07.01	3,50%	10.000.000	3,51%	13.657,39
16.07.01	15.01.02	3,50%	10.000.000	3,64%	12.546,07
15.01.02	15.07.02	3,50%	10.000.000	3,70%	12.536,37
15.07.02	15.01.03	3,50%	10.000.000	3,81%	12.040,49
15.01.03	15.07.03	3,50%	10.000.000	3,84%	12.445,76
15.07.03	15.01.04	3,50%	10.000.000	3,93%	12.220,48
15.01.04	15.07.04	3,50%	10.000.000	4,02%	11.779,70
15.07.04	17.01.05	3,50%	10.000.000	4,11%	11.648,14
17.01.05	15.07.05	3,50%	10.000.000	4,09%	12.077,35
15.07.05	16.01.06	3,50%	10.000.000	4,16%	12.215,46

Abb. 12: Pricing des Floors am 15. Januar 1999

Da der 6-Monats-LIBOR / EURIBOR bis zum Januar 1999 mehrmals unter der Zinsbegrenzung von 3,5% lag, konnten schon durch entsprechende Ausgleichszahlungen Erträge generiert werden. Aus diesem Grund war aus GuV-Überlegungen der Kauf des Floors durchaus profitabel.

Aus Barwert-Überlegungen war der Kauf sogar sehr profitabel. Der Fair Value stieg aufgrund der flacher gewordenen Kurve auf relativ niedrigem Niveau von 41.627,17 DM auf 182.053,33 DM.

Im Januar 1999 war jedoch eine weitere Verflachung der Zinskurve äußerst unwahrscheinlich. Die Glattstellung des gekauften Floors und ein entsprechendes Überdenken des zukünftigen Zinskorridors war zu diesem Zeitpunkt dringend notwendig. In den weiteren Ausführungen wird gezeigt, wie auf dieser, wiederum flachen Kurve auf niedrigem Niveau, eine profitable Strategie aufgebaut werden konnte.

Zinskurve – Januar 1999

1. Schritt
Auch hier wird zu Beginn der künftig zu erwartende Zinskorridor festgelegt. Aufgrund der damaligen volkswirtschaftlichen Rahmenbedingungen erschien er zwischen 3% und 7% durchaus plausibel.

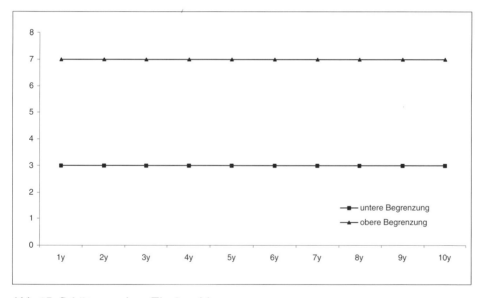

Abb. 13: Schätzung eines Zinskorridors

2. Schritt
An dieser Stelle ist wieder die aktuelle Zinsstrukturkurve in den Korridor einzutragen.

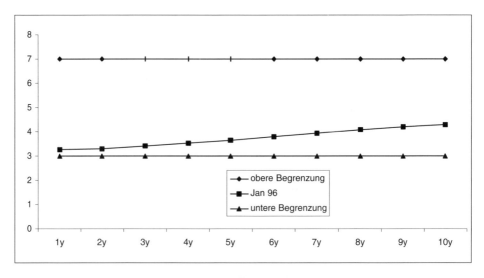

Abb. 14: Abbildung der Renditekurve im Zinskorridor

3. Schritt

Wie aus Abbildung 14 ersichtlich, ist eine flache Zinsstrukturkurve auf einem relativ niedrigem Niveau zu beobachten.

Aus GuV-Sicht war Anfang 1999 mit einem langfristigen Anstieg der kurzfristigen Zinssätze zu rechnen. Somit bot sich der Kauf eines Caps an, um sich gegen diese Bewegung abzusichern.

Aus Barwert-Sicht war der Einsatz eines Caps sogar sehr interessant. Die Kurve war zu diesem Zeitpunkt relativ flach und die Forwardsätze auf einem relativ niedrigen Niveau. Entsprechend war auch der Cap sehr günstig.

Sowohl aus GuV-Sicht als auch aus Barwert-Sicht war der Kauf sehr sinnvoll.

Die Wertentwicklung dieser Strategie wird auf Basis des nachfolgenden Caps beispielhaft simuliert.

Laufzeit Cap: 10 Jahre
Strike Cap: 6,5 %
Referenzzins: 6-Monats EURIBOR
Nominalbetrag: 10.000.000,– DEM
Bewertungsdatum: 15.1.99

Am 15. Januar 1999 stellte sich die Wertentwicklung des Caps wie folgt dar:

Caps — Analyse und Sensitivitäten
Eller Derivate Pricer - © 1996-2000 RiskTrak

Ausübungspreis%	6,500%
Libor-Spread	0,000%
Settlementtyp (E/S)	Standard
Laufzeitbeginn	15.01.99
Rollover Tag	
Fälligkeitstag	10y
Konv. Var.	Act/360;mf;w;TAR
Dauer Zinsperiode (Monate)	6
Überlange Erste	
Gebr. Letzte	
Währung Nominalbetrag	DEM
Nominalbetrag in DEM	10.000.000
Optionsposition (L/S)	Long
Meldung	_ANCAP

Zinsstrukturkurve	JANUAR1999
Renditevolatilität	14,00%
Bewertungsdatum	15.01.99
Ausgabe in Währungseinheit	DEM
Fair Value in DEM	56.051,71
Delta/ bp in DEM	739,97
Gamma /bp/% in DEM	727,90
Vega /% in DEM	12.444,94
Theta /day in DEM	-34,85
PVBP in DEM	672,09
Volatilität	14,00%
Marktpreis des Caps in DEM	56.051,71
Quotiert in Währungseinheit	DEM
Impl. Volatilität aus Marktpreis	14,00%

Cap Übersicht

Laufzeitbeginn	Fälligkeitstag	Ausübungspreis	Nominalbetrag in DEM	ForwardSatz	Barwert in DEM
15.01.99	15.07.99	6,50%	10.000.000	3,07%	0,00
15.07.99	17.01.00	6,50%	10.000.000	2,91%	0,00
17.01.00	17.07.00	6,50%	10.000.000	3,28%	0,00
17.07.00	15.01.01	6,50%	10.000.000	3,47%	1,20
15.01.01	16.07.01	6,50%	10.000.000	3,51%	11,06
16.07.01	15.01.02	6,50%	10.000.000	3,64%	67,20
15.01.02	15.07.02	6,50%	10.000.000	3,70%	180,97
15.07.02	15.01.03	6,50%	10.000.000	3,81%	442,68
15.01.03	15.07.03	6,50%	10.000.000	3,84%	689,77
15.07.03	15.01.04	6,50%	10.000.000	3,93%	1.179,59
15.01.04	15.07.04	6,50%	10.000.000	4,02%	1.769,66
15.07.04	17.01.05	6,50%	10.000.000	4,11%	2.581,05
17.01.05	15.07.05	6,50%	10.000.000	4,09%	2.789,72
15.07.05	16.01.06	6,50%	10.000.000	4,16%	3.687,70
16.01.06	17.07.06	6,50%	10.000.000	4,33%	5.129,25
17.07.06	15.01.07	6,50%	10.000.000	4,42%	6.226,66
15.01.07	16.07.07	6,50%	10.000.000	4,42%	6.679,27
16.07.07	15.01.08	6,50%	10.000.000	4,49%	7.792,14
15.01.08	15.07.08	6,50%	10.000.000	4,46%	7.880,31
15.07.08	15.01.09	6,50%	10.000.000	4,53%	8.943,48

Abb. 15: Pricing eines Caps am 15. Januar 1999

Die erwartete Versteilerung der Zinsstrukturkurve ist bis zum 15. März 2000 erwartungsgemäß eingetreten. Welchen Barwert der Cap am 15. März 2000 hatte, ist in Abbildung 16 dargestellt.

Caps — Analyse und Sensitivitäten
Eller Derivate Pricer - © 1996-2000 RiskTrak

Ausübungspreis%	6,500%	Zinsstrukturkurve	MÄRZ2000
Libor-Spread	0,000%	Renditevolatilität	14,00%
Settlementtyp (E/S)	Standard	Bewertungsdatum	15.03.00
Laufzeitbeginn	15.01.99		
Rollover Tag		Ausgabe in Währungseinheit	DEM
Fälligkeitstag	10y		
Konv. Var.	Act/360;mf;w;TAR	Fair Value in DEM	300.154,86
Dauer Zinsperiode (Monate)	6	Delta/ bp in DEM	2.346,04
Überlange Erste		Gamma /bp/% in DEM	1.250,77
Gebr. Letzte		Vega /% in DEM	26.887,96
Währung Nominalbetrag	DEM	Theta /day in DEM	-116,05
Nominalbetrag in DEM	10.000.000	PVBP in DEM	2.064,59
Optionsposition (L/S)	Long	Volatilität	14,00%
		Marktpreis des Caps in DEM	300.154,86
		Quotiert in Währungseinheit	DEM
Meldung	_ANCAP	Impl. Volatilität aus Marktpreis	14,00%

Cap Übersicht

Laufzeitbeginn	Fälligkeitstag	Ausübungspreis	Nominalbetrag in DEM	ForwardSatz	Barwert in DEM
15.01.99	15.07.99	6,50%	10.000.000	0,00%	0,00
15.07.99	17.01.00	6,50%	10.000.000	0,00%	0,00
17.01.00	17.07.00	6,50%	10.000.000	3,22%	0,00
17.07.00	15.01.01	6,50%	10.000.000	4,40%	0,00
15.01.01	16.07.01	6,50%	10.000.000	4,94%	197,81
16.07.01	15.01.02	6,50%	10.000.000	5,14%	1.424,08
15.01.02	15.07.02	6,50%	10.000.000	5,33%	3.830,88
15.07.02	15.01.03	6,50%	10.000.000	5,52%	7.291,11
15.01.03	15.07.03	6,50%	10.000.000	5,64%	10.147,69
15.07.03	15.01.04	6,50%	10.000.000	5,77%	13.744,74
15.01.04	15.07.04	6,50%	10.000.000	5,85%	16.134,26
15.07.04	17.01.05	6,50%	10.000.000	5,97%	19.510,23
17.01.05	15.07.05	6,50%	10.000.000	6,07%	21.404,67
15.07.05	16.01.06	6,50%	10.000.000	6,19%	25.114,74
16.01.06	17.07.06	6,50%	10.000.000	6,26%	26.521,89
17.07.06	15.01.07	6,50%	10.000.000	6,35%	28.687,08
15.01.07	16.07.07	6,50%	10.000.000	6,43%	30.351,16
16.07.07	15.01.08	6,50%	10.000.000	6,53%	32.418,66
15.01.08	15.07.08	6,50%	10.000.000	6,48%	31.438,13
15.07.08	15.01.09	6,50%	10.000.000	6,49%	31.937,74

Abb. 16: Pricing eines Caps am 15. März 2000

Die Wertentwicklung war sehr profitabel. Der Cap stieg aufgrund der steiler gewordenen Zinskurve von 56.051,71 DM auf 300.154,88 DM.

Aus GuV-Sicht wurden trotz der bereits gestiegenen Geldmarktsätze noch keine Erträge erzielt.

6. Schlussbetrachtung

Im Vergleich zum Gesamtmarkt macht der Anteil von Caps und Floors im Bilanzstrukturmanagement nur einen eher verschwindend geringen Teil des Gesamtvolumens aus. Dies liegt insbesondere an der zurückhaltenden Einstellung der Treasurer, da die gegenwärtige Steuerungsphilosophie sehr stark GuV-orientiert ist. Weil aber der barwertige Einfluss im Bilanzstrukturmanagement immer mehr zunimmt, wird auch zukünftig diesem Marktsegment eine immer größere Bedeutung zukommen. Das wird insbesondere dann der Fall sein, wenn Treasurer ein besseres Verständnis für diese Art der Geschäfte zeigen und auch die Regularien die Möglichkeit für einen breiteren Einsatz schaffen.

Anmerkung

1 Die Abweichungen zwischen dem ermittelten Ergebnis und dem in Abbildung 1 errechneten Ergebnis resultieren aus Rundungsdifferenzen.

Literaturverzeichnis

Eller, Roland (Hrsg.), Handbuch Derivativer Instrumente, Schäffer-Poeschel Verlag Stuttgart 1996.

Eller, Roland/Deutsch, Hans-Peter, Derivative und Interne Modelle, Schäffer-Poeschel Verlag Stuttgart 1998.

Anhang

Ermittlung der Funktionswerte der kumulativen Normalverteilung an der Stelle d

zweite Nachkommastelle

d	0,0	1,0	2,0	3,0	4,0	5,0	6,0	7,0	8,0	9,0
0,0	0,5000	0,5040	0,5080	0,5120	0,5160	0,5199	0,5239	0,5279	0,5319	0,5359
0,1	0,5398	0,5438	0,5478	0,5517	0,5557	0,5596	0,5636	0,5675	0,5714	0,5753
0,2	0,5793	0,5832	0,5871	0,5910	0,5948	0,5987	0,6026	0,6064	0,6103	0,6141
0,3	0,6179	0,6217	0,6255	0,6293	0,6331	0,6368	0,6406	0,6443	0,6480	0,6517
0,4	0,6554	0,6591	0,6628	0,6664	0,6700	0,6736	0,6772	0,6808	0,6844	0,6879
0,5	0,6915	0,6950	0,6985	0,7019	0,7054	0,7088	0,7123	0,7157	0,7190	0,7224
0,6	0,7257	0,7291	0,7324	0,7357	0,7389	0,7422	0,7454	0,7486	0,7517	0,7549
0,7	0,7580	0,7611	0,7642	0,7673	0,7704	0,7734	0,7764	0,7794	0,7823	0,7852
0,8	0,7881	0,7910	0,7939	0,7967	0,7995	0,8023	0,8051	0,8078	0,8106	0,8133
0,9	0,8159	0,8186	0,8212	0,8238	0,8264	0,8289	0,8315	0,8340	0,8365	0,8389
1,0	0,8413	0,8438	0,8461	0,8485	0,8508	0,8531	0,8554	0,8577	0,8599	0,8621
1,1	0,8643	0,8665	0,8686	0,8708	0,8729	0,8749	0,8770	0,8790	0,8810	0,8830
1,2	0,8849	0,8869	0,8888	0,8907	0,8925	0,8944	0,8962	0,8980	0,8997	0,9015
1,3	0,9032	0,9049	0,9066	0,9082	0,9099	0,9115	0,9131	0,9147	0,9162	0,9177
1,4	0,9192	0,9207	0,9222	0,9236	0,9251	0,9265	0,9279	0,9292	0,9306	0,9319
1,5	0,9332	0,9345	0,9357	0,9370	0,9382	0,9394	0,9406	0,9418	0,9429	0,9441
1,6	0,9452	0,9463	0,9474	0,9484	0,9495	0,9505	0,9515	0,9525	0,9535	0,9545
1,7	0,9554	0,9564	0,9573	0,9582	0,9591	0,9599	0,9608	0,9616	0,9625	0,9633
1,8	0,9641	0,9649	0,9656	0,9664	0,9671	0,9678	0,9686	0,9693	0,9699	0,9706
1,9	0,9713	0,9719	0,9726	0,9732	0,9738	0,9744	0,9750	0,9756	0,9761	0,9767
2,0	0,9772	0,9778	0,9783	0,9788	0,9793	0,9798	0,9803	0,9808	0,9812	0,9817
2,1	0,9821	0,9826	0,9830	0,9834	0,9838	0,9842	0,9846	0,9850	0,9854	0,9857
2,2	0,9861	0,9864	0,9868	0,9871	0,9875	0,9878	0,9881	0,9884	0,9887	0,9890
2,3	0,9893	0,9896	0,9898	0,9901	0,9904	0,9906	0,9909	0,9911	0,9913	0,9916
2,4	0,9918	0,9920	0,9922	0,9925	0,9927	0,9929	0,9931	0,9932	0,9934	0,9936
2,5	0,9938	0,9940	0,9941	0,9943	0,9945	0,9946	0,9948	0,9949	0,9951	0,9952
2,6	0,9953	0,9955	0,9956	0,9957	0,9959	0,9960	0,9961	0,9962	0,9963	0,9964
2,7	0,9965	0,9966	0,9967	0,9968	0,9969	0,9970	0,9971	0,9972	0,9973	0,9974
2,8	0,9974	0,9975	0,9976	0,9977	0,9977	0,9978	0,9979	0,9979	0,9980	0,9981
2,9	0,9981	0,9982	0,9982	0,9983	0,9984	0,9984	0,9985	0,9985	0,9986	0,9986
3,0	0,9987	0,9987	0,9987	0,9988	0,9988	0,9989	0,9989	0,9989	0,9990	0,9990

erste Nachkommastelle

Abkürzungsverzeichnis

N	=	Nominalbetrag
X	=	Strike einer Option
$R(T,T'/t)$	=	Forwardsatz
$B_R(T,T'/t)$	=	Forwarddiskontfaktor
C	=	Caplet
F	=	Floorlet
σ	=	Volatilität des Forwardsatzes
t	=	Datum der aktuellen Valuta
T	=	Datum >t/Ausübungszeitpunkt einer Option
T'	=	Datum >T/Auszahlungszeitpunkt einer Option
τ	=	Periodenlänge

Asset Backed Securities-Transaktionen als Instrument der Gesamtbanksteuerung

Martin Wolf[*]

Inhalt

1. Einführung
2. Grundform von ABS-Transaktionen
    2.1 Grundsätze von ABS-Transaktionen
    2.2 Musterablauf einer ABS-Transaktion
3. ABS-Transaktionen in der Gesamtbanksteuerung
    3.1 Liquiditätssteuerung
    3.2 Bilanzstrukturmanagement
    3.3 Risikomanagement
    3.4 Kosten- und Ertragssteuerung
        3.4.1 Kostensteuerung
        3.4.2 Ertragssteuerung
    3.5 Steuerung des bankaufsichtlichen Haftungskapitals

Literaturverzeichnis

---

[*] Martin Wolf ist seit 1994 Mitarbeiter der Internen Revision, Gruppe Grundsatzfragen, der Deutsche Genossenschaftsbank AG in Frankfurt. Seine Aufgabe besteht darin, die Fachrevisoren über bankfachliche Themen zu informieren und zu beraten, speziell zum Bankaufsichtswesen. Darüber hinaus hält er interne und externe Vorträge und Seminare.

1. Einführung

Seit Anfang der achtziger Jahre ist an den internationalen Finanzmärkten ein beachtenswerter Trend zur Substitution der klassischen Kreditfinanzierung durch die Begebung eigener Wertpapiere – also der *Verbriefung* von Finanzierungen (»Securitization«) – zu beobachten. Innerhalb der Tendenz zur *Securitization* gibt es zwei Erscheinungsformen. Zum einen findet die Substitution der Kreditfinanzierung durch die Emission eigener Schuldverschreibungen des Kapitalsuchenden statt. Zum anderen werden Schuldverschreibungen von speziellen Zweckgesellschaften emittiert, die durch Finanzaktiva des Kapitalsuchenden, meist Forderungen, als Haftungsgrundlage gedeckt sind (= asset backed securities – ABS –).

Moody's konstatierte für alle ABS-Transaktionen außerhalb der USA und zwar traditionelle ABS, Collateralized Bonds (CBOs), Collateralized Loan Obligations (CLOs) und Mortgage Backed Securities (MBS), 1998 ein Wachstum von 10% auf das Rekordvolumen von insgesamt 76 Mrd. USD. Die Agentur geht für 1999 von einem weiteren Marktwachstum um mehr als ein Fünftel auf rund 93 Mrd. USD aus. In den USA, dem Ursprungsland der ABS, werden derzeit ABS im Volumen von etwa 400 Mrd. USD gehandelt.

Mithilfe einer *ABS-Transaktion*, d.h. mit der Verbriefung von Forderungen und der auf diesen Forderungen beruhenden Emission von *asset backed securities* wird es dem Forderungsverkäufer (üblicherweise als Originator bezeichnet) ermöglicht, das in den Forderungen enthaltene *Kreditrisiko* neu zu strukturieren und zu verringern und die in den Forderungen gebundene Liquidität vorzeitig freizusetzen, um eine Verbesserung seiner Bilanz- und Finanzierungsstruktur zu erreichen. Mithilfe von ABS-Transaktionen kann der Forderungsveräußerer (Originator) daher

a) neue Finanzierungsquellen erschließen,
b) vorhandene Kreditrisiken mindern und
c) ein aktives Bilanzstrukturmanagement betreiben, um wesentliche Unternehmenskennzahlen, z.B. Eigenkapitalrentabilität beim Originator zu verbessern.

Darüber hinaus kann auch die Freisetzung von bankaufsichtlichem Haftungskapital erreicht werden.

Die vielschichtigen, in Tz.3 näher beschriebenen Auswirkungen von ABS-Transaktionen wie Liquiditäts-, Bilanzstruktur-, Risiko und Ertrags-/Kosteneffekte machen ABS-Transaktionen für das Institut, dass Forderungen im Rahmen von ABS-Transaktionen verbrieft, zu einem innovativen Instrument der Gesamtbanksteuerung.

Unter Gesamtbanksteuerung wird ein umfassendes System zur Messung, Überwachung und aktiven Beeinflussung der Risiken, zur Steuerung der Liquidität und der Ertrags- und Kostenstruktur einer Bank verstanden.

Weil aber *ABS-Transaktionen* ihre positiven Effekte beim *Originator* nur dann entfalten, wenn sie richtig konzipiert und durchgeführt werden, ist die Prüfung von ABS-Transaktionen durch die Innenrevision von erheblicher Bedeutung. Bei Prüfungen von ABS-Transaktionen durch die Innenrevision stehen neben der Ordnungsmäßigkeit in hohem Maße Wirtschaftlichkeitsaspekte im Vordergrund. Die Innenrevision sollte nämlich ein Urteil fällen, ob mit der konzipierten und durchgeführten ABS-Transaktion beim Originator die angestrebten betriebswirtschaftlichen Ziele erreicht werden können bzw. wurden.

Die erheblichen betriebswirtschaftlichen Auswirkungen von ABS-Transaktionen beim Originator machen ABS-Transaktionen auch für den Jahresabschlussprüfer zu einem wichtigen Thema. Sind die Auswirkungen auf die Vermögens- und Ertragslage des Originators wesentlich, ist der Jahresabschlussprüfer gehalten, sich hierzu im Prüfungsbericht zu äußern.

Bevor auf die Einsatzmöglichkeiten von ABS-Transaktionen zur Gesamtbanksteuerung beim Originator eingegangen wird, wird zunächst die Grundform einer ABS-Transaktion mit Cash-Flow-Struktur beschrieben.

2. Grundform von ABS-Transaktionen

2.1 Grundsätze von ABS-Transaktionen

ABS-Transaktionen mit Cash-Flow-Struktur sind für den Forderungsveräußerer (= Originator) primär ein innovatives Finanzierungsinstrument, in dem Finanzaktiva, insbesondere Forderungen auf dem Wege ihrer Verbriefung vor Fälligkeit in Liquidität umgewandelt werden.

Eine ABS-Transaktion läuft in der Weise ab, dass z.B. ein Kreditinstitut aus seinem Kreditportfolio eine Anzahl von Kreditforderungen auswählt und diese Kreditforderungen einer sog. *Zweckgesellschaft* verkauft. Die Zweckgesellschaft wurde vorher auf Initiative des Kreditinstitutes speziell für die ABS-Transaktion gegründet oder es wird eine bereits gegründete Zweckgesellschaft verwendet.

Die Zweckgesellschaft emittiert anschließend im eigenen Namen verbriefte Schuldtitel (Anleihen, Schuldverschreibungen u.ä.), die auf dem Kapitalmarkt öffentlich angeboten werden. Weil die Haftungsmasse der Zweckgesellschaft, mit der sie für die Erfüllung ihrer Zahlungsverpflichtungen gegenüber den Käufern der ABS (Zinszahlungen, Einlösung bei Fälligkeit) haftet, ausschließlich aus den von ihr angekauften Forderungen besteht, nennt man die von der Zweckgesellschaft emittierten Schuldtitel *asset backed securities*.

Den Kaufpreis für die Forderungen finanziert die Zweckgesellschaft vollständig aus dem Erlös, den sie aus der Platzierung der ABS erzielt. Zins- und spätere Tilgungszahlungen an die Käufer der ABS (Investoren) leistet die Zweckgesellschaft aus den an sie weitergeleiteten Zins- und Tilgungszahlungen der Kreditnehmer. Beide cash-flows stehen daher in engem Zusammenhang; sie müssen zeitlich und betragsmäßig aufeinander abgestimmt werden. Im Ergebnis erhalten die ABS-Investoren den cash-flow aus den verkauften Kreditforderungen.

Für den Originator wichtigster Zahlungsstrom ist der Liquiditätszufluss aus der Veräußerung der Forderungen.

Im Regelfall zahlen die Schuldner der verkauften Forderungen die Zinsen und die Tilgungen noch an den Originator; dieser führt die Zahlungseingänge an die Zweckgesellschaft ab. Die Weiterleitung der Zahlungseingänge an die Zweckgesellschaft muss zeitlich und betragsmäßig so gestaltet sein, dass die Zweckgesellschaft ihren Zahlungsverpflichtungen, insbesondere den Zinszahlungen an die ABS-Investoren, termingerecht nachkommen kann. Außerdem verwaltet das Kreditinstitut üblicherweise die Kredite nach der Veräußerung gegen Entgelt für die Zweckgesellschaft (Kreditüberwachung, Sicherheitenüberwachung und -verwertung).

Ein entscheidender Punkt jeder ABS-Transaktion ist die Bewertung der ABS-Emission durch eine *Rating-Agentur*. Die Bonitätseinstufung der ABS-Emission richtet sich nach der Qualität des übertragenen Forderungsportfolios, nach dem gesamten Aufbau der ABS-Transaktion und nach den in die ABS-Transaktion eingebauten *Sicherungsmaßnahmen* (sog. Credit Enhancements). Die Bonität des Forderungsverkäufers spielt dagegen nur eine untergeordnete Rolle.

Das Rating der ABS-Emission ist wesentliche Voraussetzung dafür, dass die ABS auf dem Kapitalmarkt platziert werden können. Denn das Rating der ABS ist der einzige objektive Maßstab für potentielle Investoren zur Einschätzung der Bonität der ABS und zur Beurteilung der Angemessenheit der angebotenen ABS-Verzinsung. Anhand des Ratings der ABS-Emission treffen potentielle Investoren die Entscheidung, ob sie bereit sind, das angebotene Risiko zu den angebotenen Zinsen zu übernehmen.

Die Zweckgesellschaft und damit letztlich die von ihr emittierten ABS werden in der Praxis nicht nur durch das übertragene *Forderungsportfolio* abgesichert, sondern darüber hinaus durch Sicherungsmaßnahmen seitens des veräußernden Kreditinstitutes und Dritter. Mit den Sicherungsmaßnahmen soll sichergestellt werden, dass die Zweckgesellschaft während der ABS-Laufzeit jederzeit ihren Zahlungsverpflichtungen nachkommen kann, insbesondere gegenüber den ABS-Investoren.

Zentraler Punkt der Sicherungsmaßnahmen sind Garantien zugunsten der Zweckgesellschaft, mit der sie vor Ausfällen bei den übertragenen Forderungen und den daraus resultierenden Vermögensschäden geschützt wird. Hierbei ist in der Praxis folgende Verfahrensweise üblich:

Der Originator übernimmt das durchschnittliche, zu erwartende, in Prozent ausgedrückte *Ausfallrisiko* bei dem übertragenen Kreditportfolio. Dies kann in der Weise geschehen, dass bei der Kaufpreisermittlung für die zu übertragenden Forderungen in Höhe der durchschnittlichen Ausfallrate ein Abschlag von deren Nominal- oder Buchwert vorgenommen wird, z.B. Nominalbetrag insgesamt 100 Mio DM minus 5% durchschnittliche Ausfallrate = Kaufpreis der Forderungen 95 Mio DM.

Alternativ kann auch vereinbart werden, dass der Originator während der ABS-Laufzeit für Ausfälle bis maximal in Höhe der durchschnittlichen Ausfallrate finanziell einsteht, z.B. Haftung für Forderungsausfälle bis maximal 5 Mio DM (5% von 100 Mio DM). Oftmals wird zwischen Originator und Zweckgesellschaft auch ein begrenztes Rückübertragungs- und Umtauschrecht für ausgefallene Kreditforderungen vereinbart, z.B. die Zweckgesellschaft erhält das Recht, uneinbringlich gewordene Forderungen bis zu einem Nominalbetrag von 5 Mio DM (5% von 100 Mio DM) gegen einwandfreie Kredite einzutauschen.

Für Kreditausfälle bei den übertragenen Forderungen, die über die durchschnittliche Ausfallrate des Originators hinausgehen (unerwartete Ausfälle), haftet zumeist ein externer Sicherungsgeber gegen entsprechende Provision.

Umfang und Ausgestaltung der Sicherungsmaßnahmen zugunsten der Zweckgesellschaft sowie die Bonität der Sicherungsgeber sind von Bedeutung beim Rating der ABS-Emission durch eine Rating-Agentur. Vor dem eigentlichen Forderungsverkauf wird zwischen dem Kreditinstitut und der Zweckgesellschaft vertraglich vereinbart, welche Kriterien die zu übertragenden Kreditforderungen erfüllen müssen (Bonitätseinstufung, Fälligkeit, Branchenzugehörigkeit der Schuldner, Art der Kreditbesicherung). Anhand dieser Kriterien wählt das Kreditinstitut aus seinem Kreditportfolio die Kredite aus, die später der Zweckgesellschaft verkauft werden. Grundsätzlich eignen sich alle Arten von Forderungen für ABS-Transaktionen, wenn sich aus ihnen ein permanenter Zahlungsstrom (Zinsen, Tilgung) ableiten lässt, wenn sie hinsichtlich ihrer Abtretbarkeit keinen Einschränkungen unterliegen und wenn sie von guter Bonität sind.

Grundform einer ABS-Transaktion mit Cash-Flow-Struktur im Überblick:

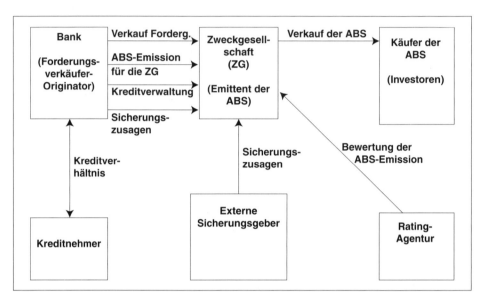

Abb. 1: Struktur einer ABS-Transaktion

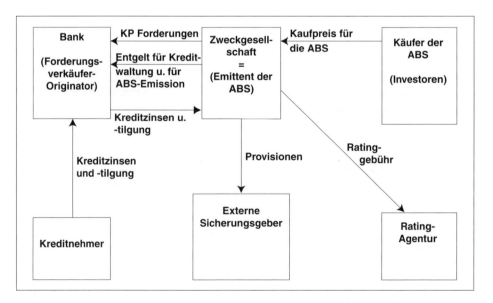

Abb. 2: Zahlungsströme

2.2 Musterablauf einer ABS-Transaktion

Ein Kreditinstitut möchte als Originator Kreditforderungen mittels einer ABS-Transaktion vor Fälligkeit in Liquidität umwandeln. Zu diesem Zweck wird auf Initiative des Originators eine von ihm unabhängige, rechtlich selbständige Zweckgesellschaft mit Sitz im Ausland gegründet. Die Anteile an der Zweckgesellschaft werden nicht vom Originator gehalten, sondern von Dritten. Auch in personeller und organisatorischer Hinsicht ist die Zweckgesellschaft vom Originator unabhängig.

In einer ABS-Rahmenvereinbarung zwischen Originator und der Zweckgesellschaft wird u. a. festgelegt:

- Insgesamtes Volumen der Forderungsübertragung = späteres ABS-Emissionsvolumen.
- Kriterien, nach welchen das Kreditinstitut die zu übertragenden Kreditforderungen aus seinem Gesamt-Kreditportfolio auszuwählen hat (Bonitätseinstufung, Fälligkeit, Tilgungsmodalitäten, Branchen, Art der Kreditbesicherung).

Anschließend stellt der Originator die Kreditengagements aus seinem Gesamtportfolio zusammen, die den vereinbarten Auswahlkriterien entsprechen. Hieraus werden nach dem Zufallsprinzip die Kreditengagements ausgewählt, die später der Zweckgesellschaft verkauft werden.

Der Verkauf der Forderungen erfolgt zum Buchwert abzüglich eines Prozentabschlages in Höhe der durchschnittlichen Ausfallrate beim Gesamtportfolio des Originators. Die Zweckgesellschaft zahlt dem Originator den Kaufpreis für die Forderungen, sobald ihr der Erlös aus dem Verkauf der ABS zugeflossen ist.

Die mit den Kreditforderungen verbundenen Kreditsicherheiten werden mit einem separaten Vertrag an die Zweckgesellschaft abgetreten (soweit nicht akzessorisch). Der Originator verpflichtet sich vertraglich gegenüber der Zweckgesellschaft, die den verkauften Kreditforderungen zugrunde liegenden Engagements bis zur Fälligkeit gegen Provisionszahlung zu verwalten (Kreditüberwachung, Sicherheitenüberwachung u. ä.) und Sicherheiten zu verwerten.

Weiterhin verpflichtet sich der Originator vertraglich, die Zins- und Tilgungszahlungen aus den verkauften Forderungen nach einem festgelegten Zeitplan an die Zweckgesellschaft weiterzuleiten. Der ausgehandelte Zeitplan ist auf die Zinszahlungstermine für die ABS abgestimmt.

Als Sicherungsmaßnahme dient eine Garantie des Originators, während der Laufzeit der ABS jederzeit die Zahlungsfähigkeit der Zweckgesellschaft sicherzustellen. Ein Externer macht nach einer Bonitätsprüfung gegenüber der Zweckgesellschaft gegen Entgelt die Zusage, für Ausfälle bei den übertragenen Forderungen einzustehen, die über die durchschnittliche Ausfallrate hinausgehen (unerwartete Ausfälle).

Bereits in der Konzept- und Vorbereitungsphase wird eine Ratingagentur eingeschaltet, die nach der Beurteilung der gesamten ABS-Transaktion, insbesondere der Bonitätseinstufung des übertragenen Forderungsbestandes und der Qualität der Sicherungsmaßnahmen die Ratingeinstufung der ABS vornimmt. Das Rating bezieht sich dabei auf die einzelnen Tranchen der geplanten ABS-Emission. Nach der Rating-Einstufung richtet sich die Höhe der Zinssätze, zu welchen die einzelnen Tranchen der ABS-Emission am Kapitalmarkt angeboten werden.

Nach der Festlegung sämtlicher Konditionen für die ABS-Emission erfolgt die Emission der ABS und deren Platzierung auf dem Kapitalmarkt in mehreren (üblicherweise fünf und mehr) Tranchen. Die Durchführung der Emission/Platzierung erfolgt durch ein Emissionskonsortium, in welchem der Originator die Rolle des Konsortialführers einnimmt.

Zur Absicherung gegen *Zinsänderungsrisiken*, die aus der unterschiedlichen Verzinsung der übertragenen Kreditforderungen und der ABS-Emission resultieren können, schließt die Zweckgesellschaft mit dem Originator einen Zinsswap über die ABS-Laufzeit ab.

Die ABS-Transaktion endet mit der Endfälligkeit und Einlösung der ABS durch die Zweckgesellschaft.

3. ABS-Transaktionen in der Gesamtbanksteuerung

Wie sich ABS-Transaktionen im Einzelnen auf die Liquidität, das Kreditrisiko, die Bilanzstruktur, die Ertrags- und Kostenstruktur und den Eigenkapitaleinsatz beim Originator auswirken und damit als Steuerungsinstrument eingesetzt werden können, wird nachfolgend eingehend beschrieben.

3.1 Liquiditätssteuerung

Hauptmotiv einer ABS-Transaktion ist für den Originator die Beschaffung von liquiden Mitteln über den Kapitalmarkt durch Emission und Plazierung der ABS. ABS-Transaktionen sind damit für den Originator in erster Linie eine Finanzierungsalternative zu den klassischen Geld- und Kapitalmarktfinanzierungen. Durch die gewonnene Liquidität kommt es in Abhängigkeit von ihrer Verwendung zur Verbesserung verschiedener betriebswirtschaftlicher Kennzahlen beim Originator, u.a. der Liquiditätskennzahlen des Originators. Diese Kennzahlen beschreiben die stichtagsbezogene Fristigkeitsstruktur kurzfristiger Forderungen und Verbindlichkeiten. Insbesondere wird durch die ABS-Transaktion eine wesentliche Erhöhung der kassenmäßigen Barliquidität erreicht.

Durch die Übertragung noch nicht fälliger Kredite und die Vereinnahmung des Kaufpreises können beim Originator außerdem Liquiditätsrisiken aus dem Kreditgeschäft effizienter gesteuert werden. Das *Liquiditätsrisiko* aus dem Kreditgeschäft ergibt sich aus fristeninkongruenter Refinanzierung und aus einer Liquiditätsverknappung wegen unerwarteter Kreditinanspruchnahmen oder Einlagenabzug.

Nachteilige Liquiditätsauswirkungen einer ABS-Transaktion ergeben sich daraus, dass im Regelfall nicht der volle Buch- oder Nominalwert als *Liquidität* zufließt, sondern ein Risiko- oder Sicherheitsabschlag vorgenommen wird. Zum anderen ergeben sich zusätzliche organisatorische Aufgaben für den Originator während der Laufzeit der ABS: Er muss die Zahlungseingänge von den Kreditnehmern der verkauften Forderungen separat erfassen und diese zu den vereinbarten Terminen an die Zweckgesellschaft weiterleiten (cash-flow Strukturierung).

3.2 Bilanzstrukturmanagement

Weitere Vorteile von ABS-Transaktionen hängen davon ab, wie die vorzeitig gewonnene Liquidität eingesetzt wird. Dem Originator eröffnen sich hier grundsätzlich zwei Alternativen. Zum einen kann er die Liquidität dazu nutzen, Verbindlichkeiten abzubauen. In diesem Falle sinkt durch die ABS-Transaktion die Bilanzsumme des Originators und es kommt zur Erhöhung der *Eigenkapitalquote* sowie zu einer Verbesserung weiterer finanzwirtschaftlicher Kennzahlen wie z.B. des Kapitalumschlages sowie des Verschuldungsgrades.

Beispiel zur Verbesserung der Eigenkapitalquote:
Vor einer ABS-Transaktion betrug die EK-Quote des Forderungsveräußerers 15% (Forderungen 110, andere Aktiva 90, Eigenkapital 30, Verbindlichkeiten 170). Die Forderungen werden für 100 verkauft. Der Veräußerungserlös 100 wird zur Tilgung von Verbindlichkeiten verwendet. Nach der ABS-Transaktion beträgt die EK-Quote 22,22% (andere Aktiva 90, Eigenkapital 20, Verbindlichkeiten 70). Dabei ist zu berücksichtigen, dass die Forderungen aufgrund von Sicherheitsabschlägen unter Buchwert veräußert werden und dadurch beim veräußernden Kreditinstitut ein Veräußerungsverlust realisiert wird. Absolut sinkt also das Eigenkapital um 10. Die EK-Quote steigt jedoch auf 22,22%, weil das Gesamtkapital durch den Einsatz der gewonnenen Liquidität auf 90 sinkt. Die Erhöhung der EK-Quote beruht somit auf der Tilgung von Verbindlichkeiten.

Die Verbesserung der Eigenkapitalquote kann zu einem besseren Rating des Originators führen. Dies wiederum erleichtert die Aufnahme von Fremdkapital auf den Kapitalmärkten und mindert die Fremdkapitalkosten (höheres Rating = niedrigere Verzinsung der Emissionen des Originators).

Außer zur Tilgung von Fremdkapital kann die durch eine ABS-Transaktion gewonnene Liquidität aber auch, soweit realisierbar, in ertragreichere Aktiva als die bisherigen Kreditforderungen investiert werden. Insofern steigt die Investitionsfähigkeit des Originators, ohne dass er zur Finanzierung dieser Investitionen zusätzliches Eigen- oder Fremdkapital mit den damit verbundenen Kosten aufnehmen muss. Werden die gewonnenen liquiden Mittel in rentablere Aktiva investiert, steigt bei unverändertem Eigen- und Gesamtkapital die *Eigen- und Gesamtkapitalrentabilität*. Wegen der Möglichkeit, die Vermögens- und Kapitalstruktur zu verbessern, sind ABS-Transaktionen für den Originator ein innovatives Instrument des *Bilanzstrukturmanagements*.

Die positiven Effekte auf die Bilanzstruktur ergeben sich beim Originator aber nur dann, wenn die verkauften Kredite nicht mehr in seiner Bilanz ausgewiesen werden müssen. Dies setzt neben dem Übergang des zivilrechtlichen auch den Übergang des wirtschaftlichen Eigentums an den Forderungen voraus. Der Übergang des wirtschaftlichen Eigentums an den Forderungen (echter Forderungsverkauf, true sale) ist bei ABS-Transaktionen aber problematisch, weil der Originator im Regelfall auch nach dem zivilrechtlichen Eigentumsübergang weiterhin das durchschnittliche Ausfallrisiko der Forderungen trägt.

In der Literatur wird von einem Übergang des wirtschaftlichen Eigentums bei Forderungen ausgegangen (echter Forderungsverkauf), wenn:

- eine endgültige Kaufpreiszahlung stattfindet (d.h. keine Rückabwicklung des Verkaufes bei bonitätsbedingten Ausfällen),
- der Forderungskäufer nach Abschluss der Forderungsübertragung keine vertraglichen Regressansprüche gegen den Forderungsverkäufer geltend machen kann,
- eine angemessene Kaufpreishöhe für die Forderungen vereinbart wird (%-Abschlag vom Buch- oder Nominalwert in Höhe der zu erwartenden Ausfallrate),
- Als angemessen wird ein Abschlag in Höhe von nicht mehr als 7% des Buch- oder Nominalwertes der Forderungen angesehen.

3.3 Risikomanagement

Die Forderungsverbriefung ist nicht nur ein Instrument der extern orientierten Bilanzpolitik, sondern bewirkt auch eine bessere Steuerung des internen Risikomanagements. Die ABS-Transaktion erlaubt es, das in den Forderungen enthaltene Ausfallrisiko zu separieren und auf Dritte zu übertragen. Darüber hinaus führt eine ABS-Transaktion zu positiven Effekten beim Management des Zinsänderungsrisikos.

Die Forderungsveräußerung bietet dem Originator vorrangig die Möglichkeit, das *Ausfallrisiko* der übertragenen Forderungen besser zu steuern. Denn durch einen »echten« Verkauf der Forderungen an die Zweckgesellschaft, d.h. ohne Vereinbarung von Rückübertragungsansprüchen, geht auch das Ausfallrisiko auf diese über. Durch ABS-Transaktionen wird der Originator das Ausfallrisiko im Regelfall aber nicht ganz los, denn es findet in der Praxis folgende Dreiteilung des Ausfallrisikos statt:

Der Originator übernimmt gegenüber der Zweckgesellschaft das durchschnittliche, erwartete Ausfallrisiko. Das Risiko unerwartet hoher Ausfälle bei den übertragenen Forderungen wird üblicherweise von externen Sicherungsgebern übernommen. Das »Restrisiko« tragen die Investoren.

Für den Originator reduziert sich auf diese Weise das in seinem Kredit-Risikomanagement zu berücksichtigende Ausfallrisiko auf das durchschnittliche, zu erwartende Ausfallrisiko. Beim Originator verbleibt nur der Teil des Ausfallrisikos, das er am besten steuern kann. Somit wird beim Originator ein effizienteres Kreditrisiko-Management ermöglicht.

Die beschriebene positive Auswirkung auf das Kreditrisiko-Management tritt allerdings nur dann ein, wenn die Qualität der veräußerten Forderungen der durchschnittlichen Qualität des gesamten Kreditportfolios entspricht. Falls der Originator nur ausgesuchte, hochwertige Forderungen auf die Zweckgesellschaft überträgt, um für die ABS-Emission ein besonders gutes Rating zu erhalten, ist das verbleibende Restportfolio mit großer Wahrscheinlichkeit mit einem höheren Kreditrisiko behaftet als vorher und der gewünschte Effekt der Risikoreduzierung tritt nicht ein.

Das *Zinsänderungsrisiko* entsteht durch eine zins- und fristeninkongruente Refinanzierung von Investitionen, z.B. Kreditausreichungen. Zur Minimierung des Zinsänderungsrisikos ist es für Banken von besonderer Bedeutung, auf die Zins- und Fristenkongruenz von Aktiva und Passiva hinzuwirken. Durch die Forderungsübertragung mittels ABS-Transaktion lassen sich beide Bilanzseiten verkürzen und somit die in Deckung zu bringenden Zinspositionen (Kreditausleihungen, Refinanzierung) verkleinern. Des Weiteren kann die zusätzliche Liquidität so investiert werden, dass eine möglichst genaue Übereinstimmung der Zins- und Fristenkongruenz zwischen Kreditausleihungen und Refinanzierung erreicht wird.

3.4 Kosten- und Ertragssteuerung

3.4.1 Kostensteuerung

Mit ABS-Transaktionen soll das benötigte Fremdkapital außerdem kostengünstiger beschafft werden als mit den klassischen Mitteln der Fremdfinanzierung (Kreditaufnahme, Ausgabe von Anleihen/Schuldverschreibungen).

Die Finanzierung durch eine ABS-Transaktion führt dann zur Einsparung von Fremdkapitalkosten (Zinsaufwand), wenn für die ABS ein besseres Rating als das eigene Rating des Originators erreicht werden kann.

Erspart der Zufluss der liquiden Mittel aus der ABS-Transaktion beim Originator die Beschaffung von zusätzlichem Eigenkapital, tritt eine Ersparnis an Eigenkapitalkosten ein.

Sowohl bei der Einsparung von *Fremdkapitalkosten* als auch bei der Einsparung von Eigenkapitalkosten kommt es zur Minderung der durchschnittlichen Kapitalkosten des Originators, die sich anteilig aus den Kosten für das Eigen- und das Fremdkapital zusammensetzen.

Unter Kostengesichtspunkten steht die Finanzierung mittels ABS insbesondere in Konkurrenz zur Finanzierung durch Emission eigener Schuldtitel durch den Originator: Will ein Kreditinstitut oder ein anderes Unternehmen Fremdkapital auf dem Kapitalmarkt beschaffen, wäre zu prüfen, ob es kostengünstiger ist, eigene Schuldtitel auszugeben oder ob die Fremdmittel mit einer ABS-Transaktion kostengünstiger beschafft werden können.

Beim Kostenvergleich zwischen der Emission eigener Schuldtitel und einer ABS-Transaktion sind zwei »Kostenblöcke« entscheidend:

- Zinsaufwendungen (die an die Erwerber der eigenen Schuldtitel bzw. ABS zu zahlende Verzinsung) und die
- Aufwendungen für die Durchführung der eigenen Emission bzw. der ABS-Transaktion.

Beim Vergleich der Aufwendungen zwischen der Emission eigener Schuldtitel und der ABS-Transaktion sind zunächst die Zinsaufwendungen beider Alternativen gegenüberzustellen. Die Höhe der zu zahlenden Zinsen richtet sich bei eigenen Emissionen des Originators wesentlich nach dessen Ratingeinstufung; bei ABS-Finanzierung ist das Rating der ABS selbst entscheidend für deren Verzinsung. Wenn für die ABS-Emission ein besseres Rating erreicht werden kann als für den Originator selbst, können die ABS auf dem Kapitalmarkt mit einer niedrigeren Verzinsung als eigene Schuldtitel des Originators angeboten werden. In diesem Falle verursacht die Fremdkapitalbeschaffung mittels ABS niedrigere Zinsaufwendungen als die Emission eigener Schuldtitel.

Unter dem Zinsaspekt ist die Fremdkapitalbeschaffung mittels ABS-Transaktion speziell für solche Unternehmen relevant, die nicht börsennotiert sind und/oder kein oder kein gutes Rating haben, aber über Aktiva verfügen, die sich aufgrund ihrer Werthaltigkeit für eine Verbriefung eignen.

Die betriebswirtschaftliche Vorteilhaftigkeit von ABS-Transaktionen im Vergleich zu anderen Finanzierungen, insbesondere zur Emission eigener Schuldtitel, richtet sich damit entscheidend nach dem Rating der ABS. Hierauf muss der Originator bei der Konzeptionierung der ABS-Transaktion besonders achten.

Kann mit einer geplanten ABS-Transaktion gegenüber der Emission eigener Schuldtitel eine Einsparung an Fremdkapitalkosten erreicht werden, sind im nächsten Schritt die Kosten der Durchführung einer Emission eigener Schuldtitel mit den Kosten der Durchführung einer ABS-Transaktion zu vergleichen. Hierbei ist zu beachten, dass ABS-Transaktionen mit erheblichen Durchführungskosten verbunden sind, insbesondere durch die aufwendige Vertragsgestaltung (speziell ausgestalteter Forderungskaufvertrag, Vertrag über die Abtretung von Sicherheiten, Treuhändervertrag u. a.). Dies gilt insbesondere, wenn es sich um die erste ABS-Transaktion des Originators handelt. Allgemein ist davon auszugehen, dass die Kosten einer ABS-Transaktion die Kosten der Emission eigener Schuldtitel deutlich übersteigen.

Um die Vorteilhaftigkeit einer ABS-Transaktion im Vergleich zu der alternativen Emission eigener Schuldtitel festzustellen, muss das kapitalsuchende Unternehmen

- die erwartete Differenz zwischen den Zinszahlungen für die ABS und für selbst emittierte Schuldtitel mit
- der erwarteten Differenz der Durchführungskosten beider Finanzierungsalternativen

vergleichen.

Ob im Endeffekt durch die ABS-Transaktion insgesamt eine Kosteneinsparung erreicht, hängt auch davon ab, wie der Originator die ABS-Transaktion strukturiert, weil die Durchführungskosten ganz erheblich variieren können. Eine deutliche Senkung der Durchführungskosten kann erreicht werden, wenn der Originator nach dem gleichen Schema über die gleiche Zweckgesellschaft zwei oder mehrere ABS-Transaktionen abwickelt. Dies setzt natürlich ein entsprechendes Portfolio an geeigneten Aktiva voraus. Alternativ kann eine oder mehrere ABS-Transaktionen auch über eine professionelle Zweckgesellschaft (sog. Multiseller Conduit) abwickelt werden, die ihre Dienste auf dem ABS-Markt anbieten.

3.4.2 Ertragssteuerung

ABS-Transaktionen können sich auch nachhaltig positiv auf die Erträge des Originators und damit auf seine Rentabilität auswirken. Zum einen können – wie bereits beschrieben – die freigewordenen liquiden Mittel in ertragreichere Aktiva investiert werden. Zum anderen können Kreditinstitute bei ABS-Transaktionen verschiedene neue Einnahmequellen erschließen. Dies sind beispielsweise Provisionserträge für die Aufgaben als Garantiegeber, als Strukturierer einer ABS-Transaktion, als Servicer oder auch als Treuhänder.

ABS-Transaktionen eignen sich daher für Kreditinstitute und andere Finanzdienstleister als *Kreditersatzgeschäft*, um risikobehaftete Zinserträge aus dem klassischen Kreditgeschäft durch weniger risikobehaftete Provisionserträge aus Risikoübernahmen oder der Erbringung von Finanzdienstleistungen zu ersetzen.

3.5 Steuerung des bankaufsichtlichen Haftungskapitals

Darüber hinaus kann für Kreditinstitute in ihrer Eigenschaft als Originator die Durchführung von ABS-Transaktionen auch aus bankaufsichtlichen Gründen interessant sein. Das »Herausschneiden« von Kreditforderungsbeständen aus der Bilanz durch einen regresslosen Verkauf hat unter Beachtung der bankaufsichtlichen Vorgaben für ABS-Transaktionen (BAKred-Rundschreiben 4/97 vom 19.3.97) eine Entlastung des Grundsatzes 1 zur Folge. Sind die bankaufsichtlichen Anforderungen an ABS-Transaktionen in dem genannten BAKred-Rundschreiben erfüllt, muss das veräußernde Kreditinstitut die veräußerten Kreditforderungen nicht mehr auf seinen Grundsatz 1 anrechnen. Der Grundsatz 1 wird beim Originator also in Höhe des veräußerten Forderungsvolumens entlastet. Dadurch werden bankaufsichtliche Eigenmittel freigesetzt, die zur Unterlegung neuer Geschäfte zur Verfügung stehen. Kreditinstitute können daher in gleichem Maße, wie sie Risikoaktiva im Rahmen von ABS-Transaktionen veräußern, Neugeschäft akquirieren, ohne ihre *bankaufsichtlichen Eigenmittel* erhöhen zu müssen. Insbesondere für Banken, die Wachstumspotential in ihrem Aktivgeschäft sehen und die ihre Eigenmittel nicht in dem dafür vorgeschriebenen Maße erhöhen wollen oder können, ist eine ABS-Transaktion eine mögliche Lösungsalternative.

Literaturverzeichnis

Arntz, Thomas/Schultz, Florian, Bilanzielle und steuerliche Überlegungen zu Asset-Backed Securities, in: Die Bank, Heft 11/98, S. 694 ff.

Büttner, Tobias, Die wertpapiermäßige Verbriefung von Bankforderungen zu Asset-Backed Securities, Nomos Verlagsgesellschaft 1999, s. 23 ff.

Bundesaufsichtsamt für das Kreditwesen, Rundschreiben 4/97 vom 19.3.97 zur Veräußerung von Kundenforderungen im Rahmen von AssetBacked Securities-Transaktionen.

Chadha, Ajay B., Securitization/Asset-Backed Securities Einsatzmöglichkeiten im Rahmen des Risiko-/Portfoliomanagements in: Management von Marktpreis- und Ausfallrisiken, Gabler Verlag 1998, S. 301 ff.

Deutsche Bundesbank, Asset-Backed Securities in Deutschland: die Veräußerung und Verbriefung von Kreditforderungen durch deutsche Kreditinstitute, in: Monatsbericht Juli 1997, S. 57 ff.

Ebberg, Jan, Charakterisierung und Analyse von Asset-Backed Securities, Diplomarbeit Uni Konstanz 1997.

Findeisen, Klaus-Dieter/Roß, Norbert, Wirtschaftliche Zurechnung und Anhangangabe bei Asset-Backed Securities, in: Der Betrieb Heft 21 v. 28.5.99, S. 1077 ff.

Gehring, Babett, Asset-Backed Securities im amerikanischen und im deutschen Recht, C.H. Beck'sche Verlagsbuchhandlung 1999, S. 13 ff.

Hüfner, Peter, Neue Regeln für Asset-Backed Securities, in: Die Bank Heft 7/97, S. 433 ff.

Klüfer, Arne Cornelius/Rinze, J. – Peter, Securitisation praktische Bedeutung eines Finanzierungsmodells, in: Betriebsberater Heft 34 vo. 20.8.98, S. 1697 ff.

Schander, Albert, Die Veräußerung von Kundenforderungen, in: Frankfurter Allgemeine Zeitung v. 23.10.97.

Schwarcz, Steven L., Die Alchemie der Asset Securitization, in: Der Betrieb Heft 26 v. 27.6.97, S. 1289 ff.

Effizientes Pricing und Hedging von Multi-Asset-Optionen

Bernd Engelmann*/Peter Schwendner**

Inhalt

1. Einleitung

2. Das verallgemeinerte Black-Scholes-Modell

3. Das Lösungsverfahren
   3.1 Haselgroves Algorithmus
   3.2 Quasi-Monte-Carlo-Verfahren
   3.3 Anwendung auf Optionspreise

4. Numerische Beispiele

5. Zusammenfassung

Literaturverzeichnis

---

* Dipl. Mathematiker Bernd Engelmann ist Universitätsassistent am Institut für Betriebswirtschaftslehre der Universität Wien. Seine Forschungsschwerpunkte sind Bewertung von derivativen Finanzinstrumenten und Risikomanagement in Banken.
** Dr. Peter Schwendner leitet die Abteilung »Quantitative Analyse und Produktentwicklung« bei Sal.Oppenheim jr. & Cie, Frankfurt.

1. Einleitung

Multi-Asset-Optionen sind derivative Finanzinstrumente, die der Klasse der Korrelationsderivate angehören. Der Wert dieser Instrumente hängt nicht nur von einem Asset, sondern vom Wechselspiel mehrerer Assets ab. Wir wollen hier unsere Betrachtung auf Optionen europäischen Typs beschränken. Als preisbestimmende Parameter kommen zu den Kassakursen und Volatilitäten der einzelnen Assets auch deren Korrelationen untereinander, die zu einer symmetrischen Korrelationsmatrix zusammengefasst werden können, hinzu.

In der Praxis dient die Volatilität bei der Bewertung einer Plain-Vanilla-Option mit Hilfe eines Standard-Optionsmodells (z.B. Black-Scholes) als kalibrierende Größe: Setzt man die *historische Volatilität*, die man als Standardabweichung der logarithmierten historischen Renditezeitreihen gewinnen kann, in das Optionsmodell ein, erhält man nur in Ausnahmefällen den am Markt gehandelten Optionspreis. Setzt man umgekehrt den Marktpreis in das Optionsmodell ein, kann man rückwärts die *implizite Volatilität* berechnen. Die implizite Volatilität ist die am Markt gehandelte Volatilität bei gegebenen Marktparametern. Sie hängt insbesondere von der Laufzeit und vom Basispreis der Option ab.

Das Konzept der impliziten Volatilität benutzt das Optionsmodell als Interpolationswerkzeug, das den Optionspreis als Funktion weiterer Parameter (Kassakurs, Zins, Laufzeit, Basispreis) errechnet. Die Volatilität selbst wird damit zu einem handelbaren Gut, das verkauft werden kann.

Dementsprechend sind Korrelationsderivate ein Werkzeug, um Korrelation zu handeln. Ähnlich wie die implizite Volatilität ist die *implizite Korrelation* eine Größe, die rückwärts aus geeigneten Optionsmodellen heraus berechnet werden kann, falls ein Markt für entsprechende Optionen existiert. Falls nicht, muss die *historische Korrelation* als grober Anhaltspunkt verwendet werden. Die Korrelation kann sich jedoch im Lauf der Zeit rasch ändern: Wie im Sommer 1998 besonders in den sogenannten »Emerging Markets« gut zu beobachten war, können im Katastrophenfall Aktien- und Bondmärkte gleichzeitig zusammenbrechen. Die impliziten Volatilitäten steigen dann stark an, und die Korrelationen zwischen den Marktpreisen nehmen schlagartig Werte in der Nähe von +1 an.

Neben dem bewussten Handel von Korrelation dienen Multi-Asset-Optionen der Absicherung von Portfolios in Bezug auf korrelierte Risiken oder der Abbildung einer bestimmten Marktmeinung in Bezug auf die zukünftige relative Entwicklung mehrerer Assets zueinander (z.B. Spreadoption). Sie können auch Bestandteil strukturierter Produkte sein, die genau auf Kundenwünsche zugeschnitten werden, oder auch von Retailprodukten wie Reverse Convertibles mit Rückzahlungswahlrecht aus einem Basket von Aktien.

Multi-Asset-Optionen werden in der Literatur in mehrere Klassen unterteilt: in Rainbow-Optionen und hybride Optionen.

Als *Rainbow-Optionen* bezeichnen wir Optionen, deren zugrunde liegende Risikofaktoren alle vom gleichen Typ sind, z.B zwei Aktien oder drei Wechselkurse.

Als *hybride Optionen* werden Optionen bezeichnet, deren Auszahlungsprofil von unterschiedlichen Risikofaktoren abhängt, beispielsweise von einer Aktie und einem Wechselkurs.

Wir wollen einige Beispiele für Auszahlungsprofile F von Rainbow-Optionen nennen. Die Auszahlungsprofile seien dabei Funktionen von n verschiedenen Assetvariablen $X_1, \ldots, X_n$ (man kann sich hier stets Aktien, die in der gleichen Währung notieren, vorstellen). Bekannte Exemplare von Rainbow-Optionen sind

- Call und Put auf ein Portfolio von n Assets
  $F(X_1, \ldots, X_n) = \max(0, pm(w_1X_1 + \ldots + w_nX_n - K))$,
- Call und Put auf das Maximum oder Minimum von n Assets
  $F(X_1, \ldots, X_n) = \max(0, \max(pm(X_1 - K_1), \ldots, pm(X_n - K_n)))$ bzw.
  $F(X_1, \ldots, X_n) = \max(0, \min(pm(X_1 - K_1), \ldots, pm(X_n - K_n)))$,
- Optionen auf das Maximum von Cash und n Assets
  $F(X_1, \ldots, X_n) = \max(K, X_1, \ldots, X_n)$,
- Austauschoptionen zwischen zwei Portfolios
  $F(X_1, \ldots, X_n) = \max(0, \sum_{i=1}^{k} w_iX_i - \sum_{i=k+1}^{n} w_iX_i)$.

Die Variable pm kann hier die Werte ± 1 annehmen, $K, K_1, \ldots, K_n$ sind Strike-Preise und $w_1, \ldots, w_n$ konstante Gewichtungsfaktoren.

Beispiele für hybride Optionen lassen sich ebenso problemlos angeben. Mit X^f, $X_1^f, \ldots, X_n^f$ bezeichnen wir Assets, die in Fremdwährung notieren, mit $W, W_1, \ldots, W_n$ Wechselkurse, mit K^f einen Strike-Preis in ausländischer Währung und mit K^d einen Strike-Preis in inländischer Währung.

Mögliche Auszahlungsprofile F sind dann
- Call und Put auf ein Asset in Fremdwährung mit Strikepreis K^f
  $F(X^f, W) = W \max(0, pm(X^f - K^f))$,
- Call und Put auf ein Asset in Fremdwährung mit Strikepreis K^d
  $F(X^f, W) = \max(0, pm(WX^f - K^d))$,
- Call und Put auf ein Portfolio von Assets in Fremdwährungen
  $F(X_1^f, \ldots, X_n^f, W) = \max(0, pm(W_1X_1^f + \ldots + W_nX_n^f - K^d))$.

Das Risikomanagement dieser Optionenklasse erfordert – bei n Risikofaktoren – die Berechnung von n Deltas, $\frac{n(n+1)}{2}$ Gammas, n Vegas und $\frac{n(n-1)}{2}$ Korrelationssensitivitäten, die wir mit Psi bezeichnen.

Bei speziellen FX-Rainbow-Optionen wird das Risikomanagement dadurch erleichtert, dass die Korrelationen durch die Volatilitäten der einzelnen Assets dargestellt werden können (Wystup (1999)). Hier kann das Korrelationsrisiko durch das Handeln von Volatilität gehedged werden, allgemein ist das jedoch nicht möglich.

In dieser Arbeit stellen wir ein numerisches Verfahren vor, das den Black-Scholes-Preis einer Rainbow-Option europäischen Typs für beliebigen Payoff berechnet und zugleich noch die Sensitivitäten der Option ermittelt. Wir beschränken uns dabei auf den Spezialfall von Rainbow-Optionen, deren Riskofaktoren alle nur eine einzige Währung beeinhalten. Ein Beispiel ist ein Put auf das Minimum von zwei Dax-Werten, welcher in strukturierten Produkten wie Reverse Convertible Bonds vorkommen kann.

Unser Verfahren ist – nach geringen Modifikationen – auch auf Rainbow-Optionen, die andere Risikoklassen beeinhalten (z.B. nur Wechselkurse), oder hybride

Optionen anwendbar. Hinweise, wie diese Modifikationen zu erfolgen haben, werden im Text gegeben.

In der Literatur existieren für einige spezielle Auszahlungsprofile F sogenannte analytische Lösungsformeln, die den Black-Scholes-Preis einer Multi-Asset-Option durch Werte der Verteilungsfunktion von – im allgemeinen mehrdimensionalen – Normalverteilungen ausdrücken. Berühmtestes Beispiel ist die Black-Scholes-Formel (Black/Scholes (1973)) für eine europäische Call-Option. Für Optionen auf das Maximum oder Minimum von mehreren Assets mit identischen Strike-Preisen (Stultz (1982), Johnson (1987)) oder Austauschoptionen einzelner Assets (Margrabe (1978)) existieren ebenfalls derartige Formeln. Für die beiden ersten der obigen Beispiele von hybriden Optionen sind in Rainer (1992) analytische Lösungen vom »Black-Scholes-Typ« angegeben.

Die Auswertung von Verteilungsfunktionen der eindimensionalen Normalverteilung ist völlig problemlos, und für Dimension 2 gibt es effiziente Algorithmen (Vasicek (1998)). Die Ermittlung von Werten der Verteilungsfunktionen mehrdimensionaler Normalverteilungen stellt aber ab Dimension 3 bereits keine triviale Aufgabe mehr dar. Für praktische Zwecke sind solche analytischen Formeln folglich wenig hilfreich.

In dieser Arbeit wollen wir einen alternativen Weg zur Optionspreisermittlung in solchen Fällen und in Fällen, wo derartige analytische Lösungen nicht existieren, aufzeigen.

2. Das verallgemeinerte Black-Scholes-Modell

In diesem Kapitel leiten wir Integrale für den Black-Scholes-Preis einer Rainbow-Option und dessen Sensitivitäten her, wobei wir das Konzept der risikoneutralen Bewertung benutzen.

Um die Notation in den auftretenden Formeln überschaubar zu halten, beschränken wir uns darauf, den Fall der Bewertung von Optionen auf bis zu 3 Assets zu betrachten. Die Erweiterung auf eine größere Anzahl von Underlyings ist ohne Einschränkung möglich. Die Beschränkung auf $n \leq 3$ erfolgt lediglich aus didaktischen Gründen.

Zunächst erinnern wir an die Annahmen, die Black und Scholes getroffen haben:

Auf den Kapitalmärkten gebe es keine Transaktionskosten, Steuern oder Restriktionen für Leerverkäufe. Es gebe einen risikofreien Zinssatz r, zu dem beliebige Kapitalmengen aufgenommen oder veranlagt werden können. Der Handel finde stetig in der Zeit statt.

Die Kurse der betrachteten Assets X_1, X_2 und X_3 folgen geometrischen Brownschen Bewegungen:

$dX_1 = \mu_1 X_1 dt + \sigma_1 X_1 dZ_1,$
$dX_2 = \mu_2 X_2 dt + \sigma_2 X_2 dZ_2,$
$dX_3 = \mu_3 X_3 dt + \sigma_3 X_3 dZ_3,$

wobei σ_1, σ_2 und σ_3 die Standardabweichungen der instantanen Renditen der drei Assets und μ_1, μ_2 und μ_3 die erwarteteten instantanen Renditen der Assets bezeichnen. Z_1, Z_2 und Z_3 sind Wiener Prozesse. Der Korrelationskoeffizient zwischen den Prozessen Z_1 und Z_2 wird mit ρ_{12} bezeichnet. Analoges gilt für ρ_{13} und ρ_{23}. Sämtliche Parameter sind während der Laufzeit der Rainbow-Option konstant. Den heutigen Zeitpunkt nennen wir t^0 und den Fälligkeitstermin der Option T.

Zum Zeitpunkt T ist der Wert der Option identisch mit dem Auszahlungsprofil $F(X_1(T), X_2(T), X_3(T))$, wenn $X_1(T)$, $X_2(T)$ und $X_3(T)$ die Kurse der zugrunde liegenden drei Assets am Laufzeitende bezeichnen. Berechnen wollen wir den Optionspreis V in t^0. Die Kurse der Assets in t^0 werden mit X_1^0, X_2^0 und X_3^0 bezeichnet.

Fortan verwenden wir die Abkürzungen $\mathbf{X} = (X_1, X_2, X_3)$ und $\mathbf{X}^0 = (X_1^0, X_2^0, X_3^0)$.

Den Preis der Rainbow-Option $V(t^0, \mathbf{X}^0)$ ermitteln wir nun mittels risikoneutraler Bewertung. Dieses Konzept besagt, dass man den heutigen Preis der Option als abgezinsten Erwartungswert des Auszahlungsprofils unter einem geeigneten Wahrscheinlichkeitsmaß Q berechnen kann:

$$V(t^0, \mathbf{X}^0) = e^{-r(T-t^0)} E^Q[F(\mathbf{X})].$$

Unter der Prämisse der Arbitragefreiheit erhält man das Wahrscheinlichkeitsmaß Q als die gemeinsame Verteilung der Assetkurse X_1, X_2 und X_3 zum Zeitpunkt T, wenn man in obigen stochastischen Differentialgleichungen, welche die Dynamik von $\mathbf{X}$ beschreiben, die Driftterme μ_1, μ_2 und μ_3 durch r ersetzt und als Startpunkt $(t^0, \mathbf{X}^0)$ wählt.

Die eventuellen Dividendenrenditen q_i der einzelnen Assets brauchen wir in den Driftermen nicht zu berücksichtigen, da wir bei europäischen Optionen ja genausogut die Kassakurse der Assets mit der Dividendenrendite abdiskontieren können. Unser Formelwerk wird damit übersichtlicher.

Insgesamt erhält man für den Black-Scholes-Preis einer Rainbow-Option mit drei zugrunde liegenden Assets folgenden Ausdruck:

$$V(t^0, \mathbf{X}^0) = e^{-r(T-t^0)} \int_0^\infty \int_0^\infty \int_0^\infty \frac{F(\mathbf{X})}{X_1 X_2 X_3} \phi(\mathbf{X}) dX_1 dX_2 dX_3, \qquad (1)$$

wobei

$$\phi(\mathbf{X}) = (2\pi(T-t^0))^{-\frac{3}{2}} det(\underline{\Sigma})^{-\frac{1}{2}} (\sigma_1 \sigma_2 \sigma_3)^{-1} e^{-\frac{1}{2} \boldsymbol{\alpha}^t \underline{\Sigma}^{-1} \boldsymbol{\alpha}},$$

$\boldsymbol{\alpha} = (\alpha_1, \alpha_2, \alpha_3)$ mit

$$\alpha_i = \frac{1}{\sigma_i \sqrt{T-t^0}} \left(\ln\left(\frac{X_i}{X_i^0}\right) - \left(r - \frac{\sigma_i^2}{2}\right)(T-t^0) \right), \quad i = 1, 2, 3,$$

und $\underline{\Sigma}$ die Matrix der Korrelationskoeffizienten

$$\underline{\Sigma} = \begin{pmatrix} 1 & \rho_{12} & \rho_{13} \\ \rho_{12} & 1 & \rho_{23} \\ \rho_{13} & \rho_{23} & 1 \end{pmatrix}$$

bezeichnet.

Entsprechend erhält man für den Fall von Rainbow-Optionen auf zwei Assets unter Verwendung der Abkürzungen $\tilde{\mathbf{X}} = (X_1, X_2)$ und $\tilde{\mathbf{X}}^0 = (X_1^0, X_2^0)$:

$$V(t^0, \tilde{\mathbf{X}}^0) = e^{-r(T-t^0)} \int_0^\infty \int_0^\infty \frac{F(\tilde{\mathbf{X}})}{X_1 X_2} \phi(\tilde{\mathbf{X}}) dX_1 dX_2, \tag{2}$$

wobei

$$\phi(\tilde{\mathbf{X}}) = (2\pi(T-t^0))^{-1} \det(\underline{\tilde{\Sigma}})^{-\frac{1}{2}} (\sigma_1 \sigma_2)^{-1} e^{-\frac{1}{2}\tilde{\alpha}' \underline{\tilde{\Sigma}}^{-1} \tilde{\alpha}},$$

$\tilde{\alpha} = (\alpha_1, \alpha_2)$ mit α_i, $i = 1, 2$, wie oben und $\underline{\tilde{\Sigma}}$ wiederum die Matrix der Korrelationskoeffizienten

$$\underline{\tilde{\Sigma}} = \begin{pmatrix} 1 & \rho_{12} \\ \rho_{12} & 1 \end{pmatrix}$$

bezeichnet.

Die genauen Details der Herleitung dieser beiden Ausdrücke können in der Monographie von Björk (1998) nachvollzogen werden.

Zusammen mit dem Optionspreis wollen wir noch die Sensitivitäten einer Rainbow-Option, die sogenannten Griechen, ermitteln. Wir geben eine Auflistung derer, die wir berechnen wollen, in Tabelle 1.

Delta (Δ_i)	$\frac{\partial V}{\partial X_i}(t^0, \mathbf{X}^0)$
Gamma (Γ_{ij})	$\frac{\partial^2 V}{\partial X_i \partial X_j}(t^0, \mathbf{X}^0)$
Psi (Ψ_{ij})	$\frac{\partial V}{\partial \rho_{ij}}(t^0, \mathbf{X}^0)$
Rho (P)	$\frac{\partial V}{\partial r}(t^0, \mathbf{X}^0)$
Theta (Θ_i)	$\frac{\partial V}{\partial t}(t^0, \mathbf{X}^0)$
Vega (V_i)	$\frac{\partial V}{\partial \sigma_i}(t^0, \mathbf{X}^0)$

Tab. 1: Die Sensitivitäten einer Rainbow-Option

Um es nochmals deutlich hervorzuheben, im Fall einer Rainbow-Option sind Delta und Vega Vektoren, Gamma ist eine Matrix. Wir haben also im Fall von Rainbow-Optionen auf drei Assets drei Werte für Delta, drei für Vega, drei für Psi und sechs für Gamma zu berechnen, in der Situation von zwei zugrunde liegenden Assets zwei Deltas, zwei Vegas, drei Gammas und ein Psi.

Grundsätzlich kann man die Sensitivitäten berechnen, indem man obigen Integralausdruck nach der entsprechenden Variablen differenziert und das entsprechende Integral auswertet. Glücklicherweise stellt sich heraus, dass die Griechen nicht voneinander unabhängig sind. Kennt man nämlich den Preis und die Werte für Delta und Gamma, so kann man die übrigen Sensitivitäten daraus für $n = 3$ nach folgenden Relationen berechnen:

$\psi_{ij} = (T-t^0)\sigma_i\sigma_j X_i^0 X_j^0 \Gamma_{ij}$, $1 \leq i < j \leq 3$,
$P = (T-t^0)(X_1^0\Delta_1 + X_2^0\Delta_2 + X_3^0\Delta_3 - V(t^0, \mathbf{X}^0))$,
$\Theta = rV(t^0, \mathbf{X}^0) - \frac{1}{2}(\sigma_1^2(X_1^0)^2\Gamma_{11} + \sigma_2^2(X_2^0)^2\Gamma_{22} + \sigma_3^2(X_3^0)^2\Gamma_{33})$
$\quad - r(X_1^0\Delta_1 + X_2^0\Delta_2 + X_3^0\Delta_3)$
$\quad - (\rho_{12}\sigma_1\sigma_2 X_1^0 X_2^0\Gamma_{12} + \rho_{13}\sigma_1\sigma_3 X_1^0 X_3^0\Gamma_{13} + \rho_{23}\sigma_2\sigma_3 X_2^0 X_3^0\Gamma_{23})$,
$v_1 = (T-t^0)(\sigma_1(X_1^0)^2\Gamma_{11} + \rho_{12}\sigma_2 X_1^0 X_2^0\Gamma_{12} + \rho_{13}\sigma_3 X_1^0 X_3^0\Gamma_{13})$,
$v_2 = (T-t^0)(\sigma_2(X_2^0)^2\Gamma_{22} + \rho_{12}\sigma_1 X_1^0 X_2^0\Gamma_{12} + \rho_{23}\sigma_3 X_2^0 X_3^0\Gamma_{23})$,
$v_3 = (T-t^0)(\sigma_3(X_3^0)^2\Gamma_{33} + \rho_{13}\sigma_1 X_1^0 X_3^0\Gamma_{13} + \rho_{23}\sigma_2 X_2^0 X_3^0\Gamma_{23})$.

Die analogen Relationen für $n = 2$ lauten:

$\psi_{12} = (T-t^0)\sigma_1\sigma_2 X_1^0 X_2^0 \Gamma_{12}$,
$P = (T-t^0)(X_1^0\Delta_1 + X_2^0\Delta_2 - V(t^0, \mathbf{X}^0))$,
$\Theta = rV(t^0, \mathbf{X}^0) - \frac{1}{2}(\sigma_1^2(X_1^0)^2\Gamma_{11} + \sigma_2^2(X_2^0)^2\Gamma_{22})$
$\quad - r(X_1^0\Delta_1 + X_2^0\Delta_2) - \rho_{12}\sigma_1\sigma_2 X_1^0 X_2^0\Gamma_{12}$,
$v_1 = (T-t^0)(\sigma_1(X_1^0)^2\Gamma_{11} + \rho_{12}\sigma_2 X_1^0 X_2^0\Gamma_{12})$,
$v_2 = (T-t^0)(\sigma_2(X_2^0)^2\Gamma_{22} + \rho_{12}\sigma_1 X_1^0 X_2^0\Gamma_{12})$.

Durch Verwendung obiger Formeln kann man sich viel Rechenzeit sparen. Der lange, sehr formale Beweis dieser Formeln (siehe Engelmann/Schwendner (1999)) wird dem Leser erspart.

Um es nochmals zu betonen, die Konsequenz obiger Relationen für die Berechnung des Preises und der Sensitivitäten einer Rainbow-Option ist, dass es völlig genügt, den Preis, Delta und Gamma zu berechnen. Der Rest ergibt sich dann von selbst durch Einsetzen in obige Formeln. Die Berechnung von Optionspreis, Delta und Gamma wird nun das Ziel des nächsten Abschnitts sein.

Die berechneten Werte können dann unter anderem dazu verwendet werden, eine Hedging-Strategie für Rainbow-Optionen zu implementieren, wie in Ashraff/Tarczon/Wu (1995) beschrieben.

Abschließen wollen wir diesen Abschnitt mit der schon erwähnten Modifikation von (1) für hybride Optionen. Wir veranschaulichen dies an einem Beispiel, das zwei fremdländische Assets X_1^f und X_2^f und einen Wechselkurs W beinhaltet. X_1^f und X_2^f können zwei Aktien oder Indizes sein (z.B. Dow Jones und S & P 500) und W der entsprechende Wechselkurs (im Beispiel Euro/Dollar). Die drei Assets folgen geometrischen Brownschen Bewegungen

$dX_1^f = \mu_1^f X_1^f dt + \sigma_1^f X_1^f dZ_1$,
$dX_2^f = \mu_2^f X_2^f dt + \sigma_2^f X_2^f dZ_2$,
$dW = \mu_w W dt + \sigma_w W dZ_w$.

Der Korrelationskoeffizient zwischen Z_1 und Z_2 ist ρ_{12}, den zwischen Z_1 und Z_W nennen wir ρ_{1w} und das Entsprechende gilt für ρ_{2w}. Den inländischen risikofreien Zinssatz bezeichnen wir mit r^d, den ausländischen mit r^f.

Ziel ist nun die Bewertung einer europäischen Option mit Auszahlungsprofil $F^d(X_1^f, X_2^f, W)$, die in inländischer Währung notiert. Das Konzept der risikoneutralen Bewertung führt auf folgenden Ausdruck für den Optionspreis:

$$V(t^0, \mathbf{X}_W^0) = e^{-r^d(T-t^0)} \int_0^\infty \int_0^\infty \int_0^\infty \frac{F^d(\mathbf{X}_W)}{X_1^f X_2^f W} \phi(\mathbf{X}_W) dX_1^f dX_2^f dW, \quad (3)$$

wobei

$$\phi(\mathbf{X}_W) = (2\pi(T-t^0))^{-\frac{3}{2}} \det(\underline{\Sigma})^{-\frac{1}{2}} (\sigma_1^f \sigma_2^f \sigma_W)^{-1} e^{-\frac{1}{2}\boldsymbol{\alpha}^t \underline{\Sigma}^{-1} \boldsymbol{\alpha}},$$

$\boldsymbol{\alpha} = (\alpha_1^f, \alpha_2^f, \alpha_W)$ mit

$$\alpha_1^f = \frac{1}{\sigma_1^f \sqrt{T-t^0}} \left(\ln\left(\frac{X_1^f}{(X_1^f)^0}\right) - \left(r^f - \sigma_1^f \sigma_W \rho_{1w} - \frac{(\sigma_1^f)^2}{2}\right)(T-t^0) \right),$$

$$\alpha_2^f = \frac{1}{\sigma_2^f \sqrt{T-t^0}} \left(\ln\left(\frac{X_2^f}{(X_2^f)^0}\right) - \left(r^f - \sigma_2^f \sigma_W \rho_{2w} - \frac{(\sigma_2^f)^2}{2}\right)(T-t^0) \right),$$

$$\alpha_W = \frac{1}{\sigma_W \sqrt{T-t^0}} \left(\ln\left(\frac{X_W}{X_W^0}\right) - \left(r^d - r^f - \frac{\sigma_W^2}{2}\right)(T-t^0) \right),$$

$\underline{\Sigma}$ die Matrix der Korrelationskoeffizienten

$$\underline{\Sigma} = \begin{pmatrix} 1 & \rho_{12} & \rho_{1W} \\ \rho_{12} & 1 & \rho_{2W} \\ \rho_{1W} & \rho_{2W} & 1 \end{pmatrix}$$

und $\mathbf{X}_W = (X_1^f, X_2^f, W)$ sind.

Der Unterschied zu (1) ist hierbei lediglich, dass die Driftterme μ_1^f, μ_2^f und μ_w durch andere Konstanten ersetzt werden. In obiger Situation sind dies $r^f - \sigma_1^f \sigma_W \rho_{1w}$, $r^f - \sigma_2^f \sigma_W \rho_{2w}$ und $r^d - r^f$. Die mathematische Struktur von (3) ist jedoch absolut identisch mit der von (1). Das bedeutet, dass ein Rechenverfahren, das Optionen vom Typ (1) bewertet, völlig problemlos auch auf Optionen vom Typ (3) angewendet werden kann. Es müssen nur die entsprechenden Konstanten ausgetauscht werden.

Wie man sich die jeweiligen Konstanten herleiten kann, wird in dem Buch von Björk (1998) beschrieben, auf das wir an dieser Stelle wieder verweisen wollen.

3. Das Lösungsverfahren

Die Auswertung der Integrale (1) und (2) soll durch Verwendung von Integrationsverfahren über den Einheitswürfel $[0, 1]^3$ bzw. über das Einheitsquadrat $[0, 1]^2$ erfolgen.

Zunächst erklären wir, wie solche Integrale mittels des Verfahrens von Haselgrove (1961) oder mittels Quasi-Monte-Carlo-Verfahren berechnet werden können. Anschließend zeigen wir, wie die Integrale (1) und (2) transformiert werden können, damit diese Methoden anwendbar sind.

3.1 Haselgroves Algorithmus

Die Anwendung von Haselgroves Algorithmus in der Optionspreistheorie geht auf eine Idee von Barrett/Moore/Wilmott (1992) zurück. Haselgroves Algorithmus wurde mit dem Ziel konstruiert, Integrale der Form

$$\int_0^1 \int_0^1 \int_0^1 f(x_1, x_2, x_3) dx_1 dx_2 dx_3 \tag{4}$$

bzw.

$$\int_0^1 \int_0^1 f(x_1, x_2) dx_1 dx_2 \tag{5}$$

zu lösen.

Der Wert des Integrals wird durch eine endliche Summe der Gestalt

$$\frac{1}{(N+1)^2} \sum_{m=0}^{N} \left(f(0,0,0) + 2 \sum_{i=1}^{m} f(2|<\frac{1}{2}i\xi_1>|, 2|<\frac{1}{2}i\xi_2>|, 2|<\frac{1}{2}i\xi_3>|) \right)$$

bzw.

$$\frac{1}{(N+1)^2} \sum_{m=0}^{N} \left(f(0,0) + 2 \sum_{i=1}^{m} f(2|<\frac{1}{2}i\tilde{\xi}_1>|, 2|<\frac{1}{2}i\tilde{\xi}_2>|) \right).$$

approximiert. Jede reelle Zahl $\varkappa \in \mathbb{R}$ kann in $\varkappa = n + r$ mit einer natürlichen Zahl $n \in \mathbb{N}$ und $r \in (-\frac{1}{2}, \frac{1}{2}]$ zerlegt werden. Dann ist $<\varkappa>$ definiert als $<\varkappa> := r$.

Die Zahlen $\tilde{\xi}_1$, $\tilde{\xi}_2$, ξ_1, ξ_2 und ξ_3 werden unabhängig von der zu integrierenden Funktion f gewählt. Sie werden durch ein Optimierungsverfahren so bestimmt, daß der Approximationsfehler minimiert wird. Dies wurde in Haselgrove (1961) gemacht und Werte für $\tilde{\xi}_1$, $\tilde{\xi}_2$, ξ_1, ξ_2 und ξ_3 sind dort angegeben.

Dieses Verfahren sieht auf den ersten Blick sehr kompliziert aus. In der Tat ist die Ableitung durch Haselgrove auch keine einfache Aufgabe gewesen. Für die Anwendung ist das jedoch irrelevant.

3.2 Quasi-Monte-Carlo-Verfahren

Quasi-Monte-Carlo-Verfahren können ebenso wie Haselgroves Algorithmus zur Berechnung von Integralen der Form (4) bzw. (5) herangezogen werden. Hier wird das Integral durch einen Mittelwert

$$\frac{1}{N} \sum_{i=1}^{N} f(\mathbf{x}_i)$$

approximiert, wobei $\mathbf{x}_i$ eine Folge von Punkten im $\mathbb{R}^3$ bzw. $\mathbb{R}^2$ ist, die – grob gesprochen – möglichst gleichmäßig im Integrationsgebiet verteilt ist. Die bekanntesten solcher Punktfolgen gehen auf Faure (1982), Halton (1960), Niederreiter (1988) und Sobol' (1967) zurück. Ebenso wie bei Haselgroves Algorithmus ist auch die Theorie der Quasi-Monte-Carlo-Verfahren mathematisch anspruchsvoll. Aber auch hier spielt es für die Anwendung der Algorithmen keine Rolle, wie komplex die Ableitung gewesen ist.

Eine Übersicht über diese Verfahren wird in Niederreiter (1992) gegeben.

3.3 Anwendung auf Optionspreise

Unser Ziel ist die Berechnung von $V(t^0, \mathbf{X}^0)$ mittels Gleichung (1) bzw. von $V(t^0, \tilde{\mathbf{X}}^0)$ mittels Gleichung (2). Um die oben beschriebenen Verfahren anwenden zu können, müssen wir den unendlichen Integrationsbereich in den Würfel $[0, 1]^3$ bzw. in das Quadrat $[0, 1]^2$ abbilden. Intuitiv ist klar, dass die Wahl dieser Abbildung die Güte des Verfahrens entscheidend beeinflussen wird.

Wir veranschaulichen uns das Problem graphisch.

Zur Veranschaulichung beschränken wir uns auf zwei Assets, weil unser bildhaftes Vorstellungsvermögen mit mehr als drei Dimensionen überfordert wird. Abbildung 1 zeigt die Dichtefunktion zweier logarithmierter Assetkurse. Diese entspricht genau der Funktion $\varphi(\tilde{\mathbf{X}})$ in Gleichung (2). Es ist die Dichtefunktion der zweidimensionalen Normalverteilung. In der Abbildung haben wir positive Korrelation angenommen. Deshalb verläuft der »Wahrscheinlichkeitsberg« in etwa auf der Winkelhalbierenden.

Würde man jetzt den Berg gleichmäßig von allen Seiten »zusammenstauchen«, so dass der Definitionsbereich auf den zweidimensionalen Würfel $[0, 1]^2$ eingeschränkt wird, so wird der gestauchte Berg quer in diesem Quadrat verlaufen.

Um ein effizientes Integrationsverfahren zu bekommen, muss der gestauchte Berg jedoch möglichst gleichmäßig im Quadrat verteilt sein. Dies erreichen wir dadurch, dass wir den Berg vor dem Zusammenstauchen erst »abrunden«, so dass er eine Gestalt wie in Abbildung 2 annimmt.

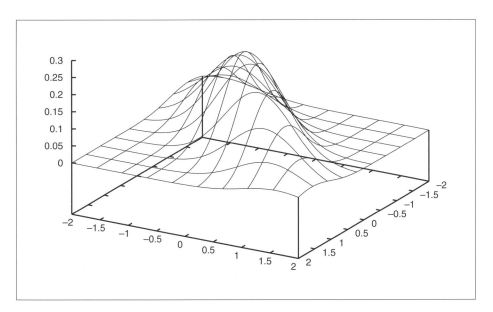

Abb. 1: Gemeinsame Verteilung zweier logarithmierter Assetkurse bei positiver Korrelation

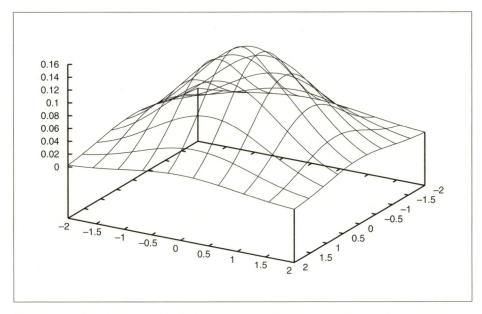

Abb. 2: Gemeinsame Verteilung zweier unkorrelierter logarithmierter Assetkurse

Mathematisch gesprochen bedeutet Abrunden das Anwenden einer Drehstreckung auf die logarithmierten Assetkurse und Zusammenstauchen das Anwenden der Arcustangensfunktion.

Wir führen folgende Transformationen durch: Zuerst berechnen wir die Cholesky-Zerlegung der inversen Korrelationsmatrix

$$\mathbf{\Sigma}^{-1} = \mathbf{M}^t\mathbf{M}, \text{ bzw. } \widetilde{\mathbf{\Sigma}}^{-1} = \widetilde{\mathbf{M}}^t\widetilde{\mathbf{M}}$$

(siehe Hämmerlin/Hoffmann (1992)), anschließend definieren wir die Vektoren $\mathbf{Z} = (Z_1, Z_2, Z_3)$ und $\widetilde{\mathbf{Z}} = (Z_1, Z_2)$ durch

$$\mathbf{Z} = \mathbf{M}\alpha, \text{ bzw. } \widetilde{\mathbf{Z}} = \widetilde{\mathbf{M}}\tilde{\alpha}.$$

Die Vektoren α und $\tilde{\alpha}$ sind aus dem letzten Abschnitt bekannt. Abschließend definieren wir einen Vektor $\mathbf{U} = (U_1, U_2, U_3)$ bzw. $\widetilde{\mathbf{U}} = (U_1, U_2)$ durch

$$U_k = \frac{1}{\pi}\arctan(Z_k) + \frac{1}{2}, k = 1, 2, 3.$$

Der aufmerksame Leser wird bemerkt haben, dass damit unsere Transformation abgeschlossen ist. Der Vektor $\mathbf{U}$ kann nur noch Werte aus $[0, 1]^3$ annehmen, und $\widetilde{\mathbf{U}}$ liegt stets in $[0, 1]^2$.

Da wir die Integration über die neuen Variablen $\mathbf{U}$ und $\widetilde{\mathbf{U}}$ ausführen wollen und nicht über die Assetkurse $\mathbf{X}$ und $\widetilde{\mathbf{X}}$, müssen wir die Gleichungen (1) und (2) entsprechend transformieren. Wiederum ersparen wir uns die längliche Ableitung und präsentieren nur das Ergebnis. Die rechte Seite von (1) wird zu

$$\left(\frac{\pi}{2}\right)^{\frac{3}{2}} e^{-r(T-t^0)} \underbrace{\int_0^1 \int_0^1 \int_0^1 \hat{F}(\mathbf{U}) e^{-\frac{1}{2}\left(\sum_{i=1}^{3} \tan^2\left(\pi(U_i-\frac{1}{2})\right)\right)} \prod_{i=1}^{3} \frac{1}{\cos^2\left(\pi(U_i-\frac{1}{2})\right)} dU_1 dU_2 dU_3}_{Int}, \tag{6}$$

während die rechte Seite von (2) zu

$$\left(\frac{\pi}{2}\right) e^{-r(T-t^0)} \underbrace{\int_0^1 \int_0^1 \hat{F}(\tilde{\mathbf{U}}) e^{-\frac{1}{2}\left(\sum_{i=1}^{2} \tan^2\left(\pi(U_i-\frac{1}{2})\right)\right)} \prod_{i=1}^{2} \frac{1}{\cos^2\left(\pi(U_i-\frac{1}{2})\right)} dU_1 dU_2}_{\widetilde{Int}} \tag{7}$$

transformiert wird. Wir haben F durch $\hat{F}$ ersetzt, um deutlich zu machen, dass das Auszahlungsprofil ebenfalls dieser Transformation unterzogen werden muss. Es genügt nicht, einfach die Assetkurse durch die neuen Variablen zu ersetzen.

Die Auswertung des Ausdrucks (6) bzw. (7) liefert dann den gewünschten Optionspreis. Es verbleibt noch die Berechnung von Delta und Gamma. Hierzu kommen wir nicht umhin, die rechte Seite von Gleichung (1) bzw. (2) nach den Assetkursen in t^0 zu differenzieren und auf den resultierenden Ausdruck genau die eben beschriebenen Transformationen anzuwenden. Nach einigen Umformungen (die wir hier nicht im Detail ausführen) gelangen wir zu Formeln, die den obigen sehr ähneln. Man muss nur den mit *Int* bezeichneten Term zur Berechnung der jeweiligen Sensitivität nach folgendem Schema ersetzen:

$$\Delta_i : \quad Int \; \to \; Int \times \frac{d_i}{X_i^0 \sigma_i \sqrt{T-t^0}}, \qquad i = 1, 2, 3,$$

$$\Gamma_{ij} : \quad Int \; \to \; Int \times \frac{g_{ij}}{X_i^0 X_j^0 \sigma_i \sigma_j \sqrt{T-t^0}}, \qquad 1 \leq i < j \leq 3,$$

$$\Gamma_{ii} : \quad Int \; \to \; Int \times \frac{g_{ii}}{(X_i^0)^2 \sigma_i^2 (T-t^0)}, \qquad i = 1, 2, 3,$$

mit den Abkürzungen

$$d_i = \sum_{l=1}^{3} m_{il}^T \tan\left(\pi(U_l - \tfrac{1}{2})\right),$$

$$g_{ij} = \left(\sum_{l=1}^{3} m_{il}^T \tan\left(\pi(U_l - \tfrac{1}{2})\right)\right)\left(\sum_{l=1}^{3} m_{jl}^T \tan\left(\pi(U_l - \tfrac{1}{2})\right)\right) - \Sigma_{ij}^{-1},$$

$$g_{ii} = \left(\sum_{l=1}^{3} m_{il}^T \tan\left(\pi(U_l - \tfrac{1}{2})\right)\right)^2 - \sigma_i \sqrt{T-t^0}\left(\sum_{l=1}^{3} m_{il}^T \tan\left(\pi(U_l - \tfrac{1}{2})\right)\right) - \Sigma_{ii}^{-1},$$

wobei m_{ij}^T und Σ_{ij}^{-1} die Komponenten der Matrizen $\underline{\mathbf{M}}^T$ und $\underline{\boldsymbol{\Sigma}}^{-1}$ sind.

Für $\widetilde{Int}$ lautet das Ersetzungsschema

$$\Delta_i : \quad \widetilde{Int} \to \widetilde{Int} \times \frac{\tilde{d}_i}{X_i^0 \sigma_i \sqrt{T-t^0}}, \qquad i = 1, 2,$$

$$\Gamma_{12} : \quad \widetilde{Int} \to \widetilde{Int} \times \frac{\tilde{g}_{12}}{X_1^0 X_2^0 \sigma_1 \sigma_2 \sqrt{T-t^0}},$$

$$\Gamma_{ii} : \quad \widetilde{Int} \to \widetilde{Int} \times \frac{\tilde{g}_{ii}}{(X_i^0)^2 \sigma_i^2 (T-t^0)}, \qquad i = 1, 2,$$

mit den Abkürzungen

$$\tilde{d}_i = \sum_{l=1}^{2} \tilde{m}_{il}^T \tan\left(\pi(U_l - \tfrac{1}{2})\right),$$

$$\tilde{g}_{12} = \left(\sum_{l=1}^{2} \tilde{m}_{1l}^T \tan\left(\pi(U_l - \tfrac{1}{2})\right)\right)\left(\sum_{l=1}^{2} \tilde{m}_{2l}^T \tan\left(\pi(U_l - \tfrac{1}{2})\right)\right) - \tilde{\Sigma}_{12}^{-1},$$

$$\tilde{g}_{ii} = \left(\sum_{l=1}^{2} \tilde{m}_{il}^T \tan\left(\pi(U_l - \tfrac{1}{2})\right)\right)^2 - \sigma_i\sqrt{T-t^0}\left(\sum_{l=1}^{2} \tilde{m}_{il}^T \tan\left(\pi(U_l - \tfrac{1}{2})\right)\right) - \tilde{\Sigma}_{ii}^{-1}.$$

Hier sind $\tilde{m}_{ij}^T$ und $\tilde{\Sigma}_{ij}^{-1}$ die Komponenten der Matrizen $\underline{\tilde{M}}^T$ und $\underline{\tilde{\Sigma}}^{-1}$.

Im nächsten Kapitel werden wir die in den letzten beiden Abschnitten beschriebenen Methoden auf die transformierten Integrale (6) und (7) anwenden und die Performance der einzelnen Methoden vergleichen.

4. Numerische Beispiele

Ziel dieses Abschnittes ist es, die Geschwindigkeit und Präzision der vorgestellten Verfahren anhand einiger Beispiele zu demonstrieren.

Wir betrachten eine Call-Option auf das Maximum oder Minimum von drei Assets mit identischem Strikepreis. Die Auszahlungsprofile sind also

$F(X_1, X_2, X_3) = \max(0, \max(X_1, X_2, X_3)-K)$, bzw.
$F(X_1, X_2, X_3) = \max(0, \min(X_1, X_2, X_3)-K)$.

Für diesen Fall haben wir in der Arbeit von Boyle/Tse (1990) Beispiele gefunden, die auf dem analytischen Ausdruck von Johnson (1987) beruhen. Wir können die Resultate unserer Verfahren somit mit den bekannten Optionspreisen aus deren Arbeit vergleichen und die Güte dieser Methoden unter Beweis stellen.

In unserem ersten Beispiel sind die heutigen Assetpreise alle identisch $X_1^0 = 40$, $X_2^0 = 40$ und $X_3^0 = 40$, der Strike-Preis ist $K = 30$, die Volatilitäten sind $\sigma_1 = \sigma_2 = \sigma_3 = 30\%$, der risikofreie Zinssatz ist $r = 10\%$, die Korrelationsmatrix ist gegeben durch

$$\underline{\Sigma} = \begin{pmatrix} 1 & 0,6 & 0,4 \\ 0,6 & 1 & 0,6 \\ 0,4 & 0,6 & 1 \end{pmatrix},$$

der heutige Zeitpunkt ist $t^0 = 0$, und die Option ist in einem Jahr fällig, also $T = 1,0$. Die Ergebnisse sind in Tabelle 2 zusammengefasst. In der ersten Zeile der Tabelle wird angegeben, welches Integrationsverfahren benutzt wird.

Man sieht, dass die Verfahren bereits für niedrige N-Werte exzellente Näherungen für den Preis der Rainbow-Optionen liefern. Man sieht auch, dass die Verfahren nicht monoton konvergieren, sondern leicht um hintere Nachkommastellen oszillieren.

	N	Haselgrove	Faure	Halton	Sobol	Niederreiter
Min	4000	7,206	7,193	7,196	7,220	7,176
	8000	7,218	7,208	7,197	7,212	7,215
	16000	7,220	7,212	7,216	7,205	7,215
	32000	7,217	7,214	7,213	7,214	7,214
	64000	7,213	7,212	7,214	7,216	7,210
	128000	7,213	7,214	7,213	7,214	7,213
	256000	7,213	7,214	7,214	7,214	7,214
	512000	7,214	7,214	7,214	7,214	7,214
	Johnson	7,214	7,214	7,214	7,214	7,214
Max	4000	19,988	20,026	19,980	19,963	19,922
	8000	19,991	20,048	20,002	19,990	20,033
	16000	19,995	20,036	20,023	20,005	20,020
	32000	20,006	20,022	20,019	20,018	20,020
	64000	20,016	20,023	20,017	20,020	20,016
	128000	20,016	20,019	20,016	20,017	20,017
	256000	20,016	20,019	20,017	20,017	20,017
	512000	20,017	20,019	20,018	20,018	20,018
	Johnson	20,018	20,018	20,018	20,018	20,018

Tab. 2: Numerische Resultate für Optionen auf das Minimum oder Maximum von drei Assets mit identischem Strike-Preis

In unserem zweiten Beispiel betrachten wir eine Austauschoption zwischen zwei Assets. Das Auszahlungsprofil für diese Option ist $F(X_1, X_2) = \max(0, X_1 - X_2)$. Für diesen Fall hat Margrabe (1978) eine Bewertungsformel hergeleitet. Aus dieser Formel lassen sich die Sensitivitäten sehr leicht berechnen. Wir haben die Ergebnisse in Tabelle 3 zusammengefasst.

Wir haben die in der Literatur üblichen Abkürzungen verwendet. $N(.)$ ist die Verteilungsfunktion der Standard-Normalverteilung,

$$d_1 = \frac{\ln(\frac{X_1}{X_2}) + \frac{1}{2}\sigma^2(T-t^0)}{\sigma\sqrt{T-t^0}},$$

$$d_2 = d_1 - \sigma\sqrt{T-t^0},$$

und $\sigma = \sqrt{\sigma_1^2 - 2\rho_{12}\sigma_1\sigma_2 + \sigma_2^2}.$

$F(X_1, X_2)$: $\max(0, X_1-X_2)$

$V(t, X_1^0, X_2^0)$: $X_1^0 N(d_1) - X_2^0 N(d_2)$

Δ_1: $N(d_1)$

Δ_2: $-N(d_2)$

Γ_{11}: $\dfrac{1}{\sigma\sqrt{T-t^0}X_1^0}\dfrac{1}{\sqrt{2\pi}}e^{-\frac{1}{2}d_1^2}$

Γ_{12}: $-\dfrac{1}{\sigma\sqrt{T-t^0}X_2^0}\dfrac{1}{\sqrt{2\pi}}e^{-\frac{1}{2}d_1^2}$

Γ_{22}: $\dfrac{1}{\sigma\sqrt{T-t^0}X_2^0}\dfrac{1}{\sqrt{2\pi}}e^{-\frac{1}{2}d_2^2}$

ν_1: $X_1^0\sqrt{T-t^0}\dfrac{1}{\sqrt{2\pi}}e^{-\frac{1}{2}d_1^2}\dfrac{\sigma_1-\rho_{12}\sigma_2}{\sigma}$

ν_2: $X_1^0\sqrt{T-t^0}\dfrac{1}{\sqrt{2\pi}}e^{-\frac{1}{2}d_1^2}\dfrac{\sigma_2-\rho_{12}\sigma_1}{\sigma}$

ψ_{12}: $X_1^0\sqrt{T-t^0}\dfrac{1}{\sqrt{2\pi}}e^{-\frac{1}{2}d_1^2}\dfrac{-\sigma_1\sigma_2}{\sigma}$

θ: $-\dfrac{X_1^0\sigma}{2\sqrt{T-t^0}}\dfrac{1}{\sqrt{2\pi}}e^{-\frac{1}{2}d_1^2}$

P: 0

Tab. 3: Optionspreis und Sensitivitäten für eine Austauschoption

In unserem Beispiel betragen die Kassakurse der Assets $X_1^0 = 110$ und $X_2^0 = 100$, die Volatilitäten sind $\sigma_1 = 20\%$ und $\sigma_2 = 40\%$ und der Korrelationskoeffizient ist $\rho_{12} = 0{,}5$. Der Fälligkeitstermin der Option ist $T = 1{,}0$ und der heutige Zeitpunkt t^0 ist $t^0 = 0$. Mit diesen Parametern ergibt sich für diese Option $V = 19{,}97568732$, $\Delta_1 = 0{,}673046757$ und $\Gamma_{12} = -0{,}01041527117$.

Für diese drei Kennzahlen unserer Austauschoption haben wir mit den fünf Verfahren Näherungslösungen berechnet und zusammen mit den exakten Lösungen die relativen Fehler ermittelt. Die Logarithmen zur Basis 10 dieser relativen Fehler haben wir gegen die Anzahl der zur Berechnung der Approximationen verwendeten Punkte N aufgetragen. Die Resultate sind in den Abbildungen 3-5 zusammengestellt.

In der Legende steht »fau« für Faure-Punkte, »hal« für Halton-Punkte, »has« für Haselgroves Algorithmus, »nie« für Niederreiter-Punkte und »sob« für Sobol'-Punkte. Man erkennt, dass Haselgroves Algorithmus die anderen Methoden in dieser Situation dominiert. Auf eine generelle Überlegenheit dieser Methode kann daraus jedoch nicht geschlossen werden. Für Optionen auf zwei Assets ist dies wohl der Fall. Bei höheren Dimensionen muss dies nicht länger gelten, wie man bereits an dem 3-dimensionalen Beispiel in Tabelle 2 erkennt. Hinzu kommt, dass Haselgroves Methode nur für Probleme bis einschließlich Dimension acht konstruiert ist, während sich die anderen Methoden mühelos auf Problemstellungen weit höherer Dimension verallgemeinern lassen. Exemplarisch verweisen wir auf Paskov/Traub (1995), wo Probleme mit Dimension 360 behandelt werden.

Bisher haben wir in den Verfahren stets die Zahl der Punkte N, die wir zur Berechnung der Approximationen von Preis und Sensitivitäten verwenden, vorgege-

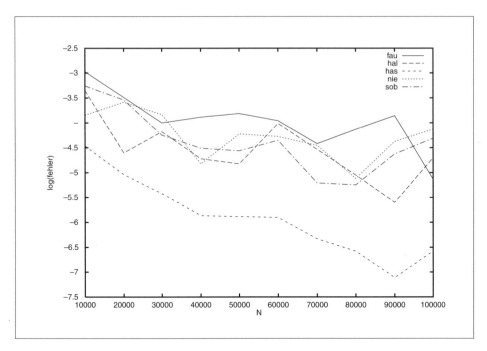

Abb. 3: Näherungsfehler des Optionspreises einer Austauschoption

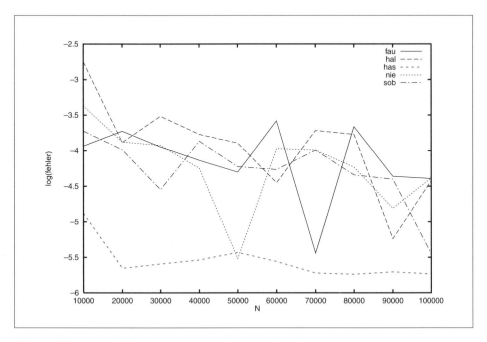

Abb. 4: Näherungsfehler von Δ_1 einer Austauschoption

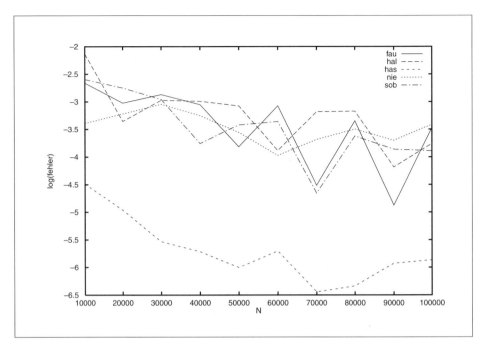

Abb. 5: Näherungsfehler von Γ_{12} einer Austauschoption

ben. Weil man die Lösung jedoch a priori nicht kennt, ist es sinnvoller, ein Abbruchkriterium für die Verfahren zu definieren. Wir schlagen folgendes vor: Man gibt sich eine Höchstzahl von Punkten K_{max} vor, die angibt, wie lange man maximal rechnen will. Während die Berechnung läuft, ermittelt man alle K Punkte den Optionspreis. Wenn zwei aufeinanderfolgende Näherungen für den Optionspreis nur noch um eine vorgegebene Toleranz ε relativ voneinander abweichen wird das Verfahren abgebrochen.

Wir wenden die Algorithmen mit Abbruchkriterium auf die beiden eben behandelten Beispiele mit $K = 1000$ und $\varepsilon = 10^{-4}$ an und geben zugleich noch die benötigte Rechenzeit an. Die Berechnungen wurden auf einem PC mit Pentium I Prozessor (133 MHz) durchgeführt.

Die Ergebnisse sind in den Tabellen 4 und 5 zusammengefasst. K^* steht für die Anzahl der Punkte, die benötigt wurden, um das Abbruchkriterium zu erfüllen. V^* ist der Optionspreis, der bei Abbruch geliefert wurde, t^* ist die benötigte Rechenzeit in Sekunden, wenn nur der Preis berechnet wurde, und t^{**} ist die benötigte Rechenzeit in Sekunden, wenn zusätzlich noch die Sensitivitäten ermittelt wurden.

Man erkennt, dass kein Verfahren in jeder Situation ein anderes dominiert. Es ist nicht einmal so, dass bei höherdimensionalen Problemen der Abbruch grundsätzlich später erfolgt. Vielmehr ist die Performance der Verfahren beispielabhängig. Insgesamt sind jedoch alle Methoden zuverlässig und effizient. Abschließend bemerken

		Haselgrove	Faure	Halton	Sobol	Niederreiter
Min	K^*	12000	7000	13000	20000	21000
	V^*	7,220	7,211	7,207	7,217	7,213
	t^*	0,5	0,5	0,4	0,5	1,4
	t^{**}	0,7	0,6	0,5	0,7	1,7
Max	K^*	5000	18000	9000	7000	11000
	V^*	19,990	20,026	20,002	20,007	20,017
	t^*	0,2	1,3	0,4	0,3	0,7
	t^{**}	0,3	1,5	0,5	0,4	0,9

Tab. 4: Numerische Resultate für eine Option auf das Minimum oder Maximum auf drei Assets mit Abbruchkriterium

	Haselgrove	Faure	Halton	Sobol	Niederreiter
K^*	3000	12000	12000	19000	12000
V^*	19,969	19,968	19,977	19,977	19,981
t^*	0,1	0,7	0,4	0,7	0,6
t^{**}	0,1	0,8	0,5	0,9	0,7

Tab. 5: Numerische Resultate für eine Austauschoption mit Abbruchkriterium

wir, dass die zusätzliche Berechnung der Sensitivitäten sich in den Rechenzeiten kaum bemerkbar macht.

5. Zusammenfassung

Ausgehend von einer Klassifikation und Anwendungsbeispielen von Multi-Asset-Optionen haben wir das verallgemeinerte Black-Scholes-Modell für Rainbow-Optionen und hybride Optionen vorgestellt.

Da sich alle gesuchten Optionssensitivitäten aus Preis, Delta und Gamma herleiten lassen, genügt es, diese drei Werte zu berechnen. Zur tatsächlichen Berechnung müssen mehrdimensionale Integrale auf einem unendlichen Gebiet numerisch gelöst werden.

Dies geschieht durch eine Transformation des unendlichen Gebietes auf ein endliches und anschließender Anwendung des Algorithmus von Haselgrove bzw. diverser Quasi-Monte-Carlo-Verfahren.

Abschließende numerische Beispiele demonstrierten die Präzision, Geschwindigkeit und das Konvergenzverhalten der Methoden.

Literaturverzeichnis

Ashraff, J., Tarczon J., Wu, W. (1995), Safe Crossing, in: Risk 8, S. 56–57.
Barrett, J. W., Moore, G., Wilmott, P. (1992), Inelegant Efficiency, in: Risk 5, S. 82–84.
Björk, T. (1998), Arbitrage Theory in Continuous Time, Oxford 1998.
Black, F., Scholes, M. (1973), The Pricing of Options and Corporate Liabilities, in: Journal of Political Economy 81, S. 637–654.
Boyle, P.P., Tse, Y.K. (1990), An Algorithm for Computing Values of Options on the Maximum or Minimum of Several Assets, in: Journal of Financial and Quantitative Analysis 25, S. 215–229.
Engelmann, B., Schwendner, P. (1999), Efficient Computation of the Price and the Sensitivities for High Dimensional European Options on Several Assets, Working Paper.
Faure, H. (1982), Discrépance de Suites Associées à un Systéme de Numeration (en Dimension s), in: Acta Arithmetica 41, S. 337–351.
Hämmerlin, G., Hoffmann, K. H. (1992), Numerische Mathematik, 3. Aufl., Berlin 1997.
Halton, J. H. (1960), On the Efficiency of Certain Quasi–random Sequences of Points in Evaluating Multi–dimensional Integrals, in: Numerische Mathematik 2, S. 84–90.
Haselgrove, C. B. (1961), A Method for Numerical Integration, in: Mathematical Computing 15, S. 323–337.
Johnson, H. (1987), Options on the Maximum or the Minimum of Several Assets, in: Journal of Financial and Quantitative Analysis 22, S. 277–283.
Margrabe, W. (1978), The Value of an Option to Exchange one Asset for Another, in: Journal of Finance 33, S. 177–186.
Niederreiter, H. (1988), Low Discrepancy Sequences and Low Dispersion Sequences, in: Journal of Number Theory 30, S. 51–70.
Niederreiter, H. (1992), Random Number Generation ans Quasi–Monte Carlo Methods, Philadelphia 1992.
Paskov S. H., Traub, J. F. (1995), Faster Valuation of Financial Derivatives, in: Journal of Portfolio Management 22, S.113–120.
Rainer, E. (1992), Quanto Mechanics, in: Risk 5, S. 59–63.
Sobol', I. M. (1967), On the Distribution of Points in a Cube and the Approximate Evaluation of Integrals, in: USSR Computational Mathematics and Mathematical Physics 7, S. 86–112.
Stulz, R. (1982), Options on the Minimum or the Maximum of Two Risky Assets, in: Journal of Financial Economics 10, S. 161–181.
Vasicek, O. A. (1998), A Series Expansion for the Bivariate Normal Integral, in: Journal of Computational Finance 1, S. 5–10.
Wystup, U. (1999), Foreign Exchange Rainbow Options: How the Greeks would have Hedged Correlation Risk, Working Paper.

Eine Finite Elemente-Implementierung von Passport-Optionen

Jürgen Topper*

Inhalt

1. Passport-Optionen – Funktionsweise und Verbreitung
2. Herleitung der Bewertungsgleichung
   2.1 Ansätze
   2.2 Europäische Passport-Kaufoption
   2.3 Frühzeitige Ausübung der Option
3. Finite Elemente als Lösungsverfahren
   3.1 Allgemeines
   3.2 Ein Beispiel
      3.2.1 Die Black-Scholes-Gleichung
      3.2.2 Stationäre Lösung
      3.2.3 Dynamische Lösung
   3.3 Finite Element Lösung der Bewertungsgleichung
4. Anwendungen
   4.1 Einfache Kaufoption
      4.1.1 Spezialfall: Bekannte analytische Lösung
      4.1.2 Allgemeiner Fall
      4.1.3 Nichtkonstante Volatilität
   4.2 Kaufoption mit Selbstbeteiligung
   4.3 Kaufoption mit Cap
   4.4 Kaufoption mit Down-and-out Barrier
   4.5 Frühzeitige Ausübung
5. Zusammenfassung

Anhang

A Konvexe und konkave Funktionen

B Endbedingung für Passport-Optionen
  B.1 Eine Korrektur
  B.2 Allgemeine Endbedingung

Anmerkungen

Literaturverzeichnis

[*] Jürgen Topper ist Berater in der Financial and Commodity Risk Consulting Gruppe von Arthur Andersen (Frankfurt). Er beschäftigt sich schwerpunktmäßig mit der Bewertung von Derivaten und strukturierten Produkten. Zu diesen Themen gibt Herr Topper ab dem Sommersemester 2001 als Lehrbeauftragter Vorlesungen an der Universität Hannover, an der er auch 1997 sein Diplom als Ökonom erworben hat.

1. Passport-Optionen – Funktionsweise und Verbreitung

Seit einigen Jahren gibt es im OTC-Markt ein neues Produkt, das sich erheblich von anderen Optionen unterscheidet. Hat eine Option als Underlying ein oder mehrere Assets, ist das Underlying der Passport-Option ein Portfolio, das unter aktivem Management steht. Eine einfache europäische Passport-Option gibt dem Besitzer am Ende der Laufzeit das Recht, die Gewinne aus einem Portfolio zu beziehen. So kann sich ein Händler gegen Verluste schützen, indem er eine Passport-Option kauft. Passport-Optionen wurden Anfang 1997 von Bankers Trust zuerst für FX-und Aktien-Portfolios angeboten. Derzeit gibt es sie für eine Vielzahl von Underlyings inkl. Anleihen und Futures. Das Handelsvolumen ist derzeit noch niedrig, aber wachsend, insb. in Deutschland. Viele Finanzinstitutionen haben Interesse gezeigt, dieses Produkt zu verkaufen.

2. Herleitung der Bewertungsgleichung

2.1 Ansätze

Derzeit existieren drei Ansätze zur Bewertung von Passport-Optionen, die sich durch jeweiligen Annahmen über die Verzinsung unterscheiden:

- Ahn/Penaud/Wilmott ([1], [2], [3]): Es gibt genau einen Zinssatz, zu dem geliehen und verliehen wird. Eine Verzinsung des Underlyings (z.B. in Form von Dividenden) gibt es nicht.
- Andersen/Andreasen/Brotherton-Ratcliffe [3]: Es gibt genau einen Zinssatz r, zu dem geliehen und verliehen wird. Eine Verzinsung des Underlyings erfolgt stetig mit der Rate γ.
- Hyer/Lipton-Lifschitz/Pugachevsky [15]: Soll- und Habenzinsen sind unterschiedlich. Das Underlying wird nicht verzinst.

Wir wählen den Ansatz von Andersen/Andreasen/Brotherton-Ratcliffe, weil sich dieser vergleichsweise einfach um unterschiedliche Soll- und Habenzinsen erweitern lässt ([3], S.16). Auch folgen wir der dort eingeführten Notation. Eine Differenzierung von Soll- und Habenzinsen ist aber eher unüblich; auch die Autoren dieses Ansatzes diskutieren den Spezialfall gleicher Soll- und Habenzinsen detaillierter als den allgemeinen Fall ([15], S.129f). Das Modell von Ahn/Penaud/Wilmott hingegen ist ein Spezialfall von Andersen/Andreasen/Brotherton-Ratcliffe mit $\gamma = 0$.

2.2 Europäische Passport-Kaufoption

Ausgangspunkt ist die Black-Scholes Welt, in der das Underlying folgender stochastischer Differentialgleichung folgt; vgl. [3]:

$$\frac{dS(t)}{S(t)} = (r - \gamma)\, dt + \sigma dW(t) \tag{1}$$

Hält nun ein Investor zum Zeitpunkt t_i Anteile[1] in Höhe von $u(t_i) \in [-1,1]$ an diesem Underlying, ist sein Gewinn bis zum Zeitpunkt t_{i+1}: $u(t_i) [S(t_{i+1})-S(t_i)]$. Über alle Zeitpunkte $t_0 = 0, t_1, t_2, ..., t_{H-1}, t_H = T$ aufsummiert, ist sein Gewinn w:

$$w = \sum_{i=0}^{H-1} u(t_i)[S(t_{i-1}) - S(t_i)] \qquad (2)$$

Unterstellen wir kontinuierlichen Handel, d.h. $\lim_{i \to 0} (t_i - t_{i+1})$ erhalten wir

$$w(t) = \int_0^t u(s)dS(s) \qquad (3)$$

$$\iff dw(t) = u(t)dS(t) \quad mit \quad w(0) = 0 \qquad (4)$$

Die europäische Passport-Option erlaubt dem Stillhalter zum Zeitpunkt T, sich w andienen zu lassen. Falls $w < 0$ ist, wird der rationale Investor auf dieses Recht verzichten; andernfalls lässt er liefern. Das Auszahlungsprofil der einfachen europäischen Passport-Option ist somit

$$[w(T)]^+ \equiv \max[0, w(T)] \qquad (5)$$

Zur Herleitung der Bewertungsgleichung bedienen wir uns desselben Argumentes wie Black und Scholes: Ein Portfolio Π, das momentan risikolos ist, besteht aus einer Passport-Option und $-k$ Einheiten vom Underlying:

$$\Pi = V - kS \qquad (6)$$

Im Zeitintervall $(t, t + dt)$ ändert sich der Wert dieses Portfolios um:

$$d\Pi = dV - k(dS + \gamma S dt) \qquad (7)$$

Wir unterstellen die Existenz einer optimalen Strategie u^* und die zweifache Differentierbarkeit von V in S und w. Des Weiteren unterstellen wir, dass der Käufer der Option sich optimal im Sinne der Gewinnmaximierung verhält, also die Strategie u^* auch fährt (und nicht z.B. von übergeordneten Hedging-Zwängen abgelenkt wird). Dann gilt:

$$dV = \frac{\partial V}{\partial t}dt + \frac{\partial V}{\partial S}dS + \frac{\partial V}{\partial w}dw + \frac{1}{2}\frac{\partial^2 V}{\partial S^2}(dS)^2 + \frac{\partial^2 V}{\partial S \partial w}(dS\ dw) + \frac{1}{2}\frac{\partial^2 V}{\partial w^2}(dw)^2 \qquad (8)$$

Um diese Gleichung zu vereinfachen, werden zwei weitere Ergebnisse gebraucht. Durch Quadrieren folgt aus Gl. (1):

$$(dS)^2 = \sigma^2 S^2 dt \qquad (9)$$

Da der Käufer der Option sich gewinnmaximierend verhält, wird aus Gl. (4):

$$dw = u^* dS \qquad (10)$$

Einsetzen dieser Ergebnisse in Gl. (8) liefert:

$$dV = \frac{\partial V}{\partial t}dt + \left(\frac{\partial V}{\partial S} + u^*\frac{\partial V}{\partial w}\right)dS + \frac{1}{2}\left(\frac{\partial^2 V}{\partial S^2} + 2u^*\frac{\partial^2 V}{\partial S \partial w} + \frac{\partial^2 V}{\partial w^2}\right)\sigma^2 S^2 dt \qquad (11)$$

Um das Portfolio Π kurzfristig risikolos zu stellen, ist die folgende Wahl von k notwendig:

$$k = \frac{\partial V}{\partial S} + u^*\frac{\partial V}{\partial w} \qquad (12)$$

Aus Gründen der Arbitragefreiheit muss das risikolose Portfolio Π mit derselben Rate wie der marktübliche Zinssatz r wachsen:

$$d\Pi = r\Pi dt \tag{13}$$

Eine Zusammenfassung der obigen Ergebnissse liefert:

$$\frac{\partial V}{\partial t} + \frac{\sigma^2 S^2}{2}\left(\frac{\partial^2 V}{\partial S^2} + 2u^*\frac{\partial^2 V}{\partial S \partial w} + (u^*)^2 \frac{\partial^2 V}{\partial w^2}\right) + (r-\gamma)S\left(\frac{\partial V}{\partial S} + u^*\frac{\partial V}{\partial w}\right) = rV \tag{14}$$

Mit folgender Endbedingung:

$$V(T, S, w) = w^+ \tag{15}$$

Die Variablensubstitution $x \equiv w/S$ aus der folgt:

$$V(t, S, w) = Sv(t, x) \tag{16}$$

erlaubt die Reduzierung um eine Dimension. So kommen wir auf folgende Bewertungsgleichung:

$$\frac{\partial v}{\partial t} + (u^* - x)(r - \gamma)\frac{\partial v}{\partial x} + \frac{1}{2}(u^* - x)^2 \sigma^2 \frac{\partial^2 v}{\partial x^2} = \gamma v \tag{17}$$

mit

$$u^* = sign\left((r-\gamma)\frac{\partial v}{\partial x} - x\sigma^2 \frac{\partial^2 v}{\partial x^2}\right) \tag{18}$$

wobei $v(T)$ in x monoton steigend und konvex[2] ist. Äquivalente Formulierungen der PDGL (17) lauten:

$$\frac{\partial v}{\partial t} - x(r-\gamma)\frac{\partial v}{\partial x} + \frac{1}{2}(1+x^2)\sigma^2 \frac{\partial^2 v}{\partial x^2} + u^*\left((r-\gamma)\frac{\partial v}{\partial x} - x\sigma^2 \frac{\partial^2 v}{\partial x^2}\right) = \gamma v \tag{19}$$

und:

$$\frac{\partial v}{\partial t} - x(r-\gamma)\frac{\partial v}{\partial x} + \frac{1}{2}(1+x^2)\sigma^2 \frac{\partial^2 v}{\partial x^2} + \left|(r-\gamma)\frac{\partial v}{\partial x} - x\sigma^2 \frac{\partial^2 v}{\partial x^2}\right| = \gamma v \tag{20}$$

mit folgender Endbedingung:

$$v(T, x) = v_T(x) \tag{21}$$

Die Funktion v_T muss konvex in x sein. Diese Differentialgleichung hat für den Spezialfall $r = \gamma$ eine analytische Lösung. Für die allgemeine Differentialgleichung ist keine Lösung bekannt. Deshalb ist eine Approximation gesucht.

Die *Hedge Ratio k* weist einige Unterschiede zum üblichen Black-Scholes Rahmen auf. Deren Überlegung ist, dass ein Portefolio Π, bestehend aus einer *long* Position in einem Call C und einer *short* Position von von k Aktien

$$\Pi = C - kS \tag{22}$$

kurzfristig risikolos ist.[3] Für den Hedge Parameter im Black-Scholes Modell gilt

$$k = \frac{\partial C}{\partial S} = \Delta \tag{23}$$

Auch Portefolios, die Passport-Optionen enthalten, können über die Beziehung Gl. (22) gegenüber infinitesimalen Änderungen der Aktie immunisiert werden. Für k gilt dann (vgl. ([3], S. 33f)):

$$k = v + (u^* - x)\frac{\partial v}{\partial x} \tag{24}$$

Die bedeutet, dass die numerischen Schwierigkeiten, die bei der Berechnung von $\frac{\partial C}{\partial S}$ auftreten, auch bei Passport-Optionen gelöst werden müssen. Dies ist mit FE vergleichsweise einfach, da die Lösung aus einer polynominalen Approximation des gesamten Definitionsbereichs der PDGL besteht. Für Details siehe [30]. Beachtenswert ist außerdem die Tatsache, dass k als Funktion von x Sprungstellen aufweist, was das tatsächliche Hedging erschwert. Diese Sprünge treten immer dann auf, wenn u^* das Vorzeichen wechselt.

2.3 Frühzeitige Ausübung der Option

Wir integrieren die Möglichkeit der frühzeitigen Ausübung der Option durch eine Straffunktion q. Diese Straffunktion ist so konstruiert, dass sie in Bereichen, in denen die frühzeitige Ausübung sinnvoll ist, den Wert der Bewertungsgleichung auf den inneren Wert der Option zwingt. In restlichen Bereich, in dem frühzeitige Ausübung nicht optimal ist, verschindet diese Funktion. Für Details dieser Technik und verschiedene Spezifikationen von q siehe [11] and [24].

$$\gamma v = \frac{\partial v}{\partial t} - x(r-\gamma)\frac{\partial v}{\partial x} + \frac{1}{2}(1+x^2)\sigma^2\frac{\partial^2 v}{\partial x^2} + \left|(r-\gamma)\frac{\partial v}{\partial x} - x\sigma^2\frac{\partial^2 v}{\partial x^2}\right| + q \tag{25}$$

$$q = c_{penalty}(\min[\max(S-E,0)]) \tag{26}$$

In [11] $c_{penalty}$ hängt ab von Elementtyp und Elementgröße; nach unserer Erfahrung reicht es, $c_{penalty}$ hinreichend groß zu wählen, z.B. $c_{penalty} = 10^8$.

3. Finite Elemente als Lösungsverfahren

3.1 Allgemeines

Wir suchen eine numerische Lösung zum Problem bestehend aus den Gleichungen (20) und (21). Obiges Problem ist rückwärts parabolisch. Um in Einklang mit der numerischen Literatur zu stehen, drehen wir die Zeitrichtung um. Zeit t, zu interpretieren als laufende Zeit, wird zur Restlaufzeit $\tau = T-t$, vgl. ([31], p. 45f). Außerdem müssen noch zwei Randbedingungen, die die Variable x nach oben und unten begrenzen, eingefügt werden.[4]

$$\frac{\partial v}{\partial \tau} - x(r-\gamma)\frac{\partial v}{\partial x} + \frac{1}{2}(1+x^2)\sigma^2\frac{\partial^2 v}{\partial x^2} - \left|(r-\gamma)\frac{\partial v}{\partial x} - x\sigma^2\frac{\partial^2 v}{\partial x^2}\right| = \gamma v \tag{27}$$

mit folgend Rand- und Anfangsbedingungen:

$$c_1 v(x_{min}, t) + c_2 \frac{\partial v(x_{min}, t)}{x} = v_l \tag{28}$$

$$c_3 v(x_{max}, t) + c_4 \frac{\partial v(x_{max}, t)}{x} = v_r \tag{29}$$

$$v(0, x) = v_0(x) \tag{30}$$

Die Funktion v_0 muss natürlich ebenfalls konvex in x sein. Die Gleichung (20) kann umgeschrieben werden als

$$v_\tau = L(v) \tag{31}$$

mit $L(v)$ als nichtlinearem elliptischen Operator.

In der heutigen Finanzierungsliteratur (z.B. [14], [31]) sind Finite Differenzen (FD) Ansätze beherrschend. Erst in den letzten Jahren sind einige Veröffentlichungen zur Anwendung von Finiten Elementen (FE) erschienen ([10], [11], [12], [16], [17], [28], [30]), obwohl sie schon 1991 zur Lösung von Differentialgleichungen in der Finanzierungstheorie vorgeschlagen worden sind [8]. Die genannten Veröffentlichungen handelten ausschließlich den Fall *linearer* partieller Differentialgleichung, während wir hier eine *nichtlineare* Differentialgleichung lösen. Etwas vorgreifend ist der grundlegende Unterschied der, dass die Diskretisierung eines linearen Operators $L(u)$ auf ein lineares Gleichungssystem führt, während nichtlineare Operatoren zu nichtlinearen Gleichungssystemen führen.

Die Grundidee, zurückgehend auf den Nobelpreisträger Kantorovitch [20], heutiger zeitabhängiger Finite Elemente Lösungen ist, Zeit und Raum zu trennen ([6], S. 453). Der Raum wird mit Finiten Elementen, die Zeit mit Finiten Differenzen approximiert. Die kann man sich so vorstellen, das der Operator $L(v)$ schrittweise durch die Zeit wandert. An jedem Schritt wird eine neue FE Lösung für das elliptische Problem gesucht. Im nächsten Unterkapitel wird eine FE Lösung für das elliptische Problem hergeleitet, das dann im wiederum folgenden Unterkapitel durch Hinzunahme der zeitlichen Variable wieder zum ursprünglichen parabolischen Problem wird.

3.2 Ein Beispiel

3.2.1 Die Black-Scholes-Gleichung

Im Folgenden soll an einem einfachen Beispiel die Grundideen Finiter Elemente für parabolische PDGL aufgezeigt werden. Als Beispiel wählen wir Modell von Black and Scholes [5] zur Bewertung von europäischen Kaufoptionen auf Aktien. Zu lösen ist folgende PGDL:

$$\frac{\partial V}{\partial t} = rC - \frac{1}{2}\sigma^2 S^2 \frac{\partial^2 V}{\partial S^2} - rS\frac{\partial V}{\partial 2} \tag{32}$$
$$V(0,t) = 0 \tag{33}$$
$$V(S,t) \sim S - E e^{-r(T-t)} \; mit \; S \to \infty \tag{34}$$
$$V(S,T) = \max(S - E, 0) \tag{35}$$

Parameter	Wert
Zins r	0,1
Volatilitt σ	0,2
Restlaufzeit	0,5 Jahr

Tab. 1: Daten für Black-Scholes Gleichung

Um die Differentialgleichung eq. (32) auf die einfachere Wärmegleichung zu transformieren, werden folgende Transformationen vorgenommen; vgl. ([30], Kap. 5.4):

$$S = Ee^x \tag{36}$$

$$\tau = \frac{2(T-t)}{\sigma^2} \tag{37}$$

$$V(S,t) = Ee^{\frac{1}{2}(k-1)x - \left(\frac{1}{4}(k-1)^2 + k\right)\tau} u(x, \tau) \tag{38}$$

$$k = \frac{2r}{\sigma^2} \tag{39}$$

Man erhält:

$$u_\tau = u_{xx} \tag{40}$$

$$\lim_{x \to -\infty} u = 0 \tag{41}$$

$$\lim_{x \to \infty} u = e^{\frac{1}{2}(k+1)x + \frac{1}{4}(k+1)^2 \tau} \tag{42}$$

$$u(x,0) = \max\left(e^{\frac{1}{2}(k+1)x} - e^{\frac{1}{2}(k-1)x}, 0\right) \tag{43}$$

Die numerischen Berechnungen können nur auf einer kompakten Teilmenge durchgeführt werden, sodass der obige Definitionsbereich]-∞; ∞[auf $[x_{min}; x_{max}]$ zu reduzieren ist. Die Werte für x_{min} und x_{max} werden so gewählt, dass die dazugehörigen Werte für S tief im Geld bzw. weit aus dem Geld sind. Wie schon erwähnt, wird die zeitliche Variable von den räumlichen Variablen getrennt. Aus diesem Grunde betrachten wir erst die stationäre Form von Gl. (40):

$$u_{xx} = 0 \tag{44}$$

$$u(x_{min} = -10) = 0 \tag{45}$$

$$u(x_{max} = 1.5) = 100 \tag{46}$$

3.2.2 Stationäre Lösung

Obiges Problem hat die analytischen Lösung, die nach erfolgter Herleitung der numerischen Lösung zur Kontrolle benutzt werden kann:

$$u(x) = \frac{200x + 2000}{23} \tag{47}$$

Es existieren verschiedene FE Ansätze, nach denen die approximative Lösung aufgestellt werden kann. Diese Verfahren werden unterteilt in Ritz-Verfahren und Gewichtete-Residuen-Verfahren. Die Grundidee der Ritz-Verfahren ist, anstelle der Differentialgleichung das äquivalente Variationsproblem zu lösen. Nun ist nicht zu jeder Differentialgleichung ein äquivalentes Variationsproblem bekannt. In diesem Fall treten Gewichtete-Residuen-Verfahren in Aktion, die unabhängig von der Existenz äquivalenter Variationsprobleme funktionieren. Gewichtete-Residuen-Verfahren gibt es zahlreiche; hier werden wir den Galerkin-Ansatz und den Kollokations-Ansatz beschreiben.

Zunächst leiten wir die Lösung für ein Element her. Die unbekannte Funktion u soll durch eine algebraisch einfache Funktion $\tilde{u}$ approximiert werden. Wir wählen ein kubisches Polynom:

$$\tilde{u}(x) = a_1 + a_2 x + a_3 x^2 + a_4 x^3 \tag{48}$$

Zu bestimmen sind die Parameter a_i. Ein Teil der a_i kann bestimmt werden, indem man fordert, daß die Randbedingungen exakt eingehalten werden:

$$\tilde{u}(x_{min}) = a_1 + a_2(-10) + a_3(-10)^2 + a_4(-10)^3 \stackrel{!}{=} 0 \tag{49}$$
$$\tilde{u}(x_{max}) = a_1 + a_2(1.5) + a_3(1.5)^2 + a_4(1.5)^3 \stackrel{!}{=} 100 \tag{50}$$

Durch die Randbedingungen können so zwei der a_i eliminiert werden. Die Funktion $\tilde{u}$ läßt sich dann darstellen als:

$$\tilde{u}(x) = \underbrace{\frac{200(x+10)}{23}}_{\phi_0} + a_3 \underbrace{\frac{(x+10)(2x-3)}{2}}_{\phi_1} + a_4 \underbrace{\frac{(x+10)(4x^2 - 40x + 51)}{4}}_{\phi_2} \tag{51}$$

Diese Funktion erfüllt für beliebige a_3, a_4 die Randbedingungen. Nun sind a_3, a_4 gesucht, die die Funktion $\tilde{u}$ in einem noch spezifizierenden Sinne »optimale« Approximation für die wahre Funktion u werden lassen. Die Funktion $\tilde{u}$ wird üblicherweise *trial solution* genannt; die Funktionen φ_i heißen *trial functions*. Als Residuum R definieren wir die Abweichung, die entsteht, wenn $\tilde{u}$ in die Differentialgleichung (44) eingesetzt wird:

$$R(x, a_3, a_4) = \tilde{u}_{xx}$$
$$= 2(3a_4 x + a_3) \tag{52}$$

Die Bestimmung der a_i kann auf verschiedene Art geschehen:

- Kollokationsmethode: Zu jedem a_i wird ein Punkt aus der Menge $[x_{min}; x_{max}]$ gewählt. Diese Punkte müssen verschieden sein; dürfen aber beliebige Positionen von $[x_{min}; x_{max}]$ einschließlich des Randes einnehmen. Wir wählen (willkürlich) $x_3 = -8$ und $x_4 = 0$:

$$R(x_3, a_3, a_4) = 2(3a_4 x + a_3) \stackrel{!}{=} 0 \tag{53}$$
$$R(x_4, a_3, a_4) = 2(3a_4 x + a_3) \stackrel{!}{=} 0 \tag{54}$$
$$\Rightarrow 0 = a_3 = a_4 \tag{55}$$
$$\Rightarrow \tilde{u}_{Kollokation} = \frac{200x + 2000}{23} \tag{56}$$

Somit gilt sogar $\tilde{u}_{Kollokation} = u$, d.h. die approximative Lösung ist identisch mit der analytischen. Dieses Ergebnis kann immer dann erwartet werden, wenn bei exakter Einhaltung der Randbedingungen die polynomiale Lösung der DGL durch ein Polynom gleichen oder höheren Grades approximiert wird.

- Galerkin-Methode:[6] Für jedes a_i wird erzwungen, daß der gewogene Durchschnitt von R über dem ganzen Definitionsbereich $[x_{min}; x_{max}]$ verschwindet. Die Gewichtungsfunktionen sind die *trial functions*:

$$\int_{x_{min}}^{x_{max}} R\phi_1 \, dx \stackrel{!}{=} 0 \tag{57}$$
$$\int_{x_{min}}^{x_{max}} R\phi_2 \, dx \stackrel{!}{=} 0 \tag{58}$$
$$\Rightarrow \frac{12167(4a - 51b)}{-96} = 0 \quad \frac{12167(85a - 1216b)}{160} = 0 \tag{59}$$

Auch dieses lineare Gleichungssystem hat nur die triviale Lösung, d.h. $a_3 = a_4 = 0$. Daraus folgt, dass $\tilde{u}_{Galerkin} = u = \tilde{u}_{Kollokation}$. Dieses Ergebnis gilt nicht allgemein; gewöhnlich führen unterschiedliche Methoden aus der Familie der gewichteten Residuen zu unterschiedlichen Approximationen.

Normalerweise ist man an einer Lösung interessiert, die aus mehr als einem Element besteht. Zu diesem Zweck unterteilt man das Intervall in (nicht notwendigerweise äquidistante) Intervalle. Es ist empfehlenswert, Gebiete mit starker Krümmung mit kleineren Intervallen zu versehen. In der Optionsbewertung sind dies üblicherweise Gebiete nahe am Ausübungspreis und nahe den Knock-out Barriers. Auch mit mehreren Elementen erhält man ein lineares Gleichungssystem $A\,u = q$. Der Aufbau dieses Gleichungssystems ist eher mühsam, sodass wir den interessierten Leser auf die Lehrbücher [4], [6] oder [25] verweisen.

3.2.3 Dynamische Lösung

Hängt die Differentialgleichung von zwei Variablen x, y ab, wählt man folgenden Ansatz:

$$\tilde{u}(x, y, a) = \sum_{j=1}^{n} a_j \phi_j(x, y) \tag{60}$$

Ist die zweite Variable hingegen die Zeit t, folgt man üblicherweise nicht Gl. (60), sondern wählt:

$$\tilde{u}(x, t, a) = \sum_{j=1}^{n} a_j(t) \phi_j(x) \tag{61}$$

d.h. Raum und Zeit werden getrennt. Die Zeit wird i.d.R. mit Finiten Differenzen approximiert. Man kann es sich so vorstellen, als wandere ein FE-Netz in diskreten Zeitschritten durch die Zeit. Lassen sich lineare *stationäre* Probleme auf das lineare Gleichungssystem

$$Au = q \tag{62}$$

reduzieren, lassen sich lineare *dynamische* Probleme auf ein System linearer Anfangswertprobleme bringen:

$$q = A\,u + B\dot{u} \tag{63}$$
$$u(0) = u_0 \tag{64}$$

Die Anfangsbedingungen des linearen Anfangswertproblems ist die diskretisierte Anfangsbedingung (43). Analytische und numerische Methoden für Probleme dieser Art (inkl. nicht-linearer Anfangswertprobleme) sind in den Wirtschaftswissenschaften seit langem Standard ([7], [27])

3.3 Finite Element Lösung der Bewertungsgleichung

Analog zu obigen Ausführungen kann eine FE Lösung für allgemeinere parabolische PDGLs entwickelt werden, sodass die Black-Scholes Gleichung auch ohne Transformation approximiert werden kann. Die Bewertungsgleichung für Passport-Optionen hingegen ist nichtlinear. Dies führt in der FE Diskretisierung zu einem System nicht-linearer gewöhnlicher Differentialgleichungen [33].

$$\dot{u}_1 = f(u_1,\ldots,u_n,t)$$
$$\vdots \qquad (65)$$
$$\dot{u}_n = f(u_1,\ldots,u_n,t)$$

Für diesen Artikel haben wir das kommerzielle Software-Paket *PDEase2D*^{TM} [21] verwendet. Es handelt sich hierbei um ein Ergänzungspaket zum klassischen Computer-Algebra-Paket *MACSYMA*^{TM}. Ein Teil der Rechnungen wurde mit dem ebenfalls kommerziellen Paket PDE2D [26] überprüft.[7]

4. Anwendungen

4.1 Einfache Kaufoption

4.1.1 Spezialfall: Bekannte analytische Lösung

Das Beispiel von Andersen, Andreasen und Brotherton-Ratcliffe

Für den Spezialfall $r = \gamma$ reduziert sich Gleichung (20) zu

$$\frac{\partial v}{\partial t} + \frac{1}{2}(1+|x|)^2 \sigma^2 \frac{\partial^2 v}{\partial x^2} = \gamma \qquad (66)$$

Für den Payoff $v(T) = \max(0,X)$ X^+ bieten [16] folgende analytische Lösung zu Gleichung (66) an:

$$v(t,x) = e^{-\gamma(T-t)}\left[x^+ + N(d) - (1+|x|)N\left(d - \sigma\sqrt{T-t}\right) + \Omega\right] \qquad (67)$$

mit

$$d = \frac{-\ln(1+|x|) + \frac{1}{2}\sigma^2(T-t)}{\sigma\sqrt{T-t}} \qquad (68)$$

$$\Omega = \frac{1}{2}\left[d\sigma\sqrt{T-t} - 1\right]N(d)$$
$$+ \frac{1}{2}(1+|x|)N\left(d - \sigma\sqrt{T-t}\right)$$
$$+ \frac{1}{2}\sigma\sqrt{T-t}N'(d) \qquad (69)$$

N und *N'* stellen Verteilungs- und Dichtefunktion der Standardnormalverteilung dar. Diese analytische Lösung soll hier als Benchmark genutzt werden. Da die partielle Differentialgleichung (66) linear ist, erlaubt uns dies, die analytische Lösung einer linearen und einer nichtlinearen FE-Lösung gegenüberzustellen.

Wir wiederholen das Beispiel aus ([3], Table 1). Unsere Ergebnisse stimmen mit den dort zitierten nicht überein, weil die zitierten z.T. fehlerhaft sind.[8] Die Ergebnisse der Berechnung von Ausdruck (67) sind sensibel bezüglich der Approximation der Normalverteilung. Wir zeigen die Ergebnisse mit jeweils einer Approximation der Normalverteilung, die auf vier und sieben Stellen genau ist; vergleiche z.B. ([14], S. 243f). Letztere wird im Weiteren als Benchmark verwendet. Für die Angabe der prozentualen Abweichungen werden mehr Nachkommastellen verwendet als hier wiedergegeben. Der *root mean sqare error* wird vom Programmbenutzer eingestellt. Abweichung ist wie folgt definiert:

$$Abweichung = \frac{Ergebnis - Ergebnis_{FE}}{Ergebnis} \qquad (70)$$

Parameter	Wert
Aktie S	100
Dividendenrate γ	0
Zins r	0
Volatilitt σ	0,3
Restlaufzeit	1 Jahr

Tab. 2: Daten des Beispiels von Andersen et al., Tab. 1

w	Ergebnis aus [3]	Korrekte Lösung: $N(\cdot)$ genau auf ...	
		... 4 Stellen	... 7 Stellen
100	100,1566	100,15580	100,15660
50	51,6456	51,58188	51,58181
20	25,9063	25,88776	25,88757
10	18,8846	18,87984	18,88084
0	13,1381	13,13906	13,13810
−10	8,8808	8,87984	8,88084
−20	5,8876	5,88776	5,88757
−50	1,5893	1,58188	1,58181
−100	0,1566	0,15576	0,15660

Tab. 3: Benchmark $\gamma = r = 0$

Zur numerischen Lösung der Differentialgleichung (66) sind außer der Endbedingung, die durch das Auszahlungsprofil gegeben ist, zwei zusätzliche Randbedingungen notwendig, die den Definitionsbereich der PDGL $-\infty < x < \infty$ abschneidet. Die Autoren schlagen vor ([3], S. 23f)

$$v(t, -e^{h\sigma\sqrt{T-t}}) = 0 \qquad (71)$$

$$\frac{\partial v(t, e^{h\sigma\sqrt{T-t}})}{\partial x} = e^{-r(T-t)} \qquad (72)$$

$$h = 4 \qquad (73)$$

Dieses Problem lösen wir zuerst mit einem *nicht-linearen* FE-Ansatz wie in Kap. 3 beschrieben als auch mit einem *linearen* FE-Ansatz (vgl. [30]). Jede dieser Berechnung wird mit drei unterschiedlichen Genauigkeitseinstellungen durchgeführt. Die

Ergebnisse von linearem und nicht-linearem FE-Ansatz sind fast identisch, was daraufhindeutet, dass der Algorithmus, der das nicht-lineare Gleichungssystem lösen soll, auch bei linearen Gleichungssystemen funktioniert.

w	Ana-lytische Lösung	Numerische Lsg.: errlim =					
		1,0E-5		1,0E-6		1,0E-7	
		linear	nicht-linear	linear	nicht-linear	linear	nicht-linear
100	100,15660	100,1556	100,1556	100,1568	100,1568	100,1566	100,1566
50	51,58181	51,5817	51,5817	51,5817	51,5817	51,5815	51,5815
20	25,88757	25,8870	25,8870	25,8863	25,8863	25,8874	25,8874
10	18,88084	18,8787	18,8787	18,8794	18,8794	18,8807	18,8807
0	13,13810	13,1391	13,1391	13,1391	13,1391	13,1391	13,1391
-10	8,88084	8,8787	8,8787	8,8793	8,8793	8,8807	8,8807
-20	5,88757	5,8870	5,8870	5,8863	5,8863	5,8874	5,8874
-50	1,58181	1,5817	1,5817	1,5808	1,5808	1,5815	1,5814
-100	0,15660	0,1556	0,1556	0,1568	0,1568	0,1566	0,1567

Tab. 4: Nicht-lineare und Lineare FEM für Benchmark: Ergebnisse

w	Numerische Lsg.: errlim =					
	1,0E-5		1,0E-6		1,0E-7	
	linear	nicht-linear	linear	nicht-linear	linear	nicht-linear
100	0,0010%	0,0010%	-0,0002%	-0,0002%	0,0000%	0,0000%
50	0,0002%	0,0002%	0,0002%	0,0002%	0,0006%	0,0006%
20	0,0022%	0,0022%	0,0049%	0,0049%	0,0007%	0,0007%
10	0,0113%	0,0113%	0,0076%	0,0076%	0,0007%	0,0007%
0	-0,0076%	-0,0076%	-0,0076%	-0,0076%	-0,0076%	-0,0076%
-10	0,0241%	0,0241%	0,0173%	0,0173%	0,0016%	0,0016%
-20	0,0097%	0,0097%	0,0216%	0,0216%	0,0029%	0,0029%
-50	0,0070%	0,0070%	0,0639%	0,0639%	0,0196%	0,0259%
-100	0,6386%	0,6386%	-0,1277%	-0,1277%	0,0000%	-0,0639%

Tab. 5: Nicht-lineare und Lineare FEM für Benchmark: Abweichungen

Im Folgenden rechnen wir mit der Einstellung errlim = 0.000001. Zur Tabelle (6) berechnen wir folgende *Hedge Ratios*. Die *Hedge Ratios* werden berechnet über Gl. (24). Die dazu notwendige Ableitung $\frac{\partial v}{\partial x}$ kann *analytisch* aus der numerischen Approximation von v gewonnen werden.

w	Hedge Ratio k
100	-0,9838
50	-0,8775
20	-0,6449
10	-0,5189
0	0,5004
-10	0,4812
-20	0,3551
-50	0,1225
-100	0,0163

Tab. 6: Die *Hedge Ratio k* des Benchmarks

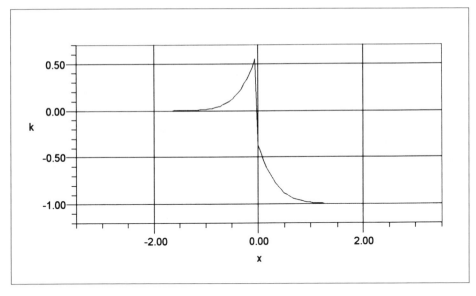

Abb. 1: Die *Hedge Ratio k* zu Tab. (2)

Das Beispiel Ahn, Penaud und Wilmott

Der Spezialfall $\gamma = 0$ ist der Rahmen, innerhalb Ahn et al. ihr Modell entwickeln ([1], [2]). Auch sie liefern ein Beispiel ([2], S. 10), das hier ebenfalls als Benchmark benutzt werden soll. Dieses Beispiel veranschaulicht, wie das Modell von Ahn et al. im Rahmen des allgemeineren Modells von Andersen et al. einzuordnen ist. Ahn et al. lösen ihr Problem mit dem expliziten Finite Differenzen Schema aus [31].

Parameter	Wert
Aktie S	100
Dividendenrate γ	0
Volatilität σ	0,2
Restlaufzeit	0,5 Jahre

Tab. 7: Daten des Beispiels von Ahn et al.

w	Analytische Lsg.	Expl. FD	Abweichung
0	5,89660	5,8931	0,05936%
w	**Analytische Lsg.**	**FEM**	**Abweichung**
0	5,89660	5,89757	0,01643%

Tab. 8: Die Optionsprämie des Beispiels aus Ahn et al.

4.1.2 Allgemeiner Fall

Auch für den Fall $\gamma \neq r$, für den keine geschlossene Lösungsformel bekannt ist, berechnen Andersen et al. ein Beispiel mittels eines Crank-Nicholson FD Schematas ([3], S. 26). Sie benutzen 100 äquidistante Schritte in der Zeit und 800 ebenfalls äquidistante Schritte in der Raumvariable. Ihr Beispiel hat die folgenden Daten:

Parameter	Wert
Aktie S	100
Dividendenrate γ	5%
Zins r	4,5%
Volatilität σ	0,3
Restlaufzeit	2 Jahre

Tab. 9: Daten des Beispiels von Andersen et al., Tab. 4

Wir stellen diese FD Ergebnisse unseren mittels der FEM erzielten Resultate gegenüber.

w	FD	FE	Abweichung	Hedge Ratio k
20	28,2277	28,2249	0,0000010%	−0,4674
10	22,3741	22,3734	0,0000003%	−0,3724
0	17,4323	17,4423	−0,0000057%	−0,2674
−10	13,5100	13,5113	−0,0000010%	0,5180
−20	10,4261	10,4293	−0,0000031%	0,4302

Tab. 10: Nicht-lineare FDM und FEM

4.1.3 Nichtkonstante Volatilität

Hier erweitern wir das Ausgangsmodell der Europäischen Passport-Option um ein einfaches Volatilitätsmodell. Die Daten des Beispiels stammen wiederum aus Tabelle (9). Wir unterstellen linear fallende Volatilität von 30% auf 10% in Tabelle (11) und linear steigende Volatilität von 20% auf 40% in Tabelle (12).

w	Prämie	Hedge Ratio k
20	22,92945	−0,58095
10	16,72279	−0,45126
0	11,73692	−0.31744
−10	7,98969	0,42873
−20	5,31088	0,31973

Tab. 11: Fallende Volatilität

w	Prämie	Hedge Ratio k
20	28,63056	−0,46479
10	22,76108	−0,37240
0	17,79276	−0,26782
−10	13,82655	0,52379
−20	10,71511	0,43617

Tab. 12: Steigende Volatilität

Für die Erweiterung dieses Modells um stochastische Volatilität siehe [13].

4.2 Kaufoption mit Selbstbeteiligung

In den obigen Berechnungen bekommt ein erfolgloser Händler Verluste erstattet. Hier führen wir eine Selbstbeteiligung des Händlers ein, sodass seine Verluste erst ab einem Schwellenwert K erstattet werden. Die Daten des Beispiels stammen aus Tabelle (9); als Schwellenwert setzen wir $K = 10$. Dadurch ändert sich die Endbedingung zu

$$v(T) = \max\left(0, x - \frac{K}{S}\right) \qquad (74)$$

Als Bewertungsgleichung dient wiederum die PDGL (20)[9] und als Randbedingungen die Gleichungen (71) und (72) mit $k = 6$.

w	Prämie	Hedge Ratio k
20	22,85350	−0,44673
10	17,63497	−0,34936
0	13,34422	−0,24499
−10	10,03164	0,41743
−20	7,51942	0,33651

Tab. 13: Call mit Selbstbeteiligung

4.3 Kaufoption mit Cap

Eine Möglichkeit, die Gewinn-Möglichkeiten des Käufers der Passport-Option zu begrenzen, ist die Einführung eines Caps auf x. Da gilt $x = w/S$, ist die Höhe des Caps um den Preis der Aktie normiert. Nur ein überproportionales Ansteigen von w kann dazu führen, dass der Cap greift. Verluste in w sind durch diese Option immer noch vollständig gedeckt. Im Beispiel liegt der Cap bei $x = 2$. Die anderen Daten stammen aus Tab. (9).

w	Prämie	Hedge Ratio k
20	25,2556	−0,4337
10	20,0280	−0,3206
0	15,7438	−0,2271
−10	12,2934	0,4608
−20	9,5537	0,3863

Tab. 14: Europäische Passport-Option mit Cap

4.4 Kaufoption mit Down-and-out Barrier

Eine Möglichkeit, die Verlustmöglichkeit des Stillhalters zu begrenzen, ist die Einführung eines Down-and-out Barrier. Sobald x diese Barriere berührt, verfällt der Kontrakt. Die anderen Daten sind Tab. (9) entnommen.

w	Prämie	Hedge Ratio k
20	25,2559	−0,4337
10	20,0288	−0,3209
0	15,7400	−0,2276
−10	12,2922	0,4608
−20	9,5513	0,3869

Tab. 15: Europäische Passport-Option mit Down-and-out Barrier

4.5 Frühzeitige Ausübung

Hier wird das Beispiel Tab. (9) um die Möglichkeit der frühzeitigen Ausübung erweitert. Für amerikanische Passport-Optionen lösen wir Gl. (25). Die Zeit-Diskretisierung erfolgt über ein adaptives Crank-Nicholson Verfahren mit sehr kleiner Anfangsschrittweite ($\Delta t = 10^{-20}$).

w	FD [3]	FE	Abweichung	Hedge Ratio
20	29,1764	29,2110	−0,1186 %	−0,5042
10	23,0050	23,0272	−0,0965 %	−0,3974
0	17,8418	17,8648	−0,1289 %	0,6384
−10	13,7776	13,7873	−0,0704 %	0,5330
−20	10,6031	10,6124	−0,0877 %	0,4406

Tab. 16: Amerikanische Passport-Option

Die FD Ergebnisse von [3] sind vermutlich ungenau aufgrund konstanter Schrittweitenlänge für die Zeit. Ergänzende Berechnungen mit einer Kollokations-Methode [26] haben unsere Ergebnisse, die auf der Galerkin-Methode beruhen, bestätigt. Ein weiterer Grund für die Ungenauigkeit der mit FD erzielten Ergebnisse kann in der

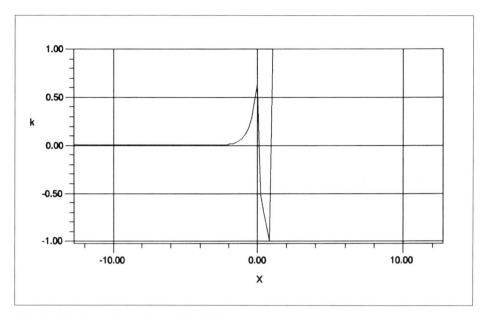

Abb. 2: Die *Hedge Ratio k* zu Tab. (16)

Integrierung frühzeitiger Ausübung liegen. In jedem Zeitschritt *j* und an jedem Knoten *i* des FD-Gitters testet der von [3] angepasste Crank-Nicholson Algorithmus mittels folgender Beziehung auf Optimalität frühzeitiger Ausübung:

$$v_{i,j} = \max(\hat{v}_{i,j}, x_i^+) \tag{75}$$

Die Größe $\hat{v}_{i,j}$ ist das Ergebnis des Crank-Nicholson Schemas ohne Erweiterung auf frühzeitige Ausübung. Auch wenn diese Technik der Integrierung frühzeitiger Ausübung für explizite FD Schemata geeignet ist, ist sie bei Crank-Nicholson Verfahren nur von der Genaugikeit $O(\delta t)$. Für ein Verfahren mit der Genaugikeit $O(\delta t^2)$ siehe ([32], p. 654f).

5. Zusammenfassung

Passport-Optionen als Sicherungsinstrument im Handel gewinnen zunehmend an Bedeutung. Ihre Bewertung ist u.a. aufgrund der Nichtlinearität der Bewertungsgleichung schwierig. Mit Finiten Elementen kann man diese Schwierigkeiten überwinden und erhält als Nebenprodukt die *Hedge Ratio*. Außer anhand des einfachen Passport Calls als Benchmark haben wir dies anhand einiger Exoten und Modelle mit nicht-konstanter Volatilität gezeigt.

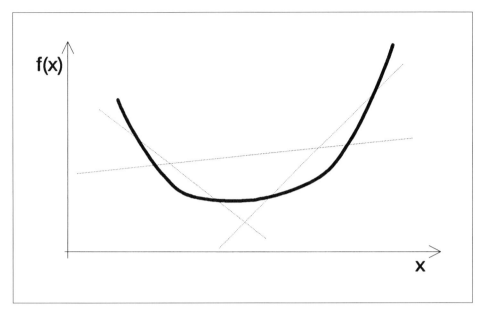

Abb. 3: Konvexe Funktion: Die Verbindungslinie zweier beliebiger Punkte schneidet den Graphen der Funktion nicht

Anhang

A Konvexe und konkave Funktionen

Der Begriff der Konvexität als Eigenschaft von Funktionen spielt in der Ökonomie eine große Rolle ([7], [27]). In diesem Zusammenhang brauchen wir nur die Konvexität für univariate Funktionen, die auf den gesamten Zahlenstrahl definiert sind. Für diese Funktionen ist das Konzept der Konvextität am einfachsten. Wir starten mit einigen Definitionen:

- Eine Funktion heißt *streng konvex*, wenn die Verbindungslinie zweier beliebiger Punkte M und N der Funktion vollständig oberhalb der Funktion liegt außer an den Punkten M und N selber.
- Eine Funktion heißt *konvex*, wenn die Verbindungslinie zweier beliebiger Punkte M und N der Funktion oberhalb oder auf der Funktion liegt.

Analog lassen sich konkave Funktionen definieren:

- Eine Funktion heißt *streng konkav*, wenn die Verbindungslinie zweier beliebiger Punkte M und N der Funktion vollständig unterhalb der Funktion liegt außer an den Punkten M und N selber.
- Eine Funktion heißt *konkav*, wenn die Verbindungslinie zweier beliebiger Punkte M und N der Funktion unterhalb oder auf der Funktion liegt.

Aus den Definitionen lassen sich einige Eigenschaften von konvexen Funktionen direkt ableiten:

- Konvexe Funktionen sind stetig. Ebenfalls sind konkave Funktionen stetig.
- Eine Funktion, die sowohl konkav als auch konvex ist, ist linear.
- Eine Funktion kann nicht streng konvex und streng konkav gleichzeitig sein.
- Eine Funktion mit linearen Teilstücken kann weder streng konvex noch streng konkav sein.
- Eine Funktion, die nicht konvex ist, ist nicht notwendigerweise konkav.
- Falls eine Funktion f konvex ist, ist $-f$ konkav.

Obige Definition der Konvexität lässt sich auch algebraisch definieren:

- Eine Funktion f heißt *konvex*, genau dann wenn für jedes beliebige Paar verschiedener Punkte M und N gilt:

$$\theta f(M) + (1-\theta)f(N) \leq f[\theta M + (1-\theta)N] \tag{76}$$

$$0 < \theta < 1 \tag{77}$$

Für streng konvexe Funktionen muss das »≤« durch ein »<« ersetzt werden. Die Definitionen für konkave Funktionen sind entsprechend. Der Nachweis der Konvexität über die Definition ist oft schwer zu führen. Aus diesem Grunde sind eine Vielzahl von Kriterien zum Überprüfen der Konvexität entwickelt worden. Die wichtigsten seien nachstehend genannt.

Funktion f	Bedingung	Kriterium
konvex	$f'' > 0$	notwendig und hinreichend
streng konvex	$f'' > 0$	notwendig
konkav	$f'' < 0$	notwendig und hinreichend
streng konkav	$f'' < 0$	notwendig

Tab. 17: Testkriterien für konvexe Funktionen

B Endbedingung für Passport-Optionen

B.1 Eine Korrektur

Laut ([3], PROPOSITION 5) gilt für allgemeine Auszahlungsprofile ebenfalls PDGL (17), allerdings modifiziert um folgende Steuerung $u^* \in [-1,1]$:

$$u^* = \begin{cases} \psi & \text{falls } \psi(x,t) \in [-1,1] \text{ und } \dfrac{\partial^2 v}{\partial x^2} < 0 \\ sign(\psi(x,t)) & \text{sonst} \end{cases} \tag{78}$$

mit

$$\psi(x,t) = x - \frac{r - \gamma \frac{\partial v}{\partial x}}{\sigma^2 \frac{\partial^2 v}{\partial x}} \tag{79}$$

Wir zeigen im Folgenden durch ein Gegenbeispiel, dass diese Behauptung falsch ist. Der Spezialfall des konvexen Auszahlungsprofils müsste im Allgemeinen Auszahlungsprofil enthalten sein. Dies ist aber nicht der Fall. In unserem Gegenbeispiel betrachten wir nur den Fall $r = \gamma$, aber das Gegenbeispiel lässt sich einfach auch für $r \neq \gamma$ erweitern. Die einzige optimale Steuerung u^* für konvexe Auszahlungsprofile ist laut Gl. (18) (vgl. auch [3], PROPOSITION 2)

$$u^*(x,t) = sign\left((r-\gamma)\frac{\partial v}{\partial x} - x\sigma^2 \frac{\partial^2 v}{\partial x^2}\right) \qquad (80)$$

Einsetzen von $r = \gamma$ vereinfacht obigen Ausdruck zu

$$u^*(x,t) = sign\left(-x\sigma^2 \frac{\partial^2 v}{\partial x^2}\right) \qquad (81)$$

Nun gilt laut Modellannahme $\sigma^2 > 0$, da $\sigma^2 = 0$ dem Modell die Grundlage entziehen würde, da in einer deterministischen Welt kein Markt für Passport-Optionen existieren könnte. Außerdem folgt aus der Konvexität von v in x, dass gilt $\frac{\partial^2 v}{\partial x^2} \geq 0$. Außerhalb des Zeitpunktes der Auszahlung gilt sogar strenge Konvexität $\frac{\partial^2 v}{\partial x^2} > 0$. Zusammenfassend gilt also im halboffenen Intervall $t \in [0,T]$

$$sign\left(-x\sigma^2 \frac{\partial^2 v}{\partial x^2}\right) = sign(-x) \qquad (82)$$

Im allgemeinen Fall wird die optimale Steuerung gegeben durch Gleichung (78) bei Einsetzen eines konvexen Auszahlungsprofils und $r = \gamma$ zu

$$u^* = sign(\psi) = sign(x) \qquad (83)$$

Gleichung (82), die die allgemeine Lösung darstellt, steht im Widerspruch zu Gleichung (83), die den konvexen Spezialfall repräsentiert. Damit ist ([3], PROPOSITION 5) widerlegt.

B.2 Allgemeine Endbedingung

In diesem Abschnitt[10] stellen wir die allgemeine Steuerung für beliebige Endbedingungen vor. Weiter leiten wir daraus die Spezialfälle für konvexe und konkave Endbedingungen ab.

Die allgemeine Steuerungsfunktion lautet:

$$u^* = \begin{cases} \psi & falls\ \psi(x,t) \in [-1,1]\ und\ \frac{\partial^2 v}{\partial x^2} < 0 \\ sign\left(-\psi \frac{\partial^2 v}{\partial x^2}\right) & sonst \end{cases} \qquad (84)$$

Hieraus lassen sich die beiden Spezialfälle für konvexe und konkave Auszahlungsfunktionen herleiten. Für streng konkave Endbedingungen ($\frac{\partial^2 v}{\partial x^2} < 0$) vereinfacht sich Gleichung (84) zu:

$$u^* = \begin{cases} \psi & falls\ \psi(x,t) \in [-1,1] \\ sign\left(\psi\right) & sonst \end{cases} \qquad (85)$$

Für (streng und einfach) konvexe Auszahlungsprofile gilt:

$$u^* = sign\left(-\psi \frac{\partial^2 v}{\partial x^2}\right) \tag{86}$$

$$u^* = sign\left(\left[x - \frac{r - \gamma \frac{\partial v}{\partial x}}{\sigma^2 \frac{\partial^2 v}{\partial x^2}}\right] \frac{\partial^2 v}{\partial x^2}\right) \tag{87}$$

$$= sign\left(\frac{1}{\sigma^2}\left[(r - \gamma)\frac{\partial v}{\partial x} + \sigma^2 x \frac{\partial^2 v}{\partial x^2}\right]\right) \tag{88}$$

$$= sign\left((r - \gamma)\frac{\partial v}{\partial x} + \sigma^2 x \frac{\partial^2 v}{\partial x^2}\right) \tag{89}$$

da $\sigma^2 \geq 0$. Dies ist die in ([3], Gl. (18)) angegebene Steuerungsfunktion für konvexe Auszahlungsprofile. Eine scheinbare Einschränkung ist, dass z.B. die Auszahlungsfunktion *max(0,x)* (die zum Zeitpunkt *T* gilt) an der Stelle 0 nicht differenzierbar ist. Nun ist die Steuerungsfunktion u^* nur gültig in]*T*,0].

Anmerkungen

1 Das Intervall [−1,1] ist willkürlich gewählt. Die Intervallgrenzen bedeuten die maximale Position die der Investor im Rahmen des Passport-Kontraktes *short* bzw. *long* gehen kann. In der hier getroffenen Wahl bedeutet 1 also 100% Ausschöpfung des erlaubten Rahmens.
2 Der Fall nicht-konvexer Payoffs wird in App. B behandelt.
3 Im Original [5] ist das Portefolio *short* im Call und *long* in der Aktie. Um die Einheitlichkeit zu [3] zu wahren, haben wir die Positionen vertauscht.
4 Diese Vorgehensweise ist die übliche, wenn auch nicht die einzig mögliche; für eine Diskussion siehe [21].
5 Diese Trennung von Raum und Zeit ist allerdings nicht zwingend; siehe z.B. [9]. Nach Kenntnisstand des Autors gibt es keine kommerzielle Software, die diesen Ansätzen folgt.
6 Dies ist die Methode, die bisher in allen FE Veröffentlichungen zur Finanzierung benutzt worden ist; für einen Überblick siehe [28]. Die Kollokationsmethode (und andere Methoden aus der Familie der Methoden der Gewichteten Residuen) sind bisher noch nicht auf ihre Vor- und Nachteile in der Finanzierung untersucht worden.
7 Sämtliche Routinen, die zur Erstellung dieses Papers notwendig waren, können vom Autor bezogen werden. Demo-Versionen der genannten Pakete sind ebenfalls verfügbar.
8 Andersen et al. vergleichen ein Crank-Nicholson FD Schema mit ihrer analytischen Lösung in (3], Tab. 3). Nur scheinbar konvergiert der numerische Ansatz nicht gegen die analytische Lösung, insb. für hohe *w*. In Wirklichkeit jedoch konvergiert das numerische Verfahren, aber nicht gegen die falsche analytische Lösung.
9 Es ist ebenfalls möglich, PDGL (19) als Bewertungsgleichung heranzuziehen. Unterschiede in den Ergebnissen sind nur in der vierten Nachkommastelle aufgetreten.
10 Für die Ergebnisse dieses Kapitels bedanke ich mich bei Leif Andersen.

Literaturverzeichnis

1. Ahn, H., Penaud, A., Wilmott, P.: *Various Passport-Options and Their Valution*. Preprint OCIAM Oxford University, 1998.
2. Ahn, H., Penaud, A., Wilmott, P.: *Exotic Passport-Options*. Preprint OCIAM Oxford University, 1998.
3. Andersen, L., Andreasen, J., Brotherton-Ratcliffe, R.: *The Passport-Option*. Journal of Computational Finance. 1/3 (1998) 15-36.
4. Bickford, W. B.: *A First Course in the Finite Element Method*. Boston, 1990.
5. Black, F., Scholes, M.: *The Pricing of Options and Corporate Liabilities*. Journal of Political Economy, 81 (1973) 637-659.
6. Burnett, D. S.: *Finite Element Analysis – From Concepts to Applications*. Reading (US) etc., 1987.
7. Chiang, A. C.: *Fundamental Methods of Mathematical Economics*. 3. Aufl. New York etc., 1984.
8. Duffie, D.: *The Theory of Value in Security Markets* in: Hildenbrand, W., Sonnenschein, H.: *Handbook of Mathematical Economics Vol. IV*. North-Holland etc., 1991.
9. Eriksson K., Estep, D., Hansbo, P., Johnson C: *Computational Differential Equations*. Lund (Sweden), 1996.
10. Forsyth, P. A., Vetzal, K. R., Zvan, R.: *A Finite Element Approach to the Pricing of Discrete Lookbacks with Stochastic Volatility*. Preprint University of Waterloo, Department of Computer Science. Version July 11, 1997.
11. Forsyth, P. A., Vetzal, K. R., Zvan, R.: *Penalty Methods for American Options with Stochastic Volatility*. Preprint University of Waterloo, Department of Computer Science. Version September 30, 1997.
12. Forsyth, P. A., Vetzal, K. R., Zvan, R.: *A General Finite Element Approach for PDE Option Pricing Models*. Preprint University of Waterloo. Version December 1998.
13. Henderson, V., Hobson, D.: *Passport-Options with Stochastic Volatility*. Research Report, RiskLab, ETH Zürich. Version March 31, 2000.
14. Hull, J.: *Options, Futures and Other Derivatives*, 3. ed.. London etc., 1997.
15. Hyer, T., Lipton-Lifschitz, A., Pugachevsky, D.: *Passport to Succes*. Risk Magazine. 10/9 (1997) 127-131.
16. Hyer, T., Lipton-Lifschitz, A., Pugachevsky, D.: *Passport to Success* in Broadie, M., Glassermann, P. (Hrsg.): *Hedging with Tolls*. New York, 1998.
17. Jackson, N., Süli, E.: *Adaptive Finite Element Solution of 1D European Option Pricing Problems*. Oxford University Computing Laboratory. Report 97/05.
18. Jackson, N., Süli, E., Howison, S.: *Computation of Deterministic Volatility Surfaces*. Oxford University Computing Laboratory. Report 98/01.
19. Judd, K. L.: *Numerical Methods in Economics*. Cambrigde (Massachusetts), 1998.
20. Kantorovitch, L. V., Krylov, V. I.: *Approximate Methods for Higher Analysis*. New York, 1964.
21. Macsyma Inc. (ed.): *PDEase2D^{TM} Reference Manual*, 3. ed.. Arlington (USA), 1996.
22. McIver, J. L.: *Overview of Modeling Techniques* in: [23].
23. Nelken, I. (Hrsg.): *The Handbook of Exotic Options*. Chicago, 1996.
24. Nielsen, B. F., Skavhaug, O., Tveito, A.: *Penalty and Front-fixing Methods for the Numerical Solution of American Option Problems*. Working Paper Dep. of Informatics, University of Oslo. Version 31. 1. 2000.
25. Richter, W.: *Partielle Differentialgleichungen*. Heidelberg etc., 1995.
26. Sewell, G.: *Analysis of a Finite Element Method: PDE/PROTRAN*. Berlin etc., 1985.
27. Takayama, A.: *Mathematical Economics*, 2. ed.. Cambrigde (UK), 1985.
28. Topper, J.: *Solving Term Structure Models with Finite Elements*. Marburg, 1998.

29 Topper, J.: *Finite Element Modeling of Exotic Options. Vortrag beim SIAM Annual Meeting* (Atlanta, 13. Mai 1999). [Erhältlich vom Autor]
30 Topper, J.: *Finite Element Modeling of Exotic Options.* Journal of the Mongolian Mathematical Society. 4/2000.
31 Wilmott, P., Dewynne, J., Howison, S.: *Option Pricing – Mathematical Models and Computation.* Oxford, 1996.
32 Wilmott, P.: *Derivatives.* Chichester etc., 1998.
33 White, R. E.: *An Introduction to the Finite Element Method with Applications to Nonlinear Problems.* New York etc., 1985.

»Die Grenze der Empirie ist die Begriffsbildung.«
Ludwig Wittgenstein
Bemerkungen über die Grundlagen der Mathematik

Perturbationen von Korrelationsmatrizen
Stefan Reitz*/Willi Schwarz**

Inhalt

1. Einleitung
2. Perturbationen
   2.1 Additive Perturbationen
   2.2 Iwasawa Zerlegung
   2.3 Multiplikative Perturbationen
3. Schlussbemerkung

Anmerkungen

Literaturverzeichnis

---

* Dr. Stefan Reitz ist als Prüfer interner Risikomodelle bei der Deutschen Bundesbank (Landeszentralbank in Hessen) im Bereich Bankenaufsicht tätig.
** Dr. Willi Schwarz ist Leiter Methoden und Policies bei der Commerzbank AG, Zentraler Stab Risikocontrolling.

Um Missverständnisse zu vermeiden, erklären die Autoren, dass die dargestellten Informationen und Meinungen ausschließlich ihre persönlichen Auffassungen wiedergeben.

1. Einleitung

Im Rahmen der Gesamtbanksteuerung stellt sich u.a. die Frage der optimalen Allokation von Eigenkapital als Risikopuffer zur Absicherung gegen potenzielle Verluste eines Kreditinstituts. Dies bedeutet konkret, dass ein Teil des vorhandenen Eigenkapitals in Form von Risikolimiten auf die verschiedenen Geschäftsbereiche verteilt wird mit dem Ziel, einen möglichst hohen Ertrag durch Übernahme von Risiken im Rahmen der gesetzten Limite zu erzielen. Bei der Zuweisung von Limiten zu den einzelnen Geschäftsbereichen spielt der Portfolioeffekt eine wichtige Rolle, der zu einer Diversifikation des Risikos auf der Gesamtbankebene führt. Da sich der Portfolioeffekt erklären lässt durch *Korrelationseffekte* zwischen den Risikopositionen der Einzelportfolien, treten bei der Vergabe von Limiten diverse Probleme im Zusammenhang mit der Stabilität von Korrelationen auf. Beispielsweise kann sich der Portfolioeffekt bei unveränderten Positionen im Laufe der Zeit aufgrund von Korrelationseffekten deutlich verändern.

Wir interessieren uns in dieser Arbeit für die Frage, in welcher Weise das Marktrisiko eines Portfolios durch Änderungen *(Perturbationen)* von Korrelationen beeinflusst werden kann. Zur Ermittlung des Marktrisikos werden häufig parametrische Ansätze herangezogen, welche von einer expliziten Verteilungsannahme für die zugrunde liegenden Risikofaktoren ausgehen *(Value-at-Risk)*. In der Regel unterstellt man bei derartigen Verfahren eine multivariate Normalverteilung für absolute bzw. relative overnight-Änderungen der Marktparameter, so z.B. bei der gängigen Varianz-Kovarianz-Methode, deren bekanntestes Beispiel RiskMetrics™ von JP Morgan sein dürfte, oder bei der Monte-Carlo-Simulation. Im Falle der Normalverteilungsannahme tritt die Korrelationsmatrix der beteiligten Risikofaktoren als ein Parameter auf, der aus historischen Daten zu schätzen ist.

Im Folgenden betrachten wir das Problem, wie die bei der *Varianz-Kovarianz-Methode* auftretende Korrelationsmatrix durch Änderungen (Perturbationen) bei unveränderten Volatilitäten beeinflusst werden kann. Dabei geht es darum, gezielte vordefinierte Perturbationen der Korrelationsmatrizen vorzunehmen, wobei zu beachten ist, dass die Änderungen gewissen Restriktionen unterliegen, da sie die charakteristischen Eigenschaften von Korrelationsmatrizen nicht zerstören dürfen. Der Hintergrund dieser Überlegungen besteht z.B. darin, Krisenszenarien (z.B. starkes Ansteigen der Wechselkurskorrelationen gewisser Währungen während der Asienkrise) zu modellieren. Diese Problemstellung wird auch im Artikel von C.C. Finger[1] erörtert, wo ausgewählte Korrelationen durch Abänderung der historischen Zeitreihen erhöht werden. Allerdings führt diese eher unkontrollierte Änderung von Korrelationen zu möglichen Rangdefekten der Korrelationsmatrix. Daher besteht eine weitere Anwendung der Perturbationen in der Behebung von *Rangdefekten* der aus zu kurzen Zeitreihen empirisch geschätzten Korrelationsmatrizen (Regularisierung). Derartig induzierte Rangdefekte können sich insofern ungünstig für die Value-at-Risk Berechnung auswirken, da das Risiko systematisch unterschätzt wird. Es empfiehlt sich dann, die zugrunde liegende Korrelationsmatrix so abzuändern, dass die resultierende Matrix vollen Rang besitzt. Solche Regularisierungen können durch Anwendung spezieller Matrixfunktionen auf eine Korrelationsmatrix erzielt werden[2].

Der Value-at-Risk eines Portfolios ergibt sich bei Anwendung der Varianz-Kovarianz-Methode aus der Beziehung

$$\mathrm{VaR} = \alpha \sqrt{t} \sqrt{\delta\, C\, \delta^t},$$

wobei α bzw. t zur Festlegung des Konfidenzniveaus bzw. der Haltedauer dienen. Wir nehmen an, dass der Vektor $\delta = (\delta_1, \ldots, \delta_n)$ neben den Positionsdaten auch die Volatilitäten der Risikofaktoren enthält, so dass $C = (\rho_{i,j})$ die anhand historischer Daten geschätzte Korrelationsmatrix darstellt. Im Folgenden seien alle Parameter bis auf C stets fest vorgegeben, ferner seien alle Werte δ_i von Null verschieden (Longpositionen entsprechen positiven Werten von δ_i, und Shortpositionen entsprechen negativen Werten).

2. Perturbationen

Problemstellung

Wir gehen der Frage nach, wie man für Korrelationsmatrizen systematisch zulässige Perturbationen finden kann. Darunter verstehen wir Abbildungen

$f : K \to K,$

wobei K die Menge der Korrelationsmatrizen bezeichnet, d.h. K ist die Menge aller symmetrischen, positiv semidefiniten Matrizen, deren Diagonalelemente 1 sind und deren sonstige Einträge betraglich kleiner oder gleich 1 sind.

2.1 Additive Perturbationen

Wir betrachten zunächst additive Perturbationen. Dabei gehen wir von einer Korrelationsmatrix $C = (c_{i,j})$ mit n verschiedenen, reellen, von Null verschiedenen Eigenwerten $\lambda_1, \ldots, \lambda_n$ aus. Die Perturbation f ist durch

$f(C) = C + B$

gegeben, wobei $B = (b_{i,j})$ eine symmetrische Matrix ist, für die gilt $b_{i,i} = 0$ sowie $|c_{i,j} + b_{i,j}| \leq 1$ für alle i, j. Um sicherzustellen, dass die Matrix $f(C)$ positiv semidefinit ist, muss für ihren betragsgrößten Eigenwert μ_B gelten

$$\mu_B \leq \min_{j=1,\ldots,n} |\lambda_j|,$$

denn dann liegen alle Eigenwerte der reellen, symmetrischen Matrix $f(C)$ in der Menge

$$\bigcup_{j=1}^{n} \{ x \in \mathbb{R} : |x - \lambda_j| \leq \mu_B \},$$

sie sind also insbesondere aufgrund der Wahl von μ_B nichtnegativ[3]. Insgesamt ergibt sich damit, dass $f(C)$ in der Menge K enthalten ist, weshalb f eine zulässige Perturbation ist. Für die praktische Durchführung dieses Verfahrens empfiehlt es sich, zunächst mittels eines numerischen Iterationsverfahren den betragsmäßig kleinsten Eigenwert von C zu ermitteln und eine Matrix B zu verwenden, die lediglich an zwei Positionen einen von Null verschiedenen Eintrag aufweist:

$$B = \begin{pmatrix} 0 & \cdots & & \cdots & 0 \\ \vdots & \ddots & & b & \vdots \\ \vdots & & b & \ddots & \vdots \\ 0 & \cdots & & \cdots & 0 \end{pmatrix} \leftarrow \text{Zeile } i$$

$$\uparrow \text{Spalte } j$$

Eine solche Matrix B hat die Eigenwerte 0, b, -b. Für eine zulässige Perturbation f sind dann die Bedingungen

$$|b| \leq \min_{j=1,\ldots,n} |\lambda_j|, \quad |b + c_{i,j}| \leq 1$$

zu erfüllen. Sollen weitere Korrelationen verändert werden, so kann dieser Schritt mehrmals durchgeführt werden, wobei dann in jedem Schritt die Eigenwerte $\lambda_1, \ldots, \lambda_n$ der abgeänderten Korrelationsmatrix zur Überprüfung der obigen Bedingungen heranzuziehen sind.

Als Beispiel betrachten wir die Korrelationsmatrix

$$C = \begin{pmatrix} 1 & 0.3 & -0.8 \\ 0.3 & 1 & -0.3 \\ -0.8 & -0.3 & 1 \end{pmatrix}.$$

Die Eigenwerte dieser Matrix sind 1.98, 0.82 und 0.2 (gerundete Werte). Mögliche Perturbationsmatrizen sind also z.B.

$$B = \begin{pmatrix} 0 & 0.2 & 0 \\ 0.2 & 0 & 0 \\ 0 & 0 & 0 \end{pmatrix} \quad \text{oder} \quad B = \begin{pmatrix} 0 & 0 & -0.2 \\ 0 & 0 & 0 \\ -0.2 & 0 & 0 \end{pmatrix},$$

wobei die Eigenwerte der beiden Matrizen jeweils 0.2, –0.2, 0 sind.

2.2 Iwasawa Zerlegung

Die Anwendung des soeben beschriebenen Verfahrens auf eine große Korrelationsmatrix wird i.a. sehr rechenaufwendig sein. Es besteht jedoch die Möglichkeit, sich auf Teilmatrizen zu beschränken, und zwar anhand der sog. *Iwasawa Zerlegung* symmetrischer, positiv definiter Matrizen. Die Iwasawa Zerlegung, welche auch bei der Berechnung bedingter Erwartungswerte der multivariaten Normalverteilung auftritt, ergibt sich aus der folgenden Aussage: Für jede positiv definite n×n Matrix C aus *K* und für jedes Paar vorgegebener natürlicher Zahlen p, q mit n = p+q existieren symmetrische, positiv definite Matrizen

$$V \in R^{p \times p}, \quad W \in R^{q \times q},$$

sowie eine Matrix

$$X \in R^{q \times p},$$

sodass für C die folgende Zerlegung (Iwasawa Zerlegung) gilt:

$$C = \begin{pmatrix} I_p & 0 \\ X & I_q \end{pmatrix}^t \times \begin{pmatrix} V & 0 \\ 0 & W \end{pmatrix} \times \begin{pmatrix} I_p & 0 \\ X & I_q \end{pmatrix} = \begin{pmatrix} V+X^t W X & X^t W \\ W X & W \end{pmatrix}.$$

Dabei bezeichnet I_p die p reihige Einheitsmatrix und I_q die q reihige Einheitsmatrix[4]. Die Matrizen V, W, X können leicht aus C gewonnen werden: Dazu schreiben wir

$$C = \begin{pmatrix} A & D \\ D^t & B \end{pmatrix}$$

mit

$$A \in \mathbb{R}^{p \times p}, \quad B \in \mathbb{R}^{q \times q}, \quad D \in \mathbb{R}^{p \times q}.$$

Nun ergeben sich die gesuchten Matrizen zu $W := B$, $X := W^{-1} D^t$, $V := A - X^t W X$.

Soll nun eine bestimmte Teilmenge von Korrelationen der Matrix C perturbiert werden, so sind die Risikofaktoren zunächst so umzunummerieren, dass in der Teilmatrix B, die ebenso wie C in der Menge K enthalten ist, alle zu ändernden Korrelationen stehen. Nun wird die Matrix W (= B) einer gewünschten Perturbation unterworfen, und zwar so, dass die geänderte Matrix W* in K liegt und positiv definit ist – dies kann mit dem oben beschriebenen Verfahren geschehen.

Es seien

$$W = U U^t \quad \text{bzw.} \quad W^* = U^* U^{*t}$$

die Cholesky Zerlegungen von W bzw. W*. Wir definieren

$$X^* := (U^{*t})^{-1} U^t X.$$

Dann folgt zunächst

$$X^{*t} W^* X^* = X^t W X,$$

und für die perturbierte Matrix gilt (mit $B^* := W^*$):

$$C^* := \begin{pmatrix} I_p & 0 \\ X^* & I_q \end{pmatrix}^t \times \begin{pmatrix} V & 0 \\ 0 & W^* \end{pmatrix} \times \begin{pmatrix} I_p & 0 \\ X^* & I_q \end{pmatrix} = \begin{pmatrix} V+X^{*t} W^* X^* & D U^{t-1} U^{*t} \\ U^* U^{-1} D^t & W^* \end{pmatrix} = \begin{pmatrix} A & (U^* U^{-1} D^t)^t \\ U^* U^{-1} D^t & B^* \end{pmatrix}$$

Da C* konjugiert zur positiv definiten, symmetrischen Matrix

$$\begin{pmatrix} V & 0 \\ 0 & W^* \end{pmatrix}$$

ist, handelt es sich bei C* um eine symmetrische, positiv definite Matrix. Die Matrizen A und B* liegen nach Konstruktion in der Menge K. Falls nun die Maximumnorm von $U^* U^{-1}$ kleiner oder gleich 1 ist, so ist auch die Maximumnorm von $U^* U^{-1} D^t$ kleiner oder gleich 1 (nach den üblichen Rechenregeln für Normen und der Wahl von D^t). In diesem Fall liegt C* in der Menge K. Wir betrachten ein Beispiel:

Es sei

$$C = \begin{pmatrix} 1 & 0 & 0.5 & 0.4 \\ 0 & 1 & -0.3 & 0.3 \\ 0.5 & -0.3 & 1 & -0.5 \\ 0.4 & 0.3 & -0.5 & 1 \end{pmatrix}$$

mit den Teilmatrizen

$$A = (1), \quad D = (0, 0.5, 0.4), \quad B = \begin{pmatrix} 1 & -0.3 & 0.3 \\ -0.3 & 1 & -0.5 \\ 0.3 & -0.5 & 1 \end{pmatrix}.$$

Wir addieren zur Matrix W: = B, deren betraglich kleinster Eigenwert 0.5 ist, die Matrix

$$\begin{pmatrix} 0 & -0.3 & 0 \\ -0.3 & 0 & -0.3 \\ 0 & -0.3 & 0 \end{pmatrix},$$

deren betraglich größter Eigenwert 0.424 ist. Die sich ergebende, positiv definite perturbierte Matrix ist

$$W^* = \begin{pmatrix} 1 & -0.6 & 0.3 \\ -0.6 & 1 & -0.8 \\ 0.3 & -0.8 & 1 \end{pmatrix}.$$

Für die Cholesky-Zerlegungen $W = U U^t$ und $W = U^* U^{*t}$ erhalten wir

$$U = \begin{pmatrix} 1 & 0 & 0 \\ -0.3 & 0.954 & 0 \\ 0.3 & -0.43 & 0.852 \end{pmatrix}, \quad U^* = \begin{pmatrix} 1 & 0 & 0 \\ -0.6 & 0.8 & 0 \\ 0.3 & -0.775 & 0.556 \end{pmatrix}.$$

Es ist

$$U^* \times U^{-1} = \begin{pmatrix} 1 & 0 & 0 \\ -0.348 & 0.839 & 0 \\ -0.051 & -0.518 & 0.653 \end{pmatrix} \quad \text{und} \quad U^* \times U^{-1} \times D^t = \begin{pmatrix} 0 \\ 0.419 \\ 0.002 \end{pmatrix}.$$

Somit ergibt sich die perturbierte Korrelationsmatrix C^* zu

$$C^* = \begin{pmatrix} 1 & 0 & 0.419 & 0.002 \\ 0 & 1 & -0.6 & 0.3 \\ 0.419 & -0.6 & 1 & -0.8 \\ 0.002 & 0.3 & -0.8 & 1 \end{pmatrix}.$$

2.3 Multiplikative Perturbationen

Neben den bisher betrachteten additiven Perturbationen gibt es auch die Möglichkeit, Korrelationsmatrizen durch multiplikative Perturbationen zu verändern. Diese zeichnen sich dadurch aus, dass gewisse Elemente einer Korrelationsmatrix C mit geeigneten Faktoren multipliziert werden, derart dass die resultierende Matrix wieder in der Menge K enthalten ist. Wir verwenden dabei das folgende Resultat[5]: Sind $A = (a_{i,j})$ und $B = (b_{i,j})$ positiv semidefinite n×n Matrizen, so ist das Hadamard Produkt

$$A \circ B := \left(a_{i,j} \times b_{i,j}\right)_{i,j=1,\ldots,n}$$

ebenfalls positiv semidefinit. Dieses Resultat ermöglicht es, eine beliebig vorgegebene Teilmenge von Korrelationen $\rho_{i,j}$ (i, j ∈ {1, … p}) der Matrix C zu verändern. Dazu betrachten wir die Abbildung

$$f(C) := C \circ B$$

mit

$$B = \begin{pmatrix} \overbrace{1 & \lambda & \cdots & \lambda}^{p} & 1 & \cdots & \cdots & 1 \\ \lambda & \ddots & \lambda & \vdots & \lambda & \cdots & \cdots & \lambda \\ \vdots & \lambda & \ddots & \lambda & \vdots & \ddots & \lambda & \vdots \\ \lambda & \cdots & \lambda & 1 & \lambda & \cdots & \cdots & \lambda \\ 1 & \lambda & \cdots & \lambda & 1 & \cdots & \cdots & 1 \\ \vdots & \vdots & \ddots & \vdots & \vdots & \ddots & 1 & \vdots \\ \vdots & \vdots & \lambda & \vdots & \vdots & 1 & \ddots & \vdots \\ 1 & \lambda & \cdots & \lambda & 1 & \cdots & \cdots & 1 \end{pmatrix}$$

Dabei ist $\lambda \in [-1; 1]$ so zu wählen, dass gilt $|\lambda \rho_{i,j}| \leq 1$ für alle Positionen (i, j), an denen die Matrix B den Eintrag λ besitzt. Die Matrix B ist positiv semidefinit, denn für die Determinanten der k-ten quadratischen Untermatrix U_k gilt

$$\det(U_k) = [1+(k-1)\lambda] \times [1-\lambda]^{k-1} \quad (1 \leq k \leq p),$$
$$\det(U_k) = 0 \quad (p+1 \leq k \leq n).$$

Insgesamt erhalten wir somit eine Matrix f(C), die in der Menge K liegt, und bei der die Korrelationen $\rho_{i,j}$ (i, j ∈ {1, … p}) der Matrix C um den Faktor λ verändert wurden. Darüber hinaus sind weitere Einträge von C verändert worden, nämlich diejenigen an den Positionen (2, p+1) bis (p, n) sowie diejenigen an den Positionen (p+1, 2) bis (n, p). Es ist nicht möglich, an den entsprechenden Stellen der Matrix B den Eintrag 1 vorzunehmen, da B in diesem Fall nicht mehr positiv semidefinit wäre, wie das folgende Beispiel zeigt:

$$B := \begin{pmatrix} 1 & \lambda & 1 & 1 \\ \lambda & 1 & 1 & 1 \\ 1 & 1 & 1 & 1 \\ 1 & 1 & 1 & 1 \end{pmatrix}.$$

In diesem Fall ist

$$\det\begin{pmatrix} 1 & \lambda & 1 \\ \lambda & 1 & 1 \\ 1 & 1 & 1 \end{pmatrix} = -(1-\lambda)^2 < 0 \quad \text{für } \lambda < 1,$$

sodass B nicht positiv semidefinit ist.

Im folgenden Beispiel wenden wir eine multiplikative Perturbation auf die Korrelationsmatrix

$$C = \begin{pmatrix} 1 & 0.6 & 0.8 \\ 0.6 & 1 & 0.7 \\ 0.8 & 0.7 & 1 \end{pmatrix}$$

an, wobei die Perturbation mittels der Matrix

$$B = \begin{pmatrix} 1 & 0.5 & 0.5 \\ 0.5 & 1 & 0.5 \\ 0.5 & 0.5 & 1 \end{pmatrix}$$

durchgeführt wird. Als Resultat ergibt sich

$$f(C) = \begin{pmatrix} 1 & 0.3 & 0.4 \\ 0.3 & 1 & 0.35 \\ 0.4 & 0.35 & 1 \end{pmatrix}.$$

3. Schlussbemerkung

Die hier diskutierten Möglichkeiten, Perturbationen an einer Korrelationsmatrix vorzunehmen, sind auch von Bedeutung im Zusammenhang mit der Frage, inwieweit der Einfluss falsch geschätzter Korrelationen auf den Value-at-Risk quantifiziert werden kann. Zur Definition dieses *Modellrisikos* lässt sich beispielsweise die Schwankungsbreite der sich ergebenden Value-at-Risk Werte bei der Verwendung einer vordefinierten Menge verschiedener Korrelationsmatrizen heranziehen. Dabei können entweder historische Zeitreihen von Korrelationsmatrizen oder Korrelationsmatrizen, die durch systematische Perturbationen der aktuellen Matrix erzeugt werden, zur Berechnung dieser Schwankungsbreite verwendet werden. Zur Frage, für welche Korrelationsmatrizen der Value-at-Risk bei gegebenen Volatilitäten und Sensitivitäten einen maximalen bzw. minimalen Wert annimmt, gibt es bereits einschlägige Untersuchungen,[6] welche bei gegebenem Portfolio diejenigen Korrelationsmatrizen ermitteln, die zu extremen Value-at-Risk Werten führen.

Anmerkungen

1 Vgl. Finger (1997).
2 Eine einfache Möglichkeit, eine nicht notwendigerweise positiv definite Korrelationsmatrix C in eine positiv definite Matrix überzuführen, besteht darin, die Exponentialfunktion auf C anzuwenden:

$$Exp(C) := \sum_{k=0}^{\infty} \frac{C^k}{k!}.$$

Die so entstehende Matrix ist symmetrisch und positiv definit. Ihre Diagonalelemente $e_{11}, \ldots, e_{nn}$ sind positiv, jedoch i.a. von 1 verschieden. Um also wieder eine Korrelationsmatrix zu erhalten, kann man etwa zur Matrix

$$\begin{pmatrix} \frac{1}{\sqrt{e_{11}}} & 0 & \cdots & 0 \\ 0 & \ddots & 0 & \vdots \\ \vdots & 0 & \ddots & \vdots \\ 0 & 0 & \cdots & \frac{1}{\sqrt{e_{nn}}} \end{pmatrix} \times Exp(C) \times \begin{pmatrix} \frac{1}{\sqrt{e_{11}}} & 0 & \cdots & 0 \\ 0 & \ddots & 0 & \vdots \\ \vdots & 0 & \ddots & \vdots \\ 0 & 0 & \cdots & \frac{1}{\sqrt{e_{nn}}} \end{pmatrix}$$

übergehen.
3 Vgl. Lancaster/Tismenetsky (1985), S. 388, Theorem 2.
4 Vgl. Terras (1988), S. 13.
5 Vgl. Horn/Johnson (1985), S. 458, Theorem 7.5.3.
6 Vgl. Bode/Mohr (1997), S 695 – 700, Tabellen 1 und 2.

Literaturverzeichnis

Bode, M./Mohr, M. (1997), VaR – Vielseitig anwendbare Rechenmethode, in: Die Bank, Nov. 1997, S. 695–700.
Finger, C.C. (1997), A methodology to stress correlations, in: Risk Metrics Monitor, fourth quarter 1997.
Horn, R. A./Johnson, C. R. (1985), Matrix Analysis, Cambridge 1985, S. 458.
Lancaster, P./Tismenetsky, M. (1985), The Theory of Matrices, 2. Aufl., New York 1985, S. 388.
Terras, A. (1988), Harmonic Analysis on Symmetric Spaces and Applications II, New York 1988, S. 13.

Teil V
Operationale und organisatorische Aspekte

Interne Geschäfte: Transparenz in der Gesamtbanksteuerung und Scharnier zwischen Handels- und Anlagebuch

Frank Brüggemann/Thomas Hüniken[*]

Inhalt

1. Einleitung

2. Das System interner Geschäfte
   2.1 Abbildungsprobleme interner Beziehungen
   2.2 Lösung: interne Geschäfte
   2.3 Auswirkungen interner Geschäfte

3. Neue Transparenz in der Gesamtbanksteuerung
   3.1 Das Cash Flow-Management: Zentrale Aufgabe der Gesamtbankdisposition
   3.2 Geldhandel
   3.3 Neugeschäftsdisposition
   3.4 Strategische Maßnahmen

4. Scharnier zwischen Handels- und Anlagebuch am Beispiel Zinsswaps
   4.1 Nutzen und Ablauf interner Zinsswaps
   4.2 Auswirkung interner Zinsswaps in der GuV
   4.3 Das System interner Zinsswaps

5. Einführung interner Geschäfte
   5.1 Grundsatzfragen
   5.2 Die technische Implementierung interner Geschäfte

6. Zusammenfassung

Anmerkungen

Literaturverzeichnis

---

[*] Diplom-Wirtschaftsmathematiker Frank Brüggemann und Diplom-Volkswirt Thomas Hüniken sind Mitarbeiter des Controllings der Bremer Landesbank mit den Aufgaben Risikocontrolling, Planung und Projekte. Sie verantworten die Einführung interner Geschäfte in der Bremer Landesbank.

1. Einleitung

In Zeiten, in denen sich die Finanzmärkte dem Zustand des vollkommenen Marktes annähern[1] und das Aufkommen immer komplexerer Produkte eine gute Koordination der Handelsabteilungen untereinander erfordert, werden die *internen Steuerungssysteme* der Banken immer stärker gefordert. Mit dem Wandel von einer margenorientierten Ertragssteuerung zu einer barwertigen Risiko- und Ertragssteuerung stößt die traditionelle Marktzinsmethode in der Steuerung der Gesamtbankdisposition an ihre Grenzen. Das Beziehungsgeflecht zu den Marktbereichen und den Handelsabteilungen hat zu kalkulatorischen Verrechnungspreisen geführt, die nicht mehr überschaubar sind; Steuerungsimpulse versacken.

Zur Entwirrung dieses Knäuels ist ein System notwendig, das die Möglichkeit eröffnet, interne Risikopositionen zu vereinbaren. Denn zur barwertigen Erfolgsabbildung (P/L) der Gesamtbankdisposition ist es erforderlich, dass sie in geschlossenen Portfolien abgebildet wird. Dies ist nur durch *interne Geschäfte* möglich.

In diesem Aufsatz wollen wir zunächst die Idee und die Auswirkungen interner Geschäfte darstellen, um dann sukzessive tiefer in Detailprobleme einzusteigen. Wir werden uns zunächst mit der Situation in der Zentraldisposition und im Geldhandel auseinandersetzen, um dann zu skizzieren, wie mit Hilfe von internen Geschäften Transparenz in der Gesamtbanksteuerung entsteht. Anschließend werden wir anhand von Zinsswaps den praktischen Einsatz interner Geschäfte aufzeigen.

Mit dem Konzept interner Geschäfte wird ein interner Zinsswap zwischen der Zentraldisposition und dem Swaphandel erst möglich. Damit wird ein Scharnier zwischen dem Handels- und dem Anlagebuch geschaffen.

Abschließend wollen wir auf die Anforderungen an die praktische Implementierung interner Geschäfte eingehen.

2. Das System interner Geschäfte

2.1 Abbildungsprobleme interner Beziehungen

Seit den 80er Jahren hat sich der Schwerpunkt der internen Banksteuerung von der reinen Margenorientierung zu einer barwertigen Risiko- und Ertragsabbildung verlagert.[2] Dabei wird immer deutlicher, dass den traditionellen Steuerungssystemen eine wesentliche Funktionalität fehlt. Sie sehen keine Möglichkeit vor, Risikopositionen zwischen verschiedenen Abteilungen zu vereinbaren. D.h. in den Portfolien des Handels können ausschließlich externe Geschäfte abgebildet werden; Vereinbarungen von internen Risikopositionen zwischen diesen Portfolien sind nicht vorgesehen.

Solange der Handel überwiegend traditionelles Handelsgeschäft betreibt und ausschließlich das Handelsergebnis auf Gesamtbankebene von Interesse ist, fällt dieses Manko nicht weiter auf. Mit dem Aufkommen der Finanzderivate und der professionelleren dezentralen Risiko- und Ertragssteuerung treten die Probleme immer deutlicher zutage.[3] Insbesondere die Erfolgs- und Risikomessung der einzelnen Profit Center wird zunehmend problematisch. Der separate Erfolgsausweis des

Sales kann zum Beispiel erst durch interne Geschäfte abgebildet werden. Nur so ist die Aufsplittung zwischen Handelserfolg und Kundenmarge möglich.

Hinzu kommt, dass durch die zunehmende Bedeutung strukturierter Produkte und der damit verbundenen Komplexität, das Zusammenspiel der verschiedenen Handelsabteilungen (und deren Abbildung) immer wichtiger wird.

Eklatant sind die Probleme in der Zentraldisposition und im Geldhandel. Für beide Abteilungen gilt, dass sie in erster Linie Dienstleistungen für andere Abteilungen und für den Vorstand erbringen. Wenn dieses interne Beziehungsgeflecht an keiner Stelle ganzheitlich abgebildet wird, kann weder das Risiko noch die P/L zufriedenstellend gerechnet werden (s.a. Abschnitt 3.). Hierdurch wird deutlich, dass die Probleme nicht nur interne Risikopositionen des Handels betreffen, sondern sich auf das Cash Flow-Management der Gesamtbank auswirken.

2.2 Lösung: interne Geschäfte

Interne Geschäfte schaffen die Möglichkeit, intern Risikopositionen zu vereinbaren, oder ganz allgemein: Cash Flows können in der Bank weitergereicht werden. Es entsteht ein geschlossener Cash Flow-Kreislauf innerhalb der Bank. Jede Handelsabteilung kann sich zum Beispiel zu einer Longposition eine individuelle Refinanzierung besorgen. Sie handelt dabei mit dem Geldhandel bestimmte Konditionen aus. Die internen Geschäfte erscheinen wie externe Geschäfte in den Portfolien der beiden internen Kontrahenten.

Definieren lassen sich interne Geschäfte als Geschäftsabschlüsse zwischen einzelnen Organisationseinheiten einer Bank.[4] Sie können in jedem Produkt abgeschlossen werden; vorausgesetzt, dass die Abbildung in den Portfolien der internen Kontrahenten sichergestellt ist.

2.3 Auswirkungen interner Geschäfte

Mit der Einführung interner Geschäfte werden mehrere Ziele erreicht:
- Die Ermittlung der P/L und des Risikos wird deutlich verbessert. Die Weitergabe von Margenbestandteilen wird institutionalisiert und kontrolliert. Eine klare Zuordnung von Verantwortlichkeiten ist möglich.
- Der Geldhandel erhält zeitnahe Impulse für die Liquiditätssteuerung. Er sieht durch die Einstellung interner Geschäfte in sein Portfolio online die Veränderungen im Liquiditätsbedarf und kann entsprechend schnell reagieren.
- Erstmalig wird die Möglichkeit geschaffen, Anlagebuchpositionen durch Transaktionen mit dem Handelsbuch zu generieren. Das heißt, das Management von Anlagebuchpositionen muss nicht durch Geschäfte mit externen Partnern erfolgen, sondern kann durch interne Geschäfte mit dem eigenen Handel betrieben werden.
- Der Marktauftritt der Bank wird verbessert. Sie kann zum Beispiel den Handel in Swaps an einer Stelle konzentrieren (Produktclearing). Bedürfnisse anderer Stellen in diesem Produkt werden durch interne Geschäfte an diese weitergereicht.
- Es wird eine Basis geschaffen, die die Implementierung strukturierter Produkte

deutlich vereinfacht, da das Zusammenspiel der beteiligten Abteilungen institutionalisiert wird.

Ein Wermutstropfen besteht zwar darin, dass interne Geschäfte einen höheren Aufwand in der Erfassung, Abwicklung, Abbildung und Abstimmung bedeuten, jedoch fallen auf der anderen Seite diverse Nebenrechnungen und manuelle Aufzeichnungen weg.

3. Neue Transparenz in der Gesamtbanksteuerung

3.1 Das Cash Flow-Management: Zentrale Aufgabe der Gesamtbankdisposition

Der Zentraldisposition und dem Geldhandel obliegt es, im Rahmen der Gesamtbanksteuerung, das zentrale Cash Flow-Management sicherzustellen. Kernaufgaben der Zentraldisposition sind die Neugeschäftsdisposition (Disposition des Darlehensneugeschäftes) und die Umsetzung der strategischen Maßnahmen des Vorstandes. Der Geldhandel ist für die Liquiditätsversorgung (Kasse) der Gesamtbank und für die Refinanzierung des kurzfristigen Kreditgeschäftes (null bis zwei Jahre) zuständig. Darüber hinaus generiert er Zins- und Handelserfolge durch Ausnutzung von Arbitragemöglichkeiten und Fristentransformation.

Sowohl Zentraldisposition als auch Geldhandel üben also im wesentlichen Dienstleistungsfunktionen für die Gesamtbank aus. Diese lassen sich bisher mit den traditionellen Controllinginstrumenten der Marktzinsmethode nur unzureichend fassen und haben zu einem Wildwuchs an »Verrechnungspreisen« und »kalkulatorischen Einstandssätzen« geführt. Dieser ist kaum noch zu überschauen und hat mit den tatsächlichen Gegebenheiten oft nichts mehr gemein.

Interne Geschäfte führen hier zu einer deutlich besseren Transparenz. Kern der Lösung ist es, Sekundärinformationen, die in den unterschiedlichsten Systemen und in unterschiedlichster Form nachgehalten werden (oder einfach verloren gehen), als internes Geschäft mit dem Informationsgeber abzuschließen. Das heißt, jede Absprache, die im Rahmen der Gesamtbanksteuerung mit einer anderen Abteilung zu treffen ist, wird als internes Geschäft erfasst. So ist sichergestellt, dass die Informationen in einheitlicher Form und vollständig vorhanden sind.

3.2 Geldhandel

Zur Wahrnehmung seiner Dienstleistungsfunktionen (Liquiditätssicherung, Versorgung mit Anlage- und Refinanzierungsmitteln) agiert der Geldhandel am Interbankenmarkt. Auslösende Momente sind dabei Informationen, die er aufgrund von Ansagen, Bewegungen auf dem LZB-Konto, der Ablaufbilanz (wenn sie denn täglich verfügbar ist) und diversen Fälligkeitslisten erhält. Darüber hinaus betreibt er eigeninduzierte Geldhandelsgeschäfte. Die Trennung zwischen fremd- und eigeninduziert ist fließend, da auch die fremdinduzierten Geschäfte zur Erzielung von Arbitragegewinnen und Transformationserfolgen genutzt werden. Verstärkt wird dieser fließende Übergang durch den vermehrten Einsatz von Futures, FRAs und Geldmarktswaps.[5]

Betrachtet man den Geldhandel als Portfolio, so setzt er sich aus den extern abgeschlossenen Geschäften und den »Sekundärinformationen« zusammen. Denn diese Sekundärinformationen spiegeln praktisch den Anlage- und Liquiditätsbedarf des übrigen Handels und der Zentraldisposition (als Schnittstelle zu den Nicht-Handelsbereichen) wider. Sie repräsentieren Gegenpositionen, aufgrund derer der Geldhandel im Rahmen seiner Dienstleistungsfunktion am externen Markt tätig wird.

Da bisher die ganzheitliche Abbildung des Geldhandels, inklusive dieser Gegenpositionen, immer wieder Probleme bereitet, ist die Ermittlung sowohl der P/L als auch des Beitrages zum Zinsergebnis unbefriedigend.

Als Lösung bietet sich die Transformation der diversen Sekundärinformationen in interne Geschäfte an. Alle Aktivitäten des Handels und der Zentraldisposition, die die Liquidität bzw. die Ablaufstruktur der Bank im kurzfristigen Bereich beeinflußen, müssen dem Geldhandel via internem Geschäft kundgetan werden. Der Refinanzierungs- oder Anlagebedarf fließt in Form von internen Termingeldern oder internen Swaps in das Portfolio des Geldhandels und somit ist eine ganzheitliche Abbildung möglich.

Durch die Fokussierung auf die P/L, ist die Aufsplittung in Zinserfolg und Handelsergebnis weiterhin nicht möglich, da die Grenzen zwischen Geldhandel, Liquiditätssicherung und kurzfristiger Refinanzierung fließend sind (und immer bleiben werden). Diese Differenzierung ist unseres Erachtens auch nicht notwendig, da die Verantwortlichkeiten für diese Teilfunktionen zentral in der Verantwortung des Geldhändlers liegen.[6]

In der Abbildung 1 wird beispielhaft dargestellt, wie sich ein internes Geschäft zwischen Geldhandel und Neugeschäftsdisposition in den Portfolien niederschlägt.

Bereich:	Neugesch.Dispo.		GH-unterj. Disposition	
	Aktiv	Passiv	Aktiv	Passiv
22 Tage	60			
1 Monat	(1) 100	(2a) 220	(2b) 220	(3) 200
38 Tage	60			

Abb. 1: Refinanzierung eines unterjährigen Kredites durch ein internes Geschäft mit dem Geldhandel

Ausgangssituation: Die Neugeschäftsdisposition hat mehrere unterjährige aktivische Cash Flow-Überhänge durch diverse Kreditzusagen (1). Sie schließt diese Positionen durch ein internes Termingeld mit dem Geldhandel. Dieses interne Termingeld wird sowohl in der Neugeschäftsdisposition (2a) als auch im Geldhandel abgebildet (2b). Der Geldhandel schließt die offene Position am Interbanken-Markt (3) oder nutzt sie für seine Handelsstrategie.

Vorteile ergeben sich nicht nur aus der Möglichkeit, dass erstmalig eine sinnvolle P/L gerechnet werden kann. Gleichzeitig erhält der Geldhandel über die internen Geschäfte mit der Neuschäftsdisposition praktisch die Cash Flow-Struktur der Nicht-Handelsbereiche und Liquiditätsimpulse für eine feinere Liquiditätssteuerung.

3.3 Neugeschäftsdisposition

Die Neugeschäftsdisposition ist die Schnittstelle zwischen den Kreditabteilungen und dem Handel. Mit den Kreditabteilungen schließt die Neugeschäftsdisposition quasi bereits jetzt interne Geschäfte ab, indem sie diesen feste Einstandszinssätze zusichert. Die Eindeckung des Refinanzierungsbedarfs erfolgt über den Rentenhandel, den Swaphandel oder den Geldhandel. Wobei der Handel hier ausschließlich als Dienstleister agiert. Er darf diese Eindeckungsaufträge bisher nicht aus seinem Handelsbuch heraus erfüllen.

Eine korrekte P/L-Ermittlung für die Neugeschäftsdisposition ist dann besonders notwendig, wenn es deutliche Diskrepanzen zwischen den kalkulatorischen Einstandszinssätzen und den tatsächlich erzielten Refinanzierungssätzen gibt. Dies ist zum Beispiel dann der Fall, wenn in einer Niedrigzinsphase die Emission von Wertpapieren nur schleppend läuft und auf den in der Regel teureren Swapmarkt ausgewichen werden muss und diese nicht an die Kreditabteilungen weitergereicht werden.

Weiterhin wirken sich unterschiedliche Cash Flow-Strukturen von Darlehensneugeschäften und Refinanzierungsmitteln gravierend auf die P/L aus. Ursache hierfür sind nicht allein unterschiedliche Tilgungsstrukturen, sondern zum Beispiel auch von der Einplanung abweichende Auszahlungszeitpunkte. Hieraus kann sich ein nicht zu unterschätzender Subventionsbeitrag für die Kreditabteilungen ergeben.

Ein weiterer Schwachpunkt ist, dass ohne interne Geschäfte keine Refinanzierungs- oder Zinssicherungsmittel – zum Beispiel Zinsswaps – über das Handelsbuch eingedeckt werden können (s.a. Abschnitt 4.1).

Durch interne Geschäfte gelingt es nun, das Kreditgeschäft mit dem Handel zu verknüpfen. Die Neugeschäftsdisposition refinanziert ihr Darlehensneugeschäft durch interne Geschäfte mit dem Handel und stellt so ihre Zinsrisikoposition glatt. Auch der Liquiditätsbedarf wird auf diesem Wege online dem Geldhandel aufgegeben. Weiterhin entsteht die Möglichkeit, dass der Handel die Refinanzierungsanforderungen aus seinen Handelsbüchern heraus befriedigt. Da es in diesem Fall jedoch zu einem Wechsel zwischen Anlage- und Handelsbuch kommt, sind die Auswirkungen interner Geschäfte auf das externe Rechnungswesen zu berücksichtigen (s.a. Abschnitt 4.2).

Die Neugeschäftsdisposition stellt zukünfig die internen Geschäfte mit dem Handel wie externe Refinanzierungsmittel in ihr Dispositionssystem ein, so dass sowohl die Cash Flows als auch die Refinanzierungskonditionen vollständig abgebildet werden. Damit sind die Voraussetzungen gegeben das Risiko und die P/L korrekt zu ermitteln.

3.4 Strategische Maßnahmen

Strategische Maßnahmen werden aufgrund unterschiedlichster Motive getätigt und lassen sich häufig im Hinblick auf ihre aktuelle Ergebniswirkung kaum fassen. Ziel ist es in der Regel, durch das Eingehen von Laufzeitinkongruenzen den Zinsspread auf der Zinsstrukturkurve auszunutzen.[7] Dieses Transformationsergebnis leistet bei vielen Banken einen nicht unbedeutenden Beitrag zum Betriebsergebnis.

Die Abbildung der strategischen Maßnahmen in den Steuerungssystemen ist nicht unproblematisch, da sie sich aus den unterschiedlichsten Produkten zusammensetzten. Die Palette kann von Standard-Darlehen bis zu OTC-Derivaten reichen.

Zur Risikosteuerung der strategischen Maßnahmen kann die Gesamtbank-Ablaufbilanz (ohne Handel) herangezogen werden. Diese hat jedoch den Nachteil, dass in ihr auch alle übrigen Inkongruenzen der Bank enthalten sind; zum Beispiel die nie hundertprozentig genaue strukurkongruente Refinanzierung des Aktivgeschäftes. Die P/L-Berechnung ist nicht möglich, da aus der Ablaufbilanz keine Einzelgeschäfts-Barwerte entnommen werden können. Die Annahme fiktiver Anlage- oder Refinanzierungssätze bei der Kalkulation des Beitrages zum Zinsergebnis trifft nicht die Realität.

Weiterhin ist problematisch, dass optionale Produkte in der Ablaufbilanz nicht abgebildet werden können.

Wie bei der Neugeschäftsdisposition, ist auch die Umsetzung strategischer Maßnahmen über den Handel nicht möglich. Das heißt, es müssen externe Geschäfte abgeschlossen und ins Anlagebuch eingestellt werden, obwohl die Maßnahme evtl. auch in die Strategie des Handels gepasst hätte.

Um diese Probleme zu lösen, sollten die strategischen Maßnahmen wie ein Handelsportfolio behandelt und abgebildet werden; am besten in einem Front Office-System des Handels. Hier können die strategischen Abläufe mit den OTC-Derivaten in einem Portfolio abgebildet werden. Die Steuerung der strategischen Maßnahmen wird verbessert und ihre Transparenz erhöht. Zudem lässt sich die P/L des Portfolios im Front Office-System komfortabel rechnen.

Interne Geschäfte ermöglichen es der Zentraldisposition mit dem Geldhandel die tatsächliche Refinanzierung bzw. Anlage der Liquidität aus den der strategischen Maßnahme zu vereinbaren. Dies bedeutet, dass den strategischen Maßnahmen die zugehörigen Refinanzierungs-/Anlagemittel genau zugeordnet werden können; sowohl bei der Öffnung, als auch bei der Schließung der Position.

Zusätzlich schaffen interne Geschäfte für den Handel die Möglichkeit, die Umsetzung strategischer Maßnahmen in seine eigene Handelsstrategie einzubeziehen. Das Beispiel des internen Swaps mit der Neugeschäftsdisposition in Abschnitt 4 lässt sich deckungsgleich auf strategische Maßnahmen anwenden.

Probleme könnten sich allerdings bei der Erfassung von Nicht-Handelsprodukten, wie zum Beispiel Darlehen in das Front Office-System ergeben. In der Regel lassen sich diese Produkte allerdings auch durch Handelsprodukte, zum Beispiel Amortisations-Swaps, abbilden. Weiterhin muss die Zentraldisposition dafür Sorge tragen, dass die strategischen Maßnahmen aus der Ablaufbilanz herausgefiltert werden, da sie zukünftig separat betrachtet werden.

4. Scharnier zwischen Handels- und Anlagebuch am Beispiel Zinsswaps

Eine wesentliche Motivation interne Geschäfte einzuführen besteht darin, dass Abteilungen, die dem Anlagebuch zugeordnet sind, nicht zwingend am Interbankenmarkt Geschäfte abschließen müssen, sondern mit dem eigenen Handel Risikopositionen vereinbaren können. Interne Geschäfte bilden eine Art Scharnier zwischen Handels- und Anlagebuch. Der qualitative Unterschied zur *Umwidmung* besteht darin, dass ein internes Geschäft eine Gegenposition zu bestehenden Anlagebuchpositionen erzeugt, statt diese in das Handelsbuch zu verschieben.

Am Beispiel interner Zinsswaps zeigen wir im Folgenden die praktische Umsetzung interner Geschäfte auf. Wir beschränken uns dabei zunächst auf die Beziehung zwischen der Neugeschäftsdisposition und dem Swaphandel, um die Zusammenhänge möglichst anschaulich darstellen zu können.

4.1 Nutzen und Ablauf interner Zinsswaps

Banken können ihren Refinanzierungsbedarf für das langfristige Kreditgeschäft schon seit geraumer Zeit nicht mehr vollständig durch die Begebung von Inhaber- und Namenspapieren decken. Durch den Abschluss von Zinsswapgeschäften wird der langfristige Refinanzierungsbedarf in einen floatenden Refinanzierungsbedarf getauscht und am Geldmarkt durch Termingelder gedeckt. Gewöhnlich fordert die Neugeschäftsdisposition hierfür einen Zinsswap im Swaphandel an. Der Swaphandel geht also im Auftrag und für Rechnung der Neugeschäftsdisposition an den Markt und schließt mit einem externen Kontrahenten den Zinsswap ab (Marktantritt). Abgebildet wird dieser Swap direkt im Anlagebuch der Neugeschäftsdisposition. Der Swaphandel erhält für die Dienstleistung eine Kostenerstattung im Rahmen der internen Leistungsverrechnung, zum Beispiel auf Basis der Stückkosten.

Diese Vorgehensweise ist vielen Fällen unwirtschaftlich.
Möchte der Swaphandel zum Beispiel zur gleichen Zeit eine Festzinszahlerposition eingehen, so muss er am Markt zwei Geschäfte plazieren. Den Passivswap[8] für die Neugeschäftsdisposition und den Aktivswap für sich. Die Bank zahlt die volle Geld-Brief-Spanne an den Markt. Eine weitere Dimension der Unwirtschaftlichkeit ergibt sich durch die Kosten ineffizienter Märkte. Makler stellen für gewöhnlich Geld- und Briefsätze mit einer Spanne (von zum Beispiel 4 Renditestellen). Abgeschlossen werden die Geschäfte hingegen annähernd zum Mittelkurs, solange die Marktteilnehmer ihre Interessenslage nicht vollständig offenlegen müssen. Möchte die Neugeschäftsdisposition nun Kreditzusagen mit Swaps in kleinen Abschnitten refi-

nanzieren, so sind diese unter Umständen gar nicht oder nur mit Preisaufschlägen handelbar. Soll hingegen ein Großkredit strukturkongruent refinanziert werden, ergeben sich in der Regel gebrochene Laufzeiten und eventuell Amortisationsstrukturen. In solchen Fällen antizipiert der Markt die Refinanzierungsnotwendigkeit der Bank und kein Teilnehmer ist bereit, einen Swap zum Mittelkurs abzuschließen.

In diesen Fällen besteht die Möglichkeit, durch interne Geschäfte zwischen der Neugeschäftsdisposition und dem Swaphandel wirtschaftlichen Nachteil von der Bank abzuwenden. Der Swaphandel übernimmt die Zinsswapanforderungen der Neugeschäftsdisposition und geht damit das Zinsänderungsrisiko als Handelsentscheidung ein. Er kann nun im Rahmen seiner Risikolimite kleinere Abschnittsgrößen zu größeren Abschnitten (zum Beispiel auch mit Hilfe von Kundenswaps) sammeln oder gebrochene Laufzeiten glätten. Am Markt tritt die Bank damit zum Mittelkurs auf.

Ablauf interner Zinsswaps

Die Neugeschäftsdisposition geht mit der Einplanung eines Kredites ein Zinsänderungsrisiko ein, welches mit einem Zinsswap abgehedgt werden soll. Die folgende Darstellungsweise stellt auf Zahlungsströme ab, weil sich an ihnen das Zinsänderungsrisiko manifestiert.[9] Die Abbildung 2 zeigt schematisch den Ablauf der Vereinbarung von Cash Flow-Positionen[10] für folgendes Beispiel.

Die Neugeschäftsdisposition hat einen aktiven Cash Flow-Überhang in 10 Jahren durch Vergabe eines Kredites (1) in Höhe von 100 Mio. EUR. Sie fordert beim Swaphandel einen Zinsswap an. Dieser Zinsswap wird sowohl in der Neugeschäftsdisposition (2a) als auch im Swaphandel (2b) abgebildet. Für die Neugeschäftsdisposition gleicht sich der Cash Flow in 10 Jahren aus. Andererseits entsteht eine Aktivposition zum nächsten Swapfixing in 6 Monaten. Letztlich findet damit also eine Transformation einer überjährigen in eine unterjährige Position statt. Durch ein internes Termingeld der Neugeschäftsdisposition (3a) mit dem Geldhandel (3b) kann

Bereich:	Neugesch.Dispo.		Swap-Handel		GH-unterj. Disposition	
	Aktiv	Passiv	Aktiv	Passiv	Aktiv	Passiv
6 Monate	(2a) 100	(3a) 100	(5) 100	(2b) 100	(3b) 100	(4) 100
10 Jahre	(1) 100	(2a) 100	(2b) 100	(5) 100		

Abb. 2: Ablauf der Cash Flow-Übertragung mit Hilfe von internen Geschäften

der Überhang in 6 Monaten geschlossen werden und dieser erhält analog zum Beispiel in Abschnitt 3.2 das Signal Liquidität in Form eines externen Termingeldes (4) zu beschaffen. Der Swaphandel hat nun die Aufgabe, die Cash Flows (2b) in seine Handelsstrategie zu integrieren. Im einfachsten Fall kann er zum Beispiel einen Swap über 100 Mio. EUR am Interbankenmarkt abschließen (5).

Durch die Vereinbarung des internen Zinsswaps erhält also der Swaphandel das Zinsänderungsrisiko, welches ursprünglich die Neugeschäftsdisposition durch Vergabe eines Kredites eingegangen ist.

4.2 Auswirkung interner Zinsswaps in der GuV

Die Auswirkungen interner Geschäfte sind nicht auf die interne Steuerung beschränkt. Die deutsche Rechnungslegung sieht interne Geschäfte nicht explizit vor. Für den Jahresabschluss hat die Bank die Wahl, interne Geschäfte entweder für nicht existent zu erklären – somit werden sie nur in der internen Positionsführung abgebildet– oder sie als verbindliche Geschäfte der Bank anzuerkennen[11]. Damit erhalten sie den Status eines externen Geschäftes.

Beim Wechsel zwischen dem Anlagebuch (Portfolio der Neugeschäftsdisposition) und dem Handelsbuch (Portfolio des Swaphandels) reduziert sich diese Entscheidung in den Alternativen, interne Zinsswaps auf den Finanzkonten zu buchen oder nicht zu buchen.

Um diese Zusammenhänge erläutern zu können, wird das Beispiel aus Abschnitt 4.1 weiterentwickelt.

Der Swaphandel möge ein Swapbuch führen, welches in der Portfoliobewertung dem Handelsbuch zugeordnet ist. Hier »ist die Verrechnung von Bewertungsergebnissen, nämlich Abschreibungen, Rückstellungen und Gewinnreserven bei Zinsprodukten«[12] möglich. Zinsswaps im Anlagebuch werden im Jahresabschluss nicht bewertet, sondern werden zinstragend laufzeitbezogen abgegrenzt.

Vereinfachend nehmen wir an, das der Kredit von der Neugeschäftsdisposition ohne Marge eingeplant wird. Ein Swapsatz von zum Beispiel 5 % entspricht also dem Einstand für die Kreditabteilung. Wenn die Zinsperiode dem Kalenderjahr entspricht, vereinfacht sich die Gewinn- und Verlustermittlung in diesem Beispiel um die Zinsabgrenzung am Jahresanfang und Jahresende[13]. Das variable Bein des Swaps werde zum 6-Monats Euribor gefixt (im Beispiel sowohl bei Abschluss des Geschäftes als auch zum 1. Fixing Ende Juni zu 3 %) und der Geldhandel sei in der Lage 6-Monatsgelder zum Euribor aufzunehmen.

Die gesamte Konstellation aus Kredit, Swap und Termingeld schlägt sich in der GuV in den Positionen Zinsergebnis und Nettoergebnis aus Finanzgeschäften nieder. Das Nettoergebnis aus Finanzgeschäften wird dabei aus zwei Komponenten bestimmt, dem Zinsanteil (tatsächlich geflossene und abgegrenzte Zinserträge und -aufwendungen) und der Nettobewertung aller Zinsswaps aus dem Swapbuch.[14] Da Margen außer Acht bleiben, entspricht es der tatsächlichen Vermögenslage in diesem Beispiel einen Gewinn von Null zu ermitteln.

Fall 1: Refinanzierung des Aktivgeschäftes durch einen Zinsswap, der dem Anlagebuch zugeordnet wird; also interne Geschäfte mit dem Swapbuch

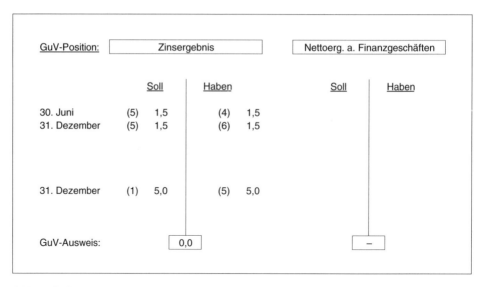

Abb. 3: Erfolgskomponenten ohne Einschaltung interner Geschäfte

Ohne Einschaltung interner Zinsswaps bei der Refinanzierung des Kredites wird in der GuV kein Erfolg ausgewiesen. Der externe Zinsswap (5) wird dem Anlagebuch der Neugeschäftsdisposition zugeordnet. Abbildung 3 verdeutlicht, dass der aus dieser Konstellation entstehende Zinsertrag und Zinsaufwand im Zinsergebnis der Bank ausgewiesen wird und sich gegenseitig ausgleicht. Da das Swapbuch in diesem Fall nicht eingebunden ist, besteht jedoch keine Möglichkeit, zusätzliche Erfolgsbeiträge durch Preisspielräume am Swapmarkt zu erwirtschaften.

Fall 2: Refinanzierung des Aktivgeschäftes durch einen internen Zinsswap mit dem Swaphandel, der nicht über Finanzkonten gebucht wird

Unter Einbeziehung interner Geschäfte wird der externe Swap (5) dem Swapbuch zugeordnet. Die Zinszahlungen daraus fließen in das Nettoergebnis aus Finanzgeschäften und am Jahresende unterliegt er im Portfolioansatz einer Mark to Market-Bewertung.

Wird der interne Zinsswap im externen Rechnungswesen nicht berücksichtigt (vgl. Abbildung 4), ergeben sich in der GuV Verwerfungen. Im Zinsergebnis wird ein Transformationsergebnis ausgewiesen. Die Bank erhält den festen Zinssatz aus dem Kredit (1) und zahlt die variablen Zinsen aus den beiden Termingeldern (4) und (6). Im Beispiel ist das Transformationsergebnis mit 2 Mio. EUR positiv. Im Swapbuch gehen die gezahlten (festen) und erhaltenen (variablen) Zinsen (5) als Zinsanteil in das Nettoergebnis aus Finanzgeschäften mit einem Verlust von 2 Mio. EUR ein.

Des weiteren wird der externe Swap am Jahresende an der dann gültigen Zinsstruktur bewertet. Unterstellen wir eine Zinsstruktur mit niedrigeren Zinsen bei der Bewertung gegenüber der beim Abschluss, so verursacht der Swap mit seinem negativen Barwert einen Rückstellungsbedarf im Nettoergebnis aus Finanzgeschäf-

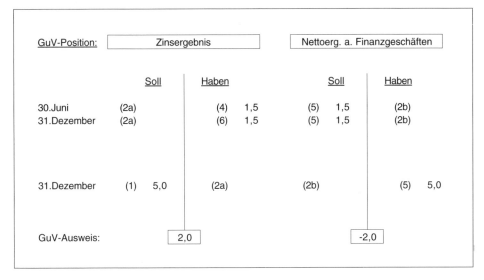

Abb. 4: Verschiebung zwischen Zinsergebnis und Nettoergebnis aus Finanzgeschäften ohne Buchung interner Geschäfte

ten. Unterstellen wir höhere Zinsen bei der Bewertung gegenüber dem Tag des Geschäftsabschlusses, so findet der positive Barwert des Swaps keinen Eingang in die GuV (Imparitätsprinzip).

Im Nettoergebnis aus Finanzgeschäften wird also ein Verlust ausgewiesen, zumindest in Höhe des Zinsanteils. Bezogen auf die gesamte GuV findet demnach eine Verschiebung zwischen dem Nettoergebnis aus Finanzgeschäften und dem Zinsergebnis statt. Bei fallenden Zinsen wird sogar insgesamt ein Verlust ausgewiesen, dem stille Reserven aus dem Kredit gegenüberstehen. Zu beachten ist auch, dass dieser Swap sich in den Folgeperioden weiter auf die Verschiebung zwischen Zinsergebnis und Nettoergebnis aus Finanzgeschäften sowie auf die Bildung und Auflösung von Rückstellungen auswirkt.

Fall 3: Refinanzierung des Aktivgeschäftes durch einen internen Zinsswap mit dem Swaphandel, der im externen Rechnungswesen gebucht wird

Wird der interne Swap hingegen auf Finanzkonten gebucht (vgl. Abbildung 5), so wird in der GuV keine Veränderung der Vermögenslage ausgewiesen. Gegenüber der Darstellung in Abbildung 4 finden die Zinszahlungen aus (2a) und (2b) auf den Finanzkonten Eingang.

Es werden die Festzinsen zu Lasten des Zinsergebnisses an das Nettoergebnis aus Finanzgeschäften gezahlt, während die variablen Zinsen zu Lasten des Nettoergebnisses aus Finanzgeschäften an das Zinsergebnis gezahlt werden. Zusammen mit dem Kredit und den 6-Monatsgeldern einerseits und dem externen Zinsswap andererseits gleichen sich Zinsertrag und Zinsaufwand sowohl im Zinsergebnis als auch im Nettoergebnis aus Finanzgeschäften aus. Im Swapbuch gleichen sich zudem

GuV-Position:	Zinsergebnis				Nettoerg. a. Finanzgeschäften			
	Soll		Haben		Soll		Haben	
30. Juni	(2a)	1,5	(4)	1,5	(5)	1,5	(2b)	1,5
31. Dezember	(2a)	1,5	(6)	1,5	(5)	1,5	(2b)	1,5
31. Dezember	(1)	5,0	(2a)	5,0	(2b)	5,0	(5)	5,0
GuV-Ausweis:			0,0				0,0	

Abb. 5: Erfolgskomponenten bei gebuchten internen Geschäften

die Bewertung des (externen) Passivswap (5) und des (internen) Aktivswap (3b) unabhängig von der Zinsstruktur aus. Der (interne) Passivswap (3a) der Neugeschäftsdisposition wird ebenso wie der Kredit (1) nicht Mark to Market bewertet. Gegenüber der Konstellation in Fall 1 besteht nun jedoch die Möglichkeit, Preisspielräume zu nutzen und dem Nettoergebnis aus Finanzgeschäften zuzuführen.

Im Portfolio ergibt sich eine immense Hebelwirkung

Um ein Gefühl für die Größenordnung der Auswirkungen zu bekommen, haben wir diesen Zusammenhang für ein kleines Portfolio durchgerechnet. Im Beispiel sind es 10 Swaps mit unterschiedlichen Laufzeiten, Nominalvolumina und Festzinsen, über einen Zeitraum von einigen Wochen (Abschlußzeitraum Ende März/Anfang April). Das gesamte Nominalvolumen beträgt 175 Mio. EUR. Auch hier unterbleibt die Betrachtung von Margen. Die Erfolgsauswirkung auf die GuV[15] aus diesem kleinen Portfolio ist in der Abbildung 6 aufgezeigt. Das Szenario für das Zinsänderungsrisiko ist eine Parallelverschiebung um ±10 Basispunkte (also ±0,1 %-Punkt) zum Jahresultimo gegenüber dem Zinsniveau Anfang April.

Es ist zu erkennen, dass schon bei geringen Volumina und geringen Zinsänderungen die GuV erheblich verzerrt werden kann. Bei steigenden Zinsen reduziert sich die Verschiebung des Zinsergebnisses[16]; bei fallenden Zinsen fällt sie größer aus.

Viel schwerwiegender wirkt sich das Nichtbuchen auf die interne und externe Steuerung aus. Die Verschiebungen zwischen Zinsergebnis und Nettoergebnis aus Finanzgeschäften sind nicht steuerbar; sie hängen ausschließlich von der Zinsentwicklung ab. Auch klafft die interne und externe Steuerung auseinander, weil die Risiko- und Performancemessung des Swapbuches inklusive interner Swaps erfolgt.

Wenn GuV-Kontinuität ein Ziel der externen Steuerung der Bank ist, so kommt sie

		Gesamt GuV	Zinsergebnis	Handelsergebnis		
					Zinsanteil	Bewertung
Fall 1:	+10 BP	0,00	0,00	–	–	–
keine int. Geschäfte	+/– 0	0,00	0,00	–	–	–
	–10 BP	0,00	0,00	–	–	–
Fall 2:	+10 BP	0,00	1,55	–1,55	–1,55	0,13
int. Geschäfte	+/– 0	–1,00	1,68	–2,68	–1,68	–1,00
ohne Buchung	–10 BP	–2,12	1,82	–3,94	–1,82	–2,12
Fall 3:	+10 BP	0,00	0,00	0,00	0,00	0,00
int. Geschäfte	+/– 0	0,00	0,00	0,00	0,00	0,00
mit Buchung	–10 BP	0,00	0,00	0,00	0,00	0,00

Abb. 6: Szenarische Erfolgsauswirkung im Portfolio

nicht umhin, interne Geschäfte zwischen Portfolien mit unterschiedlichen Bewertungsvorschriften im Jahresabschluss über Finanzkonten zu buchen. Im Umkehrschluss bedeutet dies aber auch für die Bank, dass sie bei internen Geschäften, die sich nicht in der GuV auswirken, auf die Buchung verzichten kann.

Handels- und aufsichtsrechtliche Abbildung

Die »Buchungsfrage« ist einerseits unter dem Aspekt der transparenten Darstellung der Vermögenslage der Bank[17] und andererseits unter dem Aspekt zusätzlichen Aufwands in den Geschäftsprozessen zu beurteilen.

Durch unterschiedliche Bewertungsvorschriften im Handels- und Anlagebuch führt das Nichtbuchen interner Geschäfte zu Verschiebungen und Verzerrungen in der Gewinn- und Verlustrechnung (GuV). Entscheidet sich die Bank nur die internen Geschäfte zu buchen, bei denen ein Wechsel der Bewertungsvorschrift vorliegt, so reduziert sich der Buchungsaufwand erheblich. Auf der anderen Seite erhöhen sich die Anforderungen an die transparente Abbildung aller internen Geschäfte in den Systemen der Bank. Jedes interne Geschäft – egal ob auf Finanzkonten gebucht oder nicht – hat den Status eines externen Geschäftes in Bezug auf Geschäftserfassung, Abbildung und Abwicklung.

Für die aufsichtsrechtliche Abbildung im externen Meldewesen sei noch erwähnt, dass alle gebuchten Geschäfte auch im Grundsatz I KWG abgebildet werden müssen. Der Ausweis in den Kreditmeldungen gemäß §§13, 14 KWG entfällt, da bei internen Kontrahenten kein Adressenausfallrisiko besteht. Vor diesem Hintergrund ergibt sich weiteres finanzielles Potential für die Bank. Im Abschnitt 4.1 haben wir unter anderm die extrem unwirtschaftliche Situation geschildert, in der der Swaphandel zwei gegenläufige Swaps am Markt abschließt. Mit internen Zinsswaps kann die Bank nicht nur die Geld-/Briefspanne einbehalten, sondern außerdem Eigenkapitalkosten für die Unterlegung des Wiedereindeckungsrisikos aus den beiden nicht abgeschlossenen externen Swaps einsparen.

4.3 Das System interner Zinsswaps

Das Einsparungspotential bei der Unterlegung des Wiedereindeckungsrisikos mit Eigenkapital erhöht sich mit der Zunahme interner Zinsswaps, auch mit anderen Abteilungen. Innerhalb der Bank bestehen vielfältige Einsatzmöglichkeiten für interne Zinsswaps. Abbildung 7 zeigt beispielhaft das Beziehungsgeflecht zwischen verschiedenen Abteilungen, die interne Zinsswaps miteinander vereinbaren können. Im Zentrum dieses Schaubildes steht der Swaphandel, der die Bedürfnisse an Zinsswaps aus den anderen Abteilungen sammelt und als einzige Stelle der Bank an den Interbankenmarkt geht (Produktclearing). Durch den konzentrierten Marktantritt einerseits und einer Vielzahl interner Zinsswapanforderungen andererseits wird die Stellung der Bank am Markt gestärkt.

Ein weiteres Scharnier zwischen Handels- und Anlagebuch könnte neben der Refinanzierung des Neugeschäfts zum Beispiel ein interner Zinsswap des Swaphandels mit der Kapitalmarktfinanzierung sein. Zur Erzielung einer Zinsarbitrage wird dabei ein Wertpapier oder eine Emission zusammen mit dem Swap als Bewertungseinheit in das Anlagevermögen gestellt (Asset oder Liability Swap). Ebenso ist ein Wechsel zwischen Handels- und Anlagebuch notwendig, wenn ein (aktiver oder passiver) Vorlauf zur Erzielung von Transformationsergebnissen (im Portfolio strategische Maßnahmen) mit Zinsswaps gegen das Swapbuch aufgebaut oder geschlossen werden soll.

Denkbar ist auch die Konstellation, dass interne Zinsswaps innerhalb des Anlagebuches vereinbart werden. Zum Beispiel kann der Vorstand für einen aktiven Vorlauf – im Zuge seiner strategischen Maßnahmen – das Darlehensneugeschäft nutzen. Er schließt dazu einen internen Zinsswap mit der Neugeschäftsdisposition ab. Dieser

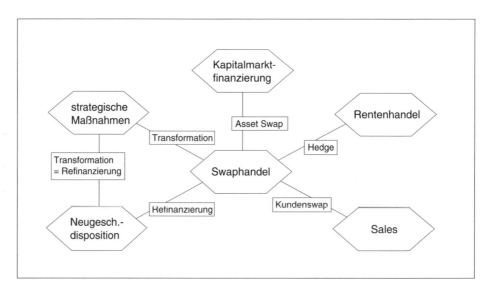

Abb. 7: Beziehungsgeflecht zwischen Abteilungen, die interne Zinsswaps miteinander vereinbaren können

interne Swap dient der Neugeschäftdisposition als Refinanzierungsquelle und erübrigt die Übertragung einer Vielzahl von kleinen Darlehen.

Auch innerhalb des Handelsbuches sind interne Zinsswaps denkbar oder gar sinnvoll. So kann man den Sales als »ausgelagerte« Abteilung des Swapbuches auffassen, die zur Aufgabe hat, Zinsswaps im Kundenkreis der Bank zu akquirieren. Da der Sales selbst kein Marktpreisrisiko eingehen darf, stellt er sich gegen den Swaphandel glatt. Für das Portfolio des Rentenhandels kann es günstig sein, sich gegen Preisrisiken aus den Wertpapieren nicht nur über Futures, sondern zusätzlich mit Hilfe von Zinsswaps abzusichern.

Diese Beziehungen wirken sich nicht einheitlich auf die Vermögenslage der Bank aus. Innerhalb des Anlagebuches ist der interne Swap in der GuV erfolgsneutral. Zinsertrag und Zinsaufwand werden von beiden Kontrahenten im Zinsergebnis ausgewiesen. Zudem unterliegt der Swap bei keinem der beiden Kontrahenten einer Mark to Market-Bewertung am Jahresende.

Etwas anders verhält es sich innerhalb des Handelsbuches. Während der Sales dem Swapbuch zugeordnet ist und der Bewertung in ein und demselben Portfolio wie der Swaphandel unterliegt, kann der Rentenhandel unter Umständen nach einer Produkt- oder Einzelbewertung in das Nettoergebnis aus Finanzgeschäften einfließen. In diesem Fall werden die Bewertungsverluste des einen Kontrahenten nicht mit den zwangsläufig identischen Bewertungsgewinnen des anderen Kontrahenten saldiert. Eine Buchung auf Finanzkonten wird notwendig.

5. Einführung interner Geschäfte

Die Einführung interner Geschäfte ist eine komplexe Aufgabe. Einen geschlossenen Cash Flow-Kreislauf innerhalb der Bank zu implememtieren erfordert die Einbindung vieler Stellen im Hause. Die Betroffenen gehen mit einem unterschiedlichen Fokus an die Umsetzung; zum Beispiel mit dem Anspruch einer reinen »Pflichterfüllung« externer Erfordernisse einerseits oder andererseits mit dem »Pioniergeist« Erfolgspotentiale für die Bank freizulegen. Das Engagement der Beteiligten kann erst entfacht werden, wenn allen die Vorteile und Wichtigkeit transparent wird. Der Vorstand muss die Priorität dieses Projektes hoch aufhängen. Erst mit einer breiten Akzeptanz im Hause können die Ziele erreicht werden. Darüber hinaus haben auch die Wirtschaftsprüfer einen Anspruch, den Einführungsprozess und den Umgang mit internen Geschäften in der Bank beurteilen zu können.

5.1 Grundsatzfragen

Am Anfang des Einführungsprozesses interner Geschäfte müssen zunächst einige grundlegende Fragen geklärt werden, die in ein Fachkonzept münden.[18]

Einzelkonzepte

Für jede Art interner Geschäfte bedarf es eines gesonderten Konzeptes, das mit allen beteiligten Abteilungen abgestimmt sein muss. Die Anforderungen der betroffenen Abteilungen können sehr unterschiedlich sein, so dass eine Feinabstimmung unbedingt notwendig ist. Über diese Einzelkonzepte ist eine sukzessive Einführung möglich, die den Komplexitätsgrad des Projektes reduziert.

Geschlossene Systematik

Die Systemarchitektur der internen Geschäfte muss in sich geschlossen sein. Die Abbildung zieht sich stringent für Initiator und Kontrahent durch alle Systeme der internen und externen Steuerung.

Marktgerechtigkeit

Interne Geschäfte dürfen nicht dazu genutzt werden, willkürliche Ergebnisverschiebungen vorzunehmen. Bei internen Geschäften ist sicherzustellen, dass marktgerechte Konditionen vereinbart werden. Sie müssen sich im Bereich der Geld- und Briefkurse bewegen.

Ob bei der Preisstellung interner Geschäfte Mittel- oder Geld-/Briefkurse gestellt werden, ist eine wichtige Steuerungsfrage. Beide Varianten sind denkbar. Mit internen Geld- und Briefkursen können Margenbestandteile weitergereicht werden. Sind jedoch zu viele Stellen zwischengeschaltet, besteht die Gefahr, dass sich die Bank aus dem Markt kalkuliert.

Produktclearing und Kontrahierungszwang

Eine Abteilung tritt exklusiv am Interbankenmarkt für bestimmte Produkte auf. Für diese Abteilung gilt grundsätzlich ein Kontrahierungszwang gegenüber den Abteilungen, die nicht für das Produktclearing zuständig sind. Ausnahmen sind dann sinnvoll, wenn ein gebündelter Marktauftritt nicht praxisgerecht ist (zum Beispiel Eurex).

Der Kontrahierungszwang führt insbesondere dann zu Problemen, wenn es zu Interessenkollisionen beim Produktclearer kommt. Zum Beispiel ist bei der Plazierung von Emissionen nicht nur das Refinanzierungsbedürfnis, sondern auch das Standing der Bank zu berücksichtigen.

Nullsummenspiel

In ihrer Summe müssen sich interne Geschäfte gegenseitig aufheben. In den Systemen muss gewährleistet sein, dass nicht nur die Einbuchung bei beiden Kontrahenten gewährleistet ist, sondern auch, dass Closeouts oder Stornos immer spiegelbildlich – also niemals einseitig – abgebildet werden.

Extrahierbarkeit

Die DV-Systeme müssen die Extrahierbarkeit der internen Geschäfte gewährleisten. Empfehlenswert ist die Einrichtung separater Folder in den Positionsführungssystemen.

Buchung im externen Rechnungswesen

Ob die Auswirkungen der Buchung oder Nichtbuchung interner Geschäfte im externen Rechnungswesen opportun sind, ist vor der Einführung interner Geschäfte sorgfältig zu analysieren. Es ist sicherzustellen, dass Buchungen interner Geschäfte im externen Rechnungswesen auch den entsprechenden Ausweis in der Grundsatz I-Meldung nach sich ziehen. Keinesfalls dürfen interne Geschäfte in der Bestandsbuchführung erscheinen, da sie die Vermögenslage der Bank nicht direkt ändern. Die Wirtschaftsprüfer sollten im Vorfeld des Jahresabschlusses über die Konzepte unterrichtet werden.

Geschäftserfassung

Die Erfassung in den Positionsführungssystemen sollte wie ein externes Geschäft erfolgen. Damit ist gewährleistet, dass die gleichen Bewertungsalgorithmen angewendet werden, wie bei den externen Geschäften. Die Erfassung in den Back Office-Systemen hängt im Wesentlichen von der ablauforganisatorischen Implemetierung des Systems interner Geschäfte ab (vgl. Abschnitt 5.2).

Internes Kontrollsystem

Ein internes Kontrollsystem muss die korrekte Erfassung und die Marktgerechtigkeit der internen Geschäfte gewährleisten. Es bietet sich an, die bereits vorhandenen Kontrollsysteme für externe Geschäfte ablauforganisatorisch für diese Aufgabe zu nutzen.

5.2 Die technische Implementierung interner Geschäfte

Die Implementierung interner Geschäfte ist keine zu unterschätzende technische Herausforderung. Problematisch ist insbesondere die Tatsache, dass bei den meisten Banken die Positionsführung in einer Vielzahl von Front Office-Systemen stattfindet.

Einer zerstückelten Infrastruktur steht die Anforderung gegenüber, dass sich alle internen Geschäfte möglichst in einem DV-System wiederfinden lassen. Eine Anforderung, der viele Banken gar nicht nachkommen können, weil der Geschäftsumfang im Investmentbanking eine Produktpalette umfasst, die schwerlich in einem System vollständig abgebildet werden kann. Mit der Vielfalt von beteiligten Systemen wächst die Notwendigkeit der sauberen Schnittstellendefinition. Diese Aufgabe ist nicht nur technisch zu verstehen, sondern auch ablauforganisatorisch und konzeptionell. Es muss zum Beispiel in allen Verfahren sichergestellt werden, dass kein internes Geschäft fehlt, aber andererseits auch keines doppelt verarbeitet wird. Ein an sich banaler und selbstverständlicher Satz, dessen Komplexität sich jedoch schon bei einer unterschiedlichen Behandlung für interne und externe Zwecke zeigt.

Somit ist eine Abbildung in der Systemarchitektur der Bank zu finden, die sowohl den Herausforderungen der internen Steuerungsinstrumente als Motor der Einführung interner Geschäfte als auch den externen Erfordernissen von den Grundsätzen ordnungsmäßiger Buchführung, über das externe Rechnungswesen zum externen Meldewesen gerecht wird.

Technische Abbildung am Beispiel Zinsswap

Um einen in der Praxis umsetzbaren Vorschlag zu diskutieren, ziehen wir uns wieder auf die Abbildung von Zinsswaps zurück. Ein Lösungsansatz für die technische Implementierung kann sich darauf konzentrieren, alle sich ergebenden funktionalen Anforderungen einem der DV-Systeme – zum Beispiel entweder dem Front Office- oder dem Back Office-System – zuzuordnen. Die Abbildung 8 zeigt beispielhaft welche Systeme bei der Abbildung von Zinsswaps eingebunden sein können. Ihnen sind wichtige Funktionalitäten zugeordnet.

Ein interner Zinsswap generiert zwei Geschäfte in der Bank. Einen Passivswap aus der Sicht der Neugeschäftsdisposition mit dem Kontrahenten Swaphandel und einen Aktivswap aus der Sicht des Swaphandels mit dem Kontrahenten Neugeschäftsdisposition. Beide Geschäfte müssen jeweils für sich abgebildet werden. Auf die Gesamtbank bezogen gleichen sie sich aus. Es ist nun unter anderem sicherzustellen, daß dieses »Nullsummenspiel« in den Systemen erhalten bleibt. Insbesondere und gerade dann, wenn Änderungen (Updates) am Geschäft vorgenommen werden müssen. Genauso muss sichergestellt sein, dass interne Geschäfte jederzeit zum Zwecke von Abstimmungen aus der Summe aller Geschäfte extrahiert werden können. Die technische Abbildung in den DV-Systemen ist ein zentraler Baustein in der Umsetzung des Konzeptes interner Geschäfte.

Interne Steuerung: Cash Flow, Risiko und Ertrag

Die Ersterfassung des internen Zinsswaps erfolgt im Handelsunterstützungssystem (Front Office) durch den Händler. Hier, am Anfang des Work- oder Dataflow, wird verbindlich festgesetzt, mit welchen Konditionen und Strukturen das interne Ge-

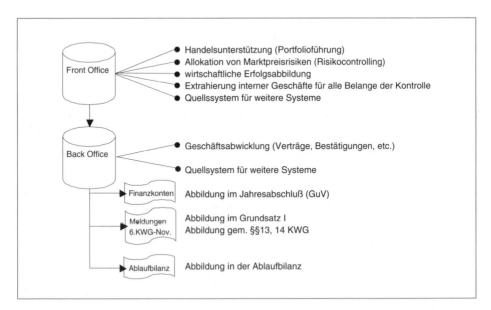

Abb. 8: Die beteiligten Systeme bei der Abbildung von Zinsswaps mit ihrer jeweiligen Funktionalität

schäft ausgestattet ist. Mit der Erfassung im Front Office ist zunächst sichergestellt, dass das interne Geschäft in die Positionsführung des Handels einfließt. Die barwertige Bewertung des Swaps ermöglicht unter anderem auch die Identifikation von Marktpreisrisiken und die wirtschaftliche Erfolgsabbildung im Risiko- und Bereichscontrolling.

Der Zinsswap sollte im Front Office vollständig abgebildet werden. Dazu empfiehlt es sich für alle Abteilungen, die interne Zinsswaps vereinbaren, eigene Buchstrukturen einzurichten. Einige Front Office-Systeme sind dann sogar in der Lage, das interne Geschäft mit dem Buch des internen Kontrahenten abzuschließen, so dass in diesem – zum Beispiel der Neugeschäftsdisposition – das Gegengeschäft mit dem Kontrahenten Swaphandel durch das System generiert wird. Bei dieser Funktionalität ist bei der Einführung dann aber auch darauf zu achten, ob das Front Office die Datenidentität sicherstellt. Stornos, Updates und Auflösungen (Close Outs) müssen aus der Sicht beider Kontrahenten korrekt abgebildet werden.

Wenn es sich beim Front Office um ein modernes und leistungsstarkes System handelt, welches – zum Beispiel auf der Basis relationaler Datenbanken – flexible und anspruchsvolle Auswertungen und Extraktionen erlaubt, bietet es sich an, dieses auch zu einer Art »Master«-Systems bezüglich der Abbildung interner Geschäfte zu machen. In diesem Fall müssen beide Kontrahenten im Front Office abgebildet sein.

Nicht alle Kontrahenten des Swaphandels werden ihr vollständiges Portfolio im Front Office für Zinsswaps abgebildet haben. Dann fehlen wichtige Gegenpositionen für eine ganzheitliche Betrachtung von Risiko und Erfolg. So wird in der Regel das Kreditgeschäft nicht im Front Office abgebildet sein. Der Zinsswap im Front Office-Buch der Neugeschäftsdisposition dient nun aber zur Generierung des Zahlungsstromes im Dispositionssystem (zum Beispiel der Ablaufbilanz).

Geschäftsabwicklung und Ablauforganisation

Im Abwicklungssystem (Back Office) werden alle Anforderungen aus der Geschäftsabwicklung von Zinsswaps unterstützt. Die Abbildung des internen Zinsswaps im Back Office ist nicht zwingend erforderlich. Aber die Kontrolle der Datenidentität durch Abstimmungen wird vereinfacht, wenn die Buchstruktur des Front Office im Back Office dupliziert ist und neben den externen auch alle internen Geschäfte erfasst sind.

Bestätigungen zwischen den Kontrahenten sind ein wesentlicher Baustein des internen Kontrollsystems[19] und müssen ablauforganisatorisch sichergestellt werden, zum Beispiel über die beiden generierten Deal Tickets. Verträge sind hingegen zwischen der Neugeschäftsdisposition und dem Swaphandel nicht abzuschließen.

Eine Erfassung im Abwicklungssystem wird notwendig, wenn das Geschäft in nachgelagerten Systemen berücksichtigt werden muss. Dies kann zum Bespiel der Fall sein, wenn die Zinszahlungen auf den Finanzkonten durch das Back Office generiert werden oder die Verfahren zur Erstellung der Meldungen gemäß 6. KWG-Novelle auf die Bestände des Back Office zugreifen.

Gerade bei der Implementierung in die technischen Systeme erweist sich die sukzessive Einführung interner Geschäfte als äußerst sinnvoll. Die richtige Abbildung in allen Verfahren der internen und externen Steuerung lässt sich auf diesem

Wege Schritt für Schritt sicherstellen. Der Überblick bleibt erhalten, denn wie so häufig steckt der Teufel im Detail ...

6. Zusammenfassung

»Der Zentraldisponent vereinbart mit dem Swaphändler einen internen Swap, anstatt ihn mit der Beschaffung eines externen Swaps zu beauftragen.« Die Quintessenz interner Geschäfte klingt banal; die Auswirkungen sind jedoch tiefgreifend. Mit ihrer Einführung wird eine Transparenz in der Bank geschaffen, die vorher undenkbar war. Das umfassende Netzwerk interner Geschäfte verzahnt Zentraldisposition, Geldhandel und Handel miteinander und erübrigt ein undurchschaubares Flickwerk von kalkulatorischen Verrechnungspreisen. Zudem eröffnet es ein Scharnier zwischen Portfolien des Handels- und Anlagebuches. Beinahe nebenbei werden zusätzliche Marktpotentiale ausgeschöpft.

Der Nutzen interner Geschäfte ist offenkundig und es drängt sich die Frage auf, warum sie nicht schon längst zum Bankenalltag gehören? Die Beispiele aus der Praxis zeigen deutlich, dass interne Geschäfte ein hohes Maß an konzeptioneller Vorarbeit erfordern.

Der Aufwand für die technische Umsetzung ist nicht unerheblich und die Auswirkungen auf das externe Rechnungswesen müssen gemeistert werden.

Wenn die Banken den Herausforderungen des Marktes standhalten wollen, müssen sie die Effektivität ihrer Steuerungssysteme erhöhen und gleichzeitig ihre Flexibilität auf die Erfordernisse am Markt unter Beweis stellen. Beides ist, bei allem technischen und organisatorischem Aufwand, durch interne Geschäfte möglich.

Anmerkungen

1 Vgl. Flesch/Bellavite-Hövermann, S. 742
2 Vgl. Haas/Keller, S. 484
3 Vgl. Wittenbrink/Göbel, S. 271
4 Vgl. Wittenbrink/Göbel, S. 270
5 Vgl. Flesch/Bellavite-Hövermann, S. 742
6 Damit wird keines der Probleme aus der Überleitungsrechnung zwischen P/L und GuV gelöst. Diesem Problem kommt man wohl erst näher, wenn der Geldhandel vollständig im Nettoergebnis aus Finanzgeschäften ausgewiesen wird. (vgl. dazu auch Flesch/Bellavite-Hövermann)
7 Vgl. Beer/Goj, S. 14–18
8 An Stelle der üblichen Bezeichnungen Payerswap und Receiverswap soll hier von Passivswap und Aktivswap gesprochen werden, um die Cash Flow- und risikoorientierte Sichtweise hervorzuheben, auch wenn die Zinsswaps nicht in der Bilanz passiviert oder aktiviert werden.
9 Vgl. dazu z.B. Brüggemann/Klose, S. 86ff
10 Der Übersichtlichkeit halber ist die Darstellung auf Nominalvolumina beschränkt.
10/11 so auch Kütter
12 Vgl. Wittenbrink/Göbel S. 270

13 ..., was zu vertreten ist, da die Zinsabgrenzung die periodengerechte Zuordnung zum Ziel hat und quasi auf die dargestellten Zinserfolge hinführt.
14 Wenn im Folgenden also der interne und/oder externe Swap aus dem Beispiel bewertet werden, so stellt diese Bewertung einen positiven oder negativen Beitrag zur Bewertung des gesamten Swapbuches dar.
15 In Ergänzung zur Anmerkung[13] sei erläutert, dass das Bewertungsergebnis aus den internen Swaps als schwebender Gewinn oder potentielle Rückstellung mit dem Bewertungsergebnis aus den externen Swaps des Swapbuches verrechnet wird.
16 Bei stark steigenden Zinsen, wenn der 6-Monats Euribor über dem Festzins liegt, kann die Verschiebung auch zu Lasten des Zinsergebnisses ausfallen. Dieser Aspekt wird insbesondere für die Folgeperioden bedeutsam.
17 Grundsätze ordnungsmäßiger Buchführung (§238 HGB)
18 Vgl. Kaltenhauser/Begon S. 21–28, so auch Kütter
19 Da mit der Bestätigung des (externen) Kontrahenten eine Kontrollinstanz außerhalb der Bank bei internen Geschäften entfällt, wird der Wirtschaftsprüfer ein besonderes Augenmerk auf die interne Bestätigung legen, um der Willkür vorzubeugen.

Literaturverzeichnis

Beer, Artur/Goj, Wolfram: »Zinsrisikomanagement mit Ablaufbilanz und Barwertmethode«, Stuttgart 1996.

Brüggemann, Frank/Klose, Stefan: Modellierung von Zinskurven in der Praxis, in Eller, Roland/Gruber, Walter/Reif, Markus (Hrsg.): »Handbuch Bankenaufsicht und interne Risikosteuerungsmodelle«, Stuttgart 1999, S. 83 – 103.

Flesch, Johann Rudolf/Bellavite-Hövermann, Yvette: »Darstellung des Geldhandels in der Rechnungslegung – eine Frage der Transparenz«, in Die Bank 12/98, S. 742 – 747.

Goebel, Ralf/Sievi, Christian/Schumacher, Matthias: »Trennung von Dispositions- und Marktergebnis, in Betriebswirtschaftliche Blätter 6/99, S. 268 – 280.

Haas, Rainer/Keller, Günther: »Wege zu einer wertorientierten Institutssteuerung«, in Betriebswirtschaftliche Blätter 10/99, S. 484 – 488.

Kaltenhauser, Helmut/Begon, Cornelia: »Interne Geschäfte«, in Kreditwesen 21/98, S. 21 – 28.

Kütter, Georg, »Projekt Interne Geschäfte in der Bremer Landesbank«, Diskussion, Bremen 12. April 1999.

Wittenbrink, Carsten/Göbel, Gerhard: »Interne Geschäfte – ein trojanisches Pferd vor den Toren des Bilanzrechts?«, in Die Bank 5/97, S. 47 – 51.

Organisatorischer Aufbau zur Einführung einer wertorientierten Gesamtbanksteuerung

Horst Küpker*/Andrea Pudig**

Inhalt

1. Einleitung
2. Aufsichtsrechtliche Anforderungen/Abgrenzung
   2.1 Abgrenzung nach MaH
   2.2 Abgrenzung zur Gesamtbanksteuerung
   2.3 Ergebnis der Abgrenzung
3. Aufbauorganisation
   3.1 Strategische Geschäftsfelder
   3.2 Aktiv-/Passivmanagement (APM)
   3.3 Profitcenter
4. Ablauforganisatorische Umsetzung des Aktiv-/Passivmanagements
   4.1 Kernaufgaben des Aktiv-/Passivmanagements als Ausgangspunkt der Ablauforganisation
      4.1.1 Identifikation der Risiken/Chancen des Zinsbuches
      4.1.2 Quantifizierung der Risiken/Chancen des Zinsbuches
      4.1.3 Steuerung der Risiken/Chancen des Zinsbuches
      4.1.4 Überwachung der ergebnisorientierten Steuerung des Zinsbuches
5. Ausblick

Anmerkungen

Literaturverzeichnis

---

* Horst Küpker ist als Direktor für den Bereich Treasury bei der Dexia Hypothekenbank Berlin AG tätig.
** Andrea Pudig ist Mitarbeiterin des Bereiches Treasury in der Stadtsparkasse Dresden, zuständig für die konzeptionelle Umsetzung des Aktiv-/Passivmanagements.

1. Einleitung

Der Begriff *Treasury* wird in vielen Banken und Sparkassen unterschiedlich genutzt und gelebt:

»Das Treasury-Management umfasst nach herkömmlichen Verständnis die zentrale Liquiditätsdisposition sowie die Steuerung der Handelsaktivitäten. Es konzentriert sich somit auf das Eigengeschäft am Geld- und Kapitalmarkt.«[1] Dementsprechend wird der Bereich Treasury selten als Profitcenter geführt bzw. es werden dem Bereich nur Handelsgewinne (Barwertveränderungen im Handelsbestand) zugerechnet.

In den letzten Jahren wandelte sich das Verständnis. Die Beherrschung und ertragsorientierte Steuerung von Risiken ist für Sparkassen zu einem entscheidenden Wettbewerbs- und Existenzfaktor geworden. Der steigende Risikogehalt des Bankgeschäftes, der Druck, angemessene Rendite-/Risikorelationen darzustellen und die aufsichtsrechtlichen Anforderungen an die Risikosteuerung machen einen weiterreichenden Ansatz notwendig.

Hier beginnt die Aufgabe des *Aktiv-/Passivmanagements (APM)*, die Steuerung der gesamten Struktur der einzelnen Zinspositionen (Marktpreisrisiken), neben dem Eigengeschäft auch das gesamte Kundengeschäft, und dies auf der Aktiv- sowie der Passivseite der Bilanz.

Die Einführung eines APM ist häufig mit großen Veränderungen innerhalb einer Sparkasse verbunden. Veränderungen lassen sich durch zwei Alternativen erreichen: durch Kompromiss oder durch Konflikt. Vielfach ist ein Kompromiss zwischen den Bereichen nicht möglich, da die Struktur eines APM an den Grundfesten der Sparkasse rüttelt. Deshalb muss sich die Geschäftsleitung positionieren und bestimmte Rahmenbedingungen vorgeben. Hilfe bei der Schaffung von Rahmenbedingungen bieten die Mindestanforderungen zum Betreiben von Handelsgeschäften (MaH), der Basler Ausschuss, Rundschreiben des Bundesaufsichtsamtes für das Kreditwesen (BAKred) und der Bankenverbände. »Am Anfang der Einführung eines Risikomanagementsystems (APM – Anmerkung der Verfasser) muss immer der Wille stehen, ein solches einzusetzen. Hierbei liegt die Betonung auf Wille, nicht auf Notwendigkeit. Sowohl der einzelne Händler, als auch der Risikomanager, insbesondere aber das leitende Management, muss ein Risikomanagement wollen. Die Einführung eines Risikomanagementsystems sollte kein hinzunehmendes Übel sein, sondern als strategische Entscheidung und als Chance angesehen werden.«[2]

Dieser Aufsatz soll Anregungen zum Aufbau eines APM als Profitcenter geben. Es werden nicht einzelne mathematische Theorien vertieft, welche die Quantifizierung von Zins- bzw. Marktpreisrisiken zum Inhalt haben. In der Literatur stehen viele Ausarbeitungen bezüglich der einzelnen zu managenden Bilanzpositionen zur Verfügung. Das Ziel ist die Darstellung der aufsichtsrechtlichen Abgrenzung, der organisatorischen Eingliederung, der Motivation warum ein APM als Profitcenter aufgebaut werden sollte sowie die Beschreibung einzelner entscheidender Aufgaben eines APM.

2. Aufsichtsrechtliche Anforderungen/Abgrenzung

In einem Schreiben des BAKred vom 24.2.83 heißt es: »... Zinsänderungsrisiken, die bedrohliche Auswirkungen auf die künftige Ertragslage der KI haben können, ergeben sich aus dem Aktivgeschäft und aus dem Passivgeschäft ... KI sollen in der Lage sein, aus ihrem Rechenwerk grundsätzlich jederzeit,..., ein zutreffendes Bild über die bestehenden aktivischen und passivischen Zinsänderungsrisiken abzuleiten.«[3]

Diese Anforderungen werden in den Basler Grundsätzen von 1997 noch konkretisiert: »Die Geschäftsleitung muss sicherstellen, dass die Struktur der Geschäfte der Bank und die Höhe ihrer Zinsänderungsrisiken wirksam gesteuert werden, ... (Grundsatz 2)«[4]

»Sehr wichtig ist, dass die Grundsätze und Verfahren einer Bank bezüglich des Zinsänderungsrisikos klar definiert sind und der Art und Komplexität ihrer Geschäfte entsprechen (Grundsatz 4)«[4]

Aus diesen Anforderungen ergibt sich die eigentliche Problemstellung, die in den Begriffen »Risiko und Steuerung« konkretisiert ist. Was ist Risikomanagement? Was ist Risikosteuerung? Was ist Risikocontrolling und wo wird organisatorisch abgegrenzt? Hier ist es hilfreich, sich auf die Ausführungen der MaH zu stützen.

2.1 Abgrenzung nach MaH

In einer Musteranweisung des Niedersächsischen Sparkassen- und Giroverbandes, die vom Ostdeutschen Sparkassen- und Giroverband übernommen wurde, wird folgendermaßen abgegrenzt:[5]

Risikomanagement

Steuerung der Risikopositionen und des Verlustpotentials (dem Handelsbereich zuzuordnen)

Risikocontrolling

- Messung, Überwachung der Risikopositionen
- Analyse der Verlustpotentiale
- Berichterstattung an den Überwachungsvorstand (dem Überwachungsvorstand zuzuordnen)

Bilanzstrukturmanagement

Erarbeiten von Strategien für die Steuerung globaler, gesamtsparkassenbezogener Risikopositionen bzw. Globalsteuerung von Bilanzkomponenten (bei Entscheidungsverantwortung über Risikopositionen zwingend der Handelsfunktion zuzuordnen)

2.2 Abgrenzung zur Gesamtbanksteuerung

Die Gesamtbanksteuerung ist ein System zur Messung und Überwachung sowie zur aktiven Einflussnahme auf die Ertrags-, Vermögens- und Risikolage der Bank. Die Gesamtbanksteuerung ist ein Instrument der Geschäftsleitung, APM ist ein Teil der Gesamtbanksteuerung.

2.3 Ergebnis der Abgrenzung

Gemäß der MaH ist somit die Definition des Bilanzstrukturmanagements entscheidend für die Ansiedlung des APM in der Organisationsstruktur einer Sparkasse. Hier schließt sich der Kreis. Treasury (Liquiditätssteuerung/Handel) wird um die Steuerung einzelner Bilanzkomponenten erweitert. Dabei geht es in den hier niedergelegten Betrachtungen in erster Linie um Bilanzkomponenten mit Zinsänderungsrisiken. Grundsätzlich werden aber alle Positionen mit Marktpreisrisiken, also auch Aktien, Währungen etc. im APM gesteuert. Die Steuerung des Zinsbuches (Marktpreisrisiken) wird somit in Anlehnung an die MaH dem Handelsbereich zugeordnet.

3. Aufbauorganisation

»Noch heute steuern die Institute (hier Sparkassen, Anmerkung des Verfassers) primär mit an der Gewinn- und Verlustrechnung (GuV) orientierten Analysewerkzeugen. Die externe Rechnungslegung und das interne Management bilden dabei eine Einheit ... Aber nicht nur aufgrund der Komplexität sind die Grenzen für die Weiterentwicklung der traditionellen GuV-orientierten Methoden erreicht ... Spätestens dann, wenn die Institute traditionelles Bankgeschäft betreiben und zugleich die Möglichkeiten von Finanzinnovationen nutzen wollen, werden sie feststellen, dass die GuV-Steuerungsinstrumente in ihrer periodischen Sicht betriebswirtschaftlich vergleichbare Finanzgeschäfte nicht mehr angemessen, d.h. vergleichbar, nachbilden.«[6]

Um diese Problematik frühzeitig und konzeptionell zu managen, sollte die Sparkasse die strategischen Geschäftsfelder definieren und die Aufbauorganisation entsprechend strukturieren.

3.1 Strategische Geschäftsfelder

In der Literatur und in den Sparkassen gibt es verschiedene Ansätze, die strategischen Geschäftsfelder zu definieren. Unseres Erachtens besteht jede Sparkasse aus zwei strategischen Geschäftsfeldern.

Eine weitere Unterteilung oder Vertiefung der Geschäftsfelder ist sparkassenspezifisch jederzeit möglich.

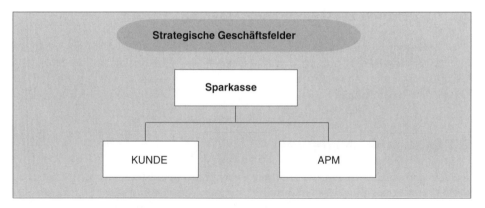

Abb. 1: Strategische Geschäftsfelder

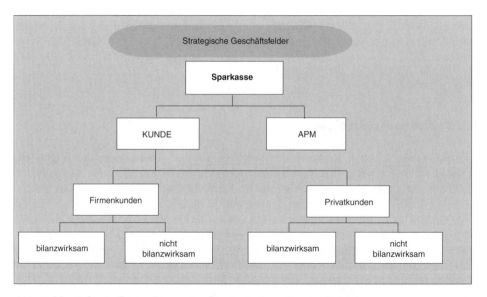

Abb. 2: Vertiefende Darstellung der Strategischen Geschäftsfelder

3.2 Aktiv-/Passivmanagement (APM)

Ist das APM als strategisches Geschäftsfeld definiert, können die Aufgaben, die sich in Ableitung aus den Ausführungen der MaH (Punkt 2.1.3.) ergeben, in das Organigramm des Bereiches APM aufgenommen werden.

Als strategisches Geschäftsfeld wird der Bereich APM direkt dem Handelsvorstand unterstellt. So ist ein schnelles Agieren oder schnelles, unbürokratisches Reagieren auf die Märkte möglich. Die Entscheidungswege werden kurz gehalten.

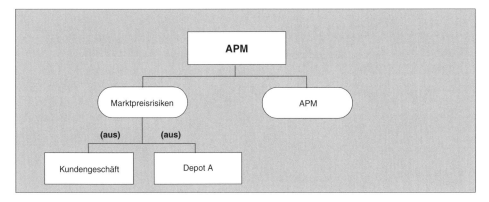

Abb. 3: Aufgabenfeld des APM

Als eigenständiger Bereich übernimmt APM folgende Hauptaufgaben:
- Transformations-Management,
- Eigenanlage-Management,
- Refinanzierungs-Management,
- Liquiditätsmanagement,
- Handel.

Der Bereich APM ist aber auch als Matrix-Organisation zu sehen, d.h. es existieren Schnittstellen zu anderen Bereichen. Als Beispiel wäre hier die Konditionsgestaltung zu nennen. Die zu generierenden Ablauffiktionen der Passiva können als Kalkulationsgrundlage für die Passivprodukte herangezogen werden.

3.3 Profitcenter

In der Aufbauorganisation gehört das Transformationsmanagement zu den Hauptaufgaben des APM. Die Erträge/Verluste, die hier erzielt werden, gehen somit in die Profitcenter-Rechnung des APM ein. Dies lässt sich, bedingt durch die implementierten MaH-Steuerungssysteme, auf Seiten des Depots A leicht darstellen.

Probleme bereiten andere Bilanzpositionen, hier sind z.B. Kredite auf der Aktivseite bzw. Spareinlagen oder Kontokorrentguthaben auf der Passivseite zu nennen. Um diese Positionen in die Profitcenterrechnung aufnehmen zu können, müssen weitere Rahmenbedingungen definiert werden.

Konditionsbeitrag/Strukturbeitrag

In einer Sparkasse wird zwischen dem Konditionsbeitrag, dem Beitrag, den der Markt erwirtschaftet, und dem Strukturbeitrag, der durch Fristentransformation erzielt wird, unterschieden. Der Bruttoerfolg aus der Fristentransformation kann zunächst periodenbezogen als Residualgröße aus dem Unterschiedsbetrag zwischen dem gesamten Zinsüberschuss und der den Kundenabteilungen zugeordneten Zinskonditionsbeiträge ermittelt werden.

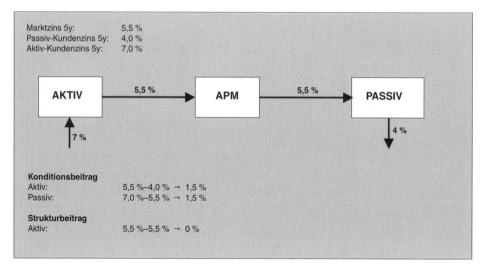

Abb. 4: Darstellung der Konditions- und Fristentransformationsbeiträge

Die Profitcenterrechnung lässt sich so durch eine einfache Annahme erreichen.

Der Bereich APM kauft und verkauft Geld. Durch das Eingehen verschiedener Fristigkeiten werden Strukturbeiträge erzielt, die in die Profitcenterrechnung des APM einfließen.

Für das APM bedeutet diese Grundannahme, dass Gelder zu aktuellen Marktkonditionen aufgenommen werden und zu aktuellen Marktkonditionen wieder angelegt werden. Der Bereich APM kann somit wie ein Fonds mit Ein- und Auszahlungen gemanagt und bewertet werden.

Problemstellung in diesem Fall ist jedoch, welche Marktkonditionen sind aktuell?

Am Beispiel eines Realkredites lässt sich das Risiko und die Chance, die sich für eine Sparkasse bietet, aufzeigen. Zwischen Angebot und Angebotsannahme eines Realkredites liegen nicht selten 2 Wochen, bis zur Teilvalutierung vergehen weitere 4 Wochen und bis zur endgültigen Valutierung 12 Wochen. Wann ist das Zinsänderungsrisiko nun auf APM übergegangen? Zum Zeitpunkt des Angebotes oder zum Zeitpunkt, an dem das Darlehen APM bekannt wird?

Und hier zeigt sich das Dilemma: Zwei unterschiedliche Auffassungen treffen aufeinander. Das Problem potenziert sich, je mehr Kreditgeschäft das Kreditinstitut akquiriert. Kreditinstitute können dementsprechend Zinsrisiken in beachtlichem Maße im Verhältnis zu ihrer Bilanzsumme besitzen, die ihnen noch nicht bekannt sind. Auch diese Zinsrisiken müssen gesteuert werden. Ein APM benötigt dementsprechend ein Kreditmeldewesen, da Kredite erst ab einem bestimmten Stadium in der EDV verarbeitet werden.

Ein möglicher Ansatz ist die Unterteilung der Kredite in:
• Angebote,
• Angebotsannahme (Quasizusage),
• offene Valutierung (Teil-Valutierung),
• Valutierung.

(Beim Aufbau eines Kreditmeldewesens kann eine Beschränkung auf Kredite ab einer Mindestsumme sinnvoll sein.)

Ein Ansatz für die Verteilung des Ergebnisbeitrages wäre, dass z.B. die Kredite vom Zeitpunkt der Quasizusage an mit den dann gültigen Refinanzierungssätzen an das APM übergehen. Dies hat den aus Kreditinstituts-Sicht positiven Nebeneffekt, dass ein Teil des Refinanzierungsrisikos und somit das Margenrisiko an den Kreditbereich übergeben wird und folglich diese Zinssteigerungen/-senkungen in seiner Deckungsbeitragsrechnung Berücksichtigung finden. Ein Ansatz, der sich mittelfristig positiv auf die Bearbeitungszeit und die Zinsmarge auswirkt.

Dieser Ansatz lässt sich verständlich anhand von Festzinspositionen veranschaulichen, wie in der Abbildung 4 dargestellt. Auf die Einbeziehung der variablen Positionen und deren Bewertung wird in den Punkten 4.1.2 und 4.1.4 eingegangen.

4. Ablauforganisatorische Umsetzung des Aktiv-/Passivmanagements

Der in den vorangegangen Kapiteln dargestellte aufbauorganisatorische Rahmen dient – wie in dem Basler Grundsatz III gefordert – der klaren Aufgabentrennung vor dem Hintergrund eines adäquaten Managements des Zinsänderungsrisikos. Die über die Aufbauorganisation eindeutig definierten Zuständigkeiten sollen Interessen- und Kompetenzkonflikte vermeiden und auf diese Weise eine angemessene Aufgabenwahrnehmung durch die organisatorischen Bereiche ermöglichen.

In diesem Kapitel schließt sich die Erläuterung möglicher Methoden zur Erfüllung der eingangs aufgezeigten Aufgaben des Aktiv-/Passivmanagement an. Anspruch hierbei ist, im Ergebnis eine ablauforganisatorische Darstellung zu erhalten, die sich in die beschriebene Aufbauorganisation integriert.

4.1 Kernaufgaben des Aktiv-/Passivmanagements als Ausgangspunkt der Ablauforganisation

In Anlehnung an das Management des Zinsänderungsrisikos gemäß den MaH lässt sich der Managementprozess des Aktiv-/Passivmanagements grob in folgende Kernaufgaben gliedern:

- Identifikation der Risiken/Chancen[1] (bzgl. der angeführten Risiken/Chancen sind ausschließlich Marktpreisrisiken/-chancen gemeint) des Zinsbuches,
- Quantifizierung der Risiken/Chancen des Zinsbuches,
- Steuerung der Risiken/Chancen des Zinsbuches,
- Überwachung der ergebnisorientierten Steuerung des Zinsbuches.

Die im Rahmen der Aufgabenwahrnehmung zu erfolgende aufbauorganisatorische Zuordnung dieser Kernaufgaben bzw. –prozesse ist in der Abbildung 5 dargestellt.

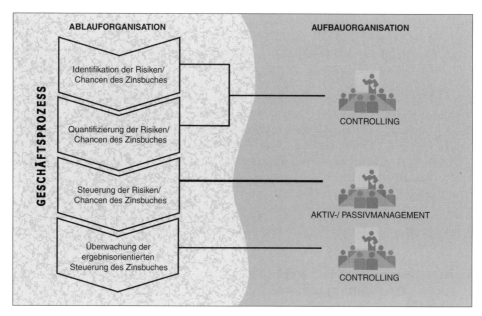

Abb. 5: Kernaufgaben bzw. – prozesse des Aktiv-/Passivmanagements und ihre aufbauorganisatorische Einbindung

4.1.1 Identifikation der Risiken/Chancen des Zinsbuches

Mit Wirkung der MaH hat sich die Identifikation der aus den Eigenhandelspositionen resultierenden Marktpreisrisiken zu einer standardmäßigen und täglichen Aufgabe im Rahmen der Geschäftsabwicklung herausgebildet. Die recht zügige Entwicklung von Steuerungsmethoden für die Zinsänderungsrisiken der Eigenhandelspositionen und deren Integration in den Geschäftsablauf ist nicht zuletzt Folge der Fokussierung auf einen begrenzten Problembereich. Bei einem Übergang zu einer gesamtbankbezogenen Betrachtung des Zinsänderungsrisikos stellt die Komplexität des Untersuchungsobjektes erhebliche Anforderungen hinsichtlich der Entwicklung geeigneter Steuerungswerkzeuge.

Diese Problematik spiegelt sich bereits bei der Identifikation von Zinsrisiken wieder. Während die Erkennung der mit den Eigenhandelsgeschäften verbundenen Zinsrisiken auf der Einzelgeschäftsebene und damit auf elementarer Ebene ansetzt, sollte nach vorherrschender Meinung die Identifikation des gesamtbankbezogenen Zinsrisikos auf höchster Aggregationsebene erfolgen. Ein derartiges Vorgehen bei der Erkennung des gesamtbankbezogenen Zinsrisikos berücksichtigt die Kompensationseffekte, die sich aus den teilweise gegenläufigen Reaktionen der einzelnen Geschäftspositionen auf Zinsänderungen ergeben[7]. Das Auffinden der existierenden gesamtbankbezogenen Zinsrisiken auf Basis der höchsten Aggregationsstufe ist ebenso handhabbar, wie die Erkennung der mit dem Einzelgeschäft verbunden Risiken. Die Schwierigkeit verbirgt sich vielmehr in der Beschaffung und Interpretation der für diese Aufgabe benötigten Daten.

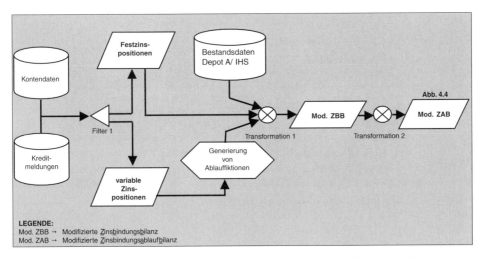

Abb. 6: Schematische Darstellung der Entwicklung einer modifizierten Zinsbindungsbilanz

Als bewährtes Instrument zur Identifikation des gesamtbankbezogenen Zinsänderungsrisikos haben sich Zinsbindungsbilanzen erwiesen. Aus der Perspektive der neuen Marktgegebenheiten ist jedoch die Anwendung der Zinsbindungsbilanzen in traditioneller Weise nicht mehr anforderungsgerecht. Aus diesem Grund erscheint ein methodisches Vorgehen sinnvoll, das dadurch gekennzeichnet ist, dass die derzeit diskutierten Ansätze modifizierter Zinsbindungsbilanzen aus dem Blickwinkel der institutsspezifischen Rahmenbedingungen (vorhandene Datenbasis, Steuerungskonzept) beurteilt werden. Als Ergebnis dieser Prüfung sollten geeignete Ansätze übernommen und entsprechend den institutsspezifischen Erfordernissen angepasst werden. Die Abbildung 6 enthält eine schematische Wiedergabe der Entwicklung einer modifizierten Zinsbindungsbilanz, die als Basis für die Identifikation und Quantifizierung gesamtbankbezogener Zinsänderungsrisiken dient.

Aus der Abbildung 6 ist ersichtlich, dass der Aufbau einer modifizierten Zinsbindungsablaufbilanz auf elementarer Ebene (Konto-/Positionsebene) beginnt. Bezüglich des Kundengeschäftes sind sämtliche für die Darstellung einer Zinsbindungsbilanz benötigten Geschäftsmerkmale (Dauer der Zinsbindung, aktueller Saldo) überwiegend als hinterlegte Kontendaten abrufbar. Gleiches gilt für das Eigenhandelsgeschäft, für das man die erforderlichen Daten (Fälligkeit, aktueller Nominalbestand) pro Eigenhandelsposition aus dem entsprechenden Depot-A-Verwaltungssystem erhält.

Dem in der Abbildung 6 dargestellten Filter 1 liegen zwei sukzessiv verknüpfte Gliederungskriterien zugrunde. Das erste Gliederungskriterium dient der Unterteilung der eruierten Kundengeschäftsdaten in Festzinspositionen und in variable Zinspositionen. Die diesem Gliederungskriterium zugrunde liegende Definition kann sich entweder an der finanzwirtschaftlichen Interpretation ausrichten oder sich an den Empfehlungen des BaKred orientieren, welche zur Definition des Festzinsgeschäftes folgende Aussage tätigte: »... In der Regel sollten Geschäfte mit einer Zinsbindung von sechs Monaten und mehr einbezogen ... werden.«[8] Den nach-

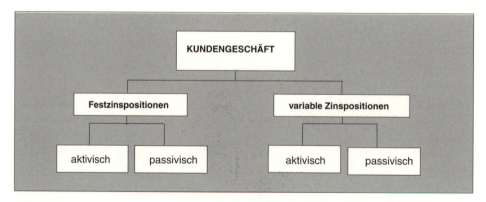

Abb. 7: Darstellung der aus Filter 1 resultierenden Ergebnismenge

folgenden Ausführungen hinsichtlich der Unterscheidung zwischen Festzinsgeschäft und variablem Zinsgeschäft liegt die Empfehlung des BaKred zugrunde.

In der zweiten Gliederungsstufe erfolgt separat innerhalb des Festzinsgeschäftes und des variablen Zinsgeschäftes eine Strukturierung nach der bilanzseitigen Ausrichtung (aktivisch/passivisch) der Einzelpositionen. Der Filter 1 liefert somit die in Abbildung 7 veranschaulichte Ergebnismenge.

Während die Festzinsgeschäfte und variable Eigengeschäfte in ihren Zahlungsströmen aufgrund gesicherter Laufzeit- und Zinsbindungsmodalitäten weitgehend bestimmt sind, ergeben sich bei der Abbildung der Zahlungsströme des variablen Kundengeschäftes erhebliche Schwierigkeiten. Diese resultieren – wie bekannt – aus den dem Kunden gewährten Verfügungsrechten im variablen Geschäft.

Die in den letzten Jahren volatileren Marktzinsen bedingten in Fachkreisen eine intensivere Auseinandersetzung mit dieser Problematik, so dass verschiedene Methoden zur Generierung von sogenannten »Ablauffiktionen« entwickelt wurden, die eine Ableitung der Zahlungsströme des variablen Kundengeschäftes ermöglichen (vgl. hierzu[9]). Gemeinsame Basis dieser Methoden sind die Erkenntnisse der Bodensatztheorie, die ebenso maßgebend für die in der Abbildung 6 aufgeführte Generierung der Ablauffiktion ist. Konkret bedeutet dies, dass zunächst eine Ermittlung der institutsspezifischen Mischung des Bodensatzes in Bezug auf die jeweilige Zinsbindung erfolgt. Diese eruierte Struktur kann dann über die Ablauffiktion für den Betrachtungshorizont aufrechterhalten werden. Die Ablauffiktion wird erzeugt, indem eine revolvierende Anlage des Bodensatzes entsprechend dem festgestellten Mischungsverhältnis der Zinsbindungen simuliert wird. Auf diese Weise kann das im variablen Kundengeschäft gebundene Kapital ebenso in der Zinsbindungsbilanz (siehe Abb. 8) dargestellt werden.

Die undifferenzierte Übernahme der Eigengeschäftsdaten als Festzinsgeschäfte (siehe Abbildung 6) stützt sich einerseits auf die oben erwähnte festgelegte Zinsbindung bei variablen Eigengeschäften. Andererseits auf den Umstand, dass die variablen Eigengeschäftspositionen zu den Zinsanpassungsterminen an den aktuellen Marktzins angepasst werden, wodurch bezogen auf die gesamte Positionslaufzeit kein Zinsänderungsrisiko besteht.

Die über obige Vorgehensweise erhaltenen Geschäftsdaten werden nun entspre-

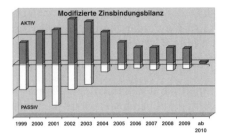 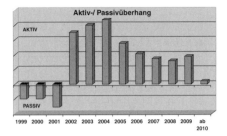

Abb. 8: Darstellung – Modifizierte Zinsbindungsbilanz (Mod. ZBB)/Aktiv-/Passivüberhang

chend ihrer Zinsbindung in einer modifizierten Zinsbindungsbilanz dargestellt (siehe Abbildung 8). Die Modifikation bezieht sich einerseits auf die Darstellungsform, welche die bestehenden Bilanzstrukturen gegenüber der traditionellen Aufstellung der Zinsbindungsbilanz anschaulicher hervorhebt. Zudem führt die durch die grafische Darstellung erreichte Abstraktion von den konkreten Bilanzpositionen, zu einer reinen Abbildung der Zinsbindungen des aktivischen und passivischen Vermögens. Des weiteren besteht die Abwandlung der aufgezeigten Zinsbindungsbilanz in der Einbeziehung der variablen Positionen über die bereits beschriebenen Ablauffiktionen, die eine Überführung des variablen Geschäftes in ein Quasi-Festzinsgeschäft ermöglichen. Anhand der modifizierten Zinsbindungsbilanz sind die in den einzelnen Laufzeitbändern potentiell vorhandenen Zinsänderungschancen/-risiken erkennbar. Indikator sind hierbei die durch verschiedene Volumenausprägung der Aktiv-/Passivseite verursachten offenen Positionen, die explizit über einen Aktiv-/Passivvergleich (saldierte Darstellung) hervorgehoben werden können (siehe Abbildung 8). Der Aktiv-/Passivvergleich spiegelt demzufolge das gesamtbankbezogene Zinsänderungschancen-/-risikoprofil wieder.

4.1.2 Quantifizierung der Risiken/Chancen des Zinsbuches

Mit Vorliegen des gesamtbankbezogenen Zinsänderungsrisiko-/-chancenprofils ist die Grundlage für eine wertorientierte Quantifizierung der Risiken und Chancen des Zinsbuches vorhanden. Während die im vorangehenden Kapitel vorgestellte modifizierte Zinsbindungsbilanz in ihrer Darstellung für die Analyse bestehender Zinsänderungsrisiken/-chancen geeignet ist, erfordert die wertmäßige Ermittlung der gesamtbankbezogenen Zinsänderungsrisiken/-chancen die Bereitstellung selbiger Informationen in einem anderen Kontext. So ist für eine Bestimmung der marktpreisinduzierten Zinsänderungsrisiken/-chancen die Kenntnis der Zahlungsströme notwendig, die aus den in der Zinsbindungsbilanz dargestellten Zinsbindungen des aktivischen und passivischen Vermögens resultieren. Diese Zahlungsströme lassen sich aus einer Zinsbindungsablaufbilanz ableiten. Demnach ist eine Überführung der modifizierten Zinsbindungsbilanz in eine Zinsbindungsablaufbilanz (siehe Abbildung 9) erforderlich. Dieser Schritt ist in der Abbildung 6 durch die Transformation 2 angedeutet.

Der aus der Zinsbindungsablaufbilanz gebildete Zahlungsstrom, der in der fachlichen Diskussion allgemein als Gesamtbank-Cash-Flow oder Summen-Cash-Flow bezeichnet wird[10], ist im rechten Teil der Abbildung 9 veranschaulicht. Er ist das Ergebnis der saldierten aktivischen/passivischen Zins- und Tilgungszahlungsströme des im Zinsbuch gebundenen Vermögens.

Wie aus der Abbildung 9 ersichtlich, wurde innerhalb des betrachteten Planungshorizonts eine jährliche Periodeneinteilung gewählt und übereinstimmend damit ein

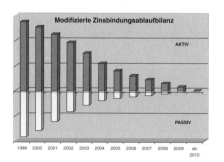 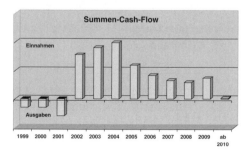

Abb. 9: Darstellung – Modifizierte Zinsbindungsablaufbilanz (Mod. ZAB)/Summen-Cash-Flow

jährlicher Zinszahlungs- und Tilgungsturnus unterstellt. Um trotz vereinfachender Annahmen zu einer realitätsnahen Abbildung der zu erwartenden Zahlungsströme zu gelangen, ist der Einsatz von Mappingverfahren angebracht. Diese Mappingverfahren sollten bereits auf Ebene der Zinsbindungsbilanz hinterlegt sein, da hier auf die konkreten Zinsbindungsfristen in den Konten- und Bestandsdaten zugegriffen werden kann.

Da die Zinsbindungsbilanz – im hier dargestellten Vorgehen – originärer Ausgangspunkt sämtlicher Auswertungen ist, sind grundsätzlich auf dieser Ebene die Überlegungen in Hinblick auf die gewünschte Periodeneinteilung (wöchentlich, monatlich, viertel-, halbjährlich, jährlich) der nachfolgenden Auswertungen anzusetzen. Für die Erstellung der Zinsbindungsbilanz ist das in den Folgeauswertungen auftretende kleinste Periodenraster maßgebend. So ist für eine Abbildung des Summen-Cash-Flow auf Monatsbasis, die Zinsbindungsbilanz mindestens auf Grundlage einer monatlichen Periodeneinteilung zu generieren, um eine adäquate Widerspiegelung der vorliegenden Zinsbindungen sowie der daraus hervorgehenden Cash Flows sicherzustellen.

Zur Quantifizierung der Risiken/Chancen des Zinsbuches wird der vorliegende Summen-Cash-Flow gleichermaßen behandelt wie das Cash-Flow-Profil sonstiger Finanzinstrumente, deren Zinsreagibilität aus wertorientierter Perspektive zu beurteilen ist. Mit Wirkung der MaH haben sich in den Instituten diesbezüglich zwei Verfahren durchgesetzt, zum einen die Szenariotechnik und zum anderen die Varianz-/Kovarianzmodelle[11]. In der Anwendung zeichnet sich jedoch eine stärkere Tendenz in Richtung der Varianz-/Kovarianzmodelle ab. Als ursächlich hierfür können der mit der Szenariotechnik gegebene Aufwand bei der Szenarienerstellung sowie die damit einhergehende Unsicherheit bei der Prognosebildung angesehen werden.

Das hier aufgezeigte Vorgehen bleibt von dieser Tendenz unberührt, da die Anwendung beider Methoden aus Steuerungsgesichtspunkten sinnvoll erscheint.

Dementsprechend wird der Varianz-/Kovarianzansatz genutzt, um die Reaktion des Summen-Cash-Flow bezüglich der in der Vergangenheit aufgetretenen Zinsänderungen zu beurteilen. Diese Analyseperspektive ermöglicht folglich die wertmäßige Ermittlung des Risiko-/Chancenpotentials unter Annahme der Beibehaltung des bisherigen Änderungsverhaltens der zugrunde gelegten Referenz- bzw. Opportunitätszinsen. Unberücksichtigt bleibt bei dieser Betrachtung die mit dem Steuerungsaspekt verbundene Erwartung einer bestimmten Zinsentwicklung.

Jedoch geht der Produktentwicklung auf Seiten des Kundengeschäftes als auch der Anlagestrategie für die Eigenanlagen eine Meinungsbildung über die zukünftige Zinsentwicklung voraus, um auf diese Weise einen steuernden Einfluss auf den Erfolgsbeitrag aus dem Kunden- und Eigengeschäft auszuüben. Für eine Quantifizierung des Zinsänderungsrisiken/-chancenpotentials aus der Perspektive des angestrebten Ergebnisbeitrages steht mit der Szenariotechnik ein adäquates Verfahren zur Verfügung. Demzufolge ist der Summen-Cash-Flow des Zinsbuches ebenso einer Bewertung aus dem Blickwinkel der Zinserwartung des Institutes (Hauszinsmeinung) zu unterziehen. Die integrierte Anwendung beider Verfahren scheint aus dem Aspekt der gesamtbankbezogenen Quantifizierung der Zinsänderungsrisiken/-chancen, die einen ganzheitlichen Ansatz erfordert, zielführend. Dieser ganzheitliche Ansatz ist in der Abbildung 10 schematisch dargestellt, um das über die zuvor genannten Punkte umrissene Bild dieses Ansatzes zu vervollständigen.

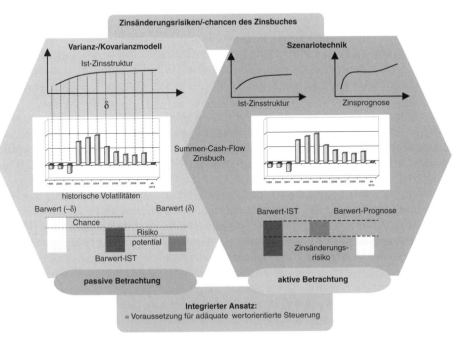

Abb. 10: Schematische Darstellung des Ansatzes der Quantifizierung der Zinsänderungsrisiken/-chancen des Zinsbuches

4.1.3 Steuerung der Risiken/Chancen des Zinsbuches

Die Steuerung des sich aus dem Zinsbuch ergebenden Chancen-/Risikoprofils wurde – als Ergebnis der im Kapitel 2 erfolgten aufbauorganisatorischen Abgrenzung – der Organisationseinheit APM zugewiesen. Die Steuerungsaufgabe selbst wird dabei durch den Aktionsbereich des APM definiert, der einerseits durch das risiko-/ertragsorientierte Management des Zinsbuches (vgl. Kapitel 2.3) und andererseits durch die Wahrnehmung der Funktion eines Profitcenters (vgl. Kapitel 3.3) gekennzeichnet ist.

Aus dem Blickwinkel des risiko-/ertragsorientierten Managements des Zinsbuches umfasst die Steuerungsaufgabe zunächst eine Beurteilung des identifizierten und quantifizierten Zinsänderungsrisikos vor dem Hintergrund der *Risikotragfähigkeit* des Institutes. Führt diese zu der Einschätzung, dass die eingegangenen Risiken nicht in einem angemessenen Verhältnis zur Risikotragfähigkeit stehen, sind risikomindernde Maßnahmen zu ergreifen. Hierbei stehen dem APM im Hinblick auf die zu ergreifenden Maßnahmen Alternativen zur Verfügung. Eine Möglichkeit, die dem traditionellen Vorgehen entspricht, ist die Steuerung des Zinsänderungsrisikos über die Strukturierung des Depot A[12]. Hierbei wird eine Umschichtung des Depot A derart vorgenommen, dass Aktiv-/Passivvorläufe und damit offene Positionen, insgesamt oder nur in zinsvolatilen Laufzeitbändern, minimiert werden. Es wird hier bewusst der Begriff minimieren verwendet, da aus der ertragsorientierten Sicht offene Positionen ebenso ein Chancepotential darstellen, so dass nicht ein Dispositionsgleichgewicht zwischen Aktiv- und Passivseite angestrebt wird, sondern lediglich eine Minimierung der offenen Positionen unter der Nebenbedingung »Wahrung der Risikotragfähigkeit«.

Eine andere Möglichkeit ist die Risikoreduktion über den Einsatz von derivativen Finanzinstrumenten. Die Verwendung von Derivaten als Steuerungsinstrument ist wegen ihrer fehlenden Rückkopplungswirkung auf die Bilanzstruktur, ihrer anforderungsgerechten Gestaltungsmöglichkeit sowie der hohen Marktliquidität vorzuziehen.

Die Komplexität der durch das APM zu leistenden Steuerungsfunktion wird bedingt durch dessen zusätzliche Ausgestaltung als Profitcenter (siehe Kapitel 3.3). Aufgrund dieser funktionalen Einordnung besitzt das APM Ergebnisverantwortung. Diese ist erheblich, wenn man sich die in Kapitel 3.2 aufgeführten Hauptaufgaben vor Augen führt. Bezug genommen ist hier auf die als Transformations-Management bezeichnete Hauptaufgabe. Dem Profitcenter APM obliegt demnach die Ergebnisverantwortung für den aus der Fristentransformation erwirtschafteten Strukturbeitrag. Vor diesem Hintergrund wird das APM bestrebt sein, dass durch den Aktiv-/Passivvergleich ersichtliche Fristenprofil aktiv aus der Ergebnisperspektive zu gestalten.

Die hier zunächst separat dargestellten Steuerungsperspektiven gilt es zu vereinen, um aus gesambankbezogener Sicht ein risiko-/ertragsoptimiertes Ergebnis zu erzielen. Dazu ist die Steuerungsentscheidung auf Basis eines Optimierungsmodells zu generieren, dessen Zielfunktion durch die Maximierung des Ertrages (Konditions-/Strukturbeitrag) des Summen-Cash-Flow unter der Nebenbedingung »Wahrung der Risikotragfähigkeit« definiert ist.

4.1.4 Überwachung der ergebnisorientierten Steuerung des Zinsbuches

Mit der Überwachung der ergebnisorientierten Steuerung des Zinsbuches ist eine konzeptionell schwierige Aufgabe gegeben. Zur Verwirklichung einer beurteilungsgerechten Überwachungsfunktion ist die Schaffung eines Vergleichsmaßstabes (Benchmark) erforderlich, der eine objektive Bestimmung des von den strategischen Geschäftsfeldern erbrachten Ergebnisbeitrages zulässt. Dabei handelt es sich nicht um eine einfache Vergleichsgröße sondern um eine komplexe Kennzahlensystematik, die den ebenfalls komplexen Anforderungen gerecht werden muss.

In diesem Zusammenhang zu nennen ist zum einen die Ermittlung einer angemessenen Verteilungsfunktion für das institutsspezifisch verfügbare Risikokapital. Dahingehend werden in der Literatur verschiedene Allokationsverfahren erörtert (vgl. hierzu[13]). Zum anderen ist der potentielle Ergebnisbeitrag der einzelnen Profitcenter auf Grundlage der bisher erbrachten Ergebnisse und der Ergebnisplanung abzuschätzen. Die genannten Größen erlauben das Setzen von Benchmarks, die sich an der potentiellen Leistungsfähigkeit eines Profitcenters orientieren, wodurch die Ausschöpfung von Ergebnispotentialen realisierbar ist. In Bezugnahme auf die im vorangehenden Kapitel erläuterten Aufgaben des APM bedeutet dies im Umkehrschluss, dass dem APM über die angesprochenen Allokationsverfahren Risikokapital derart zuzuteilen ist, dass genügend Aktionsspielraum zur Ausnutzung vorhandener Ergebnispotentiale bleibt.

Übereinstimmende Erfordernisse existieren für die Bildung eines Benchmarks zur objektiven Ergebnismessung in den Marktbereichen. Hier werden Wege über die Methode der gleitenden Durchschnitte beschritten, um auch für das variable Geschäft einen adäquaten Bewertungszins zugrunde legen zu können und somit eine gerechte Quantifizierung des gesamten aus dem Kundengeschäft erbrachten Konditionsbeitrages zu ermöglichen[11].

Wesentlich für die Umsetzung der hier schwerpunktmäßig aufgeführten Punkte ist, dass die Benchmarksystematik in Zusammenarbeit von Überwachungsstelle und den über diese Systematik zu beurteilenden Profitcentern entsteht. Auf diese Weise ist die Transparenz hinsichtlich der angewandten Bewertungssystematik für die ergebnisbeitragenden Stellen gewahrt, denn nur ein nachvollziehbares Bewertungsverfahren erhält die Leistungsbereitschaft, da die Erfüllung des Objektivitätskriteriums *überprüfbar* ist.

Mit dieser bereits komplexen Aufgabe ist verbunden, dass der erforderliche Brückenschlag zwischen der GuV- sowie der vermögensorientierten Betrachtung vollzogen wird. Nur eine Bewertungssystematik, die einen konsistenten Übergang von der einen in die andere Betrachtungsweise bietet, führt zu einem dringend notwendigen ganzheitlichen Ansatz. Allein ein so konzipiertes Methodenwerkzeug wird dem in den Basler Grundsätzen für das Management des Zinsänderungsrisikos geforderten Anspruch von »zwei unterschiedlichen aber einander ergänzenden Perspektiven« gerecht[14].

Dass die hier gestellten Forderungen ein äußerst hohes konzeptionelles Anspruchsniveau darstellen, ist gegenwärtig. Dennoch erfordert das heutige Wettbewerbsumfeld schnelle und zielgerichtete Entscheidungen, so dass man sich dieser Problematik im Rahmen der Umsetzung eines ganzheitlichen Ansatzes sukzessiv stellen muss.

5. Ausblick

Bisher wurde ausschließlich auf die Steuerung der Marktpreisrisiken im Bereich APM eingegangen. Dies ist aber nur eine Risikoart, die im APM zu berücksichtigen ist. Bereits heute werden ebenso die mit den Wertpapieren im Depot A verbundenen Adressenrisiken quantifiziert und gemanagt.

Beispielsweise erbringt ein Pfandbrief eine höhere Rendite als ein Bundeswertpapier, eine Industrieanleihe eine höhere als ein Pfandbrief, ein BBB-Papier mehr als ein AAA-Papier. Jeder Portfoliomanager analysiert auf dieser Grundlage, ob die Risk-/Return-Erwartungen ein Investment sinnvoll machen.

Diese Überlegungen gehen auch in die Margenberechnung der Kredite im Kundengeschäft ein. Die Tendenz, Kredite zu raten und entsprechend den Adressenausfallrisiken Margenaufschläge zu berechnen, ist allgemein üblich. In der Zukunft wird ein Rating von Krediten und deren Unterlegung mit entsprechendem Eigenkapital jedoch zur Pflicht (Basel III). Dadurch wird eine Optimierung der Adressenausfallrisiken für die Asset Allocation einer Sparkasse unerläßlich. »In diesem Zusammenhang muss auch die Unabhängigkeit externer und interner Ratingstellen sichergestellt sein, um durchgängig objektive Ergebnisse zu erhalten. So dürfen z.B. interne Ratingstellen nicht im kreditnahen Bereich angesiedelt sein.«[15]

Diese Überlegungen kommen der Organisationsstruktur eines APM entgegen. Margenaufschläge für die Adressenrisiken fließen in die Profitcenter-Rechnung des APM ein. Fällt ein Kredit aus, wäre der Barwertverlust gleichartig wie der Ausfall eines Wertpapieres des Depots A im APM zu berücksichtigen. Es handelt sich hierbei um eine kalkulatorische Verrechnung der Zahlungsströme. Die Betreuung der Kreditengagements findet weiterhin im Kreditbereich statt. Die Zukunft des APM ist demzufolge im Management der Marktpreis- und Adressenausfallrisiken zu sehen, um die effiziente Nutzung der knappen Ressource Eigenkapital sicherzustellen.

Anmerkungen

1. Wittmann, Franz (1998), Aktiv-/Passivsteuerung bei Sparkassen, in: Eller, Roland (1998), S. 76.
2. Biermann, Bernd (1998), Modernes Risikomanagement, in: Eller, Roland (1998), S. 22.
3. Bundesaufsichtsamt für Kreditwesen (1993), Schreiben vom 24. Februar 1983, in: Schork, Ludwig (1999), S. 1073.
4. Basler Ausschuss für Bankenaufsicht (1997), Grundsätze für das Management des Zinsänderungsrisikos: Vorschlag des Basler Ausschuss für Bankenaufsicht zur Konsultation, Basel 1997.
5. Ostdeutscher Sparkassen- und Giroverband (1996), Rundschreiben Betriebswirtschaft/Organisation 116/96, Potsdam 1996.
6. Klein, Wolfgang/Göbel, Rolf (1999), Gesamtbanksteuerung – Bündelung von Kompetenz in der Sparkassenorganisation, in: Sparkasse von 6/99, S. 255 ff.
7. Klein, Wolfgang/Göbel, Rolf (1999), S. 259.
8. Schork, Ludwig (1999), S. 1074.
9. Sievi, Dr. Christian (1997), Kapitel 2 S. 5–21.
   Rolfes, Bernd (1999), S. 214–254.
10. Vgl. Sievi, Dr. Christian (1997)
    Vgl. Rolfes, Bernd (1999)

11 Beinker, Mark W./Deutsch, Hans-Peter (1999), Die drei Hauptmethoden zur VaR – Berechnung im Praxisvergleich, in: Eller, Roland/Gruber, Walter/Reif, Markus (1999), S. 160–164.
   Sievi, Dr. Christian (1997), Kapitel 3 S. 14–28.
12 Klein, Wolfgang/Göbel, Rolf (1999), S. 259.
13 Burmester, Christoph/Hille, Christian T./Deutsch, Hans-Peter (1998), Risikoadjustierte Kapitalallokation: Beurteilung von Allokationsstrategien über einen Optimierungsansatz, in: Eller, Roland/Gruber, Walter/Reif, Markus (1999), S. 389–417
   Flesch, Dr. Johann R./Gerdsmeier, Stefan (1995), Barwertsteuerung und Allokation von Risikokapital, in: Rolfes, Bernd/Schierenbeck, Henner/Schüller, Stephan (1995), S. 111–129.
14 Basler Ausschuss für Bankenaufsicht (1997), Grundsätze für das Management des Zinsänderungsrisikos: Vorschlag des Basler Ausschuss für Bankenaufsicht zur Konsultation, Basel 1997.
15 Lauth, Wolfgang (2000), S. 20.

Literaturverzeichnis

Basler Ausschuss für Bankenaufsicht (1997), Grundsätze für das Management des Zinsänderungs-risikos: Vorschlag des Basler Ausschuss für Bankenaufsicht zur Konsultation, Basel 1997.
Eller, Roland (1998), Handbuch des Risikomanagements, 1. Aufl., Stuttgart 1998.
Eller, Roland/Gruber, Walter/Reif, Markus (1999), Handbuch Bankenaufsicht und Interne Risikosteuerungsmodelle, 1. Aufl., Stuttgart 1999.
Heidorn, Thomas/Bruttel (1993), Treasury Management, 1. Aufl., Wiesbaden 1993.
Klein, Wolfgang/Göbel, Rolf (1999), Gesamtbanksteuerung – Bündelung von Kompetenz in der Sparkassenorganisation, in: Sparkasse von 6/99, S. 255 ff.
Koch, Ulrich (1996), Die Integration von Marktzinsmethode und dynamischem Elastizitätskonzept der Aktiv-/Passivsteuerung, in: Schriftenreihe des Zentrums für Ertragsorientiertes Bankmanagement, Bd. 11, Frankfurt am Main 1996.
Lauth, Wolfgang (2000), Basel: Sorgfalt braucht mehr Zeit, in: Börsenzeitung vom 6.1.00, S. 20.
Merl, Dr. Günther (1997), Visionen im Sparkassenbereich, 1. Aufl., München 1997.
Ostdeutscher Sparkassen- und Giroverband (1996), Rundschreiben Betriebswirtschaft/Organisation 116/96, Potsdam 1996.
Rolfes, Bernd (1999), Gesamtbanksteuerung, 1. Aufl., Stuttgart 1999.
Rolfes, Bernd/Schierenbeck, Henner/Schüller, Stephan (1995), Risikomanagement in Kreditinstituten, in: Schriftenreihe des Zentrums für Ertragsorientiertes Bankmanagement, Bd. 5, Frankfurt am Main 1995.
Schork, Ludwig (1999), Gesetz über das Kreditwesen, 20. Aufl., Stuttgart 1961.
Sievi, Dr. Christian (1997), Cash Flow orientiertes Bilanzstrukturmanagement, in: DSGV-Projektbericht zum Projekt: Machbarkeitsstudie zum Cash Flow-orientierten Bilanzstrukturmanagement und Barwertkonzept, Abschlußbericht zum Projektteil 1, Bonn 1997.

Grundzüge eines Operational Risk Managements aus Sicht des Intellectual Capital Managements
Roland van Gisteren*

Inhalt

1. Zum gegenwärtigen Stand aufsichtsrechtlicher Konsultationen bei operationalen Risiken
2. Explikationen zur begrifflichen und inhaltlichen Focussierung des Untersuchungsgegenstandes
   2.1 Terminologische Aspekte operationaler Risiken
   2.2 Bewusstseinswandel bei Werte- und Risikokategorien kreditwirtschaftlicher Wissensorganisationen
3. Zum Wandel in der Wettbewerbs- und Risikostruktur des deutschen Bankensektors unter besonderer Berücksichtigung des Konsolidierungsdrucks der »New Economy«
4. Methodische Ansätze zur instrumentellen Steuerung von Personalrisiken im Sinne einer Due Diligence des intellektuellen Kapitals
   4.1 Arten von Personalrisiken und Ansatzpunkte ihrer Steuerung
   4.2 Strukturelle und instrumentelle Gestaltungsmuster für ein integratives Personalrisikomanagement

Anmerkungen

Literaturverzeichnis

---

* Professor Dr. Roland van Gisteren ist Direktor des Ostdeutschen Sparkassen- und Giroverbandes in Berlin / Leiter der Ostdeutschen Sparkassenakademie in Potsdam.

1. Zum gegenwärtigen Stand aufsichtsrechtlicher Konsultationen bei operationalen Risiken

Das gewählte Thema »Operational Risk Management aus Sicht des Intellectual Capital Mangements« ist in der Bankforschung und Bankpraxis bisher ein unbeschriebenes Blatt. Die Herausgeber des vorliegenden Bandes zeigen nach dem Selbstverständnis ihres beruflichen Betätigungsfeldes wahrlich Risikobewusstsein, wenn Sie einem Mitautor die Gelegenheit einräumen, einer bislang unterbelichteten Kategorie von *operationalen Risiken*, nämlich *Personalrisiken*, besondere Aufmerksamkeit zu widmen.

Für Untersuchungsgegenstände, die bisher wenig Beachtung beim Fachpublikum erregt haben, muss zumindest die Zeit zu ihrer Einführung in die Diskussion reif sein. Aus diesem Blickwinkel ist gegenwärtig nicht nur Interesse, sondern dringender Handlungsbedarf entstanden. Das Stichwort heißt »operationale Risiken« und steht in direktem Zusammenhang mit der Veröffentlichung des Konsultationspapiers zur »Neuregelung der angemessenen Eigenkapitalausstattung« (Basler Akkord II) des Basler Ausschusses für Bankenaufsicht vom Juni 1999.[1] Ergänzend üben die Veröffentlichungen der Untergruppe »Risk Management« der Basler Bankenaufsicht zu den Themen »Operational Risk Management« vom September 1998[2] und »Enhancing Corporate Governance for Banking Organizations« (Verbesserung der Unternehmenssteuerung und -überwachung in Banken) vom September 1999[3] Druck auf das *Risikomanagement* in Banken und Sparkassen aus.

Diese Veröffentlichungen werden die Kreditwirtschaft deshalb nachhaltig in Atem halten, weil sie gravierenden Veränderungsbedarf signalisieren. Für das *»Financial Capital Management«* zur Steuerung der beabsichtigten modifizierten Unterlegung aller relevanten Risikokategorien mit regulatorischem Eigenkapital wie für das *»Intellectual Capital Management«* zur risikobewussten Gestaltung einer wertschöpfungsorientierten Nutzung aller immateriellen Kapitalquellen werden Lösungsansätze im Sinne einer ganzheitlichen Bankrisikosteuerung (Gesamtbanksteuerung) gefordert sein.

Inzwischen liegt eine erste gemeinsame Stellungnahme der deutschen Kreditwirtschaft seitens des Zentralen Kreditausschusses (ZKA) der Verbände vom 30. Dezember 1999 zum Basler Konsultationspapier vor[4], aus der wesentliche Anhaltspunkte für die Notwendigkeit zur Ausarbeitung einer verfeinerten und erweiterten Methodik des Managements u.a. von Bankrisiken operationaler Art ableitbar sind. Als Zwischenfazit der aufsichtsbehördlich induzierten Konsultationen ist heute festzustellen, dass die im Folgenden überblicksartig skizzierten Positionen zwischen Basler Bankenaufsicht und deutscher Kreditwirtschaft zur Beurteilung operationaler Risiken noch weit auseinander liegen.

Der Ausschuss für Bankenaufsicht stellt in seinem Konsultationspapier insbesondere heraus, dass er sehr wohl wisse, welche Bedeutung neben dem Kredit- und dem Marktrisiko so genannte *»sonstige Risiken«* (operationale Risiken) haben. Für die vorsichtige Steuerung und Begrenzung dieser Risiken sei ein strenges Kontrollumfeld wesentlich, wozu es jedoch zusätzlicher Schritte zur Sicherung einer soliden Geschäftsführung bedürfe.

Die Entwicklung analytischer Methoden zur Steuerung dieser Risikokategorie befände sich derzeit noch in einem frühen Stadium, weil die meisten Banken erst vor kurzem mit der Entwicklung expliziter Mess- und Überwachungsinstrumente für *Betriebsrisiken* (operationale Risiken) begonnen hätten. Trotzdem schlage der Ausschuss wegen der Wichtigkeit dieser Risikokategorie eine gesonderte und explizite Unterlegung »sonstiger Risiken« mit Eigenkapital vor.

Zur Steuerung »sonstiger Risiken« seien brancheneinheitliche Managementpraktiken erforderlich, um das Ziel einer risikogerechten Eigenkapitalregelung zu erreichen. Zur Eigenkapitalbemessung nennt der Ausschuss stichwortartig Ansätze, die von einfachen Bezugsgrößen (z.B. Bilanzsumme, Rohertrag, Provisionsertrag, betrieblicher Aufwand) bis zu (explizit nicht genannten) verschiedenen Modellierungstechniken reichen könnten. Der Ausschuss sei sich bewusst, dass auch andere Methoden für die Zuordnung von aufsichtsrechtlich gefordertem Eigenkapital für Betriebsrisiken denkbar sind. Eine Methode wäre, den Banken die Verwendung von Modellen zu gestatten. Hierbei wären besonders die Solidität des Modells, die Qualität der Daten, Stresstests, die Reagibilität auf Veränderungen der exogenen Variablen und die vom Modell nicht abgedeckten Bereiche betrieblicher Risiken zu beachten.

Nach empirischen Erhebungen des Ausschusses verfügen gegenwärtig weltweit nur sehr wenige Banken über ein diesen Kriterien entsprechendes Modell, sodass derartige Modelle erst in einem späteren Stadium eingesetzt werden könnten. Die Vielzahl weiterer Methoden, die Banken bereits heute zur Eigenkapitalallokation für Betriebsrisiken anwenden, kämen jedoch für die Bemessung der aufsichtsrechtlich geforderten Eigenkapitalunterlegung zur Zeit wohl kaum in Frage. Beispiele wären die Bemessung aufgrund des Ertragsrisikos (Earnings-at-Risk), der Kostenvolatilität, branchenüblicher Beurteilungsmethoden der Geschäftsbereiche, des Wertes des Markennamens, des relativen Risikos einer Geschäftsart im Vergleich zu einer anderen, Risikoselbsteinschätzung nicht quantitativer Art oder von Verlustereignissen, die vom Geschäftsvolumen abhängen und zu Verlustbezugsgrößen in Beziehung gesetzt werden.

Letztlich betont der Ausschuss, dass die nationalen Aufsichtsbehörden anhand ihrer Einschätzung der Angemessenheit des Kontrollumfeldes der Institute auch zu einer qualitativen Beurteilung gelangen (»Supervisory review process«). Dabei sollte berücksichtigt werden, in welchem Ausmaß die Institute Betriebsrisiken bewerten, messen und steuern.

In seiner Stellungnahme lehnt der ZKA eine zusätzliche, explizite Kapitalanforderung für operationale Risiken ab. Tragfähige Verfahren zur Quantifizierung oder Modellierung von operationalen Risiken seien derzeit nicht in Sicht. Solange der Zusammenhang zwischen einem Risikofaktor und der Wahrscheinlichkeit sowie dem Umfang der daraus entstehenden Verluste unklar sei, lasse sich eine bankaufsichtliche Kapitalanforderung nicht risikoadäquat formulieren. Es fehle an einer geeigneten Bemessungsgrundlage. Im Übrigen sei eine analytische Trennung des operationalen Risikos insbesondere vom Kredit- oder Marktrisiko bei Verlustereignissen, die auf mehr als einen Risikofaktor zurückzuführen sind, nur sehr schwer möglich.

Die Aktivitäten des Basler Ausschusses sollten sich folglich darauf beschränken, für die Ausgestaltung des *Managements operationaler Risiken* qualitative Anforderungen festzulegen. Ein solcher, auf Fortentwicklung der Managementsysteme für operationale Risiken ausgerichteter Ansatz stünde mit den Zielen der Kreditwirtschaft im Einklang.

Im Interesse einer konsistenten Erfassung und Steuerung aller vorhandenen Risiken unternähmen die Kreditinstitute verstärkt Anstrengungen für ein Management operationaler Risiken im Rahmen der Gesamtrisikosteuerung. Die Bemühungen zur Erfassung und Steuerung operationaler Risiken neben dem Kredit- und Marktrisikomanagement als gesonderte »Managementlinie« zu etablieren, spiegelt auch der Ergebnisbericht des Basler Ausschusses zum »Operational Risk Management« wider. Trotz der hohen Investitionen in entsprechende Managementsysteme befänden sich die Institute bei der Entwicklung angemessener analytischer Methoden noch in einem frühen Stadium.

Ergänzend merkt der ZKA an, dass eine sinnvolle Diskussion über bankaufsichtliche Anforderungen an das Management operationaler Risiken nur auf Basis einer klaren Terminologie möglich sei. Dazu bedürfe es zunächst einer allgemein akzeptierten begrifflichen Abgrenzung dieser Risikokategorie, die bisher fehle.

2. Explikationen zur begrifflichen und inhaltlichen Fokussierung des Untersuchungsgegenstandes

2.1 Terminologische Aspekte operationaler Risiken

Zur Klärung der im Basler Konsultationspapier unklaren Terminologie der sogenannten »sonstigen Risiken«[5] schlägt der ZKA zunächst vor, die »sonstigen Risiken« als »*operationale Risiken*« zu bezeichnen und darunter das »*Betriebsrisiko*« und das »*Rechtsrisiko*« zu subsummieren[6]. Hiernach wären »operationale Risiken« der potenzielle Eintritt von Verlusten durch unvorhersehbare Ereignisse, Betriebsunterbrechungen, inadäquate Kontrollen oder Versagen von Kontrollen oder Systemen im Zusammenhang mit Mitarbeitern, Dritten, Vertragsverhältnissen, Technologie, Sachvermögen (physisch oder elektronisch) sowie im Zusammenhang mit Projekt- oder anderen Risiken.

Im Konsultationspapier der EU-Kommission[7] heißt es lapidar, dass es gegenwärtig keine einheitliche Definition der sonstigen Risikokategorien gebe. In aufsichtsrechtlichen Veröffentlichungen werde bspw. der Begriff »Betriebsrisiko« häufig mit dem Ausfall von Systemen und Kontrollen sowie mit Naturkatastrophen in Verbindung gebracht. Die Basler Definition des Betriebsrisikos im engeren Sinne beziehe sich auf Mängel in Informationssystemen oder internen Kontrollen, die zu unerwarteten Verlusten führen. Dieses Risiko stehe in Verbindung mit menschlichen Fehlern, dem Versagen von Systemen und unzureichenden Prozeduren und Kontrollen.

Der ZKA empfiehlt, auf die Vorgaben eines engen Normenkorsetts zu verzichten. Er betont, dass die große Mehrheit der Kreditinstitute seit langem über organisatorische Regelungen zur Überwachung und Begrenzung operationaler Risiken verfüge. Das *Risikomanagement* erfolge bislang im Wesentlichen durch Etablierung einer Risikokultur auf Ebene der einzelnen Geschäftseinheiten (z.B. durch funktionale Trennungen). Die traditionellen Aktivitäten zur Überwachung operationaler Risiken seien vielfältig und erstreckten sich u.a. auf die Prüfung der Integrität potenzieller Mitarbeiter. Verwiesen wird auf bereits bestehende aufsichtsrechtliche Verpflichtungen bspw. für Handelsgeschäftsaktivitäten durch das Regelwerk des BAKred (»Verlautbarung über Mindestanforderungen an das Betreiben von Handelsgeschäften der Kreditinstitute«), womit eine Reihe systematischer und organisatorischer Maßnahmen zur Begrenzung der mit den Handelsgeschäften verbundenen Betriebsrisiken erfasst sei. Beispielhaft seien die Anforderungen an Qualifikation und Verhalten der Mitarbeiter genannt.

Es bleibt im Moment festzustellen, dass die Versuche der Konsultationspartner (Basler Ausschuss/EU-Kommission/ZKA) zur definitorischen und inhaltlichen Klärung operationaler Risiken einen noch frühen Entwicklungsstand der Thematik kennzeichnen. Es mangelt bislang an einer integrativ gestalteten Theorie des Bankrisikomanagements.

Insofern ist Lauth zuzustimmen, wenn er die Gefahr sieht, dass falsche Ansätze u.a. aufgrund der derzeit noch unzureichenden Bewertbarkeit operationaler Risiken gebildet werden könnten. Die schwierige Objektivierbarkeit dieser Risiken könne zu Fehlsteuerungen führen. So sei z.B. das Risiko, das aus einer hohen Personalfluktuation resultiert (Know-how-Verlust) schwer messbar, weil die Personalstrukturen von Institut zu Institut unterschiedlich sind und hohe Fluktuationen nicht auotmatisch hohen Risiken gleichzusetzen sind.[8]

Die bisher wenig klare Orientierung in der Frage der einheitlichen Definition und Bewertbarkeit operationaler Risiken kommt auch im ersten methodischen Ansatz zur Identifikation und Messung von Betriebsrisiken bei Buhr zum Ausdruck. Im Umfeld der *Personalrisiken* (bspw. Unterschlagung, Betrug, etc.) werde das subjektive Element (Expertenschätzungen) wohl noch so lange herangezogen werden müssen, bis auch hier objektive Anhaltsgrößen verfügbar sind. Der Bogen zum Ausfallrisiko könne auch dort gespannt werden, wo es in bestimmten Fällen nur mit Expertenschätzungen möglich ist, den Ausfallbetrag zu ermitteln (z.B. der Wert von Vermögensgegenständen, für die es keine Marktpreise und eindeutige Bewertungsmechanismen gibt).[9]

Die skizzierten Schlaglichter auf den Diskussionsstand lassen die Dringlichkeit erkennen, mit der das interdependente Themenspektrum allein bei der Risikokategorie »Personalrisiken« weiter zu bearbeiten ist. Das *Humanvermögen* von Banken und Sparkassen als wettbewerbsbestimmender Wert- und Risikofaktor des Bankgeschäftssystems steht in einem bedeutenden Wandlungsprozess, der maßgeblich auch die Risikoposition der Kreditinstitute verändert. Deshalb wird im Folgenden zur weiteren begrifflichen und inhaltlichen Focussierung dieses Untersuchungsgegenstandes der Paradigmenwechsel in den relevanten Wertschöpfungskategorien des intellektuellen, technologischen und finanziellen (Risiko-)Kapitals von Banken und Sparkassen charakterisiert.

Der Untersuchungshorizont erstreckt sich dagegen nicht auf die derzeit umstrittene, durch die Konsultationspapiere ausgelöste Diskussion, ob und wenn ja, nach welchen Mess- und Bewertungskriterien sowie in welchem Umfang Personalrisiken mit Eigenkapital zu unterlegen wären.

2.2 Bewusstseinswandel bei Werte- und Risikokategorien kreditwirtschaftlicher Wissensorganisationen

Der Übergang vom 20. ins 21. Jahrhundert ist in ökonomischer Hinsicht durch einen fundamentalen Wechsel vom Industriezeitalter zum Wissenszeitalter gekennzeichnet.[10] Unser mechanistisch geprägtes Weltbild des vergangenen Jahrhunderts wurde durch das industrielle Produkt des Automobils symbolisiert (»the machine, that changed the world«). Das weniger sichtbare Symbol der sogenannten »New Economy« ist der elektronische Chip (»the smart machine«) als Basis für Informationsspeicherung, -verbreitung und Wissensgenerierung.

Chips basieren auf »Grips«, d.h. die eigentliche Wertschöpfung von Chips an sich -verstanden als materielle Bausteine der Computertechnologie und als Träger von Brainpower – liegt weniger in ihrer materiellen Wertkomponente (»machine«) als vielmehr in ihrer immateriellen Wertkomponente (»smart«). Die elektronische Technologie hat den Weg für die Entfaltung einer neuen Ökonomie des Wissens geschaffen, die unser makro- und mikroökonomisches Denken und Handeln derzeit revolutioniert.

Der methodische Ansatz dieses Artikels des Herausgeberbandes verfolgt das Ziel, erste Überlegungen zu Begriffen, Wesensarten und Instrumenten eines *Managements von Personalrisiken* im Rahmen der *Gesamtbanksteuerung* anzustellen. Es erscheint deshalb sinnvoll zu sein, in einem ersten Schritt den begrifflichen Paradigmenwechsel zur Wissensökonomie im Kontext der Gesamtbanksteuerung anhand einiger Grundbegriffe neuerer Art zu erläutern.

Das makro- und mikroökonomische Denken in traditionellen Produktionsfaktoren des Agrarzeitalters (Boden, Arbeit, Kapital) und in elementaren bzw. dispositiven Produktionsfaktoren des Industriezeitalters (Roh-, Hilfs- und Betriebsstoffe, Betriebsmittel, ausführende Arbeit, Planung/Organisation des Managements) wird durch die neuen *Produktionsfaktoren der digitalen Wissensökonomie* (technologisches, intellektuelles, finanzielles Kapital) grundlegend revolutioniert. Ein sichtbares Indiz dafür sind die nachhaltig sinkenden Marktwerte (Börsenkapitalisierung) der Unternehmen der alten Ökonomie (z.B. Automobilindustrie, Maschinenbau etc.) und die atemberaubend wachsenden Marktbewertungen von Unternehmen der neuen Ökonomie (z.B. Microsoft, Yahoo, Amazon etc.). Auf Basis des technologischen Kapitals (»Chips«) entfaltet das *intellektuelle Kapital* (»Grips«) kreative und innovative Ideen mit zuvor unbekannt hoher Wachstumsdynamik auf globalen, von Handelsbarrieren weitestgehend freien Märkten.

Die geschäftliche Basis des Bankensektors besteht bekanntlich im Wesentlichen in der rationalen Kategorie »Information« und der emotionalen Kategorie »Vertrauen«. Die Geschäftssysteme im Bereich »Vertrauen« lassen sich durch »Banking is people« charakterisieren. Das *Humankapital* nimmt somit eine herausragende Stellung im Produktionsfaktorensystem für Bankdienstleistungen ein. Die Produktion der Systemkomponente »Wissen« auf Basis ihrer Ressource »Information« ist komplex und erfordert eine Kombination des gesamten Produktionsfaktorensystems von intellektuellem, finanziellem und technologischem Kapital. Diese drei Kapital-Kategorien sind die modernen, elementaren Produktionsfaktoren von Banken und Sparkassen, die den Funktionszusammenhang des gesamten Bankgeschäftssystems darstellen.

Zunächst werden die elementaren Produktionsfaktoren für Bankgeschäftssysteme kurz skizziert, bevor in den daran anschließenden Abschnitten dieses Beitrages in Anlehnung an die Denktradition Gutenbergs der vierte, dispositive Produktionsfaktor des »Managements« betrachtet wird. In Anlehnung an Stewart und unter Berücksichtigung der Themenstellung signalisiert diese Betrachtungsweise eine Beschränkung auf die Perspektive der *Steuerung des intellektuellen Kapitals* bzw. der immateriellen Vermögenswerte.

Im Kontext der Themenstellung des Herausgeberbandes wäre eine *Gesamtbanksteuerung* ganzheitlich unter Betrachtung aller drei Kapital-Komponenten bzw. Produktionsfaktoren einer Wissensökonomie notwendig. Die auferlegte Beschränkung im Untersuchungsgegenstand dieses Artikels auf operationale Risiken der Kategorie »Personalrisiken« aus Sicht des Personalmanagements verlangt die Reduktion auf die Betrachtungsebene der relevanten Steuerungskomponente »Intellectual Capital Management« (i.e.S. »Human Capital Management«).

Im Übrigen sei angemerkt, dass bisher beim noch jungen Entwicklungsstand der sogenannten *Gesamtbanksteuerung* im eigentlichen Sinne lediglich eine professionelle Steuerung des investierten Risikokapitals in bestimmten Assets (Handelsbuchwerte) erfolgt. Despektierlich könnte man in begrifflicher Hinsicht von »Hochstapelei« sprechen, weil bisher weder die »Gesamtbank« noch das »Gesamtrisiko« mangels eines ganzheitlichen, integrativen Ansatzes einer »Theorie des Value & Risk Managements« gesteuert werden können. Der vorliegende Artikel will zumindest den Versuch unternehmen, einen partiellen Beitrag zur »Gap-Analyse« auf dem wenig erforschten Gebiet der *Steuerung operationaler Risiken* (hier: Personalrisiken) bzw. für das Grundverständnis eines »Value & Risk Managements« des intellektuellen Kapitals zu leisten.

Der traditionelle Produktionsfaktor von Banken und Sparkassen ist das »finanzielle (Eigen-)Kapital«. Begrifflich unterscheidet danach die sogenannte Gesamtbanksteuerung drei Betrachtungsebenen: bilanzielles, ökonomisches und regulatorisches (Eigen-)Kapital. Das *bilanzielle Eigenkapital* ist eine Kategorie der Rechnungslegungsvorschriften. Es soll hier nicht weiter betrachtet werden, weil bilanzielles Kapital für bankbetriebliche Steuerungszwecke ungeeignet ist. Hierfür bietet sich unter dem Blickwinkel des Shareholder Value-Ansatzes[11] das *ökonomische Eigenkapital* an, das auf eine integrierte Risk-/Return-Steuerung (RAROC = Risk Adjusted Return On Capital) mit dem Ziel der Erwirtschaftung einer angemessenen Eigenkapitalrendite ausgerichtet ist. Das dabei zur Deckung von unerwarteten Risikoereignissen und damit unerwarteten Verlustpotenzialen benötigte Eigenkapital wird als *»ökonomisches Kapital«* einer Bank oder Sparkasse bezeichnet. Diese Eigenkapital-Kategorie soll idealerweise nicht nur rechnerisch dokumentiert sein, sondern als verfügbares Risikodeckungspotenzial für die einzelnen, risikobewerteten Geschäftsaktivitäten und aggregiert auf Gesamtbankebene existent sein.

Auf dieser methodisch-begrifflichen Basis lässt sich ein integriertes Value & Risk Management[12] realisieren, das in der jüngsten Bankmanagement-Literatur als sogenannte »Gesamtbanksteuerung« bezeichnet wird. Im engeren Sinne, unter Berücksichtigung aller risikotragenden Geschäfte einer Bank oder Sparkasse, sollte eigentlich von »*Gesamtrisikosteuerung*« gesprochen werden. Im weitesten Sinne sollte der Begriff Gesamtbanksteuerung alle Geschäftsaktivitäten von Banken und Sparkassen umfassen, also auch die Steuerung »risikoloser« Geschäfte.

Die wenigen, noch sehr jungen Publikationen zur Gesamtbanksteuerung[13] fassen den Begriff »*Gesamtbanksteuerung*« enger im Sinne eines Managements von Markt-, Kredit- und operationalen Risiken auf. Wesentlich ist dabei die Wertschöpfungsorientierung des ökonomischen Eigenkapitals (Economic value added)[14] unter Berücksichtigung messbarer Komponenten aller risikogewichteten Vermögenswerte (VaR/risk weighted assets).

Krumnow betont, ein Risk-/Return-Konzept sei zwar kein allein ausreichendes, jedoch ein unabdingbares Instrument für eine vergleichende strategische und operative Erfolgsbeurteilung von Geschäftsfeldern. Gegenwärtig ungeeignet sei dagegen eine Eigenkapitalsteuerung auf Basis des »*regulatorischen Kapitals*« nach den derzeit gültigen Eigenkapitalregeln der Bankenaufsicht (Basler Akkord I). Hierbei ergebe sich eher die Gefahr einer Fehlallokation. So erfordere z.B. aufgrund unterschiedlicher Risikostrukturen in einzelnen Geschäftsfeldern ein Kredit von 10.000,00 EURO im breit gefächerten Privatkundengeschäft eine andere Kapitalunterlegung als im Firmenkundengeschäft mit größeren Risikokonzentrationen.

Ergänzend sei angemerkt, dass im Firmenkreditgeschäft selbst bspw. ein Kreditengagement bei Siemens im Vergleich zu Holzmann unterschiedliche Risikopositionen beinhaltet. Eine Neukonzeption des Eigenkapitalstandards zur Unterlegung unterschiedlicher Kreditrisikopotenziale mit entsprechend risikogewichtetem, regulatorischem Eigenkapital (Basler Akkord II) ist deshalb richtig und dringend erforderlich.

Banken und Sparkassen werden neben der Reform der Eigenkapitalstandards besonders durch die informationstechnologische Revolution herausgefordert. Das Internet verändert die Branche drastisch. Die neuen technologischen Möglichkeiten erfordern nicht nur hohe finanzielle Anstrengungen, sondern verlangen vom Bankmanagement eine Neuausrichtung der gesamten Geschäftsorganisation.

Die digitale Ökonomie in Banken und Sparkassen hängt trotz oder gerade wegen der Marktgestaltungsmöglichkeiten aufgrund ihrer technologischen Basis ganz wesentlich vom Potenzial ihres intellektuellen Kapitals ab. Unter »*intellektuellem Kapital*« werden alle immateriellen Unternehmenswerte verstanden, die synonym auch unter dem Begriff *Wissenskapital* gebündelt werden. Das intellektuelle Kapital lässt sich in *Humankapital*, *Strukturkapital* und *Kundenkapital* aufspalten.

Humankapital besteht aus den individuellen Ressourcen persönlicher, fachlicher und sozialer Kompetenzprofile der Mitarbeiter, über die das Unternehmen kein Eigentum erlangt. Der Begriff »Humankapital« wurde von dem amerikanischen Nobelpreisträger für Wirtschaftswissenschaften Theodore Schultz von der University of Chicago geprägt (»Investing in People«, 1982). Jedoch erst zehn Jahre später setzte sich der Begriff in Folge der Verleihung des Nobelpreises für Wirtschaftswissenschaften an Gary S. Becker für seine Theorie über Human Capital durch.

Makroökonomische Betrachtungen wurden zuvor bspw. im Rahmen von Kapitalmarktanalysen von Eugene F. Fama und William Schwert bereits im Jahre 1977 unternommen, als sie die Rendite von Investitionen in Human Capital bzw. eine Korrelation zwischen Investitionen in Human Capital und der Steigerung des Unternehmenswertes (Börsenkapitalisierung bzw. Aktionärsrendite) untersuchten. Auch wenn sie keine signifikante Korrelation ermittelten, wurden in den Folgejahren vor allem mikroökonomische Betrachtungen zum Wertschöpfungsbeitrag des Human Capitals für die Wertsteigerung von Unternehmenskapital forciert.[15]

Bahnbrechende Arbeiten mit engem Praxisbezug lieferten seit Ende der achtziger

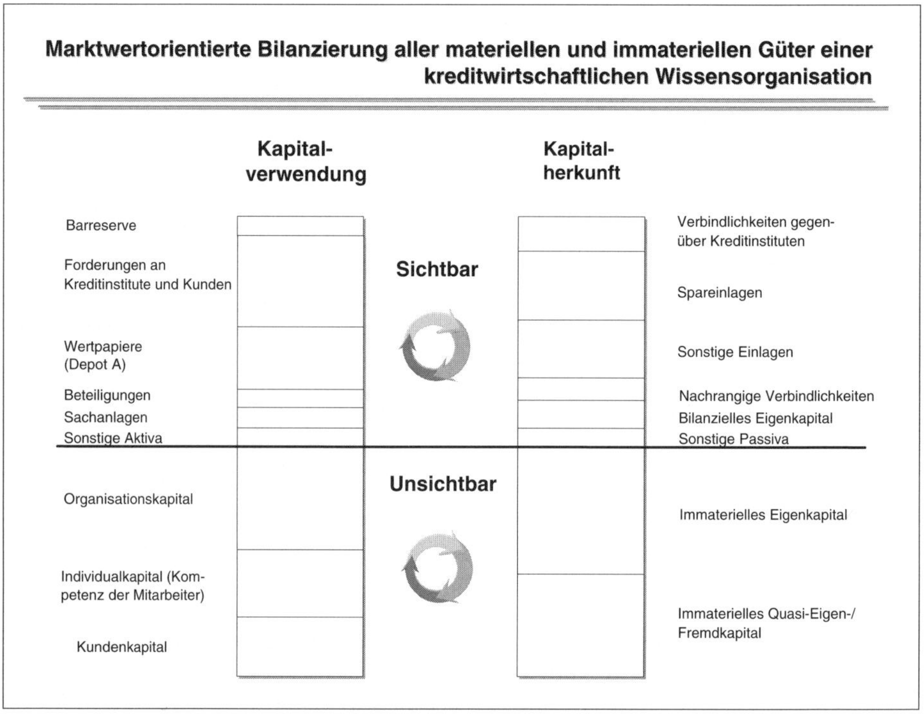

Marktwertorientierte Bilanzierung aller materiellen und immateriellen Güter einer kreditwirtschaftlichen Wissensorganisation

Kapital-verwendung		Kapital-herkunft
Barreserve	**Sichtbar**	Verbindlichkeiten gegenüber Kreditinstituten
Forderungen an Kreditinstitute und Kunden		Spareinlagen
Wertpapiere (Depot A)		Sonstige Einlagen
Beteiligungen		Nachrangige Verbindlichkeiten
Sachanlagen		Bilanzielles Eigenkapital
Sonstige Aktiva		Sonstige Passiva
Organisationskapital	**Unsichtbar**	Immaterielles Eigenkapital
Individualkapital (Kompetenz der Mitarbeiter)		Immaterielles Quasi-Eigen-/Fremdkapital
Kundenkapital		

Abb. 1: Marktwertorientierte Bilanzierung aller materiellen und immateriellen Güter einer kreditwirtschaftlichen Wissensorganisation

Jahre unabhängig voneinander die beiden Schweden Karl Erik Sveiby und Leif Edvinsson sowie der Amerikaner Thomas A. Stewart. Sveiby gilt als Pionier der Begriffe »*Wissenskapital*« und »*Strukturkapital*«.[16] Sveiby und Edvinsson haben sich bei der praktischen Durchsetzung von Messverfahren besonders verdient gemacht. Edvinsson baute das begriffliche Denkmuster von Wissensorganisationen zum »*Intellectual Capital*« aus.[17] Der Publizist Thomas A. Stewart verhalf schließlich dem »*Management des intellektuellen Kapitals*« als »*viertem Produktionsfaktor*« zum Durchbruch eines bisher in der Managementlehre stark vernachlässigten Ansatzes.[18]

Nach diesem für das Verständnis der *Wissensökonomie* fundamentalen Ansatz der Managementlehre leisten immaterielle, nicht sichtbare Vermögenswerte des Unternehmens einen empirisch nachgewiesenen, wesentlichen *Wertschöpfungsbeitrag* zum Wachstum von Unternehmen und zur Erzielung von nachhaltigen Wettbewerbsvorteilen (vgl. Abb. 1). Dieser *Paradigmenwechsel* ist maßgeblich durch die Wettbewerbsbedingungen der »New Economy« begünstigt, die im Frühstadium des Zeitalters der Wissensökonomie das »intellektuelle Kapital« zum wertbestimmenden Produktionsfaktor aufsteigen sieht. Die bislang zu einseitige Wertperspektive des finanziellen Kapitals *(Shareholder Value)* wird durch die neue Wertperspektive des intellektuellen Kapitals *(Knowledgeholder Value)* deutlich relativiert. Die alte Kultur

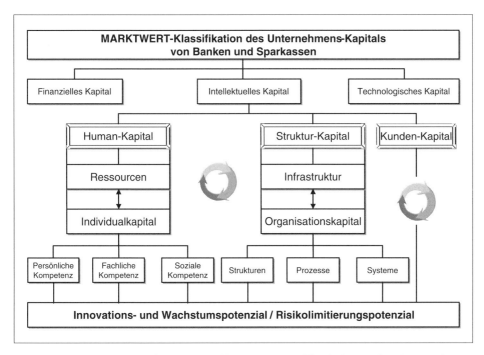

Abb. 2: Marktwert-Klassifikation des Unternehmens-Kapitals von Banken und Sparkassen

des Finanzkapitalismus des Industriezeitalters wird von der neuen Kultur des Wissenskapitalismus (Internetkapitalismus) bedrängt. Der »Wissenskapitalist« wird in der Wertschätzung der Unternehmen gegenüber dem Shareholder deutlich an Gewicht gewinnen.[19]

Intellektuelles Kapital beinhaltet drei Dimensionen (vgl. Abb. 2): *Humankapital, Strukturkapital* und *Kundenkapital*. Die Ressource Mitarbeiter stellt für die Wissensorganisation einen wertvollen Rohstoff dar, der u.a. durch kulturbeeinflussende und kompetenzbildende Maßnahmen zu Individualkapital bzw. in der Summe der Individuen zu Humankapital entwickelt wird. Für das Entwicklungs- und Risikolimitierungspotenzial einer Bank oder Sparkasse ist das Know-how bzw. Wissen der Mitarbeiter (Humankapital) in Struktur- bzw. Organisationskapital zu transformieren, das in das Wissenskapital der Unternehmung gelangt. Das Ergebnis dieses Transformationsprozesses bestimmt nicht nur wesentlich die relative Marktstärke einer Bank im Wettbewerb, sondern sichert ihr vor allem auch im Rahmen von systemgestaltenden und prozessbegleitenden Risikosteuerungs- und Risikocontrolling-Modellen die Limitierung ihrer Risikopotenziale. Zudem schafft dieser Transformationsprozess die Basis für Image, Leistungs- und Zufriedenheitspotenzial beim Kunden (Kundenkapital).[20]

Auch wenn in diesem Beitrag das Kundenkapital nicht weiter diskutiert werden soll, sei das *Kundenrisikopotenzial* in seiner engen Verknüpfung zum *Personalrisiko* an einem aktuellen Beispiel verdeutlicht: Der Konzernbereich Bankers Trust der

Deutschen Bank verlor infolge der Abwanderung eines Fondsmanager-Teams auf einen Schlag seinen größten Pensionsfonds-Kunden und zudem weitere Kunden, die in jüngster Zeit insgesamt rund ein Drittel des gesamten bei Bankers Trust verwalteten Assetvolumens in Höhe von 60 Mrd. US$ an die Konkurrenz übertrugen.

Die komplexen Verbindungselemente für den Geschäftserfolg aus Human-, Struktur- und Kundenkapital zeigen die dringende Notwendigkeit auf, ein *Value & Risk Management des intellektuellen Kapitals* zu entwickeln, um die konstruktiven Wertschöpfungs- und destruktiven Risikokräfte einer bankwirtschaftlichen Wissensorganisation unabhängig von aufsichtsrechtlichen Rahmenbedingungen zukunftsgestaltend steuern zu können.

Bevor auf den Erfolgs- und Risikofaktor Mensch (Humankapital) eingegangen wird, soll im Folgenden eine Perspektive der Komponenten des *Strukturkapitals* anhand der inneren Risikosituation des deutschen Bankensektors im Rahmen der gegebenen, stark kritisierten Wettbewerbsstrukturen beleuchtet werden.

3. Zum Wandel in der Wettbewerbs- und Risikostruktur des deutschen Bankensektors unter besonderer Berücksichtigung des Konsolidierungsdrucks der »New Economy«

Am Anfang des neuen Jahrtausends steht der deutsche Bankensektor vor dem massivsten Konsolidierungsdruck aller Zeiten. Die Zukunftschancen deutscher Banken und Sparkassen hängen primär von ihren inneren Kräften zur strukturellen Wandlungsfähigkeit ab. Dabei beeinflussen historisch gewachsene Traditionen mit systembewahrenden Denk- und Verhaltensmustern die Strukturen des inländischen Bankenmarktes, die von europäischen Wettbewerbshütern und Marktteilnehmern anderer Kulturkreise als nicht marktkonform für ein Europa mit freiem und chancengleichem Bankenwettbewerb angesehen werden.

Deregulierte Märkte mit freiem Wettbewerb sind ein wesentliches Element der sogenannten »*New Economy*«[21]. Darunter wird das neuartige Phänomen der US-amerikanischen Wirtschaft verstanden, die seit Anfang der neunziger Jahre ein anhaltendes Wirtschaftswachstum bei hohem Beschäftigungsstand ohne beunruhigende Inflationsbeschleunigung erlebt. Übliche Erklärungsmuster der traditionellen neoklassischen Nationalökonomie, wonach internationale Einkommensunterschiede im Wesentlichen internationale Unterschiede in der Akkumulation der relevanten Produktionsfaktoren widerspiegeln[22], bestätigen offenbar, dass die anhaltenden Prosperitätsfortschritte der USA im Wesentlichen auf einer frühzeitigen Nutzung der neuen *Wissensökonomie* beruhen.

Die nachhaltigen Produktivitätssteigerungen, die nur noch eingeschränkt im Einklang mit den Erkenntnismustern abnehmender Grenzerträge industrieller Produktionswirtschaft stehen, scheinen maßgeblich auf die Wertschöpfungskräfte der modernen Produktionsfaktoren des intellektuellen, technologischen und finanziellen Kapitals zurückzuführen zu sein. Mit neuen Technologien und innovativen Ideen des Humankapitals in restrukturierten Unternehmen konnten sich zukunftsfähige Märkte entwickeln. Effizienzsteigerungen lassen sich nach den Erfahrungen der USA offensichtlich aber nur dann realisieren, wenn als makroökonomische Rahmenbedingung ein dereguliertes und protektionsfreies Wettbewerbsumfeld (»level playing field«) gegeben ist.

Vor diesem Hintergrund, der entsprechend der differenzierten Wertschöpfungsbeiträge beider Wirtschaftsräume von einem starken Dollar und einem schwachen Euro begleitet ist, sehen sich Europäische Zentralbank und Europäische Kommission bestärkt, die nationalen Regierungen der Europäischen Union auf umfassende Reformen zur Beseitigung struktureller Hemmnisse in Euroland zu verpflichten. Einer New Economy im Euroraum mangele es derzeit u.a. an den notwendigen Deregulierungen des Wettbewerbs[23], um effiziente Marktstrukturen für die Nutzungsmöglichkeiten des finanziellen, technologischen und intellektuellen Kapitals zu schaffen. Die bankenspezifische Ausprägung von Änderungsbedarf bei den regulatorischen Rahmenbedingungen des Wettbewerbsdenkens einer für Europa angestrebten New Economy zeigt sich derzeit u.a. in Forderungen einer Restrukturierung der institutionellen Grundlagen des deutschen Bankensektors.

Ein zentraler Erfolgsfaktor des deutschen Bankensystems ist seine institutionelle Basis mit drei leistungsstarken und zukunftsfähigen Bankengruppen. Die drei nationalen Sektoren – private Geschäftsbanken, Banken des genossenschaftlichen Finanz-Verbundes und öffentlich-rechtliche Banken der Sparkassen-Finanzgruppe – sehen sich dabei unterschiedlichen internen und externen Umbrüchen ausgesetzt.[24]

Die großen deutschen Geschäftsbanken befinden sich in einem strategischen Dilemma hausgemachter Natur. Einerseits fehlen ihnen im lukrativen inländischen *Retail-Banking* aufgrund der verfestigten Fragmentierung des deutschen Bankenmarktes und eines um Jahrzehnte verspäteten Eintritts in das Privatkundengeschäft Marktanteile, um ihre unbefriedigenden Eigenkapitalrenditen und Cost-Income-Ratios verbessern zu können.[25] Andererseits haben die großen Geschäftsbanken mit einer vollzogenen Fusion (Hypo- und Vereinsbank) bzw. geplatzten Fusion (Deutsche und Dresdner Bank) im Gegensatz zu den europäischen Großbanken in Spanien, Italien, Großbritannien oder Benelux bisher wenig überzeugende bzw. noch zu erbringende Erfolge in der Bündelung ihrer Kräfte im Retail-Banking vorzuweisen.[26] Wenig schmeichelhaft spricht der ehemalige Frankfurter Finanzkorrespondent der Financial Times, David Marsh, über die deutschen Geschäftsbanken: sie seien nicht so sehr die Moloche der europäischen Wirtschaft, sondern eher ihre führenden Eunuchen.[27]

Gleichermaßen werden alle drei Sektoren der deutschen Kreditwirtschaft insbesondere von neuen Bankenwettbewerben aus Euroland und den USA, Nichtbanken-Wettbewerbern mit komparativ vorteilhaften Finanzdienstleistungsangeboten, informations- und kommunikationstechnologischen Entwicklungen sowie neuen qualitativen Aufsichtsregeln bspw. für die Eigenkapitalstandards herausgefordert.

Die bewährte dreigliedrige Struktursystematik des deutschen Bankensektors wird insbesondere wegen der expliziten Staatsgarantien in Form von Anstaltslast und Gewährträgerhaftung für kommunal gebundene Sparkassen und Landesbanken nicht nur von ausländischen Banken in Euroland und den USA, sondern auch von den inländischen privaten Geschäftsbanken in Frage gestellt.[28]

EU-Wettbewerbskommissar Mario Monti sieht in den Staatsgarantien deshalb Privilegien der öffentlich-rechtlichen Banken in Deutschland, weil die Institute keine Prämien für unbegrenzte Haftung zahlen. Es sei unbestreitbar, dass dies die Kreditwürdigkeit der öffentlich-rechtlichen Banken verbessere und ihnen einen Vorteil bei ihrer Refinanzierung verschaffe. Diese niedrigen Refinanzierungskosten verzerrten den Wettbewerb. Zu ihrer Beseitigung seien prinzipiell mehrere Wege denkbar, etwa eine Limitierung der Haftung oder die Bezahlung eines Entgeltes.[29]

In der bei der Europäischen Kommission eingereichten Klageschrift der Europäischen Banken-Vereinigung (EBV) vom Dezember 1999/Januar 2000 kritisieren die privaten europäischen Geschäftsbanken, Staatsgarantien in Form von Anstaltslast und Gewährträgerhaftung begünstigten einerseits die deutschen öffentlich-rechtlichen Banken – insbesondere Landesbanken – auf den nationalen und internationalen Finanzmärkten infolge günstigerer Refinanzierungsmöglichkeiten und versperrten andererseits auch ausländischen Banken wegen de jure ausgeschlossener Beteiligungs- oder Kooperationsmöglichkeiten den Zutritt auf den deutschen Markt. Über das gegenwärtige deutsche Bankensystem würden nicht mehr zeitgemäße Strukturen zementiert.[30] Damit wurde zum Jahrtausendwechsel die fundamentale Rechtsstruktur der weltgrößten Bankengruppe auf den Prüfstand der europäischen Wettbewerbsaufsicht gestellt, dessen derzeit ungewisses Ergebnis wesentlich die Rahmenbedingungen des Wettbewerbs für einen der zukünftig attraktivsten Bankenmärkte der Welt beeinflussen könnte.

Jüngst hat die Deutsche Bundesbank zu dieser an Schärfe zunehmenden Auseinandersetzung angemerkt[31], dass offenbar auch in Deutschland einige große private Geschäftsbanken für sich von einer impliziten Staatsgarantie der öffentlichen Hand ausgingen (»too big to fail«). In beiden Fällen müsse letztlich der Steuerzahler (»lender of last resort«) für unternehmerischen Misserfolg gerade stehen.

Deshalb strebt die Deutsche Bundesbank eine Erhöhung der Liquiditätspolster der Kreditwirtschaft bei der Liquiditäts-Konsortialbank GmbH an. Die Nachschusspflichten der Kreditinstitute sollen von 1,9 Mrd. auf 10 Mrd. Euro erhöht werden, um solventen Kreditinstituten im Falle von kurzfristigen Liquiditätsengpässen auf Basis einer verstärkten Finanzmittelausstattung Liquiditätshilfen gewähren zu können. Ziel ist dabei, ein europäisches Sicherheitsnetz zu flechten, um *systemische Risiken*[32] der Kreditwirtschaft, die aus einer Geschäftsverbindung von Banken zu einem kriseninfizierten Geschäftspartner bzw. in einer Krisenregion entstehen, begrenzen zu können. Liquiditätsprobleme einer großen Bank können Kettenreaktionen auslösen, die schnell die Stabilität des regionalen oder globalen Finanzsystems gefährden.

In diesem Zusammenhang ist bemerkenswert, dass insbesondere der Bundesverband deutscher Banken einer Aufstockung der Liquiditätsrisikovolumina widerspricht. Eine der Großbanken beruft sich auf den Standpunkt, dass keine implizite staatliche Garantie ihres Geschäftes bestehe. Pleiten wie die des LTCM-Hedge-Funds[33], an dem u.a. die Deutsche Bank beteiligt war, hätten gezeigt, dass der betroffene Bankensektor selbst für die Rettung sorge. Die deutschen Großbanken wiegen sich offenbar in der möglicherweise trügerischen Hoffnung, über bessere Berichts-, Risikomanagement- und Risikocontrollingsysteme als die Konkurrenz zu verfügen und wollen nicht für potenzielle Managementfehler der Konkurrenz mithaften.

Bestimmte *operationale Risiken* einer Bank (z.B. Geschäftsprozeßrisiken) können zu nicht unbedeutenden kurzfristigen Liquiditätsengpässen führen. Ein Beispiel: Im Datenverarbeitungssystem einer deutschen Großbank trat am 1. Dezember 1999 ein Computerfehler auf. Das Computersystem war derart gestört, dass angeblich Verpflichtungen aus Wertpapier-, Devisen- und Geldmarktgeschäften im Umfang von 35 Milliarden Euro zeitweise nicht erfüllt werden konnten.[34]

Andere operationale Risiken mit systemischem Risikofolgepotenzial können bspw. Betrugsrisiken darstellen. In einem aktuellen Fall einer großen kommunal gebundenen Sparkasse wird den derzeit vor Gericht stehenden Vorstandsmitgliedern vorgeworfen, einen dreistelligen Millionenbetrag veruntreut zu haben. Unseriöse Kreditpraktiken führten zu einer multiplikativen Verbindung von Kredit- und operationalen Risiken infolge von Managementversagen der Geschäftsleiter *(Personalrisiken)*, die im Ergebnis der Kommune ein *systemisches Risiko* in Form einer beanspruchten Gewährträgerhaftung bescherten. Die Sparkasse stand am Rande des Zusammenbruchs und konnte im Rahmen einer konzertierten Aktion von regionalen und überregionalen Sicherungsfonds sowie finanzieller Inanspruchnahme des kommunalen Gewährträgers in einem Gesamtvolumen von 400 Mio DM aufgefangen werden.[35]

Kürzlich äußerte sich in seltener Offenheit und Deutlichkeit der zuständige Abteilungspräsident des Bundesaufsichtsamtes für das Kreditwesen (BAKred)[36] zur Risikostruktur der kreditgenossenschaftlichen Bankengruppe. Die stark fragmentierte Dezentralität der Gruppe lasse befürchten, dass sich die wachsende Transparenz des Marktes und die steigende Flexibilität der Kunden sowie der an Bedeutung zunehmende elektronische Wettbewerb besonders für die Kreditgenossenschaften nachteilig auswirken werde. Die noch bevorstehende Technologiespirale werde zu völlig neuen, von den dezentralen Strukturen unabhängigen Geschäftsmodellen und Vertriebswegen führen, so dass der herkömmliche Kundenkontakt wohl mehr den Problemfällen vorbehalten bleiben werde.

Die systemtypische Struktur der genossenschaftlichen Organisation verhindere bei den Regionalverbänden, über den regionalen Zuständigkeitsbereich hinauszuschauen. Dadurch sei in den letzten zehn Jahren ein strategisches Handeln der Organisation als Reaktion auf die sich abzeichnenden Entwicklungen im Kreditgewerbe verhindert worden, sodass es zu erheblichen Wettbewerbsnachteilen gekommen sei. Das Festhalten an der Dezentralität im Genossenschaftssektor als unverzichtbares Element ihrer Strategie sei – im Gegensatz zum Sparkassensektor – nicht überzeugend.

Das alljährliche Entstehen astronomischer Sanierungsbeträge im Genossenschaftsbereich rechtfertige nach Auffassung des Abteilungspräsidenten des BAKred nicht die Schlussfolgerung, dass sich die Nähe der Vorstände zu den Kreditnehmern vor Ort grundsätzlich positiv auf die Geschäftsführung auswirkt. Vielmehr lasse der über Jahre hinweg bei den Kreditgenossenschaften anfallende und im Vergleich zu anderen Bankengruppen extrem hohe Wertberichtigungsbedarf vermuten, dass die Ortsverbundenheit der Bankvorstände nicht selten eher schädlich als vorteilhaft für die Risikolage der Bank ist. Erfahrungsgemäß kämen insbesondere die Aufsichtsräte der Kreditgenossenschaften wegen der Ortsverbundenheit ihrer Funktion als Aufsichtsorgan weithin nicht nach.

In einer öffentlichen Entgegnung zeigte sich der neue Präsident des Bundesverbandes der Deutschen Volksbanken und Raiffeisenbanken (BVR) verärgert über die Kritik aus dem Aufsichtsamt, die auf einseitigen Analysen basiere und geschäftsschädigende Vorwürfe beinhalte. Die geplante Reform der strapazierten genossenschaftseigenen Sicherungseinrichtung solle zum 1. Januar 2001 in Kraft treten. Sie werde Anreize für eine bessere Krisenprävention sowie mehr Gerechtigkeit bei der Prämienbemessung (»höheres Risiko, höhere Prämie«) enthalten, wie sie von vielen gesunden Instituten verlangt worden war.

Nach diesen kontrovers aufgenommenen Einschätzungen des Abteilungspräsidenten lässt sich hinterfragen, ob und inwieweit bei den Kreditgenossenschaften ein *systemisches Gruppenrisiko* bestehen könnte. Wesentlich wird es offensichtlich vom *Personalrisiko auf Managementebene* negativ beeinflusst. Indiz hierfür ist die Vielzahl von gravierenden Beanstandungen der *Managementkompetenz von Geschäftsleitern*. Mehr als 80 Prozent aller durch das BAKred im Jahre 1998 beanstandeten Kreditinstitute stammen aus der kreditgenossenschaftlichen Gruppe.

Das BAKred weist in seinem Jahresbericht 1998[37] den betroffenen Geschäftsleitern bzw. Kreditinstituten gravierende Verstöße gegen Vorschriften des Kreditwesengesetzes, ernste Mängel in der Handhabung des Kreditgeschäftes, Unzulänglichkeiten der Organisation oder der Kontrollsysteme nach.

Das BAKred kommt zu dem Fazit, sich künftig noch mehr als bisher bei den einzelnen Instituten überzeugen zu müssen, ob deren Management, Organisation sowie interne Systeme zur Risikoerfassung, -steuerung und -kontrolle im Hinblick auf Umfang und Komplexität der Geschäfte, die damit verbundenen Risiken und die jeweilige Unternehmensstruktur angemessen sind. Hierdurch kommt sehr deutlich Handlungsbedarf zum Ausdruck, der ein »Intellectual Capital Management« zur Steuerung aller durch Personal und Geschäftsleiter beeinflussten Risikokategorien herausfordert.

4. Methodische Ansätze zur instrumentellen Steuerung von Personalrisiken im Sinne einer Due Diligence des intellektuellen Kapitals

Die Begriffe »*Personalrisiko*« und »*Personalrisikomanagement*« sind weder in der Gesamtbanksteuerung noch im Personalmanagement verbreitet. Obwohl in den letzten Jahren eine Vielzahl von Finanzdesastern (u.a. Barings/Nick Leeson; Immobilienbranche/ Jürgen Schneider) der Kreditwirtschaft schmerzvolle Erfahrungen aus Personalrisiken zufügte, scheinen erst die jüngsten aufsichtsrechtlichen Diskussionen über eine beabsichtigte Verpflichtung zur Unterlegung von operationalen Risiken mit Eigenkapital die Kreditwirtschaft aufgeschreckt zu haben. Die rigorose Ablehnung eines derartigen aufsichtsrechtlichen Ansinnens ist bisher weniger ein Ausdruck von überzeugenden Gegenargumenten, als vielmehr ein Ausdruck von entwicklungsbedürftigem Know-how bei der Identifikation, Messung, Analyse, Steuerung und Überwachung von Personalrisiken. Die Verantwortung für das wenig ausgeprägte Bewusstsein liegt nicht zuletzt beim *Bankpersonalmanagement*, dem es zumindest branchenweit bisher nicht gelungen ist, eine strategische Rolle im Bankmanagement zu spielen[38].

Das Erkenntnispotential eines »state of the art« im *Personalmanagement*[39] bietet hinreichende Bedingungen, um ein bankspezifisches Personalrisikomanagement entwickeln zu können[40]. Kobi kritisiert zurecht, dass in Banken das Risikodenken zwar breit verankert sei, jedoch bislang nicht versucht wurde, dieses Wissen auf die

Personalrisiken zu übertragen. In Zukunft dürfte auch das Personalrisikomanagement wie z.b. das Marktrisikomanagement zunehmend professioneller betrieben werden.

Dazu bedarf es zunächst einer Klassifizierung aller wesentlichen *Personalrisiken* bei Banken und Sparkassen. Darüber hinaus ist ein ganzheitlicher, integrativer Ansatz eines Personalrisikomanagements vonnöten. Die Basis dazu bilden eine Vielzahl bewährter *Instrumente des Personalmanagements* (z.B. Personalauswahlverfahren, Potentialanalyseverfahren, Führungsstilanalysen, Kompetenz-Entwicklungsprogramme etc.). Entscheidend wird es jedoch darauf ankommen, dass Bankpersonalforschung und -praxis gemeinsam einen wertschöpfungs- und risikoorientierten Managementansatz zur *Steuerung des intellektuellen Kapitals* von Banken und Sparkassen entwickeln.

Im Folgenden werden aus dieser Perspektive überblicksartig zwei besonders geeignet erscheinende Ansätze zur instrumentellen Steuerung von Personalrisiken im Sinne einer *Due Diligence des intellektuellen Kapitals* skizziert. Der Due Diligence-Ansatz signalisiert eine Eignung managementorientierter wie aufsichtsrechtlicher Sichtweisen interner und externer Experten (z.B. Basler Operational Risk Management Sub-group) mit dem Ziel, strukturierte Basisinformationen zum Zwecke der Ableitung von qualitativen Mindeststandards für anzuerkennende *interne Modelle* zur Steuerung von Personalrisiken gewinnen zu können. Methodisch, begrifflich und inhaltlich stehen wir am Anfang eines Prozesses der systematischen »Durchleuchtung« (Due Diligence) des intellektuellen Kapitals von Banken und Sparkassen.

Die folgenden Ausführungen sollen somit Basisinformationen für zwei Aspekte des komplexen Untersuchungsgegenstandes eines Personalrisikomanagements aufzeigen: eine grobe Systematisierung der *Kategorien von Personalrisiken* sowie eine Skizze über zwei ganzheitlich ausgerichtete Ansätze zur Messung und Steuerung des intellektuellen Kapitals (Human Capital Appraisal^{TM} und Balanced Scorecard).

4.1 Arten von Personalrisiken und Ansatzpunkte ihrer Steuerung

Personalrisiken lassen sich in drei Risikokategorien einteilen[41]: (1) *Lücken-,* (2) *Beziehungs-* und (3) *Kompetenzrisiken* (vgl. Abb. 3)

(1) Lücken können durch fehlende Leistungsträger oder durch fehlende Potenziale existieren. Bedarf an Leistungsträgern für bestimmte Geschäftsbereiche (z.B. Wertpapierhändler) lässt sich über Rekrutierungsmaßnahmen am Arbeitsmarkt decken. Die Bedarfslücke wird zum Arbeitsmarktrisiko, wenn der Arbeitsmarkt wie im aktuellen Falle für IT-Experten leergefegt ist. Potentiallücken können bei beschäftigten Mitarbeitern in sich schnell wandelnden Geschäftsfeldern (z.B. infolge technologischer Fortschritte) auftreten. Potentialrisiken entstehen dann, wenn entweder mangels geeigneter Potentialanalyseverfahren (eignungsdiagnostische Messinstrumente) zur Identifikation verborgener Potentiale die versteckten Reserven nicht offen gelegt werden können oder die Ergebnisse von durchgeführten Potentialanalysen eine Fehlanzeige für die benötigten Profile ausweisen. Identifizierte Potentialreserven lassen sich durch Entwicklungsprogramme fördern, bei denen weniger formale Qualifizierungseffekte als vielmehr aufgabenorientierte Kompetenzeffekte im Vordergrund zu stehen haben[42].

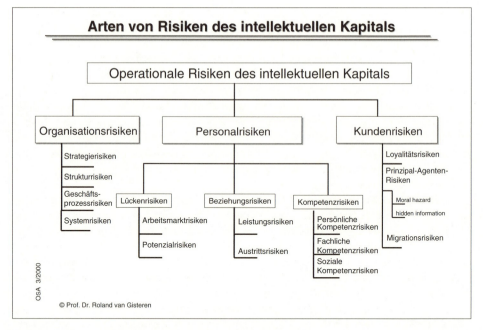

Abb. 3: Arten von Risiken des intellektuellen Kapitals

(2) Eine gravierende, nicht leicht zu identifizierende Kategorie von Personalrisiken bilden *Beziehungsrisiken*. Unterentwickelte Unternehmenskulturen, Führungsdefizite, starkes Hierarchiedenken, verkrustete Strukturen, schlechtes Betriebsklima (Mobbing) und andere Schwachstellen im Leadership sind der Nährboden für Beziehungskrisen. Unbewältigte Führungskrisen bzw. zwischenmenschliche Konflikte führen bei Führungskräften und Mitarbeitern zu zurückgehaltener Leistung infolge gestörter Motivation. Folgen sind nicht selten innere Kündigungen oder Austritt aus dem Unternehmen.

Nur wenige Banken und Sparkassen sind sich darüber bewusst, in welchem Ausmaß Grundüberzeugungen, Wertevorstellungen und Einstellungen der Mitarbeiter in Einklang mit den Unternehmenswerten stehen, damit überhaupt Verbundenheit der Mitarbeiter zum Unternehmen wachsen kann (Frage des Commitments). Im Jahre 1999 hat die Deutsche Bank als eines der ersten Kreditinstitute einen »*Employee Commitment Index*« auf Basis einer umfangreichen, anonymen Befragung ermittelt[43]. Das *Commitment* zwischen allen Beteiligten ist ein wesentlicher Bedingungsfaktor für die Leistungsstarke einer Organisation (Organizational Performance). Die Verbesserung der Leistungsbereitschaft und -fähigkeit (Performance Improvement) stellt besondere Herausforderungen an das Leadership (»Leading to Performance«) von Banken und Sparkassen und nutzt gleichzeitig der Bewältigung von Beziehungsrisiken.

Die Harvard-Professorin Rosabeth Moss Kanter nannte in einem Vortrag auf der Jahreskonferenz der American Society for Training and Development (ASTD '99) neben Commitment vier weitere Voraussetzungen für Erfolgsstrategien von Führungspersönlichkeiten mit Spielmacherqualitäten: Phantasie und Vorstellungskraft (Imagination), Ausdrucksstärke (Voice), hierarchiefreies, partnerschaftliches Miteinander (Partnering) und Balance im »Geben und Nehmen« (Giving and Giving back).

Bei einer derart gelebten Führungskultur dürften sich Beziehungsrisiken minimieren lassen, sofern keine sonstigen Barrieren einer ausgeprägten Leistungskultur im Wege stehen. Hohe Barrieren sieht jedoch Heuskel im hektischen Übernahmespiel von Banken entstehen (z.B. Deutsche Bank/Dresdner Bank). Er kritisiert, dass damit Unternehmensidentitäten verloren gingen. Von den Mitarbeitern werde verlangt, dass sie sich Veränderungsprozessen anpassen, die immer schneller folgen. *Commitment* bliebe auf der Strecke. Es sei keine Zeit für die interne Entwicklung von Personal und dessen Innovationsfähigkeit. Das Augenmerk werde zu stark darauf gerichtet, externen Erfordernissen Rechnung zu tragen.[44]

Im Management der Beziehungsrisiken liegt der Schlüssel für ein letztlich erfolgreiches Intellectual Capital Management.

(3) Für die Bewältigung gegenwärtiger und zukünftiger Aufgaben in anspruchsvollen Geschäftsfeldern benötigen Banken und Sparkassen kompetente Mitarbeiter. Vor dem Hintergrund stetiger, nicht planbarer Wandlungsprozesse in Verbindung mit Restrukturierungen, Fusionen und strategischen Neupositionierungen wachsen die *Kompetenzrisiken* von Führungskräften und Mitarbeitern. Wissen veraltet immer schneller und neues Wissen nimmt mengenmäßig überproportional in ungeheurer Geschwindigkeit zu.

Dadurch sieht sich das *Bildungsmanagement* stark gefordert. Für die Bewältigung von Kompetenzrisiken im persönlichen, fachlichen und sozialen Kontext taugen die alten Rezepte des Reparaturbetriebes »Aus- und Weiterbildung« in Form von konsumorientierten Seminaren und lehrbuchzentrierten Lehrgängen nichts mehr. Traditionelle Bildungseinrichtungen wandeln sich zum servicebewussten Wertschöpfungs-Center *(Mitarbeiter-Kompetenz-Center)*. Sie verabschieden sich vom angebotsorientierten, isolierten Seminarereignis und gestalten als Business-Partner nachfrageorientierte Bildungsprozesse[45]. Aufgabenbezogene, modulare Weiterbildung generiert weniger unspezifisches Vorratswissen als vielmehr just in time problemlösungsorientiertes Know-how.

Ganzheitliche Ansätze in der Kompetenz-Entwicklung stehen insbesondere bei *Nachwuchs-Förderprogrammen* für spezifische Tätigkeitsfelder im Vordergrund. Die folgende Abbildung 4 zeigt beispielhaft das inhaltliche Förderprogramm zur Stärkung der Mitarbeiter-Kompetenz für ein Management der Zinsänderungsrisiken im Handelsbuch (Depot-A-Management).

Alle dargestellten Programme werden von der Ostdeutschen Sparkassenakademie angeboten und sind in enger Zusammenarbeit mit Eller & Partner gemeinsam entwickelt worden.

Abbildung 5 skizziert den integrierten Top-Down-Ansatz der Personal- und Organisationsentwicklung am Beispiel der funktionsspezifischen Steuerung von Marktrisiken in Banken und Sparkassen. Alle relevanten Funktionsbereiche der Verantwortungs-, Handlungs- und Back-Office-Ebene sind in diesen Bildungsprozess einbezogen.

In den Abbildungen 6 und 7 sind in Zeitstufen á sechs Lerntagen die inhaltlichen bzw. zielgruppenspezifischen Programmbausteine in der Kompetenzentwicklung von Nachwuchskräften für das Aufgabenfeld »Eigenhandel & Steuerung (Depot A)«

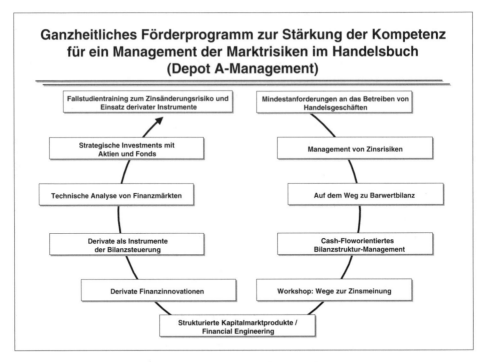

Abb. 4: Ganzheitliches Förderprogramm zur Stärkung der Kompetenz für ein Management der Marktrisiken im Handelsbuch (Depot A-Management)

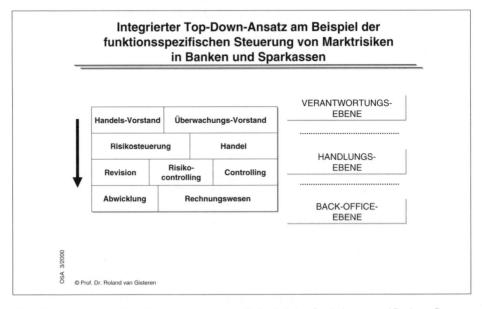

Abb. 5: Integrierter Top-Down-Ansatz am Beispiel der funktionsspezifischen Steuerung von Marktrisiken in Banken und Sparkassen

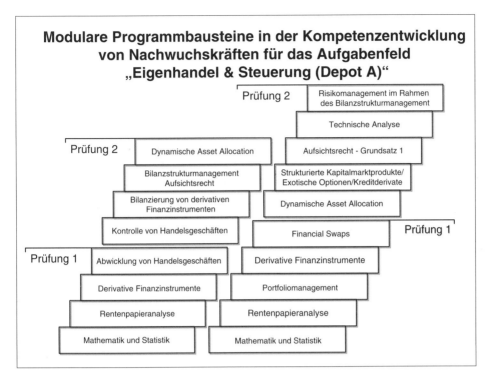

Abb. 6: Modulare Programmbausteine in de Kompetenzentwicklung von Nachwuchskräften für das Aufgabenfeld »Eigenhandel & Steuerung (Depot A)«

dargestellt. Erfolgreich abgeschlossene Prüfungen werden zertifiziert. Zwei Zertifikate auf Basis jeweils vier- bzw. fünfwöchiger Programme berechtigen zum Titelerwerb eines »Sparkassenfachwirts« bzw. nach erfolgreicher Absolvierung des fünfwöchigen Pflichtmoduls »Management & Führung« zum Titelerwerb eines »Sparkassenbetriebswirts«. Das gesamte Programm zeichnet sich durch ein hohes Niveau auf kapitalmarkttheoretischem Fundament und praxisgerechtem, handlungsorientiertem Lernfocus aus. Alle aufsichtsrechtlichen Anforderungen (MAH) für die spezifischen Aufgabenfelder werden durch das Gesamtprogramm der Marktrisikosteuerung erfüllt.

Gleichzeitig werden durch derartige Kompetenz-Entwicklungs-Programme nicht nur *Kompetenzrisiken*, sondern auch *Potentialrisiken* gesteuert. Diese Programme sind natürlich ungeeignet für falsch qualifizierte Mitarbeiter, die zudem kaum Entwicklungspotential für andere Tätigkeitsfelder aufbringen. Des Weiteren sind zur Aufrechterhaltung von »Employability« andere Steuerungsansätze gefordert, auf die hier nicht weiter eingegangen wird[46].

In diesem Kontext ist Schwuchow zuzustimmen, der darauf aufmerksam macht, dass neben der ökonomischen Betrachtung auch die identitäts- und kulturstiftende Funktion der Weiterbildung und deren Beitrag zur *Unternehmenskultur* Berücksichtigung finden sollte. Gerade in dezentral organisierten Unternehmen sei dieser Faktor, z.B. in Form eines informellen Erfahrungsaustausches, von großer Bedeutung

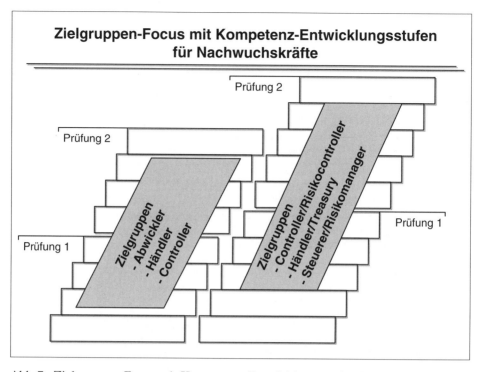

Abb. 7: Zielgruppen-Focus mit Kompetenz-Entwicklungsstufen für Nachwuchskräfte

und Baustein eines hierarchie-, bereichs- und organisationsübergreifenden Wissensnetzwerkes.[47]

4.2 Strukturelle und instrumentelle Gestaltungsmuster für ein integratives Personalrisikomanagement

Einführend soll die Ernsthaftigkeit demonstriert werden, mit der Banken in Deutschland derzeit die strukturelle Gestaltung ihres (Personal-)Risikomanagements in Angriff nehmen.

Mit der Neustrukturierung ihres konzernweiten *Risikomanagements* ab 1. Februar 2000 hat die Deutsche Bank[48] erstmalig einen »*Chief of Staff-Risk Officer*« berufen. Damit wird wie nie zuvor deutlich, dass eine Bank ihre Personalrisiken unternehmensweit zu steuern beabsichtigt. Der Chief of Staff-Risk Officer ist Mitglied im *Group Risk Board*, dem alle Chief Risk Officer der risikotragenden Bereiche Retail und Private Banking, Global Corporates & Institutions (mit organisatorisch getrennten Risk Officers für die Markt- und Kreditrisiken), Asset Management, Corporate & Real Estate sowie Global Transaction Services angehören. Die folgende Abbildung 8 symbolisiert die virtuelle Struktur dieser *Risikosteuerungs-Gruppe*.

Im Group Risk Board werden alle bisher separat existierenden Risikoeinheiten zu

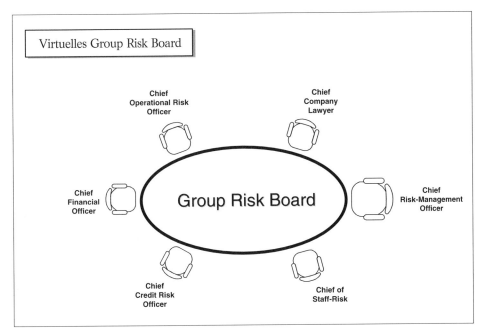

Abb. 8: Virtuelles Group Risk Board

einer eigenständigen Risikomanagement-Struktur integriert. Die Zuständigkeit des Group Risk Board liegt in der Verabschiedung von Risikostrategien, der Berufung leitender Risiko-Manager, der Überwachung von Portfolio- und Risiko-Entwicklungen sowie aller Risikomanagement-Bereiche der Bank.

Mit dem Risk Group Board lassen sich die *Risk-Committees*[49] komplementär zu einem ganzheitlichen, virtuellen Netzwerk einer Gesamtrisikosteuerung verflechten (vgl. Abbildung 9). Risk Committees sind eine praxiserprobte Ausprägungsform eines virtuellen Risk Center-Konstruktes. Ein *virtuelles Risk Center* nimmt für den Gesamtvorstand einer Bank oder Sparkasse die Funktion der *Gesamtrisikosteuerung* wahr. Das Risk Center ist real als festgefügte Organisationseinheit jedoch nicht existent. In dieser virtuellen Struktur agiert personal das Risk Committee, das den gesamten informellen und verhaltensinduzierten Geschäfts- und Risikoprozess (Identifikation, Messung, Analyse, Bewertung, Steuerung und Überwachung) einer Bank managt. Das Risk Committee bildet eine Klammerfunktion zwischen Managern der einzelnen Geschäftsbereiche, den Risikomanagern, Risikocontrollern und anderen Corporate Center-Leitern. Zentrale Aufgabe des Risk Committee unter Einbindung ggf. weiterer Untergruppen risikospezifischer Segmente (Kreditrisiken, Marktrisiken, Personalrisiken etc.) ist die professionelle Steuerung der Gesamtbank. Ganzheitlich lassen sich mit einem virtuellen Risk Center Risikokonzentrationen in allen Geschäftsbereichen erkennen und mit Hilfe integrativer Steuerungsansätze managen.

Eine Schlüsselrolle sollte im Risk Center das *Personalmanagement* (Intellectual Capital Management) spielen, das für einen vernetzten *Performance-Improvement-Prozess* (vgl. Abbildung 10) zwischen Geschäftsbereichsleitern, Risikomanagern, Risi-

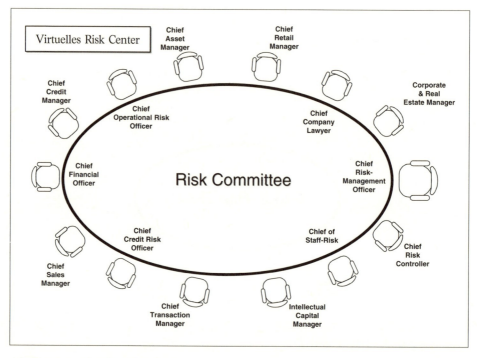

Abb. 9: Virtuelles Risk Center

kocontrollern und weiteren Beteiligten sorgt. Im eigentlichen Sinne agiert ein professioneller Personalmanager hierbei als »*Intellectual Capital Manager*«, der als Management-Champion Kunden-, Mitarbeiter- und Organisationsinteressen in Einklang zu bringen versucht (Business Partner, Performance Coach und Change Agent in einer Organisation mit Wertschöpfungs- und Risikokultur sowie -infrastruktur).[50]

Vor dem Hintergrund dieses organisatorischen Ansatzes einer Gesamtrisikosteuerung unter besonderer Berücksichtigung operationaler Risiken sollen nun abschließend zwei Steuerungstools einer ganzheitlich ausbalancierten Bankentwicklung empfohlen werden. Für vertiefende Betrachtungen wird auf die angegebene Spezialliteratur verwiesen.

(1) Human Capital Appraisal™

Mit diesem neuartigen Instrument von Arthur Andersen[51] lässt sich der Wert von Mitarbeitern messen und steuern. Die ganzheitliche Methode zeigt, wie Unternehmen die Performance ihrer Mitarbeiter managen können. Der Bewertungsprozess (Appraisal oder Evaluation) wird anhand eines Gitters mit jeweils fünf Phasen von Human-Capital-Programmen und fünf Funktionen des Human-Capital-Managements operationalisiert (5^2-Grid-Methode). Durch die Quadrierung der fünf Elemente (5^2) kann die reale Substanz des Humankapitals ermittelt werden. Sofern alle Funktionen des *Human-Capital-Managements* in jeder Phase des Management-

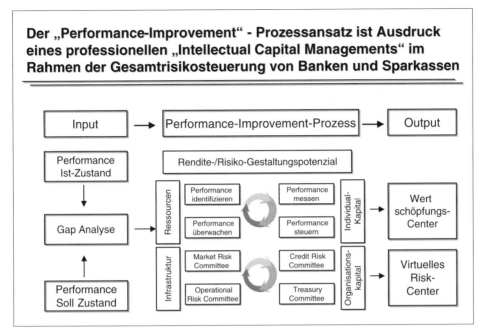

Abb. 10: Der »Performance-Improvement«-Prozessansatz ist Ausdruck eines professionellen »Intellectual Capital Managements« im Rahmen der Gesamtrisikosteuerung von Banken und Sparkassen

prozesses berücksichtigt werden, können Unternehmen die Performance auf ihre Humaninvestitionen verbessern. Wenn ein Unternehmen die Performance auf das Humankapital verbessern will, dann sind fünf Phasen zu durchlaufen:

- Phase 1 (Klärung): Auswirkungen der Unternehmensstrategie auf die Mitarbeiter
- Phase 2 (Bewertung): Ermittlung der Investitionskosten für Humankapital-Programme und Messung ihrer Wertschöpfungsbeiträge
- Phase 3 (Design): Entwicklung optimierter bzw. neuer Humankapital-Programme
- Phase 4 (Implementierung): Umsetzung von Humankapital-Programmen
- Phase 5 (Monitoring): Abgleich der Ergebnisse mit der Unternehmensstrategie

Während aller fünf Phasen sind im Bewertungsprozess alle fünf Funktionen des Human-Capital-Managements zu analysieren:

- Funktion 1: Einstellung, Bindung und Trennung von Mitarbeitern
- Funktion 2: Management von Anreiz-Beitrags-Programmen (Leistung/Vergütung)
- Funktion 3: Personalentwicklung, Nachfolgeplanung, Training
- Funktion 4: Organisationsentwicklung (z.B. virtuelle Risk Center)
- Funktion 5: Information und Kommunikation, Service

Der gesamte Bewertungsprozess beginnt mit der Klärung von Auswirkungen der Unternehmensstrategie auf die Mitarbeiter. Unternehmensphilosophie, -kultur, -ziele, gemeinsame Werte und Verbundenheit der Mitarbeiter zum Unternehmen werden analysiert. Anschließend wird festgestellt, welche Wirkungen diese Elemente auf das Humankapital haben.

In der zweiten Phase werden Maßnahmen und Kosten der Humankapital-Programme bewertet. Wichtig ist dabei zu ermitteln, welchen Wert diese Investitionsmaßnahmen für die Mitarbeiter darstellen und inwieweit die Investitionen strategiegerecht wirken. Unterstützend könnten quantitative Bewertungsansätze eingesetzt werden, um rechnerisch eine Dokumentation zukunftsbezogener Veränderungsprozesse der immateriellen Humanvermögenswerte infolge von Investitionsmaßnahmen (z.B. Ertrags- oder Barwerte von Bildungsinvestitionen) transparent zu gewährleisten. Das traditionelle, aber wenig verbreitete Instrument der Humanvermögensrechnung könnte hierbei hilfreiche Dienste leisten.[52]

Die Design-Phase dient der Kreation optimierter und innovativer Programme zur Verbesserung von Ergebnissen und Investitionsrenditen auf das Humankapital. In der folgenden Umsetzung zeigt sich die Durchsetzbarkeit der neuen Konzepte. Der abschließende Praxistest stellt Effektivität und Effizienz der Programme auf den Prüfstand. Der Maßstab liegt im jeweiligen Zielerreichungsgrad der Programmelemente und ihrer Wirkung auf das gesamte Leistungsspektrum, das vom Humankapital positiv beeinflusst werden kann.

Insgesamt bietet dieses Instrumentarium einen relativ einfach handhabbaren Management-Prozess zur Verbesserung der Wertschöpfung durch das Humankapital mit Hilfe von unternehmensspezifisch gestaltbaren Humankapital-Programmen. Für eine Praxisanwendung bieten die Programmelemente weitgehenden Gestaltungsspielraum, der durch die Bewertungsphasen relativ streng gesteuert wird. Nutzen verspricht das Instrument nur dann, wenn *Performance-Improvement-Prozesse* für das Humankapital von allen Seiten gewollt sind und mit einfachen Schritten konsequent in Angriff genommen werden.

(2) Balanced Scorecard

Die Kritik an der zu starken Betonung von Steuerungs- und Kennzahlen-Instrumenten des finanziellen Kapitals veranlassten Kaplan/Norton bei verschiedenen amerikanischen Unternehmen sowie Edvinsson bei Scandia, monetäre Messgrößen um Indikatoren anderer wichtiger Leistungs-/Wertetreiber zu ergänzen. Anfang der 90er-Jahre entwickelten mehrere US-Unternehmen verschiedener Branchen (u.a. Finanzdienstleister) sowie der schwedische Lebensversicherer Scandia ein *Performance-Measurement-Modell*, das neben der finanziellen Perspektive drei weitere Elemente der Wertschöpfung (Lernen und Entwickeln/Humanperspektive; Kundenperspektive; interne Geschäftsprozess-Perspektive) enthielt. Die Gleichwertigkeit und Interdependenz aller Perspektiven für die nachhaltige Unternehmensentwicklung wurde in den empirischen Studien bestätigt. Schließlich erhielt das Berichtssystem ausbalancierter Werteperspektiven eines Unternehmens den Namen »Balanced Scorecard«. Es stellt ein Navigationssystem für das Management dar, mit dem alle Leistungstreiber steuerbar werden. Zwei Drittel aller namhaften US-Unternehmen bedienen sich heute der Balanced Scorecard. In Deutschland steht die Entwicklung noch am Anfang (Praxiseinführung bspw. bei Continental AG, Deutsche Bahn AG, Vereins- und Westbank/Hypo Vereinsbank AG).

Im Folgenden wird ein möglicher Gestaltungsprozess für Banken und Sparkassen zur Einführung einer Balanced Scorecard kurz skizziert. Für umfassendere Informationen sei der Leser auf einige ausgewählte, u. a. auch bankspezifisch ausgelegte Publikationen verwiesen[53].

Die vier *Wertetreiber-Dimensionen* lassen sich wie folgt umschreiben:

- Die Kundenperspektive umreißt die Ziele der Bank hinsichtlich ihrer Kunden- und Marktsegmente, in denen sie agiert. Wie schaffen wir Mehrwert bzw. stiften Nutzen für unsere Kunden, um unsere Visionen zu realisieren (Beispiel einer Sparkasse: »Jeder Kunde soll bei seinem Kontakt mit unserer Sparkasse ein gutes Gefühl empfinden.«).
- Die Prozessperspektive bildet die wichtigsten Elemente der Kernprozesse der Bank ab (z. B. Kundenserviceprozess, Abwicklungsprozess, Innovationsprozess). Welche Prozesse sind dem Kunden besonders wichtig, damit er einen Nutzen verspürt?
- Die Lern- und Gestaltungsperspektive beschreibt die personale und organisationale Infrastruktur für die Zielerreichung. Zukunftsinvestitionen in Human- und Organisationskapital werden als besonders wichtige Geschäftserfolgsfaktoren bezeichnet. Die Haupterfolgsfaktoren sind dabei Kompetenzentwicklung der Mitarbeiter, Kreativität und Engagement der Mitarbeiter sowie Effizenz des Informations- und Berichtssystems einer Bank. Wie müssen wir unsere Lern- und Ideenpotenziale zur Leistungsverbesserung und Zielerreichung einsetzen, um unsere Vision zu verwirklichen?
- Die Finanzperspektive (Betriebsergebnis) bildet den Ankerpunkt der drei übrigen Perspektiven und lässt sich als Economic Value added darstellen. Welchen Mehrwert müssen wir erwirtschaften, um überduchschnittliche Betriebsergebnisse je Mitarbeiter oder Team zu erzielen?

Mit vier Schritten lässt sich in einfacher Weise eine Balanced Scorecard entwickeln[54]:

1. Eine gemeinsam gewollte Vision wird mit einer Gesamtstrategie unterlegt, definiert und kommuniziert (vision and mission statement). Die Bank verständigt sich auf gemeinsam vereinbarte strategische Ziele.
2. Alle Perspektiven werden gleichgewichtig in Gestaltungsmaßnahmen einbezogen und unter Beachtung interdependenter Ursache-Wirkungs-Ketten für die Wertschöpfung transparent dargestellt.
3. Die strategischen Ziele werden durch Messgrößen, Zielerreichungsdaten und sinnvolle Maßnahmen auf Gesamtbank- und Geschäftsbereichsebenen operationalisiert.
4. Der Konzeptionsphase folgt die Umsetzungsphase zur Einbindung in die Planungs-, Organisations-, Steuerungs- und Überwachungsprozesse und -systeme. Als sinnvoll hat sich eine IT-Unterstützung in der Praxis erwiesen, die für einfache und transparente Nutzung der Balanced Scorecard sorgen kann.

Die Balanced Scorecard ist ein praxisgerechtes Instrument zur Steuerung der Wertschöpfungspotentiale des intellektuellen Kapitals einer Bank oder Sparkasse. Mehr und mehr Unternehmen und ihre Personalmanager sind davon überzeugt, dass die Balanced Scorecard eine der »spannendsten Entwicklungen ist auf dem Weg in das dritte Jahrtausend, in ein Zeitalter des intellektuellen Kapitals«[55].

Anmerkungen

1 Vgl. Basler Ausschuss für Bankenaufsicht, insb. S. 46 ff; Europäische Kommission, S. 68 ff.
2 Vgl. Risk Management Sub-group of the Basel Comittee on Banking Supervision 1998.
3 Vgl. Risk Management Sub-group of the Basel Comittee on Banking Supervision 1999.
4 Vgl. Zentraler Kreditausschuss 1999, insb. S. 20 ff.
5 Vgl. Basler Ausschuss für Bankenaufsicht, S. 46 f.
6 Vgl. Zentraler Kreditausschuss 1999, S. 23; Wittkowski.
7 Vgl. Europäische Kommission, S. 69; vgl. auch die inhaltlich gleichlautende Stellungnahme des ZKA zum EU-Konsultationspapier, Zentraler Kreditausschuss 2000, S. 16 f.
8 Vgl. Lauth.
9 Vgl. Buhr, S. 204 f.
10 Vgl. Savage.
11 Vgl. Rappaport; Drukarczyk.
12 Vgl. die Dimensionen eines Value & Risk Managements bei Schüz sowie unter besonderer Betrachtung der sozialen Verantwortung von Unternehmen bei Walton.
13 Vgl. Rolfes; Krumnow, S. 793; Rudolph.
14 Vgl. Ehrbar, insb. S. 131 ff.
15 Vgl. Friedman et al., S. 5 ff.
16 Vgl. Sveiby.
17 Vgl. Edvinsson/Malone.
18 Vgl. Stewart.
19 Vgl. Sattelberger und Sennett, der im Bild des »flexiblen Menschen« die Kultur des neuen Kapitalismus widergespiegelt sieht; ferner Nölting sowie Maul/Menninger.
20 Vgl. zum Struktur- bzw. Organisations- und Kundenkapital ausführlich Sveiby, S. 115 ff und S. 153 ff; Edvinsson/Malone, S. 89 ff; Stewart, S. 113 ff und S. 143 ff.
21 Vgl. Breuer; Friedman et al., S. 29 f; Kloepfer 2000 a; o. V. 2000 b; Ziesemer 2000.
22 Vgl. Gundlach, S. 681.
23 Vgl. o. V. 2000 c.
24 Vgl. Bundesverband deutscher Banken; Europäische Zentralbank; Hermann/Wittkowski; Hoppenstedt; Jakobs 1999 a und 1999 b; Kloepfer 2000 b; Stark.
25 Vgl. Dombret/Graham.
26 Vgl. Hermann 1999; Jakobs 1999 a.
27 Vgl. Marsh.
28 Vgl. Möschel; Hölzer; Kloepfer 1999.
29 Vgl. Lipicki/Fischer.
30 Vgl. o. V. 1999.
31 Vgl. Hermann 2000.
32 Vgl. van Gisteren, S. 5 f.
33 Vgl. van Gisteren, S. 7; Häring.
34 Vgl. Steltzner 2000 a+b.
35 Vgl. Kocncn.
36 Vgl. Beckmann; dagegen o. V. 2000 d; Pleister; ferner Hermann/Wittkowski und Müller.
37 Vgl. BAKred, S. 62.
38 Vgl. van Gisteren, S. 10 ff.
39 Vgl. bspw. Ackermann; Dubs; Laber; Oechsler; Scholz; Ulrich 1997 und 1999; Wunderer/von Arx.
40 Vgl. Kobi.
41 Vgl. die inhaltlich vergleichbare, aber anders strukturierte Systematik von Personalrisiken bei Kobi, S. 33 ff.

42 Vgl. Staudt.
43 Vgl. Fickinger; Steffens-Duch.
44 Vgl. Eicker.
45 Vgl. Schwuchow.
46 Vgl. dazu ausführlich Kobi, S. 95 ff.
47 Vgl. Schwuchow, S. 29.
48 Vgl. o. V. 2000 a.
49 Vgl. van Gisteren, S. 13 ff.
50 Vgl. Ulrich 1997.
51 Vgl. Friedman et al., S. 47 ff.
52 Vgl. Becker 1999 a + b, S. 112 ff; Scholz, S. 356 ff; zum neuesten Ansatz eines »Intellectual Property Statement« vgl. Maul/Menninger.
53 Vgl. bspw. Kaplan/Norton; Friedag/Schmidt; Sure/Thiel; Honekamp/Reindl.
54 Vgl. Honekamp/Reindl.
55 Sattelberger, S. 41.

Literaturverzeichnis

Ackermann, J. (1997), Anforderungen an das Top-Management einer Bank, in: Human Resource Management, hrsg. von H. Siegwart, R. Dubs und J. Mahari, Stuttgart/Zürich/Wien 1997, S. 33–46.
Basler Ausschuss für Bankenaufsicht (1999), Konsultationspapier »Neuregelung der angemessenen Eigenkapitalausstattung«, hrsg. v. Bank für Internationalen Zahlungsausgleich, Basel 1999.
Becker, M. (1999a), Humanvermögenssicherung und Humanvermögensrechnung, Dokumentationsunterlagen, 8. IIR-Personalkongress ŏ99, Wiesbaden 19. 10. 1999.
Becker, M. (1999b), Aufbau, Nutzung und Schutz von intellektuellem Kapital, in: Humankapital schafft Shareholder Value. Personalpolitik in wissensbasierten Unternehmen, hrsg. v. Th. Sattelberger und R. Weiss, Köln 1999, S. 73–124.
Beckmann, K. (2000), Die Dezentralität im genossenschaftlichen Bankensektor, in: Zeitschrift für das gesamte Kreditwesen, Heft 3/2000, S. 13–16.
Breuer, R.-E. (2000), »Wir tun uns schwer, das Richtige in die Tat umzusetzen und unsanzupassen«, in: Frankfurter Allgemeine Zeitung, 6. 1. 2000, S. 15.
Buhr, R. (2000), Messung von Betriebsrisiken – ein methodischer Ansatz, in: Die Bank 3/2000, S. 202–206.
Bundesaufsichtsamt für das Kreditwesen (1999), Jahresbericht 1998, Berlin 1999.
Bundesverband deutscher Banken (1999), Banken im Umbruch, Köln 1999.
Dombret, A. / Graham, St. (2000), Deutsche Banken müssen ihre Kernkompetenzen überdenken, in: Frankfurter Allgemeine Zeitung, 17. 1. 2000, S. 24.
Drukarczyk, J. (1999), Zur Plausibilität des Shareholder-Value-Konzeptes. Keine interessenmonistische Zielsetzung – Lohn für Übernahme des »residual risk«, in: Börsen-Zeitung, 29. 9. 1999, S. 25 f.
Dubs, R. (1997), Human Resource Management, in: Human Resource Management, hrsg. v. H. Siegwart, R. Dubs und J. Mahari, Stuttgart/Zürich/Wien 1997, S. 13–30.
Edvinsson, L. / Malone, M. S. (1997), Intellectual Capital. Realizing your Company's true value by finding its hidden Brainpower, New York 1997 (erweiterte deutsche Ausgabe: Edvinsson, L./Brünig, G.: Aktivposten Wissenskapital, Wiesbaden 2000).
Ehrbar, A. (1999), Economic Value added, Wiesbaden 1999.
Eicker, A. (1999), Wachstum muß von innen kommen, in: Handelsblatt, 22. 12. 1999, S. B 14.

Europäische Kommission (1999), Überarbeitung der Eigenkapitalvorschriften für Kreditinstitute und Wertpapierfirmen in der EU, Konsultationspapier, Brüssel 1999.

Europäische Zentralbank (1999), Der Bankensektor im Euroraum: strukturelle Merkmale und Entwicklungen, in: EZB-Monatsbericht, April 1999.

Fickinger, N. (2000), »Wir bieten den Ausscheidenden ein ganzes Mosaik für Beschäftigung«, in: Frankfurter Allgemeine Zeitung, 1. 4. 2000, S. 69.

Friedag, H. R. / Schmidt, W. (1999), Balanced Scorecard, Freiburg/Berlin/München 1999.

Friedman, B. S. / Hatch, J. A. / Walker, D. M. (1999), Mehr-Wert durch Mitarbeiter, Neuwied/Kriftel 1999.

Gundlach, E. (1999), Bildung und Wirtschaftswachstum, in: Wirtschaftswissenschaftliches Studium, 12/1999, S. 679–681.

Häring, N. (2000), OECD hält Risikofonds für sicherer als große Banken, in: Financial Times Deutschland, 31. 3. 2000, S. 1.

Hermann, Chr. (1999), Finanzlandschaft im Umbruch. In Deutschland kündigt sich Bewegung an, in: Börsen-Zeitung, 31. 12. 1999, S. 45.

Hermann, Chr. (2000), Meister: Große Privatbanken verfügen über implizite Staatsgarantie, in: Börsen-Zeitung, 13. 1. 2000, S. 1 und 6.

Hermann, Chr. / Wittkowski, B. (1999), BZ-Gespräch mit Christopher Pleister: Die Kreditgenossen wollen sich keine großen Schieflagen mehr leisten, in: Börsen-Zeitung, 31. 12. 1999, S. 8.

Hölzer, H. (1999), Von ungewollter zu gewollter Größe. Sparkassen und Landesbanken vor der Jahrtausendwende, in Börsen-Zeitung, 20. 10. 1999, S. 25 f.

Honekamp, F. / Reindl, G. (1999), Von der Vision zur Aktion. Balanced Scorecard als Instrument der Performance Measurement in Banken, in: Frankfurter Allgemeine Zeitung/Sonderveröffentlichung des International Bankers Forum e. V., 29. 9. 1999, S. S 5.

Hoppenstedt, D. H. (1999), Zukunftsaufgaben der Sparkassen-Finanzgruppe, in: Sparkasse, 12/1999, S. 538–542.

Jakobs, G. (1999a), Banken trainieren für die Euro-Liga, in: Handelsblatt, 24./25. 9. 1999, S. 49.

Jakobs, G. (1999b), Die Banken ziehen in die Schlacht um Europa. Soldaten in Nadelstreifen, in: Handelsblatt, 22. 12. 1999, S. B 10.

Kaplan, R. S. / Norton, D. P. (1997), Balanced Scorecard, Stuttgart 1997.

Keidel, St. (1999), Angriff auf das Monopol der nationalen Börsen, in: Handelsblatt, 22. 12. 1999, S. B 11.

Kloepfer, I. (1999), In Deutschland steht die Bankenwelt still, in: Frankfurter Allgemeine Zeitung, 14. 12. 1999, S. C 4.

Kloepfer, I. (2000a), »Wir in Deutschland haben viel zu lange über die falschen Dinge diskutiert«. Leonhard Fischer im Gespräch mit der F.A.Z., in: Frankfurter Allgemeine Zeitung, 5. 1. 2000, S. 29.

Kloepfer, I. (2000b), Kulturrevolution im Bankgewerbe, in: Frankfurter Allgemeine Zeitung, 21. 2. 2000, S. 17.

Kobi, J.-M. (1999), Personalrisikomanagement. Eine neue Dimension im Human Resource Management: Strategien zur Steigerung des People Value, Wiesbaden 1999.

Koenen, J. (2000), Wenn Bankvorstände zu Spielern werden, in: Handelsblatt, 31. 1. 2000, S. 12.

Krumnow, J. (1999), Wertorientierte Steuerung eines globalen Bankkonzerns, in: Gabler-Bank-Lexikon, hrsg. v. J. Krumnow und L. Gramlich, 12. Aufl., Wiesbaden 1999, S. 790–794.

Laber, H. (1999), Total Human Resource Management oder die Führungskraft als Personalmanager – Rollen und Verantwortlichkeiten im modernen Personalmanagement, in: Handbuch Banken und Personal, hrsg. v. P. Siebertz und J. H. von Stein, Frankfurt/Main 1999, S. 275–297.

Lauth, W. (2000), Basel: Sorgfalt braucht mehr Zeit, in: Börsen-Zeitung, 6.1. 2000, S. 20.
Lipicki, Chr. / Fischer, M. (2000), »Eine Großfusion führt oft zur nächsten«, in: Welt am Sonntag, 16.1. 2000, S. 45.
Marsh, D. (2000), Machtlose Banker, in: Die Zeit, 13.1. 2000, S. 29.
Maul, K.-H. / Menninger, J. (2000), Das »Intellectual Property Statement« – eine notwendige Ergänzung des Jahresabschlusses?, in: Der Betrieb, 11/2000, S. 529–533.
Müller, B. D. (2000), Genossenschaftsbanken. Nur gemeinsam zukunftsfähig, in: Bankmagazin, 1/2000, S. 18–21.
Möschel, W. (1999), Die Finger der öffentlichen Hand im Bankgewerbe, in: Frankfurter Allgemeine Zeitung, 14.8. 1999, S. 13.
Nölting, A. (2000), Werttreiber Mensch, in: Manager Magazin, 4/2000, S. 154–165.
Oechsler, W. A. (1999), Historische Entwicklung zum Human Resource Management, in: Human Resource Management, hrsg. v. P. Knauth und A. Wollert, Köln 1999, S. 1–30.
o. V. (1999), Privatbanken reichen Beschwerde ein, in: Börsen-Zeitung, 22.12. 1999, S. 9.
o. V. (2000a), Deutsche Bank strukturiert Risikomanagement neu, in: Börsen-Zeitung, 6.1. 2000, S. 1.
o. V. (2000b), Issing: Chancen für New Economy in Euroland, in: Börsen-Zeitung, 9.2. 2000, S. 5.
o. V. (2000c), Meister verteidigt das deutsche Bankensystem, in: Börsen-Zeitung, 9.2. 2000, S. 7.
o. V. (2000d), BVR-Präsident Pleister verärgert über »Breitseite« aus dem Aufsichtsamt, in: Handelsblatt, 17.2. 2000, S. 16.
Pleister, Chr. (2000), Zur Zukunftsfähigkeit der genossenschaftlichen Bankengruppe. »Zweifel und Unzufriedenheit sind die Quellen des Fortschritts«, in: Zeitschrift für das gesamte Kreditwesen, 5/2000, S. 224–225.
Rappaport, A. (1999), Shareholder Value, 2. Auflage, Stuttgart 1999.
Risk Management Sub-group of the Basel Committee on Banking Supervision (1998), Operational Risk Management, hrsg. v. Bank für Internationalen Zahlungsausgleich, Basel 1998.
Risk Management Sub-group of the Basel Committee on Banking Supervision (1999), Enhancing Corporate Governance for Banking Organizations, hrsg. v. Bank für Internationalen Zahlungsausgleich, Basel 1999.
Rolfes, B. (1999), Gesamtbanksteuerung, Stuttgart 1999.
Rudolph, B. (1999), Risikomanagement, in: Gabler-Bank-Lexikon, hrsg. v. J. Krumnow u. L. Gramlich, 12. Aufl., Wiesbaden 1999, S. 701–705.
von der Ropp, N. (1999), Angst vor der Privatisierung. Die Sparkassen suchen nach einer Überlebensstrategie, in: Handelsblatt, 22.12. 1999, S. B 10.
Sattelberger, Th. (1999), Wissenskapitalisten oder Söldner?, Personalarbeit in Unternehmensnetzwerken des 21. Jahrhunderts, Wiesbaden 1999.
Savage, Ch. (1999), Der Übergang vom Industriezeitalter zum Zeitalter des Wissens – wie müssen die Unternehmen darauf reagieren?, Dokumentationsunterlagen, 8. IIR-Personalkongreß ő99, Wiesbaden, 18.10. 1999.
Scholz, Ch. (2000), Personalmanagement, 5. Aufl., München 2000.
Schüz, M. (1999), Werte-Risiko-Verantwortung. Dimensionen des Value Managements, München 1999.
Schwuchow, K. (2000), Vom isolierten Seminarereignis zum Bildungsprozess: Perspektivenwechsel in der Management-Entwicklung, in: Management Development, hrsg. v. K. Welge/K. Häring/A. Voss, Stuttgart 2000, S. 24–42.
Sennett, R. (1998), Der flexible Mensch. Die Kultur des neuen Kapitalismus, 6. Auflage, Berlin 1998.
Stark, J. (1999), Deutsche und europäische Bankenstrukturen im Wandel, Festvortrag anläßlich des 100jährigen Bestehens der Sparda-Bank Mainz, in Mainz, am 18.6. 1999.

Staudt, E. (2000), Hoch qualifiziert, aber inkompetent in die Zukunft, in: Handelsblatt, 18./19. 2. 2000, S. 2.
Steffens-Duch, S. (2000), Commitment – die Bank im Urteil der Mitarbeiter, in: Die Bank, 3/2000, S. 183–185.
Steltzner, H. (2000a), Geschäftsbanken sind gegen Ausbau der Liko-Bank, in: Frankfurter Allgemeine Zeitung, 11. 1. 2000, S. 25.
Steltzner, H. (2000b), Der Streitfall Liko-Bank, in: Frankfurter Allgemeine Zeitung, 17. 1. 2000, S. 13.
Stewart, Th. A. (1997), Intellectual Capital – The new Wealth of Organizations, New York 1997 (dt. Übersetzung: Der vierte Produktionsfaktor. Wachstum und Wettbewerbsvorteile durch Wissensmanagement, Münschen/Wien 1998).
Sure, M. / Thiel, R. (1999), Balanced Scorecard – Strategieumsetzung und Performancemessung in Banken, in: Die Bank, 1/1999, S. 54–59 und 2/1999, S. 116–120.
Sveiby, K. E. (1998), Wissenskapital. Das unentdeckte Vermögen, Landsberg/Lech 1998.
Ulrich, D. (1997), Human Resource Champions, Boston 1997.
Ulrich, D. (Hrsg.), (1999), Strategisches Human Resource Management, München/Wien 1999.
van Gisteren, R. (1999), Bankrisikosteuerung im Wandel – Paradigmenwechsel für das Personalmanagement, in: Eller/Gruber/Reif (Hrsg.): Handbuch Bankenaufsicht und Interne Risikosteuerungsmodelle, Stuttgart 1999, S. 3–19.
Walton, C. C. (1999), Soziale Verantwortung von Unternehmen, München 1999.
Wittkowski, B. (2000), Verriss der Basler Reformpläne, in: Börsen-Zeitung, 7. 1. 2000, S. 1.
Wunderer, R. / von Arx, S. (1998), Personalmanagement als Wertschöpfungs-Center. Integriertes Organisations- und Personalentwicklungskonzept, Wiesbaden 1998.
Zentraler Kreditausschuss (1999), Revision der Basler Eigenkapitalübereinkunft von 1988, Berlin am 30. 12. 1999.
Zentraler Kreditausschuss (2000), Konsultationspapier der EU-Kommission zur Reform der Eigenkapitalvorschriften von Banken und Wertpapierfirmen vom 22. 11. 1999, Bonn am 3. 3. 2000.
Ziesemer, B. (2000), Berlin muss mehr für den Internetkapitalismus tun. Ohne bessere Standortpolitik wird sich keine »neue Ökonomie« in Deutschland entwickeln, in: Handelsblatt, 16. 2. 2000, S. 2.

Aspekte effizienter Personalentwicklung im Bereich Treasury

Ernst Spateneder*

Inhalt

1. Bedeutung des Faktors Mensch im Treasury
2. Wann ist Personalentwicklung effizient?
3. Pragmatische Personalentwicklungsschritte
4. Aufgaben des Treasurers in Abhängigkeit vom Entwicklungsstand im jeweiligen Unternehmen
5. Erfolgsentscheidende Merkmale *erfolgreicher* Treasurer
6. Beurteilungsnotwendigkeit
7. Wie soll die Eignung der Treasurer beurteilt werden?
   7.1 Sammeln von Seminarbescheinigungen
   7.2 Beurteilung durch die Führungskraft
   7.3 Potenzial Assessment
      7.3.1 Mehrfachbeurteilung
      7.3.2 Methodenvielfalt
      7.3.3 Verhaltensorientierung
      7.3.4 Anforderungsbezogenheit
8. Interne Qualifizierung oder externe Rekrutierung
9. Schritte zur nachhaltigen externen Rekrutierung
   9.1 Fundierte Anforderungsanalyse
   9.2 Suchphase
   9.3 Evaluierungsphase
10. Was motiviert Treasurer?
11. Ausblick

Anmerkungen

Literaturverzeichnis

---

* Dipl. Kaufmann Ernst Spateneder ist als Personalberater bei Roland Eller Consulting für den Bereich Personal Consulting verantwortlich.

Der folgende Beitrag bezieht sich wesentlich auf das Aufgabenfeld des Treasury. Die Kernaussagen und Ableitungen lassen sich aber durchaus auch auf das umfassendere Feld der Gesamtbanksteuerung übertragen. Es sollte auch keineswegs übersehen werden, dass die personelle Weiterentwicklung im Bereich Treasury begleitet sein muss von einer Weiterentwicklung im Bereich Risikocontrolling, in Abwicklung und Kontrolle, im Rechnungswesen und insbesondere auch auf Seiten der Revision und dem Vorstand selber.

1. Bedeutung des Faktors Mensch im Treasury

Treasury- oder Risikomanagementkonzepte können noch so ausgefeilt sein – deren Umsetzung steht und fällt mit den beteiligten Mitarbeitern. Wenn Treasurykonzepte nicht funktionieren, dann zeigt sich dies häufig in spektakulären Verlustmeldungen. Es sind einerseits die medienwirksamen »Unfälle« im Treasury von Großunternehmen, die dies zeigen. Dabei traf es in der Vergangenheit beileibe nicht nur Banken, es traf auch Unternehmen aus den unterschiedlichsten Branchen. Beispiele hierfür sind Metallgesellschaft (Öltermingeschäfte), Procter&Gamble (Spekulation mit exotischen Optionen) oder NatWest Markets (Fehlbewertung von Optionen). Dies sind meist »Unfälle«, die durch unsachgemäßen Derivateeinsatz entstanden sind. Das ist jedoch nur die äußerste Spitze des Eisberges. Wo sind eigentlich die Meldungen, wenn aufgrund fehlendem Derivateeinsatz oder unterbliebener anderer Steuerungsmaßnahmen Finanzinstitute Schaden nahmen? Bildhaft gesprochen:

Wenn ein Schiff nach »falschen« Steuerungsmaßnahmen Schaden nimmt, dann droht den Kapitänen Konsequenz. Wenn Schiffe gleichsam steuerlos umherirren und daher Breitseiten nehmen müssen, dann waren nur die ungünstigen Rahmenbedingungen daran Schuld.

Der Schaden oder Wertverzehr, der durch unzureichendes Treasury entsteht, ist sicher nicht einfach zu quantifizieren. Mit obiger Analogie soll jedoch deutlich werden, dass dabei nicht nur die Schäden aufgrund von offenkundigen Fehlsteuerungsmaßnahmen, sondern insbesondere die Opportunitätskosten zu berücksichtigen sind. In jedem Fall liegen jedoch die Ursachen vor allem im personellen Bereich. Nicht ganz zu unrecht hat sich daher auch der Gesetzgeber im Rahmen der Mindestanforderungen an das Betreiben von Handelsgeschäften (MaH) bezüglich der Mitarbeiterqualifikation geäußert. Danach hat die Geschäftsleitung sicher zu stellen, dass die »mit dem Risiko-Controlling und –Management, ... betrauten Mitarbeiter sowie deren Vertreter in ihrem Verantwortungsbereich über umfassende Kenntnisse in den gehandelten Produkten und den eingesetzten Handels- und Steuerungstechniken verfügen.« Diese Mindestanforderung aus dem Jahre 1996 bezieht sich streng genommen nur auf die Handelsgeschäfte. Wenn wir jetzt daran gehen, das gesamte Zinsbuch (und nicht nur einen Teilbereich daraus) einer Bank zu steuern, dann sollte obige Anforderung der MaH konsequenterweise auch darauf übertragen werden. Mit Produktkenntnissen und Steuerungstechniken allein ist es dabei allerdings nicht mehr getan – dies ist dann in der Tat eine *Mindestanforderung*. Sowohl rechtlich als auch ökonomisch dürfte damit die außerordentliche Bedeutung des Faktors Personal unstrittig sein. Wenn jetzt noch der Nutzen, der durch ein funktionierendes Treasury generiert wird, in Betracht gezogen wird, dann sollten notwendige Investitionen in diesen Bereich im rechten Licht betrachtet werden – als Investments der Güteklasse A.

2. Wann ist Personalentwicklung effizient?

Der Begriff der Effizienz wird in der Praxis häufig verwendet, wenn es darum geht, die »Wirksamkeit« oder »Funktionsfähigkeit« einer Maßnahme, einer Konzeption oder Ähnlichem zu beschreiben. Ob jedoch etwas wirksam, also effizient ist, das lässt sich nur beurteilen, wenn wir die dahinter stehenden Ziele vor Augen haben. Das muss auch für die Personalentwicklung gelten. Heruntergebrochen auf den Bereich Treasury ergeben sich daraus mehrere Konsequenzen für Personalentwicklung:

Der Personalentwickler muss sich mit den Zielen, Herausforderungen, Aufgaben und Anforderungen im Bereich Treasury beschäftigen. Doch wer macht eigentlich Personalentwicklung (PE) bzw. wer ist für PE zuständig? Dazu gibt es eine Reihe von Möglichkeiten:

- Vorstand?
- Führungskraft?
- Treasurer selber?
- PE-Abteilung?

Zuständig und verantwortlich ist wohl jeder in seiner Rolle. Der Vorstand – so heißt es oft – ist der erste Personalentwickler. Die Personalentwicklung im Bereich Treasury hängt aber auch wesentlich am Vorstand, denn von seinen strategischen Vorgaben und von den von ihm gesetzten Rahmenbedingungen hängt der Erfolg entscheidend ab. Der Personalentwickler steht auf der anderen Seite vor einer enormen Herausforderung. Er sollte die Strategien, die Ziele, die Aufgaben und Anforderungen im Bereich Treasury grundsätzlich verstehen und sie in operative PE-Maßnahmen umsetzen können. Die Herausforderung ist deswegen enorm, weil sich das Umfeld und die daraus resultierenden Anforderungen wie in wenigen anderen Geschäftsbereichen nicht nur sehr komplex darstellen sondern auch dynamisch weiterentwickeln.

3. Pragmatische Personalentwicklungsschritte

Wenn man akzeptiert, dass nur eine strategieumsetzende Personalentwicklung effizient ist – also eine Personalentwicklung, die sich an den Strategien und Zielen des Unternehmens orientiert und daran messen lässt, dann bieten sich folgende Personalentwicklungsschritte im Bereich Treasury an. Allerdings sind diese Schritte weniger als einmalige Aktion als vielmehr als laufender Prozess zu verstehen.

Basis: Geschäftspolitische Unternehmensstrategie aus der auch die Bedeutung und Rolle des Geschäftsfeldes Treasury deutlich wird

Zinsbuchsteuerung	Handel	Research	Kundengeschäft
– Zinsbuchsteuerung – Simulation von Szenarien – Steuerung des Risk-Return-Profils – Refinanzierungsmanagement	– Portfoliomanagement Anlagebestand/ Liquiditätsreserve – Trading – Performanceanalyse für Teilportfolios (z.B. Spezialfonds) – Geld- und Devisenhandel	– Marktanalyse – Erarbeitung und laufende Überprüfung von Zins- und anderen Kapitalmarktprognosen	– Financial Engineering von Aktiv- und Passivprodukten – Vorgabe von Konditionen von Strukturierten Produkten

Abb. 1: Bandbreite von Aufgaben im Treasury (ohne Anspruch auf Vollständigkeit)

Schritte:
- Ermittlung und Definition der langfristigen Ziele im Bereich Treasury
- Ableitung der erforderlichen quantitativen und qualitativen Personalressourcen
- Erstellung von Anforderungsprofilen
- Analyse des quantitativen und qualitativen Status quo (Hauptschwierigkeit: »Wie stelle ich die Eignung fest?«)
- Durchführung von Personalentwicklungsmaßnahmen i.e.S. (Seminare, Trainings, Hospitationen etc.)
- Gegebenenfalls externe Rekrutierung für den Bereich Treasury
- Controlling der PE-Maßnahmen

Die Personalentwicklungsabteilung nimmt dabei vor allem eine moderierende Rolle ein, die den gesamten Prozess steuernd und unterstützend begleitet.

4. Aufgaben des Treasurers in Abhängigkeit vom Entwicklungsstand im jeweiligen Unternehmen

Eine allgemeingültige Definition dessen, was unter Treasury zu verstehen ist, gibt es bisher nicht. Alleine ein Blick in diverse Stellenanzeigen zeigt, dass der Begriff zwar einerseits weitverbreitet, andererseits aber sehr vielfältig (in den Inhalten) benutzt wird. Dennoch gibt es langsam eine gewisse Übereinstimmung über alle Bankengruppen hinweg, was die Bandbreite möglicher Treasuryaufgaben angeht:

Je nach Entwicklungsstand und Größe eines Instituts werden mehr oder weniger dieser Aufgaben im Treasury zusammengeführt. Der *Treasurer* ist demnach der Zinsbuchmanager, der auch weitere damit verbundene Aufgaben wahrnimmt. Je nach Spezialisierungsgrad werden sich wiederum unterschiedliche Ausprägungen vom Treasurer ergeben.

Aber gerade in den vielen Fällen wo sich das Treasury erst entwickelt, obliegt dem Treasurer auch die Aufgabe eines Veränderungsmanagers. Er leistet Aufklärungs- und Überzeugungsarbeit, er geht mit Widerständen und Ängsten um und schafft im gesamten Institut – auch im Gesamtvorstand – Vertrauen für neue Steuerungstechniken. Damit trägt er auch dazu bei, dass sich im Topmanagement eine neue Risiko-Rendite-Kultur entwickelt. Die Voraussetzungen um derartige Aufgaben leisten zu können, beschränken sich damit offenkundig keinesfalls auf die fachliche Seite.

5. Erfolgsentscheidende Merkmale erfolgreicher Treasurer

Wann würde ein Manager seinen Treasurer als »*erfolgreich*« titulieren?

- Wenn er vom Markt akzeptiert wird und er zum rechten Zeitpunkt Strukturierte Produkte kreieren und am Markt plazieren konnte?
- Wenn er in einem Jahr überdurchschnittliche Tradingerfolge einfahren und jede Benchmark schlagen konnte?
- Wenn seine Kapitalmarktprognosen aufgegangen sind?
- Wenn er eine offene Kommunikation zum Vorstand aufbauen konnte und mit ihm eine gemeinsame Sprache entwickelt hat?
- Wenn er Neue Produkte- und Märkte-Prozesse erfolgreich vorangetrieben hat?
- Wenn er das Fristentransformationsergebnis des Instituts verbessert hat?
- Wenn er seine ihm gesetzten Limite eingehalten hat?
- Wenn er zu einer Wertsteigerung des Instituts beigetragen hat?

Die Liste ließe sich vermutlich noch lange fortsetzen. Die Antwort wird wohl wieder davon abhängen, wo das Management seine strategischen Schwerpunkte gesetzt hat und in welchem Entwicklungsstand sich das Treasury befindet.

Anders betrachtet ist Treasury nicht nur ein Konzept oder eine Abteilung – Treasury ist eine betriebliche Funktion, die sich mehr und mehr entwickelt. Vor diesem Hintergrund braucht es auch für die Bewältigung dieser Entwicklung einen darauf abgestimmten Typ von Treasurer, der die in Abbildung 2 dargestellten Kompetenzbereiche verbindet.

Die Verknüpfung dieser Ansprüche stellt ein außerordentlich schwieriges Unterfangen dar. Denn diese Ansprüche waren in dieser Form und Zusammensetzung bisher in der Finanzwelt nicht oder nur ansatzweise notwendig.[1] Das mag vielleicht übertrieben klingen, das ist es aber nach unserer Erfahrung keineswegs. Warum?

Die Verbindung sozialer Kompetenz mit weiteren Kompetenzbereichen (z.B. analytischer Kompetenz) gibt es in vielen anderen Aufgabenbereichen auch. Die Schwierigkeit der in den letzten Jahren erst in dieser Form entstandenen Treasury-Rolle liegt darin, dass dazu auch noch die Händlerische Kompetenz kommt. Insbesondere in kleineren Treasuryabteilungen oder bei »one man shows« verlangt dies schon fast nach der berühmten »eierlegenden Wollmilch...«!

Analytische Kompetenz	Soziale Kompetenz	Händlerische Kompetenz
– Gesamtbankverständnis	– Präsentationsfähigkeit	– Verständnis für komplexe Produkte
– Wahrscheinlichkeitsrechnung (VaR-Denken)	– Lernfähigkeit	
	– Kommunikations- und Teamfähigkeit	– Volkswirtschaftlicher Hintergrund
– Barwertverständnis		
– Finanzmathematik	– Umgang mit Widerständen	– Handelsstrategien/ Hedgingstrategien
– Stripping und Mapping		– Phantasie
–	– Risikobewusstsein	
	– Verantwortungsbewusstsein	– Marktgefühl
–		–
–	–	–
–	–	–

Abb. 2: Kompetenzbereiche des Treasurers

6. Beurteilungsnotwendigkeit

Zunächst stellt sich die Frage was beurteilt werden soll. Die Leistung oder die Eignung? Obwohl letztlich die Leistung und der Erfolg entscheidend sind, soll im Folgenden auf die Eignung abgestellt werden, weil sie doch Voraussetzung darstellt, dass dauerhaft erfolgreich gearbeitet wird.

Die Ergebnisverantwortung und der Ergebnisbeitrag des Treasury ist in Relation zum personellen Input häufig sehr hoch. Allein der Fristentransformationsbeitrag kann in vielen Situationen und Häusern die Summe der Konditionsbeiträge bei weitem übertreffen. Wenn man sich nur die klassische GuV-orientierte Ergebnisrechnung der Kreditinstitute ansieht, wird man feststellen, dass viele Positionen erheblich vom Treasury beeinflusst werden – und zwar von einer relativ kleinen Anzahl von Mitarbeitern (siehe Abbildung 3).

Eine Hand voll Mitarbeiter (in kleinen Kreditinstituten teilweise auch nur einzelne) sind damit für einen wichtigen Anteil am Ergebnis verantwortlich. Da ist es wiederum nachvollziehbar wenn das BAKred (indirekt über die MaH) dem Qualifikationsstand dieser Mitarbeiter – und auch dem der Vorstände – sehr hohe Bedeu-

Zinsspanne	– Beeinflussung durch entsprechende Portfoliostrategien in Anlagebestand und Liquiditätsreserve
	– Management des Zinsänderungsrisikos durch z.B. Einsatz von Derivaten
	– Emission von kundenorientierten Strukturierten Produkten mit (noch immer) attraktiven Margen
Provisionsspanne	– Positive Effekte auf das Depot B Geschäft durch Synergien z.B. aus dem Research
Nettoergebnis aus Finanzgeschäften	– Positive Tradingergebnisse aus verschiedenen Assetklassen
	– Derivateeinsatz
Bewertungsergebnis	– Positive Bewertungsergebnisse aus dem Wertpapiergeschäft gleichen die negativen Bewertungen aus dem Kreditgeschäft teilweise aus

Abb. 3: Positionen der GuV-orientierten Ergebnisrechnung (Barwertbetrachtung sei hier außer Acht gelassen)

tung beimisst. Das Management will und muss einschätzen können, ob in diesem sensiblen Bereich die Mitarbeiterquantität und vor allem -qualität angesichts der oben beschriebenen Anforderungen angemessen ist. Der Vorstand steht hier jedoch vor einer schweren Hausaufgabe. Warum?

- Die meisten Vorstände sind in ihrer eigenen Biographie und Entwicklung nicht über das Treasury »groß geworden« – im Gegensatz zum klassischen Kreditgeschäft, aus dem sich viele Vorstände entwickelt haben.
- Die Anforderungen an Treasurer haben sich in den letzten Jahren erheblich verändert. In den meisten Finanzinstituten gibt es daher für den Bereich Treasury keine bzw. keine aktuellen Anforderungsprofile.
- Hohe Komplexität und Abstraktheit der gesamten Materie.

7. Wie soll die Eignung der Treasurer beurteilt werden?

7.1 Sammeln von Seminarbescheinigungen

So gut dies gemeint sein mag – es ist nur ein höchst verzweifelter Versuch Anhaltspunkte der Eignung zu finden. Letztlich ist es aber so gut wie nicht aussagekräftig und nur Selbstzweck einer Personalabteilung, sich bei eventuellen Prüfungen (oder nach »Unfällen«) abzusichern. Verschiedene Prüfungsgesellschaften haben aber schon mehrfach betont, dass einzig und allein der Wissensstand zählt und nicht die Art und Weise wie dieser möglicherweise erreicht wurde. Man stelle sich nur vor, dass aus dem Besuch eines Derivateseminars (selbst bei einem ausgewiesenen Derivatefachmann) darauf geschlossen würde, dass der Mitarbeiter jetzt Derivate im Unternehmen einsetzen und anwenden kann.

7.2 Beurteilung durch die Führungskraft

Für diese klassische Art der Eignungseinschätzung spricht auch im Bereich Treasury sehr viel. Die Führungskraft erlebt den Mitarbeiter in der täglichen Praxis, in Routine- aber auch in Risikosituationen. Die Führungskraft sieht auch die Entwicklung, d.h. wie lernfähig der Mitarbeiter ist und wie er in der Lage ist, neue Situationen und Herausforderungen zu meistern und sich selber weiterzuentwickeln, also mit den Herausforderungen zu wachsen. Auch in der täglichen Kommunikation miteinander kann erkannt werden, inwiefern der Mitarbeiter den Anforderungen gerecht wird – denn gleichzeitig kennt die Führungskraft diese Anforderungen auch sehr gut.

Problematisch bis unmöglich wird dies jedoch immer dann, wenn
- der Treasurer keine Führungskraft hat (jedenfalls keine die fachlich tief genug involviert ist),
- die Führungskraft selbst beurteilt werden soll,
- kein ausreichender Beobachtungszeitraum zur Verfügung steht (wie etwa bei einer Neubesetzung) und
- wenn das Management eine möglichst objektive Eignungseinschätzung wünscht.

7.3 Potenzial Assessment

Genau in den Situationen, in denen die klassische Beurteilung durch die Führungskraft nicht mehr weiter kommt, setzt das sogenannte Potenzial Assessment für Treasurer an. Dabei handelt es sich um eine Abwandlung des klassischen Assessment Center Verfahrens[2] (AC). AC ist ein »Verfahren der Eignungs- und Leistungsbeurteilung mittels mehrerer unterschiedlicher eignungsdiagnostischer Verfahren unter Einsatz geschulter Beurteiler an einer Gruppe von Teilnehmern, um Aufschluss über deren Fähigkeiten oder Entwicklungspotenzial zu gewinnen.«[3]

Die immer noch enorme Verbreitung von Assessment Center Verfahren (...auch wenn sie nicht immer so genannt werden) verdanken sie vor allem zwei Faktoren.

Zum einen sind ihre Vorhersagegültigkeiten (prognostische Validitäten) vergleichsweise hoch – sofern das AC nach den Qualitätskriterien der Eignungsdiagnostik konzipiert und umgesetzt ist (dies ist in der Praxis selten der Fall). Zum anderen bietet das AC die Möglichkeit, dass mehrere Entscheider gleichzeitig am Beurteilungsprozess teilnehmen können.

Andererseits ist der Begriff AC insbesondere bei Teilnehmern vielfach negativ belegt. Die Ursachen dafür liegen teilweise in persönlichen negativen Erfahrungen mit diesem Instrumentarium, teilweise einfach in Ängsten begründet, die Beurteilungsverfahren insgesamt mit sich bringen und die dann auch auf dieses Instrument übertragen werden. In den meisten Fällen, in denen Teilnehmer im Vorfeld mit stark gemischten Gefühlen in solch ein Verfahren gegangen sind, hat sich jedoch gezeigt, dass Ängste vor allem auf mangelnder oder falscher Vorinformation beruhten. Auch aus diesem Grund soll das Treasurer Potenzial Assessment[4] im Folgenden erläutert werden.

Im Gegensatz zum klassischen AC, das als Gruppenverfahren, d.h. gleichzeitig für mehrere Probanden, durchgeführt wird, ist das »Treasurer Potenzial Assessment« in der Regel ein Einzel-AC. Die Grundprinzipien[5], die ein Assessment Center charakterisieren, wurden aber auch bei diesem speziellen Verfahren bewusst berücksichtigt und implementiert:

- Mehrfachbeurteilung
- Methodenvielfalt
- Verhaltensorientierung
- Anforderungsbezogenheit

7.3.1 Mehrfachbeurteilung

Die Mitwirkung mehrerer Experten (z.B. Vorstand, Personalentwickler, externer Fachspezialist) am Treasurer Potenzial Assessment geschieht unter zwei Aspekten. Zum einen ermöglicht es die Integration und Symbiose von Fach- und Sozialkompetenz auf der Beobachterseite aus unterschiedlichen Blickwinkeln. Zum anderen werden durch Mehrfachbeobachtung und -beurteilung Subjektivismen und Beobachtungsfehler tendenziell verringert bzw. kompensiert. Im Falle der Nutzung des Treasurer Potenzial Assessment als Auswahlinstrument wirkt die Beteiligung von Experten und Entscheidungsträgern außerdem stark beschleunigend auf den Entscheidungsprozess.

7.3.2 Methodenvielfalt

Bei dieser speziellen Form des Assessment werden folgende Methoden kombiniert:

- Präsentation, z.B. zum Thema Kapitalmarktprognose
- Fallstudien aus verschiedenen Treasurybereichen
- Szenariotechnik
- Strukturiertes Interview

Die Probanden haben dabei die Möglichkeit sich anhand einer Vorbereitungsunterlage auf die Treasuryfälle ausführlich vorzubereiten. Bei der Zielgruppe Nachwuchstreasurer kann es auch Sinn machen im Vorfeld eine Selbststudiumsunterlage zur Verfügung zu stellen. Äußerst wichtig für die Qualität des Verfahrens ist an dieser Stelle, dass die Methoden und Übungen bewusst und genau im Hinblick auf die spezifischen Anforderungen (siehe unten) abgestimmt werden. Es kann daher niemals ein Treasurer Potenzial Assessment von der Stange geben.

7.3.3 Verhaltensorientierung

Prämisse ist, dass jeder Mensch (auch jeder Treasurer) Stärken und Schwächen in Bezug auf die Anforderungen der Stelle hat. Diese spiegeln sich in beobachtbarem Verhalten wider und damit ist die Beobachtung des Verhaltens der unmittelbare Weg, die Eignung eines Probanden festzustellen. Aus diesem Grund werden auch beim Treasurer Potenzial Assessment vor allem Übungen eingesetzt, die Arbeitsverhalten beobachtbar machen. Beispielsweise wie er gegenüber dem Vorstand bei unterschiedlichen Szenarien seine Steuerungsvorschläge argumentativ präsentiert. Von der Grundausrichtung her soll der Proband zeigen können, welche Stärken er hat. Ihm sollen nicht durch praxisfremde theoretische Konstruktionen seine eventuellen Theoriedefizite demonstriert werden.

7.3.4 Anforderungsbezogenheit

Davon ausgehend, dass die Eignung eines Treasurer nicht nur von der jeweiligen Persönlichkeit und seiner Fachkompetenz abhängt, sondern von vielen Einflussgrößen abhängt (wie Teamumfeld und -zusammensetzung, Rahmenbedingungen, Strategie des Vorstands etc.), ist das »geeignet wofür genau« von entscheidender Bedeutung. Je genauer die Treasuryposition bekannt und beschrieben ist, desto treffender kann die Eignungsaussage werden. Dabei sollten möglichst auch Anforderungen einfließen, die in absehbarer Zukunft auf die Position zukommen (wie z.B. das Verständnis für Barwertsteuerung etc.). Im Ergebnis ergibt sich ein ganzheitliches und individuelles Anforderungsprofil, das detailliert die oben skizzierten Bereiche »Analytische Kompetenz«, »Sozialkompetenz« und »Händlerische Kompetenz« umfasst und gewichtet. Genau im Hinblick auf die daraus resultierenden Anforderungsprofile werden die Übungen und Fragestellungen des Treasurer Potenzial Assessment maßgeschneidert. Diese Vorgehensweise ist aufwendig – aber nur so lassen sich vernünftige Ergebnisse erzielen.

Der Ablauf des gesamten Treasurer Potenzial Assessment sieht dann insgesamt wie folgt aus:

- Anforderungsprofil entwerfen
- Übungen im Hinblick auf die Anforderungen zusammenstellen
- Assessment Durchführung

Beobachterkonferenz:
Erstellen eines Stärke/Schwächen-Profils und eines Entwicklungsplans

- Feedback + Personalentwicklungsgespräch

Das Feedbackgespräch sollte möglichst zeitnah nach der Assessment Durchführung stattfinden, um den Teilnehmer nicht unnötig im Unklaren zu lassen und um auch möglichst schnell einen Abgleich Selbst-/Fremdbild zu ermöglichen.

Selbstverständlich ist es dabei auch von entscheidender Relevanz, wer beim Assessment als Beobachter fungiert. Eine Mischung aus Fachspezialisten und PE-Spezialisten und dem zukünftigen Vorgesetzten des Treasurers (z.B. der Handelsvorstand) macht nach unserer Erfahrung Sinn. Eine Beobachterschulung, welche auch die klassischen Beobachtungsfehler bei Assessments berücksichtigt, ist sehr zu empfehlen.

8. Interne Qualifizierung oder externe Rekrutierung

Intern Treasurer aufzubauen, ist bei der entsprechenden Grundveranlagung und Motivation eine Alternative, die im Grunde oft nur einen Hacken hat. Häufig fehlt die Zeit, die dazu erforderlich ist. Manchmal fehlt aber einfach auch nur das Vertrauen in die eigenen Leute. Sinnvolle Trainings, Seminare, Trainings on the job, Hospitationen und weitere Varianten von PE-Instrumenten gibt es genügend am Markt. Trotzdem braucht es einfach auch Erfahrungen (und damit Zeit) bis die Neuen so weit sind. Extern rekrutierte Treasurer bringen da häufig einen Vorsprung in der Erfahrung auch von anderen Instituten mit. Der alte Personalberaterspruch *»Wegen seiner Erfahrung wurde er eingestellt, wegen seiner Persönlichkeit wurde er wieder entlassen!«* muss sich ja nur selten bewahrheiten. Der Spruch macht aber zurecht deutlich, dass der Externe (im Gegensatz zum Internen) bezüglich seiner Persönlichkeit zunächst schwer einschätzbar ist. Dazu kommt, dass viele kleineren Institute mittlerweile Probleme mit ihrem sogenannten Gehaltsgefüge bekommen, wenn sie versuchen externe Treasurer zu integrieren. In vielen Situationen lässt sich dies jedoch nicht vermeiden, etwa dann, wenn das Treasury erst richtig aufgebaut wird oder wenn eine tragende Kraft aus dem Treasury das Haus verlässt und kein Nachfolger in Sicht ist. Zusammenfassend lässt sich formulieren:

»Intern aufbauen wenn möglich, extern rekrutieren wenn nötig!«

9. Schritte zur nachhaltigen externen Rekrutierung

Natürlich ist es schwer in Zeiten, in denen einerseits alle Welt Spezialisten für das Treasury sucht und andererseits der Markt für fertige Treasurer leergefegt ist, geeignetes Personal zu finden und zu halten. Nicht zu vernachlässigen ist auch die Problematik und der Preis, sich von ungeeigneten »Spezialisten« wieder zu trennen.

Vor diesem Hintergrund wird die Personal*entwicklung* (man sollte hier nicht nur von Beschaffung sprechen) ein besonderes Augenmerk auf die Rekrutierung und Potenzialevaluierung legen. Zum Teil wird sie sich – je nach Ausgangssituation – der Unterstützung von fach- und marktkundigen Personalberatern bedienen.

Systematisches Vorgehen erhöht deutlich die Chance, die Richtigen zu finden und zu halten. Dieses systematische Vorgehen kostet zwar vordergründig betrachtet Zeit, genau betrachtet ist es aber eine gute Investition. Wie kann dieses systematische Vorgehen aussehen und welche klassischen Fehler sind dabei zu vermeiden[6]?

9.1 Fundierte Anforderungsanalyse

Das Unternehmen sollte sich über Strategie und Ausrichtung im Klaren sein – den die Anforderungen richten sich vornehmlich nach der Strategie.

- Woran werden wir messen, ob das Treasury/der Treasurer erfolgreich arbeitet?
- Wie sollen die Treasurer arbeiten, dass sie die Management-Erwartungen erfüllen?

Zu vermeiden sind in diesem Zusammenhang aber unrealistische Anforderungen. Entstehen werden solche unrealistischen Anforderungsprofile, wenn – durchaus gut gemeint – zu viele Personen bei der Erstellung mitwirken und so die Anforderungsliste immer länger und die Erwartungen immer ausgeprägter werden. Was ist wirklich wichtig? Welche Kompetenzen haben wir vielleicht schon im Team?

Unrealistische Anforderungsprofile klingen zwar sehr schön (und jeder wird abnicken) aber sie haben auch zur Folge, dass sich der Kreis geeigneter Kandidaten sehr verkleinert. Möglicherweise fallen Kandidaten aus der Vorauswahl, die gerade über die richtige Mischung erfolgsentscheidender Qualifikationen verfügen – auch wenn sie vielleicht einzelne weniger wichtige Kriterien nicht erfüllen oder Kriterien (noch) nicht erfüllen, die leicht aufbaubar sind (z. B. »Erfahrung im Umgang mit einer bestimmten Software«).

Wichtig ist dabei die Berücksichtigung des Gesamtteams. Welche Kompetenzen sind im Treasuryteam schon ausreichend vorhanden (auch wegen Lerntransfermöglichkeiten)? Letztlich soll sich ja ein Team, also eine Gruppe von Mitarbeitern bilden, die Synergien durch sich ergänzende Fähigkeiten erzeugen.

Wie sollen die Anforderungen beschrieben sein, damit sie als Basis für Rekrutierung, Evaluierung, Auswahl und Weiterentwicklung nützlich sind?

Häufig ist in Stellenbeschreibungen und Stellenanzeigen zu beobachten, dass Anforderungen viel zu pauschal und schlagwortartig formuliert werden. Wenn Anforderungen nicht spezifiziert und verhaltensorientiert formuliert werden, dann sollte man besser darauf verzichten. Klassische Beispiele sind die Worthülsen »Teamfähigkeit«, »Strategische Vision« oder »Softwarekenntnisse«. Schade um jeden Millimeter in der Anzeige, der durch diesen Unsinn vergeudet wird. Erst Kompetenzen verhaltensbezogen und konkret zu beschreiben, liefert eine brauchbare Basis in der Personalentwicklung. Zu beschreiben, worin sich die beliebte Teamfähigkeit äußern soll und welche Art von Software wie beherrscht werden muss, das erst sorgt für Klarheit.

Wenn der Prozess der Anforderungsanalyse abgeschlossen ist und wenn auch die weiteren Rahmenbedingungen (Finanzen, Perspektiven, Hierachie etc.) geklärt sind, dann kann mit der Suchphase begonnen werden.

9.2 Suchphase

Der Markt für Treasurer ist im deutschsprachigen Raum zumindest ein enger Markt für die Unternehmen geworden. Relativ wenigen geeigneten Spezialisten steht eine wachsende Anzahl von Unternehmen gegenüber, die ihr Treasury auf- oder ausbauen. Erst seit kurzem haben auch die Hochschulen angefangen in Forschung und Lehre, die verschiedenen fachlichen Anforderungsbereiche des Treasurers mehr und mehr abzudecken. Beispiele für Universitäten, an denen sich Studenten intensiv mit Kernthemen des Treasury beschäftigen sind die LMU in München, die Universitäten in Köln, Münster, Mannheim und Paderborn oder seit vielen Jahren auch die Universität Passau.

Insgesamt hat aber die für Unternehmen enge Marktsituation zu zwei Konsequenzen geführt:

Der Preis, der für Treasurer bezahlt wird, ist zum Teil erheblich gestiegen und Ausschreibungen von Unternehmen laufen teilweise absolut ins Leere. Um in dieser Situation erfolgreich an ein vernünftiges Bewerberpotenzial zu kommen, braucht es erhebliche Marktkenntnis und das Verständnis für die Perspektiven, die dem Treasurer wichtig sind. Die Marktkenntnis ist erforderlich um die richtigen Medien für die Bewerberansprache auszuwählen und um zu wissen, was bei bestimmten Bewerberqualitäten auf der anderen Seite an Rahmenbedingungen und Anreizen dem Bewerber geboten werden muss. Natürlich sollte in dieser Phase das Unternehmen angemessen »verkauft« und die Besonderheiten deutlich gemacht werden. Aber: Genauso wichtig ist es, nie Dinge zu versprechen, die später nicht eingehalten werden können. Dies würde sich sehr schnell als Bumerang erweisen. Häufig ist dies ja genau der Grund für Frühfluktuationen mit den unten beschriebenen Folgeschäden.

Erst wenn die Liste der in Frage kommenden Kandidaten vorliegt, die auch im Hinblick auf die Rahmenbedingungen in das Unternehmen passen, sollte die eigentliche Evaluierungsphase beginnen.

9.3 Evaluierungsphase

Für die Evaluierungsphase gelten die Ausführungen, die weiter oben zu den Beurteilungsmöglichkeiten für die Treasurer bereits getroffen wurden. Das Treasurer Potenzial Assessment, das im Hinblick auf alle drei erforderlichen Kompetenzbereiche abgestimmt sein sollte, stellt auch zur Evaluierung externer Bewerber eine wertvolle Hilfe dar. Wichtig ist dabei, dass keiner der Kompetenzbereiche zu kurz kommt – auch nicht die soziale Kompetenz. Letztere ist zwar am schwersten einschätzbar, aber entscheidend: Nach Untersuchungen von Daniel Goleman, dem Autor des Buches »Working with Emotional Intelligence«, ist die emotionale Intelligenz für den Berufserfolg von Führungskräften weitaus wichtiger als andere Kriterien, z.B. Erfahrung. Zu emotionaler Intelligenz rechnet er die Bereiche »Selbsterkenntnis«, »Selbstkontrolle«, »Motivation«, »Empathie« und »soziale Fähigkeiten«. Um diese Kriterien auch nur im Ansatz einschätzen zu können, dazu reicht keine Plauderstunde mit dem Bewerber – und mag der Interviewer noch so lebenserfahren sein! Bewerber werden in Plauderstunden immer sagen, dass sie kooperativ, konfliktfähig und flexibel sind. Wer würde das nicht?

Erforderlich sind hierzu Verfahren, in denen Bewerber systematisch in Situationen gebracht werden, in denen sie zeigen oder erläutern können, dass und wie sie entsprechende Verhaltensweisen auch in der Praxis an den Tag legen. Dazu eigenen sich insbesondere gut vorbereitete strukturierte Interviews oder Treasurer Potenzial Assessments.

Unsere Erfahrung ist darüber hinaus, dass sowohl Referenzen als auch Arbeitszeugnisse sehr mit Vorsicht zu genießen sind und allenfalls ergänzende Hinweise liefern.

10. Was motiviert Treasurer?

Die Deckung eines Personalbedarfs ist erst dann abgeschlossen, wenn die stabile Integration in das Unternehmen gelungen ist. Die Zeit vor Arbeitsbeginn und die ersten Monate der Unternehmenszugehörigkeit stellen einen kritischen Zeitraum dar. Untersuchungen zeigen immer wieder hohe Fluktuationsraten, die während des ersten Jahres bei 20%–40% liegen[7]. Diese Fluktuationsraten beziehen sich zwar nicht speziell auf Treasurer, die Größenordnung dürfte aber vergleichbar sein. Kosten für solche Frühfluktuationen schätzen wir – je nach Position und Situation – auf nicht unter DM 100.000,–. Dabei sind unter anderem zu berücksichtigen:

- Minderleistung vor, während und nach der Entscheidung, wieder zu kündigen
- Anwerbung, Auswahl und Einstellung eines neuen Treasurers
- Anlern- und Einarbeitungsaufwand
- Erhöhte Arbeitsbelastungen für die anderen Mitarbeiter
- Störungen der Arbeitsabläufe und Gruppenprozesse

Wenn man die Zeit berücksichtigt, die es braucht bis ein neuer Treasurer auch wieder das nötige Vertrauen aufgebaut hat, dann werden die Kosten noch viel höher.

Damit liegt es nahe, sich Gedanken darüber zu machen, was Treasurer motiviert, in einem Unternehmen zu bleiben und volle Leistung zu bringen. Dazu hat der Autor viele Treasurer befragt, die sich von ihrem Unternehmen wegbeworben haben. Kernpunkt der Fragen war: »Was fehlt Ihnen heute so sehr, dass Sie einen Wechsel mit allen Risiken ins Auge fassen?« Die häufigsten Gründe die genannt wurden, sind an einer Hand abzulesen:

- Klare strategische Ausrichtung des Treasury
- Persönliche Weiterentwicklungsmöglichkeiten
- Kompetenzen, die der Aufgabenstellung und der Verantwortung entsprechen
- Klare Aufgabenverteilung im Verhältnis zu anderen Abteilungen (z.B. Risikocontrolling)

Nur selten wurde die finanzielle Verbesserung als Hauptgrund für eine Wechselabsicht genannt. Erfolgreiche Treasurer bestätigen diese Motivationsgründe, deren Vorhandensein gerade auch im Bereich Treasury extrem wichtig zu sein scheint. In der herausfordernden Aufgabe des Treasury selbst liegt häufig die Kernmotivation.

Den Treasurer im Unternehmen einen Rahmen zu bieten, in dem er sich im Sinne der Treasuryziele entfalten und selbst motivieren kann, darin liegt der entscheidende Punkt. Wird dieser beachtet, dann werden sich entweder teuere Rekrutierungen von außen erübrigen oder diese Rekrutierungen werden mit höherer Wahrscheinlichkeit länger im Unternehmen Leistung entfalten.

11. Ausblick

»Das Risikomanagement steckt nach wie vor in den Kinderschuhen. Dies wird sich auf absehbare Zeit gewaltig ändern« sagte Dr. Ron Dembo, Präsident der Algorithmics Inc. in Toronto, im Rahmen der Betriebswirtschaftlichen Tagung des deutschen Sparkassen und Giroverbandes 1999. Wenn dies so ist (und wenige zweifeln daran, weil ja auch die Bankenaufsicht auf qualitativ verbesserte Risikomanagementsysteme hinwirkt), dann werden die Veränderungsprozesse, die dem Treasury bevorstehen, noch erheblich sein. Nur mit entsprechender Mitarbeiterqualität werden diese Veränderungen bewältigt werden können.

Anmerkungen

1 sinngemäß von Deutsch, Dr. Hans Peter, in Arthur Andersen Mitarbeiterzeitschrift 2/1997
2 Jeserich, Wolfgang, Mitarbeiter auswählen und fördern. Assessment Center Verfahren
3 Schuler, Heinz, Psychologische Personalauswahl, Verlag für Angewandte Psychologie
4 1999 von Roland Eller und Ernst Spateneder entwickelt und in der Praxis validiert
5 Neubauer, Rainer, Die Assessment Center Technik. Ein verhaltensorientierter Ansatz zur Führungskräfteauswahl, in: Neubauer, Rainer/Rosenstil, Lutz (Hrsg.), Handbuch der Angewandten Psychologie
6 Einige Elemente und die Grundstruktur dieser Aussagen stammen aus: Claudio Fernandez-Araoz »Hiring without Firing« veröffentlicht in Harvard Business Review« Nr.4, Juli/August 1999. Die Ausführungen dieses international sehr erfahrenen Personalberaters entsprechen weitgehend auch den Erfahrungen des Autors bei der anzeigengestützten Rekrutierung im Bereich Treasury.
7 Farell, D./Peterson, J.C. (1984): Commitment, Absenteeism and Turnover of New Employees: A Longitudinal Study. In: Human Relations 37 (1984)

Literaturverzeichnis

Bundesaufsicht für das Kreditwesen, Verlautbarung über Mindestanforderungen an das Betreiben von Handelsgeschäften der Kreditinstitute, Berlin, 23. 10. 1995.
Czichos, Rainer, Change-Management, Hrsg. vom Münchner Trainer Team (mtt), 1993.
Dembo, Ron/Freeman, Andrew, Die Revolution des finanziellen Risikomanagements: Gesetze, Regeln, Instrumente. Aus dem Engl. Von Thomas Pfeiffer, Gerling Akademie Verlag, 1998.
Konsultationspapier zum Management von Zinsänderungsrisiken des Basler Ausschusses für Bankenaufsicht vom Januar 1997.

Meier, Harald/Schindler, Ulrich (Hrsg.), Human Resources Management in Banken: Strategien, Instrumente und Grundsatzfragen, Gabler Verlag, Wiesbaden 1996.

Mindestanforderungen an das Betreiben von Handelsgeschäften der Kreditinstitute, in: Deutsche Bundesbank, Monatsbericht März 1996.

Obermeier, Otto-Peter, Die Kunst der Risikokommunikation, Gerling Akademie Verlag, 1999.

Sattelberger, Thomas (Hrsg.), Handbuch der Personalberatung, Realität und Mythos einer Profession, Verlag C.H. Beck, 1999.

Teil VI
Revisionstechnische und aufsichtliche Anforderungen

Der Neue-Produkte/Märkte-Prozess in der Praxis

Hans-Jürgen Behr[*]/Martin Kuhnert[**]/Thorsten Gendrisch[***]/
Markus Heinrich[****]

Inhalt

1. Einführung

2. Aufsichtsrechtliche und gesetzliche Anforderungen
   2.1 Mindestanforderungen
   2.2 KWG
   2.3 KonTraG
   2.4 Basler Grundsätze

3. Phasen
   3.1 Projektinitiative
   3.2 Projektarbeit
   3.3 Trockentestphase
   3.4 Konzeptgenehmigung
   3.5 Reale Testphase
   3.6 Aufnahme in den laufenden Handel

4. Praxisbeispiele
   4.1 Einführung eines Eigenhandelsproduktes
   4.2 Einführung eines Kundenproduktes

5. Erfolgsfaktoren
   5.1 Zeitrahmen
   5.2 Mitarbeiterqualifikation

[*] Dipl. Kaufmann (FH) Hans-Jürgen Behr leitet die Controllingabteilung der Sparkasse Altmark West. Er ist für die Implementierung innovativer Finanzinstrumente verantwortlich.

[**] Martin Kuhnert, Sparkassenbetriebswirt, Ltr. Depot-A-Management in der Kreissparkasse Stendal. Er ist für den Eigenhandel sowie die Produkteinführung innovativer Finanzprodukte verantwortlich.

[***] Thorsten Gendrisch ist für die Firma Roland Eller Consulting GmbH tätig. Dort berät er Kreditinstitute u.a. bei Fragestellungen im Zusammenhang mit der Implementierung von Produkten/Märkten und dem Übergang zum Handelsbuchinstitut.

[****] Dipl. Wirtschaftsmathematiker Markus Heinrich arbeitet als freier Consultant und Trainer, u.a. für Roland Eller Consulting. Er berät Kreditinstitute bei der Einführung neuer Produkte und hält Seminare zu derivativen und strukturierten Produkten.

5.3 Projektkoordination
5.4 Organisatorische Rahmenbedingungen
5.5 Mitarbeitermotivation

6. Schlussbemerkungen

1. Einführung

Die Einführung eines neuen Produktes beispielsweise in der Automobil-Industrie wird lange im Voraus geplant. Am Anfang steht die Ausarbeitung von Entwürfen, bei denen gleichzeitig umfangreiche Berechnungen zur Stabilität und anderen Eigenschaften des Fahrzeugs durchgeführt werden. Parallel dazu werden die gesetzlichen Vorgaben und Bestimmungen abgeklärt, um nicht im Nachhinein Überraschungen erleben zu müssen. Es werden Prototypen gebaut, die dann in der Praxis getestet werden. Die Phase vom Entwurf bis zur Serienreife eines Autos kann dabei mehrere Jahre dauern und eine Menge Geld verschlingen.

Zur Gewährleistung einer ordnungsgemäßen Handhabung von Finanzprodukten bei Kreditinstituten sollte es ebenfalls selbstverständlich sein, dass vor Aufnahme von Geschäften in neuartigen Produkten oder neuen Märkten ein Prozess zur Einführung des neuen Produktes oder Marktes gestartet wird. Je komplizierter die Produkte oder der Markt sind und je bedeutender die Neuerung für die Bank ist, desto wichtiger ist eine detaillierte Ausarbeitung zu möglichen Fachfragen und Handhabungsproblemen. Eine fundierte Erörterung des neuen Produktes/Marktes in der Theorie ist zwingende Voraussetzung für einen erfolgreichen Einsatz in der Praxis. Vor dem Hintergrund des zunehmenden Wettbewerbes und der damit verbundenen Ertragseinbußen, kann sich ein Kreditinstitut heutzutage Schwierigkeiten und Unzulänglichkeiten, die bei einer gründlichen Einführung eines Produktes/Marktes vermeidbar gewesen wären, nicht mehr leisten. Im Rahmen einer globalen Steuerung der Gesamtbank ist daher der *Neue Produkte/Märkte-Prozess* als entscheidender Erfolgsfaktor zu sehen.

Wie aber sieht der Gesetzgeber diesen Prozess? Wie muss man sich eine idealtypische Einführung eines Produktes in das vorgegebene Umfeld eines Kreditinstitutes vorstellen? Diese und andere Fragen sollen im Rahmen dieses Artikels erörtert werden. Dazu wird zuerst auf den gesetzlichen Hintergrund eingegangen. Darauf folgt eine detaillierte Erläuterung der einzelnen Phasen einer Produkteinführung, die jeweils um ein Praxisbeispiel aus dem Eigenhandel und dem Marktbereich ergänzt wird. Den Abschluss bildet eine Erläuterung von Faktoren, die aus unserer Sicht für eine erfolgreiche Integration in den bestehenden Organisationsrahmen entscheidend sind.

2. Aufsichtsrechtliche und gesetzliche Anforderungen

2.1 Mindestanforderungen

Die gesetzlichen Vorschriften, die unmittelbar mit dem Neue Produkte/Märkte-Prozess im Kreditwesen in Verbindung gebracht werden, sind die »Verlautbarung über Mindestanforderungen an das Betreiben von Handelsgeschäften der Kreditinstitute« (kurz: MaH). Diese Anweisung wurde im Oktober 1995 veröffentlicht und muss seit 1997 in allen Kreditinstituten beachtet werden. Es werden darin allgemeine organisatorische Voraussetzungen für die Banken definiert, die Handelsgeschäfte betreiben. Als Handelsgeschäft werden dabei alle Kontrakte bezeichnet, »die ein

- Geldmarktgeschäft
- Wertpapiergeschäft (einschließlich des Handels in Schuldscheinen und Namensschuldverschreibungen sowie der Wertpapierleihe, ohne Emissionsgeschäfte)
- Devisengeschäft
- Edelmetallgeschäft
- Geschäft in Derivaten

zur Grundlage haben und die im eigenen Namen und für eigene oder fremde Rechnung abgeschlossen werden.« Dies bedeutet, dass die Anforderungen vornehmlich auf den Handelsbereich eines Kreditinstituts abstellen. Der Kreditbereich ist beispielsweise nicht angesprochen, so dass die Regelungen für diese Geschäfte primär nicht zutreffen. Daneben enthalten die MaH Vorgaben für die Ausgestaltung eines Systems »[...] zur Messung und Überwachung der Risikopositionen und zur Analyse des mit ihnen verbundenen Verlustpotentials (Risiko-Controlling) sowie zu deren Steuerung (Risiko-Management) [...]«. Die Verantwortlichkeit für die Einführung und Einhaltung dieser Regelungen obliegt den Geschäftsleitern. Die Vorschrift zur Vorgehensweise bei neuartigen Produkten/Märkten wird folgendermaßen geregelt:

Geschäfte in neuartigen Produkten oder neuen Märkten

Die Aufnahme von Geschäften (Testphase) in neuartigen Produkten oder neuen Märkten ist von dem zuständigen Geschäftsleiter auf der Grundlage eines umfassenden und detaillierten Konzeptes vorab zu genehmigen; die Geschäftsleitung ist unverzüglich von der Geschäftsaufnahme zu unterrichten. Während der Testphase sollen Geschäfte nur in überschaubarem Umfang aufgenommen werden. In die Testphase sollen alle später in die Arbeitsabläufe eingebundenen Stellen einschließlich der Revision im Rahmen ihrer Aufgaben eingeschaltet werden. Es ist sicherzustellen, dass der laufende Handel in den neuen Produkten oder Märkten erst beginnt, wenn die Testphase erfolgreich abgeschlossen ist, die Geschäftsleitung zugestimmt hat und die notwendigen internen Arbeitsanweisungen, entsprechend qualifiziertes Personal und eine angemessene technische Ausstattung bereitstehen sowie Risikokontrollsysteme vorhanden sind.«

Die Anforderungen zeigen bereits einen recht detaillierten Weg für die durchzuführenden Maßnahmen im Rahmen einer Einführungsphase auf. Insbesondere wird ein Zeitraum vorausgesetzt, in dem das neue Produkt/der neue Markt getestet wird. Erst nach erfolgreichem Abschluss dieser Periode darf ein regelmäßiger Handel aufgenommen werden.

2.2 KWG

Die Regelungen im KWG, sind – verglichen mit den Ausführungen der MaH – weniger detailliert. Es steht auch nicht die Vorgehensweise, sondern vielmehr das Ergebnis im Vordergrund. Insbesondere im §25a wird auf die Thematik genauer eingegangen:

»(1) Ein Institut muss
1. über geeignete Regelungen zur Steuerung, Überwachung und Kontrolle der Risiken sowie über angemessene Regelungen verfügen, anhand deren sich die finanzielle Lage des Instituts jederzeit mit hinreichender Genauigkeit bestimmen lässt;...«

Diese geeigneten Steuerungsmechanismen müssen natürlich erst eingeführt werden, bzw. die bereits bestehenden Rahmenbedingungen sollten auf ihre Eignung hinsichtlich eines neuen Produktes/Marktes überprüft werden. Die folgerichtige Konsequenz ist ein Prozess, der genau diese Fragestellungen klärt. Dass diese Vorgehensweise vor Einführung erfolgen sollte, lässt sich unter anderem daraus ableiten, dass »jederzeit« – also von Beginn an – alle Risiken bekannt sein müssen.

2.3 KonTraG

Im April 1998 wurde das Gesetz zur Kontrolle und Transparenz im Unternehmensbereich in Kraft gesetzt. Dabei handelt es sich nicht um ein Gesetz im herkömmlichen Sinne, sondern vielmehr werden darin Änderungen in bereits bestehenden Gesetzestexten (z.B. HGB, Aktiengesetz) bekannt gegeben. Anhand dieser Neuerungen soll einerseits der Einblick von Außenstehenden in ein Unternehmen durch Erweiterungen der Publizitätspflicht vereinfacht werden. Andererseits werden die Abschlussprüfer, die Geschäftsführungs- und die Aufsichtsgremien verstärkt in die Haftung genommen. Im Aktiengesetz wird der §91 um folgenden Absatz ergänzt: »...Der Vorstand hat geeignete Maßnahmen zu treffen, insbesondere ein Überwachungssystem einzurichten, damit den Fortbestand der Gesellschaft gefährdende Entwicklungen früh erkannt werden«. Im HGB werden im Rahmen der Veröffentlichungspflichten verschiedene Paragraphen um folgenden Teilsatz erweitert: »dabei ist auch auf die Risiken der künftigen Entwicklung einzugehen«. Die Erfüllung dieser Aufgaben ist nur mit einem den Risiken entsprechenden System zu bewerkstelligen. Dabei sollte es selbstverständlich sein, dass dieses System vor Einführung von neuen Produkten/Märkten auf deren Integrationsfähigkeit überprüft wird. Eventuell notwendige Änderungen oder Erweiterungen können im Rahmen eines Projektes durchgeführt werden.

2.4 Basler Grundsätze

Auch das Basler Komitee zur Überwachung der Banken geht auf den Prozess einer Neueinführung eines Produktes in den Grundlagen zur Steuerung von Zinsänderungsrisiken (»Principles for the Management of interest rate risks«) ein. Insbesondere wird gefordert:

»Principle 5:

It is important that banks identify the interest rate risks inherent in new products and activities and ensure these are subject to adequate procedures and controls before being introduced or undertaken. Major hedging or risk management initiatives should be approved in advance by the board or its appropriate delegated committee.

Es ist wichtig, dass die Banken das mit den neuen Produkten und Geschäftsarten verbundene Zinsrisiko erkennen und dafür Sorge tragen, dass vor Einführung oder Aufnahme der Geschäfte ausreichende Verfahren und Kontrollen eingehalten werden. Größere Vorhaben zur Absicherung oder zum Management von Risiken sollten im Voraus vom Entscheidungsorgan oder einem entsprechenden Ausschuss genehmigt werden.«

In den Erläuterungen der Grundsätze werden nochmals die beiden Hauptpunkte dieser Aussage, nämlich die ausreichenden Verfahren und Kontrollen und das einem ständigen Handel vorausgehendem Genehmigungsverfahren, dargestellt.

Bei der Einführung eines neuen Produktes müssen die beiden nachfolgenden Aspekte berücksichtigt werden:

- die institutsindividuelle Risikopolitik und
- die produktspezifischen Risiken

Im Einzelnen kann dies bedeuten, dass man untersucht, inwieweit das neue Produkt/der neue Markt in die bestehende Risikolandschaft passt. Ein bisher nur mit festverzinslichen Wertpapieren erfahrenes Institut wird sich sicherlich bei Einführung von Aktien sehr ausführlich mit den damit verbundenen neuen Risiken auseinandersetzen müssen. Der Aufnahme von 30-jährigen Anleihen in den Eigenbestand sollte bei einer ausschließlich im Geldmarktbereich tätigen Bank eine detaillierte Analyse der Veränderungen vorausgehen. Die institutsindividuelle Risikopolitik kann man jedoch auch weiter fassen. Zu einer ganzheitlichen Betrachtung gehören auch die vorhandenen Personalressourcen. Je anspruchsvoller die gehandelten Produkte sind, desto wichtiger ist ein fundiertes Fachwissen aller am Prozess beteiligten Stellen. Daneben spielen die technischen Voraussetzungen und die bestehende Systemlandschaft eine entscheidende Rolle. Eine Quantifizierung von Risiken aus Optionen ist heutzutage ohne entsprechende Preismodelle nicht durchführbar. Das Erkennen der produktspezifischen Risiken beginnt mit der Analyse des neu einzuführenden Produktes/Marktes. Oft werden die Besonderheiten erst auf den zweiten Blick erkannt. Als Beispiel sei hier ein Kredit mit Sondertilgungsrechten genannt. Diese Möglichkeit der zusätzlichen Rückzahlung verkörpern im Grunde genommen Optionen für den Kreditnehmer, die einen Wert besitzen. Einerseits sollten diese Rechte bei der Preisbildung für den Kredit berücksichtigt werden, andererseits müssen sie natürlich im Rahmen einer Bilanzsteuerung einbezogen werden. Erst wenn alle Attribute des einzuführenden Produktes/Marktes bekannt sind, kann man sich Gedanken darüber machen, wie eine Implementierung in die bestehende Risikolandschaft erfolgen soll.

Vor Einführung des Produktes/Marktes soll ein Vorschlag erarbeitet werden, in dem die zukünftige Vorgehensweise dargestellt wird. Laut dem Basler Komitee muss dieses Konzept folgende Aspekte berücksichtigen:

- Beschreibung des Produktes/der Strategie
- Erforderliche Ressourcen
- Analyse der Zweckmäßigkeit unter Berücksichtigung des Umfeldes
- die Risikomethodik

3. Phasen

Ausgehend von dem vorgestellten rechtlichen Umfeld soll eine idealtypische Vorgehensweise bei der Einführung eines neuen Produktes oder eines neuen Marktes vorgestellt werden. Dabei wird der gesamte Prozess in mehrere Phasen unterteilt. Jede einzelne Phase sollte erst dann begonnen werden, wenn die vorherige erfolgreich abgeschlossen worden ist. Berücksichtigt werden sollte jedoch, dass je nach Produkt/Markt, die einzelnen Bausteine unterschiedlich lange Zeiträume benötigen.

3.1 Projektinitiative

Am Anfang eines Einführungs-Prozesses steht natürlich der Wunsch – manchmal auch der externe Zwang – das bestehende Umfeld zu verändern. Die einsetzbaren Produkte/die vorhandenen Märkte erscheinen nicht mehr ausreichend, um Rendite-Vorgaben zu erfüllen, oder im Wettbewerb konkurrenzfähig zu sein. Die Initiative

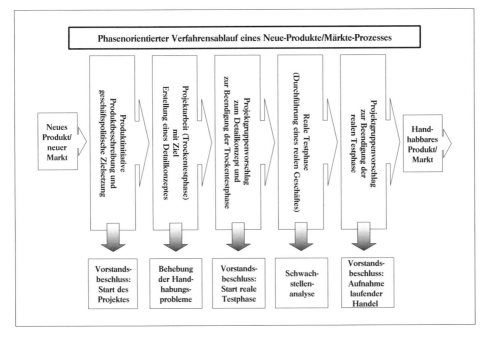

Abb. 1: Ablauf der Projektphasen

wird daher meist von einer Stelle ausgehen, die diesen Gegebenheiten unterliegt. Das ist typischerweise der (Eigen-) Handel, der einen starken Kontakt zum dynamischen Bereich der Börse hat. Denkbar ist aber sicherlich auch der Verkaufsbereich, da der Kontakt mit den Kunden und den Konkurrenten eine sehr aufschlussreiche Möglichkeit zur Feststellung des Bedarfs an Produkten/Märkten darstellt. Aufgrund des sehr weitreichenden Überblicks kann natürlich auch das (Risiko-) Controlling die Initiative ergreifen, z.B. um einen neuen Markt einzuführen, aufgrund dessen ein Kostensenkungspotential auftreten kann. Da die Motivation, die Einführung des Produktes/Marktes innerhalb eines überschaubarem Zeitrahmens abzuschließen, in diesen Abteilungen am größten ist, sollte der Projektleiter auch aus diesen Bereichen stammen.

Die entsprechende Abteilung sollte zunächst einen Beschluss von der Geschäftsleitung/den entscheidenden Gremien herbeiführen, der den offiziellen Beginn des Vorhabens darstellt. In dieser Vorlage sollte das Produkt/der Markt inklusive den dazugehörigen Marktusancen beschrieben und die geschäftspolitische Zielsetzung erörtert werden. Neben dem potentiellen Nutzen ist auch eine Schätzung der mit der Neueinführung und dem laufenden Einsatz verbundenen Kosten sinnvoll. Zum Abschluss sollen die Mitglieder der Projektgruppe benannt werden. In diesem Projektteam sollten die Abteilungen/Bereiche enthalten sein, die später mit dem neuen Produkt/Markt umgehen müssen. Typischerweise sind deshalb

- Handel,
- (Risiko-) Controlling
- Abwicklung/Kontrolle, bzw. Mid-/Backoffice
- Rechnungswesen und Bilanzierung inkl. Meldewesen
- Organisation/EDV

als fester Bestandteil der Gruppe anzusehen. Je nachdem, ob das Produkt auch im Aktiv- bzw. Passivbereich eingesetzt wird, sollten auch der Kreditbereich bzw. die Markt-/Vertriebssteuerung in den Prozess involviert werden.

Mit der Genehmigung des Vorschlages durch die Geschäftsleitung beginnt die eigentliche Projektarbeit.

3.2 Projektarbeit

Ziel der Phase der Projektarbeit ist die Erstellung eines Detailkonzeptes, wie es insbesondere von den MaH gefordert wird. Hier sollten alle mit dem neuen Produkt/Markt zusammenhängenden Fragen im Idealfall bereits geklärt werden können. Dazu sollte jede involvierte Abteilung sich Gedanken machen, welche Fragestellungen mit der Einführung und dem späteren Einsatz verbunden sein könnten. Ein vom Institut einmalig erarbeiteter standardisierter Fragenkatalog kann gewährleisten, dass keine bedeutenden Themengebiete ausgelassen werden. Besonders wichtige Detailfragen können mit Hilfe von externen Spezialisten, z.B. von Beratungsfirmen geklärt werden.

Zusätzlich sollten in dieser Projektphase regelmäßig Sitzungen stattfinden. Zweck dieser Zusammenkünfte ist einerseits, die Vorstellung der Lösungen der einzelnen Bereiche, aber auch die Bearbeitung fach- und abteilungsübergreifender Fragestellungen. Die Besprechungen werden vom Projektleiter einberufen, der als Koordinator des Projekts eine sehr wichtige Stellung einnimmt. Seine Aufgaben umfassen daher unter anderem:

- Einberufung der Projektsitzungen
- Überwachung des Fortganges im Projekt inkl. Einhaltung des Zeitplanes und anderer Vorgaben
- Betreuung der einzelnen Abteilungen insbesondere beim Auftreten von Schnittstellenproblemen
- Kommunikation mit der Geschäftsleitung und Unterrichtung über wesentliche Abweichungen von der erstellten Planung
- Koordinierung der Erstellung des Detailkonzeptes

Zudem sollte er die Klärung von Problemstellungen der Abteilungen übernehmen, die nicht im inneren Projektkreis vertreten sind. Dazu kann beispielsweise das Einholen von Stellungnahmen bezüglich rechtlicher Risiken oder von Angeboten für Hard-/Software gehören.

Die Fragen, die sich den einzelnen Abteilungen im Rahmen der Einführung des Produktes/Marktes stellen, sind teilweise sehr ähnlich. So sollte in jedem Bereich bereits hinreichendes theoretisches Know-how über das neue Produkt/den neuen Markt vorhanden sein. Insbesondere vor dem Hintergrund, dass in dieser Projektphase mögliche institutsindividuelle Probleme und Schwierigkeiten von den einzelnen Fachbereichen erkannt und erörtert werden sollen, sind verfügbare Vorkenntnisse von großer Bedeutung. Sollte das Wissen noch nicht oder nicht im ausreichenden Maße vorhanden sein, wäre ein Schulungskonzept oder eine sonstige Beschaffung von Know-how zu überlegen. Neben der personellen Ausstattung sollte noch die bestehende technische Umgebung der einzelnen Abteilungen einer kritischen Überprüfung hinsichtlich der Ansprüche des neuen Produktes/Marktes unterzogen werden. Daneben bestehen natürlich auch noch Detailfragen, die in den entsprechenden Fachbereichen geklärt werden müssen.

Handel/Treasury
Da vom Handelsbereich – zumindest bei den Eigenhandelsprodukten – die Initiative ausgeht, müssen hier sowohl die personellen, als auch technischen Anforderungen besonders hoch sein. Eine schnelle Handelsentscheidung kann nur dann erfolgen, wenn auch die notwendigen Informationen vorhanden und entsprechend aktuell sind. Aus den Informationen müssen sich mit Hilfe evtl. anzuschaffender Bewertungssysteme Preise und Risikoparameter ermitteln lassen. Abzuklären sind daneben aber auch andere Rahmenbedingungen, wie beispielsweise, mit welchem Kontrahenten überhaupt gehandelt werden darf. Eine Regelung hinsichtlich eventuell bestehender interner Kompetenzen ist ebenso zu definieren, wie die Ergänzung bestehender Arbeitsanweisungen und Ablaufbeschreibungen.

Risikocontrolling
Im Normalfall wird das Risikocontrolling mit der Einführung eines neuen Produktes den größten Arbeitsbedarf aufweisen. Es muss ausgiebig überprüft werden, inwieweit das bestehende Risikosystem für eine Implementierung des neuen Produktes/Marktes ausreichend ist. Dies umfasst sowohl das Marktpreis- als auch das Adressenaus-

fallrisiko. Dabei soll sowohl die Methodik zur Ermittlung der Risiken, als auch die Höhe der bestehenden Limite hinterfragt werden. Wenn die existierende Vorgehensweise bereits ausreichend ist, bedarf es keiner Veränderung der Risikolandschaft. Ansonsten wird es notwendig sein, im Rahmen der Produkteinführung auch die Vorgehensweise für die bestehenden Produkte zu modifizieren, um eine konsistente Risikomessung zu gewährleisten. Eine qualifizierte Beurteilung dieser Fragestellungen setzt natürlich ein entsprechendes Fachwissen voraus.

Abwicklung/Kontrolle
Im Bereich Abwicklung und Kontrolle muss eine Überprüfung der bisherigen Arbeitsabläufe insbesondere bezüglich der Bestätigung von Geschäften durchgeführt werden. Maßgeblich ist auch die Vollständigkeit und Richtigkeit von Händlerzetteln, die eventuell im Rahmen der Neueinführung abgeändert oder neu erstellt werden müssen.

Natürlich ist auch hier ein Verständnis über die Auswirkungen bei der Integration des neuen Produktes/Marktes ebenso notwendig, wie ausreichende Kenntnisse über das Produkt/den Markt selbst. Dieses Know-How ist insbesondere dann notwendig, wenn in diesem Bereich die Überprüfung der marktgerechten Bedingungen der Handelsgeschäfte angesiedelt ist. Bei derivativen Produkten ist meist eine theoretische Bewertung anhand von Marktdaten erforderlich. Bei strukturierten Produkten bedeutet dies meist einen erheblichen Aufwand, da das gesamte Produkt nur dann überprüft werden kann, wenn alle Einflussfaktoren jedes Bestandteiles vorhanden sind. Folgerichtig muss entsprechendes Detailwissen, verbunden mit Tools zur Bewertung, vorhanden sein.

Rechnungswesen
Im Bereich Rechnungswesen müssen alle Fragen, welche die Verbuchung des Produktes/des Marktes betreffen, geklärt werden. Dies umfasst neben der Eröffnung eventuell benötigter neuer Konten oder des Aufbaus von Nebenbüchern auch eine Definition der Buchungssätze. Insbesondere bei der Einführung von strukturierten Produkten im Aktiv- oder Passiv-Bereich kann externer fachmännischer Rat notwendig sein, wenn aus dem Kontenrahmen keine Aussage abgeleitet werden kann.

Meldewesen
Aufgrund der gesetzlichen Vorgaben seitens der Bankenaufsicht müssen die Ausfallrisiken gegenüber Kontrahenten bzw. Emittenten und ggf. die Marktrisiken quantifiziert werden. Dies erfolgt bekanntlich anhand der Meldungen nach Grundsatz I. Auch die Liquiditätswirkung auf den Grundsatz II ist zu untersuchen. Hinzuweisen sei daneben natürlich auch auf die Anzeigen der Kreditinstitute gem. §13 und 14 KWG und §9 WpHG. Ein neues Produkt bzw. neuer Markt kann dabei ein anderes Vorgehen bei der Ermittlung dieser Kennzahlen bedeuten. Die Konsequenzen müssen vor der Einführung erkannt werden und entsprechende Maßnahmen zur Behebung von damit verbundenen Problemen eingeleitet sein. Dabei kann es auch durchaus vorkommen, dass die beobachtbaren Effekte seitens der Geschäftsleitung nicht gewünscht sind (z.B. entsprechende Eigenmittelunterlegung oder Belastung des GS II) und das Produkt deshalb nicht eingeführt wird.

Organisation/EDV
Wie bereits bei den entsprechenden Fachabteilungen angemerkt, ist zwingendes Gebot für die Einführung eines neuen Produktes, dass die technischen und organisatorischen Voraussetzungen vorhanden sind. Ohne EDV-technische Unterstützung ist die Bewertung von komplexen Produkten nicht denkbar. Ohne jederzeit verfügbare Marktinformationen geht ein Engagement in fremden Märkten mit einem hohen Risiko einher. Die notwendigen Änderungen bzw. Neuerungen sollte daher die Organisation mit den jeweiligen Fachbereichen erarbeiten und einen Anforderungskatalog erstellen. Daneben muss sich die Organisation meist um die Dokumentation aller Geschäftsabläufe kümmern. Mit der Einführung eines neuen Produktes/Marktes sind zumeist auch Änderungen in den bisherigen Arbeitsabläufen verbunden. Dieser Bereich hat deshalb dafür Sorge zu tragen, dass notwendige Modifikationen der schriftlichen Ordnung seitens der einzelnen beteiligten Abteilungen durchgeführt werden. Die Organisation sollte auch dafür sorgen, dass in den von der Neueinführung betroffenen Bereichen Vertreter und Notfallvertreter vorhanden sind, damit ein reibungsloser Übergang im Eventualfall gewährleistet werden kann. Das Unternehmen geht ansonsten ein Betriebsrisiko ein, das nur schwer eingeschätzt werden kann.

Revision
Auch die zukünftige Tätigkeit der Revision kann mit der Einführung eines neuen Produktes/Marktes Änderungen unterworfen sein. Die Prüfungsfelder sind – entsprechend den MaH – im Hinblick auf die Neuerungen zu überprüfen und ggf. anzupassen.

Markt- und Vertriebssteuerung
Eine Integration der Markt- und Vertriebsteuerung ist dann sinnvoll, wenn mit dem neuen Produkt Kunden angesprochen werden sollen. Ein typisches Beispiel ist die Neuaufnahme eines strukturierten Produktes im Passivbereich. Neben Überlegungen, wie das Produkt in der Geschäftsstelle gehandhabt werden muss, ist im Projekt zu klären, welche Teile aus der gesamten Palette des Marketing-Mixes eingesetzt werden sollen.

Kreditabteilung, Kreditsekretariat
Wie bereits bei den Erläuterungen zum Bereich Meldewesen angedeutet, kann eine Neueinführung eines Produktes/Marktes die Einführung bzw. Erhöhung benötigter Kontrahentenlimite mit sich bringen. Die Risiken können dabei sowohl aufgrund schwebender Geschäfte, als auch durch Positionen im Bestand hervorgerufen werden. In Zusammenarbeit mit dem Risikocontrolling muss daher eine Methode erarbeitet werden, die den jeweiligen Risiken Rechnung tragen. Es ist dabei durchaus denkbar, dass im Rahmen der Neueinführung des Produktes die Anrechnungsmethodik für alle Produkte angepasst werden muss.

Controlling (Potentialanalysen, Gesamtbanksteuerung)
In den meisten Instituten ist das Controlling unter anderem für die Ermittlung und Überwachung von Kosten zuständig. Im Rahmen der Neueinführung von Produkten/Märkten stellt sich daher die Frage, welchen monetären Nutzen das Produkt bzw. der

Abteilung	Abzuarbeitende Punkte
Handel	• Pricing, Bewertung • Positionsführung • Kontrahenten
Risikocontrolling	• Risikomethodik • Adressenausfall-/Marktpreisrisiko • Limitanrechnung
Abwicklung/Kontrolle	• Geschäftsbestätigung • Marktgerechtigkeit
Rechnungswesen/ Meldewesen	• Bilanzierung • Verbuchung • Aufsichtsrechtliche Meldungen
Organisation	• EDV-System zur Informationsbeschaffung und Positionsführung • Arbeitsanweisungen
Controlling/ Gesamtbanksteuerung	• Budgetierung des Einführungsprozesses • Kosten-/Nutzenschätzung des neuen Produktes/Marktes

Abb. 2: Checkliste für die Produkt-/Markteinführung

Markt mit sich bringt und welche Kosten auftreten werden. Neben einer Budgetierung dieser Kosten ist zu klären, inwieweit diese sowohl auf Preise als auch auf die internen Kostenstellen verteilt werden können.

In Zusammenarbeit mit dem Marketing sollten bei Kundenprodukten auch Markt-/Potenzialanalysen durchgeführt werden.

3.3 Trockentestphase

Da mit der Neueinführung eines neuen Produktes/Marktes auch das Zusammenspiel zwischen den Bereichen von Bedeutung ist, muss eine Projektphase vorhanden sein, in der dies untersucht wird. Dabei sind insbesondere die Veränderungen an den Schnittstellen zu analysieren und danach in die jeweiligen Geschäftsprozesse zu integrieren. Beispiele für diese Problembereiche können der Händlerzettel, die Information über bestehende Limitauslastungen aber auch die Durchleitung eines Kundenauftrages sein. Im Regelfall wird am Ende der Trockentestphase ein »Dummy-Geschäft« stehen. Ähnlich einer Generalprobe im Theater wird dabei ein Testgeschäft von Anfang bis Ende theoretisch durchexerziert. Die dabei gewonnenen Erkenntnisse werden sehr wertvoll sein, können aber im Zweifelsfall auch dazu führen, dass die Projektarbeit weiter vertieft werden muss. Zumeist wird jedoch der Trockentestphase die Konzeptgenehmigung folgen.

3.4 Konzeptgenehmigung

Zur Genehmigung des Detailkonzeptes durch die Geschäftsleitung ist es erst notwendig, dass die betroffenen Fachbereiche ihre Teilkonzepte erstellen. Darin sollten die gewonnenen Erkenntnisse aufgezeigt werden. Aber auch aufgetretene Probleme und die erarbeiteten Lösungen in den Bereichen können in das Konzept aufgenommen werden. Anhand von Checklisten sollten zudem möglichst alle erdenklichen Besonderheiten und Fragestellungen auf ihre Bedeutung für den laufenden Neue-Produkte-Prozess untersucht werden. Die einzelnen Teile müssen daraufhin vom Projektleiter zusammengestellt und auf ihre Vollständigkeit hinsichtlich der wesentlichen Fragestellungen überprüft werden. Ihm obliegt auch die Aufgabe, die Darstellung der fachbereichsübergreifenden Problemstellungen zu übernehmen. Dabei kann insbesondere auf die Erfahrung bei der Durchführung des Dummy-Geschäftes zurückgegriffen werden.

Den Abschluss des Detailkonzeptes bildet der Antrag aller beteiligten Abteilungen, die Trockentestphase für beendet zu erklären und ein reales Testgeschäft durchzuführen. Der Vorschlag wird daraufhin der Geschäftsleitung zur Genehmigung vorgelegt.

3.5 Reale Testphase

Bereits im Detailkonzept wurden durch die Projektgruppe Einzelheiten bezüglich eines Testgeschäftes festgelegt. Sind keine Änderungen seitens der Entscheidungsgremien vorgenommen worden, kann mit dem ersten echten Handel des neuen Produktes/am neuen Markt begonnen werden. Ziel dieses Geschäftes soll primär nicht sein, einen möglichst hohen Gewinn zu erwirtschaften, sondern vielmehr weitere Erkenntnisse bezüglich des neuen Produktes/Marktes zu gewinnen. Die theoretischen Ansätze der Trockentestphase werden jetzt auf ihre Praxistauglichkeit überprüft. Dabei kann es durchaus zur Feststellung kommen, dass die Überlegungen nicht ausreichend waren. Genau dies sollte intensiv im Verlauf der realen Testphase untersucht werden. Einerseits ist daher die jeweilige Fachabteilung aufgerufen, diese Erkenntnisse festzuhalten und entsprechend Problemlösungen oder Übergangslösungen zu schaffen. Andererseits ist die Innenrevision angehalten, diese Phase des Projektes besonders sorgfältig zu begleiten, da sie bei der Erstellung des abschließenden Protokolls eine Stellungnahme abgeben soll. Alle beteiligten Bereiche sollten sich darüber bewusst sein, dass diese Schwachstellenanalyse eine große Bedeutung hat. In diesem Stadium, mit der überschaubaren Größenordnung des Geschäftes, können noch Änderungen in der zukünftigen Vorgehensweise berücksichtigt werden, ohne dass eventuelle Fehler mit hohen Verlusten verbunden sind. Probleme und Schwierigkeiten, die in dieser Phase erkannt werden, sind meist leicht zu beseitigen.

3.6 Aufnahme in den laufenden Handel

Den Abschluss der realen Testphase bildet wiederum eine Beschlussvorlage an den Vorstand, in dem alle beteiligten Abteilungen das Ergebnis dieser internen Schwachstellenanalyse darstellen. Durch ihre Unterschrift bestätigen die beteiligten Projektmitglieder, dass sie für sich und ihre Fachbereiche keine Probleme bei der Handhabung des neuen Produktes/Marktes mehr sehen. Die Revision sollte am Ende noch eine Stellungnahme dahingehend abgeben, dass auch sie die Aufnahme in den laufenden Handel befürwortet. Durch die Genehmigung der Geschäftsleitung wird das Produkt als bekannt für das Kreditinstitut vorausgesetzt. Den Schlusspunkt dieses Projektes bildet die Aufnahme des Produktes/Marktes in den offen zugänglichen Produkt/Markt-Katalog, so dass auch nach außen hin die Möglichkeit eines jederzeitigen Handels dokumentiert ist.

4. Praxisbeispiele

4.1 Einführung eines Eigenhandelsproduktes

Die Einführung eines Eigenhandelsproduktes bedeutet im Regelfall, dass die Runde der Projektmitglieder auf die zentralen Abteilungen beschränkt bleiben kann. Neben dem Bereich Handel/Treasury, von dem in den meisten Fällen die Projektinitiative ausgehen wird, sind in jedem Falle die Bereiche Rechnungswesen, Abwicklung und Kontrolle, das Controlling und die Organisation zu beteiligen. Wie bereits erläutert, sollte die Innenrevision als projektbegleitende Stelle fungieren. Im Folgenden soll die Einführung von Zinsswaps als Beispiel dienen.

Da meist der Handel die Einführung dieses Produktes zur Erweiterung seiner möglichen Instrumente fordert, obliegt auch dieser Abteilung die Erstellung des Vorstandbeschlusses zum Projektstart. Am Anfang steht eine genaue Erläuterung des bisher unbekannten oder nicht ausreichend eingeführten Produktes. Neben der Beschreibung der Funktionsweise eines Zinsswaps können Praxisbeispiele mit den unterschiedlichen Einsatzmöglichkeiten und die mit Swaps verfolgte geschäftspolitische Zielsetzung diesen Punkt vervollständigen. Zusätzlich kann das Vorgehen beim Absichern von einzelnen Positionen oder ganzen Teilen der Bilanz im Rahmen der Bilanzsteuerung aufgezeigt werden. Es sollte auch gleichzeitig definiert werden, in welchen Währungen (meist €) und auf welchen Märkten dieses Produkt gehandelt werden soll. Am Ende dieses Vorstandsbeschlusses sollen die beteiligten Abteilungen genannt werden, die im Rahmen der Projektarbeit die Aufnahme des Produktes herbeiführen sollen.

Nach Genehmigung des Projekts durch die Geschäftsleitung, ist es sinnvoll, eine

Kickoff Veranstaltung durchzuführen. Diese kann derart gestaltet werden, dass das Produkt und die Beweggründe des Handels für den geforderten Einsatz vorgestellt werden. Daneben können bereits erste Fragestellungen diskutiert werden, wie beispielsweise:

- Ist für die Einführung des Zinsswaps in jeder Fachabteilung hinreichendes Wissen über die Besonderheiten dieses Produktes vorhanden oder sollte im Rahmen von Schulungsmaßnahmen die Wissensbasis erweitert werden?
- Sind in den einzelnen Bereichen Bewertungssysteme vorhanden, mit denen die Zinsswaps bewertet werden können?

Die Projektgruppe sollte nicht auseinander gehen, ohne dass der weitere Zeitplan abgestimmt worden ist. Dieser sollte von allen Beteiligten als verbindlich angesehen werden und gleichzeitig in einem überschaubaren Rahmen liegen (bspw. 3 Monate). Bis zur nächsten Zusammenkunft müssen die Abteilungen ihre aufgeworfenen Fragestellungen bearbeiten. Dies kann dadurch erleichtert werden, dass allen beteiligten Abteilungen Checklisten an die Hand gegeben werden, in denen alle wichtigen Punkte, die mit der Einführung eines Produktes verbunden sind, aufgeführt sind.

Im Handelsbereich wird meist das notwendige Produktwissen vorliegen. Schließlich möchte er die Zinsswaps einführen und hat sich daher eingehend mit der Materie beschäftigt. Dennoch ist eine kritische Betrachtung der technischen Ausstattung mit einem adäquaten Bewertungs- und Positionsführungs-System ebenso wichtig, wie eine Überprüfung der internen Kompetenzen und Limite. Da vor Eingehen einer Swapposition mit den jeweiligen Kontrahenten ein deutscher Rahmenvertrag als juristische Grundlage abgeschlossen werden soll, muss dem Handel eine Auflistung der auf dieser Basis möglichen Geschäftspartner und der aktuellen Limitauslastung immer vorliegen. Um entscheiden zu können, ob noch eine weitere Position mit dem Kontrahenten möglich ist, sind hinreichende Kenntnisse über die Methodik der Limitanrechnung notwendig. Weiterhin sollte abgeklärt werden, ob und in welchen Größenordnungen und Arten Zinsswaps zum Trading eingesetzt werden dürfen. Der Einsatz dieser Instrumente zum Zwecke der Gesamtbanksteuerung sollte aufgrund von fundierten Analysen der Bilanz erfolgen. Simulationen zusammen mit dem Risikocontrolling sind für die Entscheidungsfindung unabdingbar.

Für die Abteilung Rechnungswesen/Bilanzierung ist die Einführung von Swaps – insbesondere wenn bislang noch keine derivativen Instrumente geführt worden sind – mit größeren Neuerungen verbunden. Für die Verbuchung dieser außerbilanziellen Geschäfte müssen Nebenbücher eingerichtet werden. Es ist zu klären, unter welchen Umständen Bewertungseinheiten gebildet werden können und in welcher Form eine Darstellung im Jahresabschluss erfolgt.

Auf den Bereich Meldewesen kommen ebenfalls Neuerungen zu. Es ist zu klären, mit welchem Verfahren Swaps im Grundsatz I und in den Meldungen nach §§13 und 14 KWG anzurechnen sind und wie dieses Verfahren in das bestehende Meldeverfahren integriert werden kann. Werden mit den Zinsswaps gleichzeitig neue Kontrahenten eingeführt, müssen entsprechende interne Limite genehmigt werden. Die Ermittlung des Auslastungsbetrages kann sich an den Vorgaben des Grundsatzes I und der GroMiKV orientieren. Denkbar sind aber auch verfeinerte Methoden, die auf die Besonderheiten des Geschäftes eingehen. Ein reines Volumenslimit erscheint veraltet und für Zinsswaps nicht adäquat. Die zusammen mit dem Risikocontrolling definierte Vorgehensweise muss bei der Genehmigung der Limithöhe berücksichtigt werden.

Die Abwicklung und Kontrolle sollte in Zusammenarbeit mit dem Handel eine Überprüfung der bestehenden Formulare vornehmen. Hierbei sei insbesondere der Händlerzettel genannt, der eventuell um neue Felder erweitert oder völlig neu erstellt werden muss. Des Weiteren ist die Abwicklung/Kontrolle für die Erstellung von Geschäftsbestätigungen zuständig. Die Überprüfung der Marktgerechtigkeit obliegt meist ebenfalls der Abteilung Abwicklung/Kontrolle. Während bei Neuabschlüssen von plain-vanilla-Swaps noch mit recht einfachen Mitteln die Kontrolle erfolgen kann, ist dies beispielsweise bei Zinsswaps mit Auf- oder Abschlägen oder bei der Auflösung von Zinsswaps nicht mehr der Fall. Um zu überprüfen, ob ein Geschäft innerhalb der festgelegten Bandbreiten liegt, müssen entsprechende Bewertungssysteme zur Verfügung stehen. Eine weitere Aufgabe, die zumeist in der Abwicklung/Kontrolle angesiedelt ist, besteht in der Terminüberwachung. Die jeweilige Anpassung des variablen Zinssatzes an den Referenzzins erfolgt in regelmäßigen Abständen, die in den Vertragsunterlagen des Zinsswaps festgelegt wurden. Da es sich bei den Referenzzinsen meist um sehr geläufige Sätze (z.B. EURIBOR) handelt, sollte eine Überprüfung des vom Kontrahenten genannten Zinssatzes daher keine Schwierigkeit darstellen.

Größere Veränderungen mit der Aufnahme von Zinsswaps in den Produktkatalog treten auch im Risikocontrolling auf. Da es keinen börsenmäßig organisierten Handel und damit keine amtlichen Kurse gibt, müssen sich die Mitarbeiter überlegen, wie eine saubere tägliche Bewertung des Produktes möglich ist. Normalerweise wird zur Ermittlung des Barwertes eines Swaps eine marktgängige Rendite-Kurve von bekannten Anbietern/Brokern herangezogen. Selbstverständlich ist auch hierzu ein entsprechendes Bewertungssystem notwendig, um immer aktuelle Werte zur Verfügung zu haben. Zudem lassen sich auch die Sensitivitäten mit diesem Werkzeug ermitteln. Auf dieser Grundlage lassen sich Zinsswaps meist mühelos in die bestehende Marktrisikoumgebung integrieren. Für das Adressenausfalllimit ist ebenfalls der Barwert des Zinsswaps entscheidend. Ein nur auf Volumina basierendes Limitsystem ist dagegen nicht adäquat, da damit nicht die tatsächlichen Größenordnungen beim Ausfall eines Kontrahenten gemessen werden können. Außerdem würde man zu leicht verleitet, beispielsweise Volumenslimite von Anleihen mit denen der Swaps zu vergleichen, deren Risikobeiträge üblicherweise nur einen Bruchteil derer von Anleihen darstellen. Es sollten auch Überlegungen dahingehend angestellt werden, ob die bestehenden Limite (Verlustobergrenze, Marktpreisrisikolimite, Emittentenlimite) anzupassen sind. Simulationen von Positionen und Szenarien unter Berücksichtigung der Methoden stellen dazu ein hilfreiches Vorgehen dar.

Die Ergebnisse der einzelnen Abteilungen mussen daraufhin im Detailkonzept fixiert werden. Auch wenn sich für einen Fachbereich keine Änderungen bzw. Neuerungen ergeben, sollten trotzdem Ausführungen über die Art der Behandlung aufgezeigt werden. Letztendlich soll der jeweilige Fachbereich mit seinem Beitrag belegen, dass er sich in der Theorie mit den Zinsswaps auseinandergesetzt hat und sich der produktspezifischen Besonderheiten im Hinblick auf den zukünftigen Arbeitsablauf bewusst ist. Unter Berücksichtigung der institutsspezifischen Besonderheiten sollte für das Testgeschäft ein Volumen vorgeschlagen werden.

Nach dem Durchführen des Testgeschäftes und eine damit einhergehenden Schwachstellenanalyse dürfte der Aufnahme dieses Produktes in den laufenden Handel nichts mehr im Wege stehen.

4.2 Einführung eines Kundenproduktes

Ohnmächtig stehen viele Kreditinstitute der erschreckenden Entwicklung sinkender Margen und rückläufiger bilanzwirksamer Einlagen gegenüber. Um sich dieser Tendenz zu entziehen haben zwei Sparkassen gemeinsam im Februar 2000 einen Sparkassenbrief mit indexabhängiger Bonuszahlung emittiert (S-Brief*Plus*). Die Höhe der Bonuszahlung ist an einen Aktienindex gekoppelt und wird durch den Abschluss von OTC-Aktienindexoptionen sicher gestellt. Mit dem S-Brief*Plus* sollte bisher nicht erreichtes Kundenpotenzial mit Aktieninteresse angesprochen werden. Geschäftspolitische Vertriebsziele waren u.a. die Akquisition von fresh money und Neukunden. Darüber hinaus wollten beide Institute mit diesem innovativen Produkt ihr Image gegenüber regionalen Mitbewerbern weiter ausbauen.

Der Sparkassenbrief ist mit einer für den Kunden überschaubaren Laufzeit und mit einem Kupon, der geringfügig unter dem aktuellen Marktniveau liegt, ausgestattet. Mit diesem »Zinsverzicht« erwirbt der Kunde die Chance auf eine über 10%-ige Bonuszahlung. Die maximal mögliche Rendite liegt weit über der laufzeitadäquaten Rendite für festverzinsliche Wertpapiere. Die Produktbeschreibung und geschäftspolitische Zielsetzung waren Bestandteil des Vorstandsbeschlusses zu Beginn der Projektphase. Daneben wurden zu Beginn des Projektes der zeitliche Ablauf und die Projektgruppe definiert. Um eine hohe Akzeptanz des Produktes zu gewährleisten, wurden neben den MaH relevanten Bereichen Mitarbeiter aus der Marketingabteilung und aus dem Marktbereich integriert.

Während der ersten großen Projektsitzung erfolgte zunächst eine ausführliche Produktpräsentation. Im Rahmen eines Financial Engineering Prozesses wurden die vorläufigen Spezifikationen des Produktes festgelegt. Beim S-Brief*Plus* waren dies u.a. die Laufzeit, das angestrebte Absatzvolumen, die Mindestanlage und die Zeichnungsfrist für Kunden. Die Festlegung der Zeichnungsfrist bedeutet gleichzeitig das Ende der Testphase.

Anhand eines Leitfadens der projektbegleitenden externen Beratungsgesellschaft wurden grundlegende Aufgabenstellungen vorgestellt:

- Der Bereich Handel sollte u.a. das Pricing des Produktes und den Abschluss von Sicherungsgeschäften abschließend klären.
- Die Fachabteilung Abwicklung/Kontrolle hatte die Aufgabe, ein Bestätigungsschreiben für die Kontrahenten zu entwerfen. Außerdem stellte sich die Frage, in welcher Form die Kundenzeichnungen zusammengeführt werden, um das abzusichernde Volumen zu ermitteln.
- Diese Zusammenstellung war für das Rechnungswesen gleichzeitig Grundlage für die Aufnahme der Optionsgeschäfte in Nebenbücher. Für das vom Rechnungswesen entwickelte Bilanzierungskonzept wurde vorsorglich die Zustimmung der Prüfungsstelle eingeholt.
- Das Risikocontrolling war für die Ermittlung der Marktpreis- und Adressenausfallrisiken verantwortlich. Die Art der Darstellung im täglichen bzw. wöchentlichen

Report war zu erarbeiten, wobei eine komplett geschlossene Position, d.h. die Kundengeschäfte werden durch Optionen abgesichert, aus dem Marktpreisreport herausgenommen werden können. Die nachrichtliche Nennung der Höhe der Positionen ist in diesem Fall sicherlich ausreichend. In Zusammenarbeit mit dem Meldewesen, das für die Einhaltung der Groß- und Millionenkreditgrenzen verantwortlich ist, wurde ein internes Limitsystem erarbeitet.
- Da in beiden Häusern keine unabhängige Rechtsabteilung besteht, hat die Revision in Abstimmung mit dem Verband juristische Fragestellungen geklärt. Beim S-Brief*Plus* war insbesondere zu klären, ob bei den Kunden eine Börsentermingeschäftsfähigkeit herzustellen ist. Gemeinsam mit der Organisationsabteilung wurden Zeichnungsscheine entworfen. Außerdem hat die Organisationsabteilung die Erstellung von Vertragsunterlagen und die komplette Verbuchung im EDV-System abgedeckt.
- Der Bereich Marketing hat sich darüber Gedanken gemacht, welches Potenzial das Produkt hat. Es wurden Zielgruppen definiert, die von den Beratern angesprochen werden sollten. Zudem waren Absatzziele mit den zuständigen Verantwortlichen festzulegen. Gemeinsam mit dem Marktbereich wurde diskutiert, welche Maßnahmen ergriffen werden sollten, um die Aufmerksamkeit insbesondere von Neukunden zu gewinnen. Abschließend sind der Rahmen und die Inhalte von Schulungsmaßnahmen der Kundenberater festgelegt worden.

Am Ende der Trockentestphase wurden die angedachten Teilkonzepte mit Hilfe von Dummy-Geschäften überprüft und anschließend nochmals optimiert. Offene Fragen sind dann mit der externen Beratungsgesellschaft abschließend geklärt worden.

Die Arbeitsergebnisse der einzelnen Abteilungen wurden daraufhin im Detailkonzept fixiert. Durch die Leistung seiner Unterschrift erklärte der für den Fachbereich zuständige Mitarbeiter, dass der S-Brief*Plus* in seiner Abteilung ohne Probleme handhabbar ist.

Nachdem die Geschäftsleitung der Durchführung eines Echtgeschäfts zugestimmt hatte, wurde im Rahmen der Testphase das neue Produkt mit einem geringen Handelsvolumen an den Markt gebracht. Obwohl mehrere Dummy-Geschäfte durchgeführt und die erarbeiteten Konzepte von verschiedenen Mitarbeitern geprüft wurden, ist während des Echtgeschäftes eine unvorhergesehene Situation eingetreten, denn das geplante Absatzvolumen war bereits vor Ende der Zeichnungsfrist vollständig platziert, so dass die Werbemaßnahmen vorzeitig eingestellt werden mussten.

Nach durchgeführtem Echtgeschäft erfolgte eine abschließende Projektsitzung, in der nochmals Schwachstellen analysiert wurden. Während dieser Sitzung wurde ein Protokoll erstellt, in dem alle Beteiligten ihre uneingeschränkte Zustimmung zum neuen Produkt durch ihre Unterschrift dokumentierten. Durch die Genehmigung der Geschäftsleitung konnte nunmehr nach ca. 3-monatiger Testphase der S-Brief*Plus* als bekanntes Produkt in den entsprechenden Produkte/Märkte Katalog aufgenommen werden. Die erarbeiteten Unterlagen (Zeichnungsscheine, Prospekte etc.) und Konzepte wurden mit der Bitte um eine Stellungnahme an den Verband geschickt, um für die Zukunft einen in allen relevanten Bereichen einwandfreien Produkteinführungsprozess in unseren Häusern zu implementieren. Sobald eine positive Rückmeldung von der entsprechenden Stelle vorhanden ist, soll eine weitere

Tranche des Produktes aufgelegt werden, um das durch die erste Emission geweckte Kundeninteresse und weiteres potentielles Zeichnungsvolumen zu absorbieren.

5. Erfolgsfaktoren

Im abschließenden Kapitel soll nochmals auf die Punkte eingegangen werden, die von entscheidender Bedeutung für ein erfolgreiches Projekt sind. Eine Einführung von neuen Produkten/Märkten wird dann besonders aussichtsreich sein, wenn einerseits die Rahmenbedingungen vorhanden sind und andererseits alle Phasen von den jeweiligen Mitarbeitern »gelebt« werden.

5.1 Zeitrahmen

Ein straffer und detaillierter Zeitplan ist ein guter Orientierungsrahmen für die mit der Implementierung des neuen Produktes/Marktes beauftragten Mitarbeiter. Dabei sollte der Zeitrahmen in Abhängigkeit von der Komplexität des neuen Produktes/Marktes überschaubar gehalten werden. Sowohl das Ausmaß der zu erledigenden Aufgaben, wie auch die Vielschichtigkeit der Schnittstellen zwischen den verschiedenen Bereichen müssen bei der Auswahl der Projektbeteiligten und der Planung des Zeitbudgets berücksichtigt werden. Hat zum Beispiel ein Institut bereits Erfahrungen im Umgang mit 10-jährigen Anleihen, so kann eine Erweiterung auf 30-jährige Anleihen in sehr kurzer Zeit durchgeführt werden. Bei komplexen Produkten, insbesondere mit derivativen Elementen, sind ausreichende Trockentestphasen unentbehrlich. Ein Zeitrahmen von 6 Monaten sollte jedoch nur im Ausnahmefall überschritten werden, da ansonsten die Gefahr von Projektruinen besteht. Darüber hinaus sollte der zeitliche Rahmen so bemessen sein, dass die täglichen Aufgaben weitestgehend neben dem Einführungsprozess bewältigt werden können. Gegebenenfalls sind Projektmitarbeiter (insbesondere der Projektleiter) von ihren regulären Aufgaben zu entbinden.

In der Praxis hat sich gezeigt, dass die aktive Teilnahme aller Fachbereiche bei der Produkteinführung zunächst auf Verständnisprobleme stößt. Der Sinn einer ausgedehnten Trockentestphase, insbesondere der Nutzen für den einzelnen Mitarbeiter, muss zunächst ausführlich vermittelt werden.

5.2 Mitarbeiterqualifikation

Eine hinreichende Qualifikation aller Mitarbeiter ist ein weiterer bedeutender Faktor. Der Erfolg eines jeden Produktes wird letztendlich von dem Projektteam maßgeblich beeinflusst. Um einen einheitlichen Wissensstand zu erlangen, können mit den Beteiligten gemeinsame Schulungsveranstaltungen durchgeführt werden. Dies hat auch gleichzeitig wieder Auswirkungen auf den zeitlich vorgegebenen Rahmen. Sofern während der Einführungsphase erst alle Grundlagen z.B. von Optionspreisberechnungsmethoden vermittelt werden sollen, ist eine Ausdehnung der Zeitspanne unumgänglich. Gleichzeitig haben diese gemeinsamen Maßnahmen den Vorteil, dass bereits einzelne Detailfragen geklärt werden können, beispielsweise bezüglich der Aufklärung von Kunden gemäß WpHG. Darüber hinaus fällt die spätere Projektarbeit leichter, wenn die Stärken der Projektmitglieder bekannt sind. Den Abschluss der Qualifikationsmaßnahmen kann eine Zertifizierung der Mitarbeiter bilden. Letztendlich gilt: »Das schwächste Glied bestimmt das Tempo.«

Die Kreditinstitute haben zudem sicherzustellen, dass für jeden Funktionsbereich adäquate Vertreter zur Verfügung stehen. Daher ist eine personelle Doppelbesetzung des Projektteams notwendig. Dies gewährleistet einen reibungslosen zeitlichen Ablauf, der gegebenenfalls durch Urlaub oder Personalausfälle entstehen könnte. Zu den wichtigen Aufgaben der Projektmitglieder gehört deshalb auch die Weitergabe von Informationen zum Einführungsprozess und Fachkenntnisse an deren Vertreter (Multiplikatorfunktion). Es ist jedoch nicht immer möglich, ein hohes fachliches Niveau nach Ausfall eines Projektmitarbeiters zu halten. Grundsätzlich müssen die Mitarbeiter dort abgeholt werden, wo sie stehen.

5.3 Projektkoordination

Idealerweise verfügt das Institut über eine eigene Stelle, die die Einführung neuer Projekte koordiniert und die Projektleitung übernimmt. An diese Position sind hohe Anforderungen an die fachliche Kompetenz über alle Funktionsbereiche hinweg und an die soziale Kompetenz zur Führung von Teams zu stellen. Insbesondere bei kleineren Instituten wird es schwierig sein, eine eigene Stelle hierfür zu schaffen. Hier kann fallweise eine externe Beratungsfirma eingeschaltet werden, die zum einen die Projektkoordination übernimmt und damit insbesondere für die Einhaltung des Zeitplans sorgt und die zum anderen für alle Spezialfragen zur Verfügung steht, deren Klärung durch interne Recherche nur sehr zeitaufwendig und oft nicht mit der notwendigen Qualität herbeigeführt werden kann.

5.4 Organisatorische Rahmenbedingungen

Die Einführung von neuen Produkten/Märkten wird künftig verstärkt den Alltag von Kreditinstituten prägen. Hierzu zählen nicht nur Innovationen im Eigenhandelsbereich, sondern zunehmend das Passiv- und Kreditgeschäft. Die wachsenden Anforderungen und sich stetig wandelnde Rahmenbedingungen zwingen alle Bereiche, die Bedürfnisse mit neuen Produkten und Märkten zügig zu befriedigen. Eine erstmalige Produkt-/Markteinführung sollte daher auch dazu dienen, ein standardisiertes Verfahren zu implementieren, um wesentliche Erkenntnisse festzuhalten und für zukünftige Neueinführungen zu nutzen. Mit standardisierten Verfahren und effizienten Arbeitsabläufen kann der Zeitrahmen und damit die Reaktion auf neue Anforderungen des Marktes wesentlich verkürzt werden. Im Hinblick auf weitere Handlungsfelder und zukünftige Chancen in neuen Produkten/Märkten ist daher eine Verabschiedung einer eigenen Organisationsrichtlinie zum neue Produkte/Märkte-Prozess empfehlenswert.

Gleichzeitig sollte die theoretische Testphase dazu genutzt werden, um die bestehenden Organisationsrichtlinien zu hinterfragen. Die Arbeitsabläufe sind auf die neuen Anforderungen abzustimmen und gegebenenfalls anzupassen. Dies gilt ebenso für die Stellenbeschreibungen und andere Rahmenbedingungen des Kreditinstitutes.

Während der Einführungsphase werden beträchtliche zeitliche und personelle Ressourcen gebunden. Aus diesem Grund sollte der zeitliche Rahmen ausführlich bemessen sein und zudem keinesfalls mehrere Testphasen parallel stattfinden.

5.5 Mitarbeitermotivation

Der wohl wesentlichste Erfolgsfaktor ist die Mitarbeitermotivation. Nur engagierte und interessierte Projektbeteiligte (vom Kundenberater über die Mitarbeiter in Risikocontrolling, Rechnungswesen, Meldewesen, Innenrevision bis zum Depot A Händler) gewährleisten den Einführungserfolg. Bereits bei der Auswahl der Beteiligten des Projektteams sollte auf diese Eigenschaft besonderes Augenmerk gelegt werden. Die Mitarbeiter sollten verstehen, dass das neue Produkt/der neue Markt nicht nur zusätzliche Arbeit, sondern auch Chancen für das Kreditinstitut bieten. Die normale anfängliche Skepsis und Zurückhaltung verschwinden meist sehr schnell, wenn sich bereits nach kurzer Zeit erste Teilerfolge bei der Projektierung und später im Absatz einstellen. Neuartige Produkte/Märkte sind außerdem mit dem Reiz des Neuen verbunden. Der Einführungsprozess ist eine Herausforderung für alle Beteiligten, die es anzunehmen und zu bewältigen gilt. Die Besonderheit und gegebenenfalls die Einzigartigkeit des Produktes/Marktes können leistungsfördernd sein. Mitarbeiterwettbewerbe schaffen zudem die Möglichkeit, die Motivation zu erhöhen.

6. Schlussbemerkungen

Die im Artikel genannten Beispiele zeigen sehr anschaulich, dass mit der Neueinführung eines Produktes/Marktes sehr viele Fragestellungen und Probleme verbunden sind, die es im Rahmen der Projektarbeit zu beantworten gilt. Umso wichtiger ist es, dass der Prozess vor dem ersten Geschäft angestoßen wird und nicht erst im Nachhinein, wenn »das Kind schon in den Brunnen gefallen« ist. Der Prozess sollte auch nicht nur als ein vom Gesetz vorgegebener Vorgang verstanden werden, sondern vielmehr als Chance im Rahmen einer umfassenden Banksteuerung, um nicht betrachtete Risiken auszuschließen. Es sollte daher nicht primär die Frage gestellt werden, ob ein neues Produkt/ein neuer Markt den Mindestanforderungen unterliegt, um nur wenn diese Frage mit »Ja« beantwortet wird ein entsprechendes Projekt zu starten. In diesem Zusammenhang sei nochmals auf die verschiedenen Sparformen verwiesen, die vor einigen Jahren mit dem Bundesschatzbrief ähnlichen Ausstattungsmerkmalen seitens der Banken aufgelegt wurden. Erst in jüngster Zeit haben die Kreditinstitute erkannt, dass man damit den Anlegern unentgeltliche Optionsrechte gewährt hat, die nicht oder nur mit erheblichem Aufwand bewertet werden können. In vielen Bilanzen von Kreditinstituten schlummern deshalb heute noch Risiken, deren man sich nicht vollständig bewusst ist. Wäre bei der Einführung dieses nicht MaH-relevanten Produktes ein entsprechender Prozess gestartet worden, wäre man sicherlich vorsichtiger mit dem Vertrieb dieses Produktes umgegangen.

Vorteile einer Produkt-/Markteinführung entsprechend der obigen Vorgehensweise:

- Systematisches Vorgehen für alle neuartigen Produkte

- Überschaubarer Zeitrahmen

- Minimierung von Betriebs- und Rechtsrisiken

- Erkennen möglicher Fragestellungen/Probleme im Voraus

- geringes Risikopotential durch Theorie- und Testphase

- Überprüfung von Schnittstellen durch Testgeschäfte

- Motivation von Mitarbeitern durch Eigenverantwortlichkeit und Gestaltungsmöglichkeit

- Einfaches Projektcontrolling durch festgelegten Zeitrahmen

Abb. 3: Vorteile

Definition eines MaH-Verlustobergrenzensystems als Vorstufe zur Risikotragfähigkeitsbestimmung

Diana Heidenreich*/Franz Weber**

Inhalt

1. Vorbemerkung

2. Definition von MaH-Verlustobergrenzen

3. Szenarioanalysen zur handelsrechtlichen MaH-Verlustobergrenze
    3.1 Marktpreisbezogenes Abschreibungsrisiko
    3.2 Adressenbezogenes Abschreibungsrisiko

4. Szenarioanalysen zur betriebswirtschaftlichen MaH-Verlustobergrenze
    4.1 Marktpreisrisiko
    4.2 Adressenausfallrisiko
        4.2.1 Emittentenrisiko
        4.2.2 Kontrahentenrisiko

5. Szenarioanalysen zur MaH-»Worst-Case«-Verlustobergrenze

6. Ausblick zur Gesamtbanksteuerung

4. Anmerkung

Literaturverzeichnis

---

* Diana Heidenreich ist Leiterin der Abteilung Controlling bei der Sparkasse Mittleres Erzgebirge und u.a. verantwortlich für das Risikocontrolling der Sparkasse.
** Franz Weber, Geschäftsführer der Weber RiskConsulting GmbH, Rohrbach, war Handelsgeschäftsprüfer der Landeszentralbank im Freistaat Bayern und ist u.a. im Auftrag von Roland Eller Consulting GmbH als Berater und Seminartrainer für Banken und Sparkassen tätig.

1. Vorbemerkung

Seit in Kraft treten der Verlautbarung über »Mindestanforderungen an das Betreiben von Handelsgeschäften der Kreditinstitute« (MaH) durch das Bundesaufsichtsamt für das Kreditwesen, Berlin, (BAK) am 23. Oktober 1995 sind Kreditinstitute, Bausparkassen und Kapitalanlagegesellschaften verpflichtet, eine Verlustobergrenze für die MaH-relevanten Geschäfte festzulegen, wobei die Eigenkapitalausstattung und die Ertragslage der Institute zu berücksichtigen sind. Ausgehend von dieser Verlustobergrenze, ist ein System risikobegrenzender Limite einzurichten, die sowohl auf Adressenausfall- als auch auf Marktpreisrisiken bezogen sind. Diese aufsichtsrechtliche Anforderung wird mittlerweile in den meisten Instituten als betriebswirtschaftliche Notwendigkeit gesehen und trägt zur Entscheidungsfindung von Eigenanlagegeschäften bei. Der Aussagegehalt des darauf basierenden Reportings und die Begründbarkeit der Annahmen sind dabei von entscheidender Bedeutung.

Die aufsichtsrechtliche Anforderung an eine Verlustobergrenze beschränkt sich nach den MaH auf die Begrenzung der Eigenanlagegeschäfte von Kreditinstituten. Bei der Betrachtung der reinen MaH-Verlustobergrenze erfolgt keine ausreichende Berücksichtigung der Passivseite und des Kreditbereiches. Das nachfolgend angeführte MaH-Verlustobergrenzensystem ist dadurch als Vorstufe zur Risikotragfähigkeitsdefinition auf Gesamtbankebene bei Kreditinstituten zu verstehen und soll die Funktionsweise von Risikolimitierungen aufzeigen.

Der im Folgenden dargestellte Überblick zur Risikolimitierung für die MaH-relevanten Eigenanlagegeschäfte ist unter den vorgenannten Prämissen entwickelt worden.

2. Definition von MaH-Verlustobergrenzen

Es hat sich in der Vergangenheit gezeigt, dass eine reine *abschreibungsorientierte Risikosteuerung* keine ausreichende Größe darstellt, um Verlustpotenziale aus Geschäften zeitnah zu identifizieren. Das Abschmelzen von Kurswertreserven von Wertpapieren kann z.B. nicht ausreichend erkannt werden, wodurch ein rechtzeitiges Gegensteuern nicht erfolgen kann, um weitere Werteverluste zu vermeiden.

Eine reine *barwertorientierte Risikosteuerung* hingegen stellt bei den Instituten ebenfalls keine ausreichende Steuerungsgröße dar. So können beispielsweise Zinsspannenrisiken nicht adäquat erkannt werden. Ferner reichen die Informationen einer reinen barwertorientierten Risikosteuerung nicht aus, um ein sinnvolles Bilanzstrukturmanagement zu betreiben.

Insbesondere vor dem Hintergrund der wachsenden Bedeutung der Wertpapier- und Derivategeschäfte auch für den Eigenanlagebereich von Kreditinstituten erscheint es sinnvoll, beide Betrachtungen – barwertorientierte und abschreibungsorientierte Risikosteuerung – vorzunehmen. Diese Vorgehensweise sollte sich auch in der Definition der Verlustobergrenze, die im Regelfall als *Jahresverlustobergrenze* ermittelt wird, wiederspiegeln. Um diesen Anforderungen gerecht zu werden, bedarf es der Definition sowohl einer handelsrechtlichen MaH-Verlustobergrenze als auch einer betriebswirtschaftlichen MaH-Verlustobergrenze. Auf die handelsrechtliche

MaH-Verlustobergrenze werden dann Abschreibungsrisiken angerechnet (abschreibungsorientierte Risikosteuerung), wohingegen auf die betriebswirtschaftliche MaH-Verlustobergrenze Marktpreisrisiken angerechnet (barwertorientierte Risikosteuerung) werden.

Darüber hinaus ist für die MaH-relevanten Geschäfte eine sogenannte »Worst-Case«-Verlustobergrenze zu berechnen. Diese stellt im Höchstfall die maximale Verlustgrenze des Instituts im Eigenanlagebereich dar. Auf diese »Worst-Case«-Verlustobergrenze sind dann – wie in den MaH gefordert – die Risiken für den »schlimmsten Fall« aus den einzelnen Portfolien nach dem Barwertansatz anzurechnen.

Ferner sind auch *Adressenausfallrisiken* zu betrachten, die dann durch die Verlustobergrenze abgedeckt werden müssen. Der handelsrechtlichen MaH-Verlustobergrenze sind demnach mögliche Einzelwertberichtigungen entgegenzustellen, auf die betriebswirtschaftliche MaH-Verlustobergrenze die Adressenrisiken unter Berücksichtigung von historischen Ausfallwahrscheinlichkeiten und auf die MaH-»Worst-Case«-Verlustobergrenze der Ausfall bedeutender Adressen für das jeweilige Institut.

Für die Eigenanlagegeschäfte wird demnach die MaH-Verlustobergrenze als

- Handelsrechtliche Variante,
- Betriebswirtschaftliche Variante und als
- »Worst-Case«-Variante

definiert (vgl. Abb. 1).

Bei der Berechnung der Jahresverlustobergrenze für Eigenanlagegeschäfte wird das geplante Ergebnis vor Steuern für das aktuelle Geschäftsjahr ermittelt. Basis dafür bildet der vom Institut prognostizierte Zinsüberschuss. Einflussfaktoren sind hier die Zinsmeinung des Hauses, Strukturplanungen, die hauseigenen Elastizitäten der einzelnen Produkte und die Fristenabläufe der Festzinspositionen (vgl. Abb. 2).

Für die Berechnung des geplanten Ergebnisses vor Steuern zur Abdeckung von Risiken aus Eigenanlagegeschäften werden weitere Positionen mit Blick auf den 31.12. analog der Erfolgsspannenrechnung der mittelfristigen Unternehmensplanung ermittelt:

- Provisionsüberschuss
- Sonstige ordentliche Erträge
- Personalaufwand
- Sachaufwand
- Sonstiger ordentlicher Aufwand
- Nettofinanzergebnis
- Neutrales Ergebnis
- Bewertungsergebnis Kredite
- Veränderung der Vorsorgereserven
- Mindestgewinnbedarf vor und nach Steuer

Das geplante Ergebnis vor Steuern sollte grundsätzlich monatlich überprüft. Ergeben sich größere Veränderungen in der Zinsmeinung bzw. der Bilanzstrukturplanung, wird die berechnete Plangröße auch in kürzeren Abständen angepasst.

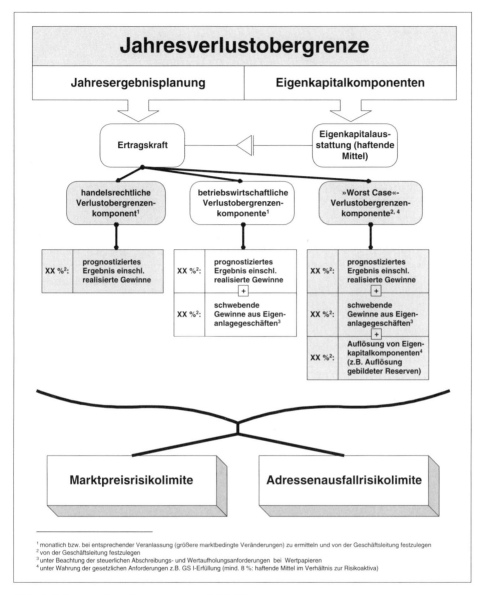

Abb. 1: Jahresverlustobergrenze nach MaH

Als Grundlage für die Festlegung der MaH-Jahresverlustobergrenzen für verschiedene Risikosichten dient das so ermittelte geplante Ergebnis vor Steuern. Das handelsrechtliche Risiko kann dadurch unabhängig vom betriebswirtschaftlichen Risiko gewertet werden. Zusätzlich wird noch eine »Worst-Case«-Verlustobergrenze für die Eigenanlagegeschäfte ermittelt, bei der neben der Ertragskraft auch Eigenkapitalkomponenten (z.B. Auflösung gebildeter Reserven) Berücksichtigung finden (vgl. Abb. 1 und Abb. 2).

Als Berechnungsschema für die MaH-Jahresverlustobergrenze dient die in Abbildung 2 dargestellte Übersicht.

Nach dieser Berechnungsmethodik sind vom Institut durch Beschluss der Geschäftsleitung die jeweiligen Verlustobergrenzen in Marktpreisrisikolimite und Adressenausfallrisikolimite aufzuteilen.

Dem Marktpreisrisikolimit der handelsrechtlichen MaH-Verlustobergrenze ist dann der auf aktueller Basis täglich zu ermittelnde marktpreisbedingte Abschreibungsbedarf der Eigenanlagegeschäfte gegenüberzustellen. Auf das Marktpreisrisikolimit der betriebswirtschaftlichen MaH-Verlustobergrenze ist täglich das aktuelle Barwertrisiko der Eigenanlagegeschäfte und der MaH-»Worst-Case«-Verlustobergrenze in Abhängigkeit vom Portfolio zumindest vierteljährlich bzw. bei entsprechender Marktbewegung das »Worst-Case«-Marktpreisrisiko in handelsrechtlicher und betriebswirtschaftlicher Betrachtung anzurechnen (vgl. Abb. 3).

Das Marktpreisrisiko nach der handelsrechtlichen, betriebswirtschaftlichen und »Worst-Case«-Betrachtung wird im Regelfall durch Simulation von verschiedenen Szenarien ermittelt, die üblicherweise von einem Risikocontrollingmodul unterstützt werden.

In Analogie zur Ermittlung der Marktpreisrisikolimitauslastungen nach MaH werden dem Adressenausfallrisikolimit nach der handelsrechtlichen MaH-Verlustobergrenze täglich auf aktueller Basis der ermittelte Abschreibungsbedarf im Sinne von Einzelwertberichtigungen der betreffenden Adressen gegenübergestellt. Dem Adressenausfallrisikolimit nach der betriebswirtschaftlichen MaH-Verlustobergrenze ist täglich das Adressenrisiko anhand von historischen *Ausfallwahrscheinlichkeiten* der jeweiligen Adressen im Eigenanlagebereich entgegenzurechnen. Auf die MaH-»Worst-Case«-Verlustobergrenze wird in Abhängigkeit vom Portfolio zumindest vierteljährlich bzw. bei entsprechender Marktbewegung das »Worst-Case«-Risiko in handelsrechtlicher und betriebswirtschaftlicher Betrachtung durch Simulation des Ausfalls bedeutender Adressen im Eigenanlagebereich angerechnet (vgl. Abb. 4).

Mit der Berücksichtigung von Marktpreisrisiken und Adressenausfallrisiken auf die definierten Jahresverlustobergrenzen wird ausgedrückt, dass unter der Annahme einer unveränderten Jahresverlustobergrenze,

– eine Verschlechterung einer Portfolioadresse zur Reduzierung der eingeräumten Limite für diese Adresse oder zur Reduzierung anderer Adressenlimite führt.
– eine Erhöhung der Adressenrisikolimite eine Reduzierung der Marktpreisrisikolimite und umgekehrt hervorruft.

Daraus folgt unter der Annahme, dass die Jahresverlustobergrenze unverändert bleibt:

Der Erwerb von Titeln schlechterer Bonität oder die Verschlechterung von Portfolioadressen bedingt unter Umständen die Reduzierung des Marktpreisrisikos (z.B. kürzere Laufzeiten von Bonds). Ebenso gilt umgekehrt, dass die Erhöhung von Marktpreisrisiken unter Umständen nur mit einer Verbesserung der Portfolioadressen möglich ist.

Die so bestehende und beabsichtigte »Wechselwirkung« zwischen Marktpreisrisiko und Adressenausfallrisiko soll aufzeigen, dass die Basis der Geschäftstätigkeit

MaH-Jahresverlustobergrenze

	Handelsrechtliche MaH-Verlustobergrenze TEuro	Betriebswirtschaftliche MaH-Verlustobergrenze TEuro	MaH-"Worst Case"-Verlustobergrenze TEuro
Zinsüberschuß	61.920	61.920	61.920
Provisionsüberschuß	9.900	9.900	9.900
sonst. ord. Erträge	680	680	680
Bruttoerträge	**72.500**	**72.500**	**72.500**
Personalaufwand	29.060	29.060	29.060
Sachaufwand	13.420	13.420	13.420
sonst. ord. Aufwand	6.000	6.000	6.000
ord. Aufwand	**48.480**	**48.480**	**48.480**
Nettofinanzergebnis	+800	+800	+800
Neutrales Ergebnis	±0	±0	±0
Bewertungsergebnis Kredit	-5.500	-5.500	-5.500
Veränderung Vorsorgereserven	±0	±0	±0
geplanter Mindestgewinnbedarf (nach Steuern)	4.300	4.300	4.300
geplanter Mindestgewinnbedarf (vor Steuern)	8.269	8.269	8.269
Ergebnis vor Steuer	**11.051**	**11.051**	**11.051**
anzurechnende realisierte Gewinne aus Eigenanlagegeschäften	XX% 1.017	XX% 1.017	XX% 1.017
Handelsrechtliche MaH-Verlustobergrenze	**12.068**	**12.068**	**12.068**
anrechenbare stille Reserven aus Eigenanlagegeschäften -schwebende Kursgewinne (anteilig)		XX% 10.000	XX% 77.352
Betriebswirtschaftliche MaH-Verlustobergrenze		**22.068**	**89.420**
Auflösung geplanter Mindestgewinnbedarf vor Steuern			XX% 8.269
Auflösung geplanter Zuführung zu Vorsorgereserven § 340 f, § 26 a KWG			XX% 0
Auflösung von gebildeten Reserven			
- § 340 f HGB unter Beachtung der GS I-Erfüllung (haftende Mittel im Verhältnis zur Risikoaktiva nach KWG mind. 8%)			XX% 5.000
- § 26 a KWG			XX% 10.000
MaH-"Worst Case"-Verlustobergrenze			**112.689**
Verlustobergrenzendefinition	Handelsrechtliche MaH-Verlustobergrenze in TEuro **12.068**	Betriebswirtschaftliche MaH-Verlustobergrenze in TEuro **22.068**	MaH-"Worst Case"-Verlustobergrenze in TEuro **112.689**

Abb. 2: Beispielrechnung – Jahresverlustobergrenze für Eigenanlagegeschäfte

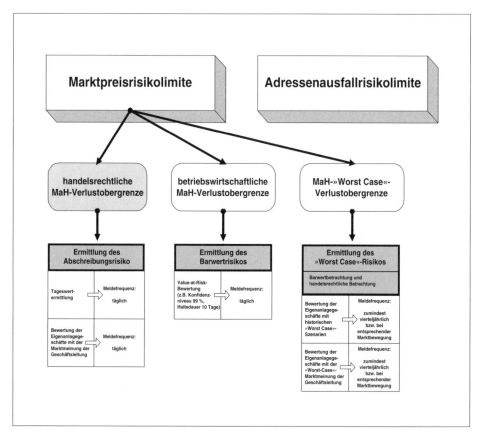

Abb. 3: Ermittlung der Marktpreisrisikolimitauslastungen nach MaH

von Kreditinstituten darin liegt, bewusst und dadurch kalkulierbar Risiken einzugehen, um durch tragbare Risikoübernahmen die beabsichtigten Erträge zu erzielen.

Nachfolgend sind die angeführten Szenarioanalysen zur Marktpreisrisikobetrachtung und Adressenausfallrisikobetrachtung für die handelsrechtliche, betriebswirtschaftliche und »Worst-Case«-Verlustobergrenze nach MaH erläutert dargestellt.

3. Szenarioanalysen zur handelsrechtlichen MaH-Verlustobergrenze

Die handelsrechtliche MaH-Verlustobergrenze ergibt sich aus dem errechneten Ergebnis vor Steuern erweitert um die per Geschäftsleiterbeschluss anzurechnenden realisierten Gewinne aus Eigenanlagegeschäften des laufenden Jahres (vgl. Abb. 2). Es obliegt dabei der Geschäftsleitung, wie viel der seit Jahresbeginn in Frage kommenden realisierten Gewinne auf die Jahresverlustobergrenze angerechnet werden. Die so ermittelte handelsrechtliche MaH-Verlustobergrenze wird aufgeteilt in ein Limit

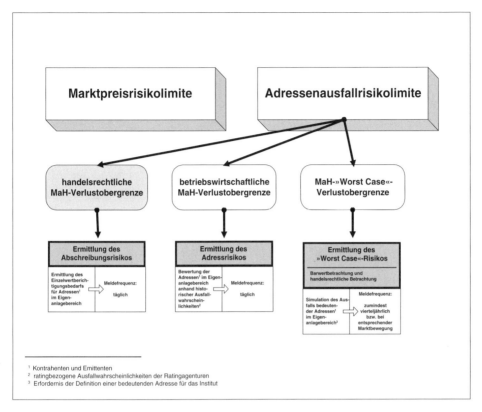

Abb. 4: Ermittlung der Adressenausfallrisikolimitauslastungen nach MaH

für das marktpreisbezogene Abschreibungsrisiko und ein Limit für das adressenbezogene Abschreibungsrisiko. Die handelsrechtliche MaH-Verlustobergrenze und die nachfolgend beschriebenen Szenarioanrechnungen dienen der Geschäftsleitung bzw. der Stelle des Bilanzstrukturmanagements als Informationsquelle zur Steuerung und Planung der bilanziellen Ergebnisse und Auswirkungen zum Bilanzstichtag.

3.1 Marktpreisbezogenes Abschreibungsrisiko

Im Rahmen des täglichen Risikoreportings sind u.a. die Risikopositionen bewertet zu aktuellen Marktpreisen zu ermitteln (Tageswertermittlung). Dem marktpreisbezogenen Abschreibungsrisikolimit werden dann anhand der Tageswertermittlung die am Betrachtungstag aus den betreffenden Risikopositionen errechneten realisierten und schwebenden Verluste aus Eigenanlagegeschäften auf aktueller Basis gegenübergestellt. Schwebende Gewinne haben in dieser GuV-Betrachtung keine Bedeutung.

Durch diese handelsrechtliche Betrachtung wird die Frage beantwortet, wie viel marktpreisbezogenen *Abschreibungsbedarf* hätte das Institut in der Gewinn- und

Verlustrechnung zu buchen, wenn heute der 31.12. des Jahres, also Jahresabschluss wäre.

Als weiteres Szenario sind die Risikopositionen mit der Marktmeinung des Instituts zum 31.12. des laufenden Jahres zu bewerten. Dabei ist die vom Institut als wahrscheinlichster Fall einzustufende Marktmeinung für die jeweiligen Risikopositionen heranzuziehen (»Real-Case«-Marktmeinung). Analog zur oben angeführten Darstellung erfolgt die handelsrechtliche Betrachtung durch Anrechnung der ermittelten realisierten und schwebenden Verluste aus den mit der »Real-Case«-Marktmeinung des Hauses bewerteten Risikopositionen auf das definierte marktpreisbezogene Abschreibungsrisikolimit.

Dieses handelsrechtliche Szenario sagt aus, welches marktpreisbedingte Abschreibungspotential das aktuelle Portfolio (Risikopositionen) – gemessen an der Marktmeinung des Hauses – zum Jahresende erwarten lässt.

3.2 Adressenbezogenes Abschreibungsrisiko

Hinsichtlich des handelsrechtlichen Adressenausfallrisikos wird täglich der nach handelsrechtlichen Grundsätzen vertretbare Einzelwertberichtigungsbedarf (EWB-Bedarf) auf Adressen (Kontrahenten/Emittenten), die beim Institut als Schuldner zu Buche stehen, ermittelt (adressenbezogenes Abschreibungsrisiko). Nach dieser handelsrechtlichen Betrachtung ist demnach nur dann eine Anrechnung auf das adressenbezogene Abschreibungsrisikolimit vorzunehmen, wenn ein Kreditausfallereignis eingetreten ist oder unter wirtschaftlich vertretbaren Annahmen zu erwarten ist.

Mit der handelsrechtlichen Betrachtung des adressenbezogenen Abschreibungsrisikos wird die Frage beantwortet, wie viel EWB-Bedarf hätte das Institut in der Gewinn- und Verlustrechnung zu verbuchen, wenn heute Bilanzstichtag wäre bzw. sich das adressenbezogene Abschreibungsrisiko bis 31.12. des laufenden Jahres nicht verändert.

4. Szenarioanalysen zur betriebswirtschaftlichen MaH-Verlustobergrenze

Bei der betriebswirtschaftlichen MaH-Verlustobergrenze wird die oben angeführte handelsrechtliche MaH-Verlustobergrenze um schwebende Gewinne aus den Eigenanlagegeschäften ergänzt (vgl. Abb. 1 und Abb. 2). Es obliegt hier ebenfalls dem Ermessen des Instituts, ob und wie viel der bereits realisierten Gewinne auf die betriebswirtschaftliche MaH-Verlustobergrenze angerechnet werden.

Das Institut hat in dieser Betrachtung – wie nachfolgend angeführt – zusätzlich die Möglichkeit, schwebende Gewinne (anrechenbare stille Reserven aus Eigenanlagegeschäften) an die Verlustobergrenze hinzuzurechnen. Bei Anrechnung eines prozentualen Teiles der schwebenden Gewinne an die Verlustobergrenze wäre diese täglich neu zu ermitteln. Sofern ein Festbetrag aus den schwebenden Gewinnen an die Verlustobergrenze angerechnet wird, ist täglich zu überprüfen, ob die schwebenden Gewinne dem Institut auch tatsächlich noch zur Verfügung stehen.

Die Höhe der anrechenbaren *stillen Reserven* wird mittels Simulation im Risikocontrollingmodul ermittelt, per Vorstandsbeschluss zu Beginn des Jahres festgelegt und monatlich bzw. bei Bedarf angepasst. Voraussetzung für diese Anrechnung ist, dass der festgelegte Betrag der stillen Reserven im Betrachtungszeitraum von einem Jahr ständig vorhanden ist.

Die betriebswirtschaftliche MaH-Verlustobergrenze bildet die Basis für die Limite des Handels. Auf die so definierte Verlustobergrenze werden nun die barwertbezogenen Marktpreis- und Adressenausfallrisiken angerechnet (vgl. Abb. 3 und Abb. 4). Die betriebswirtschaftliche MaH-Verlustobergrenze wird durch die Einbeziehung der anrechenbaren stillen Reserven aus Eigenanlagegeschäften dem Barwertgedanken in ehrlichster Weise gerecht.

Im täglichen Reporting wird die betriebswirtschaftliche MaH-Verlustobergrenze zunächst um die per Stichtag vorhandenen schwebenden und realisierten Verluste korrigiert. Bei den realisierten Kursgewinnen gilt die gleiche Verfahrensweise, wie bei der handelsrechtlichen MaH-Verlustobergrenze. Das Ergebnis aus dieser Berechnung stellt das freie betriebswirtschaftliche Verlustlimit dar, das nochmals in ein Limit für Marktpreisrisiken und ein Limit für Adressenausfallrisiken gegliedert wird. Das aktuelle Marktpreisrisiko und das Adressenausfallrisiko wird nun den jeweiligen Limiten gegenübergestellt.

4.1 Marktpreisrisiko

Das aktuelle betriebswirtschaftliche Marktpreisrisiko wird dem Risikocontrollingmodul entnommen. Hier gibt das Institut individuelle Einstellungen zur Berechnung vor, z.B. Konfidenzniveau, Haltedauer in Tagen, Zeitraum der historischen Renditeveränderungen.

Das Marktpreisrisiko gibt den potenziellen *Barwertverlust* des Portfolios des Instituts wieder, der innerhalb der definierten Haltedauer mit angenommener Wahrscheinlichkeit nicht überschritten wird. Dieser potenzielle Barwertverlust muss durch die betriebswirtschaftliche MaH-Verlustobergrenze aufgefangen werden können.

In Anlehnung an die Parameterwahl bei der Berechnung von »Internen Modellen« nach dem Grundsatz I, bietet es sich an, ein Konfidenzniveau von 99% und eine Haltedauer von 10 Handelstagen zu wählen.

4.2 Adressenausfallrisiko

Neben dem Marktpreisrisiko muss auch das Adressenausfallrisiko durch die betriebswirtschaftliche MaH-Verlustobergrenze abgedeckt werden. Als weitere Risikokomponente werden daher Adressenausfallrisiken auf diese Verlustobergrenze angerechnet.

Zur Risikobegrenzung und Risikostreuung haben die Kreditinstitute die betreffenden Adressen, die als Schuldner auftreten bzw. auftreten können, zu limitieren. Auf das jeweilige Limit einer Adresse sind dann die entsprechenden Obligobeträge des betreffenden Schuldners anzurechnen. Aus den jeweiligen Adressenlimiten werden dann die zu bestimmenden Adressenausfallrisiken errechnet.

Bei der Ermittlung der Adressenausfallrisiken stützen sich die Institute oftmals auf Bonitätseinstufungen internationaler Ratingagenturen (z.B. Moody's, S&P) und historische *Ausfallwahrscheinlichkeiten* für die jeweiligen Ratingklassen. Die Ausfallwahrscheinlichkeit sollte sich *im Regelfall* auf den Zeitraum der angenommenen Haltedauer bei der Risikomessung beziehen. Zur Vergleichbarkeit der Daten vom Marktpreisrisiko und Adressenausfallrisiko und deren Anrechnung auf die gleiche Verlustobergrenze sollte auch die angenommenen Haltedauer (z.B. 10 Handelstage) übereinstimmen. Diese Betrachtungsweise setzt jedoch die Fungibilität der zu messenden Werte und die Funktionsfähigkeit der betreffenden Märkte voraus. Positionen, bei denen das Adressenausfallrisiko nicht oder nicht jederzeit aus den Büchern des Instituts eliminiert werden kann (z.B. erworbene unkündbare Sparbriefe, unkündbare Geldanlagen, OTC-Derivate) wären mit der laufzeitbezogenen Ausfallwahrscheinlichkeit der betreffenden Adressen/ Produkte zu gewichten. Aus dem Umstand, dass die Ratingagenturen üblicherweise keine historischen Ausfallwahrscheinlichkeiten für unter einem Jahr veröffentlichen, wäre es unter Berücksichtigung der oben angeführten Annahme aus Risikogesichtspunkten sicherlich mit den MaH vereinbar, die historische Ausfallwahrscheinlichkeit von einem Jahr für die entsprechende Ratingstufe heranzuziehen, es sei denn, es handelt sich um Positionen, bei denen das Adressenrisiko nicht innerhalb dieser Haltedauer eliminiert werden kann. Liegt für eine Adresse kein Rating vor, könnte ersatzweise zur eigenen Ratingstufung das schlechteste Rating einer vergleichbaren Adressen verwendet werden.

Die Adressenausfallrisiken lassen sich wie folgt systematisieren:

Das nach den oben angeführten Annahmen zu berechnende Adressenausfallrisiko ist demnach der statistische Gesamtbetrag der aus der historischen Betrachtung möglichen Verluste bei Ausfall von Adressen unter Berücksichtigung des Betrachtungszeitraumes. Es ist demnach im Eigenanlagebereich die Summe aus Emittenten- und Kontrahentenrisiken. Mit der Anrechnung von Adressenausfallrisiken auf die betriebswirtschaftliche MaH-Verlustobergrenze wird ausgesagt, ob das Institut die statistische Ausfallgefährdung des bestehenden Adressenportfolios abdecken könnte.

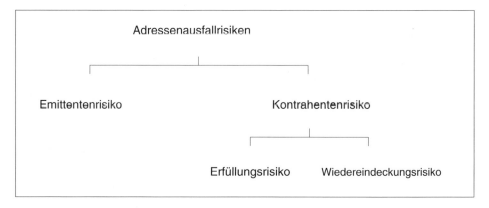

Abb. 5: Einteilung von Adressenausfallrisiken

4.2.1 Emittentenrisiko

Das Emittentenrisiko besteht in der Gefahr des Ausfalls eines Emittenten, d.h. alle noch fälligen Zins- und Rückzahlungsverpflichtungen werden nicht erfüllt.

Der ausfallgefährdete Betrag – also der Risikobetrag – entspricht dem Gesamtobligo der jeweiligen Schuldner (= Barwert aller zukünftigen Zahlungen).

Risikobetrag = Gesamtobligo der betreffenden Emittenten

Das Emittentenrisiko wird dann berechnet durch Multiplikation des ausfallgefährdeten Betrages mit dem Bonitätsfaktor.

Emittentenrisiko = Risikobetrag * Bonitätsfaktor

Der Bonitätsfaktor spiegelt dabei die Ausfallwahrscheinlichkeit eines Emittenten wieder.

4.2.2 Kontrahentenrisiko

Das Kontrahentenrisiko bezieht sich auf alle noch nicht vollständig abgewickelten bzw. nicht vollständig erfüllten Geschäfte. Dabei wird zwischen dem *Erfüllungsrisiko* und dem Wiedereindeckungsrisiko unterschieden.

Bei der Risikoberechnung wird wieder auf den vorgenannten Bonitätsfaktor zurückgegriffen.

Kontrahentenrisiko (Erfüllungs- und Wiedereindeckungsrisiko) = Risikobetrag * Bonitätsfaktor

Ein Erfüllungsrisiko besteht dann, wenn das Institut gegenüber dem Handelspartner in Vorleistung tritt.

Risikobetrag = Differenz {Zahlung, Lieferung}   [Erfüllungsrisiko]

Das *Wiedereindeckungsrisiko* entsteht, wenn der aktuelle Marktpreis eines Titels über (Kaufposition) bzw. unter (Verkaufsposition) dem vereinbarten Preis liegt.

Risikobetrag = Differenz {Tageskurs, vereinbarter Kurs} * ausstehende Menge
[Wiedereindeckungsrisiko]

5. Szenarioanalysen zur MaH-»Worst-Case«-Verlustobergrenze

Zur Abdeckung des »schlimmsten Falles«, der das Portfolio eines Institutes treffen könnte, wird eine dafür geeignete MaH-»Worst-Case«-Verlustobergrenze definiert (vgl. Abb. 1 und Abb. 2).

Ebenfalls ausgehend von dem ermittelten Ergebnis vor Steuern wird ein zu bestimmender Betrag der bereits zu Buche stehenden realisierten Gewinne aus Eigenanlagegeschäften und ein Anteil stiller Kurswertreserven angerechnet, die dafür von der Geschäftsleitung genehmigt werden (vgl. Abb. 2).

Die Höhe der Anrechnung stiller Kurswertreserven richtet sich danach, in welcher Höhe bei Eintreten des »schlimmsten Falles« noch stille Reserven vorhanden sind.

Weiterhin wird
- die Auflösung bzw. Reduzierung des geplanten *Mindestgewinnbedarfes* (mittelfristige Unternehmensplanung),
- die Auflösung bzw. Reduzierung der geplanten Zuführung zu den Vorsorgereserven im aktuellen Jahr und
- die Auflösung bzw. Reduzierung bereits gebildeter Reserven aus § 340 f HGB und § 26 a KWG nach den von der Geschäftsleitung vorzugebenden Anrechnungssätzen

berücksichtigt.

Das Resultat der Aufstellung ist die Verlustobergrenze für den *Stress-Test* (MaH-»Worst-Case«-Verlustobergrenze), auf die wiederum Marktpreisrisiken und Adressenausfallrisiken ausgerichtet auf den »schlimmsten Fall« angerechnet werden.

Die definierte MaH-»Worst-Case«-Verlustobergrenze muss so ausgestaltet sein, dass die Bestandsfestigkeit des Instituts auch bei Eintreten des nach MaH zu prognostizierenden »schlimmsten Falles« erhalten bleibt. Ein Absenken der haftenden Mittel gemäß § 10 KWG unter die Grundsatz I-Erfüllungsgrenze von 8% muss ausgeschlossen werden.

Zur Ermittlung der »Worst-Case«-Risiken sind u.a. folgende Szenarioanalysen denkbar:

(1) Stress-Test – maximale negative Veränderung
(2) Stress-Test – X-fache Standardabweichung – gemessen an historischen Crash-Szenarien

Die Berechnungen werden regelmäßig – in Abhängigkeit vom Portfolio zumindest quartalsweise – bzw. bei Bedarf durchgeführt.

(1) Im ersten Fall wird das gesamte Portfolio gegliedert nach Risikopositionen der maximalen negativen Veränderung der letzten 250 Handelstage gegenübergestellt. Als Ergebnis erhalten wir ein Marktpreisrisiko, das selbst, wenn die Marktvolatilitäten den schlechtesten Fall des letzten Jahres erreichen, im Regelfall noch zu hoch eingeschätzt wird. Denn es ist sehr unwahrscheinlich, dass Renten, Aktien, Währungen, etc. am gleichen Tag diese hohen Marktpreisveränderungen verzeichnen.

Hinsichtlich des »Worst-Case«-Adressenausfallrisikos wird vom Ausfall bedeutender Adressen, die sich im Portfolio des Instituts befinden, ausgegangen. Zur Ermittlung der bedeutenden Adressen erfolgt eine Analyse der Schuldner im Eigenanlagebereich, wobei insbesondere die Schuldner mit den schlechtesten Bonitäten als bedeutende Adressen zu werten sind.

(2) Im Gegensatz zur vorhergehenden Berechnung wird in diesem »Worst-Case«-Szenario das Marktpreisrisiko auf eine X-fache Standardabweichung umgestellt. Es wird eine sehr extreme Barwertveränderung für den zu betrachtenden Zeithorizont aufgezeigt. Zur Bestimmung begründbarer Annahmen für Stress-Test-Szenarien (»Worst-Case«-Szenarien) werden vorab die historischen Entwicklungen der jeweiligen risikobestimmenden Parameter (z.B. Zinssätze, Aktienkurse, Indexstände) im Hinblick auf außergewöhnlich starke Marktpreisänderungen (z.B. größter täglicher Kursverlust bei einer Aktie in der Vergangenheit) untersucht und der unterstellten Wertveränderung gegenübergestellt. Hierfür ist es auch notwendig, Annahmen zu treffen über den Zeitraum, auf den sich die Veränderungen der Risikofaktoren

beziehen (»Haltedauer«). Es sind dabei besondere Ereignisse der Vergangenheit (z.B. Aktiencrash 1987, Zusammenbruch des EWS 1992, Bondkrise 1994, »Emerging Market«-Krise 1998, etc.) den Stress-Tests zugrunde zulegen. Die statistisch angenommenen Stress-Test-Szenarien (z.B. X-fache Standardabweichung) dürfen die historisch eingetretenen »Worst-Case«-Wertveränderungen nicht unterschätzen. In jedem Fall ist auf das konkrete Institutsportfolio Bezug zu nehmen. Es sind somit Ereignisse zu untersuchen, die für das Portfolio des jeweiligen Kreditinstituts einen außergewöhnlich starken Verlust bedeuten können.

Das Adressenausfallrisiko beinhaltet die gleichen Grundgedanken und Berechnungen wie im Fall 1 dargestellt.

Die Berechnung des Risikos in den angeführten Stress-Test-Szenarien ergibt für ein Institut folgende Aussage:

Wieviel Barwert könnte das Depot des Instituts im »schlimmsten Fall« (1) oder (2) innerhalb einer bestimmten Haltedauer verlieren und welcher handelsrechtliche Abschreibungsbedarf würde sich daraus ergeben?

Als weiteres Szenario sollten auf die MaH-»Worst-Case«-Verlustobergrenze auch die Risikopositionen bewertet mit der »Worst-Case«-Marktmeinung des Hauses – z.B. bis 31.12. des laufenden Jahres – angerechnet werden.

Darüber hinaus könnte analysiert werden, welche »Worst-Case«-Szenarien bezogen auf Marktpreisveränderungen und Adressenausfall das Institut mit der definierten MaH-»Worst-Case«-Verlustobergrenze überhaupt »verkraften« könnte.

Der sich aus den verschiedenen »Worst-Case«-Szenarien ergebende mögliche Verlust muss von den Instituten durch Anrechnung auf die definierte »Worst-Case«-Verlustobergrenze aufgefangen werden können.

6. Ausblick zur Gesamtbanksteuerung

Die bisher dargestellte Limitierung der Marktpreis- und Adressenausfallrisiken bezog sich ausschließlich auf die Risiken des Eigenanlagebereiches von Kreditinstituten. Aufgrund der künftig weitergefassten aufsichtsrechtlichen Anforderungen kann dieses jedoch nicht mehr als ausreichendes Maß angesehen werden und die bisherige MaH-bezogene Betrachtung ist auf alle Geschäftsfelder der Kreditinstitute zu erweitern.

Sowohl die Mindestanforderungen an das Betreiben von Handelsgeschäften (MaH) als auch die Anforderungen des Basler Ausschusses für Bankenaufsicht an das Management von Zinsänderungsrisiken fordern ein alle Geschäftsbereiche der Bank umfassendes Risikocontrolling und -management. Verstärkt wurden diese Anforderungen durch das BAK-Rundschreiben 12/98, in dem auf die gesamtbankbezogene Umsetzung der Risikosteuerung nochmals ausdrücklich hingewiesen wurde. Die Erfordernis an ein auf Gesamtbankebene abzielendes Risikocontrolling- und Risikomanagementsystem ist bereits heute gesetzlich verankert. In §25 a KWG, den besonderen organisatorischen Pflichten von Kreditinstituten, ist u.a. gefordert, dass ein Institut über geeignete Regelungen zur Steuerung, Überwachung und Kontrolle der Risiken sowie über angemessene Regelungen verfügen muss, anhand derer sich die finanzielle Lage des Instituts jederzeit mit hinreichender Genauigkeit bestimmen

Sinkendes Zinsniveau ⬇	Steigendes Zinsniveau ⬇
niedrige Limitauslastung	hohe Limitauslastung
Problem: Ist es sinnvoll, bei diesem Zinsniveau Risiken einzugehen?	Problem: Müssen Ertragschancen hierbei ungenutzt bleiben?

Abb. 6: Zinsniveau vs. Limitauslastung

lässt. Der § 25 a KWG ist nicht eingeschränkt auf bestimmte Geschäftsfelder der Institute, sodass er auf sämtliche KWG-relevanten Geschäftsarten abzielt, welches einer Anforderung an die Gesamtbanksteuerung gleichzusetzen ist.

Neben den aufsichtsrechtlichen Anforderungen bestehen jedoch auch praktische Probleme bei der Umsetzung von Steuerungsphilosophien durch die beschriebenen Anwendungsverfahren. Sofern ein Institut sich *einzig und allein* auf die MaH-bezogene Risikosteuerung stützt, kann dies zu Fehlsteuerungen führen. Beispielsweise kann dies mit der Erhöhung der Limitauslastung bei steigendem Zinsniveau, aufgrund der Verminderung von schwebenden Gewinnen bzw. der Erhöhung der schwebenden Verluste begründet werden. Das kann zur Folge haben, dass auf den Kauf von Wertpapieren mit attraktivem Kupon verzichtet und eventuell der Verkauf von im Bestand befindlichen Wertpapieren notwendig wird. Dagegen erscheint es nicht unbedingt sinnvoll, nur aufgrund der geringeren Limitauslastung bei einem sinkenden Zinsniveau Wertpapiere zu kaufen, wie die Abbildung 6 verdeutlicht.

Weiterhin bleiben die »Hedgewirkungen« und die vorhandenen Diversifikationseffekte, ausgehend vom Einbezug aller Bilanzpositionen, bei der bisherigen Betrachtung unberücksichtigt. So ist erfahrungsgemäß das Risiko des Depot-A bzw. der Eigenanlagegeschäfte oftmals um ein Vielfaches höher als das Risiko der Gesamtbank.

Um die angesprochenen Problemfelder vollständig zu berücksichtigen und die aufsichtsrechtlichen Anforderungen zu erfüllen, ist die Betrachtung der Risiken auf Gesamtbankebene unverzichtbar. Im § 25 a KWG hat die Aufsicht bereits die weiteren Stufen zur integrierten Gesamtbanksteuerung niedergelegt, die sich nicht nur auf die Messung und Analyse von Marktpreis- und Adressenausfallrisiken beschränken darf (§ 25 a (1), Nr. 1 KWG), sondern auch die Betriebsrisiken einschließt, die sich häufig aus einer mangelnden Aufbau- und Ablauforganisation ergeben. Der § 25 a (1), Nr. 2 KWG fordert daher, dass ein Institut über eine ordnungsgemäße Geschäftsorganisation, über ein angemessenes internes Kontrollverfahren sowie über angemessene Sicherheitsvorkehrungen für den Einsatz der elektronischen Datenverarbeitung verfügen muss. Ebenso erachtet der Gesetzgeber eine erhöhte Dokumentationspflicht als erforderlich, indem in § 25 a (1), Nr. 3 KWG die Institute verpflichtet werden, dafür Sorge zu tragen, dass die Aufzeichnungen über die ausgeführten Geschäfte eine lückenlose Überwachung durch das Bundesaufsichtsamt für seinen Zuständigkeitsbereich gewährleisten. Auch diese Bestimmungen sind nicht auf bestimmte Geschäftsarten beschränkt, sodass sich die im § 25 a KWG beschriebenen Anforderungen auf sämtliche KWG-relevanten Geschäfte beziehen.

Die MaH-bezogene Risikosteuerung und die in den MaH geforderten aufbau- und ablauforganisatorischen Regelungen dienen demnach den Instituten als »Spielwiese« auf dem Weg zur integrierten Gesamtbanksteuerung. Es bleibt daher abzuwarten, ob es die Aufsichtsbehörden als erforderlich erachten, in Analogie zu den MaH, auch »Mindestanforderungen an das Betreiben sämtlicher Bankgeschäfte« zu formulieren.

Allein um den erhöhten Anforderungen auf den Finanzmärkten gerecht zu werden, sollte es im Interesse eines jeden Instituts liegen, die Aufbau- und Ablauforganisation auf Gesambankebene einschließlich eines funktionsfähigen Risicontrolling- und Risikomanagementsystems so zu gestalten, dass Interessenskollisionen vermieden, Risiken aufgezeigt und damit verbunden auch Risiken reduziert werden können, unabhängig, ob der Gesetzgeber dies in weiteren Mindeststandards formuliert.

Anmerkung

1 MaH: Verlautbarung über »Mindestanforderungen an das Betreiben von Handelsgeschäften der Kreditinstitute« durch das Bundesaufsichtsamt für das Kreditwesen, Berlin, vom 23. Oktober 1995

Literaturverzeichnis

Basle Committee on Banking Supervision, Principles for the Management of Interest Rate Risk, Basel, September 1997.
Bundesaufsichtsamt für das Kreditwesen, Bekanntmachung über die Änderung und Ergänzung der Grundsätze über das Eigenkapital und die Liquidität der Kreditinstitute, Berlin, 29. 10. 1997.
Bundesaufsichtsamt für das Kreditwesen, Mindestanforderungen an das Betreiben von Handelsgeschäften der Kreditinstitute, Berlin, 23. 10. 1995.
Bundesaufsichtsamt für das Kreditwesen, Erläuterungen zu einzelnen Regelungen der Mindestanforderungen an das Betreiben von Handelsgeschäften der Kreditinstitute, Berlin, 08. 04. 1998.
Bundesaufsichtsamt für das Kreditwesen, Überprüfung von Zinsänderungsrisiken, Berlin, 14. 08. 1998.
Gesetz über das Kreditwesen (6. KWG-Novelle).
Scharpf, Paul: Risikomanagement, Bilanzierung und Aufsicht von Finanzderivaten / Paul Scharpf / Günther Luz, Stuttgart 1996.

Revision von Asset Backed Securities
Axel Becker*

Inhalt

1. Einleitung
   1.1 Rasante Marktentwicklung
   1.2 Entstehungsprozess von ABS
   1.3 Veränderte Rahmenbedingungen
      1.3.1 BAKred-Rundschreiben 4/97 vom 20.5.97 – Veräußerung von Kundenforderungen im Rahmen von Asset-Backed Securities Transaktionen durch deutsche Kreditinstitute
      1.3.2 BAKred-Rundschreiben 01/2000 vom 17.1.00 Mindestanforderungen an die Ausgestaltung der Internen Revision der Kreditinstitute
      1.3.3 Basler Ausschuss – Rahmenkonzept für Interne Kontrollsysteme in Bankinstituten
      1.3.4 Basler Ausschuss Konsultationspapier – Neuregelung an die Eigenkapitalausstattung der Banken
2. Das Prüfungssoll bei ABS
   2.1 Allgemein
   2.2 Prüfungssoll im Einzelnen
3. Bedeutung von ABS für Bankenaufsichten
   3.1 Prüfungen durch die Bankenaufsicht
   3.2 Bankenaufsichtsrechtliche Anwendung
      3.2.1 Forderungsveräußerer (Originator)
      3.2.2 Zweckgesellschaft
      3.2.3 Anzeigepflicht bei ABS-Transaktionen
      3.2.4 Prüfungsschwerpunkt der Bankenaufsicht
4. Bedeutung von ABS für Wirtschaftprüfungsgesellschaften/Prüfungsverbände
   4.1 Jahresabschlussprüfung
   4.2 Prüfungs- und Berichtspflichten aus dem BAKred-Rundschreiben 4/97
   4.3 Prüfungspflichten zur wirtschaftlichen Zurechnung und Anhangsangabe
      4.3.1 Wirtschaftliche/rechtliche Zurechnung
      4.3.2 Prüfung der Anhangsangabe
      4.3.3 Prüfung der Vermögens-, Ertrags- und Liquiditätslage
5. Bedeutung von ABS für die Interne Revision
   5.1 Prüfungsgrundlage
   5.2 Prüfungsthemen bei ABS-Prüfungen
   5.3 Informationserfordernisse
   5.4 Berichtspflichten

5.5 Schwerpunkte der ABS-Prüfung
  5.5.1 ABS-Strategie/Wirtschaftlichkeit
  5.5.2 Rentabilität/Wirtschaftlichkeit
  5.5.3 Organisatorische Voraussetzungen
  5.5.4 Rechtliche Erfordernisse/Vertragsgestaltung
  5.5.5 ABS-typische Risiken
  5.5.6 ABS als Instrument im Risikomanagement
  5.5.7 ABS im Rechnungswesen
  5.5.8 Behandlung von Rückkaufszusagen, beschränkte Forderungsausfallgarantien, Patronatserklärungen
  5.5.9 Bankenaufsichtliche Anforderungen
5.6 Aufbau eines ABS-Prüfungsberichtes

6. Ausblick

Literaturverzeichnis

---

*Dipl. Betriebswirt Axel Becker ist seit 1996 bei der DG BANK AG in Frankfurt als stellvertretender Abteilungsleiter der Kredit- und DV-Revision beschäftigt und dort für die Vorbereitung und Durchführung von Revisionsprüfungen in innovativen Kapitalmarktprodukten – wie ABS – betraut. Herr Becker ist weiterhin Autor verschiedener Buchartikel zum Thema Revisionsprüfungen/Bankenaufsicht, Seminartrainer und Mitglied des Arbeitskreises »Revision des Kreditgeschäftes« des Deutschen Instituts für Interne Revision.

1. Einleitung

Der nachfolgende Beitrag soll aktuelle Revisionsaspekte von Assed Backed Securities (ABS) als Instrument der Gesamtbanksteuerung darstellen. Insbesondere wird auf die Bedeutung von ABS für die Bankenaufsicht, den Jahresabschlussprüfer und die Interne Revision eingegangen. Der Beitrag soll den gegenwärtigen Diskussionsstand aufzeigen und Prüfungsansätze unter Berücksichtigung der aktuellen Entwicklungen der Finanzmärkte und der rechtlichen Rahmenbedingungen darstellen.

1.1 Rasante Marktentwicklung

Moderne und innovative Finanzinstrumente wie ABS gewinnen eine immer größere Bedeutung. Margenrückgänge in den klassischen Geschäftsbereichen der Finanzinstitute und der immer stärker werdende Marktwettbewerb – der zu Fusionen im Bankenbereich zwingt – erfordern die Entwicklung von innovativen und erfolgsversprechenden Finanzinstrumenten wie ABS.

An dem größten ABS-Markt der Welt, dem US-amerikanischen Markt, betrug das Umsatzvolumen Ende 1998 ca. 650 Mrd. Euro. Bis Oktober 1999 erreichte der deutsche ABS-Markt mit elf Emissionen einen europäischen Marktanteil von 26% im Hinblick auf das Land des Originators. In Europa wurde mit bisher 60 ABS-Emissionen bis Oktober 1999 ein Gesamtvolumen von 43 Mrd. Euro in 1999 erreicht.

Als weitere Argumente für ABS sprechen individuelle Bedürfnisse von Kapitalanlegern, Erschließung neuer Ertragsquellen, Optimierung der Bilanzstrukturen sowie mögliche Eigenkapitalentlastungen und Liquiditätsverbesserungen.

1.2 Entstehungsprozess von ABS

Die erste ABS-Transaktion wurde bereits 1970 in Form einer *Mortgage-Backed Security-Transaktion* durch eine im Wohnungsbau tätige öffentlich-rechtliche US-Körperschaft durchgeführt. Dabei wurden in der Entstehungsphase des Sekundärmarktes für Hypothekarkredite Hypothekendarlehensforderungen angekauft und auf dieser Basis Wertpapiere in Form von MBS (Mortgage-Backed Securities) emittiert.

Eine rasche Ausweitung der ABS-Geschäftsaktivitäten war erst im Verlauf der achtziger Jahre zu verzeichnen. Einen nicht unerheblichen Einfluss auf diesen Wachstumstrend hatten dabei auch die *Eigenkapitalempfehlungen des Basler Ausschusses* vom Juli 1988. Im Hinblick auf die erhöhten Eigenkapitalanforderungen an die Banken ermöglichen ABS-Geschäfte entsprechende Entlastungen beim haftenden Eigenkapital durch den Verkauf geeigneter Bilanzaktiva (Kreditforderungen). Dieser positive Effekt macht ABS als kostengünstiges Instrument der Fremdkapitalbeschaffung noch interessanter.

ABS werden in folgenden Grundformen differenziert:

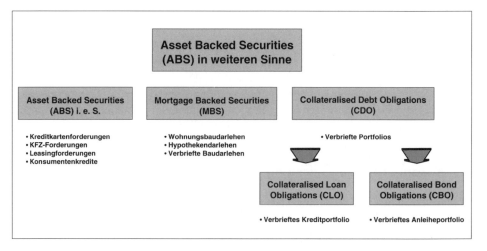

Abb. 1: Grundformen von ABS

1.3 Veränderte Rahmenbedingungen

Die rechtlichen und bankaufsichtlichen Rahmenbedingungen für die Aktivitäten in ABS verändern sich stetig. Die nachfolgend beschriebenen Regelungen haben unterschiedliche Auswirkungen auf die ABS-Aktivitäten der deutschen Finanzinstitute und damit auf die Prüfungserfordernisse der in- und externen Revision. Das BAKred Rundschreiben 4/97 gibt den speziellen Anforderungsrahmen für den Verkauf eigener Kundenforderungen seitens deutscher Kreditinstitute vor. Die weiteren Regelungen haben einen allgemeinen Einfluss auf die Revisionsaufgaben und sind damit auch für die Prüfungstätigkeit in ABS-Produkten anwendbar.

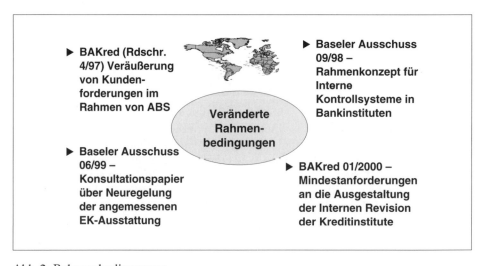

Abb. 2: Rahmenbedingungen

1.3.1 BAKred-Rundschreiben 4/97 vom 20.5.97 – Veräußerung von Kundenforderungen im Rahmen von Asset-Backed Securities Transaktionen durch deutsche Kreditinstitute

Das *BAKred* hat sich erstmals mit Rundschreiben 4/97 vom 20.5.97 zur Veräußerung von Kundenforderungen im Rahmen von Asset-Backed Securities Transaktionen an alle Kreditinstitute in Deutschland gewandt. Mit diesem Rundschreiben schafft das BAKred für Banken die Möglichkeit, ABS-Transaktionen zur Entlastung des aufsichtsrechtlichen Haftungskapitals zu nutzen. Das Schreiben enthält einen Katalog von bankenaufsichtlichen Anforderungen. Diese haben zum Ziel, den Banken schon in der Vorbereitungsphase von ABS-Aktivitäten in wesentlichen Themengebieten Planungs- und Rechtssicherheit zu gewährleisten und die Geschäftsaufnahme auch ohne vorherige Einschaltung des BAKred zu ermöglichen. In diesem Zusammenhang stellte die Deutsche Bundesbank in ihrem Monatsbericht Juli 1997 ABS Finanzierungsformen in ihren Grundzügen dar und erläutert darin die aufsichtsrechtlichen Bedingungen. Ergänzt wurde das BAKred-Rundschreiben 4/97 durch die Ausführungen des BAKred-Rundschreibens 13/98 mit dem Hinweis zu revolvierenden Transaktionen. Die diesbezüglichen Auswirkungen werden in Tz. 3.1 näher erläutert.

1.3.2 BAKred-Rundschreiben 01/2000 vom 17.1.00 Mindestanforderungen an die Ausgestaltung der Internen Revision der Kreditinstitute

Die Mindestanforderungen an die Ausgestaltung der Internen Revision der Kreditinstitute ersetzten das seit Mai 1976 geltende Schreiben »Anforderungen für die Ausgestaltung der Innenrevision«. Mit den neuen Regelungen werden die bisher geltenden Anforderungen an die Ausgestaltung der *Innenrevision* verschärft. Die Notwendigkeit der *Internen Revision* wird u.a. auch aus §91 Abs. 2 AktG, d.h. der unternehmenseigenen Überwachung zur Früherkennung von Risiken abgeleitet.

Danach hat die Innenrevision als unternehmensinternes Überwachungsorgan im Auftrag der Geschäftsleitung alle Betriebs- und Geschäftsabläufe des Kreditinstituts, das Risiko-Management und -Controlling sowie das *Interne Kontrollsystem* zu überwachen.

Damit sind auch ABS-Transaktionen Gegenstand von Prüfungen durch die Interne Revision. Die Revision führt Prüfungen in ABS in Form einer prozessunabhängigen Überwachung durch. Prozessunabhängig bedeutet, dass die Interne Revision nicht in den regulären Kontrollprozess im betrieblichen Arbeitsablauf eingebunden ist, sondern diese Kontrollfunktion prozessunabhängig durchzuführen hat.

Die Prüfungshandlungen in ABS-Prüfungen werden daher ausschließlich durch Revisionsmitarbeiter, d.h. durch einen prozessunabhängigen Personenkreis vorgenommen.

Zusammenfassend ist festzuhalten, dass der Entwurf des neuen Schreibens die bereits geltenden Anforderungen an die Ausgestaltung der Internen Revision verschärft und daher auch neue Geschäftsfelder wie ABS-Transaktionen verstärkt in das Blickfeld der Internen Revision rücken. Auf einzelne Prüfungsschritte der Innenrevision in ABS-Aktivitäten wird in Tz. 5 ff. eingegangen.

1.3.3 Basler Ausschuss – Rahmenkonzept für Interne Kontrollsysteme in Bankinstituten

Mit Schreiben vom September 1998 hat der Basler Ausschuss für Bankenaufsicht ein Rahmenkonzept für Interne Kontrollsysteme (IKS) in Bankinstituten vorgelegt. Bedeutend hierbei sind die Ziele, der Zweck, die Elemente und die Beurteilung des Internen Kontrollsystems in Bankinstituten. Das Schreiben hat maßgebliche Auswirkungen auf den gesamten betrieblichen IKS-Prozess über alle Regelungsbereiche des Bankbetriebes incl. der ABS-Geschäftstätigkeiten. Denn gerade bei der Geschäftsaufnahme in neuen Produkten wie ABS gewinnen Verfahren für die Erkennung, Messung, Überwachung und Begrenzung der von der Bank eingegangenen Risiken, eine klare Organisationsstruktur und angemessene interne Kontrollen sowie deren ständigen Überwachung an Bedeutung. Durch das neue Rahmenkonzept ergeben sich einige wichtige Ansatzpunkte für Prüfungen in ABS seitens der in- und der externen Revision.

1.3.4 Basler Ausschuss Konsultationspapier – Neuregelung an die Eigenkapitalausstattung der Banken

Der Basler Ausschuss für Bankenaufsicht legte im Juni 1999 ein *Konsultationspapier* über die Neuregelung der angemessenen Eigenkapitalausstattung zur Diskussion in der Kreditwirtschaft vor. Einer der Kernpunkte des Papiers sind die neuen Vorschläge für Bonitätsgewichtungen von verbrieften und nicht verbrieften Forderungen der Kreditinstitute. Durch die Bonitätsgewichtungen auf Basis von internen und externen Ratings soll es zu einer individuellen Risikogewichtung der Forderungen kommen. Durch diese Entwicklungen kann der Einsatz von ABS eine künftig steigende Bedeutung im Rahmen des *Bilanzstrukturmanagements* erlangen. Mittels ABS können dabei *Eigenkapitalentlastungs-* sowie *Liquiditätseffekte* erzielt werden, wenn durchschnittlich gut (B – A) geratete Forderungen nach Einleitung von Kreditverbesserungsmaßnahmen (Credit Enhacements) verbrieft und über die Zweckgesellschaft als erstklassig geratetes Wertpapier (AA – AAA) an den Kapitalmärkten plaziert werden.

2. Das Prüfungssoll bei ABS

2.1 Allgemein

Die Prüfungstätigkeit ist als Vergleich zwischen dem Soll-Zustand und dem Ist-Zustand definiert. Der Soll-Zustand (Prüfungssoll) besteht aus den Merkmalen, die das Prüfungsobjekt – hier die ABS-Transaktionen – aus Sicht des Revisors aufzuweisen hat. Die allgemein in der Literatur bekannten Merkmale bestehen aus Ordnungsmäßigkeit, Sicherheit, Wirtschaftlichkeit, Risiko und Zweckmäßigkeit. Die Ausprägungen der Merkmale sind für jedes Prüfungsobjekt individuell und objektbezogen zu definieren.

Abbildung 3 gibt einen Überblick über den schrittweise durchzuführenden Soll/Ist-Vergleich bei Revisionsprüfungen, welcher das systematische Prüfungsvorgehen in strukturierter Form bestimmt.

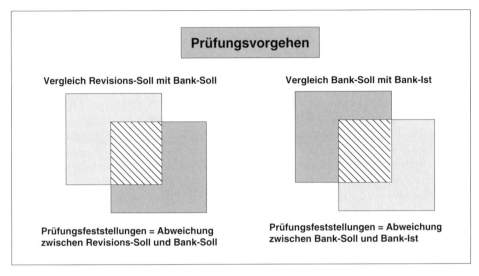

Abb. 3: Prüfungsvorgehensweise

Bei der Betrachtung des Prüfungssolls sind zunächst zwei maßgebliche Prüfungsschritte von Bedeutung.

Zum einen gilt es, dass Revisions-Soll bestehend aus den gesetzlichen Vorgaben und Rahmenbedingungen mit dem Bank-Soll, d.h. den von der Bank vorgegebenen Regelwerk der Aufbau- und Ablauforganisation (z.B. bankinterne Richtlinien und Vorgaben, Arbeitsanweisungen, Organisationsanweisungen, Organigramme) abzugleichen. Abweichungen aus diesem Vergleich resultieren in Prüfungsfeststellungen der Revision. Diese führen dabei zu einer Qualitätssicherung der aufbau- und ablauforganisatorischen Regelungen, die anhand der gesetzlicher Vorgaben abgeglichen werden.

Im nächsten Schritt erfolgt der klassische Soll-/Ist-Vergleich, d.h. der Vergleich des Bank-Soll (z.B. bankinterne Richtlinien, Arbeitsanweisungen, Organisationsanweisungen, Organigramme) mit dem Bank-Ist, d.h. dem bei der Prüfung tatsächlich vorgefundenem Ist-Zustand im Arbeitsprozess. Auch diese Abweichungen gehen wie im ersten Prüfungsschritt beschrieben als Prüfungsfeststellungen im Prüfungsbericht mit ein.

2.2 Prüfungssoll im Einzelnen

Im Prüfungsobjekt »Assed-Backed Security« sind alle fünf o.g. Merkmale prüfungsrelevant. Danach hat der Prüfer zu prüfen, ob

- ABS in der Bank ordnungsgemäß, sicher, wirtschaftlich und zweckmäßig eingesetzt werden,

- das Risiko für die Bank vertretbar und die Risikoabbildung von ABS in ausreichendem Maße dargestellt (Controlling, Überwachung) werden kann,
- alle zugehörigen Arbeitsabläufe einschließlich der eingesetzten EDV funktionsfähig, funktionssicher und zweckmäßig sind.

Die Ordnungsmäßigkeit wird originär von den in der Bank vorliegenden bankinternen Richtlinien, Arbeitsanweisungen, Organisationsanweisungen, Organigrammen, Kompetenzregelungen etc. bestimmt. Diese sollten nach qualitativer Prüfung, d.h. Vergleich Revisions-Soll mit Bank-Soll, in das Prüfungssoll mit einfließen.

Als externe Soll-Vorgaben gelten das BAKred-Schreiben 4/97 vom 20.5.97 zur Veräußerung von Kundenforderungen im Rahmen von Asset-Backed Securities Transaktionen, die in Tz. 1.3 genannten Rahmenbedingungen sowie die bei der bilanziellen Behandlung heranzuziehenden Grundsätze der ordnungsgemäßen Bilanzierung (GoB). Diese Soll-Vorgaben werden durch Regelungen der internationalen Bankenaufsichten ergänzt, wenn die Kreditinstitute an internationalen Geschäftssitzen im ABS-Geschäft aktiv sind.

Nachfolgend wird auf die Bedeutung von ABS-Prüfungsaktivitäten und einzelner Prüfungsgebiete aus Sicht der Bankenaufsicht, der externen Prüfer und der Internen Revision eingegangen.

Revisionen in ABS können für die in Abbildung 4 dargestellten Revisionseinheiten von Bedeutung sein.

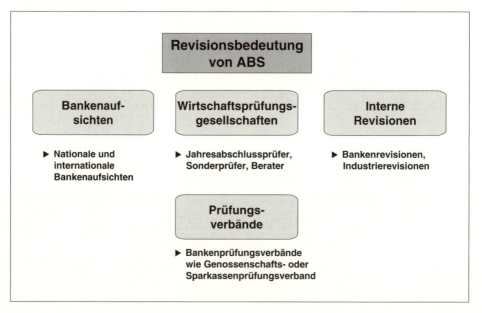

Abb. 4: Revisionsbedeutung von ABS

3. Bedeutung von ABS für Bankenaufsichten

Die ABS-Aktivitäten werden von den nationalen und internationalen Bankenaufsichten aufmerksam verfolgt. Die deutsche Bankenaufsicht BAKred erwähnt in ihrem Jahresbericht 1998, dass das ABS-Emissionsvolumen seit dem Rundschreiben 4/97 außergewöhnlich stark angestiegen ist. Das Volumen aller im europäischen Kapitalmarkt umlaufenden ABS- Emissionen betrug 1998 bereits DM 21,5 Mrd. oder 27%.

3.1 Prüfungen durch die Bankenaufsicht

Das Hauptaugenmerk der Bankenaufsichtsprüfungen des BAKred lag 1998 auf der Prüfung der im Rundschreiben 4/97 festgelegten Anforderungen. Danach ist eine Grundsatz I – Entlastung nur dann zulässig, wenn bei dem Kreditinstitut – welches Forderungsbestände mittels ABS-Transaktionen veräußert – kein Adressenausfall- und Marktpreisrisiko verbleibt.

Dieser Risikoausschluss ist Voraussetzung für eine wirksame Entlastung des durch die verkauften Forderungen gebundenen Eigenkapitals. Der Risikoausschluss wird erst dann erreicht, wenn die nachfolgend genannten Bedingungen des BAKred-Rundschreibens 4/97 erfüllt werden:

- Der rechtswirksame Forderungsübergang liegt vor.
- Die Regressansprüche gegen den Forderungsveräußerer sind ausgeschlossen.
- Der Forderungsaustausch zwischen dem Erwerber und Veräußerer abgesehen von einem Forderungsaustausch wegen Nichteinhaltung der vertraglich vereinbarten Auswahlkriterien nach dem Übertragungsvorgang nicht erfolgt.
- Die vereinbarte Rückkaufmöglichkeit des Veräußerers darf sich lediglich auf ein Restportfolio von weniger als 10% der ursprünglich übertragenen Forderungen bei aktueller Bewertung erstrecken.
- Weder Veräußerer der Forderungen noch ein gruppenangehöriges Unternehmen im Sinne von § 10 a KWG darf zur Finanzierung der Zweckgesellschaft während der Transaktion beitragen. Eine etwaige Kreditvergabe ist an weitere im Rundschreiben aufgeführte Bedingungen geknüpft (Kreditvergabe vor Transaktion ist zulässig).

Darüber hinaus sollen die zu veräußernden Forderungen unter Beachtung der vertraglich vereinbarten Kriterien nach dem *Zufallsprinzip* bestimmt werden. Dadurch soll gewährleistet werden, dass sich der Forderungsbestand der verbleibenden Forderungen nicht wesentlich verschlechtert. Tritt dennoch ein wesentliche Verschlechterung ein, behält sich das BAKred die Möglichkeit vor, im Grundsatz I höhere Anforderungen zu stellen.

Weiterhin darf das veräußernde Kreditinstitut bei der Platzierung des ABS kein eigenes Absatz- oder Platzierungsrisiko als Underwriter eingehen. Dies tritt dann ein, wenn beispielsweise Papiere für den eigenen Bestand aus dem Primärmarkt angekauft werden. Daraus kann die Schlussfolgerung gezogen werden, dass nicht genug Investoren für eine erfolgreiche Platzierung gewonnen werden können, d.h. ein Misserfolg in der Platzierung wäre die Konsequenz. Auch das Adressenausfallrisiko kommt in diesem Fall über den eigenen Bestand an ABS in abgewandelter Form wieder zur veräußerten Bank zurück. Eine Grundsatzentlastung wäre dann fraglich.

Zu beachten ist auch die Wahrung des Bankgeheimnisses, welches die Grundlage für die Geschäftsbeziehung zwischen Kunden und Bank bildet. Ein wichtiger Aspekt für die Weitergabe von personenbezogenen Daten an Dritte ist die Einwilligung des Kreditschuldners vor dem Forderungsverkauf. Bei Einwilligung des Kunden für eine ABS-Transaktion muss der Kunde über den Charakter des Geschäftes sowie über die weitergegebenen Daten und die Drittadresse informiert werden. Die Einwilligung entfällt, wenn das zedierende Kreditinstitut die gesamte Kreditabwicklung incl. des Inkassos auf Basis einer Einzugsermächtigung durchführt. Das Institut übernimmt durch die ABS-Abwicklung und weiteren Administrationsaufgaben die Funktion des »Service Agents« oder »Servicers«.

Nach den Ausführungen des Amtes im Jahresbericht 1998 bilden die Zulassungsprüfungen wegen der schwierigen Rechtsproblematiken im internationalen Bankgeschäft gegenwärtig den Schwerpunkt der Aufsichtsprüfungen zum Thema ABS. Das BAKred will sich nach den Angaben im Jahresbericht 1998 künftig verstärkt den Prüfungen in diesen innovativen Kapitalmarktprodukten widmen.

Mittels BAKred-Rundschreiben 13/98 vom 25.08. 1998 informierte das BAKred die Kreditinstitute darüber, dass die Verbriefung revolvierender Forderungen nicht von dem BAKred-Rundschreiben 4/97 erfasst werden. Das BAKred plant, zu dieser Verbriefungsform ein gesondertes Rundschreiben zu verfassen. Unabhängig davon sind die deutschen Kreditinstitute angehalten, das BAKred im Falle revolvierender Transaktionen im Vorfeld einzuschalten. Die Aufsicht wird dann per Einzelfallprüfung entscheiden, ob Grundsatz I – Entlastungen aufsichtsrechtlich anerkannt werden.

Verbriefung von revolvierenden Forderungen

Dabei steht einem bestimmten Emissionsvolumen mit fest definierter Laufzeit ein Deckungspool von Forderungen wechselnder Höhe und unterschiedlicher Laufzeit gegenüber. Bei dieser Konstruktion erhalten die Investoren regelmäßig Zinserträge. Die Tilgungsleistungen der Kreditschuldner fließen während der Revolving-Periode in den Erwerb neuer Forderungen. Am Ende der ABS-Laufzeit dienen die Zahlungen der vollständigen Tilgung der ABS. Das BAKred weist in seinem Rundschreiben 13/98 darauf hin, dass diese ABS-Konstruktionen aufgrund der Komplexität, zum Schutz der veräußernden Bank als auch der Investoren besondere bankaufsichtliche Anforderungen erfordert. Dieser Erfordernis soll in einem gesonderten Rundschreiben entsprochen werden.

3.2 Bankenaufsichtsrechtliche Anwendung

3.2.1 Forderungsveräußerer (Originator)

In Deutschland unterstehen seit Inkrafttreten der 6. KWG-Novelle alle Finanzdienstleistungsinstitute der Aufsicht des BAKred. Dabei handelt es sich nach § 1 Abs. 1 a KWG um Unternehmen, welche gewerbsmäßig Finanzdienstleistungen für Dritte erbringen. Trifft dies auf den Forderungsveräußerer zu, sind die Regelungen des

BAKred-Rundschreibens 4/1997 und die Ergänzungen im BAKred-Rundschreiben 13/98 anzuwenden, wenn die Banken eigene Kundenforderungen im Rahmen von ABS-Transaktionen veräußern.

3.2.2 Zweckgesellschaft

Betreiben von Bankgeschäften

Der Anwendungsbereich gilt sowohl für das forderungsübertragende Institut als auch für die Zweckgesellschaft, wenn diese Bankgeschäfte nach den KWG-Regelungen betreibt. Unterschiede ergeben sich bei den Spezialkreditinstituten, den Kapitalanlagegesellschaften und den Hypothekenbanken. Daraus resultieren in der bankenaufsichtsrechtlichen Erfassung unterschiedliche Auswirkungen. Das Betreiben des Investmentgeschäftes i.S.v. § 1 KAGG über § 1 Abs. 1 S.2 KWG bedingt die Eigenschaft eines Kreditinstitutes und daraus die direkte Anwendbarkeit des KWG. Im § 1 Hypothekenbankgesetz wird die Eigenschaft eines Kreditinstitutes nach dem KWG bereits vorausgesetzt und nachfolgend bestimmt, welcher Geschäftsbetrieb eines Kreditinstitutes zu einer Hypothekenbank führt.

Kein Betreiben von Bankgeschäften

Der Forderungserwerb wurde in den siebziger Jahren im Zusammenhang mit der bankenaufsichtsrechtlichen Einordnung des Factoring diskutiert. Sowohl das »echte« und »unechte« Factoring werden nicht als Bankgeschäfte im Sinne des KWG angesehen. Demzufolge fallen Zweckgesellschaften, die keine Bankgeschäfte i.S. des KWG betreiben, nicht unter die aufsichtsrechtlichen Regelungen des BAKred.

3.2.3 Anzeigepflicht bei ABS-Transaktionen

Nach dem BAKred-Rundschreiben 4/97 haben die in ABS tätigen Kreditinstitute dem BAKred und der Deutschen Bundesbank den Abschluss von Verträgen über die Veräußerung von Forderungen im Rahmen der ABS-Transaktionen anzuzeigen und die wesentlichen Vertragsunterlagen, wie Emissionsbedingungen und Informationsmemorandum, unaufgefordert vorzulegen. Diese werden dann, wie bereits in Tz. 3.1 dargestellt, der behördlichen Prüfung unterzogen. Weicht eine geplante ABS-Transaktion in einem Punkt von den Vorgaben des Rundschreibens ab, ist das BAKred bereits während der Planungsphase einzuschalten (siehe Begleitschreiben zum Rundschreiben 4/97). Nach dem ergänzenden Hinweis betreffend revolvierender Transaktionen im BAKred-Rundschreiben 13/98 unterliegen auch diese ABS-Formen bis auf weiteres der Einzelfallprüfung des BAKred. Wird das BAKred nicht vor Realisation der Transaktion konsultiert ist die beabsichtigte Grundsatz I Entlastung des Kreditinstituts gefährdet. Auch in diesem Fall ist zu empfehlen, das BAKred frühzeitig zu informieren und einzubinden.

3.2.4 Prüfungsschwerpunkt der Bankenaufsicht

Die Prüfungen der vorgelegten ABS-Vertragswerke auf ihre Übereinstimmung mit den im Rundschreiben 4/97 festgelegten Voraussetzungen und weitere Prüfungstätigkeiten des BAKred sowie Prüfungen durch vom BAKred bestellte Sonderprüfer im Rahmen des § 44 Abs. 1 KWG stellen die wesentlichen – von der deutschen Bankenaufsicht vorgenommenen – Prüfungstätigkeiten dar. Sonderprüfungen nach § 44 KWG veranlasst das BAKred, wenn es aus der bankenaufsichtlichen Überwachung über Anhaltspunkte für besondere Risiken, Unregelmäßigkeiten, Schieflagen oder gezielte Informationen zur Umgehung bankenaufsichtlicher Regelungen bzw. Nichteinhaltung von Gesetzen/Verordnungen etc. verfügt.

4. Bedeutung von ABS für Wirtschaftprüfungsgesellschaften/Prüfungsverbände

Für die Wirtschaftprüfungsgesellschaften/Prüfungsverbände ergeben sich aus dem *gesetzlichen Prüfungsauftrag* bei Finanzdienstleistungsinstituten einige Prüfungs- und Berichtspflichten, die in den nachfolgenden Ausführungen dargestellt werden.

Weiterhin können durch die externen Prüfer weitere Prüfungen wie z. B. spezielle Produktprüfungen in ABS oder *IKS-Prüfungen* im Rahmen des systematischen Prüfungsplanes durchgeführt werden.

Darüber hinaus können ABS-Aktivitäten auch Gegenstand von Beratungsleistungen der Wirtschaftsprüfungsgesellschaften sein, die mittels gesondertem Auftrag seitens der Kreditinstitute an externe Prüfungsgesellschaften sowie Beratungsgesellschaften herangetragen werden können.

4.1 Jahresabschlussprüfung

Die deutschen Prüfungsverbände, wie Sparkassen- und Genossenschaftprüfungsverbände, haben in der Regel die gleichen Prüfungspflichten wie Wirtschaftsprüfungsgesellschaften. Diese beziehen sich im Wesentlichen auf den gesetzlichen Prüfungsauftrag, der Prüfung des Jahresabschlusses der Finanzdienstleistungsinstitute. Zu den Prüfungsaufgaben gehören betriebswirtschaftliche Prüfungen, insbesondere die Durchführung der Jahresabschlussprüfung, sowie die Erteilung der Bestätigungsvermerke über Vornahme und Ergebnis der Prüfung (§ 2 WPO). Danach besteht mit dem § 340 k Abs. 1 HGB die allgemeine Prüfungspflicht für den Jahresabschluss und den Lagebericht nach den Regelungen in §§ 316 ff. HGB in Verbindung mit § 1 Abs. 1a KWG.

Die *Prüfungspflichten* ergeben sich aus den allgemeinen Regelungen des HGB, aus speziellen Vorschriften nach §§ 340 ff. HGB, aus der RechKredV sowie aus dem KWG, WpHG und speziellen Prüfungspflichten aus dem BAKred-Rundschreiben 4/97 an alle Kreditinstitute in der Bundesrepublik Deutschland vom 20.5.97 zur Veräußerung von Kundenforderungen im Rahmen von Asset-Backed Securities Transaktionen.

Zusammenfassend ergeben sich aus den Tätigkeiten in ABS für deutsche Finanzdienstleistungsinstitute folgende direkte und indirekte Prüfungs- und Berichtspflichten durch den gesetzlich bestellten Jahresabschlussprüfer.

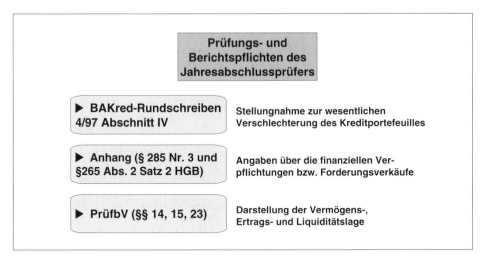

Abb. 5: Prüfungs- und Berichtspflichten des Abschlussprüfers

4.2 Prüfungs- und Berichtspflichten aus dem BAKred-Rundschreiben 4/97

Direkte Berichtspflichten resultieren aus Abschnitt IV des BAKred-Rundschreibens vom 20.5.97. Danach hat der Jahresabschlussprüfer im Bericht über die Prüfung des Jahresabschlusses des Kreditinstitutes zu einer eventuellen, durch eine ABS-Transaktion bedingten wesentlichen Verschlechterung des Kreditportfolios Stellung zu nehmen. Dies bedeutet, dass der Abschlussprüfer eine bonitätsorientierte Berichtserstattung über die aus ABS-Transaktionen resultierenden bonitätsbezogenen Kreditportefeuilleveränderungen durchzuführen hat. Diese kann alternativ bei der gesonderten Darstellung des Kreditgeschäftes im Hauptbericht oder bei der Darstellung des Grundsatzes I erfolgen.

4.3 Prüfungspflichten zur wirtschaftlichen Zurechnung und Anhangsangabe

4.3.1 Wirtschaftliche/rechtliche Zurechnung

Bei der Beurteilung der wirtschaftlichen Zurechnung der verkauften Forderungen ist immer die Frage des rechtlichen und wirtschaftlichen Übergangs des Bonitätsrisikos aus den verkauften Forderungen zu klären. Denn von der Frage, ob neben dem rechtlichen auch das wirtschaftliche Eigentum an den Forderungen auf die Zweckgesellschaft übergegangen ist, hängt die Bilanzierung der Forderungen beim Kreditinstitut (Originator) oder der Zweckgesellschaft ab.

Nur dann, wenn neben dem rechtlichen Eigentumsübergang an den verkauften Forderungen auch das wirtschaftliche Eigentum auf die Zweckgesellschaft übergegangen ist, können die Forderungen aus der Bilanz des Originators herausgenommen werden. Der Übergang des wirtschaftlichen Eigentums und damit der Risikoübergang erfolgt dann, wenn der Forderungsverkäufer zivilrechtlich nicht mehr für die Forderungen haftet, d.h. ein sogenannter Haftungsausschluss vorliegt. Die Zweckgesellschaft bilanziert die erworbenen Forderungen zunächst in Höhe der Anschaffungskosten, d.h. dem gezahlten Kaufpreis.

4.3.2 Prüfung der Anhangsangabe

Grundsätzlich werden die *Anhangspflichten* in §§ 284 und 285 HGB geregelt. § 284 HGB findet jedoch keine Anwendung, da es sich bei Darstellung der ABS-Geschäfte nicht um eine Methodenänderung sondern um eine Veränderung des Sachverhaltes handelt.

Anhangsangaben zu ABS-Transaktionen können beim Originator nach § 285 Nr. 3 HGB erforderlich werden, wenn finanzielle Verpflichtungen gegenüber der Zweckgesellschaft bestehen (z.B. Garantien). Dies kann vom Abschlussprüfer mittels Durchsicht der ABS-Vertragsunterlagen beurteilt werden. Bestehen derartige Verpflichtungen, sind diese unter der Position »sonstige finanzielle Verpflichtungen« anzugeben, sofern die Angabe für die Beurteilung der Finanzlage von Bedeutung ist. Zu berücksichtigen ist weiterhin, dass Verpflichtungen gegenüber verbundenen Unternehmen z.B. gegenüber der Zweckgesellschaft gesondert anzugeben sind, wenn sie dem Forderungsverkäufer als Konzerngesellschaft zugeordnet werden.

Wird nach erfolgter Prüfung festgestellt, dass das Kreditinstitut, welches die Forderungen übertragen hat, keinen vertraglichen Verpflichtungen unterliegt, entfällt die Anwendung des § 285 Ziffer 3 HGB für die Anhangsangabe.

Weiterhin ist über Forderungsverkäufe, die im Rahmen von ABS durchgeführt wurden, nach § 265 Abs. 2 Satz 2 HGB zu berichten. Denn der allgemeine Grundsatz für die Gliederung besagt, dass bei fehlender Vergleichbarkeit von Bilanz- und G+V-Positionen eine Anhangsangabe sowie eine Erläuterung erforderlich ist. Bei Forderungsverkauf im Rahmen eines ABS-Geschäftes reduziert sich der entsprechende Bilanzausweis. Dieser betrifft i.d.R. bei Kreditinstituten die nach RechKredV vorgegebene Bilanzposition Nr. 4, d.h. Forderungen an Kunden.

Die Pflichten bei der Prüfung des Anhangs durch den externen Prüfer werden nachfolgend dargestellt. Über die Auswirkungen einer ABS-Transaktion über die Vermögens-, Ertrags- und Liquiditätslage ist im Anhang zu berichten.

4.3.3 Prüfung der Vermögens-, Ertrags- und Liquiditätslage

Der Abschlussprüfer hat sich nach der PrüfbV mit ABS-Transaktionen zu befassen, wenn diese beim Originator einen maßgeblichen Einfluss auf die Vermögens-, Ertrags- und Liquiditätslage haben. Da sich die Transaktionen aufgrund der zum Teil hohen Aufwendungen (insbesondere für die Vertragsgestaltung, Emissionskosten, DV-Kosten) erst ab einer gewissen Größenordnung rechnen, kann bei entsprechender Volumina ein maßgeblicher Einfluss auf die Vermögens-, Ertrags- und Liquiditätslage des Kreditinstituts vorliegen.

Vermögenslage

Nach § 14 PrüfbV sind Besonderheiten, die für die Beurteilung der Vermögenslage von Bedeutung sind, im Prüfungsbericht hervorzuheben. Dies gilt insbesondere für Ansprüche und Verpflichtungen, die nicht in der Bilanz erscheinen. Dies könnten z.B. vertraglich zugesicherte Rücknahmeverpflichtungen für die im Rahmen einer ABS-Transaktion verkauften Forderungsbestände sein. Hier gilt der Grundsatz, dass bei wesentlichen Auswirkungen auf die Vermögenslage eine Erläuterung im Prüfungsbericht notwendig ist.

Ertragslage

§ 15 PrüfbV beschreibt die Darstellungspflichten für die Ertragslage. Danach ist die Entwicklung der Ertragslage im Bericht darzustellen. Dabei sind die ordentlichen und außerordentlichen Aufwendungen und Erträge vor etwaiger Kompensation aufzugliedern und die Einzelposten gegenüber dem Vorjahr zu vergleichen. Entstehende Besonderheiten bei den einzelnen Aufwands- und Ertragsposten sind gesondert zu erläutern. Auf Basis der Unterlagen des Kreditinstitutes ist auch über die Ertragslage in den wesentlichen Geschäftssparten unter Berücksichtigung der besonderen Geschäftsstruktur des Kreditinstituts zu berichten. Es ist darauf zu achten, dass die wichtigsten Ertragsquellen im Prüfungsbericht dargestellt werden.

Durch die Neuaufnahme von ABS-Geschäftsaktivitäten ergeben sich automatisch Auswirkungen auf die Ertragslage der Kreditinstitute. Wird das ABS-Geschäft als wesentliche Geschäftssparte ausgebaut, resultiert daraus eine Berichtspflicht in der Beschreibung der Ertragslage des Kreditinstituts.

Liquiditätslage

Nach § 23 Abs. 1 PrüfbV ist die Liquiditätslage darzustellen und zu beurteilen. Weiterhin ist zur zukünftigen Liquiditätsentwicklung und zur Liquiditätsvorsorge Stellung zu nehmen. Falls sich während der Prüfung Anhaltspunkte über eine wesentliche Veränderung der Liquiditätslage nach dem Bilanzstichtag ergeben, ist hierauf im Prüfungsbericht einzugehen.

Durch die Einleitung von ABS-Transaktionen und dem rechtswirksamen und wirtschaftlichen Verkauf von Forderungsbeständen werden Liquiditätszuflüsse beim Kreditinstitut erzielt. Da ABS-Transaktionen im Regelfall großvolumig sind, ergeben sich aus ihnen regelmäßig erhebliche Liquiditätsauswirkungen. Inwieweit es sich dabei um wesentliche Veränderungen handelt, ist seitens des Abschlussprüfers im Einzelfall zu beurteilen. Es ist jedoch zu empfehlen, durch ABS erzielte, bedeutende Liquiditätszuflüsse generell im Prüfungsbericht zu beschreiben, um dem Berichtsleser/-adressat einen hinreichenden Überblick über die Liquiditätsauswirkung zu geben.

Falls sich aus der ABS-Vertragsprüfung eventuelle Rückübertragungsverpflichtungen mit Liquiditätsauswirkungen ergeben, ist hierüber nach § 23 Abs. 3 Satz 1 PrüfbV zu berichten.

5. Bedeutung von ABS für die Interne Revision

Für die Interne Revision entsteht durch den Einsatz der Finanzinstrumente wie ABS automatisch Prüfungsbedarf. Denn durch die neuen Geschäfte entstehen weitere Risiken für die Kreditinstitute, die identifiziert, bewertet und beurteilt werden müssen. Da durch ABS Bilanzstrukturen verändert werden können, Auswirkungen auf die Vermögens-, Ertrags- und Liquiditätslage möglich sind und Eigenkapital- und Liquiditätseffekte bei den Kreditinstituten entstehen können, rücken die Geschäfte zunehmend in das Blickfeld des Bankmanagements und damit auch in das betriebliche, prozessunabhängige Überwachungsorgan Innenrevision.

5.1 Prüfungsgrundlage

Die Innenrevisionen der Finanzinstitute sind bankaufsichtlich gehalten, neue Prozesse und Betriebsabläufe zu prüfen und einen ordnungsgemäßen Geschäftsbetrieb sicherzustellen.

Die nachfolgenden Ausführungen sollen einige Prüfungsansätze bei der Prüfung von ABS aufzeigen und als Anregungen bei der Prüfung dieser modernen Finanzinstrumente dienen.

Der Prüfungsansatz der Innenrevision wird durch das aktuell vorliegende BAKred-Rundschreiben 1/2000 über die Mindestanforderungen an die Ausgestaltung der Internen Revision der Kreditinstitute vom 17.1. 2000 und die darin formulierten Anforderungen vorgegeben. Die wesentlichen Regelungsinhalte, welche einen maßgeblichen Einfluss auf die gesamte Prüfungstätigkeit der Innenrevision incl. der Prüfungen in ABS haben, werden nachfolgend in zusammengefasster Form dargestellt.

Neue Mindestanforderungen an die Ausgestaltung der Internen Revision der Kreditinstitute

Nach den aktuell vorliegenden Mindestanforderungen an die Ausgestaltung der Internen Revision der Kreditinstitute wurden die bisherigen Anforderungen für die Ausgestaltung der Innenrevision (BAKred-Schreiben vom 28.5.76) ersetzt. Danach ist die Innenrevision fester Bestandteil des *internen Kontrollverfahrens* und nimmt ihre Funktion als *prozessunabhängige Überwachung* wahr. Die Aufnahme der Tätigkeit in neuen Geschäftsfelder wie ABS fällt damit automatisch in den prozessunabhängigen Überwachungsbereich der Internen Revision.

Gerade die Prüfung dieser neuen innovativen Geschäftsfelder stellt hohe Anforderungen an die fachliche Kompetenz der Innenrevisionsmitarbeiter. Die bislang vorwiegend auf angelsächsischen Finanzplätzen gewonnenen Erfahrungen in ABS-Transaktionen müssen daher genutzt werden, um entsprechende Prüfungstechniken zu entwickeln und erfolgreich in die Praxis umzusetzen. Nach den neuen Revisionsanforderungen hat die Interne Revision sicherzustellen, dass die Revisionsmitarbeiter jederzeit über eine dem neuesten Stand der zu prüfenden Betriebs- und Geschäftsabläufe entsprechende Qualifikation verfügen. Die Risikostruktur der Prozesse muss ihnen vertraut sein. Aktuelles revisionsspezifisches Wissen und umfassende Kenntnisse über die zu prüfenden Bereiche sind notwendig, um eine ordnungsgemäße Durchführung der Revisionstätigkeit zu ermöglichen. Daraus abgeleitet gewinnt auch die gezielte und systematische Vorbereitung von Prozessprüfungen in neuen Prüfungsfeldern wie ABS weiter an Bedeutung.

5.2 Prüfungsthemen bei ABS-Prüfungen

Im Zusammenhang mit der Einführung von ABS werden nachfolgend einige Schwerpunktthemen bei der Prüfung von ABS durch die Interne Revision angesprochen und Prüfungsansätze dargestellt und diskutiert:

- Strategie für den Einsatz von ABS
- Wirtschaftlichkeitsprüfung, d.h. rechnen sich die ABS-Aktivitäten für die Bank
- Schaffung der organisatorischen Voraussetzungen (z.B. Regelung der Produktzuständigkeit, Festlegung der Aufbau- und Ablauforganisation)
- Rechtliche Erfordernisse/Vertragsgestaltung
- Risiken aus ABS
- ABS als Instrument im Risikomanagement
- Darstellung von ABS im Rechnungswesen
- Bankaufsichtliche Anforderungen

Weiterhin sind durch den Entwurf der neuen Mindestanforderungen an die Ausgestaltung der Internen Revision der Kreditinstitute nachfolgende Informationserfordernisse und Berichtsanforderungen formuliert worden, die bei allen Revisionsprüfungen Anwendung finden.

5.3 Informationserfordernisse

Die Innenrevision hat zur Wahrnehmung der Aufgaben ein vollständiges und uneingeschränktes Informationsrecht. Von den mit dem ABS-Prozess betroffenen Bereichen sind daher unverzüglich die erforderlichen Informationen zu erteilen, alle notwendigen Unterlagen zur Verfügung zu stellen und Einblick in alle ABS-relevanten Geschäftsabläufe zu gewähren. Unabhängig davon besteht – ohne direktes Auskunftsersuchen – eine Informationspflicht der Organisationseinheiten, falls in den Bereichen schwerwiegende Mängel zu erkennen, bemerkenswerte Schäden aufgetreten sind oder ein konkreter Verdacht darüber besteht. Weiterhin ist die Innenrevision über wesentliche Änderungen im Internen Kontrollsystem rechtzeitig zu informieren.

5.4 Berichtspflichten

Über die Prüfung ist von der Revision zeitnah ein schriftlicher Bericht anzufertigen und grundsätzlich den zuständigen Geschäftsleitungsmitgliedern vorzulegen. Dabei sind die im Bericht aufgeführten Beanstandungen und Empfehlungen von dem bereichszuständigen Geschäftsleiter mit einer Stellungnahme zu versehen. Liegen schwerwiegende Mängel vor, ist der Bericht unverzüglich allen Mitgliedern der Geschäftsleitung vorzulegen.

Der Revisionsbericht muss insbesondere eine Darstellung des Prüfungsgegenstandes – wie z.B. Darstellung von ABS im Rechnungswesen – enthalten, wobei wesentliche Mängel besonders herauszustellen sind. Gefahren und Risiken für das Kreditinstitut sind besonders darzustellen und unverzüglich aufzuzeigen.

Weiterhin hat die Innenrevision zum Ende des Geschäftsjahres einen Gesamtbericht über sämtliche durchgeführte Revisionsprüfungen zu verfassen und allen Mitgliedern der Geschäftsleitung vorzulegen. Auch die Ergebnisse aus dem Prüfungsfeld ABS sind dabei zu berücksichtigen, wenn in diesem Geschäftsfeld Revisionsprüfungen durchgeführt wurden.

Ergänzt werden die Berichtspflichten durch Informationspflichten an die Aufsichtsorgane bei schwerwiegenden Feststellungen gegen Mitglieder der Geschäftsleitung und Informationspflichten an das BAKred, vom BAKred beauftragte Prüfer (z.B. Wirtschaftsprüfungsgesellschaften), der Bundesbank, dem Bundesaufsichtsamt für Wertpapierhandel oder weiteren öffentlichen Stellen.

Die einzelnen Prüfungsgebiete von ABS werden nachfolgend behandelt und einzelne Prüfungsansätze diskutiert.

5.5 Schwerpunkte der ABS-Prüfung

5.5.1 ABS-Strategie/Wirtschaftlichkeit

Bei Revisionsprüfungen ist im Besonderen die Strategie für den Einsatz in ABS zu prüfen. Diese Prüfung ermöglicht zu hinterfragen, ob die von der Geschäftsleitung vorgegebene Strategie für den Einsatz von ABS eingehalten wird und auch, ob die Strategie sinnvoll, d.h. wirtschaftlich ist.

Die Prüfung kann im Rahmen einer regulären ABS-Prüfung oder bei gesonderten Prüfungsauftrag durch die Geschäftsleitung zum Prüfungsinhalt werden.

Die strategische Ausrichtung für den Einsatz von ABS wird i.d.R. von der Geschäftsführung mittels Vorstandsbeschluss festgelegt. Die Ausarbeitung der Strategien erfolgt meist durch die nachgeordneten und zuständigen Fachbereiche. Die wesentlichen strategischen Ziele von ABS-Transaktionen sind:

Aktiv-/Passiv-Management

Unter Aktiv-Passiv-Management werden die Möglichkeiten der Veränderung der Bilanzstruktur verstanden. Diese können durch Durchführung von Asset-Swaps, welche nicht die Bilanzsumme sondern die Bilanzstruktur verändern, durch Bilanzverkürzungen und durch Bilanzverlängerungen erzielt werden. Unter Bilanzverkür-

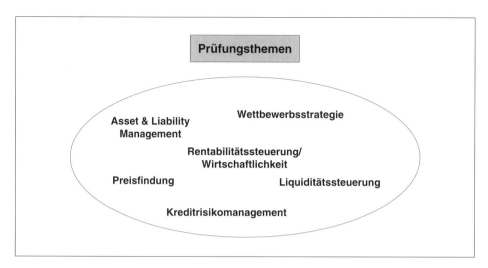

Abb. 6: Ziele der ABS-Strategie

zung ist beispielsweise ein Forderungsverkauf, unter Bilanzverlängerung ein Zukauf von verbrieften Kreditforderungen zu verstehen.

Für die Innenrevision ergeben sich folgende Prüfungsfragen:

- Wird das Aktiv-Passiv-Management unter der von der Geschäftsleitung vorgegebenen Bedingungen durchgeführt?
- Entstehen dabei Eigenkapitalrenditeverbesserungen, die durch die Optimierung von Bilanzstrukturen erzielt werden?
- Werden bei Reduzierung des Forderungsbestandes die in Tz. 3.1 dargestellten Anforderungen des BAKred-Schreibens 4/97 lückenlos eingehalten?
- Wird der Forderungsverkauf so gestaltet, dass die Forderungen aus der Bilanz herausgenommen werden dürfen (rechtlicher und wirtschaftlicher Übergang des Eigentums)?

Liquiditätssteuerung

Die Liquiditätssteuerung beinhaltet Liquiditätsverbesserungen, die beispielsweise durch den Verkauf von bilanziellen Forderungspositionen erzielt werden. Aus dem Verkauf beschafft sich der Forderungsverkäufer liquide Mittel. Ein Hauptproblem besteht in der zum Teil schlechten Liquidierungsmöglichkeit der Bilanzaktiva, denn nicht alle Bilanzpositionen lassen sich problemlos veräußern. Einzelne Bilanzaktiva können daher nur mit einem Abschlag auf den »Fair Value«, dem fairen Marktpreis verkauft werden. Dies gilt gerade für Forderungspositionen wie Kredite.

Bei der Revisionsprüfung ergeben sich im Einzelnen folgende Fragen:

- Werden die von der Geschäftsleitung festgelegten Liquiditätseffekte erzielt?
- Ist eine klare Zuständigkeit der Liquiditätssteuerung in der Aufbau- und Ablauforganisation festgelegt?

- Durch welche Maßnahmen und Vorkehrungen ist sichergestellt, dass alle über ABS-Transaktionen verkauften Forderungsbestände zum »Fair Value« bewertet werden?
- Wird die durch ABS gewonnene Liquidität wirtschaftlich sinnvoll verwendet (z.B. Eingehung neuer Engagements)?

Kreditrisikomanagement

ABS können wie Kreditderivate als Instrumente im Kreditrisikomanagment eingesetzt werden. Dieser Einsatz ist auf der Ebene der einzelnen Geschäfte sowie auf Portfolioebene, d.h. in bestimmten Teilportfolien (z.B. nach Branchen, Ländern/ Regionen strukturiert) und im Gesamtportfolio (d.h. gesamter Forderungsbestand) möglich. Der einzelgeschäftsbezogene Einsatz vollzieht sich durch den Verkauf individueller Kreditforderungen und anschließender Verbriefung mittels ABS. Der portfolioezogene Einsatz eignet sich insbesondere bei Umstrukturierung von Teil- oder Gesamtforderungsbeständen. Dabei ergeben sich insbesondere folgende Prüfungsfragen:

- Sind ABS als Mittel zur Kreditrisikosteuerung im Risikomanagement des Kreditinstitutes überhaupt vorgesehen?
- Werden die von der Geschäftsleitung beschlossenen Regelungen beim Einsatz von ABS innerhalb des Kreditrisikomanagements (z.B. einzelgeschäfts- und/oder portfoliobezogener Einsatz) eingehalten?
- Ist sichergestellt, dass alle ABS-Transaktionen vollständig und richtig im Kreditrisikomanagement abgebildet werden?
- Besteht innerhalb des Kreditrisikomanagements ein ausreichendes und funktionsfähiges internes Kontrollsystem (IKS) zur Sicherstellung einer ordnungsgemäßen Risikoerkennung, -messung, -überwachung und -steuerung des ordnungsgemäßen Arbeitsablaufes/Prozesses?
- Resultiert der Einsatz von ABS in einer bonitätsbezogenen Kreditportefeuilleverschlechterung durch den Verkauf erstklassiger Kreditforderungen?

5.5.2 Rentabilität/Wirtschaftlichkeit

Ein Hauptaspekt bei der ABS-Prüfung ist die Frage, ob der Einsatz von ABS zur Fremdkapitalbeschaffung wirtschaftlich überhaupt sinnvoll ist. Um die Frage nach der Wirtschaftlichkeit zu untersuchen, ist ein Rentabilitätsvergleich zwischen der klassischen Finanzierung einer Forderungsposition (Kreditforderung) und der Möglichkeit der Reduzierung der Transaktionskosten mittels Finanzierungsalternative »ABS« durchzuführen. Dabei sind folgende Elemente bei der Kostenbetrachtung zu berücksichtigen:

a) Die Refinanzierungskosten (Kostenvergleich der ABS-Finanzierung gegenüber der klassischen Finanzierung)
b) Transaktionskosten (alle Kosten, die im Zusammenhang mit der ABS-Transaktion anfallen)

Dabei ergeben sich folgende Revisionsfragen:

- Wird ein Vergleich von beiden Verfahren der Fremdkapitalbeschaffung (klassische Refianzierung/Mittelbeschaffung mittels ABS) unter dem Rentabilitätsaspekt (Kostenvergleich) vorgenommen?
- Welche Stellung/Position/Rating hat die eigene Bank im Markt? Hat das Kreditinstitut ein mäßiges Rating (z.B. BBB, BB, B) können ABS die Refinanzierungskosten (Zinsaufwendungen) senken, wenn die Bank über Aktiva verfügt, die eine bessere Bonität aufweist (z.B. AAA-, AA-, A geratete Kreditforderungen).
- Werden Eigenmittelunterlegungspflichten in die Rentabilitäts-/Wirtschaftlichkeitsbetrachtung einbezogen?
- Wie hoch sind die im Rahmen der Kostenkalkulation geschätzten administrativen Transaktionskosten der klassischen Fremdkapitalfinanzierung im Vergleich zur ABS-Transaktion?

Hierbei steht die Wirtschaftlichkeitsanalyse der ABS-Transaktionen im Vergleich zur klassischen Kreditfinanzierung im Vordergrund. Dabei ist zu berücksichtigen, dass durch ABS-Geschäfte notwendige Rechtskosten, Ratingkosten, Kosten im Zusammenhang mit der Emission, zusätzliche Kosten für die Bereitstellung eines adäquaten Personals, Kosten für neue DV-Systeme, Kommunikations- und Distributionskosten entstehen können. Durch die zum Teil hohen Kosten eignen sich ABS-Transaktionen erst ab einem bestimmten Mindestvolumen pro Transaktion. Die einzelnen Institute sollten in der Lage sein, dies mittels geeigneter Ergebniskalkulationen zu ermitteln.

- Werden ABS-Transaktionen auf Basis einer nachvollziehbaren Kostenkalkulation vorgenommen?
- Werden alle vergleichsrelevanten Kosten in die Kalkulation einbezogen?
- Werden die von der Geschäftsleitung vorgegebenen und mit dem Controlling abgestimmten Kosten- und Ertragsberechnungen weitgehend eingehalten?
- Bestehen entscheidende Kosteneinsparungspotentiale durch oder bei dem Einsatz der ABS? Auf die Einsparungspotentiale sollte im Prüfungsbericht eingegangen werden, denn hierbei können über Hinweise der Internen Revision Ansatzpunkte für mögliche Einsparungspotentiale an die zuständigen Bereiche sowie die Geschäftsleitung adressiert werden.

Prüfung der Preisbildung

Die Preisbildung ist eine der Grundvoraussetzungen zur Ermittlung der Profitabilität einer ABS-Transaktion. Dabei hat die Ermittlung des Kaufpreises für die zu verkaufenden Forderungen eine bedeutende Rolle. Bei den Kreditinstituten kommen derzeit zum Teil unterschiedliche risikobasierende Pricingmodelle für die Forderungsbewertung zur Anwendung. Der Preis bestimmt sich letztendlich aus den Ergebnissen der Pricingmodelle, Prozesskostenrechnung und der Berücksichtigung der Eigenmittelunterlegung je Geschäft.

Bei Anwendung von Kreditpreismodellen bestehen im Wesentlichen drei Risikokomponenten:

- Das Umfeldrisiko besteht aus den unterschiedlichen sich laufend verändernden Kriterien, welche in das Pricingmodell einfließen,
- das Schwankungsrisiko, in dem negative Abweichungen von dem erwarteten Wert

der Kreditausfälle in der zeitlichen und der betragsmäßigen Komponente ausgedrückt wird,
- das Irrtumsrisiko, welches sich auf inhaltliche Fehler in den einzelnen Modellen bezieht, die zu Fehleinschätzungen in der Aussage führen.

Für die Interne Revision ergeben sich daher unterschiedliche Ansatzpunkte für die Prüfung des Pricings im Kreditgeschäft. Zum einen erfahren die inhaltlichen Prüfungen der einzelnen Pricingmodelle eine steigende Bedeutung. Zum anderen ergänzt die Prüfung der Prozesskostenrechnung und der risikobasierenden Zuordnung von Eigenmitteln – auch unter Berücksichtigung des neuen Basler Eigenkapitalpapiers – die Prüfungen der Revision. Daneben nehmen die Prüfungen des Pricings im Kreditgeschäft immer einen hohen Stellenwert bei der Prüfung der Kreditrisikosteuerungsmodelle ein.

Prüfung der Wettbewerbsstrategie

Das Anbieten von Dienstleistungen im Rahmen von ABS-Transaktionen eröffnet den Banken ein neues Geschäftsfeld. Neue Kundengruppen und ein breiterer Zugang zu den internationalen Kapitalmärkten können erschlossen werden. Darüber hinaus können zusätzliche Provisionserträge erzielt werden durch:

- Konzeptionierung von ABS-Transaktionen für Firmenkunden
- Emissionstätigkeit (ABS-Emission)
- Zurverfügungstellung von professionellen Zweckgesellschaften (sogenannte Multiseller)

Die Expertise und das Know-How, d.h. der Wissensvorsprung in einem zukunftsträchtigen Marktsegment kann durch ABS gesteigert werden. Leistungen der von Banken gegründeten Zweckgesellschaften können auch weiteren Instituten gegen ein entsprechendes Entgeld am Markt angeboten werden.

Für die Bankinstitute ergeben sich durch ABS weitere Möglichkeiten zur Nutzung von Kostenvorteilen im Hinblick auf die klassische Kreditfinanzierung und deren Refinanzierung bzw. Eigenmittelunterlegungspflichten, Verringerung der bankaufsichtsrechtlichen Kreditbegrenzung, Verbesserung der Bilanzkennzahlen (durch bilanzentlastende Effekte wie z.B. Rückführung von Fremdkapital) sowie die Nutzung von Liquiditätsvorteilen.

Folgende Prüfungsfragen sind dabei von Bedeutung:

- Ist die Wettbewerbsstrategie in sich schlüssig und plausibel?
- Werden die strategischen Schritte in Teilbereichen oder vollständig umgesetzt?

5.5.3 Organisatorische Voraussetzungen

Vor Aufnahme der ABS-Geschäftstätigkeit durch die Kreditinstitute sind geeignete organisatorische Voraussetzungen zu schaffen. Diese basieren auf den Entscheidungen der Geschäftsleitung zur Aufnahme von ABS und bestehen in der Schaffung und Implementierung von aufbau- und ablauforganisatorischen Regelungen der für die ABS-Transaktionen zuständigen Geschäftsbereiche.

Die Aufbauorganisation wird auf Basis der von der Geschäftsleitung definierten

Verantwortlichkeiten üblicherweise in Form von Organigrammen oder Geschäftsverteilungsplänen dargestellt. Aus der aufbauorganisatorischen Organisationsstruktur sollten die definierten Verantwortlichkeiten, Kompetenzen und das Berichtswesen der für die ABS-Geschäfte zuständigen Bereiche klar hervorgehen.

Die Ablauforganisation beinhaltet sämtliche Regelungen, die den Arbeitsablauf der einzelnen Geschäftsbereiche wie Arbeitsablaufbeschreibungen, Organisationshandbücher, Benutzervorgaben für bankbetriebliche DV-Anwendungen, Betriebsablaufbeschreibungen, weitere bankinterne Richtlinien und ablauforganisatorische Vorgaben regeln.

Für die Umsetzung der Aufbau- und Ablauforganisation ist das Senior Management des Kreditinstitutes verantwortlich. Dies hat weiterhin die Aufgabe, auf Basis der aufbau- und ablauforganisatorischen Vorgaben die Funktionsfähigkeit des Internen Kontrollsystems zu überwachen. Das Interne Kontrollsystem besteht aus folgenden Komponenten:

Abb. 7: Bestandteile des Internen Kontrollsystems

Die betriebliche Aufbau- und Ablauforganisation dient als Basis für die Prüfungshandlungen der Internen Revision, d.h. als Bank-Soll. Anhand der Soll-Vorgaben wird der Ist-Zustand im Rahmen der Revisionsprüfungen aufgenommen. Dabei stellen Abweichungen zwischen Soll- und Ist-Zustand die Prüfungsfeststellungen dar.

In der Bankenpraxis sind üblicherweise speziell für ABS-Transaktionen aufgestellte Handelseinheiten für die Geschäftstätigkeit zuständig. Bei Revisionsprüfungen ist von Bedeutung, mit welchen Kompetenzen und Aufgaben diese Einheiten ausgestattet sind. Bei Auswahl der über ABS zu verbriefende Forderungsbestände werden auch in der Kreditbewertung erfahrene Einheiten wie die Kreditabteilung hinzugezogen. Bei Revisionsprüfungen ist die vollständige Aufnahme der betrieblichen Abläufe von der Geschäftsentstehung, Forderungsauswahl bis zum Rating und Verbriefungsprozess über die Zweckgesellschaft aufzunehmen. Auch ist ein Handel von ABS-Papieren über den Sekundärmarkt vorstellbar. Hierbei ist insbesondere auf eine funktionale Trennung der Handelseinheiten von Abwicklung/Kontrolle, Rechnungs-

wesen und Überwachung zu achten. Zusammenfassend ergeben sich folgende Revisionsfragen:
- Bestehen klare aufbau- und ablauforganisatorische Regelungen für die Tätigkeit in ABS?
- Ist das Regelwerk der Bank (Bank-Soll) ausreichend um die ABS-Prozesse umfassend abzubilden und den gesetzlichen Anforderungen zu entsprechen?
- Verfügt das Kreditinstitut über ein funktionsfähiges Internes Kontrollsystem im Geschäftsbereich ABS?
- Wird die funktionale Trennung als Bestandteil des Internen Kontrollsystems eingehalten?

5.5.4 Rechtliche Erfordernisse/Vertragsgestaltung

Die Prüfung der rechtlichen Erfordernisse und der Vertragsgestaltung nimmt eine zentrale Bedeutung bei ABS-Prüfungen durch die Interne Revision ein. Das Prüfungsgebiet reicht von der Zulässigkeit der Forderungsverbriefung, der Eigenkapitalentlastung, der Forderungsauswahl, des Übergangs des Kreditrisikos, der Rechtsstellung des Bankkunden, der Wahrung des Bankgeheimnisses bis zur angemessenen Abwicklung der Kreditverhältnisse. Da unterschiedliche Prüfungserfordernisse über die einzelnen Prüfungsgebiete bereits in den vorherigen Kapiteln dargestellt wurden, hat sich der Verfasser in den nachfolgenden Ausführungen im Wesentlichen auf den Übergang des Kreditrisikos konzentriert.

In der Praxis werden von den deutschen Kreditinstituten vorwiegend die zwei folgenden Methoden des Forderungsübergangs genutzt:

Verkauf eigener Forderungen

Basis für das wirtschaftliche Hauptmotiv für die Forderungsverbriefung durch ABS-Transaktionen bildet die dadurch mögliche Eigenkapitalentlastung. Die Anforderungen dafür werden in dem vom BAKred formulierten Rundschreiben 4/97 und der Ergänzungen des Rundschreiben 13/98 aufgezeigt. Diese beziehen sich auf die Auswahl der Forderungen und auf den Forderungsübergang.

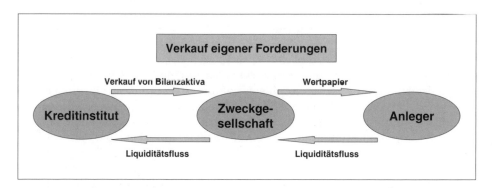

Abb. 8: Forderungsübergang

Die Forderungsauswahl hat sich nach der durchschnittlichen Qualität der Forderungen zu richten und soll nach dem Zufallsprinzip erfolgen. Das Verfahren soll vom Jahresabschlussprüfer im Rahmen des nach § 26 KWG vorzulegenden Jahresabschlusses überwacht werden. Dieser hat über eine mittels ABS-Transaktionen erzielte wesentliche Verschlechterung des Kreditportfolios Stellung zu nehmen. Durch die Regelung des BAKred soll dem sogenannten »Cherry Picking«, d.h. der gezielten Auswahl von Forderungen erstklassiger Bonität Einhalt geboten werden. Folge dieses Verfahrens wäre eine Verschlechterung der verbleibenden Aktiva und eine Verwehrung der Eigenkapitalentlastungseffekte durch das BAKred.

Der eigenkapitalentlastende Übergang der Kreditforderungen wird nur erreicht, wenn der Forderungsbestand, d.h. das Kreditrisiko endgültig auf die Zweckgesellschaft übertragen wird. Der Erwerber darf demnach über keine Rückgriffsmöglichkeiten verfügen. Weiterhin ist es notwendig, dass jegliche finanzielle Verpflichtungen zwischen dem Kreditinstitut und der Zweckgesellschaft ausgeschlossen sind. Das BAKred fordert einen rechtswirksamen Forderungsübergang, d.h. die Abtretung der Forderungen muss wirksam erfolgen. Für die Behandlung im Grundsatz I ist es unter Berücksichtigung der allgemeinen Bilanzierungsregeln weiterhin erforderlich, dass der Forderungsbestand dem wirtschaftlichen Eigentümer, d.h. dem Inhaber der Forderungen zuzuordnen ist. Zusammenfassend müssen die Forderungen rechtlich und wirtschaftlich auf den Erwerber (Zweckgesellschaft) übertragen werden, um eine problemlose Eigenkapitalentlastung zu erzielen.

ABS-Platzierung von Drittforderungen

Kreditinstitute in den angelsächsischen Ländern begleiten häufig die Verbriefung von Fremdforderungen wie Kreditkarten-, Leasing- oder KFZ-Forderungen mittels Dienstleistungsaufgaben wie Akquisition, Strukturierung, Überwachung, Credit-Enhancement. Dabei nimmt beispielsweise der Forderungsinhaber (z.B. ein amerikanisches Autohaus) die Rolle des Originators ein, der seine eigenen Forderungsbestände (z.B. KFZ-Forderungen) an eine eigens für die Transaktion gegründete Zweckgesellschaft (Special Purpose Company) verkauft. Eine weitere Zweckgesellschaft, ein sogenanntes »Conduit« leitet die Forderungsverbriefung mittels revolvierender Commercial-Paper Programme ein. Das Conduit hat die Funktion, Forderungsbestände unterschiedlicher Zweckgesellschaften zu bündeln und die Emission herbeizuführen. Die Platzierung der Asset-Backed Securities erfolgt unter Einschaltung amerikanischer Investmentgesellschaften am internationalen Kapitalmarkt. Kernpunkte bei dieser beispielhaft aufgezeigten ABS-Finanzierung ist die exakte Einschätzung und Stabilität der zukünftigen Cash-Flows der Forderungsbestände, die Bestimmung der einzelnen Ausfallwahrscheinlichkeiten der Forderungsbestände (Ausfallrisiko) und der tatsächliche Zugriff auf die Forderungen bei Insolvenz des Originators durch die Zweckgesellschaft.

Anwendung BAKred-Schreiben 4/97

Der vom BAKred mittels Schreiben 4/97 veröffentlichte Regelkatalog bezieht sich jedoch ausschließlich auf die Verbriefung eigener Bankforderungen. Auf die Platzierung von Drittforderungen und die damit zusammenhängenden Erfordernisse bei Ausübung der Dienstleistungsaufgaben wird in dem Rundschreiben nicht eingegangen. Nach Auffassung des Verfassers ist zu erwarten, dass bei einer künftig verstärkten Aufnahme dieser ABS-Finanzierungsformen durch die deutsche Kreditwirtschaft im In- und Ausland vom BAKred auch hierzu eine Kommentierung bzw. die Vorgabe bestimmter Verhaltensregeln zu erwarten ist.

Für die Interne Revision ergeben sich folgende Ansatzpunkte im Rahmen der Revisionsprüfung:

- Wird beim Ankauf von Forderungen (z.B. Kreditkarten-, KFZ- oder Leasingforderungen) für ABS-Transaktionen eine plausible und nachvollziehbare Forderungsbewertung (due diligence) durchgeführt?
- Ist die Bestimmung des Kaufpreises für die Forderungen nachvollziehbar und plausibel?
- Ist die Cash-Flow Struktur der Forderungsbestände stabil und nachvollziehbar?
- Liegen plausible Bewertungen des Ausfallrisikos, d.h. eine Berechnung von Ausfallwahrscheinlichkeiten der Forderungsbestände vor?
- Ist sichergestellt dass die mittels ABS verkauften Forderungspositionen rechtlich und wirtschaftlich vollständig auf den Forderungskäufer (Zweckgesellschaft) übergehen (True Sale)?
- Ist beim Verkauf eigener Forderungen sichergestellt, dass sich das verbleibende Forderungsportefeuille des Kreditinstituts nicht wesentlich in der Bonitätsstruktur verschlechtert?

5.5.5 ABS-typische Risiken

Für die Prüfung der ABS-Risiken durch die Innenrevision sind folgende wesentliche Risikokomponenten maßgeblich:

Abb. 9: Wesentliche Risiken aus ABS-Transaktionen

Platzierungsrisiko

Dies tritt ein, wenn die ABS nicht oder nur unzureichend durch die Zweckgesellschaft am Kapitalmarkt platziert werden können. In diesem Fall ist zu klären, ob der Originator oder die Zweckgesellschaft die nicht platzierten ABS in den Eigenbestand zu nehmen hat. Die Partei, die die Risiken aus der Adresse (Kreditforderung) übernimmt, trägt das Adressenausfallrisiko/Asset Risiko.

Rechtliche Risiken

Unter rechtlichen Risiken werden alle aus den in Zusammenhang mit der ABS-Transaktion resultierenden vertraglichen Risiken subsummiert.

Diese bestehen z.B. beim Originator der den rechtswirksamen und regresslosen Forderungsübergang an die Zweckgesellschaft anstrebt. Auch bei der Zweckgesellschaft, die die Forderungen übernimmt, können Risiken aus einem unzureichenden Vertragswerk bestehen.

Strukturelle Risiken

Diese beziehen sich auf die Analyse der finanziellen Struktur einer ABS-Transaktion und bestehen in Struktur- und Cash-Flow Risiken. Struktur Risiken beziehen sich auf die Leistungsfähigkeit des Originators und des Servicers/Service Agents. Unter Cash-Flow Risiken wird das Risiko von Leistungsstörungen bei der ordnungsgemäßen Weiterleitung von Zahlungsflüssen definiert. Neben dem Konkursrisiko der eingeschalteten Parteien bestehen darüber hinaus auch Risiken in Zusammenhang mit der Forderungsadministration.

Risiko der bankaufsichtlichen Anerkennung

Das Risiko besteht beispielsweise bei der Veräußerung von Kundenforderungen im Rahmen von Asset-Backed Securities Transaktionen durch deutsche Kreditinstitute im Risiko der Nichtanerkennung möglicher Eigenkapitalentlastungen. Bei international tätigen Kreditinstituten sind die lokal geltenden aufsichtsrechtlichen Regelungen, falls vorhanden, einzuhalten.

DV-Risiken

Das DV-Risiko besteht in der DV-technischen Abbildung der ABS-Transaktionen. Dazu gehört die Veranlassung der einzelnen Zahlungsströme und die buchhalterische Abbildung, welche eine adäquate, funktionsfähige DV-Ausstattung erfordert.

Adressenausfallrisiken/Asset-Risiken

Die Adressenausfallrisiken/Bonitätsrisiken oder Asset-Risiken gehen nach dem Verkauf oder Platzierung der ABS-Emission auf den Anleger über. Bei Insolvenz trägt er das Ausfallrisiko aus den Kreditforderungen. Informationen über die Güte des Risikos beim Kauf und während der Laufzeit erhält der Anleger über das Rating der ABS-Emission. Asset-Risiken werden von den Ratingagenturen über quantitative Cash-Flow Simulationen analysiert und dargestellt.

Dabei werden historische Ausfallraten der Forderungsbestände ermittelt. Berücksichtigt werden auch die Wahrscheinlichkeiten eines Zahlungsausfalls (Probability of Default), die erwartete Volatilität (Severity of Loss) und entsprechende Erholungswerte (Recovery Values).

Die ABS-Transaktionen werden regelmäßig von den Ratingagenturen geprüft. Die Prüfung erstreckt sich neben der Qualität des Forderungsbestandes auch auf die Tätigkeiten der beteiligten Parteien (z.B. Originator, Zweckgesellschaft). Die Ratinginformationen werden häufig über Internet, Reuters oder Bloomberg übermittelt.

Um die Adressenausfallrisiken der ABS-Transaktion vor Emission zu reduzieren und ein erstklassiges Kapitalmarktrating zu erhalten, werden die nachfolgend in Abbildung 10 dargestellten Absicherungsformen zur Verbesserung des Forderungsbestands genutzt.

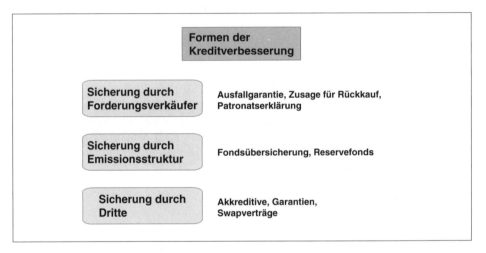

Abb. 10: Absicherungsformen für den Forderungsbestand

Zins- und Währungsrisiken

Der Anleger trägt aus der Anlage in dem ABS-Papier naturgemäß die Zinsänderungsrisiken und ggf. bei Kauf eines ABS-Papiers in Fremdwährung (z.B. in US $) das entsprechende Währungsrisiko.

Wiederanlagerisiko

Im Falle der vorzeitigen Rückführung der ABS-Emission trägt der Anleger das Wiederanlagerisiko seines eingesetzten Kapitals.

Weitere Risiken

Daneben bestehen weitere Risiken, wie z.B. Bewertungsrisiken für die Preisbestimmung beim Forderungsverkauf (siehe 5.5.2), welche an dieser Stelle nicht wiederholt aufgeführt werden.

5.5.6 ABS als Instrument im Risikomanagement

Der Einsatz von ABS ermöglicht neue Möglichkeiten zur verbesserten Steuerung des bankinternen Risikomanagements.

Adressenausfallrisikosteuerung

Durch ABS-Transaktionen wird es möglich, Risiken aus Forderungsbeständen zu separieren und diese auf Dritte zu übertragen. Das Bonitätsrisiko oder Adressenausfallrisiko beinhaltet das Risiko des Kapitalausfalls und/oder des Ausfalls der vereinbarten Zinsleistungen des Kreditnehmers. Effekte wie Risikoentzerrungen bei Risikokonzentrationen auf einzelne Branchen können mittels ABS genutzt werden.

Verkauft der Originator im Wesentlichen nur ausgesuchte Forderungen mit erstklassiger Bonität, besteht jedoch die Gefahr, dass sich der restliche verbleibende Forderungsbestand im Kreditportfolio verschlechtert. Dadurch wäre keine Reduzierung des Adressenausfallrisikos mehr gegeben.

Steuerung des Zinsänderungsrisikos

ABS können Zinsänderungsrisiken minimieren, wenn fristeninkongruente Refinanzierungen der Forderungsbestände mittels ABS-Transaktionen aufgelöst werden. Denn durch die Ausgliederung der Kreditforderungen wird eine Verkürzung beider Bilanzseiten ermöglicht. Die freiwerdenden Liquiditätsflüsse können gezielt fristenkongruent eingesetzt werden. Der Originator hat damit die Möglichkeit, sich von zinssensitiven Forderungsbeständen zu trennen und damit wirksam Zinsänderungsrisiken in der Bankbilanz zu reduzieren.

Verminderung des Refinanzierungsrisikos

Das Refinanzierungsrisiko kann dadurch vermindert werden, indem das Kreditinstitut zur Verfügung stehende Kreditlinien im Interbankenmarkt nicht ausschöpft und die durch die ABS-Transaktionen erzielten Liquiditätszuflüsse gezielt in Form einer fristenkongruenten Finanzierung eingesetzt werden.

Folgende Revisionsfragen sind bei der Prüfung durch die Interne Revision von Bedeutung:

- Werden ABS zur Banksteuerung eingesetzt?
- Wie werden die ABS in der Gesamtbanksteuerung zur Begrenzung der Adressenausfall-, Zinsänderungs- und/oder Refinanzierungsrisiken eingesetzt?
- Werden die gewünschten Steuerungseffekte im Rahmen des Risikomanagements erzielt?
- Wird über die erzielten Steuerungseffekte in ausreichendem Maße an die zuständigen Managementebenen berichtet?

5.5.7 ABS im Rechnungswesen

Bei der Prüfung von ABS im Rechnungswesen sind die von dem einzelnen Kreditinstitut gewählten Bilanzierungsmethoden und Bilanzierungsregeln (z.B. US-GAAP, IAS, HGB etc.) von Bedeutung. Die Auswirkungen der bilanziellen, außerbilanziellen und ertragsmäßigen Effekte der ABS-Geschäfte sind im Rahmen von Revisionsprüfungen zu beurteilen. Dabei sind folgende inhaltliche Prüfungsthemen von Bedeutung:

Bilanzielle Fragestellungen

Bei Beurteilung der bilanziellen Zurechnung des ABS-Forderungsbestandes ist die Frage des rechtlichen und wirtschaftlichen Übergangs des Bonitätsrisikos (Risikotransfer) aus den verkauften Forderungen zu klären. Denn damit stehen Bilanzierungsfragen in direktem Zusammenhang.

Forderungsübergang

Der Revisionsansatz resultiert aus der Prüfung, ob die Forderungen zulässigerweise aus der Bilanz des Originators herausgenommen wurden, d.h. der Forderungsübergang den rechtlichen und wirtschaftlichen Kriterien genügt.

Ist dies der Fall, geht das wirtschaftliche und rechtliche Eigentum der verkauften Forderungen auf die Zweckgesellschaft über. Die Forderungen scheiden aus der Bilanz des Verkäufers aus und sind beim Käufer, der Zweckgesellschaft, zu bilanzieren. Ist der Gegenwert der verkauften Forderungen am Bilanzstichtag noch nicht beim Verkäufer eingegangen, ist die Forderung gegenüber der Zweckgesellschaft unter den sonstigen Vermögensgegenständen zu bilanzieren.

Die Höhe der zu bilanzierenden Forderung richtet sich nach der Höhe des vereinbarten Verkaufspreises. Dieser wird aus dem abdiskontierten zukünftigen Cash-Flow aus den Zins- und Tilgungszahlungen der Kreditnehmer sowie eines Risikoabschlags für das Ausfallrisiko berechnet.

5.5.8 Behandlung von Rückkaufszusagen, beschränkte Forderungsausfallgarantien, Patronatserklärungen

Im Falle der Rückkaufszusagen und der beschränkten Forderungsausfallgarantie verpflichtet sich der Forderungsverkäufer bei Adressenausfall der Forderung oder weiteren vertraglich fixierten Leistungsstörungen der Kreditnehmer, Ausfälle aus den verkauften Forderungen, die bei der Zweckgesellschaft entstehen, zu erstatten. Rückkaufszusagen aus Patronatserklärungen führen dann zu Kostenübernahmen aus dem Adressenausfall, wenn der Originator als Service Agent verpflichtet ist, Ausfälle aus den übertragenen Forderungen zu übernehmen. In allen diesen Fällen ist das vollständige Adressenausfallrisiko nicht vollständig an den Käufer übergegangen.

Daraus resultiert folgender Prüfungsansatz:
- Wie sind die Verpflichtungen im Rechnungswesen darzustellen?
  Im Einzelnen ist auf den Bilanz- bzw. Anhangsausweis, d.h. auf den Soll-Zustand einzugehen.
- Wurde auch entsprechend der Soll-Vorgaben verfahren? Hierbei ist der Ist-Zustand zu beschreiben und Abweichung zum Soll-Zustand darzustellen.

Folgende weitere Fragen sind bei der Revisionsprüfung von Bedeutung:

- Welche Bilanzierungsmethoden hat das Institut gewählt und welche Bilanzierungsregeln wendet es an?
- Welche Auswirkungen, d.h. bilanzielle, außerbilanzielle und Ertragseffekte erzielen die ABS-Geschäfte?
- Sind die Forderungen rechtlich und wirtschaftlich vom Veräußerer auf die Zweckgesellschaft übergegangen?

5.5.9 Bankenaufsichtliche Anforderungen

Basis für die bankaufsichtlichen Anforderungen in Deutschland bildet das BAKred-Rundschreiben 4/97 vom 20.5.97 und das BAKred-Rundschreiben 13/98 mit ergänzenden Hinweisen betreffend revolvierender ABS-Transaktionen. Da auf die einzelnen Anforderungen schon im Kapitel 1.3.1 eingegangen wurde, hat der Verfasser an dieser Stelle auf eine Wiederholung der Soll-Vorgaben verzichtet. Nachfolgend werden einzelne Prüfungsfragen dargestellt, auf die bei der Prüfung durch die Interne Revision zu achten ist:

Prüfungsfragen

- Werden die ABS-Aktivitäten nach den im Rundschreiben 4/97 erforderlichen Vorgaben (d.h. unaufgeforderte Anzeigepflicht an BAKred und Deutsche Bundesbank über den Abschluss von Verträgen über die Veräußerung von Forderungen im Rahmen der ABS-Transaktionen und die wesentlichen Vertragsunterlagen, wie Emissionsbedingungen und Informationsmemorandum) vom eigenen Institut angezeigt?
- Ist das BAKred bereits in der Planungsphase für die Aufnahme der ABS-Geschäfte eingeschaltet worden, wenn abweichende vom im BAKred-Rundschreiben 4/97 dargestellte Transaktionen getätigt werden?
- Werden alle Bedingungen für die aufsichtliche Grundsatzentlastung eingehalten?
- Wird die Struktur des Kreditportefeuilles durch die ABS-Transaktion nachhaltig verändert?
- Ist die Wahrung des Bankgeheimnisses im Rahmen von ABS-Transaktionen ausreichend gewährleistet?
- Werden bei ABS-Aktivitäten an internationalen Finanzplätzen mittels lokaler Filialen oder Tochtergesellschaften die dort gültigen aufsichtlichen Anforderungen eingehalten?
- Tätigt das Kreditinstitut die im Rundschreiben 13/98 beschriebenen revolvierenden Transaktionen?
- Wird das BAKred vor Aufnahme revolvierender Transaktionen eingeschaltet bzw. informiert?

5.6 Aufbau eines ABS-Prüfungsberichtes

Nachfolgend soll ein mögliches Beispiel für die inhaltliche Gliederung eines ABS-Prüfungsberichtes dargestellt werden. In diesem Beispiel werden inhaltliche Teilbereiche, die bei der Prüfung von ABS von Bedeutung sind, aufgezeigt. Als formellen Musteraufbau für einen ABS-Prüfungsbericht empfiehlt der Verfasser:

- Am Beginn eine kurze Zusammenfassung der wesentlichen Prüfungsergebnisse und Kurzbeurteilung des Prüfungsgebietes
- Ausführliche Beschreibung der Prüfungsgebiete und -ergebnisse
- Aufstellung über die getroffenen Prüfungsfeststellungen und die Handlungsempfehlungen der Internen Revision

Der mögliche Berichtsaufbau gliedert sich in die nachfolgend beschriebenen Bereiche (s. auch Abb. 11).

Prüfungsziel

Basis für den Berichtsaufbau ist zunächst die klare Definition des Prüfungszieles. Prüfungen von ABS-Transaktionen können sich insgesamt auf folgende Kernbereiche erstrecken:

- Prüfung der strategischen Ausrichtung, der Auf- und Ablauforganisation, des Risikomanagements, der Darstellung im Rechnungswesen, der bankenaufsichtlichen Behandlung, und der Ausgestaltung des Internen Kontrollsystems für ABS-Transaktionen.

Aus der Definition des Prüfungszieles muss genau hervorgehen, auf welche inhaltlichen Themen sich die Prüfung erstreckt. ABS-Prüfungen können sich beispielsweise auf einzelne Filialen des Kreditinstituts beschränken oder die Prüfung kann sich auf Teilaspekte von ABS-Transaktionen beschränken (z.B. die Kaufpreisermittlung der verkauften Forderungen).

Inhaltliche Gliederung der Themenbereiche

- Prüfungsziel
- Strategischer Einsatz von ABS
- Darstellung der Aufbau- und Ablauforganisation
- Risikomanagement
- Darstellung im Rechnungswesen
- Bankenaufsichtliche Behandlung
- Ausgestaltung des Internen Kontrollsystems
- Ergebniszusammenfassung

Abb. 11: Berichtsaufbau eines ABS-Prüfungsberichtes

Strategischer Einsatz von ABS

Im Prüfungsbericht sollte eine kurze einführende Erläuterung der strategischen Ausrichtung der ABS-Aktivitäten gegeben werden.

- Was will das Kreditinstitut mit der ABS-Transaktion erreichen (strategische Ziele)?
- Ist die Gestaltung der ABS-Transaktion geeignet, diese strategischen Ziele zu erreichen?

Wichtig sind Aussagen, ob die von der Geschäftsleitung definierten strategischen Teilziele (sogenannte Meilensteine) erreicht oder verfehlt wurden. In beiden Fällen sollten die Gründe hierfür herausgearbeitet und dargestellt werden.

Aufbau- und Ablauforganisation

Im Prüfungsbericht sind primär folgende zwei Fragen zu beantworten:

- Sind die Regelungen, die im Zusammenhang mit ABS-Transaktionen erstellt und implementiert wurden, geeignet, eine ordnungsgemäße und risikoadäquate Basis für die betriebliche Aufbau- und Ablauforganisation zu gewährleisten?
- Werden diese Regelungen eingehalten?

Die auf- und ablauforganisatorischen Regelungen können je nach Umfang im Prüfungsbericht bzw. den Berichtsanlagen dargestellt werden. Wichtige Angaben im Prüfungsbericht sind Informationen über auf- und ablauforganisatorische Mängel, die unter Umständen zu Schwächen und Risiken im gesamten Arbeitsprozess führen können.

Besonders wichtig sind dabei Verbesserungsvorschläge seitens der Internen Revision, die aufgegriffen werden können, um den Arbeitsprozess zu optimieren und die organisatorischen Schwächen zu beheben bzw. zu beseitigen.

Risikomanagement

Hierbei ist von Bedeutung, ob der Forderungsveräußerer die ABS-Transaktionen zum Zweck der Risikosteuerung einsetzen will. Wenn ja, ist zu untersuchen, ob das Ziel erreicht wird. Im Prüfungsbericht kann darüber Auskunft gegeben werden, ob und wie die Produkte als Steuerungsinstrument in der Adressenausfallsteuerung der Gesamtbank, zur Risikoabsicherung einzelner Adressenausfallrisiken oder zur Reduzierung von Liquiditätsrisiken herangezogen werden. Schwächen bei der Risikosteuerung sollten im Prüfungsbericht dargestellt werden und in der Berichtszusammenfassung beurteilt werden.

Weiterhin bietet sich eine Darstellung im Prüfungsbericht an, wie sich die geprüfte ABS-Transaktion auf das Risikoprofil des Forderungsveräußers auswirkt und ob diese Auswirkungen im Risikomanagement adäquat erfasst werden. Von Bedeutung ist auch die Aussage, ob sich durch den Forderungsverkauf das verbleibende Kreditportfolio verschlechtert hat.

Darstellung im Rechnungswesen

Im Prüfungsbericht sollte dargelegt werden, ob die ABS-Transaktionen in allen Teilen der Rechnungslegung GOB-konform erfolgt ist (ggf. ist Hinweis auf IAS/US-GAAP HGB erforderlich) Die Darstellung der Bilanzierungsmethoden und Bilanzierungsregeln (z.B. IAS US-GAAP, HGB etc.) sollte angegeben werden. Weiterhin sollten die Auswirkungen der bilanziellen, außerbilanziellen und ertragsmäßigen Effekte dargestellt werden. Prüfungsfeststellungen wie z.B. Verstöße gegen die Grundsätze ordnungsgemäßer Bilanzierung sind im Bericht darzustellen und zu beurteilen.

Bankaufsichtliche Behandlung

Ausgehend von den Vorgaben des BAKed im Rundschreiben 4/97 zur Veräußerung von Kundenforderungen im Rahmen von Assed-Backed Securities-Transaktionen durch deutsche Kreditinstitute empfiehlt sich eine Darstellung, ob die ABS-Transaktionen den Anforderungen des BAKred-Rundschreibens entsprechen und ob damit die Grundsatz I Entlastung zulässig ist. Weiterhin sollte dargestellt werden, ob die vom Amt angesprochenen datenschutzrechtlichen Interessen der Schuldner der veräußerten Forderungen gewahrt wurden. Verstöße gegen die vom BAKred vorgegebene Katalognorm bankenaufsichtlicher und ordnungspolitischer Anforderungen sind im Prüfungsbericht darzustellen.

Ausgestaltung des Internen Kontrollsystems

Berichtsaussagen über die Ausgestaltung des Internen Kontrollsystems (IKS) nehmen einen immer höher werdenden Stellenwert bei Revisionsprüfungen ein (vgl. Anmerkungen zu den Rahmenbedingungen Tz. 1.3 ff.). Bedeutend für die Beurteilung des IKS durch die Interne Revision sind die Ziele, der Zweck, und die Elemente des IKS. Das IKS im betrieblichen Arbeitsablauf sollte dementsprechend im Prüfungsbericht dargestellt und seine Funktionsfähigkeit sowie die daraus resultierenden Risiken durch die Revision beurteilt werden.

Auf der Grundlage dieser Beurteilung können wichtige Aussagen zur Funktionsfähigkeit des internen Frühwarnsystems, welches durch das KonTraG vorgegeben wird, getroffen werden.

Zusammengefasstes Prüfungsergebnis und Beurteilung

Die Ergebniszusammenfassung soll für die Adressaten des Prüfungsberichtes eine komprimierte Übersicht über die wesentlichen Prüfungsergebnisse mit einer Beurteilung der geprüfte ABS-Transaktionen sein.

Von Bedeutung ist hierbei, dass diese Zusammenfassung und Beurteilung aus stark aggregierter Perspektive erfolgen sollte, die dem Berichtsleser in kürzester Zeit einen Gesamtüberblick über das Berichtsergebnis ermöglichen soll. Daraus resultieren die zwei Aspekte:

- Zusammengefasstes Prüfungsergebnis
- daraus abgeleiteter Gesamteindruck-, einstufung durch die Interne Revision

6. Ausblick

Innovative Finanzprodukte wie ABS gewinnen in den internationalen und nationalen Finanzmärkten eine immer bedeutendere Rolle. Diese Innovationen haben erheblichen Einfluss auf die Kapitalmärkte, ermöglichen neue Einsatzmöglichkeiten und neue Wege im Risikomanagement sowie in der Gesamtbanksteuerung. Für die Finanzwelt können hieraus neue Chancen aber auch Risiken eingegangen werden.

– Die Chancen zu nutzen und die Risiken für die Akteure im Griff zu behalten ist das Gebot der Stunde –

Bei der weiteren Erschließung des ABS-Marktes spielt die bankaufsichtliche Behandlung eine wichtige Rolle, denn danach richtet sich wesentlich die Ausgestaltung der ABS-Transaktionen. Der Abschlussprüfer und die Prüfungsverbände haben unter Berücksichtigung der besonderen Prüfungspflichten die Auswirkungen der ABS-Transaktionen in den einzelnen Kreditinstituten aufzuzeigen. Die Rolle der Internen Revision wird durch die vom BAKred neugefassten »Mindestanforderungen an die Ausgestaltung der Internen Revision der Kreditinstitute« qualitativ aufgewertet. Die Interne Revision ist integraler Bestandteil eines prozessunabhängigen IKS und nimmt eine wichtige Rolle im Rahmen des durch das KonTraG vorgeschriebenen Risikofrühwarnsystems ein.

Die in- und externen Revisionen können die neuen Prüfungsanforderungen jedoch erst dann erfüllen, wenn die Revisionstechnik und das erforderliche Know-How ständig weiterentwickelt bzw. optimiert werden. Dabei spielt vor allem die intensive Weiterbildung/Schulung der Revisoren sowie »training on the job« eine entscheidende Rolle. Der Revisor muss das betriebswirtschaftliche Verständnis für innovative Produkte wie ABS entwickeln. Gleichzeitig muss er die vielfältigen Wirkungsweisen, Risiken und Auswirkungen auf das Kreditinstitut verstehen, um eine effektive Prüfungstätigkeit zu gewährleisten und den optimalen Prüfungserfolg zu sichern.

Literaturverzeichnis

Arntz, Thomas/Schultz, Florian (1998), Bilanzielle und steuerliche Überlegungen zu Asset-Backed Securities in: Die Bank 11/98, S. 694–697.

Everling, Oliver (1999), ABS als Wachstumsmotor in: Börsen-Zeitung, Frankfurt, Februar 1999.

Basler Ausschuss für Bankenaufsicht (1998), Rahmenkonzept für Interne Kontrollsysteme in Bankinstituten, Basel 1998, S. 1–5.

Basler Ausschuss für Bankenaufsicht (1999), Konsultationspapier »Neuregelung der angemessenen Eigenkapitalausstattung«, Basel Juni 1999, S. 1–4.

Becker, Axel/Wolf, Martin (1999), Revision von Kreditderivaten in: Eller/Gruber/Reif, Handbuch Kreditrisikomodelle und Kreditderivate, Stuttgart 1999, S. 597 ff.

Becker, Axel/Wolf, Martin (2000), Organisation des Handels und Fragen des Risikomanagements aus Sicht der Internen Revision in: Burghof, Henke, Rudolph, Schönbucher und Sommer, Kreditderivate – Handbuch für die Bank- und Anlagepraxis, Stuttgart 2000 (vorauss. Erscheinungstermin).

Bernet, Beat, Bankstrategische Aspekte der Verbriefung von Kreditpositionen (1999) in: Die Bank 6/99, S. 396-400.

Bundesaufsichtsamt für das Kreditwesen (BAKred) (1976), Anforderungen an die Ausgestaltung der Innenrevision, Schreiben des Bundesaufsichtsamtes für das Kreditwesen an die Spitzenverbände der Kreditinstitute vom 285.76, S 1 ff.

Bundesaufsichtsamt für das Kreditwesen (BAKred) (1999), Jahresbericht 1998, Berlin 1999, S. 1 ff.

Bundesaufsichtsamt für das Kreditwesen (BAKred) (1998), Ergänzender Hinweis betreffend revolvierender Transaktionen zu Rundschreiben 4/97 vom 19. März 1997, Berlin 1998, S. 1.

Bundesaufsichtsamt für das Kreditwesen (BAKred) (1997), Veräußerung von Kundenforderungen im Rahmen von Asset-Backed Securities Transaktionen durch deutsche Kreditinstitute, Schreiben des BAKred an alle Kreditinstitute in der Bundesrepublik Deutschland, Berlin 1997, S. 1 ff.

Bundesaufsichtsamt für das Kreditwesen (BAKred) (2000), Rundschreiben 1/2000 über Mindestanforderungen an die Ausgestaltung der Internen Revision der Kreditinstitute vom 17.1.00 an alle Kreditinstitute in der Bundesrepublik Deutschland, Berlin 2000, S. 1 ff.

Büttner, Tobias (1999), Die wertmäßiger Verbriefung von Bankforderungen zu Asset-Backed Securities, Baden-Baden 1999, S. 79 ff.; 123 ff.

Börsen-Zeitung (1998), Basel entwirft Rahmen für bankinterne Kontrollen, Börsen-Zeitung vom 20.1.98, S. 4.

Consbruch/Möller/Bähre/Schneider (1999), Kreditwesengesetz mit weiteren Vorschriften zum Aufsichtsrecht 56. Ergänzungslieferung 02/99, Kapitel (15.01) S. 2, Kapitel (13.01) S. 1 j.

Deutsche Bundesbank (1997), Asset-Backed Securities in Deutschland: Die Veräußerung und Verbriefung von Kreditforderungen durch deutsche Kreditinstitute, Deutsche Bundesbank Monatsbericht Juli 1997, S. 57 ff.

Ebberg, Jan (1997), Charakterisierung und Analyse von Asset-Backed Securities, Wissenschaftliche Arbeit zur Erlangung des Diplom-Volkswirtes an der Fakultät für Wirtschaftswissenschaften und Statistik der Universität Konstanz, Konstanz 1997, S. 4.

Findeisen, Klaus-Dieter/Roß, Norbert (1999), Wirtschaftliche Zurechnung und Anhangsangabe bei Asset-Backed Securities in Betriebswirtschaft Heft 21 vom 28.05. 1999 S. 1077–1079.

Findeisen, Klaus-Dieter (1998); Asset-Backed Securites im Vergleich zwischen US-GAAP und HGB in: Der Betrieb Heft 10 vom 10.3.98, S. 481–488.

Gehrig, Dr. Babett (1999), Asset-Backed Securities im amerikanischen und im deutschen Recht, München 1999, S. 143 ff.

Giese, Rolf (1998), Die Prüfung des Risikomanagementsystems einer Unternehmung durch den Abschlussprüfer in: Die Wirtschaftsprüfung Heft 10/1998, S. 451–452, 457–458.

Herbert, Thomas (1999), DG BANK Research Publikation »Europäische Bonitäten Spezial« vom November 1999, S. 5 ff.; 9 ff.; 24 ff.

Hülsen, Andreas (1999), Prüfungs- und Berichtspflichten bei der Jahresabschlussprüfung von Finanzdienstleistungsunternehmen, in: Die Wirtschaftsprüfung, Heft 3/1999, S. 98 ff.

Hüfner, Peter (1997), Neue Regeln für Asset-Backed Securities, in: Die Bank 7/97, S. 433–436.

Institut der Wirtschaftsprüfer in Deutschland e.V. (IdW) (1999), Entwurf IdW Prüfungsstandard »Ziele und allgemeine Grundsätze von Abschlussprüfungen« in: Die Wirtschaftsprüfung Heft 17/1999, S. 704 ff.

KPMG (1988), Reformen im Zeichen von Internationalität und Kontrolle, KPMG Broschüre, Berlin 1988, S. 8–9.

Lück, Wolfgang (1999), Die Bedeutung der Internen Revision für die Unternehmensführung, Sonderdruck aus der Frankfurter Allgemeinen Zeitung vom 19. Juli 1999, S. 1–3.

Orth, Thomas M. (1999), Überlegungen zu einem prozessorientierten Prüfungsansatz in: Die Wirtschaftsprüfung Heft 15/1999, S. 573 ff.

Rodewald, Jörg und Daubner, Robert (1999), Synthetische Asset-Deals – Veräußerung und Erwerb der Kundenbeziehung von Banken in: Betriebs-Berater Heft 46 vom 18.11.1999, S. 2361 ff.

Fortentwicklung internationaler Eigenkapitalregelungen: Die Reform der Basler Eigenkapitalvereinbarung

Peter Spicka*

Inhalt

1. Bankgeschäfte und Risikosteuerungskonzepte im Wandel
2. Die Basler Eigenkapitalvereinbarung von 1988
   2.1 Meilenstein der Bankrechtsharmonisierung
   2.2 Kritik an bestehender Konzeption
3. Vorschläge zur Neuregelung der angemessenen Eigenkapitalausstattung
   3.1 Konzeptionelle Grundlagen
   3.2 Mindestanforderungen an die Eigenkapitalausstattung
      3.2.1 Kreditrisiko
      3.2.2 Marktrisiko
      3.2.3 Andere Risiken
   3.3 Bankaufsichtliche Prüfung der Eigenkapitalausstattung
   3.4 Erhöhung der Marktdisziplin
4. Ausblick

Anmerkungen

Literaturverzeichnis

---

*Dipl.-Kfm. Peter Spicka ist Referent in der Hauptabteilung Banken, Mindestreserven bei der Deutschen Bundesbank, Frankfurt am Main.
Um Missverständnisse zu vermeiden, erklärt der Autor ausdrücklich, dass die dargestellten Interpretationen und Meinungen ausschließlich seine persönliche Auffassung wiedergeben.

1. Bankgeschäfte und Risikosteuerungskonzepte im Wandel

Vor dem Hintergrund von Globalisierung und Deregulierung der Finanzmärkte sowie der immensen Fortschritte auf dem Gebiet der Informations- und Kommunikationstechnologie, haben sich die bankgeschäftlichen Rahmenbedingungen in den letzten beiden Jahrzehnten grundlegend gewandelt. Charakteristisch hierfür ist nicht nur das fortlaufende Entstehen innovativer Produkte, vielmehr hat sich auch die Komplexität der Geschäfte insbesondere mit dem Einsatz von Derivaten deutlich erhöht. Aber auch die Methoden zur Steuerung von Risiken haben sich in den letzten Jahren grundlegend gewandelt und erheblich verbessert (z.B. Risikosteuerungsmodelle).

Traditionell kommt dem Adressenausfallrisiko im Bankgeschäft eine bedeutende Rolle zu. Im Zuge der Veränderungen an den Märkten haben jedoch auch zunehmend andere Risiken an Bedeutung gewonnen. Mit dem wachsenden Handel in Finanzprodukten beispielsweise ist den Marktpreisrisiken, insbesondere den Fremdwährungs-, Zinsänderungs- Aktienkurs- und Rohwarenpreisrisiken, erheblich größere Beachtung erwachsen.

Vor dem Hintergrund der gewandelten bankgeschäftlichen Rahmenbedingungen sind konsequenterweise auch die bankaufsichtlichen Methoden entsprechend anzupassen. Für die Bankenaufsicht geht es in diesem Zusammenhang darum, die Wahrscheinlichkeit des Entstehens systemischer Krisen zu minimieren, bzw. deren Auswirkungen zu begrenzen. Im Vordergrund bankaufsichtlicher Maßnahmen stehen daher Vorgaben für eine adäquate Eigenkapitalausstattung der Kreditinstitute, Empfehlungen für das Risikomanagement des Bankgeschäfts sowie Maßnahmen zur Erhöhung der Transparenz der Märkte. Dreh- und Angelpunkt bankaufsichtlicher Maßnahmen ist und bleibt dabei die adäquate Eigenkapitalausstattung der Banken.[1]

2. Die Basler Eigenkapitalvereinbarung von 1988

2.1 Meilenstein der Bankrechtsharmonisierung

Die Basler Eigenkapitalempfehlung von 1988 sollte angesichts einer weltweit sinkenden Eigenkapitalausstattung, der gleichzeitigen Ausweitung von Bankaktivitäten mit wachsenden Risiken – insbesondere Länderrisiken und Risiken aus nicht bilanzwirksamen Geschäften – sowie der zunehmenden Globalisierung der Finanzmärkte zur Stärkung der Bankensysteme die Eigenkapitalbasis verbreitern und ein im Interesse der Wettbewerbsgleichheit vereinheitlichtes Messsystem für Kreditrisiken der Banken schaffen.

Mit seiner Eigenkapitalempfehlung für international tätige Kreditinstitute ist es dem Basler Ausschuss für Bankenaufsicht erstmals gelungen, einen internationalen Grundkonsens hinsichtlich des Eigenkapitalbegriffs zu finden. Insofern gilt die Empfehlung als Meilenstein im Hinblick auf die internationale Harmonisierung des Bankenaufsichtsrechts und findet mittlerweile in mehr als 100 Ländern Anwendung. Der Basler Akkord hat auch die europäische Bankrechtsharmonisierung maßgeblich beeinflusst. Wenngleich sich die Empfehlung streng genommen nur an die großen, international tätigen Institute richtet, wird sie heute von den Aufsichtsbehörden im Allgemeinen auf das gesamte Bankgeschäft angewandt.[2]

Die Basler Eigenmittelempfehlung von 1988 setzt einen international einheitlichen Standard für die Eigenkapitalunterlegung des Adressenausfallrisikos und verlangt von den international tätigen Banken eine Eigenkapitalausstattung von mindestens 8 % der nach dem Grad ihres Risikos gewichteten Aktiva und außerbilanziellen Geschäfte. Anfang 1996 hat der Basler Ausschuss diese Empfehlung um Vorschriften ergänzt, die auch den Marktrisiken Rechnung tragen, welche im Wertpapierhandel und im Derivategeschäft aufgrund von Wechselkurs- und Zinsschwankungen bestehen. In diesem Zusammenhang wurde den Instituten für die Messung dieser Risiken auch erlaubt, alternativ zu den bankaufsichtlich vorgegebenen Standardverfahren unter Einhaltung bestimmter bankaufsichtlicher Vorgaben ihre eigenen internen Risikosteuerungsmodelle zu verwenden. Diese Entwicklung zeigt deutlich, dass die Aufsicht stets bemüht und auch in der Lage ist, ihre Verfahren und Methoden weiterzuentwickeln und auf den neuesten Stand der wissenschaftlichen Erkenntnis zu bringen.[3]

2.2 Kritik an bestehender Konzeption

Die Basler Eigenkapitalvereinbarung mag sich in den vergangenen Jahren als flexibel genug erwiesen haben, neueren Entwicklungen an den Märkten ausreichend Rechnung zu tragen, wie sich dies z.B. bei der Ergänzung der Empfehlung um Regelungen zum Marktrisiko gezeigt hat. Dennoch bestehen weitere »Schwächen«.

So werden beispielsweise neuere Instrumente zur Steuerung des Kreditrisikos, wie Kreditderivate oder Nettingvereinbarungen für Bilanzpositionen im Basler Akkord nicht angemessen berücksichtigt. Auch differenziertere Messmethoden für das Kreditrisiko, wie z.B. internes oder externes Rating sowie Kreditrisikomodelle, finden keine Berücksichtigung.[4]

Grundsätzlich darf nicht übersehen werden, dass sich die Regelungen der »alten« Basler Eigenmittelempfehlung lediglich auf das Adressenausfallrisiko und teilweise auf das Marktrisiko beziehen. Das so berechnete Eigenkapital soll jedoch auch »andere Risiken« abdecken, wie z.B. das Zinsänderungsrisiko im Anlagebuch sowie Betriebs-, Liquiditäts-, Rechts- und Reputationsrisiken. Diese Risiken werden also nicht unmittelbar quantifiziert, sondern sollen mit der für das Kredit- und teilweise das Marktrisiko errechneten Mindesteigenkapitalquote ebenfalls »abgegolten« sein.[5]

Der Einsatz neuer Instrumente und Techniken kann zu einer Verminderung der Berechnungsbasis für das bankaufsichtlich erforderliche Eigenkapital führen und damit zu einer Erosion der Kapitalanforderungen. Damit werden jedoch die bislang implizit in Form der 8%-Eigenkapitalquote mit abgedeckten »anderen Risiken« nicht mehr ausreichend berücksichtigt. Insofern stellt sich die Frage, inwieweit künftig gesonderte Kapitalanforderungen für die »anderen Risiken« erforderlich sind, soll zumindest der Status Quo der Eigenmittelausstattung im Interesse der Banken und der Stabilität des Finanzsystems aufrecht erhalten werden. Auch wird der 8%-Eigenkapitalstandard für alle Institute nicht gleichermaßen deren individuellen Risikoprofilen gerecht, woraus ein Wettbewerbsvorteil für »schlechte« Banken resultiert.

Konsequenterweise müsste also für solche »schlechten« Banken ein höheres Eigenkapital eingefordert werden.[6]

Daneben ist die derzeitige Einteilung der Risikoaktiva in Standardrisikoklassen zu grob und wird dem tatsächlichen Risikogehalt der Positionen nur selten gerecht. Bislang werden die Geschäftspartner in abstrakte Kontrahentengruppen eingeteilt (öffentliche Haushalte, Banken, Nicht-Banken), denen jeweils bestimmte Bonitätsgewichte zugeordnet werden (0, 20, 50, 100%). Beispielsweise erfolgt die Anrechnung aller Nicht-Banken mit einem einheitlichen Risikogewicht von 100% zu pauschal und berücksichtigt nicht ausreichend die individuelle Bonität von Unternehmen aus dem Privatsektor.[7]

Schließlich haben die krisenhaften Entwicklungen an den Finanzmärkten auch insofern Schwächen an den geltenden Basler Normen offenbart, als im Zusammenhang mit der Unterscheidung von Ländern der Zone A und der Zone B ein auf 20% abgesenkter Gewichtungssatz für kurzfristige Forderungen an Kreditinstitute der B-Zone besteht.[8] Tendenziell werden damit kurzfristige Interbankkredite an Schwellenländer bei der Eigenkapitalunterlegung privilegiert.[9]

Diese »Schwächen« sollen die überragende Bedeutung des Basler Kapitalakkords für die internationalen Finanzmärkte keineswegs schmälern. Vielmehr ist sich die Aufsicht der genannten Schwierigkeiten stets bewusst gewesen, doch waren bei der erstmaligen Konzeption der internationalen Eigenkapitalvereinbarung gewisse Vereinfachungen bei der Risikomessung zwangsläufig unvermeidlich.[10]

3. Vorschläge zur Neuregelung der angemessenen Eigenkapitalausstattung

Mit den Veränderungen am Markt muss sich auch die Eigenkapitalvereinbarung weiterentwickeln. Angesichts der Komplexität und der Geschwindigkeit des Wandels an den Märkten ist dabei eine möglichst flexible Eigenkapitalregelung erforderlich. Vor diesem Hintergrund hat der Basler Ausschuss die Eigenkapitalvereinbarung von 1988 umfassend überarbeitet und den Banken im Juni 1999 ein entsprechendes Konsultationspapier vorgelegt.

3.1 Konzeptionelle Grundlagen

Auch im Zeitalter globaler Märkte bleibt eine angemessene Mindestausstattung der Kreditinstitute mit Eigenkapital die zentrale bankaufsichtliche Norm. Banken sollten nicht nur in »Schönwetterzeiten« mit ausreichendem Eigenkapital ausgestattet sein, sondern auch in Krisenphasen gut gerüstet sein. Eine angemessene Eigenkapitalausstattung stabilisiert nicht nur die einzelnen Institute, sondern auch das Bankensystem als Ganzes.[11]

Eigenkapital allein ist aber kein bankaufsichtliches Allheilmittel. Neben einer adäquaten Eigenmittelausstattung kommt daher einem angemessenen Risikomanagement- und -controlling eine wichtige Bedeutung zu. Schließlich erfahren Maßnahmen zur Erhöhung der Markttransparenz besondere Relevanz, um die Disziplinierungskräfte des Marktes komplementär zu den regulatorischen Anforderungen im Sinne der Systemstabilität zu nutzen.

Dementsprechend basiert das vorgeschlagene neue Regelwerk im Wesentlichen auf den folgenden drei Elementen:

- Mindestanforderungen an die Eigenkapitalausstattung,
- Überprüfung der Eigenkapitalausstattung durch die Aufsichtsbehörden (»Supervisory Review Process«),
- Maßnahmen zur Erhöhung der Markttransparenz.

Im Vordergrund stehen dabei auch im neuen Regelwerk die bankaufsichtlichen Anforderungen an eine Mindestausstattung der Banken mit Eigenkapital.[12]

3.2 Mindestanforderungen an die Eigenkapitalausstattung

Die Anforderungen an die Mindestausstattung der Kreditinstitute mit Eigenkapital ergeben sich wie bislang aus einer Definition des Eigenkapitalbegriffs, den einzelnen Risikoarten sowie den Methoden zur Messung dieser Risiken und einem Mindestkapital in Höhe von 8% in Bezug auf die gewichteten Risiken. Während bei der Definition des Kapitalbegriffs keine Änderungen vorgesehen sind, sollen einmal die Methoden zur Messung und Erfassung des Kreditrisikos wesentlich verbessert werden. Daneben werden die bisherigen Risikoarten Kreditrisiko und Marktrisiko um eine dritte Kategorie »andere Risiken« ergänzt.[13]

3.2.1 Kreditrisiko

Der wesentliche Schwerpunkt bei der Neufassung des Basler Kapitalakkords liegt in der Verbesserung der Methoden zur Messung und Erfassung des Kreditrisikos. Neben dem Erarbeiten gemeinsamer Standards für die Eigenkapitalbehandlung insbesondere von Kreditderivaten, Nettingvereinbarungen und Asset-Backed-Securities steht dabei vor allem bei der Einordnung der Kreditnehmer in Risikoklassen eine Verbesserung des Klassifikationsschemas für die adressenbezogenen Bonitätsgewichtungssätze im Vordergrund.[14]

Künftig soll jeder Adresse unabhängig von der Zugehörigkeit zu einer Schuldnerklasse ein risikoadäquater Bonitätsgewichtungsfaktor zugeordnet werden. In diesem Zusammenhang geht es vor allem darum, die Unterscheidung zwischen Ländern der Zone A und der Zone B sowie die Anrechnungssätze an Nicht-Banken mit erstklassiger Bonität und solche mit hochspekulativer Anlagestrategie zu überarbeiten.

Dabei verfolgen die Vorschläge das übergeordnete Ziel, zu einer umfassenderen Risikobetrachtung zu kommen und die Kapitalanforderungen möglichst an das »tatsächliche« Risiko anzupassen. Für das Kreditrisiko soll dieses Ziel durch einen Rückgriff auf die Bonitätseinstufungen von Kreditnehmern durch externe Ratingagenturen und aufgrund der Einstufungen durch bankinterne Ratingverfahren erreicht werden.[15]

Externes Rating

Sicherlich stellt der Vorschlag eine grundlegende Neuerung dar, bei der Bestimmung der Bonitätsgewichtungsfaktoren unter der Voraussetzung bestimmter Mindestanforderungen auch externe Ratings heranzuziehen. Dabei sind aus bankaufsichtlicher Perspektive an Ratings externer Stellen besondere Voraussetzungen hinsichtlich Transparenz, Objektivität, Unabhängigkeit und Glaubwürdigkeit ihrer Verfahren zu stellen. Die Einhaltung dieser Mindestanforderungen ist elementar, gilt es Wettbewerbsnachteile aufgrund der unterschiedlichen Ratingdichte zwischen den USA und Europa zu verhindern.[16]

Im Kern geht es dabei um die Problematik der sogenannten »Rating-Lücke« aufgrund der ungleichen Anzahl geratener Unternehmen in den einzelnen Ländern. Beispielsweise stehen rund 8.000 gerateten Unternehmen in den USA derzeit nur schätzungsweise 30 geratete Unternehmen in Deutschland gegenüber. Dieser Vergleich ist freilich zu relativieren, wenn man bedenkt, dass nach dem Standpunkt der europäischen Vertreter im Basler Ausschuss lediglich Unternehmen mit einem Rating von mindestens AA- bankaufsichtlich »privilegiert« werden sollen. Dann würde sich nämlich die »Rating-Lücke« zwischen den USA und Deutschland auf noch 125 geratete Unternehmen reduzieren.[17]

Tatsächlich dürften sich weder der Umfang der »Rating-Lücke« noch die Auswirkungen der vorgeschlagenen neuen Regelungen auf den Aufsichtsprozess exakt prognostizieren lassen. Vielmehr dürften die Ratingbranche sowie bisher noch nicht geratete Unternehmen entsprechend reagieren, sollte die Bankenaufsicht mit Ratings besondere ökonomische Konsequenzen verknüpfen. So werden mittlerweile z.B. auch in Deutschland Rating-Agenturen, insbesondere für den Mittelstand, gegründet, womit das »Rating-Gefälle« zumindest auf mittlere Sicht abgebaut werden dürfte.[18]

Internes Rating

Im Kern spiegelt die »Rating-Lücke« den Unterschied zwischen kapitalmarktbasierten Finanzsystemen, wie z.B. in den USA, und bankbasierten Finanzsystemen, wie in Kontinentaleuropa, wider. Mit Sicherheit wäre es nun der falsche Weg zu versuchen, die »Rating-Lücke« durch eine Angleichung beider Systeme »künstlich« abzubauen. Vielmehr erscheint die Alternative des internen Ratings, die das Konsultationspapier bei der Bemessung des Kreditrisikos ebenfalls vorsieht, zur Überwindung der Kulturunterschiede geeignet.

Tatsächlich könnten interne Ratings aus bankaufsichtlicher Perspektive als Grundlage der Berechnung von Eigenkapitalanforderungen von Kreditinstituten dienen. Bankinterne Ratings erscheinen auch durchaus kompatibel mit dem bewährten deutschen Universalbankensystem und seiner traditionellen Kunde-Bank-Beziehung. Ganz allgemein dürften interne Ratings in Europa klar dominieren und oft das ausschließlich angewandte Verfahren werden.[19]

Analog externer Ratingverfahren müssen auch interne Ratings an bankaufsichtliche Mindeststandards geknüpft sein. Qualitative Standards könnten sich z.B. an den Zulassungskriterien für externe Ratingverfahren orientieren, während quantitative Standards an historischen Zeitreihen von Verlustgrößen (»Track Record«) der jeweiligen internen Ratingsysteme angelehnt werden könnten. Ein gutes internes Ratingsystem sollte sich dadurch auszeichnen, dass die Ausfallwahrscheinlichkeit bzw. die erwarteten Verluste pro Ratingkategorie im Zeitablauf relativ stabil bleiben.[20]

Grundsätzlich steht der Basler Ausschuss bei der Neufassung der Eigenmittelvorschriften vor dem Dilemma, einerseits die Unausgewogenheit und Schwächen des alten Ansatzes beseitigen zu müssen und dabei andererseits nicht einzelne Institute oder die Kapitalmärkte bestimmter Länder zu begünstigen. Denn auch mit einem reformierten Basler Akkord sind gleiche Wettbewerbsbedingungen auf den Finanzmärkten eine conditio sine qua non.[21]

Elementare Grundvoraussetzung bei der Zulassung externer und interner Ratingverfahren ist daher die absolute Konsistenz beider Verfahren sowie die zeitgleiche Zulassung beider Systeme. Beide Ratingsysteme müssen vergleichbar strengen bankaufsichtlichen Anforderungen unterliegen. Nur auf diese Weise kann das »Level Playing Field« zwischen den USA und Europa aufrechterhalten werden. Hierauf wird bei der Festlegung der bankaufsichtlichen Bedingungen für die Anwendung des externen und internen Ratings im Rahmen der Konsultationen sehr sorgfältig zu achten sein.[22]

Dabei geht es aus Wettbewerbsgründen einmal darum, dass die Bedingungen für eine Anwendung des Ratings nicht so gesetzt werden, dass kleine und mittlere Banken die Anforderungen nicht mehr erfüllen können. Daneben gilt es aber auch gerade aus deutscher Sicht die stark mittelständisch geprägte Wirtschaft zu berücksichtigen. Viele mittelständische Unternehmen könnten wohl schon aus Kostengründen nicht auf ein externes Rating zurückgreifen. Kredite an Mittelständler müßten dann von den Banken mit einem höherem Eigenkapital unterlegt werden, woraus letztlich wiederum höhere Kreditkonditionen für diese Unternehmen resultieren dürften. Daher ist auch aus dieser Perspektive die gleichberechtigte Zulassung des internen Ratings elementar, will man gleiche Wettbewerbsbedingungen in einer globalen Wirtschaft wahren.[23]

Faktisch wird mit einer bankaufsichtlichen Anerkennung des internen Ratings der Weg zu mehr Selbstregulierung an den Finanzmärkten beschritten. Im Grunde genommen kommt nämlich eine Eigenmittelberechnung auf der Basis interner Ratings einer Anwendung des von amerikanischer Seite bereits früher diskutierten Pre-Commitment-Ansatzes[24] nahe, wonach die Banken selbst den Eigenkapitalbetrag festsetzen, den sie gegenüber der Aufsicht als Unterlegung ihrer Handelsrisiken deklarieren.[25]

Die Zulassung des internen Ratings kann auch als Vorstufe zur bankaufsichtlichen Anerkennung von Kreditrisikomodellen gesehen werden, die auf externen bzw. internen Ratings sowie anderen Faktoren beruhen und der Erfassung der Risiken des Gesamtportfolios dienen.[26] Wenngleich solche Modelle bereits von einigen großen Instituten angewandt werden, sind wichtige methodische und organisatorische Fragen der Modellierung von Kreditrisiken noch nicht zufriedenstellend geklärt. Hierzu zählt beispielsweise die Verfügbarkeit von Daten oder die Validierung der Modelle. Von allgemeinen Marktstandards bei der Implementierung derartiger Modelle kann also bislang noch nicht gesprochen werden. Daher wird zunächst noch weitere Entwicklungs- und Forschungsarbeit nötig sein, ehe an eine bankaufsichtliche Zulassung von Kreditrisikomodellen zu denken ist.[27]

3.2.2 Marktrisiko

Die Regelungen der Basler Eigenkapitalvereinbarung zur bankaufsichtlichen Behandlung des Marktrisikos sind noch relativ jung und zum Teil erst im Jahre 1998 in Kraft getreten.

Es hat sich jedoch gezeigt, dass durch unterschiedliche Regelungen für die Unterlegung des Kreditrisikos im Anlage- bzw. Handelsbuch den Banken Anreize zur Arbitrage des bankaufsichtlich geforderten Eigenkapitals zwischen beiden Büchern gegeben werden, die letztlich zu einer Erosion der Kapitalbasis führen. Im Rahmen seiner Vorschläge zur Änderung der Eigenkapitalvorschriften im Anlagebuch wird der Basler Ausschuss daher auch prüfen, welche Änderungen der Eigenkapitalvereinbarung für das Marktrisiko erforderlich sind, um eine einheitlichere Behandlung des Anlage- und Handelsbuches sowie eine adäquate Eigenkapitaldeckung für Positionen des Handelsbuches zu erreichen.[28]

3.2.3 Andere Risiken

Mit der Mindesteigenkapitalquote von 8% nach dem Basler Akkord von 1988 sollen wie bereits erwähnt neben dem Kreditrisiko und später teilweise dem Marktrisiko auch alle anderen Risiken des Bankgeschäfts implizit abgedeckt werden. Mit den neueren Methoden zur genaueren Messung des Kreditrisikos sowie den Verfahren zur Risikoreduzierung wird jedoch vermutlich ein Absinken der durchschnittlichen Eigenmittelunterlegung für Kreditrisiken verbunden sein. Damit sinkt aber auch der Eigenkapitalpuffer für andere Risiken entsprechend ab. Aus bankaufsichtlicher Perspektive ist dies nicht unproblematisch, sind doch im Zusammenhang mit der zunehmenden Komplexität der Geschäfte die Risiken an den Finanzmärkten insgesamt eher gestiegen.[29]

Daher widmet das Konsultationspapier des Basler Ausschusses auch diesen »anderen Risiken« gesonderte Aufmerksamkeit. Eines der Hauptrisiken in diesem Bereich ist das Zinsänderungsrisiko im Bankbuch; daneben sind hier vor allem operationale und rechtliche Risiken sowie das Reputationsrisiko zu erwähnen. Bei der Quantifizierung dieser Risiken gibt es ähnlich wie bei der Modellierung von Kreditrisiken noch eine ganze Reihe ungeklärter Aspekte. Die Aufsicht wird daher in der Frage möglicher gesonderter Eigenkapitalanforderungen für solche »andere Risiken« verstärkt den Dialog mit der Praxis suchen.[30]

3.3 Bankaufsichtliche Prüfung der Eigenkapitalausstattung

Wesentlicher Bestandteil der internationalen Eigenkapitalregelung für Banken soll künftig auch die Überprüfung der Eigenmittelausstattung durch die Aufsichtsbehörden sein. Damit wollen die Aufsichtsbehörden sicherstellen, dass die Eigenmittelausstattung der Banken auch ihrem Risikoprofil und ihrer Geschäftsstrategie entspricht. Ein elementares Ziel dieses »Supervisory Review Process« liegt darin, möglichst frühzeitig bei Kreditinstituten eine unzureichende Abdeckung von Risiken durch Eigenkapital zu identifizieren und ggf. einen höheren Mindestkapitalkoeffizienten von 8% oder andere bankaufsichtliche Maßnahmen (z.B. erweiterte Publizitätsmaßnahmen) vorzuschlagen.[31]

Ohne Zweifel kann mit Hilfe des »Supervisory Review Process« die Komplexität des Risikoprofils einer Bank flexibler abgeschätzt und besser bei der Festlegung des Mindesteigenkapitals berücksichtigt werden. Auch wenn hinsichtlich der Intensität dieser Prüfung Größe und Bedeutung einer Bank berücksichtigt werden sollten, wird wichtig sein, dass grundsätzlich alle Banken, ob groß oder klein, dem bankaufsichtlichen Überprüfungsprozess unterzogen werden. Damit kann in Zukunft vor allem Wettbewerbsverzerrungen entgegnet werden, die sich dadurch ergeben, dass »gute« und »schlechte« Banken gleichermaßen 8% Eigenkapital vorhalten müssen.[32]

Zwar überwachen und beurteilen die Aufsichtsbehörden schon heute die Angemessenheit der Eigenkapitalausstattung durch Prüfungen vor Ort, durch das bankaufsichtliche Meldewesen sowie durch interne und externe Prüfungsberichte. Mit dem »Supervisory Review Process« wird jedoch eine weitere Intensivierung der Vor-Ort-Prüfungstätigkeit durch die Aufsicht verbunden sein. Damit werden die qualitativen Elemente im Aufsichtswesen noch verstärkt.[33]

3.4 Erhöhung der Marktdisziplin

Bankaufsichtliche Eigenkapitalregelungen allein können keine mikro- und makroökonomische Stabilität gewährleisten. Neben einer adäquaten Eigenmittelausstattung der Institute und effizienten Risikomanagement- und -controllingsystemen der Marktteilnehmer kommt insbesondere der Stärkung der Marktdisziplin durch mehr Transparenz eine entscheidende Bedeutung zu.

Die Stärkung der Marktdisziplinierungskräfte stellt eine sinnvolle und wichtige Ergänzung der Aufsicht dar und ist insofern auch geeignet, einer Überregulierung der Finanzmärkte entgegenzuwirken. Nur wenn die Marktteilnehmer über mehr Informationen bezüglich aller relevanten Sachverhalte verfügen, insbesondere die Risiko- und Kapitalverhältnisse eines Instituts, kann der Markt die adäquaten Risikoprämien verlangen und so seine Indikatorenfunktion ausüben. Wichtig ist in diesem Zusammenhang jedoch auch die zeitnahe Verfügbarkeit der Informationen.[34]

Wenngleich die Aufsicht selbst zwar in der Regel keine Befugnis zum Erlass von Publizitätsstandards hat, so kann sie doch auf dem Gebiet der Transparenz eine Initiatorrolle übernehmen und wichtige Anstöße zur Verbesserung der Transparenz geben, wie sie dies in der Vergangenheit immer wieder getan hat (z.B. Vorschläge zur Verbesserung der Transparenz derivativer Geschäfte) bzw. Anforderungen aufstellen, die dann von den gesetzgebenden Organen entsprechend umzusetzen sind.[35]

4. Ausblick

Nach Abschluss der Konsultationsphase im März 2000 sollen die Ergebnisse des Konsultationsverfahrens sowie alle bislang noch ungeklärten Fragen (z.B. Anforderungen an das externe und interne Rating) in einem weiteren Konsultationspapier zusammengefasst werden und den Marktteilnehmern im Herbst 2000 nochmals zur

Diskussion gestellt werden. Der endgültige Zeitpunkt für ein Inkrafttreten des reformierten Basler Akkords könnte sich je nach Fortschritt der Konsultationen auch über den ursprünglich vorgesehenen Termin im Jahr 2002 hinauszögern.[36]

Dabei sind die Entwicklungen in Basel nur »die Vorhut« und es ist sehr wahrscheinlich, dass auf der Ebene der europäischen Bankrechtsharmonisierung in Brüssel viele der in dem Basler Konsultationspapier vorgesehenen Bestimmungen übernommen werden und damit Eingang in den europäischen Bankenmarkt finden werden. Die EU-Kommission hat ein entsprechendes Konsultationspapier im November 1999 vorgelegt, das inhaltlich in den Kernfragen weitgehend den Basler Vorschlägen entspricht.[37] Wichtig wird am Ende sein, dass beide Regelwerke nicht nur inhaltlich konform, sondern auch zeitgleich umgesetzt werden.

Schon heute lassen die in Basel respektive Brüssel diskutierten Vorschläge erahnen, dass die Reform des Basler Akkords nicht ohne Auswirkungen auf den Finanzplatz Deutschland bleiben wird. Zwangsläufig sind einer derart umfassenden Neuregelung der Eigenkapitalbestimmungen gewisse Veränderungen der Strukturen des deutschen Banken- und Aufsichtssystems inhärent. Im Rahmen des Konsultationprozesses wird es darauf ankommen, die Stärken des über Jahrzehnte hinweg bewährten deutschen Universalbankensystems und des Aufsichtssystems zu wahren sowie die Schwächen zu modifizieren.[38]

Aus der Perspektive der Aufsicht zeigen dabei die diskutierten Neuregelungen ganz allgemein, dass sich die Bankenaufsicht weiter konsequent auf Methoden hinbewegt, die auch in der Praxis breite Verwendung finden. Insbesondere aber mit dem »Supervisory Review Process« wird der Weg zu einer stärkeren Vor-Ort-Prüfungstätigkeit der Aufsicht beschritten und der Wandel von der quantitativen zur qualitativen Bankenaufsicht noch forciert.

Für die deutsche Bankenaufsicht sind diese Entwicklungen eine große Herausforderung, dürfte der Wandel von einer bisher eher indirekten Überwachung über das bankaufsichtliche Meldewesen und den Einsatz von Wirtschaftsprüfern hin zu dieser neuen Aufsichtsphilosophie kaum aufzuhalten sein. Die Aufsicht wird sich für diesen Wandel mit entsprechenden Ressourcen, insbesondere auch hinsichtlich Qualifizierung und Quantität ihres Personals, rüsten müssen.[39]

Anmerkungen

1 Vgl. im Einzelnen Deutsche Bundesbank (1993), S. 47 ff. und Deutsche Bundesbank (1998), S. 69 ff.
2 Vgl. Basler Ausschuss für Bankenbestimmungen und –überwachung (1988), S. 16 ff.
3 Vgl. Basler Ausschuss für Bankenaufsicht (1996), S. 1 ff. und S. 39 ff.
4 Vgl. Meister (1999a), S. 7.
5 Vgl. Basler Ausschuss für Bankenaufsicht (1999), S. 5 f.
6 Vgl. Basler Ausschuss für Bankenaufsicht (1999), S. 5 f., 12 ff., S. 50 ff; Meister (1999a), S. 7–9 und Meister (1999b), S. 3 f.
7 Vgl. Basler Ausschuss für Bankenaufsicht (1999), S. 6; Meister (1999a), S. 7; im Detail: Schulte-Mattler (1999), S. 531 ff.
8 Vgl. Bundesaufsichtsamt für das Kreditwesen (1999), S. 18.
9 Vgl. Deutsche Bundesbank (1999), S. 37.

10 Vgl. Basler Ausschuss für Bankenaufsicht (1999), S. 5f.
11 Vgl. Meister (1999b), S. 3.
12 Vgl. Basler Ausschuss für Bankenaufsicht (1999), S. 1-4.
13 Vgl. Basler Ausschuss für Bankenaufsicht (1999), S. 6ff.
14 Vgl. Basler Ausschuss für Bankenaufsicht (1999), S. 23ff. und 38ff.
15 Vgl. Basler Ausschuss für Bankenaufsicht (1999), S. 23ff.
16 Vgl. Basler Ausschuss für Bankenaufsicht (1999), S. 30ff.
17 Vgl. Meister (1999a), S. 8f.
18 Vgl. Meister (1999a), S. 8.
19 Vgl. Meister (1999a), S. 8f.
20 Vgl. Meister (1999a), S. 8f.
21 Vgl. Basler Ausschuss für Bankenaufsicht (1999), S. 6ff.
22 Vgl. Meister (1999b), S. 3.
23 Vgl. Meister (1999b), S. 3.
24 Vgl. Kupiec/O'Brian (1995), S. 37ff.
25 Vgl. Meister (1999b), S. 3f.
26 Vgl. Basler Ausschuss für Bankenaufsicht (1999), S. 10f. und 37f.
27 Vgl. Deutsche Bundesbank (1998), S. 76f.
28 Vgl. Basler Ausschuss für Bankenaufsicht (1999), S. 7 und 48f.
29 Vgl. Meister (1999a), S. 9.
30 Vgl. Basler Ausschuss für Bankenaufsicht (1999), S. 3 und 12 sowie 45ff.
31 Vgl. Basler Ausschuss für Bankenaufsicht (1999), S. 12ff. und 50ff.
32 Vgl. Meister (1999b), S. 4.
33 Vgl. Basler Ausschuss für Bankenaufsicht (1999), S. 53f.
34 Vgl. Meister (1999b), S. 2ff.
35 Vgl. Basler Ausschuss für Bankenaufsicht (1999), S. 14ff.
36 Vgl. O. V. (1999), S. 2.
37 Vgl. European Commission (1999), S. 4ff.
38 Vgl. Meister (1999b), S. 4.
39 Vgl. Meister (1999b), S. 4.

Literaturverzeichnis

Basler Ausschuss für Bankenbestimmungen und -überwachung 1988, Internationale Konvergenz der Eigenkapitalausstattung und Eigenkapitalanforderungen, Basel 1988.
Basler Ausschuss für Bankenaufsicht (1996), Änderung der Eigenkapitalvereinbarung zur Einbeziehung der Marktrisiken, Basel 1996.
Basler Ausschuss für Bankenaufsicht (1999), Neuregelung der angemessenen Eigenkapitalausstattung, Konsultationspapier, Basel 1999.
Basel Committee on Banking Supervision (1988), International Convergence of Capital Measurement and Capital Standards, Basel 1988.
Bundesaufsichtsamt für das Kreditwesen (1999), Jahresbericht 1998, Berlin 1999.
Deutsche Bundesbank (1993), Bilanzunwirksame Geschäfte deutscher Banken, in: Monatsbericht der Deutschen Bundesbank, Oktober 1993, S. 47-69.
Deutsche Bundesbank (1998), Bankinterne Risikosteuerungsmodelle und deren bankaufsichtliche Eignung, in Monatsbericht der Deutschen Bundesbank, Oktober 1998, S. 69-84.
Deutsche Bundesbank (1999), Neuere Ansätze zur Beteiligung des Privatsektors an der Lösung internationaler Verschuldungskrisen, in: Monatsberichte der Deutschen Bundesbank, Dezember 1999, S. 33-50.

European Commission (1999), A review of regulatory capital requirements for EU credit institutions and investment firms, Consultation Document, November 1999.

Kupiec, Paul/O'Brian, James (1995): Model Alternative, in: Risk, Juni 1995, S. 37–40.

Meister, Edgar (1999a), »Der neue Basler Akkord: Änderungen der Eigenkapitalregelungen für Kreditinstitute«, in: Deutsche Bundesbank, Auszüge aus Presseartikeln, Nr. 65 vom 1. Oktober 1999, S. 7–10.

Meister, Edgar (1999b), »Neue Finanzarchitektur und Stabilität der Finanzmärkte, in Deutsche Bundesbank, Auszüge aus Presseartikeln, Nr. 75 vom 10. Dezember 1999, S. 1–5.

o. V. (1999), »»Meister: Deutsche Position in Basel gestärkt«, in: vwd Finanz- und Wirtschaftsspiegel vom 11. 12. 1999, S. 2.

Schulte-Mattler, Herrmann (1999), Basler Vorschläge zur Erfassung und Begrenzung von Kreditrisiken, in: Die Bank, Nr. 8, August 1999, S. 530–535.

Stichwortverzeichnis

ABS 686
Abschreibungsbedarf
– marktpreisbezogener 673
Abschreibungsrate 131
Abschreibungsrisiken 189
ABS-Platzierung 707
ABS-Strategie 700
ABS-Transaktion 479
– Anzeigepflicht 693
– Sicherungsmaßnahmen 481
Adressenausfallrisiko 391, 441, 668, 675
Adressenrisikomanagement 342
Adressrisiko 188
Advance-Decline-Linie 297
Aktiv-/Passivmanagement (APM) 573, 576
Alpenbach-Bank 65
Amortisationseffekt 93
Anfangswertproblem 520
Anhangsangabe 695
Anhangspflichten 696
Anpassungsflexibilität 154
Asset Backed Securities 479f.
– Revision 683
Asset Value Modells 97
Asset-Liability Simulation 112
Aufbauorganisation 238
Ausfallkonzept
– anzahlbezogenes 365
– volumenbezogenes 366
Ausfallkorrelation 60
Ausfallrisiko 343, 481
– quantitatives 325
Ausfallrisikoprämien 358
Ausfallwahrscheinlichkeit 327, 670, 676
– qualitative 330
Ausfall-Wert-am-Risiko 55
Avale 196

Backtesting 245, 381
Backtestingverfahren 295
BAKred 687
Balanced Scorecard 234, 616
Bank für internationalen Zahlungsausgleich (BIZ) 389, 392
Bankaufsichtliche Prüfung 729
Bankenaufsicht 342, 360, 691
Bankpersonalmanagement 606

Bankrechtsharmonisierung 723
Barwert-Ansatz 39
Barwertbilanz 190
Barwertkonzept 191, 285
Barwert-Sichtweise 459
Barwertvergleichs-Methode 8
Barwertverlust 675
Basler Ausschuss 685, 688
Basler Eigenkapitalvereinbarung 721
Basler Grundsätze 647
Basis-Risiken 31
Baukastenprinzip 38
Beleihungsauslauf 174
Beleihungsgrenze 174
Benchmarks 268
Berichtspflichten 695, 700
Betreuungsspanne
– optimale 408
Betriebsrisiko 187, 444, 595
Bewertungsgleichung 514
Bewertungszins 267
Beziehungsrisiko 608
Bias 317
Bilanzanalyse 348
Bilanzierungsverhalten 371
Bilanzstruktur 107
Bilanzstrukturmanagement 485, 574, 688
Black & Scholes Modell 432, 495, 514
Black 76 Modell 452
Blind Assumptions 310
Bonitätsänderungsrisiko 3, 7, 14, 142
Bonitätsbeurteilung
– traditionelles Verfahren 372
– mathematisch-statistisches Verfahren 373
Bonitätsklassen
– Mapping 52
Bonitätskomitee 65
Bonitätsrisiko 7, 10
Bonitätsspread 193
Branchenanalyse 349
Branchen
– Mapping 60
Brown'sche Brücke 107
Bull-Märkte 295
Business Process-ReEngineering-Projekt 396

Call Spread 434
Capital Asset Pricing Model 185, 316
Caplets 453
CAPM 185, 316
CART-Verfahren 375
Cash- und Carry-Strategie 69
Cashdelta 247
Cash-Flow 39, 279
– Mapping 43
Chaostheorie 301
Chartanalyse 296
Chief of Staff-Risk Officer 612
Consistent Growth Management 311
Controlling 287
Crank-Nicholson FD 525
Credit Risk Committee 400f., 406, 408
CreditMetrics 11f., 94f. 329
CreditPortfolioView 95
Creditreform 56
– Ratings 57
CreditRisk 95, 329
Credit-Value-at-Risk 197
Current Exposure 92

Datenmodell 209
Day-to-Day-Monitoring 414
Daytrading 261
Deckungsbeitrag 235
Deckungsbeitragsrechnung 192
Deckungslücke 271
Deckungsstock 177
Default Risk 94
Default-Mode 197
Delta 247, 258
Deltaäquivalent 210, 247
Delta-Methode 8
Depot-A-Management 287
Differenzierung 227
Directional Effect 300
Discounted Cash Flow Models 302
Disintermediation 150
Diskriminanzanalyse 325, 373
Disponierbarkeit 277
Disposition 269
Diversifikationsfunktion 133
Don't-confuse-me-with-the-facts-Effect 317
DOW-Ansatz 297
Drittforderungen
– ABS-Platzierung 707
Duration
– Mapping 43
– modifizierte 42

Durationsansatz 215
Durationsmethode 83
Durchschnitt
– gleitender 279
Dynamische Effizienz 131

Earnings Momentum Growth Management 311
Effiziente-Märkte-Theorie 296
Eigenkapital
– bilanzielles 598
– ökonomisches 598
Eigenkapitalausstattung 725
– bankaufsichtliche Prüfung 729
– Mindestanforderungen 726
Eigenkapitalentlastungseffekt 688
Eigenkapitalquote 485
Eigenkapitalrentabilität 485
Eigenmittel
– bankaufsichtliche 489
Elastizität der Zinsanpassung 46
Elliot-Wellen-Theorie 297
Embedded Options 107
Emittentenrisiko 677
Employee Commitment Index 608
Endbedingungen
– konkave 531
– konvexe 531
Endreinvermögen 207
Entscheidungsbaumverfahren 375
Entscheidungskalkül 173
Entwicklungstheorie
– von Schumpeter 127
Erfolgsquellenanalyse 192
Erfüllungsrisiko 677
Ergebnisbeitrag 247
Ergebniskomponente 258
Erklärungskomponente 251
Ertragserwartungen 134
Ertragslage 697
Ertragssteuerung 488
Ertragswert 206
Ertragswertperspektive 189
Event Risk 94
Eventday-Renditen 308
Excessive Returns 296
Expectational Variables 314
Expertensystem
– selbstlernendes 377
Explizite Finite Differenzen 524
Exposure 201
Externe Risikorechnung 33

Fair Value 455
Faktoren
- soziodemographische 232
Favoritenwechsel 306
Fest-Zinsrisiko 42
Filter-System 299
Financial Capital Management 593
Finanzinnovationen 134
Finanzinstrumente
- derivative 39
- strukturierte 39
Finanzpositionen
- fixierte 39
- unsichere 39
Finite Differenzen 517, 524
Finite-Elemente-Implementierung 511
Firmenkundenbetreuung 406
Firmenkundengeschäft 389
Firmenkundenkreditgeschäft 343
- Ausfallrisiko 343
Firmenwert 134
Fixed Income 39
Flat Relation 305
Forderungsportfolio 481
Forderungsübergang 712
- rechtswirksamer 691
Forderungsveräußerer 692
Forward-Diskontfaktor 453
Forwardsatz 454
Fremdkapitalkosten 487
Fristenablaufbilanz 271
Fristeninkongruenz 114
Fristenstruktur 119
Fristentransformation 215
Frontofficesystem 245
Früherkennung 405
Frühzeitige Ausübung 527
Fuzzy-System 377

Galerkin-Methode 519
Gamma 248, 258
Gammaeffekt 249
Geldhandel 551
Gesamtbankdisposition 551
Gesamtbanksteuerung 204, 393, 575, 597, 679
- wertorientierte 571
Gesamtdarlehen 195
Gesamtkapitalrentabilität 485
Geschäfte
- interne 549
Geschäftsebene 64

Geschäftsfelder
- strategische 232
Geschäftskreisbeschränkung 175
Geschäftsprozesse 233
Geschäftsrisiken 123
Gewichtete-Residuen-Verfahren 518
Gewichtungsfunktion 117
Going Concern 203
Granularität 380
Griechen 245, 259
Group Risk Board 612
Grundsatz II 187
GUV-Sicht 463

Haftungskapital
- bankaufsichtliches 489
Handelsbuch 176
Handelsliberalisierung 144
Haselgroves Algorithmus 500
Hedge Ratio 515
Hedging 435
- horizontales 86
- vertikales 86
Hilfsgeschäft 176
Histogramm 194
Historische Simulation 88
Home bias 147
Human Capital Appraisal 614
Humankapital 129, 597, 599, 601
Humanvermögen 596
Hybrid-Management 311
Hypothekenbank 173
Hypothekenbankgesetz 174
Hypothekenpfandbriefe 206

IAS 394
Idiosyncratic Risk 94
Immobilienfinanzierung 179
Immobilienmarktrisiko 199
Immunisierung 304
Immunisierungs-Duration 42
Imperfect Substitutes-Hypothese 309
Indexanleihe
- Absicherung 436
- Bewertung 432
- Einführung 427
- Produktausstattung 429
- Risiken 437
Indexaufnahme-Effekt 308
Indexkomitee 65
Index-Mapping 46
Index-Risiko 46

Index-Wert-am-Risiko 48
Inflationsunsicherheit 140
Information
– asymmetrische 128
– qualitative 370
– quantitative 370
Informationserfordernisse 699
Informationsfunktion 132
Innenfinanzierungsmittel 135
Innenrevision 687
Innovationsfunktion 134
Innovationsimpulse 137
Insolvenz 341, 391
Insolvenzentwicklung 328
Insolvenzordnung (InsO) 415
Insolvenzwahrscheinlichkeit 199
Insufficient Rationale 310
Intellectual Capital Management 593
Intellectual Capital Manager 614
Intensivstation 404
Interne Geschäfte 549, 563ff.
Interne Revision 687, 698
– Mindestanforderungen 698
Interne Zinsswaps 556ff.
Internes Kontrollsystem 705, 716
Interpolation
– lineare 456
Intradayergebnis 260
Irrelevanz-Hypothese 134
Iwasawa Zerlegung 539

Jahresabschlussprüfung 694
Jahresbandmethode 85
Jahresverlustobergrenze 667, 669
Jarrow/Lando/Turnbull-Modell 13
Jumbo-Pfandbrief 180

Kalendereffekte 307
Kantorovitch 517
Kapazitätenplanung 239
Kapital
– intellektuelles 597, 599, 601
– ökonomisches 190
– regulatorisches 599
Kapitalkosten 126, 149
Kapitalmarktforschung
– empirische 293
Kapitalmarkttheorie 184
Kapitalmobilität 145
Kapitalproduktivität 148
Kaufoptionen 246
Klumpenrisiko 60, 329

Knowledgeholder Value 600
Kollokationsmethode 519
Kommunaldarlehensgeschäft 175
Kompetenzrisiken 609
Konditionierung
– risikoadjustierte 356
Konditionsanpassung 274
Konditionsbeitrag 191, 270
Konsultationspapier 688
Kontodaten-Analyse 346
KonTraG 647
Kontrahentenrisiko 677
Kontrollsystem
– internes 687, 705, 716
Kontrollverfahren
– internes 698
Konvexität 248, 529
Konzept
– szenariobasiertes 222
Korrelation
– historische 493
– implizite 493
Korrelationseffekt 537
Kostensteuerung 487
Kreditäquivalenzbetrag 92
Kredit-Consulting 408, 411
Kreditderivate 133, 145, 148, 355
Kreditersatzgeschäft 488
Kreditgeschäft
– Mindestanforderungen 392, 395, 415
Kreditkultur 410
Kreditportfoliosteuerung 397
Kredit-Rating 344
Kreditrisiko 105, 189, 197, 365, 479
Kredit-Risiko-Analyse 351
Kreditrisikomanagement 702
– Erfolgsfaktoren 399
Kreditrisikomessung 91
– bilaterale 91
Kreditsanierung 395
– Maßnahmen 413
Kreditsicherstellung 350
Kreditsteuerung 333
Kreditwirtschaft
– Basisfunktionen 132
KS-Prüfungen 694
Kundenbindung 154
Kundenkapital 599, 601
Kundennähe 128, 154
Kundenrisikopotenzial 601
Kundenzufriedenheit 231
Kündigungsrecht 195

Kurs-Gewinnverhältnis 306
KWG 647

Länderrisiko 332
Langfristprognose 108
Leistungsstörungen 212
Leitbild 228
Limitauslastung
– Zinsniveau 680
Liquidität 484
Liquiditätsanspannungen 138
Liquiditätseffekt 688
Liquiditätslage 697
Liquiditätspräferenz 204
Liquiditätsprämie 199
Liquiditätsrisiko 338, 442, 484
Liquiditätssteuerung 210, 484, 701
Lower Partial Moment One 19f.
Lower Partial Moment Zero 19
Lower-Partial-Moments 18

Macro-Hedge 435
Magnitude Effect 300
MaH 425, 451, 574
MaH-Verlustobergrenze
– Szenarioanalysen 674
MaH-Verlustobergrenzensystem 665
Managementstil 312, 317
Mapping
– Durations-invariantes 88
– Durations-Konvexität-invariantes 88
– Lineares 88
– Techniken 88
– Varianz-Kovarianz-invariantes 89
Marge 270, 279
Marktbewertungsmethode 92
Marktdisziplin 730
Marktlücken 150
Mark-to-Market-Ansatz 246
Mark-to-Model-Ansatz 197
Marktpreisrisiko 105, 439, 675
Marktrisiko 729
– Messung 83
Marktrisikofaktorenanalyse 7
Markt-Überreaktionshypothese 300
Marktuniversum 303
Marktzinsmethode 185
Meldewesen
– externes 28
Micro-Hedge 435
Migrationsmatrizen 52
Mindestanforderungen 366

Mindestgewinnbedarf 678
Mischungsverhältnisse 281
Mitarbeiter-Kompetenz-Center 609
Mitteleuropa 146
Modell von Schulte 15, 23
Modellabhängigkeit 117
Modelle
– interne 607
Modellrisiko 543
Monte-Carlo-Simulation 88, 94, 201
Mortgage-Backed Security-Transaktion 685
Multi-Asset-Option 491

Nachvollziehbarkeit 367
Nachwuchs-Förderprogramm 609
Netz
– neuronales 326, 376, 405
Neue Produkte/Märkte-Prozess 645
Neufestsetzungsrisiko 195
Neugeschäftsdisposition 553
New Economy 298, 602
Niederstwertprinzip 198
Normalverteilung 194

Objektivität 366
Opportunität 267, 284
Opportunitätskosten 297
Optimale Steuerung 531
Optionen 246
– hybride 493
– Rainbow 493
Optionspreisformel 251, 433, 452
Optionspreismodell 11f.
Optionsrechte 196
Organisation
– lernende 401
Organisationsentwicklung 156
Organisationskapital 126
Originator 692
Osteuropa 146

Passiva-Management 64
Passport-Optionen 511, 513
Performance-Improvement-Prozess 613, 616
Performance-Measurement-Modell 616
Performancemessung 262
Personalentwicklung 156
Personalrisiko 596f., 601, 605f.
– Beziehungsrisiko 607
– Kompetenzrisiko 607
– Lückenrisiko 607

Personalrisikomanagement 606
Perturbationen 537
– additive 538
– multiplikative 542
Pfadabhängigkeiten 105
Pfandbrief 176
– öffentlicher 198
Pfandbriefgesetz 180
Placebo-Strategie 296
Plankostenrechnung 216
Poisson Prozess 110
Poolingfunktion 133
Portfolioanalyse 188
Potential Future Exposure 92
Potenzial 238
Potenzial Assessment 631
Prämissenrisiko 106
Preiseffizienz 294
Preisniveaustabilität 123
Preisrelation 126
Preisvolatilität 90
Preis-Volumen-System 298
Price-Pressure-Hypothese 309
Problemkredit 389
Problemkreditorganisation 395, 398, 400
– Erfolgsfaktoren 403
Produktausstattung 429
Produktivität 230
Produktivitätsergebnis 236
Profit-Center 236, 577
– Rechnung 281, 284
Prognosen
– ökonomische 118
Provisionierung 240
Prozess
– stochastischer 108
Prüfungsauftrag
– gesetzlicher 694
Prüfungsgrundlage 698
Prüfungsobjekt 689
Prüfungspflichten 694
Prüfungssoll 688 f.
Prüfungsthemen 699

Qualifizierung
– interne 634
Quantile 44
Quasi-Monte-Carlo-Verfahren 500

Random Walk 301
Rangdefekt 537
Rating 10
– Agentur 481
– externes 727
– quantitatives 368
Rating-Modell 52
Ratingverfahren 196
– Akzeptanz 381
– Anforderungen 366
– Granularität 380
– internes 365, 368
– Stabilität 382
– Überwachung 380
Reaktionsmarkenindex 298
Realoptionsansatz 139, 144
Rechtsrisiko 443, 595
recovery rate 199
Reduced form models 52
Referenzzinssatz 277
Regression
– logistische 374
Regressionsanalyse 275
Regulierungstrends 391
Re-Intermediation 152
Reinvermögenswert 190
Rekrutierung
– externe 634
Relative Stärke 298
Renditesteuerung
– dynamische 207
Renditestrukturkurve 453
Rendleman-Bartter-Modell 109
Rentabilität 702
Residuum 251
Ressourcentransferfunktion 132
Ressourcenverbrauch 131
Restlaufzeit 249, 257
Retail-Banking 603
Return on Equity 185
Rho 256, 258
Risiko 6
– ABS-typisches 708
– ökonomisches 139
– operationales 593 ff., 604
– Personal- 593
– systematisches 47
– systemisches 604
– unerwartetes 193
Risikoallokation 128, 133
Risikoanalyse 339
Risikoarten 34
Risikobilanz 66
Risiko-Controlling 340, 287
– internes 28

Risikofortschreibung
- unterjährige 414
Risikofrüherkennungsinstrument 405
Risikoidentifikation 337
Risikoklassen 379
Risikokosten 58, 356, 390
Risikomanagement 397, 486, 593, 595, 612
Risikopolitik 398
Risikoprämie 356, 397
- Berechnung 357
Risikoprämien-Kurven (credit spread curve) 53
Risikoprofil 67
Risikoquantifizierung 338
Risikorechnung 27, 36
- externe 28
Risikosteuerung 339
- dynamische 207
Risikosteuerungs-Gruppe 612
Risikosteuerungsverfahren 19
Risiko-Struktur-Analyse 352
Risikoteilung 141
Risikotragfähigkeit 185, 586
Risikotragfähigkeitsbestimmung 665
Risikotransformation 199, 389
Risikotransformationspotenzial 133
Risikoverbund 137
Risikoverbundeffekte 13ff.
Risikovorsorge 191
Risk Capacity & Risk Aversion 294
Risk-Adjusted-Performance-Measures 116
Risk-Committees 613
Riskcontrolling 261
Riskmanagement 261
Risiko-/Rendite-Kalkül 173
Ritz-Verfahren 518
RoRaC 186

Sanierungsbeitrag 411
Sanierungscontrolling 414
Schnittstellenproblematik 400
Schwankungsintensität 262
Securitization 479
Sekuritisierung 150
Self-fulfilling prophecies 301
Semi-Elastizität 42
Sensitivitäten 245
Sensitivitätsmodell 9
Sesitivitätsanalyse 439
Shareholder Value 600
- Ansatz 302
Sharpe-Benchmarks 310

Short Interest Ratio 299
Short-Portfolio 304
Sicherheitenrisiko 199
Sicherungsinstrument 451
Signifikanzbereich 298
Simulationsmodell 9, 207
Small Cap Effect 305
Software 288
Solvabilitäts-Richtlinie 28
Sondervermögen 177
Spread 458
Spreadrisiken 211
Staatskreditgeschäft 179, 198
Standardnormalverteilung 521
Stärken-/Schwächenanalyse 230
Start-Buy-Regel 299
- ertragsorientierte 234
Steuerungsebene 64
Steuerungssystem
- internes 549
Steuerungskonzept 174
Stille Reserven 675
Stock-Picking 303
Stop-Loss-Strategie 113f.
Stopp-Loss-Ansatz 299
Straffunktion 516
Stress/Szenariomethoden 118
Stresssimulation 441
Stress-Test 678
Streuungseffekt 60
Strukturbeitrag 270
Strukturkapital 599, 601
Stützstellen 43
Substanzwert 206
Substanzwertperspektive 189
Summenzahlungsstrom 282
Super-Cash-Flow 282
Supply price of capital 126
Survivorship Bias 306
Systemwettbewerb 153
Szenariotechnik 186

Tagesergebnis 260
Tageshandelsergebnis 261
Tagesschwankungen 261
Taylorapproximation 250
Technische Analyse 296
Technologieparameter 132
Technologietransfer 140
Theta 257f.
Timingstrategien 307
Total Return 185, 316

Transaktionskosten 135
Transferrisiko 189
Transparenz 366
Treasurer
– Anforderungsanalyse 635
– Beurteilung 631
Treasury 270, 284, 573
– Personalentwicklung 623
Trendschätzung 117
Trennschärfe 232, 239
Trial Function 519
Trial Solution 519

Übergabeprotokoll 401, 409
Übergangsmatrix 382
Überwachung
– prozessunabhängige 698
Umlaufgrenze 176
Umwidmung 555
Unternehmensbeurteilung 345
Unternehmensentwicklung 205
Unternehmenskultur 157, 611
Unternehmensmanagement 229
Unternehmensstrategie 227
Unternehmenswert-Modell (structural model) 52

Value-at-Risk 9, 18, 41, 88, 193, 440, 537
Variablensubstitution 515
Varianz-Kovarianz-Ansatz 88
Varianz-Kovarianz-Methode 537
Vega 255, 258
Verbriefung 479
Verfahren der künstlichen Intelligenz 376
Vergütungssystem 240
Verhaltensrisiken 128
Verlust
– erwarteter 202, 366
– unerwarteter 202
Vermögenslage 697
Vermögensmärkte 125
Vertriebskonzepte 232
Vertriebsmanagement 233
Vertriebssteuerung 234
Vertriebsstrategie 227
Vertriebswege 233
Verzinsung
– exponentielle 452
– Kapitalallokation 184
– lineare 452
– risikoadäquate 184

Vision 228
Volatilität
– historische 254, 493
– implizite 254, 493
Volatilitätskurve 43
Vorleistungsrisiko 189

Wachstumswirkungen 127
Währungskomitee 65
Währungsrisiko 49, 175
Währungs-Wert-am-Risiko 49
Wärmegleichung 518
Watchlist 406
Wert-am-Risiko (WaR) 45
Wertebereich 187
Wertetreiber-Dimension 617
Wettbewerbsanalyse 349
Wettbewerbsfähigkeit 229
Wettbewerbsposition 228f., 231
Wettbewerbsstrategie 704
Wiedereindeckungsrisiko 189, 677
Wienerprozess 109
Wirtschaftlichkeit 700, 702
Wissensdiffusionsfunktion 134
Wissenskapital 599
Wissensökonomie 600, 602
Workout-Einheit 408, 410
Workout-Groups 394

Yield-Manager 312

Zahlungsverkehrsdienstleistungen 132
Zeitraumanalyse 205
Zeitwertverfall 257
Zeitwertverlust 261
Zero-Mapping 43
Ziele
– strategische 231
Zielvereinbarungsgespräch 405
Zielvereinbarungssystem 239
Zins-WaR (ZWaR) 45
Zinsänderungsrisiko 3, 6f., 14, 188, 268, 484ff.
Zinsanpassung 281
Zinsbindungsbilanz 194, 581
Zinsbuch 580ff.
Zinselastizität 274
Zinsgeschäfte
– variable 285
Zinskomitee 64
Zinskompensation 213
Zinskorridor 463

Zinskurve
- inverse 457
Zinsobergrenze 451
Zinsrisiko
- variables 42
Zinsstrukturkurve 273

Zinsswaps 555
- interne 556, 562
Zinsuntergrenze 451
Zinsvolatilität 89
Zufallsprinzip 691
Zweckgesellschaft 480, 693